剑桥
第一次世界大战史

第2卷
国家

[美]杰伊·温特　主编

耿　志　译

THE CAMBRIDGE
HISTORY OF
THE FIRST
WORLD WAR

Volume 2
The State

ZHEJIANG UNIVERSITY PRESS
浙江大学出版社
·杭州·

图书在版编目（CIP）数据

剑桥第一次世界大战史. 第2卷，国家 /（美）杰伊·温特主编；耿志译. —杭州：浙江大学出版社，2023.2

书名原文：The Cambridge History of the First World War_ Volume 2, The State

ISBN 978-7-308-21559-6

Ⅰ. ①剑… Ⅱ. ① 杰… ② 耿… Ⅲ. ① 第一次世界大战－历史 Ⅳ. ① K143

中国版本图书馆CIP数据核字（2021）第140247号

剑桥第一次世界大战史（第2卷：国家）

［美］杰伊·温特 主编 耿志 译

责任编辑	王志毅
文字编辑	何啸锋 孙华硕 黄国弋 谢 涛
责任校对	王 军 董齐琪
装帧设计	蔡立国
出版发行	浙江大学出版社
	（杭州天目山路148号 邮政编码310007）
	（网址：http:// www.zjupress.com）
排 版	北京楠竹文化发展有限公司
印 刷	河北华商印刷有限公司
开 本	710mm×1000mm 1/16
印 张	55
字 数	846千
版 印 次	2023年2月第1版 2023年2月第1次印刷
书 号	ISBN 978-7-308-21559-6
定 价	238.00元

版权所有 翻印必究 印装差错 负责调换

浙江大学出版社市场运营中心联系方式：（0571）88925591；http://zjdxcbs.tmall.com

图 1 战争众生相

漫画。上面一排（自左向右）：霞飞将军，加列尼将军，乔治五世，维克托·埃曼努埃尔三世，福煦将军，德尔卡塞。下面一排：韦尼泽洛斯，弗伦奇陆军元帅，教皇本笃十五世，尼古拉大公，冯·克卢克将军，冯·兴登堡将军。

图 2　冯·兴登堡肖像

绘有 1914 年坦能堡战役英雄冯·兴登堡头像的圣诞装饰品。

图 3 "我看见"（J'ai vu），1916 年 7 月 8 日

　　五位协约国指挥官形象的拼贴画——黑格、勃鲁西洛夫、霞飞、萨拉伊和卡多尔纳——准备
粉碎德皇、奥斯曼苏丹、威廉王储和奥皇弗朗茨－斐迪南，1916 年 7 月 8 日。

图 4　缝制革命旗帜（陶瓷艺术品）

　　1918 年的陶瓷艺术品人物——一位缝制红旗的妇女，宣告了由布尔什维克革命所开创的新时代的到来。

图 5　体现革命元素的盘子：*assiette révolutionnaire*

俄国构成主义风格的瓷盘，作为一战后艺术家和工匠之间的一种革命纽带，将抽象的设计融入实用的物品之中。

图 6　法国士兵的装备

由索姆省佩罗讷第一次世界大战历史博物馆展出，在堑壕或浅滩挖出的一名法国士兵的军服、钢盔、武器和个人装具，生动地刻画了交战双方士兵的共同生活。对于数百万长时间生活在堑壕或地下的士兵来说，灭虱粉、牙膏和炊具使生活少了些凄惨的味道。

图 7　德国士兵的装备

由索姆省佩罗讷第一次世界大战历史博物馆展出，在堑壕或浅滩挖出的一名德国士兵的军服、钢盔、武器和个人装具。德国士兵时常受益于精心构筑的深壕，但是大部分时间里，他们的生活条件与另一方他们的敌人几乎一样凄惨。

图 8 在伊普尔突出部的克拉珀姆公路会合点（Clapham junction）压过一棵树的坦克的坦克

照片显示了 1917 年夏天伊普尔附近的烂泥和战火产生的碎石，使坦克在泥泞的地面艰难展不开。

图 9　让－埃米尔·拉布勒（Jean-Émile Laboureur）的绘画作品：《咖啡馆》

一名英国士兵向前线附近一家咖啡馆的女招待打招呼，该咖啡馆颇具吸引力地声称提供英国啤酒。拉布勒是知名的当红艺术家，先锋派艺术的支持者。

图 10　曼陀林

　　在各国军队中，士兵制作与使用乐器及其他物品打发前线无战事的时光时所表现出的心灵手巧，令人印象十分深刻。

图 11　刻有"索姆河（Somme）""瓦兹（Oise）""马恩河（Marne）""埃纳（Aisne）"字样的香烟打火机

　　一个刻有防区名称的香烟打火机，它的主人"LR"战时在法国炮兵部队服役。

图 12　德国的咖啡馆音乐会

士兵们组织自己的娱乐活动，包括管弦乐队演奏、情节剧表演以及在全部为男性的聚会上进行反串表演。

图 13　德尔尼耶·内·阿尔贝·托马

1916 年法国社会党人的军需部长，正愉快地抱着最后一枚入库的炮弹。

图 14　铁轨炮玩具模型

大炮被转变成儿童的玩具，就如这个法国大炮及其弹药运输车箱的模型一样。

图 15　画有爱尔福特（Erfurt）战俘营图案的瓷盘

使人骄傲地想起 1914 年和 1915 年在爱尔福特战俘营的德国军队的德国瓷盘。

图 16　德国战俘

　　照片显示的是一大批德国战俘，其中一些还戴着钢盔。这是协约国宣传所用，以证明 1918 年夏西线德国部队广泛存在的倒戈现象。

图 17　法国战俘

　　这张关于法国战俘的德国照片表现了远离战斗的被俘官兵的状况。注意中间有 7 个人骑在攀爬杆上。

图 18 "让这些远离美国"

　　所有交战国都试图以战时公债的方式从平民那募集款项，增加战争融资。这份美国人的呼吁以被血色玷污的德国靴子的形象遵循着宣扬战争残暴的路线。

图 19 "速速造船，送往德国前线"：美国的战争努力

查尔斯·施瓦布（Charles Schwab），伯利恒钢铁公司总裁，担任了美国航运委员会应急船队公司的负责人，监管着美国所有为战争服务的造船厂。他号召工人们为这场战争"竭尽全力"。

图 20　后勤：非洲士兵和马匹

　　战争期间，有近 50 万非洲士兵在英国和法国部队中服役。许多非洲士兵与亚洲劳工一起，从事着艰苦的为前线运送补给物资的后勤工作。与中国劳工不同的是，非洲士兵和印度士兵参与了激烈的战斗，所有人都遭受了 1918 年西班牙流感的威胁。

图 21　运送炮弹的妇女

　　在协约国防线后运送沉重炮弹箱的比利时妇女。在占领区，使用妇女从事这样的工作违反了《海牙公约》。尽管如此，她们也成为德国军队补给链上的重要一环。

图 22　伦敦空袭纪念品，1917 年

　　1917 年 6 月 13 日德国空袭伦敦的刺绣纪念品，此次空袭造成 100 多人死亡，包括名单上 5 岁大的儿童。

图 23　遭遇炮击的巴黎

被称为"巴黎大炮"的德国重型火炮，炮管长 118 英尺（约 35.9 米），1918 年 3 月 23 日摧毁了巴黎巴士底附近的一个居民区。而在此前 6 天的耶稣受难日，毗邻巴黎市政厅的圣热尔韦教堂被一枚炮弹直接命中，造成 88 名礼拜者死亡。

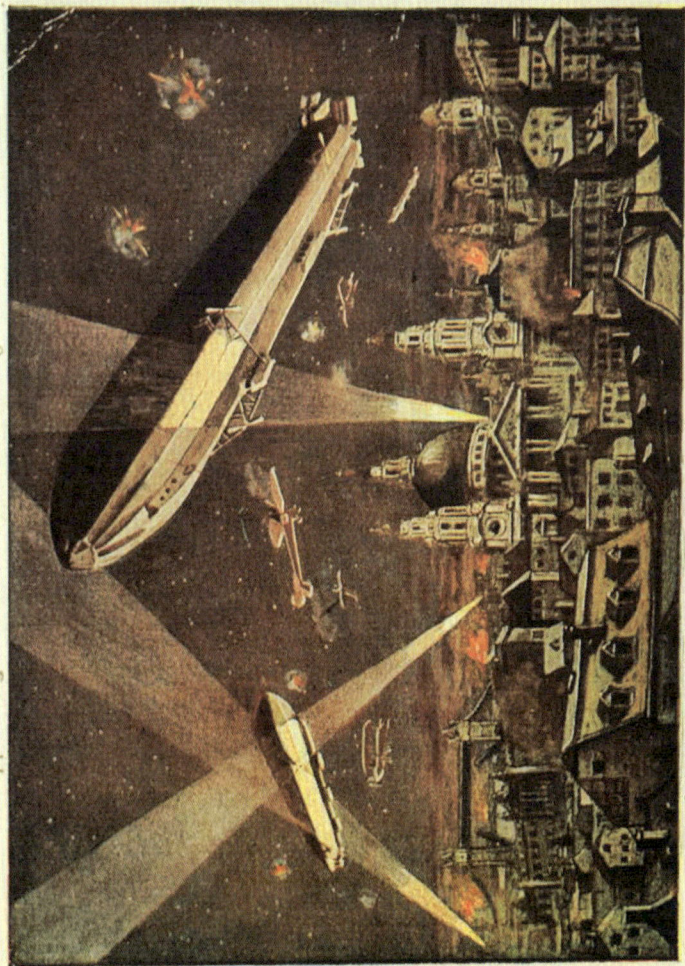

图 24 伦敦上空的齐柏林飞艇

齐柏林飞艇轰炸伦敦的明信片。圣保罗大教堂位于图片正中，德国最高统帅部正式批准将其作为轰炸的目标。

图 25　俄国募集战时公债海报上的中世纪画像

　　俄国的宣传采用了中世纪天主教徒的形象来促进对这场战争的金融支持，响应该号召的人都因 1917 年的革命和俄国退出这场战争而血本无归。

图 26　与俄国达成和平条约

　　中世纪人物侧面像的奥地利徽章，纪念 1918 年 3 月 3 日与俄国达成和平条约，该条约在立陶宛的城市布列斯特－立陶夫斯克签订。其部分内容规定，布尔什维克党人放弃对立陶宛全部领土以及俄国西部其他相邻地区的领土主张。

图 27 凡尔赛的面部毁容者

法国总理克列孟梭让这些面部毁容的士兵站在凡尔赛镜厅门口，当 1919 年 6 月 28 日德国代表团签署和平条约的时候，以此照片控诉德国应承担战争造成的一切不幸的责任。

11. - Palais de VERSAILLES

Signature du Traité de Paix - Sortie de MM. Clemenceau, Wilson, Lloyd George sur la Terrasse du Château

28 Juin 1919

图 28　云集凡尔赛的政客

这张照片显示了 1919 年 6 月 28 日协约国领导人与德国代表团签订和平条约后，胜利者从凡尔赛镜厅离开时的场面。

图 29　失去家乡（特伦蒂诺），私人收藏

一位不知名的艺术家画的一幅流行画作，表现了两名年轻的奥地利妇女因失去特伦蒂诺地区流露出的表情。根据 1919 年 9 月 10 日的《圣日耳曼条约》，奥地利将该地区割让给意大利。

图 30 "为时已晚"：和平宫的落成

　　1913 年海牙和平宫落成，但对于阻止两次巴尔干战争为时太晚，这幅画表达了批评之意。1919 年，根据《国联盟约》第 14 条，国际联盟在海牙和平宫成立了常设的国际法院，并于 1922 年首次开庭。

图 31　反布尔什维克的海报，1919 年

　　"布尔什维克主义意味着这个世界淹没在血雨腥风之中。"这是以柏林为根据地的反布尔什维克组织在斯巴达克同盟起义时所释放出的信息，1919 年 1 月的起义遭到了血腥镇压。

图 32 《赖因哈德志愿旅》(*Freiwilliger Brigade Reinhard*)

由威廉·赖因哈德上校领导的右翼准军事志愿者组织,它在柏林与斯巴达克同盟分子战斗,在西里西亚与共产主义者战斗。

图 33 《施密特突击队》(*Sturmbataillon Schmidt*)

　　1919 年的这张鼓励德国人志愿加入"施密特突击队"的海报,是柏林艺术家莱奥·因佩科文(Leo Impekoven)的作品。该组织吸收那些绝不接受 1918 年失败结果的下级军官,去同革命者进行武装斗争。

图 24.1 被中国劳工簇拥的法国摄影师

1918 年 6 月，在北部—加莱海峡大区的乌代泽勒（Oudezeele）附近，一群中国劳工簇拥着一位法国摄影师。

图 24.2 弗兰克·赫尔利:《突袭》(The Raid)

这幅图片的标题也被称为《越出堑壕》(Going over the Top) 和《佐内贝克战役后的一个场景》(An Episode After the Battle of Zonnebeke)。该照片集成了 1917 年秋澳大利亚士兵在训练期间所拍摄的 12 张底片,1918 年 5 月在伦敦格拉夫顿画廊向公众展出,取得了非常成功的效果。与这一时期其他摄影师一样,赫尔利的照片有助于打造澳新军团的传奇,他相信自己的合成照片是能够无分体现现代化战争中复杂且多维度的战场行动的唯一手段,并以此向牺牲的士兵表示敬意。

图 24.3　艾弗·卡斯尔:《维米岭之战》(*The Battle of Vimy Ridge*)

这张合成照片反映了 1917 年 4 月 9 日加拿大军队成功发起的维米岭进攻行动, 1917 年 7 月在伦敦格拉夫顿画廊的加拿大战争记录区展出。该照片尺寸 6.10 米 × 3.35 米, 可能是当时尺寸最大的反映战争的照片。

图 24.4 若泽·西蒙:《机械化攻势》(*La Charge Mécanique*)

1918 年 5 月 18 日《画报》登载的这幅图片,表现了在法国索姆省卡西(Cachy)英军坦克冲散德国步兵师防线防线的场面。坦克,在这幅图片中为英国的马克 A 惠比特型,成为现代化战争的重要视觉标志和宣传主题,突显了协约国方面日益强大的物资和技术优势,由此打消了协约国方面日益强大的物资和技术优势,由此打消士兵和平民的疑虑。

图 24.5　向协约国将领欢呼的人群

这张照片显示的是 1917 年 6 月在巴黎与潘兴将军会面后，霞飞元帅离开克利翁酒店时的场景。民众争先恐后渴望一睹军事领袖、特殊时期的明星，是常见的宣传主题，旨在突显民众"坚定不移地"支持这场战争。

图 24.6　索姆河战役期间运送炮弹的窄轨火车

这张照片显示的是 1916 年 7 月 10 日将 220 毫米炮弹运往索姆河勒克内尔（Le Quesnel）附近前线的景象。类似的照片旨在炫耀协约国的工业和后勤能力，表现协约国完全能够高效率地组织这场战争。

图 24.7 乘坐双层客车的印度士兵

这张摄自法国北部的照片登载于 1915 年 6 月的《画报》上。照片中一望无尽的汽车车队是工业化战争的景象，与之相辅相成的是世界各地的盟国士兵的到来给来绘约国民众传递出鼓舞的信息：全世界都站在他们一方同德国作战。

图 24.8 俄国军队在马赛登陆

这张照片显示的是 1916 年 4 月俄国步兵在马赛登陆的场景。俄国士兵在第一旅第一旅的士兵在马赛登陆的场景。俄国士兵绕着地球转了一圈，从莫斯科出发，经亚洲、太平洋、苏伊士运河和地中海，沿途在西贡（今胡志明市）、新加坡和科伦坡（斯里兰卡）接受了检阅，这是一场重大的宣传事件。它加强了协约国成员国成员之间的紧密关系以及全球合作的效率，这是同盟国军营无与匹敌和破坏的。

图 24.9　在萨洛尼卡展出的德国齐柏林飞艇的残骸

这张照片表现的是一艘在萨洛尼卡空袭期间被击落的德国齐柏林飞艇 LZ85 的残骸，在该市的白塔附近进行了修复和展出。在交战国的各大城市，经常展出战利品和被毁的敌方武器，尤其是在首都。

图 24.10 处决法国第 362 步兵团的朱尔·布里扬（Jules Brillant），私人收藏

这名士兵于 1916 年 8 月 26 日在孔希莱波特（Conchy-Les-Pots）附近因失职遭到枪决。一名法国士兵暗中拍下了这张快照，这种公然违反军规的行为，如果没有战友的掩护，是不可能做到的。照片显示了一支正从死尸旁行进的部队，它是处决"仪式"的一部分。战后，这些"在黎明被枪决的士兵"成为这场战争期间最高统帅部武断而不受约束权力的有力象征。

SUR LES LIGNES DE VAUQUOIS : L'ÉPOUVANTAIL

— Les Allemands n'ont jamais pu reprendre le corps de cet officier observateur —

Aux approches du petit village, riant naguère, seuls quelques arbres dressent des bras de catastrophe sur la campagne désolée. L'un d'eux, dans ses branches déchiquetées par les balles et les éclats d'obus, tend vers le ciel un épouvantail sinistre : c'est le cadavre d'un officier observateur allemand qui fut tué là, à son poste. Pendant trois semaines, les soldats ennemis, en dépit d'efforts répétés, et qui leur valurent des pertes sérieuses, ne purent jamais reprendre le corps de leur chef.

图 24.11　树上的德国军官尸体

　　这名军官的尸体被吊在默兹省沃屈瓦（Vauquois）附近的一棵树上，1915 年 5 月 9 日的《镜刊》刊登了这幅照片，标题为"稻草人"。它的刊登表明，不是所有战时报刊上流传的图片都经过了审查处理。相反，报刊时常会刊登一些令人不安的奇形怪状的暴力图片。部分由于摄影师的自我审查，类似场所的法国士兵尸体大概不会被公之于众。

Sixième année. — N° 150.   Le Numéro : **25** centimes.   DIMANCHE 8 Octobre 1916.

LE MIROIR

PUBLICATION HEBDOMADAIRE, 18, Rue d'Enghien, PARIS

*LE MIROIR paie n'importe quel prix les documents photographiques relatifs à la guerre,
présentant un intérêt particulier.*

APRÈS UN DUEL A MORT ENTRE UN FRANÇAIS ET UN ALLEMAND DEVANT COMBLES

L'offensive qui devait nous donner Combles les a mis face à face dans une tranchée bouleversée. Comme les
guerriers de jadis, ils ont lutté corps à corps de toute leur vigueur, de toute leur haine, jusqu'à la mort.

图 24.12   堑壕里的法国和德国士兵尸体

　　这一场景出现在索姆河的孔布勒（Combles）附近，刊登在 1916 年 10 月 8 日的《镜刊》上。类似的照片不会通过官方的途径散布。这张照片有一种模糊性。一方面，它似乎支持战斗到底和消灭可恶的侵略者的理念。另一方面，这张照片有一定的和平气息，好像两名士兵正彼此相依而眠。照片出现在《镜刊》的封面上，该刊（就如照片上方的文字所说的）准备"为获得特别珍贵的战时图片而不惜任何代价"。这使得该刊能够登载与官方宣传步调不一致的反映现代战争实情的照片。

图 24.13　溃不成军的俄国士兵

与下一幅图片一样，这张照片刊登在 1917 年 9 月 8 日的《画报》上，是《每日镜报》记者 G. H. 梅维斯（G. H. Mewes）所拍摄的 8 张系列照片中的一张。它是这场战争期间极少数的表现士兵惊慌失措的照片之一。

图 24.14　在俄国试图恢复秩序的协约国军官

出自 1917 年 9 月 8 日的《画报》。右面的那名军官看上去是数名英国军官中的一员，摄影师 G. H. 梅维斯在他们完成任务的过程中随行。

图 24.15　呼吁加拿大犹太人支持这场战争的海报

　　这张加拿大海报传递的信息是："世界各地热爱自由的犹太人，已经或将为之而战。英国希望每一名以色列的子民尽心尽责，报名参加增援海外的步兵队伍。"那个被英国士兵割断捆绑手脚的绳索的人说道："你割断了我的绳索，让我获得了自由——现在，让我帮助你去使其他人获得自由！"这幅场景上方的三个人物是伦敦议会中的犹太议员。1917 年之前，为了劝说加拿大的犹太人参军入伍，不得不使他们对沙皇迫害犹太人的仇恨缓和下来。

图 24.16 法国殖民地的动员：认购战争债券

象牙海岸（今科特迪瓦）邦杜库（Bondoukou）的这一场景，被刊登在 1916 年 6 月 3 日的《画报》上。注意左边阿贝尔·费弗尔（Abel Faivre）的著名海报《为了法兰西——慷慨解囊》。这是战时标志性的募集战争债券的画面之一，它也出现在法属非洲。

图 24.17　匈牙利募集战时公债的海报

　　米哈伊·比罗（Mihály Bíró）这幅作品（1917）的信息是："我们要用武器和金钱保卫祖国。去认购战争债券吧。"战前，比罗已经因他的社会抗议海报而出名。同盟国战败后，他成为昙花一现的匈牙利苏维埃共和国首屈一指的宣传艺术家。

图 24.18　关于动员的荷兰明信片

　　这幅照片显示的是一名荷兰士兵为保卫他的国家而愿意尽忠职守。在这场战争爆发时，像瑞士和荷兰这样的欧洲中立国进行了动员，以防止领土遭到侵占。由于战争期间这些国家从未完全复员，所以这些中立国一直保持战争状态。

图 24.19 妇女敢死营

这张照片显示，来自彼得格勒的妇女身着军服正在帐篷前休息、喝茶和吃东西。照片中出现一名摄影师说明，1917年6月在发生革命的俄罗斯，女子部队队员面对面与同盟国作战。只有一支这样的女子部队的士气起到正面的心理影响，意在使这些形象对男性士兵的心理影响。媒体对很大的宣传价值，即第一妇女敢死营。

图 24.20　白宫门前抗议的妇女参政论者，1917

战争期间，在白宫门前举着海报抗议的妇女参政论者将威尔逊总统比作德皇威廉二世。1918年，美国妇女最终获得了选举权。

图 24.21 日本的米骚乱，1918 年

这张照片显示的是 1918 年 8 月 11 日，在日本米骚乱期间，铃木商店（Suzuki Shoten）被焚毁的景象。铃木商店是总部位于神户的贸易公司，战争期间得到了相当大的发展。在 1918 年 7 月至 9 月日本爆发的骚乱浪潮中，它的主要办公场所遭到洗劫。米骚乱是由大米价格暴涨引发的，而米价暴涨是日本政府未能控制的与战争相关的飙式通胀的一部分。

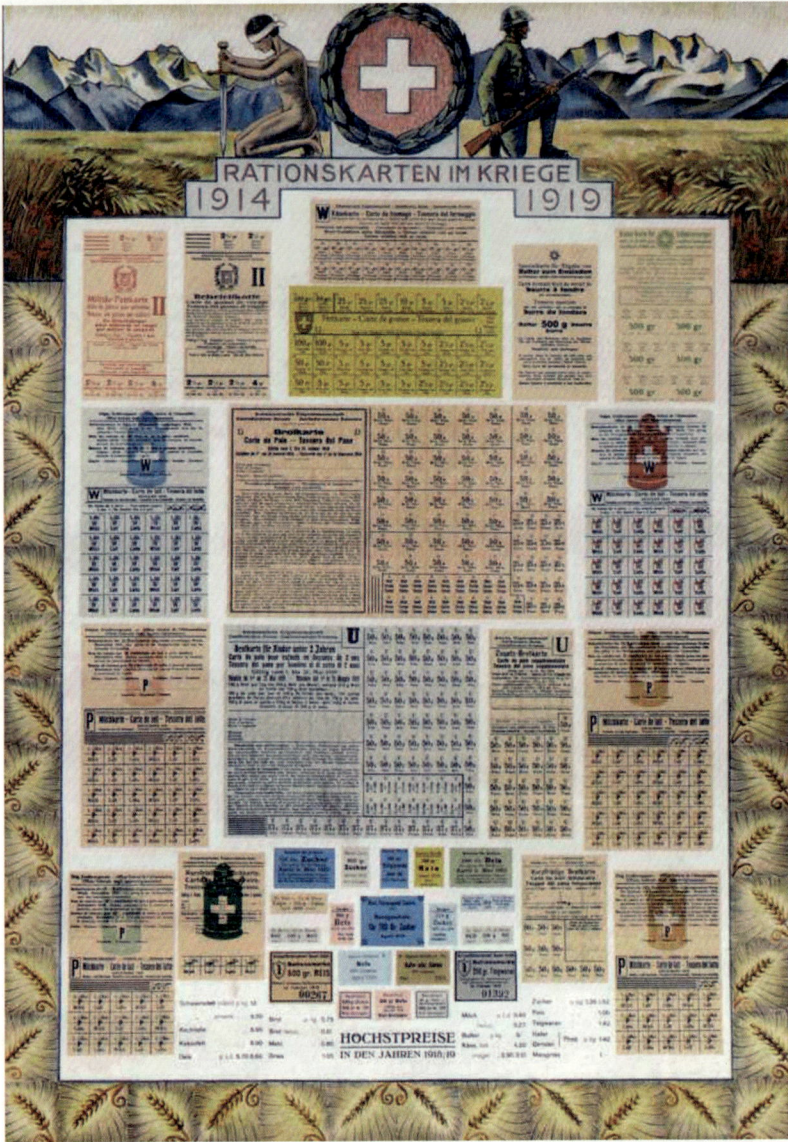

图 24.22　第一次世界大战期间登载定量供应卡的瑞士海报

　　这场战争期间，不仅仅是交战国在遭受困苦和各种物品的短缺。像荷兰、瑞士和瑞典这样的中立国也遇到挑战，必须固定某些商品的价格，对粮食实行配给制，使民众都能够得到供给。在瑞士，1917 年 10 月时定量供应面包和面粉，1918 年 3 月时定量供应黄油，1918 年 6 月和 7 月则是乳酪和牛奶。

图 24.23 德国货币：一张相当于 10 亿马克的钞票

在恶性通货膨胀期间，这张千元面值的帝国马克，从 1922 年 12 月开始，变得相当于值 10 亿帝国马克。而战争之初，1 美元相当于 4.2 帝国马克。战争期间马克的币值相比战前跌去了一半。但是，更糟的还在后面。1923 年 11 月货币改革之前，1 美元竟然相当于 4.2 万亿帝国马克。

图 24.24 阻止性病在德国士兵中传播的抗菌乳膏

这只木盒装有抗菌乳膏，其用途是防止性病在德国士兵中传播。各国军队都想出了切实可行的办法应对这个问题。妓女被明确告知她们应如何避免传染，在哪里能获得预防用品，如果她们未能使用获得的用品，将受到严厉的惩罚。妓女既要对顾客自己，也要对顾客的卫生负责。

图 24.25 阅读实行夏令时法令时的巴黎妇女，1916年6月

1916 年 4 月 30 日和 5 月 1 日，德国及其盟国最早实行夏令时。六周后的 6 月 14 日和 15 日，法国和英国效仿，而俄国和美国则分别到 1917 年和 1918 年才采取类似做法。

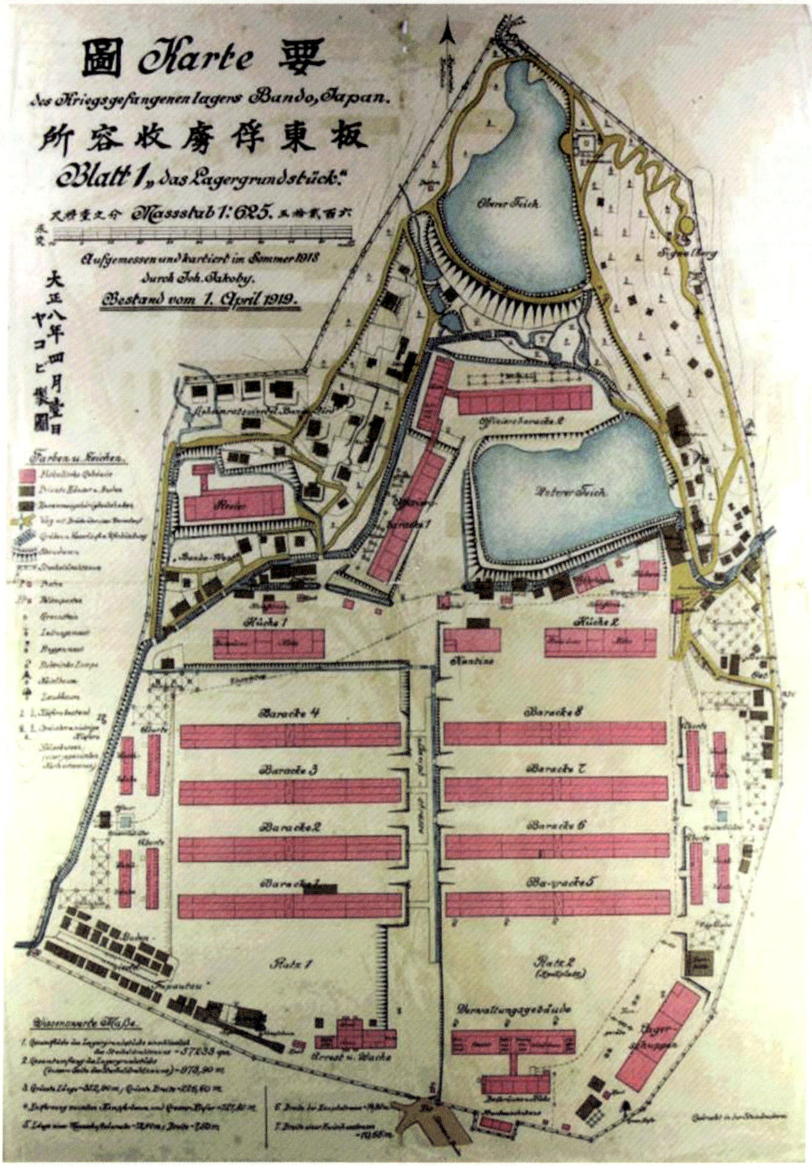

图 24.26 位于日本的德国战俘营的手绘图

这张示意图显示的是 1919 年 4 月 1 日坂东附近的战俘营，由战俘约翰内斯·雅各比（Johannes Jakoby）绘制。

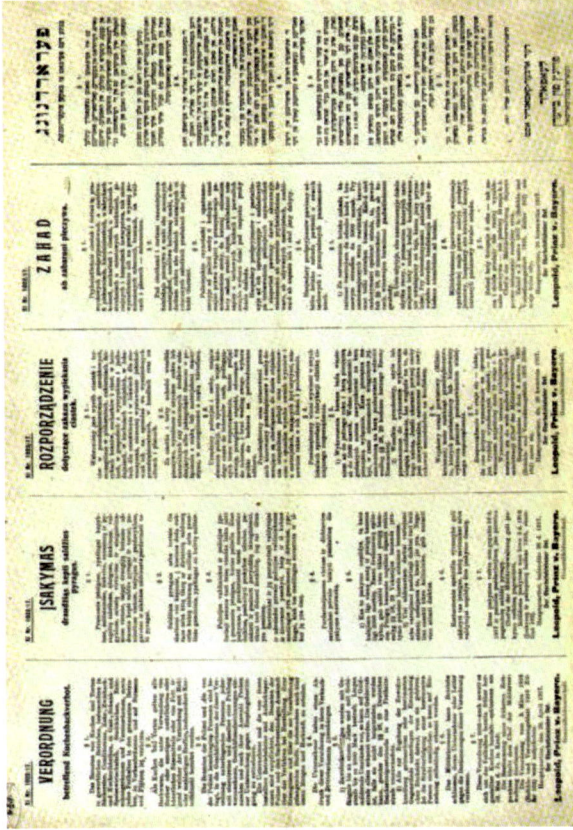

图 24.27　东线禁止制售烘焙食品的多种语言的禁令

这张日期为 1917 年 4 月 26 日的海报使用了德语、波兰语、立陶宛语、白俄罗斯语和依地语。它体现了德军东线最高司令部在“军事状态”下的管理手段所透露出的占领行为的官僚逻辑，该司令部管辖的大部分地方是今天的波罗的海地区、波兰和白俄罗斯。

图 24.28　德国军队采集占领区民众的照片数据，俄属波兰，1915 年

采集人体测量和照片数据，便于建立各种类型的身份证明或通行证，以允许占领区的民众随意走动。这种逻辑越来越为人们接受。比如法国在 1917 年 4 月为生活在其境内的外国人引入了强制性的 ID。这灵 1914 年之前不用护照周游世界现象的终结。

图 24.29 被处以绞刑的平民

1917 年在塞尔维亚东南部的尼什（Niš），保加利亚军队处决了这些平民。三年前，法国和比利时平民遭受了严厉的报复和镇压，其中许多行为在那时构成了战争罪。在东线的一些地段，情况同样糟糕或更糟。仅仅在加利西亚和塞尔维亚，被奥匈军队处决的平民估计就有 6 万人。

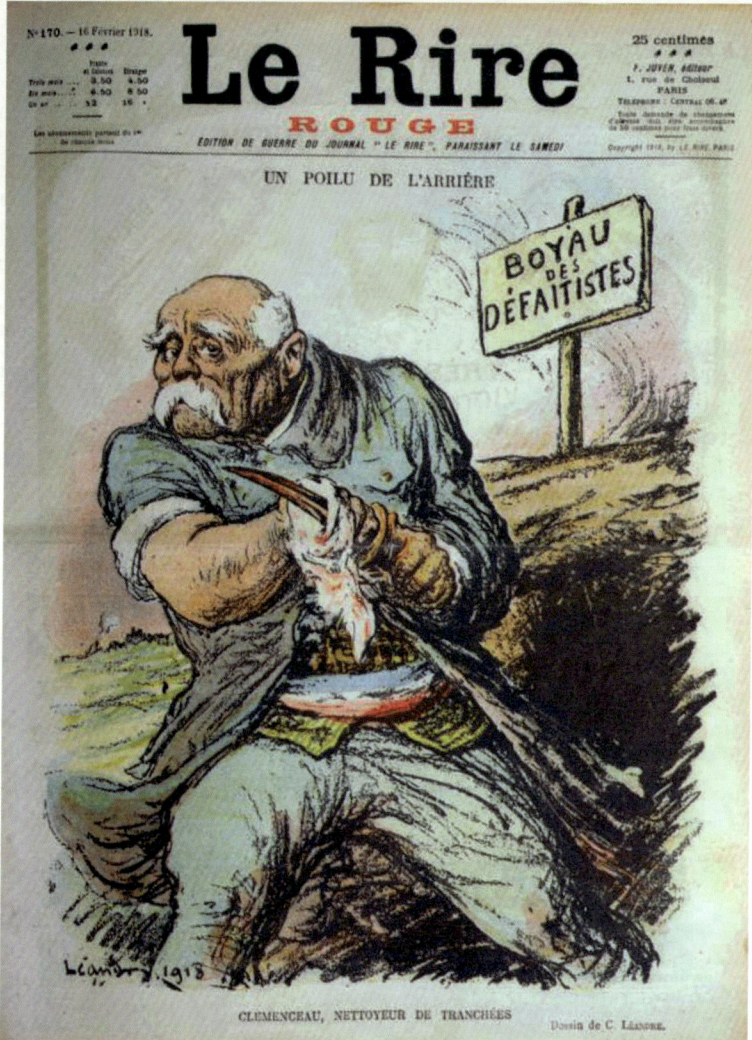

图24.30 克列孟梭作为"大后方战士"的漫画形象

这幅漫画出现在1918年2月16日的《胭脂笑》（*Le Rire Rouge*）上。自1917年11月起担任法国总理的乔治·克列孟梭，用行动体现了无条件为了战争的政策，这使他赢得了"胜利之父"的名号。这幅漫画表现了他对那些他眼中的各种和平主义或"失败主义"倾向的严厉打压。审判如前总理约瑟夫·卡约（Joseph Caillaux）或前内政部长路易·马尔维（Louis Malvy）这样的政治对手，给他们冠以叛国罪，证明了克列孟梭决意要摧毁任何反对将战争进行到底的人。

图 24.31　战时德国民众表达民主化愿望的漫画

　　这张关于新式胡须造型的漫画（意指宪政改革）出现在 1917 年 7 月 29 日的讽刺评论杂志《喧声》（Kladderadatsch）上。巴贝尔·米歇尔（Barber Michel），一位体现德国民族性格的大众人物，看着条顿骑士的胡须说道："最初，'法律面前人人平等'的新式胡须造型，也许会有一点儿不舒服。但是，他们会习惯的。"这幅漫画以赞许的口吻反映了 1917 年出现的要求宪政改革的潮流。

图 24.32 尤金·V. 德布兹（Eugene V. Debs）的脸部照片

美国社会党领导人和反战活动人士德布兹公开批评美国卷入这场战争以及实行义务兵役制。1918 年 6 月 30 日他遭到逮捕，并依据 1917 年的《反间谍法》受到审判。1918 年 11 月 18 日，他被判处 10 年监禁；也就是说，是在战争结束后做出了判决。

图 24.33 载着俄国革命者的汽车

这张照片显示，1917年士兵跪在汽车踏板上在彼得格勒穿行，他们的刺刀上绑着红旗。在1917年11月布尔什维克夺取政权的过程中，对彼得格勒实施军事管制是决定性的步骤。

图 24.34 关于入侵西伯利亚的日本版画

这幅版画颂扬了乌苏里江之战，即 1918 年 8 月 24 日在西伯利亚对布尔什维克军队所取得的一次胜利。在此次战役中，日本、法国、捷克斯洛伐克和白俄的军队在俄国哈巴罗夫斯克附近打败了红军。画面显示的是一名日本英雄详见上尉（Captain Konomi）被敌军士兵近距离杀害的瞬间。请注意，"布尔什维克"看起来像 1914 年的德国士兵一样，戴着"尖顶式"钢盔。一种解释是，日本领导人担心德国和奥地利的战俘可能会被布尔什维克利用。

本卷作者

斯特凡那·奥杜安－鲁佐（Stéphane Audoin-Rouzeau），是位于巴黎的法国社会科学高等研究院研究中心主任，以及位于索姆省佩罗讷的第一次世界大战历史博物馆国际研究中心主席。

让－雅克·贝克尔（Jean-Jacques Becker），是位于楠泰尔的巴黎大学荣誉退休教授，以及位于索姆省佩罗讷的第一次世界大战历史博物馆国际研究中心首任主席。

理查德·贝塞尔（Richard Bessel），是英国约克大学 20 世纪史专业方向的教授。

伊恩·M. 布朗（Ian M. Brown），伦敦国王学院战争研究专业方向哲学博士。

马丁·查德尔（Martin Ceadel），是牛津大学政治学教授和该校新学院（New College）的研究员。

迪特马尔·达尔曼（Dittmar Dahlmann），是波恩大学的东欧史教授。

斯蒂格·弗尔斯特（Stig Förster），是伯尔尼大学的现代史教授和军事史研究团队的负责人。

罗伯特·格瓦特（Robert Gerwarth），是都柏林大学的现代史教授和该校战争研究中心主任。

斯特凡·格贝尔（Stefan Goebel），是坎特伯雷的肯特大学的英国现代史高级讲师。

弗雷德里克·盖尔东（Frédéric Guelton），是《军事历史评论》的主编，在圣西尔军事专科学校讲授军事史，也在巴黎政治学院讲授国际关系史。

希瑟·琼斯（Heather Jones），是伦敦政治经济学院国际史的高级讲师。

赫尔穆特·康拉德（Helmut Konrad），是格拉茨大学的历史学教授。

艾伦·克雷默（Alan Kramer），是都柏林三一学院欧洲史专业教授。

萨穆埃尔·克勒伊辛哈（Samuël Kruizinga），是阿姆斯特丹大学当代史助理教授。

格尔德·克鲁迈希（Gerd Krumeich），是杜塞尔多夫大学的当代史荣誉退休教授，也是索姆省佩罗讷的第一次世界大战历史博物馆国际研究中心副主席。

罗伊·麦克劳德（Roy Macleod），是悉尼大学历史学（现代史）荣誉退休教授，也是历史与哲学名誉研究员。

安托万·普罗斯特（Antoine Prost），是位于先贤祠－索邦神学院的巴黎第一大学的荣誉退休教授。他领导了二十世纪社会史研究中心二十年，是法国1914百年纪念科学委员会主席。

伦纳德·V. 史密斯（Leonard V. Smith），是美国俄亥俄州欧柏林学院历史系教授，获弗雷德里克·B. 阿茨教授荣誉头衔。

乔治－亨利·苏图（Georges-Henri Soutou），是巴黎－索邦大学（巴黎第四大学）荣誉退休教授，法兰西学院成员。

戴维·史蒂文森（David Stevenson），是伦敦政治经济学院国际史专业方向史蒂文森荣誉称号教授。

巴里·苏普莱（Barry Supple），是剑桥大学经济史荣誉退休教授。

汉斯－彼得·乌尔曼（Hans-Peter Ullmann），是科隆大学现代史教授。

亚历山大·沃森（Alexander Watson），是伦敦大学戈德史密斯学院历史学讲师。

阿恩特·魏因里希（Arndt Weinrich），是巴黎德国历史研究所的研究员。

杰伊·温特（Jay Winter），是耶鲁大学历史学查尔斯·J. 斯蒂尔讲席教授，莫纳什大学著名的客座教授。

本杰明·齐曼（Benjamin Ziemann），是谢菲尔德大学德国现代史教授。

致　谢

　　如果没有位于法国索姆省佩罗讷的第一次世界大战历史博物馆的支持和协助，要完成这三卷本的第一次世界大战史是不可能的。该博物馆于 1992 年对外开放，是对 1914—1918 年这场战争的交战双方给予同等对待并顾及这场战争的全球特点的首家国际性博物馆。作为文化史上一代人努力的成果，这座历史博物馆由 1989 年开始运转的研究中心设计并编修了博物馆志。自其成立以来，我们历史学者就是项目的核心成员。

　　索姆省委员会资助了这座博物馆的建设。这体现了当地的自豪感，以及保护那些深深烙在索姆省与大千世界的山山水水和文化生活中的大战遗迹的责任。对于省委员会，我们十分感谢主席克里斯蒂安·马纳布勒（Christian Manable），文化局长马克·佩朗（Marc Pellan）。对于历史博物馆，要感谢馆长皮埃尔·利内亚特（Pierre Linéatte），总策展人玛丽－帕斯卡勒·普雷沃－博尔特（Marie-Pascale Prévost-Bault），主任埃尔韦·弗朗索瓦（Hervé François），以及以下工作人员：克里斯蒂娜·卡泽（Christine Cazé，万分感谢），弗雷德里克·哈德利（Frederick Hadley），卡特琳·穆凯（Catherine Mouquet），塞弗里纳·拉瓦拉尔（Séverine Lavallard）。此外，耶齐德·梅德蒙在提供历史博物馆独家收藏的照片方面，给予了至关重要的帮助。（见这三卷本历史著作所挑选的插图。）

　　这个由多国学者对第一次世界大战史共同做出的阐释，是通过博物馆历史研究中心督导委员会成员所组成的编委会召集协调的。作为这套书的主编，如果没有二十多年来我与之共事的一批历史学者，我甚至完全不可能开展编纂这套历史著作的工作。他们共有的看法是这三卷著作的核心所在，应该对这些学者和众多与我们共事的第一次世界大战研究领域的其他同事致以最真挚的谢意。我还要对丽贝卡·惠特利（Rebecca Wheatley）提供的帮助表示特别的感谢。

　　我们的工作采取以下形式：在完成确定目录和分派作者的任务之后，该著作的每一部分交由该部分的编者处理，他们负责各章的进度和完成以及本部分各章的书目说明。他们审核通过的各章将整体送交编委会，我作为主编则确保它们的完整性，以及它们的文体和方法同我们全球性和跨国性的目标相一致。海伦·麦克菲尔（Helen McPhail）和哈维·门德尔松（Harvey Mendelsohn）认真负责地做了很多工作，并且将用法语和德语撰写的各章初稿译成英语。佩罗讷的第一次世界大战历史博物馆的国际研究中心主任卡罗琳·方丹（Caroline Fontaine）承担起了这一庞大项目必不可少的协调工作。对于依旧存在的所有错误，我将承担全部的责任。

目 录

插图目录

已尽力同此书所翻印图片的相关版权所有人进行了联系。如果有任何错误之处，出版社愿意在重印或未来再版时予以纠正。

第二卷导言

杰伊·温特

第一次世界大战是对参战国政府合法性的一场考验。他们必须提供赢得战争所需的武器和兵力，同时要确保战争的努力不会导致人们挨饿、痛苦和绝望。协约国阵营的各成员国都经受住了合法性的考验（俄国例外），不但在战场上赢得了战争，而且维持了所谓正处于军队保护之下的平民像样的生活水准。同盟国阵营的各成员国则没有经受住这场考验，结果该同盟中的主要帝国——德意志帝国、奥匈帝国和奥斯曼帝国都解体了。

本卷讲述了第一次世界大战作为国家或帝国面对考验的一段历史，但也探讨了战争使国家体制以及国家同民间社会的关系发生转变的方式。卡尔·施米特将最高统治者定义为有权宣布非常状态的人，此时常规的法律、行政和政治规则中止了。[1] 到此时为止，世界历史上最超乎寻常的且最具灾难性的非常状态就是第一次世界大战，权力彻底集中在战时一帮行政和军事领导者手中，并由此对所有参战国的历史都造成了持久性的影响。

施米特观点的含义之一是——他在战后不久对此做出了阐述——作为一种进行内战或对外战争的方式，议会制解体了。施米特在 1927 年写道："伟大政治的巅峰是敌人被当作敌人且具体清晰地映入眼帘的时刻。"[2] 在第一次世界大战期间出现的这种"时刻"，使国内政治冲突和抵御外敌的战争措辞发生畸变。战争是长时间的

---

[1] Carl Schmitt, *Political Theology. Four Chapters on the Concept of Sovereignty* (1922), trans. By G. Schwab (University of Chicago Press, 2005), pp.5, 10, 12–13; Andrew Norris, "Sovereignty, exception, and norm", *Journal of Law and Society*, 24: Ⅰ (2007), pp.31–45.

[2] Carl Schmitt, *The Concept of the Political* (Berlin: Duncker Humblot, 1963, 1st edn, 1927), as cited in Richard Wolin, "Carl Schmitt: the conservative revolutionary habitus and the aesthetics of horror", *Political Theory*, 20: 3(1992), p.425.

1

"异常"状态，在这种状态下，法律、议会和行政规则必须抛在一边，以确保国家的生存。对参战各国内部的意见不一、舆论分歧和权力分配而言，情况同样如此。很多国家在停战之后仍持续了较长一段时间施米特所称的"非常状态"，这并不令人惊奇，在爱尔兰、波兰、俄国、土耳其、埃及、印度、朝鲜和中国，紧随战争之后的是暴力。在和平条约正式签订之后的很长时间里，流血事件还在不断地发生。

本卷展现了国家的不同职能——政治的、军事的、经济的和外交的——在战争期间发生的变化。在某些情况下，这种变化是激进且持久的，就如在俄国那样；在其他一些情况下，则是临时且短暂的，就如在英国那样。然而，所有的国家在战后都与战前大不相同。经济学家所称的战争门槛效应和集中效应，反映了武装冲突使得越来越多的国家资源处于国家直接或间接控制之下。在 1914 年，这个"门槛"因政府占国内生产总值的比重被限制在个位数而得以迈过。在 1918 年，尽管开始复员，但政府在国家经济中占据的份额从未回落到 1914 年之前的水平。政府主要机构服务和职能的"集中"，即战时提供抚恤金、社会保障和教育，都在停战之后保持不变。正是在偿还战争债务的同时维持这些服务的成本使得"门槛效应"难以改变。[3] 事实上，战时政府在规模、职能以及管辖权方面都得以扩大，这段历史是本卷，即《剑桥第一次世界大战史》第二卷最重要的部分。

确切地说，这些发展变化是跨国性的、无处不在的，但是就每个国家而言，它们的特色和意义又是各不相同的。所有处于战争状态的国家都面临着军方与文职部门关系或者议会对军事政策的审查以及战时经济增长的问题。后勤问题、士气、战术和武器系统的革新、战时对科学的利用和滥用、违纪或叛乱问题，所有这些在战争期间都是普遍存在的。军人可以复员返家，但在一定程度上国家绝不会完全复员。

因此，本卷将探究国家权力在施米特所称的"非常状态"下的多层面的历史，并阐明不同的政治体制对于几乎难以承受的战争压力所做出的反应以及因这种压力而发生变形的方式。为了理解两次世界大战之间自由主义的危机，一些国家议会体制的继续存在以及 20 世纪 20 年代和 30 年代其他一些国家的议会体制被独裁政权所取代，我们必须充分了解这样一场改变了政府权力限度的战争，它最初是加强，然后是削弱了政府对武力的垄断使用的合法性。

---

[3] Alan T. Peacock and Jack Wiseman, *The Growth of Public Expenditure in the United Kingdom* (Princeton University Press, 1961).

第一部分

政治权力

第一部分导言

让－雅克·贝克尔

格尔德·克鲁迈希

　　如果这场战争像当时人们认为的那样最多只持续数周或者几个月，那么就没有撰写这一部分的必要了，代之以军事行动的报告、士兵们和指挥官们的描述就已足矣。然而，反映一场持续四年多的战争，需要我们提出各种不同的问题。对于许多人来说，需要花费相当多的时间去理解或接受他们所预期的战争和他们被迫忍受的战争之间的差异。

　　法国陆军总司令霞飞将军认为，一切有赖于他和陆军；事实上，在1916年12月26日被解除指挥职务之前，他一直持这种观点。从1916年8月29日至1918年秋，为掌控德国方面战争而努力的两名德国统帅，兴登堡和鲁登道夫，也持这种观点，至少在鲁登道夫看到战争大势已去并断定将不得不由文官政府承担达成停战协定的责任之前，情况是如此。

　　使英国的文官当局能够掌握权力的手段——这手段在法国有更大的困难——是经济努力的联合，尤其是这场战争之前难以想象的工业努力的联合，为军队提供了装备或使军队得以进行军备重整，同时又不至于使民众陷入贫困。这种观点承认了大后方动员的重要性，没有它军事努力将陷于停滞。

　　因此，在某些国家中，这场战争使得文职部门能够重申他们相对于军方的权力地位。克列孟梭在法国肯定是这种情况，奥兰多在意大利以及劳合·乔治在英国（在有争议的程度上）也是如此。相较而言，在如德国这样的议会与帝国相混合的政治体制下，文官政府则受到军方的支配。在所有参战国家中，文职部门与军方领导者之间都存在着摩擦，有时是公开的冲突。不过，文官领导

层自身在这个问题上也会有内在的矛盾。在法国，国家领导人普恩加莱和政府

8　领导人克列孟梭之间的公然敌视就是一个很好的例子。在议会与政府之间，斗
争也时有发生，例如，德意志帝国国会在 1917 年 7 月公开了自己的媾和条款，
这是一种没有征服和赔款的和平，使一些文职部门和军方的领导者都懊恼不已。
在一些难以应对战争挑战的国家中，存在其他形式的冲突，例如在俄国和奥匈
帝国，这两国的执政当局分别在 1917 年和 1918 年失去了合法性和统治地位。

　　战争的压力也使外交发生了变化。驻外使节被赋予了将新盟友拉入战争，
维持盟国间联系以及防止盟国倒向另一方的重要使命。

　　我们使用了"第一次世界大战"或"第一次总体战"这样的说法，不但是
因为它们描述了一场波及广阔殖民帝国的跨越全球的战争，而且是因为这场战
争动员起了整个社会以及使其运转的社会和政治体系。也许，说这场战争几乎
是全球性的和几乎是总体性的会更加准确，因为主要的战场是在欧洲，除亚美
尼亚种族大屠杀以及由于德国占领比利时和法国、奥匈帝国占领塞尔维亚、德
国占领俄罗斯帝国的部分地区所导致的危难外，全世界的大部分平民都处于主
要军事战场之外。然而，不管怎样，这一部分所叙述的战时政治权力的历史，
是这场战争历史的一个重要组成部分。

1 国家和政府首脑[*]

让－雅克·贝克尔

第一次世界大战史的主要问题之一，是专制体制和民主体制谁更有利于从事战争。政治哲学家卡尔·施米特看到了有权独自宣布和管理他称之为"非常状态"的最高统治者的种种优点。这样一种政治理念和军事指挥链的垂直体系之间的并行表明，独裁者在战时将拥有最有取胜把握的手段。他们拥有决定自己国家命运所需的情报和权威，能够迅速采取行动，并且不受各种文职部门委员会或代表及议员们的掣肘。然而，也能够举出相反的例子，民主体制虽然是低效的，但一旦最终协调转化为行动，便能够坚定不移地开展行动，并不惜任何代价坚持到底。第一次世界大战所需的动员规模是十分浩大的，需要有效地获得被统治者的认可。在这一章中，我考察了截然不同的政治体制面对战争挑战所做出反应的方式。

第一次世界大战基本上是一件欧洲范围内的大事，但是 1914 年时的世界在政治上又是如何被治理的呢？除了瑞士，欧洲仅有的共和国是法国和葡萄牙，它们分别在 1870 年拿破仑三世倒台和 1910 年后逐渐发展起来。其他所有的欧洲国家则都是由君主统治着。

在北美，实力最强大的国家——美国，自独立战争以来已是一个共和国，并依据 1787 年的宪法进行治理，但是加拿大作为一个自治领国家仍然同英国保持着联系。大多数拉美国家都是共和国，包括面积最大的国家巴西，它在经历了很长一段君主制之后于 1891 年成为一个共和国；但是，宪法原则在这些国家

---

* 海伦·麦克菲尔将本章从法语译为英语。

很少得到尊重。政治生活的特征是猛烈的爆发和种种的"声明",一般推翻一个独裁政权是为了建立另一个独裁政权。拉美南部最大的几个国家——阿根廷、巴西和智利——都是共和国。他们的政治体制从性质上来说更具欧洲性,军方的地位相对较弱,社会冲突也与欧洲类似。阿根廷社会党实际是第二国际的成员之一。

这些并不直接涉及这场欧洲战争的国家渐渐地成为协约国的支持者,尽管阿根廷受到英国和意大利中等强度的影响,智利、玻利维亚则受到德国的影响;但是,当美国参战时,其影响波及了大半个拉丁美洲——从1917年起的古巴、巴拿马和玻利维亚,以及当年晚些时候的秘鲁、乌拉圭和厄瓜多尔。其他国家则主动中断与同盟国的外交关系,但中、南美洲在第一次世界大战期间依然是边缘化的角色。然而,从长远看,战争对这个地区有着重要的影响(见第一卷的第20章)。战争带来的经济方面的间接影响,即鼓励进口替代和削弱英国对拉美的经济控制是意义更加深远的,尽管短期内这些变化的政治影响并不强烈。

非洲的大部分完全或者几乎完全处于欧洲帝国的控制之下,某种程度上除了远东以外,亚洲的大部分也同样如此。自19世纪60年代末的明治时代开始从封建状态向现代国家转变以来,君主制的日本敞开国门谋求发展,并且实现了现代化,但仅仅从宪法的表面看是如此。即使睦仁天皇(1867—1912)及其子嘉仁(1879—1926)的权力被削弱很多,拥有少量选民的议会(国会)也只扮演了一个极其有限的角色,尽管自由党或进步党力图去赢得更大的权力份额。权力属于类似长老会的五位政界元老,他们终身拥有这种职位。长州藩和萨摩藩是封建世系的继承者,各自控制了陆军和海军。首相则由后者指派。从1914年到1916年,首相是大隈重信侯爵(1838—1922),他是一位武士,也是进步党的早期领导人。在大约四十年里,他担任过多个大臣职务,曾数次担任外相一职。

中国在1911年至1912年推翻清王朝之后成为一个共和国,但是严重的无政府状态是其主要特征。在上海资产阶级的支持下,国民党的领导人——革命家孙中山——在1911年10月于南京就任共和国的临时大总统,*但是数周后让位于帝国军队的统帅袁世凯。继任临时大总统之后,这位新领导人在1913年10月

---

* 此处有误。1911年10月10日,武昌起义爆发。1912年1月1日,中华民国临时政府在南京成立,孙中山被推举为临时大总统。——译者注

被选举为正式大总统，并不太成功地试图在中国建立他的专制统治。除了日本之外，远东地区开放步入现代世界依然是刚刚发生的事，以至于无论是在政治上还是在军事上都难以对抗欧洲。

"世界大战"的说法能讲得通，主要是因为欧洲殖民帝国的存在。军事冲突 11 的全球特征是有限的，除了在战争后期日本和美国的情况，这两个国家都具有很大的影响力。

战争爆发时的国家和政府首脑

当这场战争爆发时，有五个国家处于事件的中心：俄国、德国、奥匈帝国、法国和稍许犹豫之后的英国。德国、奥匈帝国和俄国的皇帝在理论上仍然握有实权，但是现实中他们角色的有效性很大程度上取决于他们的性格——俄国尼古拉二世的角色是羸弱的，奥匈帝国弗朗茨 - 约瑟夫的角色由于年龄而被削弱，德国威廉二世则十分积极且事事干预。

1914 年，威廉正值五十五岁，年富力强。1888 年，当他的长兄腓特烈二世在位数月就死于癌症之后，他出人意料地执掌了帝国的权力。* 他开始投身伟大的事业之中，但很快同首相俾斯麦起了冲突，导致俾斯麦在 1890 年不得不辞去首相职务。威廉二世接下去的行动确保了后继的几位首相都个性软弱。他非常热衷于暴风雨般的声明、壮观的远航和炫耀军力，出生时落下的左手缺陷可能助长了他的这种性格特点。1900 年，当德国军团出发参与镇压中国义和团起义的国际远征时，他为自己写下："采取行动，让中国人一千年内都对德国人望而生畏。"就如当时德国著名外交家之一弗里茨·冯·荷尔斯泰因所称："他爱好的是戏剧，而不是政治……"这位德国皇帝喜爱高谈阔论，表面上很睿智，但实际上，他完全是反复无常和谨小慎微的，尽管他热衷于发表好战的演说。作为维多利亚女王的外孙，他对欧洲各君主之间家族纽带维持稳定的作用充满信心。他与弗朗茨 - 斐迪南大公关系密切，大公的遇刺最初使他支持奥匈帝国政府做出激烈反应。然而，随着塞尔维亚谋求和解的回应，威廉认为事情已经得到了

---

* 这一说法有误，应为威廉二世在父亲腓特烈三世在位 99 天死于咽喉癌之后，继承了德意志帝国的皇位。——译者注

解决。他习惯于在外交文件上做出标注，此时他写道："不到四十八小时就取得了辉煌的胜利！这超出了一个人所能期望的。对维也纳而言，这是一次巨大的精神胜利。"

俄国皇帝，沙皇尼古拉二世，在其父亲亚历山大三世英年早逝之后于1894年登上皇位，时年二十六岁。因此，到1914年时他才四十多岁，是三位皇帝中最年轻的一位。他才智有限，没有接受多少知识教育，完全未做好领导帝国的准备。用皮埃尔·勒努万的话说，他是：

> 一个懦弱的人，试图将他的犹豫不决掩藏在权力的外表之下，他时常流露出的顽固仅仅是这种懦弱的一方面。总之，他是一个思想狭隘、脾气暴躁的人，是一个不具备敏锐见识和充沛精力的领导者。[1]

他怀有一种坚定的信念，他是一位独裁者并且完全没有觉察到俄国正在发生变化。在沙皇村的宫殿里过着一种非常离群索居的生活并只爱好家庭生活的他，既不了解治下的人民，甚至也不了解那些贵族。他受到妻子黑森的亚历山德拉的影响，这是一位迷信且神秘的德国公主，吸引着冒险家和江湖骗子。这些人当中最有名的当数拉斯普京，特别是因为生于1904年的皇子兼皇位继承人阿列克谢患有当时的不治之症血友病，拉斯普京从1905年起对沙皇夫妇有着极大的影响。

威廉二世和尼古拉二世都十分不愿意看到欧洲的危机演化成一场全面的战争，1914年7月底那些署名尼基（Nicky）和维利（Willy）的往来电报很好地说明了这一点。尼古拉的大臣和将军们难以说服他接受战争，很长一段时间他都拒绝外交大臣萨宗诺夫的观点："想想你正建议我肩负起的责任吧！想想成千上万将赴黄泉的人们吧。"直到7月30日，他才同意颁布总动员令。

三位君主当中年龄最大、资格最老的当属奥匈帝国皇帝弗朗茨－约瑟夫，1848年被迫逊位的费迪南一世的侄子。1914年，弗朗茨－约瑟夫已八十四岁高龄，七月危机时正从病痛中康复过来。自十八岁继承王位以来，他漫长的执政

---

[1] Pierre Renouvin, *La crise européenne et la première guerre mondiale* (Paris: Presses Universitaires de France, 1962), vol. xix, p.102.

道路只是留下了一系列家庭和政治不幸的印记：弟弟马克西米利安在墨西哥被枪决，弟妹夏洛特因悲伤而精神失常，唯一的儿子鲁道夫在梅耶林（Mayerling）自杀身亡，妻子伊丽莎白在日内瓦被一名意大利无政府主义者刺杀。在政治层面，奥地利帝国被逐出了德意志和意大利，不得不接受奥地利－匈牙利的二元体制。我们并不确定这些个人的不幸如何影响了这位多少有些麻木不仁的君主，但是政治问题使他变得谨慎并拒绝任何对外的冒险行动。　　13

　　此外，当他的侄孙（great-nephew）*遭遇刺杀时，他正身在离维也纳两百公里远的夏宫，这削弱了他对事件的影响力。然而，他比自 1912 年担任外交大臣的利奥波德·冯·贝希托尔德伯爵更为谨慎，这位伯爵是帝国最富有的贵族之一，并因他的看法浅薄而出名。贝希托尔德和弗朗茨－约瑟夫的陆军总参谋长、军事才能非常平庸的弗朗茨·康拉德·冯·赫岑多夫，都赞成对塞尔维亚立即采取行动，事实上，这是萨拉热窝事件之前很长一段时间里他一直所渴望的。弗朗茨－约瑟夫认为，让刺杀皇位继承人的凶手逍遥法外是不可能的，即使他并不喜欢这位继承人，但是由于统治前半期在军事上的败绩——大概在半世纪前——所以他反对任何形式的军事冒险。他认为，首要的是，即使已决定采取行动，也不能在没有获得德国同意的情况下进行。在去年巴尔干战争的后期，德国曾反对奥地利介入。

　　然而，尽管他们的说话方式和信念表明他们是君主，就像尼古拉二世那样，但这三位君主没有一位是真正的独裁者。这几个帝国都存在宪法体制：俄国是自 1906 年宪法颁布之后，德国是依据 1871 年的帝国宪法，奥匈是 1867 年二元制建立之后。所有这些国家都根据不同形式的选举规定选出议会——俄国的杜马，德国的帝国国会和联邦参议院，奥匈帝国的议会——但是，某种程度上除了匈牙利以外，它们仍然不是代议制的立法机构。行政机构并不对这些议会负责，政府首脑则是由君主任命并受命于君主。事实上，如果没有这些议会的支持，日常的管理是很难维持的，即使只是为了预算问题，但是战争或和平的问题不属于这些议会职责的一部分。无论是此时正处于休会期的奥地利议会，还是匈牙利议会，都根本没有在战争危机中发挥任何作用。

　　从 1911 年至 1915 年，奥地利政府由卡尔·冯·施蒂尔克伯爵领导，施蒂克

---

*　此处有误，应为侄子。——译者注

是一位有些倦怠的官僚，总是坐等调查的结果，被社会党领导人维克托·阿德勒之子弗里德里希·阿德勒所刺杀。从 1911 年至 1917 年，匈牙利的首相是伊什特万·蒂萨伯爵，他曾经在 1902 年至 1905 年担任过这个职务，1918 年死于一名革命士兵之手。蒂萨是一位个性很强的人，坚定地反对军事干预，特别是他认为帝国内有着太多的斯拉夫人。

14   在德国，自 1909 年起直到 1917 年，首相是特奥巴尔德·冯·贝特曼·霍尔韦格。身为帝国首相的同时，他还是普鲁士首相兼外交大臣。他出自一个银行家、法学家和大学学者的家庭，在学生时代同皇帝结下的友谊使他更加容易在普鲁士和帝国的行政圈获取一个快速上升的职业生涯。如弗朗索瓦·罗特所称："就如同他的前任（冯·比洛）一样富有才能，但差强人意且无足轻重，贝特曼·霍尔韦格是一个严肃、讲究实际以及有些官僚主义和教授范儿的人。"[2]

霍尔韦格也是一个保守、沉着、勤奋且能干的人，他不太关心对外的冒险行动。危机期间，在外交大臣戈特利布·冯·雅戈不在职的情况下，由副外交大臣阿图尔·齐默尔曼协助他工作，而他们俩的看法较为相似。齐默尔曼后来成为外交大臣，在 1916 年 11 月至 1917 年 8 月掌管对外事务。

1914 年 7 月 5 日，德国领导层收到了一封由亚历山大·霍约斯——奥匈帝国外交大臣的首席助理——呈交的弗朗茨－约瑟夫皇帝的手书，但实际为贝希托尔德所写。与一年前他们的看法相反，德皇威廉二世和大臣们一致同意奥匈干涉塞尔维亚，鉴于冲突的形势以及特别是俄国不会卷入其中，他们确信这场冲突必定会维持在局部范围内。

最近这几年，俄国处于两位有力的政治人物的治理之下，分别是谢尔盖·维特—— 1906 年被尼古拉二世解除了职务，因为他迫使尼古拉二世接受了一些公共机构的改革——和彼得·斯托雷平，后者自 1906 年起任总理大臣直至 1911 年被刺杀。这两人都反对对外冒险。接替斯托雷平的是弗拉基米尔·科科特索夫，一位出色的总理大臣，略逊于斯托雷平；但是，1914 年 1 月伊万·L. 戈列梅金取代了科科夫佐夫担任总理大臣，直到 1916 年。戈列梅金是一个性格软弱且非常保守的人，仅发挥了十分微弱的作用。其后，外交大臣谢尔盖·萨

---

[2] François Roth, "Bethmann-Hollweg", in François Lagrange (ed.), *Inventaire de la Grande Guerre* (Paris : Universalis, 2005).

宗诺夫（斯托雷平的连襟）成为总理大臣。萨宗诺夫对国际事务有着良好的判断力，曾经担任过驻罗马和伦敦的大使，自1910年起掌管对外事务，然而他是一个反复无常且神经质的人。

萨拉热窝刺杀事件之后，俄国政府的反应谨慎且克制，但是当7月23日奥匈帝国向塞尔维亚发出最后通牒时，他们的态度发生了转变。俄国城市舆论的反应十分强烈，在政府看来必须要采取行动，但希望这种反应只是针对奥匈帝国，而能使德国置身事外；因此，政府的看法是，部分动员优于全面动员。然而，对俄国陆军领导人而言，部分动员在技术上是不可能实现的，而且在军事上是枉然的，因为在他们看来，避免一场全面的战争是难以做到的。

在四个实力排名靠前的欧陆强国中，法国是唯一拥有议会体制的国家。当时主要的政治人物是雷蒙·普恩加莱。普恩加莱是洛林人，1860年出生于巴勒迪克（Bar-le-Duc），当这座城市在1870—1871年的战争中被普鲁士军队占领时，他才十一岁，这是影响他一生的一段经历。1887年，当他二十七岁时，身为一名律师、共和党人、平信徒和爱国者，他当选默兹省（La Meuse）的议员。用菲利普·尼韦的话说，他是一位"新"共和国崭露头角的后起之秀。[3]1893年，当他三十三岁时，普恩加莱第一次担任部长职务。1903年，他以不同寻常的年轻岁数当选默兹省的参议员。1912年1月，在上一年阿加迪尔事件之后，他被吁请组建一届政府。这位财政方面的杰出专家还接手了外交部，因为据他判断国际形势是危险的。普恩加莱希望加强同俄国的关系，在阿加迪尔事件发生时，俄国同法国的政策保持着距离，但他对俄国保护之下的巴尔干地区所发生的动荡感到不安。俄国没有告知法国它在巴尔干动荡问题上的立场，于是，普恩加莱决定访俄（为避免过境德国而经海路），于1912年8月5日从敦刻尔克出发。一抵达圣彼得堡，他就要求看看那些有关巴尔干同盟及其目标的文件。

与之前获得的情报相反，普恩加莱认为，这个同盟不是防御性而是进攻性的。他注意到，"这是一纸通往战争的盟约"。俄国外交大臣萨宗诺夫想要打消他的疑虑，声称没有俄国的允许，巴尔干国家不会采取行动。但实际上，即使是俄国政府也受到了它驻巴尔干国家的代表的阻碍，即驻保加利亚的阿纳托尔·涅克洛多夫和驻塞尔维亚的尼古拉斯·哈特维希。萨宗诺夫所能做的也就

---

[3]　"Poincaré", by Philippe Nivet, in *Inventaire de la Grande Guerre*.

是使巴尔干国家略微推迟行动而已，就如巴尔干国家在 1912 年发动那场被人称作"第一次巴尔干战争"时的情形那样。尽管普恩加莱很恼火，但是他仍不打算反对俄方的行动，否则将冒法俄同盟破裂的风险。然而，这是极其危险的做法：俄国现在知道，对于普恩加莱来说，法俄同盟非常重要，他们在发起冒险行动之前甚至无须征询法国的意见，此后不到两年的时间就发生了这种情况。

16

1913 年，在第二次巴尔干战争期间（1913 年 6 月至 8 月），德国阻止了奥匈帝国的介入，否则可能引发一场全面的战争。但是，两次巴尔干战争的后果之一是，德国陆军的首脑（赫尔穆特·冯·毛奇，即小毛奇，1870 年战争获胜者的侄子）使首相贝特曼·霍尔韦格同意增强陆军的实力，虽然贝特曼·霍尔韦格对财政感到担忧。法国司令部立即做出决定，他们的部队人数必须立马进行扩充：为此，服兵役的年限从两年延长至三年。在少数左翼和整个右翼政治势力的支持下，1913 年 7 月 19 日投票通过了《三年义务兵役法》。

1913 年 1 月 17 日，雷蒙·普恩加莱当选共和国总统。总的来说，他的政治立场被归为"中间偏左"，因此他需要来自右翼的支持去赢得选举。在过去的三十年里，共和国总统只扮演一个小角色，但是普恩加莱非常希望在国际政治领域起带头作用，尤其是在面对社会党人和激进左翼猛烈抗议时，在其权力范围内尽力维护《三年义务兵役法》。1914 年 5 月的大选对左翼来说是一场胜利，但是左翼阵营的一部分人支持《三年义务兵役法》，于是赞成它的选民和反对它的选民势均力敌。为了确保《三年义务兵役法》不受挑战，普恩加莱试图强行建立一个由亚历山大·里博领导的政府，里博是一个支持这项法案的中右翼人士；但是，众议院很快推翻了他，只是因为左翼阵营不能支持右翼政府！于是，普恩加莱只好妥协让勒内·维维亚尼去领导政府。维维亚尼几乎算不上是一个对外事务方面的专家，尽管他掌管过外交部。作为一名律师和一个口若悬河但性格有些虚伪的人，维维亚尼属于社会共和党——一个居于社会党和激进派之间的派别。他本人反对《三年义务兵役法》，但是他的政府，包括大多数部长或国务秘书都投票赞成该项法案。因此，他领导的政府是一个不希望重新回到该问题的政府，至少不是在最近的将来。

1914 年 6 月中旬，维维亚尼正式就职，一个月以后他陪同共和国总统前往俄国访问。基本上这是一次例行访问——新上任的共和国总统访俄是一个惯例——但是，本次访问离普恩加莱作为总理访俄如此之近，在萨拉热窝刺杀事

件之后如此之快，因而承载了一种不同的含义。两位国家领导人从 1914 年 7 月 17
21 日至 23 日在俄国访问，直到 7 月 29 日他们才回到法国，还取消了一些在斯
堪的纳维亚国家首都停留时的预定行程。

尽管未获悉奥匈帝国 7 月 23 日对塞尔维亚发出的最后通牒，但即使他们已
感觉到事情正在酝酿之中，在俄国时又发生了什么呢？显然，除了雷蒙·普恩
加莱谈论法俄同盟的力量，什么都没有发生。他重申了法国立场的坚定性，这
进一步使俄国人相信，在必要的情况下采取行动之前无须征询法国的意见。

主导欧洲政治舞台的第五个国家是英国，但是它存在许多国内问题——爱
尔兰问题、劳工问题和女权运动——以及一种蓬勃发展的自由贸易和平主义，
以至于欧陆问题很少得到关注。此外，萨拉热窝刺杀事件在某些方面并未驱除
英国对塞尔维亚人的厌恶情绪。

事实上，国王乔治五世几乎没有任何权力，尽管在战争期间他对军事领导
不是没有影响力。真正的权力在政府。1906 年，全面的选举失败使保守党下台，
自由党掌权。1914 年的首相是赫伯特·阿斯奎斯，对外事务则由爱德华·格雷
掌控，从 1905 年到 1916 年他一直担任外交大臣一职。虽然总体上他反对卷入巴
尔干事务，但是他不能接受任何有利于德国的均势变化。德国入侵比利时是这
种均势变化的体现，结果在 1914 年 8 月 4 日英国参战。

总而言之，一个未被充分意识到的悖论是，1914 年 8 月初，一场关乎大部
分欧洲的战争开始了，而此时大部分国家和政府的首脑是持反对立场的。他们
是事态升级过程中的受骗者，多数军事首脑必须为此承担责任。在奥匈帝国和
俄国，军事首脑虽然也部分参与其中，但更明显的是，在德国，他们还篡夺了
文官政府的权力。对毛奇将军来说，在俄国正在进行动员之时，选择坐等会危
及新版施里芬计划所制定的军事行动，该计划要求在将全部力量转向对付俄国
之前快速结束同法国的战事。这种对于"延误"的担忧，困扰着所有的军事首
脑。例如，在法国，为避免承担进一步的不确定性所带来的风险，总参谋长霞
飞将军于 7 月 31 日下午三点半书面发布了原本应由政府发布的总动员令。

国家首脑和战争的扩大 18

这场战争最初预期只持续数周或几个月，然而它进行了超过四年的时间，

波及世界的远方。最早参战的非欧洲国家是日本，它几乎在这场战争爆发之初就反常地参与了进来。作为英国的一个盟国，日本从 1914 年 8 月 23 日起就认为自己同德国处于战争状态。它的目的是抢占德国在中国的租借地，但是在 11 月 7 日占领青岛之后，日本的战争努力便停止了。针对法国政府特别要求日本派军队前往西方战场，日本外相加藤男爵在 11 月 19 日的答复是："我反对将军队派往欧洲。"

奥斯曼帝国是第二个参战的非欧洲国家。自 1909 年起，它基本上处于苏丹穆罕默德五世的统治之下。然而，事实上这位七十岁的温和长者并无实权，就像 1913 年至 1917 年担任他的大维齐尔的赛义德·哈利姆帕夏＊那样，至多算是一个政府首脑。掌权的是青年土耳其党，在推翻他的兄长、"血腥苏丹"阿卜杜勒·哈米德二世之后，青年土耳其党的军官将穆罕默德扶上了王位。其兄的绰号反映了哈米德二世是一个残酷的人，尤其对于 1894 年至 1896 年的亚美尼亚人来说，但是哈米德二世的热情未能阻止帝国在巴尔干的逐渐瓦解。1908 年在萨洛尼卡的军队爆发了第一次革命，随之而来的是一段陷入困境的时期。曾有人试图恢复苏丹的权力，但是从 1913 年起，统一与进步运动的成员——青年土耳其党取得了绝对的统治权。最初，统一与进步运动是一项现代主义和自由主义运动，但渐渐成为民族主义运动，目的是在整个奥斯曼帝国境内实现同质化，即将全体民众"土耳其化"。该运动在欧洲战争爆发时并未联合起来，至少分为三个派系：主张置身战争之外的，主张站在协约国一方参战的和主张站在德国一方参战的。1914 年，三个派系的主要领导人，陆军大臣恩维尔帕夏、内政大臣塔拉特帕夏和海军大臣杰马勒帕夏（恩维尔和杰马勒是驻萨洛尼卡军队的前军官），大概是因为传统上对俄国的敌视，最终宣布站在德国一方。7 月 30 日，他们同德国签署了一项秘密条约，接着在 10 月 29 日通过由德国海军上将苏雄指挥的两艘军舰，"戈本号"和"布雷斯劳号"，以海峡为掩护对黑海的俄国舰只

＊ 维齐尔（Vizier），是伊斯兰国家历史上对大臣的称谓，大维齐尔相当于政府首相或总理，帕夏（Pasha），是伊斯兰国家高级官员的称谓，相当于英国的"勋爵"。——译者注

发起了攻击，从而迫使同僚接受战争的事实。1914 年 11 月 2 日，奥斯曼帝国和俄国之间正式宣战。

战争随后席卷了整个巴尔干地区，所有的巴尔干国家都怀有以奥匈帝国为代价的领土野心。塞尔维亚——战争首先在此开始——是唯一一个拥有本民族王朝的巴尔干国家。两个家族——卡拉乔尔杰维奇和奥布雷诺维奇，在19世纪里为权力而斗争。最后一位奥布雷诺维奇家族的国王，亚历山大一世，奉行屈从奥地利的政策，在1903年同他的妻子一道被塞尔维亚民族主义者刺杀。随后继任国王的彼得一世（卡拉乔尔杰维奇家族），曾在圣西尔（Saint-Cyr）的法国军事学院学习，并且在1870年的战争期间作为一名法国军官参与战斗。但是，他年老体衰（1914年已七十岁），难以发挥重要的作用。事实上，在1914年7月，他将大部分权力让给了儿子亚历山大，其子转过来让首相尼古拉·帕希奇进行统治。帕希奇是这一时期塞尔维亚（后来的南斯拉夫）的主要政治人物，他直至1926年去世前不久才放权。作为一名精力充沛的民族主义者和反奥匈人士，他引领国家政治朝成为俄国盟友的方向发展，并且表现出非常强烈的反奥匈倾向，尤其是在1908年奥匈吞并波斯尼亚－黑塞哥维那问题上。他很谨慎小心，虽然事先耳闻刺杀阴谋的传言，但是未能成功阻止萨拉热窝刺杀事件的发生。

罗马尼亚、保加利亚和希腊全都是有着德国血统的王朝。罗马尼亚的国王卡罗尔一世来自霍亨索伦家族；保加利亚的国王费迪南一世来自萨克森－科堡－哥达家族，1908年他成为保加利亚沙皇；希腊的国王君士坦丁一世来自荷尔斯泰因家族。此外，希腊国王迎娶了德皇威廉二世的妹妹。因此他们全都有着亲德立场，尤其是希腊国王。虽然所有这几个国家都有宪法体制，但是君主的权力依然是相当大的。

保加利亚最关心为两次巴尔干战争复仇，但是缺乏经济能力，而且一直亲近俄国。由于奥匈和德国为其提供大笔的财政援助，国王费迪南被说服，于1915年10月14日对塞尔维亚宣战。

罗马尼亚国王卡罗尔一世支持同盟国，但他死于1914年10月，其继承者，他的侄子费迪南，倾向于支持协约国。但在1915年之前，费迪南对介入战争犹豫不决。从法国的角度看，这种拖延给人的印象是，罗马尼亚政府实行的是一种高于一切的"投机"政策，谋求最有利的联盟。按照卡特琳·迪朗丹的说法，这是一种错觉：它仅仅是政治圈和公众舆论间深刻分歧

20 的反映。[4] 在布加勒斯特，那些支持协约国的人是多数，包括在自由党和民主－保守党内。他们在议会、政府、大学和媒体表达他们的声音，同时他们遭到了反对，毕竟还存在一些保守派、亲德分子，以及左翼"农民"的代表，1907 年一次大规模农民起义的后继者。另外，在该国农民群众中，绝大多数人的想法是和平。政府的首脑约内尔·布拉蒂亚努（Ionel Brătianu）——1878 年领导罗马尼亚获得独立的扬·布拉蒂亚努之子，曾在巴黎（高等理工学院）从事高级研究，总体上赞成站在协约国一方参战。1916 年俄国取得胜利的时候，他判断这是最佳时刻，于是罗马尼亚在 1916 年 8 月 27 日对奥匈宣战。

希腊同样在亲德的王室和倾向于协约国并梦想重建拜占庭帝国的首相埃莱夫塞里奥斯·韦尼泽洛斯之间摇摆。其结果是出台了一项十分混乱的政策。韦尼泽洛斯鼓励协约国军队于 1915 年 10 月在萨洛尼卡登陆，接着迫使国王君士坦丁在 1917 年传位于儿子亚历山大，从而在 1917 年 6 月 29 日将希腊引入了战争。

还有两个欧洲国家在战争中加入了协约国一方。第一个是意大利。在战争爆发时，它属于三国同盟中的一员（与德国和奥匈帝国），但是意大利政治党派和公众舆论的绝大多数都赞成中立。意大利最重要的政治家，自由党人乔万尼·焦利蒂也持这种观点。1914 年 5 月，另一位自由党人安东尼奥·萨兰德拉就任首相。他一直担任这个职务直到 1916 年 5 月，其本人支持加入协约国一方参战，目的是从奥匈手中收回"领土收复主义的"（未收复的）领土，主要包括特伦蒂诺（Trentino）、的里雅斯特（Trieste）和阜姆（Fiume）。1915 年 4 月 26 日，外交大臣西德尼·松尼诺同法国和英国签署了《伦敦条约》，承诺意大利可以获得这些领土，以作为参战的回报。5 月，国王维克托·埃曼努埃尔（干涉主义者的"光辉万丈的国王"）共谋煽动了民族主义大游行，5 月 24 日，萨兰德拉将意大利引入了战争。

第二个是葡萄牙。葡萄牙经历了大幅的政治动荡，在推翻了国王曼努埃尔之后，1910 年成为一个共和国。尽管葡萄牙最亲密的盟国——英国，小心谨慎，但是共和党人中最激进的民主派想要加入战争，以赋予共和国合法地位。在 1915 年亲德的皮门塔·德卡斯特罗政变未遂之后，激进共和党的"强人"贝尔

---

[4] Catherine Durandin, *Histoire de la nation roumainc* (Paris : Editions Complex, 1994), pp.66 ff.

纳迪诺·马沙多在 1915 年 8 月成为共和国的总统。面对葡萄牙的敌对态度，事
实上是德国在 1916 年 3 月 9 日主动向葡萄牙宣战。　　　　　　　　　　　　21

美国参战

　　得益于共和党内部的种种分歧，民主党人伍德罗·威尔逊于 1912 年当选
美国总统。当战争在欧洲爆发时，无论是欧洲人还是美国人，没人料想到美国
会参战，特别是因为这场战争被预计最多持续几个月的时间。威尔逊宣布，从
1914 年 8 月 4 日起，美国持完全中立的立场。1916 年，他成功地再次当选，设
法"使美国一直置身于战争的世界之外"。欧洲战争伊始，威尔逊就设想建立确
保维持世界和平的国际组织，但是，有些情况将美国推向了协约国一方。由于
英国的封锁，只有协约国能够同美国进行贸易，来自美国银行的贷款方便了大
宗采购。由于事关贷款的偿还，美国银行与协约国的胜利息息相关，德国的行
动增强了这种看法。对德国而言，阻断协约国与美国之间的贸易是至关重要的。
为此，在 1917 年 1 月 31 日，德国宣布针对敌国和中立国海运实施无限制潜艇
战，如果这种情况发生，美国的海运将遭遇打击。在一段时间的犹豫之后，随
着试图鼓动墨西哥与美国交战的"齐默尔曼电报"的公开，三艘美国船只被鱼
雷击沉以及俄国沙皇统治的垮台，为了海上航行的自由和世界民主的生存，威
尔逊使美国卷入了这场战争。1917 年 4 月 6 日，国会投票决定参战。

参战国的政治发展

　　每一个处于战争之中的国家都面临着几个问题——维持国家团结、政治稳
定以及文职部门与军方权力之间诚挚而有效的关系。军方权力无处不在的惯性
思维方式是：文官权力的唯一角色就是为他们提供所需的手段，其他一切则属
于军方的职责范围。

　　在法国，政治动荡是一种常见的现象，而且这种情况并没有消失。在四年
战争及之后多一点的时间里，法国有六届政府。但是，其中只有一届政府是被　　22
选下台的，即 1917 年的潘勒韦内阁，其余六届则是辞职的。*在 1914 年 5 月大

---

*　原文如此，从逻辑关系看，应为"其他五届"。——译者注

选之后，法国被战争弄得措手不及。掌权的政府是左翼，它的代表人物是总理勒内·维维亚尼。起初，相信自己完全能够领导这个国家的雷蒙·普恩加莱不认为有必要变更政府的组成，但是他本人关于政治休战（神圣联盟 [The Union Sacrée] ）的声明使得像法国这样的国家——在其他国家情况看上去并非如此——有必要建立一个体现这一承诺的政府。这就是 1914 年 8 月 26 日第二届政府组建的解释，其仍由勒内·维维亚尼领导。在这种情况下，普恩加莱本可以要求任命一位新总理。在一流的政治家中，有一位出众而且不会拒绝出任总理的人物，即乔治·克列孟梭。但是，普恩加莱不想让他任总理，因为克列孟梭曾拒绝接受一个甚至与司法部长同样重要的职位，普恩加莱可能会遭到他的直接拒绝。虽然总理人选未发生变化，但是政府本身进行了相当大的调整。即使那样，在一个世俗化的法国，向右翼天主教的代表呼吁也是不可能的，而向左翼呼吁似乎是可能的。以朱尔·盖德任不管部部长和马塞尔·塞姆巴特任公共工程部长的形式，社会党同意加入政府。另一名社会党人阿尔贝·托马，被提名担任负责火炮和军需的副国务秘书。虽然朱尔斯·盖德和马塞尔·塞姆巴特看上去像是有些背景的人物，但是阿尔贝·托马的角色变得越来越重要。一些一流人物也得到传召：阿里斯蒂德·白里安主管司法部，泰奥菲勒·德尔卡塞主管外交部以及亚历山大·米勒兰主管陆军部。财政部则由共和党右翼人士亚历山大·里博执掌。

不论政府的组成如何，对于一个处于战争状态的国家而言，政府角色的问题依然存在。就陆军首脑霞飞将军而言，回应是最为简单不过的。任何事情必须取决于最高统帅部，政府的角色最好简单到提供陆军所需的东西就行。共和国总统很快抱怨道，军事形势甚至都未向他通报。确实，在 1914 年 9 月初，他和政府在德军推进的威胁之下，被迫撤离巴黎而落脚在波尔多。一旦危险过去他们希望重返巴黎时，最高统帅部非常坚决地反对。直到 12 月 10 日，马恩河战役胜利三个月后，他们才设法返回。议会也回到了巴黎，首先在 1914 年年底召开了一次非常会议，接着从 1915 年开始步入正轨。两院的委员会有权审查军事和非军事政策，陆军委员会尤其希望发挥它们的作用，从 1915 年 11 月起由克列孟梭领导的参议院陆军委员会更是如此。

政府和议会重返巴黎没有带来政府的稳定。亚历山大·米勒兰自 1914 年 8 月 26 日起出任陆军部长，他将自己看作最高统帅部的代言人和过滤器。为了改变这种情况，1915 年 10 月 28 日，在执政十四个月之后，第二届维维亚尼内阁辞职。阿里斯蒂德·白里安领导的新内阁声称遵循前政府的政策路线，但实际上，他扩大了政府的组成，将天主教右翼的一名代表德尼·科尚吸纳了进来，而且白里安关于政府角色的设想也是大不相同的。白里安已经介入战争和外交事务的处理，他反对霞飞的建议，积极支持派一支协约国军队前往萨洛尼卡。尽管他挑选了一名将军——加列尼——作为他的陆军部长，但这是一名懂得如何将总司令部包含在传统权力范围内并与霞飞将军关系势如水火的将领。然而，当 1915 年 3 月 7 日加列尼在部长会议宣读一份似乎是对最高统帅部以及总司令部干预外交、政治或经济问题的谴责的讲稿时，总理并未对此予以多少关注。九天后，已经病重在身的加列尼辞去职务，此时离他生命结束只有数周时间。霞飞的好友罗克将军接替了加列尼的职务，他使总司令部恢复了他之前所拥有的全部权力。

这没有阻止一些议员厌倦最高统帅部行动效率的低下，就如他们在秘密委员会会议上表现出的那样，白里安不希望存在这种委员会，但又不得不接受。为了避免被迫下台，他需要对最高统帅部进行改组。尼韦勒将军在 1916 年 12 月 13 日取代了霞飞将军。12 月 12 日，白里安还不得不改组他的政府。社会党人退出了政府，除了相反获得晋升的阿尔贝·托马，他作为一名副国务秘书，后来被提名担任军需部部长。但是，新的白里安政府十分短命，陆军部长利奥泰将军并不信任新的总司令和与之存在矛盾的议会议员。利奥泰于 3 月 4 日辞职，很快整个政府步其后尘。这样，在战争期间，白里安执政了十七个月。

亚历山大·里博领导的政府接替了白里安政府，从 1917 年 3 月至 9 月初，他执政略超过五个月的时间。他的政治处方是一样的：社会党人阿尔贝·托马为一方，天主教右翼的德尼·科尚为另一方。在 7 月 22 日克列孟梭发表关于"失败主义"的重要演讲之后，里博被迫辞职。克列孟梭指控路易·马尔维，战争爆发以来的内政部长，未对失败主义的宣传展开足够坚决的斗争。

保罗·潘勒韦领导下的新政府是第一个没有加入"神圣联盟"的政府——社会党人拒绝支持该联盟。仅仅两个月他就被社会党和右翼势力的联盟推翻，他们反过来指责他没有着手处理许多有关叛国的谣传。

在 1917 年里，法国已经有了三届内阁。总统普恩加莱当时只好吁请克列孟梭。克列孟梭的内阁可以被视作第一个"战争内阁"，他坚定地声称，只关心

24

如何进行战争。同时，这位领导人还兼任陆军部长——的确，潘勒韦已经身兼过这两种角色，但是首要的一点，在克列孟梭身兼两职的情况下，是军方权力（事实上已经遭到蚕食）居先，还是文官权力优先的问题，已不再适用了。克列孟梭是唯一的"战争领导人"，将军们——无论是 1917 年 5 月 15 日尼韦勒被解职后（因灾难性的"贵妇小径"攻势）的法国陆军总司令贝当，还是 1918 年 3 月杜朗会议之后一步步成为协约国军队总司令的福煦——都仅仅是他的偶尔喃喃地表示不同意见的下属。正是这一届克列孟梭政府带领法国赢得了胜利，并接着进行和平谈判。最终，这届内阁在执政二十六个月之后，于 1920 年 1 月递交了辞呈。总之，法国是唯一在战争的四年里有过六届政府但未对它的政治体制构成任何挑战的国家。

当战争爆发时，英国首相赫伯特·阿斯奎斯，一位自由党人，认为没有必要对内阁进行大的调整。他向社会主义者拉姆齐·麦克唐纳提供了一个职位，但遭到了拒绝，因为后者反对这场战争。事实上，阿斯奎斯使政府一直保持不变，因为他预想这是一场十分短暂的战争，虽然他很快不得不接受，与普遍所期望的相反，战争不会在圣诞节时就结束。尽管如此，他在 8 月任命英国最有名的将军基奇纳勋爵为陆军大臣。阿斯奎斯知道，这场战争会持续数年时间。很快就一目了然的是，英国陆军完全是不够格的，但是对于自由党来说，出于种种基本信念，依然不可能推行征兵制。于是，基奇纳发起了一场自愿入伍的强大运动，这正是他的伟大功绩，其象征是一张画着他伸出手指并写道"你的国家需要你"或是"我需要你参加英国陆军"的海报。战争的第一年，在自愿入伍者的浪潮回落之前，大约有 200 万英国男子应征入伍。到 1916 年 1 月，要避免逐渐迈向义务兵役制是不可能的了，尽管豁免的情况依然众多。

虽然成功建立了一支庞大的英国陆军，但是这很快引起了媒体对于政府指挥战争问题的批评。阿斯奎斯不是一位非常能干的战争领导人，1915 年 5 月，阿斯奎斯政府变成了联合政府，包括了十二名自由党人、八名保守党人和甚至一名工党成员阿瑟·亨德森（工党在议会的新领导人）。像一直反对战争的拉姆齐·麦克唐纳一样，其他工党议员和一些较小政党的激进分子仍然留在这个执政联盟之外。

然而，在总司令约翰·弗伦奇爵士（确实不完全胜任）和陆军大臣基奇纳

勋爵（1916 年 6 月死于前往俄国的海上）以及政府其他大臣之间，争论一直十
分激烈。基奇纳的光环已经大大消退，他没有认识到如何在一个民主体制下掌
控战争。在某种程度上，他的死可以被看作是一种幸事：一些人认为这并不完
全是意外，尽管没有证据支持这种说法。

　　在政府内部，与阿斯奎斯的分歧也在不断积累，他被指控在进行战争方面
过于倦怠（一些人谴责他在为陆军供应军需品问题上管理不善）。这种批评使财
政大臣劳合·乔治从中受益，他在 1915 年是军需大臣，并取代基奇纳担任陆军
大臣。1916 年 12 月，阿斯奎斯被迫辞职，让位给劳合·乔治，虽然后者是一
名自由党人，但他得到了所有保守党人、仅一部分自由党人和工党成员的支持。
从那时起，战争问题由劳合·乔治领导的只有五名成员的战时内阁掌控，劳
合·乔治有时被控实行独裁统治，有时也被看作是"英国的克列孟梭"。他领导
这个国家取得了胜利，同时依然同 1915 年 12 月接替了弗伦奇的新总司令道格拉
斯·黑格爵士保持着相当糟糕的关系。

　　意大利同英国一样未做好战争的准备，它的陆军尤其如此。安东尼奥·萨
兰德拉的自由党政府在面对陆军司令路易吉·卡多尔纳将军时毫无权威，后者 　26
更愿意站在同盟国一方作战，并视自己完全独立于政府。萨兰德拉也是反战潮
流的靶子，伟大的自由主义政治家焦利蒂尤其推动了这种潮流。1916 年 6 月，
为应对奥匈突破进入波河平原的威胁而在特伦蒂诺发起的攻势失败之后，萨兰
德拉政府被年事已高的保罗·博塞利领导的甚至更弱的政府所取代。博塞利的
司法部长维托里奥·奥兰多，一名西西里人和了不起的法学教授，在他面对失
败主义或颠覆性宣传而变得强硬之前，第一个被民族主义者指控为对和平主义
者过于软弱。在卡波雷托（Caporetto）的惨败之后，博塞利政府被推翻（1917
年 10 月 25 日），奥兰多被传召取代了博塞利。奥兰多的政府事实上包含了所有
党派的代表，但是他仍然拒绝被任何一个政治党派束缚。他一开始就解除了卡
多尔纳将军的职务，卡多尔纳被认为要为那场灾难负责，并因他指挥的血流成
河而徒劳的攻势以及残酷对待被他指控为在激烈的战斗中表现怯懦的官兵而名
誉扫地。卡尔多纳被迪亚斯将军取代，后者是一位个性坚强但希望同政府保持
良好关系的将领。

　　一旦意大利战线稳定在伊松佐（Isonzo）以西一百公里的地方，奥兰多就致
力于重建国内的秩序，并设法促使围绕战斗的指示——"抵抗，抵抗，抵抗"，

成为全民的共识。他大力搜捕、谴责和关押失败主义分子，绝大多数众议员，包括焦利蒂，都聚拢到了他的周围。奥兰多将带领意大利走向胜利。在他身上，也有某些类似克列孟梭的东西。就如皮埃尔·米尔扎所强调的，战争结束前夕意大利在维托里奥-威尼托取得的胜利应归功于奥兰多，当时他不顾最高统帅部和大多数大臣的反对意见，命令迪亚斯将军继续发起攻势。[5]

尽管存在一些差异甚至是某些重要的区别——法国是非常与众不同的——三个议会制国家，法国、英国和意大利，都表现出一种相似的发展模式。政治家克列孟梭、劳合·乔治和奥兰多，领导他们的国家取得了胜利，看上去代表了同一类型的领导人，对待失败主义分子与和平主义者采取坚定的态度，以他们为中心形成团结一致的政治或公众舆论，以及一定程度上成功地坚持文官权力居于军方之上。

27　　　在德国，情况则是大不相同的，它不具有议会体制。起初，所有的政治力量（包括国会中认可集体行为准则的社会民主党的大多数议员）都团结在德皇周围，相信战争是防御性的，特别是对俄国的战争。这就是"政治休战"（Burgfriede），但是从战争的最初几天起，战争的军事指挥就完全避开了贝特曼·霍尔韦格。他很少得到有关作战行动的情况汇报，尤其是当陆军相信能取得快速胜利时。在这场战争中（此前他认为战争是不可能发生的），贝特曼·霍尔韦格受自己能取得快速胜利的想法驱使，接受了1914年9月9日的作战方案，他的这种想法受到了预想在东西方展开大规模领土兼并的陆军和泛德意志主义分子的煽动。马恩河的失败很快使他的梦想破灭了。

9月14日，毛奇让出德国陆军总参谋长的职位给普鲁士的陆军大臣埃里克·冯·法金汉。贝特曼·霍尔韦格与这位新统帅之间的关系一直紧张，他们没有彼此进行改善。首相霍尔韦格将法金汉看作是政治上的对手，因此不赞同他的军事眼光。在东线取得有限的胜利之后，法金汉所持的"胜利取决于西线"的信念促使他发起了凡尔登战役。在此处面临着失败的同时，法金汉发现他的地位因罗马尼亚站在协约国一方参战而遭到进一步削弱。在同负责东线指挥并寻求完胜俄国的兴登堡和鲁登道夫达成一致意见后，贝特曼·霍尔韦格劝说德皇更换了法金汉。1916年8月29日，兴登堡获得了德国全部陆军的指挥权，鲁

[5]　"Orlando", by Pierre Milza, in *Inventairc de la Grande Guerre*.

登道夫作为军需总监*握有实际的权力。但是他们同贝特曼·霍尔韦格的关系很快就恶化了，在他们看来，西线的胜利有赖于东线的完全胜利，贝特曼·霍尔韦格却不再相信这一点是能够实现的，主张寻求其他方案同俄国进行谈判，在1917年俄国二月革命之后明显存在这种可能性。事实上，贝特曼·霍尔韦格变得越来越孤立和无能为力，他的作用仅仅是在国会中为投票通过战时公债而去赢得多数。德皇威廉二世本人也几乎未发挥更大的重要作用。因此，贝特曼·霍尔韦格不得不屈从于进行潜艇总体战的决定（1917年1月9日），尽管他相信这将招致美国参战，并丧失通过谈判实现和平的任何可能性。

随着战争的延长，德国帝国国会形成了两个派别。1917年7月，帝国国会的多数派，中央党、进步分子和社会主义者中的天主教徒，以天主教的议员马蒂亚斯·埃茨贝格尔为代表，呼吁进行旨在结束战争的和平会谈。他们遭到了保守主义者和民族主义者的反对，后两者是希望抵制失败主义的"爱国阵线"（Patriotic Front）的代表。首相贝特曼·霍尔韦格被夹在两派之间左右为难。将领们认为他过于软弱，霍尔韦格不得不在1917年7月13日辞职，并被才能更欠缺的几个人所取代。首先是格奥尔格·米夏埃利斯，他只是兴登堡和鲁登道夫的傀儡，仅任职了三个月。其后是格奥尔格·冯·赫特林伯爵，他属于中央党的右翼，像帝国国会的多数派一样，支持寻求"公正的和平"；但是他年迈多病，事实上在制定战争政策方面没有起任何作用。尽管说克列孟梭在法国实行独裁统治是完全夸大的（相反他是文官权力居优先地位的象征），但是，兴登堡和鲁登道夫在德国确实通过自己的战争计划，进一步强化和加速经济和人力资源的动员，从而确立了一种"准独裁统治"。

德国军方要独自为《布列斯特－立陶夫斯克条约》的条款负责，它比1917年8月6日至1918年7月9日任外交大臣的理查德·冯·屈尔曼所谋求的要苛刻得多。为了给德国在欧洲其他地区进行大范围扩张做准备，正是军方并且是军方独自强加了极其苛刻的条件。这需要大部分军队留在东线——反过来进一步削弱了1918年春季德国在西线发起的最后一次大规模攻势的获胜势头。

西方议会民主体制下的文官主导地位和德国的军方主导地位（连同在同盟国一方的奥匈帝国和在协约国一方的俄国）不是旗鼓相当的。军方权力只是获

---

*　相当于副总参谋长。——译者注

得但未能在这场战争中有效利用权力，这一点很快就显示了出来。

有一些迹象表明，掌权的某些人意识到了这种困境，于是试图采取措施防止灾难性的后果。在奥匈帝国，变化是以八十六岁高龄的皇帝弗朗茨－约瑟夫在 1916 年 11 月的驾崩为标志的。他非常年轻的侄孙卡尔（Karl，时年 29 岁）继承了他的皇位。这位新皇帝认为，奥匈不可能赢得这场战争，德国的辉煌胜利就算是可能的，也会使德国主宰奥匈帝国。然而，必须尽力避免失败，因为这将招致帝国的解体。奥匈皇帝卡尔打算引领奥匈的内外政策做出彻底的反转。他重开了议会，解除了陆军司令康拉德·冯·赫岑多夫的职务，指控他未能防止奥匈的军队在 1917 年 2 月 28 日落入德国的指挥之下。在削弱陆军对于这个国家的影响时，卡尔实际上打算如果可能就使奥匈从这场战争中摆脱出来。就如他所言："奥匈政府的责任是寻求和平……如果必要，不惜违背德国的愿望。"事实上，奥匈与法国之间已经开始秘密的谈判，但是出于几方面的原因没有任何成功的可能性：除其他因素以外，尽管奥匈的外交大臣切尔宁伯爵毫无疑问想要和平，但是他拒绝单独媾和（与法国的想法相悖），而且协约国中的巴尔干国家和意大利不想放弃他们占据奥匈帝国领土的野心；此外，归还阿尔萨斯和洛林给法国的"承诺"完全是不现实的，因为它们是德国的属地，而且德国会坚决反对割让它们。与强大的德国盟友相比，奥皇卡尔经验太过欠缺，于是初衷化为泡影。实际上，奥匈是随波逐流的。

在俄国，经历了一段相当短的政治团结时期之后，权力迅速地分化。很快一些政府职能被转移到其他的机构，如泛俄罗斯地方自治联盟（the Pan-Russian Union of Zemstvos）或泛俄罗斯城市联盟（the Pan-Russian Union of Cities）。在 1915 年至 1916 年间，政治、经济和军事的形势持续恶化，迫使杜马重新召开，但它没有实际的权力。政府的大臣们更替频繁，1915 年和 1916 年就有四位总理大臣和六位内政大臣，全部都是无能或无力的政客。其中一位是 1916 年的总理大臣鲍里斯·施蒂默尔——拉斯普京的人，而且被怀疑是一名德国间谍。1915 年 9 月 5 日，沙皇（完全没有权力）接管了陆军的指挥权，这使他住在莫希列夫（Mohilev）的总司令部，离首都几百公里。因此，权力或多或少落入了在拉斯普京影响下的皇后手中。1916 年 12 月 30 日至 31 日晚间拉斯普京遭到暗杀，但未能改善种种问题。这次刺杀本可能尝试收回沙皇的权力，但是相反的情况发生了。混乱不断加剧。事实上，如尼古拉二世所称："且请考虑，是我必须亲

自挽回人民对我的信心，还是他们必须挽回我对他们的信心。"[6] 在如此近乎愚蠢
的无能面前，政变已在谋划之中。

战争的结束和革命

在这种形势下，俄国是第一个被战争夺去政权的国家是可以理解的。1917
年 2 月至 3 月的第一次革命，迫使尼古拉二世放弃皇位（公历 3 月 16 日）。随
后，临时政府一个接一个，首先是自由派的贵族格奥尔基·李沃夫，接着从 7
月起是社会革命党人亚历山大·克伦斯基。然而，他们必须同各地建立的工兵
农苏维埃分享权力。新政府首先被一个不可能解决的矛盾纠缠着：他们不想退
出战争，但是对他们而言又不可能继续进行下去。

1917 年 11 月 7 日，轮到他们被布尔什维克领导的第二次革命推翻（俄历 10
月 25 日）。与其他布尔什维克领导人不同，人民委员会主席列宁确信，尽快退
出战争对于新生政权的生存是极其重要的，无论什么条件。12 月 3 日，谈判在
布列斯特 - 立陶夫斯克开始，在苏俄退场而招致德国大规模进攻之后，1918 年 3
月 3 日最终以和平条约的签署结束了谈判。

在 1918 年，在春季取得一丝胜利的同盟国一个接一个地崩溃了。首先是保
加利亚，在 10 月 3 日沙皇费迪南退位之后，于 10 月 30 日签署了停战协定。同
一天，奥斯曼帝国在穆德洛斯（Moudros）投降并同英国签订了停火协定，开始
解体。青年土耳其党的主要领导人，塔拉特、杰马勒和恩维尔，出逃并最初避
难于德国。

也是在同一天，奥匈帝国在朱斯蒂村（Villa Giusti）同意大利签署了停战协
定——但是帝国已经不存在了：10 月 18 日民族会议宣布捷克独立，10 月 29 日
塞尔维亚 - 克罗地亚人和斯洛文尼亚人宣布独立，10 月 30 日匈牙利人宣布独立。
奥皇卡尔虽未正式退位，但只能放弃权力，11 月 2 日奥地利共和国宣布成立。

但是，德国还存在——最后一个崩溃。尽管外交大臣理查德·冯·屈尔曼
因在 1918 年夏季从事旨在寻求平等的停战协定的秘密谈判而被迫辞职，但是到
9 月末，鲁登道夫坚持认为，为挽救陆军，必须马上停战。为了使协约国相信这

---

[6]　引自 Renouvin, *La Crise*, p.397.

并不是一个诡计，他需要一位自由派的贵族——马克斯·冯·巴登，他拥有国会多数的支持——出任首相。在勉强的情况下，马克斯·冯·巴登在 10 月 1 日接受了首相的职位。正是在总参谋部的指示之下，他毫不迟疑地遵命去寻求停战。

11 月 9 日，德皇威廉二世被迫正式放弃普鲁士国王和德意志皇帝的头衔。同日，首相马克斯·冯·巴登将权力移交给社会民主党人弗里德里希·艾伯特。也是在同一天，另一名社会民主党人菲利普·沙伊德曼宣告成立共和国。11 月 11 日，停战协定签订，德皇寻求荷兰的庇护并被接受，二十年后，他死在了那里。

结　论

1913 年，法国社会党最重要的领导人之一，马塞尔·塞姆巴特，出版了一份小册子，名为《创造国王，还是创造和平》(*Make a king, or make a peace*)。自相矛盾的是，作为勒内·维维亚尼和之后阿里斯蒂德·白里安战时内阁的公共工程部长（从 1914 年 8 月至 1916 年 12 月），他当时想说的是，只有君主和专制政权才有能力进行一场战争。当战争结束时，事实否认了这一不成功的预判，在所有或者几乎所有君主保留足够广泛的权力来"进行战争"的国家里，政权都摇摇欲坠或是垮塌，它们的君主不得不逃亡或是退位。只举最重要的例子，德皇威廉二世、沙皇尼古拉二世和奥皇卡尔一世（此时弗朗茨－约瑟夫已经驾崩）都在失败中灰飞烟灭。当然，一些君主还存在于欧洲或世界的其他地方——英国、意大利和比利时的国王，日本的天皇——但是他们共同的特征是，他们不再拥有超过象征性的权力，不再能够发动战争（也许比利时国王除外）。

几乎在所有地方——有时过程并不十分长——代议制政权建立了起来，而且胜利阵营是清一色的民主政体。难道这意味着，一个代议制的政府比一个专制或独裁政权更有能力领导一个国家赢得胜利，并且这种胜利是战胜国所宣称的他们正为之而战的民主的结果吗？

设想问题会有所不同地发展演变总是可能的，但是我们不能完全忽视，战胜国最终会被打败还是与之相反，是一个非常微妙的平衡的结果。最初，几乎任何地方，人们都是为自己的国家而战，出于爱国主义而战，并且在这场为国家的斗争中，当兵役制成为一种制度时（尽管在英国最初不是如此），可以认为代议制政权最终更能够唤起全体公民的支持，从而弥补了某种最初的不足。然而，只是在近乎战争的三年之后，美国在威尔逊总统的呼吁中——就如他在 32
1917 年 4 月 2 日所阐明的——为了民主而加入战争。如果威尔逊不得不成为与沙皇相拥抱的兄弟，那将是极大的讽刺，但非常幸运的是，尼古拉二世被迫在两星期前退了位。

即使我们避免相信历史变化的系统性和必然性，但事实依然是，最具代议制特征的政权赢得了战争，而且在战后的欧洲各地，民主制占优势，即使当它没有被完完全全地尊重甚至被取笑、被当作是一种政治伪善的形式时。

第一次世界大战最终增强了议会制的政治权力吗？毫无疑问是这样的，无论是在那些议会制已经存在的地方，还是在那些议会制能够适应的地方。例如，想想法国国民议会的"秘密委员会"和德国帝国国会的"委员会"，接着想想那些没有这种声音存在并在生与死的问题上挑战军方主宰的情况。战争期间是如此需要人民，以至于世界人民势必希望政府在战后能够表达他们的意志和声音。毕竟，这是民主体制的本质。

2 议会

迪特马尔·达尔曼

导　言

　　关于议会，旧时和现代观念都将其看作是由两院组成的，一个上院和一个下院，或者就德国来说，分别是帝国国会和联邦参议院。然而，在这一章中，将只讨论议会下院，它是通过普选制产生的（除了俄国杜马和英国下院之外），尽管这只包括男性的选票（只有极少的例外）。因此，无论何时，本章提到的"议会"一词，只是指下院。

　　现有的议会制度有着截然不同的历史传统，我们在此简短地描述。英国的议会可以追溯到 13 世纪中期。在 14 世纪末和 15 世纪初，下院被单独赋予了同意征税和提高征税额的权力。法国的"议会"（parlement）也可追溯到中世纪，神圣罗马帝国的各种议会也是如此。对基辅罗斯和莫斯科公国而言，为人所知的是一种地位更高的议事会议，波雅尔的杜马（the Duma of the Boyars）*，但是这种制度最晚在 17 世纪消亡了。

　　当 1914 年 8 月初第一次世界大战爆发时，在所有的欧洲大国中，议会都是由上下两院构成。然而，只有在君主立宪制的英国和交战大国中唯一的共和国法国，由于历史的发展，议会才扮演着决定性的政治角色。在俄罗斯帝国和哈布斯堡帝国的奥地利部分，议会基本上扮演从属者的角色，即使它们在君主制崩溃的时候具有一定的政治领导力。在德意志帝国，直到 1917 年年中，帝国国

---

　　*　波雅尔是沙俄贵族阶层的成员，地位仅次于王公，后被彼得大帝废除。——译者注

会才具备了更大的重要性。本章的最后部分将简要地通过比较的方式考察美国
和日本的国会。

俄　国

　　在俄罗斯帝国，因 1905 年至 1907 年的革命才有了议会：帝国议会
（Gosudarstvennyj Soviet）作为上院，由部分任命的成员和部分通过制度选举出
的成员组成；帝国杜马（Gosudarstvennaya Duma）则为下院。杜马议员通过复
杂且间接的资格选举方式（census suffrage）选举产生，与普鲁士的三级选举制
存在一定程度的相似性。尽管俄国大约 80% 的男性人口有资格投票，但是自
1907 年起占大多数的农民普遍未被充分代表。[1]1907 年 6 月 3 日，在一次政变
般的行动中，总理大臣彼得·斯托雷平对选举权的资格做了有利于贵族和神职
人员的变动，第二届杜马遭到解散。1912 年选举产生的第四届杜马，由 442 名
议员组成，右翼自由派的十月党人和民族党人占据了多数，于 1912 年 11 月中旬
开始了为期五年的立法周期。杜马有权提出法案，并且不经它的同意，任何法
律都无法通过，但是也必须得到保守的帝国议会的同意，而且法律必须由沙皇
签署才能生效。国家预算的特别领域，其中包括帝国皇室的预算和部分军事预
算，不在议会审议的范围内，因此不需要在杜马进行辩论。就如在德意志帝国
和奥地利那样，总理大臣和各大臣由沙皇任命和解除职务，所以无须向议会负
责。然而，杜马拥有质询的权力，并且经常加以运用。[2]

　　1905 年至 1907 年的革命事件之后，随着俄罗斯帝国经济的快速发展，最初
有一段团结的时期。但是，当沙皇尼古拉二世的政府几乎不可能顺应改革的现
象变得越来越明显的时候，在俄国出现了越来越多的罢工和骚乱。在对外政策
方面也是如此，俄国不得不接受一些挫折，致使国内外的局势在 1914 年日益升
级。1914 年 8 月 8 日 [3]，帝国杜马联合上院——帝国议会，共同召开了一次历史

---

[1]　关于选举权的资格规定和杜马总的四个立法时期，即一般所知的第一届至第四届杜马，参见 Dittmar
　　Dahlmann, *Die Provinz wählt. Russlands Konstitutionell-Demokratische Partei und die Dumawahlen 1906—1912*
　　(Cologne: Böhlau Verlag, 1996), pp.106-108, 289-292, 447-450。

[2]　Ibid., pp.353-367.

[3]　在俄国历史方面，所有的日期都用西欧的公历习惯表示，而不用当时俄罗斯帝国使用的儒略历，在 20 世纪
　　里，俄历比公历晚 13 天。

性的会议，宣布政治休战，以对外展示国家的团结。同时，两院批准了所需的
35 战时公债。

在为这次投票做种种准备期间，俄国政府已经考虑不再召开议会，但是右
翼民族党的一名代表说服总理大臣伊万·L. 戈列梅金，在此必要的时刻，迫切
需要向其他欧洲国家公开展现全俄罗斯的各阶层和各政党是紧密团结的，同时
体现整个帝国支持君主制和祖国母亲的意愿。经大臣会议同意之后，沙皇尼古
拉二世利用这次机会"团结我的人民"[4]。在他向两院议员发表的讲话中，他提
到："爱国主义、对这个国家的热爱和对君主忠诚的巨大浪潮，像龙卷风一样横
扫我们的国家，在我的眼中，我想不只是在我的眼中，它可以作为一种保证，
从而使我们的俄罗斯母亲见到这场上帝带给我们的战争将胜利地结束。"[5] 杜马
主席右翼十月党人米哈伊尔·V. 罗江科和最大的反对党立宪民主党[6]的领导人鲍
威尔·N. 米留科夫，呼吁关注祖国俄罗斯的团结。话题不再是各民族和各阶层，
而只是一个多兄弟的家庭，对于祖国来说，在这个危亡的时刻，必须团结起来。
米留科夫拒绝在如此一个时刻提出政治诉求："无论我们对于政府政策的看法如
何，我们的首要任务应是，维护我们国家的团结和一致，并使国家继续留在我
们的敌人想要剥夺的世界大国的行列之中。"不过，米留科夫早前曾表示，国
内的和平只是暂时的，在祖国的危险度过之前，议会斗争只是被延迟而已。

在此次杜马会议前夕，社会主义的劳动团（Trudoviks）的领导人，亚历山
大·F. 克伦斯基，在议会咨询委员会上提议，战争期间只有政府同意进行国内
改革，杜马才能支持政府。他的提议在孟什维克、立宪民主党和进步党的代表
36 中获得了一些支持，但是米留科夫明确表示，杜马应当信任政府，战时不应提
出这样的诉求。作为这种立场的一个例子，他提到了英国议会，并且数年后在
回忆录中，他给出了法国的"神圣联盟"作为另一个杜马应当采取路线的例子。

然而，1914 年 8 月 8 日的杜马会议已经显示出这个国家联合阵线的第一

[4] Dittmar Dahlmann, "Russia at the outbreak of the First World War", in Jean-Jacques Becker and Stéphane Audoin-Rouzeau (eds.), *Les societes européennes et la guerre de 1914—1918* (Paris: Université de Nanterre, 1990), p.55; Raymond Pearson, *The Russian Moderates and the Crisis of Tsarism 1914—1919* (London: Macmillan, 1997), p.16.

[5] 见 Sergei S. Oldenburg, *Last Tsar, Nicholas II: His Reign and His Russia* (Gulf Breeze, FL: Academic International Press, 1978), vol. 4, p.10.

[6] 它们以俄文首字母缩写 Kadety 为人所知，并演变为 Cadets 被广泛使用。

次分裂，因为社会主义的各党派——布尔什维克、孟什维克和劳动团在关于战时公债问题的投票上弃权。尽管他们在发表一项联合声明上未达成一致意见，但是他们的发言人一致声称，他们将这场战争看作是这个国家解放进程的开端。

但是，在公开表示坚决反对战争的俄罗斯议员们当中，这些是仅有的声音。

比较起来，杜马主席在此次会议上所持的看法是，杜马应在战争期间解散，因为对于国家来说它是无足轻重的，而且只会妨碍政府的工作。也是在此次会议上，俄罗斯帝国境内的一些民族的代表（这些民族经常遭到沙皇政府的暴力镇压）宣称他们支持国家的团结。起初，政府想要让杜马休会到1915年的11月，最终勉强同意它在1915年2月1日召开会议。

然而，战争爆发时中间党派对政府的支持，不但是因为国家遭遇的外部威胁，也因为各中间党派的状况正因国内的纷争而变得不稳定。此外，在普罗大众的眼中，沙皇政府的排斥态度意味着，政党政治比爱国主义的支持更重要。鉴于这种两难困境，十月党分裂成右翼和左翼，而立宪民主党和进步党几乎没有其他选择，只能支持帝国政府。尤其是，立宪民主党和进步党坚信，俄国政府将在战争期间或战后不久同意进行国内的改革。一位进步党的企业家派领导人，千万富翁鲍威尔·P. 里亚布申斯基，在战争爆发前不久曾直截了当地声称，战争"将动摇整个俄国的体制"，回到旧的秩序是不可能的。在进步党人看来，俄国的胜利将导致社会实行所需的改革。相比之下，失败将最终导致革命。[7]

出于这个原因，杜马中资产阶级各党派对战争的赞同立场，可更多地被视为是停火，而不是停战或"神圣联盟"。毫无疑问，在资产阶级圈子里是存在爱国热情的，但是他们与那些靠近沙皇的人、军事贵族圈和政府的立场大相径庭。事实上，温和的社会主义各党派也是甘于容忍的，同意有限度地支持战争，反之，弗拉基米尔·列宁领导的布尔什维克则完全拒绝支持战争。1914年11月，他们的代表遭到逮捕并流放至西伯利亚。

在战争爆发之后，很快就一目了然，俄国政府难以应付它面临的种种问题。结果，社会上的各种团体和机构承担起了越来越多的义务。早在1914年夏季，

37

---

[7]　James L. West, "The RhabuŠinskij Circle: Russian industrialists in search of a bourgeoisie, 1909—1914", *Jahrbücher für Geschichte Osteuropas*, N. F. 32 (1984), pp.376 ff.

城市的市政当局和农村的地方自治局（Zemstvos）合并成为地方和城市自治会联合委员会（Zemgor）[8]，并很快为军队协办给养。[9]1915年5月，莫斯科的工业企业主紧随其后成立了战时工业委员会，以建立一个一致性的和有计划的军事工业组织。[10]

1915年2月初，在再次休会之前，杜马又召开了为期几天的会议。当1915年4月，战况随着西南战线的溃败急转直下时，国内的局势明显恶化。7月底和8月初杜马重新召开，持中间立场的资产阶级各党派要求建立一个"可信任的政府"（government of confidence）。当年迈的总理大臣伊万·戈列梅金拒绝了这一要求时，杜马和上院——帝国议会，几乎所有的党派于9月初联合在一起，在立宪民主党领导人鲍威尔·米留科夫的煽动下，建立了为人所知的"进步集团"，只有激进的左翼和右翼拒绝加入。422名杜马议员中有236人加入了"进步集团"，加上64名帝国议会中的温和派、学术团体和无党派的议员。[11]正如在联合的反对阵营当中存在诸多党派那样，这个集团的纲领在很大程度上是含38 糊其辞的。尤其是，它竭力主张建立一个赢得社会信任和严格依法行政的政府，这一政策旨在确保维持国内的和平并且在"各民族和各阶层"中消除冲突。"进步集团"的纲领包括主张波兰自治，在犹太人问题上让步，恢复乌克兰的报刊媒体，恢复工会以及给予农民平等的法律地位。实质上，这些主张的目的在于平定俄罗斯帝国内部糟糕的局势，即要通过大赦政治犯，更大范围的法治和日益的宽容加以实现。为了不使集团的右翼势力——十月党人和温和的民族主义者走向敌对，它没有主张建立负责任的政府。[12]

"进步集团"能够在议会之外的"地方和城市自治会联合委员会"找到支持，也能够得到帝国政府一些大臣的扶持。但是，国家的领导层不顾议会中的

[8] 分别由单词"Zemstvo"和"gorod"（城市、城镇）的第一个音节组成而来。

[9] Manfred Hildermeier, *Die russische revolution 1905—1921*(Frankfurt am Main: Suhrkamp, 1989), pp.128 ff.

[10] Heiko Haumann, *Geschichte Russlands* (Zurich: Chronos Verlag, 2003), p.321.

[11] Michael F. Hamm, "Liberal politics in wartime Russia. An analysis of the Progressive Bloc", *Slavic Review*, 33 (1974), pp. 453–468; Thomas Riha, "Miliukov and the Progressive Bloc in 1915. A study in last chance politics", *Journal of Modern History*, 32 (1960), pp.16–24; V. Ju. Černjaev, "Pervaja mirovaja vojna i perspektivy demokratičeskogo preobrazovanija Rossijskoj Imperii", in N. N. Smirnov *et al.* (eds.), *Rossija i pervaja mirovaja vojna. Materialy meždunarodnogo naučnogo Kollokviuma* (St Peterburg: Dmitrij Bulanin, 1999), pp.189–201.

[12] The programme is set out in: Vestnik Evropy, 1916, No. 9, pp.367–369; English translation: Frank Golder (ed.), *Documents of Russian History, 1914—1917* (Gloucester, MA: Peter Smith, 1964), pp.134–136.

反对派集团，再次强制杜马休会。与此同时，数名"自由派"大臣遭到解职。这对一开始就根基不稳的"神圣联盟"来说是一个致命的打击。虽然在 1916 年初看起来形势正在发生好转，当时尼古拉二世宣布为期四个月的杜马将在 2 月 9 日重新召开，而且届时他将亲自到场，但是这已改变不了什么。新任总理大臣鲍里斯·施蒂默尔是一个彻头彻尾的保守主义者，一位有气无力的皇后宠臣和随从巫师。[13]"进步集团"甚至未能成功将议会各委员会所起草的那些改革方案提交杜马进行讨论。[14] 对于如何填补大臣职位，议会继续保持毫无影响力的状态。在 1915 年 9 月至 1917 年 2 月这段时间里，沙皇的帝国经历了四位总理大臣、五位内政大臣、三位陆军大臣、三位运输大臣和四位农业大臣。当时的人称之为"大臣的跳背游戏"（ministerial leapfrog）。

自 1916 年下半年起，人们对统治阶层的信心急剧下滑，对"进步集团"也是如此，而"进步集团"很少关注如何应对民众愤怒的增长。11 月 1 日（俄历 14 日），杜马再次召开。虽然反对派集团的领导人鲍威尔·N. 米留科夫在杜马召开的这段时期内发表了最著名的议会演讲，但是他未能引领难以管束的民众回到和平与忠诚的道路上去。[15]

米留科夫不断问这样一个问题（肯定不是口头上的意思）：沙皇政府政策的指导原则"是愚蠢还是背叛"？当然，这是一种煽动行为，但是它显示了大部分俄国人民对于政府深层次的不信任感。尽管如此，米留科夫领导的立宪民主党和"进步集团"一样继续合法地开展行动，并温顺地容忍议会再次休会直到 1917 年的 2 月 14 日。其原因一方面在于对街头革命暴力行为的关注，另一方面在于继续战争是必要的，国内对此深信不疑。

虽然杜马休会，但是国内革命行动的发展不再受控。1916 年至 1917 年的冬天，流传着阴谋推翻专制政府的传言，甚至有皇室成员牵涉其中。1916 年 12 月中旬，"神奇僧侣"（miracle monk）拉斯普京遭到暗杀。贵族和沙皇家族的

---

[13] Hildermeier, *Russische Revolution*, pp.129 ff.

[14] Hamm, "Progressive Bloc", p.459.

[15] Thomas Bohn, "'Dummheit oder Verrat?' -Did Milyukov fire the 'starting shot' for the February Revolution?", *Jahrbücher für Geschichte Osteuropas*, N. F. 41 (1993), pp.361–393.

成员也卷入了这场暗杀。[16] 当那个寒冬供应危机严重恶化时，革命暴动于 1917
年 2 月 23 日（俄历 3 月 8 日）在彼得格勒开始了。杜马主席、十月党人米哈伊
尔·罗江科将首都的灾难局势告诉了尼古拉二世，敦促他组建一个新政府。然
而，这位沙皇于 2 月 26 日（俄历 3 月 11 日）再一次解散了杜马，并使它休会到
4 月份。[17]

　　鉴于首都令人震惊的局势，军事部队拒绝遵守命令，"进步集团"和左翼党
派的代表于 2 月 27 日（俄历 3 月 12 日）召集杜马议员召开了一个秘密会议，其
间，在鲍威尔·米留科夫的倡议下，成立了"帝国杜马临时委员会"（Vremenny
komitet Gosudarstvennoy dumy），由十二个（后为十三个）成员组成。在 1917 年
3 月 2 日（俄历 15 日）尼古拉二世（以他和他儿子的名义）退位并想要将皇位
让与他的弟弟米哈伊尔（Mikhail）之后，临时委员会宣布它是这个国家的政府，
随后在很短的时间内成立了"临时政府"（Provisional Government）。

　　正是在 2 月 27 日的同一天，工兵代表苏维埃也在彼得格勒成立，相比临时
政府，它掌握着实际的权力，因为它能够依靠士兵的支持。在随后的几个月里，
杜马只是极少地召开，最终于 1917 年 10 月 6 日（俄历 19 日），依照临时政府的
命令遭到解散。

　　总之，俄罗斯帝国的半专制体制在第一次世界大战期间没有扮演决定性的
角色。然而，从杜马的诸多议员中崭露头角的"进步集团"，是战争期间和 1917
年革命起义期间国内冲突中的一支重要力量。

奥地利

　　1867 年奥匈协议（Ausgleich）之后，议会（Reichsrat）或帝国议会（Imperial
Council）构成了帝国内莱塔尼亚部分（Cisleithanian，奥地利）的国会下
院，整个奥匈帝国的国会也由两院组成，上议院（Herrenhaus）和下议院
（Abgeordnetenhaus）。召开、休会和闭会一直都适用于两院。它们也有义务共同

---

[16]　Dittmar Dahlmann and Gerhard Hirschfeld, *Vergangenes Russland. Bilder aus dem Zarenreich (*Essen: Klartext
　　　Verlag, 1995), pp.158–160.

[17]　Hildermeier, *Russische Revolution*, pp.137 ff.

通过皇帝签署和相关负责的大臣副署的法律。[18]政府不对国会负责，而只对皇帝负责，皇帝可以不受帝国议会的任何影响任命和解散政府。立法方面的提案通常由政府提出，但是帝国议会也有权提出议案。预算和财政议案必须首先提交帝国议会；政府的议案则可以选择提交帝国议会，也可以选择提交上议院。一读之后，议案接着送交相关的委员会。通过一部法律——三读之后——需上下两院和皇帝的同意。对于财政立法和征召入伍方面的问题，规则是，如果两院之间产生分歧，则下议院的意见会被认可。

41

在 1905 年社会民主党举行大规模游行示威之后，所有年满二十四岁的男子适用普遍、直接、平等、自由和不记名投票的规则，并在 1906 年有 516 名议员的奥地利下议院选举中开始实行。在 1907 和 1911 年的选举中，有利于新的群众性政党的潮流变得明显易见。1907 年，基督教民主党获胜；1911 年，社会民主党获胜。在下议院里，许多党派和团体都有其代表，因为政党已在不同的民族中间各自组织起来。民族之间的矛盾决定了上下两院的审议，在那里，争论不但被原则性的问题所主导，而且也成为时常失控的地方冲突的论坛。因此，政府只能在十分困难的情况下获得大多数的支持，以至于帝国议会经常因为这些冲突而在政府的建议下由皇帝宣布休会。

下议院的程序规则，是使得国会工作变得困难有时甚至难以进行的一个重要因素。议员们可以用他们的母语发言，但没有提供翻译人员，并且未对发言时间做出限制。当有议员想要阻止投票时，会导致有人发表冗长演说阻挠议案通过。另外一个因素是不体面的行为，例如使用器具制造噪声，甚至议员之间相互混战也是司空见惯的事。争论中最引起怨愤的问题之一是，捷克议员拒绝承认帝国议会对波西米亚（Bohemia）和摩拉维亚（Moravia）具有管辖权。

在第一次世界大战爆发前数月的 1914 年 3 月，皇帝弗朗茨－约瑟夫同意了首相卡尔·格拉夫·冯·施蒂克关于国会再次休会的请求。国会一直没有重新召开，直到 1917 年 5 月底。这造成了这样的状况，国内的报刊可以被不受限制

---

[18] 这部分是基于 Berthold Sutter and Ernst Bruckmüller, "Der Reichsrat, das Parlament der westlichen Reichshälftè Österreich-Ungarns (1861—1918)", in Ernst Bruckmüller (ed.), *Parlamentarismus in Österreich* (Vienna: Österreichischer Bundesverlag, 2001), pp.60–109; and Lothar Höbelt, "Parlamente der europäischen Nachbarn II: Die Vertretung der Nationalitäten im Wiener Reichsrat", in Dittmar Dahlmann and Pascal Trees (eds.), *Vom Duma ze Duma. Hundert Jahre russischer Parlamentarismus* (Cöttingen: Vandenhoek & Ruprecht, 2009), pp.339–359.

地审查，可以在有悖宪法的情况下建立有关政治问题的特别法庭，集会遭到禁止，奥地利人的基本权利受到限制。有鉴于此，称战争时期的奥地利被战时政府按照专制主义的路线进行统治，无疑是合乎逻辑的。

只有当国内反对实行军事管制、判决死刑、判刑入狱和反对政治领导人信念的声音变得越来越大时，以及当粮食状况因匈牙利拒绝向奥地利提供粮食而变得越来越糟时，形势才发生了变化。在此之前的 1916 年 10 月，首相卡尔·格拉夫·施蒂克被左翼社会党人弗里德里希·阿德勒（该党领导人维克托·阿德勒之子）刺杀而殒命。在战争期间彻底背离常规惯例的情况下，弗里德里希·阿德勒接受了公开审判，报纸媒体对此给予了广泛而全面的报道。阿德勒借此对政府做了有力的控诉。虽然他被判处死刑，但是皇帝卡尔一世宽恕了他，他被改判为终身监禁。

施蒂克被刺几周之后的 1916 年 11 月 21 日，年迈的皇帝弗朗茨－约瑟夫驾崩，由他的侄孙卡尔一世继承皇位。卡尔意识到了哈布斯堡王朝的困难处境，试图把自己描绘成一位立宪君主，倡导早日召开国会。在任命奥托卡尔·格拉夫·切尔宁为外交大臣，海因里希·克拉姆－马丁尼茨为首相之后，国会在 1917 年 5 月 30 日召开。在这届国会期间，代表不同民族的议员声明了他们在战争结束之后的政治蓝图。实质上，这预示了帝国在 1918 年 10 月和 11 月的瓦解。

克拉姆－马丁尼茨未能成功说服任何在国会中有代表的民族接受他的纲领，该纲领等同于对民族自治加以限制。德意志和斯拉夫的议员都对此表示拒绝：前者拒绝是因为它没能体现他们在历史上的领导作用；后者拒绝是因为它完全是含糊其辞的。然而，对于激进分子来说，改革的时机已经结束了。

1917 年 6 月中旬，克拉姆－马丁尼茨辞职。恩斯特·冯·塞德勒，一名来自农业部的官员，接替了克拉姆－马丁尼茨的职务，他有着心胸狭隘的日耳曼中央集权主义者的名声。在皇帝卡尔的要求之下，政府宣布大赦政治犯，但是此举完全未能对国会中的斯拉夫民族的代表产生预期效果。当塞德勒试图在 1918 年年中通过按民族区域划分行政权——捷克人坚决抵制该方案——去解决民族问题时，他表现出在实现奥地利各民族间和解的问题上的无能为力。

在 1917 年 6 月至 1918 年 11 月的国会周期中，除了在预算和战争税问题上做出必要的决定外，最为重要的是在 1918 年夏季通过了有关意外伤害保险和社会福利的法律。如此就是国会活动空间的极限了。

当哈布斯堡帝国于 1918 年 10 月濒临结束时，各民族的代表异乎寻常地带头起事。例如，即将成立奥地利国家的日耳曼人占多数的地区在帝国议会中的代表，在 10 月 21 日以"临时国民大会"的名义召开会议，并在 10 月 30 日选举出 43 一个日耳曼人的奥地利政府，由此建立了一个新的国家。

1918 年 10 月 24 日，帝国议会中的波兰代表宣布，任何进一步参与国会的活动都毫无意义。四天之后，捷克政治家在布拉格建立起了捷克斯洛伐克共和国，次日，南部的斯拉夫人也宣布他们脱离奥地利。下议院最后一次会议在 1918 年 11 月 12 日召开，前一天皇帝卡尔宣布退位，海因里希·拉马西的政府垮台。由于宪法当中没有规定国会可以自主解散，所以议员们接受了国会代议长的建议，未确定新国会的召开日期。几小时之后，"德意志－奥地利临时国民大会"宣布该国是一个共和国，为德意志共和国的一部分。三个月后的 1919 年 2 月，奥地利举行了制宪国民大会的选举。

德 国

德意志帝国在 1871 年建立之后，帝国国会（Reichstag）的议员就以胜者全取的投票制度（first-past-the-post voting system）*，依照平等、不记名、普遍和直接的投票原则选出。所有年满 25 岁的男子都有资格进行投票。帝国国会最初由 382 名议员组成，从 1874 年起，议员人数为 397 人。全部议员都享有豁免权和赦免权。帝国国会与联邦参议院（Bundesrat）共同构成了立法机关，但是帝国首相只是部分对国会负责。首相享有单独会见皇帝或国王的权利。只有皇帝才能任命和解除首相的职务，而且后者只对他负责。由于在"帝国领导层"的架构中不存在独立的大臣，各部门的首脑只是常务秘书而已，他们必须服从上级的命令，因此不对国会与联邦参议院负责；对首相而言，则只是在一个有限的程度上如此，因为国会无疑能够通过针对他的不信任议案，即使这对他来说没有任何影响。[19]

---

* 亦称为多数制或多数代表制，其原则是"胜者全取"。——译者注

[19] 关于德意志帝国宪政史的一个权威资料来源是 Ernst Rudolf Huber, *Deutsche Verfassungsgeschichte seit 1789*, vol. III, *Bismarck und das Reich*, 3rd rev. edn, chs. 15–17; vol. IV, *Struktur und Krisen des Kaiserreichs*, 2nd edn, chs. 2 and 4; and vol. V, *Weltkrieg, Revolution und Reichserneuerung 1914—1919*, 2nd rev. edn (Stuttgart: Kohlhammer, 1988).

44   按照宪法，联邦参议院是帝国的最高权力机关，二十五个组成邦，即德意志帝国的联邦州，向其派出代表。帝国宪法对每一个邦的表决权做出了规定，普鲁士拥有最多的表决权（17 票）。联邦参议院议长为帝国首相。各邦的代表依据所在邦政府的指示进行投票。否决需要 14 票，结果是普鲁士能够独立对决议进行否决。所有的法律和皇帝的特别决定，尤其是解散帝国国会和宣战，都需要获得联邦参议院的同意。

　　然而，从 1849 年直到 1918 年秋，德意志帝国最大的邦——普鲁士，实行为人所知的三级选举制（Dreiklassenwahlrecht）。这项制度在选民纳税额的基础上将他们划分为三个等级，或更准确地说三类。这种投票方法，既不直接也不匿名，在 20 世纪初，第一等级（类）（选民总数的大约 4%）的投票权相当于第三等级（合格选民总数的 82%）的投票权。由这些选民投票选出普鲁士众议院的议员。在第一次世界大战之前和期间，作为最重要的邦的普鲁士的选举改革，是普鲁士各进步主义党派的诉求之一。

　　在第一次世界大战爆发之前的最后一届帝国国会选举时，社会民主党（SPD）赢得了略低于 35% 的得票率，以其 110 名代表人数成为有 397 名代表的国会中的最大党；中央党以其 16.5% 的得票率和 91 名代表成为第二大党。然而，所有更严谨和更细心地制定帝国首相问责制，或者加强国会相对于皇帝和帝国政府的地位的尝试都是断断续续的。甚至在与 1913 年察贝恩事件 * 相关的激烈争论之后，第一次针对帝国首相通过的不信任议案——此案针对特奥巴尔德·冯·贝特曼·霍尔韦格，也未能使他下台。[20]

　　当 1914 年 7 月国际危机日益升级之时，社会民主党和工会号召举行反对"帝国主义战争"的示威游行，成千上万的人予以响应。但是，也是在这些集
45 会上，社会民主党强调它准备保卫国家抵制侵略，换句话说，准备为抵御俄罗斯帝国而打一场防御战。1914 年 7 月 31 日，社会民主党在其报纸《前进报》

----

*　察贝恩是阿尔萨斯地区的一个小镇，1913 年 11 月，当地的报纸刊登了德国驻军一位名为京特·冯·弗斯特纳（Günter von Forstner）的军官侮辱当地居民的言论，引发了当地人的抗议。11 月 28 日，居民在兵营前的抗议遭到了武力驱散，一些人被捕，但德国官方袒护驻军的行为。12 月 2 日，弗斯特纳在遭到嘲笑的情况下当众殴打了一名当地的修鞋匠，虽然被判处了 43 天的刑期，但使事态再次升级，引发了阿尔萨斯和洛林地区的反德情绪。此事也引发了国会一些议员的热议，并提出对首相的不信任案。——译者注

[20] Ernst-Albert Seils, *Weltmachtstreben und Kampf für den Frieden. Der deutsche Reichstag im Ersten Weltkrieg* (Frankfurt am Main: Peter Lang, 2011), p.73.

（*Vorwärts*）上声称："如果决定命运的时刻到来，'不爱国的乌合之众'将尽他们的义务，不会允许自己被'爱国者'超越。"[21]

因此，对于德皇在1914年8月4日向人民发表的讲话，社会民主党也深为感动。在这次讲话中，德皇强调德意志帝国进行的是一场针对俄国的防御性战争，加上那句著名的话："我眼中不再有不同的党派，我眼中只有德国人。"[22]这也是社会民主党投票赞成战时公债的原因。两天之前，工会也已宣布，战争期间他们将在"要求加薪和罢工"问题上加以克制。此外，帝国国会决定，当这届立法周期在1917年到期时，不举行新的选举或者补选以及任何公开的全体大会。与此同时，帝国国会的代表将他们的权力移交给联邦参议院，以便在战时能够通过经济、财政和其他民事问题的紧急状态法。由此，帝国国会将其大部分责任让给了联邦参议院，比起前者，联邦参议院拥有少得多的民主正统性。起初，为通过额外的战时公债，帝国国会每六个月召开一次。部分政治休战也是一种早在7月31日所宣布的战时状态和戒严状态的体现。[23]

这种"爱国主义的团结意识"形成之后，数周内就出现了第一丝裂痕。左翼政治势力要求对选举权进行民主改革，国家承认工会的合法性以及最重要的宪政改革，其中涉及首相对于国会的责任和国会提出立法建议的权利。社会民主党的领导人之一，爱德华·达维德，声称该党"希望以工人阶级正在支持的战争努力作为代价进行选举权的民主改革"[24]。之后很快，国内关于战争目标的争论（始于1914年秋）变得越来越激烈，导致了政治休战的瓦解。[25]

在1916年至1917年的"饥饿的冬季"和俄国1917年的二月革命之后，德意志帝国内部的政治形势迅速地恶化。1917年4月，在德国许多城市的工人中间爆发了"绝食罢工"，涉及早日进行和平谈判和政治改革的主张。1915年

46

---

[21]　1914年7月31日的《前进报》，引自 Susanne Miller, "Die SPD vor und nach Godesberg", in Susanne Miller and Heinrich Potthoff, *Kleine Geschichte der SPD. Darstellung und Dokumentation 1848—1983,* 5th rev. edn (Bonn: Dietz, 1983), p.73; cf. also Jean-Jacques Becker and Gerd Krumeich, *Der Große Krieg. Deutschland und Frankreich 1914—1918* (Essen: Klartext Verlag, 2010), pp.82 ff.

[22]　Sten Berichte der Verhandlungen des Reichstages, Berlin 1914/1916, vol. 306, 1 ff, 引自 Becker and Krumeich, *Der Große Krieg,* p.83.

[23]　Ludger Grevelhörster, *Der Erste Weltkrieg und das Ende des Kaiserreiches. Geschichte und Wirkung* (Münster: Aschendorff Verlag, 2004), p.40.

[24]　Becker and Krumeich, *Der Große Krieg,* p. 83. 该引文出自 Hans-Ulrich Wehler, *Deutsche Gesellschaftsgeschichte* (Munich: C. H. Beck, 2003), vol. Ⅳ, p.45.

[25]　Seils, *Weltmachtstreben,* p.161–175.

冬，社会民主党内已经产生了分裂，当时社会民主党的议员再次拒绝支持战时公债，这导致他们被逐出了国会党团的行列。在 1917 年的复活节，这些"持不同政见者"建立了"德意志独立社会民主党"，因此导致了社会民主党的分裂。

鉴于这一时期日益恶化的社会和政治形势以及党内的分裂，多数派社会民主党（MSPD）在 3 月中旬的《前进报》上提出深化改革的主张。首先，这涉及增强国会的政治影响力，而其次的目标主要是改变普鲁士的局势，那里的国会议员仍然是根据三级选举制选出，因此处于保守势力的控制之下。总而言之，社会民主党认为，自战争爆发以来，作为对支持政治休战政策的回报，这种选举制应当被取消。[26]

帝国首相贝特曼·霍尔韦格现在也认为（尤其是考虑到保守主义的报纸上的公开争论）迫切需要采取行动以平息国内令人不安的波澜，挽救君主制政府并能够继续进行战争，直到通过谈判寻求的可接受的和平实现为止。[27] 他成功说服德皇威廉二世在 1917 年 4 月 7 日发布一个"复活节公告"（Easter message），公开表示战后将以更现代的选举制度代替三级选举制。然而，德皇没有解释新制度确切指什么，使得那是否暗示着一个普遍、自由、平等和不记名的投票方式处于悬而未决的状态。社会民主党人对这些含糊的表示深感失望。因此，这个被认为是代表了向前迈出重要一步的"复活节公告"，反而被证明其效果适得其反，尽管此前在民族自由党的倡议下，一个普遍为人所知的国会委员会——宪法委员会建立了起来，它的职责是研究和商议宪法方面的问题，并于 1917 年 5 月初开始运转。[28]

自 1916 年 10 月底以后，政治体制领域发生变化的这些最初迹象已经显而易见了。一方面，它们源于民族自由党人古斯塔夫·施特雷泽曼，另一方面，源于社会民主党。施特雷泽曼倡议针对政府最重要的部门成立国会委员会，社会

---

[26] Grevelhörster, *Der Erste Weltkrieg*, p.101.

[27] 关于该问题可参见马克斯·韦伯致《法兰克福日报》编辑的文章或信件——"Europäische Staats und Wirtschaftszeitung" 和 "Die Hilfe"，载于 Wolfgang J. Mommsen and Gangolf Hübinger (eds.), *Max Weber. Zur Politik im Weltkrieg. Schriften und Reden 1914—1918*, vol.XV, *Max Weber-Gesamtausgabe* (Tübingen: Mohr Siebeck, 1984), pp.204 ff（以下为 MWG 15）。

[28] Mommsen and Hübinger, Editorischer Bercht zu "Parlament und Regierung im neugeordneten Deutschland", *MWG* xv, p.442.

民主党在已在预算委员会基础上形成的"主要委员会"（the main committee）中主张，政府的真实目的应当公之于众，并竭力要求帝国国会在对外政策方面掌握更多的话语权。[29]主要委员会甚至在国会休会时定期和秘密地召开会议，但是一些内容不断被泄露出来，为谣言机器提供了更多材料。对外政策和战争的开展越来越成为该委员会关注的焦点。此外，它有权向帝国领导层问责并要求提供信息，因此很快呈现出"整个帝国国会的一个执行委员会的特征"[30]。

对于实行选举、国会和宪法三方面的改革迟缓不前的最尖锐批评者之一是马克斯·韦伯，自1917年春季起，他主张对整个出版界和其他对国会辩论有所助益的领域进行及早的改革，因为他"把普鲁士选举权的问题当作与帝国宪政改革直接相关的问题，它将使各党派对于帝国领导层的影响力得到加强，是绝对必要的"[31]。他主张完全按照西方（即英国）的路线改革帝国的议会体制。他尤其批评当时的"行政部门不受约束的统治地位"[32]。

1917年7月，爆发了进一步的危机，当时中央党的马蒂亚斯·埃茨贝格尔在"主要委员会"对海军部和无限制潜艇战的政策提出了严厉的批评，要求国会发表一个公开声明，支持通过双方让步达成和平，并要求国会在政府和国会之间的紧密合作以及选举制度的问题上采取行动。一方面，这导致了一个跨党派的委员会的建立，委员会包括了社会民主党、中央党、进步人民党和民族自由党，即帝国国会中的绝大多数。它的目标是协调国会活动并监督政府的工作。[33]正是在此时此地，在帝国国会中第一次有了独立于帝国政府，准备采取联合行动并且有能力这样做的大多数。该委员会旨在分享帝国内部的权力，可以被视作德国议会民主最初的一个尝试。[34]它也讨论了在帝国国会通过一项和平决议的问题。

在最高军事统帅部的坚持之下，德皇威廉二世解除了首相贝特曼·霍尔韦格的职务，代之以格奥尔格·米夏埃利斯，普鲁士邦的一名高级官员。仅仅数

[29] Wolfgang J. Mommsen, *Bürgerstolz und Weltmachtstreben. Deutschland unter Wilhelm II. 1890—1918* (Berlin: Propyläen Verlag, 1995), pp.746-748.

[30] Roger Chickering, *Das Deutsche Reich und der Erste Weltkrieg* (Munich: C. H. Beck, 2002), p.201.

[31] Mommsen and Hübinger, *Einleitung zu MWG* xv, p.11.

[32] Wolfgang J. Mommsen, *Der Erste Weltkrieg. Anfang vom Ende des bürgerlichen Zeitalters* (Frankfurt am Main: Fischer Taschenbuch Verlag, 2004), p.83.

[33] Mommsen, *Bürgerstolz*, pp. 752 ff; Seils, *Weltmachtstreben*, pp.331-337.

[34] Grevelhörster, *Der Erste Weltkrieg.* pp.106 ff.

日之后的 1917 年 7 月 19 日，一项和平决议得以通过，决议提到了"一种促进人民之间谅解与和解的和平"，以及社会民主党多数派、中央党和进步人民党不顾最高军事统帅部和新帝国首相的反对，投票拒绝的"在胁迫之下转让领土"。[35]然而，这并未导致帝国政府和帝国国会之间的关系发生任何深刻的变化。新首相宣称，他将"以他做出的解释"来对待决议，而且"任何和平"都能够依照所想要的去缔造。[36]

事态的发展首先导致了在最高军事统帅部（主要是埃里希·鲁登道夫）的唆使和支持下，9 月份在德国成立了"德意志祖国党"，作为一种包含各种民族团体的运动，它的目的是为胜利的和平打造爱国主义的公众情绪。作为对此的一种平衡，"为自由和祖国大众协会"成立了，该联盟致力于国内的政治改革和有节制的战争目标。

在帝国国会中，自 1917 年秋开始，民族自由党就支持多数党派的政策。他们支持普鲁士选举权民主化的国会决议。这再一次导致了帝国首相被解除职务，巴伐利亚中央党的政客格奥尔格·冯·赫特林取代了米夏埃利斯，赫特林上任时已 74 岁高龄。随后几个月一直到 1918 年春，通常在文献中被描述为"半议会制"。无论是在帝国国会，还是在许多地方议会，对于选举权、大臣的责任和宪政改革的其他方面，都产生了激烈的争论。在此过程中，保守势力不打算放弃他们的地位变得十分明显。[37]

1918 年 3 月，德国国内政治以及国会的整个窘境已经显露出来了，当时，在俄国十月革命六个月后，同盟国将一个强加的和平硬塞给年轻的苏维埃国家和新独立的乌克兰，这也对波兰和波罗的海地区有极大的影响。这种窘境包含以下事实，即国内形势的任何变化，任何针对德意志帝国的议会制度化和民主化的行动，都受到战争进程的制约。国会的绝大多数赞成这一强加的和平（它包含了领土兼并的内容），只有独立的社会民主党投票反对，而国会中的多数派社会民主党的内部产生了意见分歧，结果只能投弃权票。

1918 年 1 月，由于糟糕的粮食和燃料状况、对政府缺乏改革与和平意愿的愤慨以及对俄国工人的支持，许多德国城市出现了大规模的罢工和示威游行，

---

[35] Chickering, *Das Deutsche Reich*, p.199.

[36] Ibid., p.200.

[37] Chickering, *Das Deutsche Reich*, p.202.

表明工人对于战争的支持度已经急剧下滑，政治"休战"的政策已不再受到多大的支持。[38]尽管如此，在强加的《布列斯特－立陶夫斯克条约》之后，最高军事统帅部竭力主张在西线展开最后一次决战，这场决战开始于 3 月。但 1918 年的 9 月末，鲁登道夫宣布此次攻势失败。

帝国国会中的大多数党派在《布列斯特－立陶夫斯克条约》问题上意见不一。只有当失败变得一目了然时，跨党派的委员会才在 9 月 12 日再次积极活跃起来，帝国的议会政体化问题再一次被拿出来争论。但是，直到最高军事统帅部在 1918 年 9 月 29 日催促即刻谈判，实现停火与和平之时，多数党派才又一次共同采取行动。那时，威廉二世也对最高军事统帅部的主张做出让步，赞成一个议会制的政府。1918 年 10 月 3 日，马克斯·冯·巴登亲王成为新的帝国首相，他并不具备丰富的政治经验，但被认为是一名自由派的改革者。这位亲王的首届内阁当时按照议会的惯例进行任命，即使多数党派很大程度上把大臣人选的选择权让与了这位新的首相。

作为十月改革的结果，德意志帝国变成了一个立宪议会君主制国家。10 月 28 日，对帝国宪法做出的一些修改开始生效，据此政府必须取得国会的信任，而国会现在也必须批准宣战和缔结和平。

几天之后，使帝国解体的革命骚乱爆发了。1918 年 11 月 9 日，威廉二世退位，马克斯·冯·巴登将权力交给了社会民主党主席弗雷德里希·艾伯特，并约定毫不耽搁地召开国民会议，以决定这个国家未来的面貌。此后不久，社会民主党代表菲利普·沙伊德曼宣布共和国诞生，紧随其后再次宣布共和国诞生的是斯巴达克同盟领导人卡尔·李卜克内西，帝国国会由此再也未召开。[39]1918 年 11 月 30 日，人民代表委员会*发布了一项关于国民立宪会议选举的命令，确定选举的日期为 1919 年 2 月 16 日，工兵苏维埃代表大会**则将日期提前至 1 月 19 日。[40]

50

---

[38]　Grevelhörster, *Der Erste Weltkrieg*, pp.118 ff.

[39]　Mommsen, *Bürgerstolz*, pp.819–827.

*　　人民代表委员会，又称人民全权代表委员会，是艾伯特接任首相后，社会民主党和独立社会民主党组成的联合政府的称谓。——译者注

**　此处的直译应为"工人和士兵委员会的帝国代表大会"，考虑到作者指称的应是国内通常译作的"工兵苏维埃"，故采取通常的译法。——译者注

[40]　Ernst Rudolf Huber (ed.), *Dokumente zur deutschen Verfassungsgeschichte*, vol. III, *Dokumente der Novermberrevolution und der Weimarer Republik* (Stuttgart: Kohlhammer, 1966), p.32.

法 国

自 1848 年革命起，法国所有年满 21 岁的男子都有权投票参与众议院选举。在从 1875 年开始的第三共和国时期，三部法律实际上确定了众议院、参议院和共和国总统的权限。[41] 众议院和参议院是立法机构，同时众议院建立在男性公民普遍选举权的基础之上。两院在国民会议中共同选举出总统，而总统依法享有广泛的权力——倡议立法，经参议院同意解散众议院以及只有在叛国的情况下才被解除职务。然而，在 1877 年总统麦克马洪与议会之间产生冲突之后，总统实际上不得不履行纯象征性的职责，即使他形式上保留了选择部长和解散众议院（需经参议院同意）的权力。[42] 另一个重要因素是，法国采取了政教分离或信仰中立的政策，目的是压制天主教会的影响。在德雷福斯事件之后，从 1894 年起有越来越强烈的反教权主义的趋势，并于 1905 年通过了一部关于教会与国家分离的法律，特别规定了从公共建筑上拆除所有的宗教标志物，在公立学校废除宗教教育。

随着时间的推移，众议院赢得了相对于参议院的优势，尽管形式上它们享有同等的地位。因此，法律和决议在提交参议院之前，通常需要首先在众议院进行辩论。各位部长都需对两院负责。法国议会体制的一个典型特征是，在 19 世纪末 20 世纪初之前，政党并不十分重要。众议院议员代表了他们的选民和民族，即使在众议院存在着议会党派（政治团体），但是，他们尚不知道在众议院中动用党鞭。法国当时存在的针对单个候选人的简单多数的投票机制也能够解释这种现象，地方权贵的强势地位以及那些从政党组织中选举出来的代表的独立性都发挥着重要作用。因此，只有在 1905 年之后在德雷福斯事件的影响之下，政党的作用才变得更加突出。从 1910 年起，所有的众议院议员必须是议会各政党的成员，而各政党被赋予向议会各委员会按比例派出本党代表的权利，并作为宪政活动的组织而获得合法的地位。[43]1875 年，众议院有当选议员

[41] 参见 Jean-Jacques Chevallier and Gérard Conac, *Histoire des institutions et des régimes politiques de la France* (Paris: Dalloz, 1991), pp.236 ff.

[42] Leslie Derfler, *President and Parliament, A short History of the French Presidency* (Boca Raton, FL: Florida University Press, 1983).

[43] Klaus Burkhardt and Gottfried Niedhart, "Frankreich", in Frank Wende (ed.), *Lexikon zur Geschichte der Parteien in Europa* (Stuttgart: Alfred Kröner Verlag, 1981), p.174.

533 人，这一数字到 1914 年上升至 602 人。从 1902 年起，"左派集团"（Bloc des gauches）主导着议会，经常拥有 70% 的席位；1906 年之后，该集团出现了几次分裂，当时选举制度正处于争论之中，但在 1914 年 5 月的选举中它获得了胜利，继续拥有议会中的多数席位。议会中最重要的政党或团体是右翼政党、中间派政党、资产阶级性质的左翼政党（激进党和激进社会党）和社会主义的政党。[44]

与此同时，众议院和参议院发挥了重要的监督职能，包括建立各种质询和申请的委员会。众议院公开举行会议，并公布议会议事的记录，而由于各委员会的会议只允许其成员参加，其他众议员不能参与，所以委员会的会议记录未予以公布。[45] 原则上，设立有二十个较大的委员会，各委员会的人数为四十四人，它们的工作理论上被分派给政府部门，众议院的程序规则对此做出了规定，而在每一个立法周期伊始就确定了程序规则的内容。此外，还有许多临时委员会。这些委员会一直在周三举行会议，并接收所有拟议中的法律、议案及全部相关的材料，以此它们能够行使相应的监督立法的职能。而且，它们可以传唤政府部长举行听证，从而向他们提出相关问题。[46]

在第一次世界大战爆发前，激烈的内部分裂主导着法国的政治和社会生活。社会主义与和平主义的左派，特别是革命的"法国劳工联合会"坚决地反对一场"帝国主义"战争，甚至在 7 月底威胁要开展一场总罢工。1914 年 7 月 31 日，最著名的社会主义领导人让·饶勒斯在巴黎一家咖啡馆被一名民族主义刺客射杀。在法国天主教党派与反教权的资产阶级及社会主义政党之间也存在分歧。虽然如此，在 1914 年 8 月 3 日德国向法国宣战之后，不难看到社会主义者和天主教徒都对组建"神圣联盟"未持重大的保留意见。恰恰相反，结果是惊人的一致，"集中所有的力量去保卫祖国"[47]。

在德意志帝国对法国宣战后的第二天，法国总统雷蒙·普恩加莱在参众两院宣读了他的檄文，他称法兰西的所有儿女正历史性地保卫着这个国家，"他们面对敌人所展现出的神圣般的团结是难以撼动的，所有人都在对侵略者的愤慨

---

[44] Ibid.

[45] 1920 年之前，这些做法未在参议院各委员会采用。

[46] Jean-Marie Mayeur and Madeleine Rebérioux, *The Third Republic. From its Origins to the Great War* (Cambridge University Press, 1984), ch. 8.

[47] Becker and Krumeich, *Der Grosse Krieg*, p.79.

和他们的爱国信念方面表现出了兄弟般的团结一致"。[48]

在法国有一种几乎普遍存在且深受认可的信念：正是德国的侵略行动才导致了这场战争，而法国是战争的受害者。然而，近期的研究强调，"神圣联53 盟"不应被理解为法国人之间的"总体团结"（total unity），而更应被看作是一种务实做法；它并不能决定性地克服"教权主义者与反对者之间根深蒂固的隔阂"。政党之间的休战是"出于只要对保卫国家是必要的这种原因"[49]。但是，就如德国和俄国的政治休战那样，"神圣联盟"无疑是脆弱的，因为每一方都是依术语去理解截然不同的事情。

与俄国、德意志帝国和哈布斯堡帝国的奥地利部分的情况不同，法兰西共和国的众议院并没有无限期地休会或被置于一种强迫休会的状态。对于政治和社会体制而言，它是极其必要的。[50]当政府在8月4日迁往波尔多时，议会最初无限期暂停了活动。而且政府方面认为在可预见的将来没有必要借助议会，因为政府实际上视无条件地服从于军方为它的责任，毕竟德国人离巴黎只有四十公里。

然而，一旦前线稳固下来，议会就再次找回了自己的影响力。8月22日，议会被召回巴黎召开一次非常会议。紧随其后的是定期会议，于1915年1月召开，并决定自那以后"长期地"召开会议。尽管如此，也存在来自议会的情报可能透露给敌方的危险，出于这个原因，决定只以"秘密委员会"（comités secrets）的形式召开议会，公众被排斥在外且不公布会议记录。1916年6月，第一个"秘密委员会"召开会议，讨论凡尔登战役和陆军指挥部假设自己遭遇突然袭击时的情况。众议院共设立了八个"秘密委员会"，参议院则共设立了四个。如此，常规的议会活动基本在这些委员会中进行。[51]

根据法兰西第三共和国的议会体制，委员会和临时委员会是"常规"程序的组成部分。它们的主要职能是参与立法过程和对政府的政治审查。[52]自大约54 19世纪80年代以来，曾经打算设立的"特别委员会"已逐渐发展成为常设委

---

[48] Ibid.

[49] Becker and Krumeich, *Der Grosse Krieg*, pp.80–82.

[50] Fabienne Bock, *Un parlementarisme de guerre, 1914—1919* (Paris : Editions Belin, 2002).

[51] 参见 Jean-Jacques Becker, "France" in G. Hirschfeld et al (eds.), *Brill's Encyclopedia of the First World War* (Leiden and Boston: Brill, 2012), pp.22–23.

[52] Inge Saatmann, Parlament, *Rüstung und Armee in Frankreich 1914/1918* (Düsseldorf: Droste Verlag, 1978), p.9.

会，即为人所知的"主要委员会"（grandes commissions），比如陆军委员会以及针对特别问题所创立的委员会。[53] 参众两院都有这样的委员会。在组建之后，依据稳定的抽签制度，这样的委员会固定了下来；为了加强独立代表的自由并阻止小团体的形成，从 1915 年初起，一种在 1913 年 11 月即获得通过的不同制度开始实行，据此委员会中的席位安排取决于各党派的实力。[54]

第一次世界大战期间，众议院有十九个永久或常设委员会（grandes commissions permanentes）和十一个特别委员会，通常情况下其成员在四十三人至四十六人之间。只有陆军委员会作为最重要的委员会于 1916 年 4 月因十六名新成员而扩大至六十人。三个最重要且履职时间最长的委员会是陆军委员会、特别事务委员会（the Commission for Selected Affairs）和财政委员会。

在第三共和国时期，陆军委员会涉及所有有关陆军的立法。[55] 在第一次世界大战期间，它组建了许多小组委员会，其中包括负责人员、武器、空军、装备、运输和医疗服务的小组委员会。[56] 管控陆军（contrôle aux armées）成为该委员会工作的最重要内容。这种由立法机构对行政部门长期有效的监督意味着，面对陆军部和总参谋部谋求独立行动的趋势，议会体制最终是成功的。众议院较大的委员会，还有那些参议院较大的委员会，彼此有着经常性的联系，因为它们的成员大多跨两个或更多个委员会，这使信息的交流更加方便。[57]

需要注意的一个重要方面是，大概不只是陆军委员会，各委员会执掌的权力都有了大幅的增长，虽然陆军委员会明显在这方面发展到了一个特定的程度。它设法将报告偷偷递交给政府各部，尤其是部级官员。显然，在战争期间，部级官员也愿意同各委员会进行合作，并发展到同整个议会合作的程度。这样，议会的权力整体上受到了削弱，分权原则也遭到了破坏。但是，关于如何赢得战争的各种决定性问题，议会委员会将立法机构置于核心位置。因此，我们可以认同让-雅克·贝克尔的评价："虽然在战争最初的几周里，可以这么说，民主政体被各种事件弄得方寸大乱，但法国的议会体制在战争期间得到了加强而

55

[53]　Bock, *Un parlementarisme*, p.124.

[54]　Bock, *Un parlementarisme*, pp.11 ff.

[55]　Saatmann, *Parlament*, p.82.

[56]　Ibid., p.86. 其他的委员会也组建了数个小组委员会，其中一些只由较少人员构成，有时只有五名成员出席他们的会议。

[57]　Ibid., p.112.

不是削弱。"[58]

英　国

英国是一个君主立宪国家。从技术角度说，国王或女王通过议会进行统治，任命各部大臣、主教、法官和军方领导人，虽然这些任命都是在首相提出建议之后。首相则由议会第一大党选出。同样，国王或女王在议会开幕时发表讲话（国王或女王的演讲）——即使这只是在上院进行，因为国家元首不能进入下院。这种演讲的内容由首相起草。国王作为国家元首具有象征性、礼仪性和整合的作用。

英国议会由两院组成：作为下议院的下院和作为贵族院的上院。上院包括世俗议员（即贵族，他们是终身成员），以及神职议员（两名大主教和二十四名圣公会的主教，只要他们担任宗教职位）。直到 19 世纪初，全部人口的 2% 有资格进行下议院的投票选举。在 1832 年《改革法案》（the Great Reform Bill）之后的 19 世纪期间和 20 世纪之初，选举权有了进一步的变化，直至 1884 年的法案将选举权扩大至大约全部成年男性人口的 60%。一年之后，选区的划界做出了调整，结果是当时在指定的任何选区内都只能有一名议员，并依据胜者全取的多数制选举出来。[59]此时，下院拥有议员 670 名。[60]1911 年，赫伯特·亨利·阿斯奎斯为首相的自由党政府削减了上院的权利，此后上院推迟立法最长只能是三个议会会期。这项法案还提出了议员的薪金问题，并把一届议会的时长从七年缩短为五年。由于战争期间未举行选举，1910 年选举产生的下院持续了八年时间。男性的普遍选举权直到 1918 年才得以推行，经历了从 1918 年（只有年满

56

[58]　Becker, "France", in *Brill's Encyclopedia*, p.23.

[59]　关于 19 世纪下半期议会的结构变化，可参见 Herbert Döring, "Britischer Parlamentarismus um 1900 zwischen Bewunderung und Krisenbewuβtsein", in Dahlmann and Trees, *Von Duma zu Duma*, pp.12–15; Hans Setzer, *Wahlsystem und Parteienentwicklung in England. Wege zur Demokratisierung der Institutionen 1832—1948* (Frankfurt am Main: Suhrkamp, 1973)；关于 19 世纪英国议会体制的权威著作是 Josef Redlich 非常全面和详细的 *Recht und Technik des englischen Parlamentarismus. Die Geschäftsordnung des House of Commons in ihrer geschichtlichen Entwicklung und gegenwärtigen Gestalt* (Leipzig: Duncker & Humblot, 1905)；也可参见 Harold R.G. Greaves, *Die britische Verfassung* (Frankfurt am Main: Metzner, 1951), pp.12–33.

[60]　465 名议员代表英格兰，103 名议员来自爱尔兰，72 名议员来自苏格兰，30 名议员来自威尔士。爱尔兰只是在第一次世界大战结束之后才获得独立，明显代表人数过多。在英格兰，一名议员代表 6.7 万位选民，在爱尔兰则接近 4.4 万位选民。

三十岁的女性才有权投票）开始的一段起步时期，十年后，女性获得了普遍选举权。[61]

在 1910 年选举产生的下院中，保守党和自由党各有 272 个席位，爱尔兰民族党有 84 席，工党则有 42 席。在战争爆发前的补选中，自由党失去了 7 个席位，工党失去了 5 个席位，失去的席位全都由保守党赢得。[62] 由于获得两个少数党的支持，执政的自由党得以继续执政。

在通往第一次世界大战的几年里，英国受到了数次国内危机的打击。首先，它遭遇了持续至 1914 年夏的大规模罢工潮的冲击，罢工者的目的是获得认可并要求更高的工资。社会改革处于自由党和工党计划的首要位置，它们设法使具有开创性的 1911 年《国民保险法》（National Insurance Act）获得通过。第二次大危机涉及妇女的投票权问题。争取妇女选举权的人利用大规模的示威游行和暴力行为争取实现她们获得平等选举权的要求。第三个不满情绪的焦点是争取爱尔兰地方自治的运动，以此作为爱尔兰民族主义者与北爱尔兰那些想要留在英国的人之间难以消除的分歧的解决之道。[63]

1914 年战争爆发之时，阿斯奎斯的自由党政府仍然大权在握。工会则在战争爆发时宣布愿意放弃罢工，但并不是在所有情况下都坚持如此。对于战争，不存在或几乎不存在议会中和议会外的反对声音。[64]1915 年 3 月，工会运动接受所谓的"财政协议"（the Treasury agreement），这一协议承认工会的合法地位，换取战争期间暂停罢工和工作中的限制性措施。1916 年 1 月，义务兵役制开始实行，最初只适用于未婚的男子，1916 年 5 月的《兵役法》通过之后，宣告了针对所有成年男性的普遍义务兵役制时代的到来。

57

1915 年 5 月，在保守党和自由党的支持下，建立了阿斯奎斯领导的国民联盟。紧随其后的是，1916 年 12 月自由党人大卫·劳合·乔治领导的新一届联合政府再一次得到了保守党和由阿瑟·亨德森领导的工党的支持。

---

[61] Peter Wende, "Großbritannien", in Wende, *Lexikon zur Geschichte der Parteien,* pp.236 ff; Hans-Christoph Schröder, *Englische Geschichte*, 2nd edn (Munich: C.H. Beck, 1997), pp.18 ff, 55–59, 64–66.

[62] Karsten Schröder, *Parlament und Außenpolitik in England 1911—1914* (Göttingen: Musterschmidt, 1974), pp.16 ff.

[63] John Turner, *British Politics and the Great War: Coalition and Conflict 1915—1918* (New Haven, CT and London: Yale University Press, 1992), pp.16 ff.

[64] Catriona Pennell, *A Kingdom United: Popular Responses to the Outbreak of the First World War in Britain and Ireland* (Oxford：Oxford University Press, 2012), p.45.

A. J. P. 泰勒把这称为"政府的深刻变革：一种英国式的革命"[65]。自1908年以来担任财政大臣的劳合·乔治，是自由党中唯一的"激进和平主义"派，他在宣战之后继续留在内阁中。1915年5月他担任军需大臣，军需部是一个新建立的部门；1916年6月，他改任陆军大臣。1916年12月，劳合·乔治迫使首相阿斯奎斯下台，由此导致自由党的分裂。阿斯奎斯的去职不但有保守党、工党和媒体方面的推波，还有议会中后座议员的助澜。[66] 劳合·乔治建立了一个由六名大臣（后来是五名大臣）组成的内阁决策委员会，即他的"战时内阁"，包括了作为工党政治领导人的阿瑟·亨德森和保守党在下院的领袖安德鲁·博纳·劳。[67]

战争期间，由一个小圈子做出重要的决定正是英国政府政策的特点，钩心斗角和个人间的敌视在其中的影响并非无足轻重。一次又一次，通常在危机时刻，英国建立起新的政府部门：1915年，在军需供应出现危机之后，成立了军需部，以后又有海运部、粮食部、兵役部和粮食生产部。除了军需部之外，它们都不是由政治家领导，而是通常由不抱政治志向，具备相关专业知识的企业家执掌。

58

比较起来，下院只是略微参与到这些决策之中，这偶尔会招致强烈的愤慨，但通常只是在次要的冲突领域才通过斗争解决。战争期间，下院继续在不受阻碍的情况下召开会议。由于政府提交的议案大幅减少，立法投票的次数也因此明显少了很多。从1914年秋季起，"无公职议员的时代"（private members' days）开始逝去，但指向政府问题的议案数量则大大增加。[68] 从1915年起，下院在有关选举改革、地方自治、海关税收、农业问题和殖民地问题上不断地发生冗长的辩论，或者发生如1916年11月的"关于尼日利亚的辩论"，该辩论关于是否应当像殖民地事务部所建议的那样，将没收的德国在西非的棕榈油工厂出售给出价最高的非德国投标人。[69] 这造成了那些感觉遭受政府忽视的议员们的经常性缺席。[70] 虽然委员会也是英国下院的一个组成部分，但是大部分都是单个的

[65]　Alan J. P. Taylor, *English History 1914—1945* (Oxford：Oxford University Press, 1965), p.73.

[66]　Ibid.

[67]　Kurt Kluxen, *Geschichte Englands: Von den Anfängen bis zur Gegenwart*, 4th edn (Stuttgart: Kröner, 1991), p.732；关于第一次世界大战期间英国国内政治的一部权威著作是 Turner, *British Politics and the Great War: Coalition and Conflict 1915—1918* (New Haven, CT and London: Yale University Press, 1992)。

[68]　David Butler and Anne Sloman, *British Political Facts 1900—1979*, 5th edn (London: Macmillan, 1980), p.169.

[69]　Turner, *British Politics and the Great War*, pp.115 ff.

[70]　Turner, *British Politics and the Great War*, pp.227 and 239.

政党或这些政党中的单个派别去进行它们自己的调查。

无论自由党、保守党，还是工党，政党分裂成派系或小集团，对于这些政党以及英国议会来说，都将带来深远的影响。第一次世界大战一方面标志着自由党作为一支政治力量的急剧衰落，另一方面标志着工党和工会的兴起。这种情况是否无论如何都会出现，是一个尚无定论的问题。

1918 年 5 月 9 日，发生了一件为数不多的议会干预战争的事。它被称为"莫里斯辩论"，发生在弗雷德里克·莫里斯将军被解除军事作战局局长职务之后，当时，劳合·乔治决定将军队调往巴勒斯坦，而莫里斯写给《泰晤士报》声称首相在西线英国军队的部署问题上向议会撒谎的信件被公开。劳合·乔治赢得了投票，但是辩论的激烈程度表明，自由党的分裂是难以挽回的。

1918 年，战争的最后一年，再一次进行了选举权的改革，因为许多在战火中战斗的士兵仍然未被允许进行投票，就像战争期间那些在工厂中工作的妇女那样。依据《人民代表法案》，所有年满二十一岁的男性公民和年满三十岁的妇女都有投票的权利，这导致了有资格投票的人数相比之前 1910 年 12 月选举时增加了两倍。一人多次投票被废除，双重选区被取消，选区分界重新进行了划定，以便每个选区包含大约七万个选民。另外，选举只进行一天，而且在所有地方同时进行。[71]

1918 年 11 月 11 日下院宣布停战之后，政府宣布解散议会，确定大选的日期为 12 月 14 日。在这次大选中，劳合·乔治领导的联合政府赢得了压倒性的多数。然而，60% 的投票率远远低于上一次的选举，那时超过 80% 的登记选民参与了投票。[72] 这主要归因于妇女和士兵较低的投票率，大部分的士兵仍滞留在前线。这次下院的选举——自由党作为一个已分裂的政党进入下院——无疑是这个国家未来发展趋势的体现。无论是这次选举，还是此后的选举，自由党都未能再赢得组建一届政府的多数。与此同时，相比 1910 年 12 月的不到四十万张选票，工党成功获得了大约两百四十万张的选票。[73]

[71] Kluxen, *Geschichte Englands*, pp.739 ff; Taylor, *English History*, pp.125–130.

[72] Butler and Sloman, *British Political Facts*, p.206.

[73] Butler and Sloman, *British Political Facts*, p.206.

美　国

　　美国宪法创设了总统制的政府以及国会，一种由两院组成的议会——参议院和众议院，一届期限分别是六年和两年。1860 年以前，选举权仅限于年满二十一岁的白人男子。那时，选举权取决于财产或纳税的多少，具体的细节则由各州做出规定。每个单独的州派出的议员人数对应于它的总人口所占的比例。原则上，美国黑人男子在 1870 年也被赋予了选举权，但是事实上 1965 年之前这在许多州不断地受到了立法操纵的阻碍。1869 年，怀俄明州成为第一个给予女性选举权的州，到 1900 年，又有十个州加以效仿。1920 年 8 月，女性选举权在全国普及。1914 年，众议院拥有 435 名成员；在 1916 年的选举中，第一位女性当选国会议员——来自蒙大拿州的珍妮特·兰金成为共和党的议员。

　　每一个联邦州向参议院派出两名参议员，无论州的面积大小和人口多少；1913 年之前是由州议会选出，自 1913 年起，则直接由民众选出。[74] 相比众议院，参议院有权介入高级官员的任命（简单多数），当与外国缔结条约时同样如此（这种情况需要三分之二的多数）。

　　第一次世界大战爆发时，伍德罗·威尔逊总统宣布美国保持中立。他要求全国不偏不倚地照此行事。[75] 在战争的头两年里，美国银行界支持英国和法国，提供转让、借款和信贷，尤其是为了出口武器以及军需品和粮食给协约国的各成员国。这几年里，在美国参战的反对者与支持者之间发生了一场激烈的争论。[76] 在 1913 年至 1917 年间的参议院和众议院中，民主党占据多数席位。1916 年的选举之后，众议院形成了僵持的局面，民主党议员有 215 名，共和党议员有 217 名，进步党议员 2 名。但是，在参议院，民主党以 54 席对 42 席居主导地位。

　　在 1916 年的选举年中，大多数美国人赞成继续中立并希望和平。威尔逊总统声称，他打算使国家置身于战争之外，尽管如此，国家也要做好应对各种结

---

[74] Hartmut Wasser and Werner Kremp, "Politische Institutionen einst und jetzt", in Horst Wasser (ed.), *USA. Wirtschaft-Gesellschaft-Politik* (Opladen: Verlag Leske und Bundrich, 1996), pp.102 ff.

[75] Jürgen Heideking and Christof Mauch, *Geschichte der USA*, 4th edn (Tübingen and Basel: Francke Verlag UTB, 2006), p.219.

[76] Ibid., pp.219-221.

果的准备。甚至在总统大选之前，国会还通过了几个能使美国扩充其处于中等水平的军力以及在墨西哥开展一场费时且徒劳的警察行动的法案。[77]

在 1916 年以微弱多数赢得选举之后，威尔逊主张一种"没有胜利的和平"，敦促交战国提出他们的条件。当德意志帝国在 1917 年恢复孤注一掷的潜艇战时，这位总统中断了与德国的外交关系。即便如此，美国没有进入战争，直到德国外交大臣阿图尔·齐默尔曼所发的一封电报被公开之后。在这封电报中，他要求德国驻墨西哥大使同墨西哥总统接洽，如果墨西哥加入德墨同盟，将把美国几个西南部的州给予墨西哥。英国情报部门将该电报的文本提供给威尔逊，而齐默尔曼承认确有其事。 61

有一帮参议员尤其反对美国参战。然而，当德国潜艇击沉数艘美国船只导致数百名美国公民丧生时，他们的反对逐渐匿迹了。1917 年 4 月 2 日，威尔逊提请国会对德意志帝国宣战。四天后，宣战书发布，众议院有 55 名议员，其中包括第一位女性议员，以及 6 名参议员在参议院投票反对。[78] 最初的争议是关于威尔逊政府提出的普遍兵役制议案，但该议案随后于 5 月在参众两院获得通过。[79]

自宣战之后，国会以通过《1917 年反间谍法》的形式来支持加强战争努力，禁止任何阻碍征兵和重整军备的企图，并使对报刊媒体和美国邮件的审查成为可能。这构成了伍德罗·威尔逊所宣称的"民主十字军"（Crusade for Democracy）的一部分。1918 年，《惩治叛乱法》获得通过，它使任何诋毁政府、穿制服人员或代表国家的人的行为都将遭到公诉。[80] 这些法案极大地助长了战时，甚至在战后更加恶毒地遍布整个美国的歇斯底里和排外风潮。

1918 年 1 月 8 日，威尔逊还在国会提出了他的十四点原则，他打算据此结束战争。停战协定签署之后，他第一个以在职总统的身份于 1918 年 12 月访问欧洲，参与凡尔赛和平会议。1918 年 11 月，他所属的民主党在参众两院的选举中

---

[77] Jürgen Heideking and Christof Mauch, *Geschichte der USA*, 4th edn., p.221.

[78] David M. Kennedy, *Over Here: The First World War and American Society* (Oxford：Oxford University Press, 1980), pp.15–24.

[79] Robert H. Ferrell, *Woodrow Wilson and World War Ⅰ 1917—1921* (New York: Harper & Row, 1985), pp.16 ff.

[80] Heideking and Mauch, *Geschichte der USA*, pp.224 ff；关于内部敌人的问题，参见 Jörg Nagler, "Pandora's box. Propaganda and war hysteria in the United States during World War Ⅰ", in Roger Chickering and Stig Förster (eds.), *Great War, Total War: Combat and Mobilization on the Western Front, 1914—1918* (Cambridge：Cambridge University Press, 2000), pp.485–500.

落败，因为对外事务的重要性再次被国家的内部问题，特别是日益上升的通货膨胀掩盖了。[81]

战后，在粉碎威尔逊以国际联盟为中心创建国际体系的梦想方面，参议院的作用是决定性的。威尔逊两次未能获得参议院三分之二议员对 1919 年和平条约的支持，由此毁掉了他的总统生涯以及构建一个避免未来战争的机制的梦想。在所有参战国中，只有美国的国会斗争以改变国际政治面貌的方式决定了战争与和平的问题。

日　本

作为明治维新的一部分，从 19 世纪 60 年代末开始，日本将自己改造成一个大帝国和君主立宪的国家，关于近代分权体制的施行和"国民议会"的建立，已有较多的讨论。[82]1879 年，所有府县都建立起了地方议会，所有年满二十岁且支付最低规定数量财产税的男子都有资格投票。这些机构组织地方税的缴纳，以支持财政预算。[83]

经过长期的辩论与研究之后，最终在 1889 年通过了一部宪法，对建立议会做出了规定。依据该宪法的规定，帝国议会（Imperial Diet）依照英国的模式，由上下两院组成。上院大多由明治寡头统治集团的贵族组成，他们掌控着国家。至于下院 300 名议员的选举，第一次在 1890 年举行，所有年满二十五岁且纳税至少 15 日元的男子都有资格投票。这相当于选举人略低于全部人口的 1.2%。自由主义反对派赢得了此次选举，它联合国会中的力量组建了一个政党。[84]

议会可以倡议立法，在辩论之后，可以对政府提出的议案——尤其是关于预算和采纳新税种——进行投票。此外，对于皇帝的公务，议会给出"它的赞同"。然而，议会通过的法律只有在皇帝（天皇）签署同意之后才被认为有效，

[81]　Heideking and Mauch, *Geschichte der USA*, pp.226 ff.

[82]　Reinhard Zöllner, *Geschichte Japans. Von 1800 bis zur Gegenwart* (Paderborn : Ferdinand Schöningh, 2006), pp.207, 217–219；亦参见 Marius B. Jansen, "The Meiji Restoration", in M. B. Jansen (ed.), *The Cambridge History of Japan*, vol.v, *The 19th Century* (Cambridge University Press, 1989), pp.308–366.

[83]　Zöllner, *Geschichte Japans.* p.235.

[84]　Zöllner, *Geschichte Japans.*, pp.260–262；亦见 Stephen Vlastos, "The Popular Rights Movement", in Jansen, *The Cambridge History of Japan*, vol.v, pp.402–425.

在紧急状态下，天皇可以在没有议会的情况下颁布法令，但事实上议会是会全体通过的。根据德国保守派法律专家洛伦茨·冯·施泰因以顾问身份参与制定的宪法，天皇、政府和议会通过分权相互关联。原则上，天皇居于宪法之上，比如就他的军方大本营、内务府和枢密院而言。[85] 各部大臣对下院负责，但是他们主要来自文官和军方阶层。虽然在 1911 年 3 月下院投票赞成实行普遍男性选举权，但是上院反对，这意味着该议案被驳回。然而，值得注意的是，在 1905 年至 1918 年间——存在一个例外的情况——所有的内阁都获得了下院多数党或党派联盟的支持。[86]

第一次世界大战爆发的时候，日本站在了协约国一方，在英国的请求之下于 8 月 23 日宣战，到 10 月时占领了德国在东亚和太平洋地区的属地。与此同时，日本借此良机将自己的意志强加给中国。[87]

由于日本几乎没有受到第一次世界大战的影响，1915 年 3 月选举产生了新一届的下院，由此导致"立宪同志会"，一个成立于 1913 年的极力主张自由主义的团体，赢得了选举。[88]

大战期间，日本从向协约国出口武器装备中获益，并继续进军亚洲市场。从 1915 年至 1918 年间，日本出口增长了三倍，实现了巨额的贸易盈余。它从一个债务国变成了一个债权国。[89]

第一次世界大战末期，产生了第一届内阁，成员多数为议员，反之，之前内阁主要是由得到任命的军方人士和高级文官组成。政府第一次由一名出自政党的政治家原敬首相[90] 领导。尽管如此，议会并无太大的影响力，即使各政党（主要得到富裕的企业家阶层的支持）继续发展壮大。日本政治权力植根于根深蒂固的家长制结构之中，这种结构继续扮演支配性的角色。即便如此，在 1925

63

64

[85] Zöllner, *Geschichte Japans,* p. 247 ff.

[86] Peter Duus, "Domestic politics: from instability to stability", in P. Duus (ed.), *The Cambridge History of Japan,* vol. vi, *The 20th Century* (Cambridge University Press, 1988), p.35. 对第一次世界大战期间政党发展兴起的详细描述，见 Frederick R, Dickinson, *War and National Reinvention: Japan in the Great War, 1914—1919* (Cambridge：Cambridge University Press, 1999).

[87] Louis Michael Cullen, *A History of Japan* (Cambridge：Cambridge University Press, 2003), pp.239-244.

[88] Ibid., pp. 224 ff. 亦见 Duus, *The Cambridge History of Japan,* vol. vi, pp.80-84; *Kodansha Encyclopedia of Japan* (Tokyo and New York: Kodansha, 1983), vol. vi, pp.314 ff.

[89] Zöllner, *Geschichte Japans,* p.333.

[90] Hans H, Baerwald, *Japan's Parliament: An Introduction* (Cambridge University Press, 1974), pp.3 ff.

年，选举下院的权利也扩大至所有的成年男子。[91]

结　论

当比较第一次世界大战期间不同国家的议会结构和活动时，首先需要注意的是，不仅"半民主的"或"半议会制的"国家，即俄罗斯帝国、德意志帝国和哈布斯堡帝国的奥地利部分，它们的议会在战争、国内政策和经济政策的重要决策过程中更多是扮演一个小角色，而且英国的议会也是如此。英格博格·萨阿特曼无疑是正确的，他认为，当对法国和英国进行比较时，令人吃惊的是，法国的立法部门和行政部门形式上有着更高的稳定性。在法国，只有少数新的政府部门，几乎没有新的常设委员会。而且，就像其他主要委员会忽视立法和行政之间的分权那样，陆军委员会权力得到加强，这种模式更是一种权限方面的非正式转变。[92] 美国国会无疑也介入了有关战争目标和战时政策的决策之中，但不是决定性地参与其中；尽管在否决和平条约问题上，它的作用是决定性的。新兴的日本议会扮演着一个微不足道的角色。

尽管奥地利国会发挥的作用无足轻重，只是在 1917 年 5 月底从"强制休会"状态中要求重新召开，但是其他两个"半议会制的"君主国家的国会试图在战争期间扩大权力，并按照它们的意愿去决定选举权和宪法问题，或者去专门加强它们在这些领域的地位。这方面最成功的是德意志帝国，尽管是在临近战争结束，一切为时已晚。

比较起来，战后英国和法国的议会在一个相对较短的时期内成功地再次在政治体制内发挥了决定性的作用，英国议会此时代表了一群完全不同的选民，这体现在下院全新的构成方面。在所有战胜国中，除了意大利以外，议会制政府都因战争而得到巩固。许多意大利人的看法是，他们赢得了这场战争，但是失去了和平，议会政体受到了削弱，导致法西斯分子在 1922 年夺取了政权。

在战败国中，包括俄国，战后的议会体制依然是孱弱的，难以解决越来越棘手的因战争而涌现的经济和社会冲突问题。这种孱弱在战前时期也能观察到，

[91]　Ibid.

[92]　Saatmann, *Parlament*, pp.461 ff.

帝国权力胜过议会权力，但是为战争付出人力、物力和政治方面种种代价之后，议会依旧孱弱。极权主义统治的灾难意味着在欧洲一些国家议会统治事实上的结束，马克·马佐韦尔称之为"黑暗的大陆"。这种黑暗，部分衍生于大大增强行政权力的战争，在两次世界大战期间给许多国家的议会蒙上了一层阴影。[93]

---

[93] Mark Mazower, *Dark Continent: Europe's Twentieth Century* (New York: Knopf, 1999).

3 外交官

戴维·史蒂文森

第一次世界大战起源的形成历史是依据外交文件撰写的。当布尔什维克党人夺取政权时，他们优先考虑的行动之一是公开沙皇政府外交部的档案。1918年德国革命之后，共和国政府委托老牌的社会主义者卡尔·考茨基去编辑有关战争爆发的文件。作为针对《凡尔赛条约》的"战争罪责"条款而炮制的一场国际性轰动事件，魏玛共和国外交部拿出了四十卷关于1914年之前资料的汇编，把它们提交给英国、法国、俄国、比利时和奥地利，意大利也出版了多卷类似的文件汇编。空前数量的机密文件被史无前例地迅速公开，像伯纳多特·施米特、皮埃尔·勒努万和路易吉·阿尔贝蒂尼这样的学者因而能够获得大量的资料。不足为奇的是，他们将注意力集中在战前的危机、结盟和1914年7月至8月的外交问题上。[1]

相比而言，在弗里茨·费舍尔的《争雄世界》一书出版之前，战时外交问题一直遭受忽视。[2] 费舍尔的这本著作并不是传统意义上的外交史，因为该书是从单个国家的角度去写的，但是结合了战争的目标去探讨对和平的试探，并利

---

[1] Pierre J. E. Renouvin, *Les Origins immédiates de la guerre (28 juin–4 août 1914)* (Paris : A. Cortes, 1927) ; Bernadotte E. Schimtt, *The Coming of the War, 1914* (New York and London : Scribner, 1930); Luigi Albertini, *The Origins of the War of 1914*, Engl. edn, 3 vols. (Oxford University Press, 1952–1957).

[2] Albert Pingaud, *Histoire diplomatique de la France pendant la Grande Guerre*, 3 vols. (Paris : Alsatia, 1938–1940) ; Zbynek A. B. Zeman, *A Diplomatic History of the First World War* (London: Weidenfeld & Nicolson, 1971); Fritz Fischer, *Griff nach der Weltmacht: die Kriegszielpolitik des kaiserlichen Deutschland, 1914/1918* (Düsseldorf: Droste Verlag, 1961), Eng. edn, *Germany's Aims in the First World War* (London: Chatto & Windus, 1967).

用了德国外交部的档案。它为其他交战国的研究开创了一个模式。[3]1914 年之前的档案的公开也使战争起源领域有了新的研究成果，如今的研究再次从国家的视角去撰写，并借鉴了政治科学的观点。[4]相比之下，关于战争目标的史学著作在 20 世纪 80 年代后越来越少，关于战争起源的著作继续在增长，并已经回归到将国际体系作为分析研究的单位，将外交问题置于战争起源的战略和经济背景之中。[5]它也对外交官本身做了细致的探讨：无论是个性，还是他们的体制背景。[6]随着一百周年纪念的到来，新的著作正通过重申三国协约的责任，对费舍尔形成挑战。[7]这一章将利用这些主要著述，去回顾外交官在战争的开始阶段及发展过程中的角色。本章所呈现的是一种外交官影响力日益弱化的历史画面，并将通过 1914 年之前、1914 年—1916 年和 1917 年—1918 年三个时段进行探讨。

[3] Victor H. Rothwell, *British War Aims and Peace Diplomacy, 1914—1918* (Oxford University Press, 1971); David Stevenson, *French War Aims against Germany 1914—1919* (Oxford University Press, 1982); Horst G. Linke, *Das Zarische Rußland und der Erste Weltkrieg: Diplomatie und Kriegsziele, 1914—1917* (Munich: Wilhelm Fink, 1982); David French, *British Strategy and War Aims, 1914—1916* (London: Allen & Unwin, 1986); Georges-Henri Soutou, *L'Or et le sang: les buts de guerre économiques de la Première Guerre mondiale* (Paris: Fayard, 1989).

[4] Fritz Fischer, *War of Illusions: German Politics from 1911 to 1914* (London: Chatto & Windus, 1975); Volker R. Berghahn, *Germany and the Approach of War in 1914* (London: Macmillan, 1973); Zara S. Steiner, *Britain and the Origins of the First World War* (London: Macmillan, 1977); John F. V. Keiger, *France and the Origins of the First World War* (London: Macmillan, 1983); Dominic C. B. Lieven, *Russia and the Origins of the First World War* (London: Macmillan, 1983); Richard J. Bosworth, *Italy and the Approach of the First World War* (London: Macmillan, 1983; Samuel R. Williamson, *Austria-Hungary and the Origins of the First World War* (Basingstoke: Macmillan, 1991).

[5] David G. Herrmann, *The Arming of Europe and the Making of the First World War* (Princeton University Press, 1996); David Stevenson, *Armaments and the Coming of War: Europe, 1904—1914* (Oxford University Press, 1996); J. Dülffer (ed.), *Vermiedene Kriege: Deeskalation von Konflikten der Grossmächte zwischen Krimkrieg und Erstem Weltkrieg, 1865—1914* (Munich: R. Oldenbourg Verlag, 1997).

[6] Zara S. Steiner, *The Foreign Office and Foreign Policy, 1898—1914* (Cambridge University Press, 1969); M. B. Hayne, *The French Foreign Office and the Origins of the First World War, 1898—1914* (Oxford University Press, 1993); Peter Jackson, "Tradition and adaptation: the social universe of French Foreign Ministry in the era of the First World War", *French History*, 24 (2010), 164-196; Thomas G. Otte, *The Foreign Office Mind: The Making of British Foreign Policy, 1865—1914* (Cambridge University Press, 2011).

[7] Stefan Schmidt, *Frankreichs Außenpolitik in der Julikrise 1914* (Munich: R. Oldenbourg Verlag, 2009); Sean McMeekin, *The Russian Origins of the First World War* (Cambridge, MA and London: Harvard University Press, 2009); and Christopher Clark, *The Sleepwalkers: How Europe Went to War in 1914* (London: Allan Lane, 2012).

1914 年之前

我们把"外交"（diplomacy）和"外交官"（diplomat）这两个词语归于法国大革命。[8] 但是，常规和固定地派驻外交代表始于 15 世纪意大利的城邦国家之间。[9] 从 17 世纪 20 年代起，法国国王就有了专司对外事务的大臣，俄国从 1720 年起有了外交部，英国外交部则始于 1782 年。[10] 在 1814 年至 1815 年间，欧洲列强实行一种定期首脑会晤的"会议体制"（congress system），但从 19 世纪 30 年代起，它被一种更具弹性的不定期使节会议所取代。这种会议在危机发生的时候召开，并将会议涉及的范围扩展至近东和非洲。使节会议一直继续着，直至 1912 年至 1913 年第一次巴尔干战争期间的伦敦会议为止。

到了 20 世纪，"外交官"一词可以被当作各种涉外机构（diplomatic services）、领事部门和外交部的官员总称来使用。一般来说，外交职务——在欧洲各大国中大使领导下的大使馆，在欧洲小国和欧洲以外国家中特命全权公使领导下的公使馆——对拥有者来说，是最具声望和代价最高昂的，因为报酬太少，以致难以负担他们的花销。这是一个圈子小且势利的世界，保持着高贵血统的印记。皇室成员担任外交职务并非少见[11]，而且大多数外事部门明显是贵族化的，并从专门的学校招募人员。1855 年至 1914 年间，英国主要大使馆 55% 的高级外交官都是贵族出身，所有的德国驻外大使也都是贵族出身。即使出身中产阶级背景的人士做到柏林外交部的高层职位，针对他们的歧视也是司空见惯的，而犹太人几乎在所有地方都遭到排斥。[12] 各国的外交部都是遮遮掩掩地行事，只有经他们斟酌后才能公开档案，而且常常是在相关事件发生数十年之后。[13] 类似巴麦尊和俾

[8]   Amédée Outrey, "Histoire et principes de l'administration française des affaires étrangères", *Revue française de science politique*, 3 (1953), 298.

[9]   Matthew S. Anderson, *The Rise of Modern Diplomacy, 1450—1919* (London and New York: Longman, 1993), pp.6 ff.

[10] Zara S. Steiner (ed.), *The Times Survey of Foreign Ministries of the World* (London: Times Books, 1982).

[11] Steiner, *Foreign Office and Foreign Policy*, pp. 71, 73; Lamar Cecil, *The German Diplomatic Service, 1871—1914* (Princeton University Press, 1976), p.217.

[12] Markus Mosslang and Torstan Riotte (eds.), *The Diplomats' World: A Cultural History of Diplomacy, 1815—1914* (Oxford: German Historical Institute London and Oxford University Press, 2008), pp.23–57. Cf. William D. Godsey, Jr, *Aristocratic Redoubt: The Austro-Hungarian Foreign Office on the Eve of the First World War* (West Lafayette, IN: Purdue University Press, 1999).

[13] Keith M. Wilson (ed.), *Forging the Collective Memory: Government and International Historians through Two World Wars* (Providence, RI and Oxford: Berghahn, 1996), chs. 1, 2, 7.

斯麦这样的人物,在行使职责时,很少受到其他大臣或议会的妨碍,并将文职下属视作办事员:法国外交部的低级官员每日下午五点要给上级准备下午茶。[14]

尽管如此,战前时期一系列的变化标志着自其产生以来外交体制最重要的转变。最明显的是,它变得更具全球性了。1893 年,一项法案授权美国总统可以向那些将驻华盛顿的公使馆升级为大使馆的大国派驻大使,此后十年完成了这一举措。[15] 然而,在 19 世纪晚期,当美国不再面临可信的外部威胁时,国务院只有些二流的主管,并且国会使得外交变得囊中羞涩。美国在其他国家的首都未拥有资产——使节必须租住寓所——而且大使的职位被卷入按党派任命的"分赃体制"之中。[16] 相比之下,在东京,公使馆在日俄战争之后升级为大使馆。这种提升不但反映了日本的军事实力,也体现了在回避外部世界数百年之后它的适应能力。日本的外交官(不像中国的)采纳西方的服饰,参加欧式的考试。外务省(Kasumigaseki,霞关)也是依照西式筹建起来的,在 1914 年之前由美国顾问提供了国际法的培训并帮助起草条约,同时一帮年长的政客(政界元老)参与做出关键性的决定。[17] 其他欧洲以外的大国——奥斯曼帝国和中国——经历了更为艰难的转型。从 19 世纪 30 年代起,奥斯曼土耳其就在欧洲国家的首都维持常任的外交官,并且外交部的工作语言是法语。但是传统上它只限于同基督教国家进行交往,向各国提出要求和发动战争,它融入欧洲外交的过程伴随着国力的衰落。[18] 同样,中国的皇帝习惯于顺从的政治体制和从邻国那里获取朝贡。他们对欧洲人极力敬而远之。第二次鸦片战争的失败迫使他们同意西方使团进驻北京,并向海外派驻自己的使节,但是一个现代意义的外交部的诞生还有待于 1911 年至 1912 年的共和革命。[19]

第二种促使变化发生的力量是技术方面的。1851 年,海底电报贯通英吉利

---

[14] Jackson, "Tradition and adaptation", 171. 依据惯例,外交部将以它们的所在地代指:巴尔豪斯广场(the Ballhausplatz, 维也纳), 凯道赛(the Quai d'Orsay, 巴黎), 威廉大街(the Wilhelmstraβe, 柏林)和歌手桥(the Choristers' Bridge, 圣彼得堡)。意大利外交部被称作肯斯塔(the Consulta)。

[15] Warren F.Ilchman, *Professional Diplomacy in the United States, 1789—1939: A Study in Administrative History* (University of Chicago Press, 1961), p.72.

[16] Ilchman, *Professional Diplomacy*, pp.19–32; David J. Reynolds, *Summits: Six Meetings that Shaped the Twentieth Century* (London: Allen Lane, 2007), p.25; Steiner, *Times Survey*, p.576.

[17] Steiner, *Times Survey*, pp.328–331; Ian H. Nish, *Japanese Foreign Policy, 1869—1942: Kasumigaseki to Miyakezaku* (London: Routledge and Kegan Paul, 1977), pp.1, 16, 28.

[18] Steiner, *Times Survey*, pp.494–505.

[19] Steiner, *Times Survey*, pp.1, 20–30, 136.

70 海峡，大西洋海底电报则贯通于 1866 年。[20] 轮船和铁路为 1878 年本杰明·迪斯累利出席柏林会议这样的首脑会议提供了便利。[21] 虽然大使会议——以及双边外交——依然是危机管理的惯常机制，但是外交官此时能够更便捷地得到指示。电报是高成本的，其简洁性没有为详尽阐述提供多少空间，通过信使（外交邮袋）传递急件继续沿用。而且，因为电报是通过公开渠道传送的，所以不得不进行加密，另外电报还可能遭到截获。到 19 世纪 90 年代，法国外交部一直在破译意大利、西班牙、英国、土耳其和德国的电报。在 1905 年至 1906 年以及 1911 年的两次摩洛哥危机期间，法国外交部能够读到德国的电报，然而当时法国政治家的轻率使他们失去了这个主要的情报来源，直至 1914 年。俄国人也实践破译之道，但英国人和美国人没有这样做。[22] 尽管如此，电报机促使通信联系大增，超过了人工信使的增长。[23] 为了应对这种发展，外交官需要更加专业化，上司则需要委托这些下属去处理公务。

大量的研究关注外交大臣或部长与下属官员之间的关系问题，大臣或部长的影响力在增长，但外交大使的影响在式微。扎拉·斯坦纳将爱德华七世时代外交部持续的工作中断，视作新一代仇德官员在利用更多权力下放的惯例并在经验相对欠缺的外交大臣爱德华·格雷爵士身旁获取高层的职位。[24] 然而，格雷依然是能够自己做主的：随着时间的推移，他变得更加独立，而且由于担心俄国东山再起，自 1912 年后同德国的关系得到了改善。[25] 在法国，雷蒙·普恩加莱—— 1912 年担任总理兼外交部长以及 1913 年起担任总统，力图管束同样仇德的下属。[26] 俄国官员的角色则更加模糊不清，但是他们多数赞成外交大臣谢尔盖·萨宗诺夫的决定，通过威慑——如果需要则通过战争——去维持势力均衡。[27] 相比之下，德国外交部则更加顺从，帝国首相的重要性超过

[20] Daniel R. Headrick, *The Invisible Weapon: Telecommunications and International Politics 1851—1945* (Oxford University Press, 1991), pp.15-19.

[21] Reynolds, *Summits*, pp.21-24.

[22] Christopher M. Andrew and David Dilks (eds.), *The Missing Dimension: Government and Intelligence Communities in the Twentieth Century* (Basingstoke: MacMillan, 1984), ch. 2.

[23] Steiner, *Foreign Office and Foreign Policy,* pp.3-4.

[24] Ibid., chs. 2-3.

[25] Otte, *Foreign Office Mind*, pp.365-388.

[26] Keiger, *France and the Origins*, pp.53, 165.

[27] Lieven, *Russia and the Origins*, pp.83-101.

了外交大臣，但是在奥匈帝国外交部，利奥波德·贝希托尔德伯爵作为外交大臣从一帮年轻的鹰派人物（包括他的私人办公室主任亚历山大·霍约斯伯爵）那里获取想法，这些人担心奥匈帝国的解体，力图通过坚决的行动加以阻止。[28]

进一步的专业化迹象是其他的政府部门开始任命外交专员。[29] 自 19 世纪 50 年代起，军事武官数量激增，各大国纷纷建立普鲁士式的总参谋部，并希望在外事发展方面进行技术更新。不像通才型的外交官，军事武官通常从事谍报活动，他们的报告是一种未被重视的情报来源。[30] 在 19 世纪末的海军狂热期间，海军武官也成倍地增加，并且商务专员也加入其中。[31] 随着贸易和投资的扩大，商业院外活动集团希望在促进出口方面采取更激进的举措。[32] 在 1906 年至 1915 年间[33]，美国的领事部门得到了现代化改造，各国的外交部认识到了经济和政治事务不断增长的相互依赖性。奥匈帝国的外交部成立了一个贸易政策司，而法国外交部在 1907 年将政治和商务的分部门进行了合并。[34]

来自商业方面的压力构成了迈向公共监督的一部分。在德国，国会展开活动，主张外交团体应有较少的社会排他性；在英国，埃德蒙·迪恩·莫雷尔发起了一场要求民主管理对外政策的运动。[35]《泰晤士报》以一种吟诵的腔调写道："那么是谁制造了战争？答案将在欧洲的大臣官邸中找到，在那些长久以来将人类生命当作象棋游戏中的兵卒玩弄的人中，他们纠缠于外交的惯例和术语，不再意识到被他们所嘲弄的种种悲惨的现实。"[36] 各国外交部长期将某些

---

[28] Cecil, *German Diplomatic Service*, pp.7, 320 ff; J. Leslie, "The antecedents of Austria-Hungary's war aims: policies and policy-making in Vienna and Budapest before and during 1914", *Wiener Bieiträge zur Geschichte der Neuzeit*, 20 (1993), 375 ff.

[29] Alfred Vagts, *The Military Attaché* (repr. Princeton University Press, 1967).

[30] Matthew S. Seligmann, *Spies in Uniform: British Military and Naval Intelligence on the Eve of the First World War* (Oxford University Press, 2006), chs. 2-4.

[31] Jack W. T. Gaston, "Trade and the late Victorian Foreign Office", *International History Review*, 4 (1982), 317-338.

[32] Paul G. Lauren, *Diplomats and Bureaucrats: The First Institutional Responses to Twentieth-Century Diplomacy in France and Germany* (Stanford University Press, 1976), p. 64; Ilchman, *Professional Diplomacy*, pp.35-38.

[33] Ilchman, *Professional Diplomacy*, ch. 3.

[34] Mösslang and Riotte, *Diplomats' World*, p. 76; Lauren, *Diplomats and Bureaucrats*, p.88.

[35] Cecil, *German Diplomatic Service*, pp.324-327; Alan J. P. Taylor, *The Trouble Makers: Dissent over Foreign Policy, 1792—1939* (London: Panther, 1969), pp.109-110.

[36] *The Times*, 26 November 1912, p.13.

报纸当作半官方的喉舌，例如德国的《北德总汇报》（*Norddeutsche Allgemeine Zeitung*）。1907 年法国外交部进行改革，设立了一个新闻局，战争前夕俄国外交部也采取了同样的做法。[37] 各国外交部还资助传播本国语言和文化的组织，比如法国外交部资助"法语联盟"（Alliance Française），意大利外交部资助"但丁协会"（Dante Alighieri Society）。[38]

最后一个变化是国际组织的发展。尽管回顾起来得出的印象是，1914 年之前的国际政治类似于霍布斯所言的自然状态，但是在经济方面，欧洲国家比起 20 世纪 60 年代再次出现过的这种情况来说更加相互依赖，而国家间的合作助推了这一过程。[39] 新机构以政府间协议为基础，包括国际电报联盟和万国邮政联盟，而《巴黎宣言》和《伦敦宣言》以及《海牙公约》将战争规则编纂入典。国际法成了一门学科，有了种种期刊、讨论会和大学教授的职位，各国外交部也加强了法律部门。联盟与军控公约被装扮成法律文书，不在上面签字的政府就意味着打算违背它们。[40]

尽管如此，这种机制未能取得成功。根据 A. J. P. 泰勒的说法："在几乎所有的欧洲国家中，制造战争的种种力量和一直以来的一样多——从未经历任何战斗的愚蠢年迈的将领，被某人或其他人告知应当守护国家荣誉的迂腐外交官，通过写一篇沙文主义的短文即能够获得一个多便士的受雇佣的记者。"[41] 事实上，外交官和外交部是 1914 年 7 月危机期间介入最早的。尼古拉·哈特维希，即俄国驻贝尔格莱德的公使，鼓励塞尔维亚采取不妥协的立场。[42] 在奥匈帝国外交部，弗朗茨·冯·马切克起草了一份备忘录，敦促在巴尔干发起一场外交攻势，在萨拉热窝刺杀事件之后，又变为主张对塞尔维亚宣战。霍约斯带着修改后的《马切克备忘录》文本，在波茨坦完成了获得德国承诺支持的"空白支票"的使命。贝希托尔德和官员于 7 月 23 日起草了对塞尔维亚的最后通牒。然而，奥匈

[37]　Lauren, *Diplomats and Bureaucrats*, p.191; George Bolsover, "Isvolsky and the reform of the Russian Ministry of Foreign Affairs", *Slavonic and Eastern European Review*, 63 (1985), p.36.

[38]　Lauren, *Diplomats and Bureaucrats*, pp.91, 114.

[39]　Carl Strikwerda, "The troubled origins of European economic integration: international iron and steel and labor migration in the era of World War I", *American Historical Review*, 98 (1993), 1106–1142.

[40]　S. A. Keefer, "Great Britain and Naval Arms Control: International Law and Security, 1898—1914" (unpublished PhD thesis, London School of Economics and Political Science, 2012).

[41]　Alan J. P. Taylor, *War by Timetable: How the First World War Began* (London: MacDonald & Co, 1969), p.42.

[42]　McMeekin, *Russian Origins*, pp.48–49; cf. Lieven, *Russia and the Origins*, pp.41–42.

帝国大臣会议（Council of Ministers）批准了霍约斯的行动方针，该方针出自赞
成武力解决问题的广泛政府共识。

在德国，空白支票同样出自高层的商谈，主要是在威廉二世、侍从和军事　73
顾问以及首相特奥巴尔德·冯·贝特曼·霍尔韦格之间。在从 7 月 5 日至 23 日
的过渡期内，外交部负责处理这场危机。它试图使协约国放松警惕，却敦促奥
匈迅速发起进攻，理由是快速行动能为巴尔干冲突的局部化提供最佳的机会。
外交大臣戈特利布·冯·雅戈及其下属官员拒绝妥协，当格雷提议召开一次会
议时，柏林鼓励维也纳拒绝。在暗地里鼓动进攻的情况下，德国对外交解决进
行了阻挠。[43]

在奥匈帝国发出最后通牒之后，电报在欧洲往来不断，但是外交官的职责
主要是作为一种信息渠道。一个重要的例外是在圣彼得堡，当时普恩加莱与法
国总理兼外交部长勒内·维维亚尼正完成国事访问乘船回国，因此普恩加莱在
那里的影响力减弱了。他们将主动权交给了莫里斯·帕莱奥洛格，法国外交部
的一位前政治司司长和现驻俄大使，他鼓励俄国人坚决采取行动，并向他们保
证，他们可以信赖同法国的联盟关系。他的行动在多大程度上与普恩加莱的愿
望保持一致依然是有争议的。[44] 相比之下，细想俄国和英国的情况，它们的外
交部起到了引领作用。萨宗诺夫是危机期间尼古拉二世的主要顾问，在他看来，
德国是奥匈帝国的后台，妥协不会维护和平。他应当为俄国采取动员承担主要
责任。在伦敦，调停失败之后，格雷警告德国，英国可能会介入。他将问题提
交内阁，并听由内阁决定，然而对于手下那些更鹰派的官员来说，他的行动太
过谨慎了。虽然已经做了很多事情去影响危机，但在最终阶段，各国外交部变
得越来越边缘化了。

---

[43] 有关德国外交部的角色，见 Imanuel Geiss, *July 1914: The Outbreak of the First World War* (London: Batsford, 1967), docs. 15, 18, 24, 30, 33, 101. 关于以会议方式解决危机，见 Richard J. Crampton, "The decline of the concert of Europe in the Balkans, 1913—1914", *Slavonic and Eastern European Review*, 52 (1974), pp.393-419.

[44] Schmidt, *Frankreichs Außenpolitik* 一书认为，帕莱奥洛格是遵循普恩加莱所确定的路线行事的，但他在俄国人的决定上的影响力提出了疑问。

1914—1916

74　　战争的爆发使外交官们投身到一个新的和令人不安的世界之中。[45] 除了像交换战俘这样的事情之外，交战国之间的联系中断了，外交被用来为战争努力服务。[46] 格雷解释称，扮演战略家不是他的职责，谈判的成功取决于军事方面的成功。[47] 一些外交官应征入伍，并且受伤或是阵亡。[48] 尽管如此，至 1916 年，英国外交部的人手增加了两倍，并将东方司和西方司并入了新设立的战争司（War Department）。[49] 相比之下，德国外交部维持了和平时期的架构。[50] 但是，对所有国家的外交部来说，他们更传统的职责——扩大和维持现有的盟国——变得更加困难，他们不得不担当新的角色，比如宣传、经济战和界定战争目标，从而与其他政府部门竞争。

战时盟国之间的关系变得十分复杂，以至于各国外交部和使馆失去了他们对于自己部门的垄断。战略问题由高层指示直接定夺，战时生产问题由财政部和军需部负责，而首脑峰会——英法之间和德奥之间——变得日益频繁。[51] 但是，在战争的前半段，他们耗费了许多精力去寻觅新的伙伴。同盟国更为成功，但总体上并不是因为更娴熟的外交给他们带来了优势。德国和奥匈帝国争得了两个盟国——奥斯曼帝国和保加利亚。在第一个同意参战的案例中，德国驻君士坦丁堡的大使，即汉斯·冯·旺根海姆男爵，发挥了突出的作用。旺根海姆是一名经验丰富的外交官，与土耳其陆军部长恩维尔帕夏关系很好。1914 年 8 月，柏林授权他，如果条件令他满意的话，就签订一项秘密同盟条约，但是土耳其人没有像旺根海姆所希望的那样立即加入战争，相关谈判拖延了几个月时

[45]　关于战时外交，见本书第 19 章。

[46]　1918 年，英国外交部设立了一个政治情报司（包括借调学者）去报告那些与英国断交国家的情况。

[47]　Edward Grey, *Twenty-Five Years, 1892—1916*, 2vols. (London: Hodder & Stoughton, 1925), vol. II, pp.70, 153—154.

[48]　John Fisher, "The Impact of military service on the British Foreign Office and Diplomatic and Consular Services, 1914—1918", *International History Review*, 34 (2012), pp.431—448.

[49]　Rothwell, *British War Aims,* pp. 10 ff; Public Record Office, *The Records of the Foreign Office, 1782—1939* (London: HMSO, 1969), p.14.

[50]　Zbyněk A. B. Zeman (ed.), *Germany and the Revolution in Russia, 1915—1918: Documents from the Archives of the German Foreign Ministry* (Oxford University Press, 1958), p.153.

[51]　Elizabeth Greenhalgh, *Victory through Coalition: Britain and France during the First World War* (Cambridge University Press, 2005), chs. 2, 4.

间。由于低估了土耳其的军事力量，英国没有拿出具有诱惑力的与之相对应的提议，而且协约国是在有一个重大不利的情况下开展行动的，即土耳其人认为德国在军事上更强大，而且惧怕俄国，因此英国和法国未能消除君士坦丁堡的顾虑。[52] 同样，使保加利亚参战的关键性因素是，在 1915 年，军事平衡偏向于同盟国方面，他们在提供领土方面的出价能够超过协约国。[53]

乍一看，协约国的外交更富有成果。但是，战时的环境限制了它的行动自由。结果，日本对德国宣战实际上令英国外交部尴尬，因为英国外交部已经向日本提出海军援助方面的有限请求，但并不打算援用英日同盟。东京方面的推动力是外相加藤高明，他一直希望加强日本在中国的地位。他的政策占据上风表明政界元老的平衡作用减弱了，尽管比起一代人之后，此时的军方影响力依然不大。[54]

在 1915 年至 1916 年间，争取新盟国的竞争集中在地中海和巴尔干地区。最大的进展是意大利于 1915 年 5 月参战。这一过程在意大利是由首相萨兰德拉和外交大臣西德尼·松尼诺推动的，他们俩得到了外交部秘书长贾科莫·德马蒂诺的支持。意大利参战的时间节点也主要取决于军事发展：德国在马恩河的失利表明协约国更可能赢得战争，对达达尼尔海峡的进攻则表明，在意大利失去讨价还价的筹码之前，迫切需要采取行动。谈判集中在伦敦展开，意大利的要求让英国外交部感到愕然（驻罗马大使伦内尔·罗德爵士因支持意大利的主张而失去了信任），但是英国和法国除了同意之外别无选择。他们的外交工作主要是协调俄国同意大利对于南斯拉夫人领土的权利主张。[55] 所付出的代价使得协约国的下一个任务变得复杂起来，即通过敦促塞尔维亚做出进一步的牺牲来阻止保加利亚的参战。俄国人已经派遣了一位高级外交官，即 G. N. 特鲁别茨科伊伯

[52] Mustafa Aksakai, *The Ottoman Road to War in 1914: The Ottoman Empire and the First World War* (Cambridge University Press, 2008), chs. 4, 6.

[53] Gerard E. Silberstein, *The Trouble Alliance: German-Austrian Relations, 1914 to 1917* (Lexington, KY: University of Kentucky Press, 1970), ch. 6; Richard J. Crampton, *Bulgaria, 1878—1918: A History* (Boulder, CO and New York: East European Monographs, 1983).

[54] Ian H. Nish, *Alliance in Decline: A Study in Anglo-Japanese Relations, 1908—1923* (London: Athlone Press, 1972), ch. 7.

[55] Wilhelm W. Gottlieb, *Studies in Secret Diplomacy during the First World War* (London: Allen & Unwin, 1957), ch. 22; C. Jay Smith, *The Russian Struggle for Power, 1914—1917: A Study of Russian Foreign Policy during the First World War* (New York: Philosophical Library, 1956), pp.247 ff.

爵,为此前往贝尔格莱德。[56] 即使塞尔维亚首相尼古拉·帕希奇和外交官们愿意考虑让步,国王亚历山大一世和他圈子里的人也不会同意这样做。整个事情让那些参与其中的人感到极度沮丧,[57] 随后塞尔维亚被打垮的灾难损害了英国外交部和法国外交部的声誉。而相比而言,对于罗马尼亚来说,在由俄国主导的谈判中,协约国能够提供保加利亚和奥匈帝国的领土。即便如此,虽然交易的条件数月前就已经确定,但直到军事形势再一次发展—— 1916 年的勃鲁西洛夫攻势——才推动了罗马尼亚参与战争。[58]

美国的参战情形则根本不同,这不仅仅是因为华盛顿没有任何领土上的要价。它的介入不是因为像意大利、保加利亚和罗马尼亚那样的交易,尽管外交依然发挥了作用。在 1914 年至 1915 年间,国务院和英国外交部就协约国的封锁问题多次交换照会,但根本性的因素还是伍德罗·威尔逊总统避免重现 1812 年战争情景的决心,以及英国将在不触怒美国的情况下尽可能地实施封锁。[59] 因此,与华盛顿和柏林在潜艇战问题上的外交对话相比,两国政府都没有采取要置彼此于冲突中的立场。在实施封锁的问题上,威尔逊还为解决问题定调并且起草关键性的信件,但是他相信,为了他在最终和平谈判中的信誉,表现坚定是必要的。[60]

在这些过程中,大使们发挥了很小的作用。德国驻华盛顿大使约翰·冯·伯恩斯托夫伯爵在 1915 年"卢西塔尼亚号"和"阿拉伯号"危机期间,擅自越过给他的命令,从而推迟了德美之间的一场对抗。他夸大了美国对德国的善意以及美国可能做出的居间调停。[61] 然而,英国驻美大使塞西尔·斯普林-赖斯爵士与总统的关系很糟糕[62],而美国驻英国大使沃尔特·海因斯·佩奇是威尔逊的朋

[56] Smith, *Russian Struggle for Power*, pp.158 ff.

[57] Cedric J. Lowe, "The failure of British diplomacy in the Balkans, 1914—1916", *Canadian Journal of History*, 4 (1969), pp.73–100.

[58] V. N. Vinogradov, "Romania in the First World War: the years of neutrality, 1914—1916", *International History Review*, 14 (1992), 452–461.

[59] Charles M. Seymour (ed.), *The Intimate Papers of Colonel House*, 4 vols. (London: Benn, 1926–1928), vol. 1, pp.309–310; Grey, *Twenty-Five Years*, vol. II, p.103.

[60] Seymour, *House*, vol. 1, p.437.

[61] Reinhard R. Doerries, *Imperial Challenge: Ambassador Count von Bernstorff and German-American Relations, 1908—1917* (Chapel Hill and London: University of North Carolina Press, 1989).

[62] Stephen Gwynn (ed.), *The Letters and Friendships of Sir Cecil Spring Rice*, 2 vols. (London: Constable, 1924), vol. II, pp.215 ff.

友，却过于支持协约国的事业。[63] 总统绕过了这两人以及国务卿罗伯特·兰辛，利用得克萨斯商人爱德华·曼德尔·豪斯"上校"作为他的首要特使，在 1915 年和 1916 年派他前往欧洲，就关于美国可能出面调停的《豪斯－格雷备忘录》进行秘密会谈。1916 年 12 月 18 日发出的和平照会，敦促交战双方亮明他们的 战争目标。法国外交部倾向于拒绝，但英国外交部坚决主张响应，这在关键时刻使他们赢得了威尔逊的支持。在最后的阶段，协约国是在玩一场等待成功的游戏，反之，精力充沛的（非贵族）外交官阿图尔·齐默尔曼在 1916 年年底接替了雅戈，他接受了外交部一名官员阿图尔·冯·克姆尼茨的观点（遭到克姆尼茨的大多数同僚的反对），提出与墨西哥结盟。[64] 结果是齐默尔曼电报的出现，它像多数柏林与华盛顿之间往来的通信一样被英国情报部门破译，并被交给了美国人，而后由威尔逊公布给了报刊媒体。[65]

77

电报的公开是协约国的一场宣传胜利，操纵公众舆论已经成为一项主要的外交职责。最具雄心的开始是法国外交部的新闻大厦（1916 年）——白里安私人办公室主任菲利普·贝特洛思想的产物。三百名雇员（他们被当作逃避兵役者而遭到诽谤）结交记者朋友，分析国外报纸，分发书籍和小册子，并被安排出国讲演。[66] 宣传行动波及许多中立国（英国外交部在希腊和南美资助一些报纸）[67]，而美国是首要的宣传对象。德国在美国的宣传努力，由外交部提供资金，效果拙劣且适得其反，而他们的最大阻碍是柏林政府自己的种种举动。[68] 反之，英国外交部掌管了被称作"威灵顿屋"的秘密机构，聘请主要作家，通过书籍和小册子（至 1916 年散发了超过 700 万册）以及电影和报刊文章开展工作，对美国精英的观念发起了一场更加隐晦的攻势。[69] 然而，尽管协约国工作起来通常能够合乎美

78

[63] Burton J. Hendrick, *The Life and Letters of Walter H. Page* (London: Heinemann, 1950).

[64] Doerries, *Imperial Challenge*, pp.225–227.

[65] Barbara Tuchman, *The Zimmermann Telegram*, new edn (New York: Macmillan, 1966); Christopher M. Andrew, *Secret Service: The Making of the British Intelligence Community* (London: Heinemann, 1985), pp.108–114.

[66] Jean-Jacques Becker and Stéphane Audoin-Rouzeau (eds.), *Les Sociétés européennes et la gurre de 1914—1918* (Paris : Publications de l'université de Nanterre, 1990), pp.135–143 ; George Bruntz, *Allied Propaganda and the Collapse of the German Empire in 1918* (Stanford University Press, 1938), pp.14–15.

[67] Michael L. Sanders, "Wellington House and British propaganda during the First World War", *Historical Journal*, 18 (1975), p.132.

[68] Hans-Jürgen Schroeder (ed.), *Confrontation and Co-operation: Germany and the United States in the Era of World War Ⅰ, 1900—1924* (Providence, RI and Oxford: Berg, 1993), chs. 7, 8.

[69] Sanders, "Wellington House", pp. 129 ff; D. G. Wright, "The Great War, government propaganda, and English 'men of letters', 1914—1916", *Literature and History,* 7 (1978), pp.70–100.

国的舆论，德国则与美国格格不入，但是 1916 年的都柏林复活节起义和有关封锁而产生的新摩擦重新点燃了反协约国的情绪。"威灵顿屋"的影响依然难以评估。

宣传构成了雄心勃勃的大范围颠覆计划中的一个要素。齐默尔曼是泛伊斯兰主义战略的最重要倡导者，德国外交部支持设立一个中东宣传司，并派遣使团前往阿富汗。该部门试图为爱尔兰共和派（Irish Republicans）和印度的秘密社团提供武器，还试图资助布尔什维克党人。[70] 相比之下，协约国最初在援助奥匈帝国臣民方面更为谨慎，他们的主要成功在于阿拉伯大起义。在此之前，亨利·麦克马洪爵士（英国驻开罗的高级专员）与麦加的谢里夫·侯赛因之间的信件，是依照外交部的指示行事的，然而麦克马洪超越了给他的指示，利用含糊和夸张的措辞使侯赛因卷入了战争之中。[71]

封锁和经济战是附加的新行动，比起和平时期的贸易促进来说要求更高层面的外交能力。它们是英法最为关切的事。英国海军部已经制定计划，通过切断德国的交通线，将德国逐出金融服务市场以及阻断其进出口，使德国陷于瘫痪，但是内阁在实施该计划时退缩了，主要因为计划的后果可能损害英国自身。英国外交部临时提出了一个不太严厉的方案取而代之。[72] 最大的挑战不是海军方面，而是外交领域：阻止毗邻德国的中立国扩大他们对同盟国的转口贸易。法国外交部负责领导法国政府的封锁管理工作，特别是针对瑞士方面；但是针对瑞士牲畜的"独占性收购"计划由于资金缺乏而被迫中止。[73] 在伦敦，海军部抨击外交部的范围过于宽泛。[74]1916 年 2 月，由罗伯特·塞西尔爵士领导的封锁部接管了封锁工作，同时他继续担任外交部的政务次官。[75]7 月，一项重要的新协定削减了荷兰的出口，加剧了德国的粮食供应危机，刺激了它以 1917 年的无

79

---

[70] Hew Strachan, *The First World War*, vol. 1, *To Arms* (Oxford University Press, 2001), pp.697, 707, 771, 800; Fischer, *Germany's Aims*, pp.122–155.

[71] Elie Kedourie, *In the Anglo-Arab Labyrinth: The McMahon-Husayn Correspondence and Its Interpretations, 1914—1939* (Cambridge University Press, 1976); Isaiah Friedman, *The Question of Palestine, 1914—1918: British-Jewish-Arab Relations* (London: Routledge & Kegan Paul, 1973), ch. 3.

[72] Nicholas A. Lambert, *Planning Armageddon: British Economic Warfare and the First World War* (Cambridge, MA and London: Harvard University Press, 2012), chs. 5, 6.

[73] Marjorie M. Farrar, *Conflict and Compromise: The Strategy, Politics, and Diplomacy of the French Blockade, 1914—1918* (The Hague: Marinus Nijhoff, 1974), pp.95 ff, 142, 193.

[74] Lambert, *Planning Armageddon*, ch. 9; M. R. P. Consett, *The Triumph of Unarmed forces (1914—1918)* (London: Williams & Northgate, 1923), pp. vii–xv, 253.

[75] *Records of the Foreign Office*, p.24.

限制潜艇攻击行动冒险一搏。[76] 但是，直到那时为止，封锁的效果也是有限的。

最后一项新行动是界定战争目标和推进试探和平。在 1914 年至 1916 年间，这样的试探并不多，而且很少托付职业的外交官去尝试，部分是因为非官方的调停更易于否认。德国派丹麦商人汉斯·安德森去试探俄国对于单独媾和的兴趣，派特林伯爵去同比利时国王阿尔贝一世的代表瓦克斯魏莱尔教授会晤；派钢铁大王胡戈·施廷内斯前往斯德哥尔摩，去探索日本改换门庭的可能性。[77] 在 1914 年西线战役未能取得胜利之后，贝特曼·霍尔韦格打算通过引诱协约国中的一位成员国缔结单独协议来分化协约国。[78] 相反，英国、法国和俄国在取得胜利之前拒绝接触，并且在 1914 年 9 月的《伦敦公约》（Pact of London）中，他们承诺不单独进行媾和。[79]

两方阵营都以设想的军事上的胜利来制定战争目标。德国最早采取行动界定战争目标，但是，1914 年 9 月 9 日的"九月方案"不是由外交部草拟，而是由首相的小圈子起草，最大的贡献出自贝特曼·霍尔韦格的私人秘书库尔特·里茨勒和德国通用电气公司（AEG）的总裁，即当时德国陆军部所属战时资源局（Kriegsrohstoffabteilung）的负责人瓦尔特·拉特瑙。[80] 随后关于比利时的未来以及中欧关税联盟的计划不是由雅戈，而是由副首相克莱门斯·冯·德尔布吕克负责实施。[81] 外交部在 1915 年秋更深地介入其中，当时雅戈和贝特曼·霍尔韦格向奥匈帝国提议签订一系列的政治、军事和经济协定，以使两国的同盟关系能够持续下去，并且——雅戈希望——增强二元君主制国家中讲德语群体的地位。德国人建议将新近征服的波兰领土让与这个哈布斯堡王朝统治的国家，以换取维也纳同柏林捆绑。[82] 奥匈帝国对这一安排采取了逃避的姿态，

[76] Roger Chickering and Stig Förster (eds.), *Great War, Total War: Combat and Mobilization on the Western Front, 1914—1918* (Cambridge: German Historical Institute Washington/ Cambridge University Press, 2000), pp.235-236.

[77] Fischer, *Germany's Aims*, pp.189-197, 216-222, 230-236.

[78] Lancelot L. Farrar, Jr, *Divide and Conquer: German Efforts to Conclude a Separate Peace, 1914—1918* (New York: Columbia University Press, 1978), p.7, 105.

[79] Stevenson, *French War Aims*, p.12; Linke, *Zarische Rußland*, p.237.

[80] Rathenau letter, 11 September 1914, Bundesarchiv, Akten der Reichskanzlei, R/43/2476; Wayne C. Thompson, *In the Eye of the Storm: Kurt Riezler and the Crises of Modern Germany* (Iowa City: University of Iowa Press, 1980), pp.98 ff.

[81] Soutou, *L'Or et le sang*, p.32.

[82] André Scherer and Jacques Grunewald (eds.), *L'Allemagne et les Problèmes de la paix pendant la Première Guerre mondiale*, 4vols. (Paris : Presses Universitaires de Franc, 1966-1978), vol. 1, docs. 146, 165.

谈判遭到了敷衍。因此，德国人转而赞成一个名义上独立的波兰，将其作为德国的一个缓冲国，在勃鲁西洛夫攻势中遭遇失败之后，学乖了的奥地利人勉强表示同意。然而，到那时，保罗·冯·兴登堡和埃里希·鲁登道夫接管了最高陆军指挥部（Oberste Heeresleitung, OHL），外交部和首相府面临一个更加自信的军方，部分出于安抚最高陆军指挥部的考虑，齐默尔曼取代了雅戈。[83] 在 1916 年 12 月 12 日旨在为无限制潜艇战提供借口的同盟国和平照会之前，新的影响力平衡变得显而易见了。[84] 现在势必需要同坚持扩大德国战争目标的最高陆军指挥部进行一场谈判。[85]

在其他交战国中，外交部更成功地保护了自己。在奥匈帝国外交部，斯蒂芬·布里安当时取代了贝希托尔德，同样面临着一个过分自信、主张迅速兼并巴尔干的最高统帅部。但是，在 1915 年至 1916 年冬天制定战争目标的关键时期，外交部维持了对以建立缓冲国为基础的一个适度方案的支持。[86] 同样，加藤领导下的外务省制订了著名的"二十一条"。[87] 而在俄国，萨宗诺夫领导的沙皇政府比英国和法国更快地制定出战争目标。1914 年 9 月，萨宗诺夫向协约国大使公布了一个计划，而帕莱奥洛格（特地）把它说成比其原有的样子更坚实。[88] 无论如何，俄国在波兰遭遇到的失败使该计划难以实现，然而，土耳其的参战为控制君士坦丁堡的另一种可能敞开了大门。1914 年 11 月，萨宗诺夫收到了一份来自手下一名官员 N. A. 巴济利的备忘录，巴济利建议尽可能吞并土耳其海峡两岸的领土。于是，萨宗诺夫委派一位二等男爵鲍里斯·诺尔德，外交部法律部门的负责人，去勾画最大可能和最小可能两种选择方案。萨宗诺夫赞成最大可能的方案，责备诺尔德谨小慎微，而负责与外交部联络的海军军官 A. V. 内米

81

[83] Karl E. Birnbaum, *Peace Moves and U-Boat Warfare: A Study of Imperial Germany's Policy towards the United States, April 18, 1916—January 9, 1917* (Stockholm: Almqvist och Wiksell, 1958), p.216.

[84] Birnbaum, *Peace Moves*, ch. 8.

[85] Scherer and Grunewald, *L'Allemagne*, vol. 1, docs. 361, 365, 367, 369.

[86] M. B. Fried, "War Aims and Peace Conditions: Austro-Hungary's Foreign Policy in the Balkans, July 1914—May 1917", (unpublished PhD thesis, London School of Economics and Political Science, 2011).

[87] Nish, *Japanese Foreign Policy*, ch. 5; Peter Lowe, *Great Britain and Japan, 1911—1915: A Study of British Far Eastern Policy* (London and New York: Macmillan, 1969), ch. 5.

[88] William A. Renzi, "Who composed 'Sazonov's Thirteen Points'? A re-examination of Russia's war aims of 1914", *American Historical Review*, 88 (1983), pp.347–357.

茨上校起草的一份文件强化了这位部长的野心。[89] 在第一个战时重大秘密条约，即 1915 年 3 月至 4 月的海峡问题协定中，俄国获得承诺，它可以兼并君士坦丁堡和土耳其海峡。英国人很快做出了让步，法国人则显得更勉强，但是伦敦和巴黎得到了俄方的对等承诺，其将支持英法针对奥斯曼土耳其人提出的要求。[90]

由于军事时运越来越坏，俄国变得更加消极。外交部的备忘录设想了肢解奥匈帝国，但依然像是时事短评。[91] 法国外交部和英国外交部在讨论欧洲战争目标方面行动更加迟缓，因为格雷和泰奥菲勒·德尔卡塞（1914 年至 1915 年的法国外交部长）担心这会削弱外交上的团结和国内的共识。但是，到 1916 年夏天，军事前景看上去更加光明了，在这个时候，查尔斯·哈丁爵士，即 1906年至 1910 年的外交部常务次官，官复原职。他担心法国人正界定战争目标而英国却没有这样做，于是成立了一个战争目标委员会。结果，一份由威廉·蒂勒尔爵士和拉尔夫·佩吉特爵士起草的备忘录被提交至内阁传阅。在大卫·劳合·乔治取代赫伯特·阿斯奎斯担任首相之前，该备忘录推动起草了更多的文件，但没有促成内阁的讨论。事实上，蒂勒尔和佩吉特建议，法国应当重新获得阿尔萨斯和洛林，应以德国为代价建立一个独立的波兰，这些都超出了政府愿意采纳的意见范围。[92] 然而，巴黎得出了更坚定的结论。1915 年 11 月，阿里斯蒂德·白里安担任总理兼外交部长。他管理上的松弛为法国外交部的官员创造了机会：最引人注目的是贝特洛，也包括贝特洛的对手朱尔·康邦，后者担任秘书长这个新职位，而康邦的兄弟保罗一直是驻伦敦大使。1916 年夏，保罗要求下达同英国人会谈时的指导意见，而帕莱奥洛格提出警告，俄国可能会媾和。康邦制订了一项计划，1917 年 1 月获得了部长会议的批准。该计划声称法国有权在莱茵河西岸的未来问题上拥有"主要的发言权"（preponderant voice）。但是，随后进行的会谈不是跟英国人，而是同俄国人——一个由殖民事务部长加斯顿·杜梅格率领的使团前往彼得格勒，为在莱茵兰地区建立法国的缓冲国

82

[89] Ronald P. Bobroff, *Roads to Glory: Late Imperial Russia and the Turkish Straits* (New York: I. B. Tauris, 2006), pp.118–122.

[90] Bobroff, *Roads to Glory*, pp.131–138.

[91] Alexander Dallin (ed.), *Russian Diplomacy and Eastern Europe, 1914—1917* (New York: King's Crown Press, 1963), pp.100–113.

[92] Rothwell, *British War Aims*, pp. 39–52; David Lloyd George, *The Truth about the Peace Treaties*, 2 vols. (London: Gollancz, 1938), vol. 1, pp.31–50.

签署了一项协定，而白里安承诺，无论俄国对波兰提出怎样的要求，他都会予以支持。保罗·康邦收到了一封信件，部长会议却从未对其进行过讨论，这将造成极大的尴尬。这是外交部独断的一个典型例子，且行将成为一个旧时代的象征。[93]

1917—1918

对于各国外交部来说，此时的形势进一步恶化了。1917 年春季和冬季标志着两个转折点，集中体现在彼得格勒和华盛顿的事态发展上。[94]尼古拉二世的退位使得俄国临时政府上台，它继承了沙皇的领土兼并主义，但是 5 月的街头游行示威迫使外交部长保罗·米留科夫辞职。米留科夫的接替者米哈伊尔·捷列先科放弃了对君士坦丁堡的要求。新政府不安地与孟什维克和社会革命党人领导的彼得格勒工兵代表苏维埃分享权力，后者呼吁没有领土兼并与赔款的和平，支持社会党国际（the Socialist International）所提出的在斯德哥尔摩召开中立国和交战国社会党的大会。[95]与此同时，美国的参战带来了一股不要秘密条约的动力，它发自心底地不喜欢协约国的做法，有意同新友邦保持着距离。由于佩奇和斯普林－赖斯都得不到信任，英国只好通过豪斯与军情六处驻华盛顿的负责人威廉·怀斯曼爵士之间的联络来同威尔逊保持联系。[96]在这种新背景下，对进步主义党派的支持遍布欧洲，甚至更富爱国精神的社会主义党派领导人也变得激进起来。到目前为止，反战的抗议活动依旧悄然无声，英国的"民主管理联盟"——成立时莫雷尔担任书记——不同寻常地主张，"应当就民主管理对外政策建立起足够的机制"。[97]较为温和的批评则主张建立国际联盟，威尔逊于 1916

83

[93] Stevenson, *French War Aims*, ch. 2.

[94] Arno J. Mayer, *Political Origins of the New Diplomacy, 1917—1918* (New Haven, CT: Yale University Press, 1959).

[95] David Kirby, "International socialism and the question of peace: the Stockholm Conference of 1917", *Historical Journal*, 25 (1982), 709–716; Rex A. Wade, *The Russian Search for Peace, February—October 1917* (Stanford University Press, 1969).

[96] Wilton B. Fowler, *British-American Relations, 1917—1918: The Role of Sir William Wiseman* (Princeton University Press, 1969), ch. 2.

[97] Marvin Swartz, *The Union of Democratic Control in British Politics during the First World War* (Oxford: Clarendon Press, 1971), p.42.

年对这种理念表示赞同。[98] 但是，在 1917 年 8 月，英国工党的一次会议采纳了"民主管理联盟"纲领的大多数主张，而法国社会党人站出来支持斯德哥尔摩会议，当他们的俄国同志揭露"杜梅格协定"的内容时，他们都一下子惊呆了。[99]

1917 年的第二个特征是和平倡议的集中出现。教皇本笃十五世呼吁回到战前的状况。秘密的和平试探行动基本上通过非职业的中间人或绕过外交部展开。因此，新登基的奥地利皇帝卡尔，在未告知外交大臣奥托卡尔·切尔宁的情况下，派他的内弟波旁家族的西克斯图斯亲王*前往巴黎。[100] 但是，切尔宁也诉诸"平行外交"（paradiplomacy）**，利用他与德国国会中天主教中央党的联系，向德国政府施压以放宽媾和的条件。[101] 德国人也使用非常规的方法，齐默尔曼赞成将列宁从瑞士运至彼得格勒的安排。[102] 他们雇用中央党的议员马蒂亚斯·埃茨贝格尔就单独媾和问题去试探临时政府的态度。但是，他们最重要的策略则遵从了教皇的和平呼吁。7 月，理查德·冯·屈尔曼取代了齐默尔曼，战前他曾在驻伦敦使馆工作过。一段时间内，他夺回了在柏林官僚机构中的主动权，并且像早前的贝特曼·霍尔韦格一样，试图调查反对阵营的错误路线。[103] 他通过布鲁塞尔的德国当局中的一名官员，冯·德尔·兰肯男爵，利用比利时的中间人科佩男爵及其儿子，对当时已退出政府的白里安进行和平试探。然而，屈尔曼的主要目标是英国，他通过西班牙驻低地国家的代表比利亚洛瓦尔侯爵，同劳合·乔治的外交大臣亚瑟·贝尔福进行了联系。贝尔福猜到了这是来自他的德国同行的接洽，并且坚持任何答复必须由协约国集体做出是一个至关重要的原则，尽管首相起初拒绝这个原则。但是，劳合·乔治也思量以俄国为代价

84

---

[98]　George W. Egerton, *Great Britain and the Creation of the League of Nations: Strategy, Politics, and International Organization, 1914—1919* (Chapel Hill: University of North Carolina Press, 1978), ch. 1.

[99]　Lawrence W. Martin, *Peace without Victory: Woodrow Wilson and the British Liberals* (New Haven, CT: Yale University Press, 1958), p.133.

＊　帕尔马公国的亲王，他的姐姐齐塔（Zita）于 1911 年嫁给后来的奥地利皇帝卡尔一世。西克斯图斯在一战期间加入比利时军队，而他的三个弟弟则加入了奥地利军队。——译者注

[100]　Prince Sixte de Bourbon, *L'Offre de paix séparée de l'Autriche (5 décembre 1916—12 octobre 1917)* (Paris : Plon-Nourrit, 1920).

＊＊　平行外交，指国家以下各级政府的外交活动，比如地方政府。——译者注

[101]　Robert F. hopwood, "Czernin and the fall of Bethmann-Hollweg", *Canadian Journal of History,* 2 (1967), pp.49–61.

[102]　Philip w. Dyer, "German support of Lenin during World War Ⅰ", *Australian Journal of Politics and History,* 30 (1984), pp.45–55.

[103]　Farrar, *Divide and Conquer*, p.105.

进行媾和，不过内阁不赞成他的想法。在协约国集体回应之后，屈尔曼放弃了他的倡议，而法国外交部长亚历山大·里博否决了兰肯与白里安拟议进行的会谈。各国外交部长仍然扮演着他们的常规角色：在柏林，试图去弥合分歧；在伦敦和巴黎，去维系联盟的团结。[104] 具有讽刺意味的是，在数周之内，俄国人无论如何都将与他们的友邦分道扬镳。

因为下一件令人震惊的事是 11 月 7 日和 8 日布尔什维克在彼得格勒发动的起义。列宁和托洛茨基设想，俄国将成为一场全球暴动的大本营，而不是开展国家间的外交。托洛茨基勉强接受了外交人民委员的角色，因为他预计这会无所作为：他的《和平法令》呼吁在不割地和不赔款的情况下立即进行和解。[105] 它还许诺公开进行全部外交，谴责协约国之间的秘密条约。[106] 布尔什维克党人接着公开了这些秘密条约，然而由于原临时政府外交部官员拒绝与他们合作，所以遭遇到困难，大部分海外的俄国外交官则被解雇，而且协约国的大使对新政权进行了联合抵制。非官方代理人的联络行动在继续，英国派出了罗伯特·布鲁斯·洛克哈特，同时，通过在莱昂斯·科纳咖啡馆（Lyons Corner [coffee] House）*达成的谅解协议，马克西姆·李维诺夫成为驻伦敦的联络人。[107]

一旦革命未能传播开来，列宁就改变了方针。布尔什维克党人与同盟国签署了停战协定，在布列斯特－立陶夫斯克举行了和平谈判，并坚决宣称这一做法是公开进行的。最初，屈尔曼和切尔宁确定了同盟国的方针：为了分化布尔什维克与协约国而同布尔什维克党人周旋；为了分割俄国的波兰、波罗的海和乌克兰领土而口头上支持民族自决。当托洛茨基退出谈判时，这一做法失效了，在 1918 年 2 月 13 日的巴特洪堡会议上，威廉二世和首相格奥尔格·赫特林支

---

[104] Farrar, *Divide and Conquer*, ch. 4; David R, Woodward, "David Lloyd George, a negotiated peace with Germany, and the Kühlmann Peace Kite of September 1917", *Canadian Journal of History*, 4 (1971), pp.75–93; Stevenson, *French War Aims*, pp.88–92.

[105] John W. Wheeler-Bennett, *Brest-Litovsk: The Forgotten Peace, March 1918* (London: Macmillan, 1938), pp.375–378; Richard K. Debo, *Revolution and Survival: The Foreign Policy of Soviet Russia, 1917—1918* (University of Toronto Press, 1979), pp.18–20.

[106] Wilson, *Forging the Collective Memory*, pp.64–66.

＊ 位于伦敦考文垂大街，建于 1909 年。——译者注

[107] Robin H. Bruce Lockhart, *Memoirs of a British Agent: Being an Account of the Author's Early Life in Many Lands and of His Official Mission to Moscow in 1918* (London: Macmillan, 1974), pp.198–202.

持兴登堡和鲁登道夫关于继续开展进攻以迫使布尔什维克党人在条约上签字的 85
主张。[108] 屈尔曼考虑辞职，但暂时未这样做，不得不默认像德国军队挺进俄国
内地这样的一连串既成事实。1918 年 6 月，他轻率地在国会表示，不可能通过
军事手段赢得战争，来自最高陆军指挥部的压力迫使他最终辞去了职务。到这
一阶段，在 4 月法国人公开卡尔借助西克斯图斯亲王的秘密接触而引发的"切
尔宁事件"之后，切尔宁也丢掉了官职。卡尔不得不与柏林签署新的长期协定，
于是奥匈帝国失去了其大部分剩余的独立性。德国和奥匈帝国的外交部此时都
处于失势之中。

　　然而，他们的敌国外交部的处境也好不到哪去。在布尔什维克党人签署
《布列斯特－立陶夫斯克条约》之前，协约国一直希望能使俄国留在该阵营内。
这种希望促使伍德罗·威尔逊于 1 月 8 日发表了"十四点原则"，其第一点承
诺"公开的和平条约，必须公开缔结，缔结后不得有任何种类的秘密的国际谅
解，而外交也必须始终在众目睽睽之下坦率进行"，第十四点则是关于成立国际
联盟。[109] 在未能使协约国政府表明他们的战争目标之后，这位总统不顾公开秘
密条约所带来的公共关系的灾难性后果，单方面站出来表态。他与豪斯协力并
依据来自伦敦使馆威廉·巴克勒的关于英国进步人士精神状态的报告（通过佩
奇转交）起草了他的讲演稿，而兰辛对此只做了很小的改动。[110] 法国外交部和
英国外交部同样是靠边站。在 1917 年 11 月新上台的法国政府中，乔治·克列
孟梭担任总理兼陆军部长，外交部长斯蒂芬·皮雄，对他唯命是从。[111] 外交部
新闻大厦的规模遭到裁减，封锁部接管了经济战事务。[112] 在英国，劳合·乔治 86
削弱了外交部的宣传角色，理由是不够得力。一个新成立的信息部（Department
of Information）接管了"威灵顿屋"，最初由作家约翰·巴肯领导，随后由报

---

[108] Winfried Baumgart and Konrad Repgen (eds.), *Brest-Litovsk* (Göttingen: Vandenhoeck & Ruprecht, 1969),
　　　 pp.57–62.

[109] James B. Scott (ed.), *Official Statements of War Aims and Peace Proposals, December 1916—Novermber 1918*
　　　 (Washington, DC: Carnegie Endowment for International Peace, 1921), pp.234–239.

[110] Seymour, *House*, vol. Ⅲ, ch. 11; Klaus Schwabe, *Woodrow Wilson, Revolutionary Germany, and Peacemaking,
　　　 1918—1919: Missionary Diplomacy and the Realities of Power,* Eng. edn (Chapel Hill and London: University
　　　 of North Carolina Press, 1985), pp.12–17.

[111] Robert K. Hanks, " 'Generalissimo' or 'skunk' : the impact of Georges Clemenceau's leadership on the Western
　　　 Alliance in 1918", *French History*, 24 (2010), PP. 210-211; Jackson, "Tradition and adaptation", p.183.

[112] Becker and Audoin-Rouzeau, *Sociétés européennes*, pp 140–141; Bruntz, *Allied Propaganda*, p.16; Farrar,
　　　 Conflict and Compromise, p.55.

社老板诺思克利夫勋爵执掌该部门。[113] 首相劳合·乔治对外交官几无尊重，他用非专业人士取代了斯普林－赖斯和弗朗西斯·伯蒂爵士（驻巴黎大使）。劳合·乔治在对外政策建议方面拥有替代性来源，即莫里斯·汉基领导的位于唐宁街 10 号秘书处"花园郊区"（Garden Suburb）*的成员以及战时内阁本身。首脑峰会也更加频繁，在战争的最后一年，协约国的政府首脑每个月都在最高军事委员会举行会晤。1917 年 4 月，在圣让－德莫里耶讷（Saint-Jean-de-Maurienne），劳合·乔治将士麦那（Smyrna）周围的土耳其领土划给意大利，而无视为此感到震惊的外交部。1918 年 2 月，战时内阁越过贝尔福，同意门施多尔夫伯爵（原奥匈帝国驻伦敦大使）与来自"花园郊区"的菲利普·克尔举行会谈。[114] 尽管贝尔福支持在巴勒斯坦建立一个犹太民族国家的宣言是以外交大臣的名义发表的，但是它实际源自一份犹太复国主义的草稿，外交部只做了些许修改，随后由战时内阁进行了很大篇幅的改动。[115] 与此类似，塞西尔、扬－克里斯蒂安·史末资和劳合·乔治本人都应对 1918 年 1 月 5 日首相在卡克斯顿大厅的演讲中关于战争目标的声明内容负责。[116] 该演讲没有呼吁公开的外交，在国联问题上比威尔逊更加有所保留。随着布尔什维克党人和美国总统谴责传统的外交，各国外交部的影响力也降至最低点。

《布列斯特－立陶夫斯克条约》和切尔宁事件之后，和平谈判的余地已所剩无几。1918 年 5 月 21 日，英国外交部（经劳合·乔治同意）通知其驻巴黎的大使，将维也纳与柏林分化开来的尝试因其"不合时宜和不切实际"必须放弃，而应给予奥匈帝国各民族"一切可能的支持"。[117] 但是，在柏林，德国外交部在屈尔曼的继任者保罗·冯·欣策的领导下恢复了影响力，尽管部分是因为欣策不是一位职业的外交官，而是一位海军军官和原海军武官，他同兴登堡和鲁登

---

[113]　Philip M. Taylor, "The Foreign Office and British propaganda during the First World War", *Historical Journal*, 23 (1980), pp.886–890.

　＊　即劳合·乔治的私人秘书班子，负责帮助他处理战时政务，因临时办公地点位于唐宁街 10 号首相府邸的花园而得名。——译者注

[114]　Roberta M. Warman, "The erosion of Foreign Office influence in the making of foreign policy, 1916—1918", *Historical Journal*, 15 (1972), pp.133–159.

[115]　Friedman, *Question of Palestine*, ch. 16.

[116]　Rothwell, *British War Aims*, pp.145–153, 162.

[117]　Kenneth J. Calder, *Britain and the Origins of the New Europe, 1914—1918* (Cambridge University Press, 1976), p.182.

道夫谈话使用的是他们自己的语言。[118] 甚至在莫斯科的德国大使遇刺之后，欣 87
策仍成功地维护了外交部与布尔什维克党人交往时的政策。[119] 但是，他也意识
到，这场战争进行得不顺利，他与威廉·冯·施图姆等下属官员一同制订了一
项计划，试图以威尔逊总统的"十四点原则"为基础向总统呼吁停火，并且通
过发动一场"自上而下的革命"或幕后安排的民主化来对战争进行清算。[120] 这
就是 1918 年 10 月德国人试图实施的策略，然而只是在鲁登道夫和兴登堡承认军
事前景毫无希望之后。

在协约国和美国关于停战的政策方面，外交部扮演着顾问的角色。在答复
德国人之前，威尔逊与豪斯进行了磋商，并一度征询他的内阁的意见，但是他
再一次自己起草答复。他派豪斯而不是兰辛赶赴巴黎参加 10 月 29 日至 11 月 4
日决定停火条件的会议。[121] 在伦敦，外交部拒绝了法国提出的两国结成针对威
尔逊的共同阵线的建议，但是内阁做出决定，如果条件适宜，就接受停战。[122]
虽然数名法国驻外大使期望断然拒绝德国的呼吁，但是皮雄和克列孟梭授权协
约国联军总司令斐迪南·福煦，去起草能够使战胜国占领莱茵河左岸的停火条
件。法国外交部最初料想威尔逊会拒绝停战，所以是福煦而不是外交部挽回了
法国的立场。[123]

结　论

和平会议为各国外交部提供了一个重拾影响的机会，但是他们大都未能做
到。[124] 德国则又一次是一个例外，在乌尔里希·格拉夫·布洛克多夫－朗超
的领导下，德国外交部制订了一个博取美国同情和以协约国公众舆论为目标的

[118]　Johannes Hürter (ed.), *Paul von Hintze: Marineoffizier, Diplomat, Staatssekretär. Dokumente einer Karriere zwischen Militär und Politik, 1903—1918* (Munich: Harald Boldt, 1998).

[119]　Fischer, *Germany's Aims*, pp.571–573.

[120]　Hürter, *Paul von Hintze*, pp. 103–105; Schwabe, *Woodrow Wilson*, pp.35–38.

[121]　Schwabe, *Woodrow Wilson*, pp.43–46, 58–67.

[122]　Cecil minute on Crowe note, 18 October 1918, TNA, FO 371/3444; War Cabinet, 26 October 1918, TNA CAB 23/14.

[123]　René M. M. Lhopital, *Foch, L'Armistice et la paix* (Paris : Plon, 1938), pp.33–39.

[124]　关于和平会议，见 Helmut Konrad 撰的第 22 章。

88　策略。[125] 这一策略未能成功，但是它动摇了英国和美国代表团中很多人的自信心，为反《凡尔赛条约》的修正主义奠定了基础。在战胜国中，例如美国为和会所做的准备工作主要是由豪斯去完成的，他与威尔逊一道起草了《国联盟约》的初稿，并帮助成立了调查部（the Enquiry），一个主要由学者组成的研究和平安排问题的机构，然而仍然要依赖国务院的专业知识。豪斯有想成为和会的组织协调者的野心，但是事实上美国代表团包括了国务院官员、豪斯的心腹和经济领域的专家。[126] 由于除"十四点原则"的基本要点之外威尔逊几乎没有提供什么新鲜的东西，所以结果是美国人罕见地在未充分准备的情况下抵达了和会。

　　如果说法国人和英国人准备得更加充分，那么这也基本不归功于他们的外交部。法国外交部试图拟定一个整体的谈判立场，但是克列孟梭将这一任务交给了安德烈·塔尔迪厄，战时法国驻美国的高级专员，他把法国的主张攒在一起，在大会上提出。法国外交部的官员在东欧的领土安排方面最具影响力。[127] 同样，英国外交部以所谓的《和平手册》（Peace Handbooks）去做背景的简介，并提交依据和解原则起草的文件。外交部成立了由官员、律师和历史学家组成的"菲利莫尔委员会"（Phillimore Committee），该委员会首先起草了那些成为《国联盟约》中集体安全条款的内容。[128] 然而，和会的组织机构仿效了协约国最高军事委员会[129]，而劳合·乔治使用汉基而不是哈丁作为他的主要行政官员。[130] 最高会议机构起初是"十人委员会"，由各国政府首脑与外长出席，1919 年 3 月之后，关键性的安排与经济条款则由"四人委员会"决定。四人为威尔逊、劳
89　合·乔治、克列孟梭和意大利首相维托里奥·奥兰多，他们召集并请教专家，

[125]　Manfred F. Boemeke, Gerald D. Feldman and Elisabeth Glaser (eds.), *The Treaty of Versailles: A Reassessment after 75 Years* (Cambridge: German Historical Institute Washington/ Cambridge University Press, 1998), pp.43–52.

[126]　Inga Floto, *Colonel House in Paris: A Study of American Policy at the Paris Peace Conference, 1919* (Aarhus: Universitetsforlaget i Aarhus, 1973), pp.73, 96–97; Lawrence E. Gelfand, *The Inquiry: American Preparations for Peace, 1917—1919* (New Haven, CT and London: Yale University Press, 1963), pp.316–322.

[127]　Stevenson, *French War Aims,* pp.151–158, 170.

[128]　Egerton, *Great Britain*, chs. 4–6; Michael L. Dockrill and Zara S. Steiner, "The Foreign Office at the Paris Peace Conference in 1919", *International History Review*, 2 (1980), pp.71–72.

[129]　Frank S. Marston, *The Peace Conference of 1919: Organization and Procedure* (repr. Westport, CT: Greenwood Press, 1981), p.1.

[130]　Dockrill and Steiner, "Foreign Office", 58–59.

但秘密且单独地进行讨论，只有会议记录人员和翻译人员在场。"公开外交"连第一关都没过，而且虽然"四人委员会"宣布了结果，但是英国和美国代表团中——乃至法国代表团——许多职业的外交官质疑《凡尔赛条约》的明智性和现实性。[131]

战后，许多国家的涉外机构和外交部都进行了较大的改革。德国外交部根据与 1907 年法国外交部采取的相类似的思路进行了结构调整，承担起了更积极的宣传角色。[132] 在英国，外交部和涉外机构被合并。[133] 在美国，领事部门的专业化扩展到涉外机构。[134] 在苏维埃俄国，托洛茨基的继任者格奥尔基·契切林建立了一套崭新的外交机制。[135] 早就形成的要求改变的压力现在达到了顶峰，而传统外交仍然被指责促成了战争、秘密谈判的兼并主义条约以及未能改进其惯常的做法。劳合·乔治在 1919 年至 1922 年继续通过首脑峰会的形式进行外交活动，他和顾问们，比如克尔和汉基，都将峰会视作开展工作的时髦且有效的方式。[136] 到 1925 年，当英国、法国和德国的外交大臣或部长在洛迦诺（Locarno）举行会谈时，看上去对外部门的专业人士正在恢复其影响力，但是他们仍然不得不设法应对一种新型的外交，即国际机构、公众舆论和经济上的考虑在外交中都变得更为突出。洛迦诺会议被证明是一个"印第安的小阳春"（Indian summer）。

像其他国家机构一样，1914 年至 1918 年的各国外交部经历了一场特殊的考验。由于在战前已经不断遭受批评，他们不得不在缺乏经验和专业知识的新领域进行拓展。在这场战争期间和之后，许多国家的外交部进行了重组，一些领事部门和涉外机构在调整职业行为方式的情况下进行了专业化改造，但是它们的社会成分基本没有变化。民主管理联盟、伍德罗·威尔逊和布尔什维克党人也呼吁进行更深入的外交变革，哪怕他们的志向是模糊不清的。事实上，无论是废除资产阶级外交的革命要求，还是关于国际交往透明化的激进主张，都有 90

[131] James W. Headlam-Morley, *A Memoir of the Paris Peace Conference, 1919* (London: Methuen, 1972), pp.161-163; Harold Nicolson, *Peacemaking 1919* (London: Constable, 1933).

[132] Lauren, *Diplomats and Bureaucrats*, ch. 4; Steven E. Miller *et al.* (eds.), *Military Strategy and the Origins of the First World War* (Princeton University Press, 1991), pp.202 ff.

[133] *Records of the Foreign Office*, pp.9, 26.

[134] Steiner, *Times Survey*, p.580.

[135] Edward H. Carr, *The Bolshevik Revolution, 1917—1923*, 3 vols. (Harmondsworth: Pelican, 1966), vol. III, pp.77 ff.

[136] Dockrill and Steiner, "Foreign Office", p.85.

着很大的影响，而革新派关于建立更强大的国际机构的主张，被证明是最具影响力的。尽管国联有着种种不足之处，但管理国际政治的机制被永久性地改变了，在战争遗留的种种问题当中，这一过程的加快并非排在最不重要的位置。

4 文职部门与军方的关系

斯蒂格·弗尔斯特

关于"总体战时代"文职部门与军方关系的思考

"La guerre! C'est une chose trop grave pour être confiée à des militaires." 这句话译成英文是："War is too serious a matter to leave to soldiers."（"战争事关重大，不能交给军人去决定。"）[1] 乔治·克列孟梭的这句话大概是关于现代战争中文职部门与军方之间麻烦关系的最著名的评注。到 19 世纪中叶，君主和其他类型的统治者已难以将政治和军事的领导权掌控在手中。社会和经济日益分化，而政治发展使得建立越来越大和越来越复杂的政府机制成为一种必要。在战争的重负之下，政治领导发展成为一种要求极高的职业，只有在高度发展的官僚体系的支持之下，才能取得成功。

另一方面，战争自身的特点也发生了变化。它不再是由一两场战役和一些战斗所构成。从地理的角度讲，战场对于单个指挥官来说变得如此之大，以至于难以使所有的军事活动都处于其控制之下。更为重要的是总体化的趋势，它涉及战争努力中社会、经济和政治的所有方面。在如此情况下，是谁去领导和组织战争努力——是政府中的文职政治家，还是执掌武装力量的陆海军将领呢？如果战争正变得越来越总体化，那么是根据作为一个整体的社会的需要和愿望去进行战争，还是每一件事都服从所谓的军事需要呢？

---

[1] John Hampden Jackson, *Clemenceau and the Third Republic* (London: Hodder & Stoughton, 1946), p.228.

一些人认为，普鲁士的卡尔·冯·克劳塞维茨将军知晓答案。在他著名的
《战争论》（1832 年）一书中，他写道："作为战争最初动机的政治目的，既成为
92　衡量战争行为应达到何种程度的尺度，又成为衡量应使用多少力量的尺度。"由
此出发，他得出结论："由此可见，战争不仅是一种政治行为，而且是一种真正
的政治工具，是政治交往的继续，是政治交往通过另一种手段的实现。"[2] 法国
哲学家雷蒙·阿隆错误地将这些话当作一个文职政治领导层的重要地位居于军
事指挥阶层之上的假定。[3] 埃里希·鲁登道夫将军——在这一章中他将居突出地
位——在斥责克劳塞维茨的理论在现代战争中完全无用时，落入了相同的智力
陷阱。对于鲁登道夫而言，总体战是时下的趋势，军方领导层必须接管国家、
经济和社会，由此使得战争努力最大化。[4]

但是，克劳塞维茨关于政策与战争之间关系的思考远比阿隆和鲁登道夫所
做的更为复杂。他没有提及某种形式的政府，或者是文职部门的地位居于军方
之上。对他而言，任何战争都是由政策决定的。事实上，没有政治问题的战争
是不可能的，政治问题决定了它的特性。因此，战争可能有其自身的原则，但
肯定没有其自身的逻辑。[5] 然而，这种特殊原则是重要的。用克劳塞维茨的
话说：

> 既然我们认为战争是某些政治目的引起的，那么很自然，这个引起战
> 争的最初动机在指导战争时应该一直受到最大程度的重视。但是，这并不
> 意味着，政治目的就可以任意地决定一切。它必须使自身与其所选择的手
> 段相适应，而这一过程也会使它有很大的改变；尽管如此，政治目的依然
> 是首先要考虑的问题。政策贯穿在全部军事行动中，只要军事行动的暴力

[2] Carl von Clausewitz, *On War,* edited and trans. by Michael Howard and Peter Paret (Princeton University Press, 1976), pp.81 and 87.

[3] Raymond Aron, *Penser la guerre. Clausewitz,* 2 vols. (Paris : Gallimard, 1976), vol. 1, pp.427–428.

[4] Erich Ludendorff, *Der totale Krieg* (Munich: Ludendorffs Verlag, 1935), pp.3–10.

[5] Clausewitz, *On War,* p.605. 亦见 Panajotis Kondylis, *Theorie des Krieges. Clausewitz-Marx-Engels-Lenin* (Stuttgart: Steiner, 1988), pp.28–48; Stig Förster, " 'Vom Kriege', Überlegungen zu einer modernen Militärgeschichte", in Thomas Kühne and Benjamin Ziemann (ed.), *Was ist Militärgeschichte?* (Paderborn: Ferdinand Schöningh, 2000), pp.265–282.

性质得到允许，那么政策将对它们发挥持续性的影响。[6]

这就是问题的核心以及第一次世界大战期间所有文职部门与军方争执的焦点所在。正是政策开启了战争并决定性地影响着它的进程。但是，政策不可能独自打这场战争。即使军事将领们接管国家，他们也自然会追寻他们自己的政治目的。这依然是一种政策。但是，战场上所发生的事对政策的发展有着巨大的影响。因此，从政治上和军事上指导战争经历了一个复杂的相互影响的过程，就如克劳塞维茨所称的那样。当大后方发展成全部战争努力的支柱时，事情往往变得更为复杂。面对这样的事实，政治上和军事上的考虑通常存在严重的分歧。看看置身战争的国家与它们之间各不相同的政治和社会制度如何对这一挑战做出反应是很有趣的。处在两个极端的是鲁登道夫和克列孟梭。前者失去了文职政治家的全部信任，他将他们仅仅视作自己寻求胜利道路上的障碍。后者则一直不信任军方人士，并决定将他们的影响限制在职业领域。

文职部门与军方的关系肯定包含更多方面，而不仅仅是战时的领导问题。因为第一次世界大战期间平民的生活越来越受到战争的影响，军事对于各阶层的影响越来越明显。尤其是，卷入战争的国家部分甚至全面地实施戒严令，这意味着对社会的大部分领域实行军事化管理。这影响到了劳资关系、农业生产、两性关系和整个经济领域。[7] 征兵制——甚至英国在1916年也实施了这项举措——使得青年人需要遵守军事法规，很少家庭不受此影响。而且，地方层面也能够感受到军方的存在和权力，特别是当战争前线离得并不太遥远的时候。[8] 当然，战争和军方对文化也会产生影响。但是，这过于远离本章要讨论的所有上述问题。有人可能会把这视作一种过时的方法，那就随它去吧。但是，即便在这一相当有限的领域，问题也是非常复杂的，尤其是在一个比较的层面

[6] Clausewitz, *On War*, p.87.

[7] 对几个国家令人关注的概述，见 Stephen Broadberry and Mark Harrison (eds.), *The Economics of World War I* (Cambridge University Press, 2005). 关于德国，见 Gerald D. Feldman, *Army, Industry, and Labor in Germany 1914—1918* (Princeton University Press, 1966); and Jürgen Kocka, *Klassengesellschaft im Krieg* (Göttingen: Vandenhoeck & Ruprecht, 1973).

[8] 例如参见 Roger Chickering 的案例研究：*The Great War and Urban Life in Germany: Freiburg, 1914—1918* (Cambridge University Press, 2007).

上。另外，就像将要阐明的那样，最高层的决策过程非常直接地影响到较低的社会阶层以及国家的命运。毕竟，这场战争是由分层社会（stratified societies）进行以及由最高层去掌控的。然而，那些采取错误决定的精英阶层注定是要失败的。

94　　文职部门与军方的麻烦关系，不只是第一次世界大战期间存在的问题。这个问题同文官政府和军事领导层之间的分工问题一样久远。在近代，它的渊源无疑可以追溯到 19 世纪。在这方面一个尤其引人关注的例子是普鲁士。普鲁士的宪政发展创造了领导层的三角关系，尤其在战争期间，这种三角关系掌管各种事务。位于三角关系顶端的是国王，他在对外事务和所有军事问题方面拥有最终的发言权。位于下面两端的分别是首相（以后为北德意志邦联总理）和野战集团军司令（自 1866 年起为总参谋长）。首相奥托·冯·俾斯麦执掌外交和政治事务，而赫尔穆特·冯·毛奇执掌总参谋部，指导军事行动。这种领导体系从理论上看是相当合理的，但是现实中它运转得并不顺利，特别是当政治和军事上的困难造成压力上升时。此外，俾斯麦和毛奇是两位固执己见的人，都不大喜欢对方，因此基本不会向对方妥协。

在 1870 年和 1871 年的普法战争期间，事情到了白热化的程度。征战伊始，军方就力图把俾斯麦晾在一边。俾斯麦对此心中不快，但是他隐忍不发，只要德国陆军接二连三取得胜利即可。然而，随着巴黎被围，分歧不断升级。俾斯麦担心中立国的干预，希望迅速结束战争。因此，他要求强攻这座城市。但是，凭着充足的军事理由，毛奇表示了拒绝。接着，俾斯麦要求他用重炮轰击巴黎，毛奇则拖延应付。与此同时，法国境内的德国军队遭遇了严重的麻烦。法国新上任的政府宣布"战斗到底"，并为了继续战争而动员所有可获取的资源。德国人不得不面对几个新的法国军团，并在奥尔良（Orléans）遭遇了他们的首场败仗。在德国战线后方，"自由射手"（francs tireurs）*进行着一场游击战争。战争已经变成了一件看不见尽头的尴尬事。当时毛奇心里开始有些发慌，他提议军队应占领整个法国，并消灭法国军队。此时，俾斯麦要求毛奇提供这样做的理由，在王太子和国王的支持下，他阻止了毛奇的极端方案。在这些争执的始终，国王威廉一世发现他很难选边站并做出决定。只是法国突然的崩溃，才使

＊　　1870 年法国龙骑兵少尉席尔组建的反普鲁士的游击队组织。——译者注

得普鲁士领导层的三角关系免于进一步陷入困境。但是，俾斯麦和军事领导层之间的互不信任在未来数年中一直萦绕不去。[9]

毛奇从这些经历中得出了他自己的结论。1871 年，他在一篇关于战略的短文中写道："政策利用战争去实现其自身的目的。它决定性地影响着战争的开始和结束。在战争期间，它保留改变其目的或者接受更有限结果的权利。由于这种不确定性，战略必须一直在已有手段的基础上把目标瞄向可能的最好结果。通过这种方式，对于政策目的而言，战略最为有效，但是实施时必须完全独立于政策目的。"[10] 但这种方法不是解决之道。政策和战略（实际上，毛奇更确切的意思是指军事行动的指挥问题）不能分开，它们是相互交织的。在第一次世界大战期间，一些人试图遵从毛奇的意见，结果是可怕的。做出某些决定所依据的是哪一原则是最为重要的：是政治考量，还是军事需要。

使得问题变得更糟的是毛奇时代就已显而易见的事实，即战争牵涉全体人民。由一小群统治精英指挥的短期快速的战争概念已经过时。1890 年 5 月 14 日，毛奇在国会（德意志帝国议会）发表他的最后一次讲话时，发出了一个严重的警告：

> 内阁的战争的时代已在我们身后——现在，我们只有人民战争……先生们，如果这场战争——像达摩克利斯之剑悬在我们头上已有十年——爆发，那么它持续和结束的时间是不可预知的。欧洲最强的几个大国，前所未有地武装起来，将陷入斗争之中。它们中没有一个能够通过一两场战役被彻底打败、投降和接受苛刻的条款。它们将东山再起接着战斗，即使需要一年的时间。先生们，它可能会是七年战争，它可能会是三十年战争……[11]

[9] Stig Förster, "The Prussian triangle of leadership in the face of a people's war: a reassessment of the conflict between Bismarck and Moltke, 1870—1871", in Stig Förster and Jörg Nagler (eds.), *On the Road to Total War: The American Civil War and the German Wars of Unification, 1861—1871* (Cambridge University Press, 1997), pp.115–140.

[10] Helmuth von Moltke, "Über strategie", in Stig Förster (ed.), *Moltke: Vom Kabinettskrieg zum Volkskrieg: Eine Werkauswahl* (Bonn: Bouvier, 1992), p.630 (translation by S. Förster).

[11] Helmuth von Moltke'speech in the Reichstag, 14 May 1890 in Förster, *Moltke*, pp.634–638.

毛奇是一位出色的预言家。第一次世界大战的情况接近他的预言甚至超出了他的预期。在 1914 年至 1918 年之间，总体战的趋势——美国内战和普法战争期间，它的最初迹象就已显现——获得了增长的动力。这种趋势从未曾完全实现过，因为"总体战"是一种宣传口号和理想中的模式。但是，这种趋势的含义说明文官与军人之间的界限变得模糊起来。[12] 应当在这种背景下，审视第一次世界大战期间的文职部门与军方关系问题。

96   接下来的分析将着重于大国。在每一个案例中，文职部门与军方的关系都呈现了一种特别的经历，这归因于它们各自不同的政治、社会和宪政的情况。除了法国和美国以外，各大国都是君主制国家。各个君主的影响力及其所扮演的角色差异很大。其中一些君主仅仅是傀儡，而其他一些至少在理论上是最高统帅，能够做出重要的决定，尤其是在任免最重要的官员方面。在一些国家，经济和军事的发展理所当然地对文职部门与军方关系的变化有着重要的影响。首先是，战争的久拖不决和战场上的灾难性损失对社会产生了巨大的压力，并以这种或那种的方式改变着文职部门与军方的关系。

也许最令人关注的案例是德意志帝国。它大概是唯——个军方权力变得盛气凌人的国家。在 1916 年兴登堡和鲁登道夫接管最高指挥部并直接干预政治决策过程之后，许多人把这说成是一种军事独裁。以后数位历史学者也持类似的观点。然而，就如将要阐明的那样，这种观点是夸大其词的。毋庸置疑，作为俾斯麦和毛奇之间挥之不去的冲突的结构上和精神上的遗产，许多德国军官瞧不起文职政治家。但是，在德国国内，军官从未设法使自己彻底摆脱他们眼中的那些懦弱、犹豫不决和爱管闲事的政治家们的影响。而在远离祖国的

---

[12] Roger Chickering and Stig Förster (eds.), *Great War, Total War: Combat and Mobilization on the Western Front, 1914—1918* (Cambridge: German Historical Institute Washington/Cambridge University Press, 2000). 有关总体战思想的进一步阅读，见我们作为一个团队所组织的系列学术会议的其余部分：Förster and Nagler, *On the Road to Total War*; Manfred F. Boemeke *et al.* (eds.), *Anticipating Total War: The German and American Experience, 1871—1914* (Cambridge University Press, 1999); Roger Chickering and Stig Förster (eds.), *The Shadows of Total War: Europe, East Asia, and the United States, 1919—1939* (Cambridge University Press, 2003); Roger Chickering *et al.* (ed.), *A World at Total War: Global Conflict and the Politics of Destruction, 1937—1945* (Cambridge University Press, 2005).

地方，一位将军——莱托－福尔贝克——成功地策划了一场公然的军政变。*

法 国

德雷福斯事件在 19 世纪 90 年代和 20 世纪初期严重地损害了法国陆军领导层的声誉。公众舆论、左翼政客和坚定的共和主义者乔治·克列孟梭都深深地不信任军方。保守的政客和许多军官感到耻辱，普遍对民主怀恨在心，对左翼人士尤其如此。这对战争时期文职部门与军方关系的均衡来说，不是一个良好的基础。

1913 年 10 月 28 日颁布的一项命令，试图解决战时的领导权问题。总体上，政府负责指导战争，而最高统帅部将被限于指挥军事作战事宜。但是，当 1914 年 8 月战争爆发时，事情进展得并不顺利。8 月 2 日，总统雷蒙·普恩加莱发布一项命令，使整个法国处于戒严状态。9 月 6 日，政府甚至进一步宣布全国处于战争状态。事实上，这意味着法国处于军事管制之下。军方从文官政府手中接管了警方职能，并获得了将平民送上军事法庭的权力。由于 8 月 4 日议会已经休会，最高统帅部首脑约瑟夫·霞飞将军，获得了几乎独裁的权力。霞飞确信，法国的命运现在完全仰仗陆军。他甚至认为没有必要向总统普恩加莱汇报事态的发展。霞飞和其他一些军官显然还将战争的紧急状态和新获取的权力看作是一个为他们在德雷福斯事件中遭受的挫败报仇雪恨的良机。部分问题出在总理勒内·维维亚尼领导的政府，特别是他的陆军部长亚历山大·米勒兰身上。他们并未试图去控制陆军，相反，他们将尽一切可能支持陆军当作他们的责任。

1914 年之前的几年里，法国遭遇了一系列国内危机。社会主义者和工会认为他们多多少少处于一场公开反对统治阶级的阶级斗争之中。1914 年 7 月 31 日，社会主义运动的领导人让·饶勒斯被一名民族主义狂热分子杀害。但是，在德国入侵威胁的阴影之下，工人阶级运动的大部分成员加入了"神圣联盟"——所有拯救祖国的爱国者的联盟。

起初，这肯定有助于军方确立优势地位。但是，军事统治是不受欢迎的，

---

* 莱托－福尔贝克，第一次世界大战期间德属东非的军事指挥官，拒绝执行当地行政长官的命令。整个战争期间，以不到 1.4 万人的军队，拖住了英国至少 16 万的兵力。——译者注

且招致了公众的批评。在马恩河战役后，最危险的时刻已经结束，政府从波尔多迁回了巴黎，议会在 9 月 22 日重新召开。从那时起，将领们和政府中的支持者不得不面对强烈的反对声音。陆军未能解放处于敌人占领之下的国土，前线不断攀高的伤亡数字以及看不到这场战争杀戮何时结束的事实，进一步加强了反对军方的声浪。当战争的脚步拖延下去的时候，出现了一场有影响的和平运动，但是它依然是少数。然而，在社会主义运动内部，它获得了发展的动力，特别是在 1917 年 2 月俄国革命之后。当 1917 年 5 月政府在陆军和民族主义圈子的压力之下不允许社会主义者的代表出席斯德哥尔摩的和平大会时，"神圣联盟"终结了。工人的罢工和军中的哗变，既反映了又增加了社会的紧张形势，将旧有的冲突带至表面。

与此同时，议会展现出它的力量。自 1915 年 10 月维维亚尼下台以后，不断变化的政府经历了一场又一场危机。但是，对于军方而言，幸福的日子结束了。政府和议会越来越对他们的权力加以限制，而文官当局得到了加强。针对平民的戒严令早在 1915 年 4 月就已取消了。1916 年 12 月，固执的霞飞将军被晋升为法国元帅，同时却失去了总司令的职位。他的继任者——罗伯特·尼韦勒将军——是一个成事不足败事有余的人。1917 年春，他在贵妇小径发动了一场大规模攻势，但以灾难结束。法国军队损失了 14 万人，尼韦勒被解除了职务。这以后，亨利-菲利普·贝当接任了总司令，放弃了代价高昂却徒劳的进攻。

1917 年秋，对于法国来说，前景是黯淡的。在这种形势下，普恩加莱别无选择，只能任命老对手——固执己见的乔治·克列孟梭作为政府领导人。这是一个不错的选择。克列孟梭多少成功地重新建立起已丧失的民族团结。但是，他还注意使政府和议会能最终确立对军方的控制。贝当将军和 1918 年春成为西线协约国军队总司令的斐迪南·福煦元帅，被告知作为军人要照管好自己的事务，不要再干预政治。[13]

---

[13] 关于第一次世界大战期间的法国，请参阅一些其他著作：Jean-Jacques Becker, *Les Français dans la Grande Guerre* (Paris: Robert Laffont, 1972); Jean-Baptiste Duroselle, *La France et les Français, 1914—1920* (Paris: Editions Richelieu, 1972); Patrick Fridenson (ed.), *The French Home Front, 1914—1918* (Providence, RI: Berg, 1992); Fabienne Bock, *Un parlementarisme de guerre: Recherches sur le fonctionnement de la IIIème République pendant la Grande Guerre*, 3 vols. (Paris: Editions Belin, 1998).

最终，法国赢得了胜利。但是，它也遭受了令人难以置信的人员伤亡，其经济被严重破坏，财政状况极其糟糕。然而，真正遭遇寒冬的是法国的民主政体。自下而上的阶级斗争并未结束，在接下来的几年中，引发了非常严重的问题。尽管如此，议会加强了它对政府和军方的控制。这是一个奇特的胜利。在战争之初，法国处于军事独裁的边缘。但是，随着战争的发展，军事将领们的权力渐渐式微。直到最后，坚定的议会议员克列孟梭把军方逼回他们自己的地盘。出现这种结局是由于多种原因，但其中最重要的也许是，除了巨大的伤亡数字，军方领导人没有其他任何东西拿得出手。克列孟梭是正确的：战争确实是一件如此重大的事，以至不能交给军人独自去决定。但是，在其他一些国家，结局则大不相同。

英 国

第一次世界大战之前，英国陆军处于一种艰难的境地。它由数量相对较少的一批职业军人组成，其中大多数来自社会的最底层。陆军是相当不受欢迎的，许多政治家乐于看见陆军部队开赴国外。但是，大多数的陆军贵族军官，如果他们在战斗中获得胜利的话，就能够成为英雄并开始一段辉煌的职业生涯。自1906年起，陆军大臣理查德·霍尔丹——一位自由党议员，利用以他的名字命名的一项改革方案弥补了英国陆军的某些弱点，从而奠定了英国远征军的基础。因此，英国在1914年参战时不仅仅拥有世界上最强大的海军，而且还拥有一支规模不大但战斗力较强的陆军。在战争爆发时，陆军的受欢迎度是较高的。

因为霍尔丹涉嫌同情德国，他不得不在战争的最初时期辞去职务。接替他的是一位真正的战争英雄：霍雷肖·赫伯特·基奇纳，第一代喀土穆和布鲁姆伯爵（First Earl of Khartoum and Broome）。从那时起，陆军处于将军们的独自控制之下。预计会面临一场持久战的基奇纳，即刻开始建立一支大规模的志愿兵部队。他与在欧洲大陆的英国远征军指挥官——约翰·弗伦奇陆军元帅和道格拉斯·黑格将军，坚持将军事问题同政治分开，并非常成功地抵制了政治家所有干涉军务的企图。然而，当基奇纳及其将军们认为有利于军事目的时，他们会毫不犹豫地干涉政治。在西线遭遇惨重损失之后，正是来自军事方面的压

99

力，说服政府开始了英国军事史上的一场革命：在1916年实行义务兵役制。这一重大的举措突破了英国的传统并影响到了整个社会，表明军方已经在英国政治中赢得了巨大的影响力。甚至在实行征兵制之前，从1915年起，还采取了其他的总体战举措，如政府对战时经济的管理。另一方面，新上任的远征军司令黑格继续抵制政府对他指挥行动的所有干预。因此，无人——甚至大卫·劳合·乔治，自1916年12月至战争结束时的首相——能够阻止他让数十万官兵在徒劳的进攻行动中丧生。1918年战胜德国之后，黑格成为一名远近驰名的英雄。但是，对于英国陆军来说，他的领导是灾难性的。

政府不愿意干预作战行动的指挥方式，无疑与加里波利（Gallipoli）战役有关。这场针对奥斯曼土耳其人把守的海峡的进攻行动，是英国政治家直接干预军事行动的唯一案例。海军大臣温斯顿·丘吉尔是这次冒险行动背后的策划者。整个行动受到误导且一团糟。在1915年4月至1916年1月间，数千名来自英帝国不同地区的士兵白白地丧生于加里波利的海滩和山坡上。丘吉尔被迫辞职，从那时起，陆海军将领们就独自接过了战争的军事指挥权。

在英国的事务方面，议会扮演着一个与众不同的角色。但是，在第一次世界大战期间，它失去了大部分影响力。关于所许下的自1906年起在战争的情况下援助法国的承诺，外交大臣爱德华·格雷爵士从未告诉内阁或者议会。1915年，一个包括所有党派的政府成立，并继续治理这个国家，尽管在人事方面以及内阁的权力均衡方面有了变化。在这种形势下，议会中几乎没有反对的声音，政府能够在基本不顾及议会权力的情况下履行它的职责。但是，这也意味着议会根本不可能制约军方。

在议会之外，在普罗大众中，尤其在爱尔兰，有一些反战的反对派。但是，面对已有党派的联合阵线——包括工党的大多数——这些运动没有成功的可能。如果有必要，陆军会以残酷的力量进行干预，就如1916年爱尔兰的复活节周那样。这构成了另一个严重背离英国传统的表现。

最终，英国的民主得以幸存，甚至因实行更普遍的选举权而得到加强，年满三十岁的妇女也被给予投票的权利。但是，在战争期间，军方是在没有议会制约以及牺牲太多年轻生命的情况下从事战争。在某种程度上，在指导战争方面，英国成为接近毛奇《论战略》（On Strategy）思想的国家，这是令人感到不可思议的。[14]

意大利

意大利是一个君主立宪制国家，但是国王埃曼努埃尔三世保留了重要的权力，特别是在对外政策领域。议会在意大利的政治体系中有较大的影响力，但该国并非一个名副其实的民主国家。尽管在 1912 年进行了选举改革，但意大利大多数穷人以及广大的农村人口还未拥有选举权。政治党派——自由主义者、保守主义者、天主教徒和社会主义者——陷入不断的斗争之中，彼此为敌或是自己内部争斗不断。针对这种背景，首相安东尼奥·萨兰德拉、外交大臣西德尼·松尼诺以及国王，在 1915 年春谋划意大利参加战争之事。他们的动机是"神圣的利己主义"（sacro egoismo）。意大利将参与胜利后的分赃，由此成为一个大国。但是，在乔万尼·焦利蒂的领导之下，议会中的大多数最初反对放弃中立。然而，公众舆论偏向于主战派。尤其是作家加布里埃尔·邓南遮和记者贝尼托·墨索里尼，站在一场贩卖战争的民族主义运动的最前沿。焦利蒂担心疏远国王，最终退让妥协。1915 年 5 月 20 日，议会投票决定对奥匈帝国宣战，并赋予政府广泛的权力直至战争结束。从那时起，政府与国王在没有议会过多干预的情况下指导战争。

但是，总参谋长路易吉·卡多尔纳将军掌控着军事行动事务。卡多尔纳坚定拒绝给予政治家在军事问题方面任何的发言权。在大后方，国家的绝大部分事实上处于军事统治之下。到 1917 年 9 月，意大利三分之一的省份执行戒严令。有充分的理由去质疑民众是否无论如何都会对战争努力满怀热情，特别是当战斗前线的事态变得不利的时候。卡多尔纳无视批评意见，在靠近伊松佐河的地区发动一次攻势后，接着又发动了一次进攻。意大利的陆军主要来自拥

---

[14]　John M. Bourne, *Britain and the Great War, 1914—1918* (London: Edward Arnold, 1989); Francis L. Carsten, *War against War: British and German Radical Movements in the First World War* (London: Batsford Academic and Educational, 1982); Niall Ferguson, *The Pity of War: Explaining World War I* (London: Penguin, 1998); David French, *British Economy and Strategy Planning, 1905—1915* (London: Allen & Unwin, 1986); Peter Simkins, *Kitchener's Army: The Raising of the New Armies, 1914—1916* (Manchester University Press, 1988); Trevor Wilson, *The Myriad Faces of War: Britain and the Great War, 1914—1918* (Cambridge: Polity Press, 1986); Jay M. Winter, *The Great War and the British People* (London: Macmillan, 1985).

有很少政治权利的农民，而他们置身其中的祖国却几乎没有发言权，任凭他们为国家充当炮灰。结果发生了大量开小差和拒绝作战的现象，遭到了残酷的镇压。大约有 750 名士兵被处以死刑，此外，陆军指挥部回到了以前通过抽签处死反叛士兵中的十分之一的做法，任意挑选一个人以处罚一群人。但是，士兵的士气越来越低。指挥无能和装备糟糕使陆军状况进一步恶化。1917 年 10 月，在卡波雷托，战线最终崩溃了。然而，敌人的诸多弱点，在新领导层引领之下的武装力量再动员，以及协约国的支援，于彻头彻尾的灾难之中挽救了意大利。

卡波雷托是使卡多尔纳失去指挥权的最后一根稻草。他的继任者，阿曼多·迪亚斯，改变了作战行动的指挥方式。徒劳的大规模攻势的时代结束了。迪亚斯将军与新任首相维托里奥·埃马努埃莱·奥兰多，实行了一些减轻普通士兵负担的改革措施。这有助于稳定军队。最终，奥匈帝国的崩溃带来了意大利的胜利。然而，对于这个付出极其高昂代价的国度来说，这是一种苦涩的胜利。[15]

俄 国

1905 年的革命削弱了俄国的政治体制。沙皇尼古拉二世被迫让出一些权力给俄罗斯的议会——杜马。但是，他与妻子，亚历山德拉·费奥多罗芙娜，依然希望重建专制统治。第一次世界大战为他们提供了一个机会，或者他们相信如此。当战争开始时，沙皇的叔叔尼古拉耶维奇大公是俄国陆军的总司令。然而，将军们通常都是不称职的军事领导人。尔虞我诈和争吵不休是军官团大多数人的特点。另外，这支数量庞大的陆军装备却很糟糕，不是一直都能得到很好的训练，而且受到并不完善的交通基础设施的制约。俄国的经济完全无法支持进行数年的全面战争。在奥斯曼帝国参战之后，俄国获得的来自西方国家的供应很大程度上被切断了。在这种形势下，对于俄国来说，战争进行得并不顺

---

[15] Howard J. Burgwyn, *The Legend of the Mutilated Victory: Italy, the Great War, and the Paris Peace Conference, 1915—1919* (Westport, CT: Greenwood Press, 1993); Mario Isnenghi, *Πmito della grande guerra* (Bologna: Π Mulino, 1997); Volker Reinhard, *Geschichte Italiens. Von der spätantike bis zur Gegenwart* (Munich: C. H. Beck, 2003).

利。甚至最初对奥匈帝国军队所取得的胜利都无法得到扩展，因为俄国也面对着强大的德国陆军。随之而来的是一连串的败仗和大片领土的丢失。

依照法律，俄国陆军接管了一些军事区，将所有的文官当局置于它的命令之下。实际上，自1914年起，俄国的大部分已处于军事统治之下。随着战争发
展以及军事当局和中央政府的无能变得越来越明显，地方政府和私人企业将各种事务纳入自己的管辖之下。他们对国家的战争努力贡献颇多，但是难以弥补整体上的混乱不堪。在所占领的敌方领土上，军事指挥官们不受约束地进行着统治，他们引发了种种混乱。比如亚努舍维奇将军，在加利西亚（Galicia）发布命令野蛮地大规模驱逐犹太人。沙皇打算取消他的指挥权，但是沙皇的叔叔予以拒绝。于是，尼古拉二世决定也解除这位大公的职务，将其派至高加索前线。这发生在1915年8月，当时军事形势艰难，敌人在不断推进。波兰的大部分领土和波罗的海地区的部分领土已经失守。然而，谁能够接替尼古拉·尼古拉耶维奇呢？沙皇做出了一个致命的决定。他认为，值此危机时刻，同他的士兵们待在一起是他的责任。因此，尼古拉二世亲自接手指挥军队。顾问和政府成员感到愕然。他们怀疑是皇后和颇具权势的信仰治疗师拉斯普京在幕后操纵做出了这一决定。最主要的是，他们担心从那时起任何军事失败都将有损沙皇个人的威望。然而，没有一个人能够阻止尼古拉二世的这种专制行为。

位于彼得格勒的政府，无论怎么说都是软弱的。大臣们上上下下，如走马灯般地更换。他们中没有一个人具有足够的能力去掌控战争。由于亚历山德拉·费奥多罗芙娜及其亲信试图使沙皇的专制政权完好无损，许多决定是背着大臣们做出的。这在杜马中引发了很多人的反对。但是，政府和亚历山德拉的亲信阻挡了议员们发起改革和结束军事独裁的所有尝试。

到1916年秋天，勃鲁西洛夫将军最初的成功攻势所带来的有利局面已经崩溃了，军队表现出涣散的迹象。国家处于骚乱之中，并且很快将遭受一场范围广泛的罢工运动的打击。食品短缺进一步恶化了局势。在中亚，发生了一场暴动，但被残酷地镇压下去。几十万民众遭到杀害。1916年12月29日，一帮右翼军官刺杀了拉斯普京。最终，在1917年3月，革命爆发了。3月15日，尼古拉二世退位，俄国成为一个共和国。但是，新政府继续进行战争，在战场上却只遭遇进一步的失败。革命变得激进了，陆军土崩瓦解，权力最终落入了布尔什维克党人手中，他们承诺使俄国摆脱这场战争。

在沙皇统治之下，俄国的政治和社会制度被证明难以应对大规模的现代工业化战争。就如其他国家那样，俄国的文职部门与军方的关系在这场可怕战争的影响下充满了纷争，这场战争并未结束，它造成了数量巨大的伤亡，只能导致失败。但是，那些支持专制统治的人没有为解决问题留下多少空间。军事将领和政客都无法使权力的天平倾向于他们。摆脱僵局只有唯一一条路可走：革命。[16]

日　本

在文职部门与军方关系错综复杂的历史中，现代日本的案例尤其令人关注。自 1930 年起陆军军官在政治方面所表现出的咄咄逼人的影响力，在第二次世界大战期间造成了灾难性的后果。但是，在第一次世界大战中，事情发展的情况则大不相同。毕竟，日本只是短暂地参与了战斗。1914 年 8 月 23 日，日本对德国宣战。9 月 2 日，日本军队向德国在华的地盘青岛发起了进攻。围城行动持续到 11 月 7 日，当天德国人宣布投降。在这期间的数周内，日本军队还占领了德国在太平洋上的几个岛屿。他们未遭遇到任何抵抗。到 1914 年年底，对日本而言，动用枪炮的战争结束了。日本损失了不到 2000 人。此后，就只有一次军事行动，即协约国要求日本派遣驱逐舰前往地中海，但是这支舰队接到命令，避免与敌人交战。在这种背景下，文职部门与军方的关系从未因战争而发展到紧张的程度。然而，第一次世界大战对于日本来说也是极其重要的。从长远的角度看，这场战争使其未来的发展步入了迈向灾难的运动轨迹中。

在 19 世纪下半叶，日本曾是西方非正式殖民主义的受害者。但是，这个国家经历了一场快速现代化的过程，成为一个不容小觑的东亚大国。对中国取得的胜利（1894 年至 1895 年），以及更为重要的针对俄国的胜利（1904 年至 1905 年），加上在亚洲大陆建立殖民地，使得日本走上了成就大国地位的道路。日本的武装力量，尤其是指挥官们，赢得了相当大的政治影响力。前首相山县有朋

[16] Dominic C. B. Lieven, *Russia and the Origins of the First World War* (London: Macmillan, 1983); Hugh Seton-Watson, *The Russian Empire, 1801—1917* (Oxford University Press, 1967), pp. 698–727; Norman Stone, *The Eastern Front, 1914—1917* (London: Hodder & Stoughton, 1975); Alan K. Wildman, *The End of the Russian Imperial Army*, 2 vols. (Princeton University Press, 1980).

元帅——现代日本陆军之父，在幕后进行了多方操控。但是，就如其他国家那样，日本的陆军和海军彼此妒忌，常常寻求各自不同的利益。国会和政府中的文官政客因此能够找到遏制军人获得支配地位的方法。此外，颇具权势的家族在日本的政治中扮演着重要的角色。当然还有天皇，他至少在理论上维持着权力的平衡。但是，于1912年从其父明治天皇手中继承皇位的大正天皇疾病缠身且软弱无能。此时，日本的政治陷入一片混乱。桂太郎陆军大将和山本权兵卫海军大将领导的内阁数次更迭。1914年春，文官政客大隈重信担任新首相。出乎所有人的意料，他同军方和各家族合作密切。因此，军方和激进民族主义者的扩张诉求从未远离政府的政策。大隈毫不犹豫地执行与英国的同盟协议（签订于1902年），加入对德国的战争之中。毕竟，日本将在胜利的分赃中拥有属于它的一份。

　　日本在1914年秋占领青岛是一个充满希望的开始。但是，日本是否会被允许在和平安排中也拥有这些战利品，这点并不明确。中国政府有权利收回青岛，它依然对其拥有正式的主权。1915年1月，外务大臣加藤高明向中国人提出"二十一条"。袁世凯将承认日本对于前德国殖民地的统治，并同意日本扩大在东北和其他地方的势力范围。最主要的是，中国将聘请日本"顾问"担任所有军事和文职机构中的领导职位。事实上，这将把中国变成日本的一个保护国。

　　大隈与加藤认为，当欧洲列强因战争而转移注意力时，日本在中国可以放开手脚。然而，还有美国及其传统的对华门户开放政策。华盛顿反对日本并迫使日本政府放弃他们控制中国当局的主张。从那时起，美日关系变得敌对起来，并具有严重的长期影响。

　　日本的军界，特别是山县有朋，被大隈和加藤在处理对华事务方面的笨拙行径激怒了。大隈和加藤不得不辞职，寺内正毅元帅接任首相。但是，这并不意味着军方最终夺取了政权。寺内是在国会主要政党的支持之下执政的。对于中国，他执行了一条更加谨慎的路线。他使用贿赂而不是威胁与胁迫的手段，但政策的走向依然是一样的。

　　1914年之前，日本是一个相对贫穷的国家，并不断遭遇财政困难。但是，战争改变了这一切。当欧洲列强陷入生死厮杀之中并且为战争进行经济动员时，日本的产品在世界市场中填补了由此出现的空白。另外，日本为协约国提供各种商品。自然而然，这也导致了日本金融市场的繁荣。新老两代的商人获利巨

105

106

丰，中产阶层开始壮大。然而，在市场中也存在大量的投机和不正当手段。工人们的真实收入随着通货膨胀而下降。结果是，财富不断地增加，而社会矛盾在不断地积聚。

俄国布尔什维克革命之后，日本陆军看到了又一个帝国扩张的机遇。这一次，他们的目标是西伯利亚。协约国担心布尔什维克党人会将他们的影响蔓延至东亚地区，因此决定进行军事干涉。日本承诺以 1.2 万人的兵力参与其中。但是，取而代之的是，日本参谋本部和陆军部派遣了 7.3 万名士兵去占领俄国远东的大部分地区。最终，这一干涉行动没有捞到什么好处。而在日本国内，对这次有争议的行动存在颇多的公众抗议，因为它迫使数千名应征入伍者进入西伯利亚的荒原地带。

与此同时，通货膨胀到达了顶点。在 1918 年夏，穷人尤其遭受了大米价格翻番的冲击。投机和陆军当局囤积大米的举动进一步恶化了局势。这突破了底线。1918 年 8 月，大米骚乱波及了这个国家的大部分地区。连续三周，日本处于骚乱之中。最终，陆军进行了干预。一百多人因此丧生，数千人遭到逮捕。

1918 年 9 月 29 日，新首相原敬，一位平民出身的政客组建了第一届基于政党支持的政府。这带来了一定程度的自由化。几年中，日本看上去正走在通往民主化的道路上，并被承认是一个主要的世界大国。

但是，陆军依然势力强大。激进的民族主义获得了动力，因为协约国削减了日本在胜利分赃中的份额。在接下来的几年中，经济危机动摇了社会和政治结构。1931 年 9 月，日本关东军的军官阴谋策划了"九·一八"事变。这标志着日本开始走向致命的由军方主导的侵略扩张和战争居支配地位的道路。[17]

107

美　国

"他使我们置身战争之外"，凭借这一竞选口号，伍德罗·威尔逊总统于 1916 年竞选连任并赢得了胜利。即使按照美国标准，一场选战的口号也很少像这个口号那样过时得如此之快。仅仅几个月之后，美国就作为一个"有关联的"

---

[17]　Frederick R. Dickinson, *War and National Reinvention: Japan in the Great War, 1914—1919* (Cambridge, MA: Harvard University Press, 1999); Richard Storry, *A History of Modern Japan* (London: Penguin, 1960).

（associated）大国站在协约国一方参战。德国重启无限制潜艇战的决定，随后中立的美国船只遭到击沉，以及最主要的"齐默尔曼电报"，都使得参战这一行动难以避免。

但是，在那段荒唐的插曲发生之前，美国已深深地卷入了战争。美国的物品供应与贷款使得协约国的战争努力继续前行。美国的经济和金融业因此而兴旺起来。美国的企业主也热衷于跟同盟国做生意，但是英国海军的封锁阻断了这方面的生意。因此，从经济的角度看，美国在这场战争中谈不上中立。然而，平心而论，应当提及威尔逊和他的顾问爱德华·M.豪斯"上校"在美国卷入战火之前，曾尽其所能地展开和平斡旋，但都无济于事。

一旦美国政府和国会决定直接参战，美国的战争努力事实上就变得十分认真。轻易地使美国卷入战争的鲁登道夫与德国军方，处于又惊又恼之中。

就动员而言，美国有关当局准备朝着总体战的方向迈进。但是，相比其他国家，这方面的努力依然牢牢地掌握在文职官员手中。没人质疑总统的权威和国会的宪法权利。大部分情况下，威尔逊的民主党在国会两院都享有多数，能够使政府做好他们自己的本职工作。陆军司令部远在法国，更关心在协约国最高统帅部中赢得某种形式的独立性，而不是同身在国内的有关文职部门进行争吵。海军得到了大部分它所想要的，所以基本没什么可抱怨的。于是，文职部门与军方的关系看上去状况良好，美国民主的未来似乎安然无恙。然而，事实是如此吗？

传统上，美国陆军是一支小规模的职业武装力量，在社会的边缘过着一种相当平庸的日子。只是在内战期间，南北双方的政府才认为有必要实行某种形式的兵役制。1914年，陆军只有9万名正规官兵。在遭遇许多反对的情况下，威尔逊致力于在接下来的几年里扩大陆军的规模。1916年6月3日，国会投票通过了《国防法》，批准陆军可增至17.5万人。但是，相比欧洲战场上的大规模屠杀，这些数字依然是小得可笑。当美国参战时，还有更为重要的事情不得不去做。 108

1917年5月26日，陆军部长牛顿·D.贝克签署命令，任命约翰·J.潘兴为美国远征军司令。在率领14500人抵达法国之后，潘兴巡视了协约国的军队，并同他们的指挥官进行了交谈。他的发现令人泄气。法国人失去了发起大规模攻势的能力，英国人也处于糟糕的境地。只有新投入大规模的军队才有可能取得胜利，而这些军队只能来自美国。1917年7月，潘兴向华盛顿提交了一份《总体编制方案》（General Organization Project），他在其中要求至少派遣 100 万人前往法国。随着战争的进行，他将人数增加至 300 万人！

国会已经为这一重大举措打下了基础，1917 年 5 月，国会通过了《义务征兵法》——以史无前例的规模实行征兵制。这将保证有足够的人员去充实潘兴的军队。但是，更加困难的是如何训练这支体量巨大的新兵队伍，并找到有足够能力的军官去带领他们。在欧洲战场上，"油炸面团"*为远征军未充分准备的状态付出了高昂的代价。但是，他们的绝对数量和锐气足以帮助协约国取得最终的胜利。

在欧洲，潘兴得到授权几乎可以放开手脚行事。总统威尔逊和陆军部长贝克都未干涉他的军事决策。贝克认为他的职责是支持潘兴，为他提供所需的一切东西。但是，在国内，陆军在战争努力的开展方面基本没有发言权。陆军部以及所有其他的军事部门几乎无法因战争而把全国组织动员起来。他们缺少人力、经验和知识，甚至征兵工作也是由平民组成的地方委员会管理、承担的。武器、弹药和装备的提供肯定超出了军事部门的能力范围。数个新设立的委员会掌管着必要的步骤。它们的成员大多来自私营部门。

更有甚者，由金融家伯纳德·巴鲁克领导的战时工业委员会，成为安排美国战时经济的核心机构。他们的成就是令人印象深刻的。但是，美国工业和船运业的能力依然不足以为远征军提供从事一场现代化战争所需的所有武器和装备。就火炮、机枪和飞机而言，在欧洲的美国陆军严重依赖来自法国和英国的交付。再一次可见，未做充分准备是当时的特点。然而，几乎不能质疑的是，美国的战时经济在战争最后几个月赋予了协约国一个决定性的优势。

虽然潘兴在欧洲能够像一位地方总督那样行事，但是美国经济和社会为战争而进行的动员工作，仍然牢牢地处于文官的控制之下。对于战争目标的制定而言，情况当然也同样如此。在这方面，总统及其顾问有着决定性的话语权。

在国内，军事上的胜利有其政治上的代价。公民自由严重受损。相比几个欧洲大国，美国的文官当局处在大后方严格压制任何反对战争行动的最前

---

* doughboy，代指第一次世界大战时的美国步兵，源于美墨战争中美国士兵在作战后即热餐一顿的一种面团。——译者注

沿。公共信息委员会发起了一场巨大的宣传运动，并对提出任何不恰当问题的新闻工作者进行恐吓。国会针对间谍活动和煽动叛乱的行为通过了法律，为逮捕、政治迫害和普遍的怀疑提供了依据。治安联防组织滋扰遭到怀疑的异议人士，这些超出法律的举措得到了当局的默许。所谓的敌国侨民（大部分是德国裔），有几代人在这个国家生活，却沦为压迫、迫害以及谋杀的牺牲品。

美国经历了一段战争歇斯底里的荒谬时期。是威尔逊政府，而不是某些军事强人，主导了民主价值观的受损。美国的例子表明，文官掌控战争努力未必能确保公民权利和法治不受损害。[18]

奥斯曼帝国

1913 年 6 月 11 日，大维齐尔马哈茂德·塞夫凯特在伊斯坦布尔被射杀。军事长官艾哈迈德·杰马尔 * 指责自由主义反对派为凶手。该派别的许多领导人因此遭到逮捕，其中一些人被判处死刑。"统一和进步委员会" ** ——杰马尔是其领导成员——取得了政权。军事镇压确保了在 1914 年年初的议会选举中只允许"统一与进步委员会"参与。奥斯曼帝国当时处于青年土耳其党人的牢牢掌控之中。直到 1918 年 11 月，一直保持这种状况。

从一开始，青年土耳其运动的许多领导成员就是陆军军官。1913 年后，他们占据了最高军事阶层，并掌控了军队。但是，将第一次世界大战期间"统一与进步委员会"的统治仅仅看作是一种军事独裁统治，是过于简单化了。因为在重要的职位上，还一直有文官政客和知识分子。穆罕默德·赛义德·哈利姆帕夏（接替被谋杀的马哈茂德·塞夫凯特担任大维齐尔，并一直担任该职至

110

[18]　Edward M. Coffman, *The War to End All Wars: The American Military Experience in World War I* (Madison, WI: University of Wisconsin Press, 1986); David M. Kennedy, *Over Here: The First World War and American Society* (Oxford University Press, 1980); Jörg Nagler, *Nationale Minoritäten im Krieg: "Feindliche Ausländer" und die amerikanische Heimatfront während des Ersten Weltkriegs* (Hamburg: Hamburger Edition, 2000); Russel F. Weigley, *History of the United States Army* (Bloomington, IN: Indiana University Press, 1967); Robert H. Zieger, *America's Great War: World War I and the American Experience* (Lanham, MD: Rowman & Littlefield, 2000).

*　即杰马勒帕夏。——译者注
**　后改称为青年土耳其党。——译者注

1917 年）和穆罕默德·塔拉特帕夏（内政大臣以及 1917 年至 1918 年的大维齐尔）都是文官。在议会中，也有一些代表"统一与进步委员会"的文职议员。此外，"统一与进步委员会"内部在政治问题上存在严重分歧，特别是在关于帝国内部的改革路线方面。

但是，在战争期间，议会基本没有话语权。实际上，大部分情况下，一个核心集团——三驾马车——操控了各种事务。它包括杰马尔、塔拉特和陆军部长伊斯梅尔·恩维尔。苏丹穆罕默德五世作为立宪君主仅仅是一个傀儡。所以，在第一次世界大战期间，文职部门与军方的关系颇具错综性，并且因为德国军官作为土耳其的顾问占据高级军事职位，使问题变得更加复杂。

当"统一与进步委员会"掌权时，帝国处于水深火热之中。对意大利的战争（1911 年）和两次巴尔干战争（1912 年至 1913 年）反映出军队的诸多弱点，使帝国付出了巨大的领土代价。奥斯曼帝国经济落后，财政处于西方列强的监管之下，并因极糟的基础设施而遭受损失。而在失去大部分欧洲领地之后，帝国仍然保有众多的民族和宗教信仰：土耳其人、阿拉伯人、亚美尼亚人、犹太人和希腊人等等。这些族群相互敌视，被充满激情的爱国者视为对帝国不够忠诚。

随着"统一与进步委员会"宣扬土耳其民族主义，国内的紧张局势开始升级。帝国亟须改革，但是自 19 世纪以来，这样的改革举步维艰。好在至少当时还有一部宪法，穆斯林权威乌理玛（Ulema）*的权力被大大削弱。其他领域也取得了一些进步。在德国的援助下，通往巴格达铁路的修建工程在继续，而恩维尔对陆军进行了重组，数名不称职的军官被解除职务。在帝国的许多项目中，政府接受了来自德国的援助。但是，双方的关系并非总是融洽。奥托·利曼·冯·桑德斯，具有强大影响力的德国军事使团的团长，往往表现得嚣张跋扈。奥斯曼帝国的许多军官憎恨"德国人的专横"。恩维尔本人也被利曼为德国军官谋求重要职位的举动激怒了。矛盾在形成和发展之中。

当战争在欧洲爆发时，奥斯曼帝国政府在如何对此做出反应的问题上犹豫不决。保持中立似乎是危险的，因为担心胜利的一方可能继续瓜分帝国。一些政界圈子希望加入协约国一方，然而需要考虑土耳其在地缘上与俄国形成的

111

---

* 即伊斯兰国家有名望的神学家和宗教法学家的统称。——译者注

积怨。而法国和英国都对土耳其的加入不感兴趣。相反，英国海军部以专横的方式扣留了奥斯曼人业已付款且由英国建造完毕的两艘战列舰。这在帝国内引发了强烈的公众抗议。这给了恩维尔将自己的想法付诸实施的机会。1914年8月2日，他和赛义德·哈利姆同德国人签署了一项秘密条约。两国建立一个同盟：德国承诺提供军事和资金上的支持，换取德国军官在奥斯曼军队中得到关键性的职位。这项条约十分机密，以至于"统一与进步委员会"的核心圈子都未获悉。当两艘德国战舰抵达伊斯坦布尔并出售给奥斯曼帝国海军时，恩维尔的计划获得了成功。11月，奥斯曼帝国站在同盟国一方加入了战争。

奥斯曼帝国能够留在战争中四年，这几乎是一个奇迹。当然，没有来自德国的资金援助和物资供应，奥斯曼帝国的战争努力将会相当迅速地崩溃。但是，奥斯曼帝国当局成功地把一支大规模的陆军投入战场。尽管有大量开小差的现象，但到1916年陆军人数达80万人，而且他们战斗得不错。然而，一开始事情进展得并不顺利。当恩维尔和德国参谋长弗里德里希·布罗萨特·冯·舍伦多夫在1914年至1915年的冬天下令通过高加索山脉向俄国人发起攻势时，他们犯下了一个可怕的大错。9万人的军队几乎损失殆尽。1915年1月，由艾哈迈德·杰马尔将军及其参谋长弗里德里希·克雷斯·冯·克雷森斯泰因指挥的针对苏伊士运河的攻势也遭遇失败。然而，奥斯曼帝国陆军在防御上表现得相当出色。整个1915年里，奥斯曼帝国的军队有力地防守住了英国对加里波利半岛的进攻。战役是利曼·冯·桑德斯在进行指挥，然而，土耳其军官穆斯塔法·凯末尔却因此成为战争英雄。

1916年春，又一次胜利出现了。在巴格达以南250英里（约402公里）库特阿马拉（Kut-al-Amarah），一支英印部队在被包围几个月后宣告投降。哈利勒帕夏和陆军元帅科尔马·冯·德尔·戈尔茨——后者在攻城时阵亡——取得了又一次辉煌的胜利。这是最后一次胜利。在接下来的两年中，奥斯曼帝国的军队在协约国的进攻下被迫后撤。英国人和阿拉伯大起义使得奥斯曼帝国丢失了阿拉伯领土。到1918年10月末，整个帝国崩溃了。 112

战争期间，居民遭遇了可怕的苦难。食品短缺导致饥饿，有时则发展成饥荒。疾病肆虐，营养不良造成了范围广泛的坏血病。超过40万名官兵死于疾病，超过35万名官兵在作战行动中阵亡。许多这类问题因简陋的交通基础设施和糟糕的管理而加剧。这也引发了不满、异议和暴力抗争。随着战争拖延下去以及奥斯曼帝国军队遭遇越来越多的败仗，帝国开始瓦解了。

在第一次世界大战期间，实施审查制度、警方管制和戒严令是几乎所有参战国家的标准做法。而高度的组织化、负责任的官僚系统和良好的沟通交流是实行这些措施所必需的。在奥斯曼帝国的许多地方，这样的条件并不具备。于是，当局回到更传统的管控民众的做法：野蛮的暴力行为和屠杀。

整个 1915 年，艾哈迈德·杰马尔，作为地方司令长官，使用严厉的手段去扼杀叙利亚的阿拉伯民族主义。人民被处以绞刑、投入监狱或是驱逐。基督徒和犹太人也遭受了暴行。但是，更糟糕的是降临在亚美尼亚人身上的命运。一些亚美尼亚民族主义者欢迎大批的俄国军队进入安纳托利亚东部地区。在过去的几十年中，奥斯曼人同这一信仰基督教的少数民族存在种种争执，亚美尼亚人被怀疑是不忠诚的。1915 年春，当时的"统一与进步委员会"核心圈子决定永久地了结这个问题。无数的亚美尼亚人被驱逐至叙利亚的沙漠地带。大部分男人立即被杀害，而妇女和儿童被迫踏上死亡之旅。陆军和文职部门在这一行动中通力配合，库尔德族的士兵被允许对这些被驱逐者进行强奸、抢劫和杀戮。超过 100 万人丧生，成为 20 世纪首个种族灭绝事件。

一些在中东充当顾问的德国军官在惊恐中旁观。但其他一些德国军官，像戈尔茨，就支持除掉亚美尼亚人，甚至像布龙萨特积极地鼓励这种屠杀行为。戈尔茨和布龙萨特受到青年土耳其党人欢迎的原因不限于此，普鲁士或德国军官在奥斯曼帝国军队中充当顾问有着悠久的传统。戈尔茨在奥斯曼帝国生活多年，作为一个现代化的倡导者以及因尊重他的奥斯曼同伴而赢得了敬仰。因此，当他为帮助处于战争中的老朋友而抵达伊斯坦布尔的时候，受到热烈的欢迎。

113　然而，也有其他一些德国军官，特别是利曼，由于他们的傲慢举止而遭到深深的怨恨。但是，没人招致的怨恨比埃里希·冯·法金汉更多，他于 1917 年接管了一支新集团军的指挥权。法金汉厌恶和不信任所有的土耳其人，且并未试图去掩饰他的这种情感。一些奥斯曼军官拒绝与他共事——最突出的就是穆斯塔法·凯末尔将军。最后，法金汉被召回德国。

个性的冲突与文化的差异一定程度上导致了纠纷，问题的根源则位于更深的层面。奥斯曼帝国的领导层希望将战争努力掌控在他们手中，小心翼翼地反对一切会使他们沦为从属力量的苗头。在这方面，恩维尔及其下属是极其成功的，即使德国人出任了最高统帅部里的多个职位。当战争趋向结束时，恩维尔展现了他的独立性，他不顾德国人的反对，命令他的军队占领了巴库（Baku）。但是，因为奥斯曼帝国已经输掉了战争，所以这一占领只是堂吉诃德式的行动。[19]

奥匈帝国

　　有一件事是肯定的：在1914年7月，这个君主制国家的顶层人士希望发动一场战争。只有匈牙利首相伊什特万·蒂萨犹豫了一段时间。而年迈的皇帝弗朗茨－约瑟夫、奥地利的大臣们和某些军事将领热衷于在塞尔维亚一展身手。他们是否也准备进行一场全面的欧洲战争是不确定的，但他们在最终的调整面前并没有退缩。弗朗茨·康拉德·冯·赫岑多夫，奥匈帝国陆军的总参谋长，不管怎么说都是一位明目张胆的主战派。他眼中最大的敌人是意大利，尽管在1914年8月之前这个国家是奥匈帝国和德国的正式盟友。在战争的大部分时间里，康拉德指挥奥匈帝国的陆军。但是，他取得的胜利一直有限。起初，面对俄国军队的入侵，他笨手笨脚地部署军队，大大地削弱了军队的战斗力。他的军队表现得比一些人所预想的要更好些。但是，他策划的进攻行动，没有一个带来任何长期的正面效果。相反，军队遭受了灾难性的损失，变得越来越依赖于德国的支持。1916年，德国的将军们事实上接管了东线的指挥权。奥匈帝国沦为一个小伙伴的角色——这使康拉德感到沮丧。

　　在大后方，康拉德更为成功。几十年来，奥匈帝国已是一个摇摇欲坠的帝国。许多民族正渐行渐远。帝国的两个部分奥地利和匈牙利之间的分歧，使得联合政府和一致的政策即使不是不可能，也变得愈发困难。在奥地利，政府地位是软弱的。议会因民族主义的志向和意识形态的争论而分门别派。自1914年3月以来，议会已闭幕休会。匈牙利看上去更加团结并且治理得更好。然而，事

114

---

[19] Holger Afflerbach, *Falkenhayn, Politisches Denken und Handeln im Kaiserreich* (Munich: R. Oldenbourg Verlag, 1994); Edward J. Erickson, *Ordered to Die: A History of the Ottoman Army in the First World War* (London: Greenwood Press, 2001); Carl A. Krethlow, *Generalfeldmarschall Colmar Freiherr von der Goltz Pascha. Eine Biographie* (Paderborn: Ferdinand Schöningh, 2012); Alan Palmer, *The Decline and Fall of the Ottoman Empire* (London: John Murray, 1992); Jehuda L. Wallach, *Anatomie einer Militärhilfe: Die preussisch-deutschen Militärmissionen in der Türkei, 1835—1919* (Düsseldorf: Droste Verlag, 1976).

实上，这只意味着匈牙利的民族主义相对其他所有少数民族所独占的优势地位。帝国的大部分地区经济落后，而重要的工业区却位于如波西米亚这样的政治上不那么可靠的地区。在战争的重负之下，如此背景之中的帝国面临着分崩离析的危险。因此，政治和军事首脑们深信，只有建立专制政体才能将帝国捆绑在一起去支持战争。

奥地利首相卡尔·冯·施蒂克别无选择，只能一直屈从于军方。施蒂克成了康拉德的一位亲密盟友。在奥匈皇帝的支持下，施蒂克中止了民众的各种权利，在帝国的大部分地方实施戒严令，允许军队接管文职行政部门。严格的审查制度使得表达批评意见近乎不可能。奥地利走到了军事独裁的边缘，仅仅依靠一种文官独裁统治来加以掩饰。然而，军方仍然批评这位奥地利首相在为战争努力而动员全部可用的资源方面不够高效。

物资方面的问题确实是严峻的。粮食短缺变得极其严重，引发了广泛的骚乱。武器和弹药的生产，连同为军队生产的服装，到目前为止未能满足需要。随着战争的进行，伤亡人数不断增加，民众开始挨饿。施蒂克成为帝国中最令人憎恨的人之一。1916 年 10 月 21 日，他在维也纳的一家饭店被射杀。但是，这起谋杀难以弥补时局。在后方，数千名波兰和捷克士兵开小差。军队指挥官残暴地做出反应，许多人被处决。到 1916 年年底，奥匈帝国处于崩溃的边缘。

康拉德不允许政府以任何形式干涉他的行动。皇帝弗朗茨－约瑟夫年事已
115 高，难以发挥最高统帅的作用。至少康拉德一直告知他有关事态的进展。但是，康拉德没有停止干预政治事务。他要求对时间做出规定，再一次强制实行戒严令。他推动增加工业生产，扩大国家对于经济的管控。总参谋部甚至制定战争目标，拿出了最终胜利之后建立一个更加集权化的帝国的方案。在奥匈帝国，文职部门与军方的关系明显地倾向于有利军方的一边。

1916 年 11 月 21 日，弗朗茨－约瑟夫驾崩。刚满二十九岁的皇储卡尔继承了皇位。卡尔受过军事化的教育，并曾在陆军中担任一名高级军官。然而，康拉德希望卡尔远离最高统帅部。这两人谈不上是朋友关系，且存在更为严重的分歧理由。康拉德仍然渴求不惜代价的胜利，卡尔则怜悯子民的不幸遭遇，担忧帝国的存亡问题。卡尔希望能够尽快实现和平，他还打算实行一些改革确保君主制存在下去。为了实现这些目标，卡尔不得不削弱军方及其在政府中的支

持者的霸权地位。他解除了几位大臣的职务，包括伊什特万·蒂萨。1917 年 3 月，这位年轻的皇帝解除了康拉德总参谋长的职务，将他打发到了意大利前线。在那里，康拉德发起的又一次攻势未能取得成功，最终于 1918 年 7 月 15 日被迫退隐。

卡尔赢得了对军方的一场重要胜利。文官政府再次取得了控制权。先前的 1917 年 5 月 30 日，这位皇帝重新召开了奥地利议会，那时起它一直召开直至战争结束。实际上，议会投票赞成进行一些改革，但是这不足以带来任何长期的影响。另外，议会成员依然按民族划分派别，所以很难发挥太大的影响力。但是，最糟糕的是，卡尔的和平倡议成为泡影。强大的盟友德国根本不接受，而协约国也拒绝了卡尔的试探，并表明二元君主制的解体是他们的主要战争目标之一。1918 年 4 月，发生了"西克斯图斯事件"。克列孟梭公开了卡尔暗地里尝试与法国和解之事。一个巨大的丑闻暴露出来了，德国领导层被他们眼中卡尔的背信弃义之举激怒了。支持卡尔和平政策的奥匈帝国外交大臣奥托卡尔·切尔宁伯爵被解除了职务。从那时起，奥匈帝国在德国面前处于一种极其软弱的地位。

实际上，这个帝国已经失去了大部分统治权。在国内，早先已十分严重的粮食短缺变得更加糟糕。在帝国的数个地方爆发了罢工。一些军队遭到了兵变的冲击。1918 年 2 月，在位于门的内哥罗的卡塔罗（Cattaro）海军基地，水兵们发起了一场叛乱。军事当局予以了回击，数名被指控为首要分子的人被处决。对俄国取得的胜利几乎没有缓解这场危机。11 月 1 日，奥匈帝国不得不寻求媾和条件。帝国终结了并分崩离析。

在皇帝卡尔继位之前，奥匈帝国主要是处于军方的掌控之中。然而，凭着他们所有的巨大权力，将军们却从未设想进行一场类似于总体战的战争，并动员帝国所有的资源。在这个君主制国家的许多地方，存在太多的反对声音。战场上的军事失策以及未能组织充足的粮食供应，表明军方领导层和他们的文官支持者没有能力有效地进行战争。相反，对于咄咄逼人的德国盟友，他们逐渐地退却让步。显而易见，军事统治是一场失败。然而，卡尔扭转文职部门与军方关系的努力来得太晚，难以拯救这个帝国。归根结底，对于奥匈帝国来说，

116

全面战争的负担过于沉重了。[20]

德意志帝国

从理论上看，当1914年德意志帝国走向战争时，普鲁士领导层的三角关系仍然原封未动。但是，此时事情有所不同。相比他的祖父，德皇威廉二世是难以捉摸的，谈不上勤奋，并且不总是能够理解形势的发展。首相特奥巴尔德·冯·贝特曼·霍尔韦格是一个充满智慧的人物，颇能表达观点，但他不是俾斯麦。总参谋长赫尔穆特·冯·毛奇是战时指挥德国军事行动的人，是一位有能力的战略家，并同他的下属关系融洽，甚至同倔强的埃里希·鲁登道夫也是如此。但是，毛奇是一个游移不定的人，且无法同他知名的伯父在才能上相提并论。

117　　自1871年以来，德国不但在领土面积上得以扩大，而且在经济实力上也发展壮大。它仅次于美国，拥有世界上最为发达的经济。结果，社会变得更为分化、城市化和充满活力。陆军的实力已经大大地得到加强，并在重工业所提供的先进武器和装备的基础上发展成为一支现代化的军事力量。然而，陆军与新组建且强有力的海军在资源、资金和影响力方面展开了竞争。

比起1870年和1871年来，在这种背景下进行战争肯定要复杂得多。如果这还不够棘手的话，那么领导层的三角关系还进一步受到德国的议会——帝国国会的挑战。在1914年之前的数十年中，帝国国会在公共事务中不断地抬头。1912年的大选之后，社会民主党成为国会中的第一大党，并且开始同处于政治中心的党派合作。在德国——相比其他国家——国会在整个战争期间一直处于召开状态。甚至在战争时局最黯淡的时期，德国的战争领导者们都不能完全忽视国会的存在。从长远的角度看，帝国国会是防止建立全面军事独裁统治的最

---

[20] Holger H. Herwig, *The First World War: Germany and Austria-Hungary, 1914—1918* (London: Edward Arnold, 1997); Günther Kronenbitter, "'Nur los lassen', Österreich-Ungarn und der Wille zum Krieg", in Johannes Burkhardt *et al.*, *Lang und Kurze Wege in den Ersten Weltkrieg: Vier Augsburger Beiträge zur Kriegsursachenforschung* (Munich: Ernst Vögel, 1996), pp.159–187; Manfried Rauchensteiner, *Der Tod des Doppeladlers: Österreich-Ungarn und der Erste Weltkrieg*, 2nd edn (GrazL Styria, 1994); Max-Stephan Schulze, "Austria-Hungary's economy in World War I", in Broadberry and Harrison, *Economics of World War I*, pp.77–111; Graydon A. Tunstall, Jr, "Austria-Hungary", in Richard F. Hamilton and Holger H. Herwig (eds.), *The Origins of World War I* (Cambridge University Press, 2003), pp.112–149.

重要的遏制力量。但是，这并不意味着现实中国会在迎合最高统帅部的主张方面走得不够远。无论如何，在1916年之后，传统的领导层三角关系被从事总体战的努力打破了。

在德意志帝国中，军官团竭力保持对社会其他阶层的疏远。在平民与职业军人之间，互相没有多少好感，当然在军人当中对于那些试图干涉军事事务的政客也是如此。宪法为军方的特殊地位提供了一些依据，德皇作为最高统帅，在涉及陆军和海军的问题上拥有最终的决定权。然而，现实中，由于军队的招募是建立在征兵制基础之上的，所以军方难以完全同文官治理的社会相脱离。此外，帝国国会在军事预算问题上拥有投票表决的权利。结果，这造成了许多争议，甚至在1914年之前导致了文职部门与军方关系的复杂化。

大多数军官表现出或者决意表现出好战的姿态。在过去几十年中，数位杰出的军官，尤其是总参谋部的成员，公开鼓吹对法国、俄国甚至英国发动先发制人的战争。但是，在1914年7月的危机期间，是首相贝特曼·霍尔韦格在推动欧洲陷入全面战争方面扮演了决定性的角色。毛奇预想到这场战争会耗时许久且对整个欧洲大陆造成一场灾难，表现出犹豫不决，这使陆军大臣埃利 118 希·冯·法金汉感到失望。一如往常，德皇也徘徊不定。

毛奇对于这场战争的忐忑不安是对的。到1914年9月，德国对法国发动的进攻已经失败。从那时起，难以预料这场战争何时会结束。德皇解除了毛奇总参谋长的职务，指定法金汉作为他的继任者。然而，在东线，战事进展得比较顺利。保罗·冯·兴登堡将军和埃里希·鲁登道夫将军在紧急的情况下接管了指挥权，设法阻止并部分摧毁了入侵东普鲁士的俄国军队。坦能堡战役取得了辉煌胜利，虽然是由其他人制订的作战计划，但使这两人成为德国最伟大的战争英雄。

根据法律的规定，战时陆军必须接管监督当地的和区域的行政。他们确实也是这样做的。担任副司令的将军们，独自对德皇负责，成为某种意义上的区域统治者，无人可以约束他们。但是，这些军官依赖于他们各自的文职当局。结果是一场官僚体制的梦魇，给战争努力的效率带来了种种消极的影响。审查制度自然已经实施了，但公民权利并未完全取消。民事法庭继续运转。最主要的是，帝国国会——甚至社会民主党人的大多数在国会中投票支持为战争提供经费——一直处于召开状态并每六个月召开一次。议会将它的立法权授予联邦参议院，即由来自各州政府的代表所组成的会议机构。虽然帝国国会保留审查联邦参议院所颁布法律的权利，但它从未否决过。在德国的战争指导问题上，议会或许扮演了一个更为突出的角色。

作战行动的指挥问题留给了军事指挥官们。而首相仍然有足够的影响力去干预德皇，如果他认为军事行动与政治动机相悖的话。在 1915 年和 1916 年，贝特曼·霍尔韦格两次成功地阻止了海军发动无限制潜艇战，因为这将冒招惹迄今仍是中立的国家介入的风险，也就是美国。这导致了德国海军之父阿尔弗雷德·冯·提尔皮茨海军上将的辞职。

然而，在政治与军方领导层之间的权力斗争中，德皇失去了他的地盘。威廉二世不是一个事事都紧抓不放的人。但在 1916 年夏天之前，他仍拥有一个重要的权力：任免政府和军方高层官员。他任命埃里希·冯·法金汉领导德国陆军，并且不顾反对意见，坚持决定起用他。

但是，反对的意见是强烈的。傲慢的法金汉在陆军中朋友不多。1914 年秋，他未能在西线取得进展，在失败的进攻行动中损失了许多兵力。贝特曼·霍尔韦格试图说服德皇用鲁登道夫取代法金汉，但威廉二世予以拒绝。同时，战略上的争论出现了。兴登堡和鲁登道夫强烈主张将重点放在东线，在那里，对俄国取得胜利看上去是可能的。而法金汉只打算派遣有限的兵力前往东线。这一争论一直持续到 1916 年。

1916 年 2 月，法金汉下令对法国的凡尔登要塞发起一场规模巨大的攻势。这导致了战争中最惨烈的战斗之一。双方的伤亡数字令人毛骨悚然。超过 30 万人阵亡。法金汉在这场灾难中没什么战绩可言，因为他没有能够前进一步。与此同时，兴登堡与鲁登道夫因他们在东线的胜利而声名鹊起。贝特曼·霍尔韦格再一次站到了他们一边，并向德皇施压解除法金汉的职务。最终，威廉二世不得不做出让步。罗马尼亚的参战是促使法金汉下台的最后一个因素，因为事态的发展与法金汉的预测正相反。1916 年 8 月 28 日，德皇解除了法金汉总参谋长的职务，将其派往罗马尼亚前线。兴登堡被任命为接替者，鲁登道夫为副手。公众舆论感到释然，并对这两位英雄拯救这个国家寄予了很高的期望。

法金汉警告威廉二世，任命兴登堡和鲁登道夫会使他做不成皇帝。确实，咄咄逼人和固执己见的埃里希·鲁登道夫被一些人猜测是战争努力的真正领导者，而将德皇甚至是兴登堡抛在一边。然而，贝特曼·霍尔韦格依然在位，他很快与鲁登道夫起了争执。

新的最高统帅部不得不处理一场重大危机。凡尔登是一场灾难，在索姆河，德国军队誓死抵御协约国大规模的猛攻，而在东线，勃鲁西洛夫的攻势使得德国和奥匈帝国陷入混乱且近乎崩溃。德国军队面对着多个大大处于优势地位的敌人——至少就英国、法国和意大利的情况来看，他们享有从世界市场直接获得补给的额外优势。相比之下，同盟国苦苦地遭受着协约国的海上封锁。如果要有赢得战争的任何希望，德国的战争经济必须几乎发展到极限或是再往上。但是，到目前为止，德国的战争经济受到诸多缺陷的阻碍。弹药、武器和装备的生产不足以供应军队。舰只制造——特别是潜水艇——低于预期。而有关私营部门原料、利益竞争以及缺乏协调的诸多问题成为战时增加生产的严重障碍。首要问题是缺乏工人，因为数百万人已经应征入伍。 120

因此，兴登堡和鲁登道夫的目标只能是将经济纳入军事化的集中管理之下。通过着眼于动员全部的物资和兵力资源，他们采取了迈向总体战的重大措施。在任职于最高统帅部后不久，这位陆军元帅和这位将军实施了"兴登堡计划"，打算提升战时经济。弹药储备预计增加一倍，火炮和机枪的供应量预计增加两倍，并且再招募 300 万工人从事军事工业生产。所有对于战时经济意义不重要的工厂将被关闭，它们的工人将被转移至军火生产部门。

为了实施这些非常规措施，最高统帅部将陆军部纳入管辖之下，并创设了"最高战争委员会"（Kriegsamt），实际只对鲁登道夫一人负责。这个新成立的部门负责管理和组织整个经济活动。企业的雇主们感到沮丧，随时随地找办法去暗中破坏军事对于工业的管制。

所有问题当中最具争议的是，为解决劳动力问题而打算实施征召平民的制度。最高统帅部决心为战时经济而动员所有身体健康的男子，甚至是妇女。对贝特曼·霍尔韦格来说，这些措施太过分了。1916 年秋，针对实施军事对经济的管制，特别是征召妇女的问题，他进行了一场无望取胜的抗争。但是，他取得了部分的胜利，因为征召妇女的措施被取消了。于是，政府向议会提交了一项打了折扣的《爱国后备服务法》。法案规定，所有十七岁至六十岁的男子应被征召从事战时服务。工人更换工作的自由受到了严格的限制。然而，由于战争造成的种种匮乏，帝国国会中的气氛很严峻。经过激烈辩论之后，议会还是于1916 年 12 月 2 日通过了这项法案。但是，议员们对法案做了重要的改动。工会

获得了参与监督该法案执行的权利，在德国历史上也是第一次允许进行劳资双
方的集体谈判。

121 至少可以说，鲁登道夫对事态的发展感到不快，对贝特曼·霍尔韦格怀恨
在心。最终，"兴登堡计划"还是失败了。它也许取得了一些进展，但是其幻
想般的目标从未实现。政府、议会、企业主和工会组织进行了十分强烈的抵制。
大规模的罢工进一步妨碍了该计划的实施。最重要的是，"兴登堡计划"超出了
德国的工业能力。

最高统帅部对贝特曼·霍尔韦格采取了报复。有争议的是下述两个问题：
普鲁士的选举权改革和贝特曼·霍尔韦格的和平倡议。但是，在政策讨论中占
首要地位的完全是另一个问题：潜水艇战。从传统看，陆军和海军彼此猜忌。
陆军将领与海军将领在军事问题上很少合作。然而，在1916年秋，他们突然间
找到了共同点。海军承诺将在几个月内迫使英国屈服，如果允许新潜艇不受任
何限制地击沉敌国以及驶往英伦三岛的中立国船只的话。海军向鲁登道夫请求
实施这一方案，而鲁登道夫正希望对英国的决定性一击能够开辟一条通往胜利
的道路。然而，他也意识到如此狠招可能会招致美国的参战。但如果海军将领
们是对的，冒这一风险也是值得的。

霍尔韦格竭力反对这一方案。1916年12月26日，兴登堡给霍尔韦格写了
一封措辞严厉的信，反对政府对军事行动做任何干预，特别是有关无限制潜艇
战的问题。1917年1月5日，协约国正式拒绝了德国的和平试探，使霍尔韦格
的倡议走到了尽头。现在，最高统帅部拥有更充分的理由将德皇抛在一边。贝
特曼·霍尔韦格被迫同意给潜水艇战松绑。1917年1月9日，威廉二世下令恢
复无限制潜艇战。1917年4月6日，美国对德国宣战。

贝特曼·霍尔韦格的地位遭到了打击。1917年夏，他失去了议会的支持。
鲁登道夫乘机向威廉二世发出最后通牒，要求解除这位首相的职务。1917年7
月13日，贝特曼·霍尔韦格辞职。他的几位继任者都是软弱不堪的，不是军事
将领们的对手。德皇也沦落为一个傀儡。那时，鲁登道夫看上去完全是大权在
握。但是，他的权力有赖于军事上的胜利。因为德国宪法依然完好，帝国国会
中的中间偏左党派打算组建一个支持和平与国内改革的联盟，所以战场上的失
败可能在任何时候使鲁登道夫下台。如果鲁登道夫的掌权完全是一种独裁统治
的话，那么这种统治的权力和持续时间是极其成问题的。

1917 年，鲁登道夫的计划已表现出复杂的后果。潜水艇攻势造成了重大的损失，但是不足以改变战争的进程。而鲁登道夫能将这些归咎于犹豫不定的贝特曼·霍尔韦格。在西线，协约国的进攻在遭遇重大损失的情况下被击退。此后，法国和英国陆军丧失了发起任何进一步全面进攻的能力。意大利在卡波雷托遭受了一次沉重打击。美国要动员一支相当规模的陆军还需要一年多的时间。

　　最重要的是，俄国处于退出战争的道路上。当布尔什维克在彼得格勒夺取政权时，在东线取得最终胜利出现了难得的机会。1917 年 12 月 9 日，德国、奥匈帝国、奥斯曼帝国与俄国的代表齐聚布列斯特－立陶夫斯克，开始进行和平谈判。德国为了使他们的军队从东线转移到西线，试图迅速使这些谈判达成一个圆满的结果以符合德国的利益，而布尔什维克意在赢得时间。鲁登道夫对谈判中这些德国外交官非常宽大的态度感到不满。1918 年 2 月，他为此下令重新发动进攻。

　　俄国别无选择，只能不顾代价在和平条约上签字。在布列斯特－立陶夫斯克的最后几次会议，变成了鲁登道夫的得力助手马克斯·霍夫曼将军勒令俄方投降的场面。当 3 月 3 日签署和平条约时，俄国丢失了大片的领土。尽管如此，鲁登道夫的征服欲望仍未满足。在接下来的几周和数月中，他推动他的军队进一步往东。最终，他甚至打算占领巴库（但未能成功）。布列斯特－立陶夫斯克的和平谈判表明，到那个时候，鲁登道夫已决定自己去制订战争目标，因此在这一过程中将外交官晾在一边。但是，德国为鲁登道夫的扩张主义路线付出了高昂的代价。100 万人留在东线，错过了西线的决定性战役。

　　此时到了关键的时刻。鲁登道夫凭借高超的能力计划发动一场大规模的决战，他希望能在美国人在欧洲大陆做好准备之前击垮协约国的士气。但是，在最初取得成功之后，"米夏埃尔行动"以及随后的进攻都归于失败。7 月，法国、英国和美国的军队发起反攻，迫使德国人后撤。军队和大后方开始解体。这场战争失败了。

　　9 月 29 日，鲁登道夫承认输掉了战争，责备他"不可靠的"军队。当时，最高统帅部将权力交给政府和议会中的政客，留给他们的是结束战争的任务以及承担失败的责任。到 10 月末，新首相马克斯·冯·巴登亲王要求德皇解除鲁登道夫的职务。10 月 26 日，在与威廉二世和兴登堡一番不快的会谈之后，鲁登道夫辞去了职务。随后，他逃往瑞典临时避难。

123　　从 1916 年夏至 1918 年秋，兴登堡以及鲁登道夫（更大的程度上）是德国的铁腕人物。他们摧毁了领导层传统的三角关系。但是，他们未能建立起军事独裁统治。宪法、帝国国会和普罗大众中的反对势力阻止了他们独揽大权。试图彻底动员所有资源使国家、社会和经济不堪重负。总体战被证明是不可能的。因此，西线的失利最终导致这两个铁腕人物下台。君主制连同他们将很快成为过去。在失败和革命中，德国面临着一个惨淡的未来。[21]

　　德国军方对文官的傲慢态度，一定程度上促成了兴登堡与鲁登道夫的上台，但他们从未设法使自己完全摆脱文官的干预。在德意志帝国的边缘地带，军国主义的趋势有着更激进的结果。在德属东非，总督掌控着殖民地，监管着各种事务的执行。他还是最高指挥官，而殖民地军队（"驻防军"）的司令只限于直接的军事职责。在全面战争的情况下，殖民地的军事前景看上去几乎是毫无希望的。因此，柏林当局不允许进行海岸防御，而是命令所有的保护部队撤至内陆，以保护贵重物品，最主要的是保护所有欧洲裔的平民。总督海因里希·施内决心执行这一计划。

　　1914 年 1 月，保护部队的新司令，保罗·冯·莱托-福尔贝克，抵达达累斯萨拉姆。他有种种不同的想法，很少尊重文职当局。在战争的情况下，莱托-福尔贝克打算主动出击，在东非牵制尽可能多的协约国军队，以支持祖国在欧洲的战争。当然，他很少身先士卒到丛林的某个地方，而其他军官则在战场上赢得了荣耀。

　　莱托-福尔贝克巡视殖民地，在德国移民中——其中若干是退役的军
124　官——寻求对他计划的支持。当战争真正爆发时，施内和莱托-福尔贝克发生了争执。当施内撤至内陆并下令不要对英国人的登陆行动进行抵抗时，莱托-

[21] Robert B. Asprey, *The German High Command at War: Hinderburg and Ludendorff and the First World War* (New York: W. Morrow, 1991); Roger Chickering, *Imperial Germany and the Great War, 1914—1918* (Cambridge University Press, 1998); Stig Förster, "Ein militarisiertes Land? Zur gesellschaftlichen Stellung des Militärs im Deutschen Kaiserreich", in Bernd Heidenreich and Sönke Neitzel (eds.), *Das Deutsche Kaiserreich, 1890—1914* (Paderborn: Ferdinand Schöningh, 2011), pp.157-174; Martin Kitchen, *The Silent Dictatorship: The Politics of the German High Command under Hindenburg and Ludendorff, 1916—1918* (London: Croom Helm, 1976); Manfred Neblin, *Ludendorff: Diktator im Ersten Weltkrieg* (Munich: Siedler Verlag, 2010); Markus Pöhlmann, "Der 'moderne Alexander' im Maschinenkrieg: Erich Ludendorff, 1865—1937", in Stig Förster *et al.* (eds.), *Kriegscherren der Weltgeschichte: 22 historische Portraits* (Munich: C. H. Beck, 2006), pp.268-285.

福尔贝克派他的军官去取消执行命令。这导致了与英国军队的军事交锋。莱托－福尔贝克甚至更进一步，命令对英属东非发起进攻。施内暴跳如雷，威胁要把莱托－福尔贝克送上军事法庭，而莱托－福尔贝克完全未把他放在眼里。相反，他准备进行战斗。1914 年 11 月初，数量上大大处于优势的英国军队在坦噶（Tanga）登陆。莱托－福尔贝克在该地区几乎集中了所有军队，决定性地击退了英国人。现在，他成为一名战争英雄。施内别无选择，只能听任莱托－福尔贝克继续作战，直至这场战争结束。在战争的后几年，施内加入了莱托－福尔贝克的撤退队伍，几乎被当作一个战俘对待。因莱托－福尔贝克的冒险行动，德属东非损失惨重。整个事件就是文职部门与军方扭曲关系的极端例子。事实上，莱托－福尔贝克的举动就是一场军事政变。[22]

结　论

　　莱托－福尔贝克在东非的冒险行动仅仅是次要的事件——尽管是一件有趣的次要事件。在其他战场，文职部门与军方的关系是一件更为复杂的事情。政治、社会和经济的结构过于复杂，以至于难以有简单的解决之道。诚然，军方在战争的最初阶段掌握了权力，然而这是一场旷日持久的战争，因此，随着战争的进行，所有主要大国都经历了重大的改变。根据不同的社会和政治制度，事态的发展千差万别。在一些情况下，结果是令人感到意外的。谁会想到议会在英国几乎根本没有发挥作用，相反，帝国国会在德意志帝国中却成为建立军事独裁统治的一个主要绊脚石呢？

　　在欧洲以外，情况有所不同。奥斯曼帝国的文职部门与军方的关系多少是融洽的，因为文官政客与"统一与进步委员会"的将军们都被牢牢地控制住了。这些人合作紧密，面对十分艰难的胜算，取得了一些积极的成果。但是，他们最大的"成就"是大规模屠杀亚美尼亚人。即使如此，也难以阻挡帝国的崩溃与覆灭。日本从未濒临不得不进行总体战的危险。这个国家的文职部门与军方的关系自明治维新以来一直是成问题的，陆军和海军都拥有强大的地位。但是，

125

---

[22]　参见 Tanja Bührer, *Die Kaiserliche Schutztrupper für Deutsch-Ostafrikka: Koloniale Sicherheitspolitik und transkulturelle Kriegführung, 1885 bis 1918* (Munich: R. Oldenbourg Verlag, 2011), pp.401−477.

这些关系没有受到战争本身的考验。扩张主义政策和国内的种种争执表明，军队一直准备展现他们的影响力。然而，这一切暂时导致的结果是妥协和某些自由化的改革。参战之时，美国早已做好了全国动员的准备。结果是激动人心的。但相比所有其他大国，文职行政官员，大多来自私营企业，在大后方牢牢地将战争努力掌控在手中。可令人关注的是，这并未导致公民权利得到保护。恰恰相反，多数派的无情统治准许对所有的反对派进行残酷的压制。因此，对于普通民众而言，战争努力掌控在文官手中并不一定是福音。

欧洲战场的转折点出现在 1916 年至 1917 年。那时，近乎保守的传统战争手段，都已经用尽。此时，寻找结束这场可怕战争的方式是合情合理的。但是，任何一方都不打算做出让步。伤亡数字已经高得惊人，对任何领导层来说，遍地产生的怨恨是如此之深，以至于难以做出妥协。因此，不管后果如何，战争努力都得到了强化。进行总体战成为当务之急。问题是，没有一个大国做好了实施这种极端做法的准备。一些这样做的国家，在这种挑战面前简直就要崩溃了。俄国和奥匈帝国肯定是这种情形。意大利只是偶然逃脱。法国、英国和德国是在一种实力更强的状态下去进行极端的战争。西线的协约国成员侥幸地经受住了总体战的后果，因为最终是美国使他们脱离了困境。但是，没人拯救德国。

进行总体战的趋势为文职部门与军方关系的结构带来了新问题。如果动员全部可用的资源，那么由谁来掌控战争这个问题将变得愈发重要。英国是通过相互妥协予以解决的典型。法国最终将权力交给了刚愎自用的政客。在德国，军方试图去获得掌控权，但是未能实现目标。

文职部门与军方的关系，在滑向总体战的影响之下产生了不同的结果。在某些情况下，那些掌控战争者所做的努力以崩溃和革命告终。在其他情况下，他们以胜利告终，尽管部分靠的是侥幸。然而，克劳塞维茨和毛奇提出的核心问题，依然没有固定的答案。直至今日，这些问题依然存在。

5　革命

理查德·贝塞尔

世界大战和世界革命，比起能够一目了然的事物来，这两种现象是更加密切相关的。它们是一个重大事件的两个方面，其爆发和起源在许多方面是相互依存的。[1]

因战争而起的社会革命，出自工厂的不如出自兵营的多。[2]

大众的战争以大众的胜利而告终……1789 年的资产阶级革命——是革命与战争合二为———开启了世界通往资产阶级社会秩序的大门……当今的革命，也是一场战争，看上去为大众开启了未来之门，他们在堑壕中接受了流血与牺牲的洗礼。[3]

普遍的疯狂与危险围绕着我们……一团不断卷积的乌云正在我们上空聚拢，一道黑色的万丈深渊在我们面前敞开。[4]

---

[1] Ernst Jünger, "Total mobilization", in Richard Wolin (ed.), *The Heidegger Controversy: A Critical Reader* (New York: Columbia University Press, 1991), p.123.

[2] Otto Bauer, *Die österreichische Revolution* (Vienna: Volksbuchhandlung, 1923), p.96.

[3] Benito Mussolini, *Opera omnia*, ed. E. and D. Susmel, 35 vols. (Florence: La Fenice, 1951—1963), speech at Bologna, 19 May 1918, vol. xi, p.87; *Il popolo d'Italia*, 5 and 8 March 1919, vol. xii, pp.268, 310. Quoted in Christopher Seton-Watson, *Italy from Liberalism to Fascism* (London: Methuen, 1967), p.517.

[4] Solomon Grigor'evich Gurevich, quoted in Michael C. Hickey, "Revolution on the Jewish street: Smolensk, 1917", *Journal of Social History*, 31:4 (1998), p.838.

对 20 世纪的革命而言，第一次世界大战是伟大的催化剂。它不但直接导致了政治革命，可被理解为"一个独立的国家遭到自己社会成员的破坏，并被建立在新政治原则基础之上的政权所取代"[5]，而且，如果我们把革命更广义地理解127 为已有的统治集团的削弱和瓦解，以及在新理念、新权力效忠与结构、新权威的基础上重建社会与政治的话，它就引发了更深层次意义上的革命。第一次世界大战将毁灭播撒至广大地区；它就引发了大规模的强制迁移运动；它毁掉了各种社区；它增强了那些力求终结旧王朝统治的人士的力量；它削弱了那些看上去给百姓带来无止境的贫困与不断攀升的伤亡数字的国家政权的合法性。简而言之，这场战争为革命创造了种种条件。

这一章的目标与其说是概述 1917 年或 1918 年的革命历史，不如说是重点关注第一次世界大战与直至战争结束时所发生的革命性变革之间的因果关系。革命性的剧变是欧洲主要帝国军事上的失败——罗曼诺夫王朝、霍亨索伦王朝和哈布斯堡王朝军事上的失败——连同撼动协约国各成员国和世界各地中立国的政治挑战的结果，导致了许多那时被深信不疑的东西成为一个新革命时代的开端。但是，这个革命时代没有发展成为那些渴望诞生一个崭新社会主义世界的人士所设想的模样。因为在第一次世界大战期间及其之后的革命不仅仅受到了社会主义的激励，还受到了民族主义的鼓舞；它不仅仅受政治信念的驱使，也受对战争所造成困苦的愤慨情绪的推动；它不仅仅涉及旧权力结构的崩溃，也牵涉文明行为规范的破坏。

1914 年之后的世界与 1914 年之前的反差是深刻的。虽然那时看上去也许不是如此，但事后回顾第一次世界大战前夕的欧洲，至少是相当稳定的。主要欧洲大国的统治体制看起来是强大的，社会和经济的统治集团看上去稳固地安坐原位，欧洲对全球的支配地位看起来也是无忧的。在俄国，革命在 1905 年爆发之后已被击退。体现时代精神的，似乎是 1913 年罗曼诺夫王朝三百周年的盛大庆祝——现在几乎被忘却了——而不是彼得格勒苏维埃的往事。[6] 在 1913 这个"节庆之年"，德国也举行了自我陶醉的庆典，纪念民族大会战（the Battle of the

---

[5] Stephen M. Walt, "Revolution and war", *World Politics*, 44:3 (1992), p.323.

[6] 见 Orlando Figes, *A People's Tragedy: The Russian Revolution, 1891—1924* (London: Jonathan Cape, 1996), pp.3–6.

Nations）*一百周年和威廉二世登基二十五周年，踏歌欢庆四分之一世纪里所取得的和平与进步。[7] 霍亨索伦王朝看上去强大且自信，当然不是没有政治与社会的紧张状况，但是越来越多的人参与到了政治体系之中（参与投票就是证明），力量日益增长的社会民主党朝着改良主义而不是革命的道路前行。

第一次世界大战之前的几年里，欧洲工业经济的大幅增长加强了和平发展而不是革命剧变的印象，最引人注目的是德国和俄国——两个发展最突出的国家，其政府很快将被革命推翻。经济发展促进了工人队伍以及着眼于工人阶级利益、收入和生活水平提高的政治组织的壮大。因此，在 1913 年，欧洲似乎并未处于革命性变革的边缘。如果不是在 1914 年爆发战争，那么在 20 世纪 20 年代是否仍会有如此一波革命浪潮席卷欧洲是值得怀疑的。

然而，1914 年之前欧洲基本的和平景象中，一块看上去处于政治、经济和社会渐进发展道路之上的大陆，并不包括巴尔干地区。在东南欧，战争不是始于 1914 年，而是 1912 年，而且战争的革命性后果与其说是社会主义的问题，还不如说是改变政治和社会的民族主义变革问题。理查德·霍尔写道，1912 年至 1913 年的两次巴尔干战争，"标志着由民族主义和冲突占据欧洲历史主要舞台的时代的开端"，而且"开启了一个包括大规模军队、政党组织和整个平民百姓的现代化战争的时代"。[8] 在巴尔干地区所发生的事情——人们不应忘记第一次世界大战始于巴尔干地区，而且遭受这场战争最严重损毁的一些地方也是在巴尔干地区——预示着横扫东欧的民族主义动荡的来临，使欧洲大陆文明失色的暴力行为已经在破坏 1914 年 8 月第一次世界大战爆发之前的巴尔干地区的社会和共同体。

对文明价值观最凶猛的攻击莫过于对安纳托利亚东部亚美尼亚人的大屠杀，它发生在罗纳德·苏尼所称的"第一次世界大战的狂热背景"[9] 之下。在 1914 年秋至 1915 年夏，奥斯曼政府开始对亚美尼亚人采取行政措施，在 1916 年对约

128

---

* 指 1813 年反法同盟击败拿破仑的莱比锡战役。——译者注

[7] Jeffrey R. Smith, *A People's War: Germany's Political Revolution, 1913—1918* (Lanham, MD: University Press of America, 2007), pp.25-49.

[8] Richard Hall, *The Balkan Wars, 1912—1913: Prelude to the First World War* (London: Routledge, 2000), pp.ix, 130.

[9] 因此，苏尼阐述了此时奥斯曼帝国青年土耳其党人政策的激进化过程，见 Ronald Suny, "Explaining genocide: the fate of the Armenians in the late Ottoman Empire", in Richard Bessel and Claudia Haake (eds.), *Removing Peoples: Forced Removal in the Modern World* (Oxford University Press, 2009), p.220.

129　100 万人的屠杀和驱逐，让事态恶化到顶点。[10] 如果从某种适宜的立场来看，这一 20 世纪首个重大的"种族清洗"事件，是第一次世界大战的革命性结果。它出现在俄国对奥斯曼人采取军事行动之后，造成了数十万亚美尼亚人逃往俄罗斯帝国境内，并在那里滞留了数年时间 [11]。这是这两个没有在战后世界幸存的多民族帝国战时历史中的一个主要事件。

　　当革命在第一次世界大战期间爆发时，它首先出现在俄国。而且，正是战争催生出引起俄国革命爆发的紧张局势和压力。战争进行得不顺利，俄国所遭遇的巨大军事损失（阵亡、受伤和官兵被俘）以及俄罗斯帝国西部省份社会和经济网络的毁坏，引起了骚乱并激发了革命。在第一次世界大战期间，俄国军队比任何国家的军队人员损失都更大，它所经历的人事频繁变动削弱了军纪和士气。一支庞大的"后方部队"——在 1917 年人数大约在 200 万人，驻扎在包括彼得格勒在内的许多市镇中或周边——由大量缺乏训练，缺少军官带领以及纪律散漫的后备队伍组成。与此同时，俄国的战时经济将大量的民众吸纳进军火和其他类型的工厂里，仅彼得格勒一地就在 25 万人左右。而他们必须要有饭吃。至关重要的是，这些变化发生在 1916 年俄国报纸所称的战时"食品供应危机"的背景下，这种危机很大程度上是因政府的管理不善造成的："一个产粮大国——世界主要的粮食出口国——到战争的第三个冬季时，发现自己面临着粮食短缺。" [12] 大幅的通货膨胀，使大部分工人的工资赶不上粮食价格的不断上涨，这并不令人感到意外。

　　就 1917 年 3 月（俄历 2 月）推翻沙皇统治的革命而言，粮食危机是催化剂。直接诱因，即 1917 年 3 月彼得格勒针对面包短缺的抗议活动，与普提洛夫军火
130　工厂停工同时发生。几天之内，驻扎在这个城市周边的后备部队出现了哗变，工人停工导致全面的罢工，针对面包短缺的抗议活动升级为骚乱。在军队内部，

[10]　Donald Bloxham, *The Great Game of Genocide: Imperialism, Nationalism, and the Destruction of the Ottoman Armenians* (Oxford University Press, 2005).

[11]　Joshua Sanborn, "Unsettling the empire: violent migrations and social disaster in Russia during World War I", *Journal of Modern History*, 77:2 (2005), p.313. 关于奥斯曼帝国与俄罗斯帝国之间的战争，见 Michael A. Reynolds, *Shattering Empires: The Clash and Collapse of the Ottoman and Russian Empires* (Cambridge University Press, 2011).

[12]　Peter Holquist, *Making War, Forging Revolution: Russia's Continuum of Crisis* (Cambridge, MA: Harvard University Press, 2002), pp.30, 44. 亦见 Norman Stone, *The Eastern Front 1914—1917* (London: Hodder & Stoughton, 1975), pp.291–301.

纪律开始涣散,自 1917 年 3 月起,开小差的人数急剧上升。由于后备部队越来越多地加入事实上的起义行动,武装团体开始接管首都。政府大楼被占领,警察被缴械,随着 3 月 12 日 "士兵的暴动",用米留科夫(临时政府外交部长)的话说,"一场真正的革命爆发了"。[13]

1917 年间的俄国革命进程,最终导致列宁的布尔什维克党人在秋季政变成功,这与俄国卷入第一次世界大战是密切相关的。临时政府未能维持对权力的掌控,很大程度上是由于其决定让俄国继续参与到战争之中,而不顾普遍的厌战情绪以及要求俄国退出这场战争的呼声。希望百姓团结在临时政府身后继续战争直至胜利被证明是一种幻想。军事上的失败,以 7 月份加利西亚攻势瓦解的形式呈现出来,导致了军队自身的溃散,并为许诺早日退出战争的那些人更激进的政治活动敞开了大门。只有布尔什维克党人旗帜鲜明地主张和平。所以,俄国的革命直接源于与战争相关的粮食供应问题、厌战情绪和军队在战争失败压力之下的解体。

尽管结果各不相同,但德国革命也是国家在经济和社会方面遭受削弱之后一场兵祸的结果,而且直接的原因也是与战争相关的粮食供应、厌战情绪和军队瓦解的问题。如同俄国的情况,德国的革命事件是由粮食短缺、工人罢工和军队的不满情绪所点燃的。战争的重负削弱了帝国政权及其蜕变为 "无声进行的"军事独裁统治——一种既不能减轻平民百姓的艰难困苦,也不能使战争取得所承诺的胜利结局的政权——的合法性。[14] 战争旷日持久,不满情绪在增长,休假士兵对于前线状况的描述加剧了民心的动荡。1917 年夏,随着战争将要进入第四个年头,驻卡尔斯鲁厄(Karlsruhe)的军队指挥官报告称: 131

> 只要某人根据军事驻地官兵的信件和谈话等描述官兵士气的状况,那么他在对将使某些政客看清楚形势的下一次政治选举的结果做出预言时,肯定不会夸大其词。官兵们愤怒不已,如果他们最终有机会表达他们在新政治导向中名正言顺的期盼的话,这种政治导向的明和暗的反对者将体验

---

[13] 引自 A. M. Nikolaieff, "The February Revolution and the Russian Army", *Russian Review*, 6(1)(1946), p.20.

[14] Martin Kitchen, *The Silent Dictatorship: The Politics of the German High Command under Hindenburg and Ludendorff, 1916—1918* (New York: Holmes & Meier, 1976).

到他们生活所受到的冲击。[15]

　　冲击在 1918 年到来了。1918 年 1 月，大约 40 万名柏林军火和金属制造厂的工人走上街头罢工。尽管 1918 年春天德国的军事进攻行动最初带来了积极的和快速结束战争的希望，但在夏天局势被扭转之后，民心和士气一落千丈。如同俄国那样，军事失败导致了革命。随着 1918 年秋天战局的崩溃，对帝国政府的支持烟消云散。军纪的恶化、独裁统治体制的瓦解以及来自协约国的外部压力（尤其是美国总统伍德罗·威尔逊所阐述的"十四点原则"），伴随着国内极其厌战的情绪以及俄国的榜样，导致 1918 年末在德国出现了工人和士兵委员会——这些结合起来形成了一场政府合法性的危机。1918 年 8 月中旬不来梅哈芬港（Bremerhaven）后备军医院的两名士兵之间的对话，巧妙地概括了这在德国军队内部意味着什么（就如警方密探所偷听到的）："你看到了吧，朋友，我们已经这样了，没人再相信会取得胜利，报纸上所写的东西全都是谎言和鬼话……如果我们现在退出战争，我们还可以挽回许多东西，钱财、人命……我们正在将伙伴带到像俄国那种情况的地步，我们没有更多的东西可失去了。"[16]

　　德国革命始于驻扎在国内的水兵和陆军士兵的起义。直接的导火索是帝国海军司令部于 1918 年 10 月 28 日下令派遣舰队同英国皇家海军决战。在港口度过了大多数战争时光之后，德国水兵们没有热情为一次自杀式的任务牺牲，因为到了这个阶段，这显然是一次失败的决策，只能使停战谈判归于失败。与之相反，他们发动了兵变。动乱开始蔓延，到 10 月 30 日，已经完全吞没了基尔港（Kiel）海军基地，而且产业工人也加入进来。一周之后，起义蔓延到了港口城市不来梅、吕贝克、维斯马、库克斯港、威廉港、不来梅港和汉堡，接着波及内地的城市和乡镇。革命的水兵和陆军士兵如同宣传革命的传教士那样开展行

[15] Generallandesarchiv Karlsruhe, 456/E. V. 8, Bund 86: Stellv. Gen. Kdo. XIV. A. K. [to the Kriegsamt, Abteilung für Volksernährungsfragen, Berlin], [Karlsruhe], 1.7.17.

[16] "Aus einem belauschten gespräch zweier Soldaten im Reservelazarett Bremerhaven. Mitteilung des Kommandanten der Befestungen an der Wesermündung vom 14.8.1918", in Jörg Berlin (ed.), *Die deutsche Revolution 1918/1919. Quellen und Dokumente* (Cologne: Pahl-Rugenstein, 1979), p.110.

动，工人和士兵委员会建立起来。[17] 到 11 月 9 日，旧政权已经因抗议而被推翻，共和国宣布成立，德皇退位。在接下来的数周和几个月内，最初非常和平的政治过渡逐渐变成暴力行为，特别是自由军团（Freikorps，战争老兵领导的组织）的介入，它被德国临时政府用来镇压左翼势力的革命活动。第一次世界大战从每一个层面摧毁了旧政权——军事的、政治的、金融的和精神的——为德国的革命以及镇压革命铺平了道路。

在奥匈帝国，战争结束的状况和革命起义与德国相类似，但是在一个复杂的多民族和多种族的背景之下。一般认为，奥匈帝国的崩溃和其后发生的革命性变革，主要归因于民族主义、民族意识的长期发展和在战争结束、哈布斯堡王朝解体之时抓住机会的民族主义运动。[18] 基本没有疑问的是，斯拉夫民族主义削弱了将这个多种族国家捆作一团的纽带，促成了起义，并在 1918 年和 1919 年将哈布斯堡帝国变成了由规模更小的州拼凑而成的国家。但是，奥匈帝国参与第一次世界大战的直接后果在挑起革命上至少与长期的民族主义暗流同样重要。

其中突出的后果是严重的粮食短缺，其在 1917 年至 1918 年间影响了帝国的奥地利部分。按照克利福德·瓦尔盖林的话来说，"到 1917 年年底，国内的粮食供应急剧减少，以至于奥地利的城市居民面临着饥饿，使政府第一次面临对国内严重骚乱的忧虑"[19]。奥地利的罢工行动越来越多地采取抗议食品价格上涨和食品分配不足的形式。就如 1917 年的俄国和 1918 年的德国那样，食品短缺削弱了政府的合法性，对面包与和平的吁求引发了骚乱，最终为革命提供了火花。1918 年 1 月，罢工在哈布斯堡帝国的多个地方爆发，并要求成立工人和士兵委员会，实现"即刻的全面和平"以及现政府下台。1 月 14 日，在宣布奥地利城市的面粉配给量减半之后，位于维也纳新城（Wiener Neustadt）的戴姆勒发动机制造厂的产业工人开始罢工。几天之内，奥地利、匈牙利、加利西亚和摩拉维

[17]　Ulrich Kluge, "Militärrevolte und Staatsumsturz. Ausbreitung und Konsolidierung der Räteorganisation im rheinisch-westfälischen Industriegebiet", in Reinhard Rürup (ed.), *Arbeiter-und Soldatenräte im rheinisch-westfälischen Industriegebiet* (Wuppertal: Hammer, 1975), pp.39–82.

[18]　Clifford F. Wargelin, "A high price for bread: the first treaty of Brest-Litovsk and the break-up of Austria-Hungary, 1917—1918", *International History Review*, 19:4 (1997), pp.757–758. 作为他试图提供一种截然不同的视角去特别分析战争最后阶段发展的引言部分，瓦尔盖林概述了这一传统的立场。

[19]　Wargelin, "A high price for bread", p.762.

亚的近 100 万工人已经停止工作，他们的吁求发展成"以最快的速度结束战争"
和民族自决（奥地利罢工的消息也在 1 月末激起了柏林的工人罢工）。[20]2 月初，
紧随其后的是因要求改善伙食和由威尔逊十四点原则要求民主与即刻实现和平
所推动的昙花一现的水兵起义，它发生在门的内哥罗的卡塔罗（Cattaro，即科
托尔 [Kotor]），奥匈帝国海军的主要基地之一。[21] 之后的多场兵变发生在巴尔
干的陆军部队当中，提出了实现和平与开展一场"社会主义革命"的主张，以
及强烈的反犹主义诉求。[22]

如同德国的情况那样，奥匈帝国 1 月的罢工行动没有立即引发革命，但是
提供了这一年接下来会发生些什么的征兆。哈布斯堡帝国的解体对陆军的命运
来说极其重要。第一次世界大战期间，奥匈帝国陆军的作战记录并不那么光彩，
它不得不多次依赖德国盟友，并且因被俘损失了大量的官兵。1917 年被俄国人
俘虏的官兵得到释放和归国，助推了革命消息的传播，在战争最后的几个月，
一度作为这个多民族帝国主要支柱的奥匈帝国陆军解体了。到 1918 年秋，奥匈
帝国陆军面临严重的给养短缺，官兵们忍饥挨饿，越来越多的开小差现象使得
军队无法有效地进行战斗。[23] 随着奥地利在意大利的进攻行动失利以及德国在西
线的挫败，显而易见这场战争已经输掉了，哈布斯堡帝国的陆军因军纪的崩溃
而散架了。[24] 在哈布斯堡军队中的非德意志人，表现得不再愿意为帝国进行战斗
和牺牲；接近 1918 年 10 月底时，斯拉夫人和匈牙利人的士兵拒绝执行他们长官
的命令；10 月 23 日，阜姆的克罗地亚人部队发生了兵变；10 月 28 日，克罗地
亚人的水兵也开始哗变；一支又一支的部队拒绝执行命令，到最后，甚至连德

---

[20] Bauer, *Die österreichische Revolution*, p.63; Reinhard J. Sieder, "Behind the lines: working-class family life in
      wartime Vienna", in Richard Wall and Jay Winter (eds.), *The Upheaval of War: Family, Work and Welfare in
      Europe, 1914—1918* (Cambridge University Press, 1988), pp.125–128; Wargelin, "A high price for bread", p.777.
      关于罢工，见 Richard G. Plaschke *et al.*, *Innere Front. Militärassistenz, Widerstand und Umsturz in der
      Donaumonarchie 1918* (Munich: R. Oldenbourg Verlag, 1974), vol. I, pp.59–106, 251–274.

[21] Bauer, *Die österreichische Revolution*, p.66; Plashchka *et al.*, *Innere Front*, vol. I, pp.107–148; Clifford F.
      Wargelin, "A high price for bread", p.783. 起义事件中的水兵几乎全都是南斯拉夫人。

[22] Plashchka *et al.*, *Innere Front*, vol. I, pp.148–158, 251–274，关于反犹主义的爆发，见 pp.385–386.

[23] Bauer, *Die österreichische Revolution*, pp.71–72; Plashchka *et al.*, *Innere Front*, vol. I, pp.62–103.

[24] Karel Pichlík, "Der militärische Zusammenbruch der Mittelmächte im Jahre 1918", in Richard G. Plaschka
      and Karlheinz Mack (eds.), *Die Auflösung des Habsburgerreiches. Zusammenbruch und Neuorientierung im
      Donauraum* (Munich : R. Oldenbourg Verlag, 1970), pp.249–265.

意志人和奥地利人的部队也无法指望，维也纳军营的军纪也已经崩溃。[25] 和他们的德国盟友一样，奥匈帝国陆军中的军官越来越遭到他们手下人的敌视，这些手下人越来越不愿意遵守可能导致他们充当炮灰或目的似乎只是拖延一场已输掉的战争的命令。

西欧的革命剧变与中欧和东欧的革命有一些相似的地方，只是更加温和一些。在法国，1916 年 7 月至 1918 年 5 月间，罢工潮发生在金属制造行业，而在 1917 年春，罢工开始通过法国的劳动大军扩散开来，要求获得更高的工资和结束战争。1917 年 5 月和 6 月，法国陆军遭遇了兵变，一场"军纪危机"影响了西线几乎一半的法国师团，有时则伴随着"革命万岁"的口号，士兵们举行示威，拒绝重返前线。[26] 然而，尽管骚乱令人担忧，但还是被遏制住了，没有发展成真正意义上的法国革命。1917 年春夏，在意大利北部也出现了反对高物价、食品短缺和继续战争的风波和抗议（通常是妇女），其高潮是 1917 年 8 月因面包短缺在都灵出现的大规模骚乱。"革命的阴影已经笼罩了意大利。"[27] 但是，它一直只是一种阴影，直到"残缺的和平"（mutilated peace）之后，一场动乱的爆发才在"红色的两年"（biennio rosso）期间把意大利带到了革命的边缘，以及接下来的法西斯主义中。在英国，罢工的范围和次数在战争期间不断扩大和增加，但是，只有在爱尔兰的都柏林复活节起义—— 1916 年 4 月 24 日由爱尔兰义勇军（the Irish Volunteers）发动的民族主义者的城市暴动——革命性的行动才在战时的英国真正爆发，并在随后发展为威廉·考特所称的一场"人民的战争"。[28] 然而，对于在欧洲大陆英国军队中作战的爱尔兰官兵来说，复活节起义没有实际的影响，而且起义遭到了残酷的镇压。事实上，这场起义对接下来几年所发生的事——爱尔兰独立和内战——重要性超过它对当时的英国统治构成的威胁。革命性的骚乱——如果谈不上是成功的革命——也蔓延到中立的西班牙，从 1918 年到 1920 年，西班牙经历了"布尔什维克的三年"（Trienio Bolchevique），

[25] Bauer, *Die österreichische Revolution,* pp.79, 82, 90–92, 97; Manfred Reichensteiner, *Der Tod des Doppeladdlers. Österreich-Ungarn und der Erste Weltkrieg* (Graz, Vienna and Cologne: Styria Verlag, 1993), pp.612–614.

[26] Guy Pedroncini, *Les Mutineries de 1917,* 3rd edn (Paris : Presses University de France, 1996) ; Lenonard V. Smith *et al., France and the Great War* (Cambridge University Press, 2003), pp.113–145.

[27] Steon-Watson, *Italy from Liberalism to Fascism.* p.471.

[28] William H. Kautt, *The Anglo-Irish War, 1916—1921. A People's War* (Westport, CT and London: Praeger Press, 1999).

其间骚乱遍及南方的农村地区。[29]

与中欧和东欧的帝国不同，西欧大国并未因遍及士兵阶层和平民劳动大军的不满情绪而越过门槛走向革命。自然，这有助于他们成为赢得战争的一方，然而在 1917 年，法国或英国取得胜利的前景远未明了。比起西欧国家来，俄国、德国和奥匈帝国平民人口的食品供应问题更为严峻。同时，存在另一个重要的因素，造成了法国、英国甚至意大利为一方与俄国、德国和奥匈帝国为另一方之间的差别。与前者不同，后者是作为专制的政治结构进入战争的，身陷其中的大部分民众影响力有限——如果有的话。参与战争，以及要求普罗大众做出牺牲，导致了民众参与政治体制的呼声越来越强烈。随着伤亡人数的增加，物价的上涨和食品变得短缺，经济和政治方面的诉求不可避免地联系在了一起。在俄国、德国和奥匈帝国，对生活条件和面包短缺日益恶化的抗议发展成了要求在政治体制中拥有实至名归的话语权，要求实现民主制的政府和人民主权，由此在一定程度上对现有的统治结构形成了一种挑战，而法国的骚乱却未如此。

这是第一次世界大战期间在东欧而不是在西欧爆发革命的一系列原因。第一次世界大战期间，在东线作战并丧生的人数同西线一样多；整体遭受伤亡人数最高的国家是俄国（动员了大约 1,580 万人进入军队，军人和平民总共损失约 350 万人）；从比例来看，遭受伤亡人数最高的国家是塞尔维亚（超过其全部人口 16% 的人死去），紧随其后的是罗马尼亚。不像西欧那样，在东欧的战争更像是一场运动战，因为军事战线跨越广阔的地区来回拉锯，战争瓦解了原本使得统治体制紧密相连的社会和经济团结。这种瓦解的一个核心因素就是大量民众的强制性迁移。也许由于第二次世界大战期间和战后发生了更大规模的强制性迁移，我们往往会忽视第一次世界大战期间类似情形的规模。然而，第一次世界大战期间，数百万的民众受到了影响。皮埃尔·珀塞格勒写道，"从许多方面看，难民是 1914 年至 1918 年战争文化的典型体现"[30]。

[29] Edward E. Malefakis, *Agrarian Reform and Peasant Revolution in Spain: Origins of the Civil War* (New Haven, CT: Yale University Press, 1970); and Gerald H. Meaker, *The Revolutionary Left in Spain 1914—1923* (Stanford University Press, 1974).

[30] Pierre Purseigle, "'A wave on to our shores': the exile and resettlement of refugees from the Western Front, 1914—1918", *Contemporary European History*, 16, Special Issue 4 (2007), p.432.

在欧洲范围内，至少有 770 万人在第一次世界大战期间背井离乡[31]，尽管各交战方都牵涉其中，但在很大程度上，这段历史主要属于东欧，那里的各种社区因人口被暴力地迁移至别处而遭到毁灭。最坏的情景发生于 1915 年 4 月至 10 月的"大撤离"（当时俄国军队被逐出加利西亚和波兰），至少 30 万立陶宛人，25 万拉脱维亚人，超过 50 万的犹太人以及 75 万到 100 万的波兰人被迫迁往俄国内地。[32] 俄罗斯帝国境内人口流离失所的数字记录大得令人吃惊：到 1915 年年底有超过 330 万的难民，而到 1917 年年初难民数量超过了 600 万，大约占整个帝国人口的 5%。[33] 就数字本身而言，这已构成了一场革命性的剧变，因为"大规模的人口迁移……同时成为俄罗斯帝国解体的原因和结果"。[34] 它不但削弱了作为暴力承受者的少数族群对俄罗斯国家的忠诚度，而且有效地摧毁了俄罗斯帝国西部省份大部分地区的社会和国家结构。

里加的例子可以很好地阐释第一次世界大战对东欧造成的社会动荡的程度。战前，里加已是俄罗斯帝国的第四大城市，是一个有超过 50 万居民的文化多元的大都市（包括大量的德意志少数民族，他们依旧支配着这座城市的商业活动，还有拉脱维亚人、俄罗斯人和犹太人）。战争期间，它成了一座身陷前线的城市，因此失去了大部分人口，而且在很大程度上是兵工厂的工人及其家属撤离造成的结果。[35]1915 年 8 月初，拉脱维亚义勇军在这座城市成立，并在里加战线同德国军队作战，义勇军遭受了重大的损失；到 1916 年，该市已经变成了一个军营；1917 年 7 月，在俄国"二月革命"之后，各种团体提出拉脱维亚在新

[31] Nick Baron and Peter Gatrell, "Population displacement, state-building and social identity in the lands of the former Russian Empire, 1917—1923", *Kritika: Explorations in Russian and Eurasian History,* 4:1 (2003), p.61; Peter Gatrell, "Introduction: world wars and population displacement in Europe in the twentieth century", *Contemporary European History*, 16, Special Issue 4 (2007), p.418; Alan Kramer, "Deportationen", in Gerhard Hisrschfeld *et al.* (eds.), *Enzyklopädie Erster Weltkrieg* (Paderborn: Ferdinand Schöningh, 2009), pp.434–435.

[32] Alan Kramer, *Dynamic of Destruction. Culture and Mass Killing in the First World War* (Oxford University Press, 2007), p.151; Kramer, "Deportationen", pp.434–435; Gatrell, "Introduction", p.420.

[33] Sanborn, "Unsettling the empire", p.310; Joshua Sanborn, "The genesis of Russian warlordism: violence and governance during the First World War and the Civil War", *Contemporary European History*, 19:3 (2010), esp.198–208; Peter Gartell, *A Whole Empire Walking: Refugees in Russian during World War I* (Bloomington, IN: Indiana University Press, 1999), p.3. 亦见 Mark von Hagen, *War in a European Borderland: Occupations and Occupation Plans in Galicia and Ukraine, 1914—1918* (Seattle, WA: University of Washingtion Press, 2008).

[34] Baron and Gatrell, "Population displacement", p.99.

[35] Julien Chassaigne and Jean-Marc Largeaud (eds.), *Villes en guerre (1914—1915)* (Paris : Armand Colin, 2004), pp.185–195.

成立的俄罗斯共和国内获得自治的要求；1917 年 9 月，德国人最终进入了这座城市；在 1918 年秋德国失败以及 11 月 18 日拉脱维亚独立宣言在里加发布之后，德国军队撤出了这座城市；此后不久，1919 年 1 月 3 日，布尔什维克的军队进驻了该城市，并建立起一个短命的拉脱维亚苏维埃政府，直到 5 月 22 日他们反过来被德意志少数民族的军队（Landeswehr，地方义勇军）逐出里加。到里加城内及其周边的战斗结束时，这座城市——现在是独立的拉脱维亚的首都——已经失去了一半的人口。它的工业曾在第一次世界大战之前的几十年中推动了该市的快速发展，如今大部分已经不复存在。它的基础设施支离破碎，存在着大量的失业人口。战争期间里加的经历就是一个城市因战争而发生转变的历史写照。它所经历的变化——战斗导致的毁坏，占领，工业企业及工人的撤离，难民逃离以图避免战争中最糟的情形[36]——构成了一场社会革命，并为政治革命创建了一个平台。

在里加，战争使社会和经济发生变化之后，不是社会主义而是民族主义取得了胜利。民族主义像社会主义一样削弱了对王朝的忠诚、多民族的政治结构和殖民帝国。多米尼克·利芬指出，它是"当下最强大的意识形态"[37]。然而，背景至关重要。民族主义的革命潜力，像社会主义的革命潜力那样，成为世界大战背景下的革命现实。

不仅在欧洲如此。奥斯曼帝国在第一次世界大战中失败之后，跟随着的是它的崩溃，是它的前阿拉伯领土上的民族主义起义，是针对新建立的亚美尼亚民主共和国发起的军事行动，是同希腊人的战争，以及在 1923 年 10 月一个民族主义的、世俗的土耳其共和国的声明（哈里发政体在 1924 年 3 月被正式废除）。这种情形——在前奥斯曼帝国将军穆斯塔法·凯末尔（阿塔蒂尔克，Atatürk）的领导下的奥斯曼帝国向土耳其共和国的转变，以及伴随着这种转变发生的可怕的种族间的暴力行为[38]——也应归入第一次世界大战导致的伟大革命性变革的行列。

---

[36] Uldis Ģērmanis, *Oberst Vācietis und die lettischen Schützen im Weltkrieg und in der Oktoberrevolution* (Stockholm: Almqvist & Wiksell, 1974), pp.147, 155.

[37] Dominic Lieven, "Dilemmas of empire 1850—1918. Power, territory, identity", *Journal of Contemporary History*, 34:2 (1999), p.196.

[38] See Ryan Gingeras, *Sorrowful Shores: Violence, Ethnicity, and the End of the Ottoman Empire, 1912—1923* (Oxford University Press, 2009).

革命起义紧随奥斯曼帝国崩溃之后，这不仅发生在土耳其。在埃及（第一次世界大战之前名义上属于奥斯曼帝国的一部分，但英国在 1914 年宣称为其保护国），1919 年 3 月和 4 月爆发了"20 世纪和埃及历史上最大规模的农民起义之一"，一场"标志着埃及自由主义形成和现代国家建设"的起义。[39] 在粮食短缺的背景下，1919 年的起义是因为埃及民族主义运动领导人（其中最著名的是萨阿德·扎格卢勒）的被捕和流放，他们为了请求埃及独立，希望埃及代表团在凡尔赛能够得到承认。这时，一场群众性的反殖民主义起义被人民和民族主权的诉求所点燃，当局只能调动数万人的英国军队镇压下去（但它并未阻止萨阿德·扎格卢勒民粹主义的华夫脱运动在 1923 年压倒性地赢得选举胜利）。

第一次世界大战期间，民众对帝国统治的挑战绝不仅仅限于埃及。在伊拉克，委任统治者英国人在镇压 1920 年夏天因抗议英国占领伊拉克而爆发的革命时，遭遇了大量的人员伤亡。在印度，那里的英国人担心俄国革命已经"对印度人的政治诉求提供了动力"[40]，随着旁遮普邦阿姆利则城的数百人遇害（1919 年 4 月，阿姆利则的英军指挥官雷金纳德·E. H. 戴尔准将，出于对爆发起义的担忧，下令他的军队向因传统节日而聚集的大批手无寸铁的人群开枪），政治氛围在第一次世界大战期间发生了变化。作为回应，1919 年夏，甘地发起了印度国大党反对英国当局的不合作运动，以支持印度的独立斗争。

这表明，1916 年及之后在都柏林发生的事件，不仅需要从爱尔兰或欧洲的背景出发去理解，而且需要从范围更广的全球架构去理解。第一次世界大战导致了一波革命民族主义和反殖民主义的躁动和动荡的浪潮，其间"各种自诩的运动和代言人提出民族独立的要求"，因为"民族自决的口号已超越欧洲传播开来"。[41] 第一次世界大战不但在欧洲，而且在全球激起了人民和民族主权的革命性诉求。

我们如何来总结这场规模空前的战争与之后的革命高潮之间的关系呢？看上去，作为以下一系列根本性的不稳定因素的结果，这场战争促成了革命性政

[39] Ellis Goldberg, "Peasants in revolt-Egypt 1919", *International Journal of Middle East Studies*, 24:2 (1992), p.261.

[40] The Montagu-Chelmsford Report, published on 8 July 1918, quoted in H. Tinker, "India in the First World War and after", *Journal of Contemporary History,* 3:4 (1968), p.92.

[41] Eric D. Weitz, "From the Vienna to the Paris system: international politics and the entangled histories of human rights, forced deportations, and civilizing missions", *American Historical Review*, 113:5 (2008), p.1315.

治和变革的发生：

1. 物质上困苦的加重，特别是食品短缺，激起了民众的不满情绪。这场战争，因比1914年之前所预想的耗费了更大数量的资源，在许多国家激起了愤怒和抗议。最敏感的领域是食品的供应，这显然不是巧合，在俄国、德国和奥匈帝国，发生的革命骚乱都是由食品短缺、食品价格的快速上涨以及对政府未能确保足够和平等的食品供应所产生的失望情绪点燃的。从柏林的工厂工人到埃及的农民，正是战争引起的食品短缺，激起了革命骚乱。在长期的价格稳定之后由战争引发的快速通货膨胀期间，这是颇具煽动性的，在物价上涨和确信投机商无所不在时，愤怒情绪被点燃了。这些反应很大程度上导致了对政府支持度的下降，对中东欧的专制政府而言更是如此。

2. 国家及其责任的扩展，同时国家合法性的削弱。第一次世界大战的规模，它的人力和物质损失，导致国家对其国民承担起新的和扩大了的责任。国家越来越需要承担管理战时经济和对战时的牺牲进行补偿的责任，当它未能兑现时，其合法性被削弱了。几百万失去亲人的人、财产遭受损失或毁灭的人以及受伤和身体长期蒙受战斗后果的人，使得参战国政府承担了巨大的经济、政治和道义责任。战时国家与其国民之间的社会联系建立在一种承诺之上，即民众的牺牲将通过来自国家的支持而得到尊重——第一次世界大战期间在德国不断重复的一句话语简明地予以了概括："可以肯定，你能获得祖国的感谢。"——当国家未能充分履行它的承诺时，则成为不满情绪的根源。战争极大地扩大了国家的规模和责任，然而它同时削减了满足这些责任的资源，在削弱旧政权合法性的艰难岁月里却提高了民众的期望值。

141　　3. 对政治变革的期望作为大众参与战争的一种结果。与为国家牺牲了健康和安乐的人希望战时的社会契约应得到良好履行的情形相同，那些为战争努力做出过贡献的人普遍期望国家的荣誉应包含一个含蓄的政治契约：为国家而战的人应当拥有实至名归的政治话语权。大众参与战争和支持战争努力，激起了大众对政治参与的诉求，即扩大选举权、建立民主共和制的政府和承认民族自决的权利——在专制、多民族和殖民帝国中，这些诉求本身就是革命性的。

4. 不同民族的军人和平民之间的互动以及革命观念和情绪的传播。战争使得军人同其他国家的人民以及其他民族有了接触，并且，尤其是俄国爆发革命之后，使军人处于革命观念的影响之下。第一次世界大战期间，数量空前的官兵被俘，总共有 660 万到 800 万的官兵在第一次世界大战期间成了俘虏；单单俄国陆军就有 250 万到 350 万名官兵成了战俘，同时俘虏了大约 200 万名敌国官兵，而奥匈帝国被俘官兵的数字估计在 220 万到超过 270 万之间。[42] 在 1914 年至 1918 年的战争期间，德国人俘虏了大约 240 万人，其中 140 万来自俄罗斯帝国。[43] 这不但助推了社会动荡，而且传播了革命消息——例如，被俄国人俘虏的大约 220 万名奥匈帝国军队的官兵，其中许多人亲身经历了 1917 年的俄国革命，在十月革命期间，他们被布尔什维克党人释放，回国之后，他们拒绝重新被招募进部队里，而是在家乡传播革命。[44]

142

　　5. 军队的瓦解和越来越深信结束战争的唯一途径就是通过革命。1914 年德国在法国北部马恩河地区的攻势被阻止之后，明显开始的军事僵局逐渐削弱了对坚持作战的政府的支持。在革命前夕，"不能再这样走下去了"和动乱即将到来的信念在增长。[45] 由于战斗造成了巨大的人员伤亡和官兵们不得不忍受悲惨的环境，战争已持续多年却无法看到尽头的现实情形导致越来越多的人深信，如果要结束战争，就必须要通过推翻坚持继续战争的政府来实现。在经历了数年的艰难困苦和死亡之后，政府——在德国则是德皇本人——被认为是实现如此强烈的和平渴望的障碍。[46] 在所有发生革命推翻旧政权的国家中，军队都在未

[42] Uta Hinz, "Kriegsgefangene", in Hirschfeld *et al.*, *Enzyklopädie Erster Weltkrieg*, p.641; Sanborn, "Unsettling the empire", p.317; Matthew Stibbe, "The internment of civilians by belligerent states during the First World War and the response of the International Committee of the Red Cross", *Journal of Contemporary History*, 41:1 (2006), p.5; Niall Ferguson, *The Pity of War: Explaining World War I* (London: Penguin, 1998), p.369; John Paul Newman, "Post-imperial and post-war violence in the south Slav lands, 1917—1923", *Contemporary European History*, 19:3 (2010), pp.251-252. 纽曼提到，对于在东线的大量哈布斯堡军队的官兵而言，"战争到 1916 年 6 月就结束了"。

[43] Uta Hinz, *Gefangen im Großen Krieg. Kriegsgefangenschaft in Deutschland 1914—1921* (Essen: Klartext Verlag, 2006), p.10; Mark Spoerer, "The mortality of Allied prisoners of war and Belgian civilian deportees in German custody during the First World War: a reappraisal of the effects of forced labour", *Population Studies*, 60:2 (2006), p.127.

[44] Newman, "Post-imperial and post-war violence", p.253. 在 1918 年的上半年，大约有 50 万被俄国人俘虏的官兵回国，见 Richard G. Plaschka *et al.*, *Innere Front. Militärassistenz, Widerstand und Umsturz in der Donaumonarchie 1918* (Munich: R. Oldenbourg Verlag, 1974), vol. I, pp.278-280.

[45] "So kanns nicht weitergehen!", 引自 V. Ulrich, "Zur inneren Revolutionierung der wilhelminischen Gesellschaft des Jahres 1918", in Jörg Duppler and Gerhard P. Groß (eds.), *Kriegsende 1918. Ereignis, Wirkung, Nachwirkung* (Munich: R. Oldenbourg Verlag, 1999), p.281.

[46] Benjamin Ziemann, "Enttäuschte Erwartung und kollektive Erschöpfung. Die deutschen Soldaten an der Westfront 1918 auf dem Weg zur Revolution", in Duppler and Groß, *Kriegsende 1918*, p.176.

能成功从事战争的压力下解体了。充斥着不满情绪，缺乏足够给养所带来的困扰，面对越来越多的开小差现象，军队不再能够保卫国家抵御革命的威胁，相反他们自己却构成了一种革命威胁。因此，在第一次世界大战导致的压力之下，旧政权的最后一道防线瓦解了。在军队能够维持团结的国家——比如法国和英国——革命得以避免；在未能如此的国家——例如俄国、德国和奥匈帝国——革命推翻了旧的政权。

6. 19 世纪帝国主义世界秩序的削弱。这场战争不但使三个主要的欧洲大陆帝国崩溃了，它还动摇了欧洲全球中心地位坚不可摧的信念，并创立了一个国际论坛，在那里，人民和民族主权的诉求能够得到表达。对人民和民族主权的革命诉求并不限于那些没有自己国家的欧洲民众，而是作为一种对欧洲人和非欧洲人都行之有效的信念在全世界回响。这对帝国势力构成了一种革命性的挑战，在开罗并不亚于在都柏林。

综合起来，这些观察表明，简单地按照自我宣称的革命的意识形态和行动去理解第一次世界大战的革命性未必是最准确的，他们只是在战争的熔炉中发现了去实现目标的机会而已。受社会主义或民族主义梦想驱使的政治运动的成功并不是不可避免的，因为革命最终是为了权力，而权力的革命性转移需要在具体的环境中加以理解。偶发事件——即使没有超过，也和意识形态同样重要——使得作为第一次世界大战后果的革命性变革成为可能；而正是战争制造了偶发事件。特别是在东欧，在一场大规模的运动战的背景下，社会和社区已经在政治革命到来之前经历了革命性的变化。正是在那里，数十万欧洲人被迫离开了他们的故土，社区遭到了破坏，因为民众被迫与他们的城镇和乡村撕裂开来，花几十年时间结合在一起的规范性的行为约束被战争削弱了。正是在那里，发生了 20 世纪欧洲文明的革命性破坏和重构。

因此，由第一次世界大战引发的革命，需要在因战争引发的暴力行为的背景下加以认识。就其最基本而言，第一次世界大战的革命元素是暴力——通过暴力重筑政治、经济和社会的结构。这是战争与战争所引发的革命之间的根本性联系，战争以一种不同寻常的规模以及一种非凡的烈度开启了通往暴力的闸门。在接受因大战而产生的暴力新世界的同时，恩斯特·云格尔在《作为内在经历的斗争》一书中那段经常被引用的段落里写道：

　　这场战争不是暴力行为的结束，而是开始。世界正是在锻造炉中被
塑造成新的秩序和新的共同体。新的形态需要热血来填充，权力则将用
一只坚硬的拳头来行使。战争是一所超乎寻常的学校，新人将刻有我们
的印记。[47]

就如迈克尔·盖尔所称，第一次世界大战深刻的革命特性在于，它构成了　144
"一场动摇欧洲根基的文明断裂（Zivilisationsbruch）的开端"，"20 世纪的欧洲
通史是第一次世界大战余震的历史。它是因战争而造成的创伤的历史"。[48]
　　第一次世界大战没有随着 1918 年 11 月的停战协定甚至 1919 年和 1920 年
的和平会议而结束。战争与冲突仍在继续——在中东欧的准军事组织的战斗中，
在阿拉伯世界及之外的反殖民斗争中，在俄国、芬兰和爱尔兰的内战中，在两
次世界大战之间从波兰与苏俄的战争到土耳其与希腊的战争以及英国从埃及到
阿富汗的战争中，也在遍布欧洲的战争老兵组织实施的政治暴力行动中。[49] 当
时，第一次世界大战确实看上去预示着卡尔·克劳斯所称的"人类的末日"。但
是事实上，第一次世界大战的革命暴力和暴力革命重构了现代世界。

[47]　Ernst Jünger, *Der Kampf als inneres Erlebnis* (Berlin: Mittler, 1928), pp.70–71.

[48]　Michael Geyer, "War and the context of general history in an age of total war: comment on Peter Paret, 'Justifying the obligation of military service,' and Michael Howard, 'World War One: the crisis in European history' ", *Journal of Military History*, 57:5 (1993), pp.159–160.

[49]　关于欧洲第一次世界大战的暴力遗产，见罗伯特·格瓦特撰写的本卷第 23 章，"暴力的延续"。

第二部分

武装力量

第二部分导言

斯特凡那・奥杜安 - 鲁佐

希瑟・琼斯

第一次世界大战的核心存在着一个重要的悖论，如果这令人困扰的话——"结束所有战争的战争"实际上大幅提升了武装力量从事未来战争的能力。这场战争标志着 19 世纪战争原有的自明之理和惯常做法的结束，并被我们更为熟悉的且仍然存在于我们这个时代的东西所取代：快速、冷静和机械化的大规模杀伤。本部分的主题，武装力量的角色，是这一过程的核心。因此，要理解第一次世界大战就要理解它所带来的令人印象深刻的战争现代化，即为以后所有战争留下印记的重要经验：火炮、大规模征兵、空中轰炸、手榴弹、迫击炮或机关枪技术力量的展现；恢复机动性的探索，最终在由精英训练的突击部队、装甲列车和坦克的发展中达到顶点。所有这些创新都对后来产生了影响，永远地改变了战争的性质。事实上，与广为流行的、根据静态停滞的西线所得出的战争印象大不相同，变革在第一次世界大战中随处可见——不断发展的武器装备、后勤和战术，单个战斗人员与他所服役的军队之间关系的发展和不断的适应。本部分的目标是探索对于这场战争如此重要的这些变革，考查对于武装力量发挥作用非常关键的技术和人的因素。

所有因素当中首要的是规模问题，它对于第一次世界大战改变战争的方式而言是最根本的。在 1914 年至 1918 年间，总计有近 7500 万人穿上了军装，在武装冲突的历史上，从未有数量如此庞大的人在如此长的时期内被动员进军队。这场战争见证了各国军队以前所未有的规模建立起来，而欧洲的应征入伍者构成了其中的大多数。但是，许多人再也没能回来：军事战争造成的累计死亡人

148　数估计在 1000 万人。许多受伤者落下了身体的伤残，伤员总计为 2100 万人。这些数字见证了以如此巨大的规模进行战争的西方社会的深刻军事化，它供应和支持了这些军队和这些伤亡人员——军事化的过程始于 1914 年之前，但在战争的几年中达到了顶点，动员、维持和技术性地从事战争的手段以永久改变战争面貌的方式获得了发展。

　　第一次世界大战对战斗的性质具有一种引人注目的长期影响。在作战层面，其呈现出的一些新趋势，比如重型火炮或堑壕的使用，事实上在美国内战时期（1861 年至 1865 年）就已经出现，更明显的使用是在 19 世纪与 20 世纪之交的战争中，特别是布尔战争（1899 年至 1902 年）、日俄战争（1904 年至 1905 年）和巴尔干战争（1912 年至 1913 年）。然而，第一次世界大战目睹了这些趋势以一种全新的规模得到应用——特别是，它标志着在作战部署的规模方面的一个新起点，战斗沿着数千公里的战线展开。新的火力强度，令人印象深刻的防御相对进攻的优势，以及战斗在时间和空间两个方面的延伸，改变了作战行动的特质，就如本部分将要突出强调的那样。

　　然而，尽管战斗明显是核心问题，但对于第一次世界大战中武装力量的研究，大大超出了单纯的军事行动的范畴，鉴于战争的持续时间和规模（涉及那个时期所有的主要经济大国），这也是一场为了武装军队而将技术和科学实力利用到极致的战争。在这一点上，一个国家技术发展的水平成了核心问题，武器装备以及每一个交战国如何研发武器装备以面对战争的挑战的问题也是如此。总的来说，在 1914 年至 1918 年间，主要交战大国释放了先前未充分利用的技术潜力，试验了使用武器和提高效能的新方法。事实上，从 1914 年战争爆发开始，在利用手头已经面世的武器与从改进旧有武器形式入手来发展的武器之间，就形成了一种复杂的关系，现在已看清楚了后一种做法的新潜力，它很大程度上通过复古创新的过程体现出来。就如本部分将要展现的那样，研制全新和前所未有的武器——这些武器在任何方面都不是以战前的武器装备为基础，这种情形出人意料地罕见。因此，技术进步是复杂且高度相互影响的，并将科学家、军职专家、工业家和国家关联在了一起。

149　　　在迅速成为一场大规模工业化战争的冲突中，后勤也是一个决定武装力量作战行动的极其重要的因素。从这场战争的开始到结束，为步兵提供的补给量增加了四倍。常常遭到忽视的运输和补给问题，在 1914 年至 1918 年间远非一桩小事；相反，这场战争见证了后勤快速和极度的扩充，以及在交战国之间展开的一场确保己方维持充足资源的竞赛。事实上，协约国在后勤管理上的根本性成功对他们最终在西线取得胜利是至关重要的。

士气对武装力量发挥的作用亦是关键性的：虽然不同的交战国军纪的严厉程度各不相同，但是，军队普遍按照严格且强制性的法规行事，在军中实行强制服从命令。然而军队忍受第一次世界大战长时间重负的能力，绝不仅仅是建立在军事强制或部队的训练水平之上的。同样重要的是补给和情感投资的力度，让大战的大部分平民军人（citizen soldiers）*相信这是为了他们自己的战争在努力。因此，第一次世界大战标志着心理战时代的开端——在一种新的和比以往任何时候更专业的评估的程度上，军队的意识形态是一个极其重要的因素。

此外，随着战争的进行，在战斗人员的世界和平民的世界之间形成了一条越来越显著的中间地带。在战争期间，不存在明显的大后方／前线的界限，一系列无处不在的因素将两个世界联系在一起。通过后勤、士气问题和部队休整，武装力量和平民的领域之间有着持续不断的联系。事实上，在这一"灰色地带"中尤其存在着某些战时群体，从文化层面上悬留在前线与大后方之间。在某些情况下，这些人本身就是武装力量的成员，例如兵变通常始于军队在大后方的运输途中，或是军人被从休假中召回的过程中。在其他的情况下，兵变则是由于渴望返回故里引发的。也许最突出的兵变例子是处于革命中的俄国，1917年夏天之后，成千上万的战斗人员离开前线试图返回故里，随之而来的常常是将前线的暴力带至后方。战俘是另一个这样的中间群体，至战争结束，战俘总共估计有八九百万人之多。长期遭到忽视的是，这八九百万的数字接近因战争而死亡的人数，这突出显示了集中囚禁对于这场战争的影响。战俘屈服于全新的囚禁方式，以后将成为20世纪战俘营特征的新兴的社会工程技术首次出现。事实上，1914—1918年之间这种管理大规模战俘的经验，见证了某些民族享有的优待以及看待敌人越来越种族主义的视角，它将留下一种邪恶的遗产。两次大战之间的极权主义政权从第一次世界大战汲取了现代化的囚禁观念，将其作为一种维护和重新构建社会的强有力的手段。

150

---

* 指紧急情况下担当军人任务的平民，一般指应征入伍的非职业军人。——译者注

　　总而言之，必须从其引人注目的复杂性出发去理解 1914—1918 年间武装力量的角色，就如这一部分将突出展现的那样——这种复杂性源于所存在的许多截然不同因素的相互结合。这场战争引发的战时革命一直处于变动之中，因前线状况、交战国的指挥体系和发展水平以及因战争的确切时刻而变化。关于武装力量如何适应发动现代工业化战争的压力，不存在一种静态或同质性的模型。相反，就如本部分所呈现的，存在着一系列相互关联的发展，它们产生了各种各样的结果。然而，尽管这场战争所引发的动态变化和现代化的过程中存在着可见的异质性，但有一点是可以肯定的：1914—1918 年间作战的新形式以其极端的残酷性，在战争实践和我们对战争的印象两方面都留下了一种不可磨灭的印记，以至今日依然可见。

6　战斗与战术*

斯特凡那·奥杜安－鲁佐

第一次世界大战开始后的最初几个月，呈现出一个重大的战略挫折：到 1914 年年底，没有一个处于战争状态的国家打败了它的敌人。紧随这种失望之后的是三年的战略僵局，直到 1918 年僵局才被打破。这种形势是前所未有的，是在战争爆发之初未曾预见的。这种僵局带来了意想不到的作战状态并塑造了战斗的形式，简而言之，它决定了战术。战斗的方法——战术——正独立于战略得以发展，而战略是从事这场战争的基本方法。于是，战争进行的方式与战争的国家目标被分离开来。

在 1914 年至 1918 年间，战斗中的交战方式有了非常快速的发展。只在四年半的时间里，就发生了由一种类型的战争向另一种类型战争的重大转变。如此规模的转变使 1918 年之后对战斗的思考改变了方向。事实上，第一次世界大战期间的战斗对西方社会的深刻影响，在如今依然可见。

战斗不是一种情形，而是许多种情形，且在不同的战斗地点存在各不相同的形式。战术创新从一条战线流传到另一条战线（特别是从西线传到东线，反之亦然），这样战斗的要素往往在不同的战场上趋同。特别引人注意的问题是，每一条战线的特定状况如何体现蕴含其中的技术，以及这种技术在特定状况中是如何被加以运用的。战斗中的地理变化与时间上的差异相对应。

由于西线对史学和西欧大国的集体记忆所带来的强大影响，在大战的主要交战国中间，这种地理变化并未得到充分的认识，且很少得到研究。这在某种

---

*　海伦·麦克菲尔将本章从法语译为英语。

152 程度上是合理的：西线从 1914 年秋开始形成，沿 700 公里的跨度存在了四年，从比利时海岸到瑞士边界，应当被视为这场战争自始至终的"决定性战线"。最起码，它被参谋部人员和大部分同时代人认为应是决定性的战线。这是欧洲三个主要军事大国法国、英国和德国相互对抗的战线，就两个协约国大国来说，还要加上来自它们自治领和帝国军队的援助。正是在这同一条战线上，美国军队从 1917 年开始投入战斗。这也是最重大伤亡发生的环境，从 1914 年夏天起，直到 1918 年 11 月，其他战线没有如此大规模的人员、技术和后勤的努力。1916 年出现了大规模的"技术装备战"（the battles of matériel），在第一次世界大战的其他战线上，没有对应的类似情况发生。最重要的是，正是在这同一条西部战线上，一个交战国的决定性军事失败将不可避免地意味着，在自 1914 年夏季以来的战争中，两大同盟中的一方将归于失败。

然而，这种情况没有发生。出乎意料的是，在 1917 年年底和 1918 年年初，俄国战线首先发生崩塌，而在 1918 年 9 月保加利亚前线被突破，标志着同盟国战略崩溃的开始。这证实了有必要通过审视其他战线去重新平衡对于第一次世界大战期间战斗问题的研究，每条战线有着不同的形态，但总是从一个共同的技术、战略和战术起点出发。相比西线，沿着伊松佐河的奥匈－意大利战线，在加里波利半岛和巴尔干地区的战线，在奥匈－德国－俄国战线，以及最后在近东或事实上在非洲的战线，发生的每一件事都仿佛战斗的战术和形式是"去现代化"（demodernisation）的差异化过程的一部分。一些至少当时敌人所使用的缩了水的技术，有时难以逾越的地貌障碍（山脉，战线的广阔，气候限制），最后是涉身其间的较小数量的官兵，都在每一个层面上以每一种方式更频繁地，有时是轻微地，改变着交战的方式。这种在战术和战斗形式方面的转变过程作为地点和时机所发挥的一种作用，是 1914 年至 1918 年之间战争暴力烈度和性质变化的一部分。

从想象的战斗到阵地的战斗

在 1914 年 8 月数百万欧洲人陷入这场战争成为一种现实之前，战斗一直是想象之中的，并且最主要是由各个西方大国的参谋人员做出的设想。自然，这153 种设想很大程度上是以往战争的结果——在此方面，1870 年至 1871 年的战争是时间最近的样板，就战斗而论，它是主要欧洲大国之间的一场大规模冲突。然而，在 19 世纪与 20 世纪之交，在现代化武器对战术和战斗形式的影响方面，下面几场战争提供了无数的经验：布尔战争（1899 年至 1902 年）、日俄战争（1904 年至 1905 年）以及两次巴尔干战争（1912 年至 1913 年），它们得到了主要欧洲大国军事观察家们的深入研究，尤其是这些观察家完全有机会去观察火力给交战部队带来的新影响。特别是，奉天之战（1905 年 2 月至 5 月）以较小的规模所展示的战术形式，将在第一次世界大战中以远远大得多的规模更广泛地得到再现：现代化的火力（火炮、机枪等）使进攻受到压制，从而为防御带来相对于进攻的优势；堑壕网络工事的快速发展，折射出军队挖掩体进行防守的方式；战斗在时间上延长，直到它转变成一场长期的旷野围攻战；在没有任何有利于交战任何一方的决定性战略后果的情况下，极其重大的伤亡所造成的影响。

较少发生的情形是，在 1914 年夏季对这些新型冲突缺乏认识，而更多的情形是，同时代的人未能将新近观察到的事实内在化——因为它们同已被接受的未来战争应是怎样的表述不相符。正是因为火力，战场比以往任何时候更加致命，战争在某种程度上不得不是短暂的。同样，进攻战术必定会盛行起来，并以将官兵所遭受的身体和精神的重负推向或超出极限作为代价。霞飞、黑格和毛奇都是在总体上设想这将是一场短暂战争、一场运动战，因而在进攻战的基础上去指挥这场战争。

身处一场潜在的欧洲冲突之中的官兵最初无疑会设想战斗的考验将是十分严峻的，并且时间是相对短暂的。而且，关于战斗的见解依然强烈洋溢着古老精神特质，后者一直影响着战略和战术思想，并且影响了作为 20 世纪初大规模军队一部分的对士兵的指导。另外，在更广泛的层面，通过领导人和战斗人员的事实表现，这种精神特质继续贯穿于有关军服、武器和后勤的讨论中。作为对战争和战斗的这种想象的一部分，1914 年 8 月和 9 月的这场大规模对抗在东线和西线发生了。在战争的这一最初阶段，对火力影响的低估尤其意义重大：它解释了战斗最初几周里出现可怕伤亡的原因。

战前关于战争和战斗的想象，同真实战场的现实体验所带来的残酷反证形成了矛盾。在西线，不晚于 1914 年秋，官兵们通常不由自主地躲进了地洞。当最高统帅部系统地描述这种做法时，一场最初基于机动和速度的战争演变成了

154

"堑壕战"。在 1914 年 9 月的马恩河战役以及之后延长至秋季的"比赛至海边"（race to the sea）*结束之后步兵即兴采取的防御措施中，能够找到堑壕战的源头。官兵们被他们付出的巨大努力弄得精疲力竭，自发地去挖掘"散兵坑"以躲避枪林弹雨，就如不到十年之前在中国东北的情形那样。当这些散兵坑逐渐地被串接起来时，它们就构成了最初的堑壕防线。在野战工事方面受过良好训练的德国步兵，看上去在这种系统性的挖掘掩体进行防御方面起了示范作用——这使得协约国愤怒地斥责他们背弃了传统的战斗形式。在西线，逐渐加固已有的阵地是 1914 年秋季几个月的一部分，导致了未来四年里都没有得到解决的战略僵局。当步兵挖掩体进行防御成为堑壕战的常规做法时，在一种前所未有的规模和复杂程度的基础上，以战术方法和战斗形式的彻底转变为代价，它变成了一种被认可的制度。结果是，在军事活动的形式和地形学方面，出现了一个根本性的变化。

随着进攻行动在一种空前地域规模的基础上展开，堑壕几乎沿着整条战线进行延伸：在西线，在东线，接着在意大利和巴尔干战线。但是，比起西线来，堑壕阵地在东线更少被系统性地构筑。随着军队改变方位，开挖的较浅和较无序的阵地也更易于放弃，而调动和机动依然是日常的活动。事实上，在 1917 年之前的东线，对每一方来说，机动在每一天依然是可能的。然而，在其他战线，由于战斗人员大多数挖掘掩体而缺乏机动，防御相对进攻的优势导致出现了互相阻碍的状况。自 1915 年 4 月起在加里波利半岛，自同年 5 月起在奥匈－意大利战线，甚至自 1916 年起在广阔的巴尔干战线，不得不承认在每一处，即使不是马上，也在或多或少的延迟之后，堑壕阵地都成了战斗的主要形式。只有在近东，即沙漠条件下一片广阔和易变动的作战区域，直到战争结束，机动作为一种每天都可能发生的事才一直处于能够正常实施的状态。

155

火力的效能

对于西线的战斗人员来说，第一次世界大战促成了"身体部署"（bodily

---

* 1914 年 9 月 17 日至 10 月 19 日，英法联军和德军沿着法国的皮卡第、阿图瓦和佛兰德竞相包围对方军队的北翼，最终直抵比利时的北部海岸，但这场战役没有任何一方赢得了决定性的胜利。——译者注

dispositions）[1] 的永久转变。堑壕系统，防御相对进攻的优势在战术层面的体现，构成了第一次世界大战的主要特征之一。首先，防御的战术优势在战场——一个比以往任何时候都造成更多死亡却明显空旷的战场——新的火力强度中得到了体现。

不先简要介绍当时可使用的武器，是无法理解这一点的。20 世纪初西方军队的连发步枪，能够在大约 600 米的常规距离每分钟射击十多发子弹。在这种步枪在堑壕战中常常被笨拙使用的同时，手榴弹在战斗中变得越来越重要。作为最初的一种攻城武器，在日俄战争期间，手榴弹首次以时髦的方式得到使用，它极大地引起了德军最高统帅部的注意，于是，在这场战争之初德国生产了大量的手榴弹。随后，手榴弹在西线的使用范围被迅速地扩大开来。为了按照其小心操作的规定去使用这种武器，"掷弹兵"（受过使用手榴弹训练的步兵）越来越多地被使用。他们作为进攻行动的组成部分被派往一线，自 1915 年后成为步兵进攻行动中的一个重要要素：恩斯特·云格尔的目击陈述 [2]，恰当地把重点放在了进攻部队对手榴弹的广泛使用上。而在对敌人的阵地实施武装袭击时，或在大规模攻势中再次作为"肃清"敌军掩体的手段时，这种进攻武器也被当作一种近距离防御的手段使用。

这种新出现的单兵（individual）武器的效能，得到了同样是新出现的多兵（collective）武器威力的补充。机枪——工业化战争的典型武器，能以每分钟 400 发至 600 发的速率发射出犹如一道火力墙的子弹：它的火力相当于六十或一百支步枪的火力，尽管它的射程更短些。1914 年时，这种武器刚刚问世不久——布尔战争（1899 年至 1902 年）、1904 年至 1905 年的日俄战争以及接下来的 1912 年至 1913 年的巴尔干战争，是其军事使用的最初场合。"不夸张地说，机枪扫射的迸发性火力是唯一不会放过任何一个人的火力"，这是法国历史学家马克·布　156

---

[1] 采用马塞尔·莫斯（Marcel Mauss）的表述："Les techniques du corps", *Journal de psychologie,* 32:3-4 (15 March-15 April 1936), pp.271-293. Reproduced in Marcel Mauss, *Sociologie et anthropologie* (Paris: Presses Universitaires de France, 1989), pp.365-366.

[2] Ernst Jünger, *In Stahlgewittern* (Hannover: private publisher, 1920); English edn: *Storm of Steel* (London: Chatto & Windus, 1929).

洛赫的准确评价[3]，来自他在大战期间作为一名军官的经历。确实，当炮击未能使机枪受损时，机枪的火力能够阻挡任何进攻部队越过双方堑壕之间的无人地带。这发生在 1916 年 7 月 1 日英军在索姆河的攻势期间：当一波波的进攻部队从他们的前线堑壕里冲出去的时候，立即就被撂倒了。

　　然而，火炮是整个战争期间主宰战场的最重要武器，尤其是在 1916 年，也是在西线，它的威力达到巅峰。这种突出的地位，源于 19 世纪最后三分之一的时间里一系列最重要的技术革新。在 1914 年 8 月和 9 月摧毁比利时人的堡垒时，运动战的最初几周出现了重型火炮锐不可当的看法。后来，阵地战的出现证实，为打击地下深挖的掩体、摧毁堑壕阵地和攻击后面的阵地，有必要使用这同一重型火炮的火力。大规模炮击成为应对旷日持久的战略僵局的主要战术反应：重型火炮——到目前为止被用来防御固定阵地——由此承担起此前是野战炮任务的进攻性角色。阵地战也亟须完善新型火炮，以便能够打击深入地下的阵地以及能够超越设计用于远程火力的武器性能。这就是榴弹炮的角色，能够瞄准埋藏的目标以陡直曲线型的短射程发射炮弹。在这一点上，阵地战还要求设计和生产越来越庞大和复杂的重型火炮。

　　总的来说，在战场上，重型火炮开始在各种形式的火力中占据首要的位置。根据相关战术目标，它们的作用可能会有很大的差别：为了报复、佯动、集中火力、摧毁或拔除、测距、弹幕、方形弹幕、袭扰等等；也可以发射毒气弹，在这场战争期间，其使用的比重急剧攀升，并在战争结束时达到了占所有炮弹数量四分之一的程度。在重型火炮发展的同时，仿照近代以来旧式攻城重炮的样式，高弹道的自行火炮也被用于在一个非常短的距离内进行轰击。

157　　在严重的军需品供应危机过后——这场危机在 1914 年夏秋季的战斗尾声中使相关军队饱受折磨——火炮的这种新角色呈现出数量惊人的增加和多发齐射的形式。在索姆河，在 1916 年 7 月 1 日协约国进攻行动开始之前为期一周的炮击期间，仅英军火炮就发射了 150 万枚炮弹（凭借运送弹药的人员和牲畜那难以估量的体力劳动），相当于每一千平方米平均落下了大约三十枚炮弹。1918 年，

[3]　Marc Bloch, *L'Etrange défaite* (Paris：Folio, 1990), pp.84–88.《奇怪的战败》是马克·布洛赫于 1940 年 7 月至 10 月间法国败降后不久编写的著作。在把重点放在阐释战败原因的同时，正文内容还广泛地提及了作者在 1914 年至 1918 年间的战斗经历。英文版：Marc Bloch, *Strange Defeat* (New York and London：W. W. Norton & Co., 1949).

协约国在西线或意大利战线的攻势经常遭受 5000 到 8000 门火炮的轰击。

这种大规模发展带来了许多战术上的后果。遭遇各种空中侦察时，火炮更易被发现，于是相应带来了更好地伪装阵地的必要性。此外，必须研发新的牵引方式。在这方面，作为不断机械化的一部分，坦克以一种能够自行机动的火炮形式崭露头角，就如坦克的法语称谓"突击火炮"（assault artillery）所表明的那样。在作战人员的问题上，这场战争的主要创新——头盔，也是对于火炮这种新角色做出的反应。从 1915 年起，在几乎所有的参战国家中——俄国军队是明显的例外——头盔被认为是保护头颅和颈背必不可少的装备。对于直接的打击，它们难以提供保护，但是能够在某种情况下使子弹偏转，并能够抵御小型炮弹的爆炸。最重要的是，在炮弹爆炸之后，头盔防止了坠落的弹片造成的伤害。

因此，在 1914 年至 1918 年的"决定性战线"——西线，火炮在战斗中的作用是极其重要的：70% 至 80% 的战斗负伤是炮火导致的。尽管如此，这种武器难以穿过炮弹爆炸造成的坑坑洼洼的战场，这成为其抵达敌军防线以炮火支持步兵攻击的一个主要障碍。从这个意义上讲，1914 年至 1918 年炮击的猛烈程度，为火炮在大规模进攻中突击时的使用设置了一个内在的限制性因素——一种阵地战中最大的战术自相矛盾。实际上，甚至就其最强大的火力而言，火炮很快就达到了自己的极限。它一直未能摧毁地下深挖的掩体，尤其是如果掩体是用混凝土浇筑的，就如 1916 年在索姆河或 1917 年在贵妇小径那样，深度挖掘的德军阵地抵御住了所有的预备轰炸。

总而言之，武器和士兵装备的发展和多样化，解释了 1914 年至 1918 年间作战战术巨大发展的原因。根据二十年前他在第一次世界大战的经历中获取的经验，历史学家马克·布洛赫于 1940 年总结了第一次世界大战的四年里士兵个人装备的发展与战斗形式的变化之间从未停止的相互作用：

> 1918 年年初，古罗将军这位热情和坦率的教官，有一天向各位军官，包括我自己，介绍两支步兵连的情况：一支以 1914 年的方式装备和操演，另一支在它的组成、武器装备和操演方式上都是新型的。结果，对比是令

158

人吃惊的。[4]

事实上，到这场战争结束时，在最现代化的军队和决定性的战线，随着在战斗中武器需要的复杂操作，官兵已经变成了技术人员，成为在使用他们自己的武器方面受到高度训练的专家，他们通常以一个小组进行作战。到了 1918 年，堑壕战早期阶段的战术简单性成为一种遥远的记忆。

西线的战斗和战术到 1914 年 9 月呈现出阵地战的特点。在东线，形势则更加多变，阵地战与运动战重叠或交替。多个因素促使在东线的战斗继续保持机动和调动。在这里，战斗沿着比西线明显更开阔的战线展开，这主要是因为可投入兵力的数量与所要防御的、两倍长于西线的广阔阵地之间的关系。[5] 比如在东线，一个半德国师被部署防守一片在西线需要五个师防守的区域。同样，奥地利人推算，在对抗俄国人的战线上，每两米要布置一支步枪，而在对意大利的战线上，每两米要布置六支步枪。[6] 当谈及火炮时，密度的差异甚至更大：1916 年年底，东线的交战国在不同的地点拥有 8000 门大炮，而在西线，18000 门协约国大炮与 11000 门德国大炮炮口相向。[7] 就可用的炮弹而言，东西线在弹药上的失衡问题更加明显。

159 俄国方面——奥匈帝国也在其列——交通运输的不确定更加剧了这种情况，无论是通过铁路还是公路。结果，撤退进行得非常迟缓，导致了被俘人员数量增加并阻碍了预备力量的快速和大规模调动。就俄国的情况来看，由于军事和文化上的原因，部队机动更加受到为骑兵提供广阔空间的战术选择的限制。但是，马匹的供应造成了进一步的后勤负担。[8] 总体上，对于俄国和奥匈帝国陆军来说，防御上的弱点，加上逊色的火力和预备部队的机动性（在他们自己防线或敌方防线的突破方面具有决定性意义），解释了机动在东线具有长期实用性的原因。这尤其适用于东线的南段，在那里，机动代替了堑壕阵地长期的静止不

---

[4] Bloch, *L'Etrange défaite*, pp.152–153.

[5] 相比西欧，东线从鹿特丹延伸至瓦朗斯，在罗马尼亚参战后，甚至从鹿特丹延伸至阿尔及利亚（原文如此。——译者注）。Norman Stone, *The Eastern Front, 1914—1917* (London: Penguin, 1998), pp.93–94.

[6] Stone, *Eastern Front*, pp.93–94.

[7] Stone, *Eastern Front*, p.93.

[8] 俄国维持了五十五个骑兵师，而其他交战国已经取消了这支兵种的大多数（Stone, *Eastern Front*, pp.93–94）。俄国陆军拥有马匹 100 万，动员了俄国铁路运输能力的 50%，而类似情况德国为 20%（同上，pp.134–135）。

变。在这一地带的冬季，严寒和厚厚的积雪成为战斗的决定性因素，运输甚至武器本身都丧失了能力。在喀尔巴阡山地区，1915年的1月至2月，奥匈帝国军队的战斗力差不多因恶劣的天气陷入瘫痪：25万名阵亡和受伤人员中包括数量庞大的冻死或患上因严寒导致的疾病的官兵。

在东线，俄国军队防御手段最初非常低劣的特点，有助于解释维持运动战的原因。在德国人很快将在西线学到的阵地战技术运用到东线的同时（纵深防御，侦察，伪装，步兵和炮兵之间的紧密配合，强调射击的精确性，节约使用步兵，深入细致的地面准备措施，等等），俄军防线的特点是防御严重缺位。堑壕是草草完成的，常常简单到只是由一两道铁丝网防护的浅沟的地步。同后方的交通联系很少加以保护，没有规划预备阵地。而且，那时流行的战术需要在前线集结大量的部队，对后方阵地和预备力量的增援造成不便。[9]1915年德军的进攻，迫使俄军陷入大撤退的局面，说明至少在这一时期，突破作战的可能性在东线依然可行。最初的大规模炮击，粉碎了脆弱的俄军防线，切断了交通，并阻止了预备部队向前调动。防守一方被迫在开阔的地面上转入非常致命的撤退状态。

160

但是，在1915年和1916年冬季的僵持以及俄国建立起有效的战时经济之后，随着1916年6月和7月的勃鲁西洛夫攻势，轮到俄国军队重启运动战了。矛盾的是，在东线南段对奥匈军队取得的重大胜利——在东线的北段依旧是静止不动直到1917年——是通过掌握、改善阵地战技术实现的。在勃鲁西洛夫个人的驱使下，俄国人的前线被推至离敌军阵地非常近的地方；在铁丝网的网络下开挖了地道，预备部队被调至前线并保护在深深的掩体中，同时密集的交通壕网络建立了起来。另外，攻击部队针对仿照敌军情况而修建的模拟堑壕阵地展开了进攻训练。在有效利用空中侦察全面了解敌军每一支炮兵连情况的同时，炮兵和步兵之间的战术配合——此前俄国陆军并不知晓——已经建立了起来。

勃鲁西洛夫攻势的胜利——从一开始就很明显——沿着广阔的战线扩展开来。比起对奥地利防线的强行突破，以及对奥匈军队造成的总计达26万人和

---

[9] Stone, *Eastern Front*, p.135.

330 门大炮的损失，勃鲁西洛夫攻势却并未使俄国军队大幅向前推进。[10]8 月份后，阵地战再次以多少类似于西线盛行的那种方式取得了主导地位，同时俄国军队出现了全力维持攻势的诸多问题。然而，这些问题事实上未对东线的力量平衡做出确切的重新定义，就如在 1916 年年底罗马尼亚战役广泛的战略机动中所见到的那样。

堑壕作战的战术

所有写到过堑壕生活的退役老兵，都会用生动且恐怖的字眼对此加以形容。从战术的角度讲，阵地战的极端环境，最主要的是恶劣的天气，严寒和大雨，常常导致出现"堑壕足"（trench foot），这是从 1914 年秋运动战结束直到 1918 年德军发起攻势这一整段时期的特点[11]——但是，这没有使堑壕系统的高度复杂性失色。

西线呈现出不计其数的细微差异和特殊性，根据当地的环境，每一个防区都有差异。总体而言，以下是当时普遍的情况：相互对峙的部队被一片极其危险的无人地带分隔开来，它的宽度从几十米到几百米不等，取决于具体的环境；直接的瞭望被无边无际缠绕的铁丝网所阻挡，这整个战争期间最有效的消极武器之一，在命令夜间出击的过程中被架设起来并不断得到加强；在无人地带的每一边，堑壕构成了一系列连续的防线，或多或少平行但从不会呈直线的形式，以防止纵向射击的火力和限制炮弹爆炸的影响。最早的阵地是为战斗而设置的，具有沙袋墙、射击凹口和便于射击的踏台。但是，它被更先进的阵地形式超越了：为监视设计的观察哨所，秘密向外开挖进无人地带的进攻前的出发前线，以至于攻击部队能够集结至离敌军阵地更近的地方。对于爬出堑壕的那一可怕瞬间而言，缩短的每一米都可能造成生与死的差别。

垂直通向前线的交通壕与构成第二道防线的支援堑壕相连接，而后者一般修筑在反斜面的坡上，以躲避侦察和敌军的火力，并由新架设的带刺铁丝网保护起来。这第二道防线又有一道后备堑壕，导致又有一些交通壕，从而能使部

---

[10] Stone, *Eastern Front*, pp.232 ff.

[11] 另一方面，在比较温暖的地区，比如加里波利或美索不达米亚，由于肮脏的环境，堑壕成了尤其不卫生的地方。

队转移至后方和休息营地。这种复杂的系列集结待命区，创造出一种巧妙地和逐渐地进入或脱离危险的方式。

山地防区，比如奥地利－意大利战线、喀尔巴阡山地区、巴尔干或孚日山脉地区，提供了阵地战的一个特殊形式，同时加剧了因这种战斗而产生的多种战术问题。防御相对进攻的优势进一步增强了，出于这个原因，机动性差不多终止了。在山区，堑壕（并且有时是地道和地雷坑道，像多洛米蒂山区那样）必须在岩石中挖凿，需要非同寻常和长时间的努力。在一些防区，相对峙的堑壕防线可能靠得非常之近，斜坡使得人员的机动和物资、食品补给的运送极其困难，而酷寒、大雪以及最主要的是大风，使战斗人员生活环境的恶劣程度进一步加剧，很快磨耗了他们的抵抗力量。这样的环境往往使山区的战斗方式出现"去现代化"：机动车辆在很大程度上丧失作用，让位给缆索道或者骡子、毛驴和人力搬运；重型火炮不可能调上来，任何类型的火炮机动都是困难的，或在某些情况下是不可能的，即使有适于山地使用的重炮。相比之下，以下情况是确实存在的：因炮弹在岩石表面爆炸，其破坏力被放大。在这种背景下，配备轻型武器的重装步兵起到了基本的作用。

另一方面，欧洲西部的"决定性战线"，基本是穿越在平坦或起伏不平的地面上。在海拔接近海平面的地区，就如佛兰德斯那样，深度挖掘是不可能的，防御阵地不得不构筑在地表层面，而比起试图挖掘真正的堑壕来，利用弹坑通常更加现实。而另一方面，从皮卡第到香槟地区，白垩质的下层土为更多的安全设施留出了余地，但是要付出不间断劳动的代价。通常不透水的地面，以及一年中大部分时间潮湿的气候，需要大量使用旨在抵御恶劣天气影响以维持防线状况良好的材料。木料和柴束为壕沟的两边以及掩体的墙面和顶部提供支撑。在前线阵地，这些掩体常常只是壕沟侧面的一个简单的洞：洞口朝后充分挖空，它们更深且通过梯子抵达其中，而厚厚的顶部由相互连在一起的粗糙木材构成，保护使用者不受炮弹的伤害；在壕沟和交通沟的底部，铺道板可以避免接触到积水。但是，在能够摧毁巧妙安排的阵地的持续炮轰下，或者在长时间非常恶劣的天气中，这些措施很快就到了极限。

到1915年秋，在使用水泥构筑深且安全的地下掩体方面（有时连成网络并且通常用电取暖和照明），德国人是首开先河者。交战国家的堑壕各不相同。对德国人而言，他们占领了几乎整个比利时、法国北部和东部的广袤地区以及接

162

着逐渐从俄国赢得的甚至更广阔的地区，堑壕战可以被视作一种可接受的折中方案，直到敌人被大大地消耗而导致敌人最终的失败。另一方面，对德国的敌人而言，长期存在于地下的远景，意味着默认放弃了收复所有失地的想法。因此，法国人和英国人在作战形式上往往采用一种明显更临时性的方式，直到1917年，通过一场决定性的攻势重启运动战并尽快地结束战争的看法仍居压倒性的主导地位。大量无意义且伤亡惨重的针对敌人前线的进攻行动可以归咎于这种看法，特别是在1915年。一个进一步的直接后果是，有计划有步骤地（不惜任何代价）收复丢失的前线阵地的策略，直到临近战争结束，一直未被司令部放弃。

在较高的指挥层面——旅、师、军团和集团军——远离前线无疑助长了对地面作战方式的抽象看法。甚至在团和营一级，高级军官（校级军官）一般都远离前线：他们在战争中的协调角色优先于任何与危险的直接接触。是下级军官——连、排指挥官——最邻近前线指挥战斗，他们为此付出了非常高的代价，而他们来之不易的战术经验却不能被他们的上级军官充分考虑。

在西线，德国人也要为系统性地采用"纵深防御"的原则负责。自1916年起，他们连续的堑壕防线的发展，即相隔两三公里一个阵地并且由坚固的机枪阵地保护侧翼，使得在进攻的情况下将地盘放弃给敌人以在准备充分的阵地进行重新部署并接着展开反攻成为可能。1916年在索姆河，此后1917年在贵妇小径，在面对英法的进攻时，这种方案证明了它的致命效果。从1916年9月开始构筑的兴登堡防线，由多个防区组成，沿着纵深15公里的战线部署，成为从北海至凡尔登所构建的德军新防御体系的集中表现。从1918年夏季开始，这条防线大大促使了协约国军队前进步伐的放缓，直到防线的主要支撑点在秋季时最终垮塌。与此同时，自1916年年底起，英国人只是渐渐地采用"纵深防御"。对法国人而言，这种变化甚至来得更迟：1918年3月德军在皮卡第首次发起进攻时，法国军队依然远远没有放弃惯常的前线阵地防御。

堑壕战的主要缺点是缺乏机动性，装备移动困难以及通信和补给的难题。在欧洲西部普遍采用的窄轨铁路，难以使步兵免除确保前线获得补给的运输责任。在不耗尽作业队力量的情况下，将粮食运送至前线官兵手中常常也是不可能的。野战电话机确保完成大部分的通信，但是在进攻期间，不断的炮击意味着它们纤细的电话线需要始终在炮火下进行维修，信号与联络人员因此必须弥补通信的不足或者缺失。机动是艰难的：相比直线穿过的距离，蜿蜒的堑壕防线使所要行走的距离增至三倍。堑壕和交通壕的狭窄（刻意的），曲折处和拥挤点，脚下的地面和壕沟两壁的状态，个人包裹和装备的沉重负荷，关于换岗的刻有"上岗"（going up）和"下岗"（going down）字样的柱子的交替，夜间找寻道路的困难——每一件事情都使步兵在身体和精神上精疲力竭。

然而，堑壕体系显然只是临时性的：事实上，那里的战斗模式以其高水平的技术性为特征。不断发展的观察技术——从地面（借助潜望镜），借助气球或飞机（航空摄影），更不用提伪装和隐藏或蒙蔽技术——是不断增长的战术复杂性的全部证明。完全熟悉一段防区也是具有重要意义的。所有这些因素都解释了在那些新兵或刚刚调派至一个不熟悉防区的官兵中出现较高伤亡的原因。在这个问题上，战场经验是核心：在堑壕中幸存下来需要非常专业化的知识。这说明了如1918年夏天法国和英国部队在被调派发起进攻时所面临的困难有多大。不像近期抵达的美国部队那样，这些人按静止战的模式开展训练并习惯了这种战争形式，他们了解所有隐藏的危险，认为重新回到开阔的地带作战是一种真正的挑战。由一种特定作战类型长期建立起来的经验，被证明是难以扭转的。

在堑壕里，真实的战斗是时断时续的，有时甚至是少见的。基于这个原因，敌对双方逐渐出现了被称为"亲善"（fraternisation）的现象，实质上是旨在降低局部烈度的协议或心照不宣的停火。全面规模的战斗是罕见的，其主要特征之一是在长距离进行激烈的战斗。但是，这并不是说，近距离的战斗不存在。战场的空虚感，敌人的难见踪影，由远处且来源不明的现代化武器造成的死亡，并不表明敌对双方完全缺乏接触。近距离交战可能发生在进攻的时候，此时一些士兵没来得及离开他们的阵地或者他们的掩体；或是在夜间越过双方阵地间的无人地带所发动的袭击时，目标在于抓获用来审讯的战俘；又或是作为针对敌人防线的一处发动突袭的一部分时。这种交战类型，对于身处其中的士兵是 165 尤其可怕的，对这种交战的要求导致了短兵相接武器的发展。而倒退性的发展，例如使用匕首和大头棒或者边缘锋利的壕沟铲，标志着阵地战的开始和战斗技术的日益复杂性。博物馆的藏品，前线官兵拍摄的照片，当时书写的正式文本和书信，以及某些目击者的描述，表明用于短兵相接的武器在前线非常明显地存在。对所有军队来说，情况都是如此。见到这些武器，并不使我们更容易再现同近距离战斗相关的确切信号和行径。同样，确定这种类型武器使用的频繁程度也是困难的,它们可以被视为防备和增强安全感的器械,也可以被看作是有效的进攻性武器。[12]

无论真实情况如何,这种 1914 年至 1918 年间战斗的熟悉特征被一贯地轻描淡写。曾经的亲历者自己予以否认,特别是在战后,并且后来大部分历史学家继续这种轻描淡写的方法。这是可以理解的:有种强烈的负罪感附着在战时经历的这种直接的人际关系维度上,这与工业化战争的匿名性形成了如此明显的对照,而后者免除了军人在这些年中实施暴行的全部责任。然而,这种人际关系维度毫无疑问地被看作是第一次世界大战中军人残暴行径的一部分,历史学家乔治·莫斯有力地支持了这种观点。他的看法是,战争年代的战斗经历"使那些经受磨难者和当中的积极者变得残暴"[13]。用这种方式定义问题,从长远看将带来记录战斗经历的难题,以及由此带来记录战后在社会其他领域重新出现暴行的难题。

传统战斗的终结

在法国,如同在意大利和巴尔干地区一样,堑壕作战方式的系统化使第一次世界大战转变成一场大范围且旷日持久的攻城战,由于堑壕像倒置的城墙,横跨开阔的乡村地区而绵延数百公里,最终堑壕战从一种手段变成了一种目标。面对这样一种形势的可怕后果,在如此大范围的部署下,进攻战术逐步发生变化以反映日益发展的作战技术。在没有大规模炮火准备的突击行动的起始阶段,步兵在此期间猛扑至未被炮火损坏的带刺铁丝网前,结果无法通过,接着就是旨在摧毁敌军防御并为步兵打通前进道路的炮火准备。但是,这意味着敌军觉察到一场进攻即将开始,于是步兵随后要承受后果。自 1916 年出现的徐进弹幕射击战术,反映了这种炮火准备战术的改进:得益于十分精准的计划,自此之后步兵相互间的间隔距离变大,在渐渐向前移动的火炮弹幕的掩护下,以突然向前冲锋的方式发起进攻(然而,直到 1917 年,意大利步兵一直保持以不必要的稠密队形进攻奥匈军队防线的习惯)。可是,尽管减少了伤亡,但是这种需要

166

---

[12] Stéphane Audoin-Rouzeau, *Les armes et la chair. Trois objets de mort en 1914—1918* (Paris : A. Colin, 2009).

[13] George Mosse, *Fallen Soldiers. Reshaping the Memory of the World Wars* (New York: Oxford University Press, 1990).

步兵和炮兵之间完美合作的战术创新，在突破敌军前线方面，并没有更加成功。

相比之下，德军从 1917 年秋季开始改进的渗透战术，以通过袭击敌军后卫部队而尽可能地渗透敌军阵地的突击部队（Sturmtruppen）进攻为基础，被证明具有难以应付的效果。这些进攻战术在 1916 年首次被尝试：包括凡尔登的德军，以及勃鲁西洛夫攻势期间加利西亚的俄军，当时俄国攻击部队在奥匈防线的数个点发起了持续强攻。不久，德国的冯·胡蒂尔将军在 1917 年 9 月，第 8 集团军在里加前线作战时改进了这种方法。此后——同样，作为战术从东向西传播的一种标志——这种进攻形式被大范围地运用到 1917 年 10 月的卡波雷托、12月康布雷（Cambrai）外围的反攻和 1918 年 3 月皮卡第的突击行动中。几个连甚至几个营的精英部队，集结在坚定的军官周围，配备着轻型机关枪、迫击炮和喷火器，渗透进每一个抵抗薄弱的区域，攻击敌军后方阵地和火炮阵地。面对堑壕中以及协约国军队司令部往往以日益详尽的进攻计划做出反应的地带中，那些纵深部署的战斗人员的抵抗，德军的渗透战术被证明是最有效的方法。这种被鲁登道夫加以推广的战术，有赖于基本战斗团体的高度独立性，并且他们非常迅速地将战况报告呈送给指挥链中心。

然而，这一系列战术创新并不是决定性的，因为它难以长距离地施展，其 167
有效性建立在纵深防御原则得到充分确立的情况下，就如贝当在 1917 年至 1918年成功做到的那样。在西线的堑壕战中，当进一步向敌军阵地的中心渗透时，任何攻势都不可避免地失去强度。攻击波的衰竭，无法将大炮从被炮火搅动过的地面上向前移动，敌军仍然具备通过卡车和火车调集增援力量的能力，缺乏良好的通信——至少是在西线，所有这些因素意味着突破多层防御体系的每一次努力的失败。这些进攻行动蜕变为冗长、血腥和非决定性的对抗，有时绵延数月。1918 年下半年协约国最终能够摆脱战略僵局，事实上得益于德国后备力量的枯竭、坦克与飞机联合的新效用以及美国贡献的兵力这三者的结合。即使这样，他们也未能真正实现"突破"：面对协约国的进攻，德国军队的后撤看上去具有逐渐撤退的全部特征。

此时，"和平渗透"（peaceful penetration）的战术实际上在协约国军队中盛行，它基于这样的信念，即在占领战场有限的部分之前，敌军的阵地将完全被大规模的炮击和所有武器（火炮、飞机、坦克等等）的协调使用所摧毁。这种战术具有经济使用兵力的特点，也是 1918 年下半年协约国取得胜利的重要原因：

由于难以实现快速的突破，它非常适合在一场防御战中度过了停滞不前的四年的军队。

以这些方式，以及基于这些原因，西方世界的"战斗"传统——以一种被严格限制空间和时间的形式展开的十分剧烈但对抗非常短暂的战斗——遭到了致命的一击。[14] 事实上，第一次世界大战中的"战斗"形态，与防御相对于进攻的显著优势紧密相关，以致将这种战斗形态上的变化推至荒唐的地步，大多数交战至多是名义上的"战斗"。情况更多的是一种在开阔原野上名副其实的攻城战，然而防御使得（重新被发现和被现代化的）传统攻城战的技术失去了效用，包括堑壕防线（某种程度上是被倒置的城墙），在敌军阵地下挖掘的地雷坑道，手榴弹，短程火炮，等等方式。结果是，凡尔登"战斗"持续了十个月，索姆河战役持续了五个月，1915 年的伊普尔第二次战役和 1917 年的第三次战役各持续了一个月和五个月。在视察了索姆河前线之后，鲁登道夫将军对这种由大炮的压倒性火力主导的新型对抗印象深刻，于是，他尝试用"技术装备战"（Materialschlacht）命名这种新形态，但是未能延续下去。

战术的更新：毒气、飞机和坦克

第一次世界大战期间的战斗方式发生了深刻的变化，展现了最终改变西方战争的新技术。再一次，正是在西线，这些新方法最大限度地被采用，并得到了全方位的发展。

毒气作为一种战斗武器被使用毫无疑问是最引人注目的创新之一。[15]1915 年，它被德国人首先在东线投入使用，但是未能成功，因为天气寒冷和相反的风向；接着在 1915 年 4 月的伊普尔发挥了显著但不具决定性的作用。它的使用以两种主要方式相对迅速地传播开来：新型毒气的出现（1915 年秋季氯气和光气，1917 年芥子气），以及施放毒气的战术由更有效可靠且操作更为灵活的用大炮发射毒气炮弹取代了气缸。同时，毒气的使用扩散到了其他战线：奥地利人于 1916 年 6 月在卡尔索（Carso）首次使用，引起意大利人的快速回应。

[14] Victor-Davis Hanson, *The Western Way of War. Infantry Battle in Classical Greece* (Paris: Les Belles Lettres, 1989).

[15] Olivier Lepick, *La Grande Guerre Chimique, 1914—1918* (Paris : Presses Universitaires de France, 1998).

一旦过了它最初出其不意的阶段，战场毒气就被证明是一种作用有限的武器。在西线，反制措施，特别是防护面具，没过多久就比毒气攻击的手段发展得更为迅速，因此，在毒气战中，防御也被证明比进攻更加有效。此外，毒气导致的伤亡只占第一次世界大战全部伤亡非常小的百分比（最大值是在西线，在 3% 至 4% 之间）。

不像毒气，战斗机在战前已经有了发展，但是在 1914 年之后，空战的规模有了重大的变化。1914 年之前，军队就已看到了飞机和热气球的军事潜力，但在这场战争爆发时，这种空战武器仍然处在起步阶段。之后，军用飞机开始快速发展，尤其是在构成最大战场的西线（如同在其他领域一样）。到战争结束时，每一个交战国都拥有数千架飞机。

然而，最引人注目的技术变化是质量上的。在 1914 年，飞机过于纤巧，难以承载重荷，逆风作战或者在夜间飞行。所以，它们的角色仅限于执行侦察任务（例如像马恩河战役之前那样），联络和引导炮兵射击。但是，随着阵地战局面的形成，军用飞机的角色得到了扩展：远距离侦察任务，抵近航拍以及帮助定位和指示炮火成为可能，尽管以严重损失为代价。大多数在 1914 年至 1918 年于西线被击落的飞机都是侦察机。为此，除了旨在实现和维持空中优势的战斗机外，防空措施变得越来越重要。

自 1916 年起，军用飞机发生了深刻的变化：速度、敏捷性、快速爬升的能力、飞行的舒适性的提高以及更强劲引擎的发展。这些因素同飞机的不断专业化，增强飞行中队的举措和一系列增强它们作战性能的革新相匹配。到 1918 年秋，激烈的技术竞争结束之时，协约国的飞机已拥有了绝对的制空权。从那时起，它们被大规模地部署，以十几架为一组的形式进行被称作"近距离格斗"（dogfights）的空中格斗。从 1918 年的 3 月至 11 月，攻击敌军的堑壕阵地是航空兵的主要战术任务，从而使其在这场战争最后一年的战斗中发挥了主导作用。然而，损失是十分惨重的，主要是因为相应防御手段的发展（高射炮、防护网、探照灯、阻拦气球、照明弹和追击作战）。

从 1917 年起，作为对西线战略封锁最直接的反应，空中的作战行动越来越同坦克的使用紧密地联系在一起。在英国海军部确定了第一份有关坦克类型的生产说明后，他们制造样品，装配实验模型，接着在 1916 年 4 月开始以"水箱"（water tanks，之后 tank 成为这种新式武器的名称）为代号生产马克 1 型坦克。

169

1916 年 9 月 15 日，这种坦克在索姆河投入实战。英国的进展促使法国人着手研究 "攻击性坦克"（les chars d'assault）：1915 年年底，受勒克勒佐（Le Creusot）的施奈德工厂（Schneider factories）和圣沙蒙工厂（Saint-Chamond factories）的委托进行的实验性测试，1916 年伊始取得了首次具有实用价值的进展。在 1917 年 4 月的尼韦勒攻势期间，这些类型的坦克首次被投入作战。

经证明，笨重的英国和法国坦克的作战效果是令人失望的。1916 年 9 月在索姆河，由训练不足的各组人员驾驶的未被充分测试的坦克投入使用，以损失近 50% 和十分有限的战果而告终。在 1917 年 4 月对阿拉斯（Arras）的攻击行动期间，坦克的小规模部署依然没有带来任何决定性的结果。1917 年在梅西讷（Messines）以及同年夏天在伊普尔延续了这种情况，由于地面泥泞，新型坦克在这两地投入行动后失去了作用。笨重的法国坦克没有取得更大的成功：1917 年 4 月，在被炮弹严重搅动过的地面上交战时，坦克遭受了 60% 的损失。1917 年 10 月法国在贵妇小径的马尔迈松（Malmaison）发起攻势之前，笨重的坦克并未取得任何真正的成功。与此类似，1917 年 11 月 20 日英军在康布雷的进攻行动由近 380 辆笨重的坦克引导，在德军火力对坦克兵团造成十分重大的损失之前，坦克仅冲过了前两道防线。

直到战争很晚的时候，德国人才开始认真使用坦克。[16] 在 1917 年 11 月英国坦克对康布雷发动进攻之后——此次进攻最终被击退——鲁登道夫断定，"对付坦克最有效的武器是顽强的意志、纪律和勇气"。德国人制定了几种有效的战术去对付坦克：配备一两门野战炮的火力支撑点，壕沟，加以伪装的大坑，由隐藏的迫击炮弹组成的雷区，大炮与机关枪的协同射击，以及反坦克步枪。

在寻求一种更轻型坦克的同时，1917 年年底英国陆军引入了中型的惠比特坦克（Whippet tank），在 1918 年英军的装甲作战中，这种坦克变得越来越重要。在此期间，英国陆军并未放弃重型坦克，在 1000 架法国飞机的支援下，大批重型坦克为 1918 年 8 月 8 日在皮卡第的进攻行动提供了支持。同时，法国陆军将它的坦克生产转向轻型，1917 年 10 月由雷诺工厂（Renault）委托生产。在

---

[16] 因此，A7V 型装甲战车（Panzerkampferwagen）成为德国唯一制造的坦克。它是 1914 年至 1918 年间所有型号坦克中最重的，这使得它成为容易被击中的目标。在 1918 年间，德国人只拥有数量非常少的这种型号的坦克，尽管在战斗中德国人俘获了英国的坦克并占为己有，但它们在战场上的使用仍然是微不足道的。

1918 年 7 月 16 日埃纳（Aisne）的胜利反攻行动中，坦克被当作一种受步兵近距离支援和数百架飞机援助的武器加以部署，近 500 辆坦克从维莱科特雷（Villers-Cotterets）的森林中蜂拥而出。它们还在 1918 年最后的进攻行动中得到使用，特别是 9 月 26 日在默兹－阿尔贡战线（Meuse-Argonne front）法美两军的联合进攻行动中。至少是部分地，坦克解决了阵地战带来的战术问题：它们最终使碾平铁丝网成为可能，并使火炮和机关枪能够向前调动以支持步兵。 171

战争末期，飞机和坦克在西线的这种大规模出现，标志着现代战场上传统骑兵作为一支突击力量的角色的彻底结束。而且，飞机和坦克被特意用来替代现在失去作用的马匹，一种十分古老的武士精神的一部分现在从堑壕中消失了。但是，马匹仍然在西线被非常大范围地使用。这种变化——在战术上与文化上一样多——并非在任何地方都发生：在东线，在巴尔干地区，甚至更多地在近东和非洲，直至战争结束，传统的骑兵一直都保持着重要的角色。甚至在西线，对敌军阵地一旦被打开缺口骑兵师就能够投入战斗追击敌人的期望持续了很长时间。因此，在战争的这四年当中，现代形式的战斗体验只是逐渐和不完全地颠覆了大部分非常古老的军事观念，在欧洲，这种旧观念是大多发生在马背上或伴随着骑兵的那些战斗活动的一部分。

结　论

第一次世界大战的摸索前行和战术曲折发展的代价，可以通过它的人员伤亡得到阐释。这尤其适用于西线，即伤亡最大的战场。在 1914 年至 1918 年间，无论何处，战斗伤亡都达到了史无前例的水平。在欧洲和西方交战国中，估算的人员死亡总数接近 1000 万，受伤的人数大概接近或超过 2100 万。从 1914 年至 1918 年，年均伤亡逐步上升至法国每日死亡近 900 人，德国超过 1300 人以及俄国接近 1450 人。20 世纪记录在案的战斗造成死亡人数最多的日子，事实上是同第一次世界大战而不是以后的战争相关：1914 年 8 月 20 日至 23 日，法国陆军损失了 4 万人，仅 8 月 22 日这一天就损失 2.7 万人。1916 年 7 月 1 日，英国陆军损失 2 万人，并且受伤 4 万人。

在 1914 年 8 月至 1918 年 11 月间，实际上在所有方面，大战都改变了西方战争的状态和形式。这场战争引入了一种新型的士兵，在枪炮火力下平躺，尽

172 可能地隐蔽，身着满是污迹和泥土的制服，面对火炮和机关枪射击时无能为力，身体上精疲力竭，有时身负永久性的创伤。他的战术技能、训练结果、战斗经历、获得的忍耐力和身体的勇气，无疑仍然在他自身的幸存中发挥着它们的作用，但是从那时起，相对于作为现代化战争特点的隐蔽的匿名火力的效能，它们通常并不具有多大的重要性。20 世纪的战场致命又空旷，不再是 19 世纪所认为的毋庸置疑的"决斗场"。1914 年至 1918 年之间，西方军人刚健的表现遭到了致命性的一击。一种特定的"男人形象"[17]，无疑从未从这四年的经历中恢复过来。

历史学家约翰·霍恩十分确切地强调，军人已经渡过了"他们在与他们相生相伴的战争形象（就如它继续被想象的那样）和战场的反证之间的认知分离"的难关[18]。尽管如此，值得注意的是，他们没有通过拒绝战斗和进攻的战术形式去解决这种认知分离，不论其多么致命，而且身处其中的他们同时是牺牲者和行动者。只是在三个案例中，继续战斗的意志大规模地崩溃了。[19] 紧随 1917 年 10 月卡波雷托大败之后的大规模投降事件（28 万人成为战俘），还有短暂的开小差和兵变现象，影响到了全面撤退中的（如果不是处于恐慌中的话）一个意大利集团军，直到军事秩序恢复；俄国军队方面，在 1917 年夏秋季，最初能见到 100 万逃兵自发地和集体性地离开前线，由于他们携带了武器返回内地，他们在战斗时的暴力行为蔓延至大后方[20]；在 1918 年的 10 月至 11 月，最终只有非常少的德国军队留在他们的驻地，绝大部分军队在他们的下级军官充当中间人的情况下向敌军投降。[21] 尽管这些拒绝作战的现象是蔚为壮观的，但令人吃惊的是，

173 它们都发生在战争的后期，甚至在战争临近结束的时候，就如这里援引的最后

---

[17] George Mosse, *The Image of Man. The Creation of Modern Masculinity* (New York: Oxford University Press, 1995).

[18] John Horne, "De la guerre de movementà la guerre de position: les combattants français", in John Horne *et al.* (eds.), *Vers la guerre totale. Le tournant de 1914—1915* (Paris : Tallandier, 2012), p.91.

[19] 从数字上看，1917 年春法国的多个兵变事件，在这方面构成了一个更为有限的现象，而且兵变士兵实施的行动更为节制。Leonard V. Smith, *Between Mutiny and Obedience: The Case of the French Fifth Infantry Division during World War I* (Princeton University Press, 1994).

[20] Nicolas Werth, "Les déserteurs en Russie: violence de guerre, violence révolutionnaire et violence paysanne (1916—1921)", in Stéphane Audoin-Rouzeau *et al.* (eds.), *La violence de guerre, 1914—1945* (Brussels : Complexe, 2002), pp.99—116.

[21] Alexander Watson, *Enduring the Great War. Combat, Morale and Collapse in the German and British Armies, 1914—1918* (Cambridge University Press, 2008).

一个案例的情况那样。就这场战争整体而言，1914 年至 1918 年间所动员的 7000 万人，解决了在想象的战斗和他们接受的战斗经验之间在战斗的规模和时间跨度问题上的认知分离，无论他们所要面对的战斗环境可能有多么难以适应和多么致命。初级群体（primary groups）的团结和军纪的严格约束难以单独对此做出解释：必须记住，第一次世界大战显示了"群众民族化"（nationalisation of the masses）[22] 长期过程的结果（一定程度上在西欧比在东欧和巴尔干地区更超前），它增强了防御的动机（甚至在作为占领军的军队的核心中也强烈地存在），并促进了当时军队内心深处社会约束内在化的过程。

因此，对这场战争期间战斗形式和作战战术的强烈拒绝，首先是同战争的后果密切相关的。正是在战后时期，1914 年至 1918 年的这场战争才失去了全部的意义，战争被看作是一种荒谬的举动。这段特别的经历变得超乎寻常地丑陋，集中体现在大多数大战亲历者战后著作中出现的诸如"大屠杀"或"屠宰场"的表达方式上。虽然从未取得一致，但这种对战斗的新表述，随着其不断加强的力度，渐渐地显示出自己的权威。20 世纪的战争形象广泛出自这种对一系列战场战术观点的诋毁，而 1914 年至 1918 年之间的战斗状态和形式永久性地摧毁了那些观点。

---

[22]　George Mosse, *The Nationalization of the Masses. Political Symbolism and Mass Movements in Germany from the Napoleonic Wars through the Third Reich* (New York: H. Fertig, 1975).

7 士气

亚历山大·沃森

1918 年 10 月底，当埃里希·鲁登道夫将军抱怨德国战败在即不是因为人数上的劣势而是由于"军队士气"时，他为普遍认为的士气对第一次世界大战的胜负将是决定性的这一观点进行了辩护。[1] 对战时的指挥官而言，不是武器或物资，而是军队的心理——用当代的说法"士气"——在武装斗争中最为重要。作为对采用连发步枪、机关枪和速射火炮而使火力大幅增强以及对社会堕落的社会达尔文主义式担忧的一种反应，这种信念已经悄然形成。对于那些愿意相信进攻行动在新的战斗状态下依然可行的人来说，强调一支军队的人员素质比火力更具决定意义是适合一时之需的。斐迪南·福煦——作为协约国军队司令在 1918 年德国的军事失败中发挥着重要作用——在 1903 年广为人知地宣称："战争等同于士气支配的领域。胜利等同于战胜国士气处于优势，战败国方士气低沉。"[2] 重要的是，1914 年至 1918 年的这场工业化战争并未挑战，而是证实了这种说法。比如，弗朗茨·康拉德·冯·赫岑多夫，1917 年 3 月之前哈布斯堡帝国的参谋总长，仍带着这种信念在战后写道，决定一支军队战斗力的是"战斗人数、装备、训练、纪律以及最重要的士气高低"[3]。

20 世纪初的军事专家提到"士气"，通常用 moral，而不是 morale；对他们

---

[1] Report of the Saxon Militärbevollmächtigter to War Minister of a speech given by Ludendorff, 24 October 1918. Hauptstaatsarchiv Dresden, Militärbevollmächtigter 4216, fo. 114–115.

[2] Ferdinad Foch, *The Principles of War*, trans. H. Belloc (New York: Henry Holt & Co., 1920), p.287.

[3] Franz Conard von Hötzendorf, *Aus meiner Dienstzeit 1906—1918. 24. Juni 1914 bis 30. September 1914. Die politischen und militärischen Vorgänge vom Fürstenmord in Sarajevo bis zem Abschluß der ersten und bis zum Beginn der zweiten Offensive gegen Serbien und Rußland*, 4 vols. (Vienna: Rikola, 1923), vol. IV, p.222.

而言，用词反映了这个专门名词拥有强大的道德内涵。如同弗里德里希·阿尔特里希特——一名德国军官，第一次世界大战的老兵和军事科学的学者——在两次世界大战之间所阐释的那样，士气"涵盖了所有的战争美德，其中，勇气和胆魄、决心、顽强、获胜的欲望以及对重负和匮乏的忍受力首当其冲"[4]。但是，在一个军队规模庞大的年代，认为每一名军人都应该成为一名英雄是不切实际的。战前，关于士气问题的杰出思想家，法国的杜皮克上校提醒道，"在见到令人恐惧的事物，即死亡时，大部分人都是懦夫"。面临的挑战是要超越个人自我保护的本能，而阿尔当·杜皮克在军事组织中找到了解决之道。自信的领导者、"铁的纪律"和一种动机——它也许是"宗教狂热主义、民族自豪感、一种对荣耀的热衷"，或者是"一种对占有的疯狂"——这些都是必需的。然而他强调，最重要的是，军队应当在人员中间培植相互的信任，并培养自立、自行管理的团队，由此加强"团结"和"士气的凝聚力"。[5]

关于士气问题的现代研究拓展了阿尔当·杜皮克的见解。例如，S. A. 斯托弗关于第二次世界大战期间美国士兵的开创性研究，解释了"正规的军队系统和非正规的战斗群体的指导和支持，关于战争和敌人的信念"以及"战斗的个人见解"都是如何为身处战斗之中的士兵提供支撑的。[6] 其他的社会学家，特别是莫里斯·贾诺威茨、爱德华·A. 希尔斯和罗杰·W. 利特尔，对今天所称的"初级群体"——一群群前线士兵，阿尔当·杜皮克视他们为一支军队活力的关键因素——都有着深刻的理解。[7] 但是，研究者越来越认为，军事组织只能提供一种关于士气的部分解释——本章中的理解并非根据军队的情绪或幸福感（因为战斗人员常常是浑身肮脏、精疲力竭、惊恐不已和苦不堪言的，但仍然要继续完成他们的战场角色），而是实用地将其理解为一名军人或一群军人执行军事领导

176

[4]　Friedrich Altrichter, *Die seelischen kräfte des Deutschen Heeres im Frieden und im Weltkriege* (Berlin: Mittler, 1933), p.41.

[5]　Charles J. J. J. Ardant du Picq, *Battle Studies: Ancient and Modern*, trans. J. N. Greely and R. C. Cotton (n. Pl. : Dodo Press, 1921, 2012), pp.73–79.

[6]　Samuel A. Stouffer *et al.*, *The American Soldier. Combat and Its Aftermath*, 2 vols. (Princeton, NJ: John Wiley & Sons, 1949, 1965), vol. II, pp.105–191.

[7]　See Edward A. Shils and Morris Janowitz, "Cohesion and disintegration in the Wehrmacht in World War II", *Public Opinion Quarterly*, 12 (1948), pp. 280–315; Roger W. Little, "Buddy relations and combat performance", in Morris Janowitz (ed.), *The New Military. Changing Patterns of Organization* (New York: Russell Sage Foundation, 1964), pp.195–223.

层所发布命令的意愿。就如斯蒂芬·D.韦斯布鲁克认为的，20世纪的军人需要更广泛的忠诚度，超出了"初级群体"证明军事当局所下命令正当合理并加以服从的程度，这些命令常常严重危及个人的安全。对于规模庞大的平民军人而言，这些忠诚的对象通常是他们所要保卫的国家和社会。[8]

指挥官们期望士气在第一次世界大战中发挥决定性作用是正确的。他们的军队变成了经过武装的国民：在英国和意大利，超过一半符合服兵役年龄的男子被动员，而至1918年，法国、德国和奥匈帝国适龄男子的五分之四在军中服役。出于两个原因，维持这些平民军人的士气是至关重要的。第一个原因是，这场战争所未预料到的旷日持久。阿尔当·杜皮克、福煦和其他战前的理论家一直专注于解决如何在进攻行动极其危险的情况下去激励官兵的行动。对1914年至1918年之间的所有军队来说，同样重要的是——如果谈不上更重要的话——提振士兵的信心，以度过胜利前景渺茫的艰苦静态战的漫长时期。第二个原因是，为打破僵局而制定的战术方法为士气高涨提供了一个新的动因。法国人在战争之初的战斗中付出了极其血淋淋的代价，冲动的驱使和无条件的服从都不足以使军队穿过火力覆盖的战场。然而，战斗力最强的军队在战斗的过程中学会了将权力下放至军士和下级军官，并采用疏开队形以及其成功有赖于官兵自己的积极性和决断力的多兵种合成战术。在努力维持和提振平民军人的士气方面，各军队不但采用传统的军事激励的方法，而且进行了创新。他们认识到战时部队的忠诚及其战斗动机的根源并不在军事组织自身，于是最初采取了一些犹犹豫豫的心理战措施，力图促使他们自己的军队献身于社会和国家，同时抨击敌人的社会和国家。

177

士气和军方

第一次世界大战中作战的各国军队都具有长期和部分共有的激发官兵士气的传统。几个世纪的欧洲战争已经形成了在结构和形式上相似的组织，高度适合承受战斗的巨大身心压力。训练、纪律、团结、支持和领导力是五种用于支

---

[8] Stephen D. Wesbrook, "The potential for military disintegration", in Sam C. Sarkesian (ed.), *Combat Effectiveness. Cohesion, Stress and the Volunteer Military* (London: Sage Publications, 1980), pp.244–278.

撑士兵士气的方法。但是，这些方法应用的方式及其取得多大的成功，根据军队自身的传统和纪律、军官和士兵以及所在社会和国家的主流意识形态的差异而各不相同。

在 1914 年，整个欧洲的职业军官都认为，训练是高昂士气的基础。在和平时期，欧洲大陆的军方训练应征士兵至少两年的时间，同时英国维持着一支长期服役的职业军人力量。战争迫使给予应征士兵的训练大幅减少。到 1918 年，在德国和英国陆军中，训练的时间规定为三个月。但是，目的和方法基本保持不变。训练有三重目的：第一，旨在通过操练和艰苦的徒步行军提高士兵的体能；第二，良好的基本训练将带来在战斗中发挥作用所需的技能和自信，它将教授作战技术并使一名士兵熟悉他的武器，还被认为为士兵提供了一种关于战场状况的真实概念；最后，最为重要的一点，旨在使新兵适应并融入军队之中，就如英国陆军 1914 年《步兵训练手册》所称的，促进"军人精神的养成"。[9]

在任何地方，这一过程的第一步都是灌输纪律。对普鲁士作战训练规章而言，这是"陆军的基石"和"所有成功的前提"。[10]纪律通过使新兵融入军事组织而得以传授，教会他遵守规定和养成对军队集体生活的认同。新兵们身着制服，他们的头发都被修剪过，被引导进入共同的军营常规生活。他们进行紧密队形操练——一种使人养成共同行动和快速服从上级命令的训练。在练兵场内外，他们的行为都受到警觉的军士的调教，仅仅是略微偏离于规定都会立即遭受惩罚。严格的常规强化训练的目的在于，强调军队的绝对权势地位，使人养成服从命令的习惯。对军人来说，服从不应再是一种有意的选择，而要变成一种自动的反应；甚至在强大压力和极度危险之下，违抗命令都完全是不可想象的。

军队绝不允许士兵忘记这些纪律方面最起码的告诫。尽管一些人在新兵训练营之外不太受到严密的监管和干预，但军队依然希望他们无条件地服从军官的权威，并且背后有种类繁多的处分措施。这些措施在严厉程度上因军队的不同而存在差异。在英国和德国军队中——后者直到 1917 年才取消了惩罚措

178

[9]　[British] General Staff, War Office, *Infantry Training. (4-Company Organization) 1914* (London: HMSO, 1914), p.1.

[10]　[Prussian] Kriegsministerium, *Felddienst-Ordnung. (F. O.)* (Berlin: Mittler, 1908), p.9.

施——犯了较轻微过错的违纪者可能会被绑在车轮或柱子上示众几个小时。奥匈帝国军队更进一步——也是直到 1917 年才取消——绑住轻微违纪者的手脚，并使他们难受几个小时。俄国军队则施以拷打或鞭笞。更严重的违纪者，比如开小差、畏缩不前或叛乱，在大多数军队中要被判处长期监禁。但是，军队也是有适应性的。由于不愿意失去前线的兵力，1916 年奥斯曼军方用体罚代替了一些监禁的做法。与此相似，当 1917 年德军指挥官开始怀疑一些士兵将被监禁视为逃避主动服兵役的手段时，他们成立了 78 个惩戒连，身处其中的违纪者将被派遣承担前线的危险任务。

在第一次世界大战期间，军队还拥有判处死刑的最终权力。但是，即使在惩罚最严厉的部队里，处决仍然是非常例外的（见表 7.1）。

表 7.1 军法处决，1914—1918 年

军队	兵力	处决人数	处决人数所占百分比
德国	13,380,000	48	0.00036
美国（1917—1918）	4,750,000	35[★]	0.00074
英帝国	5,250,000	346	0.00659
法国	8,100,000	*c.* 600	0.00741
奥匈帝国	9,000,000	754	0.00838
意大利（1915—1918）	5,600,000	729	0.01302

资料来源：R. Overmans, "Kriegsverluste" in G. Hirschfeld *et al.* (eds.), *Enzyklopädie Erster Weltkrieg*, 2nd edn (Paderborn: Ferdinand Schöningh, 2004), p.664; C. Corns and J. Hughes-Wilson, *Blindfold and Alone. British Military Executions in the Great War* (London: Cassell, 2001), pp.103–104; G. Lelewer, "Die Militärpersonen" in F. Exner, *Krieg und Kriminalität in Österreich* (Vienna and New Haven, CT: Holder-Pichler-Tempsky and Yale University Press, 1927), p.126; Nicolas Offenstadt, *Les fusillés de la Grande Guerre et la mémoire collective (1914—1999)* (Paris: Odile Jacob, 1999), p.21; Jennifer D. Keene, *Doughboys, the Great War, and the Remaking of America* (Baltimore, MD and London: John Hopkins University Press, 2001), p.65; V. Wilcox, "Discipline in the Italian Army 1915—1918" in P. Purseigle (ed.), *Warfare and Belligerence, Perspectives in First World War Studies* (Leiden and Boston, MA: Brill, 2005), p.80.
★美国的处决都是因为非军事性的犯罪（谋杀和强奸），10 名士兵在法国和 25 名士兵在美国分别被处决。

在适用死刑方面，德国人最为谨慎，因为他们的司法体系配备专业的法务人士，比其他国家依照民法准则的司法体系影响力更大。他们的法庭公道地关注个人，所以在战后受到了保守主义者猛烈的抨击，保守主义者错误地声称，它损害了纪律和士气。美国军方的宽大仅仅是因为威尔逊总统对所有的军事犯罪免除了死刑，只有谋杀犯和强奸犯要被处决。其他国家的军队则更竭诚地将死刑当作一种威慑力量欣然采用。在 1914 年 8 月和 9 月部队首次出现士气危机期间，法国人就利用示范死刑来强制执行命令。1917 年兵变在军中蔓延之后，他们以稍小但并非微不足道的规模再次施行示范死刑，以作为重建上级命令权威的一种象征。在英国军队中，开小差者受到的惩罚不但取决于违纪的情节和以往的行为表现，而且取决于他的指挥官是否相信示范死刑有益于军队的纪律。 179 这场战争期间，军队的司法体系开始适应平民军人的涌入，变得更为宽容：处决的高峰已经在 1915 年的年中过去了。尽管如此，指挥官们力图扩大死刑的威慑力，将它们在整个军中公开宣传，作为可怕命运可能降临在那些违抗命令的人头上的警告。

由军队管理的监督机构也是对违纪行为的有力威慑，因为它们确保任何无视军中权威的行为都最有可能被迅速地发现并招致惩罚。一个试图逃离前线的人，不但必须要避开他的战友和顶头上司，而且在大后方要避开军警。他们的人数在战争期间大幅增长，尽管采取了越来越严格的交通管制和不断增加了执行纪律的职务：在英国军队中，军警相对于士兵人数的比率，从 1914 年的每 3306 名士兵 1 名军警增加到 1918 年的每 292 名士兵 1 名军警。[11] 他们守卫在迟迟未归者的驻地，搜寻毗邻前线的后方房屋，并在进一步靠近后方的地区巡查列车、车站和港口。被抓获的风险以及要返家通常所面临的路途遥远的困难， 180 使得开小差主要是一个发生在大后方和沿着交通线而不是在前线的现象。甚至在前线非常不利的形势下，也是如此。因此，在 1917 年 3 月春夏之交发生革命后的俄国军队中，从战斗部队开小差的人数只有不到 1%，尽管事实是整个军中记录在案的开小差人数有了五倍的增加。主要的漏洞出自后卫防线的部队，人

---

[11]　David Englander and James Osborne, "Jack, Tommy and Henry Dubb. The armed forces and the working class", *Historical Journal*, 21 (1978), p.595.

员请假逾期滞留，以及最主要的出自增援部队。[12]奥匈帝国和奥斯曼帝国的情况与此类似，到这场战争结束时，各自有 25 万和 50 万逃兵藏在城市中或身为匪徒流窜在乡间。[13]同样，在德国军队中，在 1918 年的夏秋两季，多达 18 万人沿着通往法国的铁路线潜逃。相比之下，最近的研究表明，在西线，尽管协约国最后的攻势动摇了野战部队的纪律制度，但开小差在战争最后的几周内并不是一个主要现象。[14]

无时不在的威慑具有双重表现形式，既使人养成服从命令的习惯，又抓获并严惩反叛者，这种纪律在确保大多数士兵最低限度地遵守命令方面是十分有效的。意大利军队最好地展示了这一点，直到 1917 年，它是由参谋长路易吉·卡多尔纳将军根据"不向每一个人灌输恐惧，将一事无成"的格言进行着掌控。[15]意大利军队的军法法规适用起来是随意和毫不留情的。每十七个意大利士兵中就约有一个受到违法指控，并且其中 65% 的士兵被判有罪。简易审判的做法得到认可。至少两百人在未经审判的情况下被处决，一些人成为抽签处死违法士兵十分之一做法的牺牲者（在一支部队中随意挑选每十名违法士兵中的一人予以枪决），这种做法从 1916 年 1 月开始采用，以针对受惩罚者人数众多或违法者难以识别的情况。[16]尽管很可怕，但这种做法使得意大利陆军挺过了 1915 年 5 月至 1917 年 9 月伊松佐的十一次血腥的战斗。可是，它存在明显的缺陷。首先，恐惧并未激发士兵们的积极性或攻击意识。甚至由于军队作战的山区地带超乎寻常地艰难，意大利军队在整个十一次攻势期间的作战表现

181

---

[12] Allan K. Wildman, *The End of the Russian Imperial Army: The Old Army and the Soldiers' Revolt (March-April 1917)* (Princeton University Press, 1980), pp.362–371.

[13] 见 Mark Cornwall, *The Undermining of Austria-Hungary: The Battle for Hearts and Minds* (Basingstoke and New York: Macmillan and St Martin's Press, 2000), pp.408–409; Erik-Jan Zürcher, "Little Mehmet in the desert the Ottoman soldier's experience", in Huhg Cecil and Peter H. Liddle (eds.), *Facing Armageddon. The First World War Experienced* (London: Leo Cooper, 1996), p.234.

[14] Alexander Watson, *Enduring the Great War. Combat, Morale and Collapse in the German and British Armies, 1914—1918* (Cambridge University Press, 2008), pp.206–215; and Christoph Jahr, *Gewöhnliche Soldaten. Desertion und Deserteure im deutschen und britischen Heer 1914—1918* (Göttingen: Vandenhoeck & Ruprecht, 1998), pp.166–167. 对于西线开小差和"逃避义务"问题的一个不同但存在争议的描述是 Wilhelm Deist, "The military collapse of the German Empire: the reality behind the stab-in-the-back myth", *War in History*, 3 (1996), pp.186–207.

[15] Cadorna, quoted in Vanda Wilcox, " 'Weeping tears of blood' : exploring Italian soldiers' emotions in the First World War", *Modern Italy*, 17 (2012), p.179.

[16] Vanda Wilcox, "Discipline in the Italian Army 1915—1918", in Pierre Purseigle (ed.), *Warfare and Belligerence. Perspectives in First World War Studies* (Leiden and Boston, MA: Brill, 2005), pp.80–85.

一直明显屡弱。其次,当军队自身在卡波雷托遭遇攻击时——伊松佐的第十二
次战斗——敌军采用了创新的渗透战术并采取了一种压制意军做出反应的作战
节奏,对惩罚性纪律的恐惧被证明不足以阻止意大利士兵后撤或是投降。大约
25 万名士兵向德国或奥匈的先头部队投降,在普遍的恐慌中,多达数万人当了
逃兵。

　　能感觉到,大部分军队不仅仅试图压服他们的士兵,而且还向他们灌输新
的集体认同感,以便向身处危险之中的他们提供支撑并提供战斗的正当理由。
1914 年,英国军队的《步兵训练手册》强调,对新兵的教导应当"增强进取
心、自信心和自我约束","使他信任上级和战友"以及"教会他如何为打败敌
人而同战友合作"。[17] 在战争期间,这些目标变得更为重要,因为军方逐渐认识
到,在部队中下放权力以及培养与利用主动性和团队精神是打破僵局所必不可
少的。鲁登道夫回忆道,"战术变得越来越个体化"[18]。在不同军队之间,甚至单
支军队内部,这一过程发生的速度各不相同,但是,在发展过程中的一个关键
节点出现在 1916 年和 1917 年之交,当时德军和英军都公布了新的战术准则。德
军 1916 年 12 月的《阵地战中防御作战的领导原则》提出了一个更为灵活的防
御规划,前线军官及下属士兵将具有更大的自主性。大多数战斗将由弹坑掩体
中的"初级群体"去完成,而不是整连整连排着队去作战。手册提倡,"军中具
有钢铁般顽强意志的士兵"将会"成为战斗的中坚力量"[19]。在较低的战术层面,
英国人正顺着相似的思路摸索着。他们军队的《排级进攻行动训练指令》(1917
年 2 月),不再将排(一名军官指挥之下大约五十人的作战单位)当作监督之
下的一队步兵,而是当作一支具有能动性、独立自主的战术单位。它属下的四
个班每一个都有专长——步枪、手榴弹、枪榴弹和轻机枪——正是这些装备不
同的士兵之间的合作与相互支援使得部队能够向前推进。德军和英军的战术创
新都有赖于部队的自我激励和团队精神。就如鲁登道夫正确认识到的,"给士
兵们提出的要求只能由在任何情况下都受到自我牺牲精神和真正纪律激励的

182

[17]　[British] General Staff, War Office, *Infantry Training*, p.2.

[18]　Erich Ludendorff, *My War Memories 1914—1918*, 2 vols. (Uckfield: The Naval & Military Press, 1919, 2005), vol. I, p.387.

[19]　See Matthias Strohn, *The German Army and the Defence of the Reich: Military Doctrine and the Conduct of the Defensive Battle 1918—1939* (Cambridge University Press, 2011), pp.49–54.

部队去完成，即使他们并未被训练得完美无缺"[20]。

然而，处于这些新战术中心的"初级群体"远不只是一个战斗团队。它是加强个人和军队适应力的一个关键性支撑因素。就如第二次世界大战后美国社会学家塞缪尔·斯托弗所阐释的，它"提供了两个主要功能：确立并执行了团体的行为标准，而且支持和激励了处于重压之下的个人，否则他难以承受"[21]。第一次世界大战中的士兵非常珍视一个可信赖的战友团队的成员资格所带来的安全感。一项这场战争期间进行的关于德国战斗人员心理应对策略的研究，将"社会情绪"（social emotions）认定为紧随"宗教情感"（religious feelings）和"家庭记忆"（memories of home）之后的第三种在危险中最常见的支持因素。自传的记述提供了深入了解士兵关系的途径。在弗雷德里克·曼宁关于他战时在索姆河服役的小说化的记述中，士兵们的社会视野是有限的。他心目中的英雄伯恩，"只知晓他自己班之外一些士兵的名字"。与伯恩关系最近的是谢姆——一名老兵战友，以及马特洛——一名年轻的士兵。尽管这些人就个体而言很少有共同点，但战争使他们的相互支持变得不可或缺，曼宁写道，"没有比将他们团结在一起的必要性更强的纽带了"。在更广泛的团队中，存在关系的紧张、等级的区分——但也有共同生活形成的忠诚，在危险的情况下将食物集中起来一起分享以及彼此信赖。就如在这本书的结尾，那名将伯恩的遗体带回英军防线的士兵痛苦地说道，"我们到了，自我们身处这里以来，我们只是为自己而战。我们只是为自己而战，以及为彼此而战"。[22]

1914年至1918年之间战斗人员遭受的高死亡率，对战友情谊能否持久提出了疑问。是伤亡导致的人员补缺使得士兵们在有机会建立相互间的信任纽带之前就被分隔开来吗？当然，战斗有时是如此血腥，以至于"初级群体"被消灭殆尽。例如，1917年4月阿拉斯战役中的某一天，巴伐利亚第18步兵团的战斗力量从2000人下降至220人。但是，采自一个典型英国营达勒姆轻步兵团1系列第5营（1/5th Durham Light Infantry）的其他证据，表明该部队能够保持一个由老兵组成的核心，即使在西线致命的环境下。达勒姆轻步兵团1系列第5营是自1915年4月起战斗在比利时和法国的来自同一地区的士兵。他们经历

---

[20]　Ludendorff, *My War Memories*, vol. I, p.387.

[21]　Stouffer *et al.*, *American Soldier*, vol. II, pp.130–131.

[22]　Frederic Manning, *The Middle Parts of Fortune* (London: Penguin, 1930, 2000), pp.20, 156, 232.

过战争中一些最为残酷的战斗：刚抵达前线，该营就参加了伊普尔的第二次战役，接着于 1916 年 9 月在索姆河作战，并参与了 1917 年春季和秋季英军在阿拉斯和伊普尔的进攻行动，最终在 1918 年 3 月至 5 月面临德军的进攻时全营伤亡殆尽。该营最初的 1031 名士兵只是其战时阵亡、受伤和被俘的 3285 人中的三分之一。[23] 尽管如此，细查它的伤亡名单可以发现，达勒姆轻步兵团 1 系列第 5 营的原始成员在出奇长的一段时间内保持着相当数量的存在。在该营于前线度过了近一年半时间之后，1916 年 9 月在索姆河阵亡的士兵中的四分之一，属于它最初的编制人员。原始成员构成了 1917 年 4 月该部队在阿拉斯阵亡人员的六分之一。甚至在 1918 年 3 月，在西线作战三年之后，这些老兵仍占德军第一次春季攻势该营阵亡人员中的七分之一（见图 7.1）。

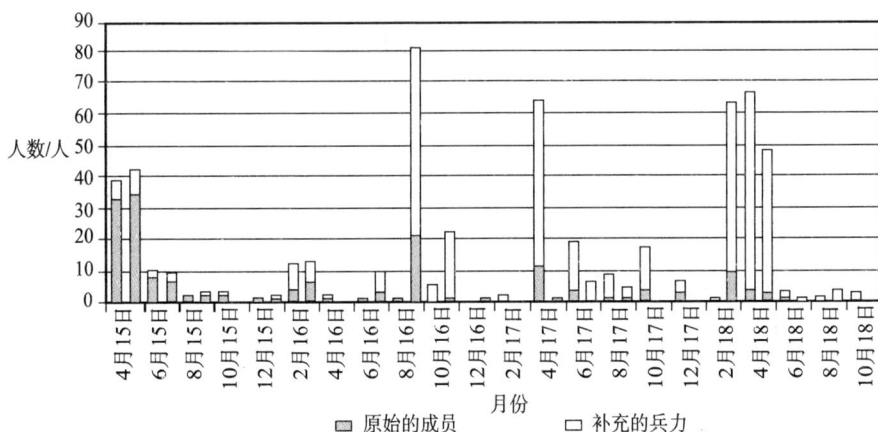

图 7.1　1915 年 4 月—1918 年 11 月达勒姆轻步兵团 1 系列第 5 营阵亡人员数
资料来源：A. L. Raimes, *The Fifth Battalion. The Durham Light Infantry 1914—1918* (no place : Committee of Past and Present Officers of the Battalion, 1931), pp.204–212 and 216–222.

一旦受伤人员痊愈，重返他们最初的部队，"初级群体"的生命跨度就得以延长。相比之下，阵亡者永远离开了"初级群体"的行列，但重要的是，他们不一定失去成员资格。官兵们记得失去的战友，渴望报仇或者保证他们的牺牲能够增强幸存者战斗直至胜利的意志。这样的记忆还有助于超出"初级群体" 184

---

[23] Alwyn L. Raimes, *The Fifth Battalion. The Durham Light Infantry 1914—1918* (n. pl.: Committee of Past and Present Officers of the Battalion, 1931), pp.214–215, 222, 226.

的范围，扩大部队的凝聚力。团队精神（Esprit de corps），通过使部队熟悉他们团的传统和以往战争里的光辉战斗事迹而在和平时期得以养成，且在 1914 年至 1918 年的战争中，越来越仰赖营或团这种共同体自己的牺牲和磨难的共有记忆。这一点在由军人创作的歌曲中得到了体现。德国第 30 预备步兵团的官兵，在 1915 年仍然吟唱关于该部队在 1914 年 8 月的战火洗礼中阵亡战友的歌曲。第 114 步兵团在 1916 年时有一首歌，回忆了一年前它在洛斯（Loos）成功抵御了法国人的进攻。在战线的另一方，英国第 16 国王皇家步兵旅的官兵吟唱有关"离我们而去的兄弟"的歌曲，并庄严地发下誓言，"总有一天我们要向德国人报仇雪恨"。[24]

各国军队采取各不相同的手段去加强"初级群体"和更大团体中的凝聚力。除了奥斯曼军方之外，所有军队采用的最普遍的手段是按地区征召士兵。据信，来自同一地区并说着相同方言的士兵，会更快地形成彼此依赖的关系，并为了同一个狭义界定的"家乡"而战。英国人在采纳这种思路方面走得最远，他们战时的"好友营"（Pals Battalions）充斥着来自同一街区、社团或商号的士兵。但是，更为常见的是，区域范围更广的同一性被加以利用。从理论上讲（如果不是从现实的话），和平时期英军的各团是从一到两个郡征召的。战争期间，在人口稠密地区征召的各团甚至各师保持着一个郡的同一性，无法从单个地区征召满额的那些部队只好从邻近地区分配人员过来，这样至少范围更广一些的区域其同质性能得以维持。欧洲大陆国家的军队，从一开始就关注区域忠诚问题。奥匈帝国被划分为十六个军区，而法国在战争前夕有二十一个军区。德国人则从覆盖整个帝国的二十四个军团区中为团一级以及后援部队征召士兵。此外，法国和德国的军队是按照年龄进行分组的，如此使得士兵们更具同质性。1915 年的重大伤亡已经导致了很多混合的情况出现，因为被征入伍者被派往任何最需要他们的部队。法军各团的地方和区域同一性被瓦解了。比较起来，在这场战争的后半段，德国人力图修复他们部队的同质性。从 1916 年 8 月起，增援部队根据年龄又一次被分配到各部队之中，而且在 1917 年，士兵，甚至是所有的团在各师之间被调换，以增强部队的区域同质性。

[24] "There's a battalion out in France", in Roy Palmer (ed.), *"What a Lovely War!" British Soldiers' Songs from the Boer War to the Present Day* (London: Michael Joseph, 1990), p.115.

促进"初级群体"的纽带关系对于民族相同的军队来说相对容易，但是对于多民族的军队来说它提出了一个大得多的挑战。在美国军队中，近五分之一的士兵是在国外出生的，一些部队的成分极为复杂：比如，第77师有超过四十个民族的士兵。只有采用精心设计的训练计划，才能将他们转化成有战斗力的军人。所有说外语的新兵都被分派到特定的培训部队，他们在那里操练并参加英语课程强化培训。他们被分配到的各排则是由说相同语言的士兵组成的。通过这种方式，军队希望这些士兵能够习得足够的英语去理解命令并和他们部队之外的士兵进行沟通，而通过自己的语言和共同的文化传统，他们将成功地在自己的团体内建立起强大的"初级群体"。

在其他情况下，对于一支多民族的军队来说，同质性可能是不愿被见到的。在奥匈帝国的军队中，捷克、塞尔维亚和鲁塞尼亚士兵被最高统帅部在内心深处视为不可信任的。在战争之初，奥匈军队实行地区征召制度，尽管这样做没有消除部队中的民族多样性，但至少有所限制：在奥匈联军和奥地利战时后备军（Landwehr）*中，330个团里有142个在语言上是相同的，164个使用两种语言，24个最少同质性的团在语言上更为混杂。1917年5月，在一个捷克团于1915年4月有争议的投降和1916年夏季引发大败的勃鲁西洛夫攻势之后，奥匈军队放弃了这种部队结构形式，对各团进行了重组，使它们在民族性上更为复杂。这种做法旨在确保"不可信任的"群体不再能够控制部队从而提升部队的战斗力。用忠诚的部队围绕在这些群体周围，使他们处于严密的监控之下，并确保来自同事的压力能够促进服从而不是违抗军令。但是，新的混合结构也造成了重大的代价：它松开了巩固部队团结的社会纽带，因为当沟通只限于八十个包含军队命令语言的德语单词时，各部队几乎无法成为亲密的战友。在遏阻前线的兵变方面，此次重组很大程度上是有效的，但是它也可能造成了哈布斯堡王朝的部队在1918年平庸的战斗表现。

不论一支军队选择如何组织它的士兵，基本需求必须得到满足。士兵们的健康、情绪以及最终的士气问题，受到给养、衣着和休整情况的影响非常大。生理需求是最重要但并非唯一的方面。德国军方邮件审查员发现，食物"在士

---

*　奥匈联军是指从帝国各地征召建立的军队，奥地利战时后备军是指平时在正规军中接受一段时间训练但只在战时服役的军队。——译者注

兵的日常生活里起着最为重要的作用"，能够促进"初级群体"的团结。[25] 共享食物和在后方共享美酒，使得同一班或小队的士兵们在感情上更加亲近。食物对于官兵关系也非常重要。它可以促进这些关系：为了表达家长式的关心，每支军队中的军官都会尝尝下属的食物。另一方面，它可能会造成严重的不和。在德国军队中，1916 年春季之后开始的食物短缺，使得士兵们充满怨恨地看待军官在食物上享有的特权。而且，不断变差的食物质量被同盟国士兵解读成失败的预兆。就如一名士兵在 1917 年 7 月所写的家信中提到的，"中午有一顿谈不上享受的午餐，如果持续这种情况，我们不可能取胜"[26]。

衣着也以超出使士兵保暖、防水和能够行军的基本作用的方式影响士气。一名士兵的制服是其军中地位和军事同一性的外在表现。它有助于部队的团结，因为制服上面的编号和佩戴的徽章标志着它的穿着者是一个特定团或师的一名成员。其他的附加饰品则是更加个性化的，证明一名士兵自身的战时服役情况。战争期间表示军阶的卷绕条纹、横杠、V 形臂章和徽章被采用，允许士兵们在他们的袖子上佩戴自己的祭物（sacrifices）。为鼓励士兵们勇敢作战而授予勋章，尽管各军队的慷慨程度大不相同。英国远征军中只有大约 5% 的官兵获得了一枚勋章，而各同盟国的军方在派发奖赏方面更为慷慨。到 1917 年，奥匈帝国军方派发了超过 300 万枚的奖章。德国人也没少挥霍，发放了 520.9 万枚二级铁十字勋章，几乎每个服役的二等兵都有一枚。但是，这样的慷慨最终起到了相反的作用，因为奖章滥发削弱了它们的象征价值和获得它们的渴望。

如同食物和衣着一样，休整是作战部队的基本需求。在战场上长期厮杀的部队变得精疲力竭和精神萎靡，他们的体力遭受消耗，士兵出现生病的现象。前线部队的轮换对于维持他们的战斗潜力是至关重要的。研究者发现，第二次世界大战中，定期得到休整的士兵比那些未休整的士兵保持战斗力的时间长两倍（以作战行动的天数计算）。此外，部队的及时撤离有助于维持他们的"初级群体"和团队精神。在 1916 年的凡尔登战役中，德国人的惯常做法是维持部队在前线，直到他们遭受非常重大的伤亡不再能够坚守阵地。贝当将军统帅的法国军方则更为明智，一旦部队损失超过一半的兵力，就撤回后方。这种做法对

[25] German 5th Army censorship report, 12 July 1917, p.14. Bundesarchiv-Militärarchiv Freiburg [hereinafter, BA-MA Freiburg]: W-10/50794.

[26] Ibid., p.22. BA-MA Freiburg: W-10/50794.

于保持部队的士气是有益的，因为它给参与战斗的每个人带来了更大的幸存机会，并保持了让部队得以重建的老兵骨干。

不但休整期的次数，而且休整的方式，都是十分重要的。部队处于无所事事的状态会变得郁闷和想家，困扰于创伤性经历或者有意无意地通过卷入酒吧斗殴、在妓院染上性病来使他们置身于战斗行动之外。维持和平时期应征士兵和职业军人忙碌的传统方法，比如擦拭装备和队列训练，引发了战时平民士兵的抵触。战斗训练可能是有所助益的，它提升了士兵们的作战技能并增强了部队的凝聚力，但是不利于休息。

最佳方法是在军队内部组织娱乐活动。英国人在这方面表现出众，正规营在和平时期常常被派往遥远的地区驻防，在那里，唯一的娱乐由自己安排。部队组织运动会、马术表演或到海边远足。还有各团之间的足球比赛，巧妙地激励了团队精神。几乎一半的英国师拥有电影院，所有的师都从战线后方私人赞助——比如基督教青年会——建立的食堂、娱乐室和图书室中获益。到目前为止，在英国部队中最流行的娱乐是舞会，在部队自己的倡议下组织起来并在民用的音乐厅举行。到1917年末，几乎每一个师都有自己的剧团，许多旅甚至团也是如此。表演的意义远超出打发无聊：它们为士兵们提供了一个和平时期生活的提醒，它们的幽默为恐惧和悲伤提供了一个有用的安全阀，而内部笑话增强了部队的团结。

最后一个对士气有重要军事影响的是领导力。指挥官们可能成为鼓舞士气的来源，这在德国军队中尤其如此，各部队对兴登堡元帅抱有相当大的信心。师、团和营级指挥官，作为命令士兵们冲出相对安全的地方而面对死亡的中层军官，对充满怨恨的意见更为敏感。如果他们赢得了能力上的声誉，就可能受爱戴，但是大量的军官作为在不必要的袭击行动中肆意牺牲士兵生命的"推进器"而受到蔑视——无论公正与否。对于大多数部队而言，士兵们与军官团的接触主要是同排或连指挥官联系。这些下级军官是任何军队的基石：通过他们的委派，前线的士兵也能够同后方的领导精英接触。下级军官有两方面的职责：首先，他们是战斗指挥者，在理想情况下他们不但要展示出战术技能而且要做出表率；其次，下级军官对他们士兵的福祉负有责任，最好的情况是确保士兵在前线吃得上热饭菜，在休整地区有温暖的宿营地，甚至保护他们免于接受更高级别指挥官的不公正要求。英国战后一次对弹震症（shell shock）的官方调查

188

将"优秀的军官——特别是在领导力和关照他们的士兵方面"列为保护士兵免于精神崩溃的最重要因素。[27]

在不同的军队中，下级军官在完成这些职责方面的成功度各不相同。伤亡数字，至少在中欧和西欧国家的军队中，说明了大多数人以身作则和在战斗中甘冒生命风险的意愿程度。在英国、法国和德国军队中，大约2%—3%的下级军官阵亡率高于战争期间其他阶层的军官。关于部队福祉的记录更为复杂。德国、奥匈帝国和英国军队中贵族出身和中上级职业军官及后备军官的军官团——它的构成部分基于这样的信念，即社会精英人士自然是家长式的——在这场战争的最初几年中有效地关照他们的士兵。但是，重大的伤亡和快速的规模扩大迫使这些军队去发展新的军官人才。英国军官团面临着最大的挑战，因为有不少于247061名战时受军衔的军官加入12738名战前正规军官的队伍。欧洲参战国所有的军官团都经历了最大规模的扩张。军官团非常有效地做出反应，接纳了数千名出身中下层和工人阶层的士兵，训练他们像上层的前辈一样去带领和关照士兵。[28]德国军官团则不大成功，任命了大约22万名所谓的"战时军官"。它致力于将贵族化的"等级意识"作为保障政治上可信赖和家长式的领导人的可靠手段，宁愿限制军官的数量，也不愿意委任工人阶级出身的士兵。匆忙训练的年轻战时军官常常因他们的职责而进行过度管制，严重的食物短缺导致士兵挑战他们的特权。在后方包含年龄较大士兵的部队中，不同级别官兵之间的关系急速地恶化。然而，在关键的作战部队中，军官亲近他们的士兵，尽责的家长式作风和危险共担促成了更为牢固的官兵纽带，甚至在战争结束时依然牢不可破。

法国军官团也经历了种种困难。它在其盟国和敌国之中是独一无二的，拥有一种中产阶级的精神气质，在和平时期已经通过从军队中提拔而补充了大半的成员。1914年的重大损失造成了异常严重的军官短缺，后备军官的训练不足起初恶化了它的影响。然而，尽管面临这些早期问题，下级军官糟糕的领导能力和不同级别官兵之间的敌意都不是引发1917年士气危机和兵变的原因。相反，

---

[27] [British] War Office (ed.), *Report of the War Committee of Enquiry into "Shell-Shock"*(London: HMSO, 1922), p.151.

[28] Gary Sheffield, *Leadership in the Trenches. Officer-Man Relations, Morale and Discipline in the British Army in the Era of the First World War* (Basingstoke: Macmillan, 2000), pp.30–32.

兵变者的行动表明，他们对自己的军官充满信任，他们的行为受到了军官们的理解对待。

俄国军官与他们的士兵之间，没有类似的亲密或尊重。共同开始这场战争的沙皇军官团比欧洲任何其他的军官团更加贵族化，但在关照部队福祉上声誉不佳。对战时军官的迫切需求导致了军官团社会成分的剧烈变化。到1917年，190 许多俄国军官是延期毕业的学生、技术熟练的工人或富足的农民，在维持军纪方面，他们要么能力缺乏，要么太过于同情普通士兵。

在1914年至1918年之间，士气在增强军队的复原力和战斗表现方面变得越发至关重要。训练、纪律、"初级群体"和部队凝聚力、交战国军队提供的基本需求的满足和尽责的领导层，都被证明在强制服从命令和激励部队方面是极为成功的。然而，军事激励，不论正面或负面，均不足以单独支撑由国家的成年男子组成的大规模军队。在他们的身后，还存在战时部队的忠诚和服从、他们的社会和国家这样的主要因素。

祖国与宣传

第一次世界大战主要是由"平民军人"承担的，他们之所以当兵打仗是因为所保卫的政治社会对他们有着利害关系。"平民军人"发源于18世纪末期革命的法国，但是到20世纪初，作为一种公民义务，服兵役的观念已经在欧洲传播开来，并远播至专制下的俄国。大规模军队的命令和牺牲要求的合法性最终都有赖于这些士兵认同他们的社会、国家和他们事业的正义性，无论这种认同感有多么模糊。

因此在战争爆发之初，各交战国政府谨慎地将这场战争说成是一场防御战争。保卫民族（在哈布斯堡帝国为多民族）共同体，以及——甚至对大多数士兵来说更易引起情绪激动的——保卫家庭和地方共同体，为征兵提供了正当性。遭受侵略的威胁，对可怕暴行的描述和战斗造成的毁灭，为平民军人担忧战败给他们的共同体带来的后果提供了强大的理由。

士兵对社会、国家和事业的忠诚，被证明是持久的。甚至在1916年血腥的索姆河攻势之后，根据军事邮件审查员的说法，英国士兵的信件依然体现了"意志的高度统一、爱国主义的炽热感，以及首要的是与战争的现实形成奇特对

照的精神上的理想主义"[29]。而且，虽然爱国豪言在战争过程中减少了，但是士

191 兵们对他们家庭的情感和保护所爱的人免于伤害的愿望，维持了他们对国家事业所承担的义务。士兵们在行军的途中歌唱家人，当身处战火之中时从回忆家人中获得安慰，并渴望能再次同他们相见。请假的愿望是如此强烈，以至于一家法国堑壕报纸将其描述为"法国兵的战争目标"。[30] 但是，探亲很少获得批准，所以士兵们通过写信同家人联系。这场战争期间，士兵们与他们的家人之间有数十亿封信件往来，在提振士气方面发挥了极其重要的作用。信件和包裹是前线士兵感受家人情感非常有效的象征物，它们时刻提醒这些士兵为什么他们正在作战。就如一名德国士兵于1915年写给他妻子的信中所提到的，"我活着和战斗是为了你"[31]。

然而，战争期间这项承诺要在巨大的压力下去实现。在每一个地方，由于持续的危险、战友的死去、思乡之情和战争的旷日持久，士兵们变得厌倦起来。更糟的是，这些重负开启了前线与大后方的分裂。战斗人员抱怨——很大程度上是不公正地——老百姓没有体会到他们所付出的牺牲。士兵们对战时奸商、逃避责任者，以及刊印"表面文章"，轻视战时服役危险的报纸，有着强烈的抱怨。最不祥的是，在俄国、德国和奥匈帝国的军队中，对政府的不满情绪在战争的后半段开始增长。这部分是由于士兵们越来越怀疑他们的统治者有意拖延战争以满足兼并野心，还有对于家人——只是在家中避开战争的人们——没有获得充足食物的愤怒和失望。自1916年起，女人们写给她们身在前线男人信件的数量在不断增加，抱怨挨饿、囤积居奇者和官方的无能。食物短缺和百姓遭遇的困难对政府的合法性和战争的目标形成了挑战。

这些关系的紧张促使军队寻求办法使士兵们重新与他们为之战斗的目标连接起来。一些军队转而寻求随军牧师的帮助。作为受到尊敬的人物，随军牧师除了提供精神寄托和心理援助外，传统上还被用来加强士兵们的思想动机。哈布斯堡帝国的军队广泛使用军中牧师主要是给天主教徒的士兵援助和激励。它

[29] 3rd Army censorship report of 23 November 1916, p.9 (Papers of M. Hardie, Imperial War Museum, London: 84/46/1).

[30] *Le Périscope*, August-September 1917, quoted in Stéphane Audoin-Rouzeau, *National Sentiment and Trench Journalism in France during the First World War* (Oxford and Washington, DC: Berg, 1992), p.135.

[31] E. W. Küpper [pseudonym]. Letter to wife, 25 March 1915, BA-MA Freiburg: MSg2/5254.

的师通常分派至少十二名牧师，两倍于德国师中所分派的。[32] 在多种语言和难以呼吁国家忠诚的军队中，拉丁语的弥撒能够提供一个共同的基准点。牧师的说教，既试图安慰士兵上帝会出于善意而引导战争，又试图警告士兵，任何违背了向皇帝所发誓言的人，不但会遭受现世的报复，而且会受到神的惩罚。第 25 步兵师在 1916 年的一场"道德教育"（ethical instruction）的实验性宣传运动中，尤为集中地使用牧师：部队中的捷克士兵被集中成两个连，接受捷克牧师的宗教和王朝思想的灌输。道格拉斯·黑格将军，英国远征军虔诚和得力的指挥官，将牧师置于一个更广泛的中心地位，集中发起努力去加强部队士气。黑格希望牧师向士兵们解释"我们正为之而战的伟大事业"，以及对士气而言也许更具影响力的，鼓励牧师前往比之前更接近前线的地方，在那里，他们可以安抚伤者，埋葬死者并照料士兵们的精神需要。英国军队要求它的牧师做出的牺牲是很大的：只有 11 名哈布斯堡的牧师阵亡，而黑格军中失去生命的牧师人数不少于 166 人。[33]

德国军队和革命的俄国军队，开创了旨在增强或削弱部队思想动机的现代防御性和进攻性的计划。在俄国，1917 年 3 月上台的革命政府快速采取行动在士兵中培植支持力量，到夏天时，一个"社会政治启蒙中央委员会"（Central Committee for Sociopolitical Enlightenment）监控着军队士气且管理着宣传行动。在德国，1917 年 7 月也制订了一项名为"爱国教育"（Patriotic Instruction）的创新性宣传计划。这项计划的目的在于，防止部队受到被兴登堡和鲁登道夫视为惑众妖言的和平妥协建议的蛊惑，加强士气——它在军队的新战术重要性方面比以往更为至关重要——并使士兵们赢得全面胜利的决心像钢铁般强硬。师的"教育军官"而不是牧师受命负责德国的这项计划。他们不但获得许多公共机构的支持，而且拥有丰富多样的手段去评定士兵们的忧虑和不满，并评估他们对宣传的反应。邮件审查员的报告，与连级军官、军医和牧师的谈话，以及来自所谓的"干事"（Vertrauensleute）——受命报告战友情绪的士兵——的情况汇

---

[32] Patrick J. Houlihan, "Clergy in the Trenches: Catholic Military Chaplains of Germany and Austria-Hungary during the First World War" (PhD dissertation: University of Chicago, 2011), p.75.

[33] Michael Snape, *God and the British Soldier. Religion and the British Army in the First and Second World Wars* (London and New York: Routledge, 2005), pp.87–116. 关于哈布斯堡帝国牧师的伤亡，见 Houlihan, "Clergy in the trenches", p.214.

报，使得"教育军官"能够迎合听众的需要。当认识到士兵们不愿意接受说教时，一些新的、更有效的手段得以采用。一些军队通过将谈话与晚会时或户外电影前的免费啤酒结合起来争取听众。此外，他们认识到娱乐本身可以用来增强士兵们的作战积极性：表现德国城市和风光的电影深受欢迎，可以用来提醒士兵们为什么应该坚持到底。散发的核心信息是与士兵们自己的作战防御动机相一致的：指导原则强调，"每个人必须一遍又一遍地反复聆听，在敌人获胜的情况下，不但整个家园，而且连他自己和他的亲人，都将不复存在"[34]。

德国人的爱国教育推动了其他国家的军队实施类似的计划。在卡波雷托遭遇失败之后，意大利军方承认单靠胁迫不足以成为纪律的基础，在 1918 年 1 月设立了专管宣传的机构"P 部门"（Sezioni P），任务是评估部队士气，改善士兵们的休息场所和组织宣传。紧随其后，3 月奥匈帝国军方成立了"敌国宣传防卫局"（Enemy Propaganda Defence Agency）。同月在西线，英国军队实施了一项计划，任命师的教育军官并进行一系列的演讲，旨在向士兵们解释作为英国公民的义务和为之战斗的原因。甚至刚刚参战不久的美国军队也设立了激励士气的部门，1918 年秋在训练营开始工作。与西线最后一次大规模春季攻势之前无疑有助于提高士气的德国计划不同，这些计划由于行动过晚而未产生多大的效果。但是，它们表明各国军队正认识到为提高战斗力而加强思想动机的重要性。

竞相制订宣传计划，不仅仅是出于对厌战情绪的关注或是打算对德国人的首创之举进行模仿。1917 年俄国军队的瓦解似乎是一个令人胆寒的警告，即需要保护部队抵御士气上的侵蚀。自战争开始以来，一场影响中立国和敌国舆论的宣传战已在激烈地进行着，但是除了用飞机在敌军的防线上空零星地散发传单和少量的海报以外，军队很少参与其中。1917 年春天发生改变的是德国军队，它试图利用俄国革命，来实施这场战争的首次协同的军事宣传战。这场战役有一些原始的特色。首先，德国外交部和军方合作构想出用来削弱俄国军队的内容。其次，前线的宣传行动得到了小心翼翼的协调和组织。紧随堑壕里拿着大声手提扩音器的情报人员所实施的口头宣传之后的是非正式的亲善，当夏季战斗重新开始时，在奥匈军队和德国军队展开进攻之前，俄国部队遭到了宣

194

---

[34]　Leitsätze für den Vaterländischen Unterricht der Armee-Abteilung A, 15 November 1917, pp.5–6, BA-MA Freiburg: PH 5 IV/2.

传素材的轰炸。这场宣传战被认为是成功的。它搜集到了有价值的情报,削弱了敌军的士气,亲善举动使得同盟国能够将急需的部队调往其他战线。他们的宣传强化了布尔什维克党人的宣传——布尔什维克党人正利用同样的担心和渴望——所以在一个较小的程度上有助于十月革命。奥匈帝国军方对此印象深刻,以至 1917 年末他们在意大利战线发起了宣传战。

但是,这场战争最著名的军事宣传是 1918 年西线协约国对德国人发动的宣传战。甚至在鲁登道夫春季和夏初攻势被击退之前,一场针对鲁登道夫部队士气的攻势就已开始了。仅在 5 月和 6 月,英军就在德军前线上空散发了 400 万份宣传单。[35] 协约国采取了三条心理战的路线:他们强调己方压倒性的物质优势,承诺宽待俘虏,以及通过质疑为皇帝作战的理由和煽动打倒皇帝来利用士兵们对他们的政府不断增强的幻灭感。但是,这种宣传不是同年下半年德军战斗表现急剧崩溃的主要原因。德皇的部队在几个月持续的战斗后极度疲惫不堪,对攻势失败万分沮丧,在战场上寡不敌众,并认识到失败不可避免。尽管如此,协约国关于美国军队大批抵达法国和战俘营食物不错、条件舒适的传单消息被巧妙地加以选择利用,以增添绝望感和指出一条脱离惨状的道路。1918 年的夏秋季,德军在肉体被消灭之前,士气上已经被击败了。数十万疲惫的士兵,通常跟随沮丧的军官,缴械投降了,这使得协约国军队长驱直进,破坏了德国军队后方的稳定,从而加速了这场战争的结束。[36]

结 论

第一次世界大战期间,军队自身在提振士气方面是极有成效的。敌对双方军队的解决之道是相似的,但如何运用却大不相同。战斗力最强的军队不但通过使士兵适应群体生活和强迫威胁来灌输纪律,而且在前线和后方为士兵提供基本的需求,训练他们直面战斗并将他们融入团结的"初级群体"和尽责的军官所领导的更大规模的军事部队之中。战斗胜利是至关重要的,因为战争期间的战术创新使得战斗效果与高昂士气甚至更紧密地联系在了一起。强制性纪律,

195

[35] Jahr, *Gewöhnliche Soldaten*, p.165.

[36] Niall Ferguson, "Prisoner taking and prisoner killing in the age of total war: toward a political economy of military defeat", *War in History*, 11 (2004), pp.155–163. Also Watson, *Enduring*, pp.184–231.

就如意大利军队所展现出的，能够在较长的时期内保持士兵对命令的服从。由
1916 年到 1917 年西线军队制定的新战术高度重视个人的魄力、能动性和团队精
神。在工业化战争的情况下，士气变得更加重要，而不是更不重要。

　　然而，属于这场工业化战争一个组成部分的平民军人，将他们首要的忠诚
不是赋予军队，而是他们的家人、共同体和通过他们应征入伍去保卫的国家。
士兵们不断增长的厌战心理和对大后方的不满情绪，促使军队导入新的关注点
去加强这些忠诚。德国军队——很快被其他军队所效仿——首开宣传计划的先
河，旨在重新将士兵同家乡以及他们为之而战的事业关联在一起。这场战争在
最后几年还见证了军队首次有组织地致力于心理战的行动。这些姗姗来迟且具
实验性的初步行动，对战争的结果影响十分有限。但是，它们是影响深远的经
验教训，特别是对于战争的失败者来说。第二次世界大战期间的苏联红军和纳
粹国防军中前所未有的严酷军纪，以及在德国的军队中战友之情的风靡，在加
强士气方面是一个关键但不是仅有的因素。这两国军队激励策略的本质是广泛
的思想灌输计划，目的在于将士兵与大后方和领袖密切地关联在一起，灌输对
事业的坚定信念。由于高度重视高昂的士气，工业化战争逐渐演变成了意识形
态的冲突。

8 兵变

伦纳德·V.史密斯

"兵变"（mutiny），在这里指军事人员集体抵制承认国家权威。如果我们接受卡尔·冯·克劳塞维茨的公式化表述，军方只是被授权使用暴力的国家政府机构的工具，那么任何来自军方内部的挑战即构成了对国家自身的一种挑战。与其他方面比较起来，这一点使得兵变有别于罢工。反常的是，在他的经典著作《战争论》中，克劳塞维茨明显未提及兵变。也许他更愿意将兵变简单地视作一种激进的"抵触"形式，能够减缓任何军事机器平稳运转的一系列有形和形而上的现象。但是，在某些层面上，克劳塞维茨的理解更好：

> 战争不仅是一条真正的变色龙，它的性质在每一具体情况下都或多或少有所变化。而且，作为一种总体现象来看，战争的主导趋势总是使得战争成为一种不同寻常的三位一体，它包括三个方面：一、原始的暴力性、仇恨心和敌意，这些都可看作是盲目的自然力量；二、概然性和偶然性的影响，创新精神在其间活动自如；三、作为政策工具的从属性，使得战争仅仅从属于理性。[1]

换句话说，对任何保证理性操控战争的国家而言，偶发事件和情感也是战争的一个重要组成部分。事实上，在一定的情况下，军队本身就能够成为战争的工具，而不是力图发动战争的国家的工具，尤其是如果这个国家不再能够行

---

[1] Carl von Clausewitz, *On War*, ed. and trans. Michael Howard and Peter Paret (Princeton University Press, 1976), p.89.

使全部的主权或者处于解体的过程之中。因此，人们可以说，当国家在短暂或较长的一段时期内失去对军方的管控时，"兵变"就会发生。只有当兵变结束并重新获得对军方的管控时，统治者才能界定、塑造甚至替换这个国家本身。

197   在第一次世界大战期间，兵变带来的挑战有时胜过了国家的权威。这解释了为什么兵变呈现出如此多种多样的形式，并且具有如此不同的结果。就如我在这里使用的术语，"兵变"比"士气"（morale）涉及的内涵更多。实际上，我的观点建立在以下基础上，即"士气"根本上只存在于正常履行职责的军队，因此依据定义，兵变之中的陆军或海军部队不存在士气之说。士气不是兵变期间而应是兵变前后的一个问题。出于这个原因，就我的想法而言，将与士气相关联的"消极兵变"（passive mutinies）排除在外是有意义的，比如一场大败之后从战场的慌乱撤退，或者遭受失败的部队令人生疑的成为战俘的意愿。因此，此处"兵变"指的是主动反抗国家，以及作为有组织的军事当局的工具却与国家对抗。

当国家依然强大时，兵变有助于阐明和在某些情况下甚至确认这一点。兵变也能够界定战时国家的种种局限性。有的兵变动摇了战时国家的基础，甚至将它推翻。也有其他形式的对抗是严格根据法律或拘于法律条文的"兵变"，就如它们发生在国家权威崩溃环境中的那样。另有其他的兵变超出了抵抗名誉扫地的国家权威的范围，到了在新国家的建立过程中重新构建国家权威的地步。因此，第一次世界大战中的兵变在战时国家的权威方面留下了印迹。一场特定兵变的形式、内容和结果塑造了国家权威，并且反过来被正遭受抵制的国家权威所塑造。

某些时间短暂以及起源明显高度地方化的兵变，今天已几乎被遗忘。但是，它们有助于突显大战期间国家和社会的基本错误路线。种族问题构成了这样的一条路线。战争中的各国社会对不同等级的种族进行动员。但是，动员不同种族则不同程度地破坏了对战争努力非常重要的等级制度的保全。比如，1917 年 8 月 23 日，大约 75 名至 100 名驻扎在得克萨斯州休斯敦附近的非洲裔美国士兵，违反白人军官的命令，从军营向这座城市进发。[2] 在这次兵变之前发生了各种挑

---

[2]   Robert B. Haynes, *A Night of Violence: The Houston Riot of 1917* (Baton Rouge, LA: Louisiana State University Press, 1976).

衅事件，例如当地坚持黑人士兵无论穿制服与否，都要坐在电车的后排。驻扎在休斯敦的黑人士兵中大约 25% 来自北方的州，那里种族歧视无疑存在，但很少被公然地纳入公共行为的框架之中。

一名白人警察枪杀了一名黑人士兵以及白人军队即将到来的谣言，进一步激怒了反叛的非洲裔美国士兵，从而引发了暴乱，4 名警察被杀并造成其他 3 名警察受伤。在暴乱结束之前，它又导致了 9 名平民（8 名白人，1 名拉丁裔）以及 9 名国民警卫队成员和 2 名暴乱者死亡。后来，暴乱者散去。一些暴乱士兵返回军营，其余则试图在休斯敦的非洲裔美国人居住区躲避，但未能成功。美国军事史上最大规模的军法审判证实了镇压兵变的合法性——118 人遭到审判，其中 110 人被判有罪。17 名士兵被处以绞刑，22 名士兵被判处终身监禁。

问题的实质是，在国家为大战进行动员的背景下，联邦政府与地方政府对南方存在种族歧视地区的非洲裔美国士兵的建构存在差异。到 20 世纪初时，已经很清楚，1861 年至 1865 年的内战以一种妥协的方式结束了。南方各州认可联邦政府的权威，以换取逐渐失败的南部重建，对于重建最狂热的支持者来说，它涉及将以前的黑人奴隶融合进美国社会。南方各州与北方各州一样被允许多少以他们认为适合的方式处理种族问题。因此，种族歧视使得南方的种族隔离制度化，并通过约定俗成的暴力私刑强制执行。但是，像美国军队这样的联邦机器，在联邦制国家权威的支持下保留了下来。

那些受此折磨的人几乎无一例外地认为这种内战的妥协解决之道是有问题的——直到"合众国"必须作为一个国家为欧洲的这场战争进行动员。可以肯定，20 世纪初美国军队正变得甚至更具种族隔离性，在伍德罗·威尔逊任总统期间，这种态势加快了。但是，联邦政府呼吁各种族为了一场全球性的民主圣战而动员起来，并越来越认同于"民族自决"。黑人士兵穿着美国军队的制服，他们相信这不仅仅给予了他们社会地位的流动性，而且使他们获得了一定程度的保护，免受更公然的种族歧视。他们视自己为联邦政府的代表，而不是南方各州的国民，这并非没有道理。

通过军法审判和死刑，休斯敦兵变遭到了镇压，似乎证明当到了抉择的时候，"白人"政府仍会选择等级——在联邦和州的层面都是如此。但是，这一事件造成了全国性的反响。休斯敦兵变引起了非洲裔美国人报刊媒体的极大关注，尤其是杜波依斯的月刊《危机》。休斯敦兵变揭示了形成中的非洲裔美国人对内战结构性结果的抵制。随着非洲裔美国人向工业化的北方"大迁移"（Great Migration）的顺利进行，黑人种族歧视及其政治庇护者难以控制越来越组织化的黑人舆论。甚至威尔逊总统（肯定不是种族平等的支持者）也认为有责任将被判处死刑的 10 人改判为终身监禁。由于这种姿态只能是相对而非绝对地安慰被定罪者，所以威尔逊的"宽大"显示了大战动员如何损害了当时美国种族关系的状况。

帝国的种族等级制度也因战争动员而处于极度紧张之中。因种族问题引发的兵变，有助于阐释殖民国家的错误路线。各帝国并不希望一视同仁地动员它们的全部臣民。第一次世界大战中的各帝国军队，往往类似于旧制度（Ancien Régime）下的而不是 20 世纪的欧洲军队。征召的做法看上去更像是封建义务的强征，而不是制度化的征兵，并且仰仗地方上层人士的影响力和强制能力。白人军官主管的严苛纪律由来自各殖民地的军士执行。比起在白人军队中，身体上的惩罚（通常转向尽可能多地施加侮辱和痛苦）得到了更大程度的容许。

兵变能够暴露出白人帝国权威的虚饰外表。大战期间英帝国最大规模的兵变发生在 1915 年 2 月驻新加坡的印度士兵当中。[3] 虽然远离西线数千公里，但新加坡构成了通往东亚航线上的一个咽喉要道，因此是英国政治力量的一个战略据点。与休斯敦兵变一样，比起推翻国家的蓄意阴谋来，新加坡兵变更像是一场因种族怨恨情绪引发的暴乱。有不实的传言坚称，穆斯林占多数的印度驻军将要被调派至奥斯曼帝国，与那些同样信仰伊斯兰教的兄弟作战。大约 400 名来自英印军队第 5 轻步兵团的士兵（接近该团人数的一半）散伙并攻击了一辆运送弹药的卡车。之后，他们四散开来，许多士兵试图向北逃往马来半岛。在此过程中，他们杀死了大约 32 名欧洲人和 55 名新加坡人。他们还释放了一小撮德国战俘而使英国当局吓得够呛，然而，在这种形势下这些手无寸铁的敌人究竟可能造成何种威胁，并不清楚。

几天之内，在地方志愿民兵和恰巧在场的外国部队小分队的协助下，英国人围捕了这些兵变士兵。英国人对 202 人进行了审判，47 人被判死刑，最终公

[3] Ian F. W. Beckett, "The Singapore Mutiny of February 1915", *Journal of the Society of Army Historical Research*, 62 (1984), pp.132–153.

开处决了 23 人。英国认为自己正对那帮胆敢公然反抗它的人行使它传统的生杀大权。在这样做的过程中，它能够通过种族的从属关系来发挥强制动员的能力。很难想象，在英国或自治领国家，舆论会容忍公开处决 23 名白人士兵，不论他们做了些什么。

事实上，对新加坡兵变的镇压反映了帝国统治的脆弱。这座英国战略据点的命运一度掌握在数百名愤怒士兵的手中。他们的兵变，由于对军人行为的准则提出了疑问，不可避免地造成对男子气概标准的质疑。[4] 在数十年相传的 1857 年印度兵叛乱故事的刺激下，英国当局大肆宣传兵变者对新加坡白人妇女的性暴力威胁。他们相信这种经考验可信的种族化威胁的有效性，即使并没有发生记录在案的强奸事件——当时只有一名妇女被害，她无私地挡住了射向丈夫的子弹。以这种方式将兵变与性扯上关系是为了掩饰镇压的残酷性，但是也首先产生了令人不安的问题：为什么白人妇女恰好处于如此易受攻击的状态？

第一次世界大战继续撕破帝国统治的外衣。帝国关系难以建立在单向从属关系之上，不管怎样，英帝国各处都不甘接受官方的解释，即大战是为了正义和反抗压迫的全球圣战。从反抗军事当局的角度说，"兵变"被证明是一种可以轻易传递到民间社会，并沿着这种道路迅速政治化的对抗形式。1919 年 4 月 13 日在印度的阿姆利则，数千名公然违反戒严令的平民聚会庆祝传统的拜萨哈节（Bsisakhi）。对这次聚会的可怕镇压造成了著名的阿姆利则大屠杀，这是印度民族主义历史上的一个转折点。莫罕达斯·K. 甘地和其他民族主义者认为，对那些反抗军事当局的人野蛮使用过度的武力，显示出的不是英国的强大，而是软弱。极端的帝国主义者温斯顿·丘吉尔同样如此认为，大屠杀之后他在议会著名的演讲中称："我们在印度或者任何其他地方的统治绝不仅仅建立在武力的基础上，如果我们致力于此，对于英帝国而言将是致命的。"

一些兵变使种族与阶级问题混合在了一起，类似于罢工。观察者——特别是在事后——能够追溯它们的源头至可证明的具体怨恨上，在同德国签署停战协定之后，那些事看上去尤其不公正。1918 年 12 月发生在意大利的一场英属西

201

---

[4] Christine Doran, "Gender matters in the Singapore Mutiny", *Sojourn: Journal of Social Issues in Southeast Asia*, 17 (2002), pp.76–93.

印度群岛步兵团的加勒比士兵的兵变，源于战斗部队被给予通常是专门留给劳工部队完成的任务，以及低于白人部队的补偿标准和晋升级别。[5]1918 年 12 月 21 日，加拿大西伯利亚远征军的士兵断然拒绝登上前往符拉迪沃斯托克的船只，去参加协约国对布尔什维克政权考虑欠妥的干涉。[6]虽然在种族上属于"白人"，但加拿大士兵就其出身而言是讲法语的魁北克人和工人阶级。兵变者厌恶他们眼中以英帝国名义进行的毫无意义的战斗。经过了难以预料的大约二十小时之后，他们服从命令的战友破坏了"罢工"，通过武力威逼强迫他们上了船。西印度士兵和说法语的魁北克士兵的兵变取得了成果。英国政府同意向加勒比士兵做出让步。随着从自治领政府的角度看前往西伯利亚的冒险行动越发荒唐，对拒绝执行命令的士兵进行处罚成了一件尴尬事。在加拿大政府决定从西伯利亚撤出部队之后，全部 10 名遭审判士兵的刑罚暂缓执行。

英帝国军队最众所周知的兵变，发生在 1917 年 9 月位于法国埃塔普勒（Etaples）的训练营。自治领和英国的士兵住在拥挤的帐篷里，按照军队伙食的低标准吃着倒胃口的饭菜，并且被剥夺了富有意义的娱乐设施。新兵和身经百战的老兵都必须忍受令人沮丧和毫无意义的军事操练，而操练通常由从未经历过战斗的军士来指导。因为他们的黄色臂章，士兵们都鄙夷地称他们为"金丝雀"（canaies）。兵变者拒绝履行职责，并对糟糕的待遇表示不满。

在埃塔普勒，最终看上去军事当局占据了上风。道格拉斯·黑格陆军元帅瞧不上因不易管束的应征士兵导致素质降低的战时英国军队。在旧陆军中，士兵知道他们自己的地位而安分守己。第一次世界大战征召的士兵则"不满足于一直不变的安分，他们来自一个喜欢公布真实或想象出来的冤屈的阶层……"[7]。实权人物不满足于有关昔日旧陆军的牢骚话。埃塔普勒兵变导致大约 50 名士兵遭到军法审判（其中 4 人因叛乱罪），1 人被处决。但是，在这种不容置疑的权威表象之下，埃塔普勒兵变产生了明显的效果。出于慎重考虑，军事当局免去了负责军营纪律军官的职务，开放埃塔普勒镇作为士兵娱乐的地方，并将训练

202

[5] W. F. Elkins, "Revolt of the British West India Regiment", *Jamaica Journal*, 11 (1978), pp.72–75.

[6] Benjamin Isitt, "Mutiny from Victoria to Vladivostok, December 1918", *Canadian Historical Review*, 87 (2006), pp.223–264.

[7] Letter from Haig to Lord Derby, quoted in Douglas Gill and Gloden Dallas, *The Unknown Army* (London: Verso, 1985), p.74.

分散到更少监狱化的个别军团。

　　除了朱利安·帕特科斯基数十年后所称的"士兵集体讨价还价"[8]，此类事件还有更多的含义吗？在某种程度上，问题中隐含了它自身的答案。根据像克劳塞维茨这样的军事理论权威的设想，军人被认为应当服从命令，而不是采取集体性或其他形式的讨价还价。当他们这样做时，抗命就对军方与国家之间的关系提出了疑问。在一场罢工中，工人放下工具进行谈判，最终在要么满意要么不满意的情况下复工。但是，一场兵变没有如此的预定对话过程。休斯敦不满的非洲裔美国士兵在 1917 年没有可接受的抵制《吉姆·克劳法》的模式。同样，新加坡的印度士兵并不视自己比开赴符拉迪沃斯托克的魁北克士兵更有能力同英帝国进行正式的谈判。埃塔普勒的士兵，其中一些是自治领国家的士兵，在英国和协约国的胜利并不确定之时，陷入了未知之中。由于第一次世界大战的久拖不决，"全面"的动员看上去带来的不仅是全面的胜利，而且是全面的僵局。在所有这些兵变事件中，国家似乎在事关权威的斗争中赢得了胜利，并将它的意志强加给反叛的士兵。但是，每一事件也都以不同的方式界定了国家权力影响这些身着军服者的限度。

　　在一个兵变士兵拥有完全公民资格的共和国中，他们又应对谁负有责任呢？负有的责任存在于 1917 年春天贵妇小径攻势失败之后法国军队兵变的本质中。[9]最常见的兵变形式牵涉到士兵们在前线接到命令应当各就各位时，他们却集体拒绝这样去做。接着，他们出发前往空旷地带，举行示威以表达各式各样的诉求。简而言之，法国军队所有师中几乎一半发生过集体性违反纪律的事件。短期内，指挥系统简直缺乏借助武力解决问题的手段。高级指挥官认为，只有骑兵部队（特别是来自殖民地的部队）肯定会向法国士兵开火，如果他们接到这种命令的话。但是，这些人在人数上绝不足以压倒手握武器的愤怒的步兵。在很大程度上，西线范围最广的兵变短暂地取代了外部的权威体系。

　　在肆意妄为的兵变状态下，心怀不满的士兵可能不对任何人做出明显解释

203

---

[8]　Letter from Putkowski to *The Guardian*, 26 September 1986, quoted in Gary Sheffied, *Leadership in the Trenches: Officer-Man Relations, Morale and Discipline in the British Army in the Era of the First World War* (New York: St Martin's Press, 2000), p.153.

[9]　Leonard V. Smith, "Remobilizing the citizen-soldier through the French army mutinies of 1917", in John Horne (ed.), *State, Society, and Mobilization during the First World War* (Cambridge University Press, 1997), pp.144-159.

就宣泄他们的诉求。在表达诉求时，士兵们自然地从比较一般的问题，比如他们的伙食质量，转到对大后方他们家人的关注，以及类似"不公正"这样的抽象问题上去。就如兵变不可避免地对军队本身提出质疑那样，兵变也不可避免地对男子气概提出了疑问。对家人的关注同养家和护家这样的传统男性角色紧密地联系在了一起。因此，士兵们特别对当局正使用"黑人"（les noirs，一个常见的对殖民地部队的通用词）驱散内地妇女罢工的传言感到烦躁不安。

最重要的是，士兵们想要"和平"。事实上，他们既想要和平，又想要一项改革的休假政策，即使前者大概会使后者显得不那么重要。当然，1917年在欧洲谁不想要和平呢？如同在许多其他人当中一样，在兵变的法国士兵当中，魔鬼存在于细节之中。当士兵们被强征入伍时，他们很少怀有任何带条件的和平想法，甚至抱有与法国政府自1914年起向他们解释的战争目标说法不相一致的想法。大部分士兵认为，收回阿尔萨斯和洛林同没有领土兼并的和平是一致的，要求德国赔偿因战争造成的全部损失与没有赔偿的和平并不冲突。对于兵变的结果和这场战争自身而言，"和平"的问题与士兵们诉求的微观和宏观要素结合了起来，引起了责任的问题。总而言之，"和平"使得法国军队的兵变政治化了。

204　　在此过程中，兵变将与法国的民主一样久远的直接民主和代议制政府之间的紧张状况带至表面。就如普遍的示威游行所反映出的那样，兵变已经变成了一种直接民主的活动。但是，代议制政府与直接民主存在艰难但重要的合作关系。共和国，即有组织的主权人民共同体，通过宪法和法兰西国家公共机构得以体现。人民由此授权代表去表达他们的意志。换句话说，平民军人作为国家的代表服役于军队，而国家是人民的代表。所以，直接民主必须找到一种途径来通过这种代表架构体现自己，就如士兵们自己看上去充分理解的那样。不满的士兵一次次地迫不得已将诉求传达给众议院里选出的代表。

直接民主和代议制政府都从法兰西共和国的传统中，即从主权人民的普遍意志那里，获取合法性。正是因为共和国在使一些权力观念国际化方面取得的成功，这一传统被证明是一种强大的高压手段。士兵们服从于对自己和同胞负有责任的权力来源。无论是作为代议制政府的工具服从他们的指挥官，还是作为公民在主张他们权利时不服从并煽动反对这场战争，士兵们作为一种散漫的组织（a discursive structure）依然对共和国负有责任。他们没有赢得这场战争的方案，而且到目前为止指挥官未接近胜利。终究，他们不得不选择是输掉战争，还是赞同现有的军事当局和指挥官赢得战争的方案。最终，1917 年的法国军队兵变更多地是支持战争，而不是反对。于是，以一种苦涩的方式，法国的兵变重申和表达了兵变者对于战时国家应负的责任，即使他们曾对其进行过挑战。

就如在德国以东的欧洲所发生的那样，当国家自身败亡时，"兵变"意味着什么呢？在奥匈帝国，几乎自 1914 年起，这个二元君主制的国家和军队似乎就竞相迈向共同毁灭。在 1916 年年事已高的皇帝弗朗茨－约瑟夫驾崩之后，与一个其治下大多数人口为非马扎尔人 * 的匈牙利王国联合在一起的哈布斯堡帝国的"奥地利"部分，看上去根本只能作为一个受德国庇护的国家存在下去。当然，1916 年哈布斯堡军队在加利西亚以及 1918 年 10 月和 11 月在维托里奥－威尼托（Vittorio Veneto）的失败，具有"被动"兵变的特征。但是，由于因哈布斯堡王权而联合在一起的两个国家逐渐衰弱，王朝和帝国力量的恢复至少同最终解体一样是令人感到吃惊的。 205

在某些情况下，兵变能够揭示这样的道理，即军事机器一旦运转起来就往往停不下来。1918 年 2 月 1 日，哈布斯堡的水兵在卡塔罗（现门的内哥罗的科托尔）海军基地发动兵变。[10] 停泊于港口的巡洋舰"圣乔治号"上的水兵，似乎是自发地接管了这艘军舰。他们升起了红旗，但奥匈帝国的彩色旗帜原封未动，而且不满的水兵甚至继续按规定早晚向彩色旗帜敬礼。克罗地亚和斯洛文尼亚的水兵领导了此次兵变，可是他们的不满和诉求与南斯拉夫民族主义并无关联。他们倒是对乏味的演习训练和没有兑现与布尔什维克达成《布列斯特－立陶夫斯克条约》而许诺的好处（特别是加强食物的分送）感到不满。总的来说，日耳曼人和马扎尔人的水兵未参与兵变。不满的克罗地亚和斯洛文尼亚水兵没有下一步该干什么的打算，忠于帝国的地面和海上力量很快将兵变者包围起来。大约 392 名参与兵变的水兵受到指控，但其中 348 人被宣告无罪。最后，有 4 名兵变水兵遭到枪决。事后很久，卡塔罗兵变才成了一场民族主义者的起义，特别是在 1968 年铁托元帅在遭枪决水兵的墓前安放花圈时。

哈布斯堡军队中最重要的兵变在某种程度上是理论上的，发生在一个不大

＊　马扎尔人为现匈牙利的主要居民。——译者注

[10]　David Woodward, "Mutiny at Cattaro, 1918: insurrection in the Austro-Hungarian fleet on February 1st", *History Today*, 26 (1976), pp.804–810.

可能的环境中——协约国的战俘营。意大利人、塞尔维亚人以及特别是俄国人，全都借着将要被称作民族自决的名义，试图去说服他们所看管的超过 150 万人的哈布斯堡战俘，拿起武器反对奥匈帝国。仅仅在俄国就有超过 10 万名的战俘这样做了。尽管所有这些士兵理论上是"兵变者"——鉴于他们名义上作为奥皇弗朗茨－约瑟夫士兵的身份——但他们认为自己是在国家主权缺席的情况下对其进行占有并使之合法化。简言之，战争引起了不受正式国家控制或者在这种情况下没有国家领土的国家军队的出现。就如伊什特万·戴阿克认为的，"哈布斯堡帝国分解成为敌对的国家实体，在战俘营中就已开始了"[11]。

俄罗斯帝国的军队往往对战俘按照斯拉夫人和非斯拉夫人进行区分，这正是为了根据泛斯拉夫的情感鼓励对前者的动员。整个战争期间，波兰人在敌对的两方——德意志帝国、奥匈帝国和俄罗斯帝国中作战。总体来说，波兰人被认为在政治上变化无常，不能从战俘营中大量征用。沙皇政府坚持不懈地企图争取捷克人和斯洛伐克人。在 1917 年二月革命之后，问题变得更为复杂。临时政府继续征召捷克和斯洛伐克战俘。各种各样不同政见的人争取着匈牙利战俘。捷克军团，前战俘当中建立的最正规且最知名的部队，其成立即源于这种努力。[12] 在 1918 年 1 月《布列斯特－立陶夫斯克条约》签订之后，问题甚至进一步复杂化。理论上，全部战俘得到释放，但他们的身份变得模糊不清。在最好的情况下，遣返如此大数量的战俘将对后勤提出一个难以应付的挑战。但是，他们返乡之后的政治处境变得复杂起来，并且可能是致命性的。即使已经衰落不堪的奥匈帝国依然可能处决这些前战俘，因为事实上他们已经叛逃至敌人的一方。而且，许多前战俘发现他们自己身处不在布尔什维克党人实际控制之下的地区。

由托马斯·马萨里克和爱德华·贝奈斯领导的组建中的流亡政府，试图将当时大约为 6 万人的捷克军团转移至西线。鉴于他们日益紧缺的兵力状况，法国人和英国人伸出了援手。但是，实施这种转移的唯一可行路线是通过西伯利亚，借助跨西伯利亚的铁路。在此过程中，捷克军团卷入了考虑欠妥且注定要

[11] Istvan Deák, *Beyond Nationalism: A Social and Political History of the Habsburg Officer Corps, 1848—1918* (New York: Oxford University Press, 1990), p.198.

[12] George F. Kennan, "The Czechoslovak Legion", *Russian Review*, 16 (1957), pp.3–16.

失败的协约国在西伯利亚的干涉行动，并逐渐与反革命的白卫军勾结在一起。[13]
到了 1918 年夏，这些来自哈布斯堡皇家和帝国陆军的前兵变者被驱散在通往太
平洋的茫茫铁路沿线。分散的捷克军团实际处于无国籍状态，被当作名义上由
法国指挥作战的一支协约国部队。1918 年停战时，"捷克斯洛伐克"已有了一个
流亡政府（在伦敦运转）和一支军队（在西伯利亚作战），但没有国家领土。

尽管不如捷克军团那样知名，但匈牙利的战俘应征者实际人数更多。贝
拉·库恩，一位来自洪韦德（Honvéd，匈牙利王国的国家卫队）的战俘，开始
了他严肃的政治生涯，即在大约 60 万名匈牙利战俘中为革命红军招募志同道合
者。任何站在红军一边作战的马扎尔人，都将他自己置于反对匈牙利国王弗朗
茨－约瑟夫的继承者卡洛伊四世（作为奥地利皇帝为卡尔一世）的叛乱之中。 207
尽管如此，估计 8 万至 10 万名匈牙利人最终在内战中为布尔什维克作战，一些
在赤卫队当中，其余则在新成立的红军当中。[14] 这使得他们究竟"赤化"到何种
程度一直是一个存在争议的问题。无论身在哪一边，士兵们往往比平民更优先
获得食物和其他必需品。战斗意味着食品供应处于一种日益混乱的状况，就如
先前的俄罗斯帝国陷入内战那样。一些马扎尔战俘对沙皇的追随者、临时政府、
白卫军和协约国当局对捷克人和斯洛伐克人表现出的偏袒，简直怨恨不已。"捷
克斯洛伐克"终究有赖于合并斯洛伐克（自中世纪以来为匈牙利王室领地的一
部分）。从 1919 年 3 月至 8 月，库恩在匈牙利领导一个昙花一现的苏维埃政权，
马扎尔兵变者支持布尔什维克党人的成功无疑助长了他的抱负。

就俄国自身而言，兵变摧毁了战时沙皇制的国家。俄罗斯帝国的士兵参战，
根本上并未使俄国成为一个西方式的国家共同体。[15] 沙皇的士兵大约 95% 是农
民出身，他们的两种古老且交叉的权威概念，皆是源自农村。军官仅仅是取代
了地主而已。这种权威既难以抗拒，又反复无常；士兵只能服从和盼望出现更
好的情形，但最可能的是在来世。与这种权威概念相对的是沙皇的权威，虽然
距离遥远，但沙皇是他的人民近乎神话般的"小爸爸"（little father），他的意愿

[13] John Albert White, *The Siberian Intervention* (Princeton University Press, 1950).

[14] Ivan Volgyes, "Hungarian prisoners of war in Russia, 1916—1919", *Cahiers du Monde russe et soviétique*, 14 (1973), pp.54–85.

[15] Elise Kimmeling Wirthschafter, *From Serf to Russian Soldier* (Princeton University Press, 1990); John Bushnell, *Mutiny amid Repression: Russian Soldiers in the Revolution of 1905—1906* (Bloomington, IN: Indiana University Press, 1990).

经常被邪恶的属下所阻挠。

由于全面战争紧张状况的加剧，"小爸爸"变得非常名副其实，但也非常容易犯错。由于在 1916 年御驾亲征，尼古拉二世削弱了对他自己的合法地位而言十分重要的神秘性。即使军事形势普遍恶化，始于 1917 年 3 月（按照当时俄国使用的儒略历为 2 月）的俄罗斯帝国军队的兵变，并非因战场的任何特定的溃败所引发。[16]相反，它们的起因是主要城市出现食物短缺而爆发的骚乱。这引发了一场政治危机，短短几天之内就导致了沙皇的退位。"小爸爸"的权威全然消失了。随着沙皇政权的垮台，外部的劝导不复存在。数百万农民出身的士兵一夜之间失去了主心骨，不知道这场战争究竟同他们有何关系。于是，兵变酝酿出更多的兵变。问题变成了是否有人能够灌输外部或内部的劝导，这对于重新控制这部分群体是必要的。

起初，俄国军队直接与德国和奥匈帝国的军队交战，并未瓦解。士兵们拒绝进攻，但一般是愿意坚守防线的。就如在法国的情况一样，比起身在前线，士兵们在后方更为躁动不安。但是，这些沙皇的前臣民没有了应忠于谁或忠于什么的清晰概念。无论谁，只要能够重塑他们的军事和非军事认同，就大有希望获得国家权力，无论是从短期还是长期来看。

临时政府的领导人亚历山大·克伦斯基没有忘记法国大革命第二年里军队的情形。于是，他试图在短短几个月里通过将臣民士兵转化为形成之中的俄罗斯共和国的公民士兵来重演这段历史。通过 1917 年 7 月下令在奥地利的加利西亚发动一次新攻势，临时政府对士兵的军事和政治认同提出了罕见的要求，这恰好发生在法国军队兵变正平息之际。法国人不敢在此时发动如此规模的攻势，然而他们鼎力支持俄国人采取这样的行动。大约 3500 名从严格法律层面说属于兵变的捷克斯洛伐克步兵旅的士兵加入了俄国军队，这是捷克军团在传统东线唯一重要的参与。取得最初的胜利之后，临时政府的军队遭遇失败，不仅从加利西亚撤出，而且退至乌克兰地区。此后，前帝国军队内部的权威开始瓦解。当大战在革命的俄罗斯演变成内战时，在各方，开小差成了层出不穷的现象。数百万变得残暴，在政治上失去依靠且手握武器的农民出身的士兵，力图去弄懂这一切。

---

[16]　Alan K. Wildman, *The End of the Russian Imperial Army*, 2 vols. (Princeton University Press, 1980, 1987).

在俄国，这种意外地从一场战争滑向另一场战争的情形，印证了克劳塞维茨对于战争的公式化阐述——"战争不仅是一条真正的变色龙"。战争隐蔽的自然力量造成了结构性的混乱，不同政治派别的"理性"行动者争斗了数年去掌控这种形势。与临时政府差不多同时产生的另一个权威来源是工兵代表苏维埃，通常被称为苏维埃。在 1917 年 3 月 14 日它所颁布的著名的第一号命令中，彼得格勒苏维埃明确呼吁在整个前帝国军队中建立苏维埃：

> 所有的连、营、团、兵站、炮兵连、骑兵中队和所有在军舰上服役的 209
> 独立分支，立即从上述军事部门选出的士兵和水兵代表中选举出委员会。

所有的军事部门需要于第二天派代表前往国家杜马（议会），然而如何跨越领土辽阔的整个俄罗斯去实现这一安排并不清楚。各军事部门会成为公开的政治参与者，但全部的活动应服从彼得格勒苏维埃的安排。没有彼得格勒苏维埃的批准，任何来自国家杜马的命令都被视为无效。

尽管彼得格勒苏维埃怀有对最高权力的野心，但各个苏维埃起初只是一种名副其实的基层机构。没有政党或派别控制它们。各个苏维埃使得军方和行政管理机构之间关系的谈判正式化了。各苏维埃处理多种多样的事务，诸如分发食物、军事审判以及是否和如何占据前线的阵地。因此，它们形成了一种制度化的兵变。临时政府尽其所能地绕开和削弱它们，因为苏维埃对其是一种直接的挑战。但自相矛盾的是，不仅仅表面上民主的临时政府，而且苏维埃也开始成功地反复灌输主权取决于一些新型政治认同的理念。最终，控制了苏维埃即是控制了国家。

然而，与此同时，数百万农民出身的士兵继续离开队伍。[17] 一些是"兵变者"，他们有意离开解体中的俄罗斯帝国军队。一些则是出于个人原因而离开，而有些只是离开已不存在的部队而已。由于铁路运输处于混乱之中，大部分离开队伍的士兵主要是靠步行数百甚至数千公里，力图返回家乡。因东线的三年战争而变得残暴的农民突然有机会按照暴虐当权者的方式行事，于是出现了许

[17] Nicolas Werth, "Les Déserteurs en Russie: violence de guerre, violence révolutionnaire et violence paysanne (1916—1922)", in Stéphane Audoin-Rouzeau *et al.* (eds.), *La Violence de guerre, 1914—1945* (Brussels : Éditions Complexe, 2002), pp.99—116.

多针对军官或地主的暴行。从历史上看，关于暴行的故事几乎一直都在讲述中被夸大。但是，同时代的人所描述的亚洲特色（aziatscina），意为诸如割舌、挖眼，甚至割去阴茎这样"亚洲式的"手段，一定发生过，既作为报复的举措，又作为一种恐吓那些站在俄国旧政权一边的人的手段。一群半组织化的农民出身的逃兵被称为"绿军"（Greens），他们构成了内战时期与红军和白卫军一同存在的第三类参与者。[18] 虽然他们一直是三类参与者当中最不具有一致性的，但准军事武装性质的绿军遍布整个俄罗斯的欧洲部分。"无产阶级专政"或抽象的"俄罗斯"，对于绿军来说，都几乎没什么意义。沙皇统治下的俄国已经覆灭，但新俄国还不存在——至少无人为他们深深关切的当地事务服务。

210

最终，布尔什维克党人最好地把握了军事权威的微戏剧（micro-dramas）与管理、维持和重建国家权力的宏观剧（macro-dramas）之间微妙的相互作用。布尔什维克党人懂得，通过土地与和平的即刻许诺，他们可以立即在获得国家权力的考试中赢得胜利。之后，他们能够动员起所急需数量的士兵，如果他们不支持工人革命的话，至少也可以防止旧政权的复辟。名义上的国家权力，经过一段时间以后，能变成名副其实的国家权力。对于将人民主权作为一种控制军方的工具，布尔什维克党的列宁和列夫·托洛茨基比民主派的克伦斯基有着更为老到的理解。关键不在于压制或绕开苏维埃，而是与它们进行合作。因为在苏维埃内部存在打造一种军人的手段，这种军人不仅仅同他之前的压迫者进行斗争，而且服从于至少在理论上他自身也是其来源的权威。然后，布尔什维克式的平民军人能够成为新公民秩序的强制执行者。

布尔什维克的国家和红军，在 20 世纪 20 年代建立起来。比起工人（更不用提农民），军人成了无产阶级专政的先锋。早在 1921 年，对喀琅施塔得（Kronstadt）水兵起义的镇压就显示出，布尔什维克政权甚至不会容忍来自那些身穿军服的人的非正统左翼思想。列宁使用"胡萝卜"，特别是新经济政策，使私有财产和利润部分合法化。[19] 新经济政策主要完成了对"绿军"的遣散任务。1928 年后，斯大林则进行五年计划和农业集体化。布尔什维克的平民军人已经

[18]　Vladimir Brovkin, "On the internal front: the Bolsheviks and the Greens", *Jahrbücher für Geschichte Osteuropas*, 39 (1989), pp.541–568.

[19]　Donald Raleigh, *Experiencing Russia's Civil War: Politics, Society, and Revolutionary Culture in Saratov, 1917—1922* (Princeton University Press, 2002).

掌握了他的新信号，足以强制执行这两项政策。[20]

在德国，兵变既造成了帝国的覆灭，又严重损害了魏玛共和国的建立。兵变始于德意志帝国的海军——严格地说，在指挥的最高层级。[21]到 1918 年 10 月 29 日，德国政府与威尔逊总统之间的停战谈判已经进行了数周。那一天，海军上将弗朗茨·里特尔·冯·希佩尔和莱因哈德·舍尔向他们的属下简要说明了一项计划，旨在谋划一场大规模海战。德国舰队、潜艇和全部海军力量将首先在泰晤士河口对英国的海运造成严重的破坏，接着在英吉利海峡与英国大舰队（Grand Fleet）交战。德国海军要么给敌人造成一场大败，从而增强德国在和平谈判中的实力，要么安排自己瓦格纳式地（Wagnerian）退出这场战争 *。这项计划没有获得政府的支持，甚至没有得到那时德国真正掌握权力的军方最高统帅部的批准。

德国的水兵们，最初在威廉港，接着在基尔港，拒绝履行义务，而他们的战友则拒绝向他们开枪。1918 年，在他们很少参与的情况下，德国的大战曾接近胜利，但接着归于失败。德国海军部到目前为止拒绝冒着进行一场决定性激战的风险去打破协约国的封锁，代之以用潜艇去对敌人的补给线造成严重破坏。于是，耗费巨资打造的公海舰队待在港口度过了大部分时光，它的船员们忙碌于最平凡且乏味的任务。到 1918 年 11 月，水兵们发现，这场战争显然正在陆地上走向失败，一场海上大决战——无论是赢还是输——终究不可能带来太大的差别。事实上，海上的杀戮只能加剧德国人"可怕"（frightfulness）的国际名声，而协约国自 1914 年起一直在非常精心地炮制这种形象。很少有德国水兵相信，海上的战争理应有一个歌剧式的结束。跟在卡塔罗发动兵变的哈布斯堡水兵不同，德国兵变者与平民大众有着紧密而持久的联系。水兵们的抵制迅速蔓延至码头、交通运输部门和工厂企业。短短几天之内，水兵起义演变成了一场大罢工，使得帝国自身灰飞烟灭。

1918 年 11 月 9 日威廉二世的退位，使得"兵变"的界定成了政治上见仁见

[20] Mark von Hagen, *Soldiers in the Proletarian Dictatorship: The Red Army and the Soviet Socialist State, 1917—1930* (Ithaca, NY: Cornell University Press, 1990).

[21] Daniel Horn, *The German Naval Mutinies of World War I* (New Brunswick, NJ: Rutgers University Press, 1968).

* 借用德国作曲家威廉·理查德·瓦格纳华丽、辉煌的音乐风格，代指壮烈地退出战争。——译者注

智的问题。[22] 当天下午 2 时，社会民主党的菲利普·沙伊德曼宣布议会制共和国成立。下午 4 时，卡尔·李卜克内西宣布革命的社会主义共和国将受到苏维埃的监督。他与罗莎·卢森堡建立了斯巴达克同盟，他们的革命形式被称为斯巴达克起义。于是，任何选边站的军人都被另一边视作叛乱。此外，数月以来，由于军人遣散和平民自我武装，军人与平民之间的界线已经模糊不清。1919 年 1 月，马克斯·韦伯在名为"作为一种职业的政治"（Politics as a Vocation）的演讲中，创造了他关于国家主权的著名定义，即在特定的领土内合法使用武力的一种垄断权。从这个意义上说，随着德国国家主权的式微，究竟谁是祖国忠诚的仆人，谁是兵变者，是非常视情形而定的。

　　矛盾的是，第一次世界大战在德国的正式结束导致了一种战争淹没国家权力的状况出现。[23] 从逃脱国家权威的军事人员的意义上看，第一个因"兵变"骑虎难下的人是弗里德里希·艾伯特，在德皇退位之后被召唤来收拾残局的来自社会民主党的总理。艾伯特决心避免重蹈克伦斯基在俄国的覆辙，并立即给帝国副总参谋长威廉·格勒纳将军打了一个著名的电话。艾伯特将原封不动地保留帝国军官团，以换取在恢复社会秩序上得到他们的帮助。但是，由于大部分正规部队仍然滞留在西线或东线的异国他乡，格勒纳缺少可支配的足够力量去独自重新获得控制权。

　　政府和军方越来越依赖于自由军团，即"复员"军人自发组建的准军事自治团体。[24] 在某种意义上，我们可以把他们看作职业的兵变者，因为他们认为自己是主权的来源——一个真正"德国"的化身，这不是任何在某一天自称上台执政的政权所能及的。这场战争缔造了他们，而他们将继续缔造战争、停战或将什么都没有。作为一名自由军团的老兵，弗里德里希·威廉·海因茨在回忆录中写道：

　　　　当他们告诉我们战争已经结束时，我们大笑起来，因为我们自己就是

[22] Richard Bessel, *Germany after the First World War* (Oxford: Clarendon Press, 1993).

[23] Robert Gerwarth and John Horne, "Vectors of violence: paramilitarism in Europe after the Great War, 1917—1923", *Journal of Modern History*, 83 (2011), pp.489–512.

[24] Mark Jones, "Violence and Politics in the German Revolution of 1918—1919" (PhD thesis, European University Institute, 2011).

战争。它的火焰持续在我们当中燃烧，它以被灼热和可怕的毁灭光环所环绕的我们的行动为生。我们遵从我们内心的召唤，行进在战后时期的战场上，就像我们迈向前线一样：在行进时，我们放声歌唱，满是不顾后果和冒险主义的豪情；在战斗中，我们是冷酷、沉默和无情的。[25]

个别的自由军团准军事人员有一连串令人不安的行动方式——从肆无忌惮 213
的高度性别化的恐怖活动，到对前线有悖常理的怀旧，再到对平民（特别是妇女）、社会主义者、共产主义者和犹太人（不分先后）强烈的和通常非理性的仇恨。[26]自相矛盾的是，"失败"为动员自由军团提供了一种强大的手段，去抵制战争的结果。当然，并不是所有的退伍军人都对这场堑壕里的战争持如此虚无主义的乐观看法。大战所动员起来的大约1100万德国人当中，只有大约40万曾加入自由军团的阵营。但是，这些职业的兵变者对两次大战之间的德国政治施加了与他们的人数相比远远不相称的影响力。

德国社会民主党和新生的共和国确实避免了克伦斯基在俄国的命运。自由军团及其武装支持者平定了斯巴达克同盟分子在柏林的起义，并于1919年镇压了一个将要成立的以慕尼黑为中心的巴伐利亚苏维埃共和国。但是，新政权为赢得胜利付出了过高的代价。为了获得在德国合法使用武力的垄断权，共和国求助于那些藐视它的人。无论他们各自有怎样不同的政治信仰，自由军团的战斗人员都一致认为，社会主义者和共产主义者隐藏在失败的背后，失败发生在国内而非前线——这成了众所周知的"背后中了暗箭"的神话。另外，大部分自由军团的战斗人员将社会主义者和共产主义者等同于犹太人，后者则越来越被贴上一个险恶的种族上的"他者"标签。一段时期内，自由军团只是仇恨共产主义者，尤其是那些被他们看作是信仰共产主义的犹太人，对后者的仇恨仅仅比社会主义者多了几分。在没有任何审判作为借口的情况下，自由军团谋害了李卜克内西、卢森堡以及其他数千名革命者和异见分子。

---

[25] Friedrich Wilhelm Heinz, *Sprengstoff* (1930), 引自 Robert Gerwarth, "The Central European counter-revolution: paramilitary violence in Germany, Austria and Hungary after the Great War", *Past and Present*, 200 (2008), p.185.

[26] Klaus Theweleit, *Male Fantasies*, trans. Stephan Conaway, 2 vols. (Minneapolis, MN: University of Minnesota Press, 1987—1989).

　　转包恐怖的政策为魏玛共和国带来了一个没有前途的开场。由于认识到他们已将共和国从俄国式的革命当中"拯救"出来,自由军团退伍军人视自身为德国国家主权真正来源的意识几乎无法动摇。他们在思想上的兵变因此被证明是永恒的。政治谋杀,一旦被非正式地许可,便难以正式废止。1921 年,右翼恐怖分子刺杀了马蒂亚斯·埃茨贝格尔。后者于 1918 年 11 月签署了停战协定,之后成为财政部长。1922 年,瓦尔特·拉特瑙同样被谋杀。尽管战争期间无人比拉特瑙在动员德国经济方面做得更多,但他是一名犹太人。身为外交部长,他签署了《拉巴诺条约》,使得与苏俄的关系正常化。因此,自由军团的意识形态两次谴责他为叛国者。

　　《凡尔赛条约》包含了对非正规军事组织的严格规定,自由军团的坚持,成为协约国日益关注的事情。1921 年,魏玛共和国正式宣布自由军团非法,两次大战之间的岁月里,它在德国政治生活中的存在逐渐弱化,但实际上从未消失。"准军事"被证明是一个难以界定的概念,这种说法本身就只在 20 世纪 30 年代才出现。名称的变化能够为支持自由军团提供一个微弱但有效的掩饰。例如在 1921 年,早期的纳粹党只是将"会场秩序纠察部"(Saalschutz Abteilung,通常被称为冲锋队)重新命名为纳粹组织的"体操与运动部"(Turn-und Sportabteilung)。但它对魏玛共和国的反叛立场依旧未变。

　　也许与国家的建立相生相伴且最为成功的"兵变"是在安纳托利亚,当时反叛的士兵围绕着一个克里斯玛型人物建立起与旧国家相对立的新国家,并最终取得了胜利。1918 年 10 月 3 日的《穆德洛斯停战协议》赋予了协约国广泛但几乎是难以强制执行的权力。协定第 16 条规定,整个安纳托利亚、阿拉伯半岛、叙利亚和美索不达米亚的奥斯曼驻军就近向协约国军队的指挥官(可能在数百公里之外)交出武器。这预示了一个在 1923 年《洛桑条约》之前经常出现在该地区和平缔造中的问题——协约国明显的"胜利"与他们在地面上稀疏的军事力量之间的差距。当地的协约国军队如何能在整个辽阔的前奥斯曼帝国内强制和平,应对停战之后立即普遍出现的大规模复员要求呢?一支大约 3500 人的中等规模的协约国部队(主要是英国人),作为非正式的占领军,进驻君士坦丁堡。苏丹和奥斯曼政府的正式机构原封未动。协约国对奥斯曼帝国的"胜利"取决于承认这种胜利的君士坦丁堡政权的存留。

穆斯塔法·凯末尔——后来姓氏被称为阿塔蒂尔克——在奥斯曼帝国终结之际成为兵变的人格化身。[27] 他是奥斯曼军队中的一名职业军官，参与了 1911 年与意大利争夺利比亚的战争，以及巴尔干战争（1912 年至 1913 年）。然而，他声名鹊起是因为在 1915 年作为第 19 步兵师的指挥官整顿了奥斯曼在加里波利的防御。在整个《穆德洛斯停战协定》期间，他担任了多种其他的作战和参谋职务。1919 年 4 月 30 日，凯末尔担任无关紧要的第 9 集团军督察的虚职，该军基地在黑海沿岸的萨姆松（Samsun）。事实上，这将他置于远离半占领状态下的君士坦丁堡苏丹的权力范围之外，由此也超出了协约国实际军力所及的范围。尽管名义上听命于陆军部，但凯末尔实际上成为安卡拉以东整个安纳托利亚地区军队和民事部门的高官。但是，他后来称他的新职位得到了苏丹穆罕默德六世的支持，在他离开时，苏丹告诉他：

215

> 帕夏，你已经为国家做出了颇多的贡献。它们现在成了历史的一部分。忘了它们吧，你将要做出的贡献会更加重大。你能拯救这个国家。[28]

凯末尔的"兵变"逐渐露出端倪。他抵达萨姆松后不久，巴黎和会最高委员会授权希腊占领士麦那（后来的伊兹密尔 [Izmir]）。相应地，凯末尔和其他一群高级军官于 1919 年 6 月 22 日发表了《阿马西亚公告》。公告表示，国家的独立和领土完整已岌岌可危，有必要召开国民大会应对这种局势。当然，这意味着君士坦丁堡的政府不再具有足够的能力去保护国家的利益，就如那些在安纳托利亚的土耳其穆斯林越来越表明的那样。在英国人的压力之下（这件事本身表明实际的国家主权还握在君士坦丁堡的手中），7 月 5 日，奥斯曼陆军部长命令凯末尔返回首都，但凯末尔拒绝了，并答复称他现在正效力于"国家的军队"。7 月 9 日，凯末尔辞去军职。这件事是他作为一名兵变者的最后举动，同时也是他作为一个新国家的开国之父的第一个举动。

虽然衰落的苏丹政府就凯末尔的背叛在其缺席的情况下判处他死刑，但新旧国家之间事实上的分离在过去数年中已经发生。1919 年 7 月在埃尔祖鲁姆

---

[27] 当 1934 年强制推行姓氏时，凯末尔变成了所知的"阿塔蒂尔克"。

[28] 引自 Andrew Mango, *Atatürk: The Biography of the Founder of Modern Turkey* (Woodstock: Overlook Press, 1999). p.216.

（Erzerum）和 1919 年 9 月在锡瓦斯（Sivas）召开的未经许可的国民大会，确立了《国民公约》两条最突出的原则，而《国民公约》则详细阐述了《阿马西亚公告》的原则。民族主义者宣布，安纳托利亚地区是一个不可分割的土耳其国家。另外，任何不承认这一政策的政府依据事实本身就缺乏合法性。与此同时，凯末尔声称，他既不是一个兵变者，也不是一个反叛者，他只是想把苏丹从外国势力的支配下解救出来。

216　　英国人同意在 1919 年 12 月进行大选，这被证明是最后一届奥斯曼议会。大概只有英国人感到惊讶，大选选出了一个亲凯末尔的强大多数。当这届议会于 1920 年 2 月 12 日通过《国民公约》时，英国人做出反应，正式占领了君士坦丁堡，并解散了议会。不久之后，安卡拉的土耳其大国民议会选举凯末尔为总统。只是在 1922 年 11 月苏丹穆罕默德六世坚定地拒绝承认安卡拉政府之后，大国民议会才罢黜他。

当然，凯末尔视自己为"正宗的"后奥斯曼土耳其国家的促成者、事实上的仆人。对于他的数千追随者来说，这是一种令人信服的说法，尽管存在着风险。如果一名兵变军官能够声称自己是国家的代言人，那么为什么其他人不可以呢？通过韦伯意义上的夺回国家主权而建立一个新国家，凯末尔成了"阿塔蒂尔克"或"土耳其之父"，垄断了对安纳托利亚半岛合法使用武力的权力。从推论以及实质的层面说，他开始垄断了"合法性"。自然，它有助于凯末尔动员后帝国时代的国家去抵抗外来的威胁——首先是抵抗西方的协约国占领军，接着是抵抗希腊，后者显然不仅仅倾向于吞并君士坦丁堡，至少还包括安纳托利亚西部的三分之一。但是，新诞生的凯末尔共和国的敌人并非都如此明确是来自外部的。

安纳托利亚远非凯末尔主义者所宣传的那样，是形成之中的同质化土耳其国家。甚至在与希腊达成协议后所进行的大约 150 万人残忍的"大交换"之后，安纳托利亚依然同第一次世界大战的前交战地区一样，在种族上和宗教上是多种多样的。穆斯林、基督徒、犹太人、土耳其人、希腊人、库尔德人、亚美尼亚人、阿尔巴尼亚人、切尔卡西亚人（Circassians，北高加索人）和其他民族，几个世纪以来相互杂居。成千上万不同的个人出于各自的理由对奥斯曼帝国演变成凯末尔主义的土耳其看法各异。准军事的暴力行为在继续，特别是在库尔德人居住的地区和马尔马拉海沿岸种族混杂的地区。[29] 随着 1922 年的恰纳克事件（Chanak affair）*之后对希腊人和英国人取得的胜利，凯末尔的军队增强了它的内部合法地位。它将不再容忍以种族、宗教或任何其他事物为基础的"兵变"。采用军事手段的同化行动成为最重要的事。无论好坏，阿塔蒂尔克及其追随者所建立的军队，为直到 21 世纪初的土耳其提供了政治社会的基础。

就如我们已经看到的那样，第一次世界大战期间的兵变发生在一个广泛的范围内。如同战争自身一样，兵变被证明"不仅是一条真正的变色龙"，而且有着非常不同的形式和结果。对军事权威的反抗能够明确表明休斯敦和新加坡战时的种族关系。它能够使埃塔普勒传统纪律的边缘变得迟钝，只是无人公开承认这一点。最后，兵变可以为法国的共和国事业提供一种苦涩的肯定。在一个寿命并不比其奠基人长多少的共产主义南斯拉夫国家的官方事实以外，卡塔罗兵变的记忆能够得到数十年的重新建构。俄国战俘营中严格根据法律或拘于法律条文的"兵变"，能够有助于在捷克斯洛伐克建立一个后续的国家，并破坏匈牙利国家的建立。兵变的工具化为布尔什维克在俄国获取权力铺垫了道路。兵变也促进了德意志共和国的成立，共和国诞生伊始就依靠自由军团的职业兵变者，结果损害了自己。兵变非常成功地融入凯末尔主义的土耳其国家的形成过程之中，以至于它完全未被当作兵变去提及。事实上，"兵变"一词很少使用第一人称："我们"以代表国家社会真正利益的名义进行反抗，"他们"则为了摧毁那个社会进行反抗。

总的来说，兵变在第一次世界大战比在第二次世界大战更为重要。当然，所谓军人从事"兵变"是依据此处使用的定义——例如 1940 年 6 月夏尔·戴高乐及其一小撮追随者逃往伦敦，1944 年一些德国军官刺杀阿道夫·希特勒的炸弹阴谋。但是，从结构上说，这些"兵变"与穆斯塔法·凯末尔的兵变类似。比起当时身处原位得到承认的国家当局来，兵变者声称是国家利益的真正代言人。到第二次世界大战时，希特勒的宣传部长约瑟夫·戈培尔关于国家主权的立场已经胜出。主权民族国家事实上已经成为"其城堡中的主人"——能够在统治的领土范围内动员、镇压和杀害数百万人。这通常使反抗沦为孤立的破坏

[29] Ryan Gingeras, *Sorrowful Shores: Violence, Ethnicity, and the End of the Ottoman Empire, 1912–1923* (Oxford University Press, 2009).
* 1922 年 9 月，凯末尔的军队将英军围困在达达尼尔海峡的海港恰纳克（今恰纳卡莱）。——译者注

行为，主要发生在偏远的地区。国家的权威已经十分强大，甚至很少有人敢于
策划兵变反对它。大概只有在 1945 年之后，随着去殖民化战争导致的殖民地国
家的破碎，长期的政变和兵变困扰着后殖民时代的国家，我们才在第一次世界
大战中发现了其真正的共鸣。

9 后勤

伊恩·布朗

一位研究后勤问题的学者，亨利·埃克尔斯，在 1959 年写道，"经济能力限定了所能创建的作战力量，而后勤能力限定了作战行动中所能部署的力量"[1]。这在 1914 年和当今都是如此。兵马未动粮草先行的古老真理是很有道理的，但一定是过于简单化了。然而，它概括了军事后勤的实质——以使官兵们能够开展军事行动的方式，满足这些官兵的生存需要。人们可能效仿隅田哲郎*去探究生产武器需要怎样的军事工业化综合企业，或者采用阿夫纳·奥弗的方法去探究食品生产和进口如何影响军事政治的决策，但是，关于军人实际上的物资消耗以及如何将它运送至身处战场之上的他们手中，是军事后勤的核心问题。作为首场真正现代意义上的战争，第一次世界大战标志着一个分水岭，通过为作战军人提供再补给获得的经验方法为许多事情打下了基础，比如我们现在视为平常的隆冬时节北半球超市里的新鲜葡萄。

人们能够以 1914 年时参战大国的补给线和运输线为基础，将它们分为两大地理类型：大陆型和大陆以外型。标准是以下问题的答案：大国的军队能否在欧洲大陆上开赴一场战争？不论海外属地、殖民地或保护国的数量如何，如果答案是"是"，那么该大国就可以定义为大陆型的。其余的大国——英帝国、日本帝国和美国——构成了大陆以外型的队伍。在或多或少的程度上，大陆型大国都拥有由铁路和内陆水道组成的运输网络去高效运送大批物资，而提供支

---

[1] Henry Eccles, *Logistics in the National Defense* (Harrisburg, PA: Stackpole, 1959), p.41，楷体为原书作者所加。
* 美国马里兰大学历史系日裔军事史学教授。——译者注

219 撑的公路网路则提升了他们军队的行进能力。对每一个国家而言，这增强了在较短的时间内将军队以及这些军队所需的给养部署至他们边境的潜力。来自一个能够快速动员且敌对的邻国的威胁意味着，所有大陆型大国都要维持数量可观的常备军，并且能够得到轻易动员起来的后备力量的支持。另外，在每一个如此的大国中，军事工业化综合企业已经发展起来，以满足他们大规模陆上军队的需要。虽然法国和德国都维持了相当实力的海军以具备一定的能力去保护海外殖民地，但他们互为假想敌（或者在德国的情况下假想敌既有法国又有俄国），而且陆军一直处于优先地位。

大陆以外型的大国则维持了较小规模的陆军和强大的海军。几个世纪以来，英国的安全有赖于皇家海军的强权，它也是英国全球贸易帝国成长中的一个要素。1914年，作为世界首屈一指的贸易强国，英国保有一支规模巨大的商业船队，致力于维持贸易生命力。日本也依赖粮食和矿产资源的贸易，而美国作为一个相当于拥有自己大陆的大国，对贸易不存在类似的依赖性，尽管它的贸易肯定已是全球规模的程度。日本一开始就将行动限于太平洋，但英国和美国都将军队投入到了欧洲大陆的作战行动之中。对于这两个大国而言，这意味着要建立大规模的远征军，并筹划如何为这些身处海外供应链末端的军队提供补给。

当讨论后勤、海外供应链和海军力量问题时，人们必须区分单纯的海军实力（即一个国家海军的作战力量）与海上实力之间的不同，后者既包括了海军力量，又包括了该国商业船队的运输能力。[2]1914年7月，全世界吨位在100吨以上的蒸汽船的数量为10123艘，涵盖了总计2050万吨的航运能力，英帝国在此方面的数量略超过全世界的45%。[3]但是，这个数字是不可靠的，最近的研究表明，英国控制的全球航运和贸易量超过了55%（在加上协约国船只的情况下为80%）。[4]还有一个复杂的问题是，1914年时的航运同今日的情形有着截然不同的景象，当时世界大约4500万吨的船运全部依靠劳动密集型的装卸。以压

220

---

[2]　Keith Neilson, "Reinforcements and supplies from overseas: British strategic sealift in the First World War", in Greg Kennedy (ed.), *The Merchant Marine in International Affairs, 1850—1950* (London and Portland, OR: Frank Cass, 2000), p.31.

[3]　Charles Ernest Fayle, *The War and the Shipping Industry* (London: Humphrey Milford, 1927), pp.2–3.

[4]　Nicholas A. Lambert, *Planning Armageddon: British Economic Warfare and the First World War* (Cambridge, MA and London: Harvard University Press, 2012), pp.238–240.

缩包装、托盘装载和集装箱运输的形式穿梭于现代海上航线的集装箱货轮，承载了全球贸易相当大的部分，但这只是一个较为晚近的创新（第一艘集装箱轮船"理想 X 号"［*Ideal X*］于 1956 年 4 月 26 日首航）。[5] 在第一次世界大战期间，靠体力从事轮船装卸的大批装卸工放缓了海上贸易的步伐。此外，1914 年英国的海上实力致力于维持英国的经济，简直难以在不对经济产生负面影响的情况下支持海外的军事行动。尽管如此，英国商船队的庞大规模和战前船舶制造的规模（占 1910 年至 1914 年世界船舶制造总数的 60%，而其中 80% 是为英国的船舶所有人制造的），使得英国仍有相当的余地在对国内造成最小影响的同时支持海外军事行动。[6]

英帝国作为世界首屈一指的海上强国，为协约各国提供了巨大的韧性和持久力。这使得英国能够在一年左右的时间内建立一支近 100 万人的欧陆军队，并成功地为其海外行动提供了补给，完成了一项历史性的后勤壮举。[7] 之后，美国也不得不做到这一点，但不同于英国港口和法国港口之间英吉利海峡 50 公里左右的距离，它必须应对的是大西洋两岸 5500 公里的距离。虽然多数美国部队是乘坐美国的轮船前往法国，但英国绝对庞大的海上实力发挥了巨大的作用，仅在 1918 年，用船运至法国的 182.8 万人的部队中，略超过 55% 使用的是英国的船只。[8] 而且，英国的船舶为将这些部队的给养运送至法国提供了一个后勤的基础。最后，英国的船舶支持了多个战场上的英国军队（大战期间平均使用了 175 万吨的船舶吨位，运送了累计近 2400 万人和超过 4600 万吨的军需品），支撑了英国的经济，承载了 1917 年至 1918 年对法国和意大利出口量的 45%。[9]

协约国补给线的范围是真正全球性的。南美的产品和加拿大的小麦跨过南北大西洋被运往英国和当时欧洲的目的地。为了将士兵和给养从遥远的澳大利亚和新西兰运至地中海战线，之后再前往西线，日本海军为这些运兵船提供了重要的护航支援。位于地中海的第二特遣中队，为 700 多艘船只和 70 万名协约

[5] Brian J. Cudahy, *Box Boats: How Container Ships Changed the World* (New York: Fordham University Press, 2006), pp.ix, 27–32.

[6] Fayle, *Shipping*, p.17.

[7] Ian M. Brown, *British Logistics on the Western Front, 1914—1918* (Westport, CT: Praeger, 1998), pp.75–104, *passim*.

[8] David Stevenson, *With Our Backs to the Wall: Victory and Defeat in 1918* (Cambridge, MA: The Belknap Press of Harvard University Press, 2011), p.345.

[9] Neilson, "Reinforcements and supplies", pp.46–48.

国士兵前往他们的目的地提供了护航，还从损坏或损毁的船只上搭救了 7000 多人。在这一系列复杂的任务行动中，同样必须为水兵和所运送的陆军士兵提供必需品。

尽管被称为第一次世界大战，但就它的地理范围而言，它本身并非独一无二。七年战争已经见证了一场全球规模的冲突，在欧洲、北美和印度都有陆地战场。第一次世界大战的唯一性是指，它既具备全球规模，又大体上是现代工业化民族国家之间的战争。因此，交战部队的绝对数量让此前的战争望尘莫及。此外，19 世纪晚期的技术变革，使得这些部队能够以在战斗打响之前难以想象的情形去使用诸如弹药这类的军事消耗品，并且对于所有军队而言，能够使它们按照部队的新火力去规划如何最佳部署他们的队形，同时使他们能够抽出时间有效地重新获得补给。像法国 75 毫米野战炮这样的现代化武器，可以每分钟向 8 公里以外的目标发射 20 发炮弹；相比它们 1897 年之前的前辈，重型火炮具有快得多的射速。[10] 在讨论美国远征军作战行动的演变时，马克·格罗特吕申对所有军队在西线最终学到的东西给出了一个切实的总结：

> ……拿下比远征军指挥官普遍认为的小得多的目标耗费了他们更多的和协同更好的火力，采用了更小规模的和更灵活的步兵队形……但是，甚至是最富战斗力的步兵师……在很大程度上也是通过学会如何协调使用大规模火力，而不是依赖于步枪和刺刀或者仅仅依赖盟国的步兵援军赢得了胜利。[11]

222　　在不改变这段话的准确度或意思的情况下，人们可以轻易地将这一针对美国远征军的描述替换用于法国、德国或英国的部队，确实，这一经验能够用于这场战争所有的主战场。绝对数量的战斗人员、全球规模的作战行动和以惊人的速度消耗给养的能力，三者的结合将无与伦比的挑战置于所有民族国家的后勤人员面前。

1914 年 8 月见证了欧陆大国充分利用他们的运输网络迅速使他们的军队实

[10]　Jonathan B. A. Bailey, *Field Artillery and Firepower* (Annapolis, MD: Naval Institute Press, 2004), p.209.

[11]　Mark Ethan Grotelueschen, *The AEF Way of War: The American Army and Combat in World War I* (New York: Cambridge University Press, 2007), p.57.

现战时满员，以及使这些军队能够立即以一种令人觉得可怕的速度开始消耗给养——军需品、食品、士兵和马匹。德国的施里芬计划有赖于总参谋部的最大部门铁道部（the Railroad Department）协调的快速而准确的铁路调动[12]，并经比利时突然挥师法国西北部，尽管法国人按照第 17 号作战计划（Plan XVII）在其东面的法德边界发动了一场大规模的攻势。在东线，俄国和奥匈帝国学着样子开展行动。在 8 月和 9 月初，德国人向前突入法国工业的心脏地带，将他们的铁路线末梢延伸至遥远的地方，例如，第 1 集团军的部队在夏末的热浪中挺进了大约 500 公里。德国第 2 集团军发现自己处于相似的情况，尽管它"只是"挺进 440 公里，抵达了马恩河。[13] 即使饥渴难耐和疲惫不堪，德国军队对巴黎也已构成了一种威胁，但这些军队也处于危险之中，达到了再补给的极限。这就是通常所称的"后勤均衡器"（logistic equaliser）的例子。矛盾之处在于，随着军队从他们的补给源头处开始向前推进，他们的战斗力也因需要将给养运送到越来越远的地方而遭到削弱，而退却会有效地增强他们的战斗力，因为他们的再补给线缩短了。在这种情况下，法国人已经使用了国内的运输线，但没有推进至远离他们铁路线末梢的地方。事实上，在第一次马恩河战役之前以及第 17 号作战计划明显失败之后，霞飞将军利用这些国内运输线将他右翼的 4 个军团调至左翼——每个军团使用多达 118 列火车，4 个军团调动花费了 6 天时间；铁路局（Directorate of Railways）实施的一场"后勤上光辉的壮举"，对马恩河战役的结果有着极其重要的影响。[14] 在东线，俄国动员得比预期的更为迅速，但德军更高的领导才能和对东普鲁士稠密的铁路网的熟练运用，造成了俄军在坦能堡的大败。[15] 虽然俄国人发现自己因相对落后的交通基础设施而处于不利的境地（在临近战线的区域，每百平方公里大约有 5% 的铁路线），但俄国的铁路在完成任务方面一般都表现得不错。[16] 此外，在坦能堡战役之后，铁路线的严重不足阻碍了试图挺进俄

[12] David Zabecki, *The German 1918 Offensives: A Case Study in the Operational Level of War* (London: Routledge, 2006), p.84.

[13] Holger Herwig, *The Marne, 1914: The Opening of World War I and the Battle that Changed the World* (New York: Random House, 2009), pp.219–220, 250–251.

[14] Herwig, *Marne*, p.306.

[15] Christian Wolmar, *Engines of War: How Wars were Won and Lost on the Railways* (New York: Perseus, 2010), p.190; Timothy C. Dowling, *The Brusilov Offensive* (Bloomington and Indianapolis, IN: Indiana University Press, 2008), pp.18–20.

[16] Dowling, *Brusilov*, p.8.

国境内的同盟国军队。作为军队所面临的一项基本现实情况，巨大的伤亡已经接踵而来——现代化的速射火炮、机关枪和栓动步枪的结合，使得战场成了杀戮的地带，让自己暴露其间无异于自杀；于是，堑壕的挖掘开始了。

与流行的看法相反，堑壕被证明是步兵人员的朋友，因为它们为躲避现代战争的杀伤力提供了掩护、隐蔽和防护。[17] 它们沿着波罗的海地区延伸，形成连绵的战线。双方的后勤人员事实上开始了建造军队所需的配套基础设施的漫长过程，从长期看，比起增加军事消耗品的生产，这一过程更加困难，因为基础设施本身就更难建造。[18] 虽然各战线的一些部分在战前或接近战前的边界地段陷落，但重要的部分并未如此，没人对接着发生的情况有效地制订过计划。到1914 年年底，西线已经维持了稳定，除了 1917 年年初德国的一次大规模后撤以外，形成了直至 1918 年 3 月之前它的大体方位。东线显示出更大的变动，但是在 1914 年至 1915 年的冬季之后，在方位上也呈现出稳定性。具有讽刺意味的是，从后勤的角度看，堑壕的出现和西线的静态前线对双方都是有所助益的。1915 年期间，主要参战大国遭遇了炮弹的危机，因为炮弹的耗费量大大超出战前最坏的预期。[19] 例如到 1914 年 12 月时，俄国已经基本耗尽了战前的弹药储备，每天约 4.5 万发炮弹的持续需求是实际日产量约 1300 发的 30 多倍。[20] 工厂简直无法生产出足够的弹药去满足需求，这种情况使得战争集中于修建基础设施和运输线上——将铁路线末梢尽可能地接近前线，在靠近铁路线末梢的地方建造较大的兵站和弹药堆放场，铺设用马牵引或不挂车厢的单独机车等为动力的轻轨。与此同时，英国远征军开始竭力从帝国警察急剧壮大为一支欧陆的军队。英国远征军存在另外一种复杂情况，他们必须将军队的几乎全部所需从英国或其他海外的补给源用船运至法国。到 1915 年年底，英国远征军已在法国建立了自己的运输线，并设法扩大它的规模逾 300% 至近 100 万人。以一种不同寻常的悖论看，炮弹危机在英国事实上使得扩大远征军规模的任务更加容易，因为炮弹

224

[17]　Stephen Bull, *Trench: A History of Trench Warfare on the Western Front* (London: Osprey, 2010), p.218.

[18]　Zabecki, *1918 Offensive*, pp. 83-84.

[19]　Cf. Dennis E. Showalter, "Mass warfare and the impact of technology", in Chickering and Forster, *Great War, Total War*, pp.79-80; Jay Luvaas, "A unique army: the common experience", in Robert A. Kann *et al.* (eds.), *The Habsburg Empire in World War I* (New York: Columbia University Press, 1977), p.97.

[20]　Dowling, *Brusilov*, p.6.

的缺乏减轻了运输线的负荷，使得扩军可以更迅速地进行。[21] 将数百万法国和德国士兵加入这一复杂局面，而他们全都必须获得维持健康和战斗力所需的一切物品补给，因此后勤的影响变得显而易见。

西线呈现了曾在战时情况下一决雌雄的最大数量的一群士兵。同时，这些以百万计的士兵不再作为他们祖国具有生产能力的劳动力得到雇佣；反之，他们现在正承担实质上是非生产性的角色，而且不得不被供养。

除了显而易见的必需品即武器和弹药之外，供养和维持战场上的军人还要花费什么样的基本物品呢？首先是食品。虽然当今美国农业部建议 19 岁至 30 岁积极运动的男子每日应获取高达 3000 卡路里的热量，但服役军人所需则要高得多。[22] 西线的主要战斗人员在初期都意识到了这一点，制定了慷慨的卡路里目标，范围从德国人的 4038 卡路里到美国人的 4714 卡路里。[23] 尽管目标是令人称赞的，但要实现目标被证明是困难的，例如战争期间英国远征军在法国有过不同的配给量标准（见表 9.1）。虽然就这些数字本身而言，它们的变化看上去不是特别重要，但当增加至 200 万人时，它们可能是非常重要的。例如，1918 年 1 月 26 日茶叶的定量减少了 4 克，似乎微不足道，但是意味着每日需要分配的茶叶量减少了大约 16 吨。此外，如果 1914 年的配给量在整个 1918 年得以维持，那么每日额外的约 300 克将意味着每日需要分配额外的 1200 吨。显然，在不至于对基础设施增加不必要重负的情况下，配给量标准需要慷慨到足以为维持官兵的健康和士气提供充足的给养。

225

表 9.1　1914 年至 1918 年英军配给量标准，单位以克计

食品	最初	1915/10/29	1916/4/4	1917/1/20	1917/7/1	1918/1/26
肉（新鲜或冷冻）	567	454	454	454	454	454
肉（罐头）	454	340	340	340	255	255
面包	567	567	567	454	454	454
饼干	340	340	340	340	283	283

[21]　Brown, *British Logistics*, p.78.

[22]　*Dietary Guidelines for Americans, 2010*, 7th edn (Washington, DC: US Government Printing Office, December 2010, US Department of Agriculture and US Department of Health and Human Services), p.14.

[23]　*Statistics of the Military Effort of the British Empire during the Great War, 1914—1920* (London: War Office, 1922), p.586.

续表

食品	最初	1915/10/29	1916/4/4	1917/1/20	1917/7/1	1918/1/26
熏咸肉	113	113	113	113	113	113
奶酪	85	85	85	57	57	57
新鲜蔬菜	227	227	227	227	227	227
干蔬菜	57	57	57	57	57	57
茶叶	18	18	18	18	18	14
果酱	113	113	85	85	85	85
黄油★	24	24	24	24	24	24
糖★★	85	85	85	85	85	85
燕麦片★	24	24	24	24	24	24
大米	12	12	12	12	12	12
盐	14	14	14	14	7	7
芥末	1.4	0.6	0.6	0.6	0.3	0.3
胡椒粉	0.8	0.8	0.8	0.8	0.3	0.3
牛奶（浓缩）★★★	21	21	28	28	28	28
咸菜★	12	12	12	12	12	12
最大总量 （小数点后略去）	1,884	1,770	1,749	1,608	1,601	1,597
最小总量 （小数点后略去）	1,374	1,259	1,238	1,210	1,061	1,057

资料来源：*Statistics of the Military Effort of the British Empire during the Great War, 1914—1920* (London: War Office, 1922), p.584.

楷体部分：1917 年 1 月之前，作为"额外的配给品"发放。

★每周发放三次，数量做相应调整。

★★从 1917 年 7 月 1 日起，如果发放加糖浓缩牛奶，那么糖的配给量削减至 71 克。

★★★在 1917 年 1 月 20 日之前，这个数字是基于所提供数据估算出的。

226　　此外，军队不得不饲养和照看牲畜，因为在那一时期牲畜实际提供了大部分的动力。这有着重要的影响。到 1917 年 8 月底，英国军队在世界范围内使用了超过 80 万头牲畜，包括 70 万多头实际部署在战场上的牲畜（见表 9.2）。这些牲畜消耗了相当大量的粮食和水，事实上，在这场战争期间，英国远征军向法国输入了超过 300 万载重吨的燕麦和近 270 万载重吨的干草，两者统称为"饲料"。[24] 在戴维·凯尼恩和其他人为英国骑兵及其教条辩护时，提到了饲料问题。理由是有说服力的——骑兵使用了大部分运往法国的饲料的隐含假定是错误的，骑兵的马匹数量只占在法国的英国远征军马匹数量非常小的比例。[25] 然而，在纯粹成本收益的基础上更细致地审视饲料问题时，比起相同数量的骑兵来，正规步兵能以人均更低的吨位成本提供更强的火力（见表 9.3）。只有不切实际地使步兵师的配给量最大化，同时使骑兵师的配给量减至最小，才使无论何处的相对数字趋于接近。使用更切实的假定可表明，从一个基本配给的角度看（人类食物和马的饲料结合起来），骑兵师与步兵师的消耗量大致相同。即使承认骑兵在一个战术时限内能比步兵更迅速地行进一段距离，在从 1914 年年底到至少 1918 年年初西线通常的条件下，这样的计算也总是倾向于在法国维持步兵而不是骑兵。一旦机动化的运输方式开始取代马匹，这种平衡就起了变化，但不利于骑兵，因为机动化的运输（卡车和拖拉机）开始在各师的炮兵部队和补给部队中取代役马。

尽管如此，在这场战争期间，马匹和为其"加油"的草料构成了运往法国的货物吨位中一个非常重要的部分，这是因为马匹在运输线上和在炮兵部队中的数量庞大，而不是因为马匹出现在骑兵师中。虽然在战争期间所有的军队，特别是西线的军队大幅增加使用机动化的运输方式，但牲畜承担了从铁路线末梢再向前运输的首要搬运工的角色。直到 1917 年，至少在协约国这一方，机动化运输方式才开始逐步取代用马牵拽的运输方式，而例如在美索不达米亚和东非战场，卡车的数量不断增加，但牲畜依然是至关重要的。[26] 最后，尽管卡车的使用数量随着时间不断增加并最终开始取代马匹，但燃料的需求最终使得在货物吨位方面并无多大的节省；它们的作用是，使军队能够在比使用马匹时离铁路线末梢更远的距离为士兵提供补给。

水和与之相关的基本卫生状况，同食物一样极其重要，但不幸的是，很少

228

229

[24]　*Statistics*, p.521（从 1914 年 8 月 9 日至 1920 年 3 月 26 日，为 3,250,243 载重吨燕麦和 2,669,184 载重吨干草）。

[25]　David Kenyon, *Horsemen in No Man's Land: British Cavalry & Trench Warfare 1914—1918* (Barnsley: Pen & Sword, 2011), pp.7–8.

[26]　Showalter, "Mass warfare", p.84. See also Kaushik Roy, "From defeat to victory: logistics of the campaign in Mesopotamia, 1914—1918", *First World War Studies*, 1:1 (2010), pp.51–52.

表 9.2　1918年英国军队在各战场使用的役畜

战场	骑乘马	轻挽马	重挽马	驮马	未分类的马	轻挽骡	重挽骡	驮骡	未分类的骡	骆驼	牛	驴	总计
英国	34,717	47,614	15,177	834	25,500	11,849	256	1,303	345				137,595
法国	122,421	168,917	70,362	6,449		78,394		3,337					449,880
埃及	31,566	11,632	1,207	1,428	4,696	15,613	613	4,977	1,192	44,502			117,449
萨洛尼卡	9,246	6,848	1,445	408	3.770	3,216		43,312	8,486				76,731
美索不达米亚					25,543				38,186	2.952	5,016		71,697
东非					1,544				2,219		6,033	6,810	16,606
总计	197,950	235,011	88,191	9,119	61,053	109,095	869	52,929	50,428	47,454	11,049	6,810	869,958
战场总计	163,233	187,397	73,014	8,285	35,553	97,246	613	51,626	50,083	47,454	11,049	6,810	732,363

资料来源：*Statistics of the Military Effort of the British Empire during the Great War, 1914–1920* (London: War Office, 1922), p.400.
注释：在数据中，美索不达米亚的数字在总目中被减去了 27。

表 9.3　1914 年英国步兵师和骑兵师每日每名士兵和每匹马的配给量规定

步兵师		例 1		例 2	
		每日（kg）	总计（kg）	每日（kg）	总计（kg）
士兵	18,073	1.884	34,050	1.6	28,917
马（700 kg）	5,592	21	117,432	14	78,288
每日总计配给量			151,482		107,205
每日每士兵配给量			8.4		5.9
骑兵师		每日（kg）	总计（kg）	每日（kg）	总计（kg）
士兵	9,269	1.374	12,736	1.6	14,830
马（500 kg）	9,815	10	98,150	10	98,150
每日总计配给量			110,886		112,980
每日每士兵配给量			12.0		12.2
骑兵 / 步兵（%）			143%		205%

资料来源：Horse consumption – Greg Lardy and Chip Poland, *AS-953(Revised): Feeding: Management for Horse Owners* (Fargo: NDSU Extension Service, February 2001), p. 4; *Statistics of the Military Effort of the British Empire during the Great War, 1914–1920* (London: War Office, 1922), p. 584.
例 1：骑兵马轻度劳作，每日消耗体重的 2%；步兵马重度劳作，每日消耗体重的 3%；步兵接受更多的新鲜或冷冻的配给；骑兵接受少一些的干的配给。
例 2：所有轻度劳作的马、士兵接受同样的基本配给，包括新鲜的或冷冻的或干的。

有确切的数字去说明现实中到底运送了多少水。但是，对于维持生命来说，它是更加重要的必需品，所有军队都必须想方设法为他们的前线部队获取水。鉴于当今建议的每日从所有的来源（包括食物）中摄入 1 美制加仑（略少于 4 升）的水，人们有理由认为，尽力作战的士兵每日需要饮用至少 2 升的水，多于这个数字的部分则含在他们的食物中（通常相当地多）。对于中东、美索不达米亚、萨洛尼卡和东非战场的士兵而言，由于他们身处的环境，对水的需求则更高。就 1918 年年初的英国远征军而言，算出的仅仅是为避免脱水而必须分配的每人每天 2 升的水，总计就接近 4000 吨。部队建制必定包含运送水的设备和人员。1916 年年初，英国远征军拥有一艘服役的专门净化水的驳船，可以每小时提供 1.8 万升水，另有五艘处于建造过程当中。另外，他们成立了一支机动化的军中供水分队，为了向 3 个军团供水，使用了 89 辆载有一个 680 升水罐的轻型卡车，32 辆载有一个 2250 升水罐的 3 吨重的卡车，还有一些运载净水设备和化学品的车辆——总容量为 13.35 万升。[27] 供水分队将水运至各师，接着水被分配到下属部队。另一个例子是一个美国师的供水部队拥有 101 辆运水大车（每辆由一头驴牵拉），另有 6 辆"拖车"搭载师的卫生队。[28] 尽管在任何特定的时候各军队都有很大比例的人手并未积极投身于前线，但对于身处前线的官兵而言，水的最后一段旅程还要继续，通常是用朗姆酒罐子、桶或水车，（至少在前线的德国一方）还常常使用瓶装的矿泉水，因为这对他们来说较容易获得。朗姆酒罐子、桶和瓶子那时满足了堑壕储存水的要求。不论其来源，当水烧开时总是最安全的。[29] 在极端的环境下，官兵可能不得不饮用从弹坑中获得的已污染的地表水，痢疾可能已经是最不严重的副作用了，因为无人地带本身就是不卫生的地方。

230

虽然基本的卫生条件（清洗和剃须）在不必使用饮用水的情况下能在堑壕里实现，但是必须使用一些方法去处理粪便。总的来说，定期消毒的厕所结合理想条件下的一种便桶系统，将每日的粪便从堑壕里清除出去，被证明是首选的方法；粪坑系统也得到使用。[30] 对于不能真正清除粪便的系统而言，消极的一面是，粪便随时可供炮弹火力随意地重新分配。但是，在这种基本卫生水平之外，洗澡和灭虱只能在堑壕之外的后方实现，那里的洗衣房和专用卫生设施能够在还算安全的地方工作。格罗特吕申利用美国第 26 师 1918 年 10 月的卫生报告，举例说明了糟糕的卫生条件加上其他补给问题所造成的影响。总之，该师在前线苦于普遍缺乏卫生设备和正常补给的中断（比如饮用水和干净的衣服）。破衣烂衫、不卫生的状况和每日仅一顿热饭菜的累积影响，使得该师处于一种危险的作战状态中。[31]

接下来，军队需要提供衣物和居所。衣物、靴子和其他基本"装备"在粗暴使用的情况下很快就损坏了，对于天然纤维制品而言，堑壕战是一种十分恶

[27] Q2811, Cubitt to War Office, 10 January 1916 and Q2811/1, Haig to War Office, 3 February 1916, WO95/29, QMG Branch, War Diary, British National Archives (BNA) (4.54 litres per imperial gallon).

[28] *United States Army in the World War 1917—1919*, CD-ROM edn (Washinton, DC: Center of Military History, 1948), vol. vi, p.341（下文简称，*USOH*）.

[29] Bull, *Trench*, p.82.

[30] Bull, *Trench*, p.76.

[31] Grotelueschen, *AEF Way of War*, pp.193–195.

劣的环境。而且，官兵们简直每时每刻都随身携带他们的物品。一旦物品变得肮脏或潮湿，就往往保持那个样子，直到官兵们轮换调防离开堑壕转为后备队为止，在那里，卫生条件和驻扎条件得以改善。此时，官兵和衣物得到清洗和灭虱，并发放替换的衣物。因此，这要求所有的军队在靠前线足够近的地方储备大量的替换装备，以便毫不延迟地予以发放，总体来说，大部分军队做得足够成功，尽管1914年至1915年的冬季在像喀尔巴阡山这样的地方的艰苦是令人难以忍受的。

居所是一个有些棘手的问题。历史上，身处野外的军队依靠帐篷等为部队提供居所，但帐篷不是能够在堑壕里竖立起来的东西，于是采用了其他的"居所"形式。堑壕本身可以提供居所，但大部分可用的掩体，最低限度也要在头顶部使用木料，以躲避最恶劣的天气。在某些情况下（大部分出现在前线的德国一侧），精心修建的居所使用了钢筋混凝土，而且有时变得舒适。从最普通不过的到精心修建的，居所消耗了大量的木料和其他建筑材料，比如修建它们所用的石材和混凝土；而建造军队用于存储和运送给养的基础设施，也迫切需要这些材料。

1914年运动战在西线一失灵，堑壕两侧的后方地区就出现了修建基础设施的热潮。对木材、石料和煤炭的需求尤其大幅飙升，因为必须修建众多的铁路专用线和兵站去处置运往部队的货物流。战前，在德法之间有六条主要铁路线运营——从科隆到巴黎有两条，从科布伦茨（Coblenz）到凡尔登、美因茨到南锡（Nancy）、美因茨到梅斯（Metz）和曼海姆（Mannheim）到科尔马（Colmar）各一条。[32] 这些铁路线中的每一条都显然被堑壕所切断，双方需要确定他们铁路线末梢的最佳地点（一般位于或非常接近于离堑壕最近的主要铁路中心，但未因如此接近而处于危险境地），铺设另外的铁路线和专用线去扩大规模，以便能够有效地利用它们，并在离铁路线末梢较近的范围内建造众多的兵站和货场去储存大批的消耗品，最后修缮或建造公路和轻轨，加速将补给物资运往堑壕阵地。这样的建造简直不得不进行，因为"有铁路的地方，军队就能够调动和补

231

[32] John A. Porter, "The German supply system as it affected operations in the offensive of March 21–27 against Amiens; the offensive of May 21 to July 15, 1918, in the Marne Salient" (Fort Leavenworth, KS: Command and General Staff School Papers, 1931), p.1.

给。一旦离开铁路线，补给系统比威灵顿*那个时候的样子强不了多少"[33]。这一切耗费了巨量的建筑材料：用于公路和铁路路基的石料，用于房屋、铁路轨枕、堑壕改善和获取热量的木材，用于打地基和堑壕改善的混凝土，用于电厂、铁路动力和获取热量的煤炭。这场战争期间，英国远征军向法国运送了超过85万吨的木材、450万吨的煤炭（在总运输量中仅次于弹药），以及近150万吨用于修建公路和铁路的诸如石料这样的物资。[34] 此外，英国政府和法国政府于1916年创设了"法英战时木材委员会"，允许英国远征军委派伐木营（battalions of loggers）在选定的法国森林大肆采伐，以弥补木材的进口，因为港口容量无法满足英国远征军的全部需求。

232　　所有的军队都在位于或临近港口和主要铁路线的地方创建了大规模的储备设施。接着，给养从这样的设施通过铁路运往接近战场的大型存储场所和较小的兵站。从这里出发，它们被运至铁路线末梢，而从集团军至师一级的补给部队将它们接收储存，并依靠某种轻轨（典型的是60厘米轨距）和马匹牵引或机动化运输进行分发。这可能包括将给养运至集团军和军所在地的兵站和货场，或者可能是师的补给部队在铁路线末梢接收给养直接分发给他们的部队。一旦到了师的地盘，各师通常靠某种马匹牵引和最后阶段肩挑背扛进堑壕相结合的方式，将给养分发至他们的官兵手中。比如，美国远征军为在法国可以立即获得给养规划了90天的储备，外加持续运输当中的30天储备，但是在法国绝对没有适当的基础设施去储存这些给养。[35] 考虑到1919年计划要在欧洲部署一支400万的军队，以及预计每日要为这支军队提供近9.2万吨的给养（无论现实与否），美国人实际有繁多的建造项目在进行，甚至在1917年大战渐入尾声之前就开始了。这包括在28个不同港口的89个泊位的作业，使用超过8000公里的铁路线将给养运送至储存地、兵站和铁路线末梢。他们最大的单个项目，即建造之中的靠近蒙图瓦尔（Montoir）的码头货场，如果完全竣工，将包含378公里的铁轨和1025个相关道岔，总面积略超过400万平方英尺（约合37.1万平方

* 威灵顿，英国陆军元帅，在1815年的滑铁卢战役中指挥军队击败拿破仑。——译者注

[33] Roger G. Miller, "The logistics of the British Expeditionary Force, 4 August to 5 September 1914", *Military Affairs* (1979), p.137.

[34] *Statistics*, p.521.

[35] *USOH*, vol. xv, p.10.

米）用于存储货物的有覆盖的货场 180 个，以及 1 个额外 1000 万平方英尺（约合 93 万平方米）的露天货场，总占地面积为 1200 英亩（大约 2.5 英里宽，1 英里长，约合 485 公顷，4 公里宽，1.6 公里长）。到停战之时，该码头货场大约完成了一半。其他 5 个额外共占地 2600 英亩（约合 1052 公顷）的较小的码头货场也处于建造之中。最大的两个美国兵站，规模都同蒙图瓦尔的货场不相上下，正在靠近吉尔维斯（Gievres）和蒙捷绍姆（Montierchaume）的地方建造，如果全面竣工，每一个兵站都拥有大约 1400 万平方英尺（约合 130 万平方米）的有覆盖和露天的存储空间。[36] 英国、法国和德国的军队都有类似的广阔的设施场所。

在法国人、英国人和德国人在西线开挖和建造的同时，德国人利用东普鲁士密集的铁路网发起了一场大规模攻势。在 1914 年至 1915 年的冬季，奥匈帝国和俄国的军队在喀尔巴阡山地区遭遇了触目惊心的物资匮乏，尽管如此，双方在残酷的喀尔巴阡山冬季战役中频繁地相互发起进攻。[37] 德国人遇到的问题要少得多，在 5 月初的戈尔利采－塔尔努夫（Gorlice-Tarnow）发生的事情表明了这一点，当时一支装备和补给都较为良好的军队向一支装备和补给都糟糕的军队发起了进攻。德国第 11 集团军以总共 1272 门野战炮和 334 门重型火炮向俄国第 3 集团军发起攻击，而后者的炮手只能以每门炮 50 发炮弹还击。结合俄国步枪短缺的情况，最终的结果毋庸置疑，第 3 集团军被打散了，留下了一个德国人可以利用的敞开的大口子。虽然如此，德军并未在东线推进，尽管这十分容易。东线最终稳固住了，这是因为铁路线末梢难以一直控制在手中，"后勤均衡器"发挥了作用。到了 8 月中旬，德国人的战地铁路（使用马匹作为动力的轻轨）离前线仍差 125 公里的距离，更不用说宽轨的铁路线末梢。事实上，这一年里，从华沙以西到平斯克（Pinsk），战线最长移动了 450 公里——如果西线发生如此的移动，并朝着西南方向的话，将使战线从伊普尔地区移至布列塔尼半岛底部的雷恩（Rennes），或朝着相反的方向移至蒙斯特（Munster）。随着部队的推进，德国的铁道部队面临的任务是，在考虑下一步推进之前，重新调整近 8000 公里

233

[36] *USOH*, vol. xiv, pp.228–232 and *passim*.

[37] Gordon A. Tunstall, *Blood on the Snow: The Carpathian Winter War of 1915* (Lawrence, KS: University Press of Kansas, 2010), pp.21–22, 29, *passim*.

的铁道轨距，并修筑数百公里的窄轨铁路线；这一任务一直持续到了1916年。[38]
东线的广阔土地意味着，所有的作战行动必须应对运输基础设施的相对匮乏。
显而易见的是，哈布斯堡帝国终究遭遇了严重的运输问题，这最终成为它的致
命弱点。[39]

意大利战线的山地战呈现出令人咋舌的后勤问题。拖拽火炮和军械至高山
上从岩石自身的表面开辟出来的平台，多洛米蒂山（Dolomites）的官兵遭遇了
补给品的严重短缺。同样的地形困难成为意大利－奥地利防线其他地段交战双
方后勤的一个梦魇。

尽管不那么棘手，但其他协约国家也遭遇了类似的问题。比如，在1916年
234 索姆河攻势的中间阶段，英国远征军注意到补给系统近乎崩溃。他们设法避免
这场危机最糟糕的情形，通过留住埃里克·格迪斯——一名经验丰富的平民铁
路人员——相当成功地解决了问题。1916年至1917年的冬天，格迪斯对英国远
征军的补给系统进行了一次全面的整修与合理化。美国远征军也遇到了类似的
问题，这与他们人数的急剧增长密切相关，通过留住乔治·戈瑟尔斯——一名
军事工程师，他最负盛名的工作是修建巴拿马运河——美国远征军努力解决这
些问题。像格迪斯一样，戈瑟尔斯综合实施了多种解决方案，使美国远征军的
后勤管理和运输基础设施合理化，虽然在战争结束前未获得圆满的成功，但如
果这场战争继续下去，他将从打下的大部分基础中获得回报。[40]

西线在1918年提供了后勤方面极好的警示和教训。到1918年时，双方（四
个主要大国）都充分建造了他们的基础设施，以全力支持有关的军队；而且，
或多或少他们都应对了现代工业化战争的挑战，贯彻了使他们能够有效作战的
原则。在1917年至1918年的冬季期间，德军最高统帅部决定在西线发起一系列
的大规模攻势，希望在美国远征军发挥重要作用之前赢得战争。于是，德军后
勤人员做出巨大努力去打造支持这些攻势所需的补给条件，并令人钦佩地战胜
了他们所面临的特定困难。

---

[38] Dowling, *Brusilov*, pp.25–26, 28–30, 32–33; Wolmar, *Engines*, pp.194–195.

[39] Robert J. Wegs, "Transportation: the Achilles heel of the Habsburg war effort", in Kann *et al.*, *Habsburg Empire*, pp.130–131 and passim.

[40] 见 Keith Grieves, *Sir Eric Geddes: Bussiness and Government in War and Peace* (Manchester University Press, 1989); Phyllis Zimmerman, *The Neck of the Bottle: George W. Goethals and the Reorganization of the US Army Supply System* (College Station, TX: Texas A & M University Press, 1992).

　　3 月 21 日的米夏埃尔攻势可以作为这方面的一个研究案例。在米夏埃尔攻势的集结阶段，德军最高统帅部堆积起一个巨大的火炮场，并确保其巨量的补给。另外，德军特别强调要做好准备工作，以便随着推进的开始去修补基础设施，并将像公路和轻轨这样的德军已有基础设施尽快同那些计划占领的基础设施衔接起来。[41] 米夏埃尔攻势使用了 3 个完整的集团军，由 1 万门火炮和迫击炮提供火力支持，它们绝对重量级的火炮总数有效地将英国第 5 集团军打得蒙头转向，使其防线一片混乱。[42] 攻势开始当天的推进是令人吃惊的，那种机动自 1914 年起就未见到，但除了摧毁一个洞穴和看看发生过什么之外，德国没有为这场攻势下达真正且重大的作战指示。尽管取得了令人震惊的推进，但到了 3 月 25 日，"后勤均衡器"在最困难的时刻开始惩罚德军。在铁路线末梢前方 50 多公里的第 18 集团军，不得不力图继续打击退到更靠近己方的英国部队。结果，当德军发现自己被迫缩减火炮使用规模时，他们只能如此执行，而英国的部队则能且常常以胡乱丢弃的方式消耗弹药。[43]

　　尽管正确地将英国远征军认定为初始作战行动的关键目标，但是德军最高统帅部自己未提及协约国军队后勤网络的脆弱性，并拒绝制订提醒注意这些脆弱性的战略计划或行动计划。如果德军最高统帅部花时间去评估英军的处境，那么他们应该轻易就能意识到，亚眠的铁路中心对于英国远征军整个供给基础设施而言至关重要。近一半的英国远征军给养运抵海峡南部的勒阿弗尔（Le Havre）、鲁昂（Rouen）和迪耶普（Dieppe）这三座港口，并且大部分经过亚眠踏上前往后方地区由英国远征军控制的兵站和堆放场的路途。如果米夏埃尔作战行动无情地指向亚眠，那么他们几乎肯定会拿下它，并可能导致英国远征军瘫痪；至少，他们将迫使英国远征军发起反攻并夺回亚眠。如果失去亚眠，英国远征军会轻易地发现自己处于一种难以防守的境地，于是，他们要么不得不从索姆河南岸撤离，要么拔除索姆河北岸的一切，在其转向流往英吉利海峡的右侧构筑一条防线。无论哪一种情形，英国远征军都将采取单纯防御的姿态，不得不撤离他们不再有港口的吞吐量去提供补给的超额部队，并只能是自求多福。如果接下来的"若尔热特行动"目标直指阿兹布鲁克

235

[41]　Zabecki, *1918 Offensives*, pp.130–132.

[42]　Bailey, *Artillery*, p.262 指明是 6,473 门大炮，3,532 门迫击炮。

[43]　Zabecki, *1918 Offensives*, pp.151–152.

（Hazebrouck）——英国远征军北面运输线上类似亚眠的城市，那么英国远征军可能在其实际发生二十二年之前面临敦刻尔克的情形。然而，没有证据表明鲁登道夫领悟到了亚眠的重要性，除了在事后回忆录所记述的战斗中。事实上，整体而言，德军的春季攻势明显普遍缺乏对协约国后方目标的重视，否则将给协约国造成打击。最终，这场攻势最主要的成功之处——如果能这样说的话——是在训练有素的人手方面付出巨大代价的情况下形成了多个易受攻击的突出部，德军
236 当时拒绝撤离这些地方，使得他们的军队难以抵御反攻。[44]

协约国的首轮反攻适时地攻击了德军最后一次攻势所形成的突出部；事实上，在反攻之前攻击就已开始了，最后以 7 月 18 日法美军队的进攻而告终。与德军不同，法美军队的攻击行动考虑到了德军的后勤问题，攻击的目标包括专门切断德军深入突出部的运输线。同样，协约国的第二轮大规模攻势于 8 月 8 日攻克了亚眠附近的地区，并将把德军击退至足够远的地方为进攻行动的首要目标，以使他们不再能够干扰这座铁路中心的铁路作业。协约国军队在 8 月份的推进几乎与德军在春季的推进一样惊人，德国人曾遭遇到的"后勤均衡器"
237 的许多问题也对协约国军队造成了相同的难题。事实上，在 1918 年期间，英国军队时常面临炮弹不足的问题，因为他们习惯于靠近补给地，但在涉及更多运动战的情况下，他们往往在消耗弹药方面过于挥霍。[45] 而且，在当年晚些时候的作战行动中，它已经将 8 月份守住的战线大幅向前推进，在从铁路线末梢不断延伸的距离去为多个野战军进行再补给方面面临极大的困难，因而不得不修补由德军后撤所造成的损坏，这意味着后勤问题成为作战行动速度的主要制约因素。[46] 但是，协约国军队没有试图草率推进，而是接受暂停的局面，同时他们的铁路线末梢尽可能地向前延伸。此外，协约国军队依靠机动化运输从铁路线末梢向前运送给养的比例日益增加，基本上开始以燃料取代饲料去服务于不断增长的车队。到 1918 年时，英国每月对法国的出口包括大约 14660 吨饲料，燃料则为 49400 吨，尽管在这场战争期间法国的燃料进口累计只达到饲料进口的

[44] 见 Brown, *British Logistics*, ch. 8, *passim*; Zabecki, *1918 Offensives*, pp.151–152, 314–315, 317–318.

[45] Andy Simpson, *Directing Operations: British Corps Command on the Western Front 1914—1918* (London: Spellmount, 2006), p.148.

[46] Simpson, *Operations*, p.172.

15%。[47] 比如，美国远征军使用了 219 种不同品牌和型号的汽车 27.4 万辆（部分是因为马匹的相对不足），而到了 1918 年 11 月中旬，英国远征军在法国执行任务使用了 5.7 万辆汽车（包括近 2.7 万辆卡车），另有大约 2.4 万辆汽车在其他战场服务（包括近 6000 辆卡车）。[48]

　　在夏秋两季，协约国军队在斐迪南·福煦的指挥下，采用了艾森豪威尔"广阔战线方法"（broad front approach）的早期形式，显示协约国军队不但获得了极好的后勤支持，而且可能最终能够对此加以利用。这方面最好的例子是开始于 9 月 26 日的一段时期，他们对兴登堡防线的一部分即"齐格菲防线"展开了攻击行动。在接下来的数天时间里，多个协约国集团军对德军的阵地发起了连续的进攻，到 9 月 29 日，他们全部同时投入快速的积极作战之中。到 10 月 10 日，尽管那时在默兹－阿尔贡地区协约国遇到战术上极糟糕的再补给问题，但兴登堡防线已经全线崩溃了。事实上，默兹－阿尔贡既是在协约国作战行动的后勤力量方面的一个例子——及时地将大约 60 万人的美国部队从圣米耶勒（Saint-Mihiel）防区调往默兹－阿尔贡防区，又是所有军队在战术层面的天生弱点方面的一个例证，美军在默兹－阿尔贡遇到的再补给危机展示了这一点。[49]1918 年年末的作战行动节奏，也是协约国后勤力量的又一晴雨表。一定程度上，这种力量一直未被超越，直到下一次世界大战为止。

　　从战争伊始伴随着部队快速动员的火炮齐鸣，到马恩河战役之前法军的巧妙部署，再到战争收官的一两年里德军对国内铁路线的利用，从事现代工业化战争所需的物资和人力的有形调动是令人印象深刻的。大陆型大国在这场战争的欧洲各战场周围和之间，调动了数百万的士兵和数千万吨的补给物资。在许多层面，俄国的问题是经济问题，但是这些经济问题都具有后勤方面的影响，削弱了俄国军队的战斗力，同时增加了俄军面对德国时的伤亡，相对而言，德军较少遭遇这样的后勤困境。随着封锁开始真正影响德国的经济，德军的后勤问题在 1918 年年初开始显现。经济滑坡在前线有着冲击性的影响，因其影响了德军的后勤能力——到 1918 年年底时，协约国军队采用了下一场大战的广阔战

238

[47] Stevenson, *Backs to the Wall*, p.223; *Statistics*, p.521.

[48] Daniel R. Beaver, "'Deuce and a Half': Selecting U.S. Army Trucks, 1920—1945", in Lynn, *Feeding Mars*, p.253; *Statistics*, p.595.

[49] Stevenson, *Backs to the Wall*, pp.132—135.

线战略的早期形式，发起了快速的、物资集中的进攻行动，西线的德军不得不用越来越少的部队进行防御，而这种防御能力也变得越来越差。

然而，大陆以外型大国的努力更令人印象深刻。英国和美国都在一场欧洲的战争中成功地把大陆型规模的军队投入战场，以至于在各自阻止了一场重大战场危机的情况下（英国远征军在索姆河和美国远征军在默兹－阿尔贡都近乎崩溃），两国都设法在海外供应链的末端进行一场20世纪的工业化战争。此外，英国将军队投放到全球的其他一些战场，并在使用当时航运技术的情况下对这些军队进行补给，其间一切都更烦琐和笨重。在当前时代，这一切都易如反掌，人们可以在二十四小时内从伦敦前往世界任何主要城市，而承载数千只集装箱的集装箱货轮（容纳25万吨或更多的货物）可以达到10节以上的巡航速度，却忘记了一个世纪前运送物资有多么困难。不论美国远征军的400万人目标的现实性如何，甚至在5500公里的海外补给线的末端，如果这场战争继续下去进入1919年的话，超过200万人的美国远征军将会承受作战之重。参与第一次世界大战的各大国都在一段足够长的时期内设法充分有效地调动巨量的物资，并使现代工业化战争应运而生。或好或坏，各大国的后勤人员都相当成功地应对了摆在他们面前的挑战，为接下来的世纪的后勤变化奠定了基础。

239

10 技术和军备 *

弗雷德里克·盖尔东

导　言

1914 年，随着武器成为每个国家两方面因素综合的结果，战争开始了，这两方面的因素是：国家的技术发展水平和所形成的战争观念，后者包括有关未来战争可能的发展、程度和持续时间的观念。这种综合以所有交战国已使用的武器与每个国家技术发展之间的最初关系为特征。就如费尔南·冈比耶和莫里斯·叙尔所正确指出的 [1]，这种军备与技术之间的关系是简单的："交战国所使用的手段落后于他们眼下的技术潜力。"这种已有的各种武器与新型武器潜力之间的差距是因技术发展造成的，在和平时期这是正常的现象，部分可以由军事预算的水平来做出解释，军方总是认为军事预算不尽如人意，即使在军备竞赛期间。然而，最重要的是，它是最高统帅部拒绝接受技术发展的结果。出于种种原因，技术发展遭到了坚决的反对：它威胁到了一堆被视为不可更改的军事传统；它往往推翻了有关战争性质的一些定论，而那时战争性质更被视作是一种拿破仑式而非工业化的行动；而且它很有可能挑战预定的信条，迫使指挥官们修订——重写——他们部队的主要交战规则。有关这个话题的妙语（在此方面具有历史证据的价值）大量存在于 20 世纪初的几年里。在 1909 年或 1910 年前

---

* 海伦·麦克菲尔将本章从法语译为英语。

[1] General Fernand Gambiez and Colonel Maurice Suire, *Histoire de la Première Guerre mondiale*, vol. 1, *Crépuscule sur L'europe* (Paris : Fayard, 1968), p.139.

241　后，福煦发表了以下著名的言论："汽车和阿代尔（Ader）的飞机*，这些东西都很巧妙、很有乐趣、很花哨，但对军队而言毫无用处！"考虑到当时正在发生的重大技术进步，这一言论显示出军方对技术的怀疑态度。大约与此同时，法国飞行家莱昂·勒马坦正携带 6 名乘客登上他的"布莱里奥十三型"飞机；两位英国人，查尔斯·斯图尔特·罗尔斯和亨利·罗伊斯，创建了一家以他们名字命名的发动机制造公司；莱昂·莫拉纳以略超 106 公里的时速打破了水平飞行的世界纪录；两位加拿大人，弗雷德里克·鲍德温和约翰·麦柯迪，已经在一架柯蒂斯双翼飞机上实现了首次"空对地"无线电传输；而法国陆军也已正式配备了它的第一支空中部队。但是在 1914 年，大多数欧洲军方的首脑仍然认同凯瑟琳大帝的将军亚历山大·苏沃罗夫的格言，即使有战争爆发，也足以据此获胜。他们像苏沃洛夫那样思考，就如两百年来他们所做的那样，"子弹是可笑的，刺刀是精明的"。

　　这种对技术现实和技术变革步伐予以否定的做法，由于其非理性，其后果在这里具有特别重要的意义。它保证了在 1914 年时几乎所有注定将要在这场战争中使用的武器虽然已经以一种潜在的状态出现了，但依然有待进一步的发展。一些未研制成熟的武器已经被用来装备部队了：就机枪、飞机和卡车的情况而言，相比步兵的步枪，它们依然是次要的；飞艇和马匹牵引的运输方式暂时继续是首选。其他一些武器在现实中仍然处于试验的阶段，例如装甲车或潜艇。尽管不存在同任何已有武器的竞争，装甲车在试验阶段仍遭受冷落，1914年，法国只拥有 3 辆装甲车。潜艇也处于试验阶段，然而它吸引了技术先进的海军强国和排名低于英国皇家海军的那些国家海军的关注，就如德国所做的那样，英国皇家海军成为其他国家海军渴望或梦想赶超的样板。还有一些其他的武器甚至正努力去超越概念阶段，就如攻击型坦克那样，虽然事实上它未来全部的部件（引擎、履带、炮塔和武器）都已经问世，但像拼图的散片，没人打算或想去将它们拼在一起。

　　所有这些武器，如果不是全新的也是近期出现的，但共同的命运是，它们的功能或杀伤力，换句话说它们的军事效用往往被拒绝考虑。它们不得不让

＊　法国人认为世界最早的飞机是由法国人克莱芒·阿代尔（Clément Ader）于 1890 年 10 月 9 日试飞成功的。——译者注

路给较早出现的、长期以来一直使用的武器。参谋人员认定，后者不但是最佳的，而且是唯一需要的，因为后者已经证明了自己——在和平时期。战争爆发时，这些武器整体占据了上风，但一点点地，战场的现实压倒了战前的看法。 242 在无畏舰和甚至 75 毫米野战炮方面，也出现了类似的现象，它们在原产国自始就一直是象征性超越实用性的武器。无畏舰是英国全球海军实力和工业实力的象征；75 毫米野战炮则是在 1870 年至 1871 年普鲁士的大炮取得对法国的绝对优势之后，出身巴黎综合理工学院的军官们（polytechnicien officers）复仇的标志。这种环境的必然结果是，战争过程中"新型"武器的发明——人们会想到冲锋枪、火焰喷射器或毒气——是罕见的，甚至所声称的创新性也是存在争议的。

军方首脑的有限姿态，不但在技术层面，而且在后勤层面，也有着相当大的影响。1870 年、1914 年和 1918 年的所谓"每名士兵每天磅数"（pounds per soldier per day）比率之间的历史对比，清楚地说明了这一点。一名战斗人员的"每名士兵每天磅数"即战争时期他在一天之内获得供应的全部物品的重量，在 1914 年与 1870 年时的一样多，大约每日 8 公斤（17.6 磅）。到了 1918 年，平均增至两倍，在步兵师中则增至四倍，作战的时候，步兵师每日供应的物品超过了 30 公斤（66.1 磅）。相似的对比也可以适用于炮兵。法国计划的战时所有口径的炮弹产量是每日 7000 枚多一点，主要是 75 毫米的炮弹；这被认为是足够的。但是到了 1917 年，每日的炮弹生产量超过了 26 万枚，其中 22 万多枚是用于野战炮。相比最初的预计，炮弹的生产量和消耗量平均增加了 40 倍。

战争和技术：一个关键性的邂逅

除了奥匈帝国和塞尔维亚，对每一个参战国而言，这场爆发于 1914 年 7 月末的战争都是一个（相对的）意外。奥匈帝国希望战争能够受到控制，保持一种局部冲突的状态。但是，体现了战争最初几周特点的战火蔓延速度、节奏和新型暴力，尤其是武器和弹药的消耗情况，导致了所有的预测、计划和教条都归于无效。已有的武器，特别是重武器的现有库存，是与每个国家的财政能力和对一场突然、短暂和机动的战争的事先预期相一致的。在这方面，战前的预期至关重要。比如，对于一场未来的战争如何展开的普遍预期意味着，没有一个交战国认为完全有必要去保护步兵。他们不是正全力以赴去赢得一场快速的胜利吗？保护他们——使他们负重——在这种环境下毫无意义。一些配备头盔的重骑兵戴着它很少是出于保护自己，而是出于对传统的尊重。步兵的头盔既不能说有用，也不能说毫无用处：只是没有被考虑过。以前用于使马刀的砍落发生偏转的德军头盔，既是一件军事和审美的物品，也是一件保护性装备，除了它的尖顶以外。

其他众多装备的情况也是如此。但是，比起一队推进中能够挑战两三挺机枪的步兵来，军事意识形态并非更能够抵御战斗的现实情况。当最初数月的战斗结束时，战争的需求正迫使军队调整武器、装备和工业。这种武器和技术对于新型战争的广泛适应能够分解成许多不同类型的具体适应，范围从成为一种普遍现象的"复古创新"，到一直是例外的纯粹的新武器发明。军事参谋人员应对他们所面临、理解和所适应的新形势的能力，决定了适应的步伐。暴露出各种组织缺陷的过程是长期的。它同样具有一种功能，即反映每个交战国工业发展和工作量状态以及一个国家工业结构和生产设备不得不面临的破坏程度。最后，三种相互结合的新的和意想不到的需求，决定了一个国家适应新的战争现实过程的成与败：首先，为了在战争最初的破坏性影响之后补充库存，现有的工厂必须即刻生产大量的武器和弹药；其次，生产系统要改善表现不佳的武器的适应状况；最后，为了制造出全新的武器，必须从头开始建造新的生产线。

在战争的需求和交战国技术上能够达到的限度之间的冲突，杂乱无章地发生了。战争的需求颠覆了已有的秩序。无序状态开始盛行。但是，识别出所出现的四种基本适应类型是可能的。这些类型并非"纯粹的模式"，在它们之间存在重叠的灰色地带。尽管如此，它们仍然有助于我们从一片混乱的状态中，区分出一种对于大趋势的清晰看法。

适应的第一种类型，即复古创新，考虑到它发生在工业革命的进展正被运用于武器制造的时候，理论上讲是最令人吃惊的。复古创新以看上去无可争辩的过时武器和装备的工业化生产为特征，诸如狼牙棒、步兵盾牌、护胸甲、钢盔、作战匕首、迫击炮甚至手榴弹之类。然而，在现实中，虽然这种武器的性质似乎代表了一种回归的形式，但从它是如何制造以及它的物理和化学成分方面看，也出现了一种创新的过程。复古创新是武器通过技术适应战争的首要形式。它是快速的，实际上是即刻发生的，也是持续整个战争期间的一个过程。

适应的第二种类型是自相矛盾的：我们可以称其为技术停滞。这种技术停滞适用于所有这样的武器，即在战争爆发时就已出现并随着战争进行而继续生产，但是没有从任何值得一提的技术进步中获益。如果这些武器发展停滞，那是因为它们已经历了它们的"技术革命"阶段。一些这样的武器，例如法国的75毫米火炮，在战争爆发之前的十多年里已经处于技术发展的最前沿。它们被广泛地使用，产生了良好的效果，所以没理由大幅对它们进行改良，只是更多地继续生产：一种积极的停滞。其他这样的武器，例如无畏舰，同样在战前已经达到了它们战斗力的顶峰。但是，与75毫米野战炮不同，战争期间无畏舰没有被部署，体现出无畏舰的真实本质——其军事用途相对有限。因此，在战争期间，无畏舰以一种意想不到的无足轻重的面目出现，成了一种外交和威慑的武器，如同战前它的作用。从1914年起，无畏舰未被部署的现象很好地体现了它的威慑功能，揭示了因其可能部署而引起的担忧。考虑到无畏舰高昂的建造成本，特别是对比其他的空中、海上和陆地的作战武器，它的部署就更加有限，因为作战时被损毁将剥夺它的威慑性，使它成为任何宣传针对的对象。如果无畏舰不曾存在，无人能够判断海上的战争会如何发展，但是不得不说的是，因为它的存在，海上的战争一直是有限的：一种因未部署而出现的停滞。

第三种适应类型是与战时的创新能力相关的。严格意义上讲，这是技术创新。它可以被描述为已有但仍然边缘化的武器和因战争所造成的需求之间的相互影响，通过创新的过程，这种武器从一种不重要或边缘化的状态发展成对所有军队都必不可少的武器。机关枪就是这方面很好的一个例子。然而，这种技术创新也清楚地反映了交战国之间不同的工业发展水平。比如，对所有国家而言，如果飞机的重要性迅速变得显而易见，那么也只有经济实力第一流的大国能够不断创新，将它们应用于战争以及大批生产。航空母舰、潜水艇和重型列车炮的真实情况与此相同。最后，如果一个交战国决定以更多战略的层面而不是以战术层面的方式去部署使用一种特别的武器，就如潜水艇那样，那么技术创新可以打破平衡。

245

第四种适应类型是全新武器的发明：技术和战争之间融合的最高阶段。它代表了将工业革命的成果运用于武装冲突的典型高峰。但是，在第一次世界大战期间，实际的创新是罕见的，这仅仅是因为发明某种武器与接着投入生产之间的间隔较长，何况是在战争时期。尽管从严格的意义上将它们说成"发明"多少存在历史性的误导，但可以将坦克、火焰喷射器、冲锋枪甚至毒气认定为这场战争期间最令人关注的发明之一。

时间和人的因素

为了评估武器制造方面战争和技术之间关系的时间维度，有必要考虑一个至关重要的构成：人的因素。首先，它意味着要充分考虑决定性的个人即政治家或军方首脑，他们扮演着核心角色，拥有随意决定"新"武器被选择的快慢程度以及将工业努力导向实现和制造它们的单独权力。从最初的科学研究阶段到出自生产链的最终产品，这些核心人物依赖着每一个参与武器生产的贡献者。早早被派往前线的工程师、工头和工人——快慢取决于人们所考察的那个国家——返回工厂去支持战时经济的事实，为这种相互依存提供了无可争辩的证据。例如法国的动员计划，预计分派大约 5 万名特殊工人前往军工厂，但事实上几乎有 60 万名士兵被从前线召回从事武器生产工作，另有 40 万名妇女和 10 万名外籍工人参与其中。

首先，人的介入明显改变了作为对战争需求做出反应的技术适应的步伐。在与上述四种适应类型相交叉的三种短暂性的基础上，它发挥着作用。第一种短暂性是所预计的未来时间的短暂性。就其本质而言，预期时间（projected time）的本质特征是不确定的。对于未来一段时间的预期，正是在一场战争爆发时会出现的情形——一场看上去可能发生的战争，但一直不知道会不会发生。预期时间是和平时期的持续特征。一个更特定的预期时间的具体例子，始于一名军事参谋人员认定一种武器有必要装备军队，尽管客观上不能确定任何未来战争的性质和时机。预期时间贯穿于战争开始前的一段时期，并持续到战争之中，覆盖了战斗人员认识战场上真实作战情况的最初阶段；它结束于指挥官们已经领悟了战争性质——无论新型与否——在响应战争方面决定进行必要技术调整之时。第一次世界大战中各个军队对于钢盔的缓慢采用，或者在选择重型火炮还是野战炮问题上的争论，是预期时间发挥作用去影响技术上的回应的例证。

预期时间是极其重要的，在它起主导作用的期间所做出的抉择是关键性的。最初的军事交锋，在想象、预期的战争和当下已发放的武器的现实影响之间，产生了相互作用。如果在预期时间做出的抉择与战争的现实情况紧密一致，那么技术上的适应可以非常迅速地发生，这将带来重要的战术战略优势。相反，这些抉择越远离战争的现实情况，适应将会越缓慢且代价越高昂。在这方面，重型火炮是一个典型的例子。在预期时间，德军、英军和法军所做出的不同抉择影响了它的技术发展，削弱了作战行动的进度，并在战术和战略的层面限制了战争下半段重型火炮可能的发展。

第二种短暂性是真实时间（real time）的短暂性。真实时间也可以被称为"真相的时刻"。这种短暂性始于战争的第一天。战斗一打响，已有的数量有限的武器和弹药被毁、被损坏，甚至被丢弃，弹药用尽。这些损失必须得到弥补，并为了战争的利益而动员工业生产去制造新的武器和弹药。能否补充或增加可使用的武器和弹药的数量，影响着技术适应战争的步伐，要么使其放缓，要么使其加速。西线所有军队在为他们的大炮生产足够数量的炮弹方面所遇到的问题，或者是俄国军队在为生产足够数量的步枪方面所遇到的问题，都明确地说明了这一点。当战争的第一阶段随着一般史学著作象征性但不恰当地称之为"比赛至海边"的行动而结束，敌对的交战方"停止了战斗"。但真相是，他们被迫暂停了战斗，与其说是因为他们已抵达了海边，或者是因为他们的士兵精疲力竭，倒不如说是因为他们缺少所需的弹药去以一种新形式开展进一步行动。

第三种短暂性是紧接着遭遇之后的一段时间，或者简称为"遭遇时间"（confronted time）。这是一个交战国"遭遇"敌国技术的阶段，它被定义为：在一段特定的时间框架内，一个交战国通过战时行动－反应（action-reaction）的过程对敌人的创新或发明做出反应的能力。第一次世界大战中两个最典型的例子是毒气和作战坦克。在1915年遭遇毒气的时候——也许使战术和战略发生了革命性变化——交战国迅速做出反应，作为这段"遭遇时间"他们所做决定的结果，毒气被证明是效果不显著的，主要是因为那些首次遭遇毒气的人快速适应了环境，而且所使用的简单应对措施削弱了毒气对士兵造成的影响。换句

247

233

话说，在遭遇时间内，创新的价值并不取决于使用一种新型武器所带来的影响——无论正面还是负面——而是取决于它所产生的适应的性质和速度。英军和法军投入作战坦克的真实情况同样如此，德军的反应更多地集中于研制反坦克武器，而不是相对应的创新。在这种情况下，遭遇时间突出的不仅仅是一种战术上的，而且是一种技术上和经济上的遭遇。

复古创新

钢盔：预期时间和复古创新之间关系的例子

248   不同军队对钢盔的使用提供了一个预期时间和复古创新之间的相互影响是如何发挥作用的鲜明例子，也表现了它的确切特征：出自真实需要的需求；制造是相对简单的；在交战国如何做出反应方面，技术上的差异和实施速度的不同。起初，在预期时间，钢盔少有人重视：战争爆发之时，在世界各地所有的军队中，只有某些重骑兵部队配备了金属头盔。向任何其他的兵种发放类似的头盔是难以想象的，事实上，几乎是不可思议的——这使得历史学家想要知道参谋军官和平时期对于火炮发展的想法，尤其是野战炮对于英国人和法国人，以及重型火炮对于德国人。同时代的人都对火炮给予敌人的影响有着很高的期望，都了解爆炸弹和榴霰弹的存在 [2]，无论是安装引信还是击发方面，但是没人研究敌方火炮对于他们自己士兵的影响，仿佛火炮对他们没有任何影响。真实时间，以战争最初数月主要由炮弹造成的杀戮的形式，作为一种"意外"降临了：对所有军事参谋人员来说，它所导致的头部受伤以及通常的致命性是一种"意外的发现"，一种对否认情报和拒绝现实的后果的揭示。在头部受伤的重要性日益被认识的同时，同时代的人观察到，当骑兵部队下马与步兵并肩作战时，在每次戴头盔的情况下，他们遭遇的损失要轻于

---

[2]   榴霰弹是英国陆军中尉亨利·施雷普内尔（Henry Shrapnel, 1761—1842）的发明，到 1914 年已有 100 年的历史。当战争爆发时，大约 50% 的 75 毫米炮弹装填着铅弹或钢珠。见 "Histoire de l'artillerie de terre française", *Cahiers d'études et de recherches du Musée de l'armée*, hors-série no. 1(2003).

步兵。[3]

面对这些事实，要采用什么样的解决办法，要多久，结果又如何呢？最初的解决办法——最早的适应——是战斗人员自己想出来的。任何拥有一个半球形铁制物体的人把它放在帽子（制服帽、军便帽、法国军用平顶帽 [képi]）下面去保护自己。在法国，助理军需总监路易·阿德里安[4]注意到了骑兵头盔的有益作用，于是建议为法国军队配备钢盔。他的建议遭到总参谋部的拒绝，因为它的提出仍在预期时间的预期范围内：霞飞将军认为，鉴于战争预期的短暂性，法国工业没有时间去设计和生产几百万个没有现成模型的步兵头盔。事实上，他只是勉强接受了 1914 年 11 月至 12 月所提的为士兵配备一个钢制"无檐便帽"的建议，1915 年 2 月开始发放这种"无檐便帽"。[5] 但是，从这一刻开始，事情加速了：那个月的 21 日，在霞飞的请求下，法国陆军部决定开始制造 160 万顶路易·阿德里安式的钢盔，4 月得到批准，1915 年 6 月 5 日开始订货。9 月，第一批钢盔下发部队。到 1915 年年底，已经生产了 300 万顶钢盔，到 1916 年最初的几个月，全部的法国军队已配备。在英国，陆军部迈出第一步是在 1915 年 6 月。法国的钢盔被试用，但遭到否决，因为考虑到工业在其他领域所面临的限制，它被认为生产起来过于复杂。陆军部更欣赏约翰·L. 布罗迪的设计方案，第一批根据他的设计方案生产的钢盔于 1915 年 11 月开始送货，首次实战测试是 1916 年 4 月在阿拉斯附近。然而，在 1916 年夏季期间，钢盔生产量只达到了 100 万顶。至于德国人，他们制造钢盔的努力始于 1915 年年初，在汉诺威理工学院的弗里德里希·施韦尔德的指导之下。在当年结束之前，包括实战环境在内的试验一直在进行，为人所知的 M1916 式钢盔的样品在 1916 年 1 月被正式采用。2 月，凡尔登战役开

249

[3] 在钢盔被作为一种标准装备发放给步兵之前，四分之三的受伤部位是在头部，88% 这样的伤情是致命的。见 Philippe Richardot (ed.), *Le service de santé des armée entre guerre et paix* (Paris: Economica, 2003); Alain Larcan and Jean-Jacques Ferrandis, *Le service de santé aux armées pendant la Première guerre mondiale* (Paris: LBM, 2008).

[4] 路易·阿德里安，生于 1859 年，在工程兵团度过了一段职业生涯之后，于 1913 年退役。一年之后，他被召回担任补给兵团的后备人员。8 月 20 日，他被提名担任法国陆军部的助理军需总监，负责军队的着装和装备。见 Jean-Pierre Verney, "Adrian, un grand serviteur de l'état", *Le Magazine de la Grande Guerre*, 14-18: 11 (December 2002-January 2003), pp.34-41.

[5] 考虑到戴起来不舒服，"无檐便帽"厚度是 0.5 毫米。生产了 70 万个，并从 1915 年 2 月起开始下发。法军总司令部（Grand Quartier-Général）声称，它保护士兵免于 60% 的弹片或其他的伤害。

始前不久，西线德军收到了第一批钢盔。在同一年里，所有的德国军队都得以配备。

总结起来，在所有三国军队的总参谋部眼中，制造钢盔的必要性在 1915 年 1 月、2 月（法国、德国）和 1915 年 6 月（英国）这段时间里变得显而易见。在法国，最初的决定过程是迅速的，在英国是相当迅速的，在德国则较为缓慢。相比之下，法国和德国的生产间隔时间是相同的，而英国间隔时间较长。最后，值得注意的是，就复古创新而言，法国的钢盔受到了勃艮第头盔（bourguignotte）的启发，一种 15 世纪发源于勃艮第的头盔，德国钢盔受到了 15 世纪轻便头盔的启发，英国钢盔则令人联想起 13 世纪的壶盔（kettle hat）。

手榴弹、复古创新和真实时间内实际上自发的适应

从战争最初的几周起，士兵们就迅速挖掘自己的"个人掩体"，这被描述成一种防御性的作战阵地，尽管当时打算采取进攻性战略。在 1914 年结束之前，这些"个人的作战阵地"逐渐发展成集体性的作战阵地，接着延伸成为堑壕。堑壕的出现没有排斥战斗：它仅仅是改变了战斗的特点。从堑壕发起进攻需要步兵从半掩埋和狭窄的阵地的双重束缚中将自身解脱出来。为了能够打击时常位于数米之外且像他一样藏身于掩体之中的敌人，单个士兵需要对准目标相对容易的枪弹。步枪的使用迫使士兵为了获得攻击目标从他的掩体部分露出，接着等待敌人做出相同的举动；但是，他一旦从保护性的掩体露出，他也相应成为"他人的目标"。另一个解决办法是集体性进攻：营、团、师或其他军事单位共同发起进攻。被绑定在一个数十人的即时战斗小组后，士兵可以参与到集体攻占敌人堑壕的行动之中。而且，分发给他们的武器——步枪——与其说有效，不如说是笨拙的：普遍发放的步枪，例如英国的李-恩菲尔德、德国的毛瑟 K98 和俄国的莫辛-纳甘，长度都超过了 150 厘米；法国的勒贝尔步枪加上固定的刺刀，长度则超过 180 厘米。在进攻当中，停下来射击几乎是不可能的，而边走或边跑边进行射击，如果不是没用，也是效果不佳的，一旦抵达敌人的堑壕，由于它的笨拙，使用步枪依然是一件棘手的事。穿过坑道展开进攻更加困难。面对这些难题，战斗人员使用那时少量提供的手榴弹（德国和塞尔维亚

的军队比其他国家的军队拥有的数量更多），并现场制作他们所需要的武器，直到工业部门迎头赶上并开始大规模地生产手榴弹。

因此，手榴弹以一种意想不到的方式得到发展。作为 1914 年时的一种武器，它在军队层面只是数量有限地存在。德国军队在各国军队中拥有的数量最多，也只有近 7 万枚 1913 型的手榴弹。但是，从 1915 年起，手榴弹在战场上已无所不在。到 1915 年年中，欧洲的兵工厂正每周生产超过 100 万枚的手榴弹，或者按另一种算法，每日他们生产的总数两倍于 1914 年手榴弹的数量。 251

这种由战斗人员系统性地重新拥有一种事实上已从欧洲的全副军事装备中消失的武器的情况是怎样发生的呢？自发明以来，手榴弹享有一种不确定的存在状态，主要由中国人以另一种名称加以使用。自 15 世纪后，手榴弹以现在的名称在欧洲使用，直到 18 世纪变得更加普及，此后陷入废弃的状态。当战争在 19 世纪呈现新的形式时，它重新出现于数个场合，比如在克里米亚战争和美国内战期间。尽管如此，在以改良的形式再现于日俄战争之前，到 19 世纪末，它已从英国正式的武器[6]中消失了。就如所预料的，日本人和俄国人获得了对将来来说是必不可少的教训。1914 年，所有的交战国在兵工厂都存有手榴弹。但是，人们并未充分认识到手榴弹的用处，也并未具体规定如何使用（尽管 1914 年俄国军队拥有一种为人所知的"1912"型正式的手榴弹）。法国人用心地观察日俄战争且身为俄国人的盟友，却没有得出相同的结论。对他们而言，教条支配着批判性的反思。1914 年，法国军队只拥有一种手榴弹，名为"炸药球拍"手榴弹（grenade pétard raquette）或"第三共和国手榴弹"。尽管在整个第一次世界大战期间一直使用，但由于它最初的拟古主义，其在设计上显得过时。参战后不久，法国接着制造了一款"1914"型的手榴弹，但它只是在 1915 年才开始下发给法国的作战部队。战争爆发之初，英国军队已有马克 1 型手榴弹，这是吸取布尔战争教训的产物。自 1908 年以来，在使用中它需小心操作，所以士兵们宁愿使用自己临时凑合的手榴弹，他们称之为"果酱罐头炸弹"（jam-tin bombs），取名自原料。

---

[6] C. Collins, "Lessons to be learnt from the siege of Port Arthur as regards RE work", *Journal of the United Service Institution of India*, April 1910, p.303, 引自 James D. Sisemore, *The Russo-Japanese War, Lessons Not Learned* (Fort Leavenworth, KA: Master of Military Art and Science, Faculty of the US Army Command and General Staff College, 2003), p.33.

在英国人和法国人当中，"果酱罐头炸弹"和"炸药球拍"使得估量真实时间——换句话说士兵的时间——在多大程度上将它的意志强加给了军事参谋人员并推翻所有先入为主的教条成为可能。在德国军队中情况则稍有不同，它是西线唯一从观察日俄战争中受益的军队 [7]，尽管它的手榴弹储备依然不太多，而且在使用方面没有适当的规则。比任何其他国家拥有更多数量手榴弹的是塞尔维亚，在两次巴尔干战争期间，它已大量使用了这种武器。

西线的稳定使所有的交战国经历了手榴弹的快速工业化。主要原因很简单。手榴弹已经成为步兵在进攻和防守中所选择的武器，从技术的角度看，它有可以轻易地大数量生产和制造成本低廉的双重优点。它可以广泛地，甚至系统地"肃清"敌人的堑壕，那些使用它的人对它的功效深信不疑，它的作用已远超过刺刀的作用。值得注意的是，有关堑壕战的史学著作通常忽视了这种特殊的用法，因为它的象征性炸药量在效能上远低于刺刀。自1915年起，手榴弹开始在国家层面的战争文化中越来越为人们所接受：这一年当中，英国人为他们自己装备了由一名伯明翰工程师威廉·米尔斯研发的一种"现代型"手榴弹。菠萝外形的米尔斯炸弹是有表面沟槽和分割式的，理论上在爆炸时有助于将碎片炸得更远。事实上，这种看法是有误的，但是表象胜过了现实，表面分割成为这种"英国手榴弹"的一个特征，甚至其他国家的军队都加以模仿。在德国方面，集体的想象力似乎只造就了一种手榴弹——木柄手榴弹或柄状手榴弹（Stielhandgranate）——尽管，实际上从战前时期（1913年）起，德军就已经装备了一系列表面轻度分割的圆形手榴弹，木柄手榴弹只是在1915年随着阵地战而普遍投入使用。

接下来，从1915年到1918年，手榴弹这种已存在了数百年的古老武器，获得了不断改良，这本质上是得益于战时化学和金属物理领域的进步。在重量不变的情况下，它的威力加强了，在威力不变的情况下，它的重量减轻了，使得它能够投掷更远的距离。小型的德国"卵形"手榴弹（Eierhandgranate）是这方面的一个例子：1917年它为进攻部队研制，可以轻易地投掷超过50米。手榴弹的防御性在于它发散致命碎片的能力，攻击性则在于它爆炸的效果，它成为

---

[7] "The Von Lobell Annual Reports on the Changes and Progress in Military Matters in 1905", 引自 Sisemore, *Russo-Japanese War*, p.93.

不断研究的对象，导致了其他方面的发展，包括毒气手榴弹、破片手榴弹、反　　253
铁丝网手榴弹、眩晕手榴弹、烟雾弹，甚至是法国的信息传递手榴弹（message-
carrying grenade）。

在手榴弹方面所显示出的关注度如此之高，以至于在一场火炮日益登场
的战争中，随着枪榴弹的发展，手榴弹演变成步兵自己的个人火炮。这种枪榴
弹，通常用一个不可移动的杯状发射器固定在枪管的末梢，由空包弹的爆炸所
提供的能量发射出去。它的射程在1914年通常不足100米，到1918年轻易可
及400米。最知名和表现最佳的发射系统是法国的"维维安-贝西埃"（Vivien-
Bessière）。

总之，在这场战争期间，交战国研发了大约100种型号的手榴弹。作为一
种武器，它是这场战争最引人注目的复古创新之一，它的名称在15世纪受到石
榴及其簇生种子的启发。像头盔一样，在这场战争之前，它沦为废弃的状态，
在1914年时是一种边缘的武器，但到了1918年，它已无处不在。

停滞的技术

无畏舰和预期时间导致的技术停滞

无畏舰[8]，20世纪初的主力舰，出现在1906年，因此是"预期时间"的结
果。它在全球化已是一个既成事实的时期里发展起来，最初出现的理由源于大
国间的外交需要和竞争。尽管无畏舰的作战功能只是以完全潜在的形式存在，
但它的实际价值在于它的双重作用，既是实力的体现，又是一种威慑：换句话
说，它的价值恰好不在于在作战中使用。1914年之前，无畏舰展现了国家的全
球野心，特别是，就如英国皇家海军"无畏号"的情况那样，当英国第一海务
大臣约翰（杰基）·费舍尔海军上将于1904年下令建造以及1906年2月由皇家
海军投入使用时，它处于技术发展的最前沿。

海洋大国之间的对抗和海上军备竞赛，导致了木质军舰的消失，1890年前
后"前无畏舰"（pre-dreadnoughts）的建造，以及英国皇家海军"无畏号"的问

---

[8]　这里的论述还包括在战前不久下水的"超级无畏舰"。

世。它的名称与整整一代战列舰联系在了一起。在它下水时，作为那个时代背
254 景下一种使得所有其他武器均属无效的独一无二的战争机器，它体现了当时现
代科技的每个方面。

几个特征使得无畏舰在这一时期的战争技术方面显得无与伦比。[9] 它是一艘
超过 2 万吨的军舰，燃煤或燃油锅炉提供动力的汽轮机使得它的航速能达到 25
节。相比前辈们，它的武器在射程和精度上既简化了又提高了——简化是因为
它的火炮限于两种口径：主炮口径在 280 毫米至 381 毫米之间，射程超过 17 公
里，而副炮口径在 120 毫米至 150 毫米之间。相比"前无畏舰"，双重和三重炮
塔较少，而且炮塔得到了更好的保护。装甲着眼于快速行动，厚度有 250 毫米
至 360 毫米。比起英国的无畏舰，德国的无畏舰一般在装备的武器和保护措施
方面更少些，但是船壳优于英国海军的。

当战争爆发时，和平时期竞争的后果清晰地显露了出来。纵然英国人以他
们的 20 艘无畏舰俯视大战中的其他国家海军，但德国人也开始以 13 艘无畏舰进
行对抗，同时美国人有 9 艘无畏舰。远远落后的法国则拥有 4 艘，奥匈帝国拥
有 3 艘，而俄国只有 1 艘。这些数字揭示出另一个至关重要的事实：无畏舰成本
高昂。在和平年代，无畏舰只具有相对的重要性，因为没有什么可以真正地威
胁到它们：它们被当作一种威慑进行炫耀，这就是它们的功能。战争——换一
种说法，真实时间——改变了一切。无畏舰的更换成本成为一种制约：除非确
保它们能够摧毁敌人的舰队，否则不可能将这些军舰置于危险之中。这可以解
释第一次世界大战开始时竞相将这些巨型舰只限制在母港以及之后它们很少参
与海上作战的原因，著名的例外情况是 1916 年 5 月的日德兰海战，在这场大规
模的海战中沉没的 25 艘战舰中，没有 1 艘是无畏舰。相反，虽然这场战争旷日
持久，但英国皇家海军"无畏号"只是在 1915 年 2 月的北海作战中击沉了 1 艘
德国潜艇。为了极其轻微的回报而建造无畏舰需要投入巨资，而从技术方面说，
255 事实是简单的：代价高昂和效果欠佳，无畏舰发现自己遭遇了冷落。值得留意
的是，海军上将费舍尔，"无畏号"的倡导者，设法确保 1914 年至 1916 年之间
能部署 8 艘新的无畏舰（最终下水 5 艘）。但是，战争期间改善无畏舰性能的工

---

[9]　见 Richard Hough, *Dreadnought: A History of the Modern Battleship* (New York: MacMillan, 1975); Richard
　　Hough, *The Great War at Sea, 1914—1918* (Oxford University Press, 1987).

作遭到了限制，特别是如果我们将它同战前英国和德国所付出的努力相对照的话。对于主力舰队而言，和平时期获得的技术发展已经足够满足战时的需要，特别是从它们的战舰被限制在港口而相对得不到使用的那一时刻起。可用的资金被挪用于在重新部署的海军兵工厂内制造陆上武器。这解释了整个战争期间无畏舰因未积极投入战斗而出现技术停滞的原因，即使新的无畏舰仍在建造之中。

　　这里可以对这一级别的新舰只从无到有的建造与最早的（或原始的）航空母舰的建造之间做一个有趣的比较。在 1913 年（"竞技神号"，*Hermes*）和 1918 年（"复仇号"，*Vindictive*）之间，皇家海军建造了 20 艘左右的"航空母舰"，但是只是通过改造现有的甲板，就如其中的"阿格斯号"那样。"阿格斯号"，第一艘装备了用于起飞和降落的单独平面甲板的航空母舰，早于第二次世界大战的日本航空母舰，是在一艘意大利渡轮"罗索伯爵号"（*Conte Rosso*）的基础上于 1914 年在格拉斯哥建造完成的，并由皇家海军购回，然后改装成航空母舰，但在 1918 年 9 月才开始投入作战使用。

技术创新

潜水艇

　　在战争开始之前，无畏舰已经到达了它的巅峰。那时，潜水艇仍然处于试验阶段，其最重要的技术革命是在战争期间。出于与无畏舰的建造截然相反的原因，它从边缘化的状态脱颖而出，成为敌对双方阵营的中心问题。如何才能最好地理解这种突然的变化呢？或者换作另一种提法，为什么在 1914 年之前的作战环境下从未发射过一枚鱼雷的潜水艇，却抢了战争爆发之前主宰海洋的主力舰——无畏舰的风头呢？

　　由于它的特性，作为一种基于突然袭击和隐秘行动的武器，潜水艇不会，没必要会，以及不可能是预期时间内实力的一种体现。无论如何，出于历史的原因，它被世纪之交的海军部以不屑一顾的傲慢态度加以看待，用阿瑟·威尔

256

逊海军上将的话说，它是"该死的非英国的玩意"。[10] 德国人——如海军上将提尔皮茨和德皇所表现出的——对于这种深藏海浪之下并不适合作为帝国"世界政策"象征的机械，并没有比英国人考虑得更多。作为二流海军大国，法国因海军上将奥贝 [11] 的"近岸海军理论"（poussière navale theories）和后来那些基于众多吨位削减的快速舰艇发展而来的"新学派"（jeune école）的海军战略思想，强化了上述观点。可想而知，分拨给潜水艇建造的款项直接与各国海军部对它们的看法密切相关，由于看法是否定的或有保留，这些款项一直是有限的，所以实质进展缓慢。

鉴于英国人和德国人对潜水艇的保留态度，在 20 世纪初是法国人和美国人处于潜水艇发展的最前沿。那时，最广泛采用的推进方式是蒸汽发动机，它的技术得到了较好的掌握，但是它的性能依然是有限的。自 1904 年起，离鲁道夫·狄赛尔发明柴油机不到十年，柴油动力的采用使潜水艇的理念发生了革命，但许多人依然质疑柴油发动机作为一种新型推进方式的可能性。同时，潜水艇的控制水平舵开始由电动马达操控，陀螺罗盘取代了磁罗盘，鱼雷成为潜水艇的主要武器。到 1914 年，在 30 节的速度携带超过 100 公斤炸药的状态下，鱼雷的潜在射程可达 10 公里左右。某些潜水艇，例如俄国的"卡拉波夫"级，能够搭载水雷，并且配备一门火炮。

换句话说，在 1912 年至 1913 年之间的某个时候，现代潜水艇的技术成分都已问世，并组装在一台现代战争机器之中，它将来的力量还未得到理解或想象。在海军演习期间，进行了一些成功的实验：1912 年，英国潜水艇 D2 在未遭到抵抗的情况下渗入了福斯湾（the Firth of Forth），并"击中"了一艘停靠的舰只；不久之后，它的姊妹艇 D6"击中"了另外两艘舰只。翌年，德国潜水艇 U9，在一次演习中使用四枚鱼雷"击中"三艘战列舰。

在潜水艇使用方面所取得的进展是明显的，但是它们对于军事思想的影响依旧是缓慢的。各国海军部仍然质疑它们的有效性[12]，关于它们战时使用的计

---

[10] 威尔逊上将称，潜艇是"卑鄙的、不正当的、该死的非英国的……战时应把所有的潜艇都当成海盗……吊死所有的海员"，引自 Stephen Wentworth Roskill, *Naval Policy between the Wars* (New York: Walker, 1968), vol. 1, p.231.

[11] 1886—1887 年任法国海军部长。.

[12] Richard Compton-Hall, *Submarines and the War at Sea, 1914—1918* (London: MacMillan, 1991).

划是非常有限的，并未打算使用它们至全部潜能得以发挥的程度。因技术方面的不足导致海上事故一直是个问题，且在当时所有的潜艇舰队中较为频繁地发生。理查德·康普顿－霍尔估算，在 1904 年至 1914 年之间，皇家海军有 8 艘潜水艇，法国海军有 11 艘，俄国海军有 5 艘，意大利、美国、德国和日本海军各 1 艘。[13] 因此，当战争爆发的时候，潜水艇重要性的上升是出乎意料的：由于它作为一种隐形武器的特性，潜水艇被证明是有价值的。作为一种战争武器，它的潜力被低估，它的使用既没有得到考虑，也没有得到系统性分析；总的来说，潜水艇的重要性未被充分地理解，尽管存在一些例外，特别是温斯顿·丘吉尔，他认识到了它的潜力。是战争的现实、真实时间的冲击和潜水艇以低成本所取得的成功，决定了接下来几年里各交战国潜艇技术方面的发展。

1914 年，各交战国在海岸防御和公海部署了近 290 艘潜水艇。[14] 在英国，20 世纪伊始就依据许可为美国制造潜水艇的皇家海军，已经开始生产自己的潜水艇。1914 年，它拥有 75 艘潜水艇，其中大约 40 艘用于海岸防御（B 级和 C 级），作战能力有限，一半数量的 D 级和 E 级现代化潜水艇被归为"半远洋航行"（semi-ocean-going）。法国海军拥有 100 多艘潜水艇，其中大约 50 艘属于现代化的雾月级（Brumaire-type）潜水艇[15]，于 1912 年进入服役状态。俄国拥有大约 40 艘潜水艇用于海岸防御，至 1917 年生产了另外 12 艘。意大利潜艇舰队数量在 1915 年为 25 艘，美国在 1914 年为 36 艘，1917 年为 44 艘，1918 年为 80 艘。战争前夕，德国并不比协约国的境况更好。他的主要盟友奥匈帝国，只有 5 艘潜水艇，德国的海军船厂只是从 1915 年起开始生产 500 吨的现代化潜水艇，换一种说法，只是比法国开始生产雾月级潜艇略早一些。由于前后各装备了一个鱼雷发射管，德国的潜水艇享有盛名。1914 年，德国海军仍只有 28 艘作战潜水艇，其中 18 艘是单独用于海岸防御的老旧型号，另有 17 艘处于建造之中。它们的部署方式依然是十分有限的。它们的主要任务是为主力舰队提供侦查和情报。正是 1914 年取得的成功，特别是针对协约国封锁和补给线的斗争，到 1917

258

[13] Richard Compton-Hall, *Submarines and the War at Sea, 1914—1918*, p.17.

[14] 作者自己的估算。数字在 250 艘至 300 艘之间的变动，取决于是否包括处于订单状态、很少作战、训练用和建造中的潜水艇。

[15] Lt Jean-Michel Roche (ed.), *Dictionnaire des Bâtiments de la Flotte de Guerre française de Colbert à nos jours*, vol. II, 1870—2005 (Toulon : Net-Marine, 2005).

年时决定了它们的未来发展和重要性。

就技术方面来看，海战双方出现的发展模式是相似的，尽管德国是潜水艇现代化的主要推手。德国的主导地位能够从以下方面做出解释：1914 年德国潜水艇单独取得的胜利（击沉 18 艘军舰和其他船只，损失了 5 艘潜水艇），在日德兰战役之后拒绝卷入水面交战之中，以及 1917 年孤注一掷的潜艇战的爆发。它揭示了德军最高统帅部在潜水艇的技术发展——考虑到潜水艇是一种被其技术特性所限定的武器——和它眼下的战略可能性之间所建立起的关联。为了充分利用这种关联，通过限制型号的数量和定期升级以使技术缺陷达到最低程度，德国海军船厂对他们的潜水艇生产进行了合理化改革。

整个战争期间，德国船厂生产了三种主要型号的潜水艇：500 吨级的如 U9（这种型号从 1910 年起开始生产），850 吨级的，以及最后自 1916 年起开始生产的 U151 型和 U152 型（1550 吨级）。后者是这场战争中最现代化的潜水艇。它们的长距离自主巡航能力——在水面为 4.6 万公里，在水下为 120 公里——将尖端技术与一种新型地缘战略角色结合在了一起。

协约国也使潜水艇建造合理化，但是是从一个不同的角度。它们的合理化是通过将生产集中于英国船厂来实现的，战争期间，英国船厂下水了 130 多艘潜水艇，其中 46 艘是新近的 E 级，而法国在同一时期只下水了 28 艘。协约国没有忽视潜水艇，但是水面舰只对它们而言更能够确保英伦岛屿的再补给，对同盟国的封锁以及成功地运送美国部队和进行反潜作战。

到 1918 年，潜水艇与飞机可能是这场战争期间经历了最重大变革的武器。但是，不同于一直是战场武器的飞机，潜水艇起初在预期时间被认为是一种辅助性武器，当德军最高统帅部认识到它拥有远超过简单的海军战术用途的能力并将它作为一种总体战的主要武器时，潜水艇成为重要的关注焦点。

发 明

第一次世界大战期间，真正从零开始"发明"的武器是比较罕见的，如果我们按照《牛津英语词典》给出的"发明"定义（"发现新的事物；以新颖的想法或独创性去创造、生产或建造"）的话。不过，我们可以把作战坦克和毒气归为确切的新武器，在这种意义上，与那些仅仅是革新的武器相比，它们在战场上的表现让战斗人员大吃一惊——这使我们去思考，是否一种武器的新颖性不是来自知识创造，而是来自战场上的表现。

毒气："遭遇时间"内适应一种新武器的例子

作为毒气在战争中首次使用的日子，1915 年 4 月 22 日已经被载入史册。那天，在伊普尔以北的佛兰德，德军面对英法军队，沿着 6 公里长的前线，释放了大约 170 吨有毒氯气，这些毒气被储藏在 6000 个左右的罐子里。在不到半小时内，英法前线失守了。

4 月的这个日子是令人关注的，因为它显示了关于第一次世界大战的西方史学著作通常如何忽视催泪瓦斯的使用——大约 2 万枚—— 1915 年 1 月由马肯森将军的第 9 集团军在东线靠近华沙的博利穆夫（Bolimov）战役中发射。但是，这里更重要的是，对于本章讨论的主题而言，毒气的使用揭示了敌对双方在"遭遇时间"内对于一种新武器发展的适应情况。1915 年 1 月，首先使用毒气的德国人在适应战斗方面遇到了明显的问题。在俄国前线，他们没有充分顾及在温度变化的范围内使用毒气需要考虑的技术因素。1 月份东欧的严寒天气，对于作战效果有着重要的影响。它意味着随着毒气向低处漂浮，毒气弹不会发挥作用，一直贴近地面使得毒气几乎没有害处，俄国士兵几乎没有觉察到对他们所发起的攻击。预期的战术效果没有实现。三个月后伊普尔的情况亦是如此。由于毒气，前线肯定是被突破了，但是这个突破口没有得到利用，因为德军士兵看见他们前方的毒气云雾而忐忑不安，相对缺乏紧随突破之后的行动准备，这使得英国人和法国人将突破口堵住。在伊普尔，战术上的成功是可能的，但是战略上的利用没有出现。

在最初使用毒气的"遭遇时间"里，敌方对这种新式武器的适应是迅速、有效和低成本的。第一种适应的形式是认识到，跑开是不明智的。以下是一个战斗人员的观察结果：在其他条件都一样的情况下，毒气即使令人惊恐，也比传统的炸药炮弹危险性更少、致命性更少和伤害更少。慌乱的逃跑最危险，因为当一个人向后方奔跑时，他呼吸频率加快会迅速导致窒息。第二种适应形式源于 1915 年 4 月所使用的氯气的化学性质，它可以溶于水，对呼吸道的影响因尿素而降低了，这意味着，尽管并不完全有效，但士兵能够用浸满水的棉团甚

260

245

至更好的是用尿液来获得保护。

因此，相比新型毒气的发展，例如光气（1915年由法国人研制）、芥子气（1917年由德国人引入）甚至是1918年由美国人研制准备用于1919年预期的进攻当中的路易斯毒气（lewisite），自发的、局部的和最终工业化的适应是迅速且更为容易的。对每一项毒气技术发展的适应几乎都是立刻完成的。最初浸满尿液的棉团很快被这些物品所取代：风镜和正式发放的垫子，英国人的"海波头盔"（hypo helmet）*，最终在各交战国军队中都配备了有面罩和过滤滤芯的完整防毒面具。后者层层过滤的过滤器能应对所使用的各种毒气的特性。

最后，我们应当注意到，即使毒气的形象一直与德国人最初使用它紧密联系在一起，但法国人从1914年8月起开始使用一些催泪手榴弹，而总体而言，

261　整个战争期间，协约国使用的毒气量比德国人更大。在这一方面，毒气体现了战争期间技术和经济之间存在的关联。当德国人研发他们的首批毒气时，是为了缓解传统爆炸性弹药的短缺，并出于其他原因使自己摆脱海军封锁的早期影响；而协约国在使用毒气方面超过德国人，主要是因为遭遇封锁之苦的德国人的生产率不再能够比得上协约国，尽管他们的科学家有能力制造出越来越致命的化学武器。

坦克：进攻技术和防御技术分开的例子

作战坦克是一种复杂的机械。从技术的角度看，它是一台由防护性外覆装甲包裹的内燃机，搭载一种或多种安装在一座炮塔上或从一座炮塔中伸出的武器，还有相应的弹药，运载一组战斗人员，因履带而能够在任何地面上轻松地驾驭。到1914年为止，所有已提出的关于发展这样一种机械的单独想法，就像澳大利亚人兰斯洛特·德莫尔一样，遭到了军事参谋人员的拒绝。鉴于那个时代的人对战争未来形式所做的设想，任何这样的新型武器都被认为是毫无意义的。"真实时间"完全改变了形势。但是，改变的步伐由两方面的因素决定：一是快速的认识，它发生在1914年年底，当时对于这样一种新式机械存在真实的需求；二是工业部门生产坦克所需要的时间——由于它的发动机的复

＊　即在海波（硫代硫酸钠）溶液中浸泡过的卡其色的绒布袋，用于防御氯气。——译者注

杂性，通常坦克需要三年的研发生产周期。是法国人和英国人实现了坦克所需的知识认知，而德国方面没有出现如此的认知。它不是来自战场上主要受益于坦克的步兵，也不是来自将坦克视作马匹替代品的骑兵，到1915年，骑兵已经丧失了它在作战方面的大部分作用。为什么法国人和英国人形成了这方面的认识呢？因为自1914年起，英国人和法国人都不断地卷入一些攻势，旨在将德国人从他们已同时建立的防御地带驱逐出去。相比防御，装甲车在进攻中更多地得到使用，因此明显引起了正不断策划进攻行动的协约国的更大关注。为了进攻和推进，地面必须进行炮火准备，接着步兵不得不爬出他们的堑壕，面对机关枪，直抵敌方的阵地，占领它，然后用更多波次的步兵或一些情况下用骑兵去乘胜追击。步兵以这种方式发起进攻，成千上万地阵亡，但几乎总是徒劳的：突破没有出现。地面被炮击弄得十分破碎，进攻的速度总是比防守更为缓慢。

262

最终，不得不寻找另一种解决之道去穿越士兵们无法通行的战场。解决之道在于一种机械，它能够保护步兵，摧毁机关枪，增加推进速度和使炮火进一步向前移动，甚至超出马匹能够通过的范围，并且在这一过程中推进能够确保已占领地带的"残敌被肃清"。技术上的挑战是巨大的。"新型"机械的构件——发动机、履带、炮塔等等——已经问世，但是必须做出决定去发展坦克的理念，并将那些基本组成部分转化为一种协调的、技术上可行和战术上有用的作战机械。使一种理论想法变成一种重要的战争发明的决策过程是值得关注的，无论是从法国方面来看，还是从英国方面来看。在英国方面，这一想法植根于有些不同寻常的皇家工程兵团中校欧内斯特·斯温顿的头脑之中。1914年，斯温顿正值46岁，已远离了身先士卒的岁月。这场战争爆发之前，他带着写一部官方史的想法密切关注日俄战争，当1914年第一次世界大战开始时，作为一名战地记者，他被派往法国。于是，关于坦克的想法最早植根于这位军官的脑海之中，他曾在1899年至1902年布尔战争中作战，针对小规模的作战单位撰写过一份战术手册（《达弗尔浅滩的防御》，*The Defence of Duffer's Drift*），接着他被从作战主力部队调离，被认为仅仅适合去报道战争所发生的事情。斯温顿设想出一种机械，"'将利用履带燃油拖拉机'并'覆盖坚硬的钢板，以防御德国人的钢芯、穿甲和弹头倒置的子弹，装备——大约——2挺马克沁机枪和1门

2 磅重的火炮'"[16]。在法国，相同的想法大概同时诞生于战场，在一位不同寻常的炮手指挥官的脑海中——让－巴蒂斯特·艾蒂安上校，战前军事航空的先驱，在沙勒罗瓦战役（the Battle of Charleroi）之后的 1914 年 8 月 25 日，他向他团里（第 22 炮兵团）的军官们宣称，"胜利将属于首先将一门大炮置于能够在任何地形运动的车辆之上的人"。[17] 在表达想法的同时，有必要获得官方的支持趁热打铁去进行研发。斯温顿中校，在英国最高统帅部只听进去一半的情况下，尝试让伦敦接受他的想法。陆军部表示反对，但海军大臣温斯顿·丘吉尔是一位热情的支持者。1915 年 1 月，丘吉尔写信给首相阿斯奎斯，但未有结果。于是，丘吉尔决定在皇家海军内创设一个特别的"陆地战舰委员会"。最终，这件存在争议的事得到了批准。1916 年 9 月，做出首个决定之后的一年又九个月，英国的坦克第一次在战场上参与作战。

在法国，反对的声音更多，决策的过程更加迟缓。身在前线从事指挥的艾蒂安，他最初说服法国统帅部的尝试在 1915 年没有取得任何成功。转折点出现在 1915 年 12 月 1 日他写信给霞飞之时："我认为这是可能的，制造出机械驱动的车辆，它可以运载携带武器和装备的步兵以及火炮，以超过 6 公里的时速顶着敌军的火力穿越任何障碍。"[18] 他的意见最终得到批准，他被允许返回巴黎去同熟悉的制造商们讨论他的计划。在那里，他遭遇了汽车服务部——军队的一个技术性机构——以及军需部的敌意，军需部拒绝在不连累他们各种业务的情况下研制坦克。于是，需要克列孟梭站在艾蒂安一边并做出最终的裁决。然而，首批法国坦克直到 1917 年 4 月才得到部署，而艾蒂安主张的装备有 360 度旋转炮塔的雷诺 FT 型坦克（通常被错误地说成 FT-17 型），只是于 1918 年 5 月 31 日才在苏瓦松（Soissons）以南地区的战斗中初次登场。

面对 1916 年至 1918 年间协约国军队部署的 6500 辆坦克，德国人在战场上只是用大约 20 辆 A7V 型坦克和 100 辆左右从英国人手中缴获的坦克应战。为什

---

[16] 单引号中的描述经常重复引用，但是难以找到它们的原始出处。这里引自 Robert Kershaw, *Tank Men* (London: Hodder & Stoughton, 2008).

[17] 引自 Henri Ortholan, *La guerre des chars, 1916—1918* (Paris : Bernard Giovanangelis Éditeur, 2007), p.24. 亦见 Arlette Estienne Monder, *Le général JBE Estienne, père des chars* (Paris : L' Harmattan, 2011), p.65.

[18] Letter of Col. Estienne, commander of artillery of the 6th division, to the Commander-in-Chief, Méricourt sur Somme, 1 December 1915, 引自 Ch. Menu, *Applications de l'industrie, la leçon d'une guerre, essai historique* (École supérieure de Guerre, December 1931), p.148. 亦见 Mondet, *Le général JBE Estienne*, p.65.

么会如此呢？不是德国的技术不能大批生产坦克，而是因为没有德国人——科 264
学家、军官、制造商或政治家——决意成为倡导这一事业的先锋。相反，德军
司令部相信，身处防御的态势中人们会发现，坦克并非"坦克的最佳敌手"。这
与鲁登道夫的看法相同，"（因为）如果防守组织得当，没理由害怕它们，炮兵
和步兵将以最大可能的平静心态面对进攻的到来"。[19]

　　结果，在主要交战国之间开始了技术上的分化。当协约国制造了数以千计
的坦克时，德国工业转向制造自成一体的反坦克武器，并使已有的武器和弹药
去适应反坦克作战。他们成功地研发了77毫米直瞄射击野战炮和13毫米反坦克
步枪，后者发射的子弹可以在300米的距离射穿15毫米厚的装甲护板，在大多
数的情况下足以穿透协约国坦克的装甲。对德国人来说，如此发展的成本－效
益比是可喜的，他们同样使用新战术去对付协约国的技术，通常由进攻部队实
施，目标是将坦克同与之相伴的步兵分割开来，然后分别使它们失去机动性而
加以消灭：这是一种有效的战术，但还不够充分。

　　在技术和战术之间的斗争中，最终的胜者既不是坦克，也不是反坦克步枪
或野战炮。战斗是靠协约国工业的大规模生产赢得胜利的，相比之下，到1918
年时，德国人能够提供的东西所剩无几。

结　论

　　为什么战争与技术之间的关系最终是1914年至1918年所表现出的那种状态
呢？为什么在1913年发展到巅峰的某些武器在1914年消失了呢？为什么在那一
时刻之前遭到忽视的其他一些武器，对于战争的结局却是如此重要呢？为什么
在第一场工业化的战争期间发明的新式武器数量如此之少呢？

　　首先，最显而易见的初步答案是，这些结果应归因于如下的事实：所使用
的武器在战前数年内已经问世且处于不同的研发程度，没人能够预知它们在战
斗中而不是仅仅在操演中投入使用的确切日期。这样的理由促使我们以一种新
的角度去思考"军备竞赛"的概念。军备竞赛一般是错误地按照从1914年往前
追溯的方式进行研究。这种方法不仅错误，而且未能将自身与20世纪初的一种 265

---

[19]　引自 Gambiez and Suire, *Histoire de la Première Guerre mondiale*, p.339.

基本的动态现实联系起来。此时此刻，所有的工业化社会正忙于军事化和迅速武装起来，但是，这发生在缺乏关于武器将如何使用的远见，以及平民近乎无视这一过程的背景之下。换句话说，科学研究领域的所有进展正在促进和加速军事化以及军备，但是很少人想知道，如此一种动态可能会有怎样的后果。

另一种关于这些问题的可能答案是，决策者个人的行动是最终的关键。我们已经目睹了这场战争期间在军备方面取得了怎样的进步，每一次出现的想法都是由个人孕育的，他怀有足够的信念去克服拦在路上的所有障碍。在这里提到的那些个人当中，让我们牢记斯温顿和艾蒂安（坦克）、路易·阿德里安和布罗迪（钢盔）、米尔斯（手榴弹）和——补充一个人，因为他还没有被提及——德国轻型护卫舰舰长赫尔曼·鲍尔（潜水艇）。这些倡导者都有另一个共同的特点：他们都是异乎寻常的人，某种程度上的边缘人物，不属于那个时代文职或军方的核心人士，如果战争没有将他们带到技术规划的前沿，他们很可能会一直默默无闻。反过来，这引出了关于军事精英总体角色的其他问题：他们如何在预期时间里影响为战争所做的准备工作？他们处理意想不到的事态的能力如何？他们与制造商以及政治家之间的关系发挥了怎样的作用？更一般地来说，他们的社会关系网和交往活动，他们与科学研究和工业生产的联系的影响如何？此外，我们还想问一问他们最终付出了怎样的代价。

11　战俘

希瑟·琼斯

　　从规模和军事化的角度来说，第一次世界大战使囚禁俘虏行为在欧洲发生了革命性的变化。事实上，在第一次世界大战中的每一个交战国，都存在两种形式的大规模军队：战斗人员的军队和在整个欧洲、部分亚洲和非洲地区被无限期关押的数百万敌方战俘人员的军队，后者是陆地战场上被俘的官兵以及一小部分在海上被俘的海军官兵。随着战争的爆发，在世界范围内，对所有参战国家而言，无论他们是民主的还是专制的，建立军事化管理的战俘营都成为一种标准的做法。处理敌方被俘战斗人员较早的形式——在之前的几场战争中出现的——例如宣誓不再参加战斗后的释放、赎身或交换，大多被摒弃了。那个时代的许多人所认为的现代化缩影——军事化的战俘营被广泛采用。

　　声称战俘事实上是一支"军队"，似乎易引发争论。但是，战俘能够以十分类似于作战军队所适用的结构和管理形式去控制和关押：被囚禁在通常是兵营构造的战俘营，或者被关押在临时宿营地的小型劳动营中，一举一动都要服从看守的命令。他们被铁丝网团团围住，并服从俘获他们的军队所实施的同样的军事法规，服从同样的军纪规定和等级制度。他们实际上存在于一个军事化的空间里，从任何结构意义上说都是一支军队，被俘虏他们的国家通过武力控制了起来。一个国家由战俘组成的俘虏军队和战场上自己军队之间的关键区别是，战俘被剥夺了获得武器的权利。在所有其他方面，战俘都生存在一个军人的文化当中，而根据国际法的规定，可以强迫士兵战俘为俘获他们的国家劳动。在一些国家，战俘被证明是与俘获战俘的国家自己的军队一样难得和综合的战时劳动力资源。

267　　实际上，第一次世界大战的关键性趋势之一，是一个国家的作战军队和战俘组成的俘虏军队之间界限的日益模糊。这场战争最重要的发展之一是，被俘获国军队囚禁的士兵战俘人数不断地增加，相当于或接近于在前线直接为他们劳动且从未撤至后方的战俘营的战俘人数。这种双重制度，即前线地区的战俘劳动营——为俘获战俘的军队劳动，和后方的战俘营——为后方的战时经济提供劳动力，出现在德国、法国、英国、奥匈帝国和俄国的情况之中。一个制度化的前线强制劳动力群体，居住在简陋的暂时宿营地或简易的"兵营"中，在整个欧洲战场发展了起来。比如，1915年德国军队开始在前线或靠近前线的战俘劳动力群体中，使用俄国战俘作为劳工；到1916年时，它以这种方式使用了大批不同民族的战俘，前线地区的劳动力大约为25万人。同一年，英国和法国的军队开始利用自己的战俘劳动力群体。在英国军队中，为这些前线战俘劳工所提供的住宿和食物是过得去的；相比之下，法国军队中战俘劳动力群体的待遇通常是较差的。1916年，法国军队让一些德国战俘劳工在凡尔登战场上顶着炮火劳动了几个月。1918年，在德国军队中，直接为西线军队劳动的战俘饱受营养不良和频繁殴打之苦。奥匈帝国的军队也使用了战俘劳动力群体中的俘虏：到1918年1月，有309772名战俘在靠近前线的地方为奥匈军队劳作。[1] 直接为奥匈军队劳作的战俘死亡率看上去非常之高：早在1915年秋，奥匈帝国就决定不允许将这些战俘死亡率或患病率的情况公之于众；到1918年，奥匈帝国陆军部开始停止保存有关战俘死亡情况精确统计的记录。[2] 就俄国军队的情况看，有关在靠近交战地区直接为俄国军队劳作的战俘的劳动条件如何，人们知之甚少。但是，对那些拒绝在前线为俄国军队劳作的战俘的惩罚可能是极

268　其严厉的："当1915年夏天100名战俘拒绝在卢布林（Lublin）附近挖掘堑壕时，十分之一的战俘被枪决，其余的遭到毒打。"[3] 这种靠近前线地区的战俘劳动制度的出现是近乎普遍的趋势，它标志着战俘待遇的严重恶化。在身心两方面，这些战俘都遭到摧残：他们常常遭到来自自己人一方炮弹的轰炸，且

[1]　Alan Kramer, "Prisoners in the First World War", in Sibylle Scheipers (ed.), *Prisoners in War* (Oxford University Press, 2010), p.78.

[2]　Hannes Leidinger and Verena Moritz, "Verwaltete massen. Kriegsgefangene in der donaumonarchie", in Jochen Oltmer (ed.), *Kriegsgefangene im Europa des Ersten Weltkriegs* (Paderborn: Ferdinard Schöningh, 2006), p.56.

[3]　Kramer, "Prisoners", p.83.

在违反国际法的情况下，被迫直接为俘获他们的国家的战争努力而劳作；另外，前线的战俘营通常设在被占领地区，这一事实导致战俘们更容易受到虐待。

总的来说，到 1918 年，大多数交战国都日益依靠两种"军队"——作战军队和战俘所组成的劳工军队，后者既在前线又在后方从事劳动。就德国的情况看，到 1918 年，战俘构成了鲁尔煤矿劳动力的 16%。[4] 一个技术统治论式的（technocratically）管理俘虏的双重制度——后方和前线——在战时劳动力需求的驱使下，已经在整个欧洲和俄罗斯的亚洲部分形成。在 1914 年至 1918 年间，这种将现代技术、大规模囚禁俘虏和军事化融合起来的独特战时安排是新颖的：它引起并使其标准化的囚禁行为，完全是前所未有的，无论是在规模上，还是就将同时期最先进的现代性方面——表现为国家管理、劳动效率和技术知识的形式——与一种管理和强制的军事文化结合起来而言。第一次世界大战长期与战场杀戮的创新性技术发展、工业化的战争和军备生产，以及在公众舆论和史学研究中占首要地位的主题联系在一起。但是，这场战争也标志着大规模工业化、军事化囚禁俘虏行为的出现，这是一种新的现象，促成了不起的技术飞跃和文化上同过往的断绝，但在很大程度上遭到了忽视，直至 20 世纪的最后十年，历史学家们才开始关注这场战争中被俘官兵的命运。自那以后，囚禁俘虏作为一种深深地将前线和大后方的战时世界交织在一起的基本的战时经历被披露出来。英国、法国、德国、俄国和奥匈帝国在囚禁俘虏问题上的一般动向，已经成为一些历史研究的主题，然而缺口依然存在：奥斯曼帝国和意大利较少得到关注，而且遗憾的是，有关保加利亚和罗马尼亚战俘营的情况很少有人了解。

俘虏的规模大得惊人：虽然总的估算数字各不相同，但整个战争期间近 800 万至 900 万人成为战俘。[5] 这占了全部战斗人员数量中很大的一个比重，历史

269

---

[4]　Kai Rawe, "...wir werden sie schon zur Arbeit bringen!": Ausländerbeschäftigung und Zwangsarbeit im Ruhrkohlenbergbau während des Ersten Weltkriegs (Essen: Klartext Verlag, 2005), pp.73–79.

[5]　Jochen Oltmer, "Einführung, funktionen und erfahrungen von kriegsgefangenschaft im Europa des Ersten Weltkriegs", in Oltmer, Kriegsgefangene im Europa, p.11. 其他估算的数字在 660 万至 840 万之间，见 Kramer, "Prisoners", p.76.

学者阿隆·拉哈米莫夫估计，每 9 名官兵中大约有 1 人有被俘的经历。[6] 奥匈帝国动员的官兵总数的三分之一，"大约是这个二元君主制国家成年男性人口总数的 11%" [7] 成了战俘。另外，战俘营在地理上的分布显然应归因于这场战争中帝国的所及之处：从俄国的符拉迪沃斯托克和西伯利亚到爱尔兰的坦普尔莫尔（Templemore），战俘营纷纷建立起来。在东非战斗中被俘的德国战俘被送往位于埃及、马耳他和印度艾哈迈德讷格尔（Ahmednagar）的战俘营。[8] 奥斯曼帝国俘获的英国和自治领国家的战俘，被关押在安纳托利亚，在那里条件各不相同；在青岛被俘的德国战俘被囚禁在日本，在那里他们受到了毋庸置疑的良好待遇，尤其是在坂东战俘营（Bando camp）*，而且战俘营被用来向当地的日本民众展示德国的文化。

在战争的头三年里，绝大部分战俘是在东线被俘的，一次运动战就导致数千人被俘。东线的战俘总数是惊人的：俄国俘获了 210 万名奥匈军队士兵，而奥匈帝国和德国几乎俘获了这场战争战俘总数的 50%，到 1918 年 10 月，德国在东西两线俘获了总计 240 万名战俘，奥匈帝国俘获的战俘数量则在 120 万人至 186 万人之间。[9] 西线的堑壕战没有如此轻易地导致如此规模的俘虏数字，只是在 1914 年和 1918 年，在运动战阶段出现了值得注意的大规模俘虏：英国军队在 1918 年俘获的战俘数量比之前战争三年里加起来的还要多。整个战争期间俘虏的确切数字是不可能弄清楚的：各国通常临时设立新的政府机构去确保战俘数字的跟踪统计；但是，战争造成的混乱和战俘的海量数字意味着，这一项创纪录的人口统计行动，是一项重大的挑战。

没人察觉到这一现象正在到来。从这场战争伊始，"战俘"（prisoner of war）这个称呼本身就是模棱两可的——它适用于被拘禁的平民，也适用于被

---

[6] Alon Rachamimov, "The disruptive comforts of drag: (trans)gender performances among prisoners of war in Russia, 1914—1920", *American Historical Review*, 3:2 (2006), pp.1—4.

[7] Alon Rachamimov, *POWs and the Great War. Captivity on the Eastern Front* (Oxford and New York: Berg, 2002), pp.4, 31.

[8] Mahon Murphy, "The geography of internment", unpublished paper. 我很感谢 Mahon Murphy 向我提供了这一信息。

* 位于四国岛东部德岛县鸣门市。——译者注

[9] 关于俄国的统计数字，见 Reinhard Nachtigal, *Kriegsgefangenschaft an der Ostfront. 1914 bis 1918* (Frankfurt am Main: Peter Lang, 2005), pp.13—16。关于奥匈帝国俘获的战俘总数，见 Uta Hinz, *Gefangen im Großen Krieg. Kriegsgefangenschaft in Deutschland 1914—1921* (Essen: Klartext Verlag, 2006), p.238; Leidinger and Moritz, "Verwaltete massen", p.54。

俘的军事战斗人员。围绕这一称呼的混乱现象充分说明了最初大战囚禁俘虏行为的即兴性质：战前没有预想到它的规模和持续的时间，其正式的名称依然是不确定的。它的出现是 19 世纪末实施大规模征兵的直接后果，征兵导致军队的规模有了显著的扩大。战争爆发后的 6 个月里，整个欧洲有 130 万至 140 万人被俘，其中大多数最初居住在临时营地的简陋房屋中；在德国，在寻找或建造住所期间，数千人在几周时间内一直露天宿营。[10]1914 年之前，少数评论者预料到了这些发展结果或者不得不去进行适应——特别是，战时经济和俘获国军队的劳动力需求将促使技术统治论的囚禁俘虏制度的形成，作为一种管理和分配社会最底层战俘的手段，它主要服务于最需要战俘的经济部门。

反之，1914 年之前的焦点在于使囚禁俘虏行为变得人道；人们普遍相信，就一个比较宽容的政权而言，不断的法律编纂工作能够使战俘的待遇规范化，战俘的法律地位越来越趋近于平民权利和非战斗人员的地位。[11] 在 1864 年至 1914 年的这段时期里，人们越来越把重点放在规范战时囚禁俘虏行为的新法律上：在美国内战期间向联邦军队颁布《利伯法典》——它规定战俘应受到人道主义的对待——之后，1864 年和 1906 年的《日内瓦公约》以及 1899 年和 1907 年的《海牙公约》都包括了旨在保护战俘免受虐待的重要条款。《日内瓦公约》主要关注战场上负伤的敌军官兵的待遇，规定应给予他们与俘获他们的一方自己的负伤人员同等医疗救助的待遇。事实上，这意味着为获得这种照管，在战场上负伤的敌军官兵必须获得战俘的身份。第一次世界大战最值得注意的方面之一是，一旦负伤的战俘被转移出战场，所有交战国遵守《日内瓦公约》的程度如何。尽管在被俘之前负伤的官兵依然处于遭受最后一枪的危险之中——这方面最臭名昭著的事件大概是 1914 年施滕格将军下令枪杀所有战场上因德军推进而滞留于其后的法军伤员——但是，一旦有人作为受伤的战俘从前线撤离，无论在东线还是在西线，通常他都会得到还算不错的对待。当然，如果与第二次世界大战进行比较，第一次世界大战在维护 1864 年和 1906 年的《日内瓦公

[10] Richard B. Speed III, *Prisoners, Diplomats and the Great War: A Study in the Diplomacy of Captivity* (New York: Greenwood Press, 1990), p.6.

[11] Speed, *Prisoners*, p.5; Heather Jones, *Violence against Prisoners of War in the First World War: Britain, France and Germany, 1914—1920* (Cambridge University Press, 2011), pp.33—37.

约》方面出奇地成功。从这个意义上说,军事俘虏相比平民俘虏能获得更好的保护。大战期间,数十万被拘禁的平民得不到国际法的任何保护。

然而,《日内瓦公约》基本没有包含保护未受伤战俘的条款,在战争爆发时,国际法领域对他们的主要保护来自《海牙公约》。而一旦战争爆发,这些公约不大有效。1899 年的《海牙公约》规定,"战俘是处于敌国政府的权力之下,而不是处于俘获他们的个人或军队的权力之下"[12]。这关键性地确立了国家对于战俘的管制权。战俘应得到与俘获他们的国家自己的军队一样的食物供应,并且要给予人道主义的对待。两部《海牙公约》规定,"按照战俘的军阶和能力",国家可以将战俘作为劳动力使用;但是,1907 年的《海牙公约》补充称,军官战俘"排除"在劳动力之外。两部公约还规定,战俘所从事的任何劳动不应同俘获他们的国家的战争努力有关。到 1916 年,大多数交战国都有意违反了这一规定。

除了塞尔维亚和门的内哥罗外,所有这场战争的交战国都已批准两部《海牙公约》,规定战俘应服从俘获他们的国家的军事法规——在纪律问题上,战俘应依法服从依据俘获他们的军队的内部军事法规属于合法的处罚形式。[13] 由于在俘获战俘的军队中允许的处罚措施可以包括战俘原来所在军队禁止的体罚形式,这导致了种种虐待的指控。总之,《海牙公约》突出显示了 1914 年之前那一时代的人根据对监禁的宽松解释去设想囚禁战俘行为的程度,包括在一定限度内允许战俘享有某些行动自由,这一限度是他们在被俘时宣誓遵守的。两部公约规定,战俘可以被关押在城镇、堡垒或兵营,并且"不得越出某些固定的界限;但是,只有作为必不可少的安全措施,才能对他们实行拘禁"。1907 年的公约还对这一条文做了进一步的补充,规定"只有在持续存在必须采取这一措施的情况下",战俘才能受到拘禁。[14]

1914 年出现的大规模监禁制度,同那些战前的预期形成了鲜明的对比。虽然在战争最初的几周里法国发生了少数军官战俘宣誓后被准予释放的事件,但是公众的反对造成了这种做法被放弃。随着逐渐意识到战争不会在圣诞节时结束,各交战国转向建造专门的战俘营。《海牙公约》很快就被证明是难以满足局

---

[12]　http://avalon.law.yale.edu/19th_century/hague02.asp; accessed 30 November 2011.

[13]　Rachamimov, *POWs and the Great War*, p.69.

[14]　http://avalon.law.yale.edu/20th_century/hague04.asp; accessed 4 December 2011.

势需要的，随着战局的发展，交战国越来越通过与敌国达成的双边条约来规范战俘的待遇问题，例如 1917 年 6 月和 1918 年 7 月英国和德国在海牙就战俘待遇达成的协定，1915 年 12 月东线交战国签署的《斯德哥尔摩议定书》以及法国和德国达成的战时《伯尔尼协议》；另外，战争期间，交战国之间个别达成了有限的战俘交换协定，作为一种人道主义之举，荷兰和瑞士从交战国手中接收了少量身体状况欠佳的战俘。各国也越来越依靠中立国或人道主义组织的报道去密切关注战俘的待遇问题。事实上，中立国作为"保护力量"被分派监督特定国籍的战俘，并派代表团去视察战俘营，例如，德国境内的法国战俘待遇问题就是由西班牙以这种方式进行监督的。位于日内瓦的红十字国际委员会也巡查战俘营，借助它分管战俘的机构的工作去监督战俘待遇问题。但是，这种监察被限制在大后方：中立国或人道主义组织不被允许接触位于或靠近前线直接为军队劳动的战俘。

在为战俘提供食物的义务如何执行方面，同战前预期相比所发生的变化是十分明显的。在战争爆发时，《海牙公约》确立了准则，规定战俘应获得与俘获他们的军队相同定量的食物。但在 1915 年，随着同盟国面临协约国的海上封锁，德国决定为战俘提供与德国平民相同定量的食物。反过来，封锁使得协约国充分利用战俘接收包裹的权利，为那些被德国关押的战俘官兵提供食物，以使他们免受封锁的影响。这很快就成了一种新准则：在欧洲各地，一种复杂的食物包裹计划被制定出来，由此战俘可以通过邮递获得食物救助。

在西欧，这种做法是极其有效的：英国、法国、美国和比利时的战俘从他们的祖国那里接收到了至关重要的食物包裹。这些人接收的，有来自他们家人和慈善组织寄送的个人包裹，也有政府资助的救助包裹，通常借助日内瓦的红十字国际委员会派送，英国政府和法国政府支付的面包和饼干包裹则借助哥本哈根和伯尔尼运送。被英国和法国关押的德国战俘也能收到来自国内的包裹。但是，随着战争的发展和封锁影响的加剧，对于战俘的家人而言，寄送个人包裹更加困难，战俘们越来越多地收到直接从红十字国际委员会购买的爱心包裹。在东欧，提供包裹更为困难，在某些情况下，批量运送的援助品通过个体的救助人员运至俄国境内的战俘营，就如瑞典活动家埃尔莎·布伦德斯特伦那样；在一些更容易抵达的战俘营，包裹则通过邮递的方式运抵。某些欧洲地方的战俘还能够收到由受托银行派发的钱款，在本地购买食物，在那里这种方式是被允许的。对于维持战俘的健康来说，包裹的作用是至关重要的：意大利战俘高死亡率的部分原因是，意大利政府未向关押在德国和奥匈帝国的意大利战俘寄送国家包裹，以及由于邮政效率低下，包裹被堆积在边境地区，这影响了战俘家人邮寄个人包裹。

总体上，战争期间战俘是一项庞大的慈善救助工作的对象，既包括国内的慈善组织，也包括了像位于日内瓦的红十字国际委员会、罗马教廷和基督教青年会这样的国际组织。这一过程促成了战时人道主义救助的提供和慈善组织的游说技巧快速地现代化。但是，这种对战俘的人道主义救助所掩盖的是，所有
274　交战国默默地承认，坚持《海牙公约》的规定是不可能的，为战俘提供食物的义务不再仅仅属于俘获战俘的国家；战俘获得食物成了一种抽奖行为，取决于他们所在地铁路交通状况如何以及慈善机构或他们的祖国能提供多少数量的食品。但总的来说，针对战俘的包裹救助制度是这场战争最大的人道主义成就之一，挽救了许多生命。

这种战时慈善干预的基础是红十字国际委员会规模的扩大和地位的提高。在战争伊始，它在日内瓦设立了分管战俘事务的机构，致力于帮助战俘家人搜寻亲人下落。一些战俘未被报告已被俘，留给家人的只是他们"失踪"的消息。为了帮助解决这个问题，红十字国际委员会编制了一个浩大的卡片目录系统，记录了那些家人报告其失踪的官兵的详细信息，并将这些信息同来自掌控战俘的政府的信息进行比对，以识别单个的战俘。由于各国红十字会组织和伊斯兰地区红新月会所属的类似组织的发展，以及《海牙公约》规定每个交战国必须成立战俘管理局去向战俘所属国告知他们的下落，这项工作得到了促进。这些组织与红十字国际委员会联络，提供战俘的信息。与国家层面的红十字组织和身为国家战争努力一部分的战俘管理局相比，红十字国际委员会在战争期间采取了一种严格的中立立场。结果，到1915年，它被赋予了在主要交战国巡视战俘营的权利。它时常公布有关战俘营状况的报告，到战争结束时，它已是救助战俘方面最重要的国际慈善组织。

第一次世界大战期间，临时权宜地利用双边协议、中立巡查或慈善干预使囚禁俘虏行为人道化，只能做到这种程度；然而，许多对第一次世界大战期间战俘待遇的额外规定也采用了创新的强制措施。交战国越来越倾向对手中的战俘实施报复，以此作为一种迫使敌人改善战俘待遇的手段。各种报复行为是

战争暴力的一种中间形式，处于在战争期间发生的一系列虐俘行为——从战俘在被俘之时遭到个人的随意杀害，到由于国家或军队的玩忽职守而造成战俘在囚禁期间的普遍死亡——的中间位置。报复性的暴力行为是故意的，通常由俘获战俘的国家下发正式的命令，并小心地掌控；而且，这几乎一直是众所周知的。它采取了多种形式，从停止优待，比如获得食物包裹或放风锻炼，到惩罚性的劳动甚至是充当人体盾牌。在各国之间，报复行为各不相同：英国的主要报复行为发生在1915年，当时作为对无限制潜艇战的一种反应，将39名被俘的U型潜艇人员单独监禁，但是当德国人做出相同的反应将同样数量的英国军官战俘单独监禁时，报复行为很快随着英国取消这种做法而停止。经历这次羞辱之后，英国基本避免针对战俘实施任何进一步的报复行为。陆军部战俘局局长甚至视报复行为是不符合英国人行事风格的："我们的民族性与虐待无力抵抗之人的行为是格格不入的，这尤其适用于那种个人不对被怨恨的行为负有责任的情形。"[15] 相比之下，德国和法国更加残酷无情。1915年，出于一种报复行为，德国利用出身中产阶级脑力劳动职业的法国战俘从事沼泽地排水工作；法国则将德国军官当作人体盾牌安置在医疗船上，作为对U型潜艇攻击的回应。

德国军队实施了西线交战国中最极端的报复举动。1916年，它押送了数千名英法战俘前往东线临近前线的地方，在零度以下的气温环境中从事劳动，以报复法国决定将德国战俘送往法属北非的战俘营，以及英国决定在法国使用德国战俘作为劳工，违背了早前打算将他们撤至英国本土战俘营的做法。德国的这种报复行为听凭战俘在东线遭受殴打和冰冻而形容枯槁地死去，相比第一次世界大战的情形，这种行为更接近于第二次世界大战中针对战俘的暴行。紧接着这次行为之后的是1917年德国人的另一次报复举动，当时作为对英法在靠近前线的地方使用德国战俘劳工的回应——包括法国人在凡尔登战场长期使用德国战俘冒着炮火劳动——德军最高统帅部下令所有新近俘获的被俘时未受伤的英法士兵，将在不提供居所和不足量供应食物的情况下被关押在前线附近。在一些情况下，他们被有意当作经常遭受炮击的阵地的人体盾牌。在英法两国最终向德国的最后通牒让步之前，德国提出，如果英法将德国战俘劳工限制在离

275

276

[15] TNA, FO 369/1450, Maj. Gen. Sir Herbert Belfield, "Report on Directorate of Prisoners of War", September 1920, pp.57–58.

前线 30 公里以外的地方，德国将停止报复。1916 年和 1917 年的这两次德国军队所实施的报复行为使英法两国战俘付出了生命的代价。

报复行为提供了国家许可的针对战俘的暴行的最明显例子。它们在国家如何利用媒体来宣传它们并使之合法化方面具有创新性。比较起来，第一次世界大战中其他虐俘的极端情形——在俘获之时杀害俘虏和因国家或军方的玩忽职守导致战俘死于恶劣的生存环境——与 19 世纪末几场战争中所发生的种种现实情形更加合拍。但是，堑壕战的性质特别使抓获战俘时的战场杀戮便利化，因为在猛烈的炮击期间难以将战俘撤至后方，更可能用机关枪或手榴弹杀掉大批的投降官兵。

历史学者们不断争论投降之时俘虏被杀行为的频率问题。有证据表明，在索姆河战役的第一天，英军的某些部队接到命令不要接纳俘虏，而在 1914 年入侵法国的一些德军部队中也有对降敌不饶恕的政策。[16] 乔安娜·伯克和尼尔·弗格森认为，杀害战俘是普遍的现象。弗格森甚至断言，这在部队中造成了害怕投降的心理，以至于延长了这场战争；相比之下，艾伦·克雷默则认为，实际上这种现象是比较罕见的。[17] 不管怎样，它在很大程度上是禁忌，这一事实意味着只有极少目击者打算将其写下来或说出来，而且很少有历史证据去加以判定：在西线，它从未得到军队最高统帅正式命令的许可，下达的不接纳俘虏的较低级别命令通常也只是口头形式的。

然而，尽管官方在这个问题上保持沉默，但看上去他们已经接受了一些军队通过给予战场上受重伤的敌人慈悲的一枪而杀害他们的事实行为，尤其当撤离战俘在军事上难以做到时；事实上，法国军队甚至成立了特别的部队，名为"堑壕清理者"（nettoyeurs des tranchées），它的任务即是从事这项任务。在西线，在战斗最激烈的时候拒绝饶恕试图投降的官兵，似乎也是常见的，尤其是他们的投降需要跨越信任鸿沟，或者在俘获一方需要收起复仇的欲望或成见时，诸如当投降的官兵一起从地下掩体出来时，当一个机枪掩体中的人员投降时，或

[16] John Horne and Alan Kramer, *German Atrocities, 1914. A History of Denial* (New Haven, CT: Yale University Press, 2001).

[17] Joanna Bourke, *An Intimate History of Killing: Face-to-Face Killing in Twentieth-Century Warfare* (London and New York: Granta Press, 1999); Niall Ferguson, *The Pity of War: Explaining World War I* (London: Penguin, 1998); Niall Ferguson, "Prisoner taking and prisoner killing in the age of total war: towards a political economy of military defeat", *War in History*, 11:2 (2004), pp.148–192; Kramer, "Prisoners", p.85.

者投降的官兵是黑人或亚洲人时。在西线，当敌军官兵被俘获之后，杀害战俘的事件则是很罕见的。尽管发生过此类情况，但士兵们通常会谴责那些实施这种杀害行为的人。

在这场战争期间，所有的交战国都指控敌方在战场上杀害俘虏，这样的指控对于宣传战来说非常关键。[18] 但是，令人奇怪的是，对于俘获时刻的研究依然不足，尽管事实是俘获对于战争的战斗经历来说是完全必不可少的，是一支军队无论赢得还是输掉一场战斗的关键性的决定因素。大规模的俘获，诸如1917年在卡波雷托的情况，当时估计有25万名意大利人投降，或者1918年"百日战役"（Hundred Days campaign）期间德国人的投降情形，都影响了战争的结果。

俘获是如此高度敏感议题的一个原因，与怯懦密切相关。在一场由平民军人组成的军队所进行的战争中，羞于投降并不仅仅限于军官阶层，通常也遍布于士兵心中。战俘常常担心，他们会被视为逃兵；虽然开小差司空见惯地发生，但在被囚禁的俘虏中间它是一个忌讳话题，俘获他们的军队通常小心谨慎地确保逃兵与那些不知道他们投降情况的人关押在一起。但是，总的来说，大部分人被俘是由于种种超出自己可控范围的原因，比如负伤或因敌军的推进而掉队。1914年，大批来自第1戈登高地步兵团的士兵在贝尔特里（Bertry）被俘，当时他们的军官都已阵亡；1918年，在他们的军官下达命令之后，德国军队以一种有序的方式缴械投降；1914年在坦能堡被俘的俄国人投降，是因为指挥上的失误。

如果战场上杀害俘虏的行为表明了一种针对俘虏的极端暴行的话，那么造成战俘死亡的其他重要原因则是玩忽职守。在战争期间，玩忽职守导致恶劣的囚禁环境是常见的现象，特别是在东欧和中东战区。这引起的悖论是，尽管第一次世界大战目睹了曾经建造过的现代技术最发达的战俘营，但这些进展的步调并不一致。在一些战区，战俘忍受着简陋得令人吃惊的生活条件。此外，在某些国家，比如德国，现代化的战俘营发展起来，是因为最初为大批战俘所做准备方面的玩忽职守导致了恶劣的囚禁环境，以及当1914年战俘在无栖身之处的情况下，因露天等待为他们提供住处的营地而死于冻馁或因营养不良所导致的疾病被披露时出现的国际哗然。因此，第一次世界大战囚禁俘虏问题的核心

278

· [18]　Jones, *Violence against POWs*, pp.70–87.

是一个玩忽职守－现代化（negligence-modernisation）的悖论。玩忽职守的事件曝光得越多，使战俘营现代化的努力就越大。玩忽职守并未从第一次世界大战战俘营的现代化中缺失：它是后者特殊的存在理由，并与现代化过程处于一种共生的关系之中。

如果我们考虑到 1915 年发生在德国、奥匈帝国和俄国大后方战俘营主要因过度拥挤和缺乏灭虱设施导致的斑疹伤寒疫情，现代化和玩忽职守之间的关系就尤为明显。在整个疫情期间，德国境内总计大约有 44732 名战俘感染上斑疹伤寒。在奥匈帝国，疫情也是严重的：1915 年 1 月在毛特豪森（Mauthausen）战俘营，一天最多有 186 人死于这种疾病。疫情也在俄罗斯帝国境内的许多战俘营中爆发：1915 年至 1916 年的冬天，斑疹伤寒在托特斯科伊（Totskoe）战俘营中肆虐，"2.5 万人中至少有 1 万人死去"。[19] 就德国的情况看，这种疾病在整个德国 30 所战俘营中难以控制地传播开来，造成惊慌和恐惧的情绪蔓延至后方的民众之中，从而导致了战俘营快速和过激的现代化。这包括了安装现代化的消毒大桶去灭除战俘衣服上的虱子，以及在许多战俘营建造淋浴室，这些其实在其他一些战时国家里已经是常见的做法。为了减少虱子带来的风险，在德国，战俘通常在抵达战俘营时会被全部剪短头发和剃去胡须。对于所有新近从前线抵达的战俘而言，征求体检意见和采取隔离措施是标准的做法。从俄国的情况看，在疫情发生之后，巡查俄国境内战俘营的中立国和同盟国护理人员成功地迫使俄国政府改善了战俘营的卫生条件。

因此，两种需要推动了战俘营技术方面和后勤方面的现代化，即为了保护后方民众免受疾病的传染和危险而对战俘进行隔离，和俘获他们的国家为了将他们当作能发挥作用的健康劳动力而维持他们的生命。于是，迅速地容纳和管控大批战俘的需要，导致了在后方建造起大规模的专用营地，主要是在 1914 年至 1916 年之间——通常各国使用战俘去从事这方面的体力劳动。从 1914 年起，德国建造了这样的战俘营；相比之下，在 1915 年的大部分时间里，俄国让战俘待在小型的临时关押地，步调缓慢地转向使用大型的专门建造的战俘营。[20] 其中一些战俘营规模是巨大的：位于西伯利亚的战俘营，例如别列佐夫

---

[19]　Kramer, "Prisoners", p.80.

[20]　Rachamimov, *POWs and the Great War*, pp.88–89.

卡（Berezovka）、克拉斯诺亚尔斯克（Krasnoyarsk）和尼科利斯克－乌苏里斯克（Nikolsk Ussurisk），当时容纳了 2.5 万至 3.5 万名战俘。

相同的技术进步（已使得战场上防御占据优势）被应用于战俘营的修建，以确保战俘无法逃跑——铁丝网或电网、配备机枪的岗楼、探照灯和守卫犬。成熟的铁路运输系统保证了供应的食品定期运达战俘营，而罐头食品日益完善的形式使得战俘营能够将供应物储存起来；甚至在战争伊始运输系统就最为落后的俄国，食品的运送都得到了改善。铁路对于运送俘虏来说是重要的，通常在西线是用运牛的车厢，而在东线则用名为"特普卢什基"（teplushki）的车厢（一种带火炉的棚车）。在德国和奥匈帝国，木制营房以一种标准的模式进行建造，通常设有 2 层或 3 层的上下铺。整个欧洲，战俘营常常也有专门修建的厕所、洗衣房和垃圾场；在西欧几个国家中，为防止出现伤寒，战俘在抵达战俘营时要接种疫苗。这种对大规模囚禁俘虏的技术性掌控，是因这场战争所导致的"总体化"（totalisation）的新形式之一。正是这种使前线走向总体战的工业进步，在战俘的祖国提供了针对战俘的总体"安全"措施，这方面的遗产是，在两次世界大战之间，各国继续将这些新的囚禁俘虏技术视作一种提供"总体的"国内安全的手段。这同尖端的情报搜集形式紧密地联系在了一起。在西欧的战俘营中运营着使人印象深刻的邮政业务：战俘们可以每月固定限额地免费收发明信片和信件。对于战俘的精神健康而言，与家人的这种通信联系是绝对重要的，它也是情报信息的一个主要来源。战俘的邮件遭到俘获他们的国家以及祖国的拆阅和审查，特别是，它是有关敌人后方士气和生活条件的情报的主要形式之一。在某些情况下，俘获国渴望从战俘那里获取情报，甚至在战俘营中安插特工，装扮成战俘，去捞取情报。

第一次世界大战期间这种囚禁俘虏的现代化，普遍被誉为是积极和进步的；总体化的囚禁俘虏行为被视作为战俘们提供了一个更人道的环境。事实上，一个国家对大规模囚禁俘虏行为管理得如何，并且是否实现了先进的、"现代的"囚禁俘虏管理制度，开始被看作对它自身能力和科学进步的一种考验。俘获国的宣传常常将重点放在这个问题上——利用来自战俘的照片、影像和陈述去突出展示战俘们正得到良好的对待，于是，俘获国成了遵守国际法和对其俘虏履行现代化文明义务的榜样。大型的专门建造的后方战俘营引起了公众极大的好奇：战俘营照片做成的明信片被售卖给平民大众；1914 年，平民常常游览至战

280

263

俘营附近，试图瞧瞧敌国的战俘。大批有关战俘的电影片段也时常被用于宣传。这样，战俘成为后方宣传中标志性的形象——要么是在己方受到优待的俘虏，要么是敌人暴行的牺牲者。

战俘们自己也有助于作为现代化缩影的后方战俘营的形象发展。在许多大型后方战俘营中，文化活动盛行起来，以至使用了最新可用的技术。军官战俘营尤其如此，他们既有钱也有时间，被允许从事一些文化活动，比如建造一个剧场或一台印刷机，而类似的文化活动也在后方大型的士兵战俘营中出现了。

战俘们常常印出他们自己的战俘营报纸，这在战争期间英国、德国和俄国各处的战俘营中是一种不断兴起的现象，并且战争结束后身处法国和埃及的战俘在等待遣返期间，也是如此。在大型的后方战俘营中，战俘们组建他们自己的救助委员会，将任何剩余的包裹食品分发给有需要的战俘同胞。另外，战俘们组织令人印象深刻的专业音乐会和戏剧表演，通常利用战俘同胞的才艺爱好去精心搭建舞台背景，上演专业的节目，这些娱乐体现了后方世界的闲暇活动。体育活动同样在大型战俘营中得到了较好的组织，在某些情况下，战俘营有它们自己的内部足球联赛。在许多大型战俘营中，战俘们还组织了宗教活动，并281 建造教堂或犹太教堂。柏林的犹太人团体甚至为关押在附近战俘营的犹太战俘过逾越节，提供无酵饼。对许多人来说，信仰提供了一种面对囚禁重负时的心灵庇护。另外，教育课程也设立了，欧洲各地的大型后方战俘营里的战俘，可以参加他们同伴开设的语言、历史、文学或政治的课程。在德国的一些战俘营，英国战俘甚至可以参加获取英国文凭的考试——试卷通过邮递来回传送，并在英国评分。当地的专业摄影师甚至可以造访一些战俘营，为战俘提供收费的照相服务；然后，战俘们将这些照片邮寄给亲人，通常是做成明信片。总而言之，通信、城市化和后勤方面的技术进步，使得战争期间囚禁俘虏行为演变成一种现代大规模监禁的新形式，战俘不是这一过程的被动接受者，而是与之相互作用，将可用的技术拉到他们一边，充当使战俘营生活尽可能现代化的历史媒介。在这些战俘的努力和战俘营作为一种能够由国家长期维持的新形式监禁场所的发展之间，存在一种密切的共生关系。

但是，这种现代化大多旨在便于最有效地使用战俘充当劳动力，因为在对士兵的需求不断增长之后，各国都竭力去为工业和农业寻找足够的人力。到

1916 年时，对大多数俘获国而言，显而易见的是，战俘劳工最佳的利用方式是小规模的劳动队。大型的后方士兵战俘营被整改成后勤基地，从这里小规模的战俘劳动队被派往当地进行劳作，于是，在大多数交战国中，后方的战俘营系统迅速分解为较小规模的劳动队。战俘们越来越多地在这种系统内流动，穿梭在不同的后方战俘营之间以及战俘营与临时劳动队之间，根据需要他们劳动的地方而定；但是，整个战争期间，军官战俘一直待在规模更大的战俘营里，还包括那些因战时负伤而致残无法外出劳动的战俘。因此，对于大规模后方战俘营的看法——有时被描述成遭隔离的单一性别的"小城"——被大大神话了，超出了它们真实的角色：现实中，欧洲各地的大多数战俘自 1916 年起被从大规模后方战俘营中重新安置到其他地方劳动，而英国所发生的类似情况是在 1917 年至 1918 年间。到 1916 年，德国关押的战俘中 90% 在从事劳动，主要在农业、工业和采石、采矿领域。早在 1915 年的下半年，奥匈帝国手中 60% 至 70% 的战俘不再被关押在战俘营，而是生活在劳动特遣队（Kommandos）——被派遣从事农业或工业劳动的战俘小队里。[21] 在某些情况下，小规模的劳动队通常保持不到 15 人的规模，正式挂靠在一所大规模的后方战俘营之下，但事实上住在他们劳动的地方，其间可能相隔较远的距离，德国和俄国的情况尤其如此。

劳动队很少受到国际监督，他们的战俘常常要忍受殴打、粗劣的食物供应和临时的住宿，比如那些干农活的住在谷仓，从事工业劳动的住在厂房。这些战俘享受不到后方较大战俘营的更好的"现代化"生活条件。采矿或采石劳动尤其艰苦，而且事故频发；林业，另一个在欧洲各地使用大规模战俘劳工的经济部门，工作稍微不那么繁重。

也许心理上最苛求的劳动是在工业部门工作，因为许多战俘感到这样的工作支持了俘获国的战争努力。在一些国家，例如法国和德国，战俘们被用于直接与军火生产相关的工业部门；英国是个例外，部分是由于工会的反对，战俘未在采矿或直接生产军火的部门中使用，但是在战争的最后两年里，他们以小规模劳动队的形式从事农活和采石工作。

在俄国，劳动条件差别很大，最糟糕的情况发生在修建摩尔曼铁路（Murman railway）期间，7 万名主要是奥匈帝国和德国的战俘劳工中估计有 2.5

[21]　Leidinger and Moritz, "Verwaltete massen", p.48.

万人死亡。针对俄国使用德国战俘从事这项工作，德国进行了报复，尽管只有少数战俘劳工是德国人，大部分死者都是奥匈帝国战俘。[22]

战俘们无法拒绝指派给他们的工作，尽管理论上依据国际法他们有权获得维持生计的工资（应在战争结束时支付给他们），但是因为战争结束时的混乱状况，大部分人从未收到这笔钱。这一切标志着一种成熟的认识，即认识到在一个国家各地调遣分散劳动力的战俘营系统的后勤价值。它也使得强制战俘为后方平民大众劳动的无所不在的现象变得常态化。主要受对战俘人力需求日益增长的推动，这一过程在公共话语的庇护下引入了"强制劳动"的新形式，在这场战争期间，囚禁俘虏行为变得现代化和人道化。

283　　对于欧洲各地在农业部门以小规模劳动队形式劳作的大批战俘而言，境遇一般是相对可忍受的——虽然需要劳动，但是在农场劳动的战俘能得到的伙食通常是不错的，农村家庭一般将战俘视作和平时期的"雇工"。到 1918 年 1 月，490931 名战俘在奥匈帝国的后方从事农业劳动。在一些国家，特别是战俘被指派干农活的地方，单个战俘寄宿在雇主家里，但是这种情况在英国从未出现。在俄国的部分地区，这是一种常见的做法。这导致了战俘与他们为之劳作的家庭之间相当多的互动。在俄国，许多情况下，这种亲密性甚至使本地妇女和战俘之间产生婚姻关系。[23] 更普遍的是，俘获国各地战俘与本地妇女之间有性关系的观点引起了政府和士兵们的关注。这样的关系无疑发生过，但其发生的程度远低于战时话语中归因于它们的文化担忧所使人联想到的那种程度。

总的来说，囚禁俘虏的现代化有助于解释大部分战俘幸存下来的事实。这尤其是因为，相比早前的几场战争，第一次世界大战中西欧的战俘营只发生过数量有限的疫情——主要是由于战俘营采取了更好的卫生措施。实际上，除了1915 年的大范围斑疹伤寒疫情以外，战俘营里大规模患病的事件是数量相对有限的。1914 年至 1915 年被法国人遣往北非的德国战俘，几乎全部感染了疟疾，肺结核也是在战俘中常见的疾病。但是总体上，在第一次世界大战中，主要的后方战俘营很少见到疾病，除了 1918 年突然侵袭战俘的流感疫情，当时平民和士兵人群同样出现了这种疫情。西线关押新俘虏的战俘营，那里的条件比较糟

---

[22]　Kramer, "Prisoners", p.83.

[23]　Rachamimov, *POWs and the Great War*, p.152.

糕，出现了痢疾的爆发，1916年法国的苏伊（Souilly）战俘营就是如此。然而，如前所述，这场战争中战俘受到的传染病威胁非常小。

尽管总体上大部分战俘从囚禁中幸存下来，但是他们的幸存机会因民族而有差异，在西欧、南欧和东欧之间也各不相同。身处德国的英法战俘的最高死亡率在7%左右，身处法国的德国战俘最高死亡率在6.4%，而关押在英国的德国战俘的最高死亡率在3%。[24] 囚禁在德国的法国战俘死亡人数在1.7万人至3.8万人之间；比较起来，近2.5万名德国战俘在关押期间死在法国，9349名死在英国。[25] 相比之下，60万名被德国和奥匈帝国俘虏的意大利人中，有10万人死于囚禁期间。遭德国囚禁而死亡的俄国战俘人数在5.5万人至72586人之间。遭俄国囚禁的奥匈帝国战俘的死亡总数估计在38.5万人，死亡率为18%。[26] 被奥匈帝国囚禁的塞尔维亚战俘也经受了极其恶劣的环境：到1918年1月，至少有3万人至4万人被饿死。[27] 因此，以上死亡率表明，囚禁条件在东欧要比在西欧更糟。但是，同样重要的是要注意到，被西方大国关押的某些民族的战俘存在相当高的死亡率，例如被德国关押的罗马尼亚战俘，相比其他被德国囚禁的民族来说，有着过高的死亡率（29%）。[28] 英国军队在中东俘获的土耳其战俘被关押在埃及，由于粗劣食物导致缺乏维生素，他们当中的许多人患上了糙皮病（pellagra），他们的死亡率高得足以展开一场医学调查。

除了日本之外——日本在关于第一次世界大战期间战俘营的有效管理和人道化方面有着良好的历史记录——欧洲以外的战场，特别是非洲、巴勒斯坦和

284

[24] Jones, *Violence against POWs*, pp.23–24.

[25] 死于德国的法国战俘的更高数字出自目前法国战俘管理局负责人乔治·卡昂－萨尔瓦多（Georges Cahen-Salvador），见 Georges Cahen-Salvador, *Les Prisonniers de Guerre (1914—1919)* (Paris: Payot, 1929), pp.281, 284, 291；较低的数字出自威廉·德根（Wilhelm Doegen）所著的两次世界大战之间的德国史 *Kriegsgefangene Völker, vol. I, Der Kriegsgefangenen Haltung und Schicksal in Deutschland* (Berlin: D. Reimer, 1919), pp.28–29；死于法国的德国战俘数字出自 *Völkerrecht im Weltkrieg, Das Werk des Untersuchungsausschusses der Verfassungsgebenden Deutschen Nationalversammlung und des Deutschen Reichstages, 1919—1928*, p.715. 亦见 Hans Weiland and Leopold Kern, *In Feindeshand. Die Gefangenschaft im Weltkriege in Einzeldarstellungen* (Vienna: Bundesvereinigung der ehemaligen österreichischen Kriegsgefangenen, 1931), vol. 2, statistical appendix. 囚禁期间死于英国的德国战俘数字出自英国陆军部 *Statistics of the Military Effort of the British Empire during the Great War 1914—1920* (London: HMSO, 1922), pp.329, 352, 632–635.

[26] Rachamimov, *POWs and the Great War*, p.39.

[27] Alan Kramer, *Dynamic of Destruction. Culture and Mass Killing in the First World War* (Oxford University Press, 2007), p.67.

[28] Alan Kramer, *Dynamic of Destruction*, p.65.

美索不达米亚的囚禁俘虏史，仍有待撰写。这场战争最糟糕的囚禁俘虏死亡率之一，出现在美索不达米亚战线被奥斯曼人在今天伊拉克的库特阿马拉（Kut-al-Amara）俘虏的英国官兵之中，在长期的围困之后，这座城市于 1916 年 4 月落入土耳其军队之手。在这里，奥斯曼军队俘获了近 2962 名白人军官和士兵，其中 1782 人在被奥斯曼人囚禁期间陆续死亡。[29] 与这些人一道，奥斯曼军队还俘虏了数量不明的印度士兵，他们与白人战友一起经历了可怕的死亡行军，从库特阿马拉经巴格达到位于拉斯艾因（Ras-el-Ain）的北部铁路线尽头。在整个美索不达米亚征战中，总计有大约 10686 名来自印度的殖民地士兵，包括 200 名印度军官，被奥斯曼军队俘虏；据报告这些人当中有 1708 人在囚禁期间死亡，另有 1324 人在战争结束时被登记为失踪，这是一个非常高的死亡率。[30] 这场战争期间战俘所经受的另一起最著名的死亡行军发生在欧洲，当时被塞尔维亚军队关押的奥匈帝国战俘被迫徒步与塞尔维亚军队一同翻山越岭撤至阿尔巴尼亚，最终抵达海边——塞尔维亚军队从那里撤离。这次行军的死亡率是极高的。但是，相比在库特阿马拉行军中，奥斯曼的守卫享受相当不错的条件却对俘虏施加可怕的暴行，而塞尔维亚军队别无选择只能撤离，由于恶劣的条件，它自己的士兵（与战俘一起）在行军途中也遭遇了较高的伤亡数字。

在囚禁期间，最常见的死亡原因是战场上的旧伤、疾病和营养不良。虽然一些国家，比如英国、法国和美国，在整个战争期间成功地为战俘提供了足够的食物，但对于许多不同民族的战俘而言，营养不良都是一个主要问题，特别是那些在德国、俄国和奥匈帝国接收不到食物包裹的战俘。在某些国家，过劳和暴力对待也在加剧死亡风险方面扮演着关键的次要角色，就如艾伦·克雷默指出的，到 1916 年，对于某些民族的战俘，尤其是被奥匈帝国囚禁的意大利人和塞尔维亚人、被德国囚禁的罗马尼亚人和意大利人以及俄国手中的德国人和奥匈德国人来说，这种情况在囚禁期间几乎肯定是频繁发生的，"如同在前线那样"。[31] 在许多国家，暴力被用来加强战俘营的纪律。在德国，1917 年之前，战俘被绑在柱子上数小时，或者因为行为过失而遭到随意殴打；在北非法国的

---

[29] Heather Jones, "Imperial captivities: colonial prisoners of war in Germany and the Ottoman empire, 1914—1918", in Santanu Das, *Race, Empire and First World War Writing* (Cambridge University Press, 2011), pp.177–178.

[30] Ibid.

[31] Kramer, "Prisoners", p.86.

战俘营中，作为一种惩罚，战俘被置于太阳下暴晒。在奥匈帝国占领的阿尔巴尼亚和门的内哥罗，奥匈军队对战俘设立特别的惩罚营，那里的条件尤其恶劣。总而言之，第一次世界大战的士兵战俘常常在身心上不断忍受对暴力、恐吓或所颁布的命令的恐惧。

286

另外，最重要的是，以上死亡率数字几乎全都属于士兵战俘的死亡。1914年至1918年关于囚禁俘虏如何安排的核心观点是，被俘的军官应适用比士兵战俘更高的待遇标准。这在很大程度上导致了被俘的军官被囚禁在单独的军官战俘营，来自他们自己国家的士兵战俘被分派给他们作为勤务兵，那里的条件普遍要优于士兵战俘营；特别是飞行员享有特权，依据古老的骑士荣誉准则受到对待，就如最著名的关于第一次世界大战囚禁俘虏的电影《大幻影》所描述的。军官战俘还能获得薪水，并免于劳动。对整个战争期间除了俄国以外的所有其他交战国来说，军官战俘的这种特殊待遇一直是真实存在的。在俄国，1917年革命的爆发导致了普遍的混乱，影响到了对所有战俘营的物资供应，并且在布尔什维克革命之后，就少了对军官的尊重。

所有这一切表明，战俘的生活远不是那么容易或安逸，尤其对士兵战俘来说。即使在拥有文化活动的后方专门建造的主要战俘营中，战俘们也易陷入消沉和厌战。战争期间，一位瑞士医生创造了一个术语"铁丝网综合征"（barbed wire disease），用以描述困扰那些囚禁时间不确定的人的心理问题。不用强制劳动的军官战俘，尤其容易染上冷漠、抑郁的情绪和在囚禁中度过战争时光的羞耻感。性挫折和回到家后对妻子或心上人忠贞的担忧也折磨着战俘们，虽然很大程度上这是一个忌讳的话题。此外，在那个时代的人当中存在更广泛的出自文化的担忧——战俘们失去性能力，或者战后带着同性恋倾向回家。基于这方面的原因，被囚禁通常是不堪忍受的。虽然自杀行为一直相对少见，但精神崩溃是一个真实存在的危险因素。

因此，对于一些战俘来说，逃跑是一种有吸引力的选择，尽管这意味着各种风险。对军官战俘而言，比如夏尔·戴高乐，他从德国战俘营多次逃跑的尝试都失败了。逃跑通常涉及荣誉问题。事实上，随着战争的继续，在德国的英国军官战俘被禁止发誓他们不会试图逃跑，尽管这是他们在看守的情况下被允许在战俘营之外继续集体散步的前提条件，因为英国军队认为，对于军官战俘而言，逃跑在军事上是必要的。对于欧洲各地的士兵战俘来说，逃跑出自一

287 系列的动机：从渴望摆脱充满暴力或伙食糟糕的生活到对家乡的思恋，再到希望重新参与到祖国一方的战争努力之中去。显然，被重新抓获的逃跑者将在俘获国军事法规的范围内受到处罚，但相比第二次世界大战一般不会苛刻地滥用——通常逃跑还是一种涉及多名一起劳动的战俘的团队协作行为。一些更为精心的战时逃跑计划包括挖一条通往战俘营之外的地道——最著名的发生在霍尔茨明登（Holzminden）战俘营，在两次世界大战之间，它将继续成为一种神话。

　　如果逃跑提供了一种摆脱囚禁的手段，那么另一种手段是，加入俘获国一方的战争努力。这种选择一般只对数量相对有限的战俘敞开——俘获国试图使其归附自己一方的那些少数民族中的一部分人。被德国囚禁的说德语的俄国战俘，被给予了加入德国国籍成为德国公民的选择自由；法国俘获的来自阿尔萨斯－洛林的战俘则不仅被给予了一种享有优待的囚禁，还有弃暗投明的选择权。那些予以拒绝的战俘将受到严厉的对待。事实上，在东线战斗中被俄国俘获的来自阿尔萨斯－洛林的战俘受到了优待，而且一些人被移送给法国关押。早在 1914 年 11 月，俄军最高统帅部下令，应给予斯拉夫族和阿尔萨斯人的战俘最好的住所、食物和衣服，以及更多的自由；俄国欧洲部分比较好的战俘营都是为斯拉夫人和"友好"民族准备的，而马扎尔人、德意志人和犹太人处于俄国战俘等级结构的最底层。但是，俄国战俘系统的混乱和分散意味着，事实上这些优待实施起来并不整齐划一。[32] 另外，交战双方基本上都试图从他们的战俘中招募波兰人，但失败了，尽管协约国方面只是在战争后期才开始这一行动。

　　实际上，大部分这样的招募尝试都归于失败。战争初期，德国俘获的在英国军中作战的爱尔兰战俘，被集中关押在林堡（Limburg）的一个专门的战俘营里，爱尔兰民族主义者罗杰·凯斯门特试图使他们转变立场，加入反对英国统治的爱尔兰起义。尽管受到德国人的威逼，但实际上很少战俘被招募，最终凯斯门特在 1916 年决定不将任何被招募的战俘带往爱尔兰。德国还不成功地试图
288 招募因为在法国、俄国和英国军队作战而被俘的穆斯林，去支持同盟国以及自愿在奥斯曼军队中作战：为此大约 4000 名非白人的殖民地战俘被集中关押在措

[32]　Rachamimov, *POWs and the Great War*, pp.93–94.

森（Zossen）附近的温斯多夫（Wünsdorf）战俘营，成为著名的"新月战俘营"（Halbmondlager），尽管不是所有的被囚禁者都是穆斯林——俘虏中还有锡克教徒、印度教徒和天主教徒。温斯多夫是一个用于宣传展示的战俘营，那里为穆斯林战俘建造了一座清真寺，并提供了清真食品的加工设施。在 1916 年至 1917 年之间，总计有来自该战俘营的 1084 名阿拉伯战俘和 49 名印度战俘，被送去加入奥斯曼军队；其中一些人是自愿的，一些人则是被迫的。这些人中的许多人发现自己在美索不达米亚前线为奥斯曼人而战。[33] 但是，这项政策整体是失败的。战俘自愿者对奥斯曼军队十分严苛、残暴的军事环境感到不满；一些人只要有条件，就逃往美索不达米亚的英军防线一侧。1917 年，留在温斯多夫的战俘被德国当局移送至位于被占领的罗马尼亚的战俘营。

事实上，战俘最终真正成功转变为俘获国一方作战的唯一例子是捷克军团。该军团是由奥匈帝国的捷克和斯洛伐克出身的平民组成的，他们被俄国人俘虏而自愿支持协约国，因而在俄国境内组成了一支捷克军团。当十月革命爆发时，该军团继续支持协约国。在其 1918 年的顶峰时，大约有 6 万人，它极力反对布尔什维克党人，占领并控制了西伯利亚大铁路，部分是对布尔什维克党人背弃将他们遣返至西线而为法国作战的承诺的反应。[34] 最终，在俄国内战中扮演了与白卫军并肩作战的一个主要角色之后，随着与布尔什维克党人达成交易，该军团经符拉迪沃斯托克撤离了俄国；它的成员将构成战后新独立的捷克斯洛伐克国家的军队核心。但是总的来说，俘获国很大程度上没能"转化"战俘。事实上，重要的是，只有少数民族被认为是此类目标。出身交战国多数民族的战俘日益被看作是种族敌人、他们全副武装的民族国家的代理人以及平民军人，而不是被强制入伍的士兵或雇佣兵，因此相比早先的欧洲战争，他们为了荣誉必然会仍然效忠于自己一方。

最终，只有极少的战俘逃跑、被交换或者倒戈；大多数战俘一直被关押，直到这场战争结束之时，在某些情况下甚至直到战争结束之后。在东线，在《布列斯特－立陶夫斯克条约》签订之后，从俄国遣返所有的同盟国战俘被证明是难以做到的，许多人遭到内战混乱局势的阻碍。那些回到国内的战俘被怀疑 289

---

[33] Jones, "Imperial captivities", p.176.

[34] Rachamimov, *POWs and the Great War*, p.115.

是布尔什维克分子，这通常有充分的理由：返回的战俘在向匈牙利传播共产主义方面扮演了重要的角色，贝拉·库恩就是一名前战俘。虽然根据停战协定的条款，协约国战俘在 1918 年年底很快从德国返乡，但是囚禁在英国和美国的德国战俘直到 1919 年年中才被遣返，而在法国的德国战俘则被囚禁至 1920 年，被法国当作人力赔偿去帮助重建被战火破坏的地区。遣返最艰难的是身处德国和奥匈帝国的俄国战俘，他们很多人在返回后被布尔什维克党人枪杀，或者被他们的俘获国抛弃在俄国边界地区，没有交通工具或食物去完成进入俄国境内的路途。此外，没有有关由于革命而不再希望返乡的那些俄国战俘该如何处置的协议；事实上，法国甚至将为其作战的战俘自愿者组成的俄国旅官兵扣押在战俘营，有效地将他们转变成战后的战俘。囚禁在偏远地区，比如日本或西伯利亚的战俘，只是到了 1921 年至 1922 年才返回故里。因此，正如战争本身那样，大战的囚禁俘虏行为是战争剧烈余震的组成部分。关于战俘权利的争论，也在这一时期留下了印迹：在 1920 年至 1921 年的波苏战争期间，波兰人对苏俄战俘的虐待使苏俄政府感到愤慨，1919 年芬兰内战中发生在芬兰战俘营里对社会党人和共产党人的杀害也是如此。

战后，协约国首先要求从德国引渡 52 名杀害被俘士兵的嫌疑人，以及 151 名在德国战俘营中涉嫌杀害和虐待战俘的人员，"为了在战争罪审判中起诉"。[35] 但是，最终只有极少数这样的案件曾出现在 1921 年莱比锡审判的法庭上。苏维埃俄国没有追究同盟国对被关押的俄国战俘所犯的罪行。第二次尝试去对大战中虐俘行为做出反应的，是 1929 年的《日内瓦战俘公约》。1929 年《日内瓦公约》的谈判和一致意见表明，对于战后那个时代的人来说，第一次世界大战被视作一种中断——需要一种新的全球性对策，从根本上重新实行关于战俘待遇的人道主义准则。

结　论

第一次世界大战囚禁俘虏行为发展的遗产，依然在历史学者中被广泛争论。一些人认为，1914 年至 1918 年的这段时期，显示了 19 世纪晚期几场战争期间

[35]　Horne and Kramer, *German Atrocities, 1914*, App.4, pp.448-449.

战俘待遇问题的延续，而另外一些人将第一次世界大战看作是后来第二次世界 290
大战最恐怖的各种虐俘行为的先例。看上去某些关键性的趋势确实成了先例：
特别是，位于或靠近前线的战俘劳工队伍，混淆了战俘劳工和士兵劳动者之间
的区别，战俘日益被融入俘获国的军队之中，被视作战场上一种可牺牲的军用
强制劳动力资源，损害了战前的国际法；作为技术科学进步代表的后方现代化
战俘营的风靡；试图根据种族去区分被俘敌人的社会对战俘看法的日益种族化，
伴随着在德国、奥匈帝国的一些战俘营以及在英国的至少一个战俘营，开展的
各项人类学研究。到第一次世界大战结束时，战俘营越来越成为一种福柯式的
社会工程场所——人们被隔离，接受教育，遭到监视，以及受到卫生管理、检
查和技术创新的支配。发展起来的后方的囚禁俘虏系统，连同它们对战俘劳工
富有经验的利用和战俘营"现代化"的风靡，使得战时各交战国的大规模监禁
理念得到规范化。

　　然而，这些先例在 1914 年至 1918 年期间，仍然处于有限规模的状态。大部
分从大战中幸存的战俘返回了故里。人道主义的努力是可观的，并且很大程度
上得到了交战国的尊重。在西线负伤被俘的战俘，得到了医疗救治。而且，尽
管影响有限，但整个战争期间各交战国继续试图在人道主义的基础上达成双边
交换协议：那些病情危重、严重残疾、身患抑郁症或年龄超过 48 岁的战俘，在
战争的不同阶段全都被界定为符合交换条件的类型。另外，在大众文化话语中，
对于俘虏种族的日益种族化的观念，并没有对国家政策产生重要的影响：给予
特定种族战俘优待的政策是基于国家现实政治的战略利益，而不是出于纯粹意
识形态上的种族歧视。因此，尽管第一次世界大战最终确立了关键性的先例，
但这些在 1914 年至 1918 年间只具备有限的影响。只是以后随着极权主义政权的
兴起，一些第一次世界大战囚禁俘虏方面的创新的真正可怕的潜能，才变得清
晰起来。

第三部分

战争的力量来源

第三部分导言

杰伊·温特

约翰·霍恩

第一次世界大战的经济和社会史，标志着国家在为前线生产武器弹药和为平民人口生产基本用品方面，扮演着前所未有的角色。在这方面的努力中，协约国更有能力在诸如军方和平民之间分配稀缺的物品和资源。一定程度上，这归结于有利的要素禀赋和全球范围的海运网络，纵然出现了潜水艇战，它还是为协约国的战争努力带来了数量远远大于同盟国的物资补给。此外，协约国的经济优势还归结于他们封锁行动的力度，并且在更大的程度上归结于，在没有牺牲军人为之而战的平民大众的福祉的情况下，满足了军事方面的需求。俄国退出战争之后，明显可以看到，民主国家比起专制的同盟国更能够处置从事工业化战争的艰难任务。

这一部分中的各章节，展现了战时经济施加给交战双方的巨大负担。大规模的军事动员需要每一个交战国在技术和劳动力的性别结构方面做出巨大的转变。城市，像它们之外的偏僻农村地区一样变得女性化。妇女拉犁和驾驶有轨电车，提供各种方式去弥补男性劳力和畜力的损耗。经济努力对战时环境的重新适应是一项惊人的成就，虽然在三年战争之后，随处可见对于奉献的不平等和牟取暴利的愤怒情绪。令人吃惊的不是一些战时经济领域的崩溃，而是其他经济领域在经历了强加给它们的让人承受不了的生产目标和一周工作60多个小时之后挺了过来。

无论何处，国家的角色使得经济问题政治化了，从而使得战时不可避免的社会紧张状态呈现出不祥的政治色彩。对于每一方而言，只要能够确保食物供应，就可以维系民众的忠诚。在这方面，协约国的优势是毋庸置疑的。对同盟国来说，在决定这场战争的结果方面，大后方的失败就如前线的失败一样，是具有决定性意义的。这一部分要讲述的，就是这一情况是如何发生的。

12　战时经济

巴里·苏普莱

在现代世界的经济史学著作中，第一次世界大战常常被视作一场大转型——它破坏了全球经济的稳定，改变了国际经济和金融力量的平衡，也根本改变了国家的经济和社会角色。

这样的发展趋势无疑成为 20 世纪历史的特征，并且明显与 1914 年至 1918 年的这场破坏性剧变密切相关。然而，与此同时，我们必须从一种更长期的视角去审视它们。一方面，一些相关体制和地缘政治的转变——大型资本主义企业的壮大，过分自信的劳工运动和焦躁不安的工人阶级的福利需求对政府做出反应的要求，国际动荡的产生和美国作为一个世界经济强国的脱颖而出——在 1914 年之前的世界已经有所预见。另一方面，包含在战时创新和预期中的潜能并未一直持续下去，因为和平造成了在经济和金融政策以及政府和企业体制中正统性的复苏——至少在深远的社会和经济变革压力再次出现之前是如此，全球性的经济衰退和之后再次爆发的战争，在 20 世纪 30 年代陆续来袭。

尽管如此，一战后全球经济进入了一个新的剧烈动荡期。动荡和混乱，加上长期的萧条，虽然在 19 世纪末 20 世纪初的时候肯定也存在，但其强度在战后达到了造成严重危害的层级。也许这些悲剧性过程的最重要根源，在于 1914 年至 1918 年之间的物质破坏和金融、经济的紊乱。[1]

因此，这场战争本身对经济表现和全球稳定有着重要和突兀的影响。此

---

[1] Barry Eichengreen, *Golden Fetters: The Gold Standard and the Great Depression, 1919—1939* (Oxford University Press, 1992).

296 外，它影响到了体制的安排和形态，尽管它在这些层面的影响是更加模棱两可的。国家把通常基于市场的私人企业资本主义制度的运转纳入到战争努力和动员之中，但是，根本的经济制度和大型企业的主导地位从这场战争中幸存下来，并且实质上恢复了实力和影响力。然而与此同时，尽管（除了苏联之外）企业结构在 1918 年以后某种程度上恢复了它们战前的角色，但是从长远来看，这场战争有助于重塑世界经济与社会的历史进程，以及进而有助于资本主义体制的演变。

因此，不论世界主要国家的战后政治经济在 1914 年之前有多少被部分地预期，也不论政府和企业如何热衷于试图回到战前世界的经济安排，战争的性质以及意识形态和国家对于战争的反应，都赋予了战争在政治经济结构和思想演变中一种突出的地位。

战争的规模和感知

1914 年至 1918 年的这场战争是一个前所未有的经济事件。较早的几场战争，时间和空间的影响已经很明显。但是，即使同美国内战相比——第一场现代的工业化战争——第一次世界大战在其强度、地理范围以及前所未有的人员和财富聚集方面，都是惊人的。

战争的必然影响，在 1914 年之前就已经被严肃思考，因为发生一场大规模国际冲突的可能性变得显而易见。即使如此，大多数观察者的想象，也很少正视将要引起的各种问题的性质和程度。一种看法是，全球经济体系是如此微妙地保持平衡，以至于大规模的军事冲突将会造成普遍的损失，对于胜利者和失败者而言，这在经济上都是缺乏理性的。[2] 一些分析人士，像德国的军事指挥官冯·施里芬伯爵，甚至认为旷日持久的战争"是不可能的，在这样一个国家的存在有赖于贸易和工业不断延续的时代……竭泽而渔的战略是难以实施的，因

---

[2]　这是诺曼·安吉尔（Norman Angell）在《大幻觉》（*The Great Illusion,* London: Heinemann, 1910）一书中的观点——但是，这常常被误读为战争因此是不可能发生的。见 Martin Caedel, *Living in Illusion: Sir Norman Angell, 1872—1967* (Oxford University Press, 2009), p.2.

为维持数百万军队需要数十亿的开支"[3]——当结合德国未来的敌人在资源上拥有长期优势的事实时，这种观点导致鼓吹一场短期的战争："我们必须尽快地将敌人打倒，进而将他彻底打败。"[4]

1914年的德国战略就以这种看法为基础——在西线主动出击，数周内打败法国。正是这场进攻行动的失败，意味着国家的相对经济力量将决定战争的结果。

大多数观察者未能预见到的是，现代制造业生产的现实情况和大规模的征兵，将使战斗人员锁定在一种旷日持久和代价高昂的僵持状态之中，而没有使用军事手段解决或者摆脱它的能力。对于这场战争的经济而言，这有着深刻的意义。大批军队在战场上长期的僵持，引发了无法满足的对劳动力和军需品的需求。如果资源的分配听任竞争，那将引起对战争努力的严重威胁。市场将成为国家生存的敌人。

在战争爆发最初的几周内，对军需品前所未有的供应需求就显现出来。例如，德国军队在马恩河战役中（1914年9月5日至12日）每日所消耗的军火，就比整个普法战争（1870年至1871年）10个月期间所消耗的还要多。[5]法国人发现，他们对于炮弹生产的依赖大约是他们战前预计的10倍。[6]而在英国，尽管战前计划人员预计一场大规模战争的前6个月必须生产16.2万发18磅的榴霰炮弹，但是到1915年1月时，这个数字成了每个月的总量。[7]事实上，1915年春几近导致军事行动瘫痪的炮弹短缺，是英国政府开始非常深远地干预战时经济的一个关键性因素。[8]

更普遍的是，在各种战争物资和民用物资的供求之间，很快出现了严重的失衡，并且已经到了如此地步：看上去战前悲观者也许是对的，他们质疑现代经济体系应对一场大规模战争优先事项的能力。但是，也很明显他们是错

[3] Gerald Feldman, *Army, Industry, and Labor in Germany, 1914—1918* (Providence, RI and Oxford: Berg, 1992), p.6. 注意：在《为战争动员经济》一文中，他在引用相同内容时，措辞上存在一些无关紧要的不同，该文载于 Jay Winter *et al.*, (eds.), *The Great War and the Twentieth Century* (New Haven, CT: Yale University Press, 2000), p.169。

[4] Hew Strachan, *The First World War*, vol. I, *To Arms* (Oxford University Press, 2001), p.1008.

[5] Roger Chickering, *Imperial Germany and the Great War, 1914—1918* (Cambridge University Press, 1998), p.35.

[6] Eric Hobsbawm, *Age of Extremes* (London: Abacus, 1995), p.45.

[7] David French, "The rise and fall of 'business as usual'", in Kathleen Burk (ed.), *War and the State: The Transformation of British Government, 1914—1919* (London: Allen & Unwin, 1982), p.12.

[8] 见"文献评论"关于第12章的部分。

的，因为他们没有预计到一场波及整个大陆的战争，不论有多么艰辛，都得以支撑下来——首先依靠这些体系的调整，其次依靠已经实现的经济发展和生产能力的水平。这场战争表明，长期集中资源和注意力于战争的潜力被低估了。

20世纪初的国家统计数据必然是不精确的，但是反映了这场战争对国家角色的惊人影响。在1913年至1918年间，法国政府和德国政府在国内生产总值（GDP）中所占的比重，从10%上升至50%—53%之间，英国政府从8%升至35%，美国则从略低于2%升至略低于17%（当然，美国参战较晚，也相对富裕得多）。[9]更多地从人员的角度看，尽管各交战国和海外属地的常备军队在1914年8月时不到600万人，但是到1918年11月时总计动员的人数大约在6600万人。[10]资源消耗和人力集结到如此程度，各国政府在组织和管理经济活动方面势必承担起更为明确的角色。

不同国家经济的绝对规模和现实表现，显然是同这场战争的过程和结果密切相关的。例如，1914年11月，英国、法国和俄国加起来的GDP值，超过了他们的对手德国、奥匈帝国和奥斯曼帝国加起来的数值大约55%。就表现情况来看，战争的大部分时间里，德国的GDP下降至1913年的82%左右；奥匈帝国的GDP平均值是它战前水平的大约75%；而英国经济在最初减退之后，实际上增长了，到1918年超出其战前水平大约14%。不可否认，法国和俄国的经历要糟得多，但是经济力量的平衡——特别是随着美国的参战——一直牢牢地位于协约国一方。[11]

除了这些合计数字，这场战争的经济史的特点是多方面的转型——劳动力和资本分配的结构，生产和分配的传统市场配置，国家和利益集团已确立的角色。结果，工业体系特殊的复杂性使一些人相信，大规模的战争几乎是不可能的，会使交战国经受连续数年的"总体"战争。

战争的成本是高昂的，过程难以无限期地维持下去。俄国（主要交战国中

---

[9] Stephen Broadberry and Mark Harrison, *The Economics of World War I* (Cambridge University Press, 2005), p.15.

[10] Kevin D. Stubbs, *Race to the Front: The Material Foundations of Coalition Strategy in the Great War* (London: Praeger, 2002), Table 2.1.

[11] Broadberry and Harrison, *Economics of World War I*, Tables 1.1, 1.2, 1.4. 1917年美国的参战完全使得俄国的退出显得不是那么重要。当美国加入协约国阵营时，它的GDP是战争爆发时英国的两倍多。

经济最为落后、体制最糟糕的国家）是首个受害者。俄国经济几乎从一开始就在军事补给和金融方面依赖于盟国，在 1916 年时开始崩溃，并随着经济灾难与社会不满的相互作用，于 1917 年时被迫屈服。奥匈帝国在战争的重负之下瓦解了；甚至是实力强大的德国，在三年的巨大努力之后，其稳定也遭到了削弱。事实上，在美国没有参战以及缺少它的贷款、人员、军火和民用物资的情况下，法国的经济自主甚至是英国的经济自主都可能会遭遇威胁。因此，虽然那些对旷日持久战争的可能性持否定看法的人关于战争的观点是错误的，因为战争实际上所经历的与他们的观点有所出入，但如果战争持续更长的时间，他们最终可能是对的——就如（在另一个层面上）从间接的后果来看，他们是正确的那样。然而，从现在的角度看，毫无疑问他们低估了工业、政治和社会的体制承受大规模战争所需巨大而富有成效的努力的潜能。用卡内基国际和平基金会资助的有关这场战争历史的出版物的总编辑的话来说，这场战争释放了——

> 不但对于巨大的破坏过程而言，而且对于新生产能力的推动而言的国家生命的综合力量……这种新的经济活动，在常规和平的环境下，对于社会可能是一种增益，并且交战国所展现出来的承受长期和越来越大损失的惊人能力——通常同时呈现出新繁荣的外在表象——使得有必要对战时经济的全部领域进行重新思考。[12]

300

这一章主要从以下关系方面关注这些"战时经济"，即在大规模资源和人力上政府、市场和企业之间的关系，"新生产能力"的创造与分配之间的关系，经济的不确定结果与长期体制变化之间的关系。

战争的直接影响

第一次世界大战对人员和资源永无止境的需求，对于市场和供应机制有着直接的影响。传统上，政府通过商业采购和国有企业相结合的方式获得需要的

---

[12] James T. Shotwell, Preface to Edward M. H. Lloyd, *Experiments in State Control at the War Office and the Ministry of Food* (Oxford: Clarendon Press, Carnegie Endowment for International Peace, Economic and Social History of the World War, 1924), p.v.

战争资源。在这种结合中，企业依然是至关重要的。它们供应了军队所需的几乎全部服装、食品、运输和住宿，以及国家或生产战时军需品的私人企业所需的原材料和中间产品（化学品、燃料、铁和钢）。正是这种形势迫使政府与私人企业建立一种通常不情愿建立的关系。就基本商品的持续性与耗费而言，仅有市场——无论对军用还是民用商品、原材料还是最终产品或者中间产品、资本还是劳动力、运输服务还是投资基金而言——在没有官方机构的干预时，无法对战争努力做出有效的贡献。已普遍出现的情况就是，由此产生的干预需要和平时期这些市场中最唯利是图的商人的合作。

在任何情况下，战争的巨大规模都吞没了生产军火的公共部门（例如，到1918年，法国165万生产军火的工人中仅仅18%是政府雇员[13]）。但是，即使是私营军火企业也需要广泛的政府监督，政府也不能无视私营企业提供的铁路和船运服务、煤炭和钢铁、化学和金属制品、纺织品和食品。如果短缺或过高的成本不致破坏军队和平民的基本物资供应流的话，那么上述所有这些都需要某种程度的管控。

当然，甚至对合理有效的政府而言，也需要时间和经验去处理经济供给过程的方方面面。[14]官员们被指引着从一种职责转向另一种职责：从协调原材料和中间产品的供应到运输和分配的管理，从征募士兵到在作战和生产之间分配人力资源，从解决战略性产品的短缺到直接关注制造和服务的过程，从对稀缺引起的谋取暴利、工资通胀和劳动力供应的瓶颈做出的回应到加强干预的劳工政策和物价、工资、利润的确定。

这些干预大体上是特定的和回应式的。国家采取的主动行动，是对经济问题以及最终的社会问题出现时所做出的逐个回应。它们经常被采纳，尽管有一种对已有市场安排和商业利益的敏感，但很快就显而易见的是，如此规模的战争意味着没有一种必不可少的经济过程（生产、分配和消费），能够单独立足于

---

[13]　关于德国和法国的统计数字，见 Feldman, *Army, Industry, and Labor*, p.58; and Gerd Hardach, "Industrial mobilization in 1914—1918: production, planning and ideology", in Patrick Fridenson (ed.), *The French Home Front, 1914—1918* (Providence, RI: Berg, 1992).

[14]　不是所有的国家都能够做到甚至是不太高的有效性。因此，俄国的体制难以筹划进行生产的系统性重新安排或管理它的运输网，结果从军用和民用供应方面看，它的表现是灾难性的。见 Michael T. Florinsky, *The End of the Russian Empire* (New Haven, CT: Yale University Press, Carnegie Endowment for International Peace, Economic and Social History of the World War, 1931).

传统经济机制的运作之上。分散化的市场和价格机制，难以根据国家和军方的重点去协调供给。为了实现"非经济"（或者更确切地说是非营利）的目的，市场激励和机遇必须进行修正和补充。不但在政府积聚资源的方式上，而且（作为结果）在企业家和工人以及他们同国家的关系的结构、运作和看法上，都必须做出改变。

政府机构和私人利益集团之间固有关系的战时调整，在市场以及劳动力供应和物资的生产、供应和分配的体制中，大概是最为明显的。但是，这场战争的规模和必要的事物，还对国家的财政和货币政策以及工会和劳工运动的结构和意识形态的发展有着深远的影响。这些会在本研究的其他章节给予详细的考虑。[15] 而鉴于私人金融活动在市场资本主义中的核心角色，所以值得提及以下战时金融管理的三个方面。

首先，欧洲主要大国的政府支出上升至国民收入的大约 40% 至 60% 之间的事实，使得有必要大幅增加公共借款和税收。这对战争期间参战国的经济表现和形势有着深远的影响。但是，它们也塑造了战后不现实的期望和痛苦的政策，同时，难以回到战前的税收和债务水平，意味着这场战争是一种平台，作为经济活动和发展的一个不可或缺的方面，政府的财政政策则源自该平台。[16]

其次，战时金融值得注意的方面是，有必要确保私人投资（资本的筹集）得到管理，以便根据战时政府的重点专注于资产的创建。因此，资本市场处于空前的管制之下，或者至少是处于政府的影响之下。

第三，1914 年夏末战争的迫在眉睫及其接下来的正式爆发，对货币、股票和汇率市场的稳定造成了严重威胁，以至于大规模的国家干预不可避免。金本位被放弃，股票市场休市，利率急剧上涨，汇票兑付被宣布临时暂停。虽然如此的干预是程度空前的，但也是不足为奇或非革命性的。在新的形势下，市场机制和传统政策无法维持稳定。但是，金融市场一直听从于国家，在一定的限度内，如果它的稳定和系统性盈利能力遭到威胁，会欢迎国家的干预。因此，1914 年 8 月之后，对商品、服务、劳动力和企业家的活动而言，比起在"真实

301

302

---

[15]　见本卷的第 13 章和第 16 章。

[16]　即使在美国，政府的支出占据国民收入的比重较低，国家债务也从 1915 年的 10 亿美元大幅地上升至 1920 年的 200 亿美元，而战后的税收从未低于战前的五倍。见 David M. Kennedy, *Over Here: The First World War and American Society* (New York: Oxford University Press, 2004), p.112。

的"市场经济中背离"传统的"制度和关系，政府的金融和财政干预是较少引起争议的。

最初的人力需求及其影响

任何战争的根本资源是人力——对大多数现代战争而言，是数量庞大的人力。在 1914 年，这几乎没有带来紧迫的问题。7 月，俄国已经为即将到来的战争征召了大约 400 万士兵（最终动员了大约 1500 万人）。1914 年 8 月，英国有 30 万人志愿入伍（到当年结束时另有 70 万人）。法国在 8 月份的前两周内动员了 290 万人，德国在第一个月内则动员了大约 380 万人。[17] 而在接下来的四年里，随着军事需要与人口变化的相互影响，战斗人员的数字继续增长至数千万。

但是，在成功动员如此大规模人员的同时，主要的交战国很快遇到了经济情况的根本问题——在不同的用途之间如何分配稀缺的资源。军队吸收了大量的人力，逐渐耗尽了平民人口及其劳动力服务。征兵和生产之间的反向关联，在大规模熟练的或必不可少的劳动力离开战略产业方面，体现得最一目了然。比如，在英国的煤矿工业部门，大约 2.5 万人或整个劳动力（占 29 岁至 38 岁人口的 40%）的 20%，在这场战争的第一年里加入了军队。法国和德国经历了差不多的人力分流，劳动力的重要稀缺导致 1914 年秋出现了一场军火供应的危机。[18]

出乎意料的是，商品的短缺是比士兵的不足更为紧迫的问题，劳动力稀缺而不是所预计的失业，成为国家所面临的问题。于是，英国当局转而试图劝阻矿工志愿参军；法国和德国的企业主在国家提高军火生产的压力之下，给他们的政府施加难以抗拒的反压力，要求限制征召并将士兵召回工厂。在法国，企业主自己甚至被授权从前线部队中召回人手；到 1915 年年底，不顾军方将领的反对，大约 50 万名前士兵被召回法国的军火工厂。[19]

---

[17] Jay M. Winter, *The Great War and the British People* (London: Macmillan, 1985), p.30; Arthur Fontaine, *French Industry during the War* (New Haven, CT: Yale University Press, 1926), pp. 29–30; Stubbs, *Race to the Front*, pp.34–38. 在美国参战相对较短的时期内（从 1917 年春至 1918 年 11 月停战），它动员了大约 400 万人，其中大约一半的人在战争结束时身在法国，见 Kennedy, *Over Here*, p.169。

[18] Feldman, *Army, Industry, and Labor*, pp.64–65.

[19] Hardach, "Industrial mobilization", p.61.

这些资源问题与战争的大战略有着密切的关系。由于未能实现致命一击，德国不得不朝着长期消耗战的方向去组织它的经济。而在英国，"一切照常"的观念不得不被放弃，包括这样的错误设想，即国家能够通过仰仗它的海上实力、经济力量和向它的盟国提供经济和陆上力量的援助，去打一场大战。一旦意识到英国需要一支大规模的陆军，对士兵的需求和对工人的需求之间的扭曲、紧张关系就需要政府重视和监督。因此，就所有主要欧洲大国而言，国家对经济活动的某种管控，是数百万人进入军队的不可避免的结果。事实是，竞争激烈的商品市场难以实现理想的生产水平，或者难以使必不可少的产品足够分配给军方和民用的经济部门。[20] 战争已经变成了"总体战"，这对所有交战国都意味着需要监督优先要做的事，管控或至少去影响生产、分配和劳动力供应。

分配、供应和协调

虽然人力最终是战时政治经济最敏感的问题，但是，商品的生产、供应和分配以及附带的价格和利润问题，也常常受到政府在传统市场和商业活动中的显著干预。

迫切需要如此干预的一个领域，是交通运输。早在1871年，英国政府已规定，在战争的情况下，将对铁路实行国家管理甚至是国有化。1914年8月4日，英国宣战的当天，政府接管了国家13个地区的铁路网。由于预想到需要实行其他的战时干预措施，新的体制是混合型的：权威在政府，但执行在企业家，他们与受控的企业相关。战时英国的铁路网是由各成员公司的总经理们组成的一个委员会进行管理的。战前的盈利得到了保证，竞争停止了，官方的运输实行免费，而乘客的运输遭到大幅削减。正如经常发生的那样，监督必须同对企业和工人的报酬以及限制的姿态相关联。管理取决于合作，而合作必须被购买。即便如此，有时也是不足的：推行一项将国家的140万辆私人所有的运煤车皮集中起来使用与合理分配煤炭的国家方案的尝试，遇到了所有权碎片化以及议

---

[20]　以下事实反映了短期内士兵征召超过用以支持他们的所获商品的程度，即最初志愿参加英国陆军的人员被要求携带他们自己的毯子和洗浴用品前往他们的新兵营。Lloyd, *Experiments in State Control*, p.1.

价压力和来自铁路与煤矿企业抵制的阻碍。[21]

在德国，交通运输的统一管理，是更加问题重重的。一方面，不同的州各自管理它们的国有铁路，而拼凑而成的系统明显被证明比英国的铁路网更难以进行协调——特别是考虑到德国的国土面积、多条战线及其制造业分散的地理分布。核心机构（陆军部、战区铁路局 [Field Railway Service]、公共工程部）的多样化，加剧了这个问题。很大程度上是交通运输方面日益加剧的危机，使得德国面临严重的和险象环生的煤炭供应中断。即使运输形势在 1917 年春缓解，煤炭供应不足的问题依然存在。[22] 在美国，供应的瓶颈和混乱造成了铁路网的国有化。俄国铁路系统无政府式的混乱，则在其战争努力的崩溃方面起到了重要的作用。

考虑到体制方面的差异，类似的措施——实际上更加广泛——在两个主要的海洋大国（英国和美国）中被采用，去对商船运输进行管控。在参战的前一年，美国为这种结果做好了准备，而当德国潜水艇战升级时，英国在 1917 年施加了这种管控。在英国，船舶的运费率、利润、货物和航行，现在都是"官方"决定的事项。发放许可证和控制航线，确保了相关海上运输的距离和时间是最短的：出口遭到削减，重要物品和航线被给予优先权，不惜高昂代价地利用政府的信誉去使"不赢利的"商业安排成为可能。[23] 国家接管权力是以给予船主足够的（许多人说是绰绰有余的）经济补偿作为交换的。如同在铁路运输方面所发生的情况那样，只有那些有着直接经济利益的人拥有必要的专业管理技能，航运界才自然在新体制中发挥着重要的作用。

此外，交通运输领域的干预并不总是具有约束性的。在新的监督下，存在潜在的商业优势：利润水平得到保障；运费率的控制常常受到必须使用运输系统的企业的欢迎（特别是煤炭和农产品的发货商）；铁路公司欢迎对成本规定上限的做法，即使它们所能收取的运费率也受到限制。

就国际运输而言，国际的合作补充了国家的努力。例如，在海运领域，1917 年协约国的海运遭遇了巨大的损失，协约国成立了"协约国海洋运输委员

[21]　Barry Supple, *The History of the British Coal Industry*, vol. IV, *1913—1946: The Political Economy of Decline* (Oxford University Press, 1987), p.90.

[22]　Feldman, *Army, Industry, and Labor*, pp.254–266.

[23]　Charles Ernest Fayle, *The War and the Shipping Industry* (London: Humphrey Milford, 1927), pp.276 ff.

会"和同时的一个执行委员会，（在"协约国小麦执行委员会"领导之下）对航线和货物进行船舶分配，从而实际上在全球的范围内控制了所有的货物和原料交易。"国家管控和市场力量同时中止了。"[24] 在欧洲大陆上，交通运输与重要商品（例如煤炭和小麦）的供应和分配也置于官方委员会的协调之下。

但是，在交通运输的每一个领域，由企业家组成的委员会对官方政策的准则进行了折中，由此带来的市场结构是由私人管理的。

类似或更明显的替代市场的例子，重新塑造了商品的贸易。在这个问题上，短缺和对国家优先事项所构成的威胁，导致了官方更直接地干预到"常规的"商业安排领域之中。但是，在这些领域，私人企业的代表也不得不在这种干预中扮演一个核心的角色。问题也不限于制成品的供应。炮弹、火炮、制服、沙袋或帐篷的制造商们自己也有赖于其他商人供应钢铁、半成品、煤炭、化学品、黄麻、棉花和羊毛等等。于是，私人市场体系很可能将这些供应物资转手给出价更高的人和其他用户，而不是提供给与政府签订供应合同的公司。因此，政府不但要关注用于战争行动的最终产品的生产，而且要关注从事这种生产所需的原材料和中间产品的来源和成本。

重要的是，最终产品的私人供应商不反对对价格和中间产品的供货情况采取一些监督手段，因为缓解短缺和高物价能够确保他们继续从事生产（和盈利）。这种情况冲淡了意识形态的色彩，缓和了国家采取行动去在市场机制中承担一个深远角色的过程。结果，新的安排相比可能的预计要更少对抗性或者更少意识形态上的负担：尽管各政府依赖企业的专业技能去帮助他们实现新的角色，但企业家认识到他们的物资供应和有序的谋利也有赖于官方的干预。

在德国，最初的反应是最有条不紊的[25]，由于德国的经济地理、相对的战略孤立和对海军封锁的敏感性，它更容易受到工业物资供应中断的影响。另外，德国拥有企业合作的牢固传统，尤其是在重工业领域。结果，德国重要工业部门中的市场力量，因公共集团和私人集团之间的合作而受到遏制。在战争爆发后的几天之内，在德国作战计划和管理方面起带头作用的普鲁士战争部发现，原材料储备只能供应不到 6 个月。于是，它创设了一个机构去集中管理物资的

307

[24] Frank Trentmann, *Free Trade Nation* (Oxford University Press, 2008), pp.259-260.

[25] Feldman, *War, Industry, and Labor,* pp.41 ff.

购置和分配。这就是战争部军需处，下辖一系列政府创设的更加专门化的被称为战时原材料公司的民营股份公司以及战时委员会，负责以实际固定价格购买、存储和使用原材料。虽然受到相关政府部门的监督，但它们是准独立和自我管理的。最终，大约有 200 个这样的公司（每个都同工业的特定分部门相关联，每个都为政府提供了其购置计划联系和谈判的一个单独的节点）。对民营公司而言，对其投资则方便了有利可图地获取原料和承包合同。公开竞争是战争的一个早期牺牲品。

值得注意的是，这种体系的倡议来自企业自身：它的提出者是瓦尔特·拉特瑙，巨型工业企业德国通用电气公司的行政总裁。管理它的官方机构和法人，是大型公司的代表，而这些大公司正好是处于管控之下的原材料的客户——化学品、金属、棉花和其他纺织品、橡胶等等。因此，它在一定程度上体现了几乎所有新政治经济管控和调整的实例的特征，结果远非国家对企业的威胁性控制，更不用提压制。相反，它利用企业的经验和专业知识去监管市场的管理。事实上，它是管理式资本主义的一种形式，相比（至少在这种情况下）单纯的市场力量所能保证的而言，旨在工业供应的更大可持续性和更有保障的利润率。供应将根据战略需要而不是通过价格体制得到合理化，利润得到了保障，竞争得以避免，于是德国抵制了（至少在最初的一两年）任何可观的自上而下的资源动员，而是更倾向于尽可能长时间的自我管理。[26]

在法国，工业也适应于战争的需要——主要通过私人倡议。在此方面，政府于 1914 年 9 月组织了一次工业企业家会议，并提供补贴去加强军火企业的生产能力。（1915 年，设立了一个完全独立的负责火炮和军需的副国务秘书职位——类似于同时期英国设立军需部的举措。[27]）与此同时，作为对原材料短缺和市场变化的反应，正在形成之中的战时经济的不同领域的企业，自己行动起来去协调它们的行动。它们组建了独立的协会去转包军火订单。最初，这些机构激增，但是最终体制得到合理化，军火生产商的共同利益开始由一个核心委员会来代表。竞争大体上遭到了削弱。而且，就如普遍发生的那样，工厂主同意他们现在必须按照官方的订单进行生产，以此换取其产品更长期的承包合同

[26] Gerald Feldman, "Mobilizing economies for war", in Jay Winter et al., Great War, pp.168-170.
[27] 见"文献评论"关于第 12 章的部分。

和更高的价格。[28]

在英国，政府最初对市场短缺的反应更少地关注重工业。对军火工业企业的直接官方干预是后来出现的。尽管如此，鉴于它的市场竞争传统，英国的情况同样是引人注目的。最有名的例子出自战争最初的几个月里对军服和沙袋的需求。这抬高了物价并造成了相关市场对主要中间产品的投机，主要是黄麻及其制成品。政府的反应（由陆军部操作，它是采购部门）是修改传统的竞标制度，拿军服的情况来说，是聘请有利可图的涉及生产的公司，在它们自己中间"管理"供应、强制执行价格统一和分配订单。

英国的政府干预在1915年年初进一步得到推进，当时持续的短缺和沙袋的高价格促使陆军部以官方固定的价格征用补给物资。接着是更为灵活的价格、利润率协议和管控——如同国际贸易中的监管干预那样（例如黄麻的进口和煤炭的出口），以及有必要地利用商业公司作为代理人去操作需要专业知识和经验的贸易安排。此外，政府制订计划去管理和保障工业企业中诸如靴子、皮革、亚麻织品、羊毛和食品这样的物资供应。到1916年2月，作为对德国之前一些事件的间接响应，陆军合同局（Army Contracts Department）创设了"原材料处"（Raw Materials Section），为管理和保障基本物资的供应筛选信息和制定方案。

在英国，管理委员会和代理机构（通常涉及日用消费品的批发采购）的体制被扩展至例如糖、棉花、小麦、肉类和油脂。而德国有大约40个公司履行相同的职能——基本商品的采购和分配供应。

在这场战争的最初阶段里，政府与企业关系明显急剧变化的核心特征，没有导致出现一种指令性的经济，而是一种精心设计的伙伴关系体制，其具有很大程度上官方认可的自我管理的特征。传统市场和利润激励不是服务于国家经济目标的最佳方式——这一点已经变得显而易见——更不用说服务于战略目标。但同样明显的是，寻求这些目标必须顾及私人的利益和维护民营企业。

309

---

[28]　Hardach, "Industrial mobilization", pp.67–68.

国家和战时生产

政府在战争最初几个月里的许多经济活动，可以被解读为隔着一段距离去管理市场。但是，一旦敌对的强度升级，对战争物资供应不断增加的需求，驱使一些政府在供求的表象背后，更明确地关注产量。就投资和产品开发、组织生产、劳动力供应以及利润和工资水平而言，确保战略性生产的连续性，能够导致国家拥有一种更广泛的社会经济角色。与此同时，国家的确切作用和它同工业企业的关系，则因国家的不同而迥然有异。

在两个主要交战国中，至关重要的煤矿工业提供了政府干预超出供应和分配而深入生产领域的很好的例子。

在德国，煤炭工业领域的严重困难最初促使陆军部在原材料局内设立了一个"煤炭调度处"（Coal Adjustment Bureau），由一个煤炭生产商组成的委员会充当顾问。但是，短缺意味着集中管理在 1917 年 2 月收紧了：当时任命了一名帝国煤炭事务专员。5 月，陆军部从前线获得了大约 4 万名矿工。即便如此，局势依然非常严峻，以至于为了节省使用煤炭和减轻给运输系统造成的沉重负担，政府被迫采取强制关闭和合并工厂的做法。[29] 市场力量无法解决隐含在如此相互联系中的混乱和短缺。无论多么不完美，国家都必须介入。

在英国的煤炭工业中，变革是由劳资关系问题而不是"正常"供需的直接不平衡问题造成的。在南威尔士工人要求更高工资的压力之下，1915 年年初出现了新动态的征兆。政府不顾罢工的非法性，被迫责成煤矿主接受矿工们的全面要求。[30] 随后，进一步具有威胁性的劳资争端（源于涨薪要求以及对高物价和高利润的不满），导致了在 1916 年 11 月首先对南威尔士煤炭开采业实行官方管控，接着在 1917 年 3 月这种管控应用于全国的煤矿企业。时机上与德国采取行动收紧官方对企业的管控几乎恰好一致。结果，英国煤炭行业的管控，成为国家监督工业企业的最大实例。再一次，它涉及富有经验的企业家的直接参与。如同其他行业一样，在煤炭工业中，新的政治经济是在结构和机制方面而不是公权力和人员方面的一种背离。[31]

---

[29]　Feldman, *Army, Industry, and Labor*, pp.273–283.

[30]　Supple, *British Coal Industry*, pp.62–67.

[31]　见"文献评论"关于第 12 章的部分。

在美国，供应和生产问题更加普遍。美国在 1917 年 7 月参战之后，创设了
"食品和燃料管理局"（Food and Fuel Administration）；商品供应和价格，连同
工业和农业生产、贸易和投资，都受到各种各样的部、局和委员会的监管。在
这一体系的顶端是"战时工业委员会"（War Industries Board），连同一个独立的
"定价委员会"（Price Fixing Committee）。优先事务和承包合同得到了分配，物
价得到了控制。而且所有这些都涉及数量非常可观的商业企业代表。此外，该
体系延伸到了对工业企业的直接干预，有时为了维持生产，力图鼓励大规模的
生产以及确定产量指标和分配原材料供应，官方会给予涨薪的允准。在国家政
策的保护之下，战争期间美国的产出大幅增长——而战时工业企业也创造了巨
量的财富，显然"战时工业委员会"的限制只是有限的，但该委员会因此却遭
受了严厉的批评。

　　就如我们所见到的[32]，在英国的制造业中更普遍的是，经济政策是由放弃最
初的国家可以仰仗海军力量和援助盟国的战略设想的需要所决定的。到 1915 年
春，很明显这个国家需要更大规模的陆上力量和更有目的性地引领战略性的经
济活动——特别是将更多的注意力集中于工程和煤炭工业。国家对制造工业的
直接干预，是战略压力和政治压力的相互叠加造成的，发生在西线出现短缺时
（尤其是但不仅仅是炮弹）。劳动力的稀缺抬高了成本，增添了工会的谈判力量，
而雇主则关注工人力量的增强和利润方面所面临的政治压力。确保工业效能
满足战争需要的政治，成为这些力量之间的一种平衡术。

　　最早系统性地展现英国政策的新阶段，是在 1915 年 3 月，连同军火和工程
企业的联合，以所谓的"财政部协议"（Treasury Agreement）*的形式出现的。
这一举措旨在通过允许雇用非熟练的工人（包括妇女），以及限制罢工的自由，
去缓解劳动力的不足，以换取战后恢复原有做法和对利润采取某种限制。但是，
该协议被证明是乏力的，有必要使政府管控制度化。因此，劳合·乔治眼中的
扩大国家管制的军需部变成了现实，并且在 1915 年 7 月，这个新近成立的政府
部门通过了《军需品法案》——大幅扩大了当时"受管制企业"的范围。在这
些企业里，物资供应和劳动力流动将受到严格控制，熟练工人将被"一定比例

[32]　David French, "The rise and fall of 'business as usual' ", in Kathleen Burk (ed.), *War and the State: The Transformation of British Government, 1914—1919*, p.12.
*　英国政府与工会所达成的协议。——译者注

的非熟练工人替代"，罢工和关厂行为遭到禁止，劳资纠纷通过强制仲裁解决，利润受到限制。事实上，国家现在控制了军火和相关工业企业——由此牵涉到关于生产方式和投资以及劳资关系的决定之中。于是，管制被扩展至飞机制造厂和生产农业机械、硫酸和燃油这样产品的工厂的日常活动。到 1918 年年初，"受管制企业"的数量大约为 2 万家。

312   这些都是极端的措施。但是，这些措施不等同于国有化，这些企业甚至也不等同于国有企业。生产依然有赖于私营企业的经验和专业知识，生产也仍旧由私营企业管理，对利润的限制被慷慨地基于对战前几年中最好的一次业绩的增补之上，并根据企业自己的选择决定。

其他欧洲国家的具体安排自然有所不同，但是，类似的情形促成了共同的和常见的主题——特别是政府不断介入企业在组织、投资和安置方面的决定的压力。俄国是一个例外——在那里，低效的政府治理和抱负满满的企业家维持了一种对私营企业来说更重要但依然不充分的作用。但是，更普遍的情况是，各国政府承担了一种新型且重要的角色，它是一些共同特征的例证，而这些特征远非对企业加以限制：对利润宽松的控制，资本投资的良好税收待遇，以及对主要经济参与者（劳动力和企业）不可避免的依赖。不过，形式和安排在各个国家不尽相同。在德国和意大利，在决定承包合同和价格方面，工业企业被赋予了大量的自由。比较起来，在英国和法国，国家代表在供应问题上拥有更大的影响力和权威——即便如此，企业家的专业知识和经验也不能被忽视。

确实，就像昔日自由放任的捍卫者接受国家新角色的妥协一样，在战时生产"管理"方面与私营企业的妥协，能够被那些理念上反对市场资本主义的人士所接受。例如，在法国，社会党政治人物阿尔贝·托马就扮演了一个关键的角色，1915 年 5 月，当严重的军火短缺预示着灾难时——就如英国的情况一样——他被任命为陆军部副国务秘书。不顾一切增加生产的托马，通过同意最低工资和强制仲裁而获得了工会的合作，同时对政府与企业之间的合作进行监督，将广泛的权威授予了大规模的生产商，并抵制了征用工厂或沿着英国的路线引入受管制企业做法的呼吁。另一方面，随着战争的生产问题在 1916 年至 1917 年间开始升温（1916 年 12 月创设了一个军需部），他认识到了在限制利润的同时鼓励投资去扩充产能的政治必要性，并开始表达一种受控资本主义

（controlled capitalism）的概念，他断言，这将有助于振兴战后法国的经济。[33]　313

　　在德国，军方与文职部门之间存在着破坏性的紧张关系，但是它们都同意，分配稀缺资源的无止境的经济问题不应再受到可被接受的市场解决方案的影响。干预是必需的——在劳动力供应和生产管理两个层面。此外，战争费用遭到削弱的感受更为明显。虽然到1917年德国为战争努力成功调动了其国民收入的大约60%[34]，但是那时它的经济处于严重的困难之中。1916年夏季的索姆河战役显示了德国在战争可用资源、费用和可能的持续时间方面明显的劣势。军队的反应是绕过或越过政客，直接向生产活动发号施令，为增加军火产量而强制推行雄心勃勃的（但不现实的）目标，同时采用一种潜在地与征兵制度并行的劳动力管理制度。[35] "战时工业管理局"（War Industries Administration）得到设立，通过一种复杂的体系去监督生产、价格和优先事项，但这种体系是无力的，它是持续紧张状态的军方、文职部门、政治利益集团和工业利益集团的复合体。[36]

　　在这种情况下，对于所有交战国而言（除了俄国之外，在俄国，政府的无能被布尔什维克党人的大规模干预所取代），国家在涉及生产方面的新角色被证明是相对短暂的。在某些情况下，这种角色在当时甚至被证明是不起作用的。例如，在俄国，生产商们被认为应自觉地循规蹈矩；而在意大利，为"武器和弹药"创设了一个政府职位（1915年6月），并在1917年成为一个政府部门，但国家未能行使已经确定的广泛权力。相反，它不但依赖于企业家去帮助管理生产，甚至还让他们去确定生产标准和价格。即使大约300个政府机构向不同政府部门的6个副部长不断地汇报，意大利的战争努力也没有得到很大的改善。[37] 这是一种极端的情况。但是，没有一个国家成功地以任何一种全面的　314
方式协调好经济活动。

---

[33]　Alain Hennebicque, "Albert Thomas and the war industries", in Fridenson, *French Home Front*, pp.89–132; Pierre-Cyrille Hautcoeur, "Was the Great War a watershed? The economics of World War I in France", in Broadberry and Harrison, *Economics of World War I*, p.192.

[34]　Albrecht Ritschl, "The pity of peace: Germany's economy and war, 1914—1918 and beyond", in Broadberry and Harrison, *Economics of World War I*, p.45.

[35]　在《爱国后备服务法》（Patriotic Auxiliary Services Act）中是明显可见的。

[36]　Feldman, *Army, Industry, and Labor*, pp.168 ff.

[37]　Francesco Galussi and Mark Harrison, "Italy at war, 1915—1918", in Broadberry and Harrison, *Economics of World War I*, pp.279–280, 295.

战争和企业结构

战争对于企业的行为和体制有多方面的影响。在某个层面上，在国家的庇护之下，增加生产的动力将一种更明确和经济上更成功的管理方面和技术上的专家治国论的推力引入了工业领域——事实上，引入一系列的经济活动之中。科学和科学方法应用的重要性增加了。获得改进的技术和体制得到了采纳。

与此同时，虽然这场战争采用了前所未有的国家干预措施，但是它也导致了企业利益集团影响力的增长，以及作为常见现象的企业实力的增长。正如已经看到的，市场资本主义对于战时目标的适应，主要是通过各种政府—企业合作的制度形式来实现的。官方利用——事实上是依靠——企业的专业知识以及由此利用企业家。不可避免的结果是，企业和个人的地位（以及通常的利润）得到增强。

几乎不存在可替代的方案。在 1914 年至 1918 年的形势下，监管使得政府负责人和企业代理人之间的广泛合作成为一种必需。利润、商业地位和投资资金必须得到保证。不考虑那部分握有政治权力的人对企业利益集团的任何思想上的同情，在没有确保企业家准备进行合作的情况下，国家就难以施加它的意志。因此，尽管对战时高利润普遍采取征收特别税的做法，但是"牟取暴利"的现实问题一直在搅浑政治这潭水，并扰乱政府与工会之间的关系。

"优先待遇制度化"，或用美国的措辞"管制的俘虏"，即把利益集团吸收进它们服从的管理机制中，是为了在确保生产继续的同时，缓解短缺并从短缺获利所不得不付出的代价。这反映和强化了商业企业和协会的一种特定模式。例如，德国和法国的管控、监督和物资供应分配本身的性质，赋予了业已在主要工业部门占据主导地位的大型公司更加优越的角色。它们的需求和市场地位使得它们在仓促制定的管控体制中不可或缺。相应地，这促进了大型企业的发展和它们之间的进一步合作。[38]

因此，战争的政治经济涉及私人利益和公共利益之间的平衡（绝不总是一种公平合理的平衡）。结果是出现了一种新的权力分配——或者更准确地说，是

315

---

[38]　大概是出于这种原因，不是所有的企业家都欢迎这种监督。一些企业家被排斥在特权圈子之外，并且很少有人欢迎控制利润的做法。

权力和影响力发展节点的固化。对企业的发展而言，很大程度上，1914 年至
1918 年间的结构植根于 19 世纪末 20 世纪初的往日体制，当时大型企业正开始
主导整个的工业企业部门。德国尤其是这种情况，美国以及在某种程度上英国
也是这方面的例子，尽管法国这种情况要少一些，但是即使在法国——如同在
意大利一样——从这场战争中形成的国民经济也拥有更多的大型企业。[39]

在德国，战时的发展尤其刺激了大型企业集团和卡特尔的成长。传统上国
家对巨型企业的扶植和对卡特尔的纵容，与对军火和相关产品的迫切需求融合
在了一起。结果是增强了重工业领域（电子工程、化学、钢铁和煤炭）巨型集
团的实力——其中，西门子和德国通用电气公司是突出的例子——以及用类似
的方式激励了如果算是新发展的机械工程领域。[40] 在更为间接的方面，这场战争
还在生产、分配和价格领域形成了协调一致的行动。它减少了竞争，并鼓励单
个的企业在共同或者松散联合的领域进行磋商和决策协调。因此，它至少开创
了提升效率和持续勾结的可能性。在战后的年代里，这些趋势得到了加强：到
1922 年，德国拥有大约 1500 家卡特尔和工业辛迪加。[41]

这场战争期间，政府在企业领域采取主动行动的另一个也是更明显的
结果是，单个企业之间更正式地建立同业协会。这样的协会显然是与传统的   316
商业问题相关联的：市场的管理或操纵，技术和商业信息的交流以及针对工
会的行动（甚至是存在）采取一致的反应。但是，它们还代表舆论（以及压
力）介入国家决策的政治事务之中。事实上，政府鼓励形成这样的集团——
就如英国工业联合会（1916 年）那样——部分是为了调节战时生产的合作过
程，部分是作为一种应对工会影响力上升的砝码。[42] 但是，它们的重要性和
作用远远超出了战时生产和政治游说的需要。各种企业转向采取更多的——
甚至更深入的——合作，去追求它们自己的长期商业利益。管理之下的市场

[39] 见 Alfred D. Chandler, *Scale and Scope: The Dynamics of Industrial Capitalism* (Cambridge, MA: Harvard
      University Press, 1990), Pt IV; Barry E. Supple (ed.), *The Rise of Big Business* (Aldershot: Edward Elgar, 1992);
      John F. Godfrey, *Capitalism at War: Industrial Policy and Bureaucracy in France, 1914—1919* (Leamington Spa,
      UK: Berg, 1987); Galussi and Harrison, "Italy at war"。

[40] Wielfred Feldenkirchen, "Concentration in German industry, 1870—1939", in Supple, *Big Business*, pp.474 ff.

[41] Jurgen Kocka, *Facing Total War: German Society, 1914—1918* (Leamington Spa and Cambridge, MA: Berg and
      Harvard University Press, 1984), p.30.

[42] Keith Middlemas, *Politics in Industrial Society: The Experience of the British System since 1911* (London: Andre
      Deutsch, 1979), pp.112-113.

和"管制"不但已经给它们带来了经济成功的更大可能性,而且带来了作为经济活动中积极参与者的有意义的经验,国家在经济活动中正扮演一个更重要角色的观点现在被广泛地接受。此外,联合的行动还涉及针对战争期间和作为战争结果的工会力量的增长而寻求一种平衡的问题。然而,无论这样的机构发展的起因是什么,它们还包含了走出传统竞争性市场结构的观念这重要的一步。

经济重负:资源、人力规划和民用经济

随着战争的进行,资源的多寡和分配成为军事胜利前景的关键考虑因素。确实,在这场战争的后期,宏观经济的压力,以物资供应方面的经济危机、人力和民心的形式呈现出来,成为决定性的因素。在协约国一方,俄国是一个极端的例子,尽管它总的生产数字没有灾难性地低于其他一些交战国,但是结构和经济的因素将其拉低了:制造业和矿业的生产缺乏官方监管,文明社会瓦解,恶性通货膨胀和运输网络严重混乱。1916年遭到削弱的俄国,在1917年期间,因其经济上的事实崩溃再加上革命,被匆匆地踢出这场战争。而到1917年春,工业部门表现相当不错的法国,面临了越来越严重的劳动力、基础工业日常用品和运输服务的短缺。但是,当美国在4月份宣战时,协约国的事业在美国的丰富资源里找到了足够的补偿。

正是在德国,国民经济体制的脆弱性具有决定意义。协约国在士兵和战争物资数量方面的优势,迫使德国军方采取种种孤注一掷的政策,而这种做法进一步地扰乱了战争努力。[43]到1917年,封锁的重压,经济枯竭和严重食品短缺所造成的社会和政治动荡,运输系统的混乱,煤炭和其他重要供应原料的产量滑坡,以及伴随的生活水平下降,这些都导致了这个国家蹒跚地走向崩溃。

但是,德国只是一个发达资本主义经济体被军事僵持状态的长期消耗所削弱的最极端的例子。事实上,这场战争正毁掉欧洲的经济。到1918年,战前悲观人士关于现代化战争不可能维持的悲观警告,看起来是有道理的。不过,经验表明,他们的悲观主义在两个重要方面受到了误导:一、经济和社会的努力

---

[43] Gerald Feldman, *Army, Industry, and Labor in Germany, 1914—1918*, p.6.

被证明比所预期的要更坚韧；二、更重要的，战争努力被削弱的根本原因，与其说是正常贸易、工业和经济结构遭到破坏，还不如说是这场战争的空前规模所造成的社会和经济的重负。这场战争简直吸纳了太多的资源。

这场战争似乎无法满足的经济胃口，导致了采取紧急手段去管控人力资源的总体分配，以及去缓解越来越遭受压制的平民大众所面临的各种短缺，他们的绝望开始超过爱国主义的热情。战时政策不得不在两个方向延伸。一是追求对全部人力资源的整体性政府管控。到那时为止，自由主义的英国在1916年所实行的义务兵役制的极端做法，以及随后1917年至1918年间的人力资源预算，是这一点的例证；而在陷入困境的德国，根据1916年年底通过的《爱国后备服务法》的规定所实行的胁迫性管控，也说明了这一点（但是，它反映了不同行政部门之间的混乱和冲突，并在工会的压力下做出了让步）。[44] 另一个新颖的战时现象是对平民生活水平的系统性监管和维持——通过物价和房租控制，提供福利帮助以及必需品的分配和定量供应（煤和诸如面包、肉类、油脂和糖这样的基本食品），去绕开市场的力量。[45] 再一次，战争的需要战胜了自由市场思想的感情阻力。

318

政治经济学

这场战争的迫切需求，在生产、分配、商品市场和劳动力方面，强加给政府一种更加"前瞻性"的角色。在这种背景下，出现了有关资本主义社会中政府（或合作的）行为和私人经济行为之间平衡关系的争论。[46]

显而易见，这场战争导致了各种对传统市场竞争模式的体制性背离。这些背离包括：分配和供应的管制（以及自我管理），价格和利润的控制，企业之间正式和非正式的合作，国家的政府机构和国际的政府组织协调经济活动，政府的决策，以及关于工作环境、利润和工资的协商安排。所有这些使人想到战后

[44] Feldman, *Army, Industry, and Labor*, pp. 197-249. 费尔德曼认为，就像其他没能控制企业家利润的政策一样，《爱国后备服务法》做出的妥协增强了工人的地位并为涨薪要求创造了条件。

[45] 见 Jay Winter and Jean-Louis Robert, *Capital Cities at War: Paris, London, Berlin 1914—1919* (Cambridge University Press, 1997)。

[46] 当然，俄国是一个特例——但是，即使在这个问题上，随着1921年的"新经济政策"削弱了国家管控的初步尝试，争论也骤然而起。

政治经济的可替代模式。但是，在战争结束之后，这些模式几乎没有得到采用：它们被广泛地视作适用于战争而不是适用于和平的试验，无论如何，它们十足的多样化和特殊性意味着，不同的利益集团和评论者在从战时经验的条目中选择他们想要的东西时，都能有高度的选择性。关于这场战争的政治经济学"教训"，几乎不存在共识。传统资本主义模式的精髓，以一种适应它自己发展趋势的形式幸存下来。

当然，就如所见的那样，对于许多企业家而言，这场战争显示了企业合作和联合的优势，以及参与——有时是欢迎——国家发起的管制的可能性。结果，1914 年至 1918 年间的事态发展，促进了大型企业和行业协会的持续发展和合法性——不仅仅作为一种眼前利益的来源，而且作为一种便利于企业与政府间合作的手段。只要创新或萧条促使政府相信有必要推动和控制新型与传统基本工业的结构变化，这种趋势就会得到强化。在一个范围相当窄的明确领域，关于国家行为的意识形态禁忌以及私营企业的基要主义观点，部分遭到了削弱，即使对金融和财政的正统思想的信奉依然是坚定的。法团主义——通过企业、工会和国家之间的互动而力求对经济活动做出决定——作为一种对自由主义国家和经济潜在的——如果是非特定的——准集体主义的替代而露出头角。它在 20 世纪 20 年代意大利和 30 年代德国的法西斯主义的兴起中，找到了最确切的形式。

战时关于国家的经济角色的想法，只是零星地表现出激进。当然，信仰社会主义的政客和评论者自然会把这场战争解读为成立国有企业的一个正当理由。但是，除了俄国的例子以外，那些当权者或接近权力的人很少提倡"纯粹的"国有化。在法国，陆军部的阿尔贝·托马，考虑在国家和制造企业之间进行战时合作，他认为这种经历会成为"受控资本主义"——一种将政府和企业结合起来的制度——的序幕。但是，这样一种大刀阔斧的建议几乎没有延续到战后。大部分资本主义社会对于伴随和平的宏观经济的变化无常所做出的反应，或多或少都是沿着正统的路线。当然，俄罗斯帝国从 1917 年起走上了自己的道路。

另一方面，在这场战争期间，作为战时经历的结果，存在着某些对于市场角色的非传统观点的表达。例如，在英国，一些不大会成功的评论者认为，国家行为的新基础可以被证明是合理的。于是，《经济学人》杂志提倡一种适度的集体主义，而《泰晤士报》刊登了数篇持有"一个全国性计划"观点的文章，尽管这种计划是建立在局部的基础之上。[47]而评论者很快认定，在因竞争减少而产生利润的情况下，公众有权利获得利润份额中的一份。[48]如此结论的方方面面，得到了"主流"经济学家的论述——像剑桥大学的 A.C.皮古，他思考了一个更加"前瞻性"的国家角色，尤其在为保护消费者而遏制垄断行为和实行管制方面。[49]事实上，在一个更普遍的层面，一些经济学家认为，这场战争使得对"社会的"[50]——集体主义的——干预的必要性和可能性变得明朗起来。但是，这些争论，或者支持沿着战时路线协调国际贸易的自由主义观点，基本没有产生什么结果。[51]

320

在这种情况下，尽管那时存在关于政府和经济的争论，但这场战争没怎么改变"正常"环境下国家的行为，或者是被广泛接受和根深蒂固的有关国家经济角色的观点。

另一方面，虽然国家直接的经济干预被大致避免，但是在1918年之后，各国政府更愿意通过激励科学技术研究和提供教育，在经济表现方面去扮演一个间接的角色。1914年至1918年的经历提供了一个国家干预的有说服力的先例——在重大战争期间，或者延伸至经济萧条或全球危机之中——这时国家的完整受到威胁，国家生存的重要问题被提起。第一次世界大战已经深刻地揭示了这一显而易见的事实，即市场力量无法单独保证经济和社会的活力或安全。因此，一个国家的军事潜力以及社会祥和的重要方面，日益同经济的结构平衡和表现相关联。而且与此相关的是，人们认识到利用现代化技术在工业规模上打一场旷日持久的战争，需要确保重要产品和战略物资（食品、化学品、炸药、机动车辆、飞机和科学仪器等等）供应的安全。

有时，这些需要是明确和紧迫的，并几乎从战争伊始就导致了官方的响应——就如当时德国政府在封锁造成的重要资源短缺的推动之下，促进人造纤

---

[47]　Arthur Marwick, *Britain in the Century of Total War: War, Peace and Social Change, 1900—1967* (London: Bodley Head, 1968), p.76.

[48]　这种观点是由一名自由党的议员约瑟夫·康普顿－里基特爵士（Sir Joseph Compton-Rickett）提出的，见 "Organisation of the national resources", in William H. Dawson (ed.), *After-War Problems* (London: Allen & Unwin, 1917), p.119.

[49]　Arthur C. Pigou, *The Political Economy of War* (London: Macmillan, 1921), pp.235–237.

[50]　John M. Clark, "The basis of wartime collectivism", *American Economic Review*, 7:4 (1917), pp.772–790.

[51]　Frank Trentmann, *Free Trade Nation: Commerce, Consumption and Civil Society in Modern Britain* (Oxford University Press, 2008), pp.263 ff.

维的生产（对军需是必要的）和固氮过程（对农业化肥是必要的）那样；或者像英国政府当时面对国内短缺做出反应，成立了一个委员会去保障化学品的供应，接着成立了一个政府部门去促进科学和工业的研究。在其他情况下，国家利益在经济方面的体现被看作是更普遍和更长期的。例如，在英国政府的一个委员会关于战后经济政策的结论中，论述了竞争力和战略性产业的问题。[52] 该委员会的报告欲言又止但意味深长地认为，政府在维持英国竞争力方面（特别是针对德国）负有责任，且可以通过以下方式采取行动：为用"合作与协调"取代"个人的方法"创造条件；鼓励联合，尤其是"在工业生产更现代化的分支领域"；对表现出相对于外国竞争比较脆弱或是依赖于外国源头或"对国家安全是至关重要的"那些"极为重要"和"关键的"产业，提供有针对性的支持。在其他例子中，该委员会列举了用于军需品的合成染料、粗锌和钨，磁电机，光学和化学玻璃，一些药品和专业化学品，以及螺纹测量仪。它甚至考虑了在极端情况下的政府所有制。

不可否认，该委员会在支持和平时期国家经济角色的认真改革方面有所后退。但是，即使出自该委员会的温和建议都是异常激进的。它们假设了一定程度的市场失灵，设想国家对企业结构的干预，以及提倡对广泛定义的战略性产业实行一定程度的公共补贴。[53] 在一个更一般的层面上，这些观点意味着并最终有助于证明政府对以下方面支持的合理性：科学研究和高等教育，诸如化学药品、飞机和专业机动车辆、无线电制造和农业生产之类的产业。

尽管如此，这样的努力在范围上还是有限的，目标严格并明确地涉及战略上的考虑。因此，其对英国企业的竞争地位造成的影响是有限的。

历史的视角：战争、机构和经济表现

在第一次世界大战期间，各交战国政府试图在战略性用途之间分配国家的人力资源，并在数量和价格上维持商品和服务的生产和分配，而不致严重妨碍战争努力或在平民大众中引发政治问题。为了实现这些目标而采用的政策在许

---

[52] Final report of the committee on commercial and industrial policy after the war (Cd. 9035, 1918, XIII). 该委员会成立于 1916 年，负责协调一个不同产业的委员会网络。

[53] 此外，该委员会强调更传统的正统政策——值得注意的是，政府鼓励私人储蓄、投资和减轻税收负担。

多方面是不完美的，并且在范围和持续时间上总体是受到限制的。各政府在不具备以往经验或相关知识的情况下展开行动，无论如何都依赖于他们希望指挥的经济代理人，以及通常视这场战争为一个机会去促进和使他们自己的目标与政策被社会所认可的利益集团。也许最重要的是，他们必须力图在只有基本规划和管理机制的情况下以及国家紧急状况的重压之下，笨拙地去管控、操纵并扩大国民经济。

可是，在记住这些妨碍的前所未有的程度和这场战争导致的巨大负担的同时，一些国家的表现在大多数时间里是令人印象深刻的。直到三年的大规模战争之后持续和普遍的压力开始威胁国内的稳定为止，这场战争才显示出至1914年西方市场经济已经达到的丰盈和韧性，以及更成功的经济体中政治和官僚机构的适应能力。即使如此，这也远不是一些历史学者所设想的"战时社会主义"。[54] 除少数例子之外（特别是在人力资源分配的某些方面），这样的规划往往是部门性或工业领域的，而非普遍或宏观经济的。

在另一个极端，尽管国家机构——或者受国家影响的机构——常常是影响力占优势的，但是，战时的经历远非相当模糊的"国家资本主义"（虽然它是列宁用来描述苏联新经济政策的术语）所主张的例子。不论各种挑战如何极端，由此产生的有助益的变化仍包含在当时的经济、社会和政治权力结构的大致轮廓之中。在战时的压力和增加生产的迫切需求之下，大多数国家的结构被证明能够在技术和组织的方式上有一定程度的系统性改进——即使同时遭遇了物资供应和人力资源的严重短缺。资本主义的精髓如同其在1914年已经得到继承的那样，在这场战争期间幸存下来并得到了发展，虽然这种幸存的形式与两次世界大战之间威胁削弱它的不稳定力量并非不相干。

但是，当冲突持续时，第一次世界大战对主要交战国的经济和企业制度的结构和控制有着重要且空前的影响。国家（最常见的是通过企业代理人的媒介，或在其直接帮助下）已经为自身僭取了国家产值和金融中大得多的份额，并在市场和生产领域承担了一个明确的角色。无论是直接还是通过代理人，它已经在不同程度上对价格、利润、企业结构和劳动力供应实施了监管。即使工会——通常出于与这场战争期间迁就企业的权宜之计相同的原因——获取了更

---

[54]　Stubbs, *Race to the Front*, p.17.

大的影响力，政府也对人力资源规划采取了同样空前的政策。作为对战时需求的响应，社会福利在政府的议程中被赋予了更高的优先权。

总之，资本主义制度只是临时接受国家干预的做法。这样做并没有改变（事实上，在某些方面是增强了）它的核心特征。因此，1914 年至 1918 年战时政治经济学的更新颖或更引人注目的转变，没有直接延续至和平时期充满挑战的世界中。[55] 只是随着大萧条的悲惨经历，西方社会的传统政治经济学陷入了严重的困境。

这场战争有一些积极的结果：国家扩大了对教育、研究和开发的支持，工业技术和结构得到改进，技术产业——合成化学、飞机和机动车辆制造、光学及医学仪器和技术——得到促进，生产能力因业务规模的日益扩大而受到激励。另外，一段时间内，协约国抵挡住了一个扩张主义德国的威胁。很大程度上，它们能够做到如此，是借助了丰富的资源和经济体制，虽然后者既非完美也非公平，但是，勉强足够支撑 20 世纪初大规模战争的糟糕僵持状态。

尽管如此，经济的资产负债表是极度负面的，即使完全撇开它在可鄙地毁灭人的生命方面所付出的代价，胜利也是得不偿失的。这场战争逐渐耗尽的努力和费用以及强加给失败者的惩罚性和平，意味着德国陷入了深重的经济困难和邪恶的政治悲剧的泥淖，俄罗斯帝国崩溃了，奥匈帝国被肢解了，法国遭受严重削弱，英国则失去了它的金融主导地位和贸易优势，进入了一段长期和缓慢的帝国黄昏和经济相对衰落的时期。

324　　　　更有甚者，毁灭是全国性的，也是全球性的。战争的费用和物质破坏，和平方案，高悬的公共债务，以及由此导致的贸易、货币和资本流向的紊乱——所有这一切助推了第二次世界大战前全球经济和金融体制基础的毁坏。[56] 经济萧条和大规模失业，因经济民族主义和贸易保护而雪上加霜，并从 20 世纪 20 年代末开始使当时的世界产生动摇。两次世界大战之间人类经济和社会经历的深重苦难，或多或少直接源于第一次世界大战。从邪恶的政治极端主义、野蛮的战争和无数人员死亡的角度来看，这场苦难的甚至更可怕的种种后果的大部分源头，可以追溯至 1914 年至 1918 年。

---

[55]　这样一种观点取决于"政治经济学"的视角和定义。就诸如政府大小（税收和支出的水平）、福利制度以及教育和科学研究领域的公开角色这样的尺度来看，这场战争确实让世界产生了持久的转变。

[56]　Eichengreen, *Golden Fetters*.

13 工人 *

安托万·普罗斯特

在第一次世界大战的场景中，工人消失了。史学著作证明了这一点，因为在大约一代人的时间里没有关于第一次世界大战期间工人和劳工运动的足以成书的研究。[1] 但是，1930 年在牛津所做的三次广受好评的讲座中，埃利·阿莱维强调了这场战争政治和军事史方面的有限性，即未能展现它曾是怎样的一场真实的社会地震，尤其是在劳工领域。在他看来，这场战争最重要的特征是集体力量，以及导致社会颠覆和 1917 年革命的民意转变。这场战争是暴政年代的序曲，阿莱维从这些方面描述了它的特征：

（a）从经济学者的角度看，生产、分配和交换的所有方式的极端国家

---

* 海伦·麦克菲尔将本章从法语译为英语。

[1] 注意主要书籍的日期：James Hinton, *The First Shop Steward's Movement* (London: Allen & Unwin, 1973); Bernard Waites, *A Class Society at War: England 1914* (Leamington Spa: Berg, 1987); John Horne, *Labour at War: France and Britian 1914—1918* (Oxford: Clarendon Press, 1991); Jay M. Winter, *Socialism and the Challenge of War: Ideas and Politics in Britain, 1912—1918* (London: Routledge, 1974); Arthur Marwick, *The Deluge: British Society and the First World War*, 2nd edn (London: Macmillan, 1991); Jürgen Kocka, *Facing Total War, German Society, 1914—1918* (Leamington Spa and Cambridge, MA: Berg and Harvard University Press, 1984); Gerald D. Feldman, *Army, Industry and Labor in Germany, 1914—1918* (Princeton University Press, 1966); Patrick Fridenson (ed.), *1914—1918: l'autre front* (Paris: Ed. Ouvrières, 1977) (*Cahier du Mouvement social no. 2*); Jean-Louis Robert, *Les Ouvriers, la Patrie et la Revolution: Paris 1914—1918* (Besançon: Annales littéraires de l'Université de Besançon no. 392, série historique no. 11, 1995); Giovanna Procacci, *Stato e classe operaia in Italia durante la primo guerre mondiale* (Milan: Franco Angli, 1983)。关于罢工的主要著作有：Léopold H. Haimson and Charles Tilly, *Strikes, Wars and Revolutions in an International Perspective* (Cambridge and Paris: Cambridge University Press, Ed. de la MSH, 1989); Léopold H. Haimson and Giulio Sapelli, *Strikes, Social Conflict and the First World War: An International Perspective* (Milan: Feltrinelli, 1992)。

化（extreme nationalisation）；另外，政府吁求工人组织的领导人在这种国家化方面提供他们的帮助，换句话说，随着国家化同时的工会化和社团化；

326 　　（b）从知识分子的角度看，思想方面的国家化，这种国家化本身具有两种形式……[2]

关于那一时代著述中的这种沉默，没必要维持下去。这场战争需要参与国的总体动员，特别是在维持这场严峻考验的工业领域。这场战争也需要在工厂、港口和运输系统等方面去赢得胜利。因此，每一个国家被迫动员它的工业：所有国家都面临相同的需求，并常常采用相似的应对办法。但是，国家的特殊性以及我们将称之为工人阶级（尽管这种社会形态的轮廓未得到清晰界定）的具体特征，带来了种种差异，因此需要采用比较研究的方法。

在前线，还是在工厂？

第一次世界大战确实是破天荒的：谁也没有想到会发生这样的事情，以前没有参照点可去应对它所产生的情形。因此，交战国的政客们不得不在自己国家的政治、行政和文化的框架内权宜行事。

因为每一个人都预计这是一场短暂的战争，所以没人想到有必要进行工业动员。在欧洲大陆的国家中，军队由应征士兵组成，且开始动员那些适合服兵役的人，不论他们的职业是什么。但是，也存在一些例外：在法国，一些铁路工人对于动员过程的顺利进行是必不可少的。[3] 到 9 月底，巴黎因这种方式失去了成年男性劳动力的 30%，而柏林不会更少。[4] 在英国，1916 年之前不存在义务

---

[2] Elie Halévy, *The World Crisis of 1914—1918, An Interpretation* (Oxford: Clarendon Press, 1930), issued in French in *L'ère des tyrannies* (Paris: Gallimard, 1990, 1st edn 1938).

[3] William Oualid and Charles Piquenard, *Salaires et tarifs ; conventions collective et grèves. La politique du ministère de l'Armement et du ministère du Travail* (Paris : Press Universitaires de France, 1924), publication of the Carnegie Endowment for International Peace, P. 45. 1.1 万名技术熟练的工人被免除兵役，其中 7,000 人是在国营工厂，但是例如勒克勒佐（Le Creusot）失去了一半的工人，见 Gerd Hardach, "La mobilisation industrielle en 1914—1918 : production, planification et idéologie", in Fridenson, *1914—1918*, pp.81–109.

[4] Thierry Bonzon, "The labour market and industrial mobilization, 1915—1917", in Jay Winter and Jean-Louis Roberts (eds.), *Capital Cities at War: London, Paris, Berlin 1914—1919* (Cambridge University Press, 1997), pp.164–195.

兵役制，仅依靠志愿兵；这场战争的爆发使得它所造成的影响逐渐被更多地感受到，在战争的第一年里，化学、电气施工和炸药行业的工人中有四分之一以及矿工中有五分之一，被征召入伍。

这些因国家参战而导致的突然离开工作岗位，完全扰乱了生产。由于缺少工人或市场，一些企业倒闭了。结果是一场短暂但严重的失业危机，在德国和英国持续了两三个月时间，但在法国持续时间更长，敌人对其北部工业化程度较高地区的占领加剧了混乱的形势。军队非常快地感受到军火的短缺，并且意识到，战斗的胜利或失败将取决于武器和弹药的生产。于是，必须做出抉择，是将工人送往开始出现的堑壕，还是工厂。从 9 月份起，认识到"过度"爱国主义危险的维克斯军火制造厂，深谋远虑地为那些他们想保护起来不被狂热的招兵军士征召的工人授予一枚徽章。[5] 法国和德国的军队开始将企业主点名需要的个别工人送回后方。接下来的措施是，通过将技术熟练工人从作战部队中撤回，来满足对他们的需求。从 1914 年 11 月起，法国军队将金属加工业工人带至巴黎的一所特定的兵站；他们的技能已经在总部被鉴定，这些人将被分配至不同的工厂。[6]

是派往前线，还是派往一家工厂，对工人事关紧要，姑且不论他们可能多么爱国——就如我们将看到的那样，他们确是如此——但许多人宁愿去工作，而不是去作战。在军队、工厂主和工人之间，一种日益复杂的游戏产生了，它不但导致了舞弊，而且引发了经常性的冲突。

在法国、俄国、德国和奥匈帝国以及后来的意大利，正常的情况是工人受到军事动员，豁免则是一种例外的情况，但任何地方都认识到豁免是必需的，并且时常是大规模的。似乎俄国实行的豁免数量最多，如果不是为了工人团结的结果考虑，不会出现这种情况：只有 40% 的工人可能被动员，而这个数字无疑是估计过高的。[7] 在这些实行义务兵役制的国家中，军队按姓名掌握着适合服兵役的成年男子的档案记录。法国负责火炮和军需的国务秘书处（后来的军需部）的工人事务组，由此能够用使那些技术上是军工厂所需要的士兵返回军

[5] Marwick, *The Deluge*, p.96.

[6] "兵站"（depots）是军团后方的基地。

[7] Diane P. Koenker, *Moscow Workers and the 1917 Revolution* (Princeton University Press, 1981), p.79, 估计只有四分之一的工人受到动员；在莫斯科，这个数字在金属加工业领域是 28%，在纺织工业领域是 18%。

工厂的方式，来协调满足工厂主的需要。结果是一份 70 万名人选者的参考名单。工人事务组决定哪些岗位可以被定为"特殊岗位"，并指派军官进驻大型

328 工厂对这些人被雇用的情况进行现场监督。在 1915 年，根据这项计划，有 50 万工人返回了工厂，在金属加工业领域则超过了 60%。几乎全部的返回者，年龄都不低于 23 岁；军队则保留了那些最年轻的士兵。[8] 这些雇佣措施依照军需部长阿尔贝·托马的冗长公告予以执行 [9]，为他提供支持的是 1915 年 8 月 17 日的《达尔比耶法案》。雇主们不能将这些位于特殊岗位上的人遣回军队，这些人也不能在没有征得监管者同意的情况下擅离他们的工作岗位。他们不能进行罢工，但有权每周休息一天；而确立一个详细的工资率是监管者的部分职责。特殊岗位的工人必须跟平民工人一样获得报酬，但是他们要服从军纪，在没有批准的情况下，不能离开工作的城镇。监管制度尽力把那些已婚和年纪比较大的士兵派往工厂，而企业雇主则更青睐年轻一些，通常是未婚的士兵。在普遍即兴操作的情况下，这些前提条件明显没有一直得到遵守；这些人搞出了违规现象，甚至在特殊岗位的问题上做交易，因此遭到了全体舆论的谴责。在工厂爆发了许多冲突，尤其是在工资问题上，因为一些雇主支付给特殊岗位工人的工资要低于平民工人。但是，总体来说，这种劳动力管理制度运行得还算不错。

德意志帝国面临着一种不同的形势，主要是因为它的联邦体制。1815 年的《紧急状态法》在 1914 年时依然沿用（就如在法国一样，1849 年的关于被围困状态下的法令仍有效），赋予了 24 名陆军军级指挥将领非常广泛的权力，而每一个军对应国土的一个区。在相应地方当局的提议之下，他们拥有一定程度的脱离陆军部的自治权。从 1915 年 5 月起，陆军部一个专门的局在各军之间分配对于工人的需求，但是，具体的决定取决于负责指挥的将领们。

这种体制结构引发了相当多的混乱。实际上，24 个军区的指挥官们与最高统帅部的关系非常密切，而最高统帅部与陆军部一直矛盾不断——最高统帅部连同兴登堡，设法创立另一个并行的"最高战争委员会"。但是，最高统帅部与

329 各大企业家有着密切的联系，后者要求让他们的技术熟练工人从军中返回工厂，

---

[8] Jean-Louis Robert, "Ouvriers et mouvement ouvrier parisiens pendant la grande guerre et l'immédiat après-guerre. Histoire et anthropologie" (Thesis, Université de Paris I, 1989), ch. 13.

[9] Circular dated 15 July 1915, Oualid and Piquenard, *Salaires et tarifs*, pp.70–76.

去完成武器弹药的订单。他们不认为对于工人的需求，能够通过训练新员工或雇用妇女得到满足。统领各军区的将领们，未能将来自其他工业部门的失业工人重新安置在军火工厂。这些军火工厂因技术熟练工人问题争吵不休，而技术熟练工人变得过于流动。就如各军区指挥官所实行的那样，1916 年 12 月 2 日的《爱国后备服务法》旨在促进控制工人流动和组织就业的双重目标，却未能终结这种混乱局面；一些被特别免除某种雇佣形式的工人，以另一种形式被雇用。[10] 对大部分企业主而言，这是一场重大的战时胜利，因为前线和工厂之间的平衡十分有力地倾向了后者。从 1916 年 9 月到 1917 年 7 月，在陆军营建制的人数从 750 人减少至 713 人的同时，返回工厂的工人总数从 120 万人升至 190 万人。[11] 总的来说，在 1918 年 1 月，不少于 230 万士兵因工厂工作而免除了兵役，其中 120 万人被认为是"适合前线的"[12]，相比之下，法国在 1917 年有 51.8 万名特殊岗位的工人。

英国不存在强制性的兵役法，因此总体保持了没有义务兵和没有行政部门管理劳动力的联合记录。而且，由于政府呼吁志愿入伍以扩大军队的规模，所以它在引导工人进入军工厂方面就拥有更少的权威。最后，政府必须对付力量强大的工会—— 1913 年有 220 万名成员——与德国和法国的工会不同（各自有 250 万名成员和 25 万成员），它已经有效地获得了对本地就业的控制。工会强加的行业规则，尤其暗含了对工人等级制度的注重：一项需要熟练技术的工作，不可能交给一个学徒期未满的技术不熟练的工人。

以上这三种状况意味着，英国政府必须谨慎和务实地继续前行。一步步地，它制定出了与工会谈判的政策。第一次会谈，除了就业管理，还涉及了各种问题，但是，1915 年 5 月军火的持续短缺使政府的部级改组成为必要，于是，设立了一个由劳合·乔治领导的军需部。1915 年 7 月 3 日通过的《军需品法案》，旨在限制扰乱军工厂生产的人员变动。首先，它界定了"受管控的"工业企业，并规定在未征得雇主同意的情况下工人离开这些工厂是违法的，并通过离职证明来维护这种规定的实施。为了阻止工人在未持有离职证明的情况下变换工作去寻求更高的薪水，在他们可能被再次雇用之前，强制实行 6 个月的

330

[10]　Feldman, *Army, Industry and Labor*, p.310. 费尔德曼在附录中给出了这一法案的内容。

[11]　Feldman, *Army, Industry and Labor*, p.301.

[12]　Feldman, *Army, Industry and Labor*, p.417.

延期，这个周期实际上是已被缩短的，并最终在 1917 年之后遭到废止。为解决拒绝开具离职证明的问题和制裁那些不遵守这些义务的工人，还成立了专门的法庭。

《军需品法案》直接推动了德国制定后备服务的法案，但是没有使英国政府能够全面控制劳动力。上阵作战和阵亡的志愿入伍士兵越来越少，因此征兵制成为必要。然而，它的施行首先需要年龄在 15 岁至 65 岁之间男子的档案记录，并了解他们正在做什么。这些数据是依据《国家选民登记法案》（1915年 7 月 15 日）进行采集的。其次，英国政府需试探工会的意见，但工会坚持军事征召不应发展成企业征召，这样会破坏它们在管理劳动力状况方面的角色。再次，政府试图以一种有限志愿服役的形式去解决问题，即德比方案，以它的提出者德比勋爵的名字命名（1915 年 10 月 16 日）：根据该计划，志愿服役的士兵可以直接加入军队——这带来了 21.5 万名士兵——或者承诺一旦需要他们则响应入伍的号召。500 万没有入伍的士兵中，有 120 万人在受管制的企业中工作。略超过 200 万人发过这种誓言，从而证实了志愿服役制度的局限性。

1916 年 1 月，英国根据《兵役法》建立起义务兵役制，并在 5 月得到加强。相比在法国和德国，征兵制少些严苛。受管制工厂的工人依法被豁免服役，那些认为他们自己应征入伍不公平的人，可以向法庭申诉去赢得豁免。结果，有超过 75 万份这样的申请。许多申请落空，于是引发了更多的不满。1916 年 10月，位于谢菲尔德（Sheffield）的维克斯军火制造工厂的一个名为哈格雷夫斯（Hargreaves）的钳工被征召入伍，因为他的老板拒绝向他提供豁免证明：这引发了工友的愤怒，如果哈格雷夫斯至 11 月 15 日还没有返回工作岗位，工会则号召发起一场罢工。11 月 16 日，1.2 万名工人停止生产。政府做出了让步，承认最大的金属加工业工会、主要吸纳技术熟练工人的工程师联合会有权向它的会员发放豁免卡。其他工会组织也要求享有这项于 1917 年 2 月赋予的特权。最终，政府给予这些工会权利，去划定那些不需强制面对兵役和在作战行动中死亡的工人名单。

然而，这场战争久拖不决，劳动力的管理变得日益重要。1917 年 7 月兵役部给出的数字显示，它难以满足军队和工厂的需要。与德国不同，英国最终给予了军队高于工业企业的优先权。常常遭到滥用的豁免卡在 1918 年 5 月被废止。这引发了战时英国最重大的事件之一：4 月 30 日至 5 月 12 日，大约 20 万人在数个城市举行罢工——曼彻斯特、谢菲尔德、罗瑟勒姆、考文垂甚至伦敦。政府坚守立场，自此维持了对劳动力管理的全面控制。但是，到这场战争结束，缺乏足够数量的工人意味着，军工企业不再能够全力地进行生产。[13]

1915 年 5 月 23 日参战的意大利，从其他交战国的先例中受益，在 1918 年之前，它在组织"工业动员"方面基本没有变化。在军需部的负责之下，1915 年 6 月 26 日和 8 月 22 日的两道敕令，创立了"工业动员局"（Ufficio mobilitazione industriale）和 11 个"工业动员地方委员会"（CRMI）。企业雇主和工会的代表公平地包括在内，但是处于军事当局的领导之下。就如法国那样，"工业动员地方委员会"决定特殊岗位和工人的流动，但是权力下放的程度更大些。

显然，在军队和企业之间分配劳动力，因不同的国家而存在相当的差异。集权化的法国当局和较少集权化的意大利当局，都被证明是高效率的。在克服核心与边缘——雇主网络、最高统帅部和公务员——的内部斗争方面，德国当局从未成功过。最后，通过与工会达成各种妥协的方式，英国逐渐在谈判、强制实行和全面管理征兵制方面获得了成功，同时没有因实行工业企业的征召而得罪工会。然而，没有一个国家拥有充足的人力同时提供给工厂和军队。因此，扩大劳动力和寻求加强生产的途径都是必需的。

工人阶级的成长，还是重组？

332

劳动力

各交战国试图通过征用外国人、战俘、青少年和妇女，去弥补可用劳动力的不足。与殖民势力日益缩小且因海上封锁而导致来往不便的德国不同，法国和英国都广泛地号召它们的帝国民众和外国人，即使英国工会的抵制阻止了这些人在英国得到企业的雇佣。在法国，1918 年军备行业雇用了 10.8 万名外国

[13]　Chris J. Wrigley, *David Lloyd George and the British Labour Movement: Peace and War* (Hassocks: Harvester, 1976), pp.70–76.

工人和 6.1 万名殖民地工人。[14] 德国企业也对中欧的许多外国工人发起了呼吁：1917 年，总体大约有 25 万人活跃在企业里，1918 年则为 30.6 万人。[15] 这些工人大多数受到了非常恶劣的对待，过度工作，薪水非常低，最主要的是居住在十分糟糕的临时宿舍中，在那里，床垫时常被日夜轮班的工人不间断地使用。

《海牙公约》（1907 年）准许使用战俘，但军官战俘除外，规定工作不应过度，并且不应同军事作战行动相关。但是，这没有杜绝战俘在后方的军工厂里被使用。在使用这种人力资源方面，英国人不是独一无二的。[16] 法国对它的战俘进行了适度的使用，但是 1917 年，仍有 4 万人在战时工厂工作。德国走得更远，它在两个战线俘获战俘[17]，尤其是东线：1917 年，德国工业企业在其工厂中拥有超过 39 万名战俘。[18]

18 岁以下的青少年，是另一个劳动力的潜在来源。这场战争期间，对他们的使用大幅增加了，但在这种情况下，劳动力市场的状况比政府的鼓励更加重要。从未出现过任何工作岗位空缺的现象，即时工资的吸引力使许多年轻人转变学徒身份。事实上，英国工会领导人声称学徒制度正面临一场真实的危机。1918 年，法国军工企业雇用了 13.3 万名 18 岁以下的青少年——占劳动力的 8%。在俄国，1917 年 1 月，在彼得格勒且最重要的是在莫斯科的工厂中，这种比例更高。[19]

然而，真正的劳动力后备军是由女性人口构成的。例如在德国，在总劳动

[14] Pierre-Cyrille Hautecoeur, "Was the Great War a watershed? The economics of World War I in France", in Stephen Broadberry and Mark Harrison, *The Economics of World War I* (Cambridge University Press, 2005), p.175.

[15] Albrecht Ritschl, "The pity of peace: Germany's economy at war", in Broadberry and Harrison, *Economics of World War I*, p.53.

[16] Heather Jones, *Violence against Prisoners of War in the First World War. Britain, France and Germany, 1914—1920* (Cambridge University Press, 2011), p.226. 1918 年 5 月，在英国工作的 3.05 万名战俘中，超过 2,500 人是在兵工厂。

[17] Ritschl, "The pity of peace"，给出的 1917 年的战俘总数在 170.35 万人。根据琼斯整理的估计数字，Jones, *Violence against POWs*, pp. 20 and 22，德国握有 17.5 万名英国战俘和 52 万名法国战俘，同时法国握有 40 万名德国战俘，英国则有略超过 30 万的德国战俘。

[18] Ritschl, "The pity of peace", p.53. 农业领域使用了 83.5 万名战俘。

[19] 关于法国，见 Gerd Hardach, "La mobilization in dustrielle in 1914—1918: production, planification et idéologie", in Fridenson, *1914—1918*, p.86；关于彼得格勒，见 David Mandel, *The Petrograd Workers and the Soviet Seizure of Power: From the February Revolution to the July Days, 1917* (London: Macmillan, 1983), p.46，给出了 8.6% 的比例；关于莫斯科，见 Koenker, *Moscow Workers*，显示 13% 的比例是 12 岁至 16 岁的少年。

力下降 8% 的情况下，男性劳动力 25% 的减少部分得到了妇女劳动力 46% 和青少年劳动力 10% 增长的弥补。[20] 在所有交战国中，武器和军火制造工业的发展有赖于大规模雇用妇女。"兵工厂女工"（munitionette），就如在法国和英国家喻户晓的那样，是一个得到广泛认可的形象和公共舆论中的新奇事。很难知道这种普遍的现象是否在每一个地方都达到了同样的规模：来自官方部门的数字因对工业活动各个分支的定义不同而有所差异，例如，一直不明确交通运输是否包括在"工业"之内。女性就业在不同的工作分支部门的变化相当大，此外，战争降低了所搜集的数据的可靠性。[21] 因此，下面表 13.1 中列出的数字应非常谨慎地看待。

表 13.1　劳动力中妇女所占比例

	1913（%）	1914（%）	1915（%）	1916（%）	1917（%）	1918（%）	1919（%）	1920（%）
德国[1]	20.6					35.6		
法国[2]		32.0	39.8	30.3	40.2	40.5	37.0	32.0
英国[3]		23.6				37.7		
维也纳，金属加工业[4]	18.5	22.3	26.6	34.8	36.2			
俄国[5]	30.7	31.8	36.0	39.6	40.2	41.2		

资料来源：

1. Richard Bessel, *Germany after the First World War* (Oxford: Clarendon Press, 1993), p.16.
2. Robert, "Women and work in France during the First World War", in Wall and Winter, *Upheaval of War*, p.252.
3. Thom, "Women and work in wartime Britain", in Wall and Winter, *Upheaval of War*, p.320.
4. Reinhard J. Sieder, "Behind the lines: working-class family life in wartime Vienna", in Wall and Winter, *Upheaval of War*, p.119.
5. Peter Gatrell, *Russia's First World War. A Social and Economic History* (Harlow: Longman, 2005), p.68. USSR territory, major companies. First half-year, 1918.

---

[20]　Kocka, *Facing Total War*, p.17.

[21]　见 Jean-Louis Robert, "Women and work in France during the First World War", in Richard Wall and Jay Winter (eds.), *Upheaval of War: Family, Work and Welfare in Europe, 1914—1918* (Cambridge University Press, 1988), p.252, 在战争期间，法国的 7 次工作检查质询中存在非常大的差异。他们甚至在 1914 年的就业数字上都未达成一致看法。

女性就业人数的比例是十分相近的：相比战前的 23.6%，英国是 37.7%；德国是 35.6%，相比 20.6%；法国是 40.5%，相比 32%；俄国是 41.2%，相比 31.8%。在维也纳，1914 年至 1918 年期间，劳动力中妇女所占比例从 22.3% 升至 36.2%。[22] 但是，在每一个地方，这些平均值都掩盖了地区和工业部门之间相当大的差异。战时杂志的读者保留的最主要印象是，数百名妇女在巨大的车间里面用机器制造着炮弹，就如位于巴黎萨维尔码头的雪铁龙工厂那样，至 1917 年年底，1.3 万名女工每日生产 1 万枚炮弹。非常大规模的工厂，诸如柏林的西门子（1917 年 8 月有 4.7 万名工人），拥有 46.2% 的女工，或者伦敦的伍尔维奇皇家兵工厂（与 4200 名男性工人一同工作的，是 2.8 万名女工和 6500 名"童工"），在机械、电气施工或金属加工行业中，形成了前所未有的女工集中的现象。到停战时，战前在其 4.1 万名工人中未雇用一名妇女的克虏伯炼钢厂，当时在其工厂 11 万名工人中有女工 3.8 万人。[23] 可以举出更多的例子。一个正在形成的新工业场景仍有待于画刊的宣传。

无论它是多么引人注目，这种新奇并不像它看起来的那样激进。1914 年的战争不是第一次将妇女卷入工业劳动力的领域：许多妇女已经专门出现在全方位的纺纱和织布工厂，在某些情况下数量是巨大的。新奇的不是妇女走进工厂，而是她们走进军工厂，从纺织转向金属加工。在军工厂使用女性劳动力，实际上是通过在其他行业减少对她们的使用来加以平衡的。例如，在德国，机械制造业雇用的妇女在 1918 年比 1913 年多出了 41.9 万人，而纺织业的这个数字则减少了 19.5 万人。总体上，女性劳动力数量增长了一半，一个相当可观的增幅——但是，相同情况清楚地显示，战前的基数绝不是零。[24]1916 年 12 月，巴伐利亚各工厂登记在册的 1458289 名女工中，有 6.9% 曾在战前工作过。[25] 在英国，妇女在武器和军火生产部门工作的增长是壮观的，一年内的增长规模（头

[22] Reinhard J. Sieder, "Behind the lines: working-class family life in wartime Vienna", in Wall and Winter, *Upheaval of War*, p.119.

[23] For Siemens: Ilse Costas, "Management and labor in the Siemens Plant in Berlin (1916—1920)", in Haimson and Sapelli, *Strikes*, p.275; for Woolwich, in November 1917: Angela Woollacott, *On Her Their Lives Depend. Munition Workers in the Great War* (Berkeley: University of California Press, 1994), p.29; for Krupp, Richard Bessel, *Germany after the First World War* (Oxford: Clarendon Press, 1993), p.19.

[24] Bessel, *Germany after WWI*, p.16.

[25] Ute Daniel, "Women's work in industry and family: Germany, 1914—1918", in Wall and Winter, *Upheaval of War*, p.272.

一年 7 月到下一年 7 月），1914 年从 21.2 万到了 25.6 万，之后在 1917 年从 52 万到了 81.9 万，[26] 其中 22.5 万人在政府直接管辖的企业之中。[27]1918 年，英国工业企业（包括运输业）雇用了近 300 万妇女——但是在 1914 年，这个数字已经超过了 200 万：真实增加的比例是 36%。但是，不论多么无可争辩，也不应对其加以夸大：走进军工企业的妇女人数要大于从事有偿手工劳动的人数。

在所有相关国家中，发展女性劳动力的努力，似乎受到了相似但程度不同的阻碍。首先是食物方面的日益困难，定量供应以及最主要的是排队购买，这花去了越来越多的时间。购物成为持续数小时的征程，导致减少工作时间要求的提出。这就是法国妇女要赢得"英国式工作周"的原因——周六休息半天。[28] 在英国，1917 年至 1918 年的冬天，从黎明前开始，特别是周六，排队购买食品成为一个主要的社会现象。这在周六引发了罢工，以及示威游行。据报道，在谢菲尔德和考文垂，工人们离开他们的车间，到购物的队伍中去接替他们妻子的位置。1918 年 1 月，警方每周要维持 50 万人的排队秩序。[29] 在彼得格勒，1917 年夏天，当工人们离开工厂后，他们必须每天排队 4 ~ 5 小时，而且形势变得越来越糟。[30] 然而，最先出现各种困难情况的是德国：从 1916 年起，家庭主妇们在排队站立数小时后发现，商人已经无货可卖，她们的失望情绪引发了骚乱和罢工。[31] 在这种情况下，对妇女而言，很难在工厂里每天工作达到 10 或 12 个小时。

其次，工资与来自政府的各种形式的军事津贴相竞争，军事津贴是发放给丈夫被动员入伍的妇女。在法国，这些补助金是由当地的委员会进行分发，如果妇女工资超过一定的水平，则委员会拒绝发放。[32] 在德国，补助金不能超过丈夫工资的 60%，但是如果妻子有工作，补助金则确定为她工资的一半。这很难鼓励妇女为已经十分低的工资外出工作。[33] 总的来说，对巴黎、伦敦和柏林的

336

[26]　Marwick, *The Deluge*, p.131.

[27]　Woollacott, *On Her Their Lives Depend*, p.25.

[28]　Law of 29 May 1917.

[29]　Hinton, *First Shop Steward's Movement*, ch. 9; Waites, *Class Society at War*, pp.224–230.

[30]　Mandel, *Petrograd Workers: From the July Days to July 1918*, P. 217.

[31]　Feldman, *Army, Industry and Labor, passim*; Sean Dobson, *Authority and Upheaval in Leipzig, 1910—1920* (New York: Columbia University Press, 2001), ch. 6.

[32]　Thierry Bonzon, "Transfer payments and social policy", in Winter and Robert, *Capital Cities at War*, p.292.

[33]　Dobson, *Authority and Upheaval*, p. 126; Daniel, "Women's work", pp.285–286.

比较显示，军事津贴的方式在英国明显要比法国，以及最主要比德国更加慷慨。在柏林，价格指数更加良好，而在巴黎以及最主要在伦敦，对大家庭的支持力度要更大些。[34]

事实上，在女性的工作发展和状况方面，国家和工厂雇主的政策存在明显的差异。在数个场合，德国政府希望使女性工作成为一种义务，尤其是作为《爱国后备服务法》的一部分。雇主们则反对这样做，就像他们抵制在妇女问题上所施加的行政压力那样。首要的原因是，他们坚持保留技术熟练工人，在某种情况下，当雇主需要的那些工人返回时，就可以解雇已经被雇用的妇女。[35]他们不希望培训她们，或者为她们安排衣帽间和卫生间设施，对雇主的效益来说，她们更难适应工作岗位。

在法国，官方政策没有遇到类似的抵制。企业主更积极地看待妇女的工作，公共舆论也不认为在工作和母亲角色之间存在冲突，母亲工作去养活她们的孩子能得到理解。如表 13.1 所显示的，战前女性就业在法国已经达 50%，高于德国和英国。但是，法国存在的对人口减少非常强烈的担忧促使它采取保护性的措施，去确保妇女当前或未来的家庭责任与她们的工作不相冲突。阿尔贝·托马部长于 1916 年 4 月创设了一个"女性工作委员会"（Committee for Female Work）去解决这些问题，并采取具体的措施：一天工作最长 10 小时，18 岁以下的女性不值晚班，每周有休假时间。在他 1917 年 7 月 1 日供传阅的公函中，这些都被列入了一览表。在这场战争结束时，"女性厂监"的设立是对同样的关注所做出的一种反应。1917 年 8 月 5 日的法案，要求拥有超过 100 名女工的企业雇主在女工的生产场所安排哺乳室，并允许年轻的母亲一天两次用母乳喂养孩子。雪铁龙工厂为他们的"雅瓦尔托儿所"（Javel nursery）感到十分自豪，并使它广为人知，这个托儿所拥有 60 个摇篮和 150 个照看孩子的场所。当然，从这一特例中不能得出一般规律，保护性的规定绝不是一直得到遵守，但是，1918 年的调查发现，四分之三受到该法案影响的企业已经对法案加以实行，怀孕妇女非常普遍地不再从事晚班工作。[36]在这方面，部分由于女工所谓的能忍耐、守纪律和细心的"天然"特性，这场战争似乎将她们确定为一个特定的类别，由

[34] Bonzon, "Transfer payments", p.296.

[35] Feldman, *Army, Industry and Labor*, pp.301–302.

[36] Mathilde Dubesset *et al.*, "Les munitionnettes de la Seine", in Fridenson, *1914—1918*, pp.189–219.

男人界定并得到同样是男人的雇主或工头的重视。[37]

英国政府向企业雇主施压，要他们用妇女替代男性劳动力，而妇女得到了海报的鼓励："做你应做的工作，为前线取代男人。"许多妇女被政府经营的企业所雇用，而管理部门在切实关注提高生产效率的同时，尽力保护她们的工作环境。到这场战争结束，这些政府经营的企业雇用了1000名妇女作为福利监督员，去检查食堂、病房和卫生间，并密切关注妇女的工作状况。许多工厂开设了日托托儿所，而对于使托儿所井然有序为怀孕妇女或年轻母亲服务，很少有工厂觉得是一件麻烦事。[38]工厂主感激妇女的工作，但是视其为一种短期的权宜之计。对他们以及工会来说，"男性养家"的观念是根深蒂固的：有孩子的妇女正常应是在家里。当战争结束时，这种观念是非常显而易见的，在法国人首先解雇未婚妇女的同时——因为他们认为那些有家庭的人需要工作——英国人首先解雇了已婚的女工。[39]

在英国，对女性工作的主要反对来自工会，特别是强大的金属加工业和建筑业技术熟练工人的工会——工程师联合会。但是，这首先是一个抵制新工作体制的问题。

工作

在英国和欧洲大陆，手工劳动以十分相似的方式发展变化——其不同之处在于，在英国，这些事情是更加具有冲突性的，因为它们引发了与工会控制劳动力市场不相容的问题，而工会期望保持这种控制。英国人制定了专有名词（其他国家不存在同样词语），去定义这种变化以及那些身为这些变化的工具和牺牲品的人：稀释化（dilution）、被稀释的劳动力（the diluted labour force）和非熟练工（dilutees）。

这一过程的核心是工业化战争的主要需求：不断加快生产武器和弹药。

---

[37]　Laura Lee Downs, *L'inégalité á la chaîne. La division sexuée du travail dans l'industrie métallurgique en France et en Angleterre* (Paris : A. Michel, 2002).

[38]　Woollacott, *On Her Their Lives Depend*, ch. 3; Thom, in Wall and Winter, *Upheaval of War*, p.312.

[39]　Susan Pedersen, *Family Dependence, and the Origins of the Welfare State, Britian and France 1914—1945* (Cambridge University Press, 1993).

1917 年 3 月至 1918 年 3 月，炮弹的日平均生产量，在法国是 26.1 万，在英国是 22.9 万，在意大利是 4.26 万，这三个国家每日加起来生产步枪 1 万支，机关枪 324 挺。[40] 从这场战争的第一个月起，这些惊人的数字就是按照计划进行生产的。到 1914 年 9 月 24 日，企业主已经接到了法国陆军部关于每日生产 10 万枚 75 毫米野战炮炮弹的请求。这是前所未闻的大批量生产，进而需要完全的标准化。最后，并非最不重要的是，成本约束不存在了，因为政府至少最初并未商讨价格问题。事实上，他们时常为生产过程本身所必需的投入提供资金。[41]

大规模的生产、标准化的产品和定价的自由：这种环境对科学的工作体制是特别有利的。当这场战争提供进一步的动力时，"泰勒主义"或科学管理，已经开始渗入工业企业。生产线工作正在问世，但仍然步履谨慎，有时是为了减轻妇女的工作强度。雪铁龙的雅瓦尔工厂建造了安装在滚筒上的传输线，这样女工在生产过程中无需将沉重的炮弹箱从一个工作区搬到另一个工作区。

但是，流水线只是科学管理工厂工作的一种方式。它的基本原理是将生产分解成不同的操作，通过连接无须技术非常熟练的操作者的专门机器来次第完成。这项工作可以在实际的车间里练习。在法国，"专业工人"（manoeuvres spécialisés）的称谓，被用来指称那些检修这种机器的工人，而不是那些被认为"技术熟练的"（qualifiés）工人；在英国，这种相对性是用于非熟练工人和技术熟练工人之间的。无须任何培训的重复性工作被交给由妇女和青少年构成的非熟练新劳动力，从而使他们能够替代技术熟练的工人。

然而，在英国，工会在保护技术熟练工人方面是成功的。特别是，它们获得保证，将继续以相同的比率支付报酬给所有的技术熟练工人，即使他正从事的工作并不需要他的资质等级。稀释化是与这些工会规则不相一致的，因为它旨在用非熟练的工人系统性地取代技术熟练工人，而后者从此刻起最主要的工作是管理和维护一组机器或工具。稀释化不可避免是极有争议的。

这种问题很早就出现了。在 1914 年 12 月 10 日与工会的谈判中，工程业雇主联合会坚持必须指定技术熟练工人去照管数台机器，并将招募非工会会员的

---

[40] Hardach, "La mobilization industrielle", p.87.

[41] Hardach, "La mobilization industrielle", p.84.

妇女或半熟练工人去承担操作工作。从 1915 年 2 月 16 日持续到 3 月 3 日的克莱德河沿岸要求涨薪的罢工行动，促使政府成立了一个生产委员会加强稀释化，尽管该委员会的最初行动只限于规劝罢工的工人。3 月 17 日至 19 日，工会与政府之间的财务会议提出了一项不久后被工程师联合会所接受的协议：工会的规则被抛在了一边，但是政府承诺战后予以重新制定，并且不让雇主从他们临时的搁置中捞取好处。但是，斗争在持续——尤其是在克莱德河地区，在该地区，劳合·乔治遭受了严重的挑战。在 1915 年圣诞之前不久对格拉斯哥的一次访问中，激进分子向他喝倒彩，这些人把建立工人对企业的管控作为他们接受稀释化的前提。最终，在 1916 年春天期间，他在一个个工厂强行实施稀释化，但是发生了抵制、罢工和逮捕事件。

在稀释化方面，其他国家较少遇到反对，但是，在任何方面它都是难以明确评估的。战时生产的需要使手工劳动"泰勒化"（taylorisation）成为必要，到了何种程度呢？它使得某些部门发生了深刻的转变，比如德国的索林根刀具制造企业（Solingen knife-making industry），将制造出口刀具的工匠技艺转向大规模生产刺刀。[42] 在任何地方，作为劳动力一部分的技术熟练工人的数量都下降了。但是，下降了多少呢？英国是这种变化的最极端例子，1917 年 10 月官方记录的"非熟练工"比例在化学工业和金属加工业是男性工人 41% 和女性工人 45%，在炸药制造业是 60% 和 54%。[43] 但是，整个工业领域避免了这种发展态势。海军造船业因潜艇战而彰显其重要性，因而避免了稀释。克莱德河地区的造船业只雇用了 1000 名女工，而 13 个船坞没有雇用任何女工。雇主们对他们的技术熟练工人采取了保护，在某些情况下，他们甚至未工作却可以获得薪水。当 1917 年气动铆接技术得到采用时，工会因在工资率不变的情况下坚持只有会员才能做此项工作，而招来了争议。[44] 海军部保护 93.6 万名工人不受《军需品法案》的管制。电力被大量和广泛使用，电力行业抵制了稀释，而电气行

340

---

[42]　Rudolf Boch, "Changing patterns of labor conflict and labor organization in the German cutlery industry. Solingen 1905—1926", in Haimson and Sapelli, *Strikes*, pp.253—268.

[43]　Waites, *Class Society at War*, p.196.

[44]　Alastair Reid, "Dilution, trade unionism and the state in Britain during the First World War", in Steven Tolliday and Jonathan Zeitlin, *Shop Floor Bargaining and the State: Historical and Comparative Perspective* (Cambridge University Press, 1985), pp.45—74.

业工会成功地维护了只雇用工会会员的制度。[45] 在法国，勒克勒佐的施奈德工厂（Schneider factory）雇用的劳动力中只有 7% 是女工[46]，钢铁工业则无视"泰勒主义"。可见，新型的科学工作体制不应被高估：它没有改变所有工厂中的一切。

实际上，扩大生产的主要方式——不但在军备和武器方面，而且在全部的战争物资补给和弹药方面，从炮弹的例子到装备——使以老式工具作业部分得到重新开发，以及使劳动力的使用更加合理。在每个地方，每天的工作时间都被延长了，在维也纳达到了 13 个小时[47]，在意大利工厂的工作时长是 15～16 个小时。[48] 在 1915 年和 1916 年，英国的雷管工厂每周工作 77 个小时，每月的周日休息，是常见的现象。[49] 夜班在所有地方都是普遍存在的，包括妇女值守夜班。面对女工的权利主张，这种过度剥削的现象在战争结束时有所减弱，特别是在英国，那里的研究显示，它降低了生产效率。为了扩大生产效率，工资政策以计件工资代替了小时或日工资。为了使工作时间和生产目标得到遵守，纪律严格起来，在德国变成了半军事化，在法国、英国和意大利，则变成了国家管制企业。当然，在一些国家，可实施的一系列处罚因一个特别的新劝诫措施得到加强：遣送前线。为了获得意大利金属加工工业工会（FIOM）领导人的支持，工业动员停止了将工人动员入伍。[50] 由这种过度剥削导致的社会矛盾——两倍或三倍数量的工伤事故体现了这一点[51]——都是较为严重的，因为它们是受到这场战争深度挑战的日常社会环境的一部分。

[45] Waites, *Class Society at War*, pp.150–151.

[46] Jean-William Dereymez, "Les usines de guerre (1914—1918): le cas de la Saône-et-Loire", Lyon, *Cahiers d'histoire*, 1 (1981), pp.151–181.

[47] Hans Hautmann, "Vienna: a city in the years of radical change", in Chris Wrigley, *Challenges of Labour. Central and Western Europe 1917—1920* (London and New York: Routledge, 1993), pp.87–104.

[48] Alessandro Camara, "Salari, organizzazion et condizioni de lavoro", in Procacci, *Stato e classe operaia*, pp.163–180.

[49] Waites, *Class Society at War*, p.136.

[50] Luigi Tomassini, "Mobilitazione industrial e classe operaia", in Procacci, *Stato e classe operaia*, p.80. 在 1918 年 11 月的会议上，这项建议得到了支持。

[51] Waites, *Class Society at War*, pp.134–139; Noel Whiteside, "Concession, coercion or cooperation? State policy and industrial unrest in Britain, 1915—1920", in Haimson and Sapelli, *Strikes*, pp.107–122.

生活状况

　　第一个问题是去弄明白，在这场战争期间，不同国家的工人生活水准是否获得了改善，或者是得到了维持还是有所下降。确定这个问题是十分困难的，因为统计并不清晰。研究以小时计的工资几乎没有意义：工作时长大幅地增加，小时工资率相比按业绩支付的工资有了大幅下降。后者增加更多，是因为它有利于生产效率。法国军需部的政策赞成非常低的基础工资，外加为提高生产而设的奖金。[52] 在都灵，计件工资的增长额，超过了以小时计工资的50%至100%。[53] 在英国，就如我们所看到的，拿计件工资的非熟练工人赚取的要多于按时间计算工资的技术熟练工人，后者要维护或调整他们的设备，以至于为了赚钱更多，一些技术熟练工人干起了非熟练工人的活。[54] 在其他地方，对战争而言至关重要的部门是享有特权的，因为政府愿意做出让步以避免出现即使是短暂的罢工。最后，针对生活成本的增长，雇主和政府通常宁愿给予补偿金或者"战时奖金"，而不愿意增加基本工资，希望一旦战争结束，失去的利益能够收回来。结果，在工资等级方面出现了十分混乱的情况；因此，重新制定的工资指数图表，一般是不可靠的。

　　但是，在所有面临涨薪要求的国家里，政府都强制雇主增加工资。所以，工资涨幅取决于政府与雇主之间的权力关系，这种关系在英国要比在法国以及最主要的是在德国或俄国，更有利于工人。在所有国家中，工资等级都被降低：非熟练工人增长的工资要多于技术熟练工人的；就同样的工作而言，女工工资依然明显低于她们男同事的工资，但是工资上的性别差距在缩小。

　　这些事实勾画出工资公平观念上的一个重要变化。资质和职责，技术的高级，相比它们使人生存的主要作用来，在工资的界定方面被考虑得更少。工资应当遵照生活成本，这是一个新观念。它导致英国政府从1917年2月起每3个月重新审核一次工资。那么，这意味着这场战争期间工人工资事实上追随着物价而上涨吗？

342

---

[52]　Robert, *Les Ouvriers*, p.109.

[53]　Stefano Musso, "Political tension and labor union struggle: working-class conflicts in Turin during and after the First World War", in Haimson and Sapelli, *Strikes*, pp.213–243.

[54]　Waites, *Class Society at War,* pp.143–149; Whiteside, "Concession, coercion or cooperation", pp.107–122.

　　回答是很困难，因为产品的价格没有全都以相同的比率变化，而所谓的"生活成本"取决于家庭主妇假想的菜篮子里面选择放进什么样的东西。按照指数成分的不同，它们的演变也是不同的。而且，1914年至1918年的基本数据的详情，常常是不足或不完整的。但是，存在一个更严重的方面：对于黑市，这些数据是毫无体现的，尤其在德国和奥地利，黑市发挥了决定性的作用，因为它被认为提供了三分之一的食品消费。[55] 雇主、行政部门和军队串通，转向黑市获取他们给予工人的食品供应，在战争结束时到了这样的地步，市政会居然也利用黑市为它们的施粥所进行采购。[56] 事实上，生活成本远高于官方公布的物价表上所显示的数字。

343　　抛开这些不确定因素，要避免这样的问题是不可能的：这场战争期间，工人的生活水准有怎样的变化呢？尽管涉及所有的不确定性，表13.2还是显示了某些答案的内容。首先，这些数据表明，在交战国之间存在重要的不同。德国工人的生活水准看上去有深度恶化，特别是因为这些数字没有包括黑市的影响。意大利工人也经受了三分之一的下降。相比之下，俄国工人的生活成本似乎在1917年二月革命之前得到了维持，而这场革命引起了剧烈的下降。同时，英国和法国工人，或者更确切地，至少他们的技术熟练工人，受这场战争的影响更小。1918年，一方面英国非熟练工人的真实工资，另一方面巴黎金属加工业的女工工资，都略有上涨——但是，金属加工在法国首都是一个得到强力支持的行业。让-路易·罗贝尔所做的非常严谨的研究——令人遗憾的是未出版——证明巴黎的建筑工人、木匠和铁路工人按照各自的购买力（29%、39%和45%），是亏损者。英国的铁路工人、矿工和建筑工人，以及更多的是棉纺业工人，也遭受损失，尽管损失看上去比法国同行要小些。

　　这些统计数据带来了一个问题：工人们当时没有对这种种表现做出反应。在法国，如同在英国甚至在德国或意大利一样，若以物价上涨作为参照标准则工人们正赢得这场战争的观念，被非常广泛地接受。对于朱尔·罗曼的作品《善意的人们》中的人物马耶科坦来说，真实的情况确是如此：一名

---

[55]　Kocka, *Facing Total War*, pp.21-25.

[56]　Feldman, *Army, Industry and Labor*, pp.389, 443.

表 13.2　工资和生活成本（1913/1914=100）

	1913	1914	1915	1916	1917	1918	1919
德国							
生活成本[1]	100	103	129	170	253	313	415
实时的真实工资[2]			103	88	79	65	66
英国							
工资[1]		100	105/110	115/120	137/140	175/180	210/215
工程业，熟练[3]		100	110	111	134	173	199
工程业，非熟练[3]		100			154	213	255
生活成本（1月）[1]		100	110/115	135	165	189/190	220
真实工资		100	96	117	120	106	105
法国							
工资[4]		100	110	125	130	175	250
巴黎金属加工业真实工资[5]							
男性工人		100		93	105	92	100
女性工人		100		110	137	119	126
车工		100		94	88	76	100
钳工		100		91	82	70	89
意大利							
真实工资[6]	100	99.7	93.5	85.0	73.1	64.6	93.1
俄国							
真实工资[7]	100	105	106	107	83		

资料来源：

1. Jürgen Kocka, *Facing Total War, German Society, 1914—1918* (Leamington Spa and Cambridge, MA: Berg and Harvard University Press, 1984), p.21.

2. Albrecht Ritschl, "The pity of peace: Germany's economy at war, 1914—1918 and beyond", in Stephen Broadberry and Mark Harrison (eds.), *The Economics of World War I* (Cambridge University Press, 2005), p.54.

3. "Weekly wages", in Bernard Waites, *A Class Society at War. England 1914—1918* (Leamington Spa: Berg, 1987), p.137.

4. John Horne, *Labour at War. France and Britain 1914—1918* (Oxford: Clarendon Press, 1991), appendix.

5. Jean-Louis Robert, *Ouvriers et mouvement ouvrier parisien pendant la grande guerre, et l'immédiat après-guerre, historie et anthropologie* (unpublished thesis, Unversité Paris I, 1989), ch. 3.

6. Bordogna *et al.*, "Labour conflicts in Italy before the rise of fascism, 1881—1923, a quantitative analysis", in Léopold H. Haimson and Charles Tilly, *Strikes, Wars and Revolutions in an International Perspective* (Cambridge and Paris: Cambridge University Press, Ed. de la MSH, 1989), p.225.

7. Gatrell, "Poor Russia, poor show: mobilizing a backward economy for war, 1914—1917", in Broadberry and Harrison, *Economics of World War I*, p.254.

炮弹车工和他的妻子,所得薪水是他们战前工资的六倍,因此享受着不错的生活。但是,这只是一个虚构,至少在涉及工资这块。在英国的情况中,各种比率提供了一定程度的连续性。就如杰伊·温特所论证的,婴儿夭折率方面有所下降,学校的视察工作发现了这一点:最贫困城区的儿童在此前从未如此丰衣足食——他们的身体情况从未这么好过。[57] 这种矛盾之处该如何解释呢?

就如韦茨回答的,通过全面的就业。在经历了两个月非常高的失业率后,这场战争最终依靠临时工这种方式结束了季节性失业,而这种失业是英国工人阶级的灾难。在这个问题上,他发现了技术熟练工人消费模式中一个相同因素的根源,这些工人因他们受到他人的尊敬而感到自豪,尤其是当1915年饮酒——一笔并非微不足道的花销——被严格地限制时。在英国,酒精饮料只允许从中午12时到下午2:30销售,而苦艾酒在法国是完全禁止的。最重要的是,出现了劳动力的流动。这一时期最突出的特征之一,事实上是工厂中工人的高流动率,有时以战前水平的五至六倍流动着。所有政府都同这种劳动力的流动作斗争,对此做出限制是政府的一种武器,外加"离职证明"。从1915年1月起,柏林的雇主坚持采取这些措施,1916年根据德国《爱国后备服务法》而全面推行;在英国,则依据1915年《军需品法案》强制执行;意大利工业动员和法国特殊岗位制度也是对这些措施的应用。统计数据记录了某一特定岗位涨薪的方式,但是工人们继续为获得一份更高的工资而离开工作岗位。这只是对那个时代的印象所做的一种解释,这些印象同工资统计数据是相矛盾的。

但是,这些评述对英国是有效的,对法国的有效性则略低一些,对德国、俄国或者意大利,都是不相关的,在这三国中工作状况的恶化是不容否认的。在将这种对比视作某些国家而不是其他国家中革命发展的一个原因之前,我们应当核查那些直接相关的工人行动,因为暴动不是自发或必然地因过度剥削和贫困而发生的。

---

[57] Waites, *Class Society at War*, p.163.

劳工运动的变化

组织：结构和基础

这场战争前夕，不同国家的劳工运动状况千差万别。德国企业主决定无视工会总理事会（Generalkommission der Gewerkschaften）以及基督教自由工会（Christian and liberal unions）的社会主义联合原则。为了扼杀它们，非正式的工会已经在工厂中发展起来，有时代表了超过一半数量的工人。[58] 与此情况类似，意大利的工会也处于守势。就如在德国那样，意大利劳工总联合会受到了基督教工会的挑战。在 1906 年至 1910 年展示它的伟大力量之后，法国工联主义革命的浪潮消退了，而法国劳工总联合会的会员已经少于 30 万人。比较起来，英国工会处在全面成长之中；强大的铁路、交通和矿业工会已经形成了一个有威胁的三角同盟。企业主定期在工厂中与工会代表进行谈判，但并不与工会本身进行集体谈判。在俄国，罢工十分频繁且不断反复地爆发。

346

从这场战争一开始，工会就宣布放弃它们之前的国际主义，并声明支持自己的国家。在法国和英国，它们与政党组建委员会，密切协调活动和主张。从 1914 年 9 月起，法国劳工总联合会与社会党行动委员会（the CGT/Socialist Action Committee）迅速扩大范围，将工人合作社包括进来，而 1914 年 8 月 5 日战时紧急状态工人全国委员会（War Emergency Workers National Committee）在英国成立，代表了工会代表大会（TUC）、工党和其他各个团体或联合会。[59] 各处的罢工都停止了。最突出的例子是俄国，那里的罢工状况，从 1913 年 2404次、88.7 万人罢工和 1914 年前 7 个月 3493 次、132.8 万人罢工，变为当年后 5个月仅仅 41 次罢工，涉及 9451 人。[60]

俄国的工联主义遭到禁止并且政府残酷镇压罢工（在 1915 年 8 月的伊万诺

---

[58] Friedhelm Boll, "Reformist and revolutionary strike practice in Germany. Labor disputes in Hanover and Braunschweig 1906—1919", in Haimson and Sapelli, *Strikes*, pp.351—366.

[59] On the CA, CGT/PS and the WEWNC, see Horne, *Labour at War*. Further, on the WEWNC, see Roden Harrisson, "The War Emergency Workers' National Committee", in Asa Briggs and John Saville (eds), *Essays in Labour History, 1886—1923* (London and Basingstoke: Macmillan, 1971).

[60] Diane P. Loenker and William G. Rosenberg, *Strikes and Revolution in Russia* (Princeton University Press, 1989), p.58.

沃－沃斯涅先斯克［Ivanovo-Vosnesensk］的罢工示威中有 30 人死亡，53 人受伤），交战各国为避免或阻止破坏生产的罢工，一般都愿意与工会进行谈判。工会则着眼于形势，以为工人谋取物质权益作为交换。它们也希望，它们的主动忠诚能赢得官方的承认，并在这方面取得了部分成功。

1914 年 8 月，法国政府首先参与到这一过程，当时政府给予了法国劳工总联合会总书记莱昂·儒奥一个官方的角色。1915 年 2 月，儒奥建立起负责复工的跨部门委员会，这一举动被一名非常具有反抗性的工会主义者欢呼为"一场有组织的工人阶级的胜利，在此种意义上，这是公共行政部门第一次仔细考虑并同联合起来的组织一起采取行动"[61]。在工会问题上，内政部长和军需部长一直相互支持。当阿尔贝·托马禁止罢工并对劳资纠纷进行强制仲裁时（1917 年 1 月 17 日的法令），他将责任赋予了混合的跨部门委员会，雇主和工人的代表在平等的基础上进行谈判。1915 年 2 月，英国的铁路公司——到那时为止反对这项举措——在工资谈判中给予工会完全的认可。[62] 在《军需品法案》、离职证明和征兵问题上，政府与工会则共同协商。在意大利，工会代表平等地与工业动员地方委员会中的雇主们进行谈判。1916 年，德国工会赢得了不被视作政治组织的权利，从而使年轻人成为工会会员并参加工会会议的权利合法化。[63] 德国的《爱国后备服务法》迫使政府向工会做出重大让步，使企业主和最高统帅部大为不悦。更多的还有：德国工会对赢得一项长期的权利主张感到满意，结束了非常不平等的基于人口调查的选举制度。在 1917 年复活节的讲话中，这种选举制度被德皇宣布废除。

工会希望这种承认能够长久，在战时赢得的权益能变成公认的权利。约翰·霍恩和让－路易·罗贝尔已经阐述了在工会领导人眼中这场战争是如何改变国家地位的。在战前法国革命工会主义者眼中简直是一种压迫工具的国家，现在成为有利于工人的意愿接受仲裁的合伙人，并在组织经济活动方面已经显示出其有效性。1916 年，一项改良主义工会的方案出台了，主要包括了矿业、铁路和电力的国有化。在英国也出现了相同的状况，即使采取改革行动的是工党，而不是工会，但在大多数方面体现了工会的思想。1917 年该行动方案《工

347

[61] Unions of Stone-masons, 25 April 1915, Robert, *Les Ouvriers*, p.90.

[62] Waites, *Class Society at War*, p.140.

[63] Feldman, *Army, Industry and Labor*, p.222.

党与新社会秩序》（*Labour and the New Social Order*），也是基于更广泛的国有化政策。在意大利，虽然意大利劳工总联合会没有走到国有化这样远的地步，但在 1917 年 5 月，它也采纳了一项改良主义方案。[64]

毫无疑问，这场战争促进了劳工运动和国家之间的联系。工业动员的经历使人们可以想象到新的前景。但是，在 1920—1921 年，他们感到失望，这促使约翰·霍恩提出，这种改良主义的遗产不应在 1918 年之后而是应在 1945 年之后去寻求。[65]

此外，在住房和食品供应问题上，与政府部门的合作也发展了起来，使工会远离了它们的根基。工人团体被撕裂：他们对获得的利益表示感激，但总认为这些是不够的，因为本地的形势从未被完全地考虑到。某些措施，例如被工会组织者以战争努力的名义接受的对流动的限制，并没有受到工人的欢迎。不管怎样，对于紧急问题的解决来说，工会谈判的程序过于旷日持久。

这种情况，为已经在某些工厂存在的团体带来了新鲜活力和新职责，比如意大利的工厂内部委员会，德国的混合委员会或劳动联合会（Arbeitskammer），它们受到了雇主和管理方的挑战，但多多少少得到了容忍。1902 年，柏林有 246 个这样的团体，代表了近四分之一的工厂。[66] 在德意这两个国家中，各工会致力于推动委员会获得承认、工会自身的制度化和工会权力的延伸。雇主们抵制这样的行动，但是政府迫使他们采取行动。在意大利，1918 年 6 月 23 日的法令承认了内部委员会，虽然法令明确提到，这些委员会是临时性和纯粹咨询性的。尽管如此，它们可以合法地存在。[67] 在德国，1916 年 12 月的《爱国后备服务法》规定各行业的工人委员会（Arbeiter Ausschusse）要拥有 50 人以上的成员。如果四分之一的成员赞成，那么按比例选出的工人委员会就可以召开会议。这些工人委员会是有力的创造：在杜塞尔多夫地区，受该法案支配的 922 家工厂中，只有 144 家工厂至 1917 年 8 月时仍然没有这种委

348

---

[64]　Tomassini, "Mobilitazione industriale", p.89.

[65]　"Should be sought not in the first but in the second après-guerre", Horne, *Labour at War*, p.394.

[66]　Dirk H. Müller, "Trades unions, workers' committees and workers' councils in Berlin's wartime industry, 1914—1918", in Haimson and Sapelli, *Strikes*, pp.287–301.

[67]　Simonetta Ortaggi, "Dalle commssioni interni al consigli di fabrica", in Procacci, *Stato e classe operaia*, pp.212–229.

员会。[68]

在英国，这场战争改变了工会管事*的角色。他们一般从技术熟练工人的阶层脱颖而出，受工会的指示在车间收取会费；但是，随着他们成为工人的代言人，他们中最激进的分子组织抗议活动，由此成为真正的领导者，并基本不受工会的管束。他们在克莱德河地区和海军船坞尤其活跃，1915 年 2 月第一次重大的罢工持续了两周时间，有 1 万名工人参与。1915 年 10 月，这场罢工催生了克莱德工人委员会，代表了 250 至 300 个工厂。在哈格雷夫斯事件（Hargreaves affair）期间，一个类似的委员会在另一个从事战时生产的工厂的主要中心谢菲尔德建立了起来。这两大委员会构成了一种反工会权力的形式，但是政府拒绝与它们接触和讨论问题。

349   在法国，工人运动十分薄弱且对组织问题过于无动于衷，以至于未能在工厂中形成任何持续性的局面。由于动员，已经存在的工会部门被解散。活跃的激进分子确实存在，并为人所知和得到认可，但是没有形成真正的组织。鼓动建立车间代表的阿尔贝·托马，因此遭到右翼企业主和政客的指责，但是，1917 年 1 月 16 日的决定[69]要求所有雇用超过 50 人的兵工厂提名建立车间代表。一些雇主指定了这些代表，但是选举成为规则。在雷诺工厂，男女选举者必须是法国人，而且至少年满 21 岁；被选举者年龄最低为 25 岁，在本厂最少工作过一年时间。[70]这些代表扮演的角色同英国的工会管事一样，而工会在管束他们上存在同样的问题。

战时社会运动：一种解释

这些委员会和代表的建立伴随着罢工的回潮，表 13.3 指出了各国之间的明显差别。因为非常严格的军事监管，意大利在整个战争期间很少出现罢工，但是，英国在 1915 年和 1916 年经历了多次罢工，并在接下来的几年中

---

[68] Feldman, *Army, Industry and Labor*, p.318.

*   工厂或公司中由工人选举出来与雇主打交道等的代表。——译者注

[69] Oualid and Piquenard, *Salaires et tariffs*, p.186, 强调这是一个决定，而非法令或官方的命令。它的合法性基础是 1899 年 4 月 10 日的法令，即关于与国家达成协议的企业的工作环境。

[70] Gilbert Hatry, "Les délégués d'atelier aux usines Renault", in Fridenson, *1914—1918*, pp.221-235.

遭遇更多的此类事件。在法国和德国，从 1917 年起，罢工的数量和规模急剧地增长。在此背后存在两个截然不同的原因：一、1916 年至 1917 年的可怕冬天，低于平均气温的 4 个月，巴黎塞纳河上的驳船被 2 月的寒冰给冻住了，德国，因"芜菁之冬"而众所周知地遭受了煤炭和土豆短缺的蹂躏；二、俄国的二月革命，它显示在这种僵持的状态下改变是可能的，所以提升了（改变的）希望。

这些罢工具有共同的特点。最初，它们是自下而上自发地出现，有时违背工会的劝告。唯一响应行动号召而出现的罢工，是 1916 年 6 月 28 日在德国发起的反对起诉卡尔·李卜克内西的罢工行动。虽然在柏林（5.5 万名罢工者）和其他几个城市（布伦瑞克、不来梅、莱比锡和斯图加特）声势浩大，但这场罢工没有变成普遍的行动，一直是一个孤立的事件。

表 13.3　工会会员、罢工和罢工者的数量

	1913	1914	1915	1916	1917	1918	1919
德国							
工会会员（千人）[1]	2,525	1,503	995	945	1,278	2,866	7,337
罢工[2]			137	240	561	531	3,700
罢工者（千人）[3]			61	14	129	667	391
英国							
工会会员（千人）[4]	2,232		2,682	2,851	3,082	4,532	5,284
罢工[5]	1,497	972	672	532	730	1,116	1,352
罢工者（千人）[5]	516	326	401	235	575	923	2,401
法国							
工会会员（联合会，千人）[6]	355	257	50	101	296	599	1,230
罢工[7]			19	102	336	161	171
罢工者（千人）[7]			0.38	11.6	247	207.1	401

350

续表

	1913	1914	1915	1916	1917	1918	1919
意大利							
劳工总联合会会员（千人）[8]	327	321	234	201	238	249	1,159
罢工[9]	810	752	539	516	442	303	1,663
罢工者（千人）[9]	385	173	132	124	169	158	1,049
俄国							
罢工[10]		3,534	1,034	1,161			
罢工者（千人）[10]		1,337	553	878			

资料来源：

1. Dietmar Petzina *et al.*, *Materialen sur Statistik des deutschen Reichs 1914* (Munich : C. H. Beck, 1978), p.111. 只包括自由工会（总理事会）。

2. Kocka, *Facing Total War*, ch. 2.

3. Ritschl, "The pity of peace", p.57.

4. Horne, *Labour at War*, appendices.

5. Cronin, "Strikes and power in Britian, 1870—1920", in Haimson and Tilly, *Strikes, Wars and Revolutions*, pp.82–83.

6. Jean-Louis Robert, *La scission syndicale de 1921, essai de reconnaissance des formes* (Paris : Publ. de la Sorbonne, 1980), p.159，会费支付给联合会。

7. Jean-Louis Robert, *Les Ouvriers, la Patrie et la Revolution. Paris 1914—1918* (Besançon: Annales littéraires de l'Université de Besançon no. 392, série historique no. 11, 1995), p.12. 1919 年的数字只包括 1 月份。

8. Bordogna, pp.220, 225.

9. Musso, "Political tension and labor union struggle : working-class conflicts in Turin during and after the First World War", in Léopold H. Haimson and Giulio Sapelli, *Strikes, Social Conflict and the First World War. An International Perspective* (Milan: Feltrinelli, 1992), p.214.

10. Diane P. Koenker and William G. Rosenberg, *Strikes and Revolution in Russia* (Princeton University Press, 1989), p.58.

351 　　此后，年轻人以及最主要的是妇女的大力参与，成为这些罢工的特征，她们不惧被遣送至前线。1917 年 5—6 月的巴黎罢工是一个典型的例子，因为没人在这个首都城市见到过如此大规模的罢工潮：先从学徒期的"缝纫女工"开始，扩大至将"兵工厂女工"卷入进来，并至少鼓动了 13.3 万名罢工者，其中 80%

是妇女。[71] 同时，彼得格勒的洗衣房女工也进行了数周的罢工。在俄国革命爆发之初，妇女发起了 2 月 23 日至 3 月 8 日的罢工行动。1917 年夏，在莱比锡的罢工行动中，年轻人和妇女是最为突出的。

在所有国家中，区域性的差异一直存在。出于诸多因素，一些工业区比其他地方罢工更为频发。在一些地方，这跟工业集中的程度有关系，而在其他一些地方，则跟少数民族群体的存在密切相关。在法国，频发的区域包括巴黎地区和卢瓦尔河谷；在意大利，则是热那亚－都灵－米兰三角地带；在德国，是柏林和莱比锡；在英国，则是克莱德河地区和谢菲尔德地区。在比利时工业区和法国北部，德国人严酷的占领政策扼杀了罢工行动。在其他地区，出于完全未知的原因，在劳资关系方面意外地平静。比如，在黑林山（Black Forest）*的布赖斯高地区弗莱堡（Freiburg-im-Breisgau），整个战争期间都没有出现过罢工。[72]

最后，这些都是短暂的罢工，持续一天，有时两三天，时间很少超过一周。政府非常迅速地做出反应，最主要的是急于避免任何生产的中断。由于雇主从政府的命令中获益颇多，当生活成本明显增加时，政府难以宽恕拒绝涨薪的做法。因此，政府的第一反应是，罢工者的诉求必须毫不延迟地得到满足。例如，1915 年 7 月 14 日，不顾劳工大臣的意见，劳合·乔治下令立即满足南威尔士 20 万名罢工矿工的诉求。但是，当罢工爆发时，从中心快速地加以控制是不可能的：所有政府都建立起了强制仲裁和禁止罢工的制度。这就是英国 1915 年《军需品法案》、德国《爱国后备服务法》、法国 1917 年 1 月法令和意大利工业动员地方委员会的初衷。

仲裁无法压制罢工：它只是使得罢工行为不合法，于是赋予政府合法的权力进行一定程度的镇压，否则镇压手段非常难以施展。总体上，政府是按单个的情况做出反应，在镇压和让步之间进行权衡。面对 1916 年 5 月曼彻斯特、罗瑟勒姆、考文垂和谢菲尔德的大规模罢工，劳合·乔治同意，只要还有"非熟练工"未被动员入伍，就不去动员任何技术熟练工人。但是，他在这场罢工结束之时，下令逮捕 7 名他释放过的罢工领导者。他的回应非常坚决，最明显的

[71] Robert, *Les Ouvriers*, pp.125 ff.
*   位于德国的西南部。——译者注
[72] Roger Chickering, *The Great War and Urban life in Germany. Freiburg, 1914—1918* (Cambridge University Press, 2007).

是 1916 年春在克莱德河地区实行稀释，逮捕工会管事或将他们换到其他岗位。

在这场战争结束时，形势变得紧张不堪，因为政府急于避免罢工行动转变为革命，就如俄国那样。1918 年 1 月 28 日在柏林爆发的那场大罢工（20 万名罢工者），明显蔓延至莱比锡、曼海姆、但泽和法兰克福，但遭到了十分严厉的镇压。一名罢工领导者被军事法庭判处在一所国家监狱监禁 5 年，其他领导者被遣送至前线，并在他们的档案中有正式的批注，以确保他们一直留在那儿。[73] 那年夏末在西里西亚的罢工，也遭到了军队的镇压。同样，法国的克列孟梭政府，起初推行阿尔贝·托马的怀柔政策，但在 1918 年 5 月巴黎金属加工业工人罢工（10.5 万名罢工者）之前，转向使用暴力的手段，这场罢工波及伊泽尔（Isère）和卢瓦尔的军工厂。克列孟梭逮捕了主要的罢工领导者，并将 140 名属于特殊岗位的车间代表遣送至前线。

劳工运动的发展充分解释了镇压趋于严厉的原因。俄国是一个特例，到 1915 年时罢工被政治化了：工会组织的缺失赋予了政党号召罢工的角色，这使罢工非常迅速地染上了反战的色彩，如同 1915 年 8 月在伊万诺瓦地区（Ivanova）那样。而且，"红色星期日"——沙皇和人民之间决裂的象征——的记忆是非常强烈的。1905 年的那场杀戮，在 1916 年和 1917 年的 1 月 9 日和 22 日的周年纪念日期间，在彼得格勒分别以 10 万人和 20 ～ 30 万人的大罢工的形式加以纪念。1917 年 2 月，在工厂中产生的各罢工委员会呼吁面对镇压要团结一致，并向一个委员会派出代表：结果，在彼得格勒和随后在莫斯科以及其他城市，随着沙皇的退位（3 月 2 日，俄历 15 日），建立了工兵代表苏维埃，形成了一个同临时政府相竞争的并行的权力机构。

从 1917 年春天开始，罢工行动在其他国家变得政治化了。到了那时，罢工者不再只是要求涨薪或更好的工作条件，而且还要求工人管理工厂和结束这场战争。雇主获利的丑行和工资水平的不透明，解释了工人要求管理工厂的缘由，这一诉求在意大利尤为强烈，金属加工业工人联合会（FIOM）对此予以支持。但是，在每一个地方都能见到这种诉求，最突出的是在克莱德河地区的工会管事中间，以及在德国和 1917 年的俄国。1917 年，德国工会向政府建议在雇用 20 名工人以上的工厂中成立联合会，在劳资地位平等的基础上运作，尤其是商讨

353

---

[73] Feldman, *Army, Industry and Labor*, p.450.

工资问题。1918 年 5 月，来自企业主和最高统帅部的反对，使得这一方案在德国国会被阻止。[74]

主要的转折点是反战主张的发展，这不但可以由俄国革命加以解释，因为临时政府继续这场战争直到十月革命为止；而且可以由大环境来进行解释。人们正感受着战争造成的厌倦和损耗性影响；胜利变得更加渺茫和难以确定；阵亡者的名单越来越长，寡妇和孤儿的数字也是如此。工人们——不仅仅是他们——表达出质疑的声音。因为他们拒绝一种领土兼并和征服的和平，所以他们要求政府发表一个阐述战争目标的公开声明。在 1918 年 1 月德国的罢工中，没有领土兼并的和平位居罢工诉求的首位，与此同时，因削减面包的配给，20 万名维也纳工人也在进行罢工，他们明确提出，不再希望为奥匈皇帝成为波兰国王而战。[75]1918 年 5 月的法国罢工，提出了反战的口号。布列斯特－立陶夫斯克的和平（1918 年 3 月），在法国和奥地利工人中间引发了愤慨，因为它的条款是德国意志膨胀的证明。在俄国，二月革命之后，抗议性罢工被号召针对外交部长发出的照会，因为它证实了政府依旧忠实于协约国战争目标的意图。

让－路易·罗贝尔使用"爱国反战主义"（patriotic pacifism）的说法，来形容这种愿望的特征。这不应遭到误解。对于绝大多数工人而言，他们的爱国主义并不意味着绝对反对这场战争。在齐美尔瓦尔德（Zimmerwald，1915 年 9 月 5—8 日），之后在昆塔尔（Kienthal，1916 年 4 月 24—30 日），参加会议的交战国的社会党人所确定的没有领土兼并或赔款的立场，很长时期以来只是一种少数主张。1917 年，这种主张普及开来，然而，因 1917 年 9 月声明在斯德哥尔摩召开第三次会议而点燃的希望，很快就破灭了；没有一个参战国政府批准国民出席此次会议。这被解释为，这些国家还未抛弃领土兼并的想法。因此，对于工人来说，为了这一不公正的目标继续作战——有悖于民族自决的权利——显得很无耻。他们不想让任何人为实现这样的目标而继续牺牲他人的生命。1918 年 5 月 16 日，一名巴黎的罢工者宣称，"我们会走上前线，我们愿意做出所有必要的牺牲，但是，我们想知道，我们正为什么而战"[76]。

354

[74] Feldman, *Army, Industry and Labor*, pp.473–475.

[75] Arthur J. May, *The Passing of the Hapsburg Monarchy, 1914—1918* (Philadelphia, PA: University of Pennsylvania Press, 1968), pp.654 ff.

[76] Robert, *Les Ouvriers*, p.221.

　　但是，列宁将"帝国主义战争"转变成一场"革命战争"的立场，没有得到绝大多数工人的支持。在所有的交战国中，悖论是，为和平而罢工的工人，同时也支持保卫国家的必要性。在伦敦，1917年4—5月全面潜艇战期间，克雷福德工厂的罢工者决定，那些正在生产反潜武器的工人不应罢工。在1918年德国的春季攻势期间，英国和法国的工人放弃了罢工行动。[77]通过严密的按年月顺序的研究，让－路易·罗贝尔指出，当德国人突破前线的时候，巴黎的罢工就停止了。[78]罢工者不想对可能的失败负责。迪穆兰（Dumoulin）虽然是一位"反战分子"，但在1918年的法国劳工总联合会的会议上承认了这一点："我本人在这里坦率地声明，当德国人进攻之时，人们不应举行罢工，尽管我不赞成在国防领域不惜一切代价。"[79]即使在俄国，彼得格勒和莫斯科的苏维埃最初也采取了一种抵抗和革命的（defensist-revolutionary）立场：它们反对任何的领土兼并，但是，想要继续捍卫它们的自由。

　　从1918年夏天开始，在不再有胜利指望的情况下进行战争，削弱了依然忠实于1914年所做承诺的德国工会。社会民主党中反对战争的少数派——德意志独立社会民主党，其影响力在扩大。1918年11月，源于工厂工人委员会的组织——自信者（Oberleute），建立了类似苏维埃的工人理事会（Arbeiterräte）。它们加入了水兵和士兵的委员会，利用它们并行的权力将11月9日德皇的退位转变成一场革命的行动。同样的事情也在维也纳发生，尽管这里的工人委员会并没有加入士兵委员会。后来，雇主方屈服了，同意了他们早前拒绝的所有工会主张。在俄国，1918年3月10日和23日，彼得格勒的企业主同苏维埃签署了一项协议，接受了每日8小时的工作时间和扩大了工厂委员会权力。德国的雇主方也做出了相同的举动：1918年11月12日在雇主方领导人斯廷内斯（Stinnes）和工会总委员会（General Commission of Unions）书记莱吉恩（Legien）之间达成的一项协议，包括了每日8小时工作时间、劳资双方集体协议和为所有企业创设一个负责监督集体约定的核心常设委员会的内容。但是，像俄国同行一样，雇主们并未做出积极的决定去遵守这项协议——这是形势强加给他们的

355

[77]　Waites, *Class Society at War*, P. 232; Dobson, *Authority and Upheaval*, p.221.

[78]　Robert, *Les Ouvriers*, p.220.

[79]　Bernard Georges and Denise Tintant, *Léon Jouhaux, cinquante ans de syndicalisme*, vol. I, *Des origines à 1921* (Paris : Presses Universitaires de France, 1962), p.308, no. 1.

东西。他们签署它，是为了避免最糟糕的情形出现。一切取决于正在爆发的革命。

在其他国家，爆发非常猛烈的罢工是战后一段时期的特征。这些罢工当中最壮观的是在法国，1919年6月巴黎钢铁工人罢工和1920年5月铁路工人罢工，以2.3万名工人遭解雇而告终；在英国，有克莱德河地区为争取每周40小时工作时间的罢工，但遭到了军队的镇压（1919年1月30日—2月20日，加上1月31日格拉斯哥6万名示威者），有1919年11月的矿工罢工，以及拒绝为1920年4月处于苏俄进攻之下的波兰运送武器的船只进行装载的码头工人罢工；在意大利，1919年11—12月开始的大罢工，以1920年4月整个钢铁工业的第一次罢工（10万名罢工者）以及1920年9月菲亚特工厂被工人占领为结束。在这场战争期间日积月累被搁置一边的权利诉求迸发了，特别是那些因遭送前线的威胁而被压制的诉求。作为一名洞察秋毫的见证者，劳合·乔治充分意识到了这一点，1919年3月25日，他向和平会议声称：

> 整个欧洲处于革命的情绪之中。工人们对生存状况抱有深深的不满，就如这场战争之前那样；他们充满了愤怒和不平。现有的整个社会、政治和经济秩序正遭受从欧洲一端到另一端的许多民众的质疑。[80]

但是，革命只是在俄国和德国爆发了。为什么是这样？

结　论

尽管并非没有影响，但工人阶级的社会学变化不是一个足够的解释。在英国工会管事的运动中，就如詹姆斯·欣顿所认为的，发生了一场由大多数技术精湛的工人领导的暴动，他们针对工会体制和政府并维护自己的地位。在德国，就如里特尔（Ritter）所主张的，深深植根于德国社会的工人阶级，看上去被那些由背井离乡的农民组成的新工人阶级淹没了。这些分析已具有一定的影响力，但无论如何，它们都过于关注劳工的世界，以至于未能阐释一场社会运动的激

---

[80]　引自 Julius Braunthal, *History of the International, 1914—1964* (London: Nelson, 1967), p.168。

进化。这种激进化源自一场结果难以预见的旷日持久的战争，它仍然在向社会强加过多的痛苦和艰辛。

此外，这种痛苦和艰辛是极不公正的。丑闻首先出现在战争利润上，其数量极大，且是过度剥削战时工人的结果。德国雇主尤其贪婪：最典型的例子是戴姆勒公司，它在 1917 年年底打算提高产品的价格。政府部长询问这种打算背后的成本估算，戴姆勒拒绝回答，并威胁要停止所有的加班和晚班，称他们总是不断亏损。这做得非常过分：戴姆勒被改制为军用企业。[81] 这些提高产品价格并拒绝增加任何工资的企业主的非人道行为，是一个人人皆知的事情：他们甚至不服从仲裁委员会的决定。在其他国家里，雇主们几乎一样贪婪，但是他们的政府对他们施以了更严格的管束。在英国工会的压力之下，英国政府明显比法国的阿尔贝·托马更加严厉。后者在 1918 年 2 月同英国企业家举行的一次会议上承认了这一点，阿尔贝·托马解释道，如果他不容忍"他们维护非常规生产中的利润"，那么他就难以在"他的"企业家中发展"对艰难复杂的计划和风险的尝试"。[82] 不论背景如何，这样可耻的利润使工人们感到愤怒。

但是，不公正的感受是更为强烈的。"牟取暴利"（profiteering），一个新词，和发战争财者——他们也是"逃避责任者"——激起了人们的怒火。战时的牺牲没有被分担。在德国和奥匈帝国，封锁、经济混乱和黑市导致了贫穷、饥饿以及有时出现的饥馑，富人依旧山珍海味的餐桌是令人无法容忍的。对于挨饿的士兵和水兵来说，供应良好的军官食堂的场面是难以忍受的。工人暴动不仅仅源于工厂，而且源于社会运转本身。

在这种痛苦、悲哀和不公正中，国家肩负起了核心和不可推卸的责任。当它们宣战时，各国已经将合法性押在了胜利的赌注上。法国、英国和意大利事实上没有能力弥补战时的不公正，但是，它们至少确保了可接受的生活状况、未中断的食物供应和为人民提供公共服务的正常职能。在德国和奥匈帝国，由于协约国的封锁、行政部门的混乱和黑市，出现了饥饿和疾病的流行；在中欧和巴尔干地区，因战争相关的情况而死亡的平民估计在 200 万人。这些国家没有能力应对日常生活的基本需求。它们的傲慢自大和专制主义导致了灾难。

---

[81]　Feldman, *Army, Industry and Labor*, p.480.

[82]　Hardach, "La mobilisation industrielle", p.106.

但是，更糟的情况是：它们输掉了这场战争。某种程度上，胜利使强加给民众的牺牲和不公正被事后证明是合理的。如果这些促进了一个好的结果，它们将会被遗忘。然而，受失败影响的民众会认识到，他们的艰辛没有意义。如果失败就在眼前，由于失败，不但如此多的努力白费了，而且要遭受被征服的屈辱。一个从事总体战并被打败的国家，将失去全部的合法性。

因为在大后方和战斗前线赢得了这场战争，各协约国维持了合法性。它们或多或少成功地度过了重返和平的数年艰难岁月。同盟国和俄国则未能经受住因疏忽和失败所引发的革命运动。

14 城市

斯特凡·格贝尔

在 1924 年至 1926 年之间，卡内基国际和平基金会赞助的《大战经济社会史》（*Histoire Économique & Sociale de la Grande Guerre*）的法国编委会，负责出版了数卷不同凡响的关于以下几座城市战时情况的著作：波尔多、布尔日、里昂、马赛、巴黎、鲁昂和图尔。覆盖的主题——工业和商业、食品和运输、住房和就业——也在卡内基基金会赞助出版的另一有关国家的系列中有所论述，但是，法国编委会这几卷的不同之处在于，它们将现代工业化战争的城市经历当作一个重要且独立的题材。它们由政府官员和学者共同撰写，特点是采用自上而下的城市史研究方法，以及一个无具体个人的城市生活视角。可以肯定，在多处，作者们打破了官方史的模式。例如关于巴黎的那一卷，包含了一章关于城市景观改变的内容——尽管是作为一种事后的思考。[1]

法国编委会取得的进展，对于 20 世纪 90 年代之前有关第一次世界大战的史学研究而言，几乎没有直接的影响。不过，两代人之后，有许多学者致力于用城市史的研究方法使这场战争概念化。一部由多国学者集体撰写的关于战时巴黎、伦敦和柏林的比较研究专著，引领了这种潮流。[2] 许多关于单个城市的

---

[1] 特别是这 3 卷仍然是不可缺少的：Henri Sellier *et al.*, *Paris pendant la guerre* (Paris: Presses Universitaires de France, 1926); Édouard Herriot, *Lyon pendant la guerre* (Paris : Presses Universitaires de France, 1924); Paul Masson, *Marseille pendant la guerre* (Paris : Presses Universitaires de France, 1926)。关于对该系列的重新评价，见 Jay Winter and Antoine Prost, *The Great War in History : Debates and Controversies, 1914 to the Present* (Cambridge University Press, 2005), pp.153-155。

[2] Jay Winter and Jean-Louis Robert (eds.), *Capital Cities at War: Paris, London, Berlin 1914—1919*, 2 vols. (Cambridge University Press, 1997—2007).

研究——范围从城市生活的全景到特定群体或场所的微观历史——则紧随其后。可以说，这些著作的总和意义要大于其构成部分。在这方面，我们能够看见一个新领域正在成形：总体战的城市史或大都会史，综合了社会关系和文化表象的历史。[3]　359

市民和被逐出者

1915 年 6 月，埃森市，一家大型钢铁企业的所在地，举行了克虏伯家族赞助的"战争纪念碑"（war landmark）的揭幕仪式。这是一个配备盾与剑，肌肉强壮的锻造工人的雕塑形象，颂扬着战时工人以一种新型战士的风采见证了这场总体化的大规模工业战争。正是在这段时期里——在德国和其他欧洲城市——金属加工工人成为劳动者的象征性代表。同样，在 1915 年和 1916 年，锻造工人的尚武雕像在整个鲁尔工业区的城市中遍地开花，意在使当地的自豪感具体化为一种与作为战争中名副其实的第二战线的工业企业或城市大后方相一致的视觉形象。这些雕塑也彰显了 1914 年之后出现的城市居民身份的新等级体制。[4]

战前，对于地方显贵而言，将一名工人立于基座之上是不可想象的；但是，战时的市民分层，以意味深长的方式背离了战前社会阶层的种种观念。战争引发的社会动荡，提升了为国家生存做出直接贡献的那些城市群体的社会地位。非蓄意的收入再分配，同这些处于战时经济中心的工人地位象征性的提高是一致的。在西欧的工业城市中，这场战争赋予了诸如军工或船厂这样重要的战略部门的劳动者以讨价还价的能力。在这方面，不但技术熟练工人，而且非熟练工人——尤其是妇女和年轻人——都是经济上和象征性的赢家之一。重要工业企业的劳动者享有社会的认可、稳定的就业和工资的增长。但是，他们只是相

---

[3]　Stefan Goebel and Derek Keene, "Towards a metropolitan history of total war: an introduction", in Goebel and Keene (eds.), *Cities into Battlefields: Metropolitan Scenarios, Experiences and Commemorations of Total War* (Farnham: Ashgate, 2011), pp.1–46; see also Marcus Funck and Roger Chickering (eds.), *Endangered Cities: Military Power and Urban Societies in the Era of the World Wars* (Leiden: Brill, 2004).

[4]　Stefan Goebel, "Forging the industrial home front: iron-nail memorials in the Ruhr", in Jenny Macleod and Pierre Purseigle (eds.), *Uncovered Field: Perspectives in First World War Studies* (Leiden: Brill, 2004), pp.159–178. 关于金属加工工人的象征性雕塑，见 Jean-Louis Robert, *Les Ouvriers, la Patrie et la Révolution: Paris 1914—1919* (Paris: Les Belles Lettres, 1995)。

对意义上的物质方面的赢家：他们名义工资的增长，因通货膨胀而被吞噬（尽
360　管某些人的损失要少于其他人，特别是技术熟练工人），而且在1918年之后，许
多人（尤其是兵工厂女工）被再次排挤出工业领域的就业队伍。[5]

　　战争岁月见证了收入的提高和战前特权的倒置——在英国和法国的都市是
短暂性的，但在德国的大都市则更为持久。特别捉襟见肘的是那些未卷入战时
经济且拥有财产的非体力劳动的工作群体。白领工薪族、专业人士以及依靠财
产或投资获取收入的食利阶层，被迫靠他们积累的资产过日子——对于这些将
体面的观念传统地与经济上的精打细算相关联的群体来说，这是一种严重的困
境。1914年之前曾是城市社会支柱的群体，面临着被边缘化的前景。虽然他们
物质上的困难可以得到某种精确的测算，但是，这场战争如何（或者是否）影
响中产阶层的身份认同和志向的问题，更加难以回答。就像对莱比锡和爱丁堡
所做的一项比较研究所指出的，这场战争引发了一场资产阶级文明的危机吗？
竖立"战争纪念碑"的做法，以及许多其他的宣传场面和战时的慈善，这些事
情的组织实施都牢牢地掌握在资产阶级的手中——这使人想到否定的答案。
尽管正危险地接近经济灾难，但是，中产阶层继续置身于城市公共事务的主
要领域之中。[6]

　　重要的是，要注意到这场战争对战时经济的各部门和社会阶层内部小团体
的不同影响——不仅仅对主要交战国的城市，而且对那些经济繁荣有赖于海外
额外需求的欧洲"中立"国家。在德国的城市，大型重工业享有无与伦比的繁
荣景象，反之，大的航运公司、小商户和股份银行陷入了衰退。于是，在像汉
堡这样的商业中心，连同它的全球商业利益和贸易网络，经济都在紧缩。在这

---

[5] Jonathan Manning, "Wages and purchasing power", in Winter and Robert, *Capital Cities*, vol. I, pp.255–285;
Niall Ferguson, *Paper and Iron: Hamburg Business and German Politics in the Era of Inflation, 1887—1927*
(Cambridge University Press, 1995), pp.126–128, 135; Mary Nolan, *Social Democracy and Society: Working-
Class Radicalism in Düsseldorf, 1890—1920* (Cambridge University Press, 1981), pp.253–254, 266; Elizabeth H.
Tobin, "War and the working class: the case of Düsseldorf 1914—1918", *Central European History*, 18 (1985),
pp.268–275.

[6] Jon Lawrence, "Material pressures on the middle classes", in Winter and Robert, *Capital Cities*, vol. I,
pp.229–254; Martin H. Geyer, *Verkehrte Welt: Revolution, Inflation und Moderne; München 1914—1924*
(Göttingen: Vandenhoeck & Ruprecht, 1998), pp.152–155; Michael Schäfer, *Bürgertum in der Krise: Städtische
Mittelklassen in Edinburgh und Leipzig 1890 bis 1930* (Göttingen: Vandenhoeck & Ruprecht, 2003); Dietmar
Molthagen, *Das Ende der Bürgerlichkeit? Liverpooler und Hamburger Bürgerfamilien im Ersten Weltkrieg*
(Göttingen: Wallstein, 2007).

一点上，甚至中上阶层也感受到了压力。相比之下，在巴塞罗那，战争岁月见　361
证了工业发展的加速和暴发户阶层的形成。[7]

新贵资本家（可感受到）的崛起，标志着在第一次世界大战的年代里大都
市生活中一种新的阶级对抗表达方式的到来。1914 年之后，断层不再存在于劳
资双方之间，而是存在于"战时牟取暴利者"和爱国市民之间。在战时的表述
中（特别是在那些讽刺新闻塑造的场景中），大城市似乎成了一个荒淫享乐、炫
耀性消费和投机不受约束的温床——无耻投机者和食利阶层的自然栖息地，他
们一般被认定是军火制造商、黑市交易者或拥有一份旱涝保收工作的官僚。牟
取暴利者的形象，不但在城市社会的不同群体之间，而且在不同的城市之间，
引发了不和。对于慕尼黑的居民而言，柏林看上去是一个牟取暴利的大本营；
安特卫普市民料想布鲁塞尔人光景不错；挨饿的维也纳人猜想布拉迪斯拉发的
居民正尽情地吃着果馅卷。[8]

在城市社会相互指责的分化环境中，牟取暴利者和食利阶层的形象常常同
关于"犹太人"的看法混合在一起。在诸如布雷斯劳（弗罗茨瓦夫）这样的以
前被城市生活多元化的自由主义共识影响的城市里，反犹主义的热潮是最为突
出的。在 1860 年至 1914 年期间，犹太人和其他布雷斯劳人已经亲密无间，反
犹主义被限制在上流社会的边缘。在 1916 年"清点犹太人"（Jew count）之
后，犹太人在这座城市的高融合度被削弱。从隐约的歧视到公开的骚乱，反
犹主义成为城市社会中针对内部假想敌——犹太人和外国人——政治迫害行
动的一部分。欧洲的城市居民，对来自内部的假想敌不同寻常地发起了本地
战争。在维也纳，该市的犹太人、捷克人、匈牙利人和波兰人，是德语市民
的眼中钉，事实上，事态发展到了当局担心人们会忘记外部威胁的严重性的
程度。[9]

哈布斯堡帝国的首都是一个中欧人群的混杂之地；其战前略低于一半的人　362

[7] Ferguson, *Paper and Iron*, pp.108, 135; Chris Ealham, *Class, Culture and Conflict in Barcelona 1898—1937* (London: Routledge, 2005), pp.4, 20.

[8] Jean-Lousi Robert, "The image of the profiteer", in Winter and Robert, *Capital Cities*, vol. I, pp.104–132; Robert, *Les Ouvriers*, pp.310–312; Maureen Healy, *Vienna and the Fall of the Habsburg Empire: Total War and Everyday Life in World War I* (Cambridge University Press, 2004), pp.49, 64–68, 269–270; Geyer, *Verkehrte Welt*, pp.273–277.

[9] Till van Rahden, *Jews and Other Germans: Civil Society, Religious Diversity, and Urban Politics in Breslau, 1860—1925* (Madison, WI: University of Wisconsin Press, 2008), pp.231–238; Maureen Healy, "Local space and total war: enemies in Vienna in the two world wars", in Goebel and Keene, *Cities into Battlefields*, pp.119–132.

口是新近来到这座城市的。在战前的年代里，大型城市，尤其像维也纳这样的首都城市，对于移民来说已经起到了如同磁铁的作用。在这个工业化和城市化的时代，外国人群体呈指数级增长，在城市经济和文化生活中留下了他们的印记。即使移民工人没有被完全地融合或同化，他们至少也得到了认可。但是，1914 年之后，某些外国人成为"敌国侨民"，并受到歧视、拘禁或暴力；他们现在处于城市市民新等级体系真正的底部（比较起来，来自友邦的避难者，特别是身在伦敦和巴黎的比利时人，至少最初因受到许多同情而被接受融入城市社会）。[10] 事实上，排外的风气损害了大都市生活的本质。这场战争之前，跨国的联系与交流被视作一个大都市固有的一部分。大城市通常为其开放性（weltoffen）而感到自豪，但是，在战争动员的过程中，曾经怀有的世界主义破灭了，并且在某种意义上，大都市变得少有大都市的气派了。

看看伦敦和莫斯科的德意志人的情况，他们在 19 世纪的下半叶数量已大幅地增加。在伦敦，多达 2.7 万人的德国侨民群体，在这场战争期间遭遇了 5 波骚乱的冲击。最著名的是 1915 年 5 月的动乱，造成了 257 人受伤，包括多名警务人员。即使暴力的使用有时是不分青红皂白的——加入英国国籍的德国人和俄国犹太人也成为受冲击的目标——但这些骚乱，既不是无节制的，也并非毫无目的。相反，发动骚乱意在重新界定当地的社会，由此成为一场象征性地占据首都公共空间的战斗。就在伦敦的暴徒洗劫城市里德国侨民财产的同时，莫斯科也爆发了排外的骚乱。伦敦和莫斯科的骚乱都遵循着相似的轨迹，但是，后者更加暴力（涉及多人死亡），并引发了作为整体的政体稳定方面更加严重的问题。[11]

363   1915 年 5 月的骚乱表明，全球性战争如何形成了这种怀疑相对少数的外国人群体的氛围。比较起来，在东欧、东南欧和小亚细亚的多种族和多信仰的城市里，对战争和占领的感受加剧了更深层次的裂痕，对城市生活的社会结构有着更深远的影响。在里加，自 19 世纪 60 年代起，民族和宗教群体之间的关系

---

[10]　Winter and Robert, *Capital Cities*, vol. II, pp.31–33, 95, 206–209, 212–214, 410;

[11]　Panikos Panayi, "Anti-German riots in London during the First World War", *German History*, 7 (1989), pp.184–203; Jon Lawrence, "Public space, political space", in Winter and Robert, *Capital Cities*, vol. II, pp.293–294; Eric Lohr, *Nationalizing the Russian Empire: The Campaign against Enemy Aliens during World War I* (Cambridge, MA: Harvard University Press, 2003), pp.31–54.

就开始恶化。1914 年之后，脆弱的当地社会最终瓦解了。在俄国当局的监视之下，德语被驱至公共生活的边缘，德国侨民则成为他们拉脱维亚邻居们迫害的适宜对象。德国在 1917 年占领这座城市后，并未采取措施重建当地的团结，在1919 年至 1920 年的内战中，这座多种族的城市彻底四分五裂了，而内战为原有的种族和宗教对立增添了"阶级"的成分。相比里加，在奥地利加利西亚的伦贝格（利沃夫），世界大战和随后的内战成为激进民族主义的催化剂。但是，在战前的伦贝格，激进民族主义看上去比在里加少些致命性和分裂性。直到 1914年，波兰人、乌克兰人和犹太人在奥地利的监督之下以常见的并存形式生活着。只是在这场战争期间，对于许多市民而言，"民族主义"成为一个主要的问题。[12]

　　更为引人注目的是，在 1919 年至 1922 年的希腊－土耳其战争之后，希腊和小亚细亚的城市社会被大规模地连根拔除。在 1922 年土耳其重新占领东地中海的世界性港口士麦那（伊兹密尔）之后，大约 3 万名希腊人和亚美尼亚基督徒遭杀害，这座城市的四分之三被大火烧毁了，包括亚美尼亚人、希腊人和黎凡特人（Levantine）的聚居区。对非穆斯林人口的杀戮和强制迁移，消除了士麦那的奥斯曼世界性，为建造一个土耳其化的城市铺垫了道路。许多躲避战火的希腊人，在萨洛尼卡找到了一个新家园，现在轮到他们去驱逐这座城市中剩下的穆斯林人口——之前 5 个世纪里主导这座城市生活的群体。在巴尔干战争至1923 年人口交换之间的这段时期，萨洛尼卡的人口大换血与它的城市空间重建同时发生。这座奥斯曼的城镇和它的犹太人内核，在 1917 年的一场大火中遭到了毁灭，在第一次世界大战之后，该城市按照现代主义的原则得到了重建，而它的奥斯曼历史所剩无几。[13]

364

[12] Ulrike von Hirschhausen, *Die Grenzen der Gemeinsamkeit: Deutsche, Letten, Russen und Juden in Riga 1860—1914* (Göttingen: Vandenhoeck & Ruprecht, 2006), pp.367-370; Christoph Mick, "Nationalisierung in einer multiethnischen Stadt: Interethnische Konflikte in Lemberg 1890—1920", *Archiv für Sozialgeschichte*, 40 (2000), pp.128-146.

[13] Mark Mazower, *Salonica: City of Ghosts: Christians, Muslims and Jews 1430—1950* (London: Harper Perennial, 2005), pp.332-370; Biray Kolluoğlu Kırlı, "forgetting the Smyrna fire", *History Workshop Journal*, 60 (2005), pp.25-44.

面包和黄油的问题

1914 年 8 月，巴黎的人群上演了针对德国或奥地利侨民拥有的（或据信拥有的）众多商铺的袭击行动。最初，这些自发的暴力行为可以仅仅用排外情绪来做出解释；但是，后来在战争中，对（食品）物价上涨和抬高价格的商人的不满情绪同样是重要的。没有其他问题如同食品问题那样，总是让城市民众放心不下，且常常为之分化。城市居民，特别是在中欧，看上去生活在一个"上下颠倒的世界"，身在其中，光靠金钱不再能够获得一个人每日所需的面包。[14] 市民们走进乡间，为了获得像蛋类和牛奶这样的必需品，用诸如旅行毛毯和珠宝之类的一度的地位象征物，去不光彩地以物易物。

城市中的食品短缺和接下来的购买力危机，被归咎于精打细算的农民、奸诈的商人（常常被设想为犹太人）和挥霍的战时工人。在德国，公众舆论和当地的报纸谴责黑市商品的销售者而不是购买者，并且从 1915 年年初开始，将牟取暴利者（男性）的形象同弱势妇女（minderbemittelte Frauen）的形象对立了起来。作为一个明确的城市集体人物形象，"弱势妇女"重塑了消费模式的社会类别，由此改变了战前的（工人和中低）阶层的概念。同样，在巴黎，官方的"神圣联盟"没有停止存在，但是改变了阶级矛盾，将它引导成一场妇女在其中占据中心舞台的消费者的斗争。[15]

城市中心的食品供应，受到几方面因素的阻碍：国际贸易的断绝，国内农业生产的下降，运输能力的不足，被军工企业的就业机会所吸引的额外人口的涌入，以及因先军政治而将城市置于不稳定的供应链底端的政策。起初，许多城市居民对爱国性的节制消费和自我牺牲的呼吁，表现出可以接受。不是因为关键性食品的短缺，而是因为他们感受到的不平等分配，引发了许多摩擦。普通消费者对于一场"总体化的"战争的真正态度，是希望中央政府和地方当局

---

[14] Geyer, *Verkehrte Welt*.

[15] Belinda J. Davis, *Home Fires Burning: Food, Politics, and Everyday Life in World War I Berlin* (Chapel Hill, NC: University of North Carolina Press, 2000); Tyler Stovall, *Paris and the Spirit of 1919: Consumer Struggles, Transnationalism, and Revolution* (Cambridge University Press, 2012), pp.25–79; Antoon Vrints, *Het theater van de straat: Publiek geweld in Antwerpen tijdens de eerste helft van de twintigste eeuw* (Amsterdam University Press, 2011).

以前所未有的方式，通过定量配给和对必需品强制确定最高价格的手段去干预市场经济。政府当局认识到面包的营养组合和象征意义，以及它在巴黎人普遍记忆中的位置，不但禁止了花哨的烘烤食品，而且使 1791 年的一项法律重新生效了，将面包的价格在这场战争期间固定在战前的水平。在德国首都，早在 1915 年就可以听到希望出现一位行善的"食品独裁者"（food dictator）的呼吁，而这种呼吁在 1916 年变得声调更高了。在每一个地方，食品的采购和分配变成了一项——或在许多地方就是——市政府的主要工作。1915 年年初，柏林和维也纳推行了食品配给制度；巴黎则是在接近这场战争中期的时候；但在 1918 年 2 月之前，伦敦未采取这种制度。伦敦的稳定食品供应部分是以消耗殖民地和自治领的资源为代价来实现的，并使像加尔各答或墨尔本这样的城市的食品价格节节攀升。[16]

市场条件受到管制，但是从未彻底地停止。协约国的都市在消除不满情绪方面取得了相对成功，而在柏林，管制未能阻止长期的短缺、通胀的加剧和非法的交易。政府当局是充满善意的：主要的障碍不是官僚主义，而是在于交货的波动性。食品供应状况，从战争伊始就是不稳定的，从 1916 年开始，发展成了全面爆发的危机。1916 年和 1917 年之间的芜菁之冬，不但见证了所有主食供应的一落千丈，而且迫使柏林人和其他地方的德国人蒙受耻辱地去吃一种被认为是动物饲料的蔬菜。毋庸置疑，像巴登的弗莱堡这样拥有一片重要农业区的城镇，比主要的大都市吃得要相对好些。但是，德国和奥地利 50 个左右拥有 10 万以上人口城市的居民真的挨饿吗？当代专家存在意见分歧。维也纳的医生声称，营养不良是 7%—11% 死亡的直接原因，是 20%—30% 死亡的诱因。相比之下，一项对莱比锡食品消费的调查所得出的结论是，除了 1916 年和 1917 年之间的冬天和 1918 年的夏天之外，战时的日常食物是足够的，如果肉类和油脂缺乏的话，人的身体会通过减少体重来适应战时的环境。[17]

366

[16] Thierry Bonzon and Belinda Davis, "Feeding the cities", in Winter and Rober, *Capital Cities*, vol. I, pp.205-241; Healy, *Vienna*, pp.43-44; Stovall, *Paris*, pp.52-53; Herriot, *Lyon*, PP. 39-43; Suchetana Chattopadhyay, "War, migration and alienation in colonial Calcutta: the remaking of Muzaffar Ahmad", *History Workshop Journal*, 64 (2007), pp.214-216.

[17] Healy, *Vienna*, pp.41-42; Avner Offer, *The First World War: An Agrarian Interpretation* (Oxford: Clarendon Press, 1989), pp.45-53.

　　食品危机，不但在瘦削的城市居民的身体外表，而且在城市自身也留下了印记。随着小块空地和运动场地被改为耕地或牧场，城市空间部分变得重新乡村化了：到 1917 年，巴黎有近 3000 处得到耕种的战时菜园，奶牛在改建后的隆尚（Longchamp）赛马场上吃着草。曾经因人们的活动而闹哄哄的市场变得阒无一人。取而代之的是，人们在杂货店外形成长长的队伍。近乎一动不动的购买食品的长队（由妇女组成）而不是自由穿梭在这座城市的无业游民（男人），成为战时巴黎主要和长期的形象。购买食品的队伍大多集中在拥挤的工人阶层的居住区，彰显了在获取食品方面社会空间不平等的特点。在 1918 年 1 月的某个星期六，主要是在东区，伦敦街头有近 50 万人排成长队。在这种情况下，定量供应有助于减少伦敦的这种交通堵塞，但在维也纳却非如此。在维也纳，1917年平均每天估计有 25 万人等候在近 800 支的队伍里。这些人不是耐心等候轮到自己的消费者。粗鲁、嫉妒和暴力是购买食品队伍中人们的特点，切实地剥去了大后方所有众志成城的伪装。[18]

　　排队数小时之后两手空空离去的消费者的不满情绪，可以引发社会秩序的严重混乱。柏林经历了 1915 年年初因土豆而出现的街头骚乱景象，1915 年夏天因黄油的骚乱，以及 1917 年 2 月和 4 月并在 1918 年 1 月再次上演的一系列街头抗议兼罢工活动。警方报告带着警告的口吻提到，"很大一部分居民根本再也不关心这场战争"。[19] 每日为食物而斗争，超出了对来自军事前线消息的关注；似乎大后方的市民跟前线的士兵进行的不再是同一场战争。重要的是，政府当局没有回到战前镇压动乱的惯常做法，而是表示它们正在聆听"弱势妇女"的合法诉求。这种怀柔姿态在短期内可能能够防止革命，但是，最终会使城市居民相信，现政权是无可救药的。在维也纳，当局甚至安排向示威场所紧急分送食品，但这样做只能是火上浇油，增添了对牟取暴利者正从市场上囤积重要物资

[18] Roger Chickering, *The Great War and Urban Life in Germany: Freiburg, 1914—1918* (Cambridge University Press, 2007); Bonzon and Davis, "Feeding the cities", pp.323, 330; Reinhard J. Sieder, "Behind the lines: working-class family life in wartime Vienna", in Richard Wall and Jay Winter (eds.), *The Upheaval of War: Family, Work and Welfare in Europe, 1914—1918* (Cambridge University Press, 1988), p.127; Healy, *Vienna*, pp.80–82.

[19] Cited in Davis, *Home Fires Burning*, p.193.

的怀疑。[20]

1917 年和 1918 年，从巴塞罗那到墨尔本，妇女带头在城市中为食品发起抗议。反对生活成本飙升的示威游行，传统上已经成为母亲们和家庭主妇们抗议的合法领域，从而使她们走出家庭的活动范围，步入公共领域。一些历史学者认为，第一次世界大战期间因面包而引发的骚乱，以一种新的方式赋予了妇女权利。1916 年巴塞罗那（男性）工人的总罢工没有使当局吓得采取行动，但是，1918 年 1 月妇女反对食品分配的直接行动——得到了女性无政府主义者的支持——迫使当局采取了行动。原因是，在这一事件上，"道德经济"（moral-economy）司空见惯的骚乱同意识形态和新社会运动的组织融合在了一起。相同点已经在巴黎得到了论证，战争岁月里消费者的斗争，在 1919 年的巴黎处于发展成一场消费者革命的边缘。骚乱者诉诸原始的暴力，比如推翻中央大市场（Les Halles）及相邻集市贩卖者的小车，但是，他们也成立了更成熟的组织，各种治安维持会（vigilance committees）保证战时对购买人实行的公共保护不会随着和平的到来而失去。[21]

迫使法国退出这场战争的巴黎"食品革命"并未发生，尽管 1917 年秋法国商务部长曾作过此种预言。[22] 这位持悲观看法的部长可能受到了当年早些时候发生在俄国首都的种种事件的影响。在彼得格勒，国际妇女节期间发生在妇女——纺织女工和社会底层的家庭主妇——和店主之间的冲突，引发了二月革命。在农村出生长大的大多数城市社会底层的妇女，不仅仅保留了一个农民对可负担的生活的权利期望，而且获得了源于她们士兵妻子身份的现代权利意识。这场战争期间，面包引发的骚乱不时地发生，而 1917 年 2 月对生活必需品价格上涨的怒火是最后一根稻草。尽管如此，1917 年的革命没有解决生活成本带来的危机，而且随着俄国滑向内战，北部大工业城市的粮食交付大幅下降，从而将曾经繁华的城市中心变成了沉浸在毛骨悚然的寂静之中、人烟罕见的

368

---

[20]　Healy, *Vienna*, p.83.

[21]　Lester Golden, "The women in command: the Barcelona women's consumer war of 1918", *UCLA Historical Journal*, 6 (1985), pp.5-32; Stovall, *Paris*, pp.182-237; Judith Smart, "Feminists, food and the fair price: the cost of living demonstrations in Melbourne, August-September 1917", in Joy Damousi and Marilyn Lake (eds.), *Gender and War: Australians at War in the Twentieth Century* (Cambridge University Press, 1995), pp.274-301.

[22]　David Stevenson, *With Our Backs to the Wall: Victory and Defeat in 1918* (London: Penguin, 2012), p.396.

饿殍之地。[23]

对于伴随着奥斯曼帝国终结的食品危机的情况，我们知之甚少。在艾伦比*抵达之前，耶路撒冷正遭受饥饿，而许多其他城市，在土耳其军队撤离和协约国军队到来之时，处于混乱之中。[24]在中东恶劣的气候下，疾病容易传播，特别是在这些军事和政治动乱的时候。战时的城市生活有种种危险；随着这场战争在欧洲进一步向东和向亚洲蔓延，这些危险变得更加使人惊恐和具有毁灭性。

宣传的舞台

在城市居民越来越关注获得基本生活品的同时，整个中欧地区的城市文化生活正失去它的高傲姿态，尤其是在这场战争的后半段。在城市中物质和文化对战争的适应之间，存在惊人的对称性。不但在同盟国满足它们的城市消费者需要的能力方面，而且在城市人口对宣传场面的偏好方面，"芜菁之冬"都标志着一个分水岭。1916年和1917年之间的那个冬季之前，城市居民目睹了战争侵占公共空间的种种表现。事实上，他们自身也常常身处为战争而进行的文化（自我）动员的先驱行列。但是，从1917年起，只有协约国大都市的居民，尤其是英国的首都，有积蓄的精力去享受战争的快乐文化。因此，政府当局相对成功的伦敦，以及在一个略低程度上食物供应不大稳定的巴黎，它们在文化（再）动员领域的表现上是不相上下的。

"宣传"一词，通常意味着从社会上层开始的对纯真思想的道德污染。然而，最强大的宣传不是由国家或它的下属机构精心设计的，而是形成于这场战争前半段的民间社会。大都市的民众是主要的目标群体，也是宣传场面的协助者，而城市成了它的舞台。1914年夏，人群挤满了从伦敦到彼得格勒（圣彼得

369

[23] Barbara Alpern Engel, "Not by bread alone: subsistence riots in Russia during World War One", *Journal of Modern History*, 69 (1997), pp.696–721; Orlando Figes, *A People's Tragedy: A History of the Russian Revolution* (London: Jonathan Cape, 1996), pp.603–611.

* 埃德蒙·亨利·海因曼·艾伦比（Edmund Henry Hynman Allenby），一战爆发时为英国远征军骑兵师师长、第5军军长、第3集团军司令。因与远征军司令道格拉斯·黑格产生冲突，被调到中东战场担任驻埃及英军司令，1918年10月被封为子爵，1919年晋升为陆军元帅。——译者注

[24] Bernhard Wasserstein, *Divided Jerusalem: The Struggle for the Holy City* (New Haven, CT: Yale University Press, 2001), pp.71, 77; Abigail Jacobson, *From Empire to Empire: Jerusalem between Ottoman and British Rule* (New York: Syracuse University Press, 2011), pp.37–38, 48.

堡）的公共广场。众人显而易见的"战争热情"体现了一种新的团结意识。但是，1914年7月和8月街头场景的意义，比起那时所认可的，要更加复杂和模棱两可。人群被从激动和好奇到惊慌和沮丧的情绪所影响着。获得了战时国家形象中心地位的爱国群众，集中在大都市和大学城。尽管他们仅限于城市人口的一部分，但有能力通过民族主义报刊的放大而引起极大的轰动。[25]

随着人群在大街上聚集，1914年夏天，大都市的公共生活呈现出明显的狂欢气氛。特别是在柏林，聚集的艺术家在诸如咖啡馆和餐厅这样的半公共空间上演爱国和经典的艺术作品，增强了城市生活新的戏剧性。这些艺术工作者不仅仅是常见的街头表演者，而且常常是已被社会承认的艺术家，他们部分是受爱国情感的驱使，部分是出于糊口的需要。战争的爆发促使大都市的核心产业之一发生了危机。到那时为止，代表了大都市生活关键特征的娱乐区，拥有剧院、舞厅和音乐厅且灯火通明，战时面临着无足轻重甚至关门大吉的前景。为了努力维持演出，剧院经理和导演不得不转向爱国主义的题材。1914年下半年，柏林上演的戏剧中有一半以上是在重现夏天的"战争热情"。同样，巴黎的剧院被迫摆脱它们有伤风化的形象，而上演更严肃认真的戏剧。[26]

局势的严峻性需要同样严肃的演出剧目。毋庸置疑，大都市娱乐区的道德再生被证明是短命的。在巴黎，仅仅数月后，说教的艺术作品就让位于娱乐性的作品。在柏林，早在1914年12月初，欢声笑语就在"柏林人嘴碎"（Berliner Schnauze）的幌子下重返舞台和礼堂。一度象征着柏林人对政府不屑的敏捷思维，战时被重塑成一个独特的爱国主义和忍耐力的都市来源。这场战争持续的时间越长，它压制娱乐的做法就变得越是尴尬。到1916年年底，公然的宣传秀事实上已经消失了。剧院（电影院也是如此）开始对这场战争敬而远之，再次提供单纯的娱乐节目，通常是怀旧和感伤的那种。但是，这并非回到一切照旧的样子。巴黎的交响乐团不再演出"德国佬的"（Boche）作曲家的作品，例如瓦格纳、施特劳斯和勋伯格（但是莫扎特、贝多芬和舒曼的作品除外）。在

[25] Jeffrey Verhey, *The Spirit of 1914: Militarism, Myth, and Mobilization in Germany* (Cambridge University Press, 2000); Winter and Robert, *Capital Cities*, vol. II, pp.27-30, 282-288; Adrian Gregory, *The Last Great War: British Society and the First World War* (Cambridge University Press, 2008), pp.9-39.

[26] Martin Baumeister, *Kriegstheater: Großstadt, Front und Massenkultur 1914—1918* (Essen: Klartext, 2005), pp.23-51.

跨国交往方面，这场战争使时光倒流，特别是那些同文化实验相关的活动。在 1914 年之前已经引起不小骚动的前卫娱乐活动，变得与堕落的世界主义相关联。[27]

世界性纽带的断绝与爱国主义文化的兴起齐头并进。大城市开创了大众娱乐、演艺圈和战争宣传的融合，并将此扎根于城市的市民文化之中。[28] 也许展览会是最能体现这方面的场合，自 1851 年的世界博览会之后，展览会已是大都市环境的一个组成部分。1914 年之后，视觉展示继续是一种强有力的媒介，即使这场战争扰乱了战前欧洲展览会的世界性（最突出的例子就是世界博览会系列的中断）。在德国和奥地利的首都，大型的战争展览分别在 1916 年 1 月和 11 月开幕，将主要是平民的观众送上穿越空间抵达战场的想象之旅。这些展览得到了陆军部的支持，但是，它们的组织策划是由民间知名人士来承担。在伦敦，1917 年和 1918 年里，特拉法尔加广场成为"坦克银行"（tank bank，战争债券在此出售）*的总部，并在 1918 年秋用机枪、堑壕和沙砾临时装扮成模拟的战场。在巴黎，很难想象在靠近埃菲尔铁塔的战神广场（Champs-de-Mars）举办一场战争展览，但是，私人资助的《战争万神殿》，一幅关于大战的巨型全景图，1918 年 10 月在"荣军院"（Hôtel des Invalides）附近的一处场所展出。[29]

371 战争展览赋予已有城市景观以新的含义，并使整个欧洲大都市里旧有的纪念场所发生转变，虽然时机各不相同。在柏林，战争中期为大批观众准备的爱国主义展览盛行一时。相比之下，在伦敦，"坦克银行"在这场战争的最后一年里运转了起来。到那时为止，德国人的后劲已经枯竭，生活成本急剧上升且失

[27] Jan Rüger, "Entertainments", in Winter and Robert, *Capital Cities*, vol. II, pp.105–140 and "Laughter and war in Berlin", *History Workshop Journal*, 67 (2009), pp.23–43; Esteban Buch, "'Les Allemands et les Boches': la musique Allemande à Paris pendant la Première Guerre mondiale", *Le Mouvement Social*, 208 (2005), pp.45–69 ; Judith R. Walkowitz, "The 'vision of Salome': cosmopolitanism and erotic dancing in central London, 1908—1918", *Amercian Historical Review*, 108 (2003), pp.337–376.

[28] Hubertus Jahn, *Patriotic Culture in Russia during World War I* (Ithaca, NY: Cornell University Press, 1995), p.172.

* 英国政府为促使民众积极认购战争债券，使用马克 4 型坦克在各地展览，"坦克银行"于是成为这种筹集资金的代名词。——译者注

[29] Stefan Goebel, "Exhibitions", in Winter and Robert, *Capital Cities*, vol. II, pp.143–187; Healy, *Vienna*, pp.87–121; Mark Levitch, *Panthéon de la Guerre : Reconfiguring a Panorama of the Great War* (Columbia, MO: University of Missouri Press, 2006).

去了控制，民众的士气低迷。伦敦动员金融和象征性资源的场面，在德国的首都已经不复存在。

城市话语

中欧城市面包和其他主食的匮乏，为新闻记者们提供了丰富的素材。报纸刊发文章对愈发的短缺、监管的不利和非法贸易进行批评。社会民主党的《前进报》特辟了一个名为"每日面包"（The Daily Bread）的定期栏目，而自由主义的《福斯日报》唤起了"我们消费者"的集体认同感。[30] 柏林不同政治背景的报刊媒体，为贫困的消费者提供了一个表达意见的渠道，在它们的文章中，经常直接援引城市贫困妇女的话语。报刊媒体对食品危机的报道，很大程度上依赖于传闻，反过来又促进了谣言的传播。因此，"新闻"和"谣言"之间以及刊发和口头传播的消息之间的界线，在1914年之后越来越模糊。结果，城市的公共领域经历了重要的转变。通过成熟媒体自由地获取信息，是现代城市的一个显著的特征，但在战时，新闻越来越成为一种配给供应和缺乏可靠性的商品。

在战前城市民众普遍识字的年代，城市居民已经变成了城市浏览者（city-browser）："从报刊上阅读关于柏林的消息，难以同身在柏林区分开来。"按照彼得·弗里切的说法，是"城市建设"（built city）和"城市话语"（word city）之间的相互作用在1900年前后打造了现代大都市。[31] 尽管加大了审查力度，但"城市话语"并未随着战争的爆发而消失。相反，从7月危机的日子到战争期间因食物引发的抗议，报刊媒体继续日复一日重写着城市，为数百万读者营造街头的影像。1914年的夏天，好奇心驱使大批民众聚集在公共广场或者报业大厦门前，在这些地方有特别版出售，有身挂广告牌的人提供着最新消息；这些人群成为编辑部编造谎言的素材（"1914年的精神"，the spirit of 1914）。相比伦敦，在柏林和巴黎，这些可提供有关战争突发新闻的地方的公众骚动，更加明显可见。巴黎的主要报纸编辑部，集中在格兰大道（Grands Boulevards）周围，

372

---

[30] Davis, *Home Fires Burning*, pp.2, 60.

[31] Peter Fritzsche, *Reading Berlin 1900* (Cambridge, MA: Harvard University Press, 1996), p.47.

成为打探消息者频繁穿梭的地方，而伦敦的舰队街（Fleet Street）则保持着商务区和缓的氛围。[32]

柏林的审查制度要比伦敦更加严格，但是，这并没有妨碍柏林人在战时"阅读"这座城市。事实上，因食物引发的骚乱的覆盖面如此广泛，以至于在这座城市的某些地区甚至激起了进一步的动乱。[33] 在慕尼黑，审查员甚至难以控制外文报纸的流入。迟至 1918 年夏天，《泰晤士报》和《费加罗报》在一些书店公开销售。[34] 偶尔的开天窗或者更少见的临时禁止整张报纸（就如格拉斯哥社会党人的《前进报》那样），使得西方的"城市话语"在萎缩，但只是略微如此；相比之下，在东方处于军事管制之下的城市中，它完全销声匿迹了，从而使城市浏览者处于一种无所适从的状态。在奥斯曼帝国的耶路撒冷，联合关停所有的国外邮政服务和大部分希伯来语与阿拉伯语的报纸，导致出现了一种与外部世界隔离以及与同胞断绝联系的感觉。在奥地利占领之下的贝尔格莱德，可以更强烈地感受到对于新闻的压制，因为占领显著破坏了这座塞尔维亚首都城市典型的都市功能。军政府认为，操控消息对于控制民众来说是必要的，所以除了自己的官方日报《贝尔格莱德报》之外，这座城市全部 24 家报纸都被关停。这份用德语、匈牙利语和塞尔维亚－克罗地亚语出版的占领者的报纸，成为赢得民众支持的斗争中的一个至关重要的武器，它将这座被占领的城市描绘成一个安宁兴旺的大都市。[35]

尽管贝尔格莱德人阅读这份官方报纸，但是他们认识到，它不是一个可靠的消息来源。由于受到审查和不定期的送达，信件这种方式同样满足不了需要。在努力克服这种信息不畅的状态时，人们重新找回了传统的口口相传的交流途径。在咖啡馆、市场和最主要在私人住所的非正式聚会上，他们交流和讨

373

---

[32] Emmanuelle Cronier, "The street", in Winter and Robert, *Capital Cities*, vol. II, pp.74–75; Verhey, *Spirit of 1914*, pp.1, 27, 73. 关于地方报刊，见 Helen B. McCartney, *Citizen Soldiers: The Liverpool Territorials in the First World War* (Cambridge University Press, 2005), pp.103–117.

[33] Davis, *Home Fires Burning*, p.103; cf. Florian Altenhöner, *Kommunikation und Kontrolle: Gerüchte und städtische Öffentlichkeiten in Berlin und London 1914/1918* (Munich: R. Oldenbourg, 2008), p.84.

[34] Adam R. Seipp, *The Ordeal of Peace: Demobilization and the Urban Experience in Britain and Germany, 1917—1921* (Farnham: Ashgate, 2009), p.112.

[35] Jovana Knežević, "Reclaiming their city: Belgraders and the combat against Habsburg Propaganda through rumours, 1915—1918", in Goebel and Keene, *Cities into Battlefields*, pp.101–118; Jacobson, *Empire to Empire*, pp.24–25.

论"新闻"，大多是关于和平的前景。军政府将非正式地获取消息本身看作是一种颠覆行为。尽管如此，很少有证据表明那些传播小道消息的人认为此举是暗中抵抗。相反，小道消息是一种应对策略，使得被占领之下的人们去"要求夺回他们的城市"，通过创建一个替代的公共领域重新赢得一种能动意识。比较而言，在那些未被置于军事管制之下的城市中，消息的黑市（特别是关于破坏分子和牟取暴利者的传闻）破坏了社会的团结，就像非法市场对于食品那样。[36]

谣言并非一定是口头传播。在奥地利首都对不受管制的反话语（counter-discourse）的斗争中，警方对匿名海报、传单和涂鸦的始作俑者进行了起诉。然而，事实上最大的谣言制造者是大都市的报刊媒体。抵达火车站——1914 年夏秋期间，巴黎和伦敦的流言集散地——的难民所描述的充满暴行的经历，在报纸上得以重新叙述和放大。新闻记者们认识到，这些情节的真实性在讲述的过程中就会失真；但是，由于缺少直接获取新闻的渠道，难民的叙述遂成为获取它们的唯一来源。1914 年的 8 月和 9 月，发行量较大的《每日邮报》以及伦敦其他的日报和周刊所刊发的被毁建筑的摄影图片，似乎证实了有关德国人的骇人听闻的传闻。对于英国的广大读者来说，对比利时鲁汶市遭洗劫的密集报道让德国人残暴的主流形象成为一种城市印象，他们在一座满目疮痍的大学城里造成了财产的损失。[37]

来自空中的战争

当城市遭受攻击，特别是来自空中的攻击时，那些执掌官方消息政策的人的第一反应常常是隐瞒重要的细节。但是，这种加在当地报刊媒体上的限制往往事与愿违，因为关于死亡人数、破坏程度和当局玩忽职守的传闻涌入了这片真空地带。另外，审查制度在城市居民中引起了强烈的失望，他们感到自身的

[36] Knežević, "Reclaiming their city", pp.104, 118; Healy, *Vienna*, pp.141–148; Chickering, *Urban Life*, pp.317, 418.

[37] Gregory, *Last Great War*, pp.49–53; Adrian Gregory, "Railway stations: gateways and termini", in Winter and Robert, *Capital Cities*, vol. II, p.32; John Horne and Alan Kramer, *German Atrocities, 1914: A History of Denial* (New Haven, CT: Yale University Press, 2001).

374

遭难和忍耐没有得到认可。法国政府鼓励媒体有限报道战火之下巴黎人坚忍的英雄主义，但同时对有关加莱、布洛涅、敦刻尔克和南锡遭遇空袭的消息实行审查，这种情况引发了这个国家首都和地方城市之间的紧张关系。[38]

虽然对现实事件的描述简明扼要，但官方宣传常常引起人们对于一场来自空中的战争的恐惧。一份画着一艘被两束探照灯锁定的齐柏林飞艇的澳大利亚招募海报，用这样的话语警告看海报的人——"齐柏林飞艇在你城镇的上空"。[39]当然，不曾存在一艘德国飞艇飞临墨尔本或悉尼的丝毫危险。但是，这份海报是空中战争与现代城市心理联想的体现；尽管没有地方被认为是安全的，但是，城市预计会在轰炸中首当其冲。世纪交替之后，齐柏林飞艇的发明引起了民众对于未来战争中大都市命运（并扩大至文明本身）的担忧——这种担忧因诸如 H. G. 威尔斯这样作家的作品而引起共鸣和加剧。在 1908 年出版的《空中的战争》[40] 中，这位科学家出身的作家，描绘了德国飞艇摧毁纽约市的可怕场景。[41]

在没有初步战斗和事实征服的情况下，飞艇的到来似乎打开了对至关重要的中心地区加以大规模破坏的可能性。德国人，尤其是热情洋溢的平民，对于他们的神奇武器所能实现的战果抱有很高的期望。有关齐柏林飞艇的城市场景，进一步激发了想象。在柏林，1915 年 9 月举行的"铁血兴登堡"塑像揭幕仪式（仪式的收入部分纳入飞行员慈善基金），在两艘齐柏林飞艇于塑像上空的飞行表演中达到了高潮。几天之后，一艘飞艇对伦敦造成了相当程度的破坏，并在德国国内引发了不小的兴奋。[42] 空中力量具有将战争直接加在敌国民众头上的前景。但是，现实中飞艇是一个代价高昂的败笔，它是一种几乎击不中目标的昂贵武器。作为一种强大的象征而非有效的武器，齐柏林飞艇的艇棚，成为 1914 年秋协约国实施的第一波专门轰炸行动的主要目标。1914 年 10 月，当英国飞机攻击杜塞尔多夫艇棚内的齐柏林飞艇时，造成了最早的德国平民伤亡。此

[38] Susan R. Grayzel, "'The souls of soldiers': civilians under fire in First World War France", *Journal of Modern History*, 78 (2006), pp.602, 621; Chickering, *Urban Life*, p.107.

[39] "Zeppelins over Your Town", n.d., PST 12259, IWM.

[40] H. G. Wells, *The War in the Air* (London: Penguin, 2005).

[41] Susan R. Grayzel, "'A promise of terror to come': air power and the destruction of cities in British imagination and experience, 1908—1939", in Goebel and Keene, *Cities into Battlefields*, pp.49–50.

[42] Goebel, "Exhibitions", pp.154–155; Peter Fritzsche, *A Nation of Fliers: German Aviation and the Popular Imagination* (Cambridge, MA: Harvard University Press, 1992), pp.43–58.

时，这依然是附带的损失，但到了 1915 年年中，非战斗人员被当作了攻击的目标。[43]

从空中突如其来的攻击威胁，对城市生活造成了重大的改变。灯火并没有在整个欧洲熄灭，但位于敌人空中力量范围之内的那些城市除外。煤气灯和电灯在 19 世纪下半叶改变了城市；随着灯火管制措施使城市中心再次笼罩在黑暗之中，这种进步现在发生了逆转。在弗莱堡的大学城，晚上 10 点之后，街灯就熄灭了——一种具有减少城市煤炭消耗的额外好处的措施。尽管一些来访者发现黑暗再现了这座城市的中世纪之美，但当地的居民开始将这种夜间的预防措施理解为一种"感官上的战争"。[44] 在大都市里，甚至能更强烈地感受到丧失方向感。在巴黎，埃菲尔铁塔半径 2 公里之内的街灯夜晚都关闭。因为往日的"灯光之城"非常容易遭受空袭，于是军方设想了一个巨大的城市伪装：在这座古老都市西北部的塞纳河上仿建一个巴黎，由精心制作的灯光系统构成一个欺骗敌人飞行器的假目标。直到 1918 年这一地点的工程被叫停为止，军事战略家已接近实现他们的城市幻想。[45]

空袭导致了一种对于城市空间新的利用和理解。它们一下子改变了有形的城市，与此同时，开启了关于大都市新的思考空间。特别是，地下空间开始变成一个安全的场所，能够提供地面城市不再能够提供的保护。据 376 估计，在 1917 年哥达轰炸机空袭的高峰时节，每晚有高达 30 万伦敦人在地铁车站躲避。逼近的空袭危险催生了"20 世纪的独特城市仪式之一"，即民防，"城市居民有训练地撤入地下避难所"。[46] 不容否认，这些避难所大多是临时性的，引导城市居民进入避难所的空袭警报系统也是如此。在巴黎，能够提供足够保护的私人地下室被征用，它们的位置一览表张贴在公共建筑上。在这一点上，不难看清楚刘易斯·芒福德以后在其《城市文化》中开始认识到的作为"战时首都"的必要条件，在这个地方，紧急状况已经成

[43] Christian Geinitz, "The first air war against non-combatants: strategic bombing of German cities in World War I", in Roger Chickering and Stig Förster (eds.), *Great War, Total War: Combat and Mobilization on the Western Front, 1914—1918* (Cambridge University Press, 2000), pp.208–213.

[44] Chickering, *Urban Life*, pp.299–302.

[45] Cronier, "The street", p.68; Roxanne Panchasi, *Future Tense: The Culture of Anticipation in France between the Wars* (Ithaca, NY: Cornell University Press, 2009), pp.43–45.

[46] Chickering, *Urban Life*, p.105.

为日常生活仪式化的一部分。[47]

在第一次世界大战中，战略轰炸仍然处于起步阶段，对城市建筑造成的有形破坏是不均衡的，但大多都很有限。在威尼斯，数个教堂被炸弹损坏了，而在特雷维索（Treviso），几乎所有的教堂都遭受了袭击；在这两座城市中，提埃坡罗（Tiepolo）创作的壁画是令人颇为痛惜的损失之一。相比之下，巴黎的大多数炸弹落在了郊区，尽管一些炸弹危险地落在巴黎圣母院附近。弗莱堡的市中心，尤其是它的大教堂，也躲过了大破坏。即使如此，修缮遭损坏的建筑的累计费用是巨大的，由于炸弹威胁到了财产的价值，拥有房产的中产阶级遭受了对他们财产的又一种打击。然而，空中战争的遗产并非在任何地方都完全是破坏性的。在两次世界大战之间的英国，规划人员试图通过将军用机场转变成连接主要大都市的重点机场网络来促进城市的基础设施建设。[48]

空袭不但远不如一些黑暗场景所暗示的那样具有破坏性，而且也不那么致命。在德国，炸弹导致的死亡人数大约在 740 人，其中大部分是平民；在意大利，这个数字是 984 人；在英国，则有 1239 名平民死亡。可以肯定，从地理上看，伤亡集中在靠近前线的城市。但是，即使在德国最频繁遭到攻击的城镇——弗莱堡，死亡人数共计"只有"31 人，而对巴黎及其郊区的空袭造成了 275 人死亡。然而，单靠数字难以揭示炸弹对社会和心理的影响。城市居民还未对可能随时降临在任何人头上的源于空中的死亡麻木不仁。无辜的"妇女和儿童"深受其害的事实使得舆论哗然，但是，它迫使人们开始接受总体战的观念。典型的情形是，在将空袭中死亡的平民提升至与军人持平的牺牲者地位的葬礼上，平民和军人之间的区别时常变得模糊起来。[49]

空袭的经历引起了一种从震惊、恐慌到好奇的混合感受。最重要的是，它引发了一种意识，即认为自己属于那些个体有遭受损失风险的社会中的一员。

---

[47] Lewis Mumford, *The Culture of Cities* (London: Martin Secker & Warburg, 1938), p.275. Paul K. Saint-Amour, "Air war prophecy and interwar modernism", *Comparative Literature Studies*, 42 (2005), 130–161.

[48] Alan Kramer, *Dynamic of Destruction: Culture and Mass Killing in the First World War* (Oxford University Press, 2007), pp.55–57; Chickering, *Urban Life*, pp.109–110; Lynn Hollen Lees, "Urban networks", in Martin Daunton (ed.), *The Cambridge Urban History of Britian*, vol. III, *1840—1950* (Cambridge University Press, 2000), pp.89–90.

[49] Stefan Goebel, "Schools", in Winter and Robert, *Capital Cities*, vol. II, pp.226–227; Geinitz, "First air war", pp.207–208, 225; Grayzel, "Souls of soldiers", 596, 618; Kramer, *Dynamic of Destruction*, p.56; Chickering, *Urban Life*, p.98.

事实上，对空袭的忍耐成为市民自豪感的源泉，这种自豪感使（女性）城市居民比其他平民更引人注意，并提高了他，或尤其是她相对于战斗人员的地位。例如，伦敦教师工会的报纸声称，它的会员——妇女为主——已经获得了"现代战争危险的亲身体验"："无论怎样，在某种较小的程度上，现在我们分享了我们丈夫、兄弟、儿子和朋友在战场上的命运。"[50]

纪念性的城市景观

免遭空袭的都柏林，在起义、独立战争和内战期间，遭受了浩劫。作为一种新型的城市暴动，复活节起义留下了一幅满目疮痍的场景，使那个时代的人想起他们见过的饱受战争蹂躏的鲁汶和伊普尔的景象。尤其是，都柏林三个地标性建筑——邮政总局、海关和四法院（Four Courts）*的大楼——在1916年至1922年之间遭受的破坏，使那个时代的观察者印象深刻，并相信这确实是一座险象环生的大都市。这在某种程度上解释了爱尔兰新领导层重建这些建筑的决心，而不顾它们与英国统治之间的联系。[51]

在革命后的城市，由于重新赋予城市空间以意义的政治需要，物理重建的任务是复杂的。1920年，彼得格勒看上去像一座由瘦弱身影居于其中的鬼城。但是，在十月革命的第三个周年纪念日，当士兵和水兵重返冬宫广场去重现（浓缩和改进版）猛攻冬宫的场景时，这座城市成为10万名观众观看的巨大场面的舞台。革命的参与者变成了盛大场面中的表演者，这一历史遗址成为他们的舞台。实体和想象的空间融合在一起，创造了一个纪念性的城市景观。这场表演标志着一场运动的高潮，即布尔什维克重新赋予这座他们从前政权手中继承的城市的典礼中心以重要性。而且，重现当日的场面突出了彼得格勒作为革命中心的特殊地位，由此象征性地弥补了这座城市在新政权迁都莫斯科

378

---

[50] "Under Fire!", *London Teacher and London Schools Reviews*, 34 (1917), p.369.

* 英治时期，爱尔兰大法官法庭、王座法庭、财政部和民事法庭的所在地，修建于1786—1802年，现为最高法院、高等法院和巡回法庭所在地，2010年之前还是最高刑事法院的办公地点。——译者注

[51] Yvonne Whelan, *Reinventing Modern Dublin: Streetscape, Iconography and the Politics of Identity* (University College Dublin Press, 2003); Clair Wills, *Dublin 1916: The Siege of the GPO* (London: Profile, 2009).

之后地位的下降。[52]

这场 1918 年之后最盛大的纪念活动，是一个有着振奋人心消息的令人激动的节日，且是在一座没有官方战争纪念物、没有公认的哀悼场所的城市举行。然而，除了苏俄之外，城市景观中遍布着记忆和损失的印记，也为两次世界大战之间战争纪念的阴沉仪式提供了平台。可以说，只有在枪炮沉寂之后，第一次世界大战才给城市空间留下了它最持久的印记。没有比最远离战争主战场的一些主要城市更可见战争遗产的地方了。悉尼的澳新军团纪念堂（Anzac memorial）、墨尔本的纪念圣地（Shrine of Remembrance）以及最重要的当时新联邦首都堪培拉的澳大利亚战争纪念馆，成为将战争纪念有形地置于城市生活的中心而使这些城市发生改观的地标。对渥太华的国家战争纪念碑可以做出同样的评价，它为加拿大首都的建造提供了目标和凝聚力。[53]

相比之下，将这场战争和它的记忆整合进旧世界首都城市的复杂文化结构中，更加困难。在两次世界大战之间的岁月里，巴黎的巨画《战争的先贤祠》被卖给了美国商人，并在纽约、华盛顿、芝加哥、克利夫兰和旧金山展出。在伦敦，帝国战争博物馆不得不迁移了两次，直到在城市中心的边缘找到一处永久性场地。1918 年秋的一项雄心勃勃但注定失败的计划，设想将伦敦市中心重新建造成一个战争纪念之地（国宴厅将被战争博物馆取代）。整个计划刻板地将这场战争的记忆元素强加在威斯敏斯特的城市景观之中，但是以一种大多数伦敦人难以接受的方式。将一座城市变成一片墓地，在伦敦是难以想象的，但是，这一为了纪念阵亡者的城市景观方案，是英国人难以忘怀比利时伊普尔小镇的产物——这让许多决心重振伊普尔的当地居民多少有些愕然。到那时为止，作为一个地方小镇，饱受战争蹂躏的伊普尔发展成了一个纪念中心，每年吸引了来自英国和英帝国成千上万的访客。此外，被帝国战争纪念墓地管理委员会聘

379

[52] James von Geldern, *Bolshevik Festivals, 1917—1920* (Berkeley, CA: University of California Press, 1993), pp.194–207; Katerina Clark, *Petersburg, Crucible of Cultural Revolution* (Cambridge, MA: Harvard University Press, 1995), pp.122–134.

[53] Ken S. Inglis, *Scared Places: War Memorials in the Australian Lanscape* (Melbourne University Press, 1998), ch. 7; David L. A. Gordon and Brian S. Osborne, "Constructing national identity in Canada's capital, 1900—2000: Confederation Square and the National War Memorial", *Journal of Historical Geography*, 30 (2004), pp.618–642.

用为园林工人的英国退役士兵，有相当大数量定居在此。[54]

因为阵亡者大多埋葬于国外的军人公墓，所以在没有遗体的情况下，英国国内的战争纪念物发挥了替代墓地寄托哀思的作用。象征性地把选来代表阵亡士兵接受国葬的无名烈士遗体送回国内是一个例外。这种新的惯例，代表了一种典型的大都市纪念形式，在1920年从伦敦和巴黎扩散开来，在两次世界大战之间遍及了从布鲁塞尔到华沙的欧洲国家首都（柏林除外）。由于这些坟墓往往被设计得并不引人注目，因此，选址的象征意义和它的仪式用途使其具有了重要性。位于威斯敏斯特大教堂的英国无名烈士墓，唤起了中世纪往事的荣耀。位于君主教堂内的这座墓地，与位于政府各部所在大街的世俗衣冠冢——战争死难者纪念碑，形成了呼应。在罗马，无名烈士被埋葬在现代意大利开国君主的纪念碑下，意味深长地坐落于古老广场、中世纪和巴洛克风格的城市以及后意大利复兴运动（post-Risorgimento）首都建筑工程的交界之处。法国的无名烈士墓也在巴黎的城市景观中处于显眼的位置。烈士埋葬于凯旋门之下，穿过这座首都城市的送葬队伍映射出共和的传统。[55]

在上述三种情形中，无名烈士墓为象征性的饱和空间增添了又一个文化层次。自相矛盾的是，将无名烈士安置于首都正中心的愿望，同将其隔离——建筑上或仪式上——在大都市生活的喧嚣之外的努力，两者同时存在。这就是停战日默哀两分钟从而使城市生活完全中止的意义。无论它在什么地方举行，默哀都是损失的一个有力象征，但是，它在任何其他地方都没有在喧嚣不止的首都城市那样显得强而有力。[56]

不管其他城市安葬当地无名烈士的方案如何，此类场所仍然局限在国家的首都或它们的近郊（就像美国和南斯拉夫的情况那样）。但是，在整个英国和英帝国的城市里，战争死难者纪念碑为类似的建筑物确立了一种潮流，例如在格

[54] Goebel, "Exhibitions", pp.168–169; Mark Connelly, "The Ypres League and the commemoration of the Ypres Salient, 1914—1940", *War in History*, 16 (2009), pp.51–76.

[55] Ken S. Inglis, "Entombing unknown soldiers: from London and Paris to Baghdad", *History & Memory*, 5:2 (1993), pp.7–31; Stefan Goebel, *The Great War and Medieval Memory: War, Remembrance and Medievalism in Britain and Germany, 1914—1940* (Cambridge University Press, 2007), pp.32–35; David Atkinson and Denis Cosgrove, "Urban rhetoric and embodied identities: city, nation, and empire at the Vittorio Emanuele II Monument in Rome, 1870—1945", *Annals of the Association of American Geographers*, 88 (1998), pp.28–49.

[56] Adrian Gregory, *The Silence of Memory: Armistice Day 1919—1946* (Oxford: Berg, 1994), p. 13.

拉斯哥和多伦多。在二线和地方的城市，纪念碑是公众悼念和居民自豪感的符号。相比而言，伦敦看上去在当地爱国主义方面有所欠缺，因为不曾修建任何属于伦敦自身的战争纪念物。巴黎、柏林和苏格兰首府的情况也是如此。爱丁堡城堡容纳了苏格兰国家战争纪念馆，但是，这座城市缺少一个单独的针对当地阵亡军人的集体性纪念物。这也许表明，首都城市的居民没有感觉到在大城市和国家的战争纪念物之间存在什么不同，或者他们的视野没有超出临近地区。在国家和大城市层面上，首都城市因高密度的战争纪念物而显得突出：主要是小型和中型的建筑物，通常由当地人为当地人竖立。[57]

大城市纪念活动的迹象表明，城市各区的认同感从未被快速扩张的城市整体完全取代。某些建造工程进一步增强了大城市周边地区作为集体记忆基本单元的角色。从汉堡到墨尔本，规划人员设想建造新的住宅小区，有时整个小区居民的认同感坚实地建立在大战经历的基础之上。为伤残军人和军人遗孀建造战时服役军人住宅（war service homes）或者花园城（garden cities），主要是对城市住房条件长期关注所做出的一种反应。但是，居其次的意义在于，家庭损失和丧亲的往事深深地印在了城市社会空间的状况之中。可以肯定，最雄心勃勃的关于"适合英雄的住宅"的大多数计划，依然是停留在理论上的梦想而已，那些已经实现的则普遍没有推动持久性的纪念社区。在西欧，通常只有使人想起战斗或明显关于它们以前称呼的街名（德国城镇里无处不在的Heimstättenweg）依然全部存在。比较起来，1923 年人口交换之后，那些为从小亚细亚被驱逐的希腊人在雅典 - 比雷埃夫斯（Athens-Piraeus）都市圈所建的许多定居点，自过去两代人以来保持了社区的凝聚力。[58]

20 世纪 90 年代的"纪念热潮"，将新活力注入了时间可追溯至第一次世界大战年代的纪念性城市景观之中。在英国的城市，1995 年的停战日恢复了默哀

---

[57] Winter and Robert, *Capital Cities*, vol. II, pp.450-451, 470; Elise Julien, *Paris, Berlin: La mémoire de la guerre 1914—1933* (Presses Universitaires de Rennes, 2009), pp.221-260 ; Jenny Macleod, "Memorials and location: local versus national identity and the Scottish National War Memorial", *Scottish Historical Review*, 89 (2010), pp.73-95 ; Mark Connelly, *The Great War, Memory and Ritual: Commemoration in the City and East London, 1916—1939* (Woodbridge: Boydell, 2002).

[58] Alex King, *Memorials of the Great War in Britain: The Symbolism and Politics of Remembrance* (Oxford: Berg, 1998), p.75; Stefan Goebel, " 'Kohle und Schwert' : zur Konstruktion der Heimatfront in Kriegswahrzeichen des Ruhrgebietes im Ersten Weltkrieg", *Westfälische Forschungen*, 51 (2001), pp.266-269; Renée Hirschon, *Heirs to the Greek Catastrophe: The Social Life of Asia Minor Refugees in Piraeus*, 2nd edn (New York: Berghahn, 1998).

两分钟的做法（1946 年改至在"荣军纪念星期日"时实行）*，这是一个有力且流行的纪念象征，使城市生活再次暂时中止。无名烈士墓的惯例也得以重新确立，其大都市特色也得以重申。1993 年 11 月 11 日，一名澳大利亚的无名烈士遗体被从法国的战争公墓中挖掘出来，然后葬于堪培拉的澳大利亚战争纪念馆；7 年之后，渥太华也加以效仿。这些是令人印象深刻的对于第一次世界大战（以及或明或暗地，所有之后的战争）的阵亡者在这两个首都城市中的存在给予的肯定。但是，重建纪念性城市景观并非在任何地方都是一帆风顺的。在柏林，1993 年考虑欠妥的对于"新哨岗"纪念亭的改造显示，就城市史来说，当与一场更大规模战争的"恐怖状态"相提并论时，第一次世界大战的伤痕就显得黯然失色了。[59]

＊　荣军纪念星期日（Remembrance Sunday），通常是在每年 11 月 11 日之前最近的星期日，以纪念两次世界大战中阵亡的将士。——译者注

[59]　Brian Ladd, *The Ghosts of Berlin: Confronting German History in the Urban Landscape* (University of Chicago Press, 1997).

15 农业社会

本杰明·齐曼

几十年来，有关第一次世界大战经济社会史的著述，对工业生产的关注一直占据首要地位。重点是——并且在许多方面依然是——关于力图使工厂生产最大化，为前线输送大炮和弹药，以及通过集体谈判和国家干预去处理劳资关系。从这一角度看，有关这场战争的社会史的关键问题，在于"军方、资方和工人"之间的三角关系，杰拉尔德·D. 费尔德曼的开创性研究中，就德国的这一方面做了非常精彩的描述。[1]但是，就如俄国实业家伊万·布洛赫在其关于未来战争的感言中所提到的，"你只有能吃，你才能战斗"[2]。在一个较长的时期内，农业资源与任何工业生产和为其提供资金的金融机制一样，对于维持战争来说是至关重要的。在这个意义上，第一次世界大战"不但是一场钢铁与黄金的战争，而且是一场面包与土豆的战争"[3]。然而，在本章中，我们不探讨农业对于整体战争努力的贡献，而是关注农村经济的状况，还有国家对农产品的生产和定价的管理，以及这些干预措施意想不到的副作用。

但是，这样的分析只是更广泛理解在大战影响之下的乡村社会所经历变化的第一步。自拿破仑战争以来，整个欧洲的农民还是第一次深深地受到了战乱的影响。征兵制和其他形式的人口迁移，从根本上改变了乡村社会的人口结构，改变了劳资关系以及影响了村民相对于国家的力量。如果没有发生战斗或本身

---

[1] Gerald D. Feldman, *Army, Industry and Labor* (Princeton University Press, 1966).

[2] Ivan Bloch, *The Future of War in its Technical, Economic and Political Relations: Is War Now Possible?* (New York: Doubleday & McClure, 1899).

[3] Avner Offer, *The First World War. An Agrarian Interpretation* (Oxford: Clarendon Press, 1991), p.1, 引自 Bloch, *The Future of War*, p.11.

被军事占领，那么媒体报道和宣传活动甚至可以触及偏远的乡村。毫无疑问，　383
组织紧密的教区结构敞开了，农民相比之前的任何时候更深深地被卷入国家更
广泛的组织体制之中，在这种意义上，第一次世界大战是欧洲乡村社会历史上
的一个转折点。但是，在多数交战国中，处于农村政治化浪潮中的这场动乱的
确切性质和直接的政治后果，则不太清晰且高度多样化。任何尝试去判定这场
战争对于农村影响的研究，都将面对在第一次世界大战的研究中对农民的相对
忽视的问题。就如安托万·普罗斯特和杰伊·温特在 2004 年所评论的——这种
评论依然有效——在这一领域，史学著作是"非常稀少的"。[4] 再次承认这种状
况是必要的。在下文中，我将对种种变化进行分析，并大多在民族国家的层面
做出比较。但是，对于耕种方式、农民的对策和欧洲各个国家及更远地区的农
村政治十足的多样性而言，这种方法势必是不公正的。即使在俄罗斯帝国一隅
的维亚特卡省（Viatka Province）——位于俄国欧洲部分偏远的东北部，距莫斯
科数百公里——其 2.25 万个村子之间的差异也比比皆是。[5] 因此，只要有可能，
研究第一次世界大战在区域层面对于农业社会的影响应当谨慎。[6] 所有在国家层
面的论断通常——不可避免地——是普遍化的。

农业经济和国家干预

在所有交战国中，这场战争对于农业经济都有着巨大的影响。农民最重要
的资源，比如劳动力、牲畜、肥料和农具，要么被重新调配给军方，要么不再
能够获得，最常见的原因是输入的限制。此外，外国军队对大片领土的占领，
阻断了谷物和其他农产品市场的传统贸易路线，这种情况在俄国最为严重，但
并不仅限于俄国。很快就显露出来的是，随之而来的混乱不但需要国家介入食　384
品的分配，而且要干预农产品的生产和定价。

---

[4] Antoine Prost and Jay Winter, *Penser la Grande Guerre: Un essai d'historiographique* (Paris : Seuil, 2004), p.222.

[5] 见 Aaron Retish, *Russia's Peasants in Revolution and Civil War: Citizenship, Identity, and the Creation of the Soviet State, 1914—1922* (Cambridge University Press, 2008), figure on p.25.

[6] Benjamin Ziemann, *War Experiences in Rural Germany, 1914—1923*(Oxford: Berg, 2007); Robert G. Moeller, *German Peasants and Agrarian Politics, 1914—1924: The Rhineland and Westphalia*(Chapel Hill, NC and London: University of North Carolina, 1986).

这场战争的首要影响是，国家政策和国家官员在农村地区前所未有的存在感。国家对农业经济的管控，不仅仅引发了保护农业利益的地区和国家压力集团（pressure groups）的愤怒反应以及组织机构的重新调整。在不同的程度上，它还分化了农民人口并削弱了国家的合法性。

在同盟国的奥匈帝国和德国，影响农业生产最重要的外部因素是协约国的封锁，它有效地堵住了农产品和肥料的进口。战前，德国已经严重依赖农产品的进口，其消费量的三分之一来自国外。尽管事实上德国是欧洲两大工业国之一，但它仍在农业领域保持了较强的实力，1913 年全部有偿就业人口中的 35% 工作在农林行业。但是，德国的农业经济远达不到自给自足。它严重依赖进口，其中大部分是人工肥料和劳动力。仅 1913 年，就有 36.4 万名外国的季节帮工参与到普鲁士农业之中，其中大部分是来自俄国的波兰人，他们在易北河以东地区的大庄园中劳作。[7] 战时的环境和政策进一步恶化了这些外部因素。虽然可靠的统计难以获得，但毋庸置疑，大量可耕土地处于撂荒状态，其他一些变成了牧场。因此，农民对于可用雇工短缺以及对于国家控制经济的做法有所反应，后者在 1914 年 10 月对谷物采取最高限价，但是对于猪和牛的限价则分别只是在 1915 年晚些时候和 1916 年 3 月才实行，结果大大促进了牧场的扩大。所有因素加起来解释了这场战争期间德国农业生产急剧下降的原因。相比 1913 年时的水平，1918 年总的谷物产量下降了 36%，牲畜产量下降了 40%，土豆产量则下降了 35%。[8]

这场战争不但破坏了德国的农业生产，最重要的是，它在农业政策方面带来了一个巨大转变。自 1879 年关税法通过之后，相比国外进口的谷物和肉类，德国农业享有广泛的保护。由于世界市场的价格明显更低，这种措施保护了国内市场免受进口产品的价格压力。它也使得农业生产者以消费者为代价增加了他们的利润。1914 年秋，开创性地转而实行"消费导向型的粮食政策"则动摇了这种优越地位。[9] 这一套复杂的措施在 1914 年 10 月启动，连同对制作面包所

[7] Gerhard A. Ritter and Klaus Tenfelde, *Arbeiter im Deutschen Kaiserreich 1871 bis 1914* (Bonn: J. H. W. Dietz, 1992), p.182.

[8] Figures in Hans-Ulrich Wehler, *Deutsche Gesellschaftsgeschichte*, vol. iv, *1914—1949* (Munich: C. H. Beck, 2003), p.58.

[9] Martin Schumacher, *Land und Politik. Eine Untersuchung über politische Parteien und agratische Interessen 1914—1923* (Düsseldorg: Droste Verlag, 1978), p.271.

需谷物的批发交易实施最高限价。在其他方面，饲料、谷物和土豆很快被纳入相同种类的价格限制。从 1915 年 1 月起，用于制作面包和面粉的谷物存量将被充公。在地方层面，获取谷物和所有其他农产品，以后要受到国家的管控；存量被没收和核查，确保农民交付一切应该上交的产品；不定期的征用，以及最终使储藏的农产品流向城镇由地区当局设立的市政集团（Kommunalverbände）手中。最早至 1916 年，全德国的农民开始得出结论，整个最高限价、交付份额和产品公然没收的制度，就是一个"针对消费者的赞助性行动计划"。农业生产者对国家政策这种转变的不满，伴随着城市居民和村民之间不断加剧的更普遍的裂痕。由于黑市的发展，越来越多的囤积者游走在城市周边的村庄，表现出他们愿意购买粮食，乞求或干脆从田间地头偷窃的日益咄咄逼人的姿态。到 1916 年年底，农民和城市消费者之间的冲突是德国社会最重要的裂痕。[10]1917 年 12 月由一名巴伐利亚南部农民妻子所写的信，提供了对农民不满情绪的生动洞察：

> 生产者的处境并不好到哪儿去。官员们急着征缴牛、家禽、谷物、土豆、干草和秸秆。他们的行事方式就是让你尽可能所剩无几。留给我们的只有直到收获之前用于喂养两匹马的仅仅 6 森特纳（centners）* 燕麦。他们留给我们用于每日播种土地（Tagwerk，在巴伐利亚略少于 1 英亩）的种子太少了。作为农民，我们不得不像奴隶般工作，并且担心自己患病而养活不了一大家子。但是，无论是现在还是今后，我们依然是愚蠢的农民。[11]

就如这封信指出的，不但资源的匮乏激怒了农民，国家限制他们经济决策自由的行为更是如此；有义务供养城市饥饿居民的"奴隶"形象跃然纸上。在城镇和乡村的文化碰撞中长期形成的成见如火上浇油，因为农民们确信，社会上的其他人鄙视他们，视他们在文明和教育方面远远低人一等。

拿奥匈帝国的情况来看，最重要的问题是其两个组成部分之间——内莱塔尼亚的奥地利和外内莱塔尼亚的匈牙利——粮食生产的不平衡。1910 年有偿

[10] Moeller, *German Peasants*, pp.43–67, quote on p.44.
*　某些欧洲国家的重量单位，在德国和斯堪的纳维亚等于 110.23 磅，在俄国等于 220.46 磅。——译者注
[11] Quoted in Ziemann, *War Experiences*, p.174.

就业人口在匈牙利有 64.5% 从事农业劳动，在奥地利只有 48.5%。此外，奥地利阿尔卑斯山区多山的自然条件不利于精耕细作。因此，那里盛行的是草场上较为分散的奶牛养殖业。和平时期，奥地利境内发生的粮食生产不足，可以轻易地通过从匈牙利输入而得以平衡。在战前的几年中，奥地利消费的全部面粉的略少于三分之一和全部牛肉的约三分之二来自匈牙利。但是，在这场战争期间，整个帝国缺少一个统一的经济管理机构，加上帝国两部分之间的竞争，使得有效的农业政策不可能出台。到 1916 年，匈牙利对奥地利的大多数农产品出口量削减至不到战前水平的十分之一。1916 年和 1917 年，奥地利无法从罗马尼亚进口大量的谷物，因为罗马尼亚在 1916 年加入协约国，但是在几个月之内其大部分国土被德国和奥地利军队占领，此时，奥地利的粮食供应已经崩溃了。[12]

　　1914 年 11 月，奥地利政府仿效德国，首先从谷物开始对农产品实施最高限价。与德国的类似措施一样，这一决定促使奥地利农民转而去生产那些还未实行最高限价管制的农产品，这样迫使国家到 1916 年时推出一项全面制度，对所有农产品实行最高限价。但是，事实上这些最高价格很快就是最低价格，因为没有一个理性的农民会要求低于最高限价。从 1916 年起，在这个二元君主帝国的内莱塔尼亚部分，农产品稀缺成为一个严重的问题，甚至最高限价都无法刺激农民出售农产品，一个规模可观的农产品黑市出现了。公务人员在初期就预料到价格管制方面的国家干预是无法应对局势的，必须建立国家管理农业经济的全面制度。在此方面，首个决定性措施是 1915 年 2 月成立 "战时粮食管理局"。它事实上承担了奥地利境内所有生产的粮食的登记以及分配的职责，如果必要则对粮食进行征用。在此过程中，它将人口划分为三类："自我供应者"，即作为生产者的农民，他们可以保留每日一定量的面粉配额，而其他两类消费者——"非自我供应者"和"辛苦的工人"，后者能够比前者要求获得数量略多的配额。更有甚者，就如它限制了农民经济决策自由并意图在个体生产者的层面获取和控制所有的谷物那样，该机构将生产谷物的农民变成了它自己的"雇工"，这在农民之中引发了对失去经济决策独立性而深感愤怒的浪潮。[13] 于是，

387

---

[12]　Hans Loewenfeld-Russ, *Die Regelung der Volksernährung im Kriege* (Vienna: Holder, 1926), pp.5, 31, 61.

[13]　Josef Lackner, "Bauern in Salzburg 1914—1918" (PhD dissertation, University of Salzburg, 1980), pp.72–86, quote on p.79.

再次需要对粮食的定价、征调和分配实行系统性的国家控制，以覆盖所有形式的农业生产，连同一种至 1916 年推出的类似的国家机构的全面制度。[14] 当越来越多的生产者难以完成其交付定额时，国家当局做出的反应是强征牛和谷物。1917 年和 1918 年，发生了越来越多的"纠正"（revisions），一群地方官员、村长和警察挨家挨户搜查贮藏的未申报粮食。当警察在他们屋前屋后嗅探时，不但在谷仓和马厩而且在睡房和房内的神龛下搜寻粮食，导致对个人财产和家庭的独立性引以为傲的农民异常愤怒。[15] 当一名村治安官在蒂罗尔的一个村子检查谷物磨坊是否已按要求关闭时，一名已经返乡的伤残退伍老兵以暴力相威胁，但并未被理会。[16]

　　总的来说，在奥地利和德国，国家对农业经济的干预有着相似的影响。逐个实施的最高限价并没有促进生产或使之平衡。但是，同接下来实施的管制经济的做法一起，它向农民和地产业主释放了一个明确的信号：是军方和城市消费者的利益推动了国家采取这方面的政策。由于已有的农业压力集团被纳入粮食政策的总体安排，处于草根阶层的农民对既定的农民代表权框架的不满在增长。厌战情绪和对国家干预农业经济的强烈不满，没有使奥地利和德国的农民走上革命的道路。只有在巴伐利亚南部的部分地区，独立的和反教权的"巴伐利亚农民联盟"的左翼，在 1918 年和 1919 年支持社会党人库尔特·艾斯纳的革命政府和建立当地的农民委员会。[17] 尽管在奥地利和德意志帝国苟延残喘的日子里他们的团体对君主政权仍然口头上支持，但他们也用直截了当的言语发泄对农民阶层窘况的恼怒。1917 年，萨尔茨堡省的天主教农民联盟表达了对于农民被变成"农奴"的担心。[18] 当革命在 1918 年秋到来之时，大部分奥地利和德国的农民并不对各自皇帝的下台感到遗憾。

　　在协约国当中，俄国在战时面临最为严重的粮食危机。因俄国在 1914 年之前是最大的谷物出口国之一，这种情形就更令人感到吃惊。而且即使在这场战争期间，其重要农产品的产量依然是相对稳定的。如果我们将 1909 年至 1913 年

388

---

[14]　Loewenfeld-Russ, *Regelung*, pp.71-74.

[15]　Lackner, *Bauern in Salzburg*, pp.132 ff.

[16]　Oswald Sint, *"Buibm und Gitschn beinando is ka Zoig!" Jugend in Osttirol 1900—1930*, ed. Peter Paul Kloss (Vienna: Böhlau Verlag, 1986), p.264.

[17]　Ziemann, *War Experiences*, pp.181-184.

[18]　引自 Lackner, *Bauern in Salzburg*, p.154.

的平均产量设为 100 的话，那么到 1917 年，俄国的综合粮食产量只下降了 13 点，为 87。[19] 但是，三个关键性因素综合起来，将相对稳定的农业产量变成了一场重大灾难。其中第一个因素是运输路线供应上的反转，加上俄国铁路系统长期的运力不足。在肥沃的黑土地区，尤其是在乌克兰和北高加索，生产的小麦和大麦有大量的剩余。这场战争之前，多达三分之一的产量被向南运至黑海的河流港口和铁路枢纽，接着用船运往其他国家。这场战争期间，这些出口停顿了下来。但是，那时为了满足数量庞大的俄国军队——到 1916 年消耗了所有商品粮的 50%——以及俄国中部工业区的需要，主要的运输路线反过来向国内市场提供供应。而且，粮食的铁路运输只排在军队作战行动需要之后，居第二位，并且在 1915 年之前一直实行的是"粮食供应的双重标准"，严重偏向军队的做法使得已经困难的形势出现了恶化。[20]

389

　　第二个因素是行政部门职责的转变。这造成了各省之间的竞争和严重的区域失衡。当 1914 年粮食收购由农业部而不是内政部掌管的时候，问题开始出现了。与此同时，某些临近前线的地区对外输出粮食遭到了禁止。一些产粮地区的省长以此作为特许，阻止从他们的管区输出任何粮食。1915 年至 1916 年的冬天，推出了一种针对所有主要农产品的定价制度，粮食专员试图在此基础上采办粮食。在地方层面，他们依靠地方自治局的协助，这是一种由地方官员中的知识精英管理的自治机构。但是，尽管政府官员讨论了这些固定价格的最恰当的水平和这种国家大力干预的其他影响，农业生产者依然对市场惜售，以期待大幅的价格上涨。[21] 在 1916 年 11 月国家对旧帝国体制的干预达到最大程度之时，农业部出台了征收措施，要求每一个省和州（volost）交付一定数量的粮食。虽然基于的想法是，地方自治局会在分配和采办相应数量的粮食方面予以合作，但隐含了使用武力的做法。当 1916 年 12 月维亚特卡省的一个村庄拒绝交出燕麦，指出在交付价格和市场价格之间存在巨大的差别时，省长向该村派出了一支武装小分队。[22] 同时，消费地区和生产地区之间的分配和均衡供需的问题

[19]　Peter Gatrell, *Russia's First World War: A Social and Economic History* (Harlow: Longman, 2005), p.159.

[20]　Lars T. Lih, *Bread and Authority in Russia, 1914—1921* (Berkeley, CA: University of California Press, 1992), pp.7–32, quote on p.16.

[21]　Gatrell, *Russia's First World War,* pp.160–164.

[22]　Retish, *Russia's Peasants*, pp.59 ff.

日益突出。"1916 年之前，地区间粮食生产和利用的微妙平衡处在巨大的压力之下，并在 1917 年完全崩溃了"，这在城市居民中间引发了严重的食品短缺和公众骚乱。[23]

第三个因素是，尽管与农民的经济偏好相关的生产相对稳定，但是出现了食品危机。这场战争期间，随着工业品价格的上涨快于农产品价格，两者之间的"剪刀差危机"爆发了。此外，战时的禁酒措施——其价格包含了大笔的税——降低了农民的支出，而国家支付给应征入伍士兵妻子的家庭津贴为农户带来了额外的现金。在这种形势下，农民没有动机去出售农产品，或者将剩余的钱用于家庭或农场的投资，购买农机或消费品。相反，他们对市场惜售，将农产品用于自己的消费。据一些估算，农民家庭——其中许多在战前过着十分节衣缩食的日子——在这场战争期间所消费的食物增加了四分之一。[24]举一个例子，到 1915 年，市场交易的小麦份额已经从战前的 25% 下降至只有 10%。为了理解这种行为背后的理性程度，势必不能将俄国的小农视作其核心利益在于收入最大化的企业家，而是应看作以家庭为中心的经济单位的一部分，力图平衡其个体成员的工作量——包括通常在农业劳动中未充分得到雇佣的那些人——和家庭单位通过消费进行再生产之间的关系。这并不意味着俄国农民脱离了国家的战争努力，由此对争取最大产量的热情较少，而是表明他们的经济行为并未遵照支撑自由市场经济的抽象原则。在其 1923 年具有开创性的著作《小农经济理论》中，俄国经济学家亚历山大·恰亚诺夫试图以大战期间他所获得的见解作为基础，去理解这些农民的经济偏好。[25]

对于法国而言，农业部门是至关重要的。在 1911 年，所有有偿就业的人口当中的 44% 仍然从事农业劳动，最多拥有 25 英亩的小农户占法国全部农场数的 85%。类似东欧（包括易北河以东的德国地区）的大地产，在法国事实上是不存在的。由于小农户盛行，到 1914 年，生产的机械化和集约化没有取得多大

[23] Gatrell, *Russia's First World War,* p.167.

[24] Peter Holquist, *Making War, Forging Revolution. Russia's Continuum of Crisis, 1914—1921* (Cambridge, MA: Harvard University Press, 2002), pp.32 ff.

[25] Alexis N. Antsiferov *et al.*, *Russian Agriculture during the War* (New Haven, CT: Yale University Press, 1930), pp.130—141, figure on p.140; see Daniel Thorner et al. (eds.), *A. V. Chayanov on the Theory of the Peasant Economy* (Homewood, IL: Richard D. Irwin, 1966); Günther Schmitt, "Ein bedeutender Agrarökonom ist wieder zu entdecken: Alexander Tschjanow", *Zeitschrift für Agrargeschichte und Agrarsoziologie*, 36 (1988), pp.185–216.

391 进步，使得法国农业更易受关键资源匮乏的影响。对农业生产最大的冲击是征兵，它使许多小农户失去了他们唯一的专职劳动力。获得精确的统计数字是难以做到的，但是，最接近实际情况的估算认为，征兵导致男性农业劳动力整个下降了 43%。[26] 第二个不利因素是，德国对法国北部 10 个省的占领。它们只占农业土地的 6%，但是土壤肥沃，在 1913 年生产了全部小麦的五分之一和全部燕麦的四分之一。在战场无人地带的两边，那些直接受持续军事占领影响的村子情况更糟，而且英国远征军与法国和比利时农民之间的关系从来都不是那么融洽。[27]

生产的结果是灾难性的。如果将战前水平定为 100，那么 1917 年小麦的生产降至 41，黑麦降至 47，甜菜仅仅为 34。家畜的产量，主要是猪、绵羊和山羊，维持得好一些，但是整体产量的下降是明显的。国家激励农民或扩大生产的尝试无关痛痒。因此，就如奥地利和德国一样，国家干预的主要重点是实行最高限价和征用的制度，试图保护城市消费者免受食品价格快速上涨的影响。1915 年 10 月法国开始采取小麦最高限价，到 1917 年时扩大成一种全面的制度，同时农民将增产的粮食当作饲料，而不顾 1915 年 4 月实行的禁令。这种制度通过检查以及（如果必要的话）强征现有贮存来执行。[28] 如同其他国家中的农民那样，法国农民认为，这些国家管制措施不利于他们，而有利于城市消费者。在前线服役的农民咒骂、蔑视"城市里的那些闲人"，"应当在撂荒的耕地上劳动"，而不是要求提供廉价的食物，而且他们叮嘱妻子，无论国家何时进行检查，都要藏好贮存的粮食。[29]

392 在英国，农业经济是战争努力方面较少出现问题的，因为战争前夕只有略微超过 10% 的男性劳动力从事农业生产。不存在征兵制则意味着，农场不会立即缺乏劳动力，而且来自美国的持续进口的农产品供应和不错的收成意味着，

---

[26] Michel Augé-Laribé and Pierre Pinot, *Agriculture and Food Supply in France during the War* (New Haven, CT: Yale University Press, 1927), pp.10 ff；关于征兵, Pierre Barral, "Les campagnes", in Stéphane Audoin-Rouzeau and Jean-Jacques Becker (eds.), *Encyclopédie de la Grande Guerre 1914—1918* (Paris: Bayard, 2004), p.652.

[27] Augé-Laribé and Pinot, *Agriculture*, pp.55–62; Craig Gibson, "The British army, French farmers and the war on the Western Front 1914—1918", *Past & Present*, 180 (2003), pp.175–239.

[28] Augé-Laribé and Pinot, *Agriculture*, pp.33, 69–99.

[29] Letter from March 1917, cited in Martha Hanna, *Your Death would be Mine. Paul and Marie Pireaud in the Great War* (Cambridge, MA: Harvard University Press, 2009), p.198.

在 1916 年之前农业政策是"基本自由放任的"。但是，当 1916 年劳合·乔治政府上台时，这种状况发生了变化。出于对美国农产品歉收和德国潜艇战前景的担忧，政府改变了方针，开始实行"高度干预"的农业政策。[30] 这种一百八十度转变的关键因素是"耕地政策"。在新近成立的粮食生产部门的监督和郡农业执行委员会（County Agricultural Executive Committee）的贯彻之下，该政策迫使农民将永久性草地变为耕地，所基于的合理想法是，相比英格兰北部、苏格兰和威尔士盛行的在牧场生产牛羊的低集约化畜牧业，生产小麦和燕麦能够为人体消耗提供更多的热量。这确实是国家干预农业的一种"革命性"形式，但是，它基于农民、土地所有者和地方官员之间利益的广泛一致，并得到了额外提供的劳动力、肥料和机械的支持，包括从美国进口第一代以燃油为动力的福特森牌（Fordson）拖拉机用于犁地。这项政策只是为 1918 年的收割全面实施的，它对英国粮食供应的实际影响极其有限，因为它仅仅促使生产恢复到战前的水平。尽管如此，1918 年的耕地比 1916 年增加了 20.8%。因此，耕地政策有助于大战期间英国农耕的整体稳定，并促使决策者在第二次世界大战期间以更大的规模推行一种相似的计划。[31]

就如我们简单的调查所表明的，到 1916 年，所有主要的欧洲国家都实行了对农业经济的重要干预，通常借助对全部主要农产品实行最高限价的制度，同时制定交付指标或对粮食和家畜进行强征，以及——在英国的情况中——对农耕进行直接干预。在大多数国家，包括奥匈帝国、法国、德国和英国，这些措施涵盖了在市场上销售和交易农产品的已有的私人机构，即为了获得和转运粮食家畜，他们得依靠农业合作社、批发商和商业仓储的服务。因此，就如历史学者彼得·霍尔奎斯特所注意到的，大战期间农业政策是建立在"某种社团主义"基础之上的，是一种私人和国家行为体之间的密切一致的合作。唯一例外于这种原则的是俄国。在俄国，政府和主要专家利用国家干预"去取代而不是吸收已有的市场体系"，试图以国家官员的工作取代批发商和其他商人的服务。[32] 这种决定不但助推了俄国粮食政策的灾难性表现，而且直接削弱了国家

393

---

[30]　Peter E. Dewey, *British Agriculture in the First World War* (London: Routledge, 1989), p.23.

[31]　Dewey, *British Agriculture*, pp.91–105, 148–163, quote on p.95, figure on p.201.

[32]　Holquist, *Making War*, pp.34 ff.

＊　沙皇退位是俄历 2 月，公历 3 月，但原文未注明是俄历。——译者注

的合法性，促成了沙皇政权在 1917 年 2 月的垮台*。另一方面，在德国和奥地利，农民对国家管制经济的不满，一定程度上因为私人交易商的引人注目性而未再指向国家。不只是在奥地利萨尔茨堡，许多农民都确信，"战时粮食管理局"和其他国家机构"染上了犹太人的毒"（verjudet），即因犹太商人的明显参与而导致粮食市场交易的堕落。许多农民利用和进一步加深村民之中已有的反犹成见，把农业政策强加给他们的限制归罪于犹太人而不是国家。[33]

在第一次世界大战结束之时，欧洲大多数国家的农业部门都耗尽了主要的资源，并苦于长期投资的缺乏，同时剩余的劳动力枯竭了。这场战争已经使粮食生产领域的国际劳动分工发生了变化。虽然欧洲大陆的生产下降了，但美国的农民从全球市场不断增加的需求中以及有必要向他们的英法盟友出口粮食中获益匪浅。对美国农业而言，在 20 世纪 20 年代初欧洲生产开始恢复而拉低价格之前，大战带来了繁荣。[34] 然而，主要资源的匮乏和对国家前所未有地干预农业领域的不满，只是这场战争期间欧洲小农经济两个重要的方面。从总体平衡的角度来看，必须看到许多——但并非所有——拥有中等规模农场的农民，以及低一个层次的小农户，也都从这场战争中受益。国家支付给士兵妻子的津贴和黑市上所售农产品价格的快速上涨，为小农户带来了规模前所未有的可支配的现金收入，对于那些拥有更大片土地的人来说，这方面的收入也是罕见的。尽管整个额外现金收入的数量取决于农产品的特性和接近城市消费者的程度——两个最重要的因素——但整个欧洲都显示出这一现象。在法国各省，教师和政府官员夸张地报告，农民们"家里堆满了黄金"。在这场战争期间，法国农民的妻子和女儿开始展示出对时装的偏好，这表明了一种新近获得的口味和炫耀性消费的倾向。1918 年，多尔多涅省（Dordogne）的一名小农户的妻子，不是从当地集市，而是从 300 多公里之外巴黎一家百货公司的商品目录中，订购了一件新衬衫。[35] 在所有交战国中，战时的通货膨胀也使得农民降低了已有抵押债务

---

[33] Lackner, *Bauern in Salzburg*, quote on p.134; see Ziemann, *War Experiences*, pp.186–190; for East-Elbian Prussia, cf. Elke Kimmel, *Methoden antisemitischer Propaganda im Ersten Weltkrieg. Die Presse des Bundes der Landwirte* (Berlin: Metropol, 2001).

[34] David Danborn, *Born in the Country. A History of Rural America* (Baltimore, MD: Johns Hopkins University Press, 1995), pp.161–187.

[35] Jean-Jacques Becker, *The Great War and the French People* (Leamington Spa: Berg, 1985), pp.119–124, quote on p.121; see Hanna, *Your Death*, p.298; Michael Gervais *et al.*, *La fin de la France paysanne, de 1914 à nos jours* (Paris: Seuil, 1976), pp.51 ff.

的账面价值。在奥地利和德国，这一过程尤其明显，通货膨胀以大大加快的节奏延续到了战后时期。在 1922 年和 1923 年德国恶性通货膨胀的高峰期，诸如定制的橱柜、钢琴和摩托车这样的奢侈用品，在拥有中等规模农场的巴伐利亚农民的家中找到了安身之处。[36]

就如意大利的例子显示的那样，即使小农、租地农民（leaseholders）和佃农（mezzadri）——他们必须将一定数量的收获作物上交给他们的地主，而地主反过来提供土地、居所和兽栏——在经济上也能从这场战争中受益。佃农和地主之间达成的协议通常每年进行复核，但是，政府的法规确定了这场战争持续期间的协议条款。这使得那些将所有剩余农产品拿到市场销售的佃农实际从价格上涨中获益，在几年的过程中，他们增加的净收益达 500%。接近这场战争尾声之时，越来越多租地农民和佃农开始购买属于自己的土地。因此，战后，意大利的乡村见证了"一个新的小农所有者阶层的形成"[37]。统计数据突显了这一现象的意义。在 1911 年和 1921 年进行的人口调查中，意大利农村中所有者的总体人数从 225 万增长至 417 万。由于农业经济中全部专职劳动力的比重从 19%上升至 33.6%，佃农的百分比于是从 17.5% 下降至 15.6%，租地农民从 8.1% 下降至 6.8%，剩下的则是雇工。[38] 在"红色的两年"期间—— 1919 年和 1920 年大罢工、动乱和社会主义动员的岁月——汹涌的社会斗争在意大利农村地区爆发，这些"小资产阶级"土地所有者，日益被卷入"许诺保护他们新近取得的财产地位"的法西斯运动当中。[39]

变化中的村社社会结构

这场战争不仅仅逐渐耗尽了农村经济的重要资源，并使国家以前所未有的

[36] See Henri Gerest, *Les populations rurales du Montbrisonnais et la Grande Guerre* (Saint Étienne : Centre d'Études Foréziennes, 1977), pp.183–194 ; Ziemann, *War Experiences*, pp.179–181, 197–202.

[37] Anthony L. Cardoza, *Agrarian Elites and Italian Fascism. The Province of Bologna, 1901—1926* (Princeton University Press, 1982), pp.16–22, 230–232, quote on p.232.

[38] 见 Arrigo Serpieri, *La Guerra e le classi rurali italiane* (Rome : Laterza, 1930), pp.360 ff ; Francesco Bogliari, "Le campagne italiane nella prima guerra mondiale", in Paolo Alatri *et al.* (eds.), *Storia della societa italiana*, vol. xxi, *La disagregazione dello stato liberale* (Milan: Teti, 1982), pp.103–123, here p.109.

[39] Cardoza, *Agrarian Elites*, p.322；博利亚利（Bogliari）使用了"中下阶层"（piccola borghesia）一词，"Le champagne italiane", p.109.

规模干预农业，它还影响到了农村社会的结构，使村社已有的社会断层加深或发生变化，同时将新形式的冲突显露出来。这一章的论点之一是，这些冲突并非总是依照社会阶层来界定，即便农村的雇工和农民是两个不同的群体。[40] 在许多方面，农村地区的凝聚力和冲突跨越了阶层问题，引发了集体道德的危机，并沿着不同的路线重新调整群体和个人。在这方面，第一大主题是村社中邻里关系的重申和随后的瓦解。总体来说，农民对宣战和军事动员的反应是五味杂陈的。在奥匈帝国、法国、德国和俄国，他们表现出一系列相似的反应。[41] 在家庭的私人领域，或者在田间地头收割小麦和大麦的劳动者群体中，普遍的感觉是一种绝望和悲伤，因为显而易见征召男人入伍不但扰乱了正在进行的收割，而且将造成死亡。但是，在教会开展工作使村子团结起来并增强了他们的决心之后，当预备军人踏上征途前往火车站之时，氛围改变了，农民原则上支持国家战争努力的事实变得清晰可见。对俄国而言，即使常常是相反的看法得到陈述，但如果认为农民因狭隘的经济利益和社会关系而缺乏对国家政治的参与，那就错了。主要出于一种责任意识，俄国农民最初支持这场战争。只有一小撮俄国农民参与了因征兵引发的骚乱，其原因主要是年轻的入伍者相信他们有资格免费饮酒。[42]

最早对村社凝聚力的重大考验出现在 1914 年 8 月，并同时对粮食的收成构成了直接的挑战。对所有主要国家而言，当时地方小学教师和教区神父的报告以及个人的证言指向了相同的方向：在这些不平常的环境中，每个人都得体地应付突如其来的情况，农民之间的相互帮助和务实团结使得及时收割成为可能。留下来的雇农和农民竭尽全力帮助那些被剥夺了男性劳动力的家庭。[43] 这些反应不仅仅是必要的，而且还有善意。在团结紧密的村社里，每个人都与他人在生活上息息相关，邻里间的摩擦和激烈关系会毒害整个环境。似乎至少在某些场合，过去失和的农民因为战争爆发而捐弃前嫌。他们向邻里提供帮助，希望他

---

[40] 关于俄国，见 Mark Baker, "Rampaging soldatki, cowering police, bazaar riots and moral economy. The social impact of the Great War in Kharkiv Province", *Canadian-American Slavic Studies*, 35 (2001), pp.137–155, 142.

[41] 关于奥地利，见 Oswald Überegger and Matthias Rettenwander, *Leben im Krieg. Die Tiroler 'Heimatfront' im Ersten Weltkrieg* (Bozen: Verlagsanstalt Athesia, 2004), pp.80 ff.

[42] Joshua Sanborn, "The mobilization of 1914 and the question of the Russian nation: a reexamination", *Slavic Review*, 59 (2000), pp.267–289; Retish, *Russia's Peasants*, pp.24–29.

[43] Becker, *The Great War*, pp.13–17; Ziemann, *War Experiences*, p.27; Sint, *Buibm*, p.173.

在前线恪尽职守。[44] 然而,村社的这种重新肯定只是相互认可的一个短暂时刻,在这场战争的重负之下很快就瓦解了。到 1915 年的夏天,法国多尔多涅省的一位小农的妻子在信中抱怨,"现在没人帮助任何人",请求男邻居的帮助是非常困难的,如果一位农民的妻子"遭遇了不幸,其他人就会在背后笑话她"。[45] 随着这场战争陷入僵局并夺走了越来越多农民家庭中的父亲和儿子,指望邻里的日常团结是几乎不可能的,在那些大多数农民拥有数量差不多土地的法国村庄是如此,更别提在小农和富农之间差别明显的乡村。

国家对农业经济的干预加剧了这些方面的问题,并使一系列新的差异显现出来。随着国家对农产品确定最高限价,强征某些产品,派村治安官去查实贮存或粮食加工作坊是否事实上已关闭以防止农民加工自己的面粉,国家不得不依靠地方官员的协助。在法国,就像在奥地利和德国那样,村长负责承担必要的文书工作,在巡查工作上由他联系警方。但是,村长通常也是一个农民,与他人存在家庭纽带关系,所以他的身份招致了厚此薄彼的指责。即使村长以不偏不倚的方式在受管制的经济中开展他的工作,整个制度本身"也会使遵守制度的老实人承受最重的负担"——即那些说出他们所有的贮存粮食和按最高限价而不是以比黑市高得多的价格交付他们农产品的人。另一方面,那些在自己的利益上"逃避"管制的人,"难以被全部发现,他们逍遥法外的场景使不满情绪和人心沮丧在邻里间扩散"。[46] 关于德国的情况,有人认为,"这场战争没有在乡村地区抹去经济上的差异,在某些方面……甚至加强了它们",就如两头牛中有一头被没收的小农所受到的打击比拥有十头牛而只没收一头的大户要更严重一样。[47] 但是,更重要的城市消费者和农村粮食生产者之间的冲突掩盖了这些差异。在村社范围之内,更重要的情况是,那些遵守政府干预规定的农民不仅仅是在经济方面处于不利地位。他们不但在上交粮食方面回报更少,而且不得不意识到他们的诚实没有在村社中得到尊重和礼遇。在德国的情况中,这个问题比在奥地利、法国或其他国家更加明显,因为

397

---

[44] Sint, *Buibm*, p.171.

[45] Hanna, *Your Death*, p.52.

[46] Augé-Laribé and Pinot, *Agriculture*, quote on pp.93 ff;有关"厚此薄彼"在奥地利的情况,见 Lackner, *Bauern in Salzburg*, p.95.

[47] Robert G. Moeller, "Dimensions of social conflict in the Great War: the view from the German countryside", *Central European History*, 14 (1981), p.168.

管制经济的因素继续在战后时期存在，只是到 1922 年的恶性通货膨胀期间才取消。[48]

398　这场战争期间村社社会史的第二个重大主题是性别和代际之间的关系变化。农村的男性当家人被大规模征召入伍之后，妇女从事农业的方式有了显著的变化，妇女在村社的整体存在也是如此。但是，将这些变化同诸如解脱或解放这样的词联系在一起是错误的。这是那个时代一些观察者的观点，例如 1918 年的一篇报纸文章对意大利南部阿普利亚（Apulia）乡村地区做出的结论是，这场战争期间"女权主义取得了胜利"。[49] 这样的言论在蒂罗尔的报纸文章中也有体现，用有些怜悯的语言描绘了那些为祖国奥地利劳作的"粗壮妇女"，她们迎来了通过她们自己努力获得的土豆丰收。[50] 然而，现实情形和农妇们的主观感受，相比这些进步的或民族主义的言论所做的标准比喻，要更加复杂。在如此多的农民男子不在家的情况下——1916 年估计的巴伐利亚农村女性当家的人数在44%——他们的妻子不仅仅要承担像驾驭牛或马犁地这样体力上要求极高的农活，而且她们总体的劳动时间甚至比和平时期更长，因为家中和菜园的琐事依然需要她们照料。[51] 最晚至 1916 年，大部分小农和中农的妻子连续地过度劳作，体力上精疲力竭，情绪上也因丈夫或儿子长期不在家或者阵亡而疲惫不堪。在写给前线的信中，她们对绝望、疲惫的情感直言不讳，以及对城市居民的相对舒适和她们所认为的懒惰感到愤怒。在奥地利、法国和俄国，以及在意大利和德国，正是这些情感构成了第一种情形中农村妇女总体的自我认知。[52] 只要有可能，年轻男子被雇用承担最繁重的工作，但是，他们也面临着体力的极限，比如移动载满饲料或肥料的沉重车辆。[53]

399　身体上的精疲力竭不仅仅给农村妇女的生活增添了情绪上的负担，还进一步影响到了农民家庭。与农民离家和婚姻推迟一起，它是这场战争期间农村

[48] Ziemann, *War Experiences*, pp.174–176.
[49] Cited in Frank M. Snowden, *Violence and Great Estates in the South of Italy. Apulia, 1900—1922* (Cambridge University Press, 1986), p.154.
[50] Überegger and Rettenwander, *Leben im Krieg*, p.121.
[51] Ziemann, *War Experiences*, pp.156–158.
[52] 关于意大利，见 Matteo Ermacora, "Women behind the lines. The Fríuli region as a case study of total mobilization, 1915—1917", in Christa Hämmerle *et al.* (eds.), *Gender in the First World War. Topics and Perspectives* (Basingstoke: Palgrave, 2014)；关于法国见 Hanna, *Your Death*.
[53] 见出生于 1900 年的奥斯瓦尔德·辛特（Oswald Sint）给出的例子，Sint, *Buibm*, p.249.

出生率不断下降的一个促成因素，流产数量的上升加剧了这一问题。但是，承担以往由男人干的活所造成的身体和情绪上的疲惫，只是农村妇女角色变化的一个方面。在一年的农耕周期期间，小农、佃农以及富农也必须做出重要的决定，从决定每块地适合种什么庄稼到正确的播种和收割时机。在这些方面，多数农村家庭的女性一家之主依赖于她们身在前线的丈夫通过信件的日常会话所提供的建议。但是，她们也自己做出决定，明确告知丈夫她们在这一过程中获得的一系列新技能。复杂得多的是乡村地区妇女劳动的第三个因素：她们在村社中的地位。由于国家对农业经济的干预，女性农村一家之主要面对由男人去做出和实施的决定，从国家官员强加的交付配额和村长的检查，到村治安官以及有时是士兵进行的征用和搜查。已有的关于奥地利、法国和德国的证据表明，女性农村一家之主常常无法挑战村社中普遍存在的父权结构，而国家的干预不但有赖于而且重申了这些结构。[54] 在这种情况下，丈夫离家去往前线使得农村妇女处于一种非常脆弱的地位。农妇和战争寡妇在农产品被强征时受到军事人员性骚扰的零星证据，将这一潜在的问题凸显出来。[55]

然而，认为农村妇女总是被动地忍受战争的重负，以及在面对战时动员和国家对村子越来越多的干预时她们失声了是不正确的。至少在两个交战国中，农村女性一家之主产生了相当强烈的集体力量的意识，并以前所未有的方式挑战政府当局。但是，这两种例子必须放在各自战时社会的特殊社会和政治背景之中加以看待。在意大利，自由派的城市精英和农村人口之间的社会和政治鸿沟提供了总体的背景，当 1915 年 5 月意大利站在协约国一方参战之后，这种鸿沟进一步扩大了。意大利农村社会的主要社会阶层，包括从地主手中租种土地的租地农民（fittavoli），将所收获的部分庄稼交给土地所有人的佃农（mezzadri）（农村劳动力和雇工的最大群体），以及小农，他们在战争努力中整体没有实质利益并从一开始就对意大利参战多少有些不满。在写给家中亲属的一些信中，以及在呈交国王埃曼努埃尔三世的意见书中，农民男子生动地表达了对这场战争的公然"反对"，农民们以一种颇为奇特的庶民的顺从和

400

[54] 关于德国，见 Ziemann, *War Experiences*, pp.159–166.

[55] See Überegger and Rettenwander, *Leben im Krieg*, p.93.

大胆的敌意相混合的方式进行呼吁，要求国王立即干预并使意大利退出这场战争。[56]

然而，在经济形势迅速恶化之际，这些农民的妻子采取了直接的行动。在拉齐奥省（Lazio）和其他地区，一群群农村妇女在 1915 年开始擅自占用土地，她们认为自己需要维持生计。在大多数小农妇女看来，她们在"道德经济"基础上所采取的行动，只是借助占用手段去恢复集体的合法权利。仅仅在 1916 年 12 月到 1917 年 4 月的这段时期，据意大利当局统计，整个国家就有大约 500 起自发的集体抗议事件，其中许多发生在乡村地区，将作为参与者的一群群农村妇女带至农村城镇。在这些事件期间，主要在意大利南部，区长和市长的办公室遭到了冲击，应征士兵的名单被撕毁，路障架设起来了，国家宪兵队（carabinieri）的警察站遭到了雹子般的石块袭击。虽然国家官员是主要的目标，但是，怒火有时也指向富人的府邸。农村妇女的这些抗议有着政治上的特点，她们不但要求丈夫从前线返回，而且表达了对于这场战争导致的生活不稳定的关注，更常常要求立即实现和平。[57] 有人认为，平息这波民众骚乱的一个重要因素是，政府发起了一场系统性的宣传战，并在"土地归农民"（la terra ai contadini）的口号下承诺进行土地分配。但是，其他学者质疑这样的宣传在小农、佃农和农业工人中事实上的被接受程度。当后者中的一些人在 1919 年年初返回家乡时，发现战俘已经在岗位上取代了自己。[58]

但是，意大利农民的妻子不但在公开抗议中，而且在其他团结一致的行动中显示了她们的集体力量，这种团结一致体现了妇女参与脱离和抵制国家战争努力的乡村文化的程度。早些时候，主要的情形是来自农村士兵的个人抵制行

401

---

[56] Bogliari, "Le champagne italiane", p.117 ; Livio Vanzetto, "Contadini e grande guerra in aree campione del Veneto (1910—1922)", in Mario Isnenghi (ed.), *Operai e contadini nella grande guerra* (Bologna: Capelli, 1982), p.78; see Angelo Bazzanella, "Die Stimme der Illiteraten. Volk und Krieg in Italien 1915—1918", in Klaus Vondung (ed.), *Kriegserlebnis. Der Erste Weltkrieg in der literarischen Gestaltung und symbolischen Deutung der Nationen* (Göttingen: Vandenhoeck & Ruprecht, 1980), pp.334–351.

[57] Bogliari, "Le champagne italiane", p.120 ; Giovanna Procacci, *Dalla rassegnazione alla rivolta. Mentalità e comportamenti popolari nella Grande Guerra* (Rome : Bulzoni, 1999), pp.207–250; see Giovanna Procacci, "A 'latecomer'" in war: the case of Italy", in Frans Coetzee and Marilyn Shevin-Coetzee (eds.), *Authority, Identity and the Social History of the Great War* (Providence, RI and Oxford: Berg, 1995), pp.19 ff.

[58] Bogliari, "Le champagne italiane", p.121; see the sceptical remarks by Bernd Kölling, *Familienwirtschaft und Klassenbildung. Landarbeiter im Arbeitskonflikt: Das ostelbische Pommern und die norditalienische Lomellina 1901—1921* (Vierow: SH-Verlag, 1996), pp.117, 136.

为，绝大多数是自残、开小差和逃避服兵役，这大大地削弱了意大利军队。获得确切的数字是困难的，但仅逃避服兵役的数字就达 47 万人。[59] 许多有着农村背景的开小差者和逃避服兵役者，在丈夫仍在前线的农村妇女的谷仓和住所中寻求躲避军事法庭的惩处。在多个场合，这些农村妇女将他们吸纳进家庭，并提供掩护免受警方的追查，以此来换取他们从事田间地头的农活。一些村社接纳和融合了整群的逃兵。但是，这些开小差者的例子也说明了这样的事实，即在前线服役的意大利农民的妻子依然处于一种非常弱势的地位，因为针对她们的性暴力和强奸行为的数量大幅增加。类似的矛盾成为所谓的"自由结合"（unioni liberi）的特征，一些已婚妇女开始同士兵或逃兵自愿发生性关系。不论妇女新的劳动方式和集体力量的行为如何，意大利乡村地区已确立的两性等级体制一直原封未动。[60]

在俄国，许多村社经历了历史学者马克·贝克描述为"军嫂的崛起"（rise of the soldatki）的情形。这些人都是那些应征入伍者的妻子。这场战争之前，她们已是村子里的独特社会群体。而现在她们的数量急剧增加——占现在已成乌克兰一部分的哈尔科夫省（Kharkiv）全部农户的 36%，到 1917 年则已没有任何成年男性劳动力。此外，军嫂们很快意识到，当局通常不愿意以严厉的惩罚措施镇压她们的集体行动，即使她们在抗议期间不可避免地威胁使用暴力，而且时常采用这种手段。在 1914 年至 1915 年，军嫂们将她们的怒火指向了正在开展的斯托雷平的土地改革，它将村社的公共地块划分成互不相连的带状地块。在丈夫不在身边的情况下，军嫂们感到在这一改革过程中她们将处于不利的地位。在这场战争的后半段里，她们转而反对居家用品价格的急剧上涨，同时却对农产品实行固定的价格，或者换句话说，反对国家实行的剪刀差。这些抗议采取了集市骚乱的形式，农妇们拒绝以低于她们认为合适的价格在集镇出售她们的农产品。[61]1917 年二月革命之后，妇女这些集体反

[59] Bazzanella, "Stimme der Illiteraten", p.342；关于自残，见 Leonardo Raito, *Gaetano Boschi. Sviluppi della neuropsichiatria di guerra (1915—1918)* (Rome : Carocci, 2010).

[60] Anna Bravo, "Italian peasant women and the First World War", in Clive Emsley *et al.* (eds.), *War, Peace and Social Change in Twentieth Century Europe* (Milton Keynes: Open University Press, 1989), pp.102-115; Ermacora, "Women behind the lines".

[61] Baker, "Rampaging soldatki", pp.138, 143-153, quote on 143; Retish, *Russia's Peasants*, pp.50-54, 154-156; Emily E. Pyle, "Peasant strategies for obtaining state aid. A study of petitions during World War I", *Russian History / Histoire Russe,* 24 (1997), pp.41-64.

抗的举动——在军嫂和她们的丈夫团圆的时刻——演变成了自发性的强占土地。军嫂的崛起和妇女更普遍的参与意味着，这场战争"促进了妇女进入男性农业劳动力的角色以及传统的乡村政治的父权公共领域"。但是，在维亚特卡省和其他不同族裔混杂的地区——那些人往往是非俄罗斯血统，乡村中的领导地位仍然牢牢地掌握在男性手里，即使1917年的革命将年轻的农民男子带至前线。[62]

第三个重大的主题是变化之中的村社社会结构，它同农业工人与农民和地产拥有者之间的劳动关系密切相关。在20世纪初，欧洲农业是基于一种有赖于雇工以及削弱自由市场的半封建契约协议，或者是这些方面的混合的相当僵化和等级森严的制度之上的，而这些雇工受到家长式的控制以及自由流动和集体谈判的法律限制。在有着中等规模家庭农场的地区，这种形式在西欧和中欧的许多地方普遍存在，男性或女性雇工通常在他们一生中的某个短暂时期与农民家庭共同生活在同一屋檐下，受到农民及其妻子的严密控制，并且在德国直到1918年革命为止有着专门的法律规定，任何违反契约的行为属于刑事犯罪。[63]在东欧和南欧的大庄园，在意大利、易北河以东的普鲁士、俄国和匈牙利，雇工按照各种不同的约定从事劳动，从季节性和每日的雇佣方式到固定的契约。其中一些人以个人的形式签署契约，其他人则受制于半封建性的约定，他们承包了整个家庭的劳动，并接受他们报酬的大部分以实物抵扣，通常是谷物和土豆。

由于劳动形式千差万别，也由于那个时代的行政官员和之后历史学者的忽视，要对大战期间农村劳动力的社会地位做出结论性的陈述是异常困难的。但是，关于首要的群体——男性和女性的雇工，能够做出一些相当普遍性的评论。因为在除美国以外的所有国家中农业劳动力的匮乏是一个主要问题，所以对这些雇工的需求量很大，由此雇工能够通过单独的讨价还价十分可观地提高他们的报酬。对于法国来说，一项分析认为，在1914年至1920年之间，支付给雇工的年薪几乎翻了三倍。但是，法国的许多男性和女性雇工，甚至无视这种大幅上涨，决定在城市的军火工厂寻求更高的工资；德国和奥地利的许多男女雇工

403

---

[62]　Retish, *Russia's Peasants*, pp.48 ff.

[63]　关于这些约定的精彩研究，见 Regina Schulte, *The Village in Court. Arson, Infanticide, and Poaching in the Court Records of Upper Bavaria, 1848—1910* (Cambridge University Press, 1994).

也是如此，迫使许多农民摞荒一些土地。因此，对于农村中的这种劳动关系而言，第一次世界大战最重要和最持久的结果是，它进一步推动了雇工只身前往城市。在法国，1921 年从事农业的人数要比 1911 年少 150 万人。[64] 在这场战争期间和战后，农民和雇工之间一些较根深蒂固的家长式态度和做法消退了，因为后者发现在这些问题上更容易挑战他们的雇主。但是，对于那些正寻找更好生活的雇工来说，离开村子另觅高就看上去依然是更佳的选择，甚至在战争期间，有关当局也无法阻止他们。[65]

战争期间和战后不久，在大庄园中从事劳动的雇工在集体谈判方面有着更 404 好的前景，即使多方面的区域差异和雇佣的不同形式保证了这些雇工从未发展成联合的农村工人阶级。在阻碍任何呼吁工人阶级集体行动的特定劳动条件和契约安排的方式上，一个很好的例子是德国东部波美拉尼亚（Pomeranian）和其他普鲁士省份庄园中的雇工（Deputatarbeiter）。他们获取的报酬中大部分是实物性抵扣（Deputat），并将其大部分用于能产生某种适销产品的小规模养猪业。在战争期间和战后，这些猪是十分贵重的商品，在市场销售它们的主要影响是使农业工人（Deputatisten）牢牢地处于农业生产者的阵营。当社会主义性质的农业工人的工会，即德国农民协会，决定站在城市劳动者一边，支持其获得受管制经济中的津贴的要求时，他们的呼吁在雇工中间注定没人理睬。[66] 因此，城市消费者和农业生产者之间经济上的裂痕，胜过了任何潜在的工人阶级的团结。

在大庄园劳动的意大利农业工人的集体力量的发挥余地，比德国或事实上比欧洲其他任何地方都要更大一些。自 19 世纪 80 年代起，社会主义的工会已能够煽动和组织意大利的农业工人。在 1901 年夏，首场大罢工浪潮席卷了这个国家的所有庄园。其后，代表佃农和临时工利益的数百个地方和区域的联合会，跨越意大利联合在了一起。1901 年 11 月末的一次大会，成立了全国性的农业工人工会，很快它接纳的会员比其他任何工会都要多。到 1914 年，社会主义的劳

---

[64] Figures in Augé-Laribé and Pinot, *Agriculture*, pp.115 ff; Hanna, *Your Death*, pp.193 ff; Ziemann, *War Experiences*, pp.203–209.

[65] Elizabeth Bright Jones, "A new stage of life? Young farm women's changing expectations and aspirations about work in Weimar Saxony", *German History*, 19 (2001), 549–570, 555 ff.

[66] Kölling, *Familienwirtschaft*, pp.216–234, 367.

工运动已经在意大利农村地区赢得了相当大的吸引力。但是，即使在像博洛尼亚省（Bologna）这样的社会主义者据点，全国农业工人联合会也接受了该省省长与农村雇工达成的一项协议。该协议基本中止了战争期间的集体谈判和罢工行动，以换取庄园主对联合会的正式承认，以及临时工以其劳动换取使用庄园主工具的权利。由此，从 1915 年至 1918 年间该省的村庄没有发生大规模的罢工行动。也许矛盾的是，在这场战争期间，对改良社会主义工会的限制却增强了它的地位。由于国家官员渴望维持社会太平和保证农产品的供应，这些限制性安排给了全国农业工人联合会战前不曾享有的"新的体制合法性"。[67] 但是，战争期间甚至还处于草根阶层的临时工的直接行动大多都中止了，庄园主在战后的岁月里希望剥夺农村劳工运动的发展成果。就如在意大利其他省份那样，在粉碎临时工和他们的社会主义联盟的行动中，1921 年法西斯运动首次挺进了博洛尼亚周边的农村地区。[68]

结　论

奥斯瓦尔德·辛特是一位小农的儿子。他生于 1900 年，是家里 8 个孩子中最小的一个，在卡尔蒂奇（Kartitsch）的一个村子里长大，这个村子坐落在奥地利阿尔卑斯山海拔 1360 米的地方，那时属于蒂罗尔省偏远的东部地区。当战争在 1914 年 8 月开始之时，奥斯瓦尔德最初只因一些成年男子应征入伍而有所感受。但是，在 1914 年 9 月底，一些工人跟随一名工程技术人员来到这个山谷。由于毗邻意大利边境，他们开始构筑堑壕工事以保护这一地区免遭可能的军事入侵。14 岁的奥斯瓦尔德问一名工人他是否可以用铲帮着干活，而且他确实这样做了。他和伙伴们每天轮流干活能得到一个银币。奥斯瓦尔德认为，这"岂止是非常优厚的待遇"，因为那时强壮的成年男子劳动一天才可以收入这么多。当他的父亲在田间干着最迫切的农活时，他开始干构筑堑壕的工

---

[67] Cardoza, *Agrarian Elites*, pp.54–57, 68–75, 207, 220–244, quote on p.229；关于帕维亚省（Pavia）北部地区洛梅利纳（Lomellina）战时发展轨迹的些许不同，见 Kölling, *Familienwirtschaft*, pp.117–159；直到 1914 年为止这段时期的精彩微观历史描述，见 Marco Fincardi, "Zwei landpfarreien im Umbruch. Argarmodernisierung in der Po-ebene im Zeichen von politischer Konfrontation und Mentalitätswandel", *Journal of Modern European History*, 2 (2004), pp.208–231.

[68] Cardoza, *Agrarian Elites*, pp.315–327.

作，到 1916 年，他赚到的钱已经足以还清他在小宗地产方面所欠的剩余债务。1915 年 5 月，一群来自波西米亚的人抵达了这个村子，被雇来加速堑壕的构筑进度。他们所讲的捷克话对于奥斯瓦尔德来说一直是陌生的。不久以后，一名将军解释道，所有志愿加入后备部队"射手部队"（standschützen）*的人将只部署在奥地利境内，而不在前线。于是，35 名当地男子和小伙加入了这支部队。几个月之内，前线变得离村子越来越近，部队进驻了这个村子，并在农舍中宿营。但是，尽管军事战斗离这个村子还有一段距离，村子还处于平静之中，奥斯瓦尔德还是禁不住被正在发生的战斗行动吸引了。他从当地的报纸上寻找有关战斗的消息。因对一份记事录中的描述感到愤怒，他写了一首关于"利马诺瓦战役"（the Battle of Limanova）的诗。因为认为这样做不妥，他没敢将这首诗送给报纸发表。但是，他写了其他数篇有关战时事件的报导，时常刊登在《蒂罗尔人民消息报》（Tiroler Volksbote）上，而他父亲订阅了这份报纸。[69]

在许多方面，奥斯瓦尔德·辛特的故事是第一次世界大战期间农村地区更普遍情况的代表。即使在那些未直接受战事影响的地方，这场战争也夺走了大部分的男性劳动力，并将不同群体的外国人——强制劳动力、难民、战俘和城市囤积居奇者——带至结合紧密的乡村社会。就如欧洲各地其他的农民一样，奥斯瓦尔德的父亲能够偿还他的债务，并且像其他地方一样，在卡尔蒂奇，战争使资金流入了乡村社会——通过军用品支付、黑市和国家给予士兵妻子的补贴——以往这里只有非常稀缺的经济资源。但是，奥斯瓦尔德·辛特关于 1914 年到 1918 年岁月的自传性描述中最令人印象深刻的地方是，他学会了积极参与一连串接二连三发生的军事事件，并且这种涉猎扩大了他的认知以及政治视野。奥斯瓦尔德·辛特对战争的关注在任何程度上都与好战的"战争文化"的观念不相关，最近一些史学著作做出了这种解释。[70] 和他村子的人们以及欧洲各地的

406

---

* 最早出现在 15、16 世纪奥地利蒂罗尔的民兵组织，一战中被承认为正式军队。——译者注

[69] Sint, *Buibm*, pp.174 ff, 191–193, 240.

[70] Stéphane Audoin-Rouzeau and Annette Becker, 14–18, *Understanding the Great War* (New York: Hill & Wang, 2003)；一种综合性的评述见 Nicolas Offenstadt, "Der Erste Weltkrieg im Spiegel der Gegenwart. Fragestellungen, Debatten, Forschungsanätze", in Arnd Bauerkämper and Elise Julien (eds.), *Durchhalten! Krieg und Gesellschaft im Vergleich 1914—1918* (Göttingen: Vandenhoeck & Ruprecht, 2010), pp.54–80; Nicolas Offenstadt, "Àpropos d'une notion récente: la 'culture de guerre' ", online at http://crid1418.org/espace_scientifique/textes/culture_de_guerre.htm (accessed 3 November 2012).

许多其他农民一样，他带着遗憾记录下这场战争有害和破坏性的后果，而且他对战争的关注并没有渗入民族主义的观念。相反，辛特的例子体现了历史学者阿隆·雷蒂什针对俄国所说的，农民们"积极参与到战争努力之中"。不只是在蒂罗尔省和维亚特卡省，他们"展示了对于这场战争复杂性——来自前线的消息，政府对于农村地区的政策和主要的政治人物——的认识"[71]。

在这种意义上，第一次世界大战标志着欧洲乡村社会历史的一个重要的节点，因为农民和雇工在政治上作为他们国家体制中活跃的一部分而充分地崭露头角，并学会了以更广泛的形式构建他们的经济和政治利益。这种过程的一个重要方面是，通过压力集团和政党重新调整农民利益的代表。第一次世界大战之后，欧洲各地的农民能够借助这些压力集团摆脱贵族地主的控制，并使名副其实的年轻一代农民领袖脱颖而出。在中东欧的许多国家，20世纪20年代农民政党的成立，是这场战争期间农民群体政治化的一个具体体现。在这段时期，这些农民明白了，"政府和城市居民有赖于"他们的"顺从和劳动"，于是，他们在政治舞台上提高了嗓门，"在不满、猜忌、失望和愤怒之间摇摆不定"。[72]在许多欧洲国家，自19世纪末开始，农村地区已经成为一个民粹主义的运动场所。但是，第一次世界大战对于农村经济和社会的影响，以宏大的规模增强了农村民粹主义的潜力。

[71] Retish, *Russia's Peasants*, pp.25 (quote); 60; see Baker, "Rampaging soldatki", p.153; Scott J. Seregny, "Zemstvos, peasants, and citizenship: the Russian adult education movement and World War I", *Slavic Review*, 59 (2000), pp.290–315; Jan Molenda, "War, children and youth. The impact of the First World War upon changes in the position of children in the peasant family and community", *Acta Poloniae Historica*, 79 (1999), pp.161–184.

[72] 见 Joseph Rothschild, *East Central Europe between the Two World Wars* (Seattle, WA and London: University of Washington Press, 1974, pp.15–18, quote on p.16；详细的讨论见 Heinz Gollwitzer, "Europäische Bauerndemokratie im 20. Jahrhundert", in Gollwitzer (ed.), *Europäische Bauernparteien im 20. Jahrhundert* (Stuttgart: Gustav Fischer, 1977), pp.1–82.

16　金融

汉斯－彼得·乌尔曼

"以最小代价造成最大伤亡"，是战时金融的基本原则，就如1915年伯特兰·罗素被招募进财政部时据称向约翰·梅纳德·凯恩斯指出的那样。但是，罗素只是考虑了事情的费用支出方面。[1]事实上，为了产生暴力和破坏，国家还必须采取措施去为军方所需的商品和服务提供资金。它们如何为一场战争的开始、进行和结束提供所需的资金呢？它们如何确保尽可能细致和高效地为战争挖掘资金来源呢？它们如何完全改变国民产值利用的方向呢，如从投资到日常支出和从私人消费到公共消费？

通过财政激励和国家干预，或者通过从私人家庭和公司手中抽取购买力，可以实现国民产值的双重再分配。国家越是成功，可用于战争的商品和服务就越多。[2]这场战争期间，对于确定各个国家的可用物质资源和国家在动员这些资源时所面临的经济损失和潜在混乱来说，在现实中如何解决这些问题是至关重要的。接下来的讨论将集中于同盟国的两个主要成员国，即德国和奥匈帝国，以及协约国的两个金融强国，即英国和法国。此外，也将考虑两个中立国，其中一个成为交战国，即美国，另一个是一直保持中立的荷兰。由于这场全球性战争影响到了整个国际金融体系，因此给中立国（尤其是欧洲的）带来的经济上的挑战几乎同交战国所面临的挑战一样严重。从长远的角度来看，它还使金

---

[1]　William Keith Hancock, *Four Studies of War and Peace in this Century* (Cambridge University Press, 1961), p.18.

[2]　Arthur Cecil Pigou, *The Political Economy of War* (London: Macmillan, 1921); Horst Jecht, *Kriegsfinanzen* (Jena: Gustav Fischer, 1938); Horst Mendershausen, *The Economics of War*, 2nd edn (New York: Prentice-Hall, 1943).

融权力中心从欧洲，特别是从英国，转移至美国。

　　同盟国（尤其是德国和奥匈帝国）、协约国（尤其是英国、法国和美国），以及像荷兰这样的中立国，全都面临相同的任务。[3] 虽然它们都获得了相似的资源，但是当对它们进行更细致的研究时，重要的差异性就显现出来了。这适用于以下几方面的影响：对于国家金融的动员，为工业领域的战争努力提供资金，复员，回到（如果可能）战前的金融秩序，以及最后但并非最不重要的，大战留下的金融遗产。

动员对于国家金融的影响

　　战争动员使欧洲列强和平时期的金融体制发生了转变。全球金融体制——建立在金本位基础之上并围绕着作为其中心的伦敦金融市场和英格兰银行来运行——也发生了变化。[4] 这种转变如何完成，其速度、步骤和参与者，以及这场战争的直接后果，全都取决于最初动员的情况和措施。

　　第一次世界大战之前，所有主要经济体的公共支出都骤然增长，而且在国民产值中的比例也在不断增加。这反映了非军事支出的增加，以及欧洲主要列强间的军备竞赛的加剧，后者使军事支出仅在 1908 年至 1913 年之间就增长了近 50%。在人均支出方面，英国居于首位，其次是法国和德国，再往下是奥匈帝国。军事支出占国民产值的比例，更清晰地揭示了国防的负担。它显示，俄国占 4.5%（1910 年至 1913 年）居首位，接下来是德国（4.2%）、法国（4.1%）、英国（3.4%）、奥匈帝国（2.8%）和美国（0.7%）。[5]

410　　　不同国家的金融体制，在它们承担日益增长的支出负担的韧性方面千差万别。[6] 德国同这样的事实做着斗争，即帝国的联邦体系有赖于为陆海军提供资金的帝国中央机构，同时却使它难以获得最有利可图的税收，特别是所得税。联邦体系和内部的政治分化，阻碍了任何变革或变化的可能性。因此，尽管有

---

[3]　本章的重点在于两大阵营的主要国家如何为战争提供资金，以及讲述中立国如何深受这些势态发展的影响。

[4]　Larry Allen, *The Global Financial System 1750—2000* (London: Reaktion Books, 2001).

[5]　David Stevenson, *Armaments and the Coming of War* (Oxford: Clarendon Press, 1996), pp.2 ff; Niall Ferguson, *Der falsche Krieg* (Stuttgart: Deutsche Verlags-Anstalt, 1999), pp.143 ff.

[6]　Gerd Hardach, *Der Erste Weltkrieg* (Munich: Deutscher Taschenbuch Verlag, 1973); Hew Strachan, *Financing the First World War* (Oxford University Press, 2007).

各种金融改革，但帝国继续依靠数量不断增长却不符合进步潮流的消费方面的税收负担，以及作为最后手段的债务增加。由于自治市和联邦各州利用信贷为不断增长的支出提供了部分资金，所以负债率上升至58%，大大高于中央政府10%的负债率。[7]经济上更逊一筹的奥匈帝国则面临严重得多的货币问题。通过海关税收和固定比例的预算，这两个国家为联合事务提供资金，比如军方构成总预算的96%。但是，它们以不同的方式解决资金筹措问题。奥地利更依靠所得税、垄断和消费税，而更少依靠直接征税。主要作为重整军备措施造成的结果，1913年奥地利的预算赤字近乎预算的10%，或者国民产值的2%，负债率达到了73%，而匈牙利看上去略好一些，在62%的水平。[8]

协约国则是更集中的管理，虽然它们金融稳定性的程度有所不同。面对支出的增加，由于成熟的可变所得税，英国的金融体制被证明具有相当的韧性。因为人们纳税主要是依据他们的收入，所以间接的消费税较低，而且限制在少数有利可图的大众消费品方面。平衡的预算和下降至国民产值26%以下的负债率，显示了金融体制的稳健性。[9]与英国不同，法国的金融处在更大的压力之下。经常性的预算赤字——大多通过信贷融资——造成国家的负债率高达国民产值的65%。另一个原因则是税收制度内部处于过渡阶段。所得税的现代形式将取代过时的收入税。但是，这项改革在政治上是有争议的，而且在战争爆发之时未能到位。于是，这使得急速和倒退性地转向消费税和购置税成为必要。[10]

在获得资金的方式上，实行联邦制的美国政府与德意志帝国相类似，特别是通过消费税、海关税收和邮政利润，以及自20世纪初开始通过企业消费税和所得税。联邦资金的比例仅占国民产值的2%，是比较低的。[11]相同的情况适用

[7] Hans-Peter Ullmann, *Der deutsche Steuerstaat* (Munich: C. H. Beck, 2005), pp.56 ff.

[8] Josef Wysocki, "Die österreichische Finanzpolitik", in Adam Wandruszka and Peter Urbanitsch (eds.), *Die Habsburgermonarchie 1848—1918* (Vienna: Verlag der Österreichischen Akademie der wissenschaften, 1973), vol. 1, pp.68–104; Max-Stephan Schulze, "Austria-Hungary's economy in World War I", in Stephen Broadberry and Mark Harrison (eds.), *The Economics of World War I* (Cambridge University Press, 2005), pp.97 ff.

[9] Eckart Schremmer, "Taxation and public finance: Britain, France, and Germany", in Peter Mathias and Sidney Pollard (eds.), *The Cambridge Economic History of Europe* (Cambridge University Press, 1989), vol. viii, pp.341 ff.

[10] Henri Truchy, *Les Finances de Guerre de France* (Paris : Presses Universitaires de France, 1926), pp.1 ff ; Pierre-Cyrille Hautcoeur, "Was the Great War a watershed ? The economics of World War I in France", in Broadberry and Harrison, *Economics of World War I*, pp.183 ff.

[11] Charles Gilbert, *American Financing of World War I* (Westport, CT: Greenwood Press, 1970), pp.45 ff.

于美国政府的债务，它相当于国民产值的近 3%。相比之下，荷兰中央政府的金融状况更为紧张。基础设施和教育方面不断增加的支出，导致在战前出现了预算赤字。这些赤字通过增加直接税来加以解决，包括推行所得税，多少缓解了消费者的纳税压力。由于国民产值日益增长，中央政府资金占国民产值的比重小幅下降至 6%。到 1913 年，国家债务的比例也有所下降，但由于荷兰货币市场的吸收能力，债务比例仍较高，为 44%。[12]

在交战国和中立国，动员措施导致了相似的结果。证券交易危机和流动性问题得到了解决，并且最初为军事动员提供资金没有造成任何无法克服的问题。但是，银行信贷只能视作一种短期的金融解决方案。它们扩大了货币供应量，但未能吸收购买力，未能充分将国民产值重新引导至公共消费领域。

在贯彻动员措施上，各国一方面遇到相似的任务，另一方面则受到它们金融体制特点的影响。这样，由于 1914 年夏的军事动员，所有交战国都在支出方面呈现突然和急剧的增加。额外的花费难以被需要引入、评估然后开征的新税种所覆盖，它们也无法通过贷款来获得资金，因为当战争爆发时金融市场崩溃了，证券交易所也不得不关闭。因此，银行信贷，特别是中央银行的信贷，是剩下的唯一替代方案。它们增加了货币供应量，刺激了经济，并且为经济从和平时期向战时的快速转变创造了条件。[13]

然而，借助印钞为动员提供资金存在通货膨胀的明显弊端。于是，欧洲国家的政府认为，它们别无选择，只能取消战前的货币管制。受影响最大的是金本位制。战前，这能确保货币供应量不会随意地增加且汇率保持稳定。只要金币不作为法定货币流通，中央银行发行的钞票一定程度上就必须得到黄金的支撑，并能够兑换成黄金。金属货币的储备量越大，能够进行流通的银行钞票就越多。事实上，在 1914 年之前，各中央银行试图增加它们的黄金储备，但若要满足动员所带来的流动性的巨大需求，这种做法只能是隔靴搔痒，公众的恐慌

[12] Marius Jacobus van der Flier, *War Finances in the Netherlands up to 1918* (Oxford: Clarendon Press, 1923), pp.13 ff; Wantje Fritschy and René van der Voort, "'From fragmentation to unification: public finance, 1700—1914', in Marjolein" T Hart *et al.* (eds.), *A Financial History of the Netherlands* (Cambridge University Press, 1997), pp.64–93.

[13] Robert Knauss, *Die deutsche, englische und französische Kriegsfinanzierung* (Berlin: Walter de Gruyter, 1923); Rudolf Will, *Die schwebenden Schulden der europäischen Großstaaten* (Tübingen: J. C. B. Mohr, 1921).

反应随之而来。[14]

德国制定了许多有关金融动员的管理规定，在 1914 年 8 月初开始实行。这些规定取消了帝国银行（Reichsbank）用黄金赎回其所发行钞票的义务，并允许它贴现票据和帝国国债，将它们定为除黄金外无条件支撑的银行流通钞票。通过这些措施，一种货币供应方面的独立变化体制取代了金本位制，这种事实被刻意地不进行宣扬。该体制方便了帝国向帝国银行以短期或长期国债的形式短时间内举债，从而为军事动员提供资金。[15]

奥匈帝国的金融动员遵循一种类似的模式。《奥匈银行业务法》（the Banking Act of Austro-Hungarian Bank）被中止。结果，所有有关保证金和兑换的规定被视为无效。因此，银行能够为国家提供贷款，以换取长期或短期国债，以及使用这些国债作为流通中的银行钞票的保证金。如此，加上私有银行的额外协助，军事动员相当顺利地获取了资金。与非常满足于部分延期偿还债务的德国不同，奥匈帝国适时地实行了普遍的延期支付。它数次被延期，但逐渐被取消。这种做法给了债务人更多的时间去偿还他们到期的债务。为了稳定信贷，奥匈帝国更关注固定债务，而不是流动资产。[16]

在法国，法兰西银行在金融动员方面冲在最前面，并在战争爆发时处于有利的地位。甚至与英格兰银行相比，法兰西银行也拥有更多的黄金和白银储备，而且不受任何有关银行发钞保证金规定的约束。就如 1911 年达成的协议那样，该银行能够寻求国家的支持，预先发行 29 亿法郎以作为国债的回报。这家银行的现钞配额增加了一倍，不再要求强制性兑换黄金为此创造了条件。银行的运营导致 1914 年 8 月时可用资金的短缺，引发了一系列的延期偿付，事态在当年秋进一步扩大，并一直延续至这场战争结束。再加上大批男子被征召入伍耗尽了经济体系的大部分劳动力，以及德国入侵了具有重要经济意义的法国北部地

413

---

[14]   Barry Eichengreen (ed.), *The Gold standard in Theory and History* (New York: Methuen, 1985).

[15]   Konard Roesler, *Die Finanzpolitik des Deutschen Reiches im Ersten Weltkrieg* (Berlin: Duncker & Humblot, 1967), pp.35 ff.

[16]   Eduard März, *Österreichische Bankpolitik in der Zeit der großen Wende 1913—1923* (Munich: R. Oldenbourg Verlag, 1981), pp.139 ff; Stefan von Müller, *Die finanzielle Mobilmachung Österreichs und ihr Ausbau bis 1918* (Berlin: Leopold Weiβ, 1918); Alexander Popovics, *Das Geldwesen im Kriege* (Vienna: Hölder-Pichler-Tempsky, 1925), pp.41 ff, 86 ff.

区，延期偿付造成了比其他国家持续时间更长的经济衰退。[17]

1914 年经济动荡的跨国性质和票据流通国际体系的崩溃，对所有国家都造成了冲击，但是，它尤其重创了作为全球金融中心的伦敦。因此，英国不得不同时应对金融危机和金融动员。一方面，英国政府和英格兰银行通过施行短期延期偿付，成功地缓解了流动性危机，并成功地获得了境况不佳的各票据经纪公司和银行的支持。在战争的第一年，它们同时维护了金本位制和英镑的可兑换性。国际上对伦敦的信心有赖于此，对当前和未来作为全球金融中心的伦敦的信心也有赖于此。另一方面，通过向政府提供资金而换取为军事支出所发行的国债，英格兰银行承担起了金融动员的重任。1844 年《银行法》的中止，使得该银行能够超过指定的银行票据应急资金的限度。政府借助在公开市场发行国债以及——与其他国家不同——较小面额的现钞，即国家的纸币，来进一步募集资金。[18]

虽然美国只是在 1917 年 4 月站在协约国一方参战，但欧洲国家的动员在美国证券交易领域引发了一场危机，银行紧急呼吁采取非同寻常的援助措施。为了增加银行钞票的流通量，对《联邦储备法案》（Federal Reserve Act）进行了修订，而且国库发行了大量的应急钞票。尽管耗费了相当多的黄金储备，但就如英国在战争爆发之初一样，美国维持了金本位制。由于在从欧洲的这场战争获利之前美国经济遭遇了不景气，所以联邦财政陷入了赤字，并不得不借助更高的税收来保持稳定。

比较起来，1917 年春的美国金融动员进行得比较平稳。政府主要采取发行由财政部负责偿还的国库券（Treasury Certificates of Indebtedness）的手段，这些国库券通过联邦储备银行出售给各银行和信托公司。[19]

在作为一种全球网络的意义上，金融体制既是国际性的，也是超越国界的。这就是为什么中立国遭遇了与交战国相同的问题。荷兰感受到了战争爆发所带

[17] Kenneth Mouré, *The Gold Standard Illusion* (Oxford University Press, 2002), pp.27 ff; Truchy, *Finances*, pp.40 ff.

[18] Adam W. Kirkaldy (ed.), *British Finance during and after the War 1914—1921* (London: Sir Isaac Pitman & Sons, 1921), pp.9 ff; E. Victor Morgan, *Studies in British Financial Policy, 1914—1925* (London: Macmillan, 1952), pp.3 ff; George C. Peden, *The Treasury and British Public Policy, 1906—1959* (Oxford University Press, 2000), pp.73 ff.

[19] Gilbert, *American Financing*, pp.14 ff, 145 ff.

来的金融震荡，遭受了经济崩溃和急剧增加的流动性需求。在种种问题面前，银行首当其冲，特别是荷兰银行。虽然它们发行的钞票得到了金属货币的充分支撑，但是其可兑换性在很大程度上受到了限制，黄金出口遭到禁止，保证金降至 20%，从而大大助推了钞票的流通。这些和其他的措施有助于迅速克服流动性危机，特别是随着这个国家开始从其中立地位获益时。为了维持这种中立地位，军队在数量和装备上得到了加强。通过荷兰银行将国债货币化，这些军事措施获得了可用的资金。[20]

为工业领域的战争努力提供资金 415

这种对战争财政需求的短期反应，对于一场其结果取决于巨大规模的经济资源和兵力动员的长期战争而言是不够的。国家增税，借用国内外资本和重新引导支出从和平时期向战时转变的能力，构成了战争努力背后的金融手段。但是，改变了社会群体之间已确立的关系的通胀风险，更别提可能引发深度骚乱和削弱对这场战争信心的绝对短缺，是引导各大国经济努力所需的金融政策之中的隐患。在这种意义上，战时金融是关乎成败的关键性因素之一。

就像很难区分直接、间接和偶然发生的战争费用之间的差别一样，要估算这方面努力的全部成本，或者将名义价值转换成实际价值和将国家货币转换成标准面值，都是难以做到的。现有的计算各不相同，但都用来指明所涉及的数量。在 1914 年至 1919 年之间，基于那时的价格，所有交战国在战争方面的花费总计略低于 2090 亿美元，其中协约国共计 1470 亿美元，同盟国共计 620 亿美元。德国的支出名列榜首（470 亿美元），其次是英国（440 亿美元），美国（360亿美元），法国（280 亿美元）和奥匈帝国（130 亿美元）。基于 1913 年的货币价格，战争费用总计相当于 830 亿美元：协约国 580 亿，同盟国 250 亿。英国（210 亿美元）和德国（200 亿美元）或多或少不相上下，其次是美国（170 亿美元）、法国（90 亿美元）和奥匈帝国（50 亿美元）。因此，基于 1913 年的货币价格，这场战争每年分别吞噬英国国民收入的 37%，德国的 32%，法国的 26%，

---

[20]　Marc Frey, *Der Erste Weltkrieg und die Niederlande* (Berlin: Akademie Verlag, 1998), pp.56 ff; van der Flier, *War Finances*, pp.21 ff.

奥匈帝国的 24% 和美国的 16%。[21]

这种巨量的支出根本性地改变了公共财政领域和蕴含其中的政治决策过程。满足无限和无条件需求的必要性，取代了财政稳定的必要性。因此，在通常的国家预算、设想平衡的国家预算和只要投资能自我偿付就可以通过贷款获得资金的特别预算之间的界限，变得模糊起来。大多数国家将所有战争支出列于后者的名义下。在这种压力下，典型的预算编制程序被废除了。在来自政府以及军方的巨大压力下，大多数战时立法机构将自身限于战时金融体制的合法化，以及决定如何维持战时的开销。[22]

税收或信贷是唯一可做出的选择。[23] 前者意味着，从私人家庭和企业身上强制抽取购买力，最终为战争提供资金。如果依据纳税人的财产进行征税，或多或少会公平地分摊负担。但是，也存在一些明显的弊端。比如，正从事战争且已经为此做出相当大牺牲的一代人，还要在经济上遭受沉重的压迫。在某些情况下，这导致他们对支持这场战争缺乏热情。此外，更高的税收影响到了战时经济，因为它们抽走了原本用来投资的资金。最后，战时推行新税种在政治上是不合时宜的。

税收的不利之处使得信贷看上去更具吸引力。通过与私人家庭、公司或银行签署债务协议，国家募集所需的资金。由于必须偿付贷款的本金和利息，为战争提供资金的负担就延伸至未来几代人身上。更重要的是，贷款使现金或储蓄流通起来，以使所需的大量资金能够迅速得到募集。贷款的弊端是，战争费用的交付时间仅仅是延期了，因为贷款需要偿还本金和利息。因而，最终不是债权人，而是国家用他们所纳的税去偿还债务的那些人，背上了包袱。另外，贷款是来自个人家庭和公司，还是来自银行或海外，是存在差别的。在前一种情况下，尤其是如果它涉及长期或"固定利息"的债务，通货膨胀的影响不大显著。短期银行信贷方面，尤其当它来自中央银行时，则情况并非如此。中央银行印发了新的货币，意味着所谓的"短期债务"承担了较高和不可避免的通

---

[21]　Harvey E. Fisk, *The Inter-Ally Debts* (New York: Bankers Trust Co., 1924), pp.13, 325, 21；由于包含了协约国内部的债务，数字有所不同，见 Ernest L. Bogart, *War Costs and Their Financing* (New York: D. Appleton and Co., 1921), pp.82 ff.

[22]　一种比较的视角，见 Strachan, *Financing*, pp.47 ff.

[23]　比较注 [2]。

货膨胀的潜在风险。至于在其他国家的债务，外国在提供商品和服务时会做出资金要求，并清偿它们在海外拥有的资产，由此为将来的金融关系带来了负担。

基本来说，在税收和信贷之间做出选择，取决于如何延续负担的两个问题：一是，哪部分人口将承担这场战争的费用；二是，税收是最终的，还是临时性的。无论哪种情况，都使购买力转移到了政府手中，同时使商品和服务的轨迹远离私有领域。战争中毁掉的资源只能通过三种渠道得到补充：新的国内生产，用尽现有的储备或耗尽资本商品，以及进口商品或引进资本。[24]

417

为了维持战争支出，交战国和中立国同样结合使用税收和信贷的手段。但是，支出的水平和维持战争手段的结合程度各不相同，这对于相关国家战时和战后的经历也有着重要的意义。严格地说，德国借助税收只为其战争支出提供了一小部分资金。[25]就如1871年那样，德国的领导者计划将财政负担转嫁到敌人身上。而且，其税收制度不适合募集大量的资金。为了维持金融有条不紊的表象，政府打算借助税收至少为普通预算和战时公债的利息筹措资金，但这被证明是相当困难的。1916年，德国实行了一种现代的流转方面的普通税，并为了应对"牟取暴利"的指控，在非常温和的水平上对超额的战时利润开始征税（以此前和平时期5年的平均利润作为判断标准）。此外，对于个人资本利得税也有所规定，后来被所得税取代，而帝国事实上增加了一系列的间接税，并从1917年开始对煤炭征收消费税。

这一切都不等于一种严苛的或社会公平的战时税收制度。因此，德国的战时金融主要有赖于贷款。直到1918年为止，所发行的9笔战时公债带来了大约970亿马克（246亿美元）。[26]这笔钱从以利息5%和小折扣发行的5年期国债或10年期可赎回债券中获得。壮观的宣传造势确保了这些债券被全部认购和良好地分配。这也被视作公众愿意继续这场战争的晴雨表。随着这笔债券被用于加

[24] Hans-Peter Ullamnn, "War economy", in Gerhard Hirschfeld *et al* (eds.), *Brill's Encyclopedia of the First World War* (Leiden: Koninklijke Brill NV, 2012), vol. 1, pp.169–179.

[25] Roesler, *Finanzpolitik*, pp.96 ff, 206 ff; Ullman, *Steuerstaat*, pp.88 ff.

[26] Ernest L. Bogart, *Direct and Indirect Costs of the Great World War*, 2nd edn (New York: Oxford University Press, 1920), p.230（美元为战前的汇率）。

强短期债务，形成了一种通过中央银行信贷衍生货币和战时公债吸纳货币的循环圈。这种方式运转良好，直至 1916 年秋的第 5 笔贷款为止。从那之后，来自贷款的收益就低于累积的短期债务。美国的中立政策偏向协约国以及美国接着参与到这场战争之中，使得德国很大程度上断绝了同华尔街的联系，这意味着德意志帝国失去了除自己为战争努力提供资金之外的主要替代手段，导致出现418 了比协约国更大的通胀压力。到 1918 年 11 月，长短期国债形式的国家债务达到了 510 亿马克；其中 220 亿处于帝国银行有价证券的财产目录之上，扩大了货币的供应量。

在为战争提供资金方面，奥匈帝国比德国更加艰难。[27] 由于经济更不发达和金融体制更弱，奥匈为打这场战争筹集的资金更少。而且，只有一小部分来自税收。因为议会在 1917 年之前未召开，所以政府和国家机构拥有相当大的行动自由度。通过增加已有的直接税，以及特别是间接的税费和战争附加税——这在政治上更容易实行——它们勉强进行应对。借助出台的新措施，战时利润和煤炭消费都被征税。但是，税收被货币贬值抛在了后面。由于物价上涨快于财政收入，政府当局收到的税款实际上越来越少。最终，进款甚至不能维持非军事领域的支出和债务的利息。

因而，赤字日益增加并最终达 910 亿克朗，奥匈帝国不得不通过贷款来筹措资金。在 1914 年至 1918 年之间，奥地利发行了 8 笔战争借款，匈牙利发行了17 笔，获取了总计 510 亿克朗的资金（106 亿美元）。[28] 它们起初 5 年后到期，接着是 10 年或 15 年后到期，后来成了 40 年后到期。最初，它们只是相对于中期国债浮动，或者在 1916 年之后相对于长期国债浮动，利息在 5.5% 至 6%，并有明显的折扣。小户认购者也未受到限制，因为银行以合理的条款和条件提供信贷。结合迅速增长的军事和民事机构的需求以及快速上涨的物价，这种信贷体制导致了无法通过贷款去为浮动的债务提供资金。因此，衍生和吸纳货币的循环圈未能形成。相反，由奥匈银行和一家国内银行团负责的短期债务，简直在任意地发行。到这场战争结束时，中央银行独自借款给奥地利 250 亿克朗，给

[27] März, *Bankpolitik*, pp.194 ff; Müller, *Mobilmachung*, pp.157 ff; Wilhelm Winkler, *Die Einkommensverschiebungen in Österreich während des Weltkrieges* (Vienna: Hölder-Pichler-Tempsky, 1930), pp.68 ff, 157 ff; Schulze, "Austria-Hungary's economy", pp.99 ff.

[28] Bogart, *Direct and Indirect Costs*, pp.251 ff（美元为战前的汇率）。

匈牙利 100 亿克朗。

在缺乏美国资本市场的情况下，对同盟国来说，唯一的外部资金来源是欧洲的中立国（瑞士、瑞典、丹麦和最重要的荷兰）。到这场战争结束时，德国仅欠荷兰的债务就高达 16 亿金马克。奥匈帝国也从荷兰借款，以及就短期国债从丹麦和瑞典获取小额借款。为了获取用于进口的资金，这个二元君主制的国家向德国大规模借贷。到 1918 年夏，奥匈帝国欠这个盟国 35 亿马克。[29]

相比之下，协约国不但获得了更多的国际资本供应（包括它们自己在美国的投资），而且制定了一种复杂和广泛的制度，用于管理它们相互间的战债。[30] 英国和美国在两个时期形成了所谓的"美元－英镑集团"。最初，英国肩负了协约国银行家的角色，这种角色在 1917 年之后日益转移至美国。随着英国向协约国贷款，不断增加的军火和其他商品的出口，尤其是向俄国出口，为英镑相对于美元的汇率带来了压力。直到美国参战时，货币问题才在长期的基础上得以解决，从而为美国财政部的贷款铺平了道路。在这场战争结束之时，英国欠了美国 37 亿美元。由于从美国不断进口战争物资，法国也不得不加入美元－英镑集团，并向英国寻求贷款。到 1918 年，法国从英国借 17 亿美元，从美国借 20 亿美元。加起来，协约国共欠美国 71 亿美元。英国和法国一方面累积债务，另一方面帮助它们的盟国去为这场战争筹措资金，这种情况使得协约国内部的债务关系变得复杂。到这场战争结束时，协约国内部的战债总值已达 216 亿美元，抵销债务后为 164 亿美元。[31]

对于协约国内部的借款是否对战争结果有决定性影响这个问题，难以给出确切的答案。毋庸置疑的是，贷款有助于更协调的经济努力，相比同盟国，管理和帮助战争物资供应在协约国更为集中。贷款没有被货币化，所以它们没有削弱借款人战时的国内购买力。相反，它们被用来稳定汇率，以超越融资

419

[29] Marc Frey, "Deutsche finanzinteressen an den vereinigten staaten und den Niederlanden im Ersten Weltkrieg", *Militärgeschichtliche Mitteilungen*, 53 (1994), pp.338 ff; Poppvics, *Geldwesen*, pp.120 ff.

[30] Fisk, *Debts*; Harold G. Moulton and Leo Pasvolsky, *War Debts and World Prosperity* (Washington, DC: The Brookings Institution, 1932), pp.25 ff; Martin Horn, *Britian, France, and the Financing of the First World War* (Montreal: McGill-Queen's University Press, 2002), pp.93 ff.

[31] Fisk, *Debts*, p.345; Moulton and Pasvolsky, *War Debts*, p.426.

420 的方式将协约国各成员更紧密地聚拢在一起。但是，更为重要的是，这些贷款为大量购买美国的军事装备提供了机会，因此助长了协约国在物资方面的优势。[32]

对于法国而言，外债在为这场战争提供资金方面是重要的，但是，国内的贷款发挥着主要作用。[33] 政府主要通过长期国债获取可接受的资金和资本市场，而国家享有债权人的信用则增强了这种情形。因此，大部分长期国债能够面向一般公众销售，而无须面向银行。从 1914 年秋开始，3 至 12 个月之后到期的国防债券（Bons de la Défense Nationale）加入了国债（Bons du Trésor）行列。实际上，作为战争借款的一部分，理应对它们加强控制，但它们却变成了"为战争提供资金的典型手段"。[34]1915 年初发行的 5 年期或 10 年期的"国防债券"不太受到欢迎。即使法国以没有固定到期日的永久贷款形式发行战争借款，可自由选择还款以及拥有 5.7% 的高利率，它也没有像在德国那样受欢迎。第 1 笔借款发行较晚，在 1915 年 11 月，随后其他 3 笔借款分别是在 1916 年、1917 年和 1918 年发行，但是它们只筹集到了 240 亿法郎。这只占到了 1914 年至 1918 年之间政府通过信贷募集资金总额 1300 亿法郎的 19%，而中短期国债占到了 42%，外债占 25%，中央银行信贷占 13%。

直到 1916 年为止，法国没有实施从税收中筹措更大部分战争费用的计划，而此时赤字达到了国民产值的 40%，债务则达到了 125%。按道理，税收应至少维持日常的支出和债务的利息。结果，1914 年 7 月就已同意开征的所得税，此时以适度的税率开始实行，几种消费税则有所提高。另外，实行了一种新的战时利润税，但只是在这场战争已经结束之后才显示出效果。因此，税收没有带来所期望的结果。赤字一直稳定在略高于国民产值 40% 的水平，这意味着法国仅仅为了支付债务的利息就不得不诉诸贷款。

421 英国在比法国更大的程度上通过税收为这场战争筹措资金，但是相比以往

[32] Strachan, *Financing*, pp.220 ff.

[33] Lucien Petit, *Histoire des Finances extérieures de la France pendant la Guerre (1914—1919)* (Paris : Payot, 1929); Truchy, *Finances*; Bertrand Blancheton, *Le Pape et l'empereur* (Paris : Albin Michel, 2001), pp.87 ff; Hautcoeur, "Grear War", pp.184 ff ; Nicolas Delalande, *Les Batailles de l'Impôt* (Paris : Éditions du Seuil, 2011), pp.245 ff.

[34] Hardach, *Erste Weltkrieg*, p.176.

战争时的情形则比例较小。[35] 政府开始适度增加税收。在 1915 年之后赤字达到了国民产值的 43% 时，备受争议的"麦克纳规则"（McKenna Rule）* 在财政传统和政治上合理的税负之间确定了行动方针。在未来，用于和平的支出和国债的利息将通过税收支付。为此，政府特别构思了一项全面的金融计划，逐渐将标准的所得税税率从 5.8% 增加至 30%，同时扩大了纳税人群的范围，并对富人征收最高税率超过 50% 的超高额税。针对精美昂贵食品的消费税也几度提高——与自由贸易的传统相反——为了放缓进口则实行了国内消费税；最后，对高于和平时期水平的利润最初征收 50% 的超额利润税，之后税率提高至 80%。

虽然英国提高了税收，但是收入只够维持战争支出的小头，大头则通过信贷筹措资金。到 1917 年，财政部发行了 3 笔战争借款，不但伴随着常见的宣传，而且为了吸引外国投资者，提供了 4% 至 5.3% 不等的诱人利息。由于债权人还能够以原有的债券换取新的债券，所以成本大幅增加。这样，从 1917 年起，政府因发行 3 至 5 年的国家战争债券（national war bonds）而迅速债台高筑。战争借款之间的时间差由短期债券来衔接，而伴随着国库债券（exchequer bonds）和国家战争债券的发行，财政短期借款数量大幅上升。因此，在 1914 年 3 月至 1919 年 3 月之间，债务增加超过了十倍，从 7.06 亿上升至 75 亿英镑，或者说占国民产值的 128%。国内债务总额 61 亿英镑当中，23% 是短期债务，50% 是中期债务，长期债务仅占 5%。

美国则打算通过税收来维持一半的战争费用。[36] 由于军火和其他商品需求的不断增长，这一点被认为可以借助国家经济正面临的好转来加以实现。 422
1914 年的《紧急税收法》（Emergency Revenue Act）和 1916 年的《税收法》

---

[35] Martin Daunton, *Just Taxes* (Cambridge University Press, 2002), pp.36 ff; Josiah Stamp, *Taxation during the War* (London: Humphrey Milford, 1932), pp.23 ff; Jeremy Wormell, *The Management of the National Debt of the United Kingdom, 1900—1932* (London: Routledge, 2000), pp.63 ff; Kirkaldy, *British Finance*, pp.124 ff; Morgan, *Studies*, pp.106 ff; Peden, *Treasury*, pp.80 ff; Stephen Broadberry and Peter Howlett, "The United Kingdom during World War I: business as usual?", in Broadberry and Harrison, *Economics of World War I*, pp.215 ff.

* 雷金纳德·麦克纳（Reginald McKenna），1915 年 5 月至 1916 年 12 月任财政大臣，他主张通过提高税收同时减少借债来为战争筹措资金，这种做法成为一战期间英国主要的军事财政政策。——译者注

[36] Gilbert, *American Financing*, pp.57 ff, 117 ff; Hugh Rockoff, "Until it's over, over there: the US economy in World War I", in Broadberry and Harrison, *Economics of World War I*, pp.315 ff.

（Revenue Act）已经使政府增加了税款。1917 年和 1918 年的《战时税收法》（War Revenue Act）尤其继续了这种势头，因为这些法案加强了直接税，而不是消费税。于是，政府对企业和个人征收附加税。除此之外，还对超额利润征收 20% 至 60% 的税。国内消费税和关税也被提高。所有这些措施使得所得税和利润税从 1916 年的 1.24 亿美元推升至 1919 年的 26 亿美元。于是，税收重点从战前占支出 90% 的国内消费税和关税转向所得税和利润税，后两者占到了 1919 年税收的 56%。

尽管税收在一个长远的基础上得到增加，但是财政收入远不够支撑战争开支。从 1917 年 5 月开始，美国发行了 5 笔战争借款、4 笔自由借款（liberty loan），以及在 1919 年 4 月发行了 1 笔胜利借款（victory loan）。条件是诱人的，旨在吸引尽可能多的认购。利率从 3.5% 提升至 4.75%，并给予额外的特殊待遇，比如免税或优先兑换权。战争借款总计发行了 215 亿美元。它们越来越多的是通过预支债券（anticipation certificates）预付资金，换句话说，短期债务主要留在银行系统中，并产生了相当大的通胀效应。1918 年 1 月之后，发行了针对小额储蓄的 5 年期战时储蓄债券（war saving certificates）。它们带来了 12 亿美元的资金，虽然太迟和太少，但它们抽走了购买力。总的来说，从 1916 年至 1919 年，债务增加了 243 亿美元，其中 190 亿美元分派给了非银行的公众，41 亿美元分派给了商业银行，联邦储备银行手中则有 2 亿美元。

在荷兰，国家用于战争方面的所有直接费用都列入 "危机支出"（crisis expenditure）范围，在 1913 年至 1921 年间，危机支出总计达 20 亿荷兰盾。仅仅为扩大陆海军和维持军人的家庭，就花费了 14 亿荷兰盾。第二大支出项目是维持生产和分配食品。大量的资金流向了针对特殊人群或机构的资金救济，比如失业人员或来自比利时和法国的难民。借助更高的税收，中立状态下的荷兰负担了相当大比例的额外开支。政府对财产和人员、收入和资金以及几种税，征收已有税项外 20% 至 50% 的额外税。此外，对资本和收入开始征收高额累进的国防税，并开始对战时利润征税。就如其他国家的情况那样，征收重点从消费税转向了直接税。额外的税收收入使赤字下降至比较低的水平，为国民产值的 12%。

除了引进新税种之外，为了筹措资金弥补预算赤字，荷兰还诉诸贷款。在 1914 年 12 月至 1918 年 12 月之间，政府发行了 5 笔利息为 4% 至 5% 的贷款，

423

偿付条件为 15 年至 40 年不等。如果这些贷款未能全部认购，那么将存在被转为强制性贷款的风险。它们吸纳了大约 11 亿荷兰盾。如同长期债务那样，短期债务主要以 1913 年短期国债 0.13 亿荷兰盾上升至 1921 年 8.59 亿荷兰盾的形式得到增长。虽然国家 12 亿的债务（1913 年）上升至 29 亿（1918 年），但是与其他国家相比，荷兰债务占国民产值 50% 至 60% 的比例一直相当稳定。

　　为战争提供资金，对中立国和交战国的政治体制来说，都具有深远的影响。在议会作用不怎么重要的国家，行政部门受益，而且最重要的是军方拥有更多权力和其影响力上升了。对经济的影响也是强烈的。为这场战争筹措资金，多多少少助推了经济向战时经济的转变，它有着不同的过渡阶段，有时形成了一种和平经济和战时经济的混合形态。但是，随着每个地方生产和消费被列入军事需要的范畴，国家对经济的影响力大大增强了。[37] 而且，为战争筹措资金的方式影响到了交战国和中立国的社会结构。除了美国和英国以外，物质贫困发展到了不同的程度。由于财政负担没有公平地得到分摊，贫困导致了社会紧张状态的升级。为这场战争提供资金，不但加剧了社会已有的不平等，而且引发了新的紧张状况：战争的胜利者和失败者之间，男人和女人之间，"前线"和"后方"之间，生产者和消费者之间，以及城镇和乡村之间。与此同时，社会等级的观念在战争期间发生了变化。每一个社会群体都感到，它在经济上受到了最严重的亏待，以及为这场战争所承受的重负没有被公平地分摊。随着大发战争财的闪亮反面形象愈发可见，这种自我评价变得更加强烈。

复员和不可能回到战前的金融秩序 424

　　与金融动员相比，金融复员在引发转变上毫不逊色。在个别国家中，它是一种缓慢且在某些情况下甚至是一种杂乱无章的过程。它还被一种虚幻的假设所困扰，即人们可以且应该回到战前的状况。三个紧迫问题是无所不在的：一、战争拨款必须停止；二、必须为重建找寻所需的资金；三、最后但并非最不重要的，各国必须解决战债问题。解决所有这三个问题实质上是如何去处理这场战争的后果。问题是谁最终将承受负担。直到 1920 或 1921 年为止，金融复员以

---

[37]　Ullmann, "War economy".

一种相似的方式进行着，但此后各国分道扬镳。[38]

战争结束之后，德国的公共财政一片狼藉。[39] 除战债之外，由于战时经济向和平经济转变、《凡尔赛条约》、复员的额外开支、向战争受害者转移支付和赔偿的影响，财政收入陷于萎缩。基于 1913 年的货币价格，1910 年至 1913 年之间的公共支出占到国民收入的 13%，在 1919 年至 1923 年之间上升至 38%。三种应对方式是可能的。首先是大幅提高税收，以偿付国家的债务和支撑巨额开支。毫无疑问，物价将是这个年轻的共和国难以承受之重。其次，如同战时那样，通胀财政可能继续下去。从政治角度看，这种选择更具吸引力。它将通过"廉价货币"快速启动经济，但会加剧货币的贬值。在被推上这条道路之前，政府致力于"相对的"稳定。如果第三种方式能够成功，那么它将阻止货币以当时价值的大约 8% 至 10% 的幅度贬值，从而避免恶性通货膨胀。

1920 年的金融改革致力于这一目标，实行了一种现代和有效的财政及累进的税收制度，并征收一种应急的牺牲税去偿付债款，但由此输给了货币贬值。剩下的唯一解决之道是中央银行信贷，它将国家债务推升至天文数字的高度，助推了恶性通货膨胀。

只是在鲁尔被占领和 1923 年及 1924 年的货币改革之后，才有了理顺金融混乱局面的可能。一方面，改革使所有主要税种的税率上调，另一方面，它减少了公共服务部门的雇员人数，降低了他们的薪水，也削减了用于建筑、文化、教育和社会服务方面的支出。公共财政的稳固使得在 1924 年秋恢复金本位制成为可能，但付出了很高的社会代价。

在德国，通过通胀和稳定，金融复员结束了战时金融，使得重建更加顺利并减少了债务。但是，这付出了代价。恶性通货膨胀破坏了政治稳定，并像一种不公平的税收那样发挥影响，为那些聪明到能够操纵和从货币贬值中获利的人带来了回报。这种"颠倒的世界"使重要的中产阶级价值观上下颠倒，毁掉

[38] Mendershausen, *Economics*, pp.346 ff; Paul Einzig, *World Finance since 1914* (London: Kegan Paul, Trench, Trubner & Co., 1935); Alberto Alesina, "The end of large public debts", in Francesco Giavazzi and Luigi Spaventa (eds.), *High Public Debt* (Cambridge University Press, 1988), pp.34–97.

[39] Ullmann, *Steuerstaat*, pp.97 ff; Niall Ferguson, "Constraints and room for manoeuvre in the German inflation of the early 1920s", *Economic History Review*, 49 (1996), pp.635–666; Gerald D. Feldman, *The Great Disorder* (Oxford University Press, 1996); Carl-Ludwig Holtfreich, *Die deutsche Inflation 1914—1923* (Berlin: Walter de Gruyter, 1980); Martin H. Geyer, *Verkehrte Welt* (Göttingen: Vandenhoech & Ruprecht, 1998).

了储蓄，导致了生产减少和错误的资源配置，引起了生产能力过剩以及延缓了生产合理化的速度。

在奥地利，形势有所不同，这是一个因哈布斯堡帝国解体而出现的新国家。这个共和国成立于1918年，在政治上缺乏稳定，债台高筑，在《圣日耳曼条约》的限制下，它在经济上实际难以独立生存。为偿清债务，1920年奥地利开始对资本征收一种较高的一次性税，但其效果微乎其微。1922年，预算赤字占总支出的49%，不得不主要通过印钞来获得资金。因此，银行钞票的流通量与通胀的增长相对应，从1919年3月的40亿克朗上升到1922年11月的3.1万亿克朗。此刻，在国联的支持之下，货币得以稳定，金融恢复了秩序。为了阻止这个国家陷入破产和解体，奥地利接受了为期20年6.5亿金克朗的贷款。作为交换，政府必须依据《日内瓦议定书》（Geneva Protocol）停止印发纸币，成立一家新的中央储备银行，允许一名总专员（general commissioner）实施监督，并实行刚性储蓄和通货紧缩政策。这里同样为恢复金融稳定付出了高失业率和严重通缩危机的代价。金融复员随1925年货币改革而结束，它在金本位制的基础上采用了先令（Schilling）作为货币。[40]

赔款问题给德国和奥地利的金融复员增添了负担。根据《凡尔赛条约》和 426
《圣日耳曼条约》，这两个国家承诺支付赔款，但数量没有确定。鉴于奥地利经济和金融的弱态，对它的赔款要求难以执行。奥地利的赔款在1922年决定暂缓20年，并最终在1930年的海牙会议上完全取消。对德国的赔款要求则是另一种情形。在这个共和国支付第1笔130亿金马克的赔款后，确切的赔款数字在1921年被确定为1320亿金马克或330亿美元。最初，只有120亿金马克A种债务和380亿金马克B种债务必须连同利息每年偿付。每年偿付的总额被确定在30亿金马克或德国国民产值的5%至6%之间。

对于魏玛共和国是否能够承受这一赔款负担，一直是存在争议的。每年偿付的赔款在经济上是难以承受的，而政治方面的因素使得筹集和转移这笔款项难以做到。偿付赔款很快陷于停滞，事态最终在1923年升级为鲁尔区被占领。道威斯计划以更低的年度偿付额、转移制度的监督和外国资本的大规模流入，

---

[40] März, *Bankpolitik*, pp.318 ff, 470 ff; Anne Orde, *British Policy and European Reconstruction after the First World War* (Cambridge University Press, 1990), pp.130 ff.

暂时平息了赔款问题并使其去政治化。[41]

无法通过将债务与赔款问题相关联来缓解协约国成员之间的债务问题，是美国政治立场的结果。美国当局坚持认为，到 1923 年累计达 283 亿美元的战债，不应用赔款要求抵消。美国和英国依然是主要的债权国；法国则是它们的最大债务国之一。完全取消债务，将它们视作协约国共同的债务，或者根据偿还能力来划分支付款项，都遭到了要求偿还全部债款的美国的断然拒绝。结果，未能就解决方案达成一致意见。相反，涉及筹集和转移资金的问题意味着，一方面美国必须降低它们在双边合约中的要求，另一方面实际形成了一个包括赔款在内的偿付循环：美国资本流入德国，意味着分期支付的赔款得以转移；相应地，赔款接收方利用这些款项去清偿它们欠美国的债款。这种循环模式在 20 世纪 30 年代初告一段落，赔款的结束也意味着协约国成员之间债务问题的消失。[42]

赔款问题不仅仅影响到了同盟国，而且也对法国产生了影响。法国政府和民众希望将战争的责任转嫁到德国头上。只是当能够实现的希望逐渐渺茫时，才开始了一场有关如何处理巨额债务的争论。毕竟，法国的债务相当于国民产值的 160%，而北部被战争蹂躏省份的重建和为战争受害者提供援助和福利也需要资金。作为战争受益者和因战争遭受物质损失者之间的一种公平妥协，有一种开征资本税的方案，但是，由于这在政治上行不通，所以唯一的替代方案是大规模地增加税收。直到 1918 年为止，税率徘徊在国民产值的 8% 左右，到 20 世纪 20 年代则提升至 12% 到 16% 之间。尽管如此，政府不得不继续诉诸借款以弥补预算赤字；法国的债务几乎增加了一倍，在 1919 年至 1925 年之间达 1590 亿法郎。由于债务的大部分是必须定期补偿的短期债务，以及自 1923 年起针对法郎存在投机活动，法郎大幅下跌，通过 1926 年的金融改革只能稳定在战前币值的 20%，并再次与金本位绑定在一起。与只能借助货币贬值来恢复控制通胀的同盟国不同，伴随法国金融复员的是温和的通胀率，也许这缓和了经济

[41]　Holtfrerich, *Inflation*, pp.135 ff; Bruce Kent, *The Spoils of War* (Oxford: Clarendon Press, 1989).

[42]　Denise Artaud, *La question des dettes interalliées et la reconstruction de l'Europe (1917—1929)*, 2 vols. (Paris : Librairie Honoré Champion, 1978); Orde, *British Policy*, pp.146 ff; Fisk, *Debts*, pp.348 ff; Moulton and Pasvolsky, *War Debts*, pp.48 ff, 291 ff.

的形势。[43]

不同于法国，美国、荷兰和英国将金融复员建立在通货紧缩的基础之上，尽管程度有所差别。美国的通缩手段简单有效，通过在战前水平的基础上重新实行美元的可兑换来推行一系列的稳定措施。很大程度上，美国在战争中保持了毫发未损，成为主要的债权国，并且在经过 1918 年和 1919 年的短暂过渡期与 1920 年和 1921 年的简短危机之后，它的经济步入了 20 世纪 20 年代的"繁荣时期"。这使得美国能够控制它的财政收入和支出，始终能抑制通货膨胀。因此，政府能够将支出从 1919 年的 190 亿美元减少至 1921 年的 49 亿美元。在接下来的几年里，支出维持在 32 亿美元左右的水平。国家支出占国民产值的比例为 8%，是战前的四倍之多。用于退伍老兵的开支，以及鼓励商业、扩大公共工程和为政府资助款提供资金，促进了这种"取代效应"（displacement effect）。由于战时的税收依然在实行，1920 年之后的财政收入超过了支出。这引发了一场有关盈余是否应用于清偿债务或减少税收的激烈争论，最终达成了妥协。一方面，1921 年、1924 年、1926 年和 1928 年的减税减轻了高收入者的负担，且在没有扭转从间接税向直接税转变的情况下，更多地减轻了中低收入阶层的负担。另一方面，财政部试图首先为短期债务提供资金，并减少债务。结果，债务额从 260 亿美元（1919 年）下降至 200 亿美元（1925 年）。[44]

荷兰的金融复员拖延到了 20 世纪 20 年代的后半期。物价和成本无疑上涨了，这场战争使经济失去了平衡。但是，中立的荷兰遭受的损失小于其他国家。这使得实行不引发任何大危机的温和通货紧缩手段成为可能。到 1922 年，支出急剧增加。在以加大住房和教育开支取代不断减少的军事开支的问题上，存在巨大的政治压力。与此同时，支出和收入之间的缺口扩大了，1922 年的赤字占到了支出的三分之一。于是，债务继续在增加。1922 年，债务达到了 42 亿荷兰盾，包括了 15 亿的短期债务，相比战争结束时多出了 13.4 亿荷兰盾。这迫使荷兰在 1923 年和 1924 年实行激进的改革，大幅削减开支，开征新税和提高已有的税收。而且，间接税或消费税比直接税增长得更快。同时，一部分短期债务

428

[43] Delalande, *Batailles*, pp.273 ff; Mouré, *Gold Standard,* pp.50 ff; Dan P. Silverman, *Reconstructing Europe after the Great War* (Cambridge, MA: Harvard University Press, 1982), pp.62 ff.

[44] Paul Studenski and Herman E. Kroos, *Financial Histroy of the United States*, 2nd edn (New York: McGraw-Hill, 1963), pp.302 ff.

被加强控制，长期债务被更快地偿清。于是，"金融的黄金法则"，包括平衡的预算和单独用于生产性投资的贷款，被重新启用。随着金融重新回到良性状态，1924 年荷兰恢复了金本位制。[45]

429 　　在复员的通缩影响方面，英国面临更严重的问题。1919 年，债务占国民产值的 130%，而在 1920 年和 1921 年，债务吞噬了 3090 亿英镑或财政收入的 22%。问题是如何解决这笔债务，尤其是短期债务，它对于战争经济负担的分摊，包括恢复金本位制，将具有决定性意义。最终，这只有通过通货紧缩政策才有可能实现，但这引发了纳税的制造商和食利者之间的重大利益冲突，更别提对于劳动人口的影响。在这一保守的时期，用开征资本税或对战时财产征税的方式清偿债务的建议，就如一般营业税那样，在政治上是不可行的。为了支付债务的利息，战时的各种税继续征收，并且引入了一种新的企业税。从 1920 年至 1921 年起，由于取消了超额利润税以及削减了所得税和消费税，政府收入从 14 亿英镑下降至 1924 年和 1925 年的 8 亿英镑。政府甚至更迅速地减少了公共开支，从 17 亿降低至 7.96 亿英镑，特别是在国防力量和公务员系统方面，包括教育，从而出现了 4.3 亿英镑的剩余。因此，对外的战争义务和短期债务得以削减。部分由于转移的原因，它们减少了 5.3 亿英镑。金融重整是朝向将英镑稳定在战前水平和 1925 年恢复金本位制的重要一步。

　　通缩性的复员在何种程度上造成了英国在 20 世纪 20 年代所面临的经济困难，这个问题也是存有争议的。英国 1921 年严重的萧条和相对缓慢的经济复苏——20 年代的高失业率是其标志——至少部分是为结束战时金融体制所采取的通缩经济政策发挥作用的结果。[46] 就如夜晚紧随着白昼那样，恢复金本位制伴随着种种影响，并在 1926 年大罢工（General Strike）时达到顶峰。在英国，它们是对战争的财政调整进行社会清算的一部分。在大罢工过后，紧缩的负担无可争议地落在了工人阶级的肩上。

　　第一次世界大战后的金融复员，导致了不确定和因此是短暂性的稳定，不但在政府财政方面，在社会政策和政治制度自身方面也是如此。这是关于战后社会关系和政治权力范围新一轮谈判过程的结果。结果是，既不回到也

---

[45]　Jan Luiten van Zanden, "Old rules, new conditions, 1914—1940", in Broadberry and Harrison, *Economics of World War I*, pp.135 ff.

[46]　Morgan, *Studies,* pp.95 ff; Daunton, *Taxes*, pp.60 ff; Wormell, *Management*, pp.381 ff.

不断然拒绝战前的"资产阶级的欧洲"（bourgeois Europe），而是代之以一种国家发挥更大作用和有组织的利益集团施加更强影响力的不稳定的新型混合体。[47]

430

在这种谈判和重新调整的过程中，政府财政扮演了双重角色：一方面，它们是政治至关重要的领域，其间，社会、经济和政治冲突在有关税收和债务，或者在有关分摊战争负担这一更普遍得到关注的事项上斗争不已，另一方面，政府财政反映了公共预算方面的这些斗争和冲突的结果。鲁道夫·戈德沙伊德，一位奥地利社会学家和和平主义者，直言不讳地点明了政府财政的这种作用，尤其是在第一次世界大战之后的预算方面："国家不能同它的预算差别过大"，预算"是去除了所有误导性意识形态后，国家最基本的部分"。[48] 作为这场战争结果的国家转型，必定会使政府财政及其政治含义发生变化。

大战的金融遗产

至少在三个方面，这场战争的金融后果是自相矛盾的。第一是可用于战斗力量的政策和手段之间的关系。一方面，相似性源于财政任务的同质性。每一个国家都遇到相似的问题：战争的高昂费用、不断萎缩的收入和大规模的赤字。由于财政结构、传统、竞争、模仿和财政系统之间的转移过程，解决问题的政治上可行的财政手段是有限的。每个国家都诉诸惊人相似的税收和信贷相结合的手段，甚至新税种的类型和筹措公共信贷的方式都是相似的。另一方面，存在重大的差异，它们深深植根于不同财政系统的特质之中，并导致了特定和不同的政治决定。

税收和信贷的结合无疑是真实的。中立的荷兰能够借助税收为这场战争引起的额外支出提供几乎一半的资金，在交战国中，这一比例看上去是不大可能的。英国达到了26%，美国则在23%左右，而德国一直在16%以下，法国大约

431

---

[47]　Charles S. Maier, *Recasting Bourgeois Europe: Stabilization in France, Germany and Italy in the Decade after World War I* (Princeton University Press, 1975).

[48]　Rudolf Goldscheid, "Staatssozialismus oder staatskapitalismus", in Rudolf Goldscheid and Joseph Schumpeter, *Die Finanzkrise des Steuerstaats* (Frankfurt: Suhrkamp Verlag, 1976), p.188.

15%，奥匈帝国总计仅仅略高于十分之一。[49]

第二，为战争提供资金的方法是成功还是失败，这同样是自相矛盾的。一方面，没有国家未能为战争提供所需的资金，即使这导致了相当多的问题。另一方面，这样做的代价不同寻常地高昂。从经济的角度看，就如杰拉尔德·D.费尔德曼表述的，这场战争等于是跨国经济和财政业务体制的"经济自杀"，这种情况是真实的，不仅仅针对战败国而言：每一个国家都遭遇了体制性的失败。以 1913 年的水平作为 100%，到 1918 年，奥地利的国民产值下降至 73%，德国下降至 82%；法国甚至降至战前水平的 64%。只有英国和美国的战时国民产值分别上涨了 15% 和 13%。[50]

增长乏力、背上战债负担的各国金融前景，也是如此。在英国，负债率从国民产值的 26% 跃至 128%，法国从 65% 跃至 160%，美国从 2% 增至 37%，荷兰则从 48% 增至 60%。由于货币市场的低吸收能力，德国的债务增加了 30 倍，而奥地利增加了 7 倍，匈牙利增加了 6 倍。[51]

比债务上涨更为重要的是这种债务可能被货币化的程度。这取决于短期债务的比例和从银行系统产生的货币量。奥匈帝国货币量的增加超过了 20 倍，德国是大约 10 倍，法国为 5 倍，英国为 2.5 倍，同时美国的货币供应增加了 1 倍，荷兰增加了 3 倍半。再加上商品供应的减少，这导致了大规模的物价上涨，只能通过补贴或配给措施来使其处于临时管制之下。这意味着，从这场战争开始至结束，奥地利的消费价格增长了近 16 倍，匈牙利为 9 倍。就如在英国、法国和美国一样，德国的物价翻了 1 倍多。只有在荷兰，物价增长稳定在 1914 年数字的三分之二的较低水平。[52] 战后岁月的螺旋式通货膨胀使得回归金融稳定成为

[49] Theo Balderston, "War finance and inflation in Britain and Germany, 1914—1918", *Economic History Review*, 42 (1989), pp.222–444; "Until it's over", p.316; Delalande, *Batailles*, p.249; Schulze, "Austria-Hungary's economy", p.99.

[50] Stephen Broadberry and Mark Harrison, "The economics of World War I", in Broadberry and Harrison, *Economics of World War I*, p.12.

[51] Broadberry and Howlett, "United Kingdom", p.219; Hautcoeur, "Great War", p.186; Herman de Jong, "Between the devil and the deep blue sea: the Dutch economy during World War I", in Broadberry and Harrison, *Economics of World War I*, p.155; Ullmann, *Steuerstaat*, p.98; Schulze, "Austria-Hungary's economy", p.102.

[52] Winkler, *Einkommensverschiebungen*, pp.38 ff; Holtfrerich, *Inflation*, pp.24 ff; Broadberry and Howlett, "United Kingdom", p.218; Hautcoeur, "Great War", pp.185 ff; Gilbert, *American Financing*, pp.212 ff; de Jong, *Economy*, p.158.

一场白日梦。

第三，连续性和中断之间的关系也被证明是自相矛盾的。[53] 一方面，所有的国家，无论是交战国还是中立国，都恢复了熟悉和成熟的战时金融手段。它们在战前所发挥的作用越不错，它们在这场战争期间就越是成功。战争没有为根本性的改革留下任何空间。在战后时期，政府财政通过经得住时间考验的手段和途径得以稳定：要么通过货币贬值的恶性通货膨胀，要么是温和的通胀，要么是程度不同的急剧通货紧缩。最终，恢复金本位制成为回归所谓的战前"正常状态"的标志，但永远不可能再回到那种状态。

战时金融根本性地影响到了国家货币体系，并且每个国家都置身其中。在战争期间，许多国家放弃了金本位制，建立起了它们自己的货币体系。这不是毫无影响的。恢复的金本位制被证明是不稳定的且充满了不一致性，最终在1931年的世界经济危机期间崩溃。试图使垂死的金本位制再生，只能使事情变得更糟：这场战争已经改变了世界的金融体制，但让每一个人都认识到这种事实则花了停战后十三年的时间。

还有其他与这场战争相关联的结构性变化。银行对于公共支出的影响力增加了，尤其是中央银行。在国际的层面上，新机构开始出现，比如国际联盟的金融委员会（the Finance Commission of the League of Nations），在规范不同国家间金融关系的几个国际协定方面发挥了重要的作用。最后但并非最不重要的是，国际金融体系中的权重已经发生了变化，逆转了从债权国向债务国的资金流向。由于这场战争期间欧洲国家不但清理了它们大部分的海外资产，而且大量举债，旧大陆丧失了作为债权国的地位。相反，美国从一个债务国崛起为最大的债权国，美元的霸主地位也相应地紧随其后。所有这些可能随着时间的推移而发生，但这场战争加速了金融世界的权力分散。 433

此外，在战争时期，政府财政领域的新方法变得显而易见。这适用于某些税种，比如超额利润税或一般营业税。在有关对资本征税的争论中，也能看到这一点。国家债务的方式和程序也在发生变化。它们实行了新型证券化，获得了更广的债权人范围，同时寻求债务管理的替代方式。最终，支出、税收和贷

---

[53] Niall Ferguson, "How (not) to pay for the war", in Roger Chickering and Stig Förster (eds.), *Great War, Total War* (Cambridge University Press, 2006), pp.409-434.

款达到了一个新的数量级，等同于一个质的飞跃。为战争提供资金最终导致了"取代效应"，永久性地增强了国家占据国民经济的比重。也就是说，以前由私营部门或地方政府提供的服务，现在处于中央政府的权威之下，并具有明显的金融后果。同时，公债成为一种被认可的融资手段，货币贬值被证明是应用和管理它的一种机制。以（并且依然是）"支出、收入和信贷的动态相互作用"为基础的"财政国家"（fiscal state），是战争附带产生的结果。[54]

费尔德曼所称的战争的"经济自杀"及其对战前金融秩序的灾难性影响，产生了具有重要意义的长远影响。其一就是欧洲不再是世界经济的支柱；其二是加剧了两次大战之间那些受经济不稳定影响的国家的社会和政治的紧张状态，即使在1929年世界经济危机开始之前亦是如此。议会制政府的软弱和极权主义取而代之的吸引力，部分源于战时金融的种种迫切需要和后果。

---

[54] William Mark Ormrod and Richard Bonney (eds.), *Crisis, Revolutions, and Self-Sustained Growth* (Stamford: Paul Watkins, 1999), pp.1–21; Olivier Feiertag, "La déroue des monnaies", in Stéphane Audoin-Rozeau and Jean-Jacques Becker (eds.), *Encyclopédie de la Grande Guerre* (Paris: Bayard, 2004), pp.1163–1176.

17　科学家

罗伊·麦克劳德

导　言

　　有人说，历史是在现在与过去之间关于未来的一场争论。最能体现这种观点的莫过于自然科学在第一次世界大战中和反过来战争在现代科学的形成方面所扮演的角色，以及现代科学制度和它在公共领域中的角色。第一次世界大战并非第一场工业化战争，但它是首场使世界所有主要工业国家都卷入其中的战争。2014 年，我们开始纪念这场战争的爆发，它目睹了三个帝国的解体及第四个帝国的赤贫化，全球范围内地图、边界和联盟的重新划分，以及新经济秩序的出现。而从尚存的启蒙思想和进步与富足的功利主义视角来看，这种秩序在许多方面有赖于科学技术的手段和方法。要展望就必须回顾，必须弄明白与刚形成的现状进行争论的来龙去脉。在四年的时间里，世界见证了前所未有的生命损失和混乱局面，但是也具有空前的创新业绩，其中许多借鉴和扩展了战前的知识，也有许多预示了在接下来 20 世纪的岁月里留下不可磨灭印记的对民族主义和国家建设的态度转变。

　　"如果我们任何时候想要了解第一次世界大战时真实的欧洲史，那么我们就需要超越对这一题材的历史著作起决定性影响的国家界限。"因此，杰伊·温特和让－路易·罗贝尔希望我们去察看战时的伦敦、巴黎和柏林，从而确立我们理解稳定性和变化的范畴。[1] 他们对比较历史的呼吁，没少涉及科学史。为了理

---

[1]　Jay Winter and Jean-Louis Robert (eds.), *Capital Cities at War: Paris, London, Berlin, 1914—1919* (Cambridge University Press, 2007), vol. II, p.468.

解有着相互竞争的目标和不同传统的欧洲各国如何去应对短缺、制造武器并拿
出解决办法，我们需要对科学、技术和教育采用比较的审视视角，并对决定它
们发展方向的政策进行更深入的探讨。

多年以来，文学著作以紧凑、庄严和悲怆的形式，描述了这场军人的战争。
但是，科学和科学家发挥作用的这部分记忆依然是零零碎碎的，是仓促即兴的
短暂画面，是被轰炸的城市和身中毒气的士兵。大众文化对这场战争的表述——
幼稚的习惯说法，例如"化学家的战争"——通常误导和掩盖了，而不是反映了
物资和工业、学科和政府部门、实验室和演讲大厅，以及地球的物理环境遭受过
度开发和滥用之间复杂的相互影响。历史学者已经指出，这场战争既显示了传统
的延续，又展示了现代化的压力。埃米尔·费歇尔——战前德国主要的诺贝尔
奖得主和化学领域的文化承载者（chemical Kulturträger），在 1917 年 1 月写道，
"现代战争……从科学的进步中获取它的手段"，但战争双方的军事和政治领导
者没有领会他所说的这些话。[2]

值得注意的是，很少有历史学者为了让我们理解这场战争及其后果而尝试
论述科学动员的意义。早在 1978 年，美国历史学者丹尼尔·凯夫利斯（Daniel
Kevles）评论道，"尚未有关于这场战争总的科学史"，在今天，很大程度上这种
情况依然如此。一些关于大战期间科学和技术的间接描述，继续依靠未经核实
的判断。例如，有人称，协约国的科学战争是"反应性的"，而不是先发制人的
（proactive）——当德国人采用新技术（比如毒气和潜艇战）时，才做出反应。
然而，协约国"反应"的复杂性，常常掩盖了英国、法国、德国和美国在工业
领域发生的创新方式的重要差别。直到最近，如此入微的细节还被禁锢在档案
中，而学者无法触及。第一次世界大战期间产生的大部分相关资料，在第二次
世界大战期间依然是"保密的"；其中一些——比如法国和前东德的资料——到
现在才在整理之中。

尽管英国和法国尊崇卢瑟福和玛丽·居里，但是在德国，战时科学家的
传记数量少了许多。关于这一点，我们可能会问为什么会如此。就如杰拉尔
德·费尔德曼所评述的，虽然有很多关于德国教授的研究，但是令人吃惊的是，

[2] Emil Fischer Papers, Bancroft Library, University of California at Berkeley, Emil Fischer to Margarete Oppenheim, 14 December 1917, 引自 Jeffrey Johnson, *The Kaiser's Chemists* (Chapel Hill, NC: University of North Carolina, 1990), pp.168, 196.

这些研究很少关注到他们当中的自然科学家。他认为，某种程度上，这似乎印 436
证了这样的假设，即自然科学家通常都"较少能对政治问题讲得头头是道"，所
以大概很少引起历史学者的关注。另外，他指出，（至少直到最近为止）不存
在"完全不合理的倾向"，"去将作为教育中产阶层（Bildungsbürgertum）一员
的自然科学家（Naturwissenschaftler）和人文科学家（Geisteswissenschaftler）
混为一谈——用弗里茨·林格的话说，他们是'名流知识分子'（mandarin
intellectuals）——从而抹杀了他们之间的显著区别"[3]。在某种程度上，他们
展现了共同的阶级身份，但是，按照人文学者和自然科学家的研究方法、国
际交往和学科热情对他们进行区分是重要的。以往被档案法和冷战惯例所禁
锢的学术团体和大学的档案，第一次被允许按照国别和学科进行比较。结果
朝着理解战争经历如何促进新学科概念和体制的发展，以及相对较新的领域
例如心理学和精神病学，如何在学术和社会空间中赢得一席之地，发生了
转变。[4]

　　当然，在历史上这不是第一次，一个国家在利用自然科学知识方面的成功
或失败——更不用说军事上的胜利或是失败引起了新的思想方式。但是，第一
次世界大战也许是第一次创造了机会，去系统运用一种新的"战争词汇"，一系
列新的专业特质，一种新的对妇女和少数族裔作用的强调，以及一种新的科学
的政治。马克斯·韦伯的"价值中立"（Wertfreiheit）原则，以及充斥其值得注
意的作品《以学术为业》（*Wissenschaft als Beruf*）中的职业理念——1917 年以
讲座的形式呈现，并于 1919 年出版——将受到学术界、政府、工业界和军方之
间紧密关系的发展的挑战。最终，当我们探讨言教和实践的矛盾时，曾经时兴
的关于这场战争的起源和进行的争论，消解成了更具包容性的"大战，1914—
1945"的视角，其中，"14—18"（Quatorze-dix-huit）*的战争，只是仅二十年后
再次笼罩世界的战争的第一部分而已。

　　在 1914 年 8 月，并非所有这些预兆都是显而易见的。事实上，这场战争 437

---

[3]　Gerald Feldman, "A German scientist between illusion and reality: Emil Fisher, 1909—1919", in Immanuel
　　Geiss and Bernd Jürgen Wendt (eds.), *Deutschland in der Weltpolitik des 19.und 20. Jahrhunderts* (Düsseldorf:
　　Bertelsmann Universitätsverlag, 1973), pp.341–362.

[4]　Joanna Bourke, "Psychology at war, 1914—1945", in Geoffrey C. Bunn *et al.* (eds.), *Psychology in Britain:
　　Historical Essays and Personal Reflections* (Leicester: British Psychological Society, 2001), pp.133–149.

还掩盖了另一个阶段，即戴维·史蒂文森所称的 20 世纪初军备竞赛的"异常加速"。[5] 为了理解这些事态发展是如何以及何时发生的，有必要不仅仅将其作为一个学期的"课程单元"在课堂上进行讲授，而且要当作一场不断演变的战争去加以了解，就如其损失是难以估算的那样，其结果也是未曾预料到的。到那时为止，所见到过的最令人印象深刻的科学技术，跳进了战争这口大锅之中。在四年的时间里，思想和方法被动员，科学家（Scientifiques）成为"战争学者"（savants de guerre），自然科学家（Naturwissenschaftler）成为"战争科学家"（Kriegswissenschaftler），英国、英帝国和美国的学者成为"科学战士"。[6] 在英帝国范围内，形成了较强的学术和科学联系。在英国和法国之间，则存在持续数十年的"权宜婚姻"（marriage of convenience）。在英国和美国之间，诞生了一种"特殊关系"，跨越了从海军信号和情报到医疗和农业研究、弹道、航空和化学战的领域。在协约国成员之间，大学成为研究人员的储备库。而在德国和奥匈帝国，大学和国家致力于发展一种合作关系。[7] 双方都懂得如何借助战争所需的科学方面的系统性合作进行战争手段的合理化。[8]

在了解了这些之后，借用罗宾·海厄姆的"军事知识分子"（military intellectuals）的概念，去定义在双方都脱颖而出的学者和科学家的类别是有所帮助的。[9] 戴维·埃杰顿创造了"科学知识分子"（scientific intellectuals）一词，去指称两次大战之间那些"谈论和书写科学的社会关系的人"——在他看来，科

---

* 即指 1914—1918 年的第一次世界大战。——译者注

[5] David Stevenson, *Armaments and the Coming of War: Europe 1904—1914* (Oxford: Clarendon Press, 1996).

[6] Bernhard vom Brocke, "Internationale wissenschaftsbeziehungen und die anfänge einer deutschen auswärtigen kulturpolitik: der professorenaustausch mit Nordamerika", in Bernhard vom Brocke (ed.), *Wissenschaftsgeschichte und Wissenschaftspolitik im Industriezeitalter: Das 'System Althoff', in historischer Perspektive* (Hildesheim: Lax, 1991), pp.185–242; Bernhard vom Brocke, "Wissenschaft und militarismus", in William M. Calder III *et al.* (eds.), *Willamowitz nach 50 Jahren* (Darmstadt: Wissenschaftliche Buchgesellschaft, 1985), pp.649–719.

[7] Werner K. blessing, "Universität im krieg: erlanger schlüsseljahre im 19. und 20. jahrhundert", in Karl Strobel (ed.), *Die deutsche Universität im 20. Jahrhundert: die Entwicklung einer Institution zwischen Tradition, Autonomie, historischen und sozialen Rahmenbedingungen* (Vierow: SH-Verlag, 1994); Karl Brandi, "Die Universität im Kriege", in Albrecht Saathoff (ed.), *Göttinger Kriegsgedenkbuch, 1914—1918* (Göttingen: Vandenhoeck & Ruprecht, 1935), pp.145–152.

[8] Feldman, "German scientist", p.355.

[9] Robin Higham, *The Military Intellectuals in Britain, 1918—1939* (New Brunswick, NJ: Rutgers University Press, 1966), pp.3–51, 237–248.

学家们利用他们作为国际主义者、博学多才者和说教者的地位去使科学远离   438
战争。[10] 我们可以扩大这一类别使其包含这样一类人，他们把超越对"中立"的
承诺视作他们对国家的责任，在此过程中，科学相比以往越来越接近于成为民
族国家的一种政治手段。[11]

    在再现"科学的战争"方面，我们能在英国方面看到三个阶段。第一阶
段——从 1914 年年底到 1915 年年初——居主导的是对关键原材料的短缺做出
的临时性反应，在法国，则是对其因北部地区被占领而导致的工业能力损失所
做出的反应。[12] 对于德国科学家在德军借道比利时向前推进问题上与政府串通
一气，协约国感到愤慨，同时加剧了对此的担忧，此外还有对德国拒绝科学国
际主义惯例而爆发出的怒火。[13] 第二阶段始于 1915 年春，由于战争双方科学家
的动员（或是赫伯特·梅尔滕斯所称的"自我动员"），最初军方的不情愿被政
府对将科学作为一种战争手段的兴趣所取代。随着 1916 年迎来了第二次动员以
及双方全面致力于总体战，他们在许多新方法上涉及了科学的应用。第三阶段
则始于 1917 年，这时美国和美国的科学开始在一场已成为"战争中的战争"方
面——科学家们针对战后世界全球领导地位的一场竞赛——扮演着主要角色。[14]
在停战的同时，协约国试图压制德国的科学，但具有讽刺意味的是，却让几乎
完好无损地挺过这场战争的德国工业基础继续保持不变。战后岁月见证了国际   439
研究会和基于学科的国际科学联盟成立，后者多年里把德国排斥在外，不可避

---

[10] David Edgerton, "British scientific intellectuals and the relations of science, technology and war", in Paul Forman and José M. Sanchez-Ron (eds.), *National Military Establishments and the Advancement of Science: Studies in Twentieth Century History* (Dordrecht: Kluwer, 1996), pp.1–35.

[11] 见 Brigitte Schroeder-Gudehus 发人深省和具前瞻性的著作，该著作已经出版 30 年了，很值得被翻译成英文：Brigitte Schroeder-Gudehus, *Deutsche Wissenschaft und Internationale Zusammenarbeit, 1914—1928: Ein Beitrag zum Studium kultureller Beziehungen in politischen Krisenzeiten* (Carouge: Imprimerie Dumaret and Golay, 1966) and *Les Scientifiques et la Paix: La communauté Scientifique Internationale au Cours des Années 20* (Montreal: Les Pressed de l'Université de Montréal, 1978). 另见 Elisabeth Grawford *et al.* (eds.), *Denationalizing Science: The Contexts of International Scientific Practice* (Dordrecht: Kluwer Academic Publisher, 1993).

[12] Roy MacLeod and Kay MacLeod, "War and economic development: government and the optical industry in Britain, 1914—1918", in Jay Winter (ed.), *War and Economic Development: Essays in Honour of David Joslin* (Cambridge University Press, 1975), pp.165–204.

[13] Roy MacLeod, "Der wissenschaftliche internationalismus in der krise: die akademien der Alliierten und ihr reaction auf des Weltkrieg", in Wolfram Fischer *et al.* (eds.), *Die Preussische Akademie der Wissenschaften zu Berlin, 1914—1945* (Berlin: Akademie der Wissenschaften, 2000), pp.317–349.

[14] Robert M. Yerkes (ed.), *The New World of Science* (New York: Century Company, 1920).

免地导致了德语作为一种科学通用语言的地位被取代。

科学国际主义和国家的科学

随着战斗的打响，最先到来的是怒火。双方成千上万的年轻人，许多是被爱国主义情绪所点燃，在未被征召的情况下自愿入伍的。[15] 其中一些人是理工科的学生和毕业生，他们是爱德华七世时代英国城市里大学规模迅速扩大，法兰西第三共和国在大学建立科学学院（Facultés des Sciences）和德国大学迅速扩张的结果。[16] 英国主要的"科学知识分子"起初不赞成宣战。事实上，在 1914 年 8 月 1 日，剑桥大学卡文迪什实验室主任和诺贝尔物理学奖得主（1906 年）J. J. 汤姆森爵士，向《泰晤士报》送交了一封联名信，敦促英国政府要忍耐住，不要与德国发生战争。他说道，"我们视德国为一个在人文和自然科学领域引领潮流的国家，一个与我们自己如此近似的国家，我们同它存在如此多的共同之处……战争将会是……对文明犯下的罪恶"[17]。汤姆森是许多英国人的代言人，包括威廉·拉姆齐爵士，赢得诺贝尔奖的伦敦大学学院的化学教授，他曾在德国学习，在他的朋友中有德国的化学家。

1914 年 10 月 4 日达到了一个转折点，当时 93 位德国学者——包括德国最著名的物理学家马克斯·普朗克——共同签署了一份名为《对文明世界的呼吁》（An die Kulturwelt! Ein Aufruf!）的文件宣言。这份宣言显然出自德意志帝国海军部之手[18]，否认德国对这场战争，对入侵中立的比利时和残酷对待比利时民众负有责任，并发誓德国的学术忠于德皇和祖国。该文件被立即翻译成十种语言，

440

---

[15] Anon, "The waste of brains: young scientists in the fighting line", *The Times*, 24 December 1915, p.3.

[16] Michael Sanderson (ed.), *Universities in the Nineteeth Century* (London: Routledge, 1975). 关于科学"严守中立"和国际主义的最新著作，见 Rebecka Letervall, Geert Somsen and Sven Widmalm (eds.), *Neutrality in Twentieth-Century Europe: Intersections of Science, Culture, and Politics after the First World War* (London: Routledge, 2012).

[17] J. J. Thomson *et al.*, "Scholars protest against war with Germany", *The Times*, 1 August 1914, p.6. 对协约国反应的细致探讨是 Harry Paul, *The Sorcerer's Apprentice: The French Scientist's Image of German Science, 1840—1919* (Gainesville, FL: University of Florida, 1972).

[18] Charles McClelland, "The University of Berlin at its apogée, 1860—1918", in Heinz-Elmar Tenorth (ed.), *Geschichte der Universität unter den Linden, 1810—2010: Biographie einer Institution, Praxis ihrer Disziplinen*, 6 vols. (Berlin: Akademie-Verlag, 2010-12), vol. 1, p.173.

并在全世界传播。[19] 德国的科学和学术被认为已经放弃了社会理想，而致力于发战争财。大多数签字人是文人墨客和律师、神学家和哲学家，但是 22 位自然科学家和医生也在其中。尽管其中一些人抗议道从未见过这份文件，或者是被强迫签署的，但用一名德国历史学者的话说，对于德国学术界在海外的声誉而言，结果是"致命性的"。[20]

在已经因为比利时所发生的暴力事件和鲁汶大学图书馆遭焚毁而感到震惊的英国，这份宣言被视作宣战行为。韦伯认为，这是一个错误，肯定违背了科学的精神，而且不符合德国的利益。后来普朗克辩解称，他签字是出于军事和政治的需要。无论"需要"与否，这项"呼吁"超过了宣传的范围。在最后的时刻，德国使它的敌人团结了起来。1914 年 10 月下旬，120 位英国学者联名致信《泰晤士报》，将他们对德国学术和科学"真实和深深的崇敬"抛在一旁。"我们同德国存在多方面的纽带，志同道合的关系、尊敬和感情的纽带。但是我们深深地感到悲哀，在军事体制及其无法遏制的征服梦想的邪恶影响之下，我们尊敬的德国现在已显然成为欧洲和所有遵守国际法的人们的共同敌人。"[21]11 月，威廉·奥斯瓦尔德声明，"德国……已经达到了比所有其他人民高得多的文明阶段"，英国和法国科学"只达到了我们 50 年前的文化发展程度"，"你要是问我什么是德国想要的，好吧，德国想要使欧洲变得井然有序"，这一声明使事情变得更加糟糕。[22] 对于《自然》的主编来说，这不仅仅是一个政治问题，同德

441

[19] Klaus Böhme, *Aufrufe und Reden deutscher Professoren im Ersten Weltkrieg* (Stuttgart: Reclam, 1975). 关于马克斯·普朗克，见 John Heilbron, *The Dilemmas of an Upright Man: Max Planck as Spokesman for German Science* (Berkeley, CA: University of California Press, 1986). 关于协约国的反应，见 *The Times*, 21 October 1914, p.10; Gabriel Petit and Maurice Leudet, *Les Allemands et la Science* (Paris: Felix Alcan, 1916). 另外，宣言引自 Rainald Von Gizycki, "Centre and periphery in the international scientific community", *Minerva*, 11:4 (1973), pp.474–494; and in Wolfgang Mommsen, "German artists, writers and intellectuals and the meaning of war, 1914—1918", in John Horne (ed.), *State, Society and Mobilisation in Europe during the First World War* (Cambridge University Press, 1997), pp.21–38. 该宣言的英文版本，见 Ralph H. Lutz, *The Fall of the German Empire, 1914—1918* (Palo Alto, CA: Stanford University Press, 1932), vol. 1, pp.74–78.

[20] Hubert Laikto, *Wissenschaft in Berlin von den Anfängen bis zum Neubeginn nach 1945* (Berlin: Dietz, 1987), p.388.

[21] *The Times*, 21 October 1914, p.10. 关于法国的反应，见 Petit and Leudet, *Les Allemands*. 另见 Paul Forman, "Scientific internationalism and the Weimar physicists: the ideology and its manipulation in Germany after World War I", *Isis*, 64 (1973), 151–180, n. 158.

[22] Quoted in Lawrence Badash, "British and American views of the German menace in World War I", *Notes and Records of the Royal Society of London*, 34 (1979), pp.91–121.

国的战争现在意味着同德国科学的战争。[23]

"九十三人宣言"受到了争议，后来遭到一些签字人（包括马克斯·普朗克）的否认。虽然它没有明确辩驳科学的普世性原则，但被广泛地视为同科学国际主义相背离。威廉·拉姆齐爵士，一位德国方法论的长期拥护者，总是愿意使用德国人更高一筹的大棒去申斥他的英国同事，从而招致了媒体的批评。1914 年 10 月 8 日，他致信《自然》杂志，"德国人的理想离真正科学之人的观念相距甚远；他们提议实现他们眼中的人类利益的方法，对于所有正确思考的人来说是令人厌恶的"。拉姆齐为他的同胞辩护称，"确实，通常来说科学是国际的，但是，我们开始修正我们的定论"。这场战争在幻想破灭中开始，在绝望中继续，而在决心见到德国丧失科学领域的霸主地位中结束。

对于之前半个世纪里目睹了前所未有的国际科学协作程度的一代人来说，幻想破灭是难以避免的。从 19 世纪 30 年代在德国和英国召开的全国性大会，到 50 年代和 60 年代欢迎外国人参会的基于学科的会议，医学和公共卫生、生物学、地理学和地质学、电报和邮政通信领域的国际性和跨欧洲项目处于繁荣之中。但是，表象之下存在的国家利益的考量，促成了商业、贸易和航行规则领域的结构竞争，也助推了物理、化学和医学这样快速发展的学科领域的探索步伐。因 1901 年诺贝尔奖设立而达到顶点的和平愿景，是在相互竞争的各国之间对国际主义的一种颂扬。就自然法则无关国家的界限而言，这个世纪带来了对科学普世主义的坚定信仰，也赋予了国家忠诚新的动力，而科学家们几乎普遍对忠诚于国家负有义务。[24]

拉姆齐和奥斯瓦尔德前一年还在布鲁塞尔国际化学学会联合会（International Association of Chemical Societies）——就在最近的 1911 年作为国际团结的专业姿态而成立——上相邻而坐，现在成为正式的敌人。物理学家瓦尔特·能斯脱和欧内斯特·卢瑟福亦是如此，1913 年 9 月在布鲁塞尔的索尔维物理学大会上，他们同坐在前排。德国富有建设性的致力于学术交流的岁月，现在

[23] Roy MacLeod, "The social framework of *nature* in its first fifty years", *Nature*, 224:5218, (1969), pp.441–446.

[24] 见 Pierre Duhem, *La Science Allemande* (Paris : Hermann & Fils, 1915) ; with a new introduction by Stanley L. Jaki, *German Science: Some Reflections on German Science and German Virtues* (Chicago: Open Court, 1991).

被当作民族主义的"世界政治"（Weltpolitik）而一去不返。[25] 在大西洋的彼岸，哥伦比亚大学的米歇尔·普平写信给加州理工学院的乔治·埃勒里·海耳称，"科学是文明的最高表达"，认为德国科学现在已与德国国家的利益融为一体，"协约国的科学……与条顿人的科学大不相同"。当海德堡大学的物理学教授菲利普·莱纳德将其视为"泰晤士河边的世界上致力于一切虚伪的最高学会"而对伦敦皇家学会不屑一顾时，情况似乎也是如此，尽管该学会之前已授予了他一个奖项。当死亡名单变长和仇恨发酵时，更糟的情况出现了。文人学士的宣传战开始具有极少科学家能够与之相称的猛烈性。[26] 拉姆齐符合这种情况。他在 12 月时写道，"不仅要将像侵蚀进德意志民族道德之中的癌症一样危险和难以忍受的专制主义清除，而且必须要将使其重生的所有可能性都变得无望。用其一位杰出代表的话说，必须使德国'鲜血流尽'"。[27] 不久在洛斯（Loos）失去了一个儿子的拉迪亚德·吉卜林称，"无论这个世界试图如何划分自己，在今日的世界，目前只有两类人——人类和德国人"[28]。科学国际主义既不是第一个，也不是最后一个"为文明而战"的受害者。

一个月过去了，敌对双方的军队在法国相互厮杀，陷入僵持，这场战争不会很快结束。而且，这将是一场大炮的战争。德国军队已经因弹药的需求而同化工行业进行接洽。到 1914 年年底，堑壕防线从瑞士沿着西线延伸至大海。战争不再是托付给将军们的事情。效仿巴黎科学院的做法，伦敦皇家学会建立了不同学科领域的军事委员会，创设了种种新的劳动部门。物理学、气象学、海洋学和航空学迅速步被阵地战带至前线的化学的后尘，将科学带至海洋和天空中的战争。

1915：权宜的战争

到 1915 年年初，记者们称这场战争为"理性的战争"（reasoning war），英

[25]　Vom Brocke, "Internationale wissenschaftsbeziehungen".

[26]　Rudyard Kipling, "Speech at Southgate", *Morning Post*, 22 June 1915, p.9.

[27]　Sir William Ramsay, "Germany's aims and ambitions", *Nature*, 94 (1914), 139.

[28]　Kipling, "Speech at Southgate".

国首相大卫·劳合·乔治称之为"工程师的战争"（war of engineers），而很快一些学科声称这是一场属于"他们的"战争。[29] 一些人尝试去避免国际科学关系的完全破裂，但是总的来说，那些做此尝试的人——包括剑桥的伯特兰·罗素和柏林的 G. F. 尼古拉——因他们的良知而遭遇了排斥或囚禁。无论怎样，相比于对战争的反感，科学家们在表达他们对彼此的愤怒方面是毫无迟疑的。在 1915 年 4 月德国首次战术性使用化学武器之后，比利时和法国的学术界开除了它们当中来自德国的外籍成员。伦敦化学学会开除了 4 人，包括能斯脱和奥斯瓦尔德，它们的博士生包括了后来领军美国硝酸研究的 A. A. 诺伊斯，以及后来剑桥大学的化学教授 F. G. 唐南。伦敦皇家学会的外事秘书阿瑟·舒斯特爵士是德国血统，他极力避免开除 17 名来自同盟国的外籍成员，但是这个问题被搁置了，并在停战后很长时间内还困扰着科学界。[30]

1915 年 2 月，德国宣布实行无限制潜艇战，造成协约国损失了 115 艘商船[31]，迫使英国政府征召英国最优秀的物理学家入伍。"科克斯勃街（Cockspur Street）的化学家"，寇松勋爵这样亲切地指称海军部新近成立的"发明和研究委员会"中的欧内斯特·卢瑟福爵士、威廉·布拉格爵士以及他们的同事。[32] 外交大臣亚瑟·贝尔福和温斯顿·丘吉尔（最初执掌海军部，后来在军需部）倡导科学和军方之间的紧密合作关系。

1915 年春西线的"炮弹危机"，极大推动了英国科学家力图使政府相信他们对这个国家的价值。效仿法国先例而成立的军需部，也为英国生产炸药和推进剂的各家工厂的建设与合同订立提供支持。在英格兰和苏格兰交界的格雷特纳（Gretna）的一片广阔的未开发地带，军需部建立起庞大的无烟硝化甘油火药和

[29] 例如参考 June Barrow-Green, "Cambridge mathematicians' response to the First World War", in David Aubin and Catherine Goldstein (eds.), *The War of Guns and Mathematics: Mathematical Practices and Communities in Allied Countries around World War I* (Washington, DC: American Mathematical Society Press, 2013), pp.101–166; and William Van der Kloot, "Mirrors and smoke: AV Hill, his brigands and the science of anti-aircraft gunnery in World War I", *Notes and Records of the Royal Society*, 5:4 (2011), pp.393–410.

[30] Donald S. L. Cardwell, "Science and World War I", *Proceedings of the Royal Society of London*, A 342 (1975), pp.447–456; MacLeod, "Der wissenschaftliche internationalismus", pp.317–349.

[31] Roger Chickering, *Imperial Germany and the Great War, 1914—1918* (Cambridge University Press, 1998), p.89.

[32] Roy MacLeod and Kay Andrews, "Scientific advice in the war at sea, 1915-17: the Board of Invention and Research", *Journal of Contemporary History*, 6 (1971), pp.3–40. ——原注。1908 年身为物理学家的卢瑟福获得该年度的诺贝尔化学奖。——译者注

TNT 火药工厂——据说当时是世界上最大的——当 1916 年 8 月它在最短的时间内开工时,立刻成为"战时生产的代名词"。

到 1915 年年中,英国新成立的军需部正式任命了皇家学会的会员充当其顾问,特别是在它的军火发明局(Munitions Inventions Department)。[33] 协约国面临着一场艰巨的挑战。在主要科学家的数量上,双方在大多数学科方面势均力敌,唯一的例外是应用化学,在此领域,德国的工业化学家数量超过了英国和法国的总和。德国化学工业聘用了大约 1200 名化学专业人员,与英法两国加起来的数量一样多。[34] 英国十分依赖从德国的进口,法国也是如此。但是,由于法国工业因德国入侵而被迫迁往南部地区,所以法国开始利用地方高校的科学人员。

在德国,科学家看上去是以较慢的速度进行"自我动员"的。一个有着强大军队和稳健工业的自信政府,不希望或没有预料到一场旷日持久的战争。弗里茨·哈伯先于德国军方(起初遭到军方的反对)开始了他关于化学武器的研究——最初旨在打破堑壕战的僵持局面。[35] 尽管陆军部(Kriegsministerium)早在 1914 年 8 月就成立了军需局(Kriegsrohstoff-Abteilung),并且瓦尔特·拉特瑙负责的原料局(Raw Materials Department)已着手使德国处于临战状态,但是直到 1915 年年初为止,政府自身并未开始推动科学研究工作。

相比之下,到 1915 年年中,法国主要的科学机构几乎全部被动员,一小批大学的化学家、物理学家和数学家在从事与战争有关的工作。[36] 防御毒气很快

---

[33] George Dewar, *The Great Munition Feat, 1914—1918* (London: Constable and Co. Ltd, 1921); Ralph J. Q. Adams, *Arms and the Wizard* (London: Cassell & Co., 1978). 另见 Roy MacLeod and Jeffrey Johnson (eds.), *Frontline and Factory: Perspectives on the Chemical Industry at War, 1914—1924* (Dordrecht: Springer, Archimedes Series, 2006).

[34] Lutz Haber, *The Chemical Industry, 1900—1930* (Oxford: Clarendon Press, 1971).

[35] Daniel Charles, *Between Genius and Genocide: The Tragedy of Fritz Haber, Father of Chemical Warfare* (London: Jonathan Cape, 2005); Dietrich Stoltzenberg, *Fritz Haber—Chemist, Nobel Laureate, German, Jew* (Philadelphia, PA: Chemical Heritage Foundation, 2004);另见其子卢茨·哈伯(Lutz Haber)的必读性记述 *The Poisonous Cloud* (Oxford: Clarendon Press, 2002).

[36] 见 Elizabeth Fordham, "The University of Paris during the First World War: some paradoxes"; compare with Thomas Weber, "British universities in the First World War", in Trude Maurer (ed.), *Kollegen—Kommilitonen—Kämpfer: Europäische Universitäten im Ersten Weltkrieg* (Stuttgart: Steiner, 2006), pp.91–106, 75–90.

成为巴黎警方的专门工作，而巴黎中央理工学院（the École Centrale）和高等物理化工学院（the École Supérieure de Physique et de Chimie Industrielles de la Ville de Paris）坚持要求军方将其学生从堑壕里召回，以将他们培养成炸药工作领域的管理人员。在德国的这一领域，普鲁士的军事传统阻碍了新技术被迅速地采纳，从事学术研究的科学家要获得认可则更加缓慢。1915 年 4 月，化学武器在秘密试验几个月之后在前线的突然使用是一个例外。但是，到 1915 年夏季，德国和世界其他地方都意识到，化学已经成为一种武器。在瓦尔特·能斯脱和弗里茨·哈伯领导的位于柏林的威廉皇帝研究所（Kaiser Wilhelm Institutes）的意见指导之下，毒气战在稳步地得到改进，从通过云雾和钢瓶释放氯气，到通过炮弹投掷光气和芥子气。[37] 战争双方都不得不进口硫黄和硫化铁矿石。用于生产炸药的哈伯－博施合成制氨法（Haber-Bosch process）的应用，使德国继续战争的前景发生了转变。

在堑壕战中，战略决定很少取决于地形方面的科学考虑，更不要说后勤了；而战术决定看上去常常依据忽视气象和地质考虑的那些现场因素而定。但是，某些基于科学的技术——特别是在海军武器装备、地质勘查和堑壕战方面——表现得更好。[38] 战前德国的空气动力学研究，因固定翼飞机的研发和从 1915 年 1 月起齐柏林飞艇对英国城镇的空袭而为公众所知。从在坠毁飞机身上展开的"逆向工程"工作中所获取的有关金属合金方面的经验，并未在英国科学领域失去价值。[39] 到 1916 年年初，物理学和数学的应用在新型武器测试系统、炮火控制、防空预警、潜艇侦测和火炮声波测距方面，展现了它们的存在价值。英国军方任命了那些研究过德国有关修筑堑壕和利用地形的军事教科书的地质学家，

446

---

[37] *50 Jahre Kaiser-Wilhelm-Gesellschaft und Max-Plank-Gesellschaft zur Förderung der Wissenschaftern, 1911—1961* (Göttingen: Generalverwaltung d. Max-Planck-Gesellschaft z. Förderung d. Wissenschaften, e. V., 1961), p.89; Lothar Burchardt, "Die Kaiser-Wilhelm-Gesellschaft im Ersten Weltkrieg, 1914—1918", in Rudolf Vierhaus und Bernhard vom Brocke (eds.), *Forschung im Spannungsfeld von Politik und Gesellschaft: Geschichte und Struktur der Kaiser-Wilhelm/Max-Planck-Gesellschaft. Aus Anlass ihres 75-jährigen Bestehens* (Stuttgart: Deutsche Verlags-Anstalt, 1990), pp.163-196; Jeffrey Johnson, *The Kaiser's Chemists* (Chapel Hill, NC: University of North Carolina Press, 1990).

[38] 见 Guy Hartcup, *The War of Invention: Scientific Developments, 1914—1918* (London: Brasseys Defence Publishers, 1988).

[39] Detief Busse, *Engagement oder Rückzug? Göttingen Naturwissenschaften im Ersten Weltkrieg* (Göttingen: University-Verlag Göttingen, 2008).

而法国人对利用地形修筑堑壕进行了改进和完善。[40]地中海和中东地区的战争疾病，为英国和来自印度、斯里兰卡、埃及和澳大利亚的英帝国医学微生物学家和寄生虫病学家，创造了一个新的良机。[41]

"丙酮"（acetone）的故事——其间，实验室的"生物技术"被用来取代传统的林学和木材蒸馏——揭示了在海军部的支持下研究解决生产无烟火药发射药的关键问题的方式，并开创了哈伊姆·魏茨曼的事业。[42]法国和英国科学家建立了共同的交流和研究渠道，尤其在航空和化学军火领域，并与美国的银行、工业界和政府机构建立了共同的采购程序。到 1917 年，协约国正将它们在工厂建造、铁路和电话通信、军火生产、军事地质学、炮火测距和潜艇侦测领域来之不易的创新经验，传递给以后一代人将称之为"民主兵工厂"的那个国家。一开始在许多科学方面领先的德国，在强大的压力之下，被迫让其最优秀的人员紧盯着具有赢得战争潜力的项目。[43]

到 1916 年，在法国、俄国和意大利，在英国及其自治领，以及在美国，科学的影响力已经开始克服在公众教育和公众支持方面仍然可以感受到的"忽视"。战时的认可有助于赢得和平时期的言语不能确立的情形。就如《剑桥杂志》的评论： 447

> "科学"一词常挂在每个人的嘴边，而且几乎每一家报纸都提供着非常有益的帮助……一想到它的名称，似乎就突然发现了一种被认为能创造奇迹的力量，对于那些觉察到他们的道路被聚光灯的强光威胁着的人来说，

---

[40] 军事地质学学科可以追溯至 Walter Kranz, "Militargeologie", *Kriegstech Zeitschrift*, 16 (1913), pp.464–471，扩展于他的 *Die Geologie in Ingenieur-baufach* (Stuttgart: F. Enke, 1927)。英方工作的论述，见 William B. R. King, "Geological work on the Western Front", *Geographical Journal*, 54 (1919), pp.201–221; and King, "Influence of geology on military operations in Norhtwest Europe", *Advancement of Science*, 8 (1951), 131–137。美国军方的学术人士对美国的工作进行了论述，见 Alfred H. Brooks, "The use of geology on the Western Front", US Geology Survey Professional Paper 128-D (Washington, DC: US Geological Survey, 1920), pp.85–124; and Whitman Cross, "Geology in the world war", *Bulletin of the Geological Society of America*, 30 (1919), pp.165–188。

[41] Roy MacLeod (ed.), *The Commonwealth of Science: ANZAAS and the Scientific Enterprise in Australasia, 1888—1988* (Melbourne: Oxford University Press, 1988).

[42] Robert Bud, *Uses of Life: A History of Biotechnology* (Cambridge University Press, 1993).

[43] Vom Brocke, "Wissenschaft und Militarismus".

这有些令人困惑。[44]

在所有的交战国中，也许美国是从积极参与科学战争当中获益最多而损失最少的。并非仅仅出于这个原因，美国人将科学学会开除外籍成员视作一种徒劳的姿态以及有损科学长远利益的行为。[45] 然而，尽管学术界分裂为美国物理学家罗伯特·米利肯所称的"敌对的政治阵营"，但对于美国人和其他未卷入战争的人而言，选择权并未失去。在 1915 年 2 月写给阿瑟·舒斯特的信中，加州理工学院教授和美国国家科学院的外事秘书乔治·埃勒里·海耳表示同意，德国科学家"已经被催眠而进入支持他们政府的残杀政策的状态"[46]。但是，用美国天文学家 W. W. 坎贝尔的话说，这并不仅仅是一个"地域问题"，"它是一个文明的根本差异问题"。[47]

许多美国科学家在德国学习过，信奉洪堡式的（Humboldtian）*教学和科研理念，甚至了解德国人不能保证对德国大学教职的忠诚，然而，过往的经历使他们尊崇德国的技术和工业。1916 年年初，约翰·霍普金斯大学和哈佛大学派遣科学和医疗使团前往英国和法国（美国参战前一整年），以便在参战时机到来之前节省时间。[48] 早在 1917 年春夏美国军队开始到来之前，欧内斯特·卢瑟福及其法国同事就将英法潜艇侦测装置的详细资料——在哈里奇（Harwich）和土伦进行研发——送交给位于康涅狄格州新伦敦（New London）美国潜艇基地的美国海军科学家们。美国科学家很快大批到来，与他们的英法同行在广泛的领域共同工作，从声学到装甲和飞机。[49] 到 1917 年夏，美国新成立的国家研究委员会的成员，身着军服在华盛顿参加各种会议。通过将电话和无线电通信（以及侦听）引入作为指挥和管理的手段，美国陆军信号部队（Signals Corps）已经显现了成为一支具有前瞻性的科学部队的迹象。海军科学情报，由英国海军部 40 室（Room 40）出色地传递，成为战时的一大传奇。随着美国海军司令

[44] Anon, *Cambridge Magazine*, 6, 4 November 1916, p.76.

[45] MacLeod, "Der wissenschaftliche internationalismus", pp.317–349.

[46] California Institute of Technology Archives, Hale Papers, G. E. Hale to Arthur Schuster, 13 February 1915.

[47] Ramsay, "Germany's aims and ambitions", p.138.

* 卡尔·威廉·冯·洪堡（1767—1835），德国语言学家、教育改革家，曾任普鲁士教育大臣。——译者注

[48] Joseph Ames, "Science at the front", *The Atlantic Monthly*, 121 (1918), pp.90–100.

[49] Lawrence Badash, "British and American views of the German menace in World War I", *Notes and Records of the Royal Society of London*, 34 (1979), pp.91–121.

部设立在伦敦西区的中心地段，美国显示出在英国长久存在的迹象。英美在情报搜集和评估方面的经历将预示着"特殊关系"岁月的到来。

1916："关键的一年"

用罗杰·奇克林的话说，1916 年是"关键的一年"。[50] 陆地上的索姆河和凡尔登战役是曾经打过的代价最惨重的大仗。已经理解科学在化学武器、声波测距和航空方面价值的德国军事领导层，开始寻求令人信服的手段，希望以此将法国从这场战争中踢出局。这种手段是高密度地使用炮击，就如法金汉将军所说的，"甚至一只老鼠也难以幸存"[51]。这种情形以及使双方付出了超过 100 万人伤亡代价的索姆河战役，是基于"物资"的竞争，是技术装备战（Materialschlacht）这种新现实情况的体现。在索姆河，协约国使德国堑壕经受了超过 150 万发英国炮弹的轰击——大部分是高爆炸药——一周内夜以继日地进行。这些炮弹是十几家新化学炸药和发射药工厂在 18 个月内设计和制造出来的产品，是国有和私营企业拼凑协调的结果。如同英国那样，为了生产所需数量的弹药，法国也已求助于私营企业。到 1916 年年底，在化学炸药和化学武器的生产方面，英法同德国已不相上下，在某些情况下甚至有所超过。

为了迎接这一挑战，德国的反应是，在兴登堡和埃里希·鲁登道夫的推动下，采用著名的"兴登堡计划"，前者于 1916 年 8 月取代了埃里希·冯·法金汉。在接下来的三个月里，兴登堡要求对德国经济进行彻底的动员，以使弹药产量增至两倍，火炮生产增至三倍。这需要 300 万额外的工厂工人——所有这些人都致力于赢得一场基于应用科学原理的工业化战争。经济动员产生了一个新的机构"最高战争委员会"，它有权力招募工人和监督生产。这促成召回了成千上万的士兵投入工厂的生产，以及对农业和商业的近乎重组。但是，到 1917 年 8 月，该计划归于失败。[52] 失败是由于人力和自然资源的短缺、工业企业的抵制和劳资摩擦。但是，这也显示了德国动员和创新能力的局限性。在替代材料的生产方面，德国科学则表现出高度的适应性，然而，学术界的科学家很少受

449

[50] Chickering, *Imperial Germany*, p.65.
[51] Chickering, *Imperial Germany*, p.67.
[52] Feldman, "German scientist".

到鼓励去承担战争工作，许多人日益对此感到不满。相比之下，在英国，一场"科学被忽视"（neglect of science）运动使得民众和报刊媒体联合起来，呼吁国家加大对高等教育的支持力度。意在使高等教育和工业处于一种切实可行的伙伴关系状态的科学与工业研究部的成立[53]，就是这方面努力的结果，并且它提供了一个很快被澳大利亚、新西兰和加拿大效仿的模式。到 1917 年，德国输掉这场科学战争已是时间问题。

1917：僵持

即使如此，这些失败的征兆被可能是德国最伟大的科学成就所掩盖，即运用哈伯－博施法去获取空气中的氮以生产硝酸盐，这有希望能够同时提供"大炮和黄油"，也许能使德国再继续战斗两年的时间。尽管如此，1917 年，德国农业生产歉收，而由于护航手段和反潜设备的应用，英国的粮食进口一直持续且不断增长。因此，英国能够开始生产更多的炸药。到 1917 年年底，军火工厂在一年中生产了 23 万吨炸药，略高于英国在 1943 年达到的 22 万吨的峰值。[54] 炸药的绝对供应为协约国提供了更多的行动机会。1917 年 6 月，英国和澳大利亚的地质学家和工程技术人员，在梅西讷发起了一场大规模的坑道埋雷攻击行动，其爆炸声在 220 公里之外的伦敦都能听到。[55] 这一保密了数个月的庞大计划，破坏和摧毁了 17 公里的德军防线；用当代人的话说，它是"这场战争中最壮观的行动"。[56] 在前线，地质学是大有可为的。

在此方面以及在许多其他领域，科学的成就处于尚未被利用的状态，未能带来军事上的胜利；其实，科学进步本身也无法做到如此。但是，随着坑道埋雷战的结束，以及随着科学应用体现了协约国合作的进步程度，在探求战后将会发生些什么方面出现了富有远见卓识的关注。在协约国成员当中，1917 年出

450

---

[53] Roy MacLeod and Kay Andrews, "The Committee of Civil Research: scientific advice for economic development, 1925—1930", *Minerva*, 7:4(1969), pp.423–440.

[54] William Hornby, "Factories and plant", in Sir Keith Hancock (ed.), *History of the Second World War*, UK Civil Series (London: HMSO, 1958), p.109.

[55] Roy MacLeod, " 'Kriegsgeologen and practical men': military geology and modern memory 1914—1918", *British Journal of the History of Science*, 28 (1995), pp.427–450.

[56] 见 George A. Kiersch, "Engineering geosciences and military operations", *Engineering Geology*, 49 (1998), p.124.

现的"第二次动员",体现了越来越强烈的信念,即仅仅靠传统的军事行动难以决定战争的结果。取而代之的是"总体战"(la guerre intégrale),置身其中的每一社会群体将被动员。在法国和英国,科学院和皇家学会在推动创建协约国"科学同盟"的运动方面发挥着它们的作用。英国和法国都加强了它们驻美国采办机构的力量,在潜艇和反潜侦测、军事航空、自然资源和硝酸生产方面进行合作。

美国参战使得英法同美国科学院,以及很快同它新成立的"战时委员会"——国家研究委员会——的合作更加密切,该委员会将美国科学家的热情集中致力于协约国的事业。美国主要的大学开始为下一学年安排"军事地质学"的课程。1917 年 9 月,回想起两年前奥斯瓦尔德帝国主义言论的利克天文台主任威廉·坎贝尔,宣布了他的结论,德国科学家并不比敌方的士兵更优秀:"德国,这个最具科学性的国度,将科学出卖给了'德国高于一切'(Deutschland über Alles)的卑劣野心。"[57]1917 年 10 月,耶鲁大学的罗素·奇滕登持同样的观点,他写信给海耳称,"首先,我难以相信,那些发给我的报告内容是真的,但是现在完全清楚了,科学人士……已经失去了我应该称其为科学常识的东西"[58]。

随着德国科学界带头人的反驳,形成了一种看法,即德国科学已非所了解 451 的那样,甚至德语也已失去了它作为科学语言的道德权威性。现实的反应则更加明确。到 1917 年年底,数百名美国化学专业人员被征召进化学战作战局,美国的化学工业已经制订计划去承担大规模的炸药和化学武器的生产任务。[59]美国科学已彻底地"在欧洲"(over there)*。

1918

新成立的科学和工业研究部于 1916 年 7 月开始运转,在大学和工业部门之

---

[57]　William Wallace Campbell, "International cooperation in science", 15 September 1917, Hale Papers.

[58]　California Institute of Technology, Hale Papers, Russell Chittenden to George Hale, 3 October 1917.

[59]　MacLeod and Johnson, *Frontline and Factory*.

*　第一次世界大战时期美国人的口语,指代在欧洲或到欧洲。——译者注

间搭建起了沟通的桥梁，[60] 同时，"医学研究委员会"开始了与学术界的联合研究项目。[61] 到 1918 年，英国已经成为一个巨大的军事－学术－工业复合体，征用和管理着全国大部分的科学劳动力。[62] 至少一半过着平民生活的英国科学家，正从事战争工作。正如汉娜·盖伊提醒我们的，伦敦帝国学院"并不过多地从服务、责任、牺牲或荣耀的角度去看待这场战争，而是将其看成某种也许不必要的东西，并且正在效率低下和缺乏理性地进行着。如果将更多的注意力放在科学方面，那么这个国家将会过得更好"[63]。这是温斯顿·丘吉尔从未忘记的教训。[64]

威廉皇帝研究所将其注意力转移到许多战时项目上，但是，德国主要科学领域的战争努力一直是以工业为基础的。一代顶级的顾问们为拜耳公司（Bayer）
452 和巴登苯胺纯碱公司（BASF）服务着。[65] 但是，不存在相似的努力去鼓励大学的科学家像他们的英国和法国同行那样"志愿入伍"。[66] 德国的科学家普遍留在图书馆和实验室里，抗议着支出遭到削减[67]，而法国、英国和美国的科学家放下他们的研究去从事一场更多需要应用而不是理论的战争。法国政府轻易地动员起了巴黎高等师范学院（the École Normale Supérieure）、巴斯德研究所、居里研究所和巴黎高等物理化工学院的实验室——它们因毗邻圣克劳德（St. Cloud）和

---

[60] Roy MacLeod and Kay Andrews, "The origins of the DSIR: reflections on ideas and men, 1915-16", *Public Administration*, 48:1(1970), pp.23–48.

[61] 关于这场战争的医学史，见 Ian Whitehead, *Doctors in the Great War* (London: Leo Cooper, 1999); Mark Harrison, "The medicalization of war: the militarization of medicine", *Social History of Medicine*, 9 (1996), pp.267–276; Roger Cooter *et al.* (eds.), *Medicine and Modern Warfare* (Amsterdam: Rodopi, 1998) and *War, Medicine and Modernity* (Stround: Sutton, 1999); Wolfgang Eckart and Christophe Gradmann (eds.), *Die Medizin und der Erste Weltkrieg* (Pfaffenweiler: Centaurs-Verlag, 1996).

[62] Everett Mendelsohn, "Science, technology and the military", in Jean-Jacques Salomon (ed.), *Science, War and Peace* (Paris: Economica, 1989), p.54.

[63] 帝国学院的学生杂志《凤凰》（*Phoenix*）表达了这种矛盾心理。例如，1915 年 3 月的那一期振臂高呼"我们的国家第一，其次是学院"。在同一期中，刊登了鲁伯特·布鲁克（Rupert Brooke）的十四行诗，"如果我将死去……"，连同其他战争诗歌。见 Hannah Gay, *Imperial College London, 1907—2007: Higer Education in Science and Technology in Twentieth-Century Britain* (London: Imperial College, 2007).

[64] Stephen W. Roskill, *Hankey, Man of Secrets* (London: Collins, 1970), vol. 1, pp.244–245.

[65] Jeffrey Johnson and Roy MacLeod, "War work and scientific self-image", in Rüdiger vom Bruch and Brigitte Kaderas (eds.), *Wissenschaften und Wissenschaftpolitik—Bestandsaufnahmen zu Formationen, Brüchen und Kontinuitäten im Deutschland des 20. Jahrhunderts* (Berlin: Akademie Verlag, 2002), pp.169–179.

[66] MacLeod and Johnson, *Frontline and Factory*.

[67] Busse, *Engagement oder Rückzug?*

万赛讷（Vincennes）武器测试场而具有独特的优势。[68] 到 1915 年年初，科学专业的毕业生被从前线召回，去管理弹药局（Service des Poudres）的炸药工厂和搬迁至布列塔尼和罗讷的民用工厂。[69] 地方高校的科学人员，连同来自波尔多、里昂和图卢兹的同行，被吸纳进生产的圈子。私营工业企业——包括位于勒克勒佐的施奈德工厂及其科学人员——非常积极地予以响应，以至于 1918 年伊始，法国不仅能够完成炮弹的定额，并且在某些弹药方面超过了德国。到停战时，巴黎——像柏林和伦敦一样——成了一座战争中的科学之城。[70]

1917 年年初，德国政府成立了威廉皇帝战争技术科学基金会（Kaiser Wilhelm Stiftung für Kriegstechnische Wissenschaft, KWKW），它公开将一种规划得更好的军事－科学－工业合作体制归功于建立了科学与工业研究部的英国人。虽然它得到了顶尖科学家的支持——包括埃米尔·费歇尔、瓦尔特·能斯脱和弗里茨·哈伯——但当它开始运转时，却为时已晚。[71] 因 1918 年 3 月德国攻势的胜利而喜气洋洋的弗里茨·哈伯，向同事祝贺他们的成功：

> 军方与严谨科学之间的关系在战前是不完善的。可以这么说，将军生活在顶层公寓，而受到招待的学者生活在相同的房间，但是，他们之间不存在更深的联系。房间里的工业家像是中间人，为将军提供服务，这种关系是以战前明显的技术从属于战术作为前提的。如今，事情则有所不同。[72]

但是，"事情"将以意想不到的方式"有所不同"。在接下来的几个月中，协约国反攻造成的满目疮痍见证了科学的快速发展，并且朝着协约国预想的 1919 年春季战役的方向运转。据说，当时的军需大臣丘吉尔已经设想派遣轰炸机群和使用毒气武器去对付德国的城市，以迫使其无条件投降。1918 年 11 月，战斗的突然

---

[68]　美国人很快注意到并称赞法国的做法，见 George Burgess, "Applications of science to warfare in France", *Scientific Monthly* 5:19 (1917), pp.289–297.

[69]　Patrice Bret, "managing chemical expertise: the laboratories of the French artillery and the Service des Poudres", in MacLeod and Johnson, *Frontline and Factory*, pp.203–220.

[70]　见 Winter and Robert, *Capital Cities at War.*

[71]　Manfred Rasch, "Science and the military: the Kaiser Wilhelm Foundation for Military-Technical Science", in MacLeod and Johnson, *Frontline and Factory*, pp.179–203.

[72]　Fritz Haber, "To the Bunsen Society for Applied Physical Chemistry, April 1918", *Chemiker-Zeitung*, 42 (1918), p.197.

结束使科学家像许多其他人一样感到意外。一些人重复乔治·埃勒里·海耳的观点，这场战争是"我们推动研究的最佳机会"，并对战争在美国科学能够展示其全部潜力之前就结束而感到失望。似乎只有停战才能使科学罢手。[73]

展望未来

这场战争引起了科学及其与社会的关系方面的诸多变化。首先，协约国的科学家渴望维持军事和经济胜利赋予他们的优越感。[74]正如G. A. 米勒在1918年8月所提出的疑问，如果"协约国只是在军事意义上赢得这场战争，却发现自身被德国的知识和科学所支配"，这难道不是一种讽刺吗？在英国和美国，这场战争已经使专业的科学家"大众化"了，并助长了此类想法，即自然科学和社会科学的学科实际上包含了一种有着共同价值观、方法论和社会精神特质的"共性"（community）。就如英国物理学家海曼·利维所说的，"这场战争培育了……一种新的凝聚意识……它是科学行业诞生的原因"[75]。尤其是在北美、英国和澳大利亚，这场战争恰与"科学工作者"的兴起同时发生——从将智商测试理论应用到军官选拔的心理学家，到发现了职业发展良机的化学家。[76]这场战争促进了涂尔干所称的对于以往处于既定职业种类之外的较新群体的"通融迁就"，并给予他们"社会的空间"。在战时科学家中间，形成了一种新的"阶层利益"，并成立了各种协会去帮助他们的"薪金和前程"。[77]A.P. 罗当时是伦敦国家物理实验室的一名年轻科学家，后来在英国的雷达战中起了重要的作用，他直截了当地称："现在，在合理的情况下，我可以拥有所有我想要的钱。"[78]对于1939年至1945年的他那一代人而言，情况也是如此。

[73] Burgess, "Applications of science", pp.289–297 and "The scientific work which our government is carrying on and its influence upon the nation", *The Scientific Monthly*, 19(1924), pp.113–115.

[74] George A. Miller, "Scientific activity and the war", *Science*, 48 (1918), pp.117–118.

[75] Hyman Levy, *Modern Science* (London: Hamish Hamilton, 1939), p.95.

[76] Robert M. Yerkes, "The role of psychology in the war", in Yerkes (ed.), *Science in the Great War* (New York: Century Company, 1920).

[77] Kay Andrews and Roy MacLeod, "The contradictions of professionalism: scientists, trade unionism and the First World War", *Social Studies of Science*, 9 (1979), pp.1-32.

[78] Albert P. Rowe, *If the Gown Fits* (Melbourne University Press, 1969).

与此同时，在科学和军方之间的关系上，这场战争赋予其新的深度和含义。[79]在科学和军方之间，曾有过许多的误解，关系也依然是不融洽的。各种问题被交给科学家去解决，而不是被要求去建议问题是什么。但是，这是一个预示着更全面参与的问题。[80]由于这场战争助长了他们的知名度和自负，所以很少有协约国的科学家担心丧失独立性的问题。弗朗西斯·培根曾写道："为追求权力而失去自由，这是一种不可思议的欲望。"然而，危险还未被感受到。这场战争已经表明，虽然战斗不可能通过科学赢得，但是，没有科学，它们可能会输掉。[81]

一场将欧洲各国政府、工业企业和学术界带入一种更密切关系的战争，也是美国人在敏锐观察的战争。美国科学界抓住时机，并将一股新的力量注入了协约国。美国军队将一些顶尖的化学家和物理学家带至欧洲，包括后来的麻省理工学院校长卡尔·康普顿，普林斯顿大学物理学教授及后来洛克菲勒基金会欧洲项目的负责人奥古斯塔斯·特罗布里奇。特罗布里奇和康普顿，卢瑟福和布拉格，是最早在致力于英美科学合作关系的那些人中起了重要作用的人士。[82]当胜利到来之时，它宣告了协约国科学的胜利。民族主义削弱了德国学者的声誉。[83]胜利者对国际主义的优点大加赞赏，但是不妨碍协约国的科学家在欧洲下一次陷入战争时所必将扮演的角色。[84]正如巴兹尔·利德尔·哈特在1924年所写的：

455

在试图判断下一场大战的性质方面，我们思考的过程不可避免地会反

[79] David Edgerton, "Science and war", in Robert Olby *et al.* (eds.), *The Companion to the History of Modern Science* (London: Routledge, 1990), p.941.

[80] MacLeod and Andrews, "Origins of the DSIR".

[81] 见 Guy Hartcup, *The War of Invention* (London: Brasseys Defence Publishers, 1988).

[82] 关于科南特，见 James B. Hershberg, *Conant: Harvard to Hiroshima and the Making of the Nuclear Age* (New York: Knopf, 1993); and James Conant, *Modern Science and Modern Man* (New York: Doubleday Anchor Books, 1955). 亦见 Roy MacLeod, "Secrets among friends: the Research Information Service and the "special relationship" in allied scientific information and intelligence, 1916—1918", *Minerva*, 37:3 (1999), pp.201-233; Cooter *et al.*, *War, Medicine and Modernity*.——原注。詹姆斯·B. 科南特（James B. Conant，1893—1978年），美国化学家和教育家，1917年获得哈佛大学博士学位，第一次世界大战期间协助美国军方研制化学武器，1933年担任哈佛大学第23任校长，直至1953年。第二次世界大战期间，是"曼哈顿工程"的主要参与者和管理者之一。——译者注

[83] Fritz Ringer, *The Decline of the German Mandarins* (Cambridge, MA: Harvard University Press, 1969).

[84] James Conant, *My several lives: memoirs of a social inventor* (New York: Harper and Row, 1970).

映出科学发明的进步。无论好坏，这种发展是现代文明最重要的因素，并且正以这样的尺度影响着国家各群体的组织结构和心理状态，即唯一合理的假定是，战争的方式将体现在平民生活千变万化的方方面面。[85]

如果战争为科学带来了如此的机会，那么作为一个目标，有益于人类的韦伯式的价值中立力量会拥有未来吗？关于这个问题，科学界的看法远非一致。在英国，J. B. S. 霍尔丹看到了使用化学武器的好处，理由是它们并不比高爆炸药更具危害性。[86] 顶尖的科学家们在良知和责任之间进退两难。[87] 很少有人对基于科学知识的战时应用进行批评——更多的时候，问题变成哪一方或各方的哪一群人首先或更好地解决了特定问题。[88] 为了效率着想，道德的争论被回避了。"狡猾的工匠"（cunning craftsman），是霍尔丹《代达罗斯》的潜台词。代达罗斯为他自己和他的儿子伊卡洛斯制造了翅膀。伊卡洛斯飞得太靠近太阳，于是坠落而死，而代达罗斯大难不死。

不论政治后果如何，弗里茨·哈伯依然执着于科学在战争中的利用。很少有科学家追随罗素或爱因斯坦成为和平主义者。但是，存在被动的入伍者。马克斯·玻恩——战前和 J. J. 汤姆森在剑桥一起从事研究——回想起曾与一小队物理学家驻扎在柏林郊外，他们的任务是改进声波测距的技术；他说，他们做了要求的事情，但实际上更愿意"在时间允许的情况下，从事一些真正的科学工作"。[89] 结果就是玻恩的第一本著作，关于晶格的动态特性，以及后来使他获得诺贝尔奖的研究工作。

另一方面，战时经历使得一系列活动变得"平常"，以往它们可能被视作是很少被要求做出的干扰。1916 年 11 月，温斯顿·丘吉尔不耐烦地责备他的内

[85] Basil H. Liddell-Hart, "The next Great War", *Journal of the Royal Engineers* (March 1924), p.90.

[86] John B. S. Haldane, *Daedalus, or Science and the Future: A Paper Read to the Heretics, Cambridge, on February 4th, 1923* (London: Kegan Paul, 1923).

[87] John Heilbron, *The Dilemmas of an Upright Man: Max Planck as Spokesman for German Science* (Berkeley, CA: University of California, 1986).

[88] Kay Andrews and Roy MacLeod, "The social relations of science and technology, 1914—1939", in Carlo Cipolla (ed.), *The Fontana Economic History of Europe: The Twentieth Century*, vol. v, (Glasgow: Fontana/Collins, 1976), Pt I, pp.301-335.

[89] Max Born, *My Life: Recollections of a Nobel Laureate* (London: Taylor & Francis, 1978); Nancy Greenspan, *The End of the Certain World: The Life and Science of Max Born* (New York: Basic Books, 2005).

阁同僚："知道自己能发明什么的发明家——如果他们只知道被要求做什么——和知道或者应当知道自己要做什么的军人，在两者之间存在着脱节，要是后者明白科学能为他们做出多少贡献，他们是会要求得到科学的帮助的。"[90] 到1918年，这场"理性的战争"并不局限于道格拉斯·黑格爵士所称的战场的"机械发明"。[91] 在战争的双方，新知识来自堑壕战的悲惨境遇，以及对这个世界曾见到过的最复杂的生产、供应和分配方式的管理。[92] 在科学基础的许多方面领先于法国和英国的情况下，德国开始了这场战争。但是，德国未能开发其潜力，进而曲解了其职责——如果马克斯·韦伯是正确的话——且对其资源管理不善。相比之下，美国人和英国人给予了科学家军衔、权威和接近最高统帅部的权力。这场战争促进了他们利用跨学科的方法解决问题，以及各种模式的协调与合作。胜利青睐于那些最擅长同别人一起解决共同问题的人，无论他们的专长是什么。[93]

这场战争绝不仅仅是一场"化学家的战争"。[94] 在欧洲和美国，民事应用在一系列的学科领域兴起，从整形外科到气象学，从航空到摄影，从无线电到工业心理学。地质学家发现了油和水的新来源，物理学家设计出了声波器件，地理学家绘制出了炮兵地图，生物学家研制出了消毒剂，心理学家则治疗弹震症。　457
这场战争标志着，视战争与民用科学相分离的观点发生了永久性的转变。处于战争状态的国家同时以委托人和主顾的身份出现。对于刘易斯·芒福德而言，这场战争标志着"新技术时代"（neo-technic age）的到来。[95]

战时服务也赋予了科学家新的形象。在德国，它的社会公共机构因战败和经济危机而动摇，专业人士力争重新赢得他们的声誉和目标；而在协约国方面，胜利似乎在为科学家曾承诺的一切进行背书。当受到召唤之时，他们已制造出

---

[90]　Winston Churchill, "The greater application of mechanical power to the prosecution of an offensive on land", November 1916, Cabinet Office, Appendix, "Mechanical power in the offensive", in Churchill, *The World Crisis* (London: Thornton Butterworth, 1927), vol. III, App.V, para. 15.

[91]　Field Marshal Sir Douglas Haig, "Final despatch", *London Gazette*, 8 April 1919, pp.4,693–712.

[92]　Roy MacLeod, "The 'arsenal' in the Strand: Australian chemists and the British Munitions Effort, 1916-19", *Annals of Science*, 46:1 (1989), pp.45–67; "The chemists go to war: the mobilization of civilian chemists and the British war effort, 1914—1918", *Annals of Science*, 50 (1993), pp.455–481; and "Sight and sound on the western front: surveyors, scientists and the 'battlefield laboratory', 1915—1918", *War and Society,* 18:1 (2000), pp.23–46.

[93]　Johnson and MacLeod, "War work" .

[94]　Anon, "Science and the munitions of war", *Nature*, 95 (1915), pp.562–564.

[95]　Lewis Mumford, *Technics and Civilization* (New York: Harcourt-Brace, 1934).

了"获胜的武器"。他们成了国家的英雄。因此，弗雷德里克·林德曼，即后来的彻韦尔勋爵（Lord Cherwell），赢得了丘吉尔的仰慕。[96] 科学在政治生活中拥有了一个新的突出地位，科学机构迅速得到了发展。[97] 在英国，由于这场战争，自然科学在中等教育和高等教育领域被赋予了更重要的角色。[98] 在美国，如果"借助化学活得更好"（"Better living through Chemistry"）是尚待创造的短语，那么化学专业将很快兜售这个观点。在 1920 年至 1932 年期间，美国学习科学的学生人数是 1860 年至 1920 年的两倍，[99] 耶鲁大学的心理学家和动物学家罗伯特·耶基斯曾向美国国家科学院汇报科学院的战时工作，他骄傲地将他的著作冠以《科学的新世界》（1920 年出版）之名，一个崭新世界，它的学术语言将是英语。[100]

在凡尔赛，伍德罗·威尔逊对他所面临的形势做出了反省：

我们必须尽我们所能思考这个世界的形势。首先，科学的伟大发现，实验室里人们默默从事的研究，在安静的教室里发生的思想进化，现在都被用来毁灭文明，这难道不是触目惊心的情形吗？……我们刚刚战胜的敌人，理解了一些科学研究和发现的精髓，并为了使毁灭变得突如其来和彻底而利用它们。只有人们充满警觉和持续不断地合作，才能保证科学以及军队被置于文明的约束之下。[101]

458

[96] Adrian Fort, *Prof: The Life of Frederick Lindemann* (London: Jonathan Cape, 2004), p.62.

[97] MacLeod and MacLeod, "Social relations".

[98] 见 Anon, "The neglect of science", *The Times*, 7 March 1916, pp.28-33; Ray Lankester, *The Neglect of Science*, pamphlet (London: 1916). 在激烈的公开辩论之后，英国政府召开了数次关于国家科学繁荣的咨询。最终成立了一个由 J. J. 汤姆森任主席的委员会，它有关促进中学科学教育的建议被广泛采纳。见 "Committee on the Neglect of Science", *Chemical News*, 30 November 1917, pp.267-291; and the Report of the Committee to Enquire into the Position of Natural Science in the Educational System of Great Britain, 19 February 1918, *Parliamentary Papers* [CD 9011], pp.471-556. 它们对于高校的意义在王作跃（Zuoyue Wang）的文章中得到了探讨，"The First World War, academic sciences and the "two cultures": educational reforms at the University of Cambridge", *Minerva*, 32:2 (1995), pp.107-127.

[99] MacLeod and MacLeod, "Contradictions of professionalism".

[100] Sir Douglas Haig, "Final despatch".

[101] Woodrow Wilson, *Addressing the Second Plenary Session of the Peace Conference, January 1919, in* US State Department, Papers relating to the Foreign Relations of the United States: The Peace Conference (Washington, DC: Government Printing Office, 1942-7), vol. III, p.179.

当弗里茨·哈伯于1918年被授予诺贝尔奖时——因他战前有关大气中氮的研究工作——这一举措使一些人联想到关于回归纯科学的理想化话语。但是，更深入地阅读诺贝尔委员会背后的原始材料则显示，这次授奖更多的是关于权力而不是原则——关于民族国家发生变化的角色。[102]1927年，朱利安·班达哀叹许多知识分子——科学家身在其中——更支持国家而不是理性，为战争的暴行助纣为虐。伯特兰·罗素则认为战争暗含于科学的本性及其成长中，相反的想象需要一种新的策略。马克斯·普朗克所集中代表的德国科学界的名流，在维护他们作为文化承载者（Kulturträger）的角色方面是精明的，避免了失败者的称号。但是，对于德国来说，如果他们不是已经输掉了战争，那么这场战争就会以德国的科学作为代价了。马克斯·韦伯担心出现一场灾难性的科学危机（Krise der Wissenschaft）——一场在文化理念、专业自信和认识论确定性方面的危机。最大的希望在于未来对"价值中立"[103]的召唤——这一理念影响了维也纳年轻的卡尔·波普尔。[104]一些人希望找到各种新的方式去重新表达科学的价值——从乔治·萨顿的科学人文主义，到阿瑟·爱丁顿的理想主义，以及J. D. 贝尔纳的"科学的社会功能"（the social function of science）。[105]到20世纪30年代，已能够提出这样的问题，即科学家是否已承担了与他们新的声誉和权力相称的特殊社会责任。到1939年大战再次爆发之时，不仅仅在赢得战争方面，而且在维护作为民主价值一部分的科学价值方面，很少有人质疑科学将扮演决定性的角色。[106]到

459

[102]　Frederick G. Cottrell, "Les relations scientifiques internationales", *Review Scientifique* (Paris), 59 :1 (1921), pp.37–41.

[103]　见 Max Weber, "Wissenschaft als beruf", 在 Bernard Barber and Walter Hirsch (eds.), *The Sociology of Science* (New York: The Free Press of Glencoe, 1962) 中被译为 "Science as a vocation"。

[104]　Karl Popper, *Unended Quest: An Intellectual Autobiography* (London: Fontana, 1976).

[105]　关于萨顿，见 Lewis Pyenson, *The Passion of George Sarton: A Modern Marriage and Its Discipline* (Philadelphia, PA: American Philosophical Society, 2007)。关于埃丁顿，见 Matthew Stanley, "Mysticism and Marxism: A. S. Eddington, Chapman Cohen, and political engagement through science popularization", *Minerva*, 46:2 (2004), pp.181–194。关于贝尔纳，见 Andrew Brown, *J. D. Bernal: The Sage of Science* (Oxford University Press, 2005); and Roy MacLeod, "The world, the flesh and the devil: a vision revisited", Bernal Lecture, Birkbeck College London, June 2008。

[106]　见 David Hollinger, "The defense of democracy and Robert K. Merton's formulation of the scientific ethos", *Knowledge and Society*, 4 (1983), pp.1–15 and "Science as a weapon in kulturkampfe in the United States during and after World War Two", *Isis*, 82 (1995), pp.400–454, reprinted in Ronald L. Numbers and Charles E. Rosenberg (eds.), *The Scientific Enterprise in America: Reading from Isis* (University of Chicago Press, 1996).

1945 年，科学已获得了属于其自身的思想体系和政治。[107] 如今，这种观点构成了第一次世界大战科学和科学家历史的基础。假如我们要正确地理解，那么我们必须回顾这四年的时光，因为在这段时期里，世界各地的科学家决定服务于他们所支持建立的政治秩序。

[107]　矛盾之处也在下面的著作中得到了概述，Jerome Ravetz, *Scientific Knowledge and Its Social Problems* (Oxford: Clarendon Press, 1971)（在撰写新导言后再版，London: Transaction Press, 1996) and *The Merger of knowledge with Power: Essays in Critical Science* (London: Mansell, 1990)。

18 封锁与经济战

艾伦·克雷默

导　言

众所周知，在第一次世界大战期间，很大一部分德国人遭受了严重的饥饿，对士气和健康造成了极其不利的后果。1915 年 3 月，政府不得不实行面包配给供应，于是在面包店外出现了长长的购买队伍。据估计，从 1914 年 6 月至 1915 年 6 月，养活一个家庭的成本上涨了 50%。[1] 到了此时，就如格勒纳将军所回忆的，不可能无视"民众和军队的食物供应所面临的越来越大的威胁"。[2] 对于工人阶级家庭而言，一些食品不再承担得起。8 月 3 日，汉堡的《社会民主党日报》评论道："如今，赤裸裸和可悲的现实是，无数为祖国抛洒热血的人们，他们的家庭已几个星期无力购买一片肉，以及蛋类和黄油。"[3]

即使是在德国大量种植的土豆，在 1916 年也实行了配给供应，每个人一周仅限供应 4 磅。[4] 到当年冬季，所有主要的食品都实行了配给供应。[5]1915 年 10

---

[1] Volker Ullrich, *Kriegsalltag. Hamburg im ersten Weltkrieg* (Cologne: Prometh Verlag, 1982), p.40.

[2] Wilhelm Groener, *Lebenserinnerungen: Jugend, Generalstab, Weltkrieg* (Göttingen: Vandenhoeck & Ruprecht, 1957), p.332.

[3] *Hamburger Echo*, 3 August 1915, 引自 Ullrich, *Kriegsalltag*, p.39.

[4] Ullrich, *Kriegsalltag*, pp.40–43.

[5] Avner Offer, *The First World War: An Agrarian Interpretation* (Oxford: Clarendon Press, 1991), p.28.

461　月，在食物短缺方面，城市妇女因饥饿率先开始自发举行示威游行。[6]柏林警方注意到，随着 1915 年物价上涨和主食稀缺，在士气方面几度出现了低落。[7]1916 年年初，妇女在鲁尔区的城镇聚集，要求改善土豆和油脂的分配供应；在接下来的春天，则出现了普遍的骚乱，饥饿的妇女和儿童开始哄抢商店和市场。[8]格勒纳在其 1916 年 2 月的日记中提到，陆军部长"沉浸在因食品危机导致的非常悲观的情绪之中，他向最高统帅部汇报，我们很快会变得无能为力"[9]。

　　1916 年至 1917 年的冬天，饥饿状况到了最糟糕的程度——"芜菁之冬"，当时异常湿润的秋季毁了土豆的收成；瑞典芜菁（或甘蓝）成为替代品，既无营养又不适口。这个冬季，配给供应下降到平均低于 1150 卡路里，远低于所需的最低值。[10]到这场战争结束，无数的平民死于与饥饿和营养不良相关的疾病。战后德国的死亡人数估计为 70 万人甚至 80 万人；杰伊·温特估计更可能是，"在德国，有超过 478500 平民因战争而死亡"[11]，他撰写的关于这场战争的人口统计史是权威的著作。许多死难者死于民众中已经流行但在战时会带来更大危险的疾病，比如肺结核，从 1914 年到 1919 年，有超过 16 万人死于这种疾病，比和平时期所预想的数字要大很多。[12]1918 年，大约有 18 万人死于流感。相比之下，婴儿死亡率明显下降。[13]这一章并非尝试去重新计算整个平民死亡的数

---

[6]　Belinda K. Davis, *Home Fires Burning: Food, Politics, and Everyday Life in World War I Berlin* (Chapel Hill, NC: University of North Carolina Press, 2000). 关于德国城市的日常生活、食品供应、饥饿及其社会和政治影响的话题，最佳的阐述是 Roger Chickering, *The Great War and Urban Life in Germany: Freiburg, 1914—1918* (Cambridge University Press, 2007)。

[7]　Report of the Berlin chief of police, 18 September 1915, in Wolfdieter Bihl (ed.), *Deutsche Quellen zur Geschichte des Ersten Weltkrieges* (Darmstadt: Wissenschaftliche Buchgesellschaft, 1991), doc. 69, p.146. Cf. ibid., police reports from Charlottenburg (later a suburb of Berlin) in February and March, and Berlin in *ibid.*, docs. 44 and 49.

[8]　Anna Roerkohl, *Hungerblockade und Heimatfront. Die kommunale Lebensmittelversorgung in Westfalen während des Ersten Weltkrieges* (Stuttgart: Steiner, 1991), pp.127–131.

[9]　Groener, *Lebenserinnerungen*, p.332.

[10]　Roerkohl, *Hungerblockade*, p.321. Chickering, *The Great War and Urban Life* 对"令人讨厌的"芜菁有着令人回味的描述，pp.269–271。

[11]　Gustavo Corni, "Food supplies", in Gerhard Hirschfeld *et al.* (eds.), *Brill's Encyclopedia of the First World War* (Leiden and Boston: Brill, 2012); Roerkohl, *Hungerblockade*, p.312; and Charles Paul Vincent, *The Politics of Hunger. The Allied Blockade of Germany, 1915—1919* (Athens, Ohio and London: Ohio University Press, 1985), p.145, 利用了战后不久德国的资料来源，引用的数字为 80 万，但是后者承认，这个数字可能过高；Jay Winter and Jean-Louis Robert, *Capital Cities at War: Paris, London, Berlin 1914—1919* (Cambridge University Press, 1997), vol. 1, p.517, n. 34.

[12]　Roerkohl, *Hungerblockade*, p.309.

[13]　Roerkohl, *Hungerblockade*, pp.312–313.

字，但是，无论采用哪一种计算，数字明显都是相当高的，略超过或略低于1913 年 6700 万人口的 1%。

传统上，大范围的饥饿被归因于普遍所称的英国的饥饿封锁政策。这种封锁提出了若干史学方法论问题。

首先，我们必须将视角从狭隘地集中于英国对德国的封锁上扩展开来。封锁不仅仅是英国的政策，而且是整个协约国的政策，被法国、俄国以及后来的意大利和美国舰队加以执行，也针对奥匈帝国、土耳其和保加利亚。对于法国政府来说，它是极其重要的：在克列孟梭 6 名战时内阁成员中，封锁事务部长位列其中。[14] 事实上，战争双方都力图对对方实施封锁。德国力图借助海上战争切断通往协约国的补给线，潜艇战只不过是这种战略最极端和最具危害性的版本。

其次，无论是水面舰只还是潜艇所实施的封锁，都是范围更广的经济战的一部分，就如拿破仑战争和美国内战时期以不同的形式所运用的手段那样。经济战意味着，运用一切手段削弱敌方的经济。它包括，阻止那些能被用于战争的商品的进口，最主要的是所有军需品和用于军需品生产的原材料，还包括食品和最终可能用于维持军队的一切物品，以及为它们提供必需品的经济，因此，也将帝国的平民人口列入目标之中。经济战需要进一步打击敌方的金融系统，及其国内外的交通和通信基础设施。这包括，切断敌方重要的国际信贷体系，冻结或剥夺敌方的资产。

经济战是战略的一个组成部分，在 1914 年之前的几年时间里，它是英国政府应对即将发生的欧洲战争威胁的主要战略方式。英国政府拒绝"派遣一支大陆规模的陆军"前往法国的想法，更愿意借助海上封锁对德国施加经济压力。事后看来，在 1914 年 8 月，英国陆军的军事介入似乎是难以避免的。但是，这不是那个时代人们的看法。迟至 7 月 31 日，军方对欧洲大陆的义务依然是一个未定的问题。海军是英国主要的武装力量，是帝国和全球经济的捍卫者，是廉价食品和原材料进口的保护者。不同于德国，英国作为强国的地位，是建立在其海军而不是陆军的基础之上。英国小规模的职业化陆军，实质上是维护殖

---

[14] Clinton L. Rossiter, *Constitutional Dictatorship: Crisis Government in Modern Democracies* (Princeton University Press, 1948), pp.110−111.

民统治的警察力量，要转型为一支大陆规模的军队则需要大量的时间和金钱。
1914 年 8 月任陆军大臣的基奇纳，说服内阁转变了战略思维，将英国变成了一
个"武装起来的国家"，并建立起了一支大规模的陆军前往法国作战。到 1915
年春，适逢自由党政府下台，劳合·乔治坚持英国必须采取总体战的政策。这
意味着放弃英国传统自由主义的经济自由放任政策（laissez-faire），转而采取劳
合·乔治和温斯顿·丘吉尔的"新自由主义"：国家干预。[15] 对于发起的经济战
的类型，这也具有重要的影响。因此，封锁不但是扼杀敌方经济的一种长期战
略，它也是一种在建立大规模陆军的过程中切实和必要的手段。

英国海军部充分意识到了国际信贷体系和全球化金融交易的核心作用，以
及德国应对全球信贷体系中断的脆弱性。[16] 这种阻断将在没有皇家海军介入的
情况下出现于战争爆发之时，而且将使整个全球经济陷入一场危机之中。此外，
从 1905 年起，海军情报局就制定了封锁和经济战的计划，包括查扣经中立国港
口进行间接航运的船只。这"毫无疑问最终将造成德国蒙受巨大的损失……但
是，这种效果需要花时间去实现"[17]。事实上，这一直是那些主张经济战的人的
观点，而经济战将是一种缓慢产生作用的战略。[18]

在 1914 年之前的几年中，海军部一直在研讨封锁战略，传统上它被设想成
对敌方港口和海岸线实行严密的封锁。然而，像鱼雷、水雷、潜水艇和威力强
大的新型海岸炮这样新近的武器发明，甚至给装甲防护最强的战舰也带来了很
大的危险。1913 年 12 月 9 日的海军部会议决定，使用潜水艇封锁德国港口将是
最佳的选择方案，但是，当这场战争爆发时，海军拥有的适宜执行任务的潜水
艇数量太少。于是，海军部决定实施远离海岸的封锁，阻止前往德国或从德国
出发的船只经英吉利海峡以及在苏格兰和挪威之间通过北海。根据国际法的规
定，这在技术上算不上"封锁"，因为敌方港口并未遭到封锁；但在现实中，它
是一种封锁行为。对于皇家海军的许多人员来说，封锁是"着眼于进攻目标的
防御性手段，是为了将德国舰队吸引出来进行决战，其本身并不是首要目的"。

[15] David French, *British Economic and Strategic Planning 1905—1915* (London: Routledge, 1982), pp.1-2.
[16] Nicholas A. Lambert, *Planning Armageddon. British Economic Warfare and the First World War* (Cambridge, MA and London: Harvard University Press, 2012), p.123.
[17] Offer, *First World War*, p.227，引自 1905 年的备忘录。
[18] Lambert, *Planning Armageddon*, p.3，直白地提出了这样的看法，即海军部有过"快速发挥经济压力作用的计划"，但是，给出的证据并不令人信服。

在经济战是否能够使德国承受足够压力的问题上，海军部内部存在意见分歧。一些人认为，封锁将使德国工业陷入停滞，并使其人民遭受饥饿，但是，决策者对此表示怀疑；1909 年，海军部解散了贸易处（Trade Division），它是"海军在封锁问题上的'智库'"[19]。有一组专家，其中包括年轻的海军陆战队中尉莫里斯·汉基，以及海军情报局负责人查尔斯·奥特利海军上校，继续坚决认为德国经济面对封锁是脆弱的。1908 年奥特利写道，"在旷日持久的战争中，我们海上力量的粉碎机（尽管它们也许只是慢慢地折磨德国的工业人口）将把他们碾得'粉碎'——迟早汉堡的街道上将长满草，将造成随处可见的匮乏和毁灭"[20]。其他人较少热衷于这种看上去消极的战略，主张积极的海军战略计划，比如入侵德国本土的两栖作战行动。

464

主张经济战的计划人员和主张军事作战的计划人员之间的分歧，更多的是战术上的，而非原则上的。第一海务大臣约翰（杰基）·费舍尔爵士兼具这两种观点，既赞成经济战，又期盼发起攻势摧毁德国海军，甚至表现出对诸如在波美拉尼亚（Pomerania）的波罗的海沿岸进行两栖登陆作战这样的草率计划也有着兴趣，而登陆的军队将去攻占柏林。汉基也支持两栖登陆作战行动。[21]

陆军和外交部则拒绝接受"经济学家"的教条。在承认德国对食品和重要物资的进口存在依赖性的同时，他们认为封锁将不起作用，因为德国会继续通过毗邻的中立国进行贸易。这可以解释为什么外交部竭力主张 1909 年的《伦敦宣言》，该宣言保护中立的航行权利，*而这种权利阻碍了陆军的大陆战略。最终，在经历了一场保守党表示反对的斗争之后，在海军人员的支持下，英国政府拒绝承认该宣言。[22]

这给了英国政府行动的自由。于是，在战争开始后不久，英国政府决定实施远离海岸的封锁战略。鉴于英国根本性的全球地位——进出口遍及世界各大洋——封锁的最终目标是，通过将德国的主力舰队围困在国内港口和阻断德国

---

[19] Hew Strachan, *The First World War*, vol. 1, *To Arms* (Oxford University Press, 2001), pp.393-400.

[20] Sir C. L. Ottley to R. McKenna, 5 December 1908, quoted in Offer, *First World War*, p.232.

[21] Strachan, *To Arms*, pp.402, 442, 255.

[22] Offer, *First World War*, pp.275-281, 288-293.

*   请注意：是当时作为中立国之一的美国，提议各交战国接受《伦敦宣言》，开出自由品清单，解除对部分
     商品的禁运。——译者注

465 贸易进入全球市场，从而使德国失去全球性的选择机会。[23] 但是，实现这种目标
需要耐心。海军大臣丘吉尔当然具有长远的眼光。他写道："我们要在这场持续
的冷血游戏中岿然不动，我想无限期地这样坚持下去。普鲁士的军事傲慢已遭
遇厄运。一切所需的是时间和决心。"[24] 封锁政策基本经历了三个阶段："1915 年
3 月 11 日之前的有限封锁；同一日英国枢密令宣布阻止任何商品进出德国之后
的无限制封锁；美国参战之后，与美国合作实行的无限制封锁。"[25]

　　诚然，就德国商业航运而言，协约国的经济战是有效的。在战争爆发后的
一周之内，德国商业船队在各大洋销声匿迹。1500 艘船只中，有 245 艘被捕获，
1059 艘被困在中立国港口，221 艘被限制在波罗的海之内往来航行。[26] 我们应当
对这些最初行动的两个特征加以澄清。首先，它们不算是封锁措施，而属于广
义的经济战范畴。它们的实施伴随着皇家海军采取的行动，即在英国向德国所
发出的最后通牒到期后的第二日上午，切断了德国与世界其他地方进行联系的
电报电缆。[27] 这使得德国商人和银行与海外供应者的联系变得相当困难。

　　其次，德国不是唯一的受害者。奥匈帝国的船队也中止了贸易。德国和奥
匈加起来拥有 2500 艘船只，3500 万吨的运输能力，它们被困在自己的港口，遭
扣押、没收或者被击沉。同样，俄国海军和商业船队也遭遇了同盟国的封锁，
被困在黑海和波罗的海，导致只有北冰洋港口和符拉迪沃斯托克的航线以及经
瑞典中转的航线是开放的。[28] 反过来，俄国海军封锁了博斯普鲁斯海峡，虽然有
两艘德国军舰"戈本号"和"布雷斯劳号"在那里，但俄国海军在黑海确立了
466 优势，有效地切断了来自土耳其的港口向君士坦丁堡的煤炭供应。[29]

---

[23] Strachan, *To Arms*, p.442.

[24] Churchill to Col. Seely, 20 September 1914, in Martin S. Gilbert, *Winston S. Churchill*, vol. III, *Companion*, Pt I, *Documents July 1914—April 1915* (London: Heinemann, 1972), p.125.

[25] David Stevenson, "Introduction", in Kenneth Bourne and D. Cameron Watt (gen. eds.), *British Document on Foreign Affairs: Reports and Papers from the Foreign Office Confidential Print*, Pt Ⅱ—*From the First to the Second World War*, Series H—David Stevenson (ed.), *The First World War, 1914—1918*. vol. v, *Blockade and Economic Warfare, I: August 1914—July 1915* (N. pl: University Publications of America, 1989), p.xvii.

[26] Lambert, *Planning Armageddon*, p.212.

[27] Paul Kennedy, "Imperial cable communications and strategy, 1870—1914", *English Historical Review*, 86 (1971), 752.

[28] Lucien Petit, *Histoire des finances extérieures de la France pendant la Guerre (1914—1919)* (Paris: Payot, 1929), p.37.

[29] Paul G. Halpern, "The war at sea", in Hew Strachan (ed.), *The Oxford Illustrated History of the First World War* (Oxford University Press, 1998), pp.113–114.

封锁和中立国

然而，同盟国商业船队的显著损失，并不必然意味着国际贸易的终结，它们可以与毗邻的中立国进行贸易，并利用中立国的船只和商人。因此，英国的政策不仅仅要封锁德国，还需要对可能将货物转口至德国的中立国的海上贸易施加某种形式的控制。这影响到了中立国的商业权利。外交档案充满了中立国对干预它们利润丰厚的贸易进行抱怨的文件，英国人试图阻止对德国的战争物资供应，同时避免激起中立国的反抗，以免局势发展到它们可能加入敌对一方的地步。[30]

1914 年 8 月出台的首份"绝对违禁品"名单——即被禁止的货物——包括军火、炸药、军舰、飞机和其他用于战争方面的货物。"附带条件的违禁品"，包括诸如食品和燃料这样的商品，如果它们最终目的是用于军队的话。1914 年秋，英国政府明确表示，不愿意使德国平民百姓忍饥挨饿。[31] 荷兰政府同意不向德国出口海外食品、干草、麦秆、皮革、煤炭、燃料、油、机动车辆、药品、弹药、火药和硝酸钠。[32]1914 年秋，禁运名单进行了调整，1914 年 12 月 23 日的扩展名单则包括了制造炸药的原料。[33] 在英国外交部的坚持下，自 1914 年秋末之后，食品封锁被解除了，也是出于不激怒美国的考虑；后者输送了数量越来越多的谷物和其他粮食至中立国港口再转口到德国。只是在 1915 年 2 月德国宣布英伦岛屿周边海域为"军事区"（无限制潜艇战的第一阶段）之后，英国才在其 3 月 11 日的枢密令中作为一种报复举措宣布，对出发地或目的地为德国的所有食品实施禁运。[34] 法国政府也做出了相同的声明。

英国政府很快意识到，德国正利用中立国进口违禁品。于是，在美国与德

467

---

[30]　Archibald Colquhoun Bell, *A History of the Blockade of Germany and of the Countries Associated with her in the Grear War Austria-Hungary, Bulgaria, and Turkey, 1914—1918* (London: HMSO, 1961). 在一些细节上，贝尔描述了 1914 年 8 月 20 日第一个枢密令在法律和外交层面的复杂性，如公众舆论和法国政府要求采取更严厉的政策去阻止敌方物资供应的压力，以及在铜和棉花出口问题上与美国发生的冲突，pp.40-50.

[31]　Bell, *A History of the Blockade*, pp.16, 59, and App.II, p.722; Lambert, *Planning Armageddon*, p.226.

[32]　*British Documents*, vol. v, doc. 6, enclosure in doc. 5, the Netherlands Minister to Sir Edward Grey, 27 September 1914, p.4.

[33]　Ibid., doc. 16, "List of articles to be treated as absolute contraband under the Royal Proclamations of October 18 and December 1914", pp.12-13.

[34]　Lambert, *Planning Armageddon*, pp.366-369.

国的贸易下降的同时，战时美国对瑞典的出口出现了突然的大幅增长。美国的贸易收入显示，对瑞典的出口额从 1914 年 1 月的 110 万美元增长到 1915 年同月份的 990 万美元，从 1914 年 2 月的 70 万美元增长到 1915 年 2 月的 1370 万美元；美国对德国的出口额则从 1914 年 1 月的 3440 万美元下降至 1915 年 1 月的 640 万美元，在 1914 年 2 月至 1915 年 2 月期间，从 2400 万美元下降至 490 万美元。瑞典 1915 年年初相对 1914 年同期的玉米进口量增长了 900%。[35] 英国外交部担心冒犯瑞典，以至危及俄国的转口贸易甚至使瑞典加入敌对一方参战，而海军部的参谋人员对于未能有效地实施封锁而深深地感到沮丧。海军部贸易处的负责人韦布上校，在 1915 年 6 月给第一海务大臣的信中断言："瑞典是主要的违抗者，是目前为德国提供物资供应的主要源头，商品正通过其港口大量地流出。"[36]

鉴于从美国出口的（军火制造所必需的）铜大幅增长，英国向中立国施加压力，要求它们同意不将铜出口给德国和奥地利；在 1914 年 12 月 23 日和 1915 年 3 月 11 日的禁运名单上，铜位于绝对违禁品的首位（其他包括飞机、铁丝网、炸药、铁矿石、橡胶等等）。[37] 尽管遭受一些美国出口商的抗议，但是英国和美国达成了各种协议，包括直接的协议，如美国橡胶生产商只向英帝国、法国和俄国出口橡胶或轮胎。[38]

468　　　　相比于阻止英国银行向德国公司提供信贷，阻断有形商品的供应和达成有关进口量的协议被证明是相对容易的。在 1915 年 5 月（甚至也许在 1916 年），从自由贸易的自由主义向干预主义的经济战进行转变依然是个问题。政府不愿意干预伦敦实力强大的金融行业。[39]

法国政府比英国人更担心经中立国流入德国的物资供应，要求做出一项声明，"一切可能被用于军需的商品——包括棉花——将被视作违禁品对待"[40]。

[35] *British Documents*, vol. v, doc. 123, Memorandum to Swedish Minister, 10 May 1915, pp.152-155. 关于瑞典见 Lambert, *Planning Armageddon*, pp.392-408.

[36] Lambert, *Planning Armageddon*, p.407.

[37] *British Documents*, vol. v, doc. 36, Royal Proclamations of December 23, 1914 and March 11, 1915, pp.42-44.

[38] Ibid., doc. 57, Rubber Agreement, 29 March 1915, p.65.

[39] Ibid., doc. 131, Report by Corn Hill Committee, 14 May 1915, pp.189-192; Lambert, *Planning Armageddon*, pp.355-361；由于档案被毁，兰伯特难以量化其程度，但是他称这是"举足轻重的，甚至是至关重要的"。这表明有必要对德国方面的原始资料进行研究。

[40] Bell, *A History of the Blockade*, p.45.

部分借助于规避封锁和荷兰境内的库存，1915 年年初，德国明显仍能够进口大量的硝酸盐；英国不得不承认，1915 年 1 月至 3 月荷兰从英国进口的 79241 吨粪肥、鸟粪和硝酸盐中，有 17261 吨转口至德国；同比 1914 年，则只有 1649 吨。[41]1915 年 6 月在巴黎召开的协约国讨论中立国规避违禁品协议的会议上，法国对英国向欧洲大陆国家出口但据称落入德国人之手的出口数量表达了愤怒；使英国人懊恼的是，法国人掌握了充分的统计证据去佐证他们的指控。法国人提议，将中立国的进口限制在他们战前的水平，这是劳合·乔治曾在 1912 年提出过的建议。[42] 随后，英国同荷兰、丹麦和瑞典首先达成了协议，其中，英国允许它们进口与战前数量相同的必需品。

在 1915 年间，在扼杀德国的直接进口和出口方面，协约国的经济战开始变得更加有效。德国对美国的出口，从 1914 年 4 月至 6 月的 2.38 亿法郎，降至 1915 年同期的 4000 万法郎——巨幅减少了 83%，远高于 1915 年第一季度 42% 的减少幅度。[43] 直到 1915 年 3 月政策变化之前，英国人并未尝试阻止德国经中立国的出口，因为没有正式、严密的封锁难以做到这一点。之后，皇家海军被授权拦截所有进出德国的商品；从法律的角度看，外交部承认："虽然枢密令中没有使用封锁一词，但是，由此产生的事态实际上就是封锁。"[44]

然而，从协约国的角度看，美国向中立国的出口依然是高得惊人：美国对丹麦、挪威、瑞典和荷兰的重要商品出口增长显著。纽约对德国的出口从 1913 年 8 月至 1914 年 9 月的 9070 万美元下降到 1914 年至 1915 年同期的 580 万美元（下降了近 8500 万美元），几乎完全与向丹麦、挪威和瑞典的出口从 2000 万美元上升至 1.04 亿美元相对应。[45] 到 1915 年年中，英国政府认识到，封锁政策并未很好地发挥作用，德国正通过中立国获得大量的进口物资。贸易委员会甚至怀疑德国经济是否正面临着任何严重的短缺；[46] 然而，这种认知是基于对现实情况

469

[41] *British Documents*, vol. v, doc. 153, papers communicated by Restriction of the Enemy's Supplies Committee, 27 May 1915, pp.217–221.

[42] Lambert, *Planning Armageddon*, pp.428–429; Offer, *First World War*, p.306（关于劳合·乔治）.

[43] *British Documents, vol. vi, Blockade and Economic Warfare, II: July 1915–January 1916* (N. pl.: University Publications of America, 1989), docs. 94 and 95, Lord Bertie (Paris) to Sir Edward Grey, 24 September 1915, and enclosure, memorandum from French customs on German exports, pp.120–122.

[44] Ibid, doc. 217, memorandum Foreign Office 28 December 1915, pp.367–378.

[45] Ibid., docs. 120 and 121 (enclosure), Sir C. Spring-Rice to Sir Edward Grey, 1 October 1915, pp.154–161.

[46] Lambert, *Planning Armageddon*, pp.431–432.

的忽视。不过，美国向德国直接和间接经中立国港口的棉花出口对生产炸药是必不可少的，且已经从 1914 年 1 月至 7 月的 370 万捆，增加至 1915 年同期的 590 万捆。不顾外交大臣爱德华·格雷爵士的反对——他担心同华盛顿产生摩擦——内阁于 7 月 14 日决定宣布棉花为违禁品。[47]

　　另一个让协约国头疼的问题是毗邻德国的中立国贸易方式的转向，它们将自己的产品卖给德国，代之从国外进口粮食。尽管荷兰履行了它对英国所承诺的停止转口贸易，但起初并未采取任何措施去阻止将国内生产的粮食大批出口给德国。因此，相比 1913 年，荷兰在 1915 年出口的乳酪、黄油、蛋类、土豆和肉类的数量有 3 至 5 倍之多；实际上，荷兰所有的粮食出口目的地都是德国。1916 年的上半年，每日有价值 500 万金马克的粮食从荷兰抵达德国，而荷兰则利用进口粮食来弥补缺口。德国首相特奥巴尔德·冯·贝特曼·霍尔韦格在一次秘密的政客会议上坦承，如果没有来自中立国的粮食进口，德国将在 1916 年年初就被打败。[48] 但是，同年秋天，英国说服了荷兰同意对其向德国的出口进行限制，到 1917 年 2 月，英国占据了荷兰本土粮食出口量的大约一半。"使德国挨饿"的政策，即"阻止它获得粮食和原材料"，开始起作用。[49] 1916 年荷兰每一种商品的进口，除了油和棉花，几乎都低于 1911 年至 1913 年的数量；化肥的进口则明显低于平时。德国从荷兰获得的出口份额要大于战前，但是少于1915 年。[50]

　　1917 年 2 月德国继续实施无限制潜艇战，危及了荷兰的海外贸易，而最主要的是，美国在 4 月的参战进一步增强了对毗邻德国的中立国的压力。在与英国官员进行广泛磋商以及英国外交大臣亚瑟·贝尔福访问华盛顿之后，美国政府决定效仿英国的经济战措施，从 1917 年 7 月至这场战争结束，美国对荷兰实施了几乎全面的贸易禁运。1918 年，荷兰向德国的粮食出口削减到了零。[51]

---

[47]　Lambert, *Planning Armageddon*, pp.438–439.

[48]　Marc Frey, "Trade, ships, and the neutrality of the Netherlands in the First World War", *International History Review*, 19:3 (1997), p.547; Lambert, *Planning Armageddon*, p.475.

[49]　*British Documents*, vol. viii, *Blockade and Economic Warfare, IV: November 1916—November 1918*, docs. 50–51, Townley to Balfour, reported by Francis Oppenheimer (British Commercial Attaché at The Hague) 14 February 1917, pp.98–100.

[50]　*British Documents*, vol. viii, doc. 53, report by A. Akers-Douglas, 7 March 1917, pp.140–141, 147–148.

[51]　Frey, "Trade", pp.552–554, 561.

战前德国的状况

德国的专家难道没有预见到如此的事态发展吗？在 1912 年至 1914 年的这段时期里，帝国内政部起草了数份关于德国粮食安全问题的备忘录。由于农业生产量不断增长（1899 年至 1909 年每公顷黑麦产量几乎翻了一番），德国被认为在战争的情况下能够在粮食方面满足自身的需要。[52] 但是，海军上将阿尔弗雷德·冯·提尔皮茨和帝国海军部质疑这种判断。[53] 长期以来，提尔皮茨就警告，德国在封锁面前是脆弱的。他（在 1907 年）正确地指出，农业：

> 非常依赖于饲料和化肥的进口，这种需求在战时将会增加，而生产将会下降……虽然东欧是粮食进口最重要的来源，但是粮食可以经海上通过西部海港运抵……然而德国的铁路没有充足的运力从东部运输粮食以替代从海上进口的粮食。[54]

后一种情况也是真实的：德国 74% 的进口直接或间接通过海上。[55] 甚至从俄国进口的粮食也是通过船运。然而，提尔皮茨——像许多历史学者一样——忽视了一个明显的问题：如果德国与俄国开战，那么来自"东欧"的进口将来自何处呢？

但是，无论如何，德国必须进口的粮食比例是比较低的。战前，德国的估计数字在 10% 至 20% 之间。战争爆发之时，埃尔茨贝歇委员会的一组德国专家，负责研究德国的粮食形势。在 1914 年 12 月，它公布了研究结果：依据热量值，德国需进口其粮食的 20%（包括进口饲料），动物蛋白和油脂的各 20% 和 42%。[56] 没有更充分的理由去怀疑这些数字，但是，历史学者罗杰·奇克林估计

471

---

[52] Arnulf Huegel, *Kriegsernährungswirtschaft Deutschlands während des Ersten und Zweiten Weltkrieges im Vergleich* (Konstanz: Hartung-Gorre, 2003), p.13.

[53] Huegel, *Kriegsernährungswirtschaft*, p.13.

[54] Offer, *First World War*, p.341.

[55] Offer, *First World War*, p.335, 基于 1907 年帝国海军部的一项研究。

[56] Paul Eltzbacher (ed.), *Die deutsche Volksernährung und der englische Aushungerungsplan. Eine Denkschrift* (Braunschweig: Vieweg, 1914), pp.62–63; Offer, *First World War*, p.25, cites the English edition, *Germany's Food. Can it Last?* (1915).

粮食进口的比例为 25%；C. P. 文森特和贝琳达·戴维斯认为至少是三分之一。[57]
当战争开始之时，政府的专家是充满乐观的。埃尔茨贝歇委员会相信，这场战
争之前德国人已经习惯于比所需的消耗多 59% 的卡路里和多 44% 的蛋白质，所
以这只是一个改变营养习惯的问题，因封锁而造成的不足能够得以克服。德国
因此能够"经受住一场持续多年的战争"[58]。

封锁会导致粮食短缺吗？

对于一些历史学者来说，封锁导致德国出现饥饿是不言自明的。这种观点
有着一个长期的传统，可以追溯至英国关于封锁问题的官方史学家 A.C. 贝尔，
472 他认为德国平民的高死亡数字是这场战争造成的。转而，贝尔在战后不久颤动
着民族主义仇恨的时期信以为真地进行估算，把德国人死亡的原因看作是封锁
导致的。[59] 戴维斯最终将德国出现饥饿的原因归于封锁，尽管她也正确地提到
了配给制度方面的不平等现象。她写道，1914 年年底，封锁在德国制造了苦难，
它减少了小麦和动物饲料的进口量。[60]C.P. 文森特则声称"1914 年之后，平民死
亡人数的大幅增加主要应归因于封锁是毫无疑问的"[61]。埃里克·奥斯本甚至更
尖锐地指出，"英国的封锁"（他不提协约国）造成了饥饿，并且是"协约国战
胜德国背后最重要的因素"：

> 在总体战时代，封锁摧毁了德国国内战线，并使得这个国家无法继续
> 这场战争。缺乏充足的食物是德国大后方崩溃的最重要因素之一……封锁
> 的影响是巨大的，它对德国的战争努力产生了重大影响……它也严重影响
> 到了人们的士气，而士气是总体战的一个至关重要的方面。[62]

---

[57] Roger Chickering, *Imperial Germany and the Great War, 1914—1918* (Cambridge University Press, 1998, 2004),
     p.41; Vincent, *Politics of Hunger*, p.20; Davis, *Home Fires*, p.22.

[58] Paul Eltzbacher (ed.), *Die deutsche Volksernährung*, pp.64, 195.

[59] Bell, *History of the Blockade*, pp.672–674.

[60] Davis, *Home Fires*, p.22.

[61] Vincent, *Politics of Hunger*, p.145.

[62] Eric W. Osborne, *Britain's Economic Blockade of Germany 1914—1919* (London: Frank Cass, 2004), pp.4, 182.

　　虽然对"封锁造成了严重影响"不存在质疑，但是，大多数历史学者没有评价这种影响：他们仅仅是对此予以了肯定。不使用跨国的方法，即不利用协约国和德国两方面的原始材料，以及不进行国际性对比，这样的观点既难以证实，也难以否定。分析基本的经济数据可以提供一些阐释。

　　更具理性的经济史学者，对这些假定中的某些观点进行挑战。阿夫纳·奥弗认为，尽管德国人民在战争期间吃得更少，有时还挨饿，但他们并未被饿死。[63] 经济史学者布罗德伯里和哈里森则直言道：

> 可能依然有充足的食物，只不过存在于错误的地方。农民们宁愿自己吃掉，也不愿意在低收益的情况下出售……依然有足够的食物够每个人吃；开始蔓延的地域性短缺而导致的饥馑，是因城市社会的权利丧失而非因总的供应情况下滑。[64]

　　这种观点也是不成熟的，因为在粮食生产方面存在真实下降的情况。即使可以获得进口的化肥，但是产量下降了：战争期间，对于小麦来说，耕种的土地面积减少了 32.3%，黑麦减少了 23%，土豆则为 31.3%。[65] 毕竟农业领域三分之二男性劳动力，最强壮和技术最娴熟的那些人，被征召进了军队之中。[66] 妇女、儿童、老人和战俘难以弥补劳动力的缺失。另外，军队征用了大量的马匹，使农庄失去了它们重要的役畜。

　　油脂问题是应冷静分析的一个典型数据，该问题是一个典型例子。在饮食方面，油脂是至关重要的，特别是对于体力要求很高的劳动力而言。奥斯本写道，"1917 年，德国人突破封锁进口了 5181 吨油脂。在 1918 年的前十个月里，

473

---

[63]　Offer, *First World War*, pp.46–53.

[64]　Stephen Broadberry and Mark Harrison, "The economics of World War I: an overview", in Broadberry and Harrison (eds.), *The Economics of World War I* (Cambridge University Press, 2005), p.19. 他们的评论明显旨在针对德国，还有那些在食物供应方面遭受严重问题的其他国家。

[65]　Roerkohl, *Hungerblockade*, p.31. 这些数字适用于威斯特伐利亚，但是没理由认为其他地方与之存在很大的不同。

[66]　Offer, *First World War*, p.62.

这一数字则只有 1928 吨"[67]。5181 吨看似是一个可观的数量，但分摊开来算，每人每年只有 77 克，或者每日只有 0.21 克。1917 年，油脂的配给供应量是一般消费者每周 100 克，在 1918 年为 70 克。[68] 因此，从 1917 年到 1918 年，封锁并未造成太大的下降。因为战前动物和植物油脂的年度总消费量是大约 260 万吨[69]，所以 1917 年的进口量是几乎可以被忽视的。问题出在别的地方。

接近 19 世纪末的时候，德国已经在油脂的供应方面变得更依赖于进口，几乎全部种植含油种子作物的土地都种上了甜菜。在战争前的最后两年里，德国油料消费总计为 168 万吨，其中 146 万吨用于人和动物的营养，剩下的是技术用途。（与上述 260 万吨的数字存在不同，大概是因为后者包括了原材料，而前者只包括了加工后的产品。）德国国内的产量总计为 110.5 万吨。尤其是，在 1912 年至 1913 年，97% 的菜油来自进口。含油种子作物的主要来源是热带地区，主要是英法的非洲殖民地、阿根廷、印度、荷属东印度群岛和中国。印度单独供应了 70% 至 80% 的油菜籽。[70]

这看起来像是德国在全球化方面漫不经心，然而德意志帝国是经过理性算计的，坚定地使经济从全球不断发展的劳动分工中获益。1885 年开始征收的含油种子进口关税，只是部分适用于成品油，并且没有高到刺激国内生产的地步。为了支持德国的炼油厂，含油种子的关税被降低了，使得对于德国农民来说种植含油种子作物更缺少吸引力。德国的炼油厂非常高效率，并同诸如英国和荷兰这样的其他国家展开竞争。[71]

但是，20 世纪 20 年代德国该领域的专家里布尔写道，"英法的封锁"使德国失去了含油种子、成品油和油料的进口。这并非有欠考虑。他知道进口来自何处。那个时代的德国专家和几代历史学者不断地称，此"封锁"根本就不是

[67] Osborne, *Britian's Economic Blockade*, p.182. 根据来自 20 世纪 20 年代的德国材料，德国的油脂进口（指黄油、菜油、动物油脂和人造奶油）甚至更低—— 1917 年为 3767 吨。August Skalweit, *Die deutsche Kriegsernährungswirtschaft* (Berlin: Deutsche Verlags-Anstalt, 1927), 引自 Albrecht Ritschl, "The pity of peace: Germany's economy at war, 1914—1918 and beyond", in Broadberry and Harrison, *Economics of World War I*, p.58, Table 2.13.

[68] Huegel, *Kriegsernährungswirtschaft*, p.329.

[69] Eltzbacher, *Die deutsche Volksernährung*, p.62.

[70] Kurt Riebel, *Die Versorgung Deutschlands mit tierischen und pflanzlichen Oelen und Fetten. Ein Vergleich mit der Vorkriegszeit* (Diss. Heidelberg, 1926), p.7.

[71] Riebel, *Die Versorgung Deutschlands*, pp.30–34.

封锁；它是协约国拒绝将它们的资源出售给敌方。对于德国作者来说，"封锁"表达了一种关于过去那场战争和未来的共同假定：在他们看来，协约国利用它们对全球资源的控制来打败德国，是不公正和不道德的。未来，德国将确保自给自足，以抵消敌人的海上优势。这是这场战争结束之时一些专家所忠告的，预料到了后来在纳粹自给自足政策达到顶峰时的种种争论。[72]

因此，一个关键问题是，德国的粮食进口来自何方。1913 年，德国进口了 2545959 吨小麦，它自己生产了 4655956 吨，并出口了 538349 吨。进口当中，519518 吨或五分之一来自俄国，1005864 吨来自美国，446605 吨来自战争期间一直保持中立的阿根廷，318571 吨来自加拿大，94933 吨来自罗马尼亚。1912 年，进口了 2297422 吨小麦，其中俄国供应了四分之一。[73]

传统上，黑麦是德国最重要的制作面包（黑面包）的谷物。德国生产了大量的黑麦——1913 年超过了 1200 万吨——是一个净输出国：进口 352542 吨，出口 934463 吨。[74]

战前，德国每年进口动物饲料大约为 600 万吨。[75]其中大部分来自俄国——例如 1414256 吨糠麸中有近一半是如此。[76] 　475

得出这样的结论是不可避免的：不是封锁，而是与其主要的物资供应国进行战争，导致粮食进口的大幅减少。

另外，粮食短缺应当放在因战时经济和权力结构所造成的扭曲环境中去看待。在粮食分配方面，军队拥有第一优先权；德国医学专家在事后判断认为，总体来说，士兵们没有遭受严重的营养不良。[77]其他享受优待的群体是粮食的生产者：农民能够获得他们需要的全部粮食。最后是富人，他们一直有足够的钱去黑市购买食品。自 1915 年起，平民社会剩下的三分之二人群遭受了食品的短缺。国家粮食政策的无能为力也助长了这种苦难。这场战争伊始，试图抑制生活成本上涨的政府当局，开始实施食品的最高限价，结

---

[72]　Cf. Riebel, *Die Versorgung Deutschlands*, p.62, and preface, p.v.

[73]　Kaiserliches Statistisches Amt (ed.), *Statistisches Jahrbuch für das Deutsche Reich (SJDR)* (Berlin: Puttkammer & Mühlbrecht, 1914), p.183, 以及接下来的表格。

[74]　*SJDR* 1914, pp.43, 182.

[75]　Offer, *First World War*, p.63.

[76]　*SJDR* 1914, p.199.

[77]　Dr. Paul Musehold, "Ernährung. I. Die Ernährung des Feldheeres", in Otto von Schjerning (ed.), *Handbuch der Ärztlichen Erfahrungen im Weltkriege 1914/1918*, vol. vii, Hygiene (Leipzig: Barth, 1922), p.100.

果促使农民在正常的市场上惜售农产品，并私下卖给富有的主顾。这种情况的典型例子是 1915 年大规模地屠杀饲养的猪：在埃尔茨贝歇委员会的建议下（前面已谈到），帝国粮食部（Reich Food Office）决定，由于猪与人在消费粮食方面存在竞争，因此下令杀掉 900 万头猪。大体上，该决定是出于科学理性。但是，农民们继续违背法令用谷物和土豆饲养牲畜，并在黑市上出售猪肉。[78]

　　1914 年之前的二十年里，农业生产的大幅增长是因为越来越多地应用科学方法、农业机械以及最主要的是使用人工肥料。德国必须从智利进口所有的硝石（硝酸钠）。但是，这只是主要种类的人工肥料的三分之一，其他三分之二是磷肥和钾；在后者方面，德国拥有丰富的储量（在阿尔萨斯－洛林和施塔斯富特），磷肥则来自钢铁生产。[79] 谷物和土豆产量增加的很大一部分被用于饲养牲畜。

476　　德国人饮食特性朝向消费更多肉的历史性转变，带来了一个严重的问题。到 1911 年，每年人均消费肉类的数量是 52.3 公斤，只低于澳大利亚人（人年均111.6 公斤）和美国人（人年均 54.4 公斤）。[80] 营养学家马克斯·鲁布纳，长期以来反对食肉有益健康的共识。1914 年 12 月，在帝国国会的发言中，鲁布纳指出，虽然现在许多人对可能使德国挨饿以至战败的封锁感到担忧，但他乐观地认为，如果德国改成少肉、低脂肪的饮食习惯，并且农业从生产肉类和乳制品改为种植豆类和谷物，那么营养摄入的不足几乎完全能够得到弥补。[81]

粮食之外的物资供应

　　战时经济的扭曲并不限于粮食问题。两个最重要的工业产品铁和煤，也受到了严重的影响。铁的生产有赖于首先获得铁矿石和煤，这两样德国都有着丰富的储量。但是，在 1916 年，德国铁和钢的产量下降至 1913 年水平的 61%，

---

[78]　Chickering, *Imperial Germany*, p.42.

[79]　Hans-Ulrich Wehler, *Deutsche Gesellschaftsgeschichte*, vol. III, *Von der "Deutschen Doppelrevolution" bis zum Beginn des Ersten Weltkrieges 1849—1914* (Munich : C. H. Beck, 1995), p.698.

[80]　Corinna Treitel, "Max Rubner and the biopolitics of rational nutrition", *Central European History*, 41 (2008), p.9.

[81]　Treitel, "Max Rubner", pp.19–20.

到这场战争结束时，则只有53%。[82] 一些历史学者认为，这也是封锁造成的结果，这是荒谬的。[83] 战前，德国是一个煤的净出口国，其储量可以持续开采到20世纪末之后。战争期间，由于占领了法国洛林的铁矿区、加莱海峡省（Pas de Calais）的煤矿区和比利时的煤矿区，德国甚至拥有更多的资源。可是，德国的煤炭生产也遭遇了下滑，对于食品加工业和国内消费者而言，供不应求，消费者经常缺少燃料去烧开水、取暖和做饭。原因是劳动力短缺，却难以完全由战俘和外籍劳工来填补，以及缺乏投资和因前线对建造木材的需求而造成的矿坑木不足。

石油很快成为战争中机动性的关键来源。德国所需石油的90%必须进口，从奥地利的加利西亚和罗马尼亚（总共27%），其余则主要来自美国。[84]1916年8月罗马尼亚的参战为德国提供了一个机会，去获得对罗马尼亚重要油井的控制，但是，在11月至12月期间，在同盟国被封锁的同时，英国人派遣了一队工兵，在约翰·诺顿－格里菲思上校的率领下捣毁了采油设施，并使其尽可能地长时间无法生产。普洛耶什蒂（Ploesti）的石油钻井和炼油厂以及所有其他的油田遭到炸毁，井眼被堵塞，库存的石油被点燃。直到1917年年底，在德国工程技术人员的修理下才勉强可以进行生产，但产量只达到之前的一半，而且到战争结束时仍然未能完全恢复。诺顿－格里菲思的英勇事迹，是这场战争中经济战领域最重大的单次行动，使同盟国损失了400万吨石油。鉴于战争期间同盟国可用石油的总数是650万吨，因此，这是一个了不起的壮举，但几乎被主流历史所忽视。[85]

封锁导致德国贸易下降了吗?

封锁显然阻碍了进出口，其有效程度则取决于中立国的发货者是否足智多

---

[82]　Ritschl, "The pity of peace", p.49, Table 2.5.

[83]　Osborne, *Britain's Economic Blockade*, p.183. 他估计德国1918年铁产量为9208吨（原文如此）。

[84]　Rainer Karlsch and Raymond G. Stokes, "*Faktor Öl*", *Die Mineralölwirtschaft in Deutschland 1859—1974* (Munich: C. H. Beck, 2003), p.93.

[85]　Karlsch and Stokes, "*Faktor Öl*", p.107; David Stevenson, *With Our Backs to the Wall. Victory and Defeat in 1918* (London: Allen Lane, 2011), p.225. 参见诺顿－格里菲思1917年1月22日的完整报告，藏于国家档案馆 CAB/24/6 (online)。

谋，以及协约国对中立国施加压力的决心如何。到 1918 年，德国的进口灾难性地滑落至不足其战前价值的 39%，数量只有其战前的五分之一。[86] 但是，封锁不是德国贸易下降的唯一原因。

德国商业船队被禁，立即使德国失去了许多必需品，例如智利硝石的直接供应，而自 1914 年起，封锁政策旨在阻止间接的物资供应。[87] 硝石不但可作为一种肥料，而且对于生产炸药来说，也是必不可少的，德国是智利最重要的市场，占到了其硝酸盐销售的 30% 多。协约国的需求填补了空缺，主要是用于生产炸药，智利的出口在 1915 年恢复了常态。[88]

下表显示，德国的进口存在另一个障碍。

478　　　　一个希望进口商品的国家，必须通过出口、黄金或变卖国外的资产去支付进口。贸易差额和国际收支方面不断增长的赤字通常会导致货币贬值，直到国外债权人不再承担风险去接受进口国的货币，并停止发送他们的商品。战前德国最大的出口市场是英国，1913 年德国向其出口的商品价值为 14.38 亿马克。其次是奥匈帝国，为 11.04 亿马克。接下来是俄国 8.8 亿马克，以及法国 7.89 亿马克。关键的问题是，德国出口的一半以上，100 亿马克中的 57 亿马克，都是面向那些至 1917 年与德国处于交战状态的国家。[89]

战时德国的出口灾难性地下跌至战前水平的 25% 左右。与消费国交战只是一半的原因，[90] 封锁则是另一半原因。1915 年年底，英国外交部报告称，海军已设法使德国和奥地利对美国的出口大幅减少，从 1914 年 3 月至 9 月这七个月的

479　1.24 亿美元，减少到 1915 年同期只有 2200 万美元。1914 年 9 月份的数字显示，德国对美国超过 92% 的出口已被阻断。[91]

---

[86]　Offer, *First World War*, p.61.

[87]　"List of articles to be treated as absolute contraband under the Royal Proclamations of October 18 and December 1914", 23 December 1914, *British Documents*, vol. v, doc. 16, pp.12–13.

[88]　Bill Albert, *South America and the First World War. The Impact of the War on Brazil, Argentina, Peru and Chile* (Cambridge University Press, 1988), p.46. 关于硝酸盐产量、出口和价格的数字表见 p.97.

[89]　*SJDR* 1914, p.258.

[90]　这一基本问题，看上去被迄今就封锁和战时经济问题著书立说之人忽视了。cf. Ritschl, "The pity of peace", p.52。

[91]　*British Documents*, vol. vi, doc. 217, Memorandum Foreign Office 28 December 1915, pp.367–378.

表 18.1 德国：贸易平衡状况，1913—1918

	十亿马克，按当时的价格			十亿马克，按恒定的价格（即金马克）		
	出口	进口	差额	出口	进口	差额
1913	10.1	10.8	- 0.7	10.1	10.8	- 0.7
1914	7.4	8.5	- 1.1	7.5	8.5	- 1.0
8—12 月	1.4	2.1	- 0.7	1.5	2.1	- 0.6
1915	3.1	7.1	- 4.0	2.5	5.9	- 3.4
1916	3.8	8.4	- 4.6	2.9	6.4	- 3.5
1917	3.5	7.1	- 3.6	2.0	4.2	- 2.2
1918	4.7	7.1	- 2.4	2.8	4.2	- 1.4
1914 年 8 月—1918 年 12 月	16.5	31.8	- 15.3	11.7	22.8	- 11.1

资料来源：Albrecht Ritschl, "The pity of peace: Germany's economy at war, 1914—1918 and beyond", in Stephen Broadberry and Mark Harrison (eds.), *The Economics of World War I* (Cambridge University Press, 2005), Table 2.7, p.50 and Gerd Hardach, *Der Erste Weltkrieg 1914—1918*(Munich: Deutscher Taschenbuch Verlag, 1973), Table 6, p.42.

德国的反应

进口替代通常是针对短缺做出的反应，而且德国能够增加生产许多之前借助进口的工业品和农产品。典型的例子是用于化肥的原料。

一般认为，就如我们所看到的，通过使其无法获得化肥，尤其是智利的硝石，封锁能够对德国的农业生产产生不利的影响。但是，战争前不久，化学家弗里茨·哈伯研发了一种方法，通过凝固空气中的氮去获取氨；巴登苯胺纯碱公司的卡尔·博施，将哈伯的方法转化成工业生产，到 1914 年 7 月，生产了 6000 吨氮的相等物硝酸铵。在政府提供资金，以保证巴登苯胺纯碱公司获取高利润之后，年产量迅速增加到 20 万吨氮。加上战前发明的另一种制造氰氨化钙的方法，1915 年年底，工业部门可以生产 90% 用于制造炸药以及 70% 满足农业需求的氮。[92] 在梅泽堡（Merseburg）附近的洛伊纳（Leuna），预计花费 6000 万马克建造了第二座工厂，使用哈伯法每月生产 3000 吨用于化肥的氮。[93] 因此，进口替代的结果是成功的。

德国海军部和内政部所做的战前调查发现，鲁尔区各企业库存的进口原材料，特别是橡胶和有色金属，平均只够持续 3 个月使用。但是，由于进口替代（例如在德国开采镍，尽管成本较高），利用占领区的资源，停止出口和国内消费，以及战前建立了一定的战略储备，形势被证明是较为有利的。[94] 橡胶的库存量（加上那些在比利时发现的）是比较大的。[95] 这场战争期间，有色金属的产量增加了两倍。[96]

国际对比

在奥匈帝国，粮食形势甚至比德国更糟，尤其是在维也纳和阿尔卑斯地区。但是，哈布斯堡帝国实际曾在粮食方面能够自给自足，是畜产品的净出口国，谷物在一些年当中也是如此。[97] 问题是，匈牙利进口塞尔维亚的谷物作为牛饲料，因此同样的，正是同供应国的战争，而不是封锁，中断了粮食的进口。实际上，奥地利遭受饥饿是因为匈牙利。匈牙利完全拒绝继续向奥地利输送粮食。因此，封锁基本上与此并不相干。奥地利陷入饥饿，最后平民每日只能获取 700 卡路里热量的食物，难以果腹。帝国大约有 40 万平民死亡，占人口的 1%。甚至深度地榨取占领下的塞尔维亚和罗马尼亚，也未能缓解奥地利的饥饿状况；1917 年年底卡波雷托战役之后对意大利富庶的东北部的占领，只带来了短暂的

---

[92] Strachan, *To Arms*, pp.1026–1027.

[93] Report by Captain (Res.) Julius Bueb, War Labour Office in the Prussian War Ministry to the War Ministry, 22 April 1916, in Helmut Otto and Karl Schmiedel (eds.), *Der erste Weltkrieg. Dokumente* (Berlin: Militärverlag der DDR, 1983), doc. 63, pp.170–173.

[94] Strachan, *To Arms*, pp.1018–1020.

[95] Otto Goebel, *Deutsche Rohstoffwirtschaft im Weltkrieg* (Stuttgart: Deutsche Verlagsanstalt, 1930), p.16.

[96] Ritschl, "The pity of peace", p.47 and Table 2.5, p.49.

[97] Max-Stephan Schulze, "Austria-Hungary's economy in World War I", in Broadberry and Harrison, *Economics of World War I*, p.91; Stevan K. Pavlowitch, *Serbia. The History behind the Name* (London: Hurst, 2002), p.81.

喘息机会，但是，它造成占领之下的意大利人大范围挨饿；在 1918 年获得乌克兰丰富资源的前景，被证明是一种幻想。

　　与俄国的对比表明了饥饿—封锁的论点不符合逻辑。1916 年，在俄国，城市中的食品短缺成了一个严重的问题，非熟练工人饮食的卡路里值下降了 25%，婴儿死亡率翻了一番。[98] 原因是，这场战争导致了运输系统的瘫痪，征兵和军队征用马匹造成了农村劳动力的短缺，以及国家配给制度的失败。但是，战前俄国有大量的谷物剩余，是一个主要的粮食出口国。黑海的封锁阻碍了谷物的出口，这原本可以用来养活国内的消费者，但是，这种剩余很快就被数百万难民和士兵吃个精光；此外，农民宁愿消费掉谷物、肉类和黄油数量增加的部分，而不愿出售给他们不再信任的效率低下的国家。[99] 无论如何，对俄国的封锁是不完全的：1916 年，俄国仍设法向法国出口了 200 万吨谷物。[100]

　　最初作为中立国，而后于 1915 年 5 月成为协约国一员的意大利，曾拥有全球性的物资供应。但是，其人口的健康受这场战争的影响很大，平民总计死亡 546450 人，占总人口的 1%，比德国的数字更高。[101] 这部分是由于国家在确保食品平等分配方面的无能，在疟疾、肺结核（1917 年和 1918 年有 12.1 万人死于这种疾病）和其他疾病疫情再次爆发时，国家刻意无视卫生和安全措施，未能防止工人沦为战时生产中越来越充满危险和有毒工作环境的受害者。鲜为人知的地中海海战的影响也是相当大的：超过四分之一的协约国船只在地中海沉没（1250 万吨中总计有 370 万吨）。某种程度上，这削弱了意大利的进口，但是，它不像英国那样依赖进口，潜水艇战也没有对它构成十分严重的威胁。英国和美国提供的信贷，使意大利能够进口数量越来越多的谷物和肉类。因此，

481

---

[98]　Orlando Figes, *A People's Tragedy: A History of the Russian Revolution* (New York: Viking, 1996), p.300.

[99]　Pater Gatrell, "Poor Russia, poor show: mobilizing a backward economy for war, 1914—1917", in Broadberry and Harrison, *Economics of World War I*, pp.256-259.

[100]　Petit, *Histoire des finances extérieures*, pp.20-21. 兰伯特不无道理地认为，英国政府决定发动达达尼尔攻势，部分是受希望重开贸易路线的驱使。胜利将使俄国小麦得以出口，由此降低英国正在上涨的面包价格。*Facing Armageddon*, pp.334-338. 但是，就如戴维·史蒂文森指出的，更广泛的地缘战略动机很成问题：*1914—1918 : The History of the First World War* (London: Allen Lane, 2004), p.117.

[101]　Mario Isnenghi and Giorgio Rochat, *La Grande Guerra, 1914—1918* (Florence: Scandicci, 2000), pp.301-302. 莫尔塔拉（Mortara）计算出，相比 1911 年至 1913 年，1915 年至 1918 年与战争相关的过多平民的死亡数字为 606,407（p.140）。多出的部分可能主要是因流感爆发的严重程度（p.213），后者显然造成了 1918 年 274,041 人的死亡。Giorgio Mortara, *La Salute pubblica in Italia durante e dopo la guerra* (Bari, Laterza and New Haven, CT: Yale University Press, 1925), pp.466-467.

较高的平民死亡率不是因可获得的食物减少导致的。当然，存在周期性的局部短缺，比如 1917 年的都灵，激起了从一开始就反对战争的工人们以罢工和面包骚乱的形式去表达他们的反对情绪。也出现过焦虑的时刻，比如 1917 年夏在卡拉布里亚（Calabria）有一周的时间，当时潜艇击沉了驶往那不勒斯的运送谷物

482 的船只。但是，农民从未遭受制作面包和意大利面的面粉、蔬菜、蛋类或肉鸡的短缺，甚至能够购买到糖和咖啡此类之前很少出现在农民餐桌上的奢侈食品。总的来说，意大利社会从略有增加的营养中受益。甚至婴儿的死亡率也没有上升：1911 年至 1913 年为 4.07%，而从 1914 年至 1917 年分别为 4.10%、4.09%、4.05% 和 4.14%。只是在 1918 年有显著上升，为 4.81%，这一定是与流感疫情有关。[102]

在法国，平民人口的死亡率也差不多（60 万人或 1.5%），被占领省份的恶劣条件和婴儿死亡人数的严重增加，是其部分原因。1913 年，每 1000 名出生的儿童中有 109 名在一岁之内夭折，1914 年为 110；1915 年该数字上升至 143，是战争期间的最高值。这表明，即使能够获得足够的食物，但许多哺乳期的妈妈当时不得不出门工作，常常处于需要体力、危险或有毒的环境之中，由此损害了婴儿的健康。婴儿死亡率在 1916 年和 1917 年分别降至 125 和 126，但在战争最后一年上升至 140，这可能是因流感疫情导致的，1919 年则回落到 122。[103]

法国出现的高死亡率掩盖了几个比较正面的趋势：失业现象基本上消失了，战时工业和农业让劳动力供不应求，因赤贫导致的非健康状态多少得到了改善。法国农业应对战时需求的显著成就意味着，迟至 1918 年 6 月，法国才实行食品配给制。[104]

协约国在维持小麦、棉花和化学品供应方面的成功说明了，它们对全球资源的控制是多么牢固。

这场战争之前，法国从阿尔及利亚、突尼斯、俄国、德国、阿根廷、澳大利亚、美国和罗马尼亚进口 1500 万担小麦（法国 1 担等于 100 公斤），而其总

---

[102]　Piero Melograni, *Storia politica della Grande guerra, 1915—1918* (Mila : Mondadori, 1998), pp.307–311, 332–335 ; Luigi Einaudi, *La condotta economica e gli effetti sociali della guerra italiana* (Bari: Laterza, 1993), pp.179–184, 186 (credits and imports) ; Mortara, *La Salute pubblica*, pp.466–467 (infant mortality).

[103]　Michel Huber, *La Population de la France pendant la guerre* (Paris: Presses Universitaires de France; New Haven, CT: Yale University Press, 1931), table "Mortalité infantile dans les 77 départements", p.288.

[104]　Leonard V. Smith *et al.*, *France and the Great War, 1914—1918* (Cambridge University Press, 2003), p.67.

消费量则为 9500 万担。国内的生产从 1913 年的 8800 万担下降至 1916 年的 5800
万担和 1917 年的 4000 万担。但是，美国和阿根廷弥补了这一缺口。1916 年，
甚至俄国也供应了 200 万担，加拿大和澳大利亚各输送了大约 900 万担。1918　483
年，全部小麦的进口降至 1200 万担，其中大部分来自美国和阿根廷。[105]

法国 250 万担棉花的三分之二是从美国进口的。大多数消费棉花的工业企
业位于被占领的地区，因而对原棉的需求下降了，但是，用于制造炸药和弹药
的棉花需求非常大，在 1917 年达到了 250 万担，其中 85% 来自美国。[106]化学品
的进口，以往主要来自德国，如今被英国、美国和其他一些国家取代。[107]

德国的经济战

1914 年之前，德国的意图是毋庸置疑的。它同英国人一样坚决。赫尔穆
特·冯·毛奇伯爵，令人敬畏的德国统一战争的胜利者，于 1880 年写信给瑞士
的涉外律师约翰·卡斯帕·布伦奇利：

> 战争中最大的善举就是迅速地结束战争，只要不受到完全的谴责，一
> 切结束战争的手段都必须加以考虑、选择。我本人绝不能同意《圣彼得
> 堡宣言》中的说法，即战争中唯一合理的手段是"削弱敌人的军事力量云
> 云"。事实不是这样，必须攻击敌国政府的全部资源，它的金融、铁路、食
> 品供应，甚至是它的声望。[108]

德国在战前并不缺少国外资产，它试图将它们转变为经济战的手段。1915
年 7 月，英国驻纽约的总领事报告称，与德意志银行密切接触的一位美国企业
家正试图购买几家与协约国订立有军火合同的公司，比如伯利恒钢铁公司、雷
明顿和温切斯特枪支制造公司，据传，德国的利益团体已出资 2200 万美元购买

---

[105]　Petit, *Histoire des finances extérieures*, pp.20–21.

[106]　Petit, *Histoire des finances extérieures*, p.25.

[107]　Petit, *Histoire des finances extérieures*, p.32.

[108]　First published in 1880, cited in Otto Koellreutter, "Kriegsrecht und Völkerrecht", *Zeitschrift für Völkerrecht*, 10
　　　　(1917/18), pp.494–495.

联合金属弹药公司。[109]

虽然这些获取国外资产的尝试未能成功，但是，1914 年的侵略行动使得一些富饶的地区处于德国的管控之下。法国北部 10 个被占领的省份，占了法国小麦种植的 20%，亚麻织品和布料产量的 30%，钢的 60%，煤的 74% 和铁的 92%。[110] 不满足于利用比利时的煤和工业生产，1917 年和 1918 年，德国占领当局开始拆除最有价值的工业设备，机器、发动机和机床，连同库存的金属和原材料一起运往德国。这种行为一直持续到这场战争的最后几周，最高峰是掠夺沙勒罗瓦（Charleroi）和列日（Liège）的钢铁厂。[111] 因此，德国对这些资源的利用，部分抵消了协约国的经济战成效。

反过来，1917 年和 1918 年德国撤退期间，对法国经济资源的破坏不仅仅旨在阻止协约国的推进。1918 年 10 月对法国朗斯（Lens）至瓦朗谢讷（Valenciennes）以东地区煤矿的蓄意毁坏——炸毁地面工程和矿井、用水淹没地下的巷道——意在使这些煤矿在"五至六年内"无法生产。[112]

1914 年之前几年的德国海军政策，通常看起来是有计划有步骤地试图挑战英国的海上霸权，但比起一般所认为的要更少深思熟虑和更缺乏一致性。自地位最高的海军热衷者德皇威廉二世至较低级别的一些人士认为，德国海军应在公海上对英国商船发起巡洋作战；其他人则希望部署主力舰队去对付部分英国舰队，通过假装机动将其分离并将其摧毁，由此使两国舰队的实力扯平。当这场战争开始时，潜水艇战在计划制定方面还只处于从属的地位。

德国自身的殖民帝国过于分散，难以为全球性的力量存在提供一个补给和通信的良好网络，甚至无法进行防卫，然而在远东，德国东亚舰队司令马克西米利安·格拉夫·冯·施佩与海军参谋部意见一致，发现了巡洋作战的机会，通过摧毁英国商船从而造成其贸易严重损失。这也会使英国战舰从北海调离，从而为德国开辟新的可能性。这个战术原则上是合理的，并且最初取得了不小的成功。到 1914 年 10 月，"卡尔斯鲁厄号"巡洋舰捕获或者击沉了 18 艘商船；

[109] *British Documents*, vol. v, doc. 226, Broderick to Scott, 17 July 1915, pp.312–313.

[110] Gaston Jèze, *The War Expenditure of France*, published as the first part of *the War Finance of France* (New Haven, CT: Yale University Press, 1927), pp.73–74.

[111] Sophie de Schaepdrijver, *La Belgique et la Première Guerre mondiale* (Brussels: Peter Lang, 2004), pp.216–217.

[112] Report by the military chief of mines to Quartermaster General II General von Hahndorff, 17 October 1918, in Otto and Schmiedel, *Der erste Weltkrieg*, doc. 134, pp.326–327.

"埃姆登号"巡洋舰炮击了马德拉斯（Madras），在槟榔屿击沉了 1 艘俄国巡洋舰 485
和 1 艘法国驱逐舰，在 1914 年 11 月被澳大利亚"悉尼号"巡洋舰击毁之前，它
捕获或击沉了 23 艘船只。此后，东亚舰队横渡太平洋逃至南美海域。11 月在智
利的科罗内尔（Coronel）击败了英国人一次指挥不当的进攻之后，马克西米利
安·格拉夫·冯·施佩做出了袭击福克兰群岛（马尔维纳斯群岛）的草率决定。
12 月 8 日，英国数艘战斗巡洋舰使其遭受惨败，击沉了几乎所有的东亚舰队舰
只，包括著名的"格奈泽瑙号"和"沙恩霍斯特号"。休·斯特罗恩写道，福克
兰群岛战役是"这场战争中最具决定性的海上遭遇战"，它意味着德国巡洋舰对
协约国船只威胁的结束。到 1915 年 1 月，只有 27.3 万吨，或英国商船的 2%，
被击沉。[113] 最终，德国海军缺少军事和经济资源去发起巡洋作战。于是，它自
动地诉诸潜水艇战。

　　1915 年 1 月，德国海军参谋长胡戈·冯·波尔在一份呈交给德皇的备忘录
中指出，由于陆上战争的失利，采取一种新的战略是必要的。德国的海上作战
还未能够使英国的海上实力遭受任何重大损失；德国的鱼雷艇未能击中英国的
封锁舰只，潜水艇和水雷也未能实现预期的效果。对英国东海岸的袭击是一次
政治上的成功，但，在军事上没有太大的影响。诱使英国舰队进入圈套，则
难以做到。长远来看，不让德国的主力舰队面临被摧毁的风险的海军战略，正
使英国人受益。于是，波尔坚持认为，公海舰队应准备采取行动：积极采取潜
水艇战和水雷战，对英国海岸实施封锁，以切断英国商业这一重要命脉。[114] 结
果是出台了第一轮"无限制潜艇战"的决定，于 1915 年 2 月 22 日开始实施，敌
方的商船将在未受到警告的情况下被击沉。[115] 5 月，"卢西塔尼亚号"被击沉，
造成包括 128 名美国公民在内的 1198 人死亡，此后，德皇下令禁止袭击客轮。9
月，英伦岛屿周边海域的潜水艇战暂时停止了。

　　在谋划第二阶段无限制潜艇战的过程中——计划于 1917 年 2 月 1 日开始实 486
施——新任海军参谋长亨尼希·冯·霍尔岑多夫海军上将主张，通过每月摧毁

---

[113]　Strachan, *To Arms*, pp.466–480.

[114]　Memorandum by the Chief of Admiralty Staff, Admiral Hugo von Pohl, 7 January 1915, in Otto and Schmiedel,
　　　　Der erste Weltkrieg, doc. 35, pp.117–121.

[115]　Order by Admiral Gustav Bachmann on behalf of Admiralty Staff, 18 February 1915, in Otto and Schmiedel, *Der
　　　　erste Weltkrieg*, doc. 36, pp.122–123.

60万吨协约国和中立国的船只，"将至少阻止五分之二的中立国船只驶往英国"。他计算到，5个月后，英国的海上交通将下降39%；经济上和"心理上的恐慌影响"则意味着，"英国将难以容忍这种状况"。[116]

这一政策意味着，所有驶往英国的船只，无论是协约国的还是中立国的，都将在未发出警告的情况下予以击沉。德国专家估算，英国每周消费的小麦为141500吨，因此每周将损失114300吨。随着储备量已经开始下降，其物资供应将在三个月内耗尽。物价将陡然上涨，将出现国际收支危机，以及普遍的饥饿和骚乱现象；英国将被迫提出媾和。这种影响不只是在大后方才感觉得到。坚决支持海军部计划的鲁登道夫希望，潜水艇作战的胜利将使战局朝着有利于德国的方面发生扭转。这将减少军需品的供应，减缓西线德军面临的压力。他指出，"我们必须使部队免遭第二次索姆河战役"[117]。

在潜水艇战的前六个月里，预言变成了现实：前四个月平均每月有629862吨船只被摧毁，后两个月平均每月为506069吨。[118]英国海军认识到，灾难已迫在眉睫。1917年4月，第一海务大臣海军上将约翰·杰利科爵士称，德国人"正在取得胜利"，他警告战时内阁，"灾难一定会随之而来"。丘吉尔后来写道："德国潜艇不但迅速破坏了英伦岛屿的生活，而且削弱了协约国力量的基础。协约国在1918年溃败的危险开始不妙地耸现，并即将到来。"[119]

487　　预言英国溃败还为时尚早。他们所采取的一系列措施显示了英国海军和社会的韧性。为了战胜杰利科的怀疑论——他宿命般地认为任何手段都无法打败德国的潜水艇，劳合·乔治不得不威逼海军部采用军舰护送的护航制度。这被证明是非常有效的，被德国潜艇击沉的船只数量开始下降。16693艘驶离或前往

[116] Covering letter by Chief of Admiralty Staff Admiral von Holtzendorff on the memorandum "On the necessary of unrestricted U-boat warfare" to the Chief of General Staff of the army, Field Marshal von Hindenburg, 22 December 1916, in Otto and Schmiedel, *Der erste Weltkrieg*, doc. 85, pp.213–215.

[117] Minutes of meeting between Chancellor von Bethmann Hollweg, Chief of Army General Staff Field Marshal von Hindenburg, and First Quartermaster General, General Ludendorff, on the opening of unrestricted U-boat warfare, 9 January 1917, in Otto and Schmiedel, *Der erste Weltkrieg*, doc. 88, pp.222–224.

[118] Holger Herwig, "Total rhetoric, limited war. Germany's U-boat campaign, 1917—1918", in Roger Chickering and Stig Förster (eds.), *Great War, Total War. Combat and Mobilization on the Western Front, 1914—1918* (Cambridge University Press, 2000), pp.192–200.

[119] Both cited in Herwig, "Total rhetoric", p.192.

英国的受护航船只中，只有 102 艘被鱼雷击中，99.1% 安全抵达。[120] 其他的措施是进口替代，食品配给，用其他粮食替代小麦，大幅增加种植谷物、蔬菜和土豆的土地面积，实行比德国更有效率的计划经济，包括设立一名"粮食大臣"（food controller），管理 85% 消费食品的销售工作。而且，英国仍然可以获取北美的大量资源：几乎取之不尽的信贷和充足的粮食。[121]

有悖常理的结果是，远比德国更依赖粮食进口的英国（1909 年至 1913 年，占其卡路里值的大约 58%），在其人口比 1914 年饮食和健康状况更好的情况下，结束了这场战争，而德国遭受了普遍的饥饿。[122] 但是，英国平民总计死亡 60 万人（死亡率 1.3%），超过了和平时期的死亡率，也比德国要高。[123] 流感疫情部分造成了这种结果，死亡人数为 20 万，而诸如支气管炎和肺结核这样的呼吸系统疾病，与普遍的战时环境（战时工作、较差的住房条件）而非营养状况相关。

鲁登道夫希望潜水艇能够缓解西线压力的梦想破灭了。协约国非常成功地应对了德国的经济战，格勒纳于 1917 年 11 月写道，德国潜水艇战对英国和法国的战争状态没有造成任何的影响："相反，它们比以往有更多的枪炮弹药可以支配。"[124]

结　论

488

经济战赢得了这场战争吗？1918 年年底，德国的粮食形势多多少少好于前几年，平民的士气在德国最高统帅部结束这场战争的决定中，没有起到任何作用。协约国在战场上赢得了这场战争。战争结束之时，协约国在后勤方面的优势是压倒性的，而德国的后勤弱点在关键领域表现出来了，如润滑油、汽油和

---

[120] Lance E. Davis and Stanley L. Engerman, *Naval Blockades in Peace and War: An Economic History since 1750* (Cambridge University Press, 2006), p.187.

[121] Herwig, "Total rhetoric", pp.200−202. 最主要的是参阅 Jay Winter, *The Great War and the British People*, 2nd edn (Basingstoke: Palgrave Macmillan, 2003), pp.103−153.

[122] Offer, *First World War*, p.81.

[123] Table "Military and civilian losses", in *Brill's Encyclopedia of the First World War*, pp.732−733. 虽然温特的观点是，战争期间平民的死亡率下降了，但他在 *The Great War and the British People* 中没有为过多的平民死亡提供完整的数字。

[124] General Groener, letter of 3 November 1917, in Otto and Schmiedel, *Der Erste Weltkrieg*, doc: 108, pp.270−271.

橡胶的短缺严重影响了德国军队的机动性。这些进口原材料供应的停止是看得见的，正如巴伐利亚王储和集团军司令鲁普雷希特在 1918 年 10 月中旬所承认的："卡车缺少燃料，如果奥地利人退出联盟，我们难以从罗马尼亚获得任何更多的石油，我们的空军将在两个月内停止飞行。"[125] 不仅仅是军队的凝聚力在丧失，就如鲁登道夫在 9 月底担心的那样，自由机动也面临着威胁。这支瘫痪的军队正处于彻底瓦解的危险之中。然而，德国军队并未挨饿，但对于奥匈帝国和土耳其的军队来说，饥饿和军服短缺则是它们投降的主要原因。

以敌方整个经济和资源——包括平民人口——为目标的经济战，象征着 20 世纪在通往总体战的道路上所迈出的一步。它没有违反国际法的条文，更不用说战争的传统，但是，它有悖于保护平民免受战争之苦的国际法精神。同盟国所实施的经济战几乎没有机会威胁到协约国对全球资源的控制，除了 1917 年的短暂时期。它们对俄国的封锁，是沙皇帝国倒台的一个原因，当然还有其他更重要的因素。同盟国能够利用毗邻的中立国去获取必要的进口，但是，自 1916 年年中起，进口数量急剧萎缩。同盟国挑战协约国的最强大资本，是它们对于被占领的比利时、法国的北部、意大利的东北部、罗马尼亚、塞尔维亚、波兰、立陶宛和乌克兰的劳动力、工业、农业和金融的控制。这些资源尽管在数量上不如协约国的全球资源，但是非常宝贵，而评估它们的价值依然是一项研究任务。

489 　　协约国的经济战意味着，要确保获得全球的资源。难以获得这些资源是德国粮食供应减少的原因之一，加上德国国内其他一些危险的因素，特别是劳动力和役畜的短缺所造成的农业破坏，土地耕种面积的减少，以及用于运输和加工食品所需的煤炭的匮乏。封锁和经济战的广泛措施加在一起，大概构成了对德国粮食供应的外在影响的那一部分；内在因素大概可以解释粮食供应量方面的大幅下降。相比粮食短缺，在扭转军事力量对比方面，关键工业原材料和石油的长期短缺更具决定意义，这部分是因封锁造成的，部分则是因同盟国支付进口的能力下降导致的，但是，最主要的还是因为它们的敌人占有了资源。

---

[125]　Commander of Army Group Crown Prince Rupprecht, Field Marshal Crown Prince Rupprecht von Bayern, to Chancellor Prince Max von Baden, 18 October 1918, in Otto and Schmiedel, *Der Erste Weltkrieg*, doc. 135, pp.327–329.

第四部分

寻求和平

第四部分导言

格尔德·克鲁迈希

这一部分关系到寻求和平的多种形式。这场世界大战的所有交战国自始至终都坚持认为，它们在真诚地谋求和平，一种为世界安定开辟道路的持久和平。这种通过总体战谋求和平的姿态，简直就是口是心非，足以使人怀疑其仅仅是战争宣传的一部分。与此同时，真正和平主义性质的各种运动和倡议遭遇了分裂，被严重削弱和驱散。

我们采用的国际和跨国的研究方法能够使我们理解，在整个战争过程中，交战大国的外交在何种程度上试图使平民、士兵以及中立国相信，他们国家的战争投入具有深深的和平主义性质。但是，当把战争目标和那种企图支配战败国的迫切的胜利需求进行比较时，这种主张看起来几乎都是虚假的。正是在这种自相矛盾的背景下，梵蒂冈的和平倡议夭折了。教皇作为一名公正调停人的能力遭到了战争双方充满敌意宣传的质疑。难道他不是法国人眼中的"德国佬教皇"（Papa boche）或"地位最高的德国人"（top German）吗？他没有德国当局所憎恨的"教皇绝对权力主义的"（ultramontaine）倾向吗？考虑到战争中各交战国总体的物质和道义投入，除了摧毁一方或另一方的军队，难道还有什么其他的可能吗？而且，这个世界从未见过通过公断构建的和平，甚至不允许战败国参与讨论有关未来和平的条款。这不可避免地意味着，1919 年和 1920 年的各种条约没有结束这场战争，欧洲延续了两百多年的外交均势状态，现在已被砸得粉碎。结果，出现了新的统治战争和种族战争、革命和反革命、国家独立等等。它们在一定程度上是这些条约的结果，而这些条约摧毁了旧有的国际秩序。

494 　　在这一部分当中，一些从事跨国和比较历史研究的学者所撰写的成果，使我们能够理解战争期间及战后通过和平理念争当主宰的矛盾特性。在 1914 年之前，从未有过如此多层面且如此多的参与者集中于同样的两个问题：如何制止战争和如何防止未来爆发另一场如此的战争。世界各地多个层面上的参与者，致力于创建一种改变世界的持久和平。在昆塔尔和齐美尔瓦尔德的社会党大会上，明显可见这种"威尔逊式的"理想，不同意识形态立场的男男女女努力构建一种跨国的和平事业；致力于锻造和平而不偏袒任何一个国家的国际妇女运动亦是如此。1915 年，妇女争取和平与自由国际联盟在海牙召开会议，目的即在于此。在这场战争期间，这些团体肯定占少数，但表达了一种不会消失的理想。

　　我们知道，这一切努力都归于失败。将来的研究需要揭示我们所理解的心理框架或心理状态（mentalités）的发展变化，它导致了位于欧洲文化中心的崇高的和平原则遭到破坏，这一原则的核心是：战争被看作是政治的一种形式，但是，政治的任务是找寻手段去构建持久的和平，一种各方都赞成的和平。找出更多关于这种失败的原因，是亟待未来这个领域的学者去完成的任务。

19　外交 *

乔治－亨利·苏图

导　言

人们普遍认为，我们知晓有关第一次世界大战外交史的每一件事。但是，事实并非如此。大多数文献自 20 世纪 60 年代末或 70 年代末才能够获得，由 60 年代初关于德国战争目标的"费舍尔争议"（Fischer Controversy）所重新燃起的热点话题，已经被有关这场战争文化、社会和心理层面的新研究重点所取代。[1] 因此，仍然存在许多问题，即使不是被发现，至少也需要加以阐释，并且被正确地看待。

我们需要关注三个方面的问题：两个阵营各自内部的关系与协商，它们与中立国之间以及两大敌对阵营之间的关系与协商。这里我们应当注意到，尽管两个阵营在内部的盟国之间以及同中立国存在活跃的外交往来，但是，在欧洲的战争中，这是第一次出现在战争期间交战双方没有举行公开谈判的情况（除了关于交换战俘、适用《海牙公约》等技术性问题之外）。这种对长久以来欧洲战时外交传统的重要突破，自然是战争升级为"总体战"和全球性战争的新形

---

* 海伦·麦克菲尔将本章由法语译为英语。

[1] 弗里茨·费舍尔的著作 *Griff nach der Weltmach. Die Kriegszielpolitik des kaiserlichen Deutschlands 1914—1918* (Düsseldorf: Droste Verlag, 1961) 强调了大战期间德意志帝国非常广泛的战争目标，以及德国对战争爆发所负的责任，该著作出版之后，引发了巨大的争论。关于此方面的阐述可见 Jacques Droz, *Les causes de la Première Guerre mondiale* (Paris : Le Seuil, 1973). 关于一种新的历史编纂学趋势，见 Antoine Prost and Jay Winter, *Penser la Grande Guerre. Un essai d'historiographie* (Paris: Le Seuil, 2004); and Wolfgang J. Mommsen, *Der Grosse Krieg und die Historiker. Neue Wege der Geschichtsschreibung über des ersten Weltkreig* (Essen: Klartext Verlag, 2002)。

496 式的结果之一。它也是仇恨发展到新高度的结果：不仅仅要打败对手，还必须要彻底征服它。于是，战争中大大扩展的战争目标，很大程度上像是一场现代性的意识形态讨伐。必须认识到，第一次世界大战不但关乎领土的攫取，而且关乎在一个仍然主要由大多数欧洲列强主导的世界中，欧洲内外的政治信仰、法律准则和经济利益。

然而，即使交战双方不存在任何真正的外交往来，我们也必须提到两个重要且相关的方面：双方战争目标的界定（很大程度上是竞争性和相互影响的）；发生在这场战争期间秘密和错综复杂的和平试探，以及秘密的外交。它们都未能取得成功，但是，它们不是可有可无的，理解它们失败的原因有助于我们更好地审视在这场战争期间与和平会议上究竟都发生了什么。

反对同盟国的战争联盟的形成和拒绝战时谈判（1914—1916）

协约国从一开始就完全相信，德国的实力将会急剧下降。早至 1914 年的 9 月 5 日，英国、法国和俄国在《伦敦宣言》中承诺不进行任何的单独媾和，并且当时机到来时，共同提出商定后的媾和条款。此时，一项将这三个国家绑在一起的共同协议，取代了战争爆发时不完善和不均衡的英法协约和法俄同盟的组合。早在 9 月底（马恩河战役胜利之后），法国政府就决定，这场战争不仅仅要解放法国的领土，而且要彻底进行到"普鲁士军国主义被消灭"为止，事实上这意味着，即使不彻底终结德意志帝国，也要深刻地对其进行改造。

到 1914 年秋，以及 1915 年春季期间，俄国人和法国人再次达成一致意见，每一国家都将支持其盟国的目标。尤其是，在战争结束时，法国将按照它所认为恰当的方式处理莱茵兰地区；俄国则将以相同的方式处理波兰的普鲁士部分。因此，这两个关系更加密切的盟国（此时英国的作用仍然有限）相当早地就在协调彼此战争目标上达成了一致意见。在 1915 年期间，俄国对巴尔干地区和土

497 耳其海峡的野心使同盟关系变得紧张，但是，就如我们将看到的，这三个国家能够达成一致，因此至少对外维系了它们的团结；当然，英国人和法国人并不热衷于俄国针对土耳其的目标。[2]

---

[2] Georges-Henri Soutou, "La France et les marches de l'est, 1914—1919", *Revue Historique*, 578 (1978), pp.341-388.

然而，团结是必不可少的，因为柏林自然试图想破坏敌方的同盟关系，并首先从被认为最难以承受大战重负的那个国家入手：俄国。早在 1915 年 11 月，柏林就试图通过各种中间人，开辟出一条同俄国进行秘密谈判的渠道。但是，沙皇尼古拉无视相当令人鼓舞的暗示（局势将多少回到 1914 年的状态，由此保住波兰和波罗的海省份的大部分），三次拒绝接受德国伸出的橄榄枝（1915 年的 6 月、7 月和 8 月）。除了他基本忠实于自己的诺言之外，如果俄国留在同盟之内，他将获得更多的好处，或者当时至少看上去是如此。一个重要的结果是，尽管柏林仍然认识到在现状的基础上同俄国进行谈判解决问题，是摆脱非常艰难的地缘战略形势的唯一出路，但它在 1915 年秋开始同维也纳商讨将波兰从俄国分离出去的可能性，这决定性地妨碍了与俄罗斯帝国达成任何可能的协议（罗曼诺夫王朝不会考虑失去波兰）。

一定不要忘记，依照国际法以及它们对自己公众和中立国的宣传，协约国提出的关键问题，是德国对比利时的入侵和占领。1839 年，比利时的中立地位得到了欧洲列强的保证，现在它们全都处于战争之中。正是比利时的中立遭到侵犯，促使了起初并不十分坚定的英国加入了这场战争。正是这种侵犯举动，使得协约国占据了"为正义而战"的道德高地。这就是为什么德国人试图让比利时脱离这场战争：在 1915 年年底和 1916 年年初，他们不断地试图与比利时国王阿尔贝特一世达成交易。比利时将退出战争并得以重建，但将加入德国主导的关税同盟和军事同盟。然而，协约国获悉了这些情况，紧急说服比利时人中断交易，承诺完整重建比利时（1916 年 2 月 14 日《圣阿德雷斯宣言》[Declaration of Sainte-Adresse]）。他们自然坚决不会让柏林控制非常重要的比利时经济——即使以经济和军事同盟作为幌子——但作为他们从事战争最好的正当理由，他们也十分关注继续去维护比利时的完整。

在一定程度上，这种情形也适用于塞尔维亚。毕竟，这场战争正是首先以它的名义开始的。保护弱小的塞尔维亚，对于协约国而言，也是开展宣传战一个很好的口实。在塞尔维亚的情况中，存在许多值得警惕的地方：1914 年 12 月，奥地利人试图与塞尔维亚单独媾和。在 1915 年夏季，协约国对塞尔维亚军队疏于行动感到震惊，它们担心塞尔维亚人与奥地利－德国达成某种秘密交易。在巴黎，一些人怀疑塞尔维亚人正走向反面，因为塞尔维亚人担心 4 月份协约国与意大利达成的《伦敦条约》以及协约国与保加利亚和罗马尼亚的持续谈判，

498

会对他们的领土完整和期望带来不利的影响。当 1915 年 10 月奥地利－德国－保加利亚发起大规模攻势时，协约国再一次担心塞尔维亚会倒戈。这就是为什么在从 1915 年 5 月到 12 月的不同场合，他们向塞尔维亚人书面承诺在这些谈判中考虑其利益，在以恢复 1912 年与保加利亚边界状况作为交换条件的情况下，塞尔维亚将获得亚得里亚海沿岸地区和波斯尼亚－黑塞哥维那。但是，在每一种情况下，法国都走得过远，暗示塞尔维亚将被允许兼并克罗地亚，尽管这只是口头上的。直到 1919 年，这种支持建立南斯拉夫的想法，在巴黎一点也看不出来，因为担心这会妨碍任何与维也纳单独媾和的可能性，还因为法国人不想与意大利对抗，后者在亚得里亚海地区有着自己的盘算。

但是，由于需要同时争取目标对立的意大利、保加利亚和罗马尼亚，协约国更加难以获得塞尔维亚人不冷不热的支持，对于巴黎而言，这其实意味着把塞尔维亚留在这场战争中是必要的。与其说这是出于战略方面的考虑（1915 年年底，被打败的塞尔维亚军队事实上已被协约国看作是指望不上了），倒不如说是出于政治和宣传的动机。从比利时的情况看，协约国是在为正义、国际法和小国的独立而战。但是，许多这样的协议或承诺，特别是当它们开始与协约国对正在争取的中立国所做出的其他承诺相冲突时——例如对意大利、保加利亚或罗马尼亚——使事情变得复杂起来，直至（也包括）和平条约的签订；而此时作茧自缚的协约国在使自己解脱时遇到了一些麻烦。[3]

然而，在另一个层面，协约国逐步实现了共同行动。法国新任外交部长阿里斯蒂德·白里安于 1915 年 10 月接替相当无能的热内·维维亚尼，决定更积极地进行这场战争，并在所有层面（军事、政治和经济）更有效地协调协约国之间的行动。因此，在 1916 年 2 月的罗马会议上，协约国成立了一个常设的军事委员会和一个政治委员会，并于 3 月召开了首次会议。6 月，在巴黎举行了一次协约国成员之间的经济会议。即使这些协调努力仍然远远够不上 1918 年协约国的高水平准一体化合作，但它们无可争议地在向前发展。同时，1916 年实行征兵制的英国日益卷入这场战争，并取代俄国成为法国的主要盟国。最初，这场

499

---

[3] Georges-Henri Soutou, "La France et la crainte d'une paix de compromise entre la Serbie et les puissances centrals, 1914—1918", *Aspects de l'histoire des rapports diplomatico-stratégiques*, Cahier no. 13 (Paris: Centre d'Histoire de la Défense, 2000).

战争基本上是法俄两国的事情，现在则成了法英两国的事了。[4]

同盟国 1914—1915

　　在组织协调方面，同盟国的困难要小一些。毕竟，柏林与维也纳之间的主要关系通常能够在双边关系的框架内解决，并且两国的总参谋部合作起来也比较容易。因此，两国的战争目标协调起来并不困难。早在 1914 年的 8 月 2 日，土耳其与柏林就签署了秘密条约，并于 11 月 1 日加入了这场战争，这段延迟是为了使两艘火力强大的德国战斗巡洋舰抵达土耳其海峡，对土耳其人而言，则是为了完成他们的战争准备。土耳其在地理上并不同奥匈帝国和德国接壤，这成了一个问题，但是，保加利亚于 1915 年 10 月站在它们一方参战（在做出以塞尔维亚为代价的承诺的驱使下）解决了这个问题。柏林是起决定作用的领导者，是必要时（奥地利人从与意大利和罗马尼亚的作战中获益）战争物资和增援部队的主要提供者，或者派出军事顾问（就如土耳其的情况那样，在师及以上单位的人员中都能发现德国军官的身影）。尽管如此，近来的史学著作倾向于超出欧洲中心论，而强调奥斯曼帝国在第一次世界大战起源方面和战争期间的特殊作用。当人们想到土耳其及其在中东对抗俄国和英国的战略时，一个有诸多碎片的原本复杂的谜题变得清晰起来。[5]

500

　　然而，就长期的准备来看，德国和奥匈帝国之间的关系是不太成功的。柏林非常清楚地认识到，除这场战争之外，要加强未来德国的安全，与维也纳的关系将是必不可少的，而德国的安全是大多数德国领导者的主要战争目标（当然是一种符合扩张主义的安全观），但那些受泛日耳曼主义思想影响更深的人除外。战争爆发后不久，首相贝特曼·霍尔韦格制定了中欧经济联盟的构想，该联盟以德奥为基础，目的是在贸易协定的幌子下实现德国对这一地区的主宰，同时不过多或不大规模地进行领土兼并，因为这可能是适得其反的（参见

---

[4] Georges-Henri Soutou, "Comment la coopération économique franco-britannique fut favorisée par la bataille de Verdun (mai 1916)", in Claude Carlier and Guy Pedroncini (eds.), *La Bataille de Verdun* (Paris: Economica, 1997); Georges-Henri Soutou, "Relations internationals, tentatives de paix et buts de guerre en 1916", Centre de Recherche de l'Historial de la Grande Guerre, *La Battaile de la Somme dans la Grande Guerre*, Actes du Colloque des 1er, 2, 3, 4 juillet 1996 (Péronne: Centre de Recherche de l'Historial de la Grande Guerre, 2000).

[5] Sean McMeekin, "The war of the Ottoman succession", *Historically Speaking*, 13:1 (2012), pp.2–4.

阿尔萨斯－洛林的例子）。1915 年 8 月，时任总参谋长法金汉则更进一步：唯一挫败协约国的方法，将是立即与维也纳缔结一个强大的政治、军事和经济的同盟。作为交换，德国将允许奥地利兼并俄国统治下的波兰——"奥地利－波兰解决方案"。1915 年 11 月 13 日，柏林提出与维也纳就建立紧密的政治、军事和经济联系开始谈判。经济谈判立刻首先展开。但是，它们很快就陷入了一系列的困难和矛盾之中。奥地利人在重要的经济和海关方面进行拖延，因为《奥匈协议》必须在 1917 年重新签订，他们希望在认真对待柏林之前解决这些问题。此外，他们完全认识到德国的目的是什么，他们不想成为一个附庸国。对他们来说，与德意志帝国绑在一起的"日耳曼民族的"团结理念是令人厌恶的，就如他们告诉柏林的那样，这直接背离了哈布斯堡帝国的整个意图和传统。

在同奥地利建立关税同盟是否可取的问题上，德国人内部出现了深刻的意见分歧：这可能会招致其他国家的报复，而这些国家对德国而言是比奥地利更重要的市场。德国人很快对波兰有了重新的考虑：在同俄国作战的情况下他们不能指望奥地利能确保安全，在这种情况下，奥地利将与俄国存在一段非常长的共同边界，而斯拉夫人涌入这个二元君主制国家将危及"日耳曼民族的"品质，以及柏林的影响力。于是，1916 年 2 月，柏林制订了一个新的方案：俄属波兰将自治，但在政治、军事和经济上将与德意志帝国保持紧密的联系。不出所料，奥地利人愤怒不已，但是在激烈的交锋之后，不得不表示服从：1916 年 11 月 5 日，柏林和维也纳通过一项共同声明宣布波兰复国，奥地利与德国一同控制波兰的对外政策（但不是其军事政策，军事政策将取决于德国，在德国对波兰的保护所依据的实际条款的框架之内）。至于德奥之间的贸易和关税同盟问题，谈判以一种断断续续的方式进行着，但从未完成。奥地利人不再有任何的动力，而德国国内的许多小圈子也总是不甚热情。经历了一阵喜庆的开端之后，德奥关系恶化了，自 1917 年之后则更加如此。此时奥地利帝国维持战争变得越来越艰难，在通过谈判解决这场战争的可取性和可能性的问题上，就如我们将看到的，它与柏林的沟通变得日益艰难。[6]

---

[6] Georges-Henri Soutou, *L'Or et le Sang. Les buts de guerre économique de la Première Guerre mondiale* (Paris: Fayard, 1989).

与此同时，德奥的艰难关系有着重要的副作用：它开启了被统治民族的民族独立浪潮。1916 年，包括多民族的俄罗斯帝国在内的协约国，依然离将解放"被压迫民族"提上他们的议程还有很远的距离。与常见的看法相反，欧洲历史的这一重要发展不是由协约国，而是由德国人开启的，在削弱俄罗斯帝国方面，德国人自然有着浓厚的兴趣，因为他们已经放弃了与之单独媾和的愿望。

1915—1916：走向长期的战争和争取中立国

早在 1914 年年底就已显而易见的是，这场战争将不会仅限于一场短期的间歇性冲突，或一种欧洲氛围的净化，而后将建立起新的欧洲均势，但是会遵循传统的路线。在寻求打破僵局的手段方面，两大阵营自然都试图争取中立国和招揽新的盟友。这种寻求的一个重要回报就是意大利，战前它是同盟国的成员之一，但是在 1914 年保持着中立，因为它的盟友不是无端攻击的受害者*。德国人竭力使意大利站在他们一边参战，但是，尽管费了九牛二虎之力，他们也未能使奥地利人做出必要的让步（尤其是在的里雅斯特和特伦蒂诺地区的问题上）。而在意大利，虽然许多人更愿意保持中立，但公众舆论中激烈表达意见的那部分人和统治阶层的大多数，都想乘机实现兼并说意大利语的奥地利地区以及向巴尔干和地中海扩张的民族主义进程。在施予这种恩惠方面，法国人和英国人处于更有利的地位：根据 1915 年 4 月 26 日的《伦敦条约》，意大利将获得的里雅斯特、特伦蒂诺地区、亚得里亚海的岛屿、达尔马提亚（Dalmatian）海岸的一部分和土耳其安纳托利亚的一部分（该条约原则上是保密的，但是许多内容很快就多多少少地为人所知了）。此后不久，意大利加入了这场战争。[7]

但其中一些承诺（特别是关于亚得里亚海的），就如我们看到的，是与同时向塞尔维亚人所做出的承诺相冲突的。在 1918 年和 1919 年，这将带来相当大的难题，法国不想得罪这两国中的任何一国，试图在两国之间进行调停，但未取得成功。决意作茧自缚的协约国，如我们所看到的，在 1915 年通过承诺索菲亚

502

---

* 根据意大利与德奥达成的同盟条约，只有德奥遭受外来进攻时，意大利才有义务提供军事援助。——译者注

[7] Frédéric Le Moal, *La France et l'Italie dans les Balkans 1914—1919. Le cententieux adriatique* (Paris: L'Harmattan, 2006).

（Sofia）*获得马其顿的大部分（1913年反对保加利亚的第二次巴尔干战争期间，马其顿被塞尔维亚占领），试图把保加利亚拉到它们一边，但是未能成功。在罗马尼亚方面，协约国取得了更大的成功，1916年8月它们承诺罗马尼亚可以获得特兰西瓦尼亚（Transylvania）、布科维纳（Bukovina）和巴纳特（Banat），于是，罗马尼亚站在协约国一方加入了这场战争。对同盟国来说，这也许是一种严重的威胁，但是它们十分迅速地做出了反应，罗马尼亚人在大约一个月之后遭遇了惨败。然而，1916年对布加勒斯特所做出的这些承诺，在1919年和1920年的和平会议上仍余波连连，它们或多或少在和平条约中以另一种方式全部得以表达，之后将导致与匈牙利和俄国出现严重的问题，并且在1945年之后依然可见。就如情况通常发生的那样，在大战重压之下匆忙草率达成的协议，将在相当长的时期内困扰着欧洲，因为欧洲协调的原则（与所有主要列强长期保持接触，自我克制，势力均衡，拒绝将国家问题凌驾于对稳定的需求之上）已经在1914年被抛弃。

另一个收罗具有战略重要性的中立国的拙劣尝试——针对希腊（沿着瓦尔达尔河通向贝尔格莱德和自萨洛尼卡往北的中欧地区的最直接通道）——也有着深远的影响。1915年10月，英法军队无视希腊是中立国的事实，在萨洛尼卡登陆，开辟了一条与保加利亚人作战的战线。但是，被法国人指控倾向于同盟国的国王君士坦丁，当时解除了韦尼泽洛斯的首相职务，后者赞成放弃中立而加入协约国作战。1916年，协约国对这位国王施加了巨大的压力。但形势并未明朗化，君士坦丁继续保持中立。最终，协约国迫使他在1917年6月退位，并使韦尼泽洛斯官复原职。这些乱七八糟的事态发展，连同许多严重的事件，暴露了巴黎和伦敦之间的深刻分歧，长期以来后者都希望不要被看成是在对雅典施加过多的压力。而且，协约国保护中立国权利免受同盟国挑战的姿态，在这一整体性的事项中遭到了质疑：在希腊的情况中，协约国丧失了道德的高地。[8]

显而易见的是，非常重要的一个中立国是美国，至少作为重要商品、食品原料和工业品进口方面一个潜在的供应国，战争双方都对其大献殷勤。总

---

* 保加利亚首都，借指保加利亚政府。——译者注

[8] Yannis G. Mourélos, *L'intervention de la Grèce dans la Grande Guerre* (Athens: Collection de l'Institut français d'Athènes, 1983).

统威尔逊强调中立的重要性,认为两大阵营应均担这场战争爆发的责任。1917
年之前,华盛顿和战争双方都持续存在紧张的关系:与协约国是因为对德国
日益严厉的封锁,它很快禁止美国向同盟国出口越来越多种类的商品(甚至
是非杀伤性的),对中立国的贸易利益十分不利;与德国人是因为他们使用
潜水艇,击沉数量越来越多的中立国船只——包括美国船只——对英伦岛屿
实施封锁。依据国际法的规定,这两种封锁的可接受程度事实上都是非常有
争议的。我们还应该补充一点,直到1916年再次当选之前,这位美国总统
非常不希望得罪依然是四分五裂的原籍不同国家的选民中的某一部分或其他
部分。[9]

 同时,威尔逊自始就确信,从自由主义和民主的角度出发,英国和法国相
比同盟国更接近美国。欧洲通过谈判实现和平将是最理想的结果,但是,如果
一方必须要取得胜利的话,那么协约国取胜将更符合美国的利益。最重要的是,
1914年10月,在华盛顿和伦敦之间,已经在私营部门之间建立起一种重要的但
非官方的金融渠道。战争的突然爆发使得美国经济及其银行系统处于危险的形
势之中,由于联邦储备系统事实上将在11月开始运转,加上金融市场隐约呈现 504
可能的恐慌,情况更加如此。在华盛顿的请求下,英国政府劝说伦敦金融城去
提供帮助,由此避免了危机。事后,鉴于它们在美国的巨大投资,协约国能够
比德国人借到更多的资金,并且因为它们即便不是全部也是相对控制了海上
通道,它们还能够更容易地横跨大西洋,运输所采购的商品。如果说美国在
军事上和政治上是中立的,那么在经济层面上并非如此。[10]

 法国人难以使自己的想法与威尔逊总统看起来所认为的那种双方阵营道德
等同的观点一致,而相比之下,英国人比法国人更渴望增进同华盛顿的关系,
即使只是为了防止美国更积极地反对协约国的封锁或限制为协约国提供金融和
贸易的便利。很大程度上,这就是为什么他们既试图劝说威尔逊总统支持美国
为结束战争而进行调停,同时又大概不相信这样的目标能够实现。这位美国总
统本身并不热衷于调停,因为那时他仍然不想让他的国家介入其中。在缔造和
平的过程中以及在任何新组织中(各方人士日益强烈地感受到,为确保和平,

---

[9] Lloyd E. Ambrosius, *Woodrow Wilson and the American Diplomatic Tradition* (Cambridge University Press, 1987).
[10] Soutou, *L'Or et le Sang*, pp.117–139.

在战后势必应建立这样的新组织）这样的介入将承担起所有的责任。

但是，威尔逊的私人顾问豪斯上校 1915 年已经在几个欧洲国家首都之间进行过一次情报之旅，他比总统更支持协约国，并相信由于德国潜水艇对中立国船只的袭击，最终美国将站在协约国一方参战。1916 年伊始，他被授权到欧洲展开一次新的访问。结果是一份由豪斯、英国外交大臣格雷共同签名并得到总统批准的备忘录，据此，如果协约国陷入军事困境，威尔逊将加以调停。到时他将提议，比利时应重新建立，阿尔萨斯－洛林返还法国，君士坦丁堡转让给俄国。作为交换，德国人将获得一些协约国的殖民地。如果德国拒绝接受这些条件，那么美国将"可能"站在协约国一方参战。但是，协约国并不打算让自己满足于这些结果：当 1916 年 5 月威尔逊提议执行这份备忘录时，伦敦表示了反对，这证明此次行动的真实目的是迁就华盛顿，缓和美国人对协约国的立场。[11]

但是，1916 年的 12 月 12 日，在英法的索姆河攻势取得非常令人不安的结果（德国军方和工业部门第一次认识到军队已达到了极限）和德奥军队进入布加勒斯特之后，柏林和维也纳进行了和平的试探。柏林比当时所认为的要严肃认真得多，和平方案并非只是一种宣传伎俩：德国人基本上愿意恢复 1914 年西线的现状，限制他们在东线的战果，以一个被削弱的俄国为代价。事实上，相比在西线，德国的统治阶层和普罗大众中的大多数人更渴望在东线实现收益。这将迫使令人大为担忧的俄罗斯帝国后退，从而提供比在人口稠密的西欧更多的殖民机会。在东线获得的新资源和权力基础，将足以为德国确立决定性的安全地位。

威尔逊对德奥照会做出的回应，是在 12 月 18 日提出他的调停方案：交战国应陈述它们的战争目标，将召开由威尔逊本人担任主席的和平会议。德国人私下做出了答复，并试图使问题变得混淆不清，像奥地利人一样，他们拒绝陈述他们的战争目标。1917 年 1 月 10 日，协约国公开做出了答复。他们拒绝了美国的调停建议，但是，他们陈述了战争目标：外国军队从比利时和塞尔维亚撤离，重建这两个国家，把阿尔萨斯－洛林归还法国，按照民族分割奥匈帝国（他们

---

[11] Victor H. Rothwell, *British War Aims and Peace Diplomacy 1914—1918* (Oxford University Press, 1971), pp.33–36; Arthur S. Link, *Wilson: Confusions and Crises 1915—1916* (Princeton University Press, 1964), pp.110 ff.

还远未真正希望如此——这更多的是一种向维也纳施压的手段而已）。他们间接提到"安全保证"（实际上是婉转地表达要赋予莱茵兰一种特殊的地位，要么中立化，要么永久性地由法国军队占领）。此外，他们接受依照威尔逊捍卫的理念建立国际联盟的想法。对威尔逊的干预感到愤怒的法国人，更愿意给予一个更不屈从的答复，然而，英国人更为精明，建议以威尔逊式的措辞去表达实际非常强硬的协约国目标（就如我们所要见到的那样）。英国人是对的：三个月之后的 1917 年 4 月 4 日，美国站在协约国一方加入了战争（但不是作为一个新盟国，而是作为伙伴国，保留自己的进程）。威尔逊总统犹豫了很长的时间，但是，1917 年 1 月柏林发起"孤注一掷的潜水艇战"使他确信，相比协约国的胜利，德国的胜利更不符合他对于战后世界的看法。

506

1914—1916：战争目标的升级和欧洲协调的终结

令人感到奇怪的是，在 1917 年之前，除了一些没有结果的试探外，没有任何真正意义上的谈判，甚至也不存在任何正式的会谈，只有通过调停人并且大都以和平试探形式进行的秘密接触，尽管战斗造成了惨重的伤亡和巨大的代价。通过两个相互关联的现象，可以解释这其中的原因。首先，欧洲协调已经在这场战争爆发之前开始瓦解，在某些历史学者看来，是始于 1905 年或 1911 年的摩洛哥危机，在其他学者看来，是 1912 年和 1913 年的巴尔干战争。这意味着旨在防止、缓和或使危机局部化的整个关系和惯例体系（克制、制度化的多边磋商等等）的崩溃。其次，这场战争开始后，大多数交战国都很早确定了十分雄心勃勃的和平目标，并且不断升级——一方升级自然为另一方升级提供了合理性。在 1917 年之前，对于统治阶层而言，恢复原有的常态是不可能的，即使是形式上的常态。一些较为谨慎的团体和个人（不一定是和平主义者）设想通过谈判解决从而基本上恢复 1914 年时的状态，但是，在 1917 年之前他们无法使别人听进去他们的意见。

1914 年 9 月 9 日，首相贝特曼·霍尔韦格授意出台了一份文件，即如今所称的"9 月计划"。该计划间接提到了在东欧以及以比利时和法国为代价的可能的领土兼并。但是，此时柏林还未了解到德国在马恩河战役中失败的整体情况。无论如何，领土问题不是这份文件的主旨，其实际接受者是负责起草未来和平的贸易和经济条款的各个政府部门。贝特曼·霍尔韦格仅是想象了这场战争可能的结果，去阐明当时他所认为的和平的总体背景，而柏林的每一个人都相信和平即将到来，其主体部分很早就成为他的主要战争目标：德国、奥地利、比利时和从俄国分离出来的波兰所组成的中欧关税和经济联盟（后来，就如我们所见，当意识到这场战争将持续下去的时候，这位首相准备放弃这一目标）。这

507 一计划（那时通常被描述为"德国治下的中欧"[Mitteleuropa]＊，对德国人来说具有相当大的历史和文化吸引力）尽管主要是经济方面的内容，但根本上具有政治和地缘战略的目标。德国政府完全理解在经济层面该计划没有多大的意义：德国与奥地利当时的贸易只占德国的4%，它的主要市场是在中欧之外。而且，大多数经济圈人士也反对该计划。然而，它被看作是一个通过经济间接控制中欧的完美手段。因此，在不诉诸难以确定的领土兼并的情况下，它可能能够在将来确立针对协约国的安全地位。对贝特曼·霍尔韦格而言，这也是一种遏制德皇和军方危险的领土兼并幻想的手段。直到1918年，中欧关税联盟一直是柏林主要和唯一不变的战争目标。它被视作是确保奥匈帝国，还有波兰和比利时（如果可能），在战后维系同柏林关系的唯一现实的手段。

早在1915年，在俄国退出战争所再次出现的短暂的乐观时期之外，对于柏林的大多数持现实态度的领导人来说，不可能所有战线都颇有斩获地取得重大胜利，这一点是不言而喻的。大多数情况下能够期盼的是一种相对的胜利，或者某种僵局，这可能使协约国不得不接受"德国治下的中欧"的现实。

至于获取领土，早在1915年，柏林的态度就十分不确定。它意识到，只有与某一敌国实现单独和平，才能确保针对其他敌人的胜利。如我们所见，1915年柏林试图同比利时和俄国进行谈判。但是，在1916年年初，已经变得显而易见的是，通往单独和平的道路被封死了，因为协约国决意要终结德国在欧洲的霸权态势，以及在各个层面（政治、军事和经济）大幅削弱德国的实力。柏林也受到了西方协约国无力迫使其后退和俄国面临巨大且日益增大的种种困难的鼓舞，接着回到了更具雄心的目标上来：比利时、波兰和波罗的海国家当然将成为德国的保护国，在政治、军事和经济上受到柏林的严密控制。

＊　Mitteleuropa，德语中指中欧，最早由卡尔·路德维希·冯·布鲁克和洛伦兹·冯·斯坦于1848年提出，主张在沙皇俄国和西欧列强之间的国家建立经济邦联。德国统一后，逐渐发展为德国控制之下的中欧，体现了德国谋取中欧霸权的战略野心。——译者注

除了它们纯粹的国家目标以外，协约国自然还对战后欧洲有一定的想法。在伦敦，最初并没有对这方面有缜密考虑，但是可以肯定的是，比利时的独立地位必须要重新确立。除此之外，伦敦决定必须削弱德国的实力，特别是在陆军和海军方面，以及将德意志帝国逐出非洲，遏制德国在中东的势力。1916 年年底之前，英国没有明确阐述它的目标。随着战争的持续，它越来越坚定要决定性地削弱德国。在这一问题上，与所称的一切相反，巴黎和伦敦之间意见相当一致。但是，相比巴黎，伦敦在削弱德国中欧地缘政治中心地位的可能性方面少一些乐观：必不可少的是，针对德国的优势地位，保障西欧（法国、比利时和荷兰）和中东的安全；至于中东欧，伦敦比巴黎更不确信能够消除德国的影响，并对民族主义运动表现出相当的谨慎。至少在 1918 年以前，英国强烈倾向于维持奥匈帝国的存在。不断削弱德国最主要是通过商业和长期的经济歧视实现，通过一定程度上延长战时的封锁，即使封锁的程度有所减弱。但是，随着战后经济危机的到来以及英国人认为有必要将德国拉回商业世界，上述最后一点很快就被遗忘了。

总的来说，英国在 1916 年强化了它的立场。在经历了秋季索姆河战役的挫败造成的犹豫不决的阶段之后，当自由党的首相阿斯奎斯正考虑是否可能通过谈判与德国达成妥协性和平时，保守党和劳合·乔治共谋使得后者于 1916 年 12 月 6 日成为政府的首脑。从此之后，战争自然是要进行到底，特别是有了美国支持的情况下。美国的参战似乎就在眼前，并被指望去实现英国的目标，代价是战后要与美国人共同管理世界事务。但是，伦敦没有巴黎那么乐观。在伦敦，阻止德国连同奥地利、波兰和罗马尼亚聚拢在中欧这块欧洲腹地被认为是不可能的。相应地，在英国人看来，重要的是控制海岸线，阻止德国拥有通往世界海洋的任何出口，将其逐出比利时、非洲和中东。解放比利时，击垮奥斯曼帝国，保证英国在中东势力的广泛发展——此时此刻，这些是伦敦的主要目标。但是，这些与巴黎的目标存在冲突，法国人也企图在中东，特别是叙利亚和黎巴嫩，建立势力影响；但是，在这场战争结束之时，法国无论如何都无力向这一地区派遣 150 万的军队，而英帝国却能做到这一点。结果是达成了 1916 年的《赛克斯－皮科协定》，英法两国据此无所顾忌地瓜分中东地区（法国势力集中在现代叙利亚和黎巴嫩，英国集中在现代伊拉克），1917 年对此进行了重新审议——以法国为代价。英国讨好阿拉伯人，对其反抗土耳其的起义提供了

508

509

所需的支持，与此同时发表《贝尔福宣言》，企图在巴勒斯坦建立一个犹太民族之家。[12]

法国也视经济上削弱德国为最重要的事，尽管从眼前来看法国政府的目标主要是在领土方面：法国很快就认为，除了收复阿尔萨斯－洛林之外，最起码莱茵河左岸将被法国永久占领，或者建立一个从德意志帝国分离出来的独立国家；一些当权者和政论家认为，它甚至可能并入法国。巴黎还料想俄国会攫取东欧的大片领土；根据形势，德意志帝国将任凭它的统一遭到削弱甚至遭受质疑。

1915 年 10 月，白里安在巴黎取代维维亚尼担任总理。白里安将比他的前任更有力地领导这场战争，战争目标问题将得到明确的阐述，尤其是在 1916 年 6 月凡尔登防御战取得胜利和 7 月索姆河攻势充满希望地开始之后。10 月 7 日，在爱丽舍宫召开了由普恩加莱主持的一场非常重要的政府会议，在战争目标问题上，普恩加莱比相对谨慎的白里安更加积极和富有雄心。在部长会议最终审议之后，白里安在 1917 年 1 月 12 日写给法国驻伦敦大使保罗·康邦的信中，阐述了法国的目标。

除了阿尔萨斯－洛林理所当然地回归法国之外，法国在时机成熟时吞并萨尔地区也被认为是顺理成章的。至于莱茵兰，政府内部的分歧妨碍了在三种选择方案中做出最终选择的任何可能：兼并，单纯的军事占领，或使其从德意志帝国中分离出来，建立一个或两个在政治、经济和军事上受法国保护的莱茵兰国家。但是，无论哪种情况，在和平到来之时，法国都必须争取盟国承认法国在确定其获利的问题上拥有完全的行动自由。针对莱茵兰的理由自然是战略性的，但也是历史性的（在大革命和帝国时期，莱茵河是法国的边界）、民族性的（相比普鲁士人，莱茵兰人与法国人关系更密切），甚至是意识形态性的：出于历史原因，莱茵兰人倾向于采取法国人的共和模式，并在德国其他地区推动这一事业，反对"普鲁士的军国主义"。除了萨尔区，大概还有莱茵兰

510

---

[12] 这一节整体参见 Soutou, *L'Or et le Sang*; Soutou, "La France et les marches de l'est"; David Stevenson, *French War Aims against Germany 1914—1919* (Oxford University Press, 1982); Christopher Andre and A. Kanya-Forstner, *France Overseas. The Great War and the Climax of French Imperial Expansion* (London: Thames & Hudson, 1981); Rothwell, *British War Aims*; Marian Kent, *Oil and Empire. British Policy and Mesopotamian Oil 1900—1920* (London: Macmillan, 1976); Jukka Nevakivi, *Britian, France and the Arab Middle East 1914—1920* (London: Athlone Press, 1969).

之外，德国将割让其他地区，特别是割让给俄国，甚至德国的统一也可能受到质疑。

就如起草 1917 年 1 月 12 日给保罗·康邦的指示的过程中所显示出的内部争议那样，在卢森堡问题上，法国政治和行政部门也出现了分歧。一些人希望这个大公国与比利时重新联合起来，以便在这两个国家之间实现一个政治上、军事上和经济上紧密联系的联盟。其他人（似乎占大多数）希望不折不扣地使卢森堡并入法国。

面对一个实力和活力令人畏惧的德国，这一整套目标与其说是名副其实的帝国主义决心，还不如说是一种强迫安全观导致的结果。法国当局在两个方面理解这种安全：首先自然是战略安全，由此希望以一种或另一种方式控制莱茵河；其次是经济安全，正如 20 世纪所理解的那样，一定程度上从今往后这种安全与工业实力是密不可分的。除了法国的钢铁部门之外，洛林、萨尔区和卢森堡的钢铁业的加入，将使法国钢铁工业达到与英国不相上下的水平，离德国也差得不远，改变战前法国和德国钢铁工业近 1 比 4 的差距。因此，不论采取何种手段去削弱德国的经济实力，法国工业的大发展都是可预期的。

实际上，政府将为法国经济的发展制定宏伟的计划，特别是在自 1915 年到战争结束担任贸易和工业部长的克莱芒泰尔的影响之下，以及在工业界（最大的国家工程技术人员群体，现代法国所具有的特征）全体精英的支持之下。这一计划针对的是，这场战争之前在某些圈子就已存在的对法国经济在世界中的重要性的相对萎缩和国家不充分工业化的担心。法国的重工业和银行在 1914 年以前同德国和奥地利经济有着大量的联系，因此，除了少数例外，它们都赞成战后恢复同这两个中欧帝国的经济交往，反对政府的这些计划；而受德国竞争影响更大的中小工业企业对此表示支持。 511

这一致力于经济发展的计划，是建立在一种发展战略基础之上的。除了收复阿尔萨斯－洛林和控制萨尔区与卢森堡所带来的钢铁制造方面的影响之外，还希望建立同比利时和意大利的关税联盟，以使欧洲大陆西部置于法国的经济影响之下。此外，在两个方面同英国达成谅解：共同控制海外的主要原材料以避免单独依靠市场力量，以及严重削弱德国的经济实力。

这一计划始于 1916 年 6 月在巴黎召开的协约国成员间的经济会议，会议在以下议题达成了一致意见：这场战争期间和战后协约国成员间的合作以及确保有效监管全球主要原材料（将使它们能够对德国施加一定程度的压力）。另外，战后德意志帝国将受到较长时期的贸易歧视。最后，比利时人、意大利人和俄国人担心损害战后他们继续同德国发展的经济关系，没有接受巴黎经济会议上的各种建议。但是，担心德国经济实力的英国，在1916年时很大程度上已准备放弃传统的自由主义，继续维持它所促成召开的协约国经济会议上的主张直到1919年，而此次会议的一些内容甚至出现在《凡尔赛条约》当中。法英旨在削弱它们的德国对手经济实力的战时计划，远比通常所认识到的要更加有力。

确实，其他一些政客为更温和的观点辩护，比如卡约、潘勒韦和白里安（虽然后者只是从1917年开始如此），但是，正如众所周知的那样，他们难以使别人接受他们的观点。经历了1917年的犹豫之后，克列孟梭回到了非常坚定的计划，包括在经济层面上，旨在永久性地削弱德国。他不赞成的唯一选择是重新讨论德国的统一问题（尽管他保留控制莱茵兰的强硬政策）。而且，法国领导人越来越决心兼并卢森堡，在政治、军事上和经济上，将比利时和意大利同法国紧密联系在一块。这样，西欧将在法国的领导下得以重建。[13]

512　　正如所看到的，英国和法国也持有一个关于未来欧洲的非常片面的看法。显而易见的是，无论是德国模式，还是英国或法国模式，都没有考虑重建一个均衡和真正和平的欧洲。事实上，欧洲人似乎难以为欧洲的重建提出一个可行的模式。自1815年以来欧洲大陆曾表现出的政治智慧，至此已无处可寻。

1917：秘密谈判，"欧洲人的欧洲"的最后机会？

正如我们所提到的，相比之前所有的欧洲重大战争，认识到第一次世界大战期间交战国之间未举行任何正式的谈判是至关重要的：总体战带来了它自己的逻辑。但是，同盟国（1916年12月12日）和某些中立国，比如美国（12月18日）和罗马教廷，提出了公开的谈判建议。一些秘密的谈判旨在找到可能的解决方案，但不能公开宣布。

1917年，当所有交战国的士气下降之时，和平大概就在不远的地方。三年的战争，俄国革命的社会和政治影响，4月尼韦勒攻势遇挫之后法国国内出

---

[13]　Soutou, "Les marches de l'est".

现的沮丧情绪，都导致产生了普遍的倦怠。德国出现了首次意义重大的工人大罢工，6 月法国爆发了兵变，奥匈帝国则陷入了危机，导致其在次年逐渐走向解体。

1917 年 4 月美国的参战是另一个因素。凭借眼下美国的经济实力和其对协约国资金援助的优势，威尔逊的直接影响力迫使交战国在确定它们的战争目标时不得不考虑他所提出的原则。到那时为止，像协约国一样，柏林追寻一种传统式的权力政策，由内阁在最严格保密的情况下予以确定，基本或根本不考虑公众的看法。协约国内部之间，与塞尔维亚、意大利和罗马尼亚签署了多个秘密的协定，特别是事先安排如何分割德意志、奥地利和土耳其帝国的遗产。从这一角度看，在确定战争目标方面，有必要至少形式上参考那些能够公开宣布的原则：必须谋求公众舆论对战争目标的支持。

在 1917 年 1 月宣告实施的孤注一掷的潜艇战失败之后——这使美国卷入这场战争——德国国会在 7 月投票通过了拒绝"武力兼并领土"的"和平决议"。 513 他们设想的和平是基于西线的现状，而在东线，虽没有领土兼并，但是将波罗的海国家和波兰在军事上、政治上和经济上变成德意志帝国的保护国。协约国错误地将这一"和平决议"解释为一种纯粹的宣传伎俩，事实上，此刻它体现了德国领导人真实的政策定位，他们不顾最高统帅部的勉强态度，意识到了帝国面临的战略绝境。

在巴黎，随着俄国 1917 年的二月革命揭露了法国与沙皇之间缔结的秘密协定，6 月初国民议会听取了秘密委员会关于战争目标问题的讨论，这种场面是整个战争期间唯一一次。辩论最后通过的决议反对"一切征服的思想"，但是，重申了"打败普鲁士军国主义"和有必要"获得持久的和平保障"。仔细研究这些辩论发现，众议院希望以这种方式反对兼并莱茵兰的目标，但不反对要么将其永久占领，要么甚至将其从德意志帝国中分离出来。应当记住，在自 1916 年夏政府设想的这三种选择方案中，事后只有兼并被彻底取消了，因为它不再符合美国参战和俄国革命所带来的新精神。然而，必须强调的是，得到下院多数支持的法国政府仍然认为有必要采取如此的莱茵兰政策。

此外，军事僵局、俄国的二月革命和两大阵营的社会政治困境，自这场战争爆发以来第一次促使某些当权人士认真考虑通过谈判实现和平的可能性，或者至少由实力地位去确定和平，而不是通过胜利强加。和平谈判在非常秘密的状态下举行了数次，比通常所指出的要严肃得多。法国的约瑟夫·卡约和英国的兰斯多恩勋爵——那时提出过最尖锐的立场——赞成通过谈判实现和平，以及放弃以往所宣称的通过胜利获取和平的目标。在俄国，十月革命之后，列宁建议公开举行谈判，以实现"不割地和不赔款"的和平。事实上，在 1917 年 12 月底，他单独与同盟国开始了接触谈判，这将以 1918 年 3 月的《布列斯特-立陶夫斯克条约》而告终。

最著名，但无疑不是最重要的事件，是 1917 年 3 月奥匈帝国皇帝卡尔（1916 年 10 月继承了弗朗茨-约瑟夫的皇位）通过其内弟西克斯图斯·冯·波旁·帕尔马的调停，尝试与协约国进行的谈判。与其说这位奥地利皇帝考虑的是单独和平，还不如说是由维也纳倡议的而柏林为避免继续被孤立不得不参与的谈判过程。卡尔愿意将奥地利统治下的波兰领土割让给德意志帝国，而后者将阿尔萨斯-洛林归还给法国，旨在扫清和平过程中的障碍。他的尝试归于失败有两方面原因：他拒绝对所要求的领土割让（的里雅斯特）做出任何妥协，以及法国无论如何都非常怀疑和担心这是奥地利-德国的一种伎俩，并认为光是归还阿尔萨斯-洛林是不够的，莱茵兰的地位也必须加以改变——这自然是卡尔难以去谈判的问题。

更重要的是四个紧密交织的事情：1916 年 12 月至 1917 年 3 月，白里安（担任总理直到 1917 年 3 月）对德国的试探；潘勒韦（1917 年 3 月至 9 月任陆军部长，同年 9 月至 11 月任总理）对奥匈帝国的试探；1917 年春夏著名的白里安-兰肯事件；9 月德国外交大臣屈尔曼的"和平攻势"。

让我们依次对这些事情进行叙述。1916 年 12 月，白里安明显质疑当时巴黎正讨论的扩大战争目标的时机恰当性，并通过中间人阿格宁教授和凯斯勒伯爵，与柏林取得了秘密联系。阿格宁是法国驻伯尔尼大使馆新闻和情报处的负责人，而凯斯勒是威廉二世的密友，他直接与贝特曼·霍尔韦格联系。在一连串一直持续到 3 月的会谈当中，阿格宁和凯斯勒十分小心地讨论了解决阿尔萨斯-洛林问题的可能性，要么在德意志帝国管辖之内实行自治，要么将其部分领土归还法国，其余部分实行两国共管。作为交换，战后法国将给予德国在阿尔萨斯-洛林经济上和军事上的保证（免费获得铁矿石和非军事化），以及与德意志帝国实现经济上的和解；而且，巴黎将不再考虑英国提出的战后建立一个反德集团的建议。但是，白里安在 3 月下台，普恩加莱决意坚持在1917年发起尼韦勒攻势，而不顾俄国革命和美国参战之后的战略乱象，从而使得这些试探不了了之。尽管如此，依然有几分不可思议的是，它们反映出了1917年春法国政府内部核心的严重分歧。包括普恩加莱在内的一些人，继续寻求一种决定性的胜利，以便实现前一年秋天以来所确定的已扩大的战争目标。这就是他不顾政府部分人士和一些军方最高层领导人的反对，执意发起尼韦勒攻势的原因所在。但是，其他有责任感的人士明显依然设想通过谈判实现和平，他们的观点因尼韦勒攻势的挫败而得到了加强。

515

整个1917年的春夏，潘勒韦保持了与维也纳的各种接触。在这些接触的过程中，他设想了与奥地利单独媾和或是全面的和平，但后一种情况需利用维也纳对柏林施加压力。在奥地利的支持之下，法国将收复阿尔萨斯－洛林。作为交换，奥地利的领土完整将得到保证（前提是进行改革，为斯拉夫人提供更多的空间，使奥地利不再是一个与德国结盟的日耳曼国家）。法国将通过割让殖民地（印度支那和刚果）给德国，弥补其失去阿尔萨斯－洛林。

维也纳十分认真地考虑了这些建议，甚至计划让外交大臣切尔宁在瑞士同潘勒韦会晤。9月初得到这方面消息的德国外交大臣屈尔曼，也认真地考虑了这些和平试探。他知道奥地利很想就此跟进，于是决定立即进行反击。他向伦敦提出秘密建议：德意志帝国宣布自己愿意重建独立完整的比利时。自教皇本笃十五世8月1日郑重地向各交战国呼吁实现和平以来，比利时是此刻和平试探的更明显的核心问题，因为重建比利时是唯一的条件。屈尔曼认为，根据这些条件，英国会愿意媾和，并迫使法国屈从：不论怎样，德意志帝国还可以以俄国为代价东山再起。屈尔曼的建议是十分认真的：柏林再不会有离接受通过谈判实现和平如此之近的时刻了。9月底，英国内阁研究了柏林的建议，但不顾劳合·乔治的反对，决定予以拒绝。内阁的大多数人认为，如果德意志帝国以俄国为代价设法增加自身的实力，那么若干年之后会以更好的状态在西欧重新挑起战争。

与此同时，报纸新闻爆料了几个月前白里安——此时退出了政府——和兰肯进行的秘密接触，后者是比利时德国占领当局的行政首脑，与德皇关系密切。根据白里安的看法，在这种情况下，将考虑比利时完整重建和归还阿尔萨斯－洛林的可能性，以换取经济上的利益。人们常常认为，白里安在这一事件中被

516 兰肯给耍了。情况并不一定如此，在某些问题上，这些试探使人联想到阿格宁－凯斯勒的试探。无论如何，潘勒韦（当时的总理）和劳合·乔治在 9 月 25 日讨论了这一事件，据称他们也非常认真地对此进行了考虑。但是，伦敦的这位英国保守党人和巴黎的潘勒韦共同拒绝了该方案，认为这不过是德国人的一个圈套。

在接下来的几周内，形势再次发生了相当大的变化。受到即将与俄国单独媾和前景的鼓舞，德国人更加坚定自己的目标。在法国，11 月克列孟梭的上台结束了除胜利之外的所有想法。尽管 1917 年 12 月和 1918 年 3 月进行了将奥地利与德国分化开来的最后两次秘密尝试，但英国遵循了同样的发展。而且，伦敦直到那时才承诺在和平谈判时要求将阿尔萨斯－洛林归还法国。

1918 年 4 月，奥地利外交大臣切尔宁曾在 1917 年向西克斯图斯·冯·波旁－帕尔马秘密使团所做的暗示，激起了克列孟梭极其强烈的反应（"切尔宁伯爵在撒谎"）。在这种氛围中以及在同"失败主义者的阴谋"作斗争的背景下，白里安和潘勒韦不得不证明他们去年的行动是合理的，而约瑟夫·卡约因失败主义被捕。另外，1918 年的 3 月和 5 月，同盟国强加给俄国和罗马尼亚十分苛刻的条约——《布列斯特－立陶夫斯克条约》和《布加勒斯特条约》，使得总体的氛围更不利于和平试探。到此时为止，在美国有力地参与到这场战争和进入决定和平的权力圈之前，欧洲人已经失去了在他们之间解决这场战争的最后机会。这是欧洲在全球占据优势地位的时代走向终结的开始。[14]

[14] 这一节整体参见 Soutou, "Les marches de l'est"; "Briand et l'Allemagne au tournant de la guerre (Septembre 1916—janvier 1917)", in *Media in Francia. Recueil de mélanges offert à Karl Ferdinand Werner* (Maulévrier: Hérault, 1989); "Paul Painlevé und die Möglichkeit eines Verhhandlungsfriedens im Kriegsjahr 1917", in Walther L. Bernecker and Volker Dotterweich (eds.), *Deutschland in den internationalen Beziehungen des 19. und 20. Jahrhunderts* (Munich: Ernst Vögel, 1996); and Stevenson, *French War Aims*; Rothwell, *British War Aims*; Guy Pedroncini, *Les négociations secrètes pendant la grande guerre* (Paris: Flammarion, 1969); Wolfgang Steglich, *Der Friedensappell Papst Benedikts XV vom 1. August 1918 und die Mittelmächte* (Wiesbaben: Steiner, 1970); Nathalie Renoton-Beine, *La colombe et les tranchées. Les tentatives de paix de Benoît XV pendant la Grande Guerre* (Paris: Cerf, 2004)。

1917：寻求新的欧洲协调——要么通过集
体安全，要么通过革命实现和平

在 1914 年至 1916 年期间，交战双方无法设想不通过胜利实现和平，而 1917 年的各种秘密会谈的共同特征是回到不那么过激的目标。此时，目标是欧洲外交传统范围内的一种再平衡（每个国家自然试图从它们自己的角度出发去改善形势），与恢复传统的欧洲协调并不冲突。此外，1915 年至 1916 年的和平试探旨在单独的媾和谈判或是使对手难以继续进行战争，以便将十分苛刻的条款强加给其他敌人。1917 年，全面谈判的可能性重新提上了议事日程。召开一次新的维也纳会议是可以再次想象的。但是，1917 年和平努力的失败又一次带来了一个根本性的问题，即战后国际体系的结构会是什么样的？在这种疑问中，1815 年所建立的那种欧洲协调的范式被抛弃了。

一种新的"集体安全"理念，此时与"欧洲大国协调"对立起来。小国越来越对很少顾及它们意见的体系感到不满，它们的地位确实同奥地利或俄国境内的外来"民族"差不多。但是，这两个国家是欧洲协调的主要支持者，它们以国家间"均势"的名义利用欧洲协调去支持国家的权利主张。结果是，满足国家权利的主张有赖于欧洲大国的意见一致——协调。

集体安全也是通过一种明显不可阻挡的机制对和平时期的永久联盟所做出的回应，而永久联盟最终使战争在 1914 年变成了现实，这种情形在当时给人留下了深刻的印象。特别是，在 1914 年 7 月，对许多人而言，1891 年至 1893 年的法俄同盟（秘密和自发形成）造成的后果沉重。事实上，领导者自己有时也相信这一点，即便他们不可能公开地这么说。

相应地，从此时起形成了这样的理念，即安全必须与潜在的对手一同建立，通过将其纳入外交体系而不是排斥他，通过双边联盟的手段在某种程度上划定他们之间对抗关系的界限。这种新的见解给了威尔逊总统以灵感，并在 1919 年建立起他在这场战争期间所呼吁的国际联盟。而且，许多消息灵通的观察者，反思了巴尔干地区的各种危机和战争，俄国的集体迫害，奥斯曼帝国反复出现的大屠杀以及所有这些导致的国际体系的关系紧张和危机，逐渐形成的看法是，有必要围绕民族国家的模式重建欧洲，因为旧有王朝式的多民族帝国不再能够满足现代世界的需要。

517

518   显而易见，这些新国家将是遵照西欧路线的自由主义和民主的国家。毕竟，这场战争也是意识形态的，体现了实行自由民主体制的英法（以及美国，在俄国退出这场战争之后）和同盟国之间的对立，而后者很大程度上仍然是传统的、贵族的、缺乏民主的——无疑存在宪法权力，但不是议会制。这种对立是根本性的，在演讲和宣传中一次次地被重复提及。例如，法国（政府以及军方）从一开始就认为，它们正在反对"普鲁士军国主义"和德国皇帝，保卫民主共和国的制度。在对同盟国取得胜利和建立了一种新的国际体系之后，不同的国家将引领一种民主的对外政策，摆脱以往的精英模式：不再是"内阁政策"，不再是秘密外交，不再有双边或秘密的协定，不再有以小国为代价的大国联盟——而是一种对所有国家开放的公开形式的外交，尊重它们在国际法中的平等地位，而国际法是建立在由选举产生的大会所通过的条约基础之上的（就如 1918 年 1 月威尔逊在其十四点原则中声称的，"公开的盟约公开缔结"）。

这种国际"民主"政治的模式，并非来自历史学者的重构：就如所指出的那样，它被那个时代的活动家充分理解为就应如此，比如在威尔逊的演说和著述中。[15] 我们粗略地注意到，这种形式的政治，在灵感上是深刻地自由主义的，在 1919 年时既不新鲜，也不是威尔逊一个人的创造；它在时间上可以追溯到美国外交特殊的源头，自始美国外交就希望与欧洲外交的传统模式一刀两断。[16] 一定程度上，1919 年的和平，一种公断的、道义的和抽象的和平，也是启蒙运动的终点。

这种体系的运转模式将是"集体安全"：不应再有对抗模式的同盟，很大程度上结盟被看作 1914 年这场灾难的首要原因。取而代之的是区域性的集体安全协定，特别是包含了潜在的对手在内。1919 年，这一点最初在《国际联盟盟约》中确立了牢固的基础，盟约要求各种条约应在国联备案，并且与该组织的宗旨相一致，依据盟约的规定，只有经国联理事会的批准，同盟才能生效。这是自发同盟和秘密义务的终结。

519   与此同时，一种替代模式出现在欧洲：列宁主义在俄国取得了胜利。1917 年 3 月 15 日，尼古拉二世在彼得格勒暴动之后宣布退位（二月革命，依据旧的

[15] Arthur S. Link (ed.), *The Papers of Woodrow Wilson*, 4 vols. (Princeton University Press, 1956-65).

[16] Marc Bellissa, "La diplomatie américaine et les principles du droit des gens (1774—1787)", *Revue d'Histoire Diplomatique*, 111:1 (1997), pp.3–20.

东正教历法），主要原因是俄国在这场战争中已筋疲力尽，对于这个处于相对落后状态中的国家来说，战争太残酷且历时太久了。自那时起，出现了两个政权并存的局面：很少能代表这个国家的自由资产阶级领导的临时政府，以及工人和士兵的苏维埃，后者更倾向于社会主义，彼得格勒苏维埃是其领导机关。它是一个名副其实的反对派政权，特别是在 4 月 16 日列宁回到彼得格勒之后，更加左倾。列宁的回国得到了德国人的支持，他们将这看作促使俄国脱离战争的手段。临时政府希望站在协约国一方继续战争，它们有着共同的自由民主纲领。彼得格勒苏维埃在这个问题上无疑更接近民众的立场，呼吁立即实现和平。俄国 7 月最后一次攻势的失利意味着临时政府的垮台，同时军队瓦解了。11 月 7 日，列宁和布尔什维克党人通过武力夺取了政权，不可否认，未得到大多数民众的踊跃支持。布尔什维克党人在临时议会中只有四分之一的席位，该议会通过旧有的选举权选出，但于 1918 年 12 月被直接解散了。但是，列宁的两项立即决定受到了欢迎：立即实现和平和土地归农民所有。协约国并不承认这个新生的政权——这没有使列宁心生恼怒，他沿着革命的政策继续前行，认为他能够赢得这个中央帝国人民的支持，以及在立即实现"不割地和不赔款"的和平问题上，能够超越其他协约国的领导人而赢得民众的支持。按照已经在俄国启动的进程发展下去，从欧洲资本主义心脏的德国开始，这场战争将转变成一场革命。在没有得到协约国承认的情况下，他转而与同盟国通过谈判签订了《布列斯特－立陶夫斯克条约》。列宁认为，维护俄国的政权是最紧急的事务，甚至不惜在经济上和领土上做重大的让步。但是，从长远看，他并不反对"无产阶级专政"遍地开花；建立一个共产主义的社会，即在消灭"阶级"矛盾之后的太平盛世，并且最终扩散到全世界。由于这种革命的世界蓝图，俄国（新政权业已即刻对外国资产实行了国有化，并拒绝承认沙皇时期的债务）长期被排斥在欧洲政治、道德、文化和经济的舞台之外，即使许多活跃的政治少数派人士认为，避免战争重燃的唯一道路是采纳世界范围内进行共产主义革命的纲领。对于这些群体人士而言，战争是资本主义的结果，它们会一同被消灭。 520

1918 年春：德国重塑欧洲？布列斯特－立陶夫斯克和布加勒斯特

在一段时间里，从十月革命到 1918 年 3 月至 5 月鲁登道夫攻势的失败，德国人相信他们很有希望赢得胜利。在领土方面，从 1917 年秋天开始，随着俄国的溃败，可以看到柏林出现了以下的态度变化：西线回到过去的状况，对战争感到厌倦的协约国最终将予以接受；而在东线，德国将在俄罗斯帝国的废墟上，在波兰、乌克兰、波罗的海国家、芬兰和罗马尼亚建立政治、军事和经济的保护国。1918 年 3 月 3 日与俄国签订的《布列斯特－立陶夫斯克条约》和 5 月 7 日与罗马尼亚签订的《布加勒斯特条约》，短时间内部分实现了这一计划。毫无疑问，这些都是十分苛刻的条约：罗马尼亚在政治和经济上成为同盟国的保护国，俄国则失去了波兰、芬兰、波罗的海国家甚至乌克兰，因为所有这些地区都将成为德意志帝国的保护国。

但是，这种形势在柏林引发了根本不同的解读。对于军方领导人来说，东线的这些和平条约将能够使西线重新发起攻势，给他们提供了在美国军队大规模抵达之前赢得这场战争的机会。事实上，这也是 3 月底在西线开始发起一系列攻势的目标。西线的胜利将能够决定性地建立一个由柏林严密控制的范围广阔的独立国家体——从乌克兰到比利时——成为战后德国实力的一个永久特征。至于布尔什维克主义的俄国，德国与之合作是不可能的；唯一的可能是尽力地削弱它。

另一方面，对于文职领导人来说，建立这样一种独立的地缘政治空间是不可能做到的。协约国绝不会认可，而且对于德国经济的需求而言，无论如何这都是不够的。在他们看来，全面的胜利是一种幻想，他们必须要做的是打出他们手里和平谈判的牌，一定要抓住当时尽可能好的形势，尤其是阻止协约国剥夺德国的殖民地以及对德国施加永久性的经济歧视。从这个角度来看，在东线签订的这些条约是临时性的，当全面和平实现之时，将进行修订。

此外，在 1918 年 5 月，柏林着手与俄国人进行新的谈判，而不顾试图将德国占领区延伸至俄国境内的军方领导人的意见。这些谈判的结果是 8 月 27 日的《柏林条约》，涉及对《布列斯特－立陶夫斯克条约》的重大修订：德国人接受乌克兰即将回归俄国的可能性，以对俄国人合理有利的方式解决彼此间的金融债务。最重要的是，8 月 27 日的这一条约筹划了两国间密切的经济合作。而且，柏林和布尔什维克党人达成一项协议，针对白俄和协约国对俄国的干涉，进行潜在的军事合作。显然，军事理论家要大跌眼镜。在 8 月军事上的大溃败之后，这个问题实际上可以得到更清晰的理解。但是，文官当局的"胜利"来得太迟

521

了:《布列斯特－立陶夫斯克条约》和《布加勒斯特条约》的苛刻条件，立刻毁
掉了协约国还可能保有的通过谈判与德意志帝国达成妥协性和平的所有希望：
此后，和平的可能性仅限于战场上胜利或被迫停战。如果情况不是这样，人们
认为，德国将因俄罗斯帝国倒台而得到增强，并且可以想象，如果能够得到布
尔什维克党人的潜在支持，它将重新赢得优势。

1918：威尔逊和新外交

最初威尔逊认为，协约国和德国要共同承担这场战争爆发的责任。但是，
随着 1916 年他开始意识到美国不可能永久性地置身其外，他逐渐放弃了这一从
根本上讲属于孤立主义的看法，并在关于美国的世界角色的问题上采取了一种
更为积极的国际主义的立场。这一般被称为"门户开放主义"（禁止所有特定的
大国将独占的政治经济势力范围作为受保护的狩猎场）。越来越看得出，他打算
维护一种新型的国际关系观念，摒弃传统欧洲协调的秘密外交。公开外交、人
民的自决权、海上航行自由和裁军——成为威尔逊从那时起日益坚定维护的政
策，从而使美国政治经济自由主义的价值观向全世界扩张。不顾大多数公众和
美国中心地带企业家的反对，他在建议之下采取了可被称为"大西洋"政策的 522
路线，不再是孤立主义的，但是符合东海岸地区尤其是华尔街的巨大经济利益，
华尔街在战后的世界里与伦敦金融城保持着非常密切的关系，并期待与协约国
进行密切的合作。

1917 年 4 月站在协约国一方参战，并未改变威尔逊的主要思想路线。他自
这场战争一开始就直接反对协约国之间缔结的所有秘密协议，重申了"门户开
放"，反对它们排他性的传统的领土和经济目标。他拒绝将美国称为一个"盟
国"，而坚持美国只是伦敦和巴黎的一个"伙伴国"。这使他能够——这是全新
的——去表述那些基于公众舆论可以清楚理解，甚至同盟国方面也能尽可能明
白的原则之上的战争目标。这也使他能够在与协约国打交道时保持完全的独立
自主，用普世主义的言语，去促进全世界向整体符合美国利益的自由主义的经
济政治价值观开放；美国占全球工业活动的比例已经超过了三分之一。

在所有战时的国家领导人当中，只有威尔逊在 1918 年 1 月 8 日的十四点原
则中将自己提升到了普遍原则的层面，而这些原则的基础主要是对秘密外交、

和平时期的永久性同盟、经济歧视的表现的抵制（他视这些为这场战争的真正原因），将自由民主的政治经济原则扩大至整个欧洲，并在国际联盟的框架内管理国际体系。总的来说，威尔逊传扬了"美国生活方式"——换句话说是民主和自由的事业——在全球范围内的有效性，这实际上是他基本的战争目标（"使这个世界无损于民主"）。战争双方的公众舆论对此做出的反应，当时是真正非同凡响的。

在 1 月 8 日的演讲中，威尔逊以重申公开外交、海上航行自由和无经济歧视的伟大原则作为开始。但是，其演讲的剩余内容，相比有时所认为的更加谨慎。虽然演讲承认了自决权，但是也承认了历史以及战略和经济上的均势。比利时将得以重建，波兰将复国，阿尔萨斯－洛林将归还法国；但是，奥匈帝国和土耳其并不解体，仅仅是在给予其不同人口平等权利的基础上进行改革。意大利和巴尔干各国的边界将顾及经济和战略的需要。这意味着，并非彻底地与1914 年之前的欧洲协调原则一刀两断。

523 　　就德国的情况而言，威尔逊是极其谨慎的，此时没有提到强迫德国改变政体的问题。这位美国总统仍然相信，德意志帝国将继续是欧洲大陆的主要大国，在中东欧有着强大的影响力。在他看来，这是难以避免的，而且是可以接受的，前提是柏林接受威尔逊式见解的国际规则。1918 年 1 月，威尔逊仍然认为，德国的民主化不是与德意志帝国媾和的必要条件。对他来说，不可能将德国排除在战后国际经济政治体制之外。

英国的盟国——首先是法国——对十四点原则非常不满，这是可以理解的，它们寻求的是针对德意志帝国更为激进的领土和经济目标，并不打算在战后接受这种新的国际秩序，而十四点原则虽然被用来反对同盟国的计划，但最终会同样地反对协约国的计划。然而，1918 年春的各种事件发生之后，威尔逊对德国的态度变得强硬起来，最终使得协约国和美国的战争目标之间出现趋同——虽不完全，但足以赢得这场战争的胜利，并强行签订 1919 年的各项条约。[17]

1918 年的春天，战争双方战争目标的对立变得引人注目。德国人在东线与俄国和罗马尼亚缔结了十分苛刻的条约，部分是因为他们担心战后年代协约国

---

[17]　除了 Soutou, *L'Or et le Sang* 外，可参见威尔逊传记 Link, *Wilson* 以及 Lawrence E. Gelfand, *The Inquiry. American Preparation for Peace 1917—1919* (Westport, CT: Greenwood Press, 1976)。

惩罚性的政治经济计划；但是反过来，这些条约使得协约国，尤其是威尔逊，相信德国政策具有完全且不可救药的帝国主义性质。他们的立场变得进一步强硬。从那时起，协约国和威尔逊一致相信，必须强迫德国在政体和个人层面进行深刻的改变，将立即民主化作为和平的条件。就如威尔逊到那时为止一直主张的，不可能接受威廉二世的德意志帝国仅仅简单地顺从威尔逊主义外交的国际准则。

此外，正如华盛顿和伦敦到那时为止所做的，不再可能默认德国对中欧的任何控制，即使是间接的控制。必须大幅削弱德意志帝国的地缘政治实力，在这一点上，后来威尔逊支持了英国以及最主要是法国的意见。作为一种迫使德国对自身进行民主化和接受新型国际秩序的必要施压手段，"经济武器"是不可或缺的。这种武器是协约国对世界主要原材料的控制，以及可能强加给德意志帝国的经济贸易歧视。如今，威尔逊认可了此前他所拒绝的"经济武器"的原则。

524

而且，与之前他在十四点原则中所表达的立场相反的是，现在威尔逊确信，必须要铲除奥匈帝国，必须支持其统治之下的少数民族的独立要求。在这个问题上，他毫无困难地说服了劳合·乔治，但是发现克列孟梭难以被说动。事实上，与当时所接受的看法相反，法国政府起初并不完全赞成分解奥匈帝国，以及在民族主义原则的基础上，在中东欧建立一些小国。巴黎担心，由于说德语人口的减少，奥地利会立即并入德意志帝国，更普遍的想法是，德国将轻易地以这种方式支配一个四分五裂的中东欧。巴黎更愿意保存奥匈帝国（1918 年 10 月，法国政府仍然秘密地试图挽救该帝国），同时建立一个包括立陶宛和部分乌克兰在内的领土面积扩大了的波兰。法国希望这些先决条件能够遏制德国。威尔逊的新政策只是被巴黎艰难地接受了，于是，法国致力于着手建立一些实力尽可能强大的国家，却以这些国家的民族凝聚力作为代价。结果，在 1919 年的冬天，在确定波兰和捷克斯洛伐克的边界问题上，法国扮演了关键性的角色，无视了民族矛盾，主要目的是建立起一连串实力尽可能强大的屏障去遏制德国。在这一点上，1919 年和 1920 年的各种条约切实认可了 1919 年冬季期间的法国政策。

当然，尽管自 1918 年春天起法国、英国和美国之间达成了较深刻的一致意见，但远非绝对性的。克列孟梭继续谨慎但坚定地寻求远离威尔逊式原则的单独的法国目标：与德国的新边界不是 1815 年时的状态，而是 1790 年的，它包括了萨尔区的绝大部分；莱茵兰将从德意志帝国中分离出来，以这样或那样的方式纳入法国的控制之下；卢森堡将成为一个与法国关系密切的共和国。

然而，最重要的是，英国人和法国人在一个根本性的问题上同威尔逊存在分歧：对他们而言，战后的世界政治经济组织（国际联盟和协约国成员之间的经济协定）必须在很长的一段时间内将德国排除在外，即使德国进行了民主化。另一方面，对威尔逊而言，只要德国进行改革并恪守威尔逊主义的国际原则，就必须毫不迟疑地接纳其进入因这场战争而出现的新型国际社会。特别是，威尔逊没有接受巴黎和伦敦坚定维护的想法，即战后德国必须经受长期的经济和贸易歧视。对威尔逊来说，这样的歧视只能是临时性的，一旦柏林遵守了新的世界政治经济秩序，就必须停止。[18]

作为欧洲新范式的民族自决及其局限性

民族主义原则，以自决的名义（民主和国家的合法性）对基于历史和王朝正统性的多民族国家构成了根本性的挑战，在这场战争期间，它是无所不在的。事实上，它是这场战争必不可少的赌注，只不过其形式比一般所认识到的要更加复杂。民族主义原则有助于证明一些民族（或者更确切地说是借此名义的群体）利用这场战争的机会去组建自己独立国家愿望的正当性。这里，我们首先想到的是由德莫夫斯基于 1917 年 8 月建立的波兰民族委员会，以及由马萨里克和贝奈斯于 1916 年 6 月建立的捷克国家民族议会。在争取协约国认可波兰和捷克斯洛伐克的独立想法方面，以及使它们（如我们将要看到的，非常缓慢）承诺将这种独立纳入它们的战争目标上，这两个组织都发挥了重要的作用。[19] 但是，也必须看到，这两个组织的主张虽然以"现代的"和"民主的"民族主义原则作为基础，但实际上同样体现了其实质首先是历史性的合法诉求。德莫夫

---

[18] 除了以上所引用的著作之外，参见 Jean-Baptiste Duroselle, *Clemenceau* (Paris: Fayard, 1988)。

[19] 尤其是关于波兰民族委员会针对法国所采取的行动，见 Georges-Henri Soutou (also ed.), Ghislain de Castelbajac and Sébastien de Gasquet, *Recherches sur la France et le problem des Nationalités pendant la Première Guerre mondiale(Pologne, Lithuanie, Ukraine)* (Paris: Presses de l'Université de Paris-Sorbonne, 1995)，特别是 pp.63-97。

斯基的大波兰（Greater Poland）将包含许多立陶宛人和乌克兰人；它的灵感很大程度上来自 17 世纪的波兰历史。贝奈斯和马萨里克的捷克斯洛伐克可以说也是如此。而且，这些主张绝没有得到利益相关方的普遍支持：在波兰，德莫夫斯基的对手毕苏茨基于战争结束时在权力斗争中取得了胜利，他所持的想法更为温和。此外，一定不要认为，在 1917 年甚至 1918 年之前，所有的波兰人和捷克人都赞成协约国的事业：一些人认为，至少临时性和策略性地与奥地利达成谅解，甚至在波兰的情况中，与德国达成谅解，是可能的。这就是毕苏茨基的立场，虽然有着细微的差别。最后，对许多波兰人而言，与俄国的关系问题是复杂的；捷克也是如此，这里存在亲俄的倾向，相当强烈地反对贝奈斯和马萨里克的亲西方导向。

当然，民族主义的原则也非常有助于证明某些交战国战争目标的正当性（对法国来说是阿尔萨斯－洛林，对意大利来说是领土收复主义者认为的地区，对塞尔维亚来说则是克罗地亚和斯洛文尼亚）。但是，它也是一种更不明确的手段，通过煽动起分离主义运动而削弱多民族对手的凝聚力；德国对于俄罗斯帝国的政策非常符合这种情况。另外，存在一种历史动力，其意味着利用民族分裂并开始将其作为一种简单牵制手法的策略，最终会产生不可预见的长远影响。

关于这一点，强调德国在波兰和俄国境内的民族解放中所扮演角色的决定性作用是重要的，这是一个鲜为人知和基本的事实。这对于理解战后时期也是至关重要的：在这一地区，德国不但是占领者，而且相对于俄国是解放者。事实上，从这场战争伊始，柏林就认可外国各民族的种种权利。战争期间，作为特勤部门的一种策略，它开始被用来削弱俄国，实施的范围远至高加索地区。[20]它引发了一场运动，但起初只是一种纯粹的策略手段。在这方面，1916 年德国的政策变得具有重要的战略意义，当时柏林认为它不可能在单独媾和上与沙皇达成一致。从此时此刻起，就不再有需要达成一致的安排了。外国民族主义这张牌必须玩到底，去谋划根本性地削弱俄罗斯帝国，并在从维斯瓦河到第聂伯河的这一整片地区，以德国的影响力取代俄国的统治。[21]

---

[20]　Wolfdieter Bihl, *Die Kaukasus-Politik der Mittelmächte* (Vienna: Böhlau Verlag, 1975).

[21]　关于所有这些，参见 Fischer, *Griff nach der Weltmacht*。

527 　　这一政策的概括性阶段如下：1916 年 11 月 5 日，德奥宣布建立波兰国家的声明；1917 年夏季期间，启动创建波罗的海国家的进程，以及创建代表这一地区民众的各种委员会（即使在这些委员会中德国代表数量过多）；1918 年 2 月 9 日，在布列斯特－立陶夫斯克与乌克兰缔结单独的和约，重新承认乌克兰的独立。

　　这一切搅乱了时局。德意志帝国自然有进一步的考虑，并明确指望与这些新国家发展经济和军事上的联系，而这些新国家有时将被置于德国这个强国的控制之下。在这种情况下，柏林将施加强大的影响力——真正的非正式控制。一些寻求独立的领导人很少进行公开挑战，但他们绝不是合作者或亲德分子，这一点是不会错的（波兰的毕苏斯基，立陶宛的加布雷希 [Gabrys]，乌克兰的彼得卢拉 [Pietlura]）：他们认为，不管德国人事后的想法如何，柏林的建议构建了一个他们能够从中受益的平台。至少在短期内，他们与德国步调一致，不抱幻想但坚定地寻求他们独立国家的未来。

　　这种情况尤其是真实的，因为与普遍所认为的相反，在 1918 年之前，协约国在民族主义原则的问题上一直十分谨慎，尽管存在某些含糊的声明。法国和英国对于一些国家（两国希望这些国家与自己立场一致参战）作出的领土承诺不应与两国实行的民族原则混为一谈，因为这一政策是他们的核心战争目标。当然，1917 年失去俄罗斯这个盟国，对巴黎来说是一个真切而严重的问题。与通常所认为的相反，我们再一次难以从这当中得出如此结论：从此以后法国在东欧将利用外国的各个民族来获得额外的支持。在法俄同盟存在的时候，这种情况显然是不可能的：即使能够通过煽动它们的少数民族赢得独立来削弱奥匈帝国、奥斯曼帝国甚至德国，俄罗斯帝国本身也有数百万民族意义上的外来人。因此，在 1917 年之前，这个问题不可能被公开地呼吁。在这个问题上，巴黎也非常谨慎，1918 年 10 月克列孟梭仍然试图挽救奥匈帝国（当然领土面积大幅减少），以使德国难以得到奥地利。实际上，在这场战争期间，严格意义上的民族主义原则并非法国所关注的核心问题——它只是被当作一种政策手段。关键的问题是要在东欧建立一个抗衡德国的力量。出于这种原因，法国在 1919 年将作为"被压迫民族"的后盾，支持建立一个包括众多少数民族人口的波兰，多民族的捷克斯洛伐克以及南斯拉夫。

528 　　但必须重申，只是在 1918 年，协约国——仍然有很大的保留和进一步的考虑余地，并且在威尔逊的压力之下——采纳了民族主义原则作为（某种程度上而言）其和平政策的核心。英国几乎不关注民族主义问题；它认为，整个中东欧被中欧帝国和俄国控制是难以避免的，程度则取决于这场战争的结果。根据自此时起麦金德所表达的地缘政治观点，劳合·乔治的某些顾问完全听信他的意见，英国首要关注的是欧洲的海岸线和中东，不是中东欧。[22] 法国将追随威尔逊，但比起现在一般所认为的，要更多地保持沉默。结果，在 1918 年 6 月底，巴黎原则上承认了捷克斯洛伐克；但是，这种承认是在民族主义原则的热情支持者——激进社会党人（the radical-socialists）对心有不甘的克列孟梭施加压力之下，由众议院强行通过的。1918 年 10 月和 11 月的停战时刻，巴黎再一次试图挽救奥匈帝国——因为担心如果这些国家停止存在，奥地利部分会立即同德国团聚在一起。[23] 至于塞尔维亚，在 1918 年秋，为了避免与意大利发生冲突，法国政府在坚决支持成立"南斯拉夫"的主张方面犹豫不决。[24]

在波兰问题上，二月革命后俄国承认波兰独立，巴黎变得更积极地参与其中。1917 年 6 月波兰军队的建立和 1917 年 8 月总理亚历山大·里博庆祝波兰复国和独立的讲话，都证明了这一点。但是，直到《布列斯特－立陶夫斯克条约》签订之后，此时俄国回到这场战争之中的所有希望都破灭了，巴黎才迈出了最后一步。1918 年 6 月 3 日，谈判后三个月，巴黎从英国人和意大利人那里获得了——最初非常不情愿——官方的声明，承认原则上应建立一个拥有出海口的波兰独立国家。但即使如此，巴黎也没有严格恪守民族主义原则：决定赞成德莫夫斯基和波兰民族委员会所设想的大波兰，包括了立陶宛和乌克兰在内，以此构建针对德国的抗衡力量，而没有过多地关注民族主义的真正路线。

在涉及俄国其他民族的问题上，克列孟梭政府表现极为谨慎。面对德国，他们不希望削弱俄国，即使是列宁的俄国；在某些时候（布列斯特－立陶夫斯

529

---

[22] 关于英国的政策，参见 Rothwell, *British War Aims*; and Soutou, *L'Or et le Sang*.

[23] Louis-Pierre Laroche, "L'affaire Dutasta: les dernières conversations diplomatiques pour sauver l'empire des Habsbourg", *Revue d'Histoire Diplomatique*, 1 (1994), pp.51–76.

[24] 关于 1918 年至 1919 年法国在南斯拉夫问题上所玩的复杂游戏（巴黎更愿意由塞尔维亚人去统治一个南斯拉夫人的国家，塞尔维亚人被认为在面对德国时会更加坚定，而且相比一个更名副其实的"南斯拉夫"国家，更容易被意大利所接受；而在后一种情况中，与罗马直接对抗的克罗地亚人和斯洛文尼亚人，将扮演更重要的角色），参见 François Grumel-Jacquignon, *La Yougoslavie dans la stratégie française de l'Entre-deux-guerres (1918—1935)* (Brussels: Peter Lang, 1999)。

克之前），与列宁达成暂时性的妥协被认为是可能的，条件是不要表现出想使俄国解体；布列斯特－立陶夫斯克之后，法国决定支持白俄，但也不可能承认除俄罗斯族之外的其他民族，因为白俄已最终决定重新建立统一的帝国。至于乌克兰，巴黎没人相信现实中它有权独立：仅仅承认它正疏远莫斯科，无论俄国是无政府主义还是布尔什维克主义一统天下，乌克兰独立运动完全是相对的。就波罗的海国家而言，直到 1918 年 12 月，克列孟梭政府才在威尔逊和众议院的压力之下，同意承认它们。事实上，波罗的海国家的建立有悖于巴黎对俄国的想法，或者异于大波兰的方案，并且沿着德国边界形成了零星几个国家，确切地说，这不是克列孟梭想要的。

换句话说，克列孟梭和外交及军方人士（有众多的使团已就位，特别是在乌克兰）表现得非常谨慎。除了在威尔逊和众议院激进社会党人的压力之下外，并没有采取行动去承认不同的民族；但是，后者使得情况变得非常清楚，在民族问题上绝对地开展行动是不可能的，除非采用一种温和的形式。他们有一种愿望，即去组建一些能够抵抗德国的国家，或者在 1918 年和 1919 年时看上去能够如此的国家，比如捷克斯洛伐克、一个强大的波兰、塞尔维亚或者因和平条约而实力大增的罗马尼亚。这些圈子的根本想法是，法国的势力将有赖于这些新成立的国家。这部分体现了战前时期激进左翼政党的理念：对俄罗斯帝国的不信任，决心抛弃欧洲大国之间的协调，以及现实主义地承认，俄国这个传统的后备盟友，就目前而言它已经出局。就如我们所看见的，对民族主义原则的承认一直是十分有限的，而这种局限是政治机会主义和地缘战略平衡的因素所导致的。[25] 对于法国人来说，这是非常明显的，他们也向英国人表达了这方面的考虑，而威尔逊本人持谨慎态度的时间比所认为的要更长。他的某些合作者，像国务卿罗伯特·兰辛，则公开表示了怀疑，他们问道，在中欧如此复杂的人口状况下，如何可能为构建稳定的国家而充分明确地界定国家的边界线呢？

[25] Georges-Henri Soutou (ed.), *Recherches sur la France et le problème des Nationalités pendant la Première Guerre mondiale* (Paris: Presses de l'Université de Paris-Sorbonne, 1995).

停战：结束的开始，还是开始的结束？

因《布列斯特－立陶夫斯克条约》在东线腾出手的德国，在西线发起了一系列攻势，希望在美国军队大规模抵达之前赢得决定性的胜利。但是，协约国在经历了一些十分艰难的时刻之后重新振作了起来，法国和英国最终建立了统一的指挥体系。从那时起，它们在军队人数和物资方面拥有相当大的优势，有着实力强大的航空力量，一支新型的陆军和坦克，它们最终可以引领一场机动性非常强的战争。自8月起，遭受重创的德国军队不断后撤。同时东线的军队在萨洛尼卡采取行动，迫使保加利亚于9月29日签订了停战协定。再也没有什么能够阻止协约国的军队推进像多瑙河那么长的距离直抵德国境内。于是，德国被打败了——并且被彻底地打败：面对进攻的力量，沿途的大批部队灰飞烟灭。

面对前线崩溃的威胁，鲁登道夫想出了一个精巧的花招。只要德国军队仍在敌方的土地上，并且不对目前这场可以预见的灾难袖手旁观，就可以通过对德意志帝国进行可控的改造来从这场战争中巧妙地退出。1918年9月29日，当保加利亚停战协定宣布之时，鲁登道夫向政府声称，必须向协约国提出停战的要求，但是——这里设置了花招——是以1918年1月8日威尔逊总统所提出的十四点原则作为基础（就是说，以德国至关重要的两方面利益作为基础，即自决权和经济商业事务方面的非歧视）。此外，鲁登道夫补充道，必须提名一位新首相作为德意志帝国的首脑，并确立议会制的政体；在此之前，新首相由德皇单独选定——此时，德皇将对帝国国会负责。第二个提议是为了赢得威尔逊的支持，自当年春天以来，威尔逊越来越坚持有必要终结德意志帝国的专制性质。它也旨在平息民众不满情绪的上涨，自去年以来这已是显而易见的，并且最终以11月7日至9日柏林和帝国各州首府的革命而告终。最后，它的目标——必须说的是这一目标已经实现，结果造成了最重大的后果——是要保护军事集团逃避公众舆论眼中的责任：实际上，至少从1916年起，是军方领导了这场战争，但是，是文官去谈判停战问题以及接下来的和平。

对政府、国会和公众舆论而言，鲁登道夫的这一动议来得像晴天霹雳一样突然，因为他们一直被军方总部精心地误导着，依然沉浸在春夏胜利的喜悦之中。在3月与俄国布尔什维克党人签署《布列斯特－立陶夫斯克条约》和5月

531

与罗马尼亚人签署《布加勒斯特条约》如此巨大的胜利之后，他们认为，和平在他们的掌握之中。但是，鲁登道夫引起了人们的注意：10 月 3 日，马克斯·冯·巴登亲王——因其倾向自由主义而为人所知——成为首相，并在 1917 年夏组建过一届代表国会多数（社会民主党人、自由党人和中央党的天主教徒）的政府。自然而然，紧随而来的是以风驰电掣般的速度实行国内改革：10 月 24 日普鲁士进行选举改革（德意志帝国进行任何民主化的基本要素），10 月 28 日将帝国政体改革成议会君主制。

鲁登道夫伎俩的第二个方面，即国际层面的策略，是由新成立的马克斯·冯·巴登政府于 10 月 4 日提出就停战举行公开谈判的主张。但是，该伎俩的实施裹足不前：德国人并未正式向协约国和"联系国"（注意美国在法律上同法国和英国不存在联盟关系）都提出该主张，而只是针对威尔逊总统个人提出。德国希望在十四点原则的基础上缔结和平，以此抢在巴黎和伦敦提出更苛刻的目标之前采取行动。如此无疑将使德国的领土保留在帝国的版图之内，使其统一免受挑战。显然，尽管威尔逊主义迄今一直反对柏林所追求的广泛的战争目标，但是它能够为战败后德国的未来构建一种保障：限制领土方面的损失，防止陷入混乱和经济上的屈从地位。

532　　此外，自决权将阻止波兰和波罗的海国家被让与俄国。在这种情况下，显然德意志帝国无疑将能继续对这些国家施加重要的影响力，即使是间接的。因此，在这场战争结束时和停战谈判期间，马克斯·冯·巴登的整个策略在于，以十四点原则的名义，逼迫威尔逊去阻止法国和英国更为激进的方案。这种策略取得了部分成功，在 1918 年 11 月 11 日停战时，德意志帝国事实上赢得了以十四点原则为基础构建和平的保证——但只是部分地，因为自当年春天以来，威尔逊对德国的立场已经变得强硬起来。对柏林而言，需要花时间去理解这种事实。它无疑迫使德意志帝国面临一种比其预想的更苛刻的停战结果，特别是不但包括德军撤出比利时和法国北部，而且还有阿尔萨斯－洛林和莱茵河左岸地区。另外，它要求德国政体进行比最初设想的程度更深的民主化，也要求协约国承认十四点原则作为和平未来的基础。在一个月的抵制之后，协约国于 11 月 4 日接受了十四点原则。不应忘记，在 1918 年 1 月，当时巴黎和伦敦非常小心，避免自己对十四点原则做出正式的承诺；对威尔逊来说，这是"现在还是永不"，迫使他们接受该原则的问题。法国外交直接面临许多问题：它不可能在和平条约中直接质疑德意志帝国的体制，一些专家担心民主化之后的德国最终会比原来的帝国更加中央集权化，因为它的体制很大程度上仍然是联邦制的。

此外，十四点原则将赔偿限制在对被侵略地区的"重建"范围内。比如，这些原则没有包括抚恤金，在一场如此的战争之后，必定要应允向伤者或死难者的家人提供这笔资金。它们也很少涉及这场战争的总体费用问题，或者是"战争赔款"（就如1871年之后法国不得不支付的那样）。这与欧洲传统的做法相抵触，比巴黎和伦敦最初计划施加在德国身上的东西要少太多。而且最重要的是，11月5日柏林和华盛顿之间交换的照会表明，"和平将基于"十四点原则。对于柏林来说，在战败的情况下，这是有了一定的保障——但比德国最初希望的效果要差了许多。

最终，1918年的11月11日，德意志帝国在贡比涅森林的勒通德（Rethondes）签署了非常苛刻的停战协定。德国必须交出大量的武器和机车车辆，必须放弃战时的舰队；于是，舰队成员将舰只自沉于苏格兰以北沿岸的斯卡帕湾。难以继续实施作战行动的德国，其军事失败的结局现在已板上钉钉。另外，它必须撤出自1914年起就占领的比利时和法国北部，以及阿尔萨斯－洛林和莱茵河左岸，这些地区之后立即被协约国军队占领。最后，对德意志帝国施加的严密封锁将继续有效，扼住了德国的经济；事实上（除了提供人道主义食品以外），在1919年7月之前，必需品方面继续遭受封锁。为了保持对德国所施加的压力，停战协定签订的有效期只有一个月，因此每个月都将重新签订。在实际起草停战协定的条款方面，英国人和法国人毫无疑问实现了使协定条件变得强硬的目的，就如我们将看到的那样，而德国人对威尔逊使德意志帝国免受超出其能力之外的伤害的决心抱有幻想，并且低估了对手的根本团结。

同时，在中东地区，10月31日的《穆德洛斯停战协定》使得与土耳其的战争走向结束，协约国占领了海峡地区。但是，是英国主导了这一战场的形势，以后将导致与法国产生严重的冲突。伦敦派遣了100万士兵前往中东地区，而法国只有一个团；但是，自这场战争爆发以来巴黎对这一地区已经形成的巨大野心立即显露了出来。

11月3日，意大利总参谋部和奥匈帝国总参谋部签署了《朱斯蒂村停战协定》，而奥匈帝国自前几天解散之后实际已不再存在。这意味着，意大利控制了

533

奥地利边界和巴尔干的大片东南欧地区。1919 年和整个两次世界大战之间的岁月，在涉及亚得里亚海沿岸、巴尔干和多瑙河地区的问题上，法国都必须顾及这一点——远比巴黎最初意识到的更加如此，并且肯定超出了它所希望的。

事实上，对法国而言，这种形势远远不能令人完全满意：自 1917 年秋天起，英国人和美国人实际在这场战争中的军事领域和经济方面发挥着越来越大的作用。尽管不可否认地取得了胜利，但相比这场战争之前，法国的重要性在下降。在某种程度上，《勒通德停战协定》对法国人来说明显是相当令人满意的——立即收回了阿尔萨斯－洛林，占领了莱茵兰地区——但就如我们所看到的，巴黎被迫接受了十四点原则的基本路线。这严重限制了法国实现其长远目标的可能性：对莱茵兰地区进行永久的军事占领，甚至是兼并；经济上永久控制德国；潜在地肢解德国，或者至少使其变成一个松散的邦联。而在巴尔干地区，最主要的是在中东，战争结束时的形势全然不是法国领导人所期望的。就像经常发生的那样，整体性地看待停战，而不是仅仅着眼于《勒通德停战协定》，就会发现法国作为战胜国的地位比看起来的要更弱，并且肯定不比英国更强。

威尔逊打算建立一种新型的国际体系，以取代欧洲协调，在他眼中，后者不过是欧洲大国谋取私利的工具，以及通往 1914 年战争进程的一个必不可少的组成部分。这种打算是 1918 年 10 月威尔逊领导的引人瞩目的并行谈判——一方面与德国，另一方面与协约国——的整个核心点，以赢得对将其十四点原则作为未来和平的基础的承认，而在建立一种使德意志帝国服从的欧洲新均势方面，巴黎和伦敦继续以更传统的方式进行思考。与此相关的唯一问题是，法国人希望建立一个有效的地缘政治平衡，同时协约国永久性地实施整个大陆对德国的控制，而英国人想在欧洲建立一种准自动的势力均衡，从而避免英国直接介入其中，并使英国能够回到其眼中必不可少的事务上去，即英帝国和世界。实现如此的势力均衡显然要求法国不会过于强大，即使以下这种想法是错误的（就如 20 世纪 20 年代、30 年代，甚至 40 年代，法国人经常认为的那样）：1918 年 11 月 11 日之后，伦敦只致力于一个单一的想法——削弱法国的实力。

这些根本性的分歧是明显可见的，并在停战之后立即显现出来。结果，法国人和英国人成功地使维持对德国封锁的条款包含在停战协定之中。全世界都明白，这将影响到未来，因为巴黎和伦敦希望使战后的德意志帝国遭受永久的经济歧视，而继续封锁会是这方面的理想手段。但是，停战后不久，美国人就准备再次恢复对德国的物资供应。起初，这冠以"人道主义"的旗号，但在全球自由主义和经济的框架内尽快重建德国显然是美国人想法的一部分。由于美国那时独自拥有可获得的物质资源和相对金本位不会贬值的货币，他们的观点明显是至关重要的，从1919年伊始，英国人就认同这一点。法国人则因他们主张"有组织的自由主义"（organised liberalism）计划和永久性的协约国内部经济谅解而被孤立，而这些都是旨在为重建法国和永久性地削弱德国创造条件。

535

在地缘政治领域，形势更加清楚。对10月和11月初协约国军事当局和行政当局之间关于未来停战协定军事条款问题的谈判的分析，清楚地显示了协约国进一步的想法：法国人希望将他们的占领延伸至莱茵河，甚至是科隆、科布伦茨和美因茨的桥头堡，但英国人不希望法国超出阿尔萨斯－洛林的限制范围。为此给出的理由是，他们担心看到德国拒绝过于苛刻的停战协定，但事实上，英国内部的文件清楚地显示，真实的担忧是看到法国人永久性地在莱茵兰扎根——这种担忧因法国领导人毫不犹豫加以维护的"军事边界在莱茵河"的观念而加剧。克列孟梭对此给予了切实的支持；与时常所称的相反，他在这一问题上反对福煦，更多地不是出于关注问题的根本，而是基于这样的事实，即他认为这个问题应是由行政当局而非军事当局考虑的事务。

此外，应注意到，在1918年11月11日之后，英国已经实现了它重要的战争目标：比利时境内的德军撤出，并恢复独立；德国被决定性地削弱，被剥夺了它的海军舰队，此舰队是对英国的主要威胁。一个全新的欧洲均势将得以建立，英国人期望能按照自己的想法进行驾驭。法国当然获得了胜利，但遭到了削弱；它将收复阿尔萨斯－洛林，并进入莱茵兰地区，但所有其他的目标（莱茵河左岸的确切地位，德国的地位，萨尔和卢森堡问题，赔款，西欧的经济重组）依然取决于未来的和平条约。法国认为，它相对于它的盟国拥有道义上的资本，"昔日上帝的战士，如今人类的战士，法国将一直是理想的战士"，1918年11月11日克列孟梭在面向众议院的华丽演说中如此声称。与通常所认为的相反，这不是全无根据的；随着最终德国在欧洲霸权的消除，劳合·乔治和威尔逊承认法国所遭受的损失，并希望见到它的安全能够得到保证。但是，他们尚未打算接受法国的一切主张，在他们看来，这将冒危及他们所希望建立的新型国际体系的风险——尤其将滋生德国人复仇的愿望。法国损失了130万人，无数人因战争致残，整个占领区被毁。遭此削弱之下，尽管在1918年有着相当可观的军事力量，但法国绝无强加其意志的实力：停战之后，法国需要精心地进行谈判，以便能够拥有尽可能多的选择。[26]

536

　　而且，停战协定并未解决一切问题，特别是关于东欧。尽管《勒通德停战协定》的内容规定——再一次在内容条款上十分政治化——德意志帝国声明放弃《布列斯特－立陶夫斯克条约》和《布加勒斯特条约》（第15条），但是第12条要求德国必须留在战前属于俄国的领土之上（波罗的海国家和乌克兰），直到协约国"考虑到这些地区的内部局势"认为不需要如此为止。当然，对于协约国来说，阻止布尔什维克党人紧跟着撤退的德国人进入这些地区是重要的，但结果是在1919年春天之前，德国军队继续留守在欧洲的东部边界地区和波罗的海国家。列宁指责"资本主义"列强，即德意志帝国和协约国，共谋反对苏维埃俄国，史学著作有时——过度地——倾向于强调这种共谋的事实。[27]但是，直到5月7日他们接到《凡尔赛条约》的文本为止——这对德国人是一个令人不快的消息——柏林一直相信，在保卫欧洲抵制布尔什维克主义的名义下，德意志帝国能够继续在东欧扮演一个重要角色，由此可以保住一个大国的地位。应当强调一点：停战之后，无疑正经历一个艰难阶段的德意志帝国，仍然视自己为一个大国。在《凡尔赛条约》之前，它并没有理解战败的彻底性。这种心理上的落差显然对其直接拒绝未曾预料到且没有为之做好准备的苛刻条款的行为有着最大的影响，尽管事后看起来这很是奇怪。德国人真真切切地希望受到威尔逊主义方式的对待——按照11月11日之前与华盛顿所交换照会的内容——但这只是非常有限的情况。[28]

　　另外，自1918年起，协约国在布尔什维克党人的俄国问题上出现了根本性的分歧，即使他们从当年3月份就开始派遣军队前往俄国。起初，尽管有《布列斯特－立陶夫斯克条约》，但这种干涉目的在于重建对抗德国的东线。11月11

[26] 关于这一整段，参见 Pierre Renouvin, *L'armistice de Rethondes* (Paris: Gallimard, 1968), pp.210–212.

[27] Arno J. Mayer, *Politics and Diplomacy of Peacemaking: Containment and Counterrevolution at Versailles, 1918—1919* (New York: Knopf, 1967).

[28] Georges-Henri Soutou, "La France et l'Allemagne en 1919", in Jean-Marie Valentin *et al.* (eds.), *La France et L'Allemagne entre les deux guerres mondiales* (Presses Universitaires de Nancy, 1987).

日之后，动机明显只在于反对布尔什维克。但是，协约国没有达成根本性的一致意见。威尔逊希望俄国人能够在没有外来干涉的情况下决定自己的未来——虽然派遣了美国军队前往符拉迪沃斯托克，但此举的目的实际在于监视那里的日本军队，威尔逊对他们的帝国主义有所警惕。劳合·乔治最关注的问题是尽快恢复英国与俄国的贸易。克列孟梭则有更为复杂的想法，该想法建立在以这种或那种形式延续至 1920 年夏天的法国干涉政策的基础之上，并且将重建一个强大和民主的俄罗斯联邦作为目标。这种新的俄罗斯将摒弃沙皇主义和布尔什维克主义，但它的民主改革和联邦体制可能能够使其保留疆域之内的外国领土，并维持以前沙皇俄国时期的地缘政治区域。这将构成一种针对德国的制衡力量，而这是法国人头脑中挥之不去的基本想法。

在对待德国的问题上，也未形成一致的意见。威尔逊和劳合·乔治首先考虑的是民主的镇静功效，它不可能不迅速地渗入德意志帝国，它已摆脱了到那时为止十分强大的王侯家族和贵族的上层社会，并使德国融入新的自由主义的世界秩序成为可能。在这一点上，克列孟梭持更加怀疑的态度。另外，英国人和美国人强烈反对任何的领土兼并，或者使任何法国的势力延伸至莱茵兰地区，以避免在阿尔萨斯－洛林出现一种逆向的形势，以及避免在德国人撤离之后破坏与德国的即刻和解。虽然克列孟梭在莱茵兰问题上实际比所承认的更加激进，但在这个问题上他表现得十分谨慎。在 1919 年的 2 月 16 日，他向参议院外交事务委员会宣称，莱茵兰将建成一个独立的国家，但处于被占领状态，并通过关税联盟与法国相关联："实际上，将对其进行占领，直到这个国家被安排与法国重新结合在一起。"[29] 这里不进行深入的讨论，但我们应该明白，他完全知道这一地区正在发生的事情，他允许军方和特勤部门向主张莱茵兰自治的人士提供支持——将他们与分离主义分子区分开来是重要的，法国特勤部门并不信任分离主义分子。法国的目标是，在一个权力分散的德国，促成莱茵兰从普鲁士分离出来实行自治；尽管 1919 年 5 月多滕 * 的努力遭遇挫折，但这一政策继续了

[29]　Soutou, "La France et les marches de l'est", p.384.

*　汉斯·亚当·多滕（Hans Adam Dorten），职业律师，莱茵兰分离主义运动领导人，试图将莱茵兰从德国分离出来，与法国建立更紧密的关系。1919 年 6 月 1 日宣布成立莱茵兰共和国，多滕任总统，但未得到大多数民众的支持，一周后归于失败。1923 年 10 月，多滕再次采取谋求独立的行动，但同样因为得不到多数民众支持而再次失败，后流亡法国。——译者注

下去。对克列孟梭来说，事情不能操之过急，而应当小心对待和处理得干净利
索，如果莱茵兰人真切地希望独立，则不应阻止任何这样的事态发展。与此同
538 时，法国驻莱茵兰地区的高级专员蒂拉尔，接到指示在莱茵兰推广法国的民主
模式。因此，克列孟梭的莱茵兰政策基于两个层面的考虑：首先，除了莱茵兰
之外，对德国整体施加文化上和"共和主义的"影响；其次，如果莱茵兰人希
望相对柏林实行更广泛的自治，那么法国将不会阻止他们。[30] 这样，一切的可
能性依然都是敞开的，克列孟梭能够将他毫无疑问的自由主义和对领土兼并的
反对，同他加强法国安全的决心协调起来。[31] 巴黎将一直实行这种政策，直到
1924 年。以后，这种立场上与盎格鲁－撒克逊人的分歧，将对法国的对外政策
构成一种沉重的负担。

在德国的统一问题上，协约国也未达成一致意见。对英国人和美国人而言，
没必要重新讨论这个问题，而法国人有着更大的矛盾情绪。这场战争期间，领
导人之间经常私下提及，而专家和政论家之间更为公开讨论的各种想法（将德
意志帝国变成一个地位模糊的邦联，或至少重新考虑有中央集权化倾向的俾斯
麦式的统一），在停战之时的巴黎居主导地位。重新考虑德意志帝国体制的意愿
是明确的。但是，之后这些想法并没有被法国政府真正地采纳。尤其是，克列
孟梭确信，德国的统一是牢固的，法国必须放弃在这一问题上的幻想（德意志
帝国不会在一夜间解体）。然而，1919 年法国的立场比所认识的要更加复杂和
微妙，特别是因为在中央集权化的德意志帝国和其完全解体之间，存在一整套
可能的中间解决方案——使人想起德意志过去相对柏林拥有更大自治权的邦联，
或者"联邦制"。尤其是，克列孟梭对巴伐利亚有相当大的兴趣，它被认为应同
柏林分道扬镳。[32]

---

[30] Pierre Jardin, "La politique rhénane de Paul Tirard (1920—1923)", *Revue d'Allemagne*, 21:2 (1989), pp.208-216.

[31] Georges-Henri Soutou, "The French peacemakers and their home front", in Manfred B. Boemecke *et al.* (eds.), *The Treaty of Versailles. A Reassessment after 75 Years* (Cambridge University Press, 1998).

[32] 关于这些问题，参见 Georges-Henri Soutou, "La France et la Bavière, 1866—1949", in Bayerischer Staatsarchiv and Archives Nationales, France Bayern (Paris: Biro, 2006); and "La France et le problem de l'unité et du statut international du Reich, 1914—1924", *Le statut international de l'Allemagne. Des traits de Westphalie aux accords '2+4'*, studies collected by Georges-Henri Soutou and Jean-Marie Valentin, *Études Germaniques*, 59:4 (2004), pp.745-793.

最后，应补充的是，在 1918 年的秋天，法国政府对中东欧的地缘政治角色有明确的看法。这种看法比英国人更为强烈，相比美国人则更少从人权到自决权的意识形态的执着。自相矛盾的是，首要的目标是要防止德国在其帝国的其他部分正实现独立的时刻，通过吸纳奥地利而在民族自决权的问题上获得任何的好处；1918 年 11 月奥地利议会投票赞成重新加入德国的事实表明，这是一个真实存在的问题。而且，由于认识到俄国革命和奥匈帝国的终结意味着在东欧不再存在制衡德意志帝国的力量，在确定新国家边界的问题上，福煦和法国驻中东欧的军事使团扮演了决定性的角色。相比人种方面或与独立权相关的考虑，法国设想更多的是使这些国家能够形成一种抵制德国的"东部屏障"，并积极策划对这些地区实施经济渗透，以消除德国的影响。[33] 还应补充一点，1918 年至1919 年，在欧洲的巴尔干地区和多瑙河地区，对法国而言，真正的问题与其说是德国或盎格鲁－撒克逊人，还不如说是意大利！ [34]

结　论

对克劳塞维茨众所周知的名言做些许改动，可以说成这样："和平无非是战争通过另一种手段的继续。"这种套语无疑能正确无误地适用于自 1918 年 11 月 11 日开始的那段时期，而结束于 1919 年至 1920 年各项条约缔结之时。理论上讲，停战是敌对行动的中止，并没有使战争状态结束，但是敞开了通往谈判的道路，它依然是政治中立的。事实上，1918 年的停战预判了如何考虑那些对未来和平来说至关重要的问题。而且可以说，1918 年秋与保加利亚、土耳其和奥匈帝国达成的其他停战也是如此，无疑这鲜为人知，但是极其重要。本质上，停战协定不完全是军事问题，而是政治－军事问题；所以，这段时期的意义在于，大战在此期间停止了，但尚待和平条约的缔结。伴随着各交战国战争目标在力度上的快速提升，作为这场战争在军事上迅速终止的结果，停战已经到来。但是，结局把这场战争开始之时每个人脑海中的问题抛在了一边：迅速地"大

[33]　Georges-Henri Soutou, "L'impérialisme du pauvre: la politique économique du gouvernement française en Europe centrale et orientale de 1918 à 1929", *Relations internationales*, 7 (1976), 219–239.

[34]　Frédéric Le Moal, *La France et l'Italie dans les Balkans 1914—1919. Le contentieux adriatique* (Paris: L'Harmattan, 2006).

获全胜"，接下来是按照传统形式进行总体谈判，以建立一种新的欧洲均势，而不会根本性地违背自 1815 年以来所建立的"大国协调"。然而，这种情况将不会发生。

停战的这种政治化，尤其是勒通德停战的政治化，与两个重要因素相关。首先，它是战争双方所有交战国都想要的：德国人、美国人、英国人和法国人——全都希望针对停战协定的文本提出一些条款，并使它们根本性地被纳入之后和平谈判的政治路线之中，以实现自 1914 年或 1917 年来他们所确定的战争目标。其次，这些谈判根本没有如最初所期望的那样举行。1918 年 12 月初在伦敦召开的协约国成员之间的会议，确定了和平会议召开的地点（巴黎，意味着法国将主持讨论）和会议程序的大致步骤，基本遵循了法国外交的提议。首先，将在协约国成员之间确立和平的初步方案，这是缔结各项条约的大致路线，接着，将邀请战败国去谈判细节。这总体上符合通常的做法（与 1814 年和 1815 年安排事情的方式没什么不同，是停战之后在法国的照会中经常提到的先例）；但是，协约国成员之间的讨论比预期的更艰难和更冗长，到 1919 年 4 月才告结束。而且，他们起草的条约文本丝毫没有包括原始的初步方案。这是一个触及德意志帝国生活方方面面的包含 439 项条款的工具。5 月 7 日，条约文本被交给德国人，要求他们在 6 月 28 日签署。忽然之间没有了初步方案，并且重要的一点是，事情依然处于"停战"的状况之中，直至 1919 年 6 月 28 日——事实上，甚至直到 1920 年 1 月 10 日《凡尔赛条约》生效为止。这意味着，停战不是一个简单的间歇期：14 个月以来，它一直影响着欧洲，并且不可逆转地决定了某些后续事态的发展。

已经可以证实，英国和法国的战后模式都不可能成功重建一个均衡状态良好与真正安宁的欧洲。欧洲人看起来无力为欧洲的重建提出一个可行的模式。欧洲大陆自 1815 年以来所表现出的政治智慧似乎已经不复存在。只有威尔逊拥有所有人（包括战败国）都能接受的理念，前提是它们实行民主化，接受华盛541 顿所提出的国际自由主义秩序的新现实。但是，为了发挥作用，美国模式——自然除了首先符合当时美国的全球经济和金融利益的那些部分之外——以华盛顿积极参与国际事务作为前提。就如我们所知的，1919 年之后的情形并非如此。此外，这种自由主义的意识形态模式，以整个欧洲接受自由主义作为先决条件，除了少数例外——这也不是战后中东欧的实际情况。而且，威尔逊式的做法是普世和抽象的，没有充分考虑欧洲均势的历史复杂性。从 1918 年的情形可以看出——1919 年甚至更加如此——和平安排所带来的歧义、失望和不满，它没有带来欧洲的安宁，而是导致了下一个"三十年战争"时期。

20 中立

萨穆埃尔·克勒伊辛哈

导　言

　　1914 年 8 月战争爆发之时，世界大多数国家并不属于任何交战国集团。而至 1918 年 11 月 11 日时，只有一小部分国家依然是中立国：欧洲的挪威、瑞典、丹麦、荷兰、瑞士和西班牙，美洲的墨西哥、智利和阿根廷。世界上所有其他主权国家都加入了交战的一方，或者最起码与一方断绝了外交关系，它们中的大多数——显然——是出于自己的意愿。另一方面，保持中立的那些国家目睹了它们作为非交战国的权利经常遭受侵犯。1914 年之前，建立起了一个精心设计的——但绝非权威性的——国际法团体，它的首要作用是划定战时中立国的权利。但是，这些权利遭到了协约国和同盟国两方面的挑战，因为它们认为这些权利给了敌方不应有的好处，或者否定了它们至关重要的"交战权"。最终，在这场战争期间，中立失去了它的道德涵义。由于交战双方重新塑造了这场战争，都将其看作是为了诸如文明或文化这样的普世原则而进行的史诗般斗争，或许是一场决战，所以中立越来越被视作过于懦弱而不敢根据它们自己的利益去采取行动，或是过于专注自我而看不见比它们眼下的安全更宽广的蓝图。[1]

　　中立国数量的逐渐减少，中立道德高地的丧失，以及最重要的是它们合法

---

[1] Maartje Abbenhuis, "Too good to be true? European hopes for neutrality before 1914", in Herman Amersfoort and Wim Klinkert (eds.), *Small Powers in the Age of Total War, 1900—1940* (Leiden: Brill, 2011), p.26.

权利得不到尊重，促使历史学者将第一次世界大战看作是这样一段时期，在此期间，就如它因国际会议而产生并试图把国际法编集成典那样，中立作为一种政治现象"衰落了"：这场战争期间，中立国难以使它们的权利强制受到尊重，于是，战后传统的中立被威尔逊式的国际主义和集体安全框架中非交战（non-belligerency）的新概念所取代。[2]

543

在这一章中，我打算回避这个问题，即大战期间在法律或道德的意义上中立是否衰落了或发生了转变。关于中立的惯例和规则，对它们的含义和合法性的不同解释，以及存在争议的中立的道德性，仅仅是这一难以把握的概念的两个方面，用内维尔·怀利的话来说——要写有关第二次世界大战时期的中立——"不可能继续过于简单地标示出它的特点"。[3] 在本章中，我不打算从国际权利或道德的角度来关注中立问题，而是将其当作对外政策的指导原则。我的目标不是集中在中立的衰落或转变上，而是要找到一些国家能够并一直保持中立，而另一些国家不能如此的原因所在。换句话说，第一次世界大战期间，在什么样的情况之下，中立是对外政策的一个切实可行的基础？

本章基于其他多人所搜集的证据，我深深地对他们表示感激。在这一章中，对于那些在不同的时刻和持续时间不尽相同以及出于各种原因保持中立的国家，我力图包含最新的观点。出于一些具体的原因，我忽略了所有那些在对外政策上无法享有完全主权的国家。军事占领之下的国家、殖民地或附属国不在我的考虑之中，无法实行独立对外政策的小型和微型国家（比如列支敦士登或摩纳哥）也是如此。

放弃中立

这场战争结束时，交战国的数量要比 1914 年 8 月时多出了许多。至于为何

---

[2] Nils Ørvik, *The Decline of Neutrality, 1914—1941: With Special Reference to the United States and the Northern Neutrals*, 2nd edn (London: Frank Cass & Co., 1971 [1953]); Stephen C. Neff, *The Rights and Duties of Neutrals: A General History* (Manchester University Press, 2000). See also Johan den Hertog and Samuël Kruizinga, "Introduction", in Hertog and Kruizinga (eds.), *Caught in the Middle. Neutrals, Neutrality and the First World War* (Amsterdam: Aksant, 2011), pp.1–14.

[3] Neville Wylie, "Victors or actors? European neutrals and non-belligerents, 1939—1945", in Neville Wylie (ed.), *European Neutrals and Non-Belligerents during the Second World War* (Cambridge University Press, 2002), p.26.

如此，已经有众多的解释。其中最愤世嫉俗的解释认为，雄心勃勃的各交战国参战是为了有形的或者甚至是无形的利益：金钱、领土或"大国的地位"。其他一些人则认为文化因素，比如民族主义、军国主义、社会达尔文主义和帝国主义，是终极的元凶。还有其他一些人考察统治精英阶层或游说团体在使他们的国家卷入战争方面扮演的角色，有时这些阶层或团体甚至不顾大多数民众的反对。最后，一些人探讨将中立国与某一交战国集团联系在一起的商业、宗教或其他纽带，而这些纽带缓慢推动了中立国卷入这场战争。[4] 在接下来的三小节中，基于最近的文献，在我认为它们最终的行动将是放弃中立的基础之上，我将几个中立国家归为一类。

这种概述既非全面，也非彻底，只是有助于以粗线条的方式去描述这场战争期间的不同时刻，作为一种对外政策的选择，为什么这些国家的中立归于失败。在我看来，主要原因是：

（1）担心非交战状态会严重且长期限制中立国的行动自由，特别是在挽回过去的损失或实现收复领土的理想方面（参见以下"参战还是袖手旁观"一节）；

（2）非交战的主张将妨碍一个国家在战后调整国际体系方面所具备的影响力（参见以下"为未来而战"一节）；

（3）如果一个国家不参战，中立将对其造成直接和严重的危害（参见以下"经济上的交战状态"一节）。

参战还是袖手旁观

8月4日意大利宣布保持中立，尽管自1882年三国同盟建立以来，它就是其中的一员。但是，从20世纪初开始，这一成员资格的价值在持续走低。首先且最为重要的是，法国和意大利已经停止在北非的对抗，代之以明显的和解。其次，奥地利侵入巴尔干地区引起了对奥地利主宰亚得里亚海地区的担忧。因

---

[4] Richard F. Hamilton and Holger H. Herwig, *Decisions for War, 1914—1917* (Cambridge University Press, 2004), pp.1-23; Glenn E. Torrey, "The Balkans: Serbia, Bulgaria, Romania, and Greece", in Robin Higham and Dennis Showalter (eds.), *Researching World War I. A Handbook* (Westport, CT: Greenwood Press, 2003), pp.202-226.

此，1914 年 8 月由安东尼奥·萨兰德拉领导的意大利政府，不愿意参与到奥地利与塞尔维亚的战争中去。而且，意大利的陆军尚未做好战斗的准备，正在利比亚忙于旷日持久的殖民战争，而海军难以抵挡法国和英国的地中海舰队。最后，大多数意大利人不赞成战时加入三国同盟。在罗马教廷的影响之下，许多天主教徒希望意大利能够保持中立，而其他人支持参战，却不是站在奥地利一方：毕竟，哈布斯堡帝国仍然占有大片被许多人认为应属于意大利的领土。于是，意大利政府知会德国和奥匈帝国，不认为自己有义务加入这场战争。在马恩河战役打破了德奥不可战胜的魔咒之后，萨兰德拉连同外交大臣西德尼·松尼诺，开始谋划站在奥地利的敌人一方参与这场战争。他们唯恐因为保持中立而失去获得奥地利领土的任何机会。在达达尼尔海峡战役开始之后加入协约国阵营，似乎可以为意大利通过获得小亚细亚的领土去实现大国地位的梦想提供机会。对于萨兰德拉和松尼诺来说，问题成了意大利何时加入协约国一方，而非是否加入协约国一方。他们希望自己决定参战的时机，如此，意大利的军队就可以最充分地做好准备，其行动对这场战争就将有着最大的影响，而意大利因此能够主张最大程度的补偿。[5]

　　然而，对德奥经济或军事报复的担忧，导致意大利政府同时与同盟国展开了谈判。意大利的谈判代表故意对此进行拖延，从未打算使意大利最终加入同盟国的事业。另外，围绕 1915 年 4 月 26 日的《伦敦条约》所进行的谈判，充分表明了意大利加入协约国阵营的意图——根据该条约，意大利承诺在一个月之内对奥地利宣战——意大利代表团通过妥协解决了一些关键性的问题。4 月 26 日之后，仍存在着一个障碍：意大利议会的大多数，尽管并不热衷于奥地利，却似乎赞成继续在战争问题上保持中立。但是，领土收复主义者的新闻宣传活动进一步强调了意大利加入这场战争的必要性或者面临成为一个"懦弱的"二流国家的危险，这成功地创造了一场受到大众支持的参战运动。意大利议会的态度因在"热情似火的五月"（Radiosomaggismo）期间民众支持参战而发生了动

545

[5]　Jean-Jacques Becker, "War aims and neutrality", in John Horne (ed.), *A Companion to World War I* (Chichester: Wiley-Blackwell, 2010), p.207; Brunello Vigezzi, "La neutralité de l'Italie en 1870, 1913, 1939 (et en 1948)", in Jukka Nevakivi (ed.), *Neutrality in History / La Neutralité dans l'Histoire* (Helsinki: SHS/FHS, 1993), pp.63~74; Holger Afflerbach, "Vom bündnispartner zum kriegsgegner. Ursachen und folgen des italienischen kriegseintrits im Mai 1915", in Johannes Hürter and Gian Enrico Rusconi (eds.), *Der Kriegseintritt Italiens im Mai 1915* (Munich: R. Oldenbourg Verlag, 2007), pp.53~61.

摇，1915 年 5 月 20 日，议会投票通过在 5 月 23 日对奥地利宣战。[6]

546　　像意大利一样，罗马尼亚在 1914 年 7 月战争爆发时也是三国同盟中的一员，实际在 1883 年就已加入。虽然罗马尼亚的国王，霍亨索伦－锡格马林根家族的卡罗尔一世（Carol I Hohenzollern-Sigmaringen），强烈支持同盟国阵营，但是由约内尔·布拉蒂亚努领导的内阁，以及事实上大多数罗马尼亚人，却并非如此。他们的敌意主要指向奥匈帝国，视其为特兰西瓦尼亚大批罗马尼亚少数民族的压迫者，以及两次巴尔干战争期间罗马尼亚敌人的强有力但心照不宣的支持者。但是，国王的反对和东线摇摆不定的特点，阻碍了罗马尼亚迅速站在协约国一方参战。当卡罗尔一世在 1914 年 10 月驾崩并由他亲协约国的侄子费迪南继位时，这一切似乎将要发生改变，同时俄国正全力入侵匈牙利。由于报纸媒体叫嚣着要求罗马尼亚拿起武器打倒奥地利，收复失去的领土，布拉蒂亚努和他的内阁小心翼翼地采取行动。首先，他与俄国进行谈判，为他的国家获得保证，在瓜分奥地利时，罗马尼亚将得到特兰西瓦尼亚。其次，就像萨兰德拉所做的那样，他等待着最佳的参战时机。但是，与意大利情况不同的是，在俄国军队被逐出匈牙利和同盟国占据主动之后，参战的势头似乎减弱了。从战略的角度看，至少就当时而言，罗马尼亚参战看上去是不太可能的。由于担心同盟国的报复，布拉蒂亚努与同盟国谈判缔结了几项贸易协定，特别是关于军事物资的中转与石油和粮食的出售。同时，罗马尼亚政府向俄国保证，只要协约国能够提供军事上的援助，并且由此提供最大程度的安全保障，罗马尼亚将参战。1916 年夏，协约国施加压力，要布拉蒂亚努为俄国的勃鲁西洛夫攻势提供援助，并威胁如其不然将背弃他们早前的承诺，即允许罗马尼亚人在协约国取得胜利之后完全参与对奥地利领土的瓜分。布拉蒂亚努同意采取援

[6] 意大利对德国市场和投资的依赖，使得对德国的宣战推迟了近一年时间。William A. Renzi, "Italy's neutrality and entrance into the Great War", *American Historical Review*, 73:5 (1968), pp.1414-1432; William A. Renzi, *In the Shadow of the Sword. Italy's Neutrality and Entrance into the Great War, 1914—1915* (New York: Peter Lang, 1987). 关于从地方的层面观察 "热情似火的五月" 的影响，见 Sean Brady, "From peacetime to wartime: the Sicilian province of Catania and Italian intervention in the Great War, June 1914-September 1915", in James E. Kitchen et al. (eds.), *Other Combatants, Other Fronts. Competing Histories of the First World War* (Newcastle upon Tyne: Cambridge Scholars Publishing, 2011), pp.3-28. 关于中立期间，对意大利同同盟国和协约国谈判的介绍，见 Cedric J. Lowe, "Britian and Italian intervention, 1914—1915", *Historical Journal*, 12:3 (1969), pp.533-548; and Leo Valiani, "Italian-Austro-Hungarian negotiations 1914—1915", *Journal of Contemporary History*, 1（1966), pp.113-136; Alberto Monticone, *Deutschland und die Neutralität Italiens, 1914—1915* (Wiesbaden: Steiner, 1982).

助行动，并声称罗马尼亚参战将使奥地利人无法取得胜利，从而避免罗马尼　547
亚沦为一个保护国，以此振作内阁的士气。在被承诺会获得俄国军队和位于
萨洛尼卡的协约国军队的支持之后，罗马尼亚于 1916 年 8 月 27 日对奥匈帝国
宣战。[7]

　　要实现对意大利和罗马尼亚所做的领土让步和保证它们未来的安全，最终
打败同盟国被认为是必要的。对保加利亚而言，则是相反的情形。相比罗马尼
亚，保加利亚是从第二次巴尔干战争的失败中走出来的，与它的邻国——最突
出的是塞尔维亚——有着大量的宿怨要加以解决。首相瓦西尔·拉多斯拉沃夫
甚至在 1914 年 7 月 16 日申请成为同盟国的正式成员，他希望奥地利打败塞尔维
亚，由此保加利亚能够对 1913 年之后被并入塞尔维亚的马其顿声称拥有主权。
但是，奥地利人予以了拒绝，因为他们仍希望这场战争能够维持在局部的层面。
同时，保加利亚头脑冷静人士的观点占据了主流，他们认为军队需要更多的时
间去休整。而在宣布中立之后，亲奥地利的拉多斯拉沃夫允许他的军事参谋人
员去援助马其顿人抵抗塞尔维亚军队的游击战争，竭尽全力去支持同盟国的战
争事业。奥斯曼土耳其卷入战争之后，保加利亚对于两大交战国阵营的价值成
倍地增长，双方试图以马其顿的部分甚至是全部领土做诱饵去引诱拉多斯拉沃
夫政府加入自己一方。但是，协约国几乎不可能肢解塞尔维亚，而德国和奥地
利对这样做却感觉不到内疚。而且，俄国的军事失利使保加利亚民众中的亲俄
人士感到沮丧，同时——就如意大利和罗马尼亚的情况那样——人们普遍感到
担忧的是，保持过久的中立可能剥夺保加利亚在重绘欧洲版图中的话语权。另
外，奥匈帝国和德国也怂恿奥斯曼帝国放弃部分色雷斯（在第二次巴尔干战争
中失去），并且为这个长期缺乏资金的国家提供大笔的贷款。协约国达达尼尔海
峡攻势的失败使交易成为定局，1915 年 9 月 6 日保加利亚与同盟国签订了为期 5　548

---

[7]　Valeriu Florin Dobrinescu, "Les neutralités de la Roumanie de 1914 à 1916 et de 1939 à 1940 : etude comparative", in
　　Nevakivi, *Neutrality in History*, pp.101–104; Glenn E. Torrey, "Romania and the belligerents 1914—1916', *Journal of
　　Contemporary of Studies*, 1 (1966), pp.171–191，后载入他的 *Romania and World War I. A Collection of Studies*(Iaşi,
　　Oxford and Portland: The Center for Romanian Studies, 1998), pp.9–28. Torrey 的 "Romanian historiography on the First
　　World War", *Military Affairs*, 46:1(1982), pp.25–28 包含了对于这个国家中立和参战的（较老的）罗马尼亚语著作
　　令人关注的介绍。亦参见 Rudolf Dinu, "Romania's way from neutrality to war. An analysis regarding the evolution of
　　Romanian foreign policy, 1912—1916", in Christophe Prochasson and Florin Turcanu (eds.), *La Grande Guerre. Histoire
　　et mémoire collective en France et en Roumanie* (Bucharest: New Europe College—Institut d'études avancées, 2010),
　　pp.9–17.

年的同盟条约，并于 10 月 11 日与塞尔维亚军队展开了战斗。[8]

希腊走向第一次世界大战的道路，同样是被为其所有国民建立一个民族家园的梦想所推动的，但这是由一场未宣布的内战促成的。1907 年的一场军事政变之后，自由党上台执政，怀抱着建立一个涵盖马其顿和小亚细亚（除了其他地区以外）的大希腊的"伟大的理想"（Megali Idea）。在首相埃莱夫塞里奥斯·韦尼泽洛斯的领导之下，这一派别遭到了由威廉二世的妹夫——国王君士坦丁领导的包括了保守、反动和军方势力的另一派的反对。这场战争爆发之后，韦尼泽洛斯主张站在协约国一方参战，就此希望参与瓜分奥斯曼帝国。但是，君士坦丁表示反对，希望对外政策上的争斗能为他和他的追随者提供机会，去扭转自 1907 年政变以来所施行的某些政治改革措施。当韦尼泽洛斯向保加利亚出让希腊领土，希望以此阻止保加利亚加入协约国（以战后获得小亚细亚的秘密承诺作为交换）时，这场内部的政治争斗达到了顶点，后来，韦尼泽洛斯想要希腊加入协约国在达达尼尔海峡的战役。君士坦丁解除了韦尼泽洛斯的职务，但是，在他的党派赢得接下来的选举后，韦尼泽洛斯又官复原职。当保加利亚加入同盟国阵营并入侵塞尔维亚时，韦尼泽洛斯认为，这使第二次巴尔干战争之后贝尔格莱德与雅典签订的条约处于触发状态，根据此条约，在保加利亚军队发起进攻的情况下，他们相互承诺向对方提供援助。于是，韦尼泽洛斯支持法英军队于 1915 年 10 月抵达萨洛尼卡去支援塞尔维亚军队。然而，"萨洛尼卡军"的莫里斯·萨拉伊将军对希腊民众的专横态度，以及协约国军事上的失利和国内亲德的宣传活动，削弱了韦尼泽洛斯的亲协约国的多数派。为了挽救局势，1916 年 8 月韦尼泽洛斯宣布，国王与他本人之间的矛盾是无法消除的，并在萨洛尼卡建立了一个对立的共和国，从而将这个国家分裂成了敌对的两个阵营。1916 年 12 月，在协约国军队和忠于君士坦丁的希腊军队之间公开爆发了冲突，引发了关于这位国王将站在同盟国一方的担忧。但是，协约国在支持韦尼泽洛斯武装反对国王方面犹豫不决。俄国和意大利担心希腊对小亚细亚的想法

549

---

[8] Richard C. Hall, *Bulgaria's Road to the First World War* (New York: Columbia University Press, 1996), pp.286–308; Woldfgang-Uwe Friedrich, *Bulgarien und die Mächte, 1913—1915. Ein Beitrag zur Weltkriegs- und Imperialismusgeschichte* (Stuttgart: Steiner, 1985), pp.133–279. 近期文献的综述，大部分为保加利亚语，可以参见 Richard C. Hall, "Bulgaria in the First World War", *The Historian. A Journal of History*, 73:2 (2011), pp.300–316. 该综述没有挑战（很大程度上是一致的）Hall 本人和 Friedrich 关于保加利亚参战原因的旧有观点。

同它们自己的领土野心相冲突，而英国反对罢黜国王，唯恐此举将导致以一种内在的反君主制的视角去构筑协约国的事业。最终，协约国内部达成妥协，发布了一个最后通牒，要求国王离开希腊，以防止协约国采取军事行动并封锁保皇党的地盘。6月12日，君士坦丁宣布退位，避免了国家陷入内战，确保了希腊在韦尼泽洛斯的引领下加入了这场战争。[9]

为未来而战

关于美国中立的性质，在历史学者中间存在长期和激烈的争论。[10]一些人提出，从一开始，美国的中立就是带有偏向性的，对于协约国违反国际法从事经济战，华盛顿睁一只眼闭一只眼。协约国的胜利符合美国的利益，对此通常能够做出经济层面的解释——美国向协约国提供军火、原材料、粮食和金融服务，同时获取丰厚的利润；或者通过将关注点集中在华盛顿的关键决策者身上去进行阐释，出于各种原因，他们被认为是强烈亲协约国的人士。如今，大多数研究者——如果不是全部的话——都同意美国的政策不成比例地有利于协约国。但是，有一些人不认为这一政策是违反规则的，或者由于美国在地理上和意识形态上与同盟国相距甚远，不认为还存在着其他合理的选择。[11]

战争爆发之时，多数美国人认为美国参战是非常不可取的。美国是一个移民的国度，移民们依然与旧大陆的祖国关系密切。美国的执政者——最重要的是总统伍德罗·威尔逊——希望利用美国的力量去迫使交战国坐到谈判桌旁，550

[9] George B. Leontaritis, *Greece and the Great Powers, 1914—1917* (Thessaloniki: Institute for Balkan Studies, 1974); and *Greece and the First World War. From Neutrality to Intervention, 1917—1918* (New York: Columbia University Press, 1990), pp.3-39.

[10] 一些至关重要的著作是 Arthur S. Link, *Wilson: The Struggle for Neutrality, 1914—1915* (Princeton University Press, 1960); and Ernest R. May, *The World War and American Isolation, 1914—1917* (Cambridge, MA: Harvard University Press, 1959). 这些著作认为，在1917年之前，美国总统威尔逊是严守中立的。Ross Gregory 的 *The Origins of American Intervention in the First World War* (New York: W. W. Norton, 1971) and Patrick Devlin, *Too Proud to Fight: Woodrow Wilson's Neutrality* (New York: Oxford University Press, 1975) 断定威尔逊力图保持中立，但是随着这场战争愈演愈烈，国际法遭到破坏，导致无法做到这一点。John W. Coogan 的 *The End of Neutrality: The United States, Britain, and Maritime Rights, 1899—1915* (Ithaca, NY: Cornell University Press, 1981) 认为美国的中立有着强烈的偏向英国的色彩，威尔逊及其身边的许多顾问也是如此。当前的史学著作倾向于把 Coogan 的文章看作是一种极端观点，但总体是正确的。

[11] Robert W. Tucker, *Woodrow Wilson and the Great War: Reconsidering America's Neutrality, 1914—1917* (Charlottesville, VA: University of Virginia Press, 2007), pp.72-89.

减轻一些战争的影响，甚至在国际法的基础上作为中间人促成和平，由此将为构建国际新秩序铺平道路。这也将捍卫美国的利益，降低战争的全球风险，以及令人讨厌的欧洲干涉新世界事务的可能性。威尔逊及其核心圈子的一些人士，包括深受他信赖的顾问爱德华·M. 豪斯"上校"，都相信德国的政府体制及其从事战争的方式，对于"美国式的"和平是一种阻碍。值得注意的是，他们并不认为，他们的反德立场与采取中立是相矛盾的。他们认为，作为最强大的中立国，美国是国际法的受托管理者，应当根据交战国对国际法的遵守情况去对它们做出评判。至少在法律顾问看来，从"中立"或"公正"看待形势的角度出发，相比德国对美国利益和世界和平造成的威胁，英国违反中立权是无足轻重的。[12] 但是，在 1914 年至 1916 年期间，威尔逊不愿意因德国的违规行为而宣战，即使德国人直接影响到美国的利益——比如德国潜艇用鱼雷击沉了"卢西塔尼亚号"。首先，威尔逊政府仍然希望通过谈判解决问题，或者至少迫使德国放弃违背国际法的战争方式。其次，美国军方尚未做好战争准备，最有经验的部队驻防在美国与动荡的墨西哥的边境沿线。最后，许多美国人依然信奉中立；站在协约国一方参战，不但会使德裔美国人离心离德，而且会疏远美国南方的许多地区——威尔逊民主党的传统票仓，他们与德国的棉花贸易因协约国的封锁而难以继续。[13]

　　然而，威尔逊开始相信，从长远看，美国参战是越来越不可避免的，特别是德国宣布实施无限制潜艇战，似乎印证了他对最糟情况的揣测，即同盟国的胜利对这个世界将意味着什么。最后一次尝试在"美国式原则"和"美国政策"的基础上对交战双方进行"没有胜利的和平"的调停之后，威尔逊认为，他已别无选择：基于"美国式原则"以及与他对中立的特别解释相一致的和平

551

---

[12] 关于不同意见的看法，见 John A. Thompson, *Woodrow Wilson* (London: Longman for Pearson Education, 2002), pp.108–109. 关于布赖恩（Bryan）和兰辛，见 Daniel M. Smith, "Robert Lansing and the formation of American neutrality policies, 1914—1914", *Mississippi Valley Historical Review*, 43:1 (1956), pp.63–65; Kendrick A. Clements, "Woodrow Wilson and World War I", *Presidential Studies Quarterly*, 34:1 (2004), pp.65–67.

[13] Benjamin Coates, "'Upon the neutral rests the trusteeship of international law'. Legal advisers and American unneutrality", in Hertog and Kruizinga, *Caught in the Middle*, pp.35–51; Robert H. Zieger, *America's Great War: World War I and the American Experience* (Oxford: Rowman & Littlefield, 2000), pp.30–42. 关于英美在协约国封锁德国问题上更多激烈交锋的细节，见 Nicholas A. Lambert, *Planning Armageddon. British Economic Warfare and the First World War* (Cambridge, MA: Harvard University Press, 2012), pp.232–278.

是不可能实现的，除非德国因战败而出现"改朝换代"。公众舆论因令人不安的齐默尔曼电报而发生了变化，这封电报表明，德国将通过墨西哥作为代理人对美国本土构成直接的威胁。更为重要的是，数艘美国船只被击沉，引发了民意的沸腾，助推了威尔逊通过国会于4月6日正式向德国，或者说向德国的政府宣战。[14]一些拉美和加勒比国家，以及非洲的利比里亚，出于支持美国的战争目标，或者经济政治上有赖于华盛顿，追随美国采取行动，断绝了与同盟国的外交关系，或者对同盟国宣战。[15]

　　奥斯曼帝国参战的重大决定，引发了几乎与美国参战一样多的争议。[16]许多人认为，奥斯曼帝国的青年土耳其党的领导层——首先是国防大臣恩维尔帕夏——被德国的军事实力所吸引，并已被德国的金钱所买通，或者充满了心胸狭窄的复仇主义。但是，近期的学术成果给出了一个替代性的解释：参战决定缘于他们相信，在一个战后能为其带来军事安全和金融稳定的同盟中与某一大国联合在一起，符合帝国的最大利益（俄国被怀疑一直试图赢得对奥斯曼帝国首都的控制，由此在黑海与地中海之间获得重要的战略性水上通道，而英国和法国在土耳其境内享有广泛的金融特权，因此不可能支持一个金融和经济上独立的奥斯曼帝国）。于是，作为同盟伙伴，同盟国更具吸引力，并且在这场战争爆发时，奥斯曼帝国的陆军和海军有赖于许多身在土耳其境内的德国顾问。鉴于帝国的邻国正在动员之中，不愿意削弱军方的奥斯曼帝国领导层签订了一项秘密条约，承诺对俄国宣战，以换取持久的战略和经济同盟。但是，奥斯曼帝国政府违背了他们的承诺，一直推迟参战的时刻，甚至试图在土耳其不承担任

552

[14] Jennifer D. Keene, "The United States", in Horne, *Companion to World War I*, pp.508–512. 为了强调美国的首要争议点是德意志帝国的政治军事领导层这个事实，华盛顿参战却没有向奥匈帝国宣战，直至1917年的12月7日，这很大程度上是为了意大利在卡波雷托战役受挫后提振其士气，但是美国从未向保加利亚或奥斯曼帝国宣战。

[15] 玻利维亚（1917年4月13日），哥斯达黎加（9月21日），厄瓜多尔（11月7日），危地马拉（4月27日），洪都拉斯（5月17日），尼加拉瓜（5月19日），秘鲁（10月6日）和乌拉圭（10月7日），断绝了与同盟国（之一）的外交关系。危地马拉（1918年4月23日），尼加拉瓜（5月8日），哥斯达黎加（5月23日），海地（7月12日）和洪都拉斯（7月19日）之后宣战。利比里亚于1918年8月4日对德国宣战。萨尔瓦多一直未对德国宣战，但为美国海军舰只开放其港口，声称自己是一个"友好的中立国"，参见 Olivier Compagnon, "1914—1918: the death throes of civilization. The elites of Latin America face the Great War", in Jenny Macleod and Pierre Purseigle (eds.), *Uncovered Fields. Perspectives in First World War Studies* (Leiden: Brill, 2004), pp.279–295.

[16] Hamit Bozarslan, "The Ottoman Empire", in Horne, *Companion to World War I*, 在 pp.495–496 提供了一个总结。

何军事义务的同盟基础上重新进行谈判。1914 年的 8 月至 10 月期间，由于奥地利前线垮塌的危险在加剧，德国向奥斯曼帝国施压，要求其立即对俄国发起进攻。德国威胁将停止所有进一步的金融援助，召回对奥斯曼帝国动员非常重要的德国军事人员（包括利曼·冯·桑德斯使团，"戈本号"和"布雷斯劳号"上的全体船员，以及改良君士坦丁堡各要塞的工程技术人员），甚至威胁以承诺奥斯曼领土为代价买通俄国进行单独媾和。奥斯曼帝国不愿意放弃与德国永久同盟的前景，并担心继续保持中立会直接威胁同盟关系的存在，于是在 1914 年 10 月 29 日对俄国宣战。[17]

中国为战争所做出的决定，同样着眼于战后的未来。起初，这个政治缺乏稳定的国家希望保持中立，因为它无力与任何一国作战，担心一旦加入两大集团中的任何一方，在其国土上拥有租界地的欧洲列强将在中国的土地上彼此交战。但是，形势发生了急剧的变化，日本在英国的请求下履行了条约义务，攻击了德国在太平洋的船队和海军基地。山东省的青岛就是这些基地之一，1898 年租借给柏林，为期 99 年。面对青岛可能永久落入日本人之手，其能将青岛作为一个前进基地扩大其在山东以及可能在蒙古的势力，中国对外政策的首要目标变成了能够获邀参与解决东方所有突出领土问题的会议，或者甚至可能是战争结束时的和平会议。一开始，中国希望通过保持中立和派遣大批劳工营的劳工前往法国而谋取西方协约国的外交支持（且支持抵制日本），来达到这一目标。在日本于 1915 年 4 月提出"二十一条"而英国、法国或俄国未加以干预之后，这一策略显然未能奏效。对于任何想在战争结束时的谈判桌上拥有话语权的国家而言，参战越来越被视为一种绝对的前提条件。但是，日本明确阻拦中国加入协约国阵营，因为日本不想让中国参加任何想必有广泛的权力去决定领土问题的会议，而且中国在几笔至关重要的借款上有赖于日本，所以它难以疏远这个东方的对手。在 1917 年 2 月美国断绝与德国的外交关系并敦促其他国家也做出同样举动之后——这是一个盟国几乎不能忽视的请求——北京的机会出现了。在被革命中的俄国沿其边界展开的活动和国内的政治纷争耽搁了

---

[17]   Mustafa Aksakal, *The Ottoman Road to War in 1914. The Ottoman Empire and the First World War* (Cambridge University Press, 2008), pp.3–15, 122, 153–165, 186–194.

一阵之后，中国最终于 1917 年 8 月 14 日宣战。[18] 中国因而效仿暹罗——现在所称的泰国——所确立的先例。1917 年 7 月 22 日暹罗对同盟国宣战主要的动机是，希望在和平会议上修改 19 世纪英国和法国强加给它的限制其主权的条约。[19]

经济上的交战状态

美国、奥斯曼帝国、中国和暹罗（泰国），几乎都是勉强地成为交战国，并且是为了影响战后的秩序。形成鲜明对比的是，葡萄牙是一个身不由己的中立国。1914 年 8 月 4 日，英国政府告知葡萄牙政府，不要求葡萄牙依据 1386 年的《英葡条约》援助英国。伦敦认为，这个伊比利亚半岛国家脆弱的共和政府及其弱不禁风的经济和落后的军队，可能无法在交战状态下幸存。1914 年 8 月 7 日葡萄牙宣布中立，显示了既是一个非交战国，又是英国盟国的双重地位，声称葡萄牙目前不与任何国家处于交战状态，将尊重任何现有的条约义务。这种事态既没有让葡萄牙主张参战的一派感到放心——他们担心如果不依据自己的意愿参战，国家会沦落为英国的附庸国，其殖民地可能会在和平安排中遭到出卖；也没有使主张中立的一派感到满意——他们认同伦敦对这个国家无力从事战争的评判。值得注意的是，英国政府于 1914 年 10 月 10 日明显改变了立场，正式要求葡萄牙参战，以便葡萄牙的军队能够向西线提供法国造的野战炮。这一要求遭到了法国陆军司令部的反对，因为法国军队没有这些野战炮可以发射的炮弹，在安排妥当之前，也没有安置这些野战炮的场所。夭折的参战动摇了葡萄牙主张中立者手中的权力，反过来使他们的政治对手于 1915 年 5 月 14 日挑起了一场革命。葡萄牙奇特的中立是在违背其大多数新政治领导者意愿的情况下奉行的，但持续了将近一年的时间。英国和法国仍然反对葡萄牙积极参战，因为在葡萄牙未参战的状态下，他们可以根据旧有的

554

[18] Hiroshi Momose, "Neutralis and Japan in the First World War", in Nevakivi, *Neutrality in History*, pp.136–142; Stephen G. Graft, "Angling for an invitation to Paris. China's entry into the First World War", *International History Review*, 16:1 (1994), pp.1–24; Guoqi Xu, *Strangers on the Western Front. Chinese workers in the Great War* (Cambridge, MA: Harvard University Press, 2011), pp.10–37.

[19] Stephen Lyon Wakeman Greene, *Absolute dreams. Thai Government under Rama VI, 1910—1925* (Bangkok: White Lotus Press, 1999), pp.102–113.

同盟关系，从葡萄牙获取大量的援助。葡萄牙军队在非洲援助协约国作战，皇家海军可以任意使用葡萄牙的港口，葡萄牙的军火工厂全天生产，尽其所能为协约国提供军火。当战争爆发之初英国人看到有七十多艘德国和奥地利的船只逃往中立的里斯本的时候，这种情形发生了改变。由于葡萄牙依靠英国的船只去承载其大部分的对外贸易，以及有赖于伦敦金融城去维系其脆弱的经济，伦敦迫使葡萄牙将同盟国 24.2 万吨的船只扣留闲置在其港口。因为英国在其他地方需要自己的船只，短缺现象开始加剧，1916 年 2 月 23 日葡萄牙的军队突袭并随后强占了奥地利和德国的船只。德国认为这是一种挑衅行为，于 3 月 9 日对葡萄牙宣战，这更多的是一种对其他中立国的警告，以及对本国民意的满足。[20]

555　　　对于葡萄牙的前殖民地巴西来说，在决定中立或参战的问题上，经济也是最为重要的考虑因素。战争爆发时，巴西宣布自己保持中立，其他所有拉美国家也是如此。如同美国的情况那样，巴西各种移民人口是选择中立的一个决定性因素。这场战争阻断了拉美与欧洲之间一些重要的往来，导致拉美的企业和政府将美国看作是它们产品和金融、公共设施、铁路方面投资的替代性渠道。此外，欧洲的战争使得华盛顿对新世界要保持更为紧密团结与合作的呼吁也颇具吸引力。因此，巴西追随美国的引领，于 1917 年 4 月断绝了与德国的外交关系，6 月乌拉圭步其后尘。然而，这两个共和国互不信任，德国在巴西南部煽动的强劲却无根据的谣言，导致乌拉圭没有宣战，但事实上它是一个交战国，甚至向法国的协约国军队派遣医疗队。巴西没有如此不安，它于 1917 年 10 月 26 日对同盟国宣战，这一举动部分旨在结束英国对德国在巴西的利益所实施的经济战。[21]

---

[20] Filipe Ribeiro de Meneses, *Portugal 1914—1926. From the First World War to Military Dictatorship* (Bristol: HiPLAM, 2004), pp.1–31; Nuno Severiano Teixeira, *L'entrée du Portugal dans la Grande Guerre. Objectifs nationaux et stratégies politiques* (Paris: Economica / Institut de Stratégie Comparée, 1998), pp.173–366.

[21] Antonio O. Saldanha da Gama, "The European war and the Brazilian decision to enter the war", *Acta International Commission for Military History*, 10 (1983), pp.186–190; Philip A. Dehne, *On the Far Western Front. Britain's First World War in South America* (Manchester University Press, 2009), pp.171–181; Bill Albert with Paul Henderson, *South America and the First World War. The Impact of the War on Brazil, Argentina, Peru and Chile* (Cambridge University Press, 1988), pp.18–19, 45, 369–370. 有趣的是，巴西的参战并不意味着英国结束干涉其经济事务。事实上，巴西只是一个共同作战的国家，英国在巴西仍然维持其法定的黑名单（Statutory Black List），参见 Emily Rosenberg, "Anglo-American economic rivalry in Brazil during World War I", *Diplomatic History*, 2:2 (1978), pp.131–152.

中立的丧失

事实情况是，那些选择参战而不是继续保持中立的国家——首要的是美国——改变了这场战争的进程。同样的情况是，1914 年 8 月比利时的中立地位遭到侵犯，改变了这场欧洲大陆战争的性质，使其成为一场真正的全球性战争。在德国军方的战争计划制定者决定利用这个国家作为杀向巴黎的捷径的那一刻，比利时的中立可以说就无法保全了。引人关注的是，德国军队进入比利时境内的同一天，首相特奥巴尔德·冯·贝特曼·霍尔韦格为这一违反国际法的行径进行了辩解——这是因"极端的必要性"而必须采取的举动。但是，当天晚些时候，在英国驻德大使爱德华·高慎动身离开德国之前，霍尔韦格给他最后一次去电话时，贝特曼·霍尔韦格对英帝国为了 1839 年签署的保证比利时中立的这"一张废纸"条约而对德国进行全球性战争，表达了他的恼怒。这位首相的辩解和之后的怒火爆发，有助于揭示德国是不值得信任的，它无情漠视小国的权利。[22]

但是，如果比利时效仿第一个中立真正遭到侵犯的国家，援用"英勇小国比利时"的形象，是否能产生同样的宣传效果，这一点是值得怀疑的。1914 年 8 月 2 日清晨，大批入侵的德军进入了卢森堡，占领了具有战略重要性的连接比利时和法国的铁路枢纽。虽然玛丽亚·阿德尔海德大公夫人对德国入侵正式提出了抗议——甚至用她自己的汽车阻拦德军的一支挺进纵队——但是，卢森堡政府没有做出进一步的抵抗，全国 315 人的民兵绝不可能阻挡住德军的挺进步伐。此外，由于选择留在国内而不是流亡，并且没有试图与德国的敌人进行联系，卢森堡招致了协约国的蔑视：这个国家从未得到像比利时得到的那样明确的保证，即协约国胜利之后，其独立将完全得到恢复。[23]

这场战争期间，第三个中立地位遭受交战国侵犯的国家是阿尔巴尼亚，一

[22] Sophie de Schaepdrijver, *De Groote Oorlog. Het koninkrijk België tijdens de Eerste Wereldoorlog* (Antwerp and Amsterdam: Atlas, 1997), pp.98, 139–141. 这一著作也出版了法语版 *La Belgique et la première Guerre mondiale* (Brussels : Archives & Musée de la Littérature, 2004). 亦可参见她的 "Belgium", in Horne, *Companion to World War I*, pp.386–403，特别是 pp.386–387.

[23] Hans A. Schmitt, "Violated neutrals: Belgium, the dwarf states, and Luxemburg", in Hans A. Schmitt (ed.), *Neutral Europe between War and Revolution 1917—1923* (Charlottesville, VA: University Press of Virginia, 1988), pp.217–226.

个因第一次巴尔干战争而新建立的国家，并且是不稳定国家的典型代表。1914
年9月初，反叛集团推翻了威廉·楚·维德的统治——他由列强任命去领导这
个新的国家。此后，随着交战国（甚至是中立的意大利）的介入，将阿尔巴尼
亚纳入各自阵营，或者至少控制其领土中的某一重要部分的意图，让派系纷争
愈演愈烈。但是，阿尔巴尼亚保持了中立，因为两大阵营的任何一方都不愿意
或不能够将自己的干涉升级为全面的入侵。当1915年5月意大利对奥地利宣战
之时，这种情况结束了，之后阿尔巴尼亚成为四方侵略的对象，相关各方都突
进其境内，建立了一个稳固的立足点。[24]

中立的维持

比利时、卢森堡和阿尔巴尼亚的命运或许有助于激发瑞士学者丹尼尔·弗
赖去对中立做出三个层面的独特分析，这被用来作为本章接下来三个小节的基
础。这三个层面的第一层涉及中立政策能够成功所必需的外部条件，比如地理
情况、战争和国际体系的性质（见"外部条件"）。拿比利时的情况来说，简
单的地形和德国的军事计划——极力想从战略上防止出现梦魇般的两线作战情
形——使得保持中立是不可能的。第二层涉及中立的对外信誉，即中立国是否
能够对战争结果呈现出不偏不倚的形象（见本章"不偏不倚的形象"一节）。在
这一方面，卢森堡未能表现出不偏不倚的中立，因为它只对入侵做了象征性的
抵抗，并且明显听任德国人的摆布。最后，第三层涉及中立与中立国其他政策
的协调性（见"中立与国家政策"）。例如，阿尔巴尼亚各派系未能在对外政策
的重要方面达成一致意见，并与国外军队串通一气，导致出现难以保持中立的
情况。必须留意的是，弗赖认为，他所说的三个方面是相当难以操作的，并且
可能是相互依存的。但是，他的方法的价值恰恰在于这些明显的缺陷。就如我
们将要看到的，一旦远离纯粹法律的立场，中立并不容易维持。通过这种关于
法律的立场，中立将被减少为一套要么被遵守要么不被遵守的规则。另外，中
立的成功实施和运作取决于若干因素，其中一些是中立国能够对其产生影响的，

557

---

[24] Marvin Benjamin Fried, "The cornerstone of Balkan power projection: Austro-Hungarian war aims and the problem of Albanian neutrality, 1914—1918", *Diplomacy and Statecraft*, 23:3 (2012), pp.425—445.

其他则属于交战国的范畴，或者由国际经济的形态、地理方面的偶然因素及不同战线的变化性质所决定。[25]

外部条件

一个国家的地理位置，是它是否能够保持中立的一个重要的决定性因素。荷兰在德国军队的左翼占据了一个战略方位，使协约国无法对鲁尔或安特卫普发起任何攻击。同样，荷兰的中立也使德国无法将其作为潜艇或空军基地，去袭击英国。[26]丹麦和瑞典的中立，使得协约国或同盟国完全无法控制波罗的海。瑞典是迄今欧洲所有中立国当中位置最受保护的国家，甚至比西班牙更加如此。此外也至关重要的一点是，瑞典构成了西欧协约国与俄国之间中转贸易方面的一个重要节点，因为奥斯曼帝国的参战使黑海被封锁，而俄国北方港口阿尔汉格尔斯克（Archangel）在一年当中的大部分时期处于冰封状态。[27]欧洲以外的中立国阿根廷、墨西哥和智利，显然享有远离战争前线的地理优势。

成功保持中立的另外一个必要前提条件是，中立至少在理论上能使所有交战国受益。例如，在使交战国之间的外交渠道一直保持开放状态方面，中立国能够发挥有益的作用。由于交战国已经从那时与它们处于战争状态的国家撤出了自己的外交人员，所以中立国开始临时照管他们的利益。例如，西班牙驻葡萄牙、罗马尼亚和意大利的公使馆，能够在这方面为德国和奥匈帝国政府提供帮助，而西班牙驻德国、土耳其、波斯和占领之下的比利时的外交人员，可以照看法国人的事务。[28]此外，中立国为交战国之间的低层往来提供了便利。1917年，荷兰政府为英国和德国政府成员之间的会谈做出安排——虽然他们从未面

558

[25] Daniel Frey, "Dimensionen neutraler Politik: Ein Beitrag zur Theorie der Internationalen Beziehungen", (PhD thesis, University of Geneva, 1969), pp.18–19, 206.

[26] Maartje Abbenhuis, *The Art of Staying Neutral. The Netherlands in the First World War, 1914–1918* (Amsterdam University Press, 2006), pp.26–35.

[27] Patrick Salmon, *Scandinavia and the Great Powers 1890–1940* (Cambridge University Press, 1997), pp.11, 131; Olof Åhlander, *Staat, Wirtschaft und Handelspolitik. Schweden und Deutschland 1918–1921* (Lund: Esselte Studium, 1983), pp.50–54.

[28] Francisco J. Romero Salvadó, *Spain 1914–1918. Between War and Revolution* (London and New York: Routledge, 1999), p.75.

对面举行会谈，但荷兰外交大臣约翰·劳登发挥了中间人的角色——最终实现经荷兰境内交换受伤的战俘。[29] 瑞士和丹麦政府对东欧的战俘营进行巡查，并为那里的红十字会工作人员提供帮助，而美国政府在成立比利时救济委员会方面发挥了关键性作用，1917 年之后，荷兰和西班牙政府接替了这一角色。[30] 另外，中立国领土也为交战国彼此从事间谍活动提供了一个绝佳的机会。特别是那些毗邻德国的中立国，如瑞士和荷兰，成为国际阴谋的温床。[31]

中立国还能为交战国提供重要的经济、金融和交通运输服务。挪威和荷兰拥有规模可观的商业船队，能够部分缓解交战国的运力难题。由于协约国控制了海洋和大部分供轮船使用的燃煤仓储，这场战争期间，它们获得了到那时为止最大笔的经济收益。然而，同盟国——意识到它们遭受到以往不曾有过的孤立——希望它们能够在中立国维持足够重要的经济立足点，以便战后它们可以发挥连接海外市场的作用。这就是为什么即使当协约国和美国在 1917 年至 1918 年期间迫使中立国的船只为它们服务的时候，德国仍通过增加钢铁出口来刺激中立国的造船业。[32] 中立国也生产了对交战国来说大有裨益的重要原材料或者制成品。例如，瑞典生产的铁矿石和木材，挪威发达的渔业和捕鲸业，丹麦和荷兰所生产的大量农产品，以及瑞士拥有的规模可观的军工业。交战国争先恐后地进入中立国的市场，不但购买急需的商品，而且——同时着眼于当前和最终战后的未来——为了它们自己的贸易，去保护现有和可能创造的额外市场，来

[29] Suzanne Wolf, "Guarded Neutrality. The Internment of Foreign Military Personnel in the Netherlands during the First World War" (PhD thesis, University of Sheffield, 2008), pp.224–246. 通过红十字会和教皇本笃十五世作为中间人，瑞士政府设法使德国和法国政府于 1915 年缔结了一个类似的战俘交换协议。

[30] 关于丹麦参与战俘的照管，见 Bent Blüdnikow, "Denmark during the First World War", *Journal of Contemporary History*, 24:4 (1989), pp.683–703. 关于瑞士，见 Frédéric Yerly, "Grande guerre et diplomatie humanitaire. La mission catholique Suisse en faveur des prisonniers de guerre (1914—1918)", *Vingtième Siècle. Revue d'histoire*, 58:1 (1998), pp.13–28 ; and Pierre Du Bois, "L'action humanitaire de la Suisse durant la Première Guerre mondiale", *Revue d'Allemagne et pays de langue allemande*, 28:3 (1996), pp.377–389. 关于美国以及之后荷兰与西班牙代表比利时的外交活动，详见 Johan den Hertog, "The Commission for Relief in Belgium and the political diplomatic histroy of the First World War", *Diplomacy and Statecraft*, 21:4 (2010), pp.593–613.

[31] Hubert P. van Tuyll van Serooskerken, *The Netherlands and World War I. Espionage, Diplomacy and Survival* (Leiden: Brill, 2001), pp.163–164, 169–170.

[32] Marc Frey, "The neutrals and World War One", *Defence Studies*, 3 (2000), p.14.

支付越来越高的战争成本。[33] 中立国与交战国的贸易，尤其是与同盟国的，是非常有利可图的：例如，丹麦农民抓住了这一机会，成为闻名的"烩牛肉男爵"（Gulash-barons）*，他们财富多得足以模仿旧时贵族的生活方式——这让许多漫画家感到高兴，因为他们往往弄巧成拙，让人忍俊不禁。赚取的所有钱财也增强了中立国的金融机构，协约国和同盟国的代表则为了贷款蜂拥而至。对于后者来说，欧洲中立国的银行获得了同盟国更多的重视，因为英国将它们的控制延伸到了电报通信、审查电汇交易，并且在 1915 年和 1916 年垄断了纽约的货币市场。[34]

560

有人认为，在这场战争期间和战后，中立国错失了时机去更直接地掌握它们自己的命运，使它们的合法权利更受尊重，减轻这场战争对它们国家的影响，或许甚至通过非共同出面的调解去缓解战争的烈度或者结束战争。虽然已经数次努力尝试过建立中立国家组成的"第三阵营"（third bloc），但它们都未能成功。也许作为一种可能替代参战的选择，英国外交部在 8 月初制订了一个方案，打算在德国周边组建一个中立国的"小集团"，由英国提供军事上的支持，去阻止这场战争，并防止法国遭受入侵。[35] 大约与此同时，比利时政府向荷兰政府建议，加入一个防御性的军事同盟，以此作为对德国可能入侵的一种威慑。[36] 但是，德国对比利时的最后通牒及随后的入侵，使这两种方案没有继续下去的必要。最后，瑞典政府于 8 月 1 日提议同挪威建立一个攻防联盟。该联盟旨在确保挪威和瑞典不加入或不被迫加入敌对的阵营，并作为一种强劲的制衡力量去应对来自交战任何一方的压力——尤其是针对英国，瑞典政府认为英国试图派遣海军通过挪威或瑞典领海进入波罗的海。挪威拒绝使自己受制于任何进攻性的行动，8 月 8 日这两个国家发表了一项声明，指出这场战争不会造成这两个国家彼此对立。[37]

---

[33] Olav Riste, *The Neutral Ally. Norway's Relations with Belligerent Powers in the First World War* (Oslo: Universitetsforlaget, 1965), pp.42–43; Salmon, *Scandinavia*, pp.24, 118–119; Herman Amersfoort and Wim Klinkert, "Introduction. Small states in a big world", in Amersfoort and Klinkert, *Small Powers*, p.14.
* 源于一战期间丹麦向交战国出口的听装烩牛肉，泛指发战争财的丹麦人。——译者注
[34] Hew Strachan, *Financing the First World War* (Oxford University Press, 2004), pp.161–166.
[35] Lambert, *Planning Armageddon*, pp.205–206.
[36] Abbenhuis, *Art of Staying Neutral*, p.65.
[37] Riste, *Neutral Ally*, p.37; Salmon, *Scandinavia*, p.127.

斯堪的纳维亚国家团结的另一个表现是，1914 年 12 月 18 日至 19 日在瑞典马尔默（Malmö）召开的挪威、瑞典和丹麦的外长会议。然而，整个战争期间，如此定期召开的会议的实际效果是有限的：斯堪的纳维亚各国政府之间存在的政治分歧，最明显的是丹麦执政的社会党和自由党联盟同瑞典保守政党之间，以及挪威一直担心瑞典可能的霸权主义图谋，使得团结一致是难以做到的。此外，这些国家难以通过加强斯堪的纳维亚内部之间的贸易来缓解它们的经济困境，因为它们所需的大多数商品无法由对方提供，尽管在 1917 年至 1918 年间取得了一些这方面的成功。斯堪的纳维亚国家高层会议的最大结果是，通过外交上的合作——例如，针对交战国侵犯中立国权利而发出相同的照会，讨论斯堪的纳维亚在战后未来中的角色——为 1918 年之后更广泛的合作奠定了基础。[38]

关于召开中立国会议去讨论更广泛的合作或抗议这场战争的特定方面——最明显的是英国的封锁和德国的潜艇战，也有过数次的尝试。在 1914 年至 1917 年期间的不同时刻，美国政府受邀去组织，或者至少参与这样一场会议。但是，每一次华盛顿都予以拒绝，指出它们之间的地理距离意味着欧洲的中立国较少拥有行动的自由，很难做出协调一致的行动。而且，国务院认为，在这场战争期间召开中立国会议是充满危险的，因为"战争期间如此会议所采取的任何立场，都会被认为影响了交战的一方或另一方，这并不可取"。[39] 最后且大概最为重要的一点是，看上去华盛顿可能完全不愿意削弱自己去谈判或尝试将"美国式的"和平强加给交战国。因为美国拒绝牵头，所以荷兰和瑞士也不愿意同斯堪的纳维亚国家联手，认为没有美国支持的中立国外交行动是没有意义的，甚至是危险的。[40]

应该注意的是，在 1917 年 2 月 3 日与德国断交之后不久，美国政府就建议所有中立国采取类似的举动。这一针对交战国挑衅——特别是德国——而建立中立国制衡力量的最后尝试，受到了一些南美中立国（见上文）的热烈欢迎，

---

[38] Karen Gram-Skjoldager and Øyvind Tønnesson, "Unity and divergence: Scandinavian internationalism, 1914—1921", *Contemporary Europwan History*, 17:3 (2008), pp.305–306, 315–317.

[39] Bryan to Wilson, 10 May 1915, 引自 Marc Frey, *Der Erste Weltkrieg und die Niederlande: ein neutrals Land im politischen und wirtschaftlichen Kalkül der Kriegsgegner* (Berlin: Akademie Verlag, 1998), p.111.

[40] Frey, "The neutrals and WWI", pp.6–9; Coates, "Upon the neutral", p.43; Patrick Salmon, "British attitudes towards neutrality in the twentieth century", in Nevakivi, *Neutrality in History*, pp.122–123.

但是，欧洲中立国的答复几乎与华盛顿早前所做出的回应一模一样。它们指出，它们可能采取的任何政治举动的后果，相比美国而言，对它们将有更严重的影响，因为它们身处德国军事力量打击的范围之内，华盛顿却并非如此。[41]

562

不偏不倚的形象

中立潜在地能使交战双方都获益，但只有在中立国保证好处是尽可能公平分摊的情况下。首先，欧洲的中立国必须展现可信的防御力量和战略，以表明面对进攻它们愿意且能够做出真正的抵抗。如果它们不这样做，某一交战国可能会研判进攻一个中立国的代价，于是可能产生一条低代价的新战线，以至于否定任何从继续尊重中立中所获得的好处。但问题是，交战国拥有的军事能力远超过中立国所能提供的一切。鉴于这些可能性，中立国试图通过以各种方式展示它们保卫自己国家的能力来化解困境。[42]

毗邻前线的欧洲国家（荷兰、瑞士和丹麦）利用现代防御工事加强它们国防体系中的关键部分。阿姆斯特丹、哥本哈根和瑞士阿尔卑斯山的要塞被用来当作国家最后的阵地，在遭受入侵的情况下将不惜一切代价进行坚守，并且在同入侵者的敌人进行协调的情况下，充当反攻行动的集结地。其次，欧洲的中立国确信，它们与两大交战阵营的军事和政府圈子的不同层面建立起了关系。通过分享有关它们自己备战以及它们所知的某些关于另一交战阵营力量和弱点的关键性情报，中立国军队的指挥官们和政客力图加强这样的想法，即他们为任何情况——当然尤其是来自另一方的进攻——都做好了充足的准备。但是，在其他情况下，他们通过散布谣言和错误的报告而制造疑虑和混乱，例如造成交战一方高估他们的敌人在某一中立国遭受入侵的情况下用于援助该中立国的军事力量。另外，通过不断加强一国的中立在交战国关键人物心中价值的想法——要么直接，要么通过它们的公使馆——它们能够针对主张入侵中立国领土的军方"鹰派"营造内部的抵制力量。最后，指明某一交战国集团所带来的

[41]　Thomas A. Bailey, *The Policy of the United States toward the Neutrals, 1917—1918* (Gloucester, MA: Peter Smith, 1942, repr. 1966), pp.20-22.

[42]　Salmon, *Scandinavia*, p.29.

563 危险，在获得（额外的）武器或弹药方面是一个效果不错的理由。[43]

但是，在丹麦、瑞士和荷兰的防御计划之间存在关键性的差异，展现了不同的国防战略和政治理念。例如，这场战争期间，丹麦从未全面动员其军队。战时，丹麦政府由一个所谓的激进自由党和社会民主党的联盟组成，他们看到了全力以赴抵御侵略的有限作用。他们认为，这样的防御只能导致丹麦人付出毫无意义的生命代价。丹麦的陆军和海军司令部不同意这样的看法。他们坚持1909年时所制定的作战计划，该计划要求在遭受入侵时，战斗性撤离日德兰半岛，以为保障哥本哈根要塞而全面进行军事动员。但是，这场战争期间，军方与文职政府之间的矛盾——政府阻挠1909年作战计划的全面执行——导致双方工作关系的破裂，就如一位丹麦军事史学者所得出的结论，丹麦不得不依赖其他因素去抵御可能的入侵者。对丹麦政府而言，这种情况在1914年8月时就已显而易见。德国——以及瑞典——担心英国海军经大贝尔特海峡（Great Belt）突进波罗的海，将丹麦的西兰岛（Sjælland）和菲英岛（Fyn）分割开来，而将卡特加特海（Kattegat）与波罗的海联结起来。根据1857年的《哥本哈根公约》，贝尔特海峡是一条国际水道，因此，丹麦没有义务与任何经过贝尔特海峡的舰队作战。但是，8月5日，德国政府要求丹麦在贝尔特海峡布雷。这一要求引发了丹麦政府的危机，因为一些政府大臣主张拒绝德国的要求（这意味着与同盟国交战），而另一些政府官员担心默然同意会导致与协约国产生冲突。国王克里斯蒂安十世在屈从德国的情况下进行了干预，但拒绝了德国布设更多的水雷以及优待德国海军舰只的进一步要求。此后，丹麦的中立政策有着明显的亲德倾向，因为这个国家特别难以防御来自德国的入侵，但是，国王、外交大臣和商业界的精英为布雷和其他在协约国看来是亲德的行为，设法做出令人信服的解释和沟通。[44]

564 当战争爆发之时，瑞士全面动员了它的22万民兵力量，将他们沿着边境部

---

[43] Amersfoort and Klinkert, "Introduction", pp.12–13.

[44] Michael Clemmesen, *The Danish Armed Forces 1900—1918. Between Politicians and Strategic Reality* (Copenhagen: Royal Danish Defence College, 2007), pp.33–39; Hans Branner, "The August 1914 mine-laying crisis", in Michael Epkenhans and Gerhard P. Groß (eds.), *The Danish Straits and German Naval Power 1905—1918* (Postdam: Militärgeschichtliches Forschungsamt, 2010), pp.97–106. 关于德国 "鹰派"（特别是海军部内的）与外交部的 "鸽派" 在丹麦中立问题上的争论，见 Udo Dobers, "Die deutsch-dänischen politischen Beziehungen im Spätsommer 1914. Untersuchung eines Sektors der deutschen Außenpolitik bei Ausbruch des Ersten Weltkrieges" (PhD thesis, University of Hamburg, 1972).

署，以应对法国或德国军队借道瑞士领土侧翼包抄对方的任何举动。一旦 1914 年 11 月战线稳定下来，大多数民兵重新返乡，但军队的规模一直在变动。1918 年，作为对社会和经济压力所做出的反应，军中服役的人数只有 2 万人，虽然为应对 1918 年 11 月骚乱的蔓延，一些部队再次开始征召。或许是因为瑞士拥有易守难攻的地形和得到国际承认的中立地位的优势，瑞士的政客让军队自行发展。例如，瑞士的军队将领与来自交战国两方的同行共同制订战略去应对敌人的任何入侵。[45]

这种情形与丹麦以及荷兰形成了鲜明的对比。荷兰政府认为，通过密切关注其边境动向，以及让世人确信任何侵犯其领土完整的行径——无论规模多小——都必将受到惩处，才能最好地维护中立地位。为了做到这一点，整个战争期间，军方一直保持 20 万人的军队处于动员状态。另外，就如瑞士那样，荷兰对严守中立的解释没有给高层与交战双方军队的往来留下任何空间。荷兰政府发誓，只有在实际遭受侵略的情况下，才会需要外来的援助，并认为对中立地位可能遭受的威胁事先制定计划，如果被交战国发觉，将会招致入侵，而不会起到防止侵略的作用。[46]

关于中立国的军事威慑是否真正具有任何作用，仍然是一个存在历史争议的问题。持肯定看法的人指出，西线的军事形势意味着，即使是规模较小的中立国军队，对于交战双方能够为入侵而仓促集结的任何军队而言，都是难以对付的敌人，这种情况因巧妙实施的情报战而得到了加强。他们还提到，交战国制订的大多数入侵计划（比如英国入侵荷兰南部的"S 计划"，德国入侵日德兰半岛和德国海军在丹麦水域展开行动的"J 方案"），都是专门为中立国遭受另一阵营进攻设计的：在第一种情况下，德国对荷兰发起进攻，英国则

565

[45] Max Mittler, *Der Weg zum Ersten Weltkrieg: Wie neutral war die Schweiz? Kleinstaat und europäischer Imperialismus* (Zürich: Verlag Neuer Züucher Zeitung, 2003), pp.595–899; Antoine Saküle, "L'armée Suisse (1914—1918): forces et difficultés", in Jules Maurin and Jean-Charles Jauffret, *La Grande Guerre 1914—1918: 80 ans d'historiographie et de représentations. Colloque international—Montpellier 20-21 novembre 1998* (Presses de l'Université de Montpellier, 2002), pp.265–280. 关于战前和战时瑞士作战行动计划更多的情况，见 Hans-Rudolf Fuhrer, *Die Schweizer Armee im ersten Weltkrieg. Bedrohung. Landesverteidigung, Landesbefestigung* (Zürich: NZZ Verlag : 2000).

[46] Wim Klinkert, "Threatened neutrality: Holland between the German army and the British navy", in Epkenhans and Groß, *Danish Straits*, pp.139–154. 亦见 Klinkert 即将出版的论文集 *Neutrality Defended. The Netherlands Prepares for War, 1900—1925* (Leiden: Brill, 2013).

发起入侵行动；在第二种情况下，英国则借道丹麦杀向基尔运河。真实的进攻计划确实存在（例如，法国陆军于 1915 年至 1916 年冬季借道瑞士袭击德国的"H 计划"），但主要还是针对中立国毕竟可能会选边站的传闻所做出的反应。[47]

但是，持反对意见的人认为，在提升中立对于交战国的益处方面，其他因素——主要是经济方面——可能发挥了更为重要的作用。正如之前小节提及的那样，获取中立国（金融）市场，对于交战双方来说都可能有着潜在的巨大好处。作为它们经济战行动的一部分，协约国和同盟国都竭力从与中立国的贸易中获取尽可能多的利润，同时又设法使它们的敌人丧失同样的收益。对中立国而言，危险是满足其中一方过多的经济需求，可能会招致非中立的指控。

然而，许多中立国所面对的问题是，英国控制了所有海上的贸易路线，能够使它们无法随意获得急需的物资供应，例如粮食、肥料和棉花。英国政府利用这种武器向中立国施压，特别是对那些毗邻德国的中立国家，以阻止一切转口贸易。荷兰最早成为这种战略的实施对象，因为莱茵河为德国主要的工业区提供了经荷兰鹿特丹港通往海洋的便利通道。但是，荷兰政府已经同德国签署了自由贸易协定，担心屈从英国的要求将导致自己与同盟国发生严重的冲突。荷兰政府简直身处"恶魔和深蓝色的大海"之间，发现自己动弹不得。但是，由于担心英国与荷兰因违禁品贸易发生冲突将毁掉这个中立小国，并在其他中立国看来——最明显的是美国——会损害协约国的事业，在荷兰的英国外交人员，与荷兰政府圈子里的关键人物以及有影响的银行家和商人团体进行合谋，想出了一个既使荷兰保持中立，又维护英国利益的解决之道。他们成立了荷兰海外信托公司，一个能保证荷兰国内消费任何英国宣布为违禁品的私人机构。这保证了荷兰能从海外进口急需的商品，而不损害英国对同盟国正不断扩大的封锁。由于荷兰海外信托公司不与政府存在任何形式的（正式的）联系，首相

[47] Wim Klinkert, "Fall K. German offensive plans against the Netherlands 1916—1918", and C. Paulin, "German war plans against Denmark 1916—1918", in Amersfoort and Klinkert, *Small Powers*, pp.85–117, 119–134. 关于"H 计划"，见 Hans Rudolf Ehrbahr, *Schweizerische Militärpolitik im Ersten Weltkrieg. Die militärischen Beziehungen zu Frankreich vor dem Hintergrund der schweizerischen Außen- und Wirtschaftpolitik 1914—1918* (Bern: Verlag Stämpfli & Cie, 1976), pp.87–144.

科尔特·范德林登及其内阁能够否认知晓或参与谋划荷兰海外信托公司针对德国的行动。1915 年 7 月，对 1914 年 12 月缔结的荷兰海外信托公司协定补充了一个自愿定量供给的条款。另外，在 1916 年，英国政府和荷兰海外信托公司通过谈判，在荷兰农民与协约国政府之间达成了一项限制向德国出口农产品的贸易协定。[48]

　　协约国希望，其他的中立国家也能去建立类似荷兰海外信托公司这样的机构。瑞士政府愿意考虑这样的提议，但是要求获得比荷兰政府更大限度的监管权，担心协约国对完全私营的公司所施加的压力（1915 年 10 月成立的瑞士通用公证行）将导致它偏袒说法语的瑞士人，而不利于说德语的瑞士人。一方面，瑞士人相比荷兰人更依赖于协约国，因为他们的出海通道能被协约国完全控制（特别是意大利宣战之后）。另一方面，他们设法从相对强势的地位出发去同交战双方进行谈判，因为德国并未对瑞士政府正式参与谈判提出抗议，并且协约国允许一些商品穿过封锁，以便被用来交换瑞士工业急需的煤炭和钢铁。这种强势地位，部分因为交战双方对瑞士军工和机械工厂的依赖，对瑞士中立的可靠了解以及瑞士相对强大的军事力量。[49] 567

　　在丹麦，政府最初保持超然的姿态，就如荷兰所做的那样。当 1915 年 11 月英国政府官员与业已存在的代表丹麦大多数工业企业的工业理事会（Industriråd）和商人公会（Grosserer Societet）谈判缔结贸易和国内消费协议时，以及当 1915

---

[48] Samuël Kruizinga, "Government by committee: Dutch economic neutrality and the First World War", in Kitchen *et al.*, *Other Combatants, Other Fronts,* pp.99–124, and "Not neutrality. The Dutch Government, the Netherlands Overseas Trust Company, and the Entente blockade of Germany, 1914—1918", in Hertog and Kruizinga, *Caught in the Middle*, pp.85–104; Frey, *Erste Weltkrieg*, pp.110–203, 232–330; Herman de Jong, "Between the devil and the deep blue sea: the Dutch economy during World War I", in Stephen Broadberry and Mark Harrison (eds.), *The Economics of World War I* (Cambridge University Press, 2005), pp.137–168.

[49] David Daniel Driscoll, "Anglo-Swiss Relations 1914—1918 with Special Reference to the Allied Blockade of the Central Powers" (PhD thesis, University of London, 1968); Heinz Ochsenbein, *Die verlorene Wirtschafsfreiheit 1914—1918. Methoden ausländischer Wirtschafskontrollen über die Schweiz* (Bern: Verlag Stämpfli & Cie, 1971); Marjorie Farrar, "Le système de blocus suisse (1914—1918) : les interactions de la diplomatie, de stratégie et des priorités intérieures", *Revue d'histoire moderne et contemporaine*, 21:4 (1974), pp.591–622 ; Pierre Luciri, *Les sources de la neutralitééconomique suisse. Les accords secrets de Berlin des 26 mars et 5 août 1915, l'arrangement du 22 septembre 1915 instituant la Société suisse de surveillance* (Lausanne: Institut universitaire de hautes études internationales, 1976). 关于经济战对瑞士不同工业部门公司和服务业的影响，见 Roman Rossfeld and Tobias Straumann (eds.), *Der vergessene Wirtschaftskrieg. Schweizer Unternehmen im Ersten Weltkrieg* (Zürich : Chronos Verlag, 2008)。

年和 1916 年年初与一些农民组织订立关于农产品出口的非正式协议时，丹麦政府持袖手旁观的态度。但是，它们开始担心，这些民间的谈判活动会危害到中立地位，因为比起丹麦的中立，工业理事会和商人公会看上去更关心保护它们的英国市场。于是，外交大臣埃里克·斯卡韦纽斯在 1916 年 3 月进行了干预，废除了最近缔结的贸易条约，迫使丹麦方的参与者从一个更广泛的政治立场出发去考虑德国的需求。由于英国认识到了柏林可能向丹麦人施加巨大军事压力，他们在这件事上取得了显著的成功。[50]

在挪威，不存在类似荷兰海外信托公司这样的机构。因为挪威工业专门从事少数主要行业，所以这些行业在进出口方面达成了所谓的"部门协议"（branch agreements）。另外，英国人与挪威大型的运煤商业船队做吨位交易，由此确立了一个先例，自 1916 年起被荷兰和丹麦所遵循。除了这些民间协议外，政府也在 1916 年与协约国谈判达成了关于严格控制向德国出口鱼类和黄铁矿的协议。德国在经济上无力对挪威人施压，加大潜艇击沉挪威船只的数量只能加强挪威的中立在经济上的亲协约国倾向。[51]

最后，瑞典拒绝就其出口规则与英国人进行谈判，也拒绝向他们提供统计数字。英国人与瑞典的航运公司达成过一些协议，但总体上，经济战是在一个零碎的基础上进行的，就是说，目的地为瑞典的船只经常遭受拦劫，或者他们的货物被带至捕获法庭（prize court）。瑞典的原材料继续不受阻碍地出口到德国，因为协约国不敢冒这个国家关闭俄国通往西方生命线的风险。但是，当俄国开始退出战争并且粮食短缺加剧时，公众的不满情绪迫使瑞典政府转向一种更容易与协约国达成经济和船舶吨位协议的政策上去。[52]

---

[50] 关于与英国的谈判，见 Taga Kaarsted, *Great Britain and Denmark 1914—1920* (Odense University Press, 1979), pp.99–104; Eli F. Heckscher *et al.*, *Sweden, Norway, Denmark and Iceland in the World War* (New Haven, CT and London: Yale University Press and Oxford University Press, 1930), pp.419–420。

[51] Riste, *Neutral Ally*, pp.91–94; Paul G. Vigness, *The Neutrality of Norway in the World War* (Stanford University Press, 1932), pp.47–50.

[52] Steven Koblik, *Sweden: The Neutral Victor. Sweden and the Western Powers 1917—1918. A Study of Anglo-American-Swedish Relations* (Stockholm: Läromedelsförlagen, 1972), pp.15–32. 德国和瑞典的谈判详见 Justus-Andreas Grohmann, *Die deutsch-swedische Auseinandersetzung um die Fahrstrassen des Öresunds im Ersten Weltkrieg* (Boppard am Rhein: H. Boldt, 1974), pp.114–52, 169–170；关于英国和瑞典的谈判见 Brian J. C. McKercher and Keith E. Neilson, "The triumph of unarmed forces: Sweden and the Allied blockade of Germany, 1914—1917", *Journal of Strategic Studies*, 7:2 (1984), pp.178–199。

中立与国家政策

像荷兰海外信托公司这样的机构和类似丹麦向德国军事力量卑躬屈膝这样的做法，从法律意义上讲，几乎谈不上是中立。但是，交战国似乎接受了它们，即使提出过正式的抗议。德国政府看上去认可了中立国与协约国之间达成经济协议的必要性：例如，没有荷兰海外信托公司，荷兰将被包含在封锁之内，由此难以生产出剩余的农产品向同盟国出口。而且，荷兰海外信托公司的企业家要求，某些来自印度的奢侈商品仍可以经荷兰销往德国。最后，柏林利用战时建立的包括所有荷兰主要的银行家、企业家和农场主的民间机构和公司，去谈判缔结贷款协议和固定的价格，以缓解它们自己的金融困境。但是，柏林小心翼翼地注视着形势发展，当柏林感到荷兰海外信托公司及其兄弟机构在绥靖协约国方面走得过远时，它甚至施加自己的某些经济压力。同样，英国接受丹麦 569 与德国所做出的军事安排，因为它确实缺少军事力量去施加类似的压力。在这方面，丹麦也不得不在必需（这样可被接受）和过度迁就之间辗转腾挪。[53]

然而，在荷兰以及在丹麦，绝大多数民众将中立本身视作理所当然且必需的对外政策。这两国政府敏锐地意识到，它们的地缘战略位置，以及两国要顾及的广阔的殖民帝国，使得加入任何一个交战国集团都是危机四伏的冒险行为。另外，对这两个中立国的多数民众而言，中立保持了积极的自我形象：他们将自己视作相比交战国拥有更冷静头脑和更高道德水准的人群，而交战国"拯救世界"的使命被认为是为自己私利服务且虚伪的。[54] 但是，即使在那些可被认为中立实施得最符合国际法条文的国家，如荷兰（在政府和海外信托公司之间确立了严格的界限）及瑞士（其中立得到了国际条约和自身联邦体制的保证），中立和国内政策也可能有相抵触的情况。

1916 年 1 月，瑞士因"上校事件"受到震动。两名瑞士军方的高级情报官员，被发现向德国和奥地利的军事武官提供有关法国和俄国军队调动的情报。最初，瑞士军方司令部试图通过将两名违纪的官员调离情报部门来平息该事件，

---

[53] Frey, "The neutrals and WWI", pp.16–24. 亦见他的 "Die Niederlande als trans-atlantische vermittler, 1914—1920", in Ragnhild Fiebif-von Hase and Jürgen Heideking (eds.), *Zwei Wege in die Moderne: Aspekte der deutsch-amerikanischen Beziehungen 1900—1918* (Trier: Wissenschaftlicher Verlag, 1998), pp.177–198。

[54] 比如，现实中丹麦并不打算收复 1864 年第二次石勒苏益格战争中所失去的领土。

但是，瑞士的法语报纸进行了爆料，在讲法语的瑞士人——他们看到了最担心的情况，他们一直认为的军方亲德立场被证实——和协约国中间引发了一片哗然。为防止事态失去控制，瑞士联邦委员会决定，该案件应在军事法庭举行听证。有趣的是，两名官员未被认定犯有叛国罪（未传递瑞士的军事机密情报），负最终责任的参谋长特奥菲尔·施普雷歇·冯·贝尔内格未被解除职务。但是，大概最能说明问题的是 1916 年 2 月 29 日施普雷歇的证言："由于一方面我们不得不接受，每当满足交战国的要求时，我们作为中立国的权利将遭到侵犯和限制，所以我们在遵守我们的职责时，也不必太过低三下四和一丝不苟。"[55]

他的观点被荷兰最高司令 C. J. 斯尼德斯发挥到极致。斯尼德斯认为，沿着荷兰边界线保持严密的"中立监视"以惩罚任何违规行为，正削弱部队和他本人保卫国家的战斗力和能力。这种情况因荷兰政府拒绝与交战国举行初步会谈以协商遭受入侵情况下的行动计划，而变得更加复杂。在这些背景下，1917 年至 1918 年期间，他认为，荷兰面对进攻实际上是难以防御的。按照他的看法，维护中立和保卫国家已经到了相互矛盾的地步。像施普雷歇一样，斯尼德斯未被解除职务，表明在中立国家中那些类似这两位军事官员所提出的问题——中立的规则是否真能够保护中立国——依然没有一个现成的答案。[56]

在西班牙，不同类型的困境浮现了出来。在这里，与希腊的情况没什么不同，战争加剧了国内业已存在的尖锐分歧。战争所造成的经济影响深化了这场危机，而国家必须应对超过 4 万名返乡的外出务工人员，这使得情况更加糟糕。再一次，如同希腊那样，对外政策上的恶意争论，加剧了两个对立派别之间的尖锐争吵——某一研究者称之为"道德层面的内战"。在观点上倾向于天主教、保守主义和保皇的一派支持同盟国，他们被视作君主政体、权力、等级社会秩序、教规和宗教虔诚的支柱。群众基础广泛但各不相干的反教权力量的联盟为另一派，他们视协约国为信仰和政治自由，以及他们希望西班牙所效仿的未来社会、文化和经济现代化模式的保护者。这一派也得到了加泰罗尼亚许多民众

[55] Paul Moeyes, "Neutral tones. The Netherlands and Switzerland and their interpretation of neutrality 1914—1918", in Amersfoort and Klinkert, *Small Powers*, pp.72–74 (cited on p.73). Cf. H. R. Fuhrer, "Die oberstenaffäre", in Hans-Rudolf Fuhrer and Paul M. Strässle (eds.), *General Ulrich Wille: Vorbild den einen—Feindbild den anderen* (Zürich: Verlag Neur Zürcher Zeitung, 2003), pp.359–408.

[56] Abbenhuis, *Art of Staying Neutral*, pp.243–247, Tuyll, *The Netherlands and WWI*, pp.110–121.

的支持，后者认为自己与法国存在更多经济、文化、家族和语言的联系。虽然两派的支持者都主张参战，并在各自内部讨论参战的最佳时刻，但是，恰恰是西班牙如此根本性的分裂阻碍了它的选边站，因为这样做将导致大规模的骚乱，甚至可能是一场内战。此外，许多人认为，中立是西班牙唯一可靠的选择，甚至无视他们对任一交战国集团的支持：这个国家经济上和军事上内在的虚弱，妨碍了它积极地卷入战争。[57]　　　　　　　　　　　　　　　　　　　571

墨西哥的中立同样是默认的，因为它处在一场现实的内战的混乱之中。从1910年起直至1919年，一个又一个的政治党派上台执政，通常是在英国、德国或美国的（秘密）支持之下，这些国家借此希望更好地保护它们的现有投资，或者在将来赢得更大的势力影响。1914年之后，德国开始思量美国站在协约国一方参战的可能性，于是加强了它在墨西哥的活动，希望在美国宣战的情况下在墨西哥建立一个行动基地，或者制造大量的麻烦，以使华盛顿专注于这些事务，而难以加入欧洲的战场。在接下来发生的一场代理人战争中，美国、德国以及英国的势力——尽管后者远谈不上成功——摆好争斗的架势，此外还有处于混战中的墨西哥国内的相关力量。最终，在这场战争期间，墨西哥一直处于分裂状态：所以它的中立是默认的。[58]

在瑞典，只有一个"主战派"：所谓的激进主义分子（aktivisterna）。他们竭力主张瑞典拿起武器站在德国一方，但是，出于各种原因瑞典没有这样做。一些人将瑞典视作北欧日耳曼人的首要代表者，强烈要求"日耳曼尼亚的宠儿，最美金发的儿女"，在一场文明之战中加入他同种族亲戚的阵营。其他人担心协约国战胜同盟国，将使得波罗的海地区处于俄国人"东方式野蛮"的控制之下，考虑到俄国控制了奥兰群岛（Åland Islands），这种情况尤

[57] Gerald H. Meaker, "A civil war of words: the ideological impact of the First World War on Spain, 1914—1918", in Schmitt, *Neutral Europe*, pp.1–65; Jean-Marc Delaunay, "1914. Les espagnols et la guerre", in Jean-Jacques Becker and Stéphane Audoin-Rouzeau (eds.), *Les sociétés européennes et la guerre de 1914—1918: actes du colloque organiséà Nanterre et à Amiens du 8 au 11 décembre 1988* (Paris: Université Paris X-Nanterre, Centre d'Histoire de la France contemporaine, 1990), pp.117–134 ; Romero Salvadó, *Spain 1914—1918*, pp.9–16, 165–173; Romero Salvadó, The Great War and the crisis of liberalism in Spain, 1916—1917, *Historical Journal*, 36:4 (2003), pp.893–914; Romero Salvadó, "Fatal neutrality: pragmatism or capitulation? Spain's foreign policy during the Great War", *European History Quarterly*, 33:3 (2003), pp.291–316.
[58] Friedrich Katz, *The Secret War in Mexico. Europe, the United States, and the Mexican Revolution* (University of Chicago Press, 1981), pp.253–524; Michael C. Meyer, "The Mexican-German conspiracy of 1915", *The Americas*, 23:1 (1966), pp.76–89.

其会令人感到不安。一些人梦想着,支持德国意味着瑞典将重新主导斯堪的纳维亚半岛,尽管是在德国的庇护之下。[59] 激进主义者利用性别和社会达尔文主义的意象将交战国描述为坚强和具有阳刚之气,而将中立国指责为懦弱和女人气,就如意大利主战报纸在"热情似火的五月"期间所做的那样。在他们的社会保守主义和某种程度的亲德主义方面,激进主义者得到了亚尔马·哈马舍尔德政府和国王古斯塔夫五世的支持。但是,这种影响很大程度上因自由党和社会民主党抵制对外政策上的"冒险主义"而被抵消,他们支持进一步的民主化,以及一种更加不偏不倚的中立政策。哈马舍尔德的辞职,报纸对战争恐怖情形报道的催人警醒的影响,以及追随英国经济措施的外交努力的重新现实定位,大大削弱了——但从未彻底扑灭——激进主义者的运动。[60]

最后,在遥远的智利——这个国家与西班牙一样处于分裂之中——也有一个以教会和军方为中心的支持同盟国的派别,而包括各种肤色和信仰的自由主义者则支持协约国的事业。但是,由于存在大批的德国移民,形势变得更加复杂,他们在 1916 年成立了一个强力的游说团体——德裔智利人联盟。此外,由于不信任它的拉美邻国秘鲁和玻利维亚——这两国在 1917 年之后站在了美国一边并加入了美国领导的抵制德国在智利经济影响的运动——从而导致了大规模的反美浪潮。[61] 阿根廷的中立同样受到反协约国情感的影响。长期以来,阿根廷依赖英国的市场和金融,这个国家可能会与其北方的邻国一同站在协约国一方,

---

[59] Inger Schuberth, *Schweden und das Deutsche Reich im Ersten Weltkrieg. Die Aktivistenbewegung 1914—1918* (Bonn: Röhrscheid, 1981). 关于德国试图在政治上支持瑞典激进主义者,见 Wilhelm M. Carlgren, *Neutralität oder Allianz. Deutschlands Beziehungen zu Schweden in den Anfangsjahren des ersten Weltkrieges* (Stockholm: Almqvist & Wiksel, 1962), pp.73-75。

[60] Lina Sturfelt, "From parasite to angel. Narratives of neutrality in the Swedish popular press during the First World War", in Hertog and Kruizinga, *Caught in the Middle*, pp.110-114; Steven Koblik, "Sweden, 1917: between reform and revolution", in Schmitt, *Neutral Europe*, p.115. 关于瑞典王室对同盟国的支持,见 Franklin D. Scott, "Gustav V and Swedish attitudes toward Germany, 1915", *Journal of Modern History*, 39:2 (1967), pp.113-118.

[61] Fredrick B. Pike, *Chile and the United States, 1880—1962: the Emergence of Chile's Social Crisis and the Challenge to United States Diplomacy* (Notre Dame, IN: University of Notre Dame Press, 1963), pp.88-91. 关于德国在智利的长期影响,见 Stefan Rinke, "Ein pickelhaube macht noch keinen Preußen: preußisch-deutsche militärberater, militärethos und modernisierung in Chile, 1886—1973", in Sandra Carreras (ed.), *Preußen und Lateinamerika: Im Spannungsfeld von Commerz, Macht und Kultur* (Münster: LIT-Verlag, 2004), pp.259-284.

因为德国潜水艇扰乱了阿根廷的航运业，而且1917年的9月，一封被截获的来自德国驻布宜诺斯艾利斯公使卡尔·冯·卢森堡伯爵的电报被公之于众，他在电报中嘲讽驻在国的外交部长是"众所周知的傻瓜"，并建议应该"不留痕迹地击沉"所有的阿根廷船只。但是，1916年10月，伊波利托·伊里戈延以反英、反全球化的政治纲领上台执政。尽管经济上依赖于英国的市场和金融，但自这场战争伊始，许多人就感受到了这种依赖的沉重副作用，因为英国开始针对德国在阿根廷的利益展开了一场咄咄逼人的经济战。这场战役的无情方式激怒了广大的民众，以至于伊里戈延的中立政策实施起来几乎无可争议：阿根廷的剩余农产品由此成为一个重要的谈判筹码。[62]

573

结　论

为什么某些国家设法维持中立，而另一些选择或被迫参战呢？这一看起来简单的问题，已经催生了一大堆数十种语言的著作。在一直保持中立的那些国家中，其大部分史学著作集中在这样的问题，即这种成就是否应归功于领导层成功地驾驭了国家这艘中立的船只，航行在协约国这个斯库拉（Scylla）和德国这个卡律布狄斯（Charybdis）* 之间的不偏不倚的航线上，或者是否外部环境，譬如战争的特定性质或交战国的政策，制造了一片如此宁静的海域，从而使得平顺的航行差不多能够得到保证。在那些选择参战的国家中，历史学者不但要问"为什么"，而且要问"谁"：谁最终应对改弦易辙从和平走向战争负责。假如参战被认为是有悖大多数民众的意愿或利益（比如意大利，历史学者注意到，1915年竭力主张参战的许多人，也是20年代法西斯主义的支持者），或者没有取得预期的结果（比如奥斯曼帝国，参战意在挽救这个国家，但参战最终摧毁了它），那么种种争论将尤其白热化。[63] 值得关注的是，在那些中立遭受侵犯的

---

[62] Philip Dehne, "Britain's global war and Argentine neutrality", in Hertog and Kruizinga, *Caught in the Middle*, pp.67–83; Dehne, *On the Far Western Front. Britain's First World War in South America* (Manchester University Press, 2009), pp.160–171; Robert Gravil, "The Anglo-Argentine connection and the war of 1914—1918", *Journal of Latin American Studies*, 9:1 (1977), pp.55–89; Joseph S. Tulchin, *Argentina and the United States. A Conflicted Relationship* (Boston: Twayne, 1990), pp.36–38.

* 斯库拉，希腊神话中栖居锡拉岩礁上攫取船上水手的女妖；卡律布狄斯，希腊神话中的女妖。——译者注

[63] Renzi, *In the Shadow of the Sword*, p. 264.

国家中，很少或没有有关为什么会如此的探讨：比利时和卢森堡是"挡了道"，因此不可能维持它们的中立地位。

574　在本章中，我试图从非常不相干的以及更重要的是从非常"国别的"（national）有关第一次世界大战期间中立问题的史学著作中，去得出一些结论。首先，选择参战的中立国家是被政府或统治精英带入这场战争的，他们相信保持中立会剥夺自己塑造未来的重要机会，而非以国家利益受到威胁为基础去为国家做出决定。值得注意的是，我的研究结果表明，最初的交战国——尽它们所能——只能（即使不是在所有的情况下）影响中立国的参战时机，而不能影响中立国站在哪一方参战。[64]

中立遭受交战国侵犯的那些国家，是地理位置以及在较低程度上战略方面的受害者。比利时和卢森堡的命运在德国战争计划制定人员得出结论的那一刻起就被决定了，它们的主权是快速取得对法国胜利所必须做出的牺牲，否则德国将沦为俄国"压路机"的牺牲者。阿尔巴尼亚是一个为防止战争而建立起来的国家：它的领土被如此多的国家垂涎，以至于对一国做出让步将引来另一国的入侵。但是，当1914年战争爆发时，这一预防战争的目标就已归于失败。

一组特别的国家选择了保持中立。它们的政府相信，参战将招致过多的危险，或者同时带来极少的好处。在大多数这样的国家里，只有边缘化的群体主张参战，但是在其余这样的国家中，战争和中立——唯一他们并不反对的做法，加剧了业已存在的意识形态、语言和种族方面的分歧。还有非常相像的两个例子：一是西班牙，"言语上的内战"在20世纪20年代和30年代转化成了事实上的内战和法西斯专政；二是瑞士，对这个国家讲法语和讲德语的两部分民众而言，独特的"中立的"国家认同得以形成，表明选择中立可能存在长远的影响。[65]

但是，仅仅宣称自己中立是不够的。因为国际所承认的关于中立国权利和义务的惯例和规则，在最好的情况下也是有出入的，在最糟的情况下则根本不存在，中立国和交战国必须不断就（经常变化的）临时解决方案进行谈判。一些关键性的因素决定了这种临时解决方案的结果：

[64]　Lothar Höbelt, "Der Balkan und die strategic der Entente", in Jürgen Angelow (ed.), *Der Erste Weltkrieg auf dem Balkan* (Berlin: be. bra wissenschaft Verlag, 2011), pp.57–73.

[65]　Mittler, *Weg zum Ersten Weltkrieg*, pp.662–666.

（1）地理环境对进攻行动构成了明显的遏制。就如比利时和卢森堡的中立是地理的受害者那样，合乎情理的是，在其他情况下地理因素有利于维护中立。

（2）由于军事和经济形势，中立的好处（被认为）尽可能公平地分摊。　　575

（3）中立促使（可能的）进攻的代价最大化，而使它们对交战国保持中立的相关惩罚最小化。

最后，本章指出了，中立国与交战国之间就临时解决方案所进行谈判的方式是存在很大差别的。首先，它们保持中立的益处可能被各交战国，或者甚至被交战国内部的各派别不同地加以认识。其次，中立国必须对快速变化的形势做出反应，因为形势可能导致它们中立的某些益处变得没有实际意义。最后，中立国必须决定它们如何能最有效地将它们的"情况"向交战国做出表述。这种不断的反复磋商，不应认为是"规避"国际法，而是第一次世界大战期间中立的本质。

21 和平主义

马丁·查德尔[*]

定 义

1914 年时，"和平主义"（pacifism）还是一个新近创造出来的词，当世界大战将对战争的看法带至政治生活的前沿时，它出现在最主要的几种语言当中。然而，所付出的代价是，它的基本含义存在不断深化的不确定性，甚至如今依然没有完全明确。为了划定本章论及的范围，有必要确定该词在第一次世界大战期间使用时的三种含义。按精确性降序排列依次为：第一，绝对抵制军队，最激烈的表现是，出于良知而拒绝应征入伍；第二，相信政治改革能最终消除战争的进步主义想法，最突出表现为要求建立国际联盟的自由主义主张，民主管理对外政策的基本要求，以及推翻资本主义和帝国主义的社会主义主张；第三，纯粹的厌战情绪，表现为由物质因素而不是要求改革国际体系的任何想法所引起的罢工和兵变。

1901 年，法国"和平与自由国际联盟"（Ligue international de la paix et de la liberté）的埃米尔·阿诺创造了"和平主义"（le pacifisme）一词，去描述一种明确表达观点的处于少数派地位的政治力量，即和平运动，在刚刚超过一个世纪的时间里所倡导的全方位想法。他此举给出了一个替代"联邦主义"（le fédéralisme）的词，而"联邦主义"是一些如雅克·诺维科夫这样的活动人士当

---

[*] 我要感谢伊莎贝尔·霍洛韦蒂（Isabel Holowaty）在参考书目方面所提供的帮助。

时正试图限制这场运动的更具局限性的方案。[1] 与 1897 年之后英国国际仲裁与和平协会的 G.H. 佩里斯所倡导的"大国强权下的和平主义"（paxism）不同 [2]，"和平主义"这个新词流行了起来。在英国，"和平主义"时常被词源学的纯粹主义者说成"pacificism"，在 1903 年秋的和平主义杂志上首次得到使用，并在两年后登上了英国主要的报纸《泰晤士报》。在 1911 年发行的首版《简明牛津字典》中，这个词并未出现，但收录在 1914 年版的增补之中。

577

阿诺一直在为和平运动的理念找寻一种精悍包容的称谓。法国大革命之后的一个时期，和平运动在英国出现，并在拿破仑战争结束时在美国和英国组织化而形成和平协会。和平运动的凝聚力在于，相信比起武装起来和时刻警惕的国家政府之间出于现实考虑所达成的停战，可以实现更根深蒂固和更持久的"和平"。从一开始，这种通过消灭战争机制而使国际体系发生改变的理想主义运动，存在两个截然不同的派别：绝对主义者和改良主义者。绝对主义者继承了诸如门诺派教徒（Mennonites）和贵格会信徒（Quakers）这样的基督教派的处事方式，在说英语的和平活动人士当中实际上处于少数，在其他国家的和平人士中甚至更少。他们反对一切军事力量，试图通过出于良知而拒服兵役来消除战争。他们的政策有时被描述为"不抵抗主义"（non-resistance），尽管在国内政治中这种说法容易与服从政府权威的含义产生混淆。[3] 改良主义者是所有和平运动中的大多数，受到了启蒙运动关于战争是非理性的思想的激励。他们试图通过各种政治改革来消除战争，但是，在任何这些想法产生效果之前，他们接受军事力量的合法性，除了侵略或反动的方式以外。尽管美国和平主义者伊莱休·伯里特在 1846 年使用了"防御战争的和平倡导者"这种说法，但不存在改良主义者的一致称谓。[4]

这样，阿诺 1901 年创造的新词填补了一项语言方面的空白，尤其可以用来

---

[1] 在 1901 年 8 月《独立的比利时》（*L'Indépendence belge*）上的一篇文章中，阿诺首次使用该词，文章很快在 1901 年 8 月的《美国和欧洲：和平与自由国际联盟杂志》（*États-Unis d'Europe: Journal de la Ligue internationale de la paix et de la liberté*）中转载，在第二个月于格拉斯哥召开的全球和平大会的纲领中该词再次得到使用，参见 *Proceedings of the 10th Universal Peace Congress, St Andrew's Hall, Glasgow, 10-13 September 1901* (London: 1901), pp.82–90.

[2] Martin Ceadel, *Semi-Detached Idealists: The British Peace Movement and International Relations, 1854—1945* (Oxford University Press, 2000), p.147.

[3] 参见例如 *The Times*, 3 July 1817, p.3.

[4] E. Burritt diary, 30 October 1846: New Britian Public Library, Connecticut.

当作和平活动人士中作为多数的改良主义者的称号，但是在涵盖作为少数的绝对主义者时，可能会造成混淆。在两个有些相互矛盾的层面，它的含义因第一次世界大战而进一步复杂化了。首先，它开启了一种长期的过程，其间，特别是在说英语的国家，更狭隘、绝对的含义作为首要含义取得了主导地位：这是因为，出于良知而拒服兵役者尽管人数极少却引发了争议。其次，短期内它使该词扩展并超出了和平运动的词义范围，具有了正在阻碍战争努力的那些含义，即使它们并未对国际关系提出持反对意见的批评：例如，报纸媒体时常对与厌战情绪相关的工人骚乱的报道，冠以诸如"和平主义者罢工"的标题。[5]

本章将覆盖所有三种含义的和平主义，尽管对第三种只是粗略地提及，因为它实质上是一个士气问题，而不是相信能够消除战争。将和平主义这个词用于绝对主义者基本不会带来什么问题，因为现在这是和平主义最主要的英语含义。对于那些就和平行动主义著书立说的人而言，如何将改良主义者归类依然是一种挑战：例如，劳伦斯·S. 威特纳赞成使用"面向和平的非和平主义者"（peace-oriented non-pacifist）；戴维·科特赖特使用"务实的和平主义者"（pragmatic pacifist）；[6] 但是，这里采用 A. J. P. 泰勒的提法，[7] 选择使用"*pacificist*"一词（使用斜体是为了尽可能减少与"pacifist"在视觉上的混淆）。对于仅仅是厌战的情绪，将使用"反战"（anti-war）这种说法。

决定性因素

对主要交战国中的这三种和平主义做出的阐释，有可能成为一系列互不相干的微观历史，模糊的群体和个人在其中显得过于突出。为了表明事实存在一种基本的模式，现在将要指出特定的环境是如何决定每一种类型的和平主义的，这意味着在以往历史的基础上，它在 1914 年至 1918 年间的发展在一个相当大的程度上是可以预测的。

当基督教派的信徒被要求履行他们所反对的兵役义务时，绝对主义者的多

[5] 例如参见 *The Times*, 6 September 1918, p.8.

[6] Lawrence S. Wittner, *Toward Nuclear Abolition* (Stanford University Press, 2003), p.14; David Cortright, *Peace: A History of Movements and Ideas* (Cambridge University Press, 2008), pp.14–15, 30–31.

[7] Alan J.P. Taylor, *Trouble Makers* (London: H.Hamilton, 1957), n. 51.

样性显现了出来；在一个相当大的程度上，各国处理这种对抗的方式，是由它们最初不得不与之打交道的教派所决定的。英国形成的经验来自公谊会更为人所知的是称为贵格会——于 1661 年实行的不抵抗政策。作为一个不具威胁性的少数群体，通过获得令人尊敬的社会地位以及当被要求服军役（militia service）时甘受他们的财产遭到没收，而不是雇佣他人替补或支付罚款，贵格会信徒使公众舆论相信，他们的信仰是任何基督徒都可能持有的一种有原则的信仰，而不是可以被特殊待遇所收买的独特教派信仰。1796 年，由非贵格会信徒所撰写的首本和平主义者教科书在伦敦出版；1816 年，非贵格会的基督徒连同贵格会信徒建立了世界上第一个永久性的国家和平协会：（伦敦）和平协会。重视贵格会教义，有助于解释为什么当英国在 1916 年姗姗来迟地实行义务兵役制的时候（19 世纪 30 年代后，军役已形同虚设），英国法律规定，免除贵格会信徒所有强制性服役，而不仅仅是免除作战义务。

贵格会以外的教派，大多接受了某种形式的替代性服役，在欧洲大陆最重要的是门诺派，哈布斯堡帝国允许他们在医疗队中服务，俄国则是允许他们在伐木营中服役。感受到大多数门诺派教徒的这一态度之后，其他国家在 1914 年至 1918 年间允许出于良知而拒服兵役——新西兰、美国和加拿大——只豁免战斗性服役，并且只针对具有历史传统的和平教派。但是，一些教派制造了更大的难题：在拿撒勒人（Nazarene）的拒服兵役者在匈牙利服役士兵中劝人改变立场之后，哈布斯堡政府于 1875 年撤销了对他们的豁免，并予以镇压；俄国拒不妥协的杜霍波尔派（Dukhubors）教徒最先遭到沙皇政府的迫害，后来于 1895 年被迫流亡至加拿大。[8]

改良主义者的和平主义多样性，因乐观主义（关于国际关系的可改革性）和悲观主义（关于卷入战争的风险）的恰当结合而形成，相应地取决于一个国家的地理状况和它的政治文化。[9]

相比之下，由于英国半安全的地缘战略位置和半自由的政治文化，它拥有世界上最强大的和平运动。岛国地位和皇家海军提供了足够的安全，以至于英

[8]　Peter Brock, *Against the Draft: Essays on Conscientious Objection from the Radical Reformation to the Second World War* (University of Toronto Press, 2006), pp.143–144, 156–160.

[9]　关于这方面所做的更全面的分析，见 Martin Ceadel, *Thinking about Peace and War* (Oxford University Press, 1987), ch. 7.

国能够对国际体系抱某种乐观的看法，甚至使一些英国人相信——特别是自由贸易的倡导者、自由主义政客和改良派和平主义者理查德·科布登——"无对外政治"是一种切实可行的选择。但是，英国依然存在遭受入侵和封锁的某种危险，这就是为什么英国政府传统上通过给予欧洲势力均衡应有的关注，从而努力确保横渡英吉利海峡的港口处于友好国家的控制之下；此外，海外的殖民地也需要进行保护。

美国为这个世界贡献了第一个和平协会，因为美国 1812 年的战争在拿破仑战争之前就已经结束：1815 年 8 月，在纽约成立了一个和平主义者协会；四个月后在波士顿也成立了一个改良派的和平主义者协会。1828 年，全国性的美国和平协会成立；1838 年，威廉·劳埃德·加里森创立了新英格兰不抵抗主义协会，它反对蓄奴制的无政府和平主义性质，将对托尔斯泰产生影响。但是，美国在与加拿大解决了边界争端之后所享有的高度安全感，意味着相当多潜在的和平主义情绪开始演变成纯粹的孤立主义。一位历史学者指出，在内战后的几十年中，"国家是如此太平，以至于美国的和平运动简直无法生存"。[10] 比较起来，在半安全的英国，大多数理想主义者努力去消除战争，因为他们担心英国会被卷入任何大规模的战争之中，甚至科布登也逐渐认为有必要缔结仲裁条约。

英国的和平运动人士也从自由、新教的商业文化中获益，这种文化保护言论自由、志愿主义和自由贸易，将劳工运动整合进了国民的生活，证明了 A. J. P. 泰勒对政府外交政策和国防政策所做的"制造麻烦"（trouble-making）[11] 的批评具有合理性。1857 年，科布登在议会下院抨击巴麦尊政府对中国的侵略行径，尽管"主张和平的政党"输掉了接下来的大选。[12] 虽然英国及其帝国面临经济和军事上越来越大的挑战，但是，贸易保护主义和征兵制在政治上并不可行。当第一次世界大战爆发时，英国的执政党是自由党，一个自称主张和平、紧缩和改革的政党：实际上，该党的一些内阁大臣和许多后座议员，没有理解法国相对德国所处的地缘政治状况，这解释了为什么自由党政府在 1914 年 8 月 4 日出

[10] Robert H. Ferrell, "The peace movement", in Alexander DeConde (ed.), *Isolation and Security* (Durham, NC: Duke University Press, 1957), p.92.

[11] 参见 Peter Brock, *Against the Draft: Essays on Conscientious Objection from the Radical Reformation to the Second World War* (University of Toronto Press, 2006), pp.143-144, 156-160.

[12] Ceadel, *Semi-Detached Idealists*, pp.57-59.

于自愿对德国宣战时未能取得任何威慑的效果。德国侵犯比利时的中立，为支持英国参战提供了一个道义上有利以及属于改良派和平主义者的理由，姗姗来迟地满足了大多数自由党人和劳工运动中大多数人的愿望。尽管在英国，十字军般的讨伐冲动并不陌生，就如 1854 年因与俄国作战而出现的激情那样，但相比在美国，它在政治上面临着更强大的反对力量。而在美国，1895 年至 1896 年因与英国在委内瑞拉边界问题上发生的一场人为危机而普遍出现的好战反应，震惊了年轻的诺曼·安吉尔——后来最畅销的书《大幻觉》的作者，一个后来在加利福尼亚定居的人——从而第一次撰写了有关政治非理性的著作。[13] 因保守现实主义而变得温和的英国自由理想主义提供了一种政治氛围，其间，尽管和平运动人士在拒绝支持克里米亚战争、占领埃及和布尔战争时遭到了敌视，但他们被反对者视为欺骗大于背叛。

581

北欧、低地国家和斯堪的纳维亚这样的沿海地区与英国的地理位置和文化倾向有着很大的相似性，以至于产生了一种类似的和平主义。但是，欧洲大陆中心地带在军事上是不稳定的；天主教、路德教或东正教国家的政治文化较不利于个人在道德上持不同的意见。结果，和平主义要么避免制造麻烦，要么与极左翼联系在一起。

不可否认，在欧洲已经建立起了相当数量的改良派和平主义者协会，有时是在英国的影响之下；从 1889 年起，一连串的全球和平大会几乎每年在不同的城市召开；而自 1892 年起，作为一个协调性的秘书机构，世界和平大会在伯尔尼开始运作。但是，诸如这样的协会很少批评它们自己的政府（如果有的话），它们认为国际冲突应当进行仲裁以及应建立欧洲联盟，但只有在他们自己的国家实现了国家乃至帝国的抱负之后——这是从桑迪·E. 库珀关于 1815 年至 1914 年之间欧洲和平行动主义的广泛研究的标题中所获得的假定：爱国和平主义（Patriotic Pacifism）。短期之内，它们的"和平主义"只涉及对国家间永恒权力斗争的社会达尔文主义思想的排斥。

唯一潜在偏离爱国主义的和平倡导者，是隶属于第二国际的各个社会党。第二国际成立于 1889 年，从 1907 年起一直在讨论发起一场可能的反战大罢工。

---

[13] Martin Ceadel, *Living the Great Illusion: Sir Norman Angell, 1872—1967* (Oxford University Press, 2009), pp.56-62.

它相信，自己发起的和平运动阻止了 1912 年的第一次巴尔干战争升级；迟至 1914 年 7 月 29 日，紧随社会党国际局一次出奇一致的会议之后，在布鲁塞尔召开热烈的公开会议时，第二国际想当然地认为，就奥匈－塞尔维亚危机而言，它正在做着同样的事。[14] 然而，社会党人的爱国主义遭遇了两方面的困难。一是劳工运动——甚至不考虑保卫国家，这样与国家疏远的关系也体现了其组织力的脆弱，无政府主义者在同样的问题上更加如此，他们的行事甚至进一步迈向了极端主义的边缘。二是即使社会党人相信只有推翻资本主义才能够带来持久的和平，但这一过程本身可能就不是采取和平手段的：革命的暴力，甚至是为了政治目的而利用战争手段，可能被证明是一种诱惑，它搅浑了和平的要旨。

比起其他欧陆国家，法国拥有更多的改良派和平主义者协会。正如罗杰·奇克林在他对关于德国和平主义者协会的重要研究成果进行的富有洞察力的对比性增补中所指出的那样，法国和平运动"至少在组织上，是一个令人印象深刻的现象"。但是，它的成员"认为在他们的爱国主义与和平主义之间不存在冲突"，并且在诸如与德国发生的摩洛哥危机中，"顽强地捍卫他们所认为属于国家福祉的东西"。和平运动与激进主义有着紧密的联系，激进主义则是法国最强大且最支持共和制的政治倾向，它质疑职业化的军队具有君主主义者倾向，因此"对于诸如仲裁这种会使军人在各种政治会议中的影响最小化的安排反应积极"。而且，对于一个拥有帝国角色且落后于其邻国的国家来说——这个邻国在 1870 年至 1871 年的普法战争中夺走了阿尔萨斯－洛林——"在国际政治中支持以法律和正义取代武装力量……能够为通过仲裁法令收复失地以及使自身卸下武装和平的费用重担铺平道路，由此使这个国家解脱出来去完成其海外的任务"。同样，法国的和平运动将未来的欧洲联盟视作这个国家共和价值观的延伸。不可否认，在 1905 年成立的社会党联合组织——工人国际法国支部（SFIO）中的一个主张暴动的派别，不主张工人保卫这个国家。但是，从 1912 年起，口口声声最反对军国主义的人士古斯塔夫·埃尔韦倒向了极端爱国主义的立场。虽然工人国际法国支部的领导人让·饶勒斯积极参与第二国际的和平努力，为此于 1914 年 7 月 31 日在巴黎遇刺身亡，但他提倡建立一支公民军队，

[14] George Haupt, *Socialism and the Great War: The Collapse of the Second International* (Oxford: Clarendon Press, 1972), pp.203–215.

并且具有"大致与资产阶级和平主义者相同"的国际关系理念。[15]

在其他国家中，由于宪政和经济自由主义更加脆弱，和平协会遭受了阻碍。在奥匈帝国，"对于结社、集会和言论自由的权利有着严格的限制"，贵族出身的贝尔塔·冯·祖特纳——两年之前出版的《放下你的武器》的作者——于1891年组建了奥地利和平协会，但成员局限于"上层资产阶级和自由贵族这样少数人的社会阶层"。该协会未能谴责政府1908年对波斯尼亚－黑塞哥维那的兼并行为，当它的创始人于1914年6月离世之时，该协会就"奄奄一息"了。[16]像鲁道夫·格罗斯曼这样对抗国家的人士——他们在纽约和伦敦变得激进[17]——是罕见的个体。

同样，意大利最知名的和平活动人士——伦巴第和平联盟的欧内斯托·莫内塔，站出来热情支持国家于1911年发动的从奥斯曼帝国手中攫取利比亚的侵略战争。[18]在俄国，与全球和平大会相关联的运动"基本上不存在"，虽然1909年在莫斯科成立了一个和平协会，但它是其他国家同类组织的"软弱附和者"。[19]当1912年俄国的义务兵役制进行改革时，独特的知识分子、前军人、非暴力基督教无政府和平主义者列夫·托尔斯泰的追随者，以及杜马中的一些自由派议员，呼吁出台出于良知拒服兵役的条款，但是他们的声音太弱，无法成为主流。当1868年明治维新后日本向西方思想敞开大门以实现现代化和强国战略时，它不但引进了义务兵役制，还有基督教教义、社会主义以及极少的和平主义。但是，日本的和平主义被证明"是与人们的观念格格不入的"，因此是

583

[15] Roger Chickering, *Imperial Germany and a World without War* (Princeton University Press, 1975), pp.339, 349–350, 353, 359.

[16] Solomon Wank, "The Austrian peace movement and the Habsburg ruling elite, 1906—1914", in Charles Chatfield and Peter van den Dungen (eds.), *Peace Movements and Political Cultures* (Knoxville, TN: University of Tennessee Press, 1988), p.42; Richard R. Laurence, "The peace movement in Austria, 1867—1914", in Solomon Wank (ed.), *Doves and Diplomats: Foreign Offices and Peace Movements in Europe and America in the Twentiethe Century* (Westport, CT: Greenwood Press, 1978), p.27.

[17] Richard R. Laurence, "Rudold Grossman and anarchist militarism in Austria before World War I", *Peace and Change*, 14 (1989), pp.155–175.

[18] Sandi E. Cooper, *Patriotic Pacifism: Waging War on War in Europe, 1815—1914* (New York: Oxford University Press, 1991), pp.173–174; Brock, *Against the Draft*, ch. 10; Alberto Castelli, "Between patriotism and pacifism: Ernesto Teodore Moneta and the Italian conquest of Libya", *History of European Ideas*, 36 (2010), pp.324–329.

[19] Joshua A. Sanborne, *Drafting the Russian Nation: Military Conscription, Total War, and Mass Politics, 1905—1925* (DeKalb, IL: Northern Illinois University Press, 2003), p.183; Linda H. Edmondson, *Feminism in Russia, 1900—1917* (Stanford University Press, 1984), p.158.

极其审慎的：在 1904 年至 1905 年日俄战争期间，出于良知而拒服兵役的人，为人所知的只有两名；其中一人被这个国家首要的和平主义者通宵达旦地说服，放弃了他的抗争。[20]

在德国，出于地缘战略考虑（它对法国和俄国的包围非常敏感），以及对国家强大的执迷和工业上的发展，军国主义比和平主义的情感更加浓厚。自由主义已被俾斯麦收买了，他给中产阶级带来的是国家的统一和关税，而不是宪政主义和自由贸易。和平运动"可以最好地理解为德国纤弱的自由传统的遗产"[21]，而且似乎与许多德国人的思想格格不入，就如德国和平协会 1892 年的共同创始人和公认的领导人阿尔弗雷德·弗里德是一名奥地利犹太人所象征的那样。历史学者认识到了这个国家对和平主义的淡漠：罗杰·奇克林写过一篇有关 1914 年之前和平主义的论文，尽管该文写得并不怎么样，他也意识到了他未能解释"为什么在德国对和平运动的抵制如此普遍"，于是将已出版的内容重新定向，从活动人士转向那些"能够解释和平运动在德国明显比其他国家更薄弱这个事实的德国政治体制方面的特点"。[22] 但是，和平事业在德国有一个潜在的有利条件：快速工业化所带来的重负使得马克思主义政党——社会民主党，在 1912 年大选后成为帝国国会当中最大的党派。尽管它蔑视资产阶级的和平主义，但愿意通过第二国际商讨组织反战的罢工行动；1914 年 7 月，它发起了多次和平示威游行。

仅仅从反战的意义上看，和平主义与其说是地理和文化的作用，不如说是一个国家无法维持公众对其国防努力的支持。因此，当总体战加剧了军事无能、行政效率低下、经济衰弱、政治不稳定、社会冲突或民族分裂时，和平主义开始出现，尤其对于那些难以依靠一致赞成宪政的广泛基础的国家来说。1914 年之前，特别是在专制国家中，军国主义者对战争是国家的一个完善过程的期盼，被证明是近代历史上最险恶的政治预言之一。自相矛盾的是，在这种不严谨但政治上具有重要性的意义上，和平主义在真正的和平运动最薄弱的地方却是最强大的。

[20]　Brock, *Against the Draft*, ch. 13.

[21]　James D. Shand, "Doves among the eagles: German pacifists and their government during World War I", *Journal of Contemporary History*, 10 (1975), p.95.

[22]　Chickering, *Imperial Germany*, pp.vi–xii.

（绝对的）和平主义和出于良知拒服兵役

因为绝对主义者的思想意识可能原则上会影响普通民众的战斗意愿，所以在 1914 年至 1918 年期间和平主义只存在于英国及其某些自治领国家和美国。即使在这些地方，它也依然是小规模的，尽管后来作为对第一次世界大战做出的无可厚非的反应而被大肆吹捧。属于基督教派的大多数绝对和平主义者，由于规模太小，无法影响到这场战争的努力，除非他们特殊的立场阐述在更广泛的社会中引发了不满。在所有其他的交战国中，出于良知而拒服兵役"只是少数鲜为人知且无害的宗教派别和一小撮古怪的激进分子所选择的道路"[23]，他们的命运基本上取决于地方军事当局想耗费多少时间去试图一视同仁地强制执行征兵制。

具有讽刺意味的是，考虑到他们在使出于良知拒服兵役获得英国社会理解方面所发挥的作用，到 19 世纪晚期，越来越多的贵格会信徒或多或少地背离了他们的和平誓言，虽然作为针对这种文化互渗所做出的反应，一些年轻教友经历了原教旨主义的"复兴"，在某些情况下，则受到了社会主义或托尔斯泰主义思想的影响。[24] 第一次世界大战暴露了这种分裂：在贵格会，年龄上适宜服兵役的男信徒中，有 33.6% 在军队中服役；一位资格较老的贵格会成员，拒绝谴责这些加入军队的信徒，私下承认"没有过多的和平主义者也是一件好事，否则可能会严重削弱协约国的力量，导致德国取得胜利"。但是，44.5% 的信徒声明拒服兵役；而"教友服役委员会"——1915 年 5 月建立的帮助适龄服兵役的贵格会信徒的正式组织，被证明是最不妥协的和平组织之一，鼓舞了信奉绝对和平主义的拒服兵役者。大多数贵格会信徒寻求一条人道主义的中间道路：他们对第一次世界大战所做出的最令人怀念的举动——尽管是非正式的，因为这被解释为放弃了他们的和平誓言——是由菲利普·贝克（后来称为 Noel-Baker）组织的"教友救护队"，他本人是一名改良派和平主义者。[25]

585

---

[23]　Peter Brock and Nigel Young, *Pacifism in the Twentieth Century* (New York: Syracuse University Press, 1999), p.62.

[24]　权威的阐述见 Thomas C. Kennedy, *British Quakerism 1860—1920: The Transformation of a Religious Community* (Oxford University Press, 2001).

[25]　John Rae, *Conscience and Politics: The British Government and the Conscientious Objector to Military Service 1916—1919* (Oxford University Press, 1970), p.73; Ceadel, *Semi-Detached Idealists*, pp.190‒191.

与贵格会内部这些发展同时发生的，是（伦敦）和平协会在 19 世纪晚期失去了活力，尽管这场战争爆发时，它重申了和平主义，但没有表现出相应的举动，仅仅在 1914 年的 8 月要求其数量日益萎缩的成员"约束他们自己"。它的主席——自由派政客 J. A. 皮思，则选择留在政府内，并且提出他辞去主席职务"不是因为我的和平原则有一丝改变，而是因为我可能会被视为站在一种不真实的立场上"；为了"保持一种绝对超脱的立场"，和平协会接受了他的辞职。当该协会拒绝赞助"军用救护车"时，协会下属委员会的主席宣布辞职，而他的继任者——一名律师，隐晦地支持战争的努力。他出版了一份小册子，呼吁处决德皇及其家人，遣返所有在英国的德国人，指责那些"自称的和平主义者"未能"认识到'登山宝训'（Sermon on the Mount）中……有关个人的行为理念与国家的统治者在信托关系中对他们所代表的民众所负的责任之间的任何差别"。[26] 只有在 1916 年 1 月，一名浸礼会牧师和独立工党（ILP）的成员赫伯特·邓尼科成为它的书记之后，和平协会才参与到和平谈判的活动之中；到此时，其一百周年纪念的前夕，它事实上也被两个新成立的和平主义者协会所取代，即"和解协会"和"反征兵协会"。

一些英国的基督徒相信，国家的事业在政治方面也许是正义的，但即使如此，质疑在神学上也是被允许的。1914 年 9 月 25 日至 30 日，致力于卫生事业的传教士亨利·霍德进在兰迪德诺召开了一次热烈且主要是贵格会信徒参与的集会，此后，在当年的最后四天里，在当地的数学导师和虔诚的公理会教友埃比尼泽·坎宁安的支持下，在剑桥举行了一次更大范围的基督教信徒集会。130 名与会者中的大多数正式通过了一项声明，大意是基督教徒"不允许从事战争"，代之呼吁"在个人、社会、商业和国家的生活中，将一生奉献于推崇爱的事业"。于是，他们成立了"和解协会"，很快任命了专职的书记，在教堂举行了若干次会议，并且于 1915 年 6 月获得了一辆马拉的大篷车，由神父莫德·罗伊登乘此周游英格兰中部地区，展开了一段"宣扬和平之旅"。然而，一帮暴徒在欣克利（Hinckley）焚毁了大篷车并吓坏了乘客之后，和解协会在出现了"一些观点分歧"的情况下，决定避免"不加区别的宣传"。当义务兵役制实施的时

---

[26] Herbert Sefton-Jones, *German Crimes and Our Civil Remedy* (London and New York: John Lane, 1916), pp.8, 16–18; Ceadel, *Semi-Detached Idealists*, pp.192–194.

候，"和解协会"指定它的成员从事替代性的服役。这种新的清静无为导致一些活动人士建立起一些小型的对立团体，主要吸引了受战争困扰并关心他人的中产阶层基督教徒，他们不希望与那些想法不同的人士发生对抗。到停战之时，"和解协会"拥有6983名成员，但它的公众影响力依然微不足道。[27]

第二个且更引人注目的和平主义者组织为了迎合少数社会主义者而几乎同时成立，后者将他们的信条解释为要求拒绝杀戮。这些人大多是独立工党的成员，独立工党有别于工党，但隶属于它，持反对这场战争的立场。1914年11月，独立工党的报纸《工人领袖》（*Labour Leader*）的编辑芬纳·布罗克韦呼吁读者坚决抵制征兵制，如果这种制度得以实施，则表明自己的反对态度。他们的响应导致成立了"反征兵协会"，该协会宣称，"人的生命是神圣的"，因此拒绝"承担起致人死亡的义务"。[28]1915年11月，在"反征兵协会"的首届全国大会上，信奉社会主义的改良派和平主义者尝试废除这一明显属于绝对主义者的提法，但未能成功，此时，该协会自称拥有5000名适龄服兵役的男性成员。义务兵役制实施之后，"反征兵协会"成为一个出于良知而拒服兵役者的福利救助组织，"从1914年至1918年，在任何其他交战国中都没有类似的机构"。[29]

自1915年5月起政府容纳了保守党人，尽管政府通过了1916年1月和5月的《兵役法》（分别针对单身汉和已婚男士），但该法案以两种方式宽厚地包含了"出于良知拒服兵役"（因1898年的《疫苗接种法》而通晓的法律概念）的条款。第一，他们不但原则上被允许免于携带武器，而且被豁免在军队的非战斗单位和替代性的民事部门中服役。第二，它们适用的对象不但是具有历史传统的和平教派的成员，而且包括那些对一切战争持宗教或伦理反对观点的人士。自称出于良知拒服兵役者的人数并不多：只有大约16500人，仅仅是志愿或强制入伍者的0.33%。为评估他们的诉求而建立起的法庭曾备受诟病，但是，现在人

[27]　Jill Wallis, *Valiant for Peace: A History of the Fellowship of Reconciliation 1914 to 1989* (London: Fellowship of Reconciliation, 1991), Pt I.

[28]　Thomas C. Kennedy, *The Hound of Conscience: A History of the No-Conscription Fellowship, 1914—1919* (Fayetteville, AR: University of Arkansas Press, 1981), p.51.

[29]　Kennedy, *The Hound of Conscience*, p.52.

们承认它在艰难的环境下做了一件值得称誉的工作。[30] 这些拒服兵役者的五分之四被授予了某种豁免；近三分之二接受了法庭的裁定。4486 人则拒绝了对他们的判决，反映了在法规允许的无条件豁免是否应为特殊情况做出保留的问题上，存在一个不曾预料到的分歧。大多数法庭认为应做出保留，这就是为什么它们只判给 350 名拒服兵役者豁免，这些人几乎全都是贵格会信徒。但是，在"反征兵协会"和"教友服役委员会"的影响之下，比预想数量更多的拒服兵役的这类少数人寻求无条件的豁免。

588

在实行征兵制的最初几个月里，大约 6000 名征召进军队的"拒服兵役者"，在他们拒绝穿上军服时，遭到了某种粗暴的对待，实际整个战争期间大多数"拒服兵役者"的遭遇也是如此；一些人被派往法国，在那里，面对敌人时违抗命令的做法导致了死刑的判决。但是，军队接到命令不要执行如此判决，并且早在 1916 年 5 月 22 日就决定，这样的拒服兵役者将移交给文职当局，但这并未阻止"反征兵协会"在接下来的一个月中赢得了公共关系方面的胜利，此时由于军事上的混乱局势，34 名"非战斗军团"（Non-Combatant Corps）*的桀骜不驯的士兵在布洛涅被判处了死刑，但很快适用缓刑。[31] 随后被移交民事监狱的拒服兵役者的案件受到了中央法庭的重审，法庭表现出了灵活性，宣布除 313 人之外的所有拒服兵役者是出于真正的良心动机。这些得到重审的拒服兵役者中的大多数表现出了一种同样的灵活性，同意在内政部的领导之下从事对国家具有重要意义的非军事性工作。在 1918 年 2 月之后，当以往类似采矿这样得到保护的行业的人员受到征召之时，他们当中许多决意不去作战的人决定不走进法庭，而只是在入伍之时宣布他们的良心顾忌。特别是，来自拉纳克郡（Lanarkshire）煤田的出于良知拒服兵役者中的 50%，选择了在内政部计划之下从事非军事工作这条道路。[32]

只有 985 名绝对主义者拒绝任何种类的替代性服务工作；但是，他们吸引

---

[30]　在以下两本著作中，这些法庭遭到了中伤，John W. Graham, *Conscription and Conscience: A History 1916—1919* (London: Allen & Unwin, 1922); and David Boulton, *Objection Overruled* (London: McGibbon & Kee, 1967)，但在下面两本著作中得到了更富同情性的看待，Rae, Conscience and Politics（该书给出了统计的原始资料）and James McDermott, *British Military Service Tribunals, 1916—1918: "A Very Much Abused Body of Men"*(Manchester University Press, 2011).

＊　1916 年 3 月成立的由拒服兵役者组成的部队。——译者注

[31]　Kennedy, *Hound of Conscience*, pp.142–146.

[32]　Rae, *Conscience and Politics*, p.69.

了与他们的人数不成比例的公众注意，因为他们中有一些备受瞩目的理想主义者，比如芬纳·布罗克韦及其朋友——独立工党的活动家克利福德·艾伦。他们当中最著名的是在伊顿公学和牛津贝利奥尔学院毕业，受托尔斯泰影响但皈依贵格会的斯蒂芬·霍布豪斯，他拒绝了法庭要他在"教友救护队"中进行服务的要求，表面上是他母亲所写的一本书公开了他在狱中的种种遭遇，但实际上此书是由"反征兵协会"的活动人士、哲学家伯特兰·罗素代写。[33]到1917年11月，这样的宣传迫使政府释放了霍布豪斯和其他体检不合格的绝对主义者，尽管作为一揽子交易的一部分，所有出于良知拒服兵役者由此被剥夺了选举权五年。[34]通过1916年至1917年坚忍地承受他们拒绝服役的后果，拒服兵役者当中信奉绝对主义的精英有力地展示了和平主义可能需要的勇气和牺牲。

589

即使如此，布罗克韦、艾伦和霍布豪斯是非典型的具有吸引力的人物。一些绝对主义者相比圣洁而言更多地展现了教条主义，例如伯特·布罗克利比，一位循道宗信徒，"绝对地相信他正得到上帝的指引，无人将改变他思维的方式"。[35]出于良知拒服兵役者最常见类型的特点是，"文字表达拘泥于圣经、思想狭隘的退缩和极端悲观的期盼"，[36]仅基督弟兄会（Christadelphians）就有至少1176名拒服兵役者。因此，这一教派拒服兵役者的人数几乎同社会主义者当中的拒服兵役者总人数1191人差不多，后者大多数是独立工党成员，为"反征兵协会"所熟知。虽然在一些工业城镇和平主义的情感较为强烈，比如哈德斯菲尔德（Huddersfield），但出于政治原因的拒服兵役者人数可能与出于宗教原因的人数不相上下。[37]一些社会主义者希望，他们对《兵役法》的抵制将不仅仅推动和平主义事业，还将促进更广泛的社会主义事业，但是这种期盼被证明是错误的：俄国发生两次革命之后，并未放弃武力的社会主义者的行动使得布罗克韦和艾伦对他们的绝对主义实用性"丧失了信心"，并得出结论，在将来"我们首

---

[33]　Jo Vellacott, *Bertrand Russell and the Pacifists in the First World War* (Brighton: Harvester Press, 1980), pp.210−213.

[34]　Rae, *Conscience and Politics*, pp.221−223.

[35]　Will Ellsworthy-Jones, *We Will Not Fight: The Untold Story of the First World War's Conscientious Objectors* (London: Aurum Press, 2007), p.269.

[36]　Rae, *Conscience and Politics*, pp.71, 76.

[37]　Cyril Pearce, *Comrades in Conscience: The Story of an English Community's Opposition to the Great War* (London: Francis Bourle, 2001), p.182.

先考虑的是社会主义运动",而非和平主义运动。[38]

在这场战争之前的几年里,英国的两个自治领国家引起了英国和平主义者的关注。因 1904 年至 1905 年日本打败俄国而警醒,澳大利亚和新西兰都在 1909 年实行了针对青少年的强制性军事训练,但没有规定出于良知而予以拒绝的情形,于是引发了一些抗议。在布尔战争之后出现了和平主义者以及改良派和平主义协会的澳大利亚,在 1916 年和 1917 年的两次公民投票中,以微弱多数拒绝实行义务兵役制:它和南非是仅有的完全依靠志愿服兵役的第一次世界大战交战国。[39] 新西兰则于 1916 年通过了征兵制的法律,只豁免已被认可的教派(贵格会信徒、基督弟兄会会员和安息日复临教徒),并且这种豁免只适用战斗性服役。作为一个需要其公民保持团结的移民社会,新西兰对那些被认定为逃避服役的人是不予宽容的,因此关押了大批出于宗教原因的、信仰社会主义的、爱尔兰人和毛利人的拒服兵役者,他们中并非所有人都是和平主义者。战争结束时,有 2600 人获释,但被剥夺了选举权十年。[40]

在美国,在其许多支持者——甚至是新英格兰不抵抗主义协会中的那些人——赞同南北战争中北方的事业之后,绝对主义失去了某种生命力。内战之中,具有历史传统的和平教派成员被免除在战斗部队中服役,不存在无条件的豁免则反映了门诺派教徒在美国的和平主义者当中占主导地位。1914 年欧战的爆发使一些社会主义者和具有社会意识的基督教信徒第一次转向和平主义。杰茜·华莱士·休恩,一名学校教师、社会主义者和一位论派信徒(Unitarian),在 1915 年 5 月组建了"反征募联盟",当该联盟对 1917 年 4 月美国参战反应强烈时,已拥有了 3500 名成员。杰茜本人也加入了"和解协会"美国分会(1915 年 11 月成立),诺曼·托马斯(一名后来领导社会党的长老会牧师)、A. J. 马斯特(一名公理会牧师,后来成为美国最知名的和平主义者和工会活动人士)和约翰·内文·塞伊(一名神学讲师和圣公会牧师)也是如此,他们都由于信仰

590

[38] Martin Gilbert, *Plough My Own Furrow: The Life of Lord Allen of Hurtwood* (London: Longmans, 1965), pp.108–109.

[39] Malcolm Saunders and Ralph Summy, *The Australian Peace Movement: A Short History* (Canberra: Peace Research Centre, Australian National University, 1986), pp.13–23.

[40] David Grant, *Out in the Cold: Pacifists and Conscientious Objectors in New Zealand during World War II* (Auckland, NZ: Reed Methuen, 1986), pp.18–19.

和平主义而与他们的教派分道扬镳。[41] 当美国加入这场战争时，美国通过了《义务征兵法》，其中关于出于良知拒服兵役的条款，相比内战时期并无进步。诺曼·托马斯的兄弟埃文（Evan），不属于和平主义教派成员，他持绝对主义的立场，因此被投入监狱，每天戴着镣铐站立九个小时。[42] 有 64693 人声称自己是出于良知而拒服兵役——仅仅占 281 万入伍者当中的 0.023%——其中 58830 人获得认可。即使受到豁免的教派信徒，也要首先进行体检，如果被认定符合条件（20873 人），将被送入兵营，在那里，他们受到巨大压力不准使用免除他们在战斗部队服役的证明，以至于五分之四的人最终屈服（相比之下，就如"反征兵协会"骄傲地指出的，英国最初 400 名出于良知拒服兵役者当中，只有 22 人屈服）。不到 4000 名使用他们证明的美国人当中，大约有三分之一最终接受了非战斗性服役。1918 年 6 月，军方同意剩下的绝对和平主义者离开他们的营地"休假"，以便从事农业或救济工作。到这时，军方和白宫都发布命令，务实地承认《义务征兵法》未能承认真诚的非教派者，是"出于良心上的顾忌"，因此，其中 450 人结束了军事监狱生活。但是，1918 年 9 月，公民自由活动家罗杰·鲍德温，一名在哈佛毕业，持世俗观点的社会工作者，拒绝接受军方的体检，因为他反对"使用武力去实现任何目的，无论目的有多好"，以及"凡是旨在有助于从事这场战争的任何服务性工作"，于是被判处一年监禁。[43] 在美国，出于宗教或政治原因的绝对和平主义者，其公众影响力比起在英国要小得多，因为根据国际和平主义历史学者的老前辈彼得·布洛克的说法，"大多数美国的出于良知拒服兵役者寻求与处于交战之中的国家达成一种切实可行的妥协"。[44]

591

[41] S. H. Bennett, *Radical Pacifism: The War Resisters League and Gandhian Nonviolence in America, 1915—1963* (New York: Syracuse University Press, 2003), pp.2–16; Jo A. Robinson, "A. J. Muste and ways to peace", in Charles Chattfield (ed.), *Peace Movements in America* (New York: Schocken Books, 1973), pp.81–95; Bernard K. Johnpoll, *Pacifist's Progress: Norman Thomas and the Decline of American Socialism* (Chicago, IL: Quadrangle Books, 1970), pp.13–20; Charles F. Howlett, "John Nevin Sayre and the International Fellowship of Reconciliation", *Peace and Change*, 15 (1990), pp.123–149.

[42] William A. Swanberg, *Norman Thomas: The Last Idealist* (New York: Charles Scribner, 1976), pp.66–69.

[43] Robert C. Cottrell, *Roger Nash Baldwin and the American Civil Liverties Union* (New York: Columbia University Press, 2000), p.81.

[44] Horace C. Peterson and Gilbert C. Fite, *Opponents of War 1917—1918* (Madison, WI: University of Wisconsin Press, 1957), p.120; Charles Chatfield, *For Peace and Justice: Pacifism in America 1914—1941* (Knoxville, TN: University of Tennessee Press, 1971), pp.68–71; Kennedy, *Hound of Conscience*, p.139; Brock and Young, *Pacifism*, p.57.

　　像美国一样，由于这场战争，加拿大对信奉和平主义且具有社会良知的知识分子进行了小规模征召：代表性的人物是 J. S. 伍兹沃思，牛津大学毕业，未来代表温尼伯（Winnipeg）的下院议员，他最终因这个问题于 1918 年 6 月辞去了循道宗的牧师职位。1917 年 8 月，加拿大实行了宽严相济的义务兵役制。主要出于职业上的原因，加拿大豁免了一半的征召者，而且是免除任何形式的兵役，这些人中包括许多从事农业的教派成员，由此很大程度上也避免了与法裔加拿大人发生冲突。但是，出于良知的原因，它豁免了——仅仅是战斗性服役——某些已有的教派（门诺派教徒、贵格会信徒、胡特尔派信徒和杜霍波尔派成员），于是，在未被认可的教派，比如圣经研究者（the Bible Students），以及无党派的和平主义者中间，引发了种种问题。加拿大的解决之道是允许军队的指挥官将他们所认为的那些真心实意的出于良知拒服兵役者分派执行非战斗的任务，并且只对剩下的顽固分子威胁入狱：这些遭关押的人数在 130 人左右。[45]

592　　在英语世界之外，第一次世界大战期间几乎没有绝对和平主义。在俄国，"不存在非革命的和平主义运动得以立足生存的最微乎其微的可能性"，尽管诗人马克西米利安·沃洛申在 1916 年出于尊重万物和谐而拒绝作战时，因身体健康的理由，他受到了宽恕。[46]1914 年，门诺派教徒也被要求从事救护车队中的工作，他们大多抱着一种爱国主义精神来完成。其他自称出于良知而拒服兵役的小教派成员，包括莫洛肯派（Molokans）、马列万内派（Malevantsy）和托尔斯泰派（Tolstoyans）的信徒，如果他们不能说服其长官分配给他们非战斗的任务，便将面对军事法庭，并接受多种判决。1917 年 5 月，临时政府公布了一份自战争爆发以来"以良知为由"拒绝拿起武器的 837 名非门诺派信徒的名单：虽然相比战前拒服兵役者的比例有了相当大幅的增长，但对于军队人数从 270 万扩大至 690 万的国家而言，这是一个微不足道的数字。[47]然而，1919 年 1 月，布尔什维克党人——他们对于反抗沙皇主义团体的支持暂时超过了他们的无神论专政主义——做出规定，完全豁免出于宗教理由的拒服兵役，尽管这被证明是

---

[45]　Thomas P. Socknat, *Witness against War: Pacifism in Canada, 1900—1945* (University of Toronto Press, 1987), ch. 3; Peter Brock and Thomas P. Socknat (eds.), *Challenge to Mars: Essays on Pacifism from 1918 to 1945* (University of Toronto Press, 1999), ch. 12.

[46]　Edmondson, *Feminism in Russia*, p.159; Brock and Young, *Pacifism*, pp.59—60.

[47]　Brock, *Agaist the Draft*, ch. 19.

无法实行的，且依然是一纸空文。[48]

　　法国的绝对和平主义者人数非常之少。只有一位门诺派教徒皮埃尔·肯内尔持如此立场，他逃往了瑞士，他也拥有该国的国籍。[49]一项对小学教师的研究表明，"只有7人……在这场战争期间，因和平主义行为而丢掉了他们的工作"——而且，这还是包含了仅仅支持和平谈判的广义的和平主义者。[50]关于女性社会主义者的研究则得出这样的结论，她们当中只有一人"从一开始就反对这场战争"：女缝纫师路易丝·索莫诺。[51]一些入伍的人，随后以基督教和平主义的理由拒绝作战，包括让·帕加农和吕西安·格罗斯，他们俩遭到囚禁，埃米尔·博内特和帕斯托尔·吉东则被送入精神病院；而一名持托尔斯泰思想的学校教师，保罗·萨维尼，在因和平主义而开小差之后，遭到枪决。[52]小说家罗曼·罗兰战争期间选择留在瑞士，在他存在争议的短文《超脱战争》中，他抨击了这场战争专制主义的渊源、过度的宣传以及视德国为唯一罪魁的观点；但是，直到20世纪20年代，他才赞同非暴力的方式，直到此时，这种方式在法国还是"令人吃惊地"遭到忽视，可在一些国家里已经"在盎格鲁－撒克逊人中间被成千上万的'因良知拒服兵役者'所采用"，并且当时正被印度的甘地加以应用。[53]

　　在德国，没有意义重大的和平主义运动。门诺派教徒顺从主流的文化，大多同意拿起武器，虽然1914年在西普鲁士大约有三分之一的教徒寻求且被认可从事非战斗的任务。安息日复临教徒也团结起来支持这一事业，许多人获得了医疗护理员的工作；尽管一些反对者组建了拒绝从事此类工作的分裂团体，但这只涵盖了这一教派2%的信徒。同样，圣经主义派（Bible Christian，耶和华见证人 [Jehovah's Witness]）最初为合作教派，在1916年至1917年间产生了一

593

[48]　Sanborn, *Drafting the Russian Nation*, pp.192–199.

[49]　Brock and Young, *Pacifism*, pp.60–61.

[50]　Mona L. Siegel, *The Moral Disarmament of France: Education, Pacifism, and Patriotism, 1914—1940* (Cambridge University Press, 2004), pp.30, 42–49.

[51]　Charles Sowerwine, *Sisters or Citizens: Women and Socialism in France since 1876* (Cambridge University Press, 1982), p.165.

[52]　Michel Auvray, *Objecteurs, insoumis, déserteurs: Histoire des réfractaires en France* (Paris: Stock/2, 1983), pp.161–162.

[53]　Norman Ingram, "Romain Rolland the problem of peace", in Chatfield and Dungen, *Peace Movements*, pp.146–147.

些绝对主义者，但总共大概只有 50 人。信奉社会主义或无政府主义的拒服兵役者则屈指而数。军方的条例特别规定，良知不能作为拒绝执行军事命令的借口，出于人道主义，军方将这样一些出于宗教或政治原因的拒服兵役者当成精神病患者，大概也枪决了其他一些人。[54] 在意大利，"那里迄今不存在任何和平主义的传统"，仅仅为人所知的三名出于良知拒服兵役者——一名圣经主义派成员、一名托尔斯泰派成员和一名人道主义者——遭受了长期监禁，并且政府扬言要送他们进精神病院。在匈牙利，拒服兵役者受到囚禁或处决。[55] 在其他国家，类似这样的拒服兵役者的命运如何，依然模糊不清。

本章的关注点自然放在交战国之上，但是顺带提一下，北欧的中立国也有自己的和平主义者：挪威甚至在战前就豁免出于宗教原因拒服兵役的人，丹麦于 1917 年推行从事替代性的民事工作，而荷兰对一些信仰无政府和平主义的拒服兵役者进行罚款或者监禁。[56]

改良派和平主义

作为一种在 1914 年及其之后能够影响战争目标与和平条款的意识形态，改良主义类型的和平主义相比绝对主义类型所存在的地理基础更加广泛。不可否认，英国和美国的进步人士在国际性组织和民众问责理念方面起到了引领的作用。但是，荷兰的和平运动利用该国的中立地位，为一帮女权和平主义者的出现创造了条件；对战争努力最强劲的非绝对主义挑战，来自像俄国和德国这样当时和平主义薄弱的国家的社会党人。

战争爆发给和平运动中改良主义的大多数人带来了两个问题。一是不得不承认，1914 年之前国际仲裁的和平理念已经失效，因此使许多已有的和平协会名声扫地。二是与绝对和平主义者（除非他们放弃信仰）不同，改良派的和平主义者必须决定是否支持他们的政府。他们中的大部分人采取了支持的立场，认为这场战争是为了打败军国主义，甚至是为了结束战争，从长远看它符合和平的利益，而不仅仅是短期的势力均衡。自由主义者很快拿出了建立国际联盟

594

[54] Brock, *Agaist the Draft*, ch. 18.

[55] Brock and Young, *Pacifism*, pp.60–61.

[56] Brock and Young, *Pacifism*, p.61.

的构想，激进主义者开始主张民主原则应对任何和平安排起到约束作用，他们对交战国政府构成了某种政治上的压力，特别是在结束这场战争的问题上。但是，总的来说，他们并没有给交战国政府带来多大的烦恼。

使交战国政府更加不安的，是那些反对这场战争的改良派和平主义者。任何国家都不打算承认那些只反对特定战争的人是出于良知的拒服兵役者。对于政府来说，幸运的是，公然反对战争努力的非绝对主义者，大多局限在极左翼人士，尽管存在相当数量的心照不宣的异议被当作不真诚或半心半意的支持。改良派的和平主义运动经历了三个阶段。1914 年至 1915 年，革新的理念——女权主义的、自由主义的和激进主义的——得到新成立的组织的阐述，尽管它们因在军事斗争问题上正发生转向而遭受指责。至 1916 年，显而易见的军事僵持局面导致了越来越多要求进行和平谈判的呼声，尽管以下这些往往难以得到解释——一些改良派和平主义者制定了完全不可能使战斗结束的停战条款；相比之下，其他一些人准备几乎不惜任何代价接受和平；在这两派之间存在许多这样的人，他们完全忽视了调和各交战国为证明已做出的牺牲是正当的而制定出的战争目标所涉及的种种困难。1917 年至 1918 年，俄国的革命和美国的参战——在军事意义上相互抵消的大事——大大助长了持自由主义、激进主义和社会主义观点的和平主义，虽然它们在鲁登道夫攻势期间消退了下去。

1914 年 7 月 30 日俄国总动员引发欧洲危机而导致局势突然恶化，世界和平 595 运动感到措手不及。7 月 31 日，英国代表团（包括亨利·霍德进）启程前往康斯坦茨（Constance），出席第二天由"世界促进和平与友好教会联盟"（一个旨在促进英德关系的组织）预定发起的会议。同一日，"世界和平大会"在布鲁塞尔召开会议，讨论这场危机，而德国代表在他们的国家入侵比利时之前正乘坐最后一班火车离开。9 月在维也纳召开的全球和平大会被取消。已有的改良派和平主义协会多数团结在了他们的政府一边。正如成功进入德国并会见德国外交大臣的艾米莉·霍布豪斯向简·亚当斯提到的，"大多数和平协会并不想要和平——它们想要的是胜利"。[57] 它们被女权主义者、自由主义者、激进主义者和社会主义者所建立的新组织所取代。

---

[57] Hobhouse to Addams, 5 July 1915，引自 David S. Patterson, *Negotiated Peace: Women's Activism and Citizen Diplomacy in World War I* (New York: Routledge, 2008), p.95.

妇女们则拥有因她们的选举权运动而形成的现成的国际化网络，作为养育者和非战斗人员，她们具有进一步的优势，能够主张和平却不会遭受与她们的性别行为不相称或是懦弱的指控。因此，交战双方主张妇女参政的人士，如英国的埃米琳·佩西克－劳伦斯和匈牙利籍的移民罗西卡·施维默，在1914年秋能够共同游走美国，呼吁中立国进行调停。持自由主义观点的改良派和平主义者放弃了仲裁的想法，而支持建立国际联盟，1916年5月伍德罗·威尔逊总统接受了这一目标，要求各国政府认真予以考虑。持激进主义观点的改良派和平主义者主张战后安排应建立在民主原则的基础之上，因此回避了领土兼并和赔款，随着战争的负担日益加重和劳工运动的发展，这一口号赢得了越来越多的共鸣——在这首场工业化战争期间的每一个地方，都有着前所未有的政治影响——变成了对延长战争是出于贪婪而不是防卫目的的批判。但是，在齐美尔瓦尔德运动中联合起来的左翼社会党人，开始批评这种观点，认为只有社会经济的转变才能带来和平。事实上，这是宣布社会主义者的和平主义要优于激进主义者的和平主义，而一个与众不同的共产国际将应运而生。

获得了关于妇女参政或社会工作的初步经验之后，少数反对这场战争的妇女成为和平运动中必不可少的一部分。比如，在英国，凯瑟琳·马歇尔最初为诺曼·安吉尔的"中立联盟"，接着为"反征兵协会"工作，而弗朗西斯·威瑟斯庞和特雷西·迈格特横渡大西洋来为出于良知拒服兵役者提供法律援助。[58]只有女性参与的积极行动也得到了开展。在澳大利亚，成立了一支"妇女和平军"。[59]受佩西克－劳伦斯和施维默之行的影响，芝加哥的社会工作者简·亚当斯——已是一名绝对和平主义者——于1915年1月创立了"妇女和平党"，开始致力于不断的调停呼吁，很快成为"美国和平运动中最具活力的团体"。[60]它支持1915年4月28日至30日在海牙举行国际妇女大会的决定。中立国荷兰的首位女性医生，阿莱塔·雅各布斯，希望荷兰接办原定在柏林召开但由于当地女权主义者反对而被取消的两年一次的妇女参政者大会，在"国际

596

[58] Ceadel, *Living the Great Illusion*, p.154; Jo Vellacott, *From Liberal to Labour with Women's Suffrage: The Story of Catherine Marshall* (Montreal: McGill-Queen's University Press, 1993), pp.359–361; Frances H. Early, *A World without War: How US Feminists and Pacificists Resisted World War* (New York: Syracuse University Press, 1997), p.5.

[59] Leslie C. Jauncey, *The Story of Conscription in Australia* (Melbourne: Macmillan, 1968), pp.105–106.

[60] Patterson, *Negotiated Peace*, p.152.

妇女参政同盟会"的书记，英国人克里斯特尔·麦克米伦的劝说下，她在关注选举权的同时，开始致力于和平运动。自战争爆发以来，这不是第一次召开国际性的妇女集会：1915年3月25日在伯尔尼举行了28名女性社会党和平主义者的会议，比在齐美尔瓦尔德召开的更为人所知的类似男性会议早了6个月的时间。然而，海牙大会首次吸引了公众的注意：不顾政府的阻拦——这使得英国代表被限制在3人——与会的1136名代表谨慎地表示，这"不是一场'阻止这场战争'或'不惜任何代价的和平'的示威"，而是主张中立国进行调停和女性在任何和平条款上的话语权。[61] 她们之中包括了来自慕尼黑的阿妮塔·奥格斯堡和莉达·古斯塔瓦·海曼，她们公开谴责"男人国家"之间的这场"男人的战争"，立即被德国当局禁止对公众进行煽动。[62] 这次妇女大会使得"争取永久和平中央组织"相形见绌，后者是由荷兰反战委员会于4月7日至10日在同一城市召开会议成立的，有着类似的宗旨。[63] 国际妇女争取持久和平委员会成立，它向欧洲国家的领导人派出了使者，相应地在不同国家建立起了分支机构。在法国——与俄国一样在海牙没有代表——一位富有的女权主义者和慈善家加布丽埃勒·迪谢纳成立了一个组织，尽管该组织没有超过"6名成员"，像是一个社会党的竞争对手。[64] 英国分支建立于1915年的9月30日，谨慎地取消了"和平"这个词，而只称自己为"妇女国际联盟"。它是最为现实的，但在军事奖惩问题上不时出现内部的观点分歧，尽管在一个具有重要影响的绝对和平主义者居少数的国家里，它是建立在性别而非意识形态路线的基础之上的。

在英国，这场战争的最初几个月里，自由和激进的和平主义最为强劲地产生。这个国家已经有了两个具有相似名称的小规模的改良派和平主义者协会，很快这两个协会就与（伦敦）和平协会一样变得奄奄一息。较老的一个以手艺人为主的"国际仲裁联盟"，作为"工人和平委员会"成立于1870年，初衷是为了使英国置身于普法战争之外；迟至1914年的8月4日，它赞成英国保持中

597

---

[61]　*Concord*, July-August 1915, pp.199–200.

[62]　Richard J. Evans, *The Feminist Movement in Germany 1894—1933* (London: Sage Publications, 1976), pp.218–222.

[63]　Organisation Centrale pour une paix durable, *Compte Rendu de la Réunion Internationale 7-10 avril 1915, La Haye* (The Hague: Organisation Centrale pour une paix durable, 1915).

[64]　Lorraine Coons, "Gabrielle Duchêne: feminist, pacifist, reluctant bourgeoise", *Peace and Change*, 24 (1999), p.123.

立。然而，此后它支持"超出一切事情的是去打一场反对军国主义的战争"，并承认"应当区分持极端不抵抗主义和那些与之相反的和平主义者"。它声称有权同这场战争的反对者共享"和平主义者"的称号，并对"一些和平主义者将我们排除在信仰家庭之外"的做法感到不满。但是，它很快就认识到，这是一场正在输掉的口水仗：1917 年，它的主席自由党－工党（Lib-Lab）的下院议员托马斯·伯特被称为"一个主张和平的人"——尽管他支持这场战争——但"不是这个词现在所使用的狭隘不当意义上的和平主义者"。另一个协会，"国际仲裁与和平协会"，成立于 1880 年，旨在为解决各国之间的争端提出切实可行的建议，但在社会党的影响下已经衰落。它因英国加入这场战争时的犹豫不决而丧失了活力，在 11 月支持这场战争之前，将其杂志《和睦》（*Concord*）1914 年 8 月的那一期撕毁，并在两个月后发行了不表明态度的版本。

对这两个英国仲裁协会造成致命伤害的，与其说是它们未能迎合进步人士的普遍假定，即目前需要一个国际政治组织，不如说是它们很少支持这场战争。自由党人不但对欧洲的战争，而且对他们自己的政党已将他们卷入其中的事实感到震惊，他们认真地想把这场战争变成一场结束战争的战争，并且很快将国际联盟视作实现这一目标的最佳手段。1915 年 5 月，他们成立了新的组织"国际联盟协会"，在两年的时间内低调地行事。然而，在美国在威尔逊总统对国际联盟做出承诺的情况下参与到这场战争之后，该协会开始了公开的行动，其成员从 400 人扩大至 2000 人。在 1917 年至 1918 年，国际联盟的理念进入了政治的主流，现实主义者试图出于他们自己的目的劫持这种理念，主张将战时同盟变成拟议中的国际联盟的基础——大多数"国际联盟协会"成员厌恶的反德举动。在 1918 年 6 月 14 日该协会的年度大会上，用与其丈夫"古怪的家伙"伦纳德——一同参会的小说家弗吉尼亚·伍尔夫赞赏有加的话说，"古怪的家伙战胜了好战分子"，[65] 并且成立了一个独立的"自由国家联盟协会"，尽管此时这场战争的即将结束使他们的分歧变得无关紧要，两个组织合并成了"国际联盟联合会"。

自由党左翼和工党中的一些激进中立主义者，甚至在德国侵犯比利时的中立之后，仍然继续对英国的参战表示质疑。早在 1914 年 8 月 10 日，拉姆齐·麦

[65]　Anne O. Bell(ed.), *Diaries of Virginia Woolf*, 5 vols. (New York: Hartcourt, 1977—1984), vol. I, pp. 157–158.

克唐纳（已辞去工党领袖）、C. P. 特里维廉（已辞去自由党政府中的职务）、埃德蒙·迪恩·莫雷尔（打算放弃自由党议会候选人资格）和诺曼·安吉尔（此时为独立的政论家，因领导 7 月 28 日至 8 月 4 日的中立运动而受到称颂）建立了"民主管理联盟"，散发了一份供私下传阅的公告，含蓄地将这场战争归咎为"旧有的小派系和军火集团势力对外交政策的控制"，呼吁议会问责，并建议一旦"这个国家脱离危险处境"，就对这一主题展开调查活动。恰好一个月之后，《晨报》（Morning Post）进行了爆料，于是，他们解释道，"民主管理联盟"不是一个"阻止这场战争"的组织，而是主张某些原则，无论和平何时到来，它们应被作为任何和平安排的准则，特别是，任何领土转让都应服从全民公决的结果。但是，据悉，"民主管理联盟"的领导人将英国的参战看作一个大错；最初，他们确实相信公众会很快得出相同的结论，安吉尔称，"民主管理联盟"会得到"英格兰百万民众"的支持。[66] 然而，对于这些激发民主的人而言，具有讽刺意味的是，他们低估了公众对于政府的支持度。因为暗示英国对战争爆发应承担某些责任以及有可能实现一种妥协式的和平，"民主管理联盟"被许多人认为其所宣称的不要反对这场战争的立场是虚情假意的：事实上，尽管安吉尔战时的文字坚称他希望打败德国，但后来他通过将自己描述为"一名反叛者，一名这场战争的反对者"暴露了这种把戏。[67]1916 年 3 月，"民主管理联盟"推动建立了"和平谈判委员会"，赫伯特·邓尼科成为委员会的书记，但是该委员会否认希望"不惜任何代价结束这场战争"或者"使政府难堪"。至第二年的秋天，该委员会为它的请愿书募集了 221617 人的签名，呼吁探求可能的和平条款。[68] 如同"国际联盟协会"的情况那样，正是在 1917 年至 1918 年期间，"民主管理联盟"获得了更广泛的支持。沙皇退位之后，彼得格勒工兵代表苏维埃发出"不割地，不赔款"的呼吁，并试图在斯德哥尔摩组织召开国际社会党大会，以支持这一目标：可以理解，"民主管理联盟"将此看作对其政策的一种赞同。在代表政府访问俄国之后，阿瑟·亨德森（接替麦克唐纳担任工党领袖）也支持召开斯德哥尔摩大会，并因这个问题于 1917 年 8 月退出了战时内阁。此

599

---

[66]　Ceadel, *Living the Great Illusion*, p.173. 亦见 Marvin Swartz, *The Union of Democratic Control in British Politics during the First World War* (Oxford: Clarendon Press, 1971).

[67]　Ceadel, *Living the Great Illusion*, pp.220–221, 226.

[68]　Ceadel, *Semi-Detached Idoalists*, pp.223–224.

后，工党中支持战争和反对战争的派别弥合分歧，共同支持"民主管理联盟"关于战后安排的主张。于是，"民主管理联盟"取得了相当大的政治影响力，一直持续到 1924 年为止。

1914 年之前，社会主义者的和平主义作为英国独特的一派观点已经出现，独立工党的基尔·哈迪成为第二国际反战罢工行动的共同发起人，他认为此举至少存在宣传方面的价值。但是，这只是使独立工党反对这场战争的其中一种思想，其他的则属于艾伦和布罗克韦的社会党和平主义，后者对小规模但激烈表达意见的少数人士具有吸引力，而麦克唐纳的激进和平主义，就如刚才所指出的，在英国劳工运动中逐渐获得了广泛的支持。

俄国布尔什维克党人给了社会主义者的和平主义最大的推动力。像劳动团（Trudoviks）一样，1914 年 8 月，通过在战时公债问题上投弃权票，社会民主党总体上坚持抵制爱国情绪。列宁谨慎地前往瑞士，1915 年 9 月他在齐美尔瓦尔德参加了社会党反对这场战争的大会。在主张"一种没有割地或战争赔款的和平"方面，齐美尔瓦尔德大会最初看上去赞同"民主管理联盟"的行动方式，而不是提出一种社会党的明确替代方案。但是，在下一次会议，即 1916 年 4 月的昆塔尔大会上，齐美尔瓦尔德运动明确表示，鄙视像强制仲裁和裁军这样的"资产阶级"和平理念，以及"所谓的对外政策民主化"的激进主张，[69] 并坚持社会主义革命是绝对必要的。不是所有的俄国社会党人都对其他类型的和平主义如此不屑一顾，但是就如已经指出的那样，1917 年 3 月彼得格勒苏维埃接受了"民主管理联盟"的路线。

在法国，改良派和平主义者的协会支持看上去毫无争议的防御性战争，正如埃米尔·阿诺在其 50 岁时参加战争并赢得"军功十字勋章"（Croix de guerre）所象征的那样。由于"和平主义"越来越与拒绝拿起武器联系在一起，他所创造的这个词开始看上去像反对爱国主义，于是"以法律求和平协会"（Association de la paix par le droit）的泰奥多尔·吕桑开始提倡以"法律和平主义"（Juripacifisme）作为替代，以便强调法国各个和平协会长期采纳的法律和秩序的行动方式。到 1918 年，尽管这种方式主张拥有自己能够强制执行和平

---

[69] Olga H. Gankin and Harold H. Fisher, *The Bolsheviks and the World War: The Origins of the Third International* (Stanford University Press, 1940), pp.326–332, 407–422.

安排的军事力量，但它被改头换面用以支持建立国际联盟。[70] 由于工人国际法国支部团结在了"神圣联盟"之下，所以社会党的和平主义在法国一直是薄弱的。在法国南部一些新教地区和东北部的工业城镇，在战争之初就举行了抗议集会[71]，但是，持续的不满主要局限在无政府工团主义者的极左翼，其中一些人逃往了国外：例如，"无政府主义者与共产主义者联盟"（Féderation communiste anarchiste）的联合书记，亨利·库姆斯和爱德华·布多前往了英国。[72]

在美国，一些改良派和平主义者提出反对美国对外政策上的十字军般的讨伐激情，因为自 19 世纪 90 年代以来，美国开始展示其新近工业化的实力——例如，生物学家、斯坦福大学校长戴维·斯塔尔·乔丹，对攫取菲律宾之举进行了谴责——虽然他们因此"遭到嘲讽甚至他们的模拟像被处以绞刑"。[73] 在资金上，和平运动得到了 1910 年成立的"卡内基国际和平基金会"（由苏格兰出生的钢铁巨头安德鲁·卡内基资助，他也资助了英国的两个仲裁协会）[74] 和"美国和平基金会"（根据波士顿富有的书商埃德温·吉恩的设想成立）的赞助。但是，欧战爆发之时，美国和平主义的真正根基较少在这个国家的和平协会，而更多是　601
在它的宪政主义、法制主义、平民主义、孤立主义、动荡的产业关系，以及规模小但具有影响力的社会主义运动。在 1914 年之前的几年里，许多美国人"开始相信一个以自己国家为蓝本的民主联盟（democratic League）——联邦国家的联盟"的前景。[75] 甚至前共和党总统（后来的首席大法官）威廉·霍华德·塔夫脱，也赞成通过一个国际法院来实施强制仲裁的方案，但这是如此乌托邦，以至于把英国的国际主义者弄得"不知东西南北"[76]，然而，作为"促进和平联盟"的主席，他缓和了自己的立场，该联盟成立于 1915 年的 6 月，采纳一种接近于

---

[70] Michael Clinton, "Coming to terms with 'pacifism': the French case, 1901—1918", *Peace and Change*, 26 (2011), pp.14-16.

[71] Richard Cobb, "France and the coming of war", in Robert J. W. Evans and Hartmut Pogge von Strandmann (eds.), *The Coming of the First War* (Oxford: Clarendon Press, 1988), pp.140-141.

[72] Auvray, *Objecteurs*, p.160.

[73] David S. Patterson, *Toward a Warless World: The Travail of the American Peace Movement 1887—1914* (Bloomington, IN: Indiana University Press, 1976), p.69; Patterson, *Negotiated Peace*, p.333.

[74] Ceadel, *Semi-Detached Idealists*, pp.129, 144.

[75] Warren F. Kuehl, *Seeking World Order: The United States and International Organization to 1920* (Nashville, TN: Vanderbilt University Press, 1969), p.171.

[76] Alfred Zimmern, *The League of Nations and the Rule of Law 1918—1935* (London: Macmillan, 1936), pp.123-124. 亦见 Stephen Wertheim, "The league that wasn't: American designs for a legalist-sanctionist League of Nations and the intellectual origins of international organization, 1914—1920", *Diplomatic History*, 35 (2011), 797-835.

英国"国际联盟协会"的政策。在 1916 年 5 月 27 日"促进和平联盟"首度周
年大会上,伍德罗·威尔逊总统承诺致力于国际联盟事业,但是,相比塔夫脱,
他赞成一种更具组织性和更少墨守法规的国际联盟。[77]三届民主党总统候选人威
廉·詹宁斯·布赖恩被指出,他不但对金融家进行平民主义的攻击,而且发表
冠冕堂皇的和平言词,诺曼·安吉尔认为"布赖恩式的和平主义"过于说教和
感情用事。[78]作为伍德罗·威尔逊的国务卿,布赖恩与英国磋商签订一个仲裁
条约,但是他于 1915 年辞去了国务卿的职务,因为他认定威尔逊在"卢西塔尼
亚号"沉没之后对德国的要求是过分的。大多数反对美国进行"备战"的人是
基于孤立主义的情绪,尤其是在中西部地区;但是,其中一些人属于改良派和
平主义者,倾向于接受欧洲的战争。戴维·斯塔尔·乔丹是这方面的一个例子。
更知名的是汽车制造商亨利·福特,他认为"德国的犹太人银行家"挑起了这
场战争,他不但反对"备战",而且承担起中立调停之事,并于 1915 年 11 月包
下了一艘"和平之舟"载着一群活动人士前往欧洲。第二年的 2 月,在斯德哥
尔摩的一家酒店,他们成立了"连续调解中立国国民会议",在与罗西卡·施维
默闹翻之后,由芝加哥和平协会的路易斯·洛克纳进行管理。同样,"反备战委
员会",成立于 1915 年 12 月并在 1916 年 4 月重新标榜自己为"美国反军国主
义联盟",且容纳有一个社会党改良派和平主义者的核心团体,包括克里斯特
尔·伊斯门。[79]

602

美国于 1917 年 4 月参与到这场战争之中,就如"美国和平协会"那样,"促
进和平联盟"基本上对这一决定持赞成态度,而其他活动人士,比如戴维·斯
塔尔·乔丹,更勉强地接受了这场战争。继续反对战争的人面临着强力的打
压:5 月,许多"世界产业工会会员"(世界工人国际的激进工会的成员,在澳
大利亚也是带头反战的改良派和平主义者[80]),社会党人和无政府主义者因反
对《选征兵役法》而遭逮捕;一名艾奥瓦州人士,仅仅因为捐款 25 美分以及为

[77] Laurence W. Martin, *Peace without Victory: Woodrow Wilson and the British Liberals* (New Haven, CT: Yale University Press, 1958); Peter Yearwood, *The Guarantee of Peace: The League of Nations in British Policy 1914—1925* (Oxford University Press, 2009).

[78] Ceadel, *Living the Great Illusion*, p.137.

[79] Chatfield, *For Peace and Justice*, pp.22–27.

[80] Jauncey, *Conscription in Australia*, p.105.

一次反征兵集会上的演讲喝彩，遭到了一年时间的监禁。[81]一些自由主义者认为，威尔逊的国联思想太过专注于保证现状，于是在1918年的夏天成立了"自由国家联盟协会"，但是在停战之前，他们没有公开发起行动（因此，非常容易引起混淆的是，国际主义运动在美国的革新派及其在英国的保守派采用同一称谓）。

德国和平协会则"小心翼翼地避免对德国在引发这场战争上的角色做任何的批评"，但是，这并未阻止官方的恼怒，官方于1914年年底将阿尔弗雷德·弗里德驱逐到瑞士。路德维希·克维德接替了主席的职务，拒绝批评侵犯比利时的中立，并认同了普遍义务兵役制的合法性。在一个自由主义知识分子的新组织——"新祖国联盟"，女权主义者海伦·施托克尔是其成员之一——于1915年夏开始抨击领土兼并主义者之后，它发现作为德国首相极力阻止任何公开讨论战争目标措施的实施对象的一部分，自己"在1916年年初时，遭到了完全的压制"。[82]

由于德国分权式的军事统治体制及其对国际形象的留意，才使得一些妇女能够出席已经提到的海牙大会。德国反战的主要力量，来自最终在社会民主党内形成的极左翼人士。该党最初认为这场战争是防御性的，并投票支持战时公债，但是，一名国会议员——未来德国共产党的共同创始人卡尔·李卜克内西，早在1914年12月走访了占领之下的比利时之后就与党内其他人分道扬镳，并反对他们。1915年2月，卡尔·李卜克内西被征召入伍，尽管是在一个劳动营，而不是作战部队，他被试图阻止在帝国国会外发表社会主义－和平主义的观点。与大多数英国的绝对主义者不同，李卜克内西穿上了军队制服，并执行了三次短期的军事任务。[83]但是，他向齐美尔瓦尔德大会发出了一份挑战性的电报，呼吁"要内战，不要内部的和平"，并敦促开展一场"争取和平的国际性阶级斗争"，列宁对此极为欢喜。虽然这种观点主张短期内的进一步斗争，并非旨在取悦那些将和平看作主要目标的人，但是，它在社会民主党左翼赢得了某种支持，引起了该党的分裂；1916年5月1日，李卜克内西遭到逮捕，并被判处监禁，

603

---

[81] Peterson and Fite, *Opponents of War*, pp.24, 36.

[82] Shand, "Doves among the eagles", pp.96–98; Karl Holl, *Ludwig Quidde (1858—1941): Eine Biographie* (Düsseldorf: Droste Verlag, 2007).

[83] 我很感谢尼古拉斯·施塔加德（Nicholas Stargardt）教授提供这方面的情况。

因他向柏林的示威者宣称:"打倒战争! 打倒政府!"[84] 此后,德国的社会党改良派和平主义者不得不应付日益遭受的打压,以及他们内部在是主张和平还是主张暴动问题上的意见分歧。

反战的"和平主义"

在大多数交战国中都能发现,"和平主义"源于战争物质方面的重负,而不是来自处理国际关系方面的理想主义方式;但是,它最严重地影响了专制主义政权。从一开始,在所有国家里,对这场战争努力的一些抵制就是五花八门的。比如,那些少数未能到军事岗位报到服役的法国人,包括了不会阅读官方语言的布列塔尼人(Breton),以及在某些情况下烂醉如泥,不知战争已经爆发的来自诺曼底的无业游民。[85] 农场主对劳动力短缺和工会对熟练工人稀释化的担忧,在澳大利亚关于实行义务兵役制的公投失败中发挥了作用。英国政府对民族主义者抵制的担心,阻止了政府将义务兵役制扩大至爱尔兰。完全有可能,所估计的美国 17.1 万名逃避服兵役者当中的许多人,仅仅是出于一己私利的动机。[86]

经过一段时间以后,战争的种种需求引发了物质上的抱怨,甚至在那些以往默默接受的人当中。在运行良好的国家里,这样的抱怨在一个相当的程度上能够被分割处理:例如,当 1915 年的圣诞节格拉斯哥的技术熟练工人质问英国军需大臣劳合·乔治时——苏格兰独立工党的杂志《前进》(Forward)因揭露此事而被查禁[87]——他们批评劳合·乔治的稀释化政策,而不是这场战争本身。同样,战时几乎使英国选民人数增加两倍的选举权改革,并不是政府由于需要维持公众的支持而做出的迫不得已之举。

然而,有时战争的重负变得与和平的需要关联在了一起。最著名的是在法国,1917 年 4 月尼韦勒自杀式的攻势激起了部队的兵变,就如军方继任者贝当

604

---

[84] Roger Chickering, *Imperial Germany and the Great War, 1914—1918* (Cambridge University Press, 1998), p.156.

[85] Cobb, "France and the coming of war", pp.142–143.

[86] Charle Charfield, *For Peace and Justice: Pacifism in America 1914—1941* (Knoxville, TN: University of Tennessee Press, 1971), p.69.

[87] *Forward*, 1 January 1916.

很快确信的那样，来自无政府主义团体的"和平主义宣传"在其中扮演了部分角色。[88] 但是，因为法国的政治体制和战争目标依然普遍得到认可，所以军方领导层和前景的变化、坚决的镇压和审查制度，最终使这个国家在没有闪失的情况下恢复了秩序。

在那些政权和军事目标都存在争议的国家里，抗议则更难以分割处理。在德国，封锁导致了通胀和粮食短缺，到 1915 年秋，根据一项对柏林所做的研究，"街头贫困的消费者因负担不起食品，在被赋予了行动权力的同时，感到沮丧失意，开始以不惜任何代价实现和平的呼吁来威胁国家"。[89] 很快，这些抗议同弥补民众所付出牺牲的宪政方面的让步要求联系在了一起：1916 年的劳动节，德国首都的示威者举着标语牌，要求获得"面包、自由与和平"；在李卜克内西因向示威者演讲而被囚禁之后，许多工厂工人开始罢工。到了 1918 年 1 月大规模的罢工浪潮席卷这个国家时，反战议程已经变得更加明显。[90] 虽然德国的社会党人拿出了一份改良派的和平主义分析报告，其中资本主义被认为是战争以及贫困的根源，但是，大多数罢工者受到的是匮乏而不是意识形态的影响。与此类似，在俄国，到 1917 年夏，"布尔什维克党人的吸引力在于他们'和平、土地和面包'的纲领"。[91] 这一口号精明地将俄国城市中的粮食短缺和农民的耕种属于自己土地的渴望与结束战争关联在了一起，但与之捆绑在一起的对资本主义和帝国主义的控诉，基本没有为和平呼吁增添多大的作用。同样，至 1918 年 5 月，保加利亚特有的"妇女起义"是因饥饿导致的，而不是与之相伴的社会主义－和平主义激情导致的。[92] 在 1917 年至 1918 年期间，对物质上不满情绪的利用具有重大的政治影响；但是，只有将"和平主义"这个词的外延伸展至极限，这种反战的情感才能被归入此类。

605

[88] John Williams, *Mutiny 1917* (London: Heinemann, 1962), p.121.

[89] Belinda J. Davis, *Home Fires Burning: Food, Politics, and Everyday Life in World War I Berlin* (Chapel Hill, NC: University of North Carolina Press, 2000), p.75.

[90] Chickering, *Imperial Germany,* pp.156, 160.

[91] Geoffrey Hosking, *A History of the Soviet Union* (London: Fontana Press, 1985), p.46.

[92] Richard J. Crampton, *Bulgaria* (Oxford University Press, 2007), p.215.

结　论

　　不同类型的和平主义对战后二十年的政治有更多的影响，但对于这场战争本身则几乎没什么影响。1914年至1918年间，绝对主义类型的和平主义在人数上微不足道，也受到宗教门户之见的支配。但是，随着第一次世界大战的声誉骤降而出于良知拒服兵役者的名声回顾性地上升，在20世纪30年代晚期希特勒的举动几乎消灭它之前，绝对和平主义达到了一个空前的具有更广泛支持基础的巅峰。改良派和平主义则导致产生了没有领土兼并的和平要求，以及战时政客不得不重视的建立国际联盟的主张。改良和平主义，尤其是对日内瓦理想（Genevan ideal）的承诺，在1930年代中期达到了顶峰，而在1936年，国联在阿比西尼亚（埃塞俄比亚旧称）问题上的失败使国际关系的思维急剧转回到现实主义。因物质不满而导致的反战"和平主义"具有最大的短期影响力，特别是在那些极度不自由以至于无法使真正的和平运动——即使在一个安全的限度内——盛行起来的国家：通过对它的利用，列宁——更多的是一位机会主义革命者，而不是有原则性的改良派和平主义者——于1918年3月使他的国家退出了这场战争，战争期间，这是能够貌似合理地运用"和平主义者"称号的最重大成就。在法国退伍军人运动的形成和发展期间，以及在1928年至1930年反战文学涌现和1938年的慕尼黑危机期间，在公众舆论承认绥靖行不通之前，厌战情绪尤为明显。关于第一次世界大战，令人瞩目的不是反对以任何方式从事这场战争，而是支持拼个你死我活，将战争进行到底。

22　起草和约 *

赫尔穆特·康拉德

导　言

　　1918 年，随着第一次世界大战正画上句号，人们普遍认为这场战争是 20 世纪的第一场灾难，它的结局已不再有疑问。为欧洲乃至世界建立一个新秩序，成为当时的核心议题，特别是对战胜国而言。一方面，需要缔结的和平条约将满足战胜国的战争目标，但另一方面也将保障持久的和平，阻止再次发生战争，尤其是像 1914 年至 1918 年这样的大规模战争。

　　整整一个世纪之前，源于法国大革命的拿破仑战争强加给欧洲一种新的秩序，在维也纳会议上，这种秩序正式确立。当然，那时的形势显然与此时不同：首先，它确实仅仅是一个欧洲问题；其次，战败者作为平等的一员可以坐在谈判桌旁；最后，能够做出"自上而下"的决定，即交战国首脑之间达成的条约；政党和议会，更别提"人民"，都不是主要的参与者。那时民族主义仍然刚刚兴起，社会问题尚未成为一个至关重要的政治关注对象，信息依然难以轻易和迅速地传送，空间和社会的流动性还是最低限度的。因此，有可能形成一种笼罩整个欧洲大陆的网络去抑制战争，也有可能在数十年的时间里去限制必须加以平衡的居主导地位的集团利益。

　　统治家族之间的势力均衡，圣彼得堡和巴黎之间以及柏林和伊斯坦布尔之间贵族阶层内部利益的调和，很快受到同时发生的工业化现象的挑战，特别是

＊　哈维·门德尔松将本章从德语译为英语。

流动性的增强、文盲率的下降、新形式的通信和民族主义的发展。但是，维也纳所采取的促进恢复旧制度（Ancien Régime）的措施，在一个长得令人吃惊的时期内，承受住了新时代的种种压力。至少在表面上，前现代的结构历时耐久，但暗地里，社会的转型正方兴未艾，就如 1848 年革命期间所令人震惊地显现出来的那样。

如果 1815 年见证了旧秩序的重建，那么第一次世界大战结束时，则出现了一种全新的秩序。在一个世纪的过程中，发生的变化是如此剧烈，以至于对和平做出安排的难度几乎无法与一百年前的情况相比。大部分这些变化则与相互矛盾的现代化事业相关联。

在生活的许多领域，科学实现了长足的进步。度量衡得以标准化，在各个领域，新的规则体系得到了发展。最先出现的大都市，惊人地展现了新型的流动性。医学和应用科学是主导的学科，世界的运转似乎更加精准，而大自然看上去正处于人类的控制之下。这些变化的节奏激起了人们对于未来的厚望，但也有焦虑和不确定性。归属感和（不真实的）基于科学的优越性幻想，以"我们"和"其他人"的界定形式提供着保护和安全。尽管归属问题长期以来按照宗教或一个人所生活的土地由谁统治的方法来加以确定，但是，现在界定的力量被语言获取。一个人不再是"波西米亚人"，而是一个捷克人或一个德国人，不再是一个"卡林西亚人"（Carinthian），而是一个德国人或一个斯洛文尼亚人，这些都取决于一个人所谓的"母语"，也就是说，在日常的交流中更愿意使用的语言。

欧洲是这种矛盾发展的中心和原动力，1914 年之前的数十年可以恰当地被称为欧洲的时代。这个世界正加速变得越来越小，因为人类、商品、服务以及首要的是信息比以往更迅速地流动，全球大部分地区在政治、经济和文化上遭到欧洲的统治或者至少是支配。第一次世界大战根本性地改变了这种情形。它揭露了现代化更阴暗的一面，即现代化所伴随的人格解体，以及新技术的破坏性潜力，这些不但威胁到人们的肉体存在，还威胁到了他们的心理平衡。在战斗的轰隆声中（或者在毒气的迷雾中），它将旧大陆的主宰地位撕个七零八落。随后，不得不将剩下的碎片重新拼构成一个新的秩序。

此外，十分明显的是，这种使命不会局限在欧洲。这场战争已经成为一场世界大战，一方面，它将来自世界各地的军队汇聚到欧洲的战场，另一方面，

在其他大陆也确实发生着战斗。因此，不仅仅是欧洲危在旦夕；形式上建立某
种涵盖整个世界的秩序也是必要的。这场战争的性质——战争已经牵涉到交战
国的全体人民——以及战争的结局最终由大后方和前线战场同等决定的事实，
导致了被新媒体广泛传播的对敌人的全新描述。于是，这不再只是利害攸关的
领土主张和权力问题；形势被按照善与恶、黑与白的思路来加以看待。许多人
以一种意识形态的视角去看待这场战争，并认为它应该以邪恶一方的失败而告
终，邪恶一方对于善良的挑战以及对于权力的唯我独尊和不正当的诉求，已经
导致了这场战争的爆发，所以现在必须让它们单独承担起这场战争的责任。这
也是战争罪责观念的深层次起因，在凡尔赛，历史上它第一次得到了系统性的
阐述，并且它主要适用于德国，其次也扩展到它的所有盟国。战败国，首先是
德国，被战胜国的如此观点所震惊，即"由于 1914 年的'侵略行径'，德国是
有罪的，并且要为（由此造成的）空前的大规模死亡和巨大的破坏承担全部
责任"。[1]

这样的措辞，即使在苏俄被迫签订的《布列斯特－立陶夫斯克条约》中也
没有出现。虽然其基本内容的苛刻性没有被接下来缔结的任何条约所超过，但
是，在谈判该条约的过程中，战胜者和战败者至少坐在同一张桌旁，会议议程
没有包括对战争或者各方交战行为的道德评判。因此，在巴黎，事实上实行的
是新的准则：将战败国排斥在讨论之外，对战败国及其政治制度进行道德谴责，
而且不承认 1918 年秋就已开始的任何体制性的转变。

《布列斯特－立陶夫斯克条约》

事实上，从 1917 年 12 月起，沿着被称为"东线"的战线（从德国的角度
看），停战就已经开始了。罗马尼亚于 12 月 9 日签订了停战协定，而俄国在 12
月 15 日紧随其后。12 月 22 日，开始了在布列斯特－立陶夫斯克的和平谈判，
在苏俄一方的要求下，谈判以公开的形式举行。"由此，新俄国的代表能够利用

---

[1]　Gerd Krumeich, "Nationalsozialismus und Erster Weltkrieg. Eine Einführung", in Gerd Krumeich (ed.), *Nationalsozialismus und Erster Weltkrieg* (Essen: Klartext Verlag, 2010), p.11.

609 谈判桌去进行革命的宣传。"[2] 另一方面，德国提出波兰、立陶宛和库尔兰（拉脱维亚）的自决权问题，以及一个独立的乌克兰的问题，它将这些地区看作德国军火工业的原料产地，以及最主要地看作哈布斯堡帝国饥肠辘辘的人民的粮食来源地。苏俄坚持不割地和不赔款的和平，而同盟国主张被压迫的人民有权自愿分离。12 月 28 日，双方同意休会 10 天。

1918 年 1 月 8 日他们再次进行谈判时，内部的政治形势已经发生了变化，特别是在维也纳。革命的情绪笼罩了奥匈帝国，几天之后，维也纳因罢工而陷入瘫痪。1 月 18 日，这场罢工也影响到了布达佩斯，10 天之后，德意志帝国也有 50 万民众停止了工作。在哈布斯堡帝国，共有 70 万工人罢工。在它的海军港口卡塔罗（科托尔），6000 名水兵举起了红旗，缴除了他们军官的武器。[3] 革命的烈焰看上去真实地冲击到了同盟国的主要权力基础，因此，托洛茨基在布列斯特－立陶夫斯克采取拖延手段以争取时间。

在遭遇制宪会议选举失败之后，布尔什维克党人在 1918 年 1 月 19 日将权力转移至苏维埃，"标志着布尔什维克党人与欧洲工人运动的民主多数派之间彻底的正式决裂"。[4] 然而，托洛茨基为了促进中欧革命而拖延和平会谈的策略，因列宁的信念而受挫。列宁认为，为了使布尔什维克党牢牢掌握住俄国的政权，无论付出什么样的代价都必须实现和平。2 月 10 日，托洛茨基中断了布列斯特－立陶夫斯克的谈判。2 月 16 日，德国人发出限期 48 小时的最后通牒，并于 2 月 18 日重新发起进攻，苏俄没有能抵挡他们的军队。最终，面对布尔什维克刚刚建立起的统治所遭遇的生存威胁，列宁使他接受德国和平条件的决定获得通过。但是，在此期间，德国的和平条件已经变得更加苛刻。此时，俄国人不但必须放弃整个波罗的海地区和芬兰，而且必须承认乌克兰独立，2 月
610 10 日德国已与乌克兰单独媾和，后者的矿产资源和农产品现在将落入同盟国之手。

布尔什维克党人对此压力做出了让步，于 1918 年 3 月 3 日签订了和平条约。

[2] Heinrich August Winkler, *Geschichte des Westens. Die Zeit der Weltkriege 1914—1945* (Munich: C. H. Beck, 2011), p.72.

[3] Richard G. Plaschka, *Cattaro-Prag. Revolte und Revolution. Kriegsmarine und Heer im Feuer der Aufstandsbewegungen vom 1. Februar an 28. Oktober 1918* (Graz: Böhlau Verlag, 1963).

[4] Winkler, *Geschichte des Westens*, p.74.

"这是一个残酷的命令。"[5] 苏俄失去了其欧洲领土的四分之一，钢铁工业和煤矿的73%，铁路运输网络的四分之一，[6] 以及6000万人口；此后，俄罗斯帝国总人口中的大约三分之一，生活在俄国之外。

同盟国对待罗马尼亚同样残酷无情。根据1918年5月7日签订的《布加勒斯特条约》，罗马尼亚必须交出多布罗加（Dobruja），由保加利亚和战胜国瓜分。此外，同盟国获得了开采油田的权利，罗马尼亚必须出售剩余农产品给战胜国。

签订和约三天之后，在第七次代表大会上，布尔什维克党通过了和约的种种条件。但是，他们没有得到所希望的巩固国内权力的喘息之机。3月9日，为支持布尔什维克党的敌人，英国军队在摩尔曼斯克登陆。在随后的几年当中，随之而来的血腥内战和进一步的武装干涉是举足轻重的。海因里希·奥古斯特·温克勒将布尔什维克政权的特征描述为，"迄今针对西方标准事业（normative project）最激进的反对方案"，这不是完全没有道理。[7] 虽然俄国的现代化朝向西方的模式（例如历法上的变化），但排斥了西方式自由和民主的发展，并继承了1794年法国大革命的未竟之业。

相反的模式

毫无疑问，美国总统伍德罗·威尔逊是那些在思想上决定了战争年代大规模杀戮之后和平安排发展方向的人士之一。"虽然他在1916年以承诺使这个国家保持中立的政纲参加竞选，但是1917年4月，威尔逊将美国带入了这场战争。他确信正在做一件正确的事情。"[8] 首先，他认为，在1918年1月8日他向参众两院所发表的十四点原则的基础之上，能够建立起一种持久的和平安排。十四点原则之中的某几点内容，在协约国当中是无障碍的，并被完全接受。第七点尤其是如此：

---

[5]　Winkler, *Geschichte des Westens*, p.77.
[6]　Wolfdieter Bihl, *Österreich-Ungarn und die Friedensschüsse von Brest-Litowsk* (Vienna, Cologne and Graz: Böhlau Verlag, 1970), p.118.
[7]　Winkler, *Geschichte des Westens*, p.82.
[8]　Margaret Macmillan, *Paris 1919: Six Months that Changed the World* (New York: Random House, 2003), p.4.

全世界都会同意，必须从比利时撤军，必须在不得对比利时所享有的与其他一切自由国家相同的主权做出任何限制的情况下，重建比利时这个国家。要想恢复各国对他们自己曾制定并决心用来处理相互关系的那些法律的信心，再没有其他任何行动比这一行动更为有效的了。如果没有这一弥合创伤的举动，国际法的整个体系和效力将永远受到损害。[9]

第八点，即归还阿尔萨斯－洛林给法国，也可以被看作协约国所共同关注之事。第十四点的情况同样如此，这是一个致力于建立相互保证"政治独立和领土完整"的"具有普遍性的国家联盟"的方案。[10] 但是，第一点，即摒弃任何形式的秘密外交，是一种天真的梦想。第二点至第四点，即主张自由主义、贸易自由的政策和裁减军备，在各方都未得到支持。

在战争中，冒着自己生命危险为民主而战的非洲人和亚洲人，可能在第五点上存在问题：

> 对所有关于殖民地的权利要求做出自由、思想开放和绝对公正的调整，其基础则是严格遵守这样一个原则，即在决定所有这样的主权问题时，有关民众的利益必须与资格待定的政府的公平合理要求受到同等重视。[11]

涉及俄国的第六点，由于宣布之时正值十月革命之后数周，不得不保持模糊性。第九点至第十三点，涉及确立欧洲和近东新的边界，唤起了许多期望，却是建立在完全错误的前提下。实际上，何谓"显然可识的民族界线"，"自治发展的最自由的机会"又是何意？[12] 向塞尔维亚人承诺获得出海口，同时提议"对巴尔干各国的政治和经济的独立与领土完整，予以国际保证"[13]，这是自相矛盾的。

与那时欧洲的思想相一致，威尔逊关于民族的观念仅仅是以语言因素作为

---

[9]   Macmillan, *Paris 1919*, p.496.

[10] Macmillan, *Paris 1919*, p.495.

[11] Macmillan, *Paris 1919*, p.496.

[12] Macmillan, *Paris 1919*, p.496.

[13] Macmillan, *Paris 1919*, p.496.

基础的。他没有留意到多民族国家内部的流动性，以及诸如宗教这样居于语言之下的其他认同因素。于是，就没有了犹太人，也不存在"波西米亚人"（有着不同的母语）。对他而言，语言界限是明确的，是地图上可具体规定的界线。而面对殖民地和很快将要被打败的敌方大国时却不再适用自决权的做法，削弱了十四点声明的道义力量。

公海航行自由、自由贸易、协约国在经济和政治方面的支配地位——这些都是威尔逊首要关注的事情。权利是建立在国家而不是个人的层面之上。在这方面，1815 年的遗产依然清晰可见。尽管如此，十四点原则显然缺乏明确性，存在以不同的方式进行解读的可能，"自决"这样的表达同样如此，它产生了一种巨大的吸引力。在这种表达当中，"自身"（self）究竟指谁，一直是不明确的（无论如何，它不是指个人）。"民族"的含义界定也是如此。期盼由此被唤醒，却难以承受现实的种种压力。

战争的结束

同盟国希望两条战线的战事结束能够带来西线的快速胜利，但是，没多久就感到了失望。它们的攻势遭遇了阻滞。同样，乌克兰的粮食从未运抵奥匈帝国的首都，摆脱饥饿的愿望破灭了。在结束这场战争方面，一片民众精疲力竭付出牺牲场景的大后方，与军事前线一样，扮演着决定性的角色。"相比战时岁月，1918 年至 1919 年的冬天，饥饿作为一种战争武器，更深深地铭刻在德国民众的记忆当中。"[14]

1918 年同盟国所面对的内部形势，已经像战事一样成为削弱它们战争努力的一个决定性因素。而且，在柏林和维也纳，以及在这两个国家的其他大城市，威尔逊的十四点原则"被非常自然地解读为是对民主革命的一种呼吁"。[15] 可以肯定，在许多人的头脑中，革命的概念超越了赢得更多民主的问题。俄国的模式是具有吸引力的，不仅仅是因为布尔什维克彻底退出这场战争使得许多战俘能够被遣返。因而，革命和结束战争被看作是紧密相关的。奥地利在 1918 年单独

613

[14]　Hew Strachan, *Der Erste Weltkrieg. Eine neue illustrierte Geschichte* (Munich: C. Bertelsmann, 2006), p.394.

[15]　Winkler, *Geschichte des Westens*, p.88.

媾和的努力，非常不幸地失败了。所谓的"西克斯图斯事件"[16]完全以失败告终，在这场战争结束之前，将哈布斯堡帝国决定性地与德意志帝国绑在了一起。

到1918年的下半年，同盟国已不再能够想象实现一种"胜利的和平"。因此，它们最关心的事情是为停战创造前提，以及在和平安排上获得可能最有利的条款。实现这些被认为需要推翻哈布斯堡帝国原有的贵族统治秩序，承认这个多民族国家各"民族"拥有更大的自治权。但是，《人民宣言》（Völkermanifest）[17]发表得太迟，并且最主要的是，没有考虑在美国的捷克流亡者的影响，这一影响因俄国境内存在一支捷克军团而进一步增强。自1916年捷克斯洛伐克民族委员会（Czechoslovakian National Council）成立之时起，托马斯·马萨里克和爱德华·贝奈斯就致力于建立一个波西米亚、摩拉维亚和斯洛伐克的独立国家。到1918年的5月中旬，这样的一个国家已经在流亡团体所达成的《匹兹堡协议》的纸面上成形了，该协议同时赋予斯洛伐克人未来一个自治的行政当局。[18]威尔逊尚未将瓦解哈布斯堡帝国作为其十四点原则当中的一点，这是出于策略上的考虑，即为了不逼迫奥地利与德国靠得更近。但是，流亡美国的捷克人在塑造战后秩序上的影响，长期以来都得到了承认。而且，捷克人和斯洛伐克人已经取得的成就，不是南部斯拉夫人能拒绝的。不可否认，后者的利益与意大利人的利益存在冲突，意大利参战则是因为《伦敦条约》许诺给他们领土上的回报。

614

由于这场战争，奥斯曼帝国的解体同样即将到来，它成为时常冲突的协约国利益集团的目标，因它解体导致的种种问题延续了整个20世纪。最迟从1918年秋开始，协约国取得胜利不再受到质疑，战争结束前后的几个月中，它们主要关注的是，如何平衡它们各自实际明显不一致的利益。它们一致同意，必须终结德国和奥地利"旧有"的体制，不管怎样，在这场战争最后的几周内，作为对国内压力所做出的反应，这两个国家已开始了改革。在德国，社会民主党和各资产阶级政党一致认为，民主化一方面将为更温和的和平条件奠定基础，

---

[16] Robert A. Kann, *Die Sixtusaffäre und die geheimen Friedensverhandlungen Österreich-Ungarns in Ersten Weltkreig* (Vienna: Böhlau Verlag, 1996).

[17] Helmut Rumpler, "Die Sixtusaktion und das Völkermanifest Kaiser Karls. Zur Strukturkrise des Habsburgerreiches 1917/1918", in Karl Bosl (ed.), *Versailles—St. Germain—Trianon. Umbruch in Europa vor fünfzig Jahren* (Munich: R. Oldenbourg Verlag, 1971), pp.112-113.

[18] Winkler, *Geschichte des Westens*, p.90.

另一方面能避免出现大众支持的潜在的布尔什维克式革命。在奥地利，政治改革甚至出现得更早，并且已经宣布在所谓的"民族问题"上做出影响深远的让步。德国大规模的政治改革，因革命行动——最重要的是基尔港水兵起义——决定性地加快走向了终点。与此同时，在奥地利，不等这场战争结束——在"奥地利革命"[19]迫使这个剩下的国家转变成一个民主共和国之前——也是通过公众骚乱的形式，各个民族就已宣布它们脱离这个国家。

　　然而，所有这一切来得太迟，难以有所作为。取得胜利的协约国的利益被十分清楚地予以阐述，未来权力处置的轮廓已经在它们的脑海中非常牢固地确立，即使仍然有主要分歧需要解决。它们关注的焦点不是建立一种理想的战后秩序，而是权力和影响力的问题。威尔逊本人首要关注的是创立国际联盟，以及建立一条"防疫封锁线"，即遏制苏俄的一帮国家。在后一个问题上，他得到了英国的赞同，但英国带着疑虑去看待法国在可见的将来削弱德国在欧洲地位的努力。除了法国在大陆获得霸权的企图之外，在殖民地和解体的奥斯曼帝国问题上，英法之间也存在紧张的关系。最后，意大利视自己是一个胜利者，在《伦敦条约》给了它底气的情况下，试图发挥自己在亚得里亚海的主导地位，无视新成立的南斯拉夫国家的权利要求。总之，甚至在和平谈判开始之前，战胜国的立场也不是和谐一致的，实际上，它们之间充满了矛盾和潜在的冲突。

凡尔赛

　　"和平条约是这场战争的主要遗产。因接受它们而出现的斗争，是战后国际政治的主题，并且被证明在继承国的国内政治方面同样具有决定性的影响。"[20]正如法国人在停战之前所明确阐述的那样，打这场战争是"为了获得战争果实"。[21]首先，"是比利时和法国遭受破坏。它们希望就过去的非正义行为获得赔偿，为将来获得安全保障。"[22]一方面，和平条约应当结束战事，另一方面，

[19]　Otto Bauer, *Die österreichische Revolution* (Vienna: Verlag Wiener Volksbuchhandlung, 1923). 正是这本著作最早将革命的观点引入有关哈布斯堡王朝灭亡的讨论之中。

[20]　David Stevenson, *1914—1918. Der Erste Weltkrieg* (Düsseldorf and Zürich: Artemis und Winkler Verlag, 2006), p.595.

[21]　Stevenson, *1914—1918*, p.595.

[22]　Strachan, *Der Erste Weltkrieg*, p.397.

应当通过一个新世界的出现阻止未来的战争。那些领土上实际发生过战斗的国家也提出了赔偿的问题。人们自身付出的身体和心理上的代价，对家属的关怀，以及其他更多的，都被纳入到了赔偿的范围。

因此，和平条约必须确立新的疆界，通过裁军和削减常备军的数量来防止再次发生战争，并解决因这场战争所造成的物质损失。它决定，所有这一切将完全以战败国为代价来加以实现，如果能够在涉及战争罪责的问题上做出明确的判断，那这样做就更有理由了。

巴黎和会于 1919 年 1 月召开，一直持续至 1920 年的 1 月，这时它被固定的协约国大使会议所接替。"这次和会产生了五项和平条约：1919 年 6 月 29 日在凡尔赛宫对德国，9 月 10 日在圣日耳曼昂莱（Saint-Germain-en-Laye）对奥地利，11 月 27 日在讷伊对保加利亚，1920 年 6 月 4 日在特里亚农对匈牙利，1920 年 8 月 10 日在色佛尔对土耳其。"[23] 毫无疑问，对德国的条约是最为重要的，因为它不但是其他条约的样板，而且可以预期到其他条约的内容（例如，禁止德奥合并 [Anschlussverbot]）。

克服了威尔逊的反对意见之后，在和平会议应如何召开的问题上，赢得616 战争胜利的欧洲大国能够强加它们自己的观点。实际上，"几次预备会议排斥了公众、与会国当中不怎么重要的国家，以及部分理由是它们的政府不能被认为具有合法性的敌对国家。和平建议的实质性内容是由最高委员会（High War Council，后来成为十人委员会）决定的，其成员仅限于大国。"[24] 尽管如此，和会以适当的形式正式开幕，出席全体会议的是所有 32 个与会国的政府代表，包括英法协约国（Entente Cordiale），像美国和日本这样与它们"相联系"的大国，"其他英帝国的成员国"（即加拿大、澳大利亚、新西兰、南非和印度），以及新成立的国家（如波兰和捷克斯洛伐克），还有较晚加入的盟国罗马尼亚。苏俄未有代表出席，尽管它费了很大力气将一名非革命的代表塞到会议桌前。可以肯定，真正重要的决定是由四国委员会（美国、英国、法国和意大利）做出的。

法国与盎格鲁－撒克逊国家之间目标的冲突，很快就显现了出来。法国寻求实现占领莱茵河左岸和支持建立一个大波兰国家的意图，而英国力图维持

[23] Stevenson, *1914—1918*, p.596.

[24] Klaus Schwabe, "Das Ende des Ersten Weltkriegs", in Gerhard Hirschfeld *et al.* (eds.), *Enzyklopädie Erster Weltkrieg* (Paderborn: Ferdinand Schöningh, 2004), p.295.

"势力均衡",[25] 以防止法国过于强大而主宰欧洲大陆。"威尔逊完全承诺对德国进行适当的惩罚（基本没有区分倒下的帝国和新政权之间的不同）。但是，在涉及他所大张旗鼓宣称的民族自决原则的问题上，他不愿意做出任何非绝对必要的妥协，仅仅出于这个原因，他难以屈从于法国的压力。"[26] 故此，四个主要人物（威尔逊、劳合·乔治、克列孟梭和奥兰多）之间的矛盾，迅速变得显而易见。克列孟梭打算排除一个强大的德国在将来构成威胁的任何可能性，劳合·乔治主要关心在世界市场上消除德国这个竞争对手，以及由此关注与殖民地和德国海军规模相关的问题。

围绕条约的斗争，最后以战胜国之间的妥协而告终。德国的西部边界被向 617 东推移，阿尔萨斯－洛林在未举行全民公决的情况下归还给法国。萨尔区被置于国际联盟的管辖之下15年，之后当地民众将决定对它最终的处置。莱茵兰留在德国内，但是被非军事化了。此外，协约国将占领莱茵河右岸的几处桥头堡。比利时获得了奥伊彭－马尔梅迪（Eupen-Malmedy）。在东部，德国的领土损失要大得多。波森（波兹南）大公国交给了波兰，上西里西亚也是如此。为了获得出海口，波兰也得到了大部分西普鲁士，这导致东普鲁士与德国的其余领土相隔离。但泽（Danzig）成为国际联盟专员监管之下的"自由市"。梅默尔（Memelland）也由协约国管理。通过一次全民公决，在丹麦和德国之间就北石勒苏益格进行了分割，而在马祖里（Masuria，东普鲁士的南部），当地民众投票选择留在了德国。

威尔逊的十四点原则本应该支持德国和说德语的奥地利实现统一，因为已经解体的奥匈帝国的所有民族都回到了各自"祖国"的怀抱。绝大多数奥地利民众事实上希望发生这样的情景，就如几次地方民意调查所显示的那样，但是，协约国完全不能接受使德国人口增添600万的做法。这就是《凡尔赛条约》第80条禁止德奥合并的原因所在，它对战后政治将有着持久的影响。

"由于这项和平条约，德国放弃了其领土的七分之一，人口的十分之一，同时失去了它的殖民地。"[27] 它还失去了十分之一的煤，四分之三的矿产资源。它必须以赔偿的形式交出更多的财富。此外，它被迫削减军队：陆军人数被限制

[25] Winkler, *Geschichte des Westens*, p.175.

[26] Winkler, *Geschichte des Westens*, p.175.

[27] Winkler, *Geschichte des Westens*, p.176.

在 10 万，海军为 1.5 万人，且所有的人必须是职业军人。德国被禁止拥有潜水艇、军用飞机、坦克和用于毒气战的武器。最后，必须交出远洋舰队，但由于德国人已经凿沉了自己的军舰，这已没有了必要。

618　　在情感上，对德国来说，最令人苦恼的条约内容无疑是战争罪责的问题。即使几十年后，它依然是激烈学术争论的主题。[28] 第 231 条规定，德国是这场战争的始作俑者，因此对其军事上的敌人因这场强加给它们的战争而造成的所有损失和损害负有责任。虽然没有使用"单独承担罪责"（sole guilt）的表述，但这就是德国对它做出的解读，这种感觉导致了比其他所有条款所引发的更强烈的抗议，即使后者造成了极重的负担。而且，德国没有坐在谈判桌前，反之，即使在布列斯特-立陶夫斯克，战胜者和战败者还共同坐在一起，尽管专横地强加给战败者的条款肯定比在凡尔赛的要更加苛刻。这两点（战争罪责和被排斥在谈判之外）在有形的层面不是决定性的，但在情感层面，它们是非常令人愤怒的，并作为精神上的创伤体验深入到了魏玛共和国的肌体之中。它们为部

619　分民众关于凡尔赛是一种"屈辱和平"的看法铺平了道路，并且为纳粹党人的复仇政治提供了肥沃的土壤。

　　在凡尔赛，战胜国之间的内部磋商因两方面的矛盾而显得无足轻重，而这两方面与它们在和约上的工作只存在非常间接的关系。首先涉及意大利，它对达尔马提亚和阜姆的权利要求，[29] 引发了缔结和约应适用何种标准的基本问题：是威尔逊所宣扬的民族自决理想，还是战胜国一心想动用的强权？威尔逊支持南斯拉夫人的反抗，即使他已经同意了意大利的主张，即边界应是博尔扎诺（Bolzano）和因斯布鲁克（Innsbruck）之间的布伦纳山口（Brenner pass）。与此同时，在远东问题上，英国和法国对日本做出了重大让步，作为后者参战的回报。但是，威尔逊拒绝在这些问题上与英法站在一起，不仅仅因为他捍卫中国人的自决权利。在这个问题上，还存在只有"白人"有权行使权力的潜台词。"日本人向国际联盟筹建小组所提交的申明一切种族平等原则的条款，同样遭到

---

[28]　Fritz Fischer, *Der Griff nach der Weltmacht. Die Kriegszielpolitik des Kaiserlichen Deutschland 1914—1918* (Düsseldorf: Droste Verlag, 1961).

[29]　Klaus Schwabe (ed.), *Quellen zum Friedensschluss von Versailles* (Darmstadt: Wissenschaftliche Buchgesellschaft, 1997), p.17.

了拒绝。"[30] 这两方面的矛盾延缓了在对德和约上所要达成的一致，并揭示出与会者正怎样如履薄冰。

1919 年 5 月 7 日，在凡尔赛的德国代表得到了一份和平条约的草稿。德国人与战胜国代表的首次会谈，从一开始就是一场彻底的失败。"在此刻之前，没有一位德国外交官明显留意到，卜洛克多夫－朗超是一位多么糟糕的公众演讲者。"[31] 在他的首场演讲中，他一直坐着，而克列孟梭则站着对代表团发表他的讲话，这种情形是愤怒的另一个原因。明确拒绝有关德国战争罪责的提法和针对协约国非人道暴行的指控，进一步恶化了谈判的氛围。因此，仍然保留在条约中的妥协完全是最低限度的。

在德国，拒绝和约的浪潮最初是十分强大的，甚至在关于莱茵兰和上西里西亚做出两处修订之后，情势依然没有消减。但可以肯定，显然没有别的选择。"6 月 22 日，国民会议以 237 票对 138 票，6 票弃权，通过签署和约的决定，但在战争罪责和战争罪行的问题上做出保留。答复很快就来了——以最后通牒的形式要求在 24 小时内毫无保留地在和约上签字。"[32]1919 年 6 月 28 日，在凡尔赛宫的镜厅——48 年前德意志帝国建立的地方，德国人在外交部长赫尔曼·米勒的率领下，在和约上签下了他们的名字。带着它短期和长远的全部影响，带着它所包含的全部期待和抵制，为后续条约所建立的样板，现在确定了下来。

620

圣日耳曼

至少从形式上看，第一次世界大战是哈布斯堡帝国对塞尔维亚宣战的结果。导致奥地利皇位继承者毙命的萨拉热窝枪响，连同维也纳向贝尔格莱德发出的最后通牒（大部分被接受），构成了战争的基础。这场战争从根本上改变了这个

[30]　Schwabe, *Versailles*, p.17.

[31]　Charles L. Mee, *The End of Order. Versailles 1919* (New York: E. P. Dutton, 1980), p.214.

[32]　Winkler, *Geschichte des Westens*, p.179.

世界，尤其是"欧洲中间"（Zwischeneuropa）。[33]

　　这场战争之前数十年，哈布斯堡帝国已经是一个不合潮流的事物。早在1848 年，恩格斯就评述道，"由继承和窃得的小块土地拼成的七零八落的奥地利君主国，这个由十种语言和民族构成的混乱局面，这堆由决然矛盾的习惯和法律乱七八糟凑成的东西"[34]，终于开始土崩瓦解了。他对这个国家结构的描述是恰当准确的，尽管在对它的预期寿命做出预测方面并非如此。"卡卡尼亚"（Kakania，作为这个君主国家的昵称）通常被描述为"民族的监狱"，长期以来维持它的结构一动不动，即使是在战争的岁月。不忠行为是不常见的，不仅是严厉的军法审判使得叛逃到敌方的士兵人数很少。"各领域对军队的尊重——甚至在内部政治对手之间——维持了令人吃惊的很长一段时间。"[35]

　　归国的战俘首先引发了严重骚乱的可能，他们具有"一种强烈的社会而非民族主义的特征"。[36] 协约国也认为，一旦奥匈帝国内部进行民主化，外部边界得到修正，它将保持这个样子不变。十四点原则是从这个角度构想出来的——虽然美国强力支持捷克人——而且奥匈帝国内部也将十四点原则看作它继续赖以存在的保障。哈布斯堡帝国有别于其他的多民族国家，最主要的是它缺乏一个居主导地位的"民族"（或者说语言）群体。在至少 11 个民族当中，日耳曼人只占到全部人口的 24%，马扎尔人只有 20%。他们都被斯拉夫群体所超过，后者总共占到了 47%。甚至在"帝国的奥地利部分"，说德语的人口只占到全部人口的十分之一多一点。同样，马扎尔人也未能占到帝国匈牙利部分人口的大多数。[37]

　　1918 年秋，大后方的饥饿、革命情绪的发展和帝国的逐渐解体，使得这场战争难以再继续进行。事实上，战场的军队"比以往更公开地指责延长这场

---

[33]　自 1916 年起，"欧洲中间"的概念就零星地出现了，当时在 *Zeitschrift für Erdkunde zu Berlin*, Heft 3 (1916), pp.177 ff. 中进行了介绍。作为一个替代充满政治色彩的"中欧"（Mitteleuropa）的概念，最近在赫尔穆特·康拉德（Helmut Konrad）和莫妮卡·施特龙贝格尔（Monika Stromberger）的论述中得到了重新介绍，见 Konrad and Stromberger, "Der kurze Traum von Selbstständigkeit. Zwischeneuropa", in Walter L. Bernecker and Hans Werner Tobler (eds.), *Die Welt im 20. Jahrhundert bis 1945* (Vienna: Mandelbaum Verlag, 2010), pp.76–77.

[34]　Karl Marx and Friedrich Engels, *Werke*, 43 vols. (Berlin: Dietz-Verlag, 1956-90), vol. iv, p.504.

[35]　Richard G. Plaschka *et al.*, *Innere Front. Militärassistenz, Widerstand und Umsturz in der Donaumonarchie 1918* (Munich: R. Oldenbourg Verlag, 1974), vol. 1, p.12.

[36]　Holm Sundhaussen, "Von der Multiethnizität zum Nationalstaat. Der Zerfall 'Kakaniens' und die Staatliche Neuordnung im Donauraum am Ende des Ersten Weltkrieges", in Holm Sundhaussen and Hans-Joachim Torke (eds.), *1917—1918 als Epochengrenze?* (Wiesbaden: Harrassowitz, 2000), p.83.

[37]　Sundhausen and Torke, *1917—1918*, pp.80–81.

战争"。[38] 皇帝卡尔最终决定请求停战，但对于拯救这个君主国来说太迟了。相
关媾和条件于 11 月 2 日进行了传达，1918 年 11 月 3 日签署了停战协定。对奥
匈帝国来说，这场战争结束了，作为一个国家，它已不存在了。而且，十二
天之前，说德语的国会议员甚至已经组建了一个"德意志奥地利"（German
Austria）国家。[39] 新出现的各个国家将在圣日耳曼形成它们确定的形式。

　　早在 1919 年的 5 月，奥地利代表团就前往了巴黎，但是未被允许参加会
议。这个代表团的成员是来自哈布斯堡帝国所有组成部分的个人代表，一方面，622
帝国包括了说德语的人口，但另一方面，帝国又被此时业已存在的新国家提出
权利要求（尽管作为奥地利的一部分加入战争，但它们被赋予了战胜国的地
位）。由于在凡尔赛做出的决定，《圣日耳曼条约》在重要的方面是失之偏颇的。
无论如何，在与奥地利签订和平条约的同时，一项条约也与捷克斯洛伐克签订
了，以保障少数族裔的权利，即新捷克共和国中的"德意志人"和"斯洛伐
克人"。

　　奥地利的观点，即在 1914 年它作为一个国家尚未真正存在，而且它只是战
败的帝国的若干继承国之一，被置若罔闻。生活在这个帝国统治之下的捷克人、
斯洛伐克人、罗马尼亚人、意大利人、克罗地亚人和斯洛文尼亚人是战争的胜
者，而说德语的人口和马扎尔人是仅有的失败者。奥地利人获得一项国家条约
而不是和平条约的愿望在 1919 年不可能实现，只有到了 36 年后，在类似争论的
基础上，这个目标才得以完成。

　　1919 年 9 月 2 日，条约文本被交给在圣日耳曼的奥地利代表团，8 天后最
终由卡尔·伦纳签署。在勾画奥地利的北部边界线时，该条约无视民族自决
权，沿用了旧有的王室领土的边界。这样，所有的波西米亚、摩拉维亚、西
里西亚和甚至奥地利北部的一些地区割给了捷克斯洛伐克，由此给后者带来了
多达 300 万说德语的少数民族。加利西亚归了波兰。南蒂罗尔、韦尔施蒂罗尔
（Welsch Tirol）*和卡林西亚运河流域（Carinthian Canal Valley）归意大利，伊斯

---

[38]　Manfried Rauchensteiner, " 'Das neue jahr machte bei uns einen traurigen Einzug.' Das ende des Großen
Krieges", in Helmut Konrad und Wolfgang Maderthaner (eds.), ⋯ der Rest ist Österreich. Das Werden der Ersten
Republik (Vienna: Carl Gerold's Sohn, 2008), vol. 1, p.41.

[39]　Heinz Fischer, "Vorwort", in Konrad and Maderthaner, ⋯ der Rest ist t Österreich, p.7.

*　即特伦蒂诺，是蒂罗尔南部说意大利语的地区。——译者注

特里亚（Istria）也是如此。布科维纳划给了罗马尼亚。达尔马提亚、下施蒂里亚（Lower Styria）、米斯河流域（Miess Valley）和湖泊地区（Seeland）承诺归塞尔维亚、克罗地亚和斯洛文尼亚组成的新国家（南斯拉夫）所有。由于所谓的"卡林西亚防御战"（Kärntner Abwehrkampfs），为德拉瓦河南部的下卡林西亚的归属举行了一次全民公决。匈牙利西部的郡县划入了奥地利（肖普朗 [Sopron]或称厄登堡 [Ödenburg] 除外，它在后来一次全民公决后并入了匈牙利）。"德意志奥地利"（Deutsch-Österreich）的称谓遭到了禁止，《凡尔赛条约》当中禁止德奥合并的规定得到了重申。军队规模被削减至 1 万名职业军人，奥地利被迫支付赔款。总体上，原来哈布斯堡帝国奥地利部分说德语的人口，只有三分之二居住在新国家。在这个国家里，许多人长期质疑国家的独立生存能力，并入德国似乎是将来的唯一希望，二十年后这种希望确实在剧烈变化的局势下得以实现。[40]

623

特里亚农

在与奥地利签订和约之后，当 1919 年年底匈牙利代表团被邀请前往巴黎时，必要的决定已经在凡尔赛和圣日耳曼做出了；它们也反映了匈牙利南北地区的政治现实。像奥地利一样，匈牙利获得了一项和平条约，但不是建立一个民族国家的条约。它也必须接受战争罪责的精神负担。但是，这并非匈牙利民众关注的核心问题，有关赔款和限制军队规模与军备的条款可以说也同样如此。

匈牙利人最为关心的，是这个国家新疆界的确定，直到现在一直如此。马扎尔人在哈布斯堡帝国疆界之外没有大的"兄弟国家"，作为内部凝聚力的一种手段，民族主义对他们有着更强劲的吸引力。这在匈牙利就显得更为重要——相比德国和奥地利——因为这场战争结束时，革命的试验事实上在这里呈现出具体的形式。在德国，革命的力量仅能够在短期内夺得权力，并且只是在区域的层面上，只在一些城市获得了有力的支持；在奥地利，强大的社会民主运动迅速同化了革命，并利用各种委员会或苏维埃作为加强它们在国会主导地位

---

[40] Helmut Konrad (ed.), *Sozialdemokratie und "Anschluss". Historische Wurzeln—Anschless 1918 und 1938—Nachwirkungen* (Vienna: Europa Verlag, 1978).

的外部力量。相比之下，在匈牙利，真正发生了一场革命。1919 年 3 月，贝
拉·库恩宣布成立"匈牙利苏维埃社会主义共和国"，在半年的时间里能够面对
顽强的反扑而屹立不倒。库恩在俄国被俘期间成为一名布尔什维克，随后则追
寻革命道路一直到底。苏维埃的统治试验在匈牙利未能成功，部分原因在于奥
地利拒绝效仿，还因为罗马尼亚的军事干涉，它的军队远抵布达佩斯，迫使库
恩逃亡国外。米克洛什·霍尔蒂——在塞格德（Szeged）建立的保守民族主义的
反对派政权领导人，于 1919 年 11 月作为胜利者进入了布达佩斯。紧随"红色"
恐怖之后的"白色"恐怖，将矛头对准了共产党人和社会党人；它也显示了强
烈的反犹主义倾向。1920 年 3 月，霍尔蒂成为没有国王的君主国家中的"摄
政者"。

624

这一时期令人痛苦难忘的国内政治动荡，只能通过树立明确的外部敌人
加以控制。匈牙利人相信，他们是牺牲品，留给他们的是一个没有朋友和没有
盟友的国家。《特里亚农条约》中有关领土的决定，量身定制般地助长了这种
信念。根据它的条款，匈牙利将斯洛伐克和乌克兰的喀尔巴阡山地区给了捷克
斯洛伐克共和国，匈牙利西部的郡县给了奥地利，克罗地亚、斯洛文尼亚、普
雷克穆列（Prekmurje）、巴什克卡（Batshcka）和巴纳特的一部分给了新成立
的南斯拉夫国家，特兰西瓦尼亚和巴纳特剩下的部分归了罗马尼亚。波兰也得
到了一小块领土，而阜姆也脱离了匈牙利（并且注定要度过一段非常艰难的
时期）。

作为所有这些变动的结果，自 1920 年起，有 300 万匈牙利人生活在匈牙利
国家之外。对有争议的边界线所做的小规模调整，基本无助于局势的改变。而
且，匈牙利人口中依然包括了 80 万少数族裔（德意志人、斯洛伐克人、罗马尼
亚人、克罗地亚人、塞尔维亚人和斯洛文尼亚人）。特里亚农立即成为令人印象
深刻的记忆场所，今天在许多匈牙利的汽车上，甚至半官方的环境中，仍然可
以看到对这个国家的描绘显示的是民族的疆界，而不是实际的国际疆界。甚至
关于匈牙利移民[41]的学术探讨也充满了民族主义的言语，然而，例如关于斯洛文
尼亚人的探讨，则试图勾勒一种更加细致入微的画面。[42]

---

[41]　Laszlo Bolos, *The Road to the Dictated Peace* (Cleveland, OH: Apard Publishing Co., 1999).

[42]　Marian Hronnský, *The Struggle for Slowakish and the Treaty of Trianon* (Bratislava: VEDA Publishing House of
the Slovak Academy of Science, 2001).

在两次世界大战之间，匈牙利的中小学生就知道，匈牙利是只被匈牙利人环抱在中间的，因为在所有的邻国都有相当数量的匈牙利人口。他们的生活中充满了"不，不，绝不！"（Nem, nem, Soha！）的口号，总是看到国旗以降半旗的方式飘扬着。比起圣日耳曼或者分别在奥地利和德国情况中的凡尔赛，进入 21 世纪，特里亚农依然是匈牙利人自我理解的中心焦点。特里亚农－匈牙利——相对于"圣斯蒂芬王室领地"，或者至少相对于一种"语言联盟"（language union）——一直作为匈牙利应有模样的令人厌恶的反面形象延续了下来。迟至 1999 年，据认为，"根据 1910 年的人口普查，匈牙利 54.5% 的人口是匈牙利人。历史上的匈牙利少数民族数量只占到 45.5%。《特里亚农条约》之后，在继承国中，少数民族的数量增长到 54.2%。[43] 只有 20% 的匈牙利新边界是自然疆界，其中 60% 没有考虑语言的界限。"[44]

正是在这种《特里亚农条约》的负面形象，以及将"犹太－布尔什维克分子"当作国家敌人的负面形象的基础之上，霍尔蒂建立起了他的统治地位。因此，《特里亚农条约》之后，这个不合时宜的国家——没有实行土地改革，保留了贵族过高的特权地位，形式上是一个君主国，抵制自由主义，维持了关于谁是一个真正匈牙利人的"种族－民族"定义——与它所有的邻国都产生了冲突。

讷 伊

保加利亚决定站在同盟国一方参战，这不是某种事先能够预见到的事情。在第一次巴尔干战争中，保加利亚、塞尔维亚、希腊和蒙特内格罗从奥斯曼帝国手中夺得了马其顿，因分赃出现争执从而引发了第二次巴尔干战争，战争以保加利亚为一方，塞尔维亚、希腊和（后来加入的）罗马尼亚为另一方。保加利亚的失败使它失去了马其顿，有 10 万人从马其顿逃往了保加利亚。由此产生的经济问题迫使保加利亚从国外筹借资金，当法国人拒绝借钱给它时，德国于 1914 年夏迅速表示愿意出借资金。在国内层面，由于新移民与身在保加利亚的马其顿精英的对立，以及在对外关系和军事事务层面马其顿的"丢失"成了一

[43]　Bolos, *Road to Dictated Peace*, p.417.
[44]　Bolos, *Road to Dictated Peace*, p.431.

个重要的因素,所以马其顿成了一个难以处理的问题。在参战前夕,这些是保加利亚主要关注的两个方面。因此,从经济和领土争议的角度来说,同盟国是更加适宜的盟友。

> 这场战争开始对保加利亚是有利的。与奥斯曼帝国结盟意味着可以获得色雷斯的部分领土,打败塞尔维亚则意味着罗马尼亚在 1916 年至 1917 年将把部分多布罗加置于保加利亚的控制之下。保加利亚占领前敌人领土的事实表明,像柏林一样,索菲亚看不出有什么理由去考虑媾和。这也意味着,像德国和奥地利政府一样,保加利亚政府拒绝对影响这个国家的日益严重的社会问题予以充分的考虑。[45]

626

　　主要的问题是向平民提供食品和其他必需品,而且军队也面临着类似的问题。实际上,保加利亚比起它的盟国在这一方面遭遇到更大的困难。另外,其成年男性人口的 39% 正在军中服役,比任何其他交战国的比例都大,在农业和制造业中,能够感受到此类劳动力的短缺。马匹的供应也是不足的,因为军队的使用量太大。因此,索菲亚早在 1916 年就经受了第一次严重的粮食短缺。到了 1918 年,形势已变得毫无希望:食品和衣服几乎完全缺乏。结果,开小差的现象增加了,尤其是在收割的季节,士兵在探亲假之后,没有返回前线,而是完全不见了踪影。9 月,前线崩溃了。

　　随着军队出现彻底的混乱,沙皇斐迪南于 10 月初退位。这场战争失败了,营养不良削弱了对西班牙流感的抵抗力,在这种情况下造成的死亡几乎比战争造成的死亡还要多。沙皇退位前一周,保加利亚已经请求停战。在国内层面,这个国家出现了政治上的分裂,在战后的岁月里,保守势力比激进的左翼力量更强大。

　　1919 年 11 月 27 日,协约国在塞纳河畔的讷伊(Neuilly-sur-Seine)与保加利亚签订了和平条约。按照条约的规定,保加利亚必须保证,同罗马尼亚的边界应再次与第二次巴尔干战争失败后所划的界线相一致。它还必须放弃通往爱

---

[45] Richard J. Crampton, "Deprivation, desperation and degradation: Bulgaria in defeat", in Peter Liddle and Hugh Cecil (eds.), *At the Eleventh Hour. Reflections, Hopes and Anxieties at the Closing of the Great War 1918* (Barnsley: Pen and Sword Books, 1998).

琴海的出海口，西色雷斯将处于协约国的管辖之下，这样也就间接地落入了希腊之手。此外，保加利亚将数小块领土割让给新成立的国家南斯拉夫。效仿前几个条约的做法，它的军队被限制在 2 万名职业军人，并被强制履行赔款义务。但是，后者在 1923 年得到了削减，并在 1932 年完全取消。条约还规定，在希腊和保加利亚之间进行人口交换，一项"关于相互且自由选择移民的协议"导致了 5 万保加利亚人离开希腊，4 万希腊人离开保加利亚。总共超过 10 万人的难民——主要来自马其顿、色雷斯和多布罗加——进入了保加利亚，加剧了业已存在的社会问题。尽管如此，保加利亚设法打破对它的国际孤立，并于 1920 年加入了国际联盟。许多逃亡到保加利亚的人，随后移民海外。

627

从色佛尔到洛桑

在世界任何其他地区，第一次世界大战与和平条约都没有比那些在 1918 年之前构成"奥斯曼帝国……一个从它所属的那个旧时代幸存下来的结构"[46] 的地区，创造出更大的重新定位的长期冲突的可能性。出于各种原因，这个"博斯普鲁斯的病夫"抵制了 19 世纪下半叶的现代化进程，在对外政策、军事技术、经济和社会发展领域落后于其他的大国，甚至人口也在逐步减少。它从曾经的一位世界政治的玩家，变成了其他列强试图追逐它们相互冲突的地缘政治野心的舞台。而且，它的地理位置具有最为重要的战略意义。俄国正向博斯普鲁斯海峡和达达尼尔海峡的方向推进，旨在获得一条通往世界海洋的不受冰封阻碍的路线，而随着苏伊士运河的修建，英国大大缩短了前往印度的海上航程。因此，对该地区实行军事和政治上的控制成为最优先考虑的事情。

1908 年青年土耳其党领导的政变，第一次促进了拖延已久的现代化努力。但是，这个政党没有一个共同的纲领。它一方面包含了致力于强国梦的世俗的中央集权主义者，另一方面容纳了特别关注与非穆斯林群体达成协议的自由派分权倡导者。1909 年，在苏丹实施反政变并随后退位以后，奥斯曼帝国成为一个君主立宪制的国家，在这个国家里，与信奉集权主义的青年土耳其党政治立

[46] David Fromkin, *A Peace to End All Peace, the Fall of the Ottoman Empire and the Creation of the Modern Middle East* (New York: Henry Holt & Co., 2009), p.33.

场相同的军方，在迈向参战的过程中和这场战争期间，拥有主要的话语权。土耳其被按照世俗国家的形式进行重建，但是，这不可能为它带来一个统一的、由"民族"创造的认同——既不是以宗教（伊斯兰教、犹太教和基督教）为基础，也不是以语言或种族渊源为基础。在安纳托利亚，许多亚美尼亚人和库尔德人与土耳其人生活在一起，而帝国疆域内的欧洲各地区包括了希腊人、罗马尼亚人、阿尔巴尼亚人、马其顿人以及其他一些民族。阿拉伯世界的大部分也包括在其中。混合的状态比哈布斯堡帝国更加复杂，更加形形色色。除了所有这一切，奥斯曼帝国的地理状况使得它成为列强利益的主要交汇点之一。结果，在这种情况下，战胜国难以向战败国强加它们在圣日耳曼或特里亚农（一定程度上也在凡尔赛）所提的同类型条件。

628

1914 年 11 月，奥斯曼帝国站在同盟国一方加入了这场战争，这是基于俄国和英国行动基础之上的抉择。英国吞并了塞浦路斯，并宣布埃及和科威特是其保护国；而俄国（像它的新盟国哈布斯堡帝国一样）在巴尔干地区是它的一个竞争对手，在获得从黑海进入地中海的通道方面有着重要的战略关注。高加索地区的战事也对亚美尼亚人的悲剧起了作用，且进行得并不顺利，在《布列斯特－立陶夫斯克条约》之后——该条约并没有阻止奥斯曼帝国继续同俄国作战——战场形势也未得到改善。只有加里波利战役，才能够算得上是奥斯曼人的胜利。在阿拉伯世界，这场战争很快从一场实力考验，变成了敌人分赃的事情。1917 年 3 月英国人占领了巴格达，1918 年秋阿拉伯人的军队协同英国人一起从埃及向北推进。1918 年 10 月 30 日，双方签订了停战协定。

在这场战争期间，双方已经就巴勒斯坦问题签订了一项协定。因为不止一个宗教将耶路撒冷当作圣地，所以这座城市及其象征力量必须通过条约得到保护。法国认为自己是天主教徒的守护者，特别是那些生活在黎巴嫩的天主教徒。俄国则视自己是东正教徒的保护者，而英国试图代表犹太人的利益，在第一波移民巴勒斯坦的浪潮之后，犹太人的人数大约为 2.4 万（这个数字很快有了更大的增长）。1916 年 1 月的《赛克斯－皮科协议》预见到了在英法势力范围之间分割近东，耶路撒冷以及周边地区将被国际化，由法国、英国和俄国进行掌管。最迟到十月革命时，这项计划已经过时。在 1917 年 11 月 2 日的《贝尔福宣言》中，这位英国外交大臣承诺为犹太人建立一个"民族家园"，但不会削减巴勒斯坦其他居民的权利。这场战争之后，在国际联盟的主持下，在近东建立起了委任统治，但事实上它们完全是法国（黎巴嫩和叙利亚）和英国（巴勒斯坦、约旦和伊拉克）的势力范围。战后，犹太移民数量迅速增加，与巴勒斯坦的阿拉伯人的冲突，自 1919 年起变得血腥起来。

629

不过，和平进程中的决定性因素是时间。不到二十个月的时间里，停火变成了一项和平条约（将近一年半之后），在此期间战胜国于 1920 年的上半年在伦敦和圣雷莫（San Remo）进行磋商，最终就条约的关键性问题原则上达成了一致。然而，与此同时，这一地区经历了剧烈的变化：在高加索的北部，在安纳托利亚，以及最主要的是在解体的奥斯曼帝国的阿拉伯地区。1920 年 10 月，和平条约最终在色佛尔签订。

战争结束之时，英国有 100 万士兵驻扎在前奥斯曼帝国境内。他们监管着被打败的军队将武器沉入沼泽地里，但是，自 1919 年夏天起，只有三分之一的英国军队还留在这个国家，由此这个过程只能部分地得到监管。在高加索地区，最重要的事态发展是建立起了数个独立的国家（亚美尼亚、格鲁吉亚和阿塞拜疆）。但是，协约国，特别是丘吉尔主要关注的事情，是支持"白俄"同布尔什维克党人作战，然而在 1919 年的夏天，英国军队从该地区撤离了。在该地区以南，"现在的土耳其边界与叙利亚、伊拉克和伊朗的边界相接，坐落着并不准确地称为库尔德斯坦的地区，英国官员想在这里筹建他们的又一个保护国"。[47] 根据《赛克斯－皮科协议》，该地区承诺归法国所有，但是在 1919 年，法国人并未出现在这里。然而，英国的努力在库尔德各部落反对外来者干涉他们内部事务的起义中宣告结束。

即使是土耳其本身，是谁说了算，也是不明确的。英国人和法国人控制了君士坦丁堡，而英国舰队控制了海岸，通讯和运输工具掌握在战胜国手中。苏丹只有有限的权力，青年土耳其党上演了一场反对他的政变。他准备接受战胜国的全部要求，但这个国家不在他的管理之下。同时，穆斯塔法·凯末尔将军在加里波利战役中声名鹊起，正在安纳托利亚东部地区建立一支新土耳其军队。1919 年 5 月，当威尔逊和劳合·乔治决定支持希腊人反对海岛上和安纳托利亚的意大利人时，土耳其人的不安被唤醒了。由于"土耳其的穆斯林仇

---

[47]　Fromkin, *A Peace to End All Peace*, pp.404–405.

视他们当中的两大基督教群体——希腊人和亚美尼亚人"[48]，这一行动促使凯末尔及其支持者抵制战胜国。1920年2月，新组建的土耳其军队在安纳托利亚南部打败了一支法国部队，使战胜国彻底看清楚，一位新玩家已经进入了游戏。　630

在南部，原来大部分居民为阿拉伯人的地区，形势更加复杂。法国人将他们的力量集中在黎巴嫩和叙利亚沿海地区。叙利亚的内陆形式上是由费萨尔国王（King Faisal）统治，和会期间他居住在巴黎，而实权由若干有影响的阿拉伯家族共享。统一的阿拉伯民族主义尚未形成，阿拉伯人在他们的目标上存在意见分歧。"那些来自耶路撒冷的社会人士谴责巴勒斯坦的犹太复国主义；那些来自巴格达的则抱怨美索不达米亚的英国人；叙利亚人想要将法国人驱逐出他们的沿海地区和黎巴嫩。"[49]泛阿拉伯主义的理念仍然还有很长的路要走，费萨尔国王依靠在大马士革的英国人获得权力，但是，英国人在1919年从大马士革撤离了。法国人的目标是明确的：控制黎巴嫩，将叙利亚变成一个依附法国的国家。然而，阿拉伯世界内部对费萨尔的支持，是依他能否成功抵制法国控制叙利亚的努力而定的。故此，虽然他得到了法国人的支持，但同时不得不与法国人保持距离。最后，他与克列孟梭达成了一项协议，叙利亚将独立，但它将只依靠法国的"顾问"。

正是在这些艰难的环境中，最终达成了有关和平条约的明确决定，起初在伦敦，接着在圣雷莫，最后是在色佛尔。主要的结果是，该地区被划分为英法两国的势力范围。英国人获得了巴勒斯坦和美索不达米亚；阿拉伯半岛将保持独立，但由听命于伦敦的国王们进行统治；埃及和波斯湾沿岸已经处于英国控制之下。黎巴嫩和叙利亚被指定属于法国的势力范围。伊拉克将成为国际联盟的委任统治国，独立是其中期目标。

爱琴海的各岛屿、土耳其的欧洲领土和士麦那，连同安纳托利亚西部地区，将割让给希腊人，但达成谅解，在5年之内将就安纳托利亚西部地区归属举行全民公决。达达尼尔海峡周边的地区将处于国际管辖之下，君士坦丁堡的地位将与土耳其人对待基督教少数民族的状况联系在一起。亚美尼亚获得独立，库　631

---

[48]　Fromkin, *A Peace to End All Peace*, p.407.

[49]　Fromkin, *A Peace to End All Peace*, p.409.

尔德人将获得自治权。土耳其的金融将由英国、法国和意大利共同管理。1920
年 8 月，苏丹的全权代表在色佛尔签署了和平条约，但是和平并未因此而确
立——无论是在国内，还是在海外。在国内，存在重大的利益冲突，例如在库
尔德人和亚美尼亚人之间。亚美尼亚人坐在了巴黎的谈判桌旁，库尔德人却遭
到了排斥。实际上，和约考虑过一个超出自治权的独立的库尔德斯坦的情形，
但是，这被认为应考虑大多数库尔德人对于这样一个国家所展示出的愿望如何
再做出决定。

　　和平条款的苛刻性具有几方面的原因：英国和法国的战略及地缘政治目标；
对亚美尼亚人的大屠杀；英国人在加里波利的失败（这一直是一个痛处）。最
后，奥斯曼帝国对欧洲、对"基督教的西方"构成的几个世纪的旧时威胁，即
所谓"土耳其的威胁"，依然引起了强烈的情感反应；于是，旨在让整个欧洲再
一次处于土耳其的控制之外是一个间接的动机，或至少将土耳其的欧洲部分交
给希腊人。"《色佛尔条约》并没有标志着一个由民族自决理念所指引的新时代
的开始，反倒是回到了欧洲帝国主义的顶点。"[50] 它是在巴黎郊区签订的诸个条
约当中的最后一个，也是唯一一事实上从未生效的条约，因为土耳其大国民议会
没有批准它。那些在色佛尔签署条约的人，被称为"祖国的叛徒"，而凯末尔施
展出政治和军事策略力图改变该条约。

　　尽管土耳其与布尔什维克发生了冲突，但它与俄国签订了一项相互援助
的条约，最终导致它们对亚美尼亚进行了瓜分。此外，希腊军队两次进行了干
涉——1921 年的 1 月和 3 月——但每一次都遭遇了失败。1920 年 10 月，法国
与土耳其缔结了相当于单独媾和的条约。意大利也更加倾向于土耳其政府。

　　1921 年 1 月，位于安卡拉的大国民议会制定了一部宪法，也阐明了这个国
家的领土主张。它"包括土耳其放弃全部的阿拉伯领土，但对所有土耳其人占
大多数的地区声称拥有完全的主权"。[51] 这为抵抗希腊军队的进军奠定了基础，
1922 年 9 月土耳其军队兵临士麦那城下，9 月 12 日攻陷了这座城市。"勇往直前
的土耳其军队将溃散的希腊士兵和平民赶到了海里，而很多人都无法登上舰船

632

---

[50]　Winkler, *Geschichte des Westens*, pp.190–191.

[51]　Ulrike Freitag, "Unter imperialer Herrschaft. Vorderasien und Nordafrika", in Bernecker and Tobler (eds.), *Die Welt im 20. Jahrhundert*, p.288.

和小艇，从而抵达附近的希腊岛屿希俄斯（Chios）和米蒂利尼（Mytilene）。"[52]士麦那在想必是土耳其军队所放的一把火之下被付之一炬。

由于协约国坚持将伊斯坦布尔的苏丹政权视作这个国家的合法代表，国民议会于 11 月 1 日决定废除苏丹制，因此确切地终结了奥斯曼帝国的历史。穆斯塔法·凯末尔和大国民议会现在声称是这个国家唯一的代表，他们开始重新塑造土耳其。这样，在两年之后，《色佛尔条约》已经是一纸空文。1922 年 12 月在洛桑开始的会议持续到 1923 年的年中，《色佛尔条约》被大幅修改，希腊和土耳其两国之间的边界进行了重新划分。

1923 年 7 月 24 日签订的《洛桑条约》的主要关注事宜，是确立新的疆界。达达尼尔海峡处于国际管辖之下，并实行非军事化。库尔德斯坦国家和亚美尼亚国家都未建立起来，因为土耳其的重新占领在实际情况下带来了新的客观问题。相比之下，"国际联盟对阿拉伯各地区的委任统治（伊拉克、巴勒斯坦和外约旦归英国，叙利亚和黎巴嫩归法国）"[53]得到了重新确认。

到了 1923 年年初，希腊和土耳其不但在交换战俘问题上，而且在大规模交换平民问题上，达成了一致意见。大约有 150 万希腊人和 40 万土耳其人，得到了重新安置。这种交换涵盖了"几乎希腊全部的穆斯林人口和土耳其的希腊东正教人口（在伊斯坦布尔的希腊人和在西色雷斯的土耳其人除外）。"[54]《洛桑条约》批准了这项方案。将这一人口交换结合《讷伊条约》中规定的保加利亚和土耳其之间的人口交换，我们可以看到，由于第一次世界大战，为了实现民族和宗教的同质性，数百万人正好沿着欧洲和小亚细亚的界线被重新安置。因此，"种族净化"的政治被引入了 20 世纪的实践之中，七十年之后，在数次令人印象深刻的后续试验中，它再次出现，特别是在巴尔干地区。

一种矛盾的结果

633

终结所有和平的和平[55]，是戴维·弗罗姆金对"奥斯曼帝国崩溃和现代中

---

[52]　Winkler, *Geschichte des Westens*, p.192.

[53]　Freitag, "Unter imperialer Herrschaft", p.289.

[54]　Winkler, *Geschichte des Westens*, p.192.

[55]　这是戴维·弗罗姆金著作的标题。

东形成"所做的阐释。世界这一地区的历史——弗罗姆金的详细叙述截至当前——证明他的这个标题是有道理的，即使间接轻视了更早时期的重要性。但是，通盘考虑，结束第一次世界大战的各项和平条约，是事实上使得和平变得不可能的条约吗？凡尔赛、圣日耳曼、特里亚农、讷伊和色佛尔，是失败的标志性场所吗？人们难以以一种完全明确的方式回答这个问题。显而易见的是，这些条约是折中的解决之道，几乎没有遵守最初围绕着它们的理想主义的先入之见。最终，它们没有产生一帮自决的"民族国家"，即只拥有最低程度的军事力量，且通过自由贸易和解决国际冲突的协议联合在一起的国家。革命的火花也没有遍及工业化国家，从而使得国家边界在面对压倒一切的工人阶级的一致性时变得毫无意义。

相反，尽管甚至是最小的战胜国和那些后来加入协约国阵营的国家都坐在巴黎的谈判桌旁，但种种决定是由大国的政治利益最终决定的。在欧洲，自决权相比权力、安全和经济利益问题是次要的。欧洲以外，自决权甚至不是讨论的主题。"白人的负担"[56] 的旧时意识形态，只是在涉及作为战胜国之一的日本的情况时才略微有所松动，在涉及殖民地和自治领问题时则根本不是如此，而殖民地和自治领共担了这场战争的费用并付出了沉重的生命代价。但是，继续给它们套上殖民枷锁被认为是理所当然的。

即使威尔逊的十四点原则在现实中能够更全面地得以实现，也依然存在一个一直没有得到解决的根本性的问题：保障民族层面的权利，而不仅仅是个人的权利。从人权的角度看，这些条约必须确立"自决权"中的"自身"——换句话说，着手解决个人认为自己属于哪个民族的决定，以及个人如何界定自己的身份——在个体层面。肯定存在适合这种方法的模式。例如，1905 年的《摩拉维亚协议》将诸如一个人在法庭或学校所能使用的语言这样的权利建立在个体层面的基础上，因此放弃了地域原则，[57] 这种变化在卡尔·伦纳的文字中找到了理论支持。[58] 可以追溯到第一次世界大战之前的这种思维方式，超出了 1919

634

---

[56] 拉迪亚德·吉卜林的这首诗最初发表于 1899 年，并且特别地与美国和菲律宾有关。

[57] Lukáš Fasora, *Der Mährische Ausgleich von 1905. Möglichkeiten und Grenzen für einen nationalen Ausgleich in Mitteleuropa* (Brno: Vyzkum.stred.pro dejini, 2006).

[58] Rudolf Springer (= Karl Renner), *Der Kampf der österreichischen Nationen um den Staat* (Vienna and Leipzig: Deuticke Verlag, 1902). 根据作者的说法，民族的——换一种说法，语言的——权利，应建立在个人利益的基础之上，而不是地域原则的基础之上。

年至 1923 年的这些条约中所表达出的相当简单的地域观念；而这些条约恢复了
维也纳会议所达成一致的解决之道，必须提到，即使在 20 世纪晚期，这仍然
被认为是巴尔干地区唯一切实可行的办法。民族和语言的等式问题重重，如果
它被用来赋予确立政治疆界的合法性，那么我们所看到的那种失败，从巴黎到
《代顿协议》（Dayton Accords），都是不可避免的。

　　当布尔什维克党人开始将他们的想法付诸实践，他们同样常常舍弃理论。
在芬兰和波罗的海国家发生的事情，"淡出了西方大都市人们的视线"。[59] 芬兰
人在临近 1917 年年末的时候与列宁达成了一项谅解，他们能够脱离俄国，但是，
十月革命也席卷了赫尔辛基。在一场血淋淋的战争中，"白卫军"在德国人的支
持之下打败了"红军"，而 1919 年芬兰人处于一种艰难的境地，恶化了他们同西
方大国和布尔什维克的关系。兼并东卡累利阿依然只是一种梦想，苏俄与芬兰
的边界到了 1920 年 10 月才最终得以确立。

　　起初，苏俄在一段时期内确实试图尊重其境内的自决权，但是几乎没有足
够的手段，因为实际上迁移率和城市化对斯大林的领土原则是主要的制约性因
素。但是，在对外事务方面，像其他国家一样，它的政策动机主要是战略上的
考虑和维持大国地位的愿望。在同芬兰、亚美尼亚和中亚打交道时，它关心的
是权力、影响力和安全。

　　因此，西方国家和布尔什维克的这两种模式，完全且一贯地都是由自利
原则决定的。尽管如此，这至少使得在中期内建立一种合理"公正的"和平成
为可能。而且，大多数人已经受够了战争。巨大的死亡、致残和心理创伤的数 635
字——这些都发出了一种明确的信息。不仅仅是和平主义者采用了"向战争宣
战！"（War on war）的口号。再爆发一场战争看上去也是难以想象的：破坏和毁
灭的形象已经深深烙在了幸存者的脑海之中。1924 年，和平主义者恩斯特·弗
里德里希将这种形象描绘在他所出版的书中——《反对战争的战争》。[60] 公众被
它包含的难以想象的残害事例震惊了，所有一切都被汇集在一起，在柏林他的
反战博物馆中予以展示，但后来纳粹党人捣毁了这个博物馆。

　　然而，太多的问题依然没有回答。太多的冲突依然没能解决，而那些新的

---

[59]　Konrad and Stromberger, "Zwischeneuropa", p.61.

[60]　Ernst Friedrich, *Krieg dem Kriege* (Munich: Deutsche Verlagsanstalt, 1924, 2004).

冲突又加入其中。仅仅考虑欧洲的范围内的形势，一些因素就使得这种和平是一种脆弱的和平：

- 德国（"未被在战场上打败"）为"背后中了暗箭"的传说，为复仇的渴望，为把《凡尔赛条约》说成是"屈辱的和平"，提供了肥沃的土壤。在全球经济危机爆发之前，魏玛共和国能够抑制这些想法的蔓延，但是，此后它们帮助纳粹党人赢得了对他们政策的支持。

- 意大利对"失去的胜利"感到痛心，认为自己作为一个国家处于不利的地位，而且是一个在政治和社会层面尖锐对立的国家。从伊松佐的堑壕中走出了众多准备使用暴力推进它们沙文主义和反民主思想的团体，它们构成了"战斗的法西斯"（Fasci di Combattimento，法西斯党早期的成员）的基础。

- 在"欧洲中间"[61]，一系列独立国家的建立没有减少少数民族的数量，相反，这只是反转了新旧多数人口之间的等级结构，原来占人口大多数的民族现在发现自己成了少数民族。从波罗的海到亚得里亚海，新国家——在短暂的民主插曲之后——都变成了独裁国家，除了捷克共和国。

- 俄国的独特道路造成了它的孤立，至少部分作为其结果，造成了斯大林的统治，削弱了自由贸易的世界，由此动摇了工业化国家以市场为基础的经济。

此外，未来冲突的根源也能够清楚地在远离欧洲的地区觉察到：

- 日本，在这场战争期间经历了从"一个债务国向债权国"[62]的转变，作为一个战胜国出现在了巴黎；它攫取了山东，以及德国在南太平洋的殖民地。但是，即使它是国际联盟的创始成员国，却很快发现自己遭到了孤立。"作为唯一的非西方大国，日本主张在建立国际联盟条文的前言

---

[61] Konrad and Stromberger, "Zwischeneuropa", pp.54–79.

[62] Sepp Lienhart, "Ein halbes Jahrhundert Imperialismus. Japan", in Bernecker and Tobler, *Die Welt im 20. Jahrhundert*, p.171.

中包含无论什么种族一律平等的声明", [63] 但没有能够就此问题达成一致的决定。另一方面，应当注意到，日本针对其邻国的优势幻想，尤其是针对朝鲜和中国，同列强应摒弃种族偏见而相互平等对待的愿望是相矛盾的。

- 未决的殖民地问题只是留待以后再行处理。殖民大国口口声声谈自决，但是，在那些处于它们控制之下或者属于它们势力范围的地方，它们却拒绝提供任何形式的自决，并且通常压制任何实现自决的企图，这在接下来的 20 世纪里引发了无数的战争和冲突。

- 巴勒斯坦以及事实上整个近东——包含的不仅仅是"巴勒斯坦这种特殊情况"，[64] 还有叙利亚、黎巴嫩和外约旦——的确进行了政治上的安排，但绝没有稳定下来。

条约是必须做出妥协的结果，尤其是在许多缔约方都参与到谈判之中的情况下，而在巴黎达成的妥协，主要致力于解决战胜国阵营内部各种相互冲突的权利主张。战败国甚至没有坐在谈判桌前。那么，什么能够被看作是它们的积极成就呢？可能一定有人会说，暂且抛开对国际联盟所提出的所有批评反对意见，它至少是做出了真正的努力，利用国联作为一种手段去维护全球的和平，而国际联盟也因《凡尔赛条约》的缔结而实际建立了起来，因为建立国联是该条约的一部分。1920 年，国际联盟议定书得到了批准，国联能够开展起工作。 637
美国从未成为国联的一员，以及在不同的时刻，德国、意大利、日本和苏联全都不是其成员国，这种情况长期削弱了这个组织。另外，一些相关联的组织，比如国际劳工组织——所有的国际联盟成员国都属于该组织——很快达成了一致并采取非常积极的措施，旨在阻止世界范围内雇佣劳动与资本之间任何进一步的隔阂。起初，这些努力的实际效果可能是微弱的，但它们确立了个人的精神、身体和道德的安康应被视作一种政治目标的原则。另外，正是在这种背景下，人权的概念得到了其最早的系统性阐述。这也是建立若干相关组织和国际法院的一段时期，而它们全都在 20 世纪的进程中做出了重要的贡献。

---

[63]　Lienhart, "Japan", p.172.

[64]　Freitag, "Unter imperialer Herrschaft", p.300.

历史进一步发展，在随后几十年里国家转向暴力的准备状态，最后，第二次世界大战的灾难及其更加难以想象的死难者和大屠杀的数量——使得回想起来似乎是这样一种情况，各项和平条约的后果是这些后续灾难的先决条件。但是，这些条约应当根据它们缔结的情况来做出判断。换句话说，它们是脆弱的妥协，其间，战胜国无视战败国的顾虑，将自己的精力用来彼此争夺权力，将国家利益置于共同利益之上。诚然，它们至少试图去汲取第一次世界大战痛苦而难忘的经历的教训，致力于在实现战略目标方面使用外交的手段。但是，因为 1919 年可供操作的空间有限，也因为当时主要参与者的那种世界观和价值观，无法实现通过相互义务和保证使得这种规模的战争在未来变得不再可能的主要目标。

23　暴力的延续

罗伯特·格瓦特

导　言

　　德国小说家阿尔弗雷德·德布林在他常常被忽视的杰作《1918 年 11 月》的第二卷中，以阴沉的语调结束了他的叙述：一只战争怪物——半人半兽——在欧洲的心脏地带昂起它的脑袋，它那毛茸茸的手臂撕开了纸一样薄的"世界和平绕着它建立起来的羊皮纸墙"。[1] 德布林不是那个时代唯一相信由 1918 年 11 月 11 日的停战协定所确立起的西线和平实际上岌岌可危的杰出作家。他的奥地利同行约瑟夫·罗特已经发表了一篇预言式的小说《蜘蛛网》，内容是关于几年前中欧战后的动乱：小说的主人公特奥多尔·洛泽（Theodor Lohse）是战败的同盟国许多退伍军官中的一员，对他来说，可以利用大战的失败来作为一种政治动员的主要理由，去反对战后和平。洛泽不得不在一位犹太富商家中担任家庭教师而拮据度日，他很快就感到绝望，因他所失去的职业荣誉，因可感觉到的由军事失败导致的国家耻辱，以及因自己家人对他从佛兰德战场返乡表现出的敌意：

　　　　他们不能原谅特奥多尔——他已两次在战报中受到表彰——作为一名中尉军官没有像一名英雄那样阵亡。一名阵亡的儿子将是这个家庭的骄傲。

---

[1] Alfred Döblin, *November 1918 : Eine deutsche Revolution*, vol. II, *Heimkehr der Fronttruppen*(repr. Frankfurt am Main: S. Fischer, 2008).

而退伍的中尉，革命的受害者，对他的女眷来说则是一种负担……他本可以告诉他的姐妹，他不应对自己的不幸负责；他诅咒革命，对社会主义者和犹太人的仇恨折磨着他；每一天，像是有一具枷锁套在他低垂的脖颈上，感到自己困在他所处的时代，犹如身处不见阳光的牢房之中。[2]

从毫无意义的"不见阳光的牢房"里逃离的唯一路线，是通过准军事行动继续这场战争——这是一种在最为需要的时刻能够提供架构和目标的行动。洛泽加入了战后欧洲雨后春笋般出现的诸多准军事组织中的一个，这些组织表明了在1918年之后的若干年里欧洲大陆的大部分地区所面临的一个主要问题：缺乏安宁。

由于具备事后看问题的优势，今天大多数的历史学者认可像德布林或罗特这样的那个时代具有洞察力的小说家所做出的评判。总之，西线的停火对于两次世界大战之间的欧洲来说是反常的，因为暴力动乱、大屠杀和内战依然是战后欧洲日常生活的典型特征。暴力行为尤其在战败帝国的广阔土地上肆虐——哈布斯堡、罗曼诺夫和奥斯曼帝国——它们从地图上消失，为通常紧张不安、侵略成性的新民族国家的形成提供了空间。[3]那些以新民族国家名义战斗的人，试图通过武力确定或保卫他们现实或想象的边界，并致力于建立民族或宗教单一性的国家。中东欧和波罗的海地区的这些新国家的诞生，在民族革命和社会革命相叠加的地区通常是最充满暴力色彩的。因为在这里存在"战争后的战争"（wars after the war）[4]的特性之一：中东欧显现出两种革命潮流，民族自决的革命和重新分配权力、土地和财富的社会革命。尽管在暴力的烈度和起因方面存在地域差别，但是，几乎易北河以东的所有地方都持续受到了影响。一个大大的战后暴力的弧形，从芬兰和波罗的海国家，经俄国、乌克兰、波兰、奥地利、匈牙利、德国，再一路经巴尔干地区延伸进入安纳托利亚、高加索和中

[2] Joseph Roth, *The Spider's Web* (New York: Overlook Press, 2003), pp.4-6.

[3] Michael A. Reynolds, *Shattering Empires: The Clash and Collapse of the Ottoman and Russian Empires* (Cambridge and New York: Cambridge University Press, 2011); Alexander V. Prusin, *The Lands Between, Conflict in the East European Borderlands, 1870—1992* (Oxford and New York: Oxford University Press, 2010), pp.72-97; Piotr Wróbel, "The seeds of violence: the brutalization of an East European region, 1917—1921", *Journal of Modern European History*, 1 (2003), pp.125-149.

[4] Peter Gatrell, "Wars after the war: conflicts, 1919—1923", in John Horne (ed.), *Blackwell Companion to the First World War* (Oxford: Blackwell, 2010), pp.558-575.

东，而新建立的由托马斯·马萨里克总统领导的捷克斯洛伐克一直是例外的和　　640
平孤岛。[5]

　　战后冲突令人感到陌生的方面，是它发生在欧洲国家一个世纪以来多多少
少设法成功维护了对合法暴力的垄断之后，在此期间，国家军队已经成为标准
的国家机器，战斗人员和非战斗人员之间的根本重要区别已经载入法典（即使
在现实中经常遭到违反）。而 1918 年开始爆发的战后冲突逆转了这种走向。在
国家职能缺乏的情况下，不同政治派别的民兵组织自己承担起了国家军队的角
色（常常同其他团体发生武力对抗），而朋友与敌人、战斗人员和平民之间的
界限，远不如第一次世界大战期间所划定的那样明确。自三十年战争以来，没
有一系列相互关联的内部冲突像现在这样那么混乱和极具破坏性，因为此时
内部冲突同革命、反革命以及国家间的边界冲突叠加在一起，而这些国家往
往没有明确划定边界或者不具备国际所承认的政府。德国的劫掠者勾结（或
反对）拉脱维亚和爱沙尼亚的民族主义分子，俄国的白卫军和红军在整个地
区进行交锋，同时波兰、乌克兰和立陶宛的武装团伙因未明确划定的边界问
题而大动干戈。其他武装冲突的热点包括：阜姆、安纳托利亚的西部和东部
地区、高加索、上西里西亚、布尔根兰（Burgenland）和前奥斯曼帝国境内现
在被称为"中东"的地区。本章所调查的短期死亡人数——1918 年第一次世
界大战正式结束之日至 1923 年《洛桑条约》签订之间的这几年——是非常惊
人的：包括了那些死于苏俄内战的人，以及超过 400 万在各种内部冲突或民族
冲突中丧生的人，这还没有算上数百万逃离发生灾祸的中东欧的被驱逐者和
难民。

　　尽管对"战后"的欧洲社会有着这些可怕的影响，但是 1918 年之后的数年
里所发生的冲突，几乎没有像之前四年内西线所发生的大事那样多地引起学术　　641

---

[5]　关于其中一些被探讨的冲突的近期著作包括：Serhy Yekelchyk, *Ukraine: Birth of a Modern Nation* (Oxford and
　　New York: Oxford University Press, 2007); Reynolds, *Shattering Empires*; Michael A. Reynolds, "Native sons: post-
　　imperical politics, Islam, and identity in the North Caucasus, 1917—1918", *Jahrbücher für Geschichte Osteuropas*,
　　56 (2008), pp.221-247; John Paul Newman, "Post-imperial and post-war violence in the South Slav lands, 1917—
　　1923", *Contemporary European History*, 19 (2010), pp.249-265; Julia Eichenberg, "The dark side of independence:
　　paramilitary violence in Ireland and Poland after the First World War", *Contemporary European History*, 19
　　(2010), pp.231-248; Ryan Gingeras, *Sorrowful Shores: Violence, Ethnicity, and the End of the Ottoman Empire,
　　1921—1923* (Oxford University Press, 2009); Time Wilson, *Frontiers of Violence: Conflict and Identity in Ulster
　　and Upper Silesia, 1918—1922* (Oxford University Press, 2010).

关注。几十年来，它们遭到西方观察者的忽视——就如丘吉尔的名言"侏儒的
战争"[6]所形容的那样——直到最近才第一次成为系统比较研究的主题。[7]在之前
几十年以国家为中心的研究中占主导地位的，不是对战后暴力的起源和现象的
关注，而是探讨意大利法西斯主义和德国国家社会主义的起源问题。[8]比第一次
世界大战更具灾难性的 1939 年之后的冲突升级，使得许多人确信，第一次世界
大战所释放出的怒火难以被巴黎的各项和约所泯灭。乔治·莫斯 1990 年的著作
《尸骨如山》非常详尽地阐述了"暴行的论题"（brutalisation thesis），而且非常
重要地指出，通过确立新的和史无前例的可接受的暴力水平，在第一次世界大
战中发挥作用的总体化过程造成了战争和社会的残酷化，从而为第二次世界大
战的恐怖铺平了道路，并且被后者所超越。在第二次世界大战期间，平民死亡
的数量超过了战斗人员的数量。[9]

　　然而，最近一些经验主义的学术成果质疑"残酷化论点"的解释价值，特
别是因为堑壕战的经历本身解释不了为什么一些前交战国在 1917 年或 1918 年之
后的政治世界变得残酷化，而另一些前交战国却并非如此。[10]毕竟，协约国士
兵和同盟国士兵的战争经历不存在根本性的差异——除了这场战争的结果之外。
可以说，残酷化的重要时刻并不过多地在于战争本身，而是在于从战争通往和
平的过渡时期。

642　　　建立在这种假设的基础之上，本章力图结合三方面的因素来阐释"战后"

[6] 引自 Norman Davies, *White Eagle, Red Star: The Polish-Soviet War, 1919—1920*, 2nd edn (London: Pimlico, 2004), p.21.

[7] Robert Gerwarth and John Horne (eds.), *War in Peace: Paramilitary Violence after the Great War* (Oxford and New York: Oxford University Press, 2012). 一个值得注意的另外情况是 Sven Reichardt, *Fashistische Kampfbünde. Gewalt und Gemeinschaft im italienischen Squadrismus und in der deutschen SA* (Cologne, Weimar and Vienna: Böhlau Verlag, 2002).

[8] 一个典型的例子是 Nigel H. Jones, *Hitler's Heralds: The Story of the Freikorps, 1918—1923* (London: John Murray, 1987).

[9] George L. Mosse, *Fallen Soldiers: Reshaping the Memory of the World Wars* (Oxofrd and New York: Oxford University Press, 1990). 对意大利提出了相类似的看法，见 Adrian Lyttleton, "Fascism and violence in post-war Italy: political strategy and social conflict", in Wolfgang J. Mommsen and Gerhard Hirschfeld (eds.), *Social Protest, Violence and Terror* (London: Macmillan, 1982), here pp.262-263.

[10] 例如参见 Benjamin Ziemann, *War Experiences in Rural Germany, 1914—1923* (Oxford and New York: Berg, 2007); Dirk Schumann, "Europa, der Erste Weltkrieg und die nachkriegszeit: eine kontinuität der gewalt?", *Journal of Modern European History*, 1 (2003), pp.24-43. 亦见 Antoine Prost and Jay Winter (eds.), *The Great War in History: Debates and Controversies, 1914 to the Present* (Cambridge and New York: Cambridge University Press, 2005).

欧洲暴力的地理分布状况和不同的层面。第一个因素无疑是俄国革命，作为国际政治游戏规则的改变者和一种幻想，它所调动起的反革命力量，远远超出了布尔什维克主义可能取得胜利的那些国家的范围。[11]

　　第二个因素解释了战后暴力不均衡分布的原因，它一方面在于1918年战败国的动员力量（或者在意大利的情况中是一种"残缺不全的胜利"的感觉），另一方面在于战胜国内部的绥靖力量。[12] 因为尽管欧洲的战胜国（除意大利之外）及其帝国（除爱尔兰、印度、埃及和朝鲜之外）在1918年之后政治暴力没有显著增加[13]，但也不能说已经销声匿迹了。在英国或法国，可能还存在"对残酷化的担忧"，但国内的暴力一直是极个别的，而没有一个大战的战败国设法恢复到了战前国内稳定和安宁的程度。[14]

　　1918年后暴力升级的第三个主要因素，是欧洲陆地帝国的突然崩溃，以及继承国无法同它们的邻国就边界问题达成一致。在欧洲陆地帝国的整个"破碎带"（shatter-zones）所发生的民族革命中，[15] 战后暴力的烈度也似乎取决于前参战人员所返回的那个国家的国力和所感知的合法性。在国家成功维护对暴力的垄断的地方，非国家行为体实施暴力是不可能的。从20世纪第一场总体战中全身而退的可能性，也部分取决于国家使退伍军人重新融入平民生活的能力，无论是借助物质补偿，还是象征性的补偿（后一种情况在大战的战胜国里被证明

643

---

[11]　Robert Gerwarth and John Horne, "Bolshevism as fantasy: fear of revolution and counter-revolutionary violence, 1917—1923", in Gerwarth and Horne, *War in Peace*. 关于意大利，见 Emilio Gentile, "Paramilitary violence in Italy: the rationale of fascism and the origins of totalitarianism", in Gerwarth and Horne, *War in Peace*.

[12]　Robert Gerwarth and John Horne, "Vectors of violence: paramilitarism in Europe after the Great War, 1917—1923", *Journal of Modern History,* 83 (2011), pp.489–512, 513.

[13]　关于1918年之后白人社会的情况，见 Stephen Garton, "Demobilization and empire: nationalism, empire nationalism and soldier citizenship in settler society dominions after World War I", Journal of Contemporary History（即将刊出）；关于非洲战斗人员和不存在残酷化的情况，见 Richard Fogarty and David Killingray, "The brutalization thesis revisited: demobilization in British and French Africa at the end of the First World War", *Journal of Cotemporary History*（即将刊出）。关于爱尔兰和准军国主义，见 David Leeson, T*he Black and Tans: British Police and Auxiliaries in the Irish War of Independence, 1920-21* (Oxford and New York: Oxford University Press, 2011).

[14]　关于英国，见 Jon Lawrence, "Forging a peaceable kingdom: war, violence, and fear of brutalization in post-First World War Britian", *Journal of Modern History,* 75 (2003), pp.557–589. 关于法国，见 John Horne, "Defending victory: paramilitary politics in France, 1918—1926", in Gerwarth and Horne, *War in Peace*.

[15]　"破碎带"这个说法的首次使用，见 Donald Bloxham, *The Final Solution: A Genocide* (Oxford University Press, 2009), p.81.

施行起来要更加容易）。[16]

显而易见，这三方面的因素不应使人无视通常源于更古老冲突的当地传统和当地状况的重要性，是它们决定了战后出现的暴力行为的发展方向。巴尔干地区游击战的"切特尼克"（chetnik）传统，[17] 俄国战前的革命紧张态势，[18] 或者爱尔兰共和主义者的粗野暴力传统，就是这方面的典型例子。[19] 但是，以上提到的首要因素——革命、战败和帝国解体或国家"重生"——加在一起，有助于解释主要是准军事形式的暴力，为什么以及如何在现代历史的这一关键时刻成为可能以及变成了一种严峻的现实。

俄国革命和对于欧洲内战的担忧

强调俄国革命——毕竟是在一场全球性战争中影响到所有主要欧洲国家的地理上的孤立事件——是两次世界大战之间欧洲政治残酷化的主要因素之一是错误的吗？怀揣截然不同的意图而提出的类似问题，引发了 20 世纪 80 年代末著名的"历史学家之争"（Historikerstreit），它是由保守的德国历史学家恩斯特·诺尔特挑起的。[20] 诺尔特试图委婉地将纳粹的兴起和大屠杀归咎于布尔什维克党人，声称是后者最先采用"亚洲式"极端暴力的做法，这种做法后来被希特勒的运动所效仿。然而，除去这种具争论性和误导性的意味，1917 年在欧洲

644 政治暴力史上的地位问题完全是合乎逻辑且重要的，特别是当关注点很少放在国家社会主义的兴起，而是更多地放在 1917 年至 1923 年俄国和欧洲其余地方革

---

[16] 有关退伍军人福利的国际争论，见 Julia Eichenberg 具有启发意义的著作 *Kämpfen für Frieden und Fürsorge: Polnische Veteranen des Ersten Weltkriegs und ihre internationalen Kontakte, 1918—1939* (Munich: R. Oldenbourg Verlag, 2011).

[17] John Paul Newman, "Serbian integral nationalism and mass violence in the Balkans 1903—1945", Tijdschrift voor Geschiedenis, 124 (2011), pp.448-463.——原注。"切特尼克"意为一群士兵（a troop of soldiers），源于 19 世纪塞尔维亚人反抗土耳其人的民族解放斗争，第一个组织成立于 1903 年。——译者注

[18] Peter Holquist, "Violent Russia, deadly Marxism? Russia in the epoch of violence, 1905—1921", *Kritika*, 4:3 (2003), pp.327-352.

[19] Owen McGee, *The IRB: The Irish Republican Brotherhood from the Land League to Sinn Féin* (Dublin: Four Courts Press, 2005).

[20] Ernst Nolte, "Die vergangenheit, die nicht vergehen will. Eine Rede, die geschrieben, aber nicht gehalten warden konnte", *Frankfurter Allgemeine Zeitung*, 6 June 1986. 关于随后的争论，见 Ernst Reinhard Pieper (ed.), *Historikerstreit: Die Dokumentation der Kontroverse um die Einzigartigkeit der nationalsozialistischen Judenvernichtung* (Munich and Zurich: Piper, 1987).

命的直接影响之上时。

如同别的地方一样，在俄国，第一次世界大战为潜在的社会残酷化创造了条件。据官方的估计，俄国大约有 700 万人死亡（包括那些死亡的战俘或者 1918 年年初俄国退出战争时依然在德国人手中的人），而为同德国及其盟国作战所动员的士兵总数则为 1500 万。[21] 在罗曼诺夫帝国的西部边境地区——它构成了这场战争的东线和中心地带——能够最强烈地感受到战争所带来的直接影响。除了这一地区不计其数的军人和平民死亡之外，这场战争期间，这些边境地区有 600 多万人被疏散或遭到驱逐。[22]

然而，尽管边境地区在 1917 年之前已陷入深深的危机之中，但正是布尔什维克夺取政权才促使整个帝国的不同政治派别走上几乎不可避免的冲突之路。[23] 正如彼得·加特莱尔令人信服地辩称，一旦布尔什维克党掌权，俄国内战的爆发实际上是可想而知的。因为布尔什维克党的领导层清楚地意识到，他们雄心勃勃地发起阶级斗争将招致那些"有产阶级"的顽强抵抗，列宁决定蓄势对此给予"有力的反击"。[24]

革命和接下来的内战，不但延续了苦难的过程，而且（更为重要地）将发生战斗的区域扩展至严格意义上的俄罗斯。因此，对俄国及其大部分人民来说，1917 年的革命和随后的内战，比起第一次世界大战来，大概成为使生活更直接发生改变的大事，部分是因为此时暴力行为既内在化了，同时又普遍化了。在随后的几年里，多达 500 万人被征召进红军队伍（其中 70 万人死亡），大约 100 万人被征召进白卫军，其死亡人数可能也高达 22.5 万人。此外，多达 130 万人因布尔什维克的镇压和平定措施而一贫如洗，而因白俄方面的恐怖措施导致出现类似情况的人数也达 10 万人。疾病则造成了进一步估计的 200 万人死亡，包

645

---

[21]　William G. Rosenberg, "Paramilitary violence in Russia's civil wars, 1918—1921", in Gerwarth and Horne, *War in Peace*, p.25.

[22]　Joachim Tauber (ed.), "Über den Weltkrieg hinaus. Kriegserfahrungen in Ostmitteleuropa 1914—1921", *Nordost-Archive*, 17 (2008); Peter Gatrell, *A Whole Empire Walking. Refugees in Russia During World War I* (Bloomington, IN: Indiana University Press, 1999), p.3–5; Werner Benecke, *Die Ostgebiete der zweiten polnischen Republik. Staatsmacht und öffentliche Ordnung in einer Minderheitenregion 1918—1939* (Cologne: Böhlau Verlag, 1999), pp.27–40.

[23]　Dietrich Beyrau, "Brutalization revisited: the case of Russia", *Journal of Contemporary History*（即将刊发）。

[24]　Gatrell, "Wars after the war".

括 28 万红军士兵。[25]

几乎在前罗曼诺夫帝国的每一寸土地上，内战都是难以想象的残酷，并且缺少合乎规范的道德约束。[26] 虽然暴力是不分青红皂白的，但是犹太人尤其常常成为暴力的对象，并且在整个前罗曼诺夫帝国的土地上都是如此。[27] 受俄国革命比较强的犹太人色彩的刺激，反布尔什维克运动很快污蔑 1917 年的革命是犹太人阴谋的产物。[28] "白俄"军队最先出于宣传目的对此加以使用，因为他们试图协调行动以抵抗布尔什维克，反之，布尔什维克能够为新入伍者提供更具吸引力的承诺（"土地、面包和解放"）。[29] 反犹太 – 布尔什维克这张牌，至少给了"白俄"某种普遍认同的东西，于是，迅速引发了整个前罗曼诺夫帝国的反犹暴力行为。在考纳斯（Kaunas）和其他立陶宛城镇，犹太人不断受到侵扰，他们商店的橱窗被打碎，并喷涂上了意第绪语的文字。[30] 在俄罗斯西部和乌克兰，局势更加糟糕，因为犹太人遭受了杀气腾腾的仇恨对待。仅仅从 6 月至 12 月，他们当中就大约有 10 万人被杀害，特别是被安东·邓尼金的"志愿军"（Volunteer Army）成员杀害。然而，并不是只有邓尼金的人在对犹太人进行杀害：乌克兰和波兰民族主义者的武装，以及各种农民武装，也参与到对犹太人的大屠杀当中，仅 1919 年乌克兰记录在案的通常使用烈性酒做燃料的屠杀事件就有 934 起。[31]

没过多久，犹太人作为布尔什维克主义主要"受益者"的观念就传播到了俄国以外。在随后 1918 年和 1919 年的中欧革命中，有相对较多的犹太人扮演着主要角色——罗莎·卢森堡在柏林，库尔特·艾斯纳在慕尼黑，贝拉·库恩在匈牙利，维克托·阿德勒在维也纳——使这样的指控看起来合情合理，甚至对

646

[25] 关于死难者的数字估计，见 Nikolaus Katzer, *Die weiße Bewegung in Russland* (Cologne: Böhlau Verlag, 1999), p.293。

[26] Rosenberg, "Russia's civil wars", here p.21. 具体的例子见 Orlando Figes, *A People's Tragedy: The Russian Revolution, 1891—1924* (London: Jonathan Cape, 1996)。

[27] Oleg Budnitskii, *Russian Jews between the Reds and Whites, 1917—1920* (Philadelphia, PA: University of Pennsylvania Press, 2011).

[28] Budnitskii, *Jews between Reds and Whites*.

[29] Norman Cohn, *Warrant for Genocide: The Myth of the Jewish World Conspiracy and the Protocols of the Elders of Zion* (London: Serif, 1996).

[30] Tomas Balkelis, "Turning citizens into soldiers: Baltic paramilitary movements after the Great War", in Gerwart and Horne, *War in Peace*, p.136.

[31] 关于臭名昭著的 1918 年利沃夫屠杀，见 William W. Hagen, "The moral economy of ethnic violence: the pogrom in Lwów, November 1918", *Geschichte und Gesellschaft*, 31 (2005), pp.203-226。

英国和法国的观察者而言也是如此。例如，那时法国三分之一的报纸将布尔什维克革命归因为犹太人的影响。[32] 而在英国，1920年温斯顿·丘吉尔写下了他那篇声名狼藉的将欧洲大陆革命归咎于犹太人的文章：

> 从斯巴达克斯－维斯豪普特（Spartacus-Weishaupt）*的年代，到卡尔·马克思，再到托洛茨基（俄国）、贝拉·库恩（匈牙利）、罗莎·卢森堡（德国）和埃玛·戈德曼（美国）的年代，这种世界范围的革命阴谋，旨在颠覆文明以及在发展被抑制、嫉妒的敌意且不可能平等的基础上重建社会，一直在持续地发酵……它成为19世纪每一场颠覆运动的主要动因。如今，这帮来自欧洲和美国大城市下流社会的不同寻常的人物，紧紧控制住了俄国人民，并事实上成为这个庞大帝国绝对的统治者。没有必要夸大这些国际性的、大部分为无神论者的犹太人，在创立布尔什维克主义和实际发动俄国革命中所发挥的作用。但这种作用无疑是非常巨大的，它或许在重要性上超过了其他所有的一切。[33]

伪造的《锡安长老议定书》在国际上的广泛流传——从1919年起被译成西欧语言文字——进一步助长了这种观点。虽然1921年它被揭露是一件伪造品，却并没有扭转它对反革命想象力的巨大影响。但是，反犹和反布尔什维克主义的邪恶结合，在不同的欧洲环境中产生了截然不同的结果。只是在莱茵河以东（更显著的是在易北河以东），反"犹太－布尔什维克主义"导致了对犹太人的集体迫害和大规模杀戮，成为1945年之前欧洲历史的一个鲜明和可怕的特征。

然而，尽管犹太人在反革命暴力事件的受害者中显得特别突出，但俄国内战影响到了各个年龄段、各种社会群体和不同性别的所有人。内战出现肆无忌惮和不加区分的暴力行为，有几方面的原因。除了针对广泛界定的内部敌人发起一场事关生死之战的意识形态动机之外，前帝国的解体（并且试图收复诸如 647

---

[32]　Léon Poliakov, *The History of Anti-Semitism* (Philadelphia, PA: University of Pennsylvania Press, 2003), vol. iv, pp.274-276.

*　斯巴达克斯，古罗马奴隶大起义的领袖；维斯豪普特（1748—1830，又译维索兹），德国哲学家和秘密社团光照派（Illuminati）的创始人。——译者注

[33]　Winston Churchill, "Zionism versus Bolshevism", *Illustrated Sunday Herald*, 8 February 1920.

波兰、波罗的海地区、乌克兰和高加索这样坚持独立的国家的领土）增强了极端暴力行为的可能性。令人痛苦的粮食短缺和物资匮乏，困扰着几乎整个前俄罗斯帝国的人口，使得业已极端的形势更加恶化。因战争混乱导致的必需商品的长期短缺、库存的消耗和 1917 年之后急剧升级的分配问题，引发了一场赤裸裸的集体和个人的生存之战。1921 年和 1922 年的饥荒，影响到了大约 2200 万到 3000 万人。在伏尔加河流域和乌克兰，饿死的人数估计分别在 100 万人左右。一些研究成果的作者甚至提出，总计高达 500 万人。[34] 自 1917 年起，一帮帮饥肠辘辘的开小差士兵开始为害乡里，促成了各种农民自卫组织的建立。对于此时许多身陷内战肆无忌惮的暴力的人来说，任何政权都无力确保安全，那么只能导致当地群体加强自我动员，甚至采取日益野蛮的抵抗方式，以及对等和仿效的暴力行为。

在俄国革命后复杂的暴力参与者的混合体中，有两个群体，因其绝对规模以及它们自称是已崩溃的帝俄军队唯一合法的拥有武器的继承者，而显得特别突出：红军和"白卫军"。在红军正式组建之前，所谓的赤卫队，即主要由工厂工人、士兵和水兵组成的准军事志愿者武装，在 1918 年重组为红军之前而罗曼诺夫帝国正苟延残喘的日子里，就对国家垄断合法暴力形成了挑战。[35] 这种赤卫队——迅速被芬兰、爱沙尼亚、乌克兰、匈牙利和奥地利的革命者效仿——象征性地代表了那些受意识形态驱动的新型暴力参与者。首先在俄国，接着在整个欧洲，这一时期我们所目睹的是新政治人士的出现——在社会、政治或国家的意义上是革命或反革命的——他们试图贯彻对他们自己而言不是新鲜事物的理念，而这些理念此时成为长期武装冲突的目的。从 1917 年至 1918 年，革命政治不再由 1914 年之前那个时代的律师、知识分子和工会管理人员所主导。相反，权力以及更特别的是暴力行为的种种手段，已经被新的人物所掌握，他们获得权力依靠的是他们言词和行动上的激进主义。[36]

648

　紧接着战后的几年里，不但在俄国，而且很大程度上受它这个榜样的激励，

---

[34]　Frank Golczewski (ed.), *Geschichte der Ukraine* (Göttingen: Vandenhoeck & Ruprecht, 1993), p.206.

[35]　Rex Wade, *Red Guards and Workers' Militias in the Russian Revolution* (Palo Alto, CA: Stanford University Press, 1984).

[36]　Martin Conway and Robert Gerwarth, "Revolution and counterrevolution", in Donald Bloxham and Robert Gerwarth, *Political Violence in Twentieth-Century Europe* (Cambridge and New York: Cambridge University Press, 2011).

极右势力阵营出现了新的武装团体政治文化。但是，它们的政治目标相比它们的共产主义同行来说，常常在定义上更加模糊——至少在理论上——后者致力于实现马列著作中所阐述的无产阶级的乌托邦。相比之下，俄国的"白卫军"较少受理论和除团结在它们目标之下以外的任何事物的约束——这是它们最终失败的部分原因。白卫军的主要领导人——东部的海军上将亚历山大·高尔察克，北高加索和顿河流域的安东·邓尼金将军，克里米亚的彼得·弗兰格尔将军——从未形成一种处于联合军事指挥之下的相互协调的行动。在西伯利亚和俄国南部地区，像格里戈里·谢苗诺夫或罗曼·冯·温格恩－施特恩贝格这样自封的"哥萨克首领"，也独立采取行动。虽然得到了白俄的认可，但他们的"白俄性"（Whiteness）源于他们凶猛的反布尔什维克或是"反红军"举动，这种色彩当时覆盖了范围广泛但合作并不紧密的阶级革命的敌人。[37]

特别是在乌克兰，乡村日益的混乱和法律缺失，导致了大规模农民自卫运动的出现，而更多暴力参与者的卷入，使得白卫军和红军之间的内战变得更加复杂。农民的自卫运动采用了哥萨克人的历史名义，而哥萨克人的国家19世纪初在乌克兰已经消失了，但作为一种往日兴旺和自由的象征，他们生活在大众的记忆当中。其他的利益攸关者，比如农民无政府主义者涅斯托尔·马赫诺，很快加入了农民的自卫运动，他在俄罗斯南部大草原纠集了一支4万人的黑军。但是，无论绝大多数属于文盲的农民勇士在何种颜色的旗帜下战斗——红、白、绿或黑——相比在充满危险和眼花缭乱的一年内统治政权多次变换的情况下生存，意识形态似乎是更加无关紧要的事情。[38]

布尔什维克革命和接下来遍及前俄罗斯帝国境内的内战，很快同更远地方 649 的革命和反革命运动交织在了一起，要么成为那些渴望社会经济和政治发生翻天覆地变化人士的希望灯塔，要么成为未受过教育的大众崛起的噩梦般场面。

最极端的例子之一是芬兰，一个在第一次世界大战中属于非交战国的国家（1914年至1918年之间，最多有1500名志愿者站在俄国或德国一方作战）。尽

[37] Katzer, *Weisse Bewegung*.

[38] Serhy Yekelchyk, "Bands of nation-builder? Insurgency and ideology in the Ukranian Civil War", in Gerwarth and Horne, *War in Peace*. 关于1918年至1920年期间乌克兰农民起义的研究，见 Andrea Graziosi, *The Great Soviet Peasant War: Bolsheviks and Peasants, 1917—1933* (Cambridge, MA: Harvard Ukrainian Research Institute, 1996), pp.11-37.

管没有因战争而"残酷化",但是,芬兰经历了整个大战期间最血腥的内战之一:超过 3.6 万人,占全部人口的 1%,在 1918 年内战的六个月里死去,使其成为 20 世纪历史上死亡人数最多的内战之一。[39] 长期以来,历史学者将芬兰的情况仅仅看作是俄国内战的扩大,但是,在芬兰(就像别处一样),布尔什维克接管政权的威胁更多是一种想象而非现实。通常所称的"俄国卷入"芬兰内战事实上是非常微不足道的,同卡尔·曼纳海姆斯将军的白军作战的那些人当中,最多只有 5% 至 10% 是俄国的志愿者。即使是受布尔什维克支持成立的赤卫队于 1918 年 1 月在赫尔辛基发动政变,由此引发了这场内战,但更温和的芬兰社会民主党人几乎立即取得了对革命运动的控制权,随着同一地方社会成员之间爆发极端暴力形式的内战,革命运动最终遭到了镇压。[40]

看上去最彻底地遵循俄国模式的例子(至少起初),是贝拉·库恩领导的昙花一现的匈牙利苏维埃社会主义共和国联盟(1919 年 3 月至 8 月),在被罗马尼亚 – 捷克斯洛伐克联合军事干涉推翻并由米克洛什·霍尔蒂的反革命政权取代之前,它效仿俄国成立了赤卫队,以保护革命的果实,而霍尔蒂的政权使用极端暴力去报复所谓的"红色恐怖"的罪行。[41]

650 即使在那些布尔什维克接管政权的可能性微乎其微的国家里——比如德国或奥地利——坚定的俄国布尔什维克主义的革命少数派对权力的成功巩固,也迅速将一股强大的新能量注入政治当中,并促成了坚定的反革命力量的形成,对后者而言,暴力镇压革命,尤其是革命家,成为他们首要的目标。与 18 世纪末欧洲的形势不同,那时慌乱的统治精英害怕雅各宾派"世界末日般的"战争,1917 年之后的许多欧洲人则怀疑布尔什维克主义会传播从而"感染"旧世界的

---

[39] Pertti Haapala and Marko Tikka, "Revolution, civil war and terror in Finland in 1918", in Gerwarth and Horne, *War in Peace*, pp.71–83.

[40] 有关芬兰内战的英文研究成果,见 Anthony Upton, *The Finish Revolution, 1917—1918* (Minneapolis, MN: University of Minnesota Press, 1980); Risto Alapuro, *State and Revolution in Finland* (Berkeley, CA: University of California Press, 1988); Tuomas Hoppu and Pertti Haapala (eds.), *Tampere 1918: A Town in the Civil War* (Tampere, Finland: Tampere Museums, 2010); Jason Lavery, "Finland 1917—1919: three conflicts, one country", *Scandinavian Review*, 94:3 (2006), pp.1–6; Evan Mawdsley, *The Russian Civil War* (London: Berlin, 2000), pp.27–29.

[41] 关于匈牙利,见 Bela Bodo 创新性的新成果 "The White Terror in Hungary, 1919—1921: the social worlds of paramilitary groups", *Austrian History Yearbook*, 42 (2011). pp.133–163. 也见 Robert Gerwarth, 'The Central European counterrevolution: paramilitary violence in Germany, Austria and Hungary after the Great War', *Past & Present*, 200 (2008), pp. 175–209..

其他地方，以至于激发了迅速的动员和针对可感觉到的威胁所采取的行动。在欧洲各地，这种威胁的特征似乎是对已建立的秩序所构成的匿名威胁性：从攻击资产阶级财产的不知名的人群，到女枪手和犹太－布尔什维克的世界阴谋。[42]关于布尔什维克行为的传闻引起了如此抽象的恐惧——当然其中一些是真实的，其余却是被夸大的——它们在西欧被迅速地传播开来。1918 年 7 月，当德国驻莫斯科大使米尔巴赫伯爵在使馆内被杀害时，对布尔什维克最担心的情形看上去得到了证实。不久之后，前沙皇及其家人已被处决的消息传了出来。对"俄国状况"的恐惧，不但导致了采取专制手段——从加强治安管制到非常的法律——而且促使了右翼势力的反动员，从而产生了后者自己的魅力领袖和末日幻想。[43]

在这些以武力为后盾的亚文化中，已被这场战争残酷化的前军官，与更年轻一代的成员联起手来，而后者常常通过在激进主义、行动主义和残忍性方面超越这些战争老兵，来弥补他们战斗经验的缺乏。对于许多这些年轻的军官候补者和民族主义的新成员来说，他们赶上了一个充满了英雄流血传说的好战氛围的时代，但是，他们错过了"钢铁风暴"的亲身体验，民兵武装则似乎提供了一个值得欢迎的机会，从而去过上一种浪漫勇士该过的生活。总的来说，他们构成了迅速扩大的极端好战阳刚之气的亚文化，在这里，残忍的暴行即使是不可取的，也是可被接受的政治表达形式。此外，大批失业的前军人和无地的体力劳动者，被偷窃、抢劫、强奸、敲诈的前景或只是被有机会在不用担心国家惩处的情况下跟不同民族的邻里清算旧怨吸引而加入其中。行动，而不是理念，是这些团体的明确特征。驱动他们勇往直前的，不仅是新政治的革命幻想，而且是常见的建立"新秩序"的说辞和相互关联的一系列社会怨恨。

651

[42]　Robert Gerwarth and John Horne, "Bolshevism as fantasy: fear of revolution and counter-revolutionary violence, 1917—1923", in Gerwarth and Horne, *War in Peace*. 关于德国和波罗的海国家背景下的女狙击手，见 Klaus Theweleit, *Male Fantasies*, trans. Stephen Conaway, 2 vols. (Minneapolis, MN: University of Minnesota Press, 1987)。

[43]　Jones, "How the war came home".

战败国的动员力量

1918 年 10 月 31 日，以亚得里亚海为基地的哈布斯堡帝国舰队的指挥官米克洛什·霍尔蒂向皇帝卡尔一世发送了最后一封电报，向皇帝保证他"不可动摇的忠诚"。几分钟之后，他将舰队的旗舰"联合力量号"交给了新成立的南斯拉夫国家，遣散了捷克、克罗地亚、波兰和德意志－奥地利的水兵以及他手下的军官，使他们作为后帝国的臣民步入了一种不确定的未来之中。但是，对霍尔蒂来说，这场战争绝没有结束。大战主要交战国之间的战斗一停止，他很快就找到了另一项事业：将导致哈布斯堡帝国战败和解体的那些力量，从他土生土长的匈牙利土地上铲除掉。[44]

在这个问题上，霍尔蒂对 1918 年年底形势所做出的反应，与 37 岁的穆斯塔法·凯末尔准将并没有根本性的不同——大约与此同时，凯末尔从已失败的巴勒斯坦前线回到了伊斯坦布尔。1926 年，当他已被称作阿塔蒂尔克并身为土耳其共和国总统的时候，他回想，返回战败的奥斯曼帝国首都，是他将帝国的"土耳其核心部分"转变成一个土耳其民族国家"使命"的开始。通过一系列激烈的战斗，以及在阻止希腊人深入安纳托利亚之后，通过第二次世界大战前最大规模的平民驱逐行动，他完成了"使命"。[45]

这两个例子都突显了第二个因素，它有助于解释战后欧洲暴力地理上不均衡分布的原因：战败国的动员力量。不应仅仅从势力均衡的角度来看待战败，

652 还应将其看作是沃尔夫冈·席韦尔布施赫称之为"战败文化"的一种精神状态（包括拒绝承认战败）。[46]在第一次世界大战期间，这种状态在组织和认可数百万欧洲士兵大规模使用暴力方面扮演着核心角色，也正是这种状态（与军事领导层紧密配合）管理着军事上和文化上的复员（战争一旦结束，就使战争的暴力合法化，重拾或抑制暴力）。但是，在战败的国家里，无论是实际战败还是感觉上如此（就如意大利民族主义圈内人士那样），国家更加难以扮演这种角色；事

[44] Thomas Sakmyster, *Hungary's Asmiral on Horseback: Miklos Horthy, 1918—1944* (New York: Columbia University Press, 1994).

[45] Gingeras, *Sorrowful Shores*.

[46] Wolfgang Schivelbusch, *The Culture of Defeat: On National Trauma, Mourning, and Recovery* (New York: Metropolitan Books, 2003).

实上，它可能已经适得其反，加剧了暴力，并将暴力扩展到一大帮选择使用它去挽回战败和民族耻辱的团体和个人身上。

因此，在胜利或是战败的情况下，返乡是一个重要的可变因素，就如自1918年11月起个人的情况所证实的那样。在解释他们拒绝复员（或者希望重新入伍）和他们决心在1918年11月之后继续作为一名军人的理由时，中欧各地的准军事行动主义分子，常常将1918年从前线返回的种种怨恨归咎于一个完全敌对的动荡世界，这是一种因军事等级体制和公共秩序临时崩溃所造成的感觉。[47]

比如知名的卡林西亚保安团（Heimwehr）激进主义分子，汉斯·阿尔宾·劳特尔，在战争结束时回到格拉茨（Graz），他强调他与大后方的第一次接触是一种令人瞠目的场面：“当我最终抵达格拉茨时，我发现共产主义者已经占领了街道。”在迎面遇到一队共产主义士兵后，“我拔出了枪，接着我被捕了。这就是故乡欢迎我的情形”。被一队军衔低于他的士兵逮捕，增加了劳特尔回到了一个“天翻地覆的世界”的感觉，在这个世界里，本来不容置疑的规范和价值观、社会等级制度、公共机构和政府部门，突然都过时了。[48]

在布加勒斯特和慕尼黑的遭遇也没有什么不同。1918年秋末从前线返回匈牙利时，轻骑兵军官米克洛什·科兹马，是由大声辱骂返乡部队的混乱人群所“欢迎”的众多战争退伍军人中的一个，而普通士兵还对他们的军官进行人身攻击。在科兹马的叙述中，革命行动主义分子的形象一直是缺乏阳刚气的“肮脏的一群人”，这群人“数个星期不洗澡，几个月不更换他们的穿着；他们身上衣服和鞋子腐馊的臭味令人难以忍受”。[49] 相邻的巴伐利亚的前军官

653

---

[47]　关于这场战争后期大后方和战争前线之间的关系恶化，见 Richard G. Plaschka *et al.* (eds.), *Innere Front: Militärassistenz, Widerstand und Umsturz in der Donaumonarchie 1918*, 2 vols. (Munich: R. Oldenbourg Verlag, 1974); Mark Cornwall, *The Undermining of Austria-Hungary: The Battle for Hearts and Minds* (New York: Macmillan, 2000); Manfred Rauchensteiner, *Der Tod des Doppeladlers: Österreich-Ungarn und der Erste Weltkrieg* (Graz: Verlag Styria, 1993). 革命是由那些不曾在前线服役的人所引发的，通常是右翼退伍军人所做的指控，例如见 private papers of Ernst Rüdiger Starhemberg, "Aufzeichnungen" (Overösterreichisches Landesarchiv, Linz), p.21. 关于德国的情况，见 Richard Bessel, *Germany after the First World War* (Oxford and New York: Oxford University Press, 1993)。

[48]　Rauter Papers, NIOD (Amsterdam), Doc. I 1380, H, 2. 关于"天翻地覆的世界"，见 Martin H. Geyer, *Verkehrte Welt: Revolution, Inflation und Moderne. München, 1914—1924* (Göttingen: Vandenhoeck & Ruprecht, 1998)。

[49]　Miklós Kozma, *Makensens Ungarische Husaren: Tagebuch eines Frontoffiziers, 1914—1918* (Berlin and Vienna: Verlag für Kulturpolitik, 1933), p.459.

也有同感。例如，未来奥地利的副总理和保安团激进主义分子，爱德华·巴尔·冯·巴伦菲尔斯，从处于革命之中的慕尼黑向奥地利发回报告，称他如何目睹了珠宝店遭到洗劫，军官如何被缴械和侮辱。巴伦菲尔斯坚称，革命"使地狱最深处最坏的人渣甚嚣尘上"——这是些如今在中欧国家各个首都城市的大街上自由逍遥的人。[50]

巴伦菲尔斯、科兹马和许多其他人所描述的景象，是萦绕在自法国大革命以来欧洲保守主义势力脑海中的噩梦——自1917年布尔什维克在俄国夺取权力和1918年秋同盟国战败之后，一场看上去成为现实的噩梦。他们拒绝接受军事上的失败而导致中欧两个帝国解体的事实，在全国范围内捏造了不同版本的"背后中了暗箭"的传言故事[51]，并且作为"永不言败的"军官，他们将停战视为对他们荣誉的一种难以容忍的污辱。作为战争退伍军官和臭名昭著的自由军团的领导人，曼弗雷德·冯·基林格在一封给家人的信中提到："父亲，我已向自己做出承诺。在没有发生交火的情况下，我将我的鱼雷艇交给了敌人，并看着我的军旗降下。我发誓，要向为此负责的那些人报仇雪恨。"[52] 面对公众骚乱和个人的耻辱，未来的保安团领导人恩斯特·吕迪格·冯·施塔尔亨贝格，得出了同样的结论，此时他表达了"尽快恢复我的军人身份以保卫遭受耻辱的祖国的强烈愿望"。只有这样，才能忘却"对阴暗现状所感受到的羞辱"。[53]

由于这种共同的看法，右翼力量的准军事亚文化，至少在中欧，具有共同的重要特征。在德国、奥地利和匈牙利，投身组建和运作右翼准军事组织的主要领导人物，都是前下级军官（大多数是中尉和上尉，偶尔有校级军官），他们有着社会中层或上层的背景，比如汉斯·阿尔宾·劳特尔、恩斯特·吕迪格·施塔尔亨贝格、爱德华·巴尔·冯·巴伦菲尔斯、贝波·勒默尔、格哈

---

[50] Eduard Baar von Baarenfels, "Erinnerungen (19470)", Österreichisches Staatsarchiv, MS B/ 120:1, here pp.10–13. 亦见 Anita Korp, "Der Aufstieg vom Soldaten zum Vizekanzler im Dienste der Heimwehr: Eduard Baar von Baarenfels", (MA thesis, University of Vienna, 1998).

[51] 关于奥地利的情况，见 Oswald Überegger, *Erinnerungskriege. Der Erste Weltkrieg, Österreich und die Tiroler Kriegserinnerung in der Zwischenkriegszeit* (Innsbruck: Universitätsverlag Wagner, 2011)；关于德国的情况，见 Boris Barth, *Dolchstoßlegenden und politische Desintegration. Das Trauma der deutschen Niederlage im Ersten Weltkrieg 1914—1933* (Düsseldorf: Droste Verlag, 2003)。

[52] Manfred von Killinger, *Der Klabautermann. Eine Lebensgeschichte*, 3rd edn (Munich: Eher, 1936), p.263.

[53] Starhemberg, "Aufzeichnungen", pp.20–22.

德·罗斯巴赫、弗朗茨·冯·埃普、伊什特万·海尧什、普罗瑙伊·帕尔和久洛·欧斯泰伯格，他们都在哈布斯堡或霍亨索伦帝国晚期的军事学院里接受教育和训练。[54] 在匈牙利，不仅久洛·贡博强大的退伍军人组织"匈牙利国防协会"（MOVE）或"觉醒的匈牙利人联盟"，而且规模远远大得多的匈牙利国防军，也是由前作战军官控制着的。最早遵照霍尔蒂1919年6月5日的入伍号召组建起来的反革命国防军的6568名志愿者中，大约有3000人是前陆军或骑兵军官，另有800人是来自准军事的边防守备队——"警备队"（Gendarmerie）的军官。在这三个国家中，许多激进主义分子来自农村，特别是来自边境地区的农村。在这些地方，比起在诸如布加勒斯特、维也纳或柏林这样的大城市，随时准备战斗的民族观念更加真实地存在。以匈牙利为例，来自特兰西瓦尼亚的大批难民，进一步促进了布达佩斯政治氛围的激进化，这个首都城市已经因革命的遭遇和罗马尼亚军队的短暂占领而军事化了。[55]

意大利的情况则有些不同，特别是因为这个国家不是第一次世界大战的战败国。然而，它蒙受了——至少在意大利民族主义者眼中——一种"残缺不全的胜利"。如此广泛存在的想法，很大程度上是战争结束之时期望膨胀的结果。奥匈帝国的解体，意大利边界扩展至布伦纳山口和伊斯特里亚，以及在巴黎战胜国的谈判桌拥有一席之位，这些都被视作应对50万人死亡、数百万人受伤或永久致残做出的适当补偿，但是，战后意大利对达尔马提亚的权利主张遭到了拒绝（并正在阜姆问题上争吵不休），使那些怀揣最高纲领主义期盼的人士感到沮丧。右翼的准军事团体，例如"勇士团"（Arditi）或墨索里尼的"战斗的法西斯"，一致相信意大利在巴黎和会上被自己的盟国出卖了，因为盟国拒绝承认意大利的所有领土要求，尽管事实是意大利在这场战争中比英国付出了更大的人员代价。这样的信念与对布尔什维克革命的担忧结合在一起，尤其是战后在意

655

---

[54]　这种受教育的非常详细的自传性叙述亦见 Ernst Heydendorff, "Kriegsschule 1912—1914", in Heydendorff papers, Österreichisches Staatsarchiv, Vienna, B 844/74。

[55]　Béla Kelemen, *Adatok a szegedi ellenforradalom és a szegedi kormány történetéhez* (Szeged: Szerzö Kiadása, 1923), pp.495-496. 关于奥地利，见 Walter Wiltschegg, *Die Heimwehr: Eine unwiderstehliche Volksbewegung?* (Munich: R. Oldenbourg Verlag, 1985), pp.274-280. 关于德国，见 Gerwarth, "Central European Counter-revolution"。

大利北部和中部以及波河流域的地方选举中社会党取得胜利之后。[56] 在国内暴力不断升级的旋涡之中，仅在 1920 年就有 172 名社会党党员遭到杀害，10 名人民党（Popular Party）成员、4 名法西斯党成员和 51 名警察也遭杀害。在 1921 年的大选期间，暴力进一步升级：单单选举日当天（5 月 15 日），就有 28 人死亡，104 人受伤。[57]

失败（或者说是"残缺不全的胜利"的感觉）和害怕革命（或者说是现实），在不同政治信条的运动之间，制造了暴力冲突的氛围，但是，暴力行为的地理分布和烈度级别也取决于第三种因素：欧洲陆地帝国破碎地带的民族冲突。

帝国的解体和民族间的暴力行为

如果说布尔什维克革命和接下来的内战扩散了对欧洲阶级战争的恐惧，而同盟国的战败削弱了欧洲陆地帝国（某种情况下，它们的继承国）的合法性和生命力，那么建立单一民族国家的想法就是大战结束时欧洲大部分地区战后暴力的另一个重要根源。在那些民族独立的主张遭到其他民族群体反对的地方，情况尤为如此。

656　　在前陆地帝国境内的所有民族运动，都从美国总统伍德罗·威尔逊的承诺中受到了鼓舞，1918 年 1 月他那著名的"十四点"原则表达了这种承诺，声称中东欧被压迫的民族应当获得"独立自主发展"的机会。[58] 但是，尽管"自决"的口号为反帝国主义情感和人员的动员提供了强劲的号召力，新兴的东欧民族运动却很快遭到来自不同阵营的反对。在爱沙尼亚和立陶宛，民族运动抓住布尔什维克政变的机会宣布独立，新成立的国民议会的合法性迅速遭到了当地布尔什维克党人的质疑——爱沙尼亚的"军事革命委员会"（Military-Revolutionary Committee，VRK）和立陶宛的"执行委员会"（Executive

---

[56]　Gentile, "Paramilitary violence in Italy", p.89.

[57]　Gentile, "Paramilitary violence in Italy", p.91.

[58]　在何种程度上晚期的欧洲帝国事实上是"民族的监狱"，直到今天依然是一个有争议的问题；近期的学术成果尤其强调哈布斯堡帝国是一个不断发展的公民社会，而不是注定要被离心离德的民族主义所瓦解的一个衰老的国家。见 Jonathan Kwan, "Nationalism and all that: reassessing the Habsburg monarchy and its legacies", *European History Quarterly*, 41 (2011), 88–108.

Committee），他们能够指望来自塔林和里加工人的强大左翼力量的支持——从而导致数月的恐怖和反恐怖行动。[59] 局势在春季变得更加混乱，此时德国的攻势使得拉脱维亚、爱沙尼亚、白俄罗斯和乌克兰全部被占领，直至当年11月德国的战争努力崩溃并且随后红军挺进明斯克和维尔纽斯时，局势才得以扭转。[60] 在波兰，试图在欧洲心脏地带重建一个强大民族国家的努力也遭遇多种难题，1919 年春，约瑟夫·毕苏茨基领导的重整后的波兰军队，在四条战线上交战：在上西里西亚对强大的德国志愿者武装，在泰申（Teschen/Teshyn）对捷克人，在加利西亚对乌克兰军队，以及从西面迎战威胁侵入的苏俄军队。[61]

在被占领和重新占领的领土上，特别是在波罗的海地区和乌克兰，出现了令人眼花缭乱的暴力参与者的复杂性：从"红军""白卫军""绿军"和"黑军"到德国的自由军团（1919 年春尤其活跃在拉脱维亚），以及像"立陶宛步枪手联盟"、拉脱维亚的"国民警卫队"（Aizsargi）或爱沙尼亚的"国防同盟军"（Kaitseliit，1919 年其成员超过了 10 万人）这样种类繁多的反布尔什维克的"地方志愿军"。[62] 直到 1920 年，这些地区才恢复了一定程度的稳定。在拉脱维亚和波兰成功对红军发起反攻之后——在拉脱维亚和波兰民族主义者的民间传说中，这被当作道加瓦河（Daugava）和维斯图拉河（Vistula）的"奇迹"来加以纪念——列宁暂时打消了在红旗之下收复前沙皇帝国领土的想法。1920 年的 2 月、7 月和 8 月，苏俄政府同爱沙尼亚、立陶宛和拉脱维亚签订和平条约，放弃了对波罗的海地区的领土主张，而在里加的门口遭遇惨败之后，最后一批德国自由军团的战士于 10 月撤离了拉脱维亚和爱沙尼亚。[63] 几个月之后，1921 年的苏波《里加条约》进一步确定了波兰是战后冲突的胜利

657

---

[59]　Alexander V. Prusin, *The Lands Between: Conflict in the East European Borderlands, 1870—1992* (Oxford University Press, 2010), pp.74 ff; Aviel Roshwald, *Ethnic Nationalism and the Fall of Empires: Central Europe, Russia and the Middle East, 1914—1923* (London: Routledge, 2001).

[60]　关于德国"东线德军总司令部"的占领，见 Vejas Gabriel Liulevicius, *War Land on the Eastern Front: Culture, National Identity and German Occupation in World War I* (Cambridge University Press, 2000).

[61]　Julia Eichenberg, "Soldiers to civilians, civilians to soldiers: Poland and Ireland after the First World War", in Gerwarth and Horne, *War in Peace*; Wróbel, "Seeds of violence"; Wilson, *Frontiers of Violence*.

[62]　Balkelis, "Turning citizens into soldiers".

[63]　Bernhard Sauer, "Vom 'mythos des ewigen soldatentum': der feldzug deutscher soldaten im Baltikum im jahre 1919", *Zeitschrift fuer Geschichtswissenschaft*, 43 (1993), pp.869–902.

者之一，该条约将西白俄罗斯、东加利西亚和沃伦（Volhynia）交由华沙直接控制。[64] 只有站在协约国一方较晚加入这场战争的罗马尼亚，在与红军进行一番持久的战斗之后，设法获得了与上述面积差不多的领土（比萨拉比亚和布科维纳）。[65]

因此，这一时期中东欧民族事业的命运是各不相同的——从对"小协约国"（捷克斯洛伐克、罗马尼亚和南斯拉夫）和波兰而言的胜利与领土扩张，到对立陶宛和白俄罗斯而言的希望挫败，再到对保加利亚和匈牙利而言的"民族灾难"（在特里亚农和讷伊的和平条约中，这两个国家都遭遇了严重的领土损失）。这场战争的结果和战后的冲突，决定了该地区国家间关系的性质，也为新的暴力浪潮铺平了道路。在巴尔干地区，以及特别是在像马其顿和科索沃这样的地区，塞尔维亚人的以及支持建立南斯拉夫的准军事团体因大战中的胜利而有恃无恐，作为准国家行为者扮演着重要的角色，他们巩固了这场战争期间所获取的领土，并残酷镇压那些反对他们的人士。诸如"马其顿内部革命组织"（该地区最大的准军事组织）、亲阿尔巴尼亚的"反叛者运动"（Kačak movement）或克罗地亚的"乌斯塔沙运动"（Ustashe，其成员在1934年与"马其顿内部革命组织"成员协作，刺杀了南斯拉夫国王亚历山大·卡拉乔尔杰维奇）这样的修正主义势力，是上述准军事团体的竞争者和反对者。[66]

659

领土遭肢解的命运也降临到另一个大战的战败国奥斯曼帝国的身上，它失去了所有中东的属地。1918年奥斯曼战败之后不久，希腊军队成功挺进小亚细亚西部，以及亚美尼亚人在帝国东部的起义，都对它构成了威胁。[67] 青年土耳其党人与直到今日土耳其民族主义历史学者口中所称的"解放战争"（Istiklâl Harbi, 1919年至1923年），实质上是一种通过暴力手段建立民族国家的形式，体现了战时民族间的互不相容和从安纳托利亚驱逐奥斯曼境内基督徒和亚美尼亚

[64] Davies, *White Eagle*.

[65] Glenn E. Torrey, *Romania and World War I: A Collection of Studies* (Oxford and Portland: Romanian Studies Centre, 1998).

[66] John Paul Newman, "The origins, attributes, and legacies of paramilitary violence in the Balkans", in Gerwarth and Horne, *War in Peace*.

[67] John Keegan, *The First World War* (New York: Vintage, 1998), p.415; Erik-Jan Zürcher, "The Ottoman Empire and the Armistice of Moudros", in Hugh Cecil and Peter H. Liddle (eds.), *At the Eleventh Hour: Reflections, Hopes, and Anxieties at the Closing of the Great War, 1918* (London: Leo Cooper, 1998), pp.266–275.

人行动的延续——这个过程在 1923 年 10 月 29 日土耳其民族国家宣布成立之前就早已开始了。[68] 土耳其，跟其他地方一样，在建立国家的过程中付出了高昂的代价，尤其是这个国家的少数民族。当 1922 年土耳其军队重新占领士麦那时，大约有 3 万希腊居民遭到杀害，更多的人遭到驱逐，这成为第二次世界大战前欧洲历史上最大规模的人口迁移。总而言之，战争结束后的十年里，土耳其大约有 7 万人死于暴力行为，同时，近 90 万名奥斯曼帝国的希腊人和 40 万名希腊的土耳其人，被迫在他们大部分人之前从未到过的"祖国"里被重新安置。[69]

后续影响

到 1923 年年底，欧洲的暴力水平已经显著下降。法国和比利时联合占领鲁尔事件以及在俄国和爱尔兰的内战结束后，特别是旨在"最终结束 1914 年以来东方所存在的战争状态"的《洛桑条约》签订之后，欧洲经历了一段暂时的政治经济稳定时期，直至 1929 年大萧条开始为止。

但是，在 1923 年并未完全消失的，是范围更广的暴力言论、身着制服者的政治活动和街头斗殴的文化。准军国主义依然是两次世界大战之间欧洲政治文化的核心特征，它包括的运动是多元化的，如德国的"冲锋队"（SA）、意大利的"黑衫军"（squadristi）、罗马尼亚的"铁卫团"（Iron Guard）、匈牙利的"箭十字运动"（Arrow Cross）、克罗地亚的"乌斯塔沙运动"，或是比利时莱昂·德格雷尔（Leon Degrelle）领导的"雷克斯运动"（Rexist movement）和法国的"火十字团"（Croix de Feu）。尽管在不发生大萧条的情况下，这些运动没有一

---

[68] Erik-Jan Zürcher, *The Unionist Factor: The Rôle of the Committee of Union and Progress in the Turkish National Movement 1905—1926* (Leiden: Brill, 1984); Paul Dumont, "The origins of Kemalist ideology", in Jacob M. Landau (ed.), *Atatürk and the Modernization of Turkey* (Boulder, CO: Westview Press, 1984), pp.25–44; Sabri M. Akural, "Ziya Gökalp: The Influence of his Thought on Kemalist Reforms" (PhD thesis, Indiana University, 1979); M. Şükrü Hanioğlu, "Garbcilar: their attitudes toward religion and their impact on the official ideology of the Turkish Republic", *Studia Islamica*, 86 (1997), pp.133–158.

[69] 关于战后库尔德人的大屠杀没有可靠的统计数字，但较为接近的数字是：1921 年死亡 5000 人，1925 年 1.5 万人，1930 年 1 万人，1938 年 4 万人。参见 Robert Gerwarth and Ugur Umit Ungor, "Imperial apocalypse: the collapse o the Ottoman and Habsburg empires and the brutalization of the successor states", *Journal of Contemporary History*（即将刊发）.

个会获得它接下来的影响力，但是，其根源通常在于战后不久这段时期的混乱状况。不但在意大利法西斯和德国国家社会主义的情况中，而且在阿塔蒂尔克的新土耳其，以及斯梅托纳（Smetona）、乌尔马尼斯（Ulmanis）和佩茨（Päts）分别领导的波罗的海三国独裁政府的情况中，准军事行动有力地促进了这些国家的建立，并且常常作为新建立的"准军事国家"（paramilitary state）的源头而长期存在。以意大利为例，墨索里尼的法西斯党尤其大谈特谈它准军事的过去和将来：1922 年 10 月 8 日由半官方的《意大利人民》所发布的法西斯党成员行为条例中提到，法西斯党"仍然是一个民兵组织"，所有成员"必须遵守法西斯民兵组织有关荣誉的特别规定和军事纪律"。[70] 然而，就如许多前准军事领导人必须备受艰辛所学到的那样，这并未阻止新的政治领导层一旦认为准军事活动分子不再有利用的价值，就对他们进行清除（尤其是 1934 年纳粹德国对冲锋队进行清洗的例子）。

战后不久的这段时期里，第二个且甚至更重要的后续影响是，有必要在建立一个乌托邦的新社会之前，扫清团体内的异见分子，铲除这些被认为有害于团体和谐的人。1917 年至 20 世纪 40 年代末，特别是在那些对第一次世界大战和战后冲突的结果深感挫败的国家中，这种信念构成了欧洲激进政治和行动的有力组成部分。不论它各式各样的政治措辞如何，这种团体清洗的政治是农民梦想、工人志向和"人民共同体"（People's Community）的官僚主义模式的一个明显要素。因此，它提供了一种重要的方法，去理解在 1917 年之后的三十年里成为欧洲如此多剧烈动乱特征的那一轮轮的暴力。

661　　第三个（十分长远的）后续影响，能够在欧洲以外的世界看到。在这些地方，至少在紧接着战后的这段时期内，准军国主义依然是种特例。但是，1945 年之后非殖民化运动的许多领导人，认识到 1918 年的政治话语（以及背弃的承诺）是某种有助于发展的东西，无论他们是从威尔逊主义的民主自决话语中获得灵感，还是从共产（第三）国际关于支持殖民地反对"帝国主义列强"斗争的承诺中受到鼓舞。[71] 尽管这没有导致如同 1945 年之后殖民地国家所出现的那种暴力升级场面，但长期冲突的种子已经在紧接着第一次世界大战后的那几年

[70]　Gentile, "Paramilitary violence in Italy", p.93.

[71]　Erez Manela, *The Wilsonian Moment: Self-Determination and the International Origins of Anticolonial Nationalism* (New York: Oxford University Press, 2007).

里种下了。[72]

结　论

三种具有决定意义且通常相辅相成的因素，成为 1918 年之后各式各样准军
事冲突的原因。虽然几乎毋庸置疑，第一次世界大战中大规模武装战斗的绝对
规模和影响为战后的冲突创造了条件，但是，战后欧洲暴力行为在地理上不均
衡分布的原因，不能由堑壕战的经历来加以解释。俄国革命（和接下来的内战）
及其在国际上引发的意识形态方面的反革命，是促成战后动员的因素之一。正
如本章所提出的那样，很大程度上是想象出来的对于布尔什维克占领整个旧世
界的恐惧，从列宁在俄国掌握权力的那一刻起，就对欧洲人的政治想象力施加
了巨大的影响。对于给别人套上的锁链又失去了更多重要东西的那些人来说，
布尔什维克主义很快成为威胁战后欧洲社会难以捉摸的威胁的同义词。被混乱
的虚无主义力量所包围的病态幻想，导致了欧洲各地保守主义和反革命的政治
主张，但它是以不同的方式宣泄出来的，这取决于这里所强调的解释战后冲突
的第二种因变量（dependent variable）：胜利或是失败。在大战的胜利巩固了国
家及其体制的那些地方，反布尔什维克的神话也有助于通过团结那些愿意保卫
国家反对"混乱"的人士去稳定现有的制度。相比之下，在欧洲的战败国中，
反布尔什维克主义则有助于解释，为什么输掉了这场战争，为什么旧政权消失
了，以及为什么混乱状态笼罩了大部分中东欧地区。反布尔什维克主义——常
常与反犹主义相结合——为准军事形式的响应提供了一个方向和一个目标：它
有助于辨别虚幻的敌人，更普遍地利用常见的怨恨去反对城市的穷人、犹太人
和混乱状态。

东欧和东南欧的混乱以及暴力的程度，取决于——第三种因素——多民
族的奥斯曼、哈布斯堡和罗曼诺夫帝国的破碎地带国家崩溃的程度，以及试图
在"自决"的旗号下建立单一民族国家的那些运动的力量。因此，暴力一直是

[72]　关于这方面的重要研究成果包括 David M. Anderson and David Killingray (eds.), *Policing and Decolonization: Politics, Nationalism, and the Police, 1917—1965* (Manchester University Press, 1992); Thomas R. Mockaitis, *British Counterinsurgency, 1919—1960* (Basingstoke: Macmillan, 1990); Peter Sluget, *Britain in Iraq: Contriving King and Country* (New York: Columbia University Press, 2007).

一个可变因素，主要依它所发生的环境而定。即使许多不同政治、宗教或民族信仰和认同的准军事组织，共同具有以暴力的方式强行建立新秩序的幻想，但它们在独自行动和成功实现目标的能力方面有着显著的差别。在革命后的俄国、乌克兰或波罗的海地区很大程度上不属任何国家的边疆地带，这种幻想在很大范围内变成了现实，而在匈牙利1918年之前的领土上，"红色"和"白色"的准军事组织能够针对现实或想象的敌人实施大规模的恐怖活动。然而，越是往西，独自开展政治行动的机会就越有限。在未来的几十年里，暴力行动的环境和机遇将发生变化，但是，根本的逻辑——第一次世界大战刚刚结束之时就已产生——依然是相同的：目标不再是在军事上打败敌人的军队，并将自己的条件（无论怎样苛刻）强加给战败者（就如第一次世界大战期间的情况那样），而是将挡在建立新乌托邦社会大道上的那些人加以铲除。

24 图说：战争与国家

阿恩特·魏因里希

当 1914 年第一次世界大战爆发时，20 世纪初的媒体革命正方兴未艾。总体战对媒体的快速发展所造成的影响是显而易见的。欧洲及其之外的地方，历史上第一次有数百万人的生活因全球战争的需要而不可逆转地改变了。这种动荡创造了视觉表现这场战争的全球大众市场，能够解释或者至少有助于表达战场上正在发生的种种事情的含义，而数百万人的亲朋好友正在战场上直面死亡或者伤残。战时，所有的文职和军方领导人都迅速认识到，他们必须竭尽全力在战争问题上控制公众的舆论。按照卡尔·施米特的说法，战时的非常状态为他们提供了各种达到这种目的的手段，宣传和审查就是其中的两种。[1]

与所有其他动员领域一样，在这场战争的公共表现领域，国家争夺霸权的斗争是这一关于摄影章节的核心内容。利用不同系列的影像，我阐明了国家权力的延伸，以及权力的限度。在第一次世界大战标志着现代民族国家的形成并对其进行颂扬的同时，这场战争也削弱了德意志、奥匈、俄罗斯和奥斯曼四大

---

[1] 本章建立在诸多关于 20 世纪，尤其是第一次世界大战期间的摄影史以及更广泛的媒体史著作的基础之上。其中以下著作有助于本章观点的形成：Caroline Brothers, *War and Photography. A Cultural History* (London and New York: Routledge, 1997); Jane Carmichael, *First World War Photographers* (London and New York: Routledge, 1989); Anton Holzer, *Die andere Front. Fotografie und Propaganda im Ersten Weltkrieg* (Darmstadt: Primus Verlag, 2007); Anton Holzer, *Das Lächeln der Henker. Der unbekannte Krieg gegen die Zivilbevölkerung 1914—1918* (Darmstadt: Primus Verlag, 2008); Gerhard Paul (ed.), *Das Jahrhundert der Bilder. 1900 bis 1949* (Göttingen: Vandenhoeck & Ruprecht, 2009); Gerhard Paul, *Krieg der Bilder—Bilder des Krieges. Visualisierung des modernen Kriegsberichterstattung vom 18. Zum 21. Jahrhundert* (Göttingen: Vandenhoeck & Ruprecht, 2006); Joëlle Beurier, *Images et violence 1914—1918. Quand Le Miroir racontait la Grande Guerre* (Paris : Nouveau Monde Editions, 2007).

帝国的合法性。它们在这场战争的最后阶段轰然倒塌。然而，即使是战胜国，也经历了危机阶段，在此期间，它们政权的合法性也绝非不容置疑。权力在第一次世界大战期间时常不受约束地行使，这是许多人再也不想重蹈的覆辙。

在世界各地公共与私人的档案馆和图书馆中，所藏的不计其数的关于这场战争的照片，基本上有两个来源。首先，它们来自官方的战地摄影师或摄像师，比如第一次世界大战期间诞生的第一家军事图库摄影机构——成立于 1915年的法国"军事摄影部"（Section photographique de l'Armée）和"军事摄像部"（Section Cinématographique de l'Armée）的工作人员。他们与其他交战国军队的同行一起，负责满足公众对来自战场"原汁原味的"图片日益增长的需求（图 24.1）。在宣传战中，他们的官方使命是要呈现前线此时此刻的爱国主义，但这是经过净化处理的版本。澳大利亚战地摄影师弗兰克·赫尔利和加拿大的威廉·艾弗·卡斯尔，圣像般（虽然虚假）地刻画了进攻中的协约国军队（图 24.2和 24.3），他们的作品透露出太多的宣传与摄影之间的相互影响。这两张照片没有一张展现了真实的战斗场景。他们设计出这两张合成照片，集合了数张——在赫尔利的照片中为 12 张——摄自不同场合的底片（尤其是在训练和演习期间的），因此是虚假或虚构的照片。设计合成照片的技术，在英国战地摄影师中间非常流行（尽管不是没有争议），充分反映了一旦战斗开始以及当部队的首要目标是尽可能少地暴露自己时，要捕捉战场行动的画面是多么困难。战斗的镜头实际上非常之少，尽管战斗正在每一条战线上发生着，但它们不像赫尔利和卡斯尔的超现实画面那样激动人心或一目了然。

"真实"摄影的种种困难有助于解释，为什么交战各方都依靠画家去使这场战争视觉化，去刻画它们自己军队的"英勇"战斗场面。图 24.4 展示了这些战争场景的一个相当典型的样本。若泽·西蒙的这幅画，描绘了 1918 年 4 月在卡西（Cachy，在索姆河防线）附近正发起进攻并冲散德国军队的英国马克 A 型惠比特坦克。这幅画面是这种方式的一个很好的例子，它对戏剧性效果和情节的寻求压倒了对照片真相价值的考虑。实际上，惠比特坦克的乘员舱在坦克的后部，而不是——如图 24.4 所表明的——在前部；因此，整个画面暴露出创作者的无知和艺术上的不拘一格，但是在大后方作为宣传却很适合。

如果不试着去描绘战斗，那么官方的摄影师为报刊媒体以及大后方提供什么样的照片呢？即使我们抛开众多展示本方（总是生龙活虎的）士兵的日常

665

活动的照片，以及所有那些关于敌人和炮火导致的破坏场面的照片，仍有三类照片是引人注目的。第一类是政治领导人以及更重要的军事领导人的镜头，他们被描绘成国家忠实、坚决和值得信赖的公仆。他们集中体现了国家成功发动现代战争的能力，因而，在公共领域正面地表现他们是至关重要的。在诸如保罗·冯·兴登堡、乔治·克列孟梭、比利时国王阿尔贝特一世和其他军事领袖（图24.5）周围所形成的个人崇拜，绝不是随着时间的发展而一成不变的，它与军事上的失败密切相关。但是，刻画精英人物所具备的惊人弹性突显了这样的事实，即使经过多年没有结果的战斗，直到最后，许多人还是一直相信国家的合法性以及组织现代化战争，渡过难关走向胜利的能力。

第二类官方照片中突出的视觉主题，集中在国家调动资源的效率。大量军事装备、军事后勤的画面，以及有关战争主要手段的作品，旨在向公众再三保证，无论组织工业化战争看上去可能多么复杂，国家及其军方和工业界的领导层都是胸有成竹的。所以并不令人感到奇怪的是，不计其数的大口径炮弹、为重型火炮提供弹药的窄轨火车，以及更普遍的机械化物资补给部队，成为首场工业化的世界战争的视觉标志（图24.6）。在协约国方面，众多的照片展现了它们全球性的兵力和物资供应网络。也有大量的照片是关于正开赴不同战场的殖民地部队的（图24.7）。另外，我们找到了展现各种后勤壮举的照片，比如俄国部队从莫斯科经西伯利亚、斯里兰卡、苏伊士运河和地中海前往马赛（图24.8）。也有中国劳工团横跨太平洋、北美洲和大西洋抵达欧洲的照片。他们在法国的出现，显示了同盟国无法与之匹敌或者扰乱的力量。

然而，战争真正的硬件是现代化且日益精良的武器系统。它们构成了第三类官方摄影师大量提供的视觉主题。威力巨大的列车炮、战列舰，各种类型的军用飞机和坦克的照片，越来越多地在报刊媒体上展现，意在炫耀自己的军事力量，并消除士兵和平民的疑虑。在宣传战中，缴获的武器成为一张王牌，所有各方都乐此不疲地加以利用。毕竟，比起战利品或被反击炮火所击落的敌方飞机，还有什么更能说明自己的武器更加优良呢（图24.9）？ 666

由于胶卷相机便携性和经济性的提高，不仅仅只有专业的摄影师在留下这场战争的视觉画面。我们大量的图片档案是出自官兵之手。他们拍摄的照片，大部分是表现战友和后方更日常的生活的快照，具有鲜明的私人性质，并在特殊情况下传达了战斗、军纪和种种艰难的现实情形。

当他们在官方话语的表面之下进行探查时，他们使这场战争的不同面貌更加清楚地为人所了解。例如看看一名法国士兵遭处决的这张照片（图 24.10），事后他的尸体被拿来向士兵们示众，提醒他们谨记自己的职责，以及未履行职责会带来怎样可怕的下场。尽管在这场战争期间像这样的照片不可能公开，但其他的是可以公布的。实际上，私人业余爱好者的照片和官方照片之间的区别是人为的。为了满足照片公开展示的需要，法国的一些带插图的杂志尤其会将目光转向业余摄影师，杂志社欢迎他们将自己的照片送来刊发。在这方面，做得最突出的杂志是《镜刊》（Le Miroir），整个战争期间它每月组织一次关于最佳"原汁原味的"业余摄影师作品的竞赛。结果，它能够发布一些与官方主流话语不一致的刻画暴力的照片（图 24.11 和 24.12）。与通常看法相反，审查人员并不试图防止大后方的公众见到可怕的暴力画面，只要描绘自己死亡或重伤官兵画面的禁忌得到尊重即可。如果他们决定进行干预，那么也并不一定能够如其所愿。法国期刊《画报》（L'Illustration）决定转载《每日镜报》对 1917 年俄国军队危机的图片报道（图 24.13 和 24.14），就是这方面的一个例子。在 1917 年法国兵变发生刚好一个月之后公布反映士兵逃跑和采取行动恢复秩序的照片，被军事审查人员认为是完全不适宜的。《画报》被要求删掉这些图片，它也表示愿意这样去做，但不是没有公开对审查决定提出质疑。然而，法国当局决定在军队范围内查扣这一期，说明该期刊事实上还是没有足够迅速地按照要求去做。换句话说，有时候新闻工作者宁愿冒受到制裁的风险，也不愿意撤销他们认为能引起轰动的图片。

在大众市场不断扩大的背景下，国家只能在有限的程度上控制这场战争的公众表达。但是，所有交战国的主流媒体都乐意采用国家团结和为继续这场战争而进行爱国主义动员的官方话语；很明显，这种趋势更多地源于自我的审查和自我的动员，而较少出于害怕审查的考虑。

伴随着国家动员的，是民间社会的动员，即《剑桥第一次世界大战史》第三卷的主题。毋庸置疑，国家在战争时期开始渗透到社会生活的方方面面，但是，这种扩张与志愿者团体确保战争努力尽可能有效运行的工作是并肩而行的。至少最初在像英国这样的国家里，士兵不得不依靠征召，因为英国在 1916 年之前并没有实现义务兵役制（图 24.15）。交战国的金融资源也必须进行动员（图 24.16 和 24.17）。宣传海报带来了一种在动员方面所有交战国共有的现代视觉

667

语言。

　　全面动员男子参军入伍的行动进展得相对顺利，不但在交战国，而且——这往往遭到忽视——在中立的荷兰和瑞士也是如此，在这两个国家，社会生活也一定程度军事化了（图24.18）。尽管在征召妇女进入战斗部队方面（著名的妇女敢死队，图24.19），没有其他国家效仿俄国临时政府的先例，但是有许多妇女作为护理人员或充当其他辅助角色在军中服役。更重要的是，人们一致认为有必要为相比以往更多地在重工业领域使用妇女劳动创造条件，在这里，妇女们将替代志愿服役或征召服役的男子。总的来说，这场战争期间对妇女的动员，导致了妇女前所未有地进入公共领域，增强了妇女要求获得选举权的愿望（图24.20）。

　　国家控制国民经济的一个显著特征是对食物和原料进行配给供应，以及对某些商品实行价格管控。排着长长的队伍购买食品的画面，是许多交战国战争集体意象的一部分。但是，不应忘记在其他地方，粮食供应也是一个严峻的问题。1918年日本的米骚乱是前所未有的，就范围和暴力程度而言，在日本现代史上依然是无与伦比的（图24.21）。事实上，所有的交战国都遭遇了某种形式的因第一次世界大战导致的大规模国际贸易的混乱和通货膨胀。即使在（某些）中立国，国家也不得不进行干预，以保证因这场战争而造成的市场畸形不会削弱国家的粮食供应（图24.22）。在许多地方，这种努力归于失败。黑市经济兴盛起来，尤其在同盟国的成员国中。停战没有结束战败国日常生活的物资匮乏，而且在某些方面，事情变得更加糟糕，特别是鉴于协约国持续的封锁直至1919年6月28日才最终解除。出现恶性通货膨胀有多种原因（图24.23），但是其结果是灾难性的。它毁掉了对未来的安全感，吞噬了储蓄，使那些固定收入者，比如退休者和老人一贫如洗，令人目不暇接的物价飙升重创了人民对国家有能力维持币值稳定或者确保他们下一代拥有未来的信心。当国家不能养活自己的民众时，它的合法性从何谈起？

　　粮食供应不是国家关注的唯一问题。公共卫生也同样重要。毕竟，性病对军队的战斗力构成了威胁。由于禁欲的说教被证明是无效的，军事当局不得不接受士兵的性行为超出他们控制这一局面，他们不得不针对这一问题采取现实可行的做法。设立军中妓院，同教导士兵和妓女使用发放给他们以将传染风险降至最低的抗菌乳膏和用品一样（图24.24），是这种政策的重要部分。

668

这些例子，在列举上远未穷尽，反映了国家在平民和军人的生活中以及在试图尽可能完善战争努力方面的无所不在。1916 年，国家首次考虑采用夏令时（图 24.25）：甚至时间也必须符合从事战争的目的。

为了取得成效，国家需要准确的信息，如有必要，需要力量去管控得到动员的男男女女、伤员、战俘、难民、被拘禁者和外籍劳工等等如此众多人口的流动。在战区和大后方建立起的数千座营地，似乎是解决保障和供应男人、女人和牲畜流动的这种组织挑战的办法（图 24.26）。

作为第一次世界大战期间国家权力最极端的特征，国家对那些未接受其权威者限制自由、拘押和最终处死的合法性，十分引人注目。之前（图 24.10），我们已经看到了给予士兵的终极惩罚。军事司法是严厉的，虽然很少做出死刑的判决，尤其是在德军军队之中，但对一个完整的罪行系列规定了适用死刑的惩罚。占领之下的敌国平民，或其他地方据称反对他们所生活的那个国家的整个民族群体，因国家权力的延伸而受害最深。有时候，国家所强加的限制是荒唐的：可以看看德军东线总司令部于 1917 年 4 月所签发的关于烘焙蛋糕的禁令（图 24.27）。当德国当局采集关于占领区人口的人体测量和照片数据，并将这些人当作需要组织或迁移的群体时，他们为二十年后第二次世界大战中的所作所为开创了一个危险的先例（图 24.28）。这些照片与通常草草处决颠覆者和间谍的照片（图 24.29），一同突出反映了占领国在何种程度上将被占领地区的人口当作任由其处置的一种资产。

就安纳托利亚的亚美尼亚人而言，种族灭绝是其结果（见第一卷，第 24 章"图说：全球战争"）。亚美尼亚人是奥斯曼帝国的臣民，奥斯曼帝国政府却将他们当作敌国侨民来对待，认为他们对已四面楚歌的政权的生存构成了一种威胁。这就是土耳其执政的三驾马车采取行动将他们作为一个民族加以驱逐和铲除的原因所在。

国家行动的界限在所有交战国中并不一致，在时间上也不是一成不变的。而且，关于是军方还是文职领导层在重要的战略问题上拥有最终决定权的问题，存在相当多的冲突。虽然在所有国家中，只要涉及这场战争的行动指挥问题，军方就比较不受约束，但是，在其他问题上，军方要服从议会和政府的控制，法国的情况尤其如此。文官当局在这场战争开始时将他们的大部分责任交给军方，随着战争久拖不决，他们开始质疑军方的主导地位。各种议会委员会，尤其是法国参议院军事委员会，在这种背景下在约束总参谋部和组织战争努力方面是非常有效的。正是一位文职领导人——乔治·克列孟梭，逐渐成为战时和之后胜利时法国国家的化身（图 24.30），最好地体现了议会制度在从事战争方面所发挥的积极作用。无可否认，法国的例子是十分突出的。但是，我们也不应低估其他国家出现类似进展的程度。

面对动员全体国民的必要性，奥地利是唯一在这场战争的第一年拒绝召开议会的大国，只是当国家的合法性非常明显出现动摇的时候，它才于 1917 年恢复召开议会。所有其他大国，包括哈布斯堡帝国的匈牙利部分，都懂得必须为公众舆论提供一个空间，以及为公众的不满提供一个发泄的渠道。例如，社会党人和自由党人占多数的德国帝国国会，尽管先天作用有限，但它不仅在战争信贷问题上进行了投票表决，而且在整个战争期间对虐待士兵和军事司法严苛性的问题表示了关注。帝国国会甚至通过立法而使军事刑法典不再那么严苛。它于 1917 年通过的"和平决议"，冒犯了政府以及最高统帅部。

670

在每个交战国，军方都保持着相当大的权力。尽管如此，第一次世界大战期间民众所付出的巨大牺牲有着十分重要的影响。以后，国家必须从民众那里获得合法性。宪政改革或者至少是宪政改革的承诺，在实现公众舆论对战争努力的支持和他们对国家的忠诚方面都是必不可少的（图 24.31）。

在政府与被统治者之间的纽带缺失或者已经破损的地方，国家面临着越来越多的争议。反对派运动起初在公开表达它们诉求的能力方面有所克制，但是，这场战争时间拖得越久，它们就变得越重要。其中一些运动是在原则上抵制这场战争，其他则是反对战争残害生命和无休无止。像美国社会党领导人尤金·德布兹（图 24.32）、德国独立社会民主党卡尔·李卜克内西和罗莎·卢森堡，以及哲学家伯特兰·罗素这样的反对派人物，都被关进了监狱。在这场战争的后半段——此时前线的僵持局面似乎难以打破——这样的手段阻止不了对国家忠诚度的下滑，以及对国家是否公平分配战争负担的质疑。罢工运动席卷了整个欧洲。最终，当胜利的前景最先在俄国以及接着在奥匈帝国和德国消失之时，1917 年的二月革命和十月革命以及 1918 年的十一月革命，彻底摧毁了那些无法应对总体战挑战的国家（图 24.33），从而引发了混乱，在欧洲的某些地区则导致了内战。在一些政府职能——至少是临时性地——停止运转的国家，其他国家开始介入维持秩序或者是推动自己的帝国主义事业。对于奥斯曼帝国和俄罗斯帝国的残存部分来说，情况即是如此，它们目睹了数次外国的干涉，其中在 1918 年至 1920 年，整个西伯利亚事实上被英国、美国和日本的军队所占领（图 24.34）。

一些臣属国的人民拒绝服从帝国的统治。在爱尔兰、埃及、巴勒斯坦、印度、中国和朝鲜，发生了暴力事件。尽管遭到镇压，但这标志着一种不祥的未来。在欧洲范围内，社会冲突在南欧、中欧和东欧接连不断。战争之后的战争证明，停战并非战斗的终结。

总之，战时确立的各种新职权和针对全体国民所提出的金融要求，确定了国家权力的新标准。在诸如英国和法国这样的民主国家，以及在专制国家，情况确是如此。在苏联，非常状态变成了常规状态。直到 1945 年之前，这个国家一直保持着一种战时状态。在不同的程度上，大多数交战国在第一次世界大战后并没有彻底地走出战时状态。对于总体战时代的国家权力转型而言，这一时期的图片档案是一种不可缺少的原始资料来源。

671

文献评论

1 国家和政府首脑

让-雅克·贝克尔

第一卷的第二章即"1914年：爆发"这一章之后的书目，可以作为一个切入点。此外，还有许多不同的著作涉及了本章的主题。首先阅读 Pierre Renouvin, *La crise européenne et la première guerre mondiale. Peuples et civilisations*, 4th edn (Paris: Presses Universitaires de France, 1962）将是明智的。在首次出版之后五十年，这本书依然是重要的。另外，下列著作具有较高的价值：François Lagrange (ed.), *Inventaire de la Grande Guerre* (Paris: Universalis, 2005); Stéphane Audoin-Rouzeau and Jean-Jacques Becker (eds.), *Encyclopédie de la Grande Guerre 1914—1918* (Paris: Bayard, 2004); Antonio Gibelli (ed.), *La Prima Guerra Mondiale*, Italian edn (Rome: Einaudi, 2007); Gerhard Hirschfeld, Gred Krumeich and Irina Renz (eds.), *Enzyklopädie Erster Weltkrieg* (Paderborn: Ferninand Schöningh, 2003); François Cochet and Rémy Porte (eds.), *Dictionnaire de la Grande Guerre (1914—1918)* (Paris: Robert Laffont, 2008); Jean-Jacques Becker, *Dictionnaire de la Grande Guerre* (Brussels: André Versaille éditeur, 2008); Holger Herwigh and Neil Heyman, *Biographical Dictionary of World War I* (Westport, CT: Greenwood Press, 1982); Stephen Pope and Elizabeth-Ann Wheal (eds.), *The Dictionary of the First World War* (New York: St Martin's Press, 1995)。

关于战争期间众多的国家首脑及其更迭，不同国家的史学提供了重要的解读和文献。关于德国，可见：Roger Chickering, *Das Deutsche Reich und der Erste Weltkrieg* (Munich: C. H. Beck, 2002); Roger Chickering, *Imperial Germany and the Great War* (Cambridge University Press, 1998); Raymond Poidevin, *L'Allemagne de Guillaume II à Hindenberg (1900—1933)* (Paris: Éditions Richelieu, 1972); Golo Mann, *Wilhelm II* (Munich: Scherz Verlag, 1964); Isabel V. Hull, *The Entourage of Kaiser Wilhelm II, 1888—1918* (Cambridge University Press, 1982); John C. G. Röhl, *The Kaiser and His Court: Wilhelm II and the Government of Germany* (Cambridge University Press, 1994); and Isabel V. Hull, *Absolute Destruction: Military Culture and the Practices of War in Imperial Germany* (Ithaca, NY: Cornell University Press, 2006)。

关于奥匈帝国，可见：Jean-Paul Bled, *François-Joseph* (Paris: Fayard, 1987); Mark Cornwall, *Undermining of Austria-Hungary: The Battle for Hearts and Minds* (New York: St Martin's Press, 2000) 以及 Cornwall 编的两部论文集 *Last Years of Austria-Hungary: A Multi-National Experiment in Early Twentieth-Century Europe* (University of Exeter Press, 2002); and *Last Years of Austria-Hungary: Essays in Political and Military History, 1908—1918* (University of Exeter Press, 1990). 关于弗朗茨－约瑟夫，见 Steven Beller, *Francis Joseph. Profiles in Power* (London: Longman, 1996); Lothar Höbelt, *Franz Joseph I: Der Kaiser und sein Reich: eine politische Geschichte* (Vienna: Böhlau Verlag, 2009); and John Van der Kiste, *Emperor Francis Joseph: Life, Death and the Fall of the Habsburg Empire* (Stroud, UK: Sutton, 2005)。

关于巴尔干，可见：Jonathan Gumz, *The Resurrection and Collapse of Empire in Habsburg Serbia, 1914—1918* (Cambridge University Press, 2009); and George B. Leontartis, *Greece and the First World War: From Neutrality to Intervention, 1917—1918* (New York: Columbia University Press, 1990)。关于总体性的研究，见 Georges Castellan, *Histoire des Balkans* (Paris: Fayard, 1991); and Catherine Durandin, *Histoire des Roumains* (Paris: Fayard, 1995)。在一个特定问题上，有价值的论文是 David J. Dutton, "The Balkan campaign and French war aims in the Great War", *English Historical Review*, 94:370 (1979), pp.97−113。

关于比利时，见：Laurence van Ypersele, *Le roi Albert, histoire d'un mythe* (Ottignies: Éditions Quorum, 1995); and Sophie van Schaepdrijveir, *La Belgique et la Première Guerre Mondiale* (Berlin: Peter Lang, 2004)。

关于中国，见：Marie-Claire Bergère, *Sun Yat-sen*, trans. Janet Lloyd (Stanford University Press, 1998); Harold Z. Schiffrin, *Sun Yat-sen, Reluctant Revolutionary* (Boston: Little Brown & Co., 1980); Jonathan Clements, *Wellington Koo* (London: Haus Publishing, 2008)；关于总体性的研究有：Jean Chesneaux, Francoise le Barbier and Marie-Claire Bergere, *China from the 1911 Revolution to Liberation*, trans. Paul Auster and Lydia Davis (New York: Pantheon Books, 1977)。关于奥斯曼帝国，见：Jean-Pierre Derrienic, *La Moyen-Orient au XXe siècle* (Paris: Armand Colin, 1980); David Fromkin, *A Peace to End All Peace: Creating the Modern Middle East 1914—1922* (New York: Henry Holt & Co., 1989);

M. Sükrü Hanioğlu, *Preparation for a Revolution: The Young Turks, 1902—1908* (Oxford University Press, 2001); Yves Ternon, *Empire ottoman: Le déclin, la chute, l'effacement* (Paris: Edition du Félin, 2002)。

关于美国，可见：David M. Kennedy, *Over Here: The First World War and American Society* (New York: Oxford University Press, 1980); John Milton Cooper, *Woodrow Wilson: A Biography* (New York: Vintage, 2011); and *Breaking the Heart of the World: Woodrow Wilson and the Fight for the League of Nations* (New York: Cambridge University Press, 2001)。

关于法国，可见：Nicolas Beaupré, *1914, les Grandes Guerres* (Paris: Édition Belin, 2012); Jean-Jacques Becker, "L'impact de la Grande Guerre sur les familles politiques françaises", in *Les familles politiques en Europe occidentale au XXe siècle* (Rome: École française de Rome, 2000); and Fabienne Bock, *Un parlementarisme de guerre, 1914—1919* (Paris: Éditions Belin, 2002)。这本书是基础性的，但很遗憾在国际学术成果中未有可与之相提并论的。

关于意大利，可见：Serge Berstein and Pierre Milza, *L'Italie contemporaine* (Paris: Armand Colin, 1995); Mario Isnenghi, *La Première guerre mondiale* (Paris and Florence: Casterman-Giunti, 1993); Roy Pryce, "Italy and the outbreak o the First World War", *Cambridge Historical Journal*, 11:2 (1954), pp.219–227; Mario Isnenghi, *Grande guerre: uomini e luoghi del'15—18* (Turin: UTET, 2008); and Giorgio Rochat, *Italia nella prima guerra mondiale: problemi di interpretazione e prospettive di ricerca* (Milan: Feltrinelli, 1976)。

关于葡萄牙，可见：Nuno Severiano Teixeira, *L'entrée du Portugal dans la Grande Guerre, objectifs nationaux et stratégies politiques* (Paris: Economica, 1998)。

关于英国，以下是有帮助的：Trevor Wilson, *The Myriad Faces of War: Britain and the Great War* (Cambridge: Polity Press, 1986); David Stevenson, *With Our Backs to the Wall: Victory and Defeat in 1918* (London: Allen Lane, 2011); Gary Sheffield and John Bourne (eds.), *Douglas Haig: War Diaries and Letters, 1914—1918* (London: Weindenfeld & Nicolson, 2005); George H. Cassar, *Asquith as War Leader* (London: Hambledon Press, 1994); Zara Steiner, *Britian and the Origins of the First World War* (New York: St Martin's Press, 1977)。

关于俄国，经典的是：Marc Ferro, *La révolution russe de 1917*, 3rd edn (Paris: Flammarion, 1989); and Hélène Carrère d'Encausse, *Nicolas II, la transition interrompue* (Paris: Hachette littératures, 2012)。重要的有：Peter Holquist, *Making War, Forging Revolution: Russia's Continuum of Crisis, 1914—1921* (Cambridge, MA: Harvard University Press, 2002); and Joshua Sanborn, *Drafting the Russian Nation: Military Conscription, Total War, and Mass Politics, 1905—1925* (DeKalb, IL: Northern Illinois University Press, 2003)。

2 议会

迪特马尔·达尔曼

尚无关于第一次世界大战期间议会的综合比较史成果，对于一些国家而言，甚至没有相关的一部著作或一篇文章。这里提供的是关于个别国家情况的代表性成果。

关于俄国，Sergei S. Oldenburg, *Last Tsar. Nicholas II. His Reign and His Russia* (Gulf Breeze, FL: Academic International Press, 1978), vol. iv 做了总体性的概述；Manfred Hildermeier, *Die russische Revolution 1905—1921* (Frankfurt am Main: Suhrkamp, 1989) 论述了战争期间的国内政策问题；Michael F. Hamm, "Liberal politics in wartime Russia. An analysis of the Progressive Bloc", *Slavic Review*, 33 (1974), pp.453–468; and Thomas Riha, "Miliukov and the Progressive Bloc in 1915. A study in last chance politics", *Journal of Modern History*, 32 (1960), pp.16–24 将他们的重点放在了立宪民主党问题上；V. Ju. Černjaev, "Pervaja mirovaja vojna I perspektivy demokratičeskogo preobrazovanija Rossijskoj Imperii", in Nilolaj N. Smirnov et al. (eds.), *Rossija I pervaja mirovaja. Materialy meždunarodnogo naučnogo Kollokviuma* (St Peterburg: DB, 1999), pp.189–201 探讨了战争期间俄罗斯帝国民主发展的机会问题。

关于奥地利，Berthold Sutter and Ernst Bruckmüller, "Der Reichsrat, das Parlament der westlichen Reichshälfte Österreich-Ungarns (1861—1918)", in Ernst Bruckmüller (ed.), *Parlamentarismus in Österreich* (Vienna: öbv und hpt, 2001), pp.60–109 研究了奥地

利的议会；Lothar Höblet, "Parlamente der europäischen Nachbarn II: Die Vertretung der Nationalitäten im Wiener Reichsrat", in Dittmar Dahlmann and Pascal Trees (eds.), *Von Duma zu Duma. Hundet Jahre russischer Parlamentarismus* (Göttingen: V & R Unipress, 2009), pp.339–359 探讨了议会中的少数派问题。

关于德国，读者应参阅 Ernst Rudolf Huber 所著多卷本的宪政史，*Deutsche Verfassungsgeschichte seit 1789*, vol. 3, *Bismarck und das Reich* (Stuttgart: Kohlhammer, 1988), chs. 15–17; vol. 4, *Struktur und Krisen des Kaiserreichs* (1982), chs. 2 and 4; as well as vol. v, *weltkrieg, Revolution und Reichserneuerung 1914—1919* (1992)。关于战争期间帝国国会的一本很有见地的著作是 Ernest-Albert Seils, *Weltmachtstreben und Kampf für den Frieden. Der deutsche Reichstag im Ersten Weltkrieg* (Frankfurt am Main: Peter Lang, 2011)。Wolfgang J. Monmmsen 的两部著作对战争期间德国的历史进行了全面和深刻的研究 *Wilhelmine Germany: Bürgerstolz und Weltmachtstreben. Deutschland unter Wilhelm II, 1890—1918* (Berlin: Propyläen-Verlag, 1995); and *Der Erste Weltkrieg. Anfang vom Ende des bürgerlichen Zeitalters* (Frankfurt am Main: Fischer Taschenbuch Verlag, 2004)。 675

关于法国，Fabienne Bock 的著作 *Un parlementarisme de guerre, 1914—1919* (Paris: Éditions Belin, 2002) 是重要的，以及 Jean-Jacques Becker 有关法国的文章，载于 Gerhard Hirschfeld, Gerd Krumeich and Irina Renz (eds.), *Brill's Encyclopedia of the First World War* (Leiden and Boston: Brill, 2012)。亦见 Inge Saatmann, *Parlament, Rüstung und Armee in Frankreich 1914/1918* (Düsseldorf: Droste Verlag, 1978)。

关于英国，有三部重要的贡献之作：John Turner, *British Politics and the Great War. Coalition and Conflict 1915—1918* (New Haven, CT and London: Yale University Press, 1992); Catriona Pennell, *A Kingdom United. Popular Responses to the Outbreak of the First World War in Britain and Ireland* (Oxford University Press, 2012); and Adrian Gregory, *The Last Great War. British Society and the First World War* (Cambridge University Press, 2008). Kurt Kluxen, "Die Umformung des parlamentarischen Regierungssystems in Groβbritannien beim Übergang zur Massendemokratie", in Kluxen, *Parlamentarismus* (Cologne: Suhrkamp, 1976) 研究了

大众民主时代的英国议会发展问题。

关于美国，见：David M. Kennedy, *Over Here. The First World War and American Society* (New York: Oxford University Press, 1980); and Robert H. Ferrell, *Woodrow Wilson and World War I, 1917—1921* (New York: Harper & Row Publishers, 1985) 也探讨了战争期间的国会问题。

关于日本，见：Fredrick R. Dickinson, *War and National Reinvention. Japan in the Great War, 1914—1919* (Cambridge, MA and London: Cambridge University Press, 1999). Hans H. Baerwald, *Japan's Parliament: An Introduction* (Cambridge University Press, 1974) 在日本国会问题上提供了较大的帮助。

3　外交官

戴维·史蒂文森

David Stevenson, *The First World War and International Politics* (Oxford University Press, 1986) 依然是关于战争外交史最新的著作。Zara S. Steiner (ed.), *The Times Survey of Foreign Ministries of the World* (London: Times Books, 1982) 在外交机构问题上具有很高价值，Markus Mosslang and Torstan Riotte (eds.), *The Diplomat's World: A Cultural History of Diplomacy, 1815—1914* (Oxford: German Historical Institute London and Oxford University Press, 2008) 则在社会环境问题上具有很高价值。Matthew S. Anderson, *Rise of Modern Diplomacy* (London: Longman, 1993) 提供了一个更长期的背景。

Luigi Albertini, *The Origins of the War of 1914*, Engl. Edn, 3 vols. (Oxford Univeristy Press, 1952—1957) 依然是关于 1914 年之前外交问题的未被超越的研究成果。William Mulligan, *The Origins of the First World War* (Cambridge University Press, 2010) 是重点在于外交方面的最新的综合性成果。Zara S. Steiner, *The Foreign Office and Foreign Policy, 1898—1914* (Cambridge University Press, 1969)，是关于外交官员新成果方面的开创之作，Thomas G. Otte, *The Foreign Office Mind: The Making of British Foreign Policy, 1865—1914* (Cambridge University Press, 2011)，是

676

对其重要的补充。至于其他国家，可见：M. B. Hayne, *The French Foreign Office and the Origins of the First World War, 1898—1914* (Oxford University Press, 1993); Peter Jackson, "Tradition and adaptation: the social universe of the French Foreign Ministry in the era of the First World War", *French History*, 24 (2010), pp.164–196; Paul G. Lauren, *Diplomats and Bureaucrats: The First Institutional Responses to Twentieth-Century Diplomacy in France and Germany* (Stanford University Press, 1976); Lamar Cecil, *The German Diplomatic Service, 1871—1914* (Princeton University Press, 1976); William D. Godsey, Jr, *Aristocratic Redoubt: The Austro-Hungarian Foreign Office on the Eve of the First World War* (West Lafayette, IN: Purdue University Press, 1999); G. Bolsover, "Isvolsky and the reform of the Russian Ministry of Foreign Affairs", *Slavonic and Eastern European Review*, 63:1 (1985), pp.21–40; Warren F. Ilchman, *Professional Diplomacy in the United States, 1789—1939: A Study in Administrative History* (University of Chicago Press, 1961); Elmer Pilschke, *US Department of State: A Reference History* (Westport, CT: Greenwood Press, 1999); and Ian Nish, *Japanese Foreign Policy, 1869—1942: Kasumigaseki to Miyakezaku* (London: Routlege & Kegan Paul, 1977). 提供了更多信息的外交大臣或使节的回忆录有：Edward Grey, *Twenty-Five Years, 1892—1916*, 2 vols. (London: Hodder & Stoughton, 1925); Sergei Sazonov, *Fateful Years: The Reminiscences of Serge Sazonov* (Lodon: Cape, 1928); and Walter W. Goetz (ed.), *Die Erinnerungen des Staatssekretärs Richard von Kühlmann* (Munich: Bayerische Akademie der Wissenschaften, 1952). Maurice Paléologue, *An Ambassador's Memoirs, 1914—1917* (Lodon: Hutchinson, 1973) 较为模糊，使用起来应谨慎；Algernon G. Lennox (ed.), *The Diary of Lord Bertie of Thame, 1914–1918* (New York: G. H. Doran, 1924) 是八卦式的。关于外交官员的传记，见：Keith A. Hamilton, *Bertie of Thame: Edwardian Ambassador* (Woodbridge: Boydell, 1990); Marina Soroka, *Britain, Russia, and the Road to War: The Fateful Embassy of Count Alexsandr Benckendorff, 1903–1916* (Farnham: Ashgate, 2011); and Reinhard R. Doerries, *Imperial Challenge: Ambassador Count von Bernstorff and German-American Relations, 1908—1917* (Chapel Hill, NC and London: University of North Carolina Press, 1989)。

战争期间的外交研究较少一些。Roberta M. Warman, "The erosion of foreign office influence in the making of foreign policy, 1916—1918", *Historical Journal*, 15

(1972), pp.133–159 是有帮助的。Victor H. Rothwell, *British War Aims and Peace Diplomacy 1914—1918* (Oxford: Clarendon Press, 1971) and David Stevenson, *French War Aims against Germany 1914—1919* (Oxford University Press, 1982) 包含有价值的资料。关于和平试探，见：Guy Pedroncini, *Les négociations secretes pendant la Grande Guerre* (Paris: Flammarion, 1969). Arno J. Mayer, *Political Origins of the New Diplomacy, 1917—1918* (New Haven, CT: Yale University Press, 1959) 研究了关于 1917 年至 1918 年"秘密外交"的国际争论问题。

关于媾和，Margaret O. MacMillan, *Peacemakers: the Paris Peace Conference of 1919 and its Attempt to End War* (London: John Murray, 2003); Michael L. Dockrill and Zara S. Steiner, "The Foreign Office at the Paris Peace Conference in 1919", *International History Review*, 2 (1980), pp.55–86; Stevenson, *French War Aims; and Inga Floto, Colonel House in Paris: A Study of American Policy at the Paris Peace Conference, 1919* (Aarhus: Unversitetsforlaget I Aarhus, 1973)，都讨论了外交官员的角色问题。

Diplomacy and Statecraft, The International History Review, Relations Internationales and Revue d'Histoire diplomatique 这些期刊都刊发了相关的文章。

4 文职部门与军方的关系

斯蒂格·弗尔斯特

有关文职与军方关系的历史著述是丰富多样的。然而，尚无单独的一本著作在比较的基础上对第一次世界大战期间这一特定的话题做出研究。因此，本章成为某种实验。其中的相关史实以许多已出版成果为基础。最有帮助的是关于大战的重要手册：Hirschfeld *et al.*, *Enzyklopädie Erster Weltkrieg*。

许多年来，军国主义问题处于文职与军方关系研究的中心。但是，这场辩论多少已经走到了尽头，因为军国主义的概念被证明是过于狭窄和单一的。而且，"军国主义"一词受政治意识形态所累。现代的研究变得更加多样化，所以大多放弃了军国主义的概念。不过，关于军国主义的有趣辩论的概述，可见：Volker R. Berghahn, *Militarism. The History of an International Debate, 1861—1979*

(Leamington Spa: Berg, 1981)。

关于第一次世界大战的出版物充斥着所有的图书馆。对于一些相关国家的历史而言，情况同样如此。很少有历史学家——如果有的话——能够对数量庞大的出版成果了然于胸。因此，这意味着期盼对该领域所有的出版物做一个全面的汇报难免要求过高。在这种情况下，以下文献评论仅限于本章所引用的成果。

关于克劳塞维茨

克劳塞维茨最著名的著作有一个杰出的英文译本：Carl von Clausewitz, *On War*, edited and translated by Michael Howard and Peter Paret (Princeton University Press, 1976).

在许多关于克劳塞维茨思想分析的成果中，经典但现在已过时的是：Raymond Aron, *Penser la guerre, Clausewitz*, 2 vols. (Paris: Gallimard, 1976).

鲁登道夫的小册子并未真正公平地评判克劳塞维茨，而是更关注主张在现代战争中建立军事独裁的问题。不用说，鲁登道夫将自己视为德国唯一能够指挥战争的人：Erich Ludendorff, *Der totale Krieg* (Munich: Ludendorffs Verlag, 1935).

一个引人注意且智慧的解读来自：Panajotis Kondylis, *Theorie des Krieges: Clausewitz-Marx-Engels-Lenin* (Stuttgart: Steiner, 1988)。

个案研究

关于法国

两部经典的研究成果是：Jean-Jacques Becker, *Les Français, 1914—1920* (Paris: Éditions Richelieu, 1972); and Jean-Baptiste Duroselle, *La France et les Français, 1914—1920* (Paris: Éditions Richelieu, 1972)。两者相比，贝克尔的著作可能采取了更加现代的方法。

有所帮助且比较深刻的解读包含在这些成果中：Patrick Fridenson (ed.), *The French Home Front, 1914—1918* (Providence, RI: Berg, 1992)。关于战争期间法国议会角色的最细致的研究是：Fabienne Bock, *Un parlementarisme de guerre. Recherches sur le fonctionnement de la IIIéme République pendant la Grande Guerre*, 3 vols. (Paris : Éditions Belin, 2002)。

678

关于英国

关于大战期间的英国，有许多优秀的研究成果。以下著作全都是有所帮助的，但它们解读的重点各不相同：John M. Bourne, *Britain and the Great War, 1914—1918* (London : Edward Arnold, 1989); David French, *British Economy and Strategic Planning, 1905—1915* (London : Allen & Unwin, 1982) ; David French, *British Strategy and War Aims, 1914—1916* (London : Allen & Unwin, 1986); Peter Simkins, *Kitchener's Army. The Raising of the New Armies, 1914—1916* (Manchester University Press, 1988); Wilson, *Myriad Faces of War* ; Jay M. Winter, *The Great War and the British People* (London: Macmillan, 1985)。

一部有争议但给人启迪的成果是：Niall Ferguson, *The Pity of War: Explaining World War I* (London: Penguin, 1998)。

另外，一部引人关注且写得不错的有关英国和德国国内激进反战及遭受镇压的著作是：Francis L. Carsten, *War against War. British and German Radical Movements in the First World War* (London: Batsford Academic and Educational,1982)。

关于意大利

关于大战期间意大利的著作并不太多。但是，其中一些是相当不错的：Howard James Burgwyn, *The Legend of the Mutilated Victory. Italy, the Great War, and the Paris Peace Conference, 1915—1919* (Westport, CT: Greenwood, 1993); Mario Isnenghi, *Il mito della grande guerre* (Bologna: Il Mulino, 1997)。

关于意大利历史的优秀概述肯定是：Volker Reinhard, *Geschichte Italiens. Von der Spätantike bis zur Gegenwart* (Munich: C. H. Beck, 2003)。

关于俄国

关于第一次世界大战期间俄国历史的研究一直受困于获取苏联档案这一难题。尽管如此，也有一些令人印象深刻的研究成果：Dominic C. B. Lieven, *Russia and the Origins of the First World War* (London: Macmillan, 1983); Hugh Seton-Watson, *The Russian Empire, 1801—1917* (Oxford University Press, 1967); Norman

Stone, *The Eastern Front, 1914—1917* (London: Hodder & Stoughton, 1975); Allan K. Wildman, *The End of the Russian Imperial Army: The Old Army and the Soldier's Revolt, March to April 1917* (Princeton University Press, 1980); and Wildman, *The End of Russian Imperial Army II: The Road to Soviet Power and Peace* (Princeton University Press, 1987)。

关于日本

太平洋战争掩盖了关于第一次世界大战期间日本角色的研究。因此，已出版的只有少数关于这一话题的著作。其中，最好的是：Frederick R. Dickinson, *War and National Reinvention. Japan in the Great War, 1914—1919* (Cambridge, MA and London: Cambridge University Press, 1999); and Richard Storry, *A History of Modern Japan* (London: Penguin, 1960)。

679

关于美国

毫不奇怪，已有大量成果研究了美国在大战中的角色。在许多有关这一主题的著作中，大概最重要的是：Edward M. Coffman, *The War to End All Wars. The American Military Experience in World War I* (Madison, WI: University of Wisconsin Press, 1986); David M. Kennedy, *Over Here. The First World War and American Society* (New York: Oxford University Press, 1980); Robert H. Zieger, *America's Great War. World War I and the American Experience* (Lanham, MD: Rowman & Littlefield, 2000)。

关于美国"敌国侨民"的困境问题，见令人印象深刻的著作：Jörg Nagler, *Nationale Minoritäten im Krieg. 'Feindliche Ausländer'' und die amerikanische Heimatfront während des Ersten Weltkrieges* (Hamburg: Hamburg Edition, 2000)。

一部关于陆军历史的开创性研究，也从美国视角提供了对大战的精彩分析，见 Russell F. Weigley, *History of the United States Army* (Bloomington, IN: Indiana University Press, 1967)。

关于奥斯曼帝国

有关第一次世界大战期间奥斯曼帝国的出版物是有限的。但是，最近几年已有了不少的研究。经典的是：Alan Palmer, *The Decline and Fall of the Ottoman Empire* (London: John Murray, 1992)。

对奥斯曼陆军进行详细但略过热情的分析的成果是：Edward J. Erickson, *Ordered to Die. A History of the Ottoman Army in the First World War* (London: Greenwood Press, 2001)。

有关德国驻奥斯曼帝国军事使团的研究得到了促进。此外，我们现在有在奥斯曼帝国执行使命的最重要的两名军官的精彩传记：Jehuda L. Wallach, *Anatomie einer Militärhilfe. Die preussisch-deutschen Militärmissionen in der Türkei, 1835—1919* (Düsseldorf: Droste Verlag, 1976); Holger Afflerbach, *Falkenhayn. Politisches Denken und Handeln im Kaiserreich* (Munich: R. Oldenbourg Verlag, 1994); Carl Alexander Krethlow, *Generalfeldmarschal Colmar Freiherr von der Goltz Pascha. Eine Biographie* (Paderborn: Ferdinand Schöningh, 2002)。

关于奥匈帝国

鉴于奥匈帝国对大战的重要性，较长一段时间内很少有相关研究出现是令人奇怪的。尤其是，奥地利的历史学家多年来不太关注帝国最后的战争。现在，这种情况得到了弥补。对这一时期奥匈帝国最全面的分析，但有时（特别是关于战争的起源）有些辩解的是：Manfred Rauchensteiner, *Der Tod des Doppeladlers. Österreich-Ungarn und der Erste Weltkrieg*, 2nd edn (Graz: Verlag Styria, 1994)。特别是对德国和奥匈帝国之间关系问题非常有帮助的是：Holger H. Herwig, *The First World War. Germany and Austria-Hungary, 1914—1918* (London: Edward Arnold, 1997)。

680　　此外，有一些关于奥匈帝国角色的比较好的文章，其中包括：Günther Kronenbitter, " 'Nur los lassen'. Österreich-Ungarn und der Wille zum Krieg", in Johannes Burkhardt, Josef Becker, Stig Förster and Günther Kronenbitter, *Lange und Kurze Wege in den Ersten Weltkrieg. Vier Augsburger Beiträge zur Kriegsursachenforschung* (Munich: Ernst Vögel, 1996), pp.159–187; Max-Stephan Schulze, "Austria-Hungary's economy in World

War I", in Stephen Broadberry and Mark Harrison (eds.), *The Economics of World War I* (Cambridge University Press, 2005), pp.77‒111; Graydon A. Tunstall, Jr, "Austria-Hungary", in Richard F. Hamilton and Holger H. Herwig (eds.), *The Origins of World War I* (Cambridge University Press, 2003), pp.112‒149。

关于德意志帝国

战争期间德国的文职与军方关系问题长期受到了历史学家的较多关注。毕竟，正是鲁登道夫的"无声独裁"看上去提供了有关军事霸权的最夺目的例子。然而，近些年历史学家在断言德意志帝国时期全面的军事统治方面，变得更加谨慎。可见：Roger Chickering, *Imperial Germany and the Great War, 1914—1918* (Cambridge University Press, 1998); Stig Förster, "Ein militarisiertes Land? Zur gesellschaftlichen Stellung des Militärs im Deutschen Kaiserreich", in Bernd Heidenreich and Sönke Neitzel (eds.), *Das Deutsche Kaiserreich, 1890—1914* (Paderborn: Ferdinand Schöningh, 2011), pp.157‒174。

具有更传统思想方法的是：Robert B. Asprey, *The German High Command at War. Hindenburg and Ludendorff and the First World War* (New York: W. Morrow, 1991); Martin Kitchen, *The Silent Dictatorship. The Politics of the German High Command under Hindenburg and Ludendorff, 1916—1918* (London: Croom Helm, 1976)。

最近，一部新的——但有些传统的——鲁登道夫传记问世：Manfred Nebelin, *Ludendorff. Diktator im Ersten Weltkrieg* (Munich: Siedler Verlag, 2010)。

拥有更加与众不同观点的传记可见：Markus Pöhlmann, "Der 'modern Alexander' im Maschinenkrieg. Erich Ludendorff, 1865—1937", in Stig Förster, Markus Pöhlmann and Dierk Walter (eds.), *Kriegsherren der Weltgeschichte, 22 historische Porträts* (Munich: C. H. Beck, 2006), pp.268‒285。

关于德属东非的军事政变，见获奖著作：Tanja Bührer, *Die Kaiserliche Schutztruppe für Deutsch-Ostafrika. Koloniale Sicherheitspolitik und transkulturelle Kriegführung, 1885 bis 1918* (Munich: R. Oldenbourg Verlag, 2011)。

5 革命

理查德·贝塞尔

经典的第一次世界大战革命史著作将焦点放在俄国和德国伟大的政治革命方面。这些革命催生了大量的研究成果,但战争很大程度上似乎成为背景,革命的(政党)政治位于前台。虽然如此,一些主要关注单个国家的研究成果,对战争和革命之间的关系给予了洞察。

681

关于俄国,Norman Stone 的开拓性研究 *The Eastern Front 1914—1917*,依然在这方面具有重要性;Richard Pipes 更新近的全景式研究 *The Russian Revoluyion* (New York: Knopf, 1990),以及 Orlando Figes, *A People's Tragedy: The Russian Revolution, 1891—1924* (London: Jonathan Cape, 1996),提供了大量俄国战争与革命之间关系的信息和洞察。对这一主题具有重要意义的开创性研究是 Peter Gatrell, *A Whole Empire Walking: Refugees in Russia in World War I* (Bloomington, iN: Indiana University Press, 1999),以及 Holquist, *Making War, Forging Revolution*; and Eric Lohr, *Nationalizing the Russian Empire: The Campaign against Enemy Aliens during World War I* (Cambridge, MA: Harvard University Press, 2003)。关于俄国军队的溃败,见 Wildman, *The End of the Russian Imperial Army* 和 *The End of the Russian Imperial Army II*。

关于德国,1918 年革命是 20 世纪六七十年代深入讨论的问题,但是这些研究主要集中在革命的政治问题,而不是战争问题。至于对战争与革命之间关系的考察,较好的切入点依然是以下经典研究:Gerald D. Feldman, *Army, Industry and Labor in Germany, 1914—1918* (Princeton University Press, 1966), and Jürgen Kocka, *Facing Total War, German Society, 1914—1918* (Leamington Spa and Cambridge, MA: Berg and Harvard University Press, 1984)。关于战争对德国(乡村)社会影响的探讨无法逾越的成果是 Benjamin Ziemann, *War Experiences in Rural Germany 1914—1923* (Oxford: Berg, 2006)。Alexander Watson, *Enduring the Great War. Combat, Moral and Collapse in the German and British Armies, 1914—1918* (Cambridge University Press, 2008) 对德国军人的态度和 1918 年的崩溃进行了非常敏锐的探讨。同样内容丰富的有 Jeffrey R. Smith, *A People's War: Germany's Political Revolution, 1913—1918* (Lanham, MD: University Press of America, 2007)。

关于奥匈帝国，已有的英文著作较少，但 Herwig, *First World War: Germany and Austria-Hungary* 提供了有益的解读。从军事角度十分详细地逐步剖析奥匈帝国战争的结束和奥匈帝国的终结的是 Richard G. Plaschka, Horst Haselsteiner and Arnold Suppan, *Innere Front. Militärassistenz, Widerstand und Umsturz in der Donaumonarchie 1918* (Munich: R. Oldenbourg Verlag, 1974)，做出扎实概述的是 Manfried Rauchensteiner, *Der Tod des Doppeladlers. Österreich-Ungarn und der Erste Weltkrieg* (Graz: Verlag Styria, 1993)。关于战争对维也纳的影响具有洞察性的近期研究成果是 Maureen Healy, *Vienna and the Fall of the Habsburg Empire: Total War and Everyday Life in World War I* (Cambridge University Press, 2004)。

关于法国，有关 1917 年兵变的经典之作依然是 Guy Pedroncini, *Les Mutineries de 1917*, 3rd edn (Paris: Presses Universitaires de France, 1996)。对 1917 年危机的概览可见 Leonard V. Smith, Stéphane Audoin-Rouzeau and Annette Becker, *France and the Great War* (Cambridge University Press, 2003), pp.113–145。

关于奥斯曼帝国的瓦解，见：Ryan Gingeras, *Sorrowful Shores: Violence, Ethnicity, and theEnd of the Ottoman Empire, 1912—1923* (Oxford University Press, 2009); and Michael A. Raynolds, *Shattering Empires: The Clash and Collapse of the Ottoman and Russian Empires* (Cambridge University Press, 2011)。

从全球层面看待战争和革命之间的关系问题，可见：Evez Manela, *The Wilsonian Moment: Self-Determination and the International Origins of Anticolonial Nationalism* (New York: Oxford University Press, 2007); and Aviel Roshwald, *Ethnic Nationalism and the Fall of Empires: Central Europe, Russia and the Middle East, 1914—1923* (London: Routledge, 2001)。 682

6　战斗与战术

斯特凡那·奥杜安-鲁佐

大战期间的战斗模式长期吸引着军事历史学家的注意，最近，这一主题也吸引了社会和文化领域的历史学家。在这一海量的书目范围内，我特别留意了这些最近的成果，尤其是用英文出版的。

为了将战斗和战术的研究置于总体的框架内，这些成果是基础性的：John Keegan, *The First World War* (London: Hutchinson, 1998); and Hew Strachan, *European Armies and the Conduct of War* (London: Allen & Unwin, 1983)。

关于西线之外的战斗和战术问题，从以下这些重要的研究成果中能够获益不少：Norman Stone, *The Eastern Front, 1914—1917*; Giorgo Rochat, "The Italian Front, 1915—1918", in John Horne (ed.), *A Companion to World War I* (Chichester: Wiley-Blackwell, 2010), pp.82–96; and Mark Thompson, *The White War. Life and Death on the Italian Front, 1915—1919* (London: Faber, 2008)。

关于西线的战斗，有非常多的著述关注于此，以下著作是有帮助的：Michel Goya, *La chair et l'acier. L'invention de la guerre modern* (1914—1918) (Paris : Tallandier, 2004) ; Gerhard Hirschfeld, Gerd Krumeich and Irina Renz (ed.), *Scorched Earth. The Germans on the Somme, 1914—1918* (Barnsley: Pen and Sword Books, 2009); Bruce Gudmundsson, *Stormtroop Tactics: Innovation in the German Army, 1914—1918* (London: Praeger, 1989); Eric Leed, *No Man's Land: Combat and Identity in World War I* (Cambridge University Press, 1979); Tim Travers, *The Killing Ground. The British Army, the Western Front and the Emergence of Modern Warfare, 1900—1918* (London: Unwin Hyamn, 1987)。

索姆河战役和凡尔登战役，位于这场战争军事史的中心，并在人员伤亡方面非常惨重，在以下成果中得到了很好的研究：John Keegan, *The Face of Battle. A Study of Agincourt, Waterloo and the Somme* (London: Cape, 1976)，特别是关于索姆河战役的核心章节；Robin Prior and Trevor Wilson, *The Somme* (New Haven, CT: Yale University Press, 2005); Gary Sheffield, The Somme (London: Cassell, 2003)。

新式武器的问世和使用吸引了以下著作的关注：Lutz Haber, *The Poisonous Cloud. Chemical Warfare in the First World War* (Oxford: Clarendon Press, 1986); Olivier Lepick, *La Grande Guerre chimique, 1914—1918* (Paris: Presses Universitaires de France, 1998); Lee Kennett, *The First Air War, 1914—1918* (New York: Free Press, 1991); John Morrow, *The Great War in the Air: Military Aviation from 1909 to 1921* (Washington DC: Smithsonian Institution Press, 1993)。

关于短兵相接的战斗，见 Stéphane Audoin-Rouzeau, *Les armes et la chair.*

Trois objets de mort en 1914—1918 (Paris: A. Colin, 2009); Joanna Boruke, *An Intimate History of Killing. Fact to Fact Killing in Twentieth Century Warfare* (London: Granta Books, 1999). 在大战史的许多方面都有用处。Antoine Prost, "Les limites de la brutalization. Tuer sur le front occidental, 1914—1918", *Vingtième Siècle. Revue d'histoire*, 81 (2004), pp.5-20. 这篇文章提出了与 Audoin-Rouzeau 和 Bourke 不同的观点。

军人如何忍受战争，他们如何坚持下去，引起了这些学者的相当关注，683 其中包括：Stéphane Audoin-Rouzeau, *Men at War. National Sentiment and Trench Journalism in France during the First World War* (Leamington Spa: Berg, 1992); John Horne, "De la guerre de movement à la guerre de positions: les combattants français", in Horne et al. (ed.), *Vers la guerre totale. Le tournant de 1914—1915* (Paris : Tallandier, 2010), pp.75-91; John Horne, "Entre expérience et mémoire: les soldats français de la Grande Guerre", *Annales. Histoire, sciences sociales*, 60:5 (2005), pp.903-919; Stéphane Audoin-Rouzeau and Annette Becker, *1914—1918. Understanding the Great War* (London : Profile, 2002)，特别是第二章；John Fuller, *Troop Morale and Popular Culture in the British and Dominion Armies, 1914—1918* (Oxford University Press, 1990); Richard Holmes, *Tommy. The British Soldiers on the Western Front* (London: Harper Collins, 2004); Tony Ashworth, *Trench Warfare, 1914—1918. The Live and Let Live System* (London: Macmillan, 1980); Watson, *Enduring the Great War*. 这是一部优秀的比较研究成果，对 Wilhlem Deist 关于德国陆军在 1918 年的表现所做的阐释提出了质疑。另一具有新意的论文是 Anne Duménil, "De la guerre de movement à la guerre de positions: les combattants allemands", in Horne, *Vers la guerre totale*, pp.53-75。

抵抗命令和叛乱构成了大战史学本身和其中的一个主题。这些主题是这些关于战斗和战时暴行成果的中心议题：Nicolas Werth, "Les déserteurs en Russie: violence de guerre, violence révolutionnaire et violence paysanne (1916—1921)", in Stéphane Audoin-Rouzeau, Annette Becker, Christian Ingrao and Henry Rousso (eds.), *La violence de guerre, 1914—1945* (Brussels : Complexe, 2002), pp.99-116; Leonard V. Smith, *Between Mutiny and Obedience. The Case of the French Fifth Division during World War I* (Princeton University Press, 1994). Smith 的著作是关于 1917 年

法国兵变最佳的研究成果。亦可见这一将重点放在法国的比较性成果：Nicolas Offenstadt, *Les fusillés de la Grande Guerre et la mémoire collective (1914—1919)* (Paris: Odile Jacob, 1999)。

关于 1914 年至 1918 年战斗造成的心理影响，见 Jay Winter (ed.), "Shell-shock", special issue of *Journal of Contemporary History*, 35: 1 (2000)。

前军人出版的著述为战斗的历史提供了一个广泛的来源，法国老兵回忆他们在战场经历的著述有：Leonard V. Smith, *The Embattled Self. French Soldiers' Testimony of the Great War* (Ithaca, NY: Cornell University Press, 2007); and Antoine Prost, *In the Wake of War. "Les anciens combattants" and French Society, 1914—1933* (Oxford: Berg, 1992)。

7 士气

亚历山大·沃森

士气问题引起了许多学者的关注。一些分析军事机构、宣传以及前线和后方之间关系如何影响部队士气的较新研究成果，已经同较早的关于第一次世界大战中军人在战斗时的动力和战场动态的研究成果连接在了一起。对于惩戒制度、军官队伍、团体精神、军队信仰和前线后侧的娱乐，已有较为细致的研究。最近的研究借用了福柯式和精神分析的理论，心理学和社会学被用来阐释军人为什么以及如何能够忍受现役的重负。有关英国军队方面的学术成果尤其丰富，德国军队方面相对少些。而关于其他国家和帝国军队士气的研究虽已开始，但迄今尚未形成气候。

有一些值得留意的总体性研究成果。Ashworth, *Trench Warfare 1914—1918*，是对堑壕战动态所做的心理学研究成果。Hugh Cecil and Peter H. Liddle (eds.), *Facing Armageddon. The First World War Experienced* (London: Leo Cooper, 1996)，是一部包含了关于一些国家军队士气的小篇幅研究的论文集，甚至包括了较少人研究的奥斯曼帝国和意大利的军队士气问题。Keegan, *The Face of Battle*，是一部关于军人为什么战斗以及军队如何在战场上激励他们的经典研究成果。Watson, *Enduring the Great War*，是关于个人心理应对策略以及军事机构

684

维持士气方式的比较研究成果。

关于特定军队和士气的研究，见：Jennifer D. Keene, *Doughboys, the Great War, and the Remaking of America* (Baltimore, MD and London: John Hopkins University Press, 2001); Richard Lein, *Pflichterfüllung oder Hochverrat? Die tschechischen Soldaten Österreich-Ungarns im Ersten Weltkrieg* (Vienna and Berlin: Lit, 2011); Wencke Meteling, *Ehre, Einheit, Ordnung. Preußische und französische Städte und ihre Regimenter im Krieg, 1870/1871 und 1914—1919* (Baden-Baden: Nomos, 2010); Wildman, *The End of the Russian Imperial Army*, 2 vols。Wildman 的著作是关于 1914—1917 年沙皇军队走向解体的开创性研究成果；Benjamin Ziemann, *Front und Heimat. Ländliche Kriegserfahrung im südlichen Bayern 1914—1923* (Essen: Klartext Verlag, 1997). Ziemann 研究了巴伐利亚军人战时的表现，重点放在纪律和前线生活节奏问题以阐释他们的忍耐程度。

关于训练和纪律，较好的切入点是：Michael Howard, "Men against fire: expections of war in 1914", *International Security* 9 (1984), pp.41-57。对于战前欧洲军事专业人士关于士气的看法，这是一篇有帮助的介绍文章。关于纪律，见：Cathryn Corns and John Hughes-Wilson, *Blindfold and Alone. British Military Executions in the Great War* (London: Cassell, 2001, 2002); Christoph Jahr, *Gewöhnliche Soldaten. Desertion und Deserteure im deutschen und britishchen Heer 1914—1918* (Göttingen: Vandenhoeck & Ruprecht, 1998)。Jahr 的著作对德国和英国军队中开小差及其惩戒问题的系统性和比较性分析研究成果，亦可见 Offenstadt, *Les fusillés de la Grande Guerre*。

关于士气和各军队特点的一般性著作包括：Plaschka *et al.*, *Innere Front*. 这是少数对战时哈布斯堡军队进行学术研究的成果之一。然而，它的重点在于后方军队，而不是前线。亦可见 Smith, *Between Mutiny and Obedience*。

关于凝聚力问题，见：John Baynes, *Morale. A Study of Men and Courage. The Second Scottish Rifles at the Battle of Neuve Chapelle 1915* (London: Leo Cooper, 1967, 1987). 这是一部关于英国职业军人战斗动机的经典之作，尤其强调了团体精神的重要性。此外的研究可见 Timothy Bowman, *The Irish Regiments in the Great War. Discipline and Morale* (Manchester University Press, 2003); and David French, Military Identities. *The Regimental System, the British Army, and the British*

People, c. 1870—2000 (Oxford University Press, 2005)。

关于给养问题，首先可见 Rachel Duffett, *The Stomach for Fighting. Food and the Soldiers of the Great War* (Manchester University Press, 2012). 其次可见 Fuller, *Troop Morale and Popular Culture*. 这是一部研究英国军方如何在后方为其军队提供支援的综合性成果。

685　　关于领导层问题，有大量的学术成果。其中重要的有：Istvan Deák, *Beyond Nationalism. A Social and Political History of the Habsburg Officer Corps, 1848—1918* (Oxford University Press, 1990); and Gary Sheffield, *Leadership in the Trenches. Officer-Man Relations, Morale and Discipline in the British Army in the Era of the First World War* (Basingstoke: Macmillan, 2000)。

关于平民军人、他们的家庭、宗教习俗和爱国主义，有大量近期的学术成果。最令人注意的是 Michael Roper, *The Secret Battle. Emotional Survival in the Great War* (Manchester University Press, 2009)。受精神分析理论的影响，这部著作强调了家庭与英国军人士气之间关系的重要性。关于宗教信仰，切入点是 Michael Snape, *God and the British Soldier. Religion and the British Army in the First and Second World Wars* (London and New York: Routledge, 2005)。这是一部对基督教信仰和牧师如何在两次大战期间影响军队的深入研究成果。

关于爱国主义和民族情感，见 Audoin-Rouzeau, *Men at War 1914—1918.* 它在研究堑壕报刊的基础上，对法国军人战时的态度和战斗动机进行了考察。Audoin-Rouzeau 强调后方和前线之间纽带的重要性。Helen B. McCartney, *Citizen Soldiers. The Liverpool Territorial in the First World War* (Cambridge University Press, 2005)，是较为少见的按地域归属对志愿兵进行研究的成果。亦可见 Joshua Sanborn, *Drafting the Russian Nation. Military Conscription, Total War, and Mass Politics, 1905—1925* (Dekalb, IL: Northern Illinois University Press, 2003)。

关于心理战，见：Cornwall, *Undermining of Austria-Hungary*。它对 1917—1918 年俄国和意大利的军事宣传战作了令人印象深刻的研究，也对战争最后几个月里意大利战线的匈牙利军队的身体和心理崩溃问题进行了考察。

关于德国军方试图通过宣传引导和激励其部队，见 Anne Lipp, *Meinungslenkung im Krieg. Kriegserfahrungen deutscher Soldaten und ihre*

Deutung 1914—1918 (Göttingen: Vandenhoeck & Ruprecht, 2003)。

8　兵变

伦纳德·V. 史密斯

　　兵变问题长期以来是历史关注的话题，但是总体沿着某种明确定义的路线。从如何防止军事机器失灵的角度，军事历史学家已经研究了兵变的"警世故事"方面。最近，社会历史学家将兵变视作一种罢工的形式而加以关注。其他领域的学者则反对这种方法，认为士兵不是工人，战争不是生产——恰恰相反。兵变和"政治"的问题依然是未有定论的，时常出现争议。对大战期间兵变的多种形式进行比较是未来研究的一个大有可为的领域。

　　关于兵变和战时状态的阐述，这些成果是有所帮助的：Ian F. W. Beckett, "The Singapore Mutiny of February 1915", *Journal of the Society of Army Historical Research*, 62 (1984), pp.132–153. 这是一篇深入的叙事解读文章。亦可见 Christine Doran, "Gender matters in the Singapore Mutiny", *Sojourn : Journal of Social Issues in Southeast Asia*, 17 (2002), pp.76–93, 这是按照性别所做的一篇很好的分析，尤其是对后果。W. F. Elkins, "Revolt of the British West India Regiment", *Jamaica Journal*, II (1978), pp.72–75, 阐述了很少为人所知但值得关注的一幕。Douglas Gill and Gloden Dallas, *The Unknown Army* (London: Verso, 1985) 是一部根据劳工史传统叙述英国军队兵变的著作。Robert B. Haynes, *A Night of Violence: The Houston Riot of 1917* (Baton Rouge, LA: Louisiana State University Press, 1976) 是一部有吸引力的叙事解读著作，未太多地涉及美国和非裔美国人历史之外更广泛的事件。Benjamin Isitt, "Mutiny from Victoria to Vladivostok, December 1918", *Canadian Historical Review*, 87 (2006), pp.223–264 是对很少为人所知事件的生动解读。

　　关于法国的兵变，André Leoz, *1914–1918, les refus de la guerre: une histoire des mutins* (Paris: Gallimard, 2010)，是一部最新但有的地方缺乏原创性且受限于意识形态的研究成果。Guy Pedroncini, *Les Mutineries de 1919* (Paris: Press Universitaires de France, 1967) 是一部开创性的著作。它持非常亲贝当的

686

立场，但具有突破性，第一个使用了档案材料。亦可见 Smith, *Between Mutiny and Obedience*，用法国社会史的方法对大战期间的军事经历进行了研究。关于在战争期间法国军队更广泛的历史中了解兵变的背景，见 Leonard V. Smith, "Remobilizing the citizen-soldier through the French army mutinies of 1917", in John Horne (ed.), *State, Society, and Mobilization during the First World War* (Cambridge University Press, 1997), pp.144–159。

David Woodward, "Mutiny at Cattaro, 1918 : insurrection in the Austro-Hungarian fleet on February 1st", *History Today*, 26 (1947), pp.804–810，是对这一很少为人所知但耐人寻味事件的叙事解读。

关于英国军队相对较少发生的兵变，见 Sheffield, *Leadership in the Trenches*。这是一部传统的军事史，用当时的方法做了很好的解读。

关于兵变和战时状态恶化的平行主题，一个好的切入点是 Deák, *Beyond Nationalism*。这是一部重要的著作，有时充满怀旧，但一直保持很好的洞察力。John Bushnell, *Mutiny amid Repression : Russian Soldiers in the Revolution of 1905—1906* (Bloomington, IN: Indiana University Press, 1990) 在研究俄罗斯旧政权军队的权威演变方面是出色的。Daniel Horn, *The German Naval Mutinies of World War I* (New Brunswick, NJ: Rutgers University Press, 1968) 是一部深入的叙事史。关于在当前战争和暴力史学背景下阐释兵变的最新成果，见 Mark Jones, "Violence and Politics in the German Revolution of 1918—1919" (PhD Diss., European University Institute, Florence, 2011)。

关于捷克军团，冷战的设计者之一也对此有所研究，我们有：George F. Kennan, "The Czechoslovak Legion", *Russia Review*, 16 (1957), 3–16. Ivan Volgyes, "Hungarian prisoners of war in Russia, 1916—1919", *Cahiers du Monde russe et soviétique*, 14 (1973), pp.54–85 将匈牙利人从捷克军团中分离出来进行研究。John Albert White, *The Siberian Intervention* (Princeton University Press, 1950) 是一部非常经得住时间考验的解读，极好地覆盖了捷克军队的角色问题。

关于俄国的混乱局势，一个可靠的指南是 Wildman, *End of the Russian Imperial Army*。亦见 Elise Kimmeling Wirthschafter 的精彩概述 *From Serf to Russian Soldier* (Princeton University Press, 1990)。

关于兵变和战后状态的形成，一个好的切入点是 Richard Bessel, *Germany*

after the First World War (Oxford: Clarendon Press, 1993)。这是一部总体性的解读，在战争向和平过渡问题上颇为出色。亦见 Vladimir Brovkin, "On the internal front: the Bolsheviks and the Greens", *Jahrbücher für Geschichte Osteuropas*, 39 (1989), pp.541–568. 这篇文章认为"绿军"具有重要意义。Rovert Gerwarth, "The Central European counter-revolution: paramilitary violence in Germany, Austria and Hungary after the Great War", *Past and Present*, 200 (2008), pp.175–209 是对跨国现象的一种跨国解读，对重新思考整个兵变和暴力问题做出了重要贡献。这些观点在以下得到了进一步发展：Rober Gerwarth and John Horne, "Vectors of violence: paramilitarism in Europe after the Great War, 1917—1923", *Journal of Modern History*, 83 (2011), pp.489–512。其也对整个"文化复员"问题进行了重构。

关于同盟国，见 Klaus Theweleit, *Male Fantasie*, trans. Stephan Conaway, 2 vols. (Minneapolis, MN: University of Minnesota Press, 1987—1989)。这是一部奇特但精彩的关于"自由军团"的心理史著作，重点放在了性别焦虑上。

关于奥斯曼帝国和后帝国时期，见 Ryan Gingeras, *Sorrowful Shores: Violence, Ethnicity, and the End of the Ottoman Empire, 1912—1923* (Oxford University Press, 2009) 以现在的方式阐述了问题的真实复杂性。富有同情心且非常详细地对向阿塔蒂尔克政权过渡过程的解读是 Andrew Mango, *Atatürk: The Biography of the Founder of Modern Turkey* (Woodstock, NY: Overlook Press, 1999)。

关于俄国革命背景下的暴力问题，见 Nicolas Werth, "Les déserteurs en Russie: violence de guerre, violence révolutionnaire et violence paysanne (1916—1922)", in Audoin-Rouzeau *et al.*, *La Violence de guerre*, pp.99–116。这篇文章以农民士兵为重点。Nicolas Werth, "Un état contre son people: violence, repressions, terreurs en Union Soviétique", in Stéphane Courtois *et al.* (eds.), *Le Livre Noir du communisme* (Paris : Rober Laffont, 1997), pp.48–163 是苏联解体后所做的全面解读。亦见 Donald Raleigh, *Experiencing Russia's Civil War: Politics, Society, and Revolutionary Culture in Saratov, 1917—1922* (Princeton University Press, 2002)，将"绿军"置于广泛的乡村问题的背景之下。Raleigh 相比 Werth 更加质疑他们的重要性。

Mark von Hagen, *Soldiers in the Proletarian Dictatorship: The Red Army and the Soviet Socialist State, 1917—1930* (Ithaca, NY: Cornell University Press, 1990)，就军事和政治机构如何相互发展的问题，给出了一个有效的解释。

9 后勤

伊恩·布朗

后勤对开展军事行动至关重要，粗劣的后勤计划制订工作是一种阻碍，将严重削弱甚至是战术最优秀的军队。尽管如此，对后勤进行历史研究很大程度上受到了忽视，被太多的关于战术、作战行动和战略的研究所淹没。魅力是吸引力，但后勤简直缺乏魅力。对大多数历史阶段而言，人们通常能够找到一本有一些深度地覆盖了这个话题的著作，但所有时期有关军事后勤著作的总数仅仅与关于索姆河战役的著作数量相比就少了很多。鉴于这种情况，任何对后勤研究感兴趣的人都必定要从与这一主题不太相关或根本无关的著作中去发掘信息。

688

一般的后勤问题

有少数著作涉及了较长时间段内（即超出单一战争或战役）的后勤问题。van Creveld 的著作是对军事后勤进行历史研究的开山之作。遗憾的是，他基本跳过了第一次世界大战，从 19 世纪跳到了第二次世界大战。John Lynn 的编著纠正了这种疏漏，但必须结合 van Creveld 的著作进行阅读，因为后者显著地拓展了许多的话题，提供了大量额外的背景。Thompson 的著作也是有所帮助的；他简单地涉及了第一次世界大战，但是该著作最有价值的是覆盖了 20 世纪一些非经典的战役。

完整的参考书目是：Martin van Creveld, *Supplying War: Logistics from Wallenstein to Patton* (Cambridge University Press, 1977); John A Lynn (ed.), *Feeding Mars: Logistics in Western Warfare from the Middle Ages to the Present* (Boulder, CO: Westview Press, 1993); Julian Thompson, *The Lifeblood of War, Logistics in Armed Conflict* (London: Brassey's Defence Publishers, 1991)。

第一次世界大战的后勤和运输

不考虑运输问题去研究第一次世界大战的后勤是不可能的：两者是相互关联的。一个世纪以前运送物品存在固有的困难——烦琐的包装材料和运输方式（几乎所有东西都要人力搬动）。而且，在西欧战场投入军队交战的大国处于海外供应线的末端，这种情况意味着离不开运输和后勤。那些对海权概念感兴趣的人应该读一读 Kennedy 的书，尤其是其中 Keith Neilson 所写的那一章，题目为 "Reinforcements and supplies from overseas: British strategic sealift in the First world War"。Fayle 首先尝试对英国战前海上统治范围做了一些统计，但是 Lambert 最近出版的著作表明，他比 Fayle 理解得更明确。如果有人好奇海运如何大规模地改变了 20 世纪的发展历程，那么 Cudahy 的著作为此提供了十分有用的概述。在陆地上，铁路是并且一直是长距离运送大量物资的最经济的方式。有许多著作研究了铁路，但是大多数没有考虑后勤问题。在这方面，Wolmar 的著作是非常有用的，涵盖了从 19 世纪中叶到整个 20 世纪的完整时间段，广泛讨论了第一次世界大战，是最有帮助的关于铁路和战争的专著。专就第一次世界大战而言，Brown 研究了英国远征军如何拓展自己在法国的基础设施，以便为在欧洲大陆的战事提供支持，Zabecki 则为研究 1918 年一些后勤方面的教训提供了很好的额外解读。Heniker 撰写的官方史依然是非常有价值的，*Statistics of the Military Effort of the British Empire during the Great War* 是任何找寻数字材料的人最好的资料来源。

可参考的著作是：Ian M. Brown, *British Logistics on the Western Front, 1914—1919* (Westport, CT: Praeger, 1998); Brian J. Cudahy, *Box Boats: How Container Ships Changed the World* (New York: Fordham University Press, 2006); W. J. K. Davies, *Light Railways of the First World War: A History of Tactical Rail Communication on the British Battlefronts, 1914—1918* (Newton Abbort: David and Charles, 1967); Charles Ernest Fayle, *The War and the Shipping Industry* (London: Oxford University Press, 1927); Paul G. Halpen, *A Naval History of World War I* (Annapolis, MD: Naval Institute Press, 1994); James A. B. Hamilton, *Britain's Railways in World War I* (London: Allen & Unwin, 1967); Alan M. Heniker, *Transportation on the Western Front, 1914—1918* (London: HMSO, 1937); Paul Kemp, *Convoy Protection: The Defence of Seaborne Trade* (London: Arms and 689

Armor Press, 1993); Greg Kennedy (ed.), *The Merchant Marine in International Affairs, 1850—1950* (London: Frank Cass, 2000); Nicholas A. Lambert, *Planning in Armageddon: British Economic Warfare and the First World War* (Cambridge, MA: Harvard University Press, 2012); Edwin A. Pratt, *British Railways and the Great War: Organisation, Efforts, Difficulties and Achievements*, 2 vols (London: Selwyn and Blount, 1921); Kaushik Roy, "From defeat to victory: logistics of the campaign in Mesopotamia, 1914—1918", *First World War Studies*, 1:1 (2010), pp.35–55; War Office, *Statistics of the Military Effort of the British Empire during the Great War, 1914—1920* (London: HMSO, 1922); Christian Wolmar, *Engines of War: How Wars Were Won and Lost on the Railways* (New York: Public Affairs, 2010); and David Zabecki, *The German 1918 Offensives: A Case Study in the Operational Level of War* (London: Routledge, 2006)。

官方史、政府档案、军种和分支机构史

大部分的官方史较少涉及后勤和行政问题，更愿意关注战术和作战行动。事实上，它们全部都应该得到研究，包括第二次世界大战的研究，尽管后勤方面的信息可以被埋藏得很深。

可见以下：Jonathan B. A. Bailey, *Field Artillery and Firepower* (Annapolis, MD: Naval Institute Press, 2004); Henry Eccles, *Logistics in the National Defense* (Harrisburg, PA: Stackpole, 1959); James E. Edmonds, *Military Operations: France and Belgium, 1914—1919*, 14 vols. (London: HMSO, 1922—1948); John W. Fortescue, *The Royal Army Service Corps: A History of Transportation and Supply in the British Army*, 2 vols. (Cambridge University Press, 1931); John Starling and Ivor Lee, *No Labour, No Battle: Military Labour during the First World War* (Stroud, UK: Spellmount, 2009); US Department of the Army, *Historical Division, United States Army in the World War 1917—1919*, 17 vols. (Washington, DC: Center of Military History, 1948)。

其他方面的历史

有太多的著述涉及了第一次世界大战。一些不太知名但十分有用的研究成

果包括了诸如 John Cowans 和 George Goethals 这样的行政官员的传记。即使对英国远征军如何在索姆河战役期间应对后勤危机只有少许兴趣，Grieve 的著作也是必读的。Nicholson 则站在管理的角度对在法国执行任务的情况进行了自传解读。Chickering 和 Förster 的编著包含了几章涵盖或大量涉及后勤的内容，但该成果的价值在于它的广度。最后，Avner Offer 对影响后勤的战略决策方式做了精彩的探究，而 David stevenson 的新著作以出色的整合方式对包括后勤在内的许多战争年代的话题进行了考察。

可以参阅的成果有：Desmond Chapman-Huston and Owen Rutter, *General Sir John Cowans: The Quartermaster-General of the Great War* (London: Hutchinson, 1924); Roger Chickering and Stig Förster (eds.), *Great War, Total War: Combat and Mobilization on the Western Front, 1914—1918* (Washington, DC: German Historical Institute and Cambridge University Press, 2000); Keith Grieves, *Sir Eric Geddes: Business and Government in War and Peace* (Manchester University Press, 1989); W. N. Nicholson, *Behind the Lines: An Account of Administrative Staffwork in the British Army 1914—1918* (London: The Strong Oak Press with Tom Donovan Publishing, n.d., first published by Jonathan Cape, 1939); Avner Offer, *The First World War: An Agrarian Interpretation* (Oxford: Calrendon Press, 1989); David Stevenson, *With Our Backs to the Wall: Victory and Defeat in 1918* (Cambridge, MA: Belknap Press, 2011); Phyllis A. Zimmerman, *George W. Goethals and the Recorganization of the US Army Supply System, 1917—1918* (College Station, TX: Texas A&M University Press, 1992)。

690

10　技术和军备

弗雷德里克·盖尔东

大战的史学著作得到连续不断地书写，经常提到带有军事意义的技术问题。尽管如此，这类著作仍有各种不足，特别是在阐释战争和技术之间的联系和互动方面，而且在技术和战略、战术、经济等等之间的情况也是如此。它们忽略了作为主角的人的作用，人是技术变革的阻碍或动力，是技术用于武装力量的倡导者或反对者。

相比之下，历史学家要面对有关各军队、武器系统或物件方面的大量研究和微观史学出版物。这些研究固然是引人关注的，但缺乏背景，而且由于它们的武断，其效用有限。这种情况适用于法国和德国的学术成果，但令人欣慰的是在盎格鲁－撒克逊世界有更细致的研究。

这些限制对本书目构成了束缚，而书目将分为三部分。第一部分考虑的是时间跨度更广的作品，而不仅仅是大战，第二部分重点在于广义设想的战争时期，第三部分介绍关于战争、军种和技术之间特定关联的成果。

关于战争和技术的一般性研究成果

首先，这里介绍的是更长时间段的重要成果，而不仅仅是大战期间。一些有关于战争的章节，一些是将战争置于更广泛的背景之中，就如它们的标题所指明的那样。让我们从 John Fuller 和 Charles Frderick 的成果开始，*Armament and History, A Study of the Influence of Armament on History from the Dawn of Classical Warfare to the Second World War* (London: Eyre & Spottiswoode, 1946, Da Capo Press, 1998). 这是一部经典的著作，也许有些过时，但由于其清晰的论证和原创的方法而具有重要性。Stephen Biddle, *Military Power: Explaining Victroy and Defeat in Modern Battle* (Princeton University Press, 2004), p.352，在追求技术制造新武器方面是关键性的研究成果，涉及了工业制造、武器使用、部署或组织。

其他的成果有：Max Boot, *War Made New: Technology, Warfare and the Course of History: 1500 to Today* (New York: Gotham Books, 2006); Stephen Chiabotti (ed.), *Tooling for War, Military Transformation in the Industrial Age* (Proceedings of the Sixteenth Military History Symposium of the United States Air Force Academy, Chicago Imprint, 1996); François Crouzet, *De la supériorité de l'angleterre sur la France. L'économique et l'imaginaire, xviie-xxe siècle* (Paris: Perrin, 1985), p.596；英文版 *Britian Ascendant: Comparative Studies in Franco-British Economic History* (Cambridge University Press, 1990); Paul M. Kennedy, "Arms-races and the causes of war, 1850—1945", in Kennedy, *Strategy and Diplomacy, 1870—1945* (London: Eight Studies, 1983), pp.163-177; Jean Kogej, *Economie et technologie, 1880—1945* (Paris: Ellipse, 1996); William H. McNeil, *The Pursuit of Power. Technology, Armed Force and Society since A.D. 1000* (Univeristy of Chicago Press, 1982); Pierre Pascallon (ed.), *La Guerre*

691

technologique en débat (Paris: L'Harmattan, 2010); Christian Potholm, *Winning at War: Seven Keys to Military Victory throughout History* (Lanham, MD: Rowman & Littlefield, 2010); Philip Pugh, *The Cost of Sea Power. The Influence of Money on Naval Affairs from 1815 to the Present Day* (London: Conway Maritime Press, 1986); George Raudzens, "War-winning weapons: the measurement of technological determinism in military history", *Journal of Military History*, 54 (1990), pp.403–433; Martin L. van Greveld, *Supplying War: Logistics from Wallenstein to Patton* (Cambridge University Press, 1980, 2004); and his *Technology and War, from 2000 BC to the Present* (London and New York: Free Press, 1989, 1991)。

关于第一次世界大战与技术的一般性研究成果

这里引用的成果是与第一次世界大战直接相关的。其大多数有明确的年表，避免将重点仅仅放在某一种武器、类别或技术上：Guy Hartcup, *The War of Invention; Scientific Developments, 1914—1918*, 1st edn (London: Brassey's Defence Publishers, 1988), p.226。关于交战国利用科学和技术最全面的研究成果之一是 David G. Herrmann, *The Arming of Europe and the Making of the First World War* (Princeton University Press, 1997)，该研究大量关注了武器的制造和战争爆发的过程。Dennis Showalter, "Mass warfare and the impact of technology", in Chickering and Förster, *Great War, Total War*. 在第 4 章中，作者探讨了技术和国家军队之间的关系问题。其他章节也是有所帮助的，尤其是第 5 章关于化学战，第 11 章关于战略轰炸以及第 17 章、第 20 章关于经济与金融问题。

以下也是有用的著述：Bill Rawling, *Survivre aux tranchées, l'armée canadienne et la technologie, 1914—1918* (Outremont, Québec: Éditions Athéna, 2004); Claude Carlier and Guy Pedroncini (eds.), *1916 L'Émergence des armes nouvelles, actes du colloque* (Paris: Économica, Hautes Études militaires 4, 1997); CERMA, *Cahiers d'études et de recherches du musée de l'Armée, 1904—1914 de la guerre pensée à la guerre sur le terrain, techniques, tactiques, pratiques* (Paris: Musée de l'Armée, DRHAP, No. 5, 2004); François Crouzet, "Recherches sur la production d'armements en France, 1815—1913", *Revue historique*, 509 (1974), pp.45–84；以及同一作者的 "Remarques sur l'industrie des armements en France du milieu du XIXe siècle à 1914", *Revue historique*, 510 (1974), pp.409–422; Antulio J. Echevarria, "The 'cult of the offensive' revisited: confronting technological change before the Great War", *Journal of Strategic Studies*, 25:1 (2002), pp.199–214 ; Michael Epkenhans, "Grossindustrie und schlachtflottenbau, 1897—1914", *Militärgeschichtliche Mitteilungen*, 22:1 (1988), pp.65–140; Gerhard Schneider, *Der Erste Weltkrieg als erste industrialisierter Krieg* (Schwalbach am Taurus : Wochenschau-Verlag, 2003); Gerd Hardach, "Mobilisation industrielle en 1914—1918, production, planification, idéologie", in Patrick Fridenson and Jean-Jacques Becker (eds.), "1914—1918. L'autre front", *Cahier du Mouvement social*, 2 (1977), 82–101; Holger H. Herwig, "The dynamics of necessity, German military policy during the First World War", in Allan R. Millet and Murray Williamson (eds.), *Military Effectiveness*, vol. 1, *The First World War* (Boston, MA: Unwin Hyman, 1989), pp.80–115; Hubert C. Johnson, *Breakthrough! Tactics, Technology and the Search for Victroy on the Western Front in World War I* (Novato, CA: Presidio Press, 1994); Gerd Krumeich, *Armaments and Politics in France on the Eve of the First World War. The Introduction of Three-Year Conscription, 1913—1914* (Leamington Spa: Berg, 1984); Hans Linnenkohl, *vom Einzelschuß zur Feuerwalze: Der Wettlauf zwischen Technik und Taktik im Ersten Weltkrieg* (Bonn: Bernhard und Graefe, 1996); Jonathan Schimshoni, "Technology, military advantage, and World War I: a case for military entrepreneurship", *International Security*, 15:3 (1900—1901), pp.187–215; Dennis E Showalter, "Army and society in imperial Germany: the pain of modernization", *Journal of Contemporary History*, 18:4 (1983), pp.583–618; Tim Travers, *How the War Was Won: Command and Technology in the British Army on the Western Front, 1917—1918* (London: Routledge, 1992) 以及同一作者的 The Killing Ground; Clive Trebilcock, "Legends of the British armaments industry, 1890—1914: a revision", *Journal of Contemporary History*, 5:4 (1970), pp.3–19; Michael D. Wallace, "Arms races and escalation: some new evidence", *Journal of Conflict Resolution*, 23:1 (1979), pp.3–16。

其他关于第一次世界大战和技术的重要成果

列出的成果限于较多人已涉及的领域的一些重要著述：Anthony Saunders, *Weapons of the Trench War, 1914—1918* (Stroud, UK: Sutton, 2000); David J. Childs, *A peripheral Weapon? The Production and Employment of British Tanks in the First World War* (Westport, CT: Greenwood Press, 1999); John Ellis, *The Social History of the Machine-Gun* (Baltimore, MD: Johns Hopkins University Press, 1975); Holger H. Herwig, *"Luxury" Fleet, The Imperial German Navy, 1888—1918* (London: Prometheus Books, 1987); Lee Kennett, *La première guerre aèrienne, 1917—1918* (Paris: Economica, 2005); Olivier Lepick, *La Grande Guerre chimique, 1914—1918* (Paris: Presses Universitaires de France, 1998); Jon Tetsuro Sumida, *In Defence of Naval Supremacy: Finance, Technology and British Naval Policy, 1889—1914* (London: Routledge, 1993); Gary E. Weir, "Building the Kaiser's navy", in *The Imperial Naval Office and German Industry in the von Tirpitz Era 1890—1919* (Annapolis, MD: Naval Institute Press, 1992)。

11　战俘

希瑟·琼斯

在 20 世纪 90 年代之前，有关第一次世界大战战俘问题的史学著述并不丰富。由于被第二次世界大战的经历所淹没，自 1939 年之后西方国家中的囚禁战俘问题大多遭到了忽视，而东线的囚禁战俘问题主要是研究战俘是如何卷入共产主义的。东德、匈牙利和苏联的历史学家已经考察了战俘在 1917 年之后共产主义兴起当中的角色，而奥地利历史学家也已研究了被遣返的战俘是如何支持社会主义和共产主义运动的。然而，在 20 世纪 90 年代，随着柏林墙的倒塌和能够获取新的档案材料，以及文化史的发展，对战俘问题的关注不断增长。特别是，一些已出版的专著揭示了囚禁战俘在多大程度上成为战争的中心问题，并且对战争中战俘大多受到良好对待的观点提出了挑战，这一神话源于两次大战之间一些军官对军官战俘营生活的叙述。但是，关于战俘问题的多数新著述是德语和法语的成果，英语的研究成果依然在这方面有所欠缺。

693

关于战俘问题的新的史学成果当中，重要的开创性著述是 Odon Abbal, *Soldats Oubliés: Les prisonniers de guerre français* (Bez-et-Esparon: Études et Communication éditions, 2001)。它对来自法国南部地区而被德国人俘虏的战俘的经历进行了详细的研究。同一作者还写了 "Un combat d'aprés-guerre: le staut des prisonniers", *Revue du Nord*, 80:325 (1998), pp.405–416，出色地探讨了战后法国的前战俘运动，这些前线战俘得到了与那些未被俘虏的老兵同样的对待。也可见他的 "Santé et captivité: le traitement des prisonniers français dans les hopitaux allemands", in *Actes du Colloque 'Forces Armée et société"* (Montpellier: Centre d'histoire militaire et d'études de defense nationale, 1987), pp.273–283, and "Le Maghreb et la Grande Guerre: les camps d'internement en Afrique du Nord", in Jean-Charles Jouffret (ed.), *Les Armes et la Toga, Mélanges offert à André Martel* (Montpellier: Centre d'histoire militaire et d'études de defense nationale, 1997), pp.623–635. Annette Becker, *Oubliés de la Grande Guerre: humanitaire et culture de guerre, 1914—1918: polulations occupées, déportés civils, prisonniers de guerre* (Paris : Noêsis, 1998)，是对在德国以及法国德占区的法国战俘和平民被拘禁者的杰出研究成果，开创了战俘问题的文化史研究先河，揭示了德国的虐俘程度。Becker 认为，第一次世界大战囚禁战俘的方方面面朝着第二次世界大战所发生的种种情况的方向发展。

其他的学术成果包括：Sylvie Caucanas, Rémy Cazals and Pascal Payen (eds.), *Les Prisonniers de Guerre dans l'Historie. Contacts entre peoples et cultures* (Toulouse: Privat, 2003); and Gerald H. Davis, "Prisoners of war in twentieth century war economies", *Journal of Contemporary History*, 12 (1977), pp.623–634。这是从经济的视角尝试对战俘劳工的影响所做的重要研究，尤其对于东线而言是很有价值的。亦见他的 "National Red Cross societies and prisoners of war in Russia, 1914—1918", *Journal of Contemporary History*, 28:1 (1993), pp.31–52。

Uta Hinz, *Gefangen im Großen Krieg. Kriegsgefangenschaft in Deutschland, 1914—1921* (Essen: Klartext Verlag, 2006)，是对第一次世界大战期间德国境内各国战俘待遇的首部专著性研究成果。Hinz 认为，在劳动力需求的驱动下，只发生了很有限的极端化囚禁行为。Robert Jackson, *The Prisoners 1914—1918* (London: Routledge, 1989)，是专门以来自帝国战争博物馆的史料为基础对战俘的

遭遇所做的概述性研究。Heather Jones, *Violence against Prisoners of War in the First World War: Britain, France and Germany, 1914—1920* (Cambridge University Press, 2011)，首次对德国、法国和英国被囚禁战俘所遭受的暴力进行了比较研究，首次强调了战俘劳工营对前线或靠近前线的部队具有重要意义。亦见她的 "Imperial captivities: colonial prisoners of war in Germany and the Ottoman empire, 1914—1918", in Santanu Das (ed.), *Race, Empire and First World War Writing* (Cambridge University Press, 2011), pp.177-178，该章突出了库特阿马拉被围攻之后的虐待战俘问题，分析了大战中"种族"在决定德国囚禁俘虏行为中所扮演的角色。亦见 Alan Kramer, "Prisoners in the First World War", in Sibylle Scheipers (ed.), *Prisoners in War* (Oxford University Press, 2010)。   694

一部必不可少的著作是 Alon Rachamimive, *POWs and the Great War. Captivity on the Eastern Front* (Oxford and New York: Berg, 2002)。这是关于奥匈帝国战俘如何认识他们的民族认同的重要研究成果，也是第一个使用战俘信件审查记录的研究。Rachaminmov 认为，比起 1939—1945 年，第一次世界大战期间的囚禁战俘问题与 19 世纪的行为更为接近。

Hannes Leidinger, "Gefangenschaft und Heimkehr: Gedanken zu Voraussetzungen und Perspektiven eines neuen Forschungsbereiches", *Zeitgeschichte* (Austria), 25:11-12 (1998), pp.333-342，是一篇有价值的文章，生动地说明了有关东线战俘问题的研究方面所发生的史学转型。亦见：Verena Moritz, *Zwischen allen Fronten. Die russischen Kriegsgefangenen in Osterreich im Spannungsfeld von Nutzen und Bedrohung, 1914—1921*, published PhD dissertation (Vienna University of Vienna, 2001); and Reinhard Nachtigal, *Kriegsgefangenschaft an der Ostfront 1914 bis 1918* (Frankfurt am Main: Peter Lang, 2005)。这是对东线囚禁战俘行为的精彩概述。在同一领域，Reinhard Nachtigal, *Russland und seine österreichisch-ungarischen Kriegsgefangenen (1914—1918)*(Remshalden: Verlag Bernhard Albert Greiner, 2003)，是一部详细、全面和出色的关于俄国境内奥匈帝国战俘待遇的研究成果。亦见他的三篇文章："Seuchen unter militärischer aufsicht in Ru β land: das Lager Tockoe als Beispiel für die behandlung der Kriegsgefangenen 1915/1916", *Jahrbücher für Geschichte Osteuropas*, 48 (2000), PP. 363-387; "Seuchenbekämpfung als Probleme der russischen Staatsverwaltung: Prinz Alexander von Oldenburg und die Kriegsgefangenen der

Mittelmächte", *Medizinhistorisches Journal*, 39 (2004), pp.135–163; and "The repatriation and reception of returning prisoners of war, 1918—1922", *Immigrants and Minorities*, 26:1/2 (2008), pp.157–184。

亦可见 Jochen Oltmer (ed.), *Kriegsgefangene im Europe des Ersten Weltkriegs* (Paderborn: Ferdinand Schöningh, 2006)。这是一部选取了有关战俘问题的主要专家成果的论文集。关于这一主题的一部一般性著述是 Rüdiger Overmans (ed.), *In der Hand des Feindes. Kriegsgefangenschaft von der Antike bis zum Zweiten Weltkrieg* (Cologne, Weimar, Vienna: Böhlau Verlag, 1999)。亦见同一作者的 " 'Hunnen' und 'Untermenschen' -deutsche und russisch/sowjetische Kriegsgefangenschaftse rfahrungen im zeitalter der Weltkriege", in Bruno Thoss and Hans-Erich Volkmann (eds.), *Erster Weltkrieg-Zweiter Weltkrieg. Ein Vergleich: Krieg, Kriegserlebnis, Kriegserfahrung in Deutschland* (Paderborn: Ferdinand Schöningh, 2002), pp.335–365。这是一篇重要的和具有新意的论文，呈现了两次世界大战当中德国和俄国囚禁战俘之间的差异。

有关不同国家语境之下的更多研究有：Rainer Pöppinghege, *Im Lager unbesiegt. Deutsche, englische und französische Kriegsgefangenen-Zeitungen im Ersten Weltkrieg* (Essen: Klartext Verlag, 2006); Giovanna Procacci, *Soldati e prigionieri italiani nella Grande Guerra* (Turin: Bollati Boringhieri, 2000); Kai Rawe, "...*wir werden sie schon zur Arbeit bringen!" Ausländerbeschäftigung und Zwangsarbeit im Ruhrkohlenbergbau während des Ersten Weltkrieges* (Essen: Klartext Verlag, 2005); Richard B. Speed III, *Prisoners, Deplomats and the Great War: A Study in the Diplomacy of Captivity* (New York and London: Greenwood Press, 1990)。该书采用外交史的研究方法，对多个交战国的战俘待遇问题做了较好的全面概述。Mark Spoerer, "The mortality of Allied prisoners of war and Belgian civilian deportees in German custody during World War I: a reappraisal o the effects of forced labour", *Population Studies*, 60:2 (2006), pp.121–136，是采用统计分析按照国籍将战俘的死亡率同囚禁时间长短相关联的重要研究成果。它指出，考虑到在德国的英国战俘大多数只度过了较短的囚禁岁月，他们具有十分高的死亡率。亦见 Matthew Stibbe (ed.), *Captivity, Force Labour and Forced Migration in Europe during the First World War* (London: Routledge, 2009). 依然有帮助的是 Samuel R. Williamson Jnr and Peter Pastor (eds.), *Essays on World War*

One: Origins and Prisoners of War (New York: Columbia University Press, 1983)。这是一部关于东线战俘待遇研究的开创性著作,从政治角度提供了很好的概述。

关于投降和战场上的屠杀俘虏问题,见:Bourke, *An Intimate History of Killing*;Brian Feltman, "The British treatment of prisoners of war on the Eastern Front", *War in History*, 17 (2010), pp.435–458; Ferguson, *The Pity of War*; Niall Ferguson, "Prisoner taking and prisoner killing in the age of total war: towards a political economy of military defeat", *War in History*, 11:2 (2004), pp.148–192。Fugerson 的这篇令人关注的文章将经济史的研究方法运用到投降方式上,探讨了投降对战争结果的影响。亦见 Jahr, *Gewöhnliche Soldaten*; Edgar Jones, "The psychology of killing: the combat experience of British soldiers during the First World War", *Journal of Contemporary History*, 41 (2006), pp.229–246. Watson, *Enduring the Great War*,包含了对为什么德国军队在 1918 年投降的十分有价值的探讨,其认为下级军官在这一点上起了关键作用。

关于两次世界大战之间官方的著述,见:Hans Weiland and Leopold Kern (eds.), *In Feindeshand: Die Gefangenschaft im Weltkriege in Einzeldarstellungen*, 2 vols. (Vienna: Bundesvereigung der ehemaligen österreischischen Kriegsgefangenen, 1931)。这是两次大战之间尝试以奥地利战俘为主书写第一次世界大战期间各国战俘历史的著作。虽然它力图做到客观,但该研究倾向于关注说德语战俘的经历。亦见:Wilhelm Doegen, *Kriegsgefangene Völker*, vol. 1, *Der Kriegsgefangenen Haltung und Schicksal in Deutschland, Bearbeitet in verbingund mit Theodor Kappstein und hrsg. Im amtlichen Auftrage des Reichswehrministeriums* (Berlin: D. Reimer, 1919[1921])。这是一部非常亲德的历史著作,但其所利用的普鲁士军事档案后来在第二次世界大战中被毁,因此包含了很重要的信息和统计数字。

关于战俘逃跑,见 Simon P. Mackenzie, "The ethics of escape: British officer POWs in the First World War", *War in History*, 15:1 (2008), pp.1–16。

12　战时经济

巴里·苏普莱

关于史无前例的战争动员的基本情况，见：Kevin D. Stubbs, *Race to the Front: The Material Foundations of Coalition Strategy in the Great War* (London: Praeger, 2002); and Roger Chickering and Stig Föster, *Great War, Total War: Combat and Mobilization on the Western Front, 1914—1918* (Cambridge University Press, 2000)。

对各种经济问题和战争各方面有用的概述见：Gerald Feldman, "Mobilizing economies for war", in Jay Winter, Geoffrey Parker and Mary R. Habeck (ed.), *The Great War and the Twentieth Century* (New Haven, CT: Yale University Press, 2000)；以及关于不断变化的战争经济史学的论文 "Businessmen, industrialists, and banks: how was the economic war waged?", in Jay Winter and Antoine Prost (eds.), *The Great War in History: Debates and Controversies, 1914 to the Present* (Cambridge University Press, 2005)。

更详细地探察战争经济且覆盖个别国家、国际和一般性话题的是 Stephen Broadberry and Mark Harrison, *Economics of World War I* (Cambridge University Press, 1998)，其经验性地分析了战争的经济进程和宏观经济特征。

从较早时期开始的比较性著作是 132 卷的巨著 *Economic and Social History of the World War*，由卡内基国际和平基金会从 20 世纪 20 年代初开始赞助出版。其大部分实证细节是其他著作无法比拟的，且质量参差不齐，但依然是关于政府管制、经济活动和后果——无论是总体性的，还是个别国家（那些处于战争边缘的国家和主要的交战国）——在细节和资料上十分有价值的信息库。特别有价值的研究的两个例子是：关于俄国经济和社会崩溃的那一卷——Michael T. Florinsky, *The End of the Russian Empire* (Oxford and New Haven, CT: Yale University Press, Carnegie Endowment for International Peace, Economic and Social History of the World War, 1931)；以及关于英国采取管控机制的那一卷——Edward M. H. Lloyd, *Experiments in State Control at the War Office and the Ministry of Food* (Oxford: Clarendon Press, 1924). 在各种情况下，都有关于相关国家的各种卷宗。

最后，卡内基系列还涉及了经济活动的特定方面——比如 Fayle, *The War and the Shipping Industry*。

关于战争的国际金融以及因此产生的经济影响，可见 Barry Eichengreen, *Golden Fetters: The Gold Standard and the Great Depression, 1919—1939* (Oxford University Press, 1992). 它可以同 Norman Angell 关于国家间战争经济代价可怕警告的早期经典 *The Great Illusion: A Study of the Relation of Military Power in Nations to Their Economic and Social Advantage* (Lodon: Heinimann, 1910) 相提并论。另一部关于战争的独特透视之作是 Avner Offer, *The First World War, An Agrarian Interpretation* (Oxford: Clarendon Press, 1989).

战争的人口方面及其对不同国家平民生活的影响，可见 Winter, *The Great War and the British People*; Jay Winter and Jean-Louis Rober (eds.), *Capital Cities at War: London, Paris, Berlin, 1914—1919* (Cambridge University Press, 1997); Kocka, *Facing Total War*; Fridenson, *French Home Front*; and David M. Kennedy, *Over Here: The First World War and American Society* (New York: Oxford University Press, 2004).

下列著述探讨了市场管制机制和工业政策：E. M. H. Lloyd 关于国家管制实验的那一卷（已经引述）；Feldman, *Army, Industry, and Labor*; John F. Godfrey, *Capitalism at War: Industrial Policy and Bureaucracy in France, 1914—1918* (Leamington Spa: Berg, 1987); Gerd Hardach, "Industrial mobilization in 1914—1918: production, planning and ideology", in Fridenson, *French Home Front*; and Chris J. Wrigley, *David Lloyd George and the British Labour Movement: Peace and War* (Hassocks: Harvester, 1976).

上述的一些著述研究了战争对个别国家的影响。此外，总体性的国家视角见 Chickering, *Imperial Germany and the Great War, 1914—1918*; Peter Gatrell, *Russia's First World War: an Economic and Social History*(Harlow: Pearson Longman, 2005); and Kathleen Burk (ed.), *War and the State: The Transformation of British Government, 1914—1919* (London: Allen & Unwin, 1982). 同已有的关于德国最终战时经济脆弱性的解释相对照的是 Niall Ferguson, *The Pity of War* (New York: Basic Books, 1999).

在上述有关不同国家的研究中探讨了工商企业和协会的适应问题，以下著

697

作对此做了补充 Keith Middlemas, *Politics in Industrial Society: The Experience of the British System since 1911* (London: Andre Deutsch, 1979)。

同时代经济学家对国家在战时经历影响中所扮演角色见：Arthur C. Pigou, *The Political Economy of War* (London: Macmillan, 1921); and John M. Clark, "The basis of wartime collectivism", *American Economic Review*, 7:4 (1917), pp.772–790. 官方对此探讨的例子见 "Final report of the committee on commercial and Industrial policy after the war" (Cd. 9035, 1918, XIII)。

对 20 世纪两次世界大战影响的比较见 Broadberry and Harrison, *Economies of World War I* and Alan S. Milward, *The Economic Effects of the Two World Wars on Britain* (London: Macmillan, 1984)。

13　工人

安托万·普罗斯特

战争期间工人的历史是 20 世纪 70—80 年代历史学家关注的焦点。Léopold H. Haimson 协助完成了非常广泛的两部关于罢工的国际性研究成果：一是与 Charles Tilly 合写的 *Strikes, Wars and Revolutions in an International Perspective* (Cambridge and Paris: Cambridge University Press and Éditions de la MSH, 1989)；另一本是与 Giulio Sapelli 合编的 *Strikes, Social Conflict and the First World War. An International Perspective* (Milan: Feltrinelli, 1992)。Jay Winter 同样编写过比较性的集体著作：与 Richard Wall 合著的 *The Upheaval of War. Family, Work and Welfare in Europe 1914—1918* (Cambridge University Press, 1988)；与 Jean-Louis Robert 合著的 *Capital Cities at War: London, Paris, Berlin 1914—1919* (Cambridge University Press, 1997)。但是，首部综合性的比较成果是 John Horne 基于其博士学位论文的成果：*Labour at War. France and Britain 1914—1918* (Oxford: Clarendon Press, 1991)。

由于缺乏概念的精确性，比较研究时常遭到削弱。来自经济学家 Broadberry 和 Harrison 的合著 *Economics of World War I* 不存在这种缺陷，但相比上述著述在重要性上有所欠缺。最后，我们应注意一篇总体性的论文：Carmen J. Sirianni,

" 'Workers' control in the era of the First World War. A comparative analysis of the European experience", *Theory and Society*, 9:1 (1980), pp.28–88。

国别研究是变化不定的。英国的情形是多部著述的主题，尤其包括 James Hinton, *The First Shop Steward's Movement* (London: Allen & Unwin, 1973); Alastair Reid, "Dilution, trade unionism and the state in Britian during the First World War", in Steven Tolliday and Jonathan Zeitlin (eds.), *Shop Floor Bargaining and the State* (Cambridge University Press, 1985), pp.46–74。其他研究成果重新定位了总体的英 国工人史，这方面的代表作包括 Bernard Waites, *A Class Society at War. England 1914—1918* (Leamington Spa: Berg, 1987); Arthur Marwick, *The Deluge. British Society and the First World War*, 2nd edn (London: Macmillan, 1991); and Chris Wrigley, *David Lloyd George and the British Labour Movement. Peace and War* (Hassock and New York: Harvester and Barnes & Noble, 1976)。

两部有关德国的同样具有全球视角的成果是：Jürgen Kocka, *Facing Total War. German Society 1914—1918* (Leamington Spa and Cambridge MA: Berg and Harvard University Press, 1984); Gerald D. Feldman, *Army Industry and Labor in Germany, 1914—1918* (Oxford and Providence: Berg, 1992; 1st edn-Princeton University Press, 1966)。关于城市有这些专著，例如 Sean Dobson, *Authority and Upheaval in Leizig, 1910—1920* (New York: Columbia University Press, 2001); and Mary Nolan, *Social-Democracy and Society. Working-Class Radicalism in Düsseldorf, 1890—1920* (Cambridge University Press, 2002)。

关于法国，除 Patrick Fridenson 具有开创性的论文集 *1914—1918: l'autre front*(Paris: Éditions Ouvrières, 1977) (*Cahier du Mouvement social* no. 2) 以外，唯一全面的著述是 Jean-Louis Robert 关于战争期间巴黎地区工人及其生活状况的论文。这一著述的大部分在他的著作中有载：*Les Ourviers, la Patrie et la Révolution. Paris 1914—1918* (Besançon: Annales littéraires de l'Université de Besançon no. 392, série historique no. 11, 1995)。这本书突出了其著作的叙事方面，偏离了主导其著作的重要的社会人类学方法。

Peter Gatrell, *Russia's First World War: A Social and Economic History* (Harlow: Pearson/Longman, 2005) 给出了俄国事态发展的总体框架。在 David Mandel 的两本书中涵盖了彼得格勒的工人情况：*The Petrograd Workers and the*

Fall of the Old Regime: From the February Revolution to the July Days, 1917, and *The Petrograd Workers and the Soviet Seizure of Power: From the July Days to July 1918* (London: Macmillan, 1983 and 1984)。莫斯科的情况可见 Diane P. Koenker, *Moscow Workers and the 1917 Revolution* (Princeton University Press, 1981)。我们不应忽视之前提及的 Haimson 的书。

关于意大利的书目更少一些。我们除已有 Haimson 的成果外，还有 Giovanna Procacci 编的集体性成果 *Stato e classe operais in Italia durante la primo guerre mondiale* (Milan: Franco Angeli, 1983)。关于奥匈帝国，除 Francis L. Carsten, *Revolutions in Central Europe, 1918—1919* (London: Temple Smith, 1972) 之外，我们应提到 Hans Hauptmann 的论文 "Vienna: a city in the years of radical change", in Chris Wrigley (ed.), *Challenges of Labour. Central and Western Europe 1917—1920* (London and New York: Routledge, 1993), pp.87–104。

最后，性别研究的发展带给我们一些关于女性工人的原创性研究成果：Angela Woollacott, *On Her Their Lives Depend. Munition Workers in the Great War* (Berkeley, CA: University of California Press, 1994); Laura Lee Downs, *Manufacturing Inequality: Gender Division in the French and British Metalworking Industries, 1914—1939* (Ithaca, NY: Cornell University Press, 1995)；法语译本：*L'inégalitéà la chaîne. La division sexuée du travail dans l'industrie métallurgique en France et en Grande-Bretagne* (Paris : A. Michel, 2002); or Ute Daniel, *The War from Within, German Working-Class Women in the First World War* (Oxford and New York: Berg, 1997)。

14 城市

斯特凡·格贝尔

总体战的城市史是历史研究的一个新兴领域，在军事史与城市史研究间进行对话。关于史学史的介绍见 Stefan Goebel and Derek Keene, "Towards a metropolitan history of total war: an introduction", in Goebel and Keene (eds.), *Cities into Battlefields: Metropolitan Scenarios, Experiences and Commemorations of Total War* (Farnham: Ashgate, 2011), pp.1–46。该领域一些最具创新性的著述见

研究系列 *Studies in the Social and Cultural History of the Great War*，特别是 Jay Winter and Jean-Louis Robert (eds.), *Capital Cities at War: Paris, London, Berlin 1914—1919*, 2 vols. (Cambridge University Press, 1997—2007)，这是一部由来自英国、法国、德国和美国的学者团队共同完成的成果。第一卷描绘了牺牲、劳工、收入、消费和健康的社会关系，第二卷则带读者踏上了从火车站到公墓的真实的城市之旅。

来自法国的共同编者 Jean-Louis Robert，是关于战时巴黎及其革命工人问题的前沿学者。关于他 1989 年未刊发论文的摘要出现在这本书中 *Les Ouvriers, la Patrie et la Révolution: Paris 1914—1919* (Paris: Les Belles Lettres, 1995)。在城市史项目中的另一位合作者随后出版了关于大战期间英国社会史的著作：Adrian Gregory, *The Last Great War: British Society and the First World War* (Cambridge University Press, 2008) 是一部概览，但主要以城市为重点。

Roger Chickering 认为"总体战需要总体史"，他已经出版了一部关于德国城镇的权威史：*The Great War and Urban Life in Germany: Freiburg, 1914—1918* (Cambridge University Press, 2007)，覆盖了从城市管理到战时城市的气味和噪音（几乎）每个方面。相对不那么全面但同样重要的是 Healy, *Vienna and the Fall of the Habsburg Empire*。虽然不是一部狭隘的性别史著作，但 Healy 的书特别关注战时城市生活中的性别问题。Martin Geyer 关于慕尼黑的研究，*Verkehrte Welt: Revolution, Inflation und Moderne, München 1914—1924* (Göttingen: Vandenhoeck & Ruprecht, 1998)，将重点放在了通货膨胀时代"一个颠倒了的世界"的经历。他偏离了常规的周期，选择 1924 年作为他的截止点。综上所述，这些著述超越了社会和文化史之间的划分，将更综合的历史研究范式引进对战时城市的研究之中。

城市社会

战时城市社会的碎片化已经受到了学者们的大量关注。传统上，历史学家将焦点放在社会等级问题上，特别是工人的工作条件和薪水——例如，Mary Nolan, *Social Democracy and Society: Working-Class Radicalism in Düsseldorf, 1890—1920* (Cambridge University Press, 1981)。最近，历史学家在文化转向的推动下强调战争期间阶级冲突的转变。Belinda J. Davis 在他的研究成果 *Home Fires Burning: Food, Politics, and Everyday Life in World War I Berlin* (Chapel Hill, NC:

700 University of North Carolin Press, 2000) 中分析了旧的社会类别在性别和消费模式方面的重构。与此类似，Tyler Stovall, *Paris and the Spirit of 1919: Consumer Struggles, Transnationalism, and Revolution* (Cambridge University Press, 2012)，描绘了阶级对抗是如何被引向由妇女为先导的消费者斗争。

被占领城市的社会关系变得危险而紧张，就如 Antoon Vrint 关于安特卫普的公共暴力和街头政治的研究所指出的那样：*Het theater van de straat: Publiek geweld in Antwerpen tijdens de eerste helft van de twintigste eeuw* (Amsterdam University Press, 2011)。与之相比，在东欧、东南欧和小亚细亚的多种族和多宗教信仰的城市，战争变成了一场整个社会被连根拔起的灾难。一些重要的研究采用了长时段的视角，将大战的经历置于从 19 世纪末至第二次世界大战结束的更广的历史背景之中：Ulrike von Hirschhausen, *Die Grenzen der Gemeinsamkeit: Deutsche, Letten, Russen und Juden in Riga 1860—1914* (Göttingen: Vandenhoeck & Ruprecht, 2006); Christoph Mick, *Kriegserfahrung in einer multiethnischen Stadt: Lemberg 1914—1947* (Wiesbaden: Harrassowitz, 2010); Mark Mazower, *Salonica: City of Ghosts: Christians, Muslims and Jews 1430—1950* (London: Harper Perennial, 2005)。

宣传场景和媒体

战时宣传和流行文化的共生关系，成为大战的一个突出的标志，在大城市得到了提倡并且植根于城市的市民文化之中。必不可少的成果是 Winter and Robert, *Capital Cities at War*, vol. II，包括了大都市娱乐、展览、中小学校和大学的章节。Healy, *Vienna* 也是与宣传场景和媒体表述相关的研究。战争、剧院和城市之间的关联在下列著述中得到了探究：Martin Baumeister, *Kriegstheater: Großstadt, Front und Massenkultur 1914—1918* (Essen: Klartext Verlag, 2005); and Jan Rüger, "Laughter and war in Berlin", *Histoy Workshop Journal*, 67 (2009), pp.23-43。

关于伦敦和柏林公共领域的比较研究（重点在新闻审查和流言蜚语）是 Florian Alterhöner, *Kommunikation und Kontrolle: Gerüchte und städtische Öffentlichkeiten in Berlin und London 1914/1918* (Munich: R. Oldenbourg Verlag, 2008)。他的研究结果应同追随 Healy 的 Jovana Knežević 的下述成果相比较

"Reclaiming their city: Belgraders and the combat against Habsburg propaganda through rumours, 1915—1918", in Goebel and Keene, *Cities into Battlefields*, pp.101-118。

纪念活动

"记忆热潮"在历史研究中已经催生了一批关于城市纪念形式的成果。Ken S. Inglis, "Entombing unknown soldiers: from London and Paris to Baghdad", *History & Memory*, 5:2 (1993), pp.7-31，将重点放在了首都城市的国家战争纪念物上，而 Mark Connelly, *The Great War, Memory and Ritual: Commemoration in the City and East London, 1916—1939* (Woodbridge: Boydell, 2002)，探究了社区层面的纪念活动。其他则描绘了城市的纪念景观，例如历史地理学家 Yvonne Whelan, *Reinventing Modern Dublin: Streetscape, Iconography and the Politics of Identity* (University College Dublin Press, 2003)。Élise Julien 通过比较方法比较了巴黎和柏林 *Paris, Berlin: La mémoire de la guerre 1914—1933* (Presses Universitaires de Rennes, 2009)。

研究成果中存在较大空白的是缺乏对战争时期殖民地城市的研究，Abigail 701 Jacobson, *From Empire to Empire: Jerusalem between Ottoman and British Rule* (New York: Syracuse University Press, 2011)，尚难以填补这种空白。

15　农业社会

本杰明·齐曼

即使对主要的欧洲交战国来说，大战期间的农村经济和乡村社会也是备受忽视的话题，更不用说像瑞士、西班牙或巴尔干国家这样的中立国。对许多国家而言，20世纪20年代由卡内基和平基金会赞助出版的关于战争经济和社会史的各卷成果，依然是最高的研究水平和核心信息的主要来源。关于奥匈帝国，Hans Loewenfeld-Russ, *Die Regelung der Volksernährung im Kriege* (Vienna: Holder, 1926)；关于法国，Michel Augé-Laribé and Pierre Pinot, *Agriculture and Food Supply in France during the War* (New Haven, CT: Yale University Press, 1927)；关于德国，

Friedrich Aereboe, *Der Einfluß des Krieges auf die landwirtschaftliche Produktion in Deutschland* (Stuttgart: Deutsche Verlag-Anstalt, 1927); 关于意大利，Arrigo Serpieri, *La guerrae le classi rurali italiane* (Rome: Laterza, 1930)。

在史学辩论的这种贫乏状态中，最引人注目的例外是俄国，其农民是 1917 年重要的政权变化的一部分，为此盎格鲁－撒克逊的历史学家已经提供了一批有关战时农村社会变化的精彩研究成果。Peter Gatrell, *Russia's First World War. A Social and Economic History* (Harlow: Longman, 2005) 对战争期间俄国经济和社会问题提供了易解的总体性阐释。对俄国粮食经济的开拓性研究是 Lars T. Lih, *Bread and Authority in Russia, 1914—1921* (Berkeley, CA: University of California Press, 1992)。关于农村社会转型的三部最重要的区域性研究成果是 Holquist, *Making War, Forging Revolution*; Aaron Retish, *Russia's Peasants in Revolution and Civil War. Citizenship, Identity, and the Creation of the Soviet State, 1914—1922* (Cambridge University Press, 2008); and Sarah Badcock, *Politics and the People in Revolutionary Russia. A Provincial History* (Carmbridge University Press, 2007)。与此高度相关的是 Mark Baker 即将问世的关于哈尔科夫省的专著研究成果，其中一些问题之前已经以论文的形式发表过。

以英文写作的两部区域性研究成果较好地覆盖了德国。重点在于农村政治和天主教中央党的研究是 Robert G. Moeller, *German Peasants and Agrarian Politics, 1914—1924. The Rhineland and Westphalia* (Chapel Hill, NC and London: Univeristy of North Carolina Press, 1986)。关于大后方农民与巴伐利亚南部来自农村的士兵之间的社会关系研究，见 Ziemann, *War Experiencces in Rural Germany*。关于德国来自农村的士兵及其亲属的一些原始证据，见资料集 Bernd Ulrich and Benjamin Ziemann (eds.), *The German Soldiers of the Great War. Letters and Eyewitness Accounts* (Barnsley: Pen & Sword Books, 2010)。

法国年鉴学派的历史学家出版了关于中世纪和近代早期法国乡村社会的开创性著作，但关于第一次世界大战我们只有 Henri Gerest 较早的研究，*Les populations Rurales du Montbrisonnais et la Grande Guerre* (Saint Étienne: Centre d'Études Foréziennes, 1977)。以下相关部分提供了关键性的数据 Michel Gervais, Marcel Jollivet and Yves Tavernier, *La fin de la France paysanne, de 1914 à nos jours,* vol. iv, *Histoire de la France rurale* (Paris: Seuil, 1976), pp.44–55, 165–191,

702

531–542。用英文对大战期间法国社会所做的最佳阐述，包括有关民众情感、农村社会和经济，依然是 Jean-Jacques Becker, *The Great War and the French People* (Leamington Spa: Berg, 1985)。在战时通信基础上对前线服役的法国小农与妻子之间的个人关系所做的出色研究，见 Martha Hanna, *Your Death Would Be Mine. Paul and Marie Pireaud in the Great War* (Cambridge, MA: Havard University Press, 2009)。两部以英文写作的区域研究覆盖了意大利农村变化中的社会关系和社会冲突问题：Anthony L. Cardoza, *Agrarian Elites and Italian Fascism. The Province of Bologna, 1901—1926* (Princeton University Press, 1982); and Frank M. Snowden, *Violence and Great Estates in the South of Italy. Apulia, 1900—1922* (Cambridge University Press, 1986)。对两次世界大战之间欧洲农民政党所做的最好的比较研究依然是论文集 Heinz Gollwitzer (ed.), *Europäische Bauernparteien im 20. Jahrhundert* (Stuttgart: G. Fischer, 1977)。

16 金融

汉斯－彼得·乌尔曼

关于为第一次世界大战筹措资金的比较研究是较少见的。Robert Knauss 所做的分析 *Die deutsche, englische und französische Kriegsfinanzierung* (Berlin: Walter de Gruyter, 1923)，仍然推荐阅读。Hew Strachan, *Financing the First World War* (Oxford University Press, 2007) 是必须提及的近期成果之一。Alain Plessis, "Financer la guerre", in Stéphane Audoin-Rouzeau and Jean-Jacques Becker (eds.), *Encyclopédie de la Grande Guerre* (Paris: Bayard, 2004), pp.479–493, and Georges-Henri Soutou, "Comment a été financée la guerre", in Paul-Marie de la Gorce (ed.), *La Première Guerre mondiale* (Paris: Flammarion, 1991), col. I, pp.281–297，提供了简短的概述。另外，应提到以下著作的相关部分 Gerd Hardach, *Der Erste Weltkrieg* (Munich: Deutscher Taschenbuch Verlag, 1973), pp.151ff; and Niall Ferguson, *Der falsche Krieg* (Stuttgart: Deutsche Verlags-Anstalt, 1999), pp.143 ff, 296 ff。

在两次世界大战的时候，出版了有关战争金融的重要研究成果，例如 Pigou, *Political Economy of War*; Horst Jecht, *Kriegsfinanzen* (Jena: Gustav Fischer, 1938);

and Horst Mendershausen, *The Economics of War*, 2nd edn (New York: Preentice-Hall, 1943)。

关于战争所付出代价的估算差异很大。最可靠的调查是 Ernest L. Bogart, *Direct and Indirect Costs of the Great World War*, 2nd edn (New York: Oxford University Press, 1920); and Harvey E. Fisk, *The Inter-Ally Debts* (New York: Bankers Trust Co., 1924)。

关于盟国间的战债问题，应着重提到两次世界大战之间出版的著作，尤其是 Fisk, *Inter-Ally Debts*, and Harold G. Moulton and Leo Pasvolsky, *War Debts and World Prosperity* (Washington, DC: The Brookings Institution, 1932)。值得推荐的近期研究成果是 Martin Horn, *Britain, France, and the Financing of the First World War* (Montreal: McGill-Queen's University Press, 2002)。

中立国和交战国的公共财政问题得到了不同程度的研究。Broadberry and Harrison 的论文集 *Economics of World War I* 中的几篇论文对此作了简单的概述。卡内基国际和平基金会编辑的关于不同国家状况的研究以及作为其中一部分出版（1911—1914 年）的有关 18 个国家的研究，依然是值得关注的。总体性的概览见 Carnegie Endowment for International Peace (ed.), *Summary of Organization and Work 1911—1941* (Washington, DC: Carnegie Endowment for International Peace, 1941)。

关于德意志帝国的深度研究，见 Konrad Roesler, *Die Finanzpolitik des Deutschen Reiches im Ersten Weltkrieg* (Berlin: Duncker & Humblot, 1967)。Hans-Peter Ullmann, *Der deutsche Steuerstaat* (Munich: C. H. Beck, 2005), pp.88 ff 提供了一个简短的概述。

Eduard März 关于奥匈帝国的相关章节，*Österreichische Bankpolitik in der Zeit der großen Wende 1913—1923* (Munich: R. Oldenbourg Verlag, 1981) 包含了有价值的信息。值得提及的不太近的研究成果是 Alexander Poppvics, *Das Geldwesen im Kriege* (Vienna: Hölder-Pichler-Tempsky, 1925), and Wilhelm Winkler, *Die Einkommensverschiebungen in Österreich während des Weltkrieges* (Vienna: Hölder-Pichler-Tempsky, 1930)。

关于英国，有许多水平参差不齐的研究成果。早期重要的研究是：Adam W. Kirkaldy (ed.), *British Finance during and after the War 1914—1921* (London: Sir

Isaac Pitman & Sons, 1921); and E. Victor Morgan, *Studies in British Financial Policy, 1914—1925* (London: Macmillan, 1952)。关于财政部的一部深入研究成果是 George C. Peden, *The Treasury and British Public Policy, 1906—1959* (Oxford University Press, 2000)；关于税收见 Martin Daunton, *Just Taxes* (Cambridge University Press, 2002)；关于债务见 Jeremy Wormell, *The Management of the National Debt of the United Kingdom, 1900—1932* (London: Routledge, 2000)。

关于法国的较早研究成果当中，Henry Truchy, *Les Finances de Guerre de France* (Paris: Presses Universitaires de France, 1926) 是重要的，还有 Gaston Jèze, *Les dépenses de guerre de la France* (Paris: Presses Universitaires de France, 1926)。Lucien Petit, *Histoire des Finances extérieures de la France pendant la Guerre (1914—1919)* (Paris: Payot, 1929) 研究了外债问题；Nicolas Delalande, *Les Batailles de l'Impôt* (Paris: Éditions du Seuil, 2011) 研究了税收政策。

关于美国，推荐的著述是 Charles Gilbert, *American Financing of World War I* (Westport, CT: Greenwood Press, 1970)，以及 Paul Studenski and Herman E. Kroos, *Financial History of the United States*, 2nd edn (New York: McGraw-Hill, 1963)。Michael Edelstein 同以后的战争做了值得关注的对比，"War and the Americna economy in the twentieth century", in Stanley L. Engerman and Robert E. Gallman (eds.), *The Cambridge Economic History of the United States*, vol. III (Cambridge University Press, 2000), pp.329-405。

在关于荷兰的研究成果当中尤其有用的是：Marius Jacobus van der Flier, *War Finances in the Netherlands up to 1918* (Oxford: Clarendon Press, 1923); and Wantje Fritschy and René van der Voort, "From fragmentation to unification: public finance, 1700—1914", in Marjolein'T Hart, Joost Jonker and Jan Luiten van zanden (eds.), *A Financial History of the Netherlands* (Cambridge University Press, 1997), pp.64-93。 704

关于第一次世界大战金融结果的研究是广泛的。以下提供的只是一个初步的概述：Derek H. Aldcorft, *Die zwanziger Jahre* (Munich: Deutscher Taschenbuch Verlag, 1978); Charles S. Maier, *Recasting Bourgeois Europe* (Princeton University Press, 1975); and Dan P. Silverman, *Reconstructing Europe after the Great War* (Cambridge, MA: Harvard University Press, 1982)。Gerald D. Feldman 写了一部关于德国通货膨胀的重要研究著作 *The Great Disorder* (Oxford University Press, 1996)。Kenneth Mouré,

The Gold Standard Illusion (Oxford University Press, 2002)，使我们了解了法国温和的通货膨胀问题。关于美国、英国和荷兰的通货紧缩政治，值得推荐的有：Studenski and Kroos, *Financial History*; Daunton, *Taxes*; and Jan Luiten van Zanden, "Old rules, new conditions, 1914—1940", in Broadberry and Harrison, *Economics of World War I*, pp.135 ff. 关于赔偿问题最好的概述见 Bruce Kent, *The Spoils of War* (Oxford: Clarendon Press, 1989)。关于盟国间的战债问题，见 Denise Artaud, *La question des dettes interalliées et la reconstruction de l'Europe (1917—1929)*, 2 vols. (Paris: Librairie Honoré Champion, 1978)。关于盟国间在所有经济和金融问题上的协调，见 John Godfrey, *Capitalism at War. Industrial Policy and Bureaucracy in France 1914—1918* (Leamington Spa: Berg, 1987)。在第 7 章中，他尤其关注了利润问题。

17 科学家

罗伊·麦克劳德

只是在过去的十年我们才看到对比性的国际研究成果出现，它们有助于对战争期间科学的持续性和变化在不同文化和社会中的相对影响进行校准。这是目的之一。另一个目的是，对战争对于不同科学、不同方法和心理，以及对于相关机构认识到或无法直面现代战争越来越表现出的伦理挑战的方式所带来的影响进行比较。带着这些问题和许多其他仍然是"正在进行中的成果"，认识科学、技术、政府、工业企业和治国之道在大战中变化的角色，可以从以下资料开始。

科学和国际主义

"科学国际主义"和"科学中的国际主义"的角色已经得到了广泛的研究。例如，关于国家科学竞争历史的一个新起点是 Harry W. Paul, *The Sorcerer's Apprentice: The French Scientist's Image of German Science 1840—1919* (Gainesville, FL: University of Florida Press, 1972)，其重点通过以下成果得到了延续，Christophe Prochasson and Anne Rasmussen, *Au Nom de la Patrie: Les Intellectuals et la Première*

Guerre Mondiale (1910—1919)(Paris: Éditions La Découverte, 1996)。近些年，关于科学非战斗人员的政治得到了越来越多的关注，Rebecka Lettevall, Geert Somsen and Sven Widmalm (eds.), *Neutrality in Twentieth Century Europe; Intersections of Science, Culture and Politics after the First World War* (London: Routledge, 2011)。主要以英国为中心对战时科学做出阐释的见 Donald S. L. Cardwell, "Science and World War I", *Pro. Royal Society of London,* A 342 (1975), pp.447–456，该文已进行了修订，载于 Jon Agar, *Science in the Twentieth Century and Beyond* (London: Polity, 2012)。对"军事知识分子"的论述可见 Roy MacLeod, "The scientists go to war: revisiting precept and practice, 1914—1919", *Journal of War and Culture Studies,* 2:1 (2009), pp.37–51。本章的部分内容最初在这一期的期刊中刊载，特此对布里斯托尔的出版商 *Intellect* 表示了感谢。

战斗中的科学家

陷入战争的个别科学家的生活尽管较少被涉及，但相关书写更有深度。重要的例子是 John Heilbron, *The Dilemmas of an Upright Man: Max Planck as Spokesman for German Science* (Berkeley, CA: University of California, 1986) 以及他的 *Ernest Rutherford and the Explosion of Atoms* (Oxford University Press, 2003) and John Campbell, *Rutherford: Scientist Supreme* (Christchurch: AAS Publications, 1999)。对理论和工业化学家富有吸引力的阐述见 Gerald D. Feldman, "A German scientist between illusion and reality: Emil Fischer, 1909—1919", in Imanuel Geiss and Bernd Jurgen Wendt (eds.), *Deutschland in der Weltpolitik des 19. und 20. Jahrnhunderts* (Düsseldorf: Bertelsmann Universitätsverlag, 1973), pp.341–362。关于 Fritz Haber 的个人悲剧见 Margit Szöllösi-Janze, *Fritz Haber: 1868—1934: Eine Biographie* (Munich: C. H. Beck, 1998); Dietrich Stoltzenberg, *Fritz Haber: Chemist, Nobel Laureate, German, Jew* (Philadelphia, PA: Chemical Heritage Press, 2004); and Daniel Charles, *Between Genius and Genocide: The Tragedy of Fritz Haber, Father of Chemical Warfare* (London: Jonathan Cape, 2005)。

对意大利的深入了解，见 Judith R. Goodstein, "The rise and fall of Vito Volterra's world", *Journal of the History of Ideas,* 45 (1984), pp.607–617。关于俄国，学者必须从 V. N. Ipat'ev 将军的生活开始，他是战时爆炸物研究的中心人物，但没

有关于他的主要传记。因此，可以从 Lewis H. Siegelbaumn 的著作入手，*The Politics of Industrial Mobilization in Russia, 1914—1917: A Study of theWar-Industries Committees* (New York: St Martin's Press, 1983)。亦见 Alexei Kojevikov, "The Great War, the Russian Civil War and the invention of big science", *Science in Context*, 15:2 (2002), pp.239–275。值得注意的是，Alexander Vucinich 的两卷经典著作 *Science in Russian Culture* (Stanford University Press, 1963, 1970) 只有几页内容涉及战争期间的科学，而 Loren Graham, *Science in Russia and the Soviet Union* (Cambridge University Press, 1993) 几乎完全忽视了战争。获得莫斯科和圣彼得堡的新档案可能能够弥补这种忽视。

关于法国，科学家的名单包括玛丽·居里——因其致力于 X 射线研究——以及许多名气稍逊的人物，比如 M. G. A. Koehler, Marius-Daniel Marqueyrol, Henri Muraour, Gabrielle Bertrand and Charles Moureu，以及值得关注的政治家，如阿尔贝·托马，社会党人的军需部长和装备部长，他是大卫·劳合·乔治的巴黎同行（1915—1917 年），但是他与科学界和工业界的合作很少被认识到。在德国，瓦尔特·拉特瑙扮演了相似的角色，他是化学和物理学者，德国陆军部战争原料局首任局长，他在战时的生活依然没有得到全面的研究。但是可见：David Felix, *Walther Rathenau and the Weimar Republic* (Baltimore, MD: Johns Hopkins University Press, 1971); and Shulamit Volkov, *Walther Rathenau: Weimar's Fallen Statesman* (New Haven, CT: Yale University Press, 2012)。

战时的国家和科学动员

在科学的战争中主要的国家科学机构的角色尚未得到全面的研究，但是一代人之前高产学者 Bernhard vom Brocke 关于德国的成果做出了一个良好开端，他的著作跨了一代人。对战时科学历史的特别关注见他的 "Wissenschaft und Militarismus", in William M. Calder III *et al.* (eds.), *Wilamowitz nach 50 Jahren* (Darmstadt: Wissenschaftliche Buchgesellschaft, 1985), pp.649–719; "Die Kaiser-Wilhelm-Gesellschaft im Ersten Weltkrieg (1914—1918)", in Bernhard vom Brocke and R. Vierhaus (eds.), *Forschung im Spannungsfeld von Politik und Gesellschaft: Geschichte und Structure der Kaiser-Wilhelm/Max Planck Gesellschaft* (Stuttgart: Deutsche Verlags-Anstalt, 1990), pp.163–198; and "Internationale Wissenschaftsbeziehungen und die Anfange einer deutschen auswärtigen Kulturpolitk: der Professorenaustausch mit Nordamerika", in Bernhard vom Brocke (ed.), *Wissenschaftsgeschichte und Wissenschaftspolitik im Industriezeitalter: Das 'System Althoff" in historischer Perspektive* (Hildesheim: Lax, 1991), pp.185–242。

Donald S. L. Cardwell and Roy Macleod, "The chemists go to war: the mobilisation of civilian chemists and the British war effort, 1914—1918", *Annals of Science*, 50 (1993), pp.455–481 对英国的科学动员做了研究。关于法国科学机构的历史，以及它们同美国和盟国的关系，见 "Le sabre et l'eprouvette: l'Invention d'une science de guerre, 1914—1939", in *1914—1918-Aujourdhui*, 6 (2003), pp.45–64。这一期期刊的几篇文章讨论了到 1918 年，将科学应用到军备、毒气武器、坦克和飞机的"法国奇迹"，如何拯救政府并重塑法国的命运。将法国的历史带给全球读者，并紧跟我们时代的趋势，见 Danielle M. E. Fauque, "French chemists and the international reorganization of chemistry after World War I", *Ambix: Journal of the Society for the History of Alchemy and Chemistry*, 58:2 (2011), pp.116–135。

关于简短得多的美国战时政府与军事科学的历史，可以开始于 Benedict Crowell, *America's Munitions, 1917—1918*, 2 vols. (Washington, DC: US Government Printing Office, 1920)，紧跟其后的是 Crowell and Robert Forrest Wilson, *The Armies of Industry I: Our Nation's Manufacture for a World in Arms, 1917—1918* (New Haven, CT: Yale University Press, 1921)。Daniel J. Kevles, *The Physicists: The History of a Scientific Community in Modern America* (New York: Knopf, 1978) 有一章是关于盟国事业中的美国物理学家，并有争议地认为，在所谓的"化学战争"中，物理比化学更为重要，就如潜水艇比毒气或炸药更具威胁。Alex Roland, "Science and war", *Osiris*, 2nd series (I), (1985), pp. 247–272 对自美国革命以后的美国战时科学做了很有用的调查，并将第一次世界大战中科学和技术动员的重要性视作重要事物来临的预兆。

战时的科学

特定学科的历史对军事科学的学者有很大的帮助，无论重点是政府、学术还是工业。在化学方面，学者们可能从德国和 Lutz Haber, *The Chemical Industry, 1900—1930: International Growth and Technological Change* (Oxford: Clarendon Press, 1971) 开始，他的 *The Poisonou Cloud* 在技术上进行了延伸并在道义上进行了深

化。两者被以下著作纳为背景：Jeffrey Johnson, *The Kaiser's Chemists: Science and Modernization in Imperial Germany* (Chapel Hill, NC: University of North Carolina, 1990)，以及国际作者 Roy MacLeod and Jeffrey Johnson (eds.), *Frontline and Factory: Comparative Perspectives on the Chemical Industry at War, 1914—1924* (Dordrecht: Springer, 2006)。直至今日，这方面的研究工作还未停止。

关于战时的物理和应用科学，最好的介绍之一是 David Cahan, "Werner Siemens and the origins of the physickalisch-technische reichsanstalt, 1872—1887", *Historical Studies in the Physical Sciences*, 12:2 (1981), pp.253-284。他详尽地在他的以下著作中探讨了相似的问题：*An Institute for an Empire: The Physikalisch-Technische Reichsantalt, 1871—1918* (Cambridge University Press, 1989)。对物理科学发展的描述亦见 Paul Forman and José Sanchez-Ron (eds.), *National Military Establishments and the Advancement of Science and Technology: Studies in 20th Century History* (Dordrecht: Kluwer, 1996)，包括了两篇论文：Helge Kragh, "Telephone technology and its interaction with science and the military, ca 1900—1930", pp.37-67, and Michael Eckert, "Theoretical physicists at war: Sommerfeld students in Germany and as emigrants", pp.69-87。展开主题比较的是 Michael Heidelberger, "Weltbidveränderungen in der modernen Physik vor dem Ersten Weltkrieg", in Rüdiger vom Bruch and Brigitte Kaderas (eds.), *Wissenschaften und Wissenschaftspolitik* (Stuttgart: Steiner, 2002), pp.84-96。关于数学的比较研究，主要基于法国的，是很快问世的 David Aubin and Catherine Goldstein (ess.), *The War of Guns and Mathematics: Mathematical Practices and Communities in Allied Countries around World War I* (Washington, DC: American Mathematical Society, 2012)。它包括了一篇有用的论文 June Barrow-Green, "Cambridge mathematicians' responses to the First World War", pp.101-166，补充了 William Van der Kloot 的近作 "Mirrors and smoke: A. V. Hill, his brigands, and the science of anti-aircraft gunnery in World War I", *Notes and Records of the Royal Society,* 65 (2011), pp.393-410。

关于精神病学和心理学的战时角色，见 Volker Roelcke, "Die Entwicklung der Psychiatrie zwischen 1880 und 1932: Theoriebildung, Institutionen, Interaktionen mit zeitgenössischer Wissenschafts und Sozialpolitik", in Rüdiger vom Bruch und Brigitte Kaderas, *Wissenschaften und Wissenschaftpolitik* (Stuttgart: Steiner, 2002), pp.109-124;

and Joanna Bourke, "Psychology at war, 1914—1945", in Geoffrey C. Bunn, A. D. Lovie and G. D. Richards (eds.), *Psychology in Britian: Historical Essays and Personal Reflections* (Leicester: British Psychological Society, 2001), pp.133-149。

中心和边缘

在过去的二十年里，英国、法国和德国的战时科学史已开始吸引越来越多基于区域的关注。档案资料被用来揭示广泛的科学活动是如何不仅限于以城市为中心。在德国，这方面走出重要一步的是 Peter Borscheid, *Naturwissenschaft, Staat und Industrie in Baden (1848—1914)* (Stuttgart: Ernest Klett, 1976)，而当今得以延续的是 Karl Strobel (ed.), *Die deutsche Universität im 20. Jahrhundert* (Vierow bei Greifswald: SH Verlag, 1994)，以及 Rüdiger vom Bruch 关于柏林的论文、Werner K. Blessing 关于埃尔朗根的论文以及 Notker Hammerstein 关于法兰克福的论文。最近，一个新的里程碑是 Trude Maurer (ed.), *Kollegen-Kommilitonen-Kämpfer: Europäische Universitäten im Ersten Weltkrieg* (Stuttgart: Steiner, 2006)。关于澳大利亚、加拿大、美国和法国地区层面的当地大学和商业档案的研究，特别与原始材料的发现、开发和利用有关，很可能会同样富有成果。在许多方面，第一次世界大战的历史，曾经以政治和经济史为中心，后来以社会和文化史为中心，正开始与目前环境和材料史的潮流相融合，这符合一战作为一个具有全球影响力的主题地位。

18 封锁与经济战

艾伦·克雷默

关于 2000 年之前出版的文献的综合指南见 Eugene L. Rasor, "The war at sear", in Robin D. S. Higham and Dennis E. Showalter (eds.), *Researching World War I: A Handbook* (Westport, CT: Greenwood Press, 2003), pp.315-344。

已出版的原始资料

Kenneth Bourne and D. Cameron Watt (gen. eds.), *British Documents on Foreign Affairs: Reports and Papers from the Foreign Office Confidential Print, Pt II: From the First to the Second World War*, Series H: David Stevenson (ed.), *The First World War, 1914—1918*, vol. v-*Blockade and Economic Warfare, I: August 1914—July 1915*; vol. vi-*Blockade and Economic Warfare, II, July 1915—January 1916*; vol. vii-*Blockade and Economic Warfare, III, January—October 1916*; vol. viii-*Blockade and Economic Warfare, IV, November 1916—Novermber 1918* (N. pl.: University Publications of America, 1989).

十分广泛的美国文件集 US Department of State, *Papers Relating to the Foreign Relations of the United States*，现在可以在线获得 http://digicoll.library.wisc.edu/cgi-bin/FRUS. 有关美国同其他中立国和交战国的外交研究，这是必要的原始资料。

Archibald Colquhoun Bell, *A History of the Blockade of Germany and of the Countries Associated with Her in the Great War Austria-Hungary, Bulgaria, and Turkey, 1914—1918* (London: HMSO, 1961) 首次出版于 1937 年，但仅供政府使用。Lambert 称，它"在 1961 年之前一直是机密文件"（Lambert, Planning Armageddon, p.13）。事实上，它并没有处于保密状态；英国和爱尔兰法定存放的图书馆藏有 1937 年版的复本，甚至在 1943 年出版了德语的删减版，书名为 *Dei englische Hungerblockade im Weltkrieg 1914—1915* (Essen: Essener Verlagsanstalt, 1943)。虽然它提供了丰富的细节，但缺乏参考文献和非正式的风格往往使该文献不够透明，对现代学者而言降低了它的价值。

709   从德国的立场探讨法律和道德的意义见 Johannes Bell, Walter Schücking and B. Widmann (eds.), *Das Werk des Untersuchungsausschusses der Verfassunggebenden deutschen Nationalversammlung und des deutschen Reichstages*, 3rd series, *Völkerrrecht im Weltkrieg*, vol. iv, *Der Gaskrieg, der Luftkrieg, der Unterseebootkrieg, der Wirtschaftskrieg* (Berlin: Deutsche Verlagsgesellschaft für Politik und Geschichte, 1927)。它重申了战时的信念，即德国问心无愧，因为其潜水艇战是受"英国"的强迫而不得已发动的，目的是避免德国因饥饿而失败。这样，在国际法上 U 型潜艇战是一种合法的报复行为。它驳斥了协约国关于潜艇战应对海上平民死亡负责的指控，坚称封锁应对德国 75 万平民的死亡负责。[1]

---

[1] Gerd Krumeich, "Le blocus maritime et la guerre sous-marine", in John Horne (ed.), *Vers la Guerre Totale. Le Tournant de 1914—1915* (Paris : Tallandier, 2010), pp.175—190, here p.178.

历史解读

Gerd Krumeich 的论文，"Le blocus maritime et la guerre sous-marine", in Horne, *Vers la Guerre Totale*, pp.175-190，是对封锁的心理和文化所做的有说服力的介绍，研究了 1900 年以来它是如何与德国难以释怀的信念完美地匹配，即德国被决心剥夺其"阳光下地盘"的世界敌人所包围。封锁和潜艇战是标志着迈向针对平民的总体战的决定性举措。

Avner Offer, *The First World War: An Agrarian Interpretation* (Oxford: Clarendon, 1991) 是关于此话题的标准著作，它是基于英国和德国原始材料的研究，论据具有相当强的说服力。

Lance E. Davis and Stanley L. Engerman, *Naval Blockades in Peace and War. An Economic History since 1750* (Cambridge University Press, 2006) chapter 5, "International law and naval blockades during World War I", pp.159-237，重点是统计数字的搜集，尤其是关于德国击沉协约国船只数量，以及英国和德国的进口情况。但是，它存在多处事实错误，在细节上是不可靠的。它对史学著作的讨论，尽管某种程度上是有帮助的，但是忽视了一些相关的著作并且仅限于英文文献。过于强调粮食供应，淡化了其他商品的重要性，除了德国、英国和美国之外，它也几乎没有提到其他涉及经济战的国家。将封锁看作是导致德国至少短缺四分之一粮食的原因的结论是一个合理的猜测，但缺乏证据的支撑。

Nicholas A. Lambert, *Planning Armageddon. British Economic Warfare and the First World War* (Cambridge, MA: Harvard University Press, 2012)，主张过去几代历史学家认为封锁"一定是迟效性武器"的观点是错误的，"忽视了英国海军部为制造经济压力而制定了一项速效行动计划的证据"。像 Offer 一样，Lambert 指出海军部在战前和战争期间对经济战进行了反复的思量，并认识到了国际信贷体系和全球化金融交易的中心角色。然而，"速效作战计划"的证据尚不令人信服。尽管如此，该书提供了关于战前和战争期间英国政府各部门在经济战问题上相互竞争以及海军部内讧的丰富信息。特别是，外交部质疑经济战的作用，而作为"自由贸易信念和自由放任经济思想"的堡垒，贸易部反对对市场进行干预。遗憾的是，该书承诺的比其能够给予的要多。在其夸张的说法中，有一个主题：随着 1916 年决定建立封锁部以及阐述了执行封锁政策的目的，Lambert 结束了叙事。由于忽略了从 1916 年初到 1918 年末这一关键的阶

710

段，它讲述的是经济战失败的历程。此外，由于遗漏了该政策对德国所造成的影响，它错过了评估政策影响的机会。作为一部关于战争前十八个月英国政府内部官僚机构政治斗争的研究成果，该书取得了相当大的成就，但 Lamber 未能支撑他最初夸张的论点。

关于使德国忍饥挨饿最好的著作是 Anna Roerkohl, *Hingerblockade und Heimatfront. Die kommunale Lebensmittelversorgung in Westfalen während des Ersten Weltkrieges* (Stuttgart: Steiner, 1991)。虽然这是对威斯特伐利亚的个案研究，但这一地区不但有一些德国主要的工业和煤矿，而且是较大的农产品产区。Roerkohl 的一些细心的判断同样能够适用于德国的其他地区。尽管采用了该题目，但她没有持封锁导致饥饿这样的简单论点。

David Stevenson 在 "Naval warfare and blockade" 这一章中，见他的 *1914—1918. The History of the First World War* (London: Allen Lane, 2004)（美国出版的书名为 *Cataclysm: The First World War as Political Tragedy*），对该话题的高层政治做了灵巧的阐释。

Gerd Hardach 从全球的视角对战争的经济史做了很好的分析，*The First World War 1914—1918*, vol. 2, *History of the World Economy in the Twentieth Century* (London: Penguin, 1977; first published in German in 1970)。该成果依然是难以超越的。

Albrecht Ritschl（德国）and Stephen Broadberry and Peter Howlett（英国）出版于 Broadberry and Harrison (eds.), *Ecomomics of World War I* 的论文，提供了有用的进一步的看法。

19　外交

乔治－亨利·苏图

关于第一次世界大战的外交，出版的原始文献并不是特别多。我们可以从以下入手：André Scherer and Jacques Grunewald (eds.), *L'Allemagne et les problems de la paix pendant la Première Guerre mondiale* (Paris: Presses Universitaires de France, 1962—1978); Arthur S. Link (ed.), *The Papers of Woodrow Wilson* (Princeton University Press, 1956—1965);

以及在编写中的 *Ministère des Affaires étrangères, Documents diplomatiques français, 1914—1918* (Brussels: Peter Lang, 1999, 2002—2004)。

这里，我们只提及最重要的著作，通过引用它们以帮助读者。最近关于两大集团内部关系的基于档案的研究在数量上较少，应在将来进一步拓展。重要的有：Wolfgang Steglich, *Bündnissicherung oder Verständigungsfrieden. Untersuchungen* 711 *zu dem Friedensangebot der Mittelmächte vom 12. Dezember 1916* (Göttingen: Musterschmidt, 1958); Georges-Henri Soutou (ed.), *Recherches sur la France et le problème des nationalités pendant la Première Guerre mondiale* (Paris: Presses de l'Université de Paris-Sorbonne, 1995) 及同一作者的 "La France et la crainte d'une paix de compromis entre la Serbie et les puissances centrales, 1914—1918", *Aspects de l'histoire des rapports diplomatico-stratégiques*, Cahier no. 12 (CEHD, 2000); Yannis G. Mourélos, *L'intervention de la Grèce dans la Grande Guerre* (Athens: Collection de l'Institut français d'Athènes, 1983); and Frédéric Le Moal, *La France et l'Italie dans les Balkans 1914—1919. Le contentieux adriatique* (Paris : L' Harmattan, 2006)。

关于两大集团之间的试探、和平尝试和秘密谈判的研究数量较多。但是，我们仍然缺乏更综合性的研究，以评判不同的（和众多的）尝试及其相互作用的相对重要性——这是两个有前景的研究主题。同时，可阅读 Pedroncini, *Les négociations secrètes; Nathalie Renoton-Beine, La colombe et les tranchées. Les tentatives de paix de Benoît XV pendant la Grande Guerre* (Paris: Cerf, 2004); Wolfgang Steglich, *Der Friedensappell Papst Benedikts XV vom 1. August 1917 und die Mittelmächte* (Wiesbaden: Steiner, 1970); Georges-Henri Soutou, "Briand et l'Allemagne au tournant de la guerre (Steptembre 1916—janvier 1917)", in *Media in Francia. Recueil de mélanges offert á Karl Ferdinand Werner* (Paris: Hérault-Éditions, 1989)；及同一作者的 "Paul Painlevé und die möglichkeit eines vehrhandlungsfriedens im kriegsjahr 1917", in Walther L. Bernecker and Volker Dotterweich (eds.), *Deutschland in den internationalen Beziehungen des 19. Und 20. Jahrhunderts* (Munich: Ernest Vögel, 1996)。关于 *Joseph Caillaux* 十分具有争议的角色，见 Jean-Claude Allain, *Joseph Caillaux*, vol. II, *L'Oracle, 1914—1944* (Paris : Imprimerie Nationale, 1982)，它使得以下成为可能，即看到在令人困扰的时代背

景下，和平试探和失败主义之间，政治领导者在界定他的责任和遭受叛国指控两者之间，在史学方面脆弱的和依然存有争议的区别。

关于战争目的：Fritz Fishcher 的著作 *Griff nach der Weltmach. Die Kriegszielpolitik des kaiserlichen Deutschlands 1914—1918* (Düsseldorf: Droste Verlag, 1961) 引发了争议，焦点在于这样的事实，即他在没有调查协约国目的的情况下，对德国的战争目的进行研究，所以排除了对战争双方相互作用、相互升级后果的评估，而这种情况确实发生了。目前，我们有大量关于主要交战国的著作：Georges-Henri Soutou, "La France et les marches de l'est, 1914—1919", *Revue Historique* (October-December 1978)；同一作者的 *L'Or et le Sang. Les buts de guerre économique de la Première Guerre mondiale* (Paris: Fayard, 1989)。这部著作实际上关注了总体性的战争目的。亦见 Stevenson, *French War Aims*; Gitta Steinmeyer, *Die Grundlagen der französischen Deutschlandpolitik 1917—1919* (Stuttgart : Klett-Cotta, 1979) ; Rothwell, *British War Aims*; and Christopher Andrews and A. S. Kanya-Forstner, *France Overseas. The Great War and the Climax of French Imperial Expansion* (London: Thames & Hudson, 1981)。

有一个主题依然研究得不够：外交、战争目的、国内政治、宣传、心理战、战争的文化和社会风险，以上之间的相互作用，它正延伸到国际领域新的研究中心（政治、社会和文化）。可以从以下入手：Antoine Prost and Jay Winter, *Perser la Grande guerre. Un essai d'historiographie* (Paris: Le Seuil, 2004); and Wolfgang J. Mommsen, *Der Grosse Krieg und die Historiker. Neue Wege der Geschichtsschreibung über den ersten Weltkrieg* (Essen : Klartext Verlag, 2002)。在 *L'Or et le Sang* 中，Soutou 努力研究了关于经济战目的问题的内部和外部政治，虽有限但以此为中心。关于这一主题，我们还应引述一部集体性成果，遗憾的是它难以被发现：Jean-Jacques Becker and Stéphane Audoin-Rouzeau (eds.), *Les sociétés européennes et la guerre de 1914—1918* (Paris : Université de Paris X Nanterre, 1990)。

另一方面，1918 年 11 月 11 日在勒通德的停战，以及为《凡尔赛条约》所做的准备，已是大量著述的主题（与保加利亚、土耳其和奥匈帝国这些其他国家的停战远非如此！）。可见以下：Pierre Renouvin, *L'armistice de Rethondes* (Paris: Gallimard, 1968) 及其 *Le traité de Versailles* (Paris: Flammarion, 1969); Jean-Jacques Becker, *Le traité de Versailles* (Paris: Presses Universitaires de France, 2002); Harold

Nicolson, *Peace Making 1919* (New York: Constable, 1974); Eberhard Kolb, *Der Frieden von Versailles* (Munich: C. H. Beck, 2005); Klaus Schwabe (ed.), *Quellen zum Friedensschluss von Versailles* (Darmstadt: Wissenschaftliche Buchgesellschaft, 1997); Manfred F. Boemecke, Gerald D. Feldman and Elisabeth Glaser (eds.), *The Treaty of Versailles. A Reassessment after 75 Years* (Cambridge University Press, 1998); Macmillan, *Peacemakers*; Klaus Schwabe, *Woodrow Wilson, Revolutionary Germany and Peacemaking 1918—1919* (Chapel Hill, NC: University of Norht Carolina Press, 1985); Arno J. Mayer, *Politics and Diplomacy of Peacemaking: Containment and Counter-Revolution at Versailles, 1918—1919* (New York: Knopf, 1967); Gerd Krumeich and Silke Fehlemann (eds.), *Versailles 1919, Le Traité de Versailles vu par ses contemporains* (Paris: Alvik, 2003); Pierre Ayçoberry, Jean-Paul Bled and Istvan Hunyadi (eds.), *Les consequences des traités de paix de 1919—1920 en Europe centrale et sud-orientale* (Strasbourg University Press, 1987); and David Fromkin, *A Peace to End All Peace: The Fall of the Ottoman Empire and the Creation of the Modern Middle East* (New York: Henry Holt & Co., 1989)。

事实上，正是第一次世界大战的结束很大程度上赋予了欧洲和国际体系长远发展的全面意义。在这方面，我尝试在我的书中做了一些反思 *L'Europe de 1815 à nos jours, "Nouvelle Clio"* (Paris: Presses Universitaires de France, 2007)。

20 中立

萨穆埃尔·克勒伊辛哈

第一次世界大战期间的中立问题是许多国家研究的主题，但是大部分都是用那一国家的语言撰写的。这是对该主题更广泛的考察或即使是比较性的研究成果也非常少的根本原因。因此，从未发现有对该主题的大辩论或思想学派，尽管每一国家有关中立的史学成果（或明或暗地）都突出了这样的讨论，即一个国家能否维持中立，或者当其中立时，是因为内部还是外部条件。

两部论文集明确地阐释了第一次世界大战期间的中立问题：Johan den Hertog and Samuël Kruizinga (eds.), *Caught in the Middle. Neutrals, Neutrality and*

713

the First World War (Amsterdam: Aksant, 2011); and Hans A. Schmitt (ed.), *Neutral Europe between War and Revolution 1917—1923* (Charlottesville, VA: University Press of Virginia, 1988)。前者收入的论文十分混杂，覆盖了从外交到文化史的诸多主题；后者大多（但不仅仅）是针对中立国革命运动的影响问题。两者涵盖了许多英文写作的关于中立的文章（通常从单个国家的角度出发），但都未认真做任何综合性的尝试。同样如此的是 Hermann Amersfoort and Wim Klinkert (eds.), *Small Powers in the Age of Total War, 1900—1940* (Leiden: Brill, 2011)，包括了一些主要探讨中立的军事层面的论文。Richard F. Hamilton and Holger H. Herwig, *Decisions for War, 1914—1917* (Cambridge University Press, 2004) 含有一些作者试图以同本书中我所撰写的章节（第 20 章）十分相似的手法去解释为什么中立国家决定加入战争的章节。有关希腊、巴尔干国家和意大利的章节写得很出色。最后，Jukka Nevakivi (ed.), *Neutrality in History/ La Neutralité dans l'Histoire* (Helsinki: SHS/ FHS, 1993), pp.135-144 在几个简短的章节用法律的理论和实践对第一次世界大战的中立进行了个案研究。

此外，一些关于第一次世界大战更总体性的研究也包括有关中立的章节：Jean-Marc Delauney, "Les neutres européens", in Stéphane Audoin-Rouzeau and Jean-Jacques Becker (eds.), *Encyclopédie de la Grande Guerre, 1914—1918* (Paris: Bayard, 2004), pp.855-866; Henning Hoff, "Neutrale staaten", in Gerhard Hirschfeld, Gerd Krumeich and Irina Rentz (eds.), *Enzyklopädie Erster Weltkrieg*, 2nd edn (Paderborn: Ferdinand Schöningh, 2004), pp.736-737; Jean-Jacques Becker, "War aims and neutrality", in Horne, *A Companion to World War I,* pp.202-216。这些章节对战争期间保持中立以及它们的主要行动是保持中立或是推动和平的那些国家进行了简要的概述。

关于中立的通史著作也对第一次世界大战的年代有着确切的态度——事实上，它们将其当作某种分水岭。Nils Ørvik, *The Decline of Neutrality, 1914—1941: With Special Reference to the United States and the Northern Neutrals*, 2nd edn (London: Frank Cass & Co., 1971[1953])，认识到了第一次世界大战期间遭到严重威胁的中立地位。按照他的说法，中立小国太弱，难以针对交战国集团维护它们的权利，而较大的中立国也无法在这场"结束所有战争的战争"中袖手旁观，以免世界在没有它们参与的情况下被重组。在战争结束时，按照 Ørvik

的看法，18 至 19 世纪发展起来的中立没有发挥它的作用，但他承认其在第二次世界大战期间重新流行起来。对于 Ørvik 观点的反驳见 Samuël Kruizinga and Johan den Hertog, *Caught in the Middle* 中的序言。

Daniel Frey, "Dimensionen neutraler Politik. Ein Beitrag zur Theorie der Internationalen Beziehungen" (PhD thesis, University of Geneva, 1969) 尝试建立一个有真实价值的政治中立理论，但很大程度上依然未经验证（虽然本书中我撰写的章节是最先的尝试）。Efraim Karsh, *Neutrality and Small States* (London and New York: Routledge, 1990) 采取了不同方法但同样理论化的尝试，去解释为什么对小国而言中立发挥得更好，并且它们能够实施什么样的策略去提升它们的安全，维护它们的中立地位。他的目的与 Frey 有几分相似，但他的范式更为简单，且仅仅适用于中立小国。Stephen C. Neff, *The Rights and Duties of Neutrals: A General History* (Manchester University Press, 2000) 提供了有关中立法律概念历史的精彩概述。

714

最后，我知道的对比了不同国家中立经历的只有四篇文章。Marc Frey, "The neutrals and World War One", *Defence Studies,* 3 (2000), pp.3-39 是对"北方中立国"——荷兰、丹麦、挪威和瑞典的战时历史令人钦佩的概述，尤其是关于经济史的部分是很有帮助的。Patrick Salmon, *Scandinavia and the Great Powers 1890—1940* (Cambridge University Press, 1997) 在其 pp.118-168 比较了丹麦、挪威和瑞典的中立（以及芬兰战时的历史），它以令人印象深刻的这些国家每一种语言的大量一手和二手原始资料为基础。Paul Moeyes 的论文，"Neutral tones. The Netherlands and Switzerland and their interpretation of neutrality 1914—1918"，载于 *Small Powers in the Age of Total War* (pp.57-84)，对不同"中立国"做了有趣的突出比较，生动刻画了荷兰和瑞士在第一次世界大战期间同交战国打交道的方式。最后，Harm Anton Smidt, "Dutch and Danish agricultural exports during the First World War", *Scandinavian Economic History Review*, 44:2 (1996), pp.140-160，强调了战争期间荷兰和丹麦精英阶层在决定贸易政策方面的作用，它构成了中立国同交战国关系的一个重要的决定性因素。

21 和平主义

马丁·查德尔

尽管最近的成果做了补充，最突出的是 *Peace and Change: A Journal of Peace Research*，但我们关于和平主义的认知基础是几十年前奠定的。对于为什么国与国的立场如此千差万别的解释，可见 Martin Ceadel, *Thinking about Peace and War* (Oxford University Press, 1987)。有关 1914 年之前的和平运动，特别见 Sandi E. Cooper, *Patriotic Pacifism: Waging War on War in Europe, 1815—1914* (New York: Oxford University Press, 1991)。

关于绝对意义上的和平主义，主要的学者是 Peter Brock，他与 Nigel Young 合作对其 1970 年撰写的 20 世纪和平主义发展的概述进行了修订："Patterns of conscientious objection: WWI" 这一章，载于他们的 *Pacifism in the Twentieth Century* (New York: Syracuse Universiry Press, 1999)，是最好的考察。关于英国，John Rae, *Conscience and Politics: The British Government and the Conscientious Objector to Military Service 1916—1919* (London: Oxford University Press, 1970) and Thomas C. Kennedy, *The Hound of Conscience: A History of the No-Conscription Fellowship, 1914—1919* (Fayetteville, AR: University of Arkansas Press, 1981) 已经成为经典，与他们研究领域最相近的北美同行的成果是：H. C. Peterson and Gilbert C. Fite, *Opponents of War 1917—1918* (Madison, WI: University ofWisconsin Press, 1957); Charles Chatfield, *For Peace and Justice: Pacifism in America 1914—1941* (Knoxville, TN: University of Tennessee Press, 1971); and Thomas P. Socknat, *Witness against War: Pacifism in Canada, 1900—1945* (Toronto University Press, 1987)。

715　　以这一时期改良派和平主义者为重点的开创性研究成果是：Henry Winkler, *The League of Nations Movement in Great Britain, 1914—1919* (New Brunswick, NJ: Rutgers University Press, 1952); Gertrude Bussey and Margaret Tims, *The Women's International League for Peace and Freedom* (London: Allen & Unwin, 1965); Warren F. Kuehl, *Seeking World Order: The Unitedd States and International Organization to 1920* (Nashville, TN: Vanderbilt University Press, 1969); Marvin Swartz, *The Union of Democratice Control in British Politics during the First World*

War (Oxford: Clarendon Press, 1971); and Keith Robbins, *The Abolition of War: The 'Peace Movement" in Britian, 1914—1919* (Cardiff: University of Wales Press, 1976)。更新近的研究是 Martin Ceadel, *Semi-Detached Idealists: The British Peace Movement and International Relations 1854—1945* (Oxford University Press, 2000)。

一些关于战败国的通史仅仅在反战的层面对和平主义给予了阐释，就如以下更细致的研究成果：Francis L. Carsten, *War against War: British and German Radical Movements in the First World War* (London: Batsford Academic and Educational, 1982); Michael Auvray, *Objecteurs, insoumis, déserteurs: Histoire des réfractaires en France* (Paris: Stock/ 2, 1983); and Belinda J. Davies, *Home Fires Burning: Food, Politics, and Everyday Life in World War I Berlin* (Chapel Hill, NC: University of North Carolina Press, 2000)。Leonard V. Smith 对法国第 5 步兵师的和平主义做了令人关注的研究，该师反对最高司令部，但不反对这场战争，见他的 *Between Mutiny and Obedience: The Case of the French Fifth Infantry Division During World War I* (Princetion University Press, 1994)。

22　起草和约

赫尔穆特·康拉德

由于丰富的原始资料和所涉问题的广泛性，大量关于和平条约的著述依然由完全专注于单一条约的特定解释构成，并从直接涉及那一特定条约的国家或几个国家的角度出发。在这方面，最重要的莫过于《凡尔赛条约》，有关于此的基本著作是 Margaret Macmillan 所做的全面细致的阐释，*Paris 1919. Six Months that Changed the World* (New York: Random House, 2002)。此外，凡尔赛是这一集体成果的关注点：Manfred M. Boemke, Gerald D. Feldman and Elisabeth Glaser, *The Treaty of Versailles. A Reassessment after 75 Years* (Cambridge University Press, 2006)。

甚至像 Heinrich August Winkler, *Geschichte des Westens. Die Zeit der Weltkriege 1914—1945* (Munich: C. H. Beck, 2011) and David Stevenson, *Cataclysm. The First World War as Political Tragedy* (New York: Basic Books, 2004) 这样的大部头研究，也在探

讨各种条约时不成比例地给予《凡尔赛条约》大量的关注，虽然他们都总体上对战争的结束和第一次世界大战的后果做了良好的概述。为各项条约所带来的种种复杂问题整体提供了精彩导论的是，Klaus Schabe, "Das ende des Ersten Weltkriegs", in Hirschfeld *et al.*, *Enzyklopädie Erster Weltkrieg*, 2nd edn。

David Fromkin 在他出色的研究中提供了完全不同的视角，*A Peace to End All Peace. The Fall of the Ottoman Empire and the Creation of the Modern Middle East*, 2nd edn (New York: Henry Holt & Co., 2009)，他在书中对大战后初期从巴尔干到阿富汗的广大地区所发生的大事做了深入的分析。

716

关于《圣日耳曼条约》和《特里亚农条约》对中欧（或是 "Zwischeneuropa"）的影响，已有许多著述。关于奥地利的和平条约，Manfried Rauchensteiner 比任何其他人更加了解，见他的 *Der Tod des Doppeladdlers. Österreich-Ungarn und der Erste Weltkrieg*, 2nd edn (Graz, Vienna and Cologne: Böhlau Verlag, 1994)，更新近的研究是以下多人成果 Helmult Konard and Wolfgang Maderthaner, (eds.), ... *der Rest ist Österreich. Das Werden der Ersten Republik* (Vienna: Carl Gerolds Sohn, 2008), vol. I。

关于《特里亚农条约》最重要的近期著述首推斯洛伐克历史学者的成果，其中最新近的是 Marian Hronský, *The Struggle for Slovakia and the Treaty of Trianon* (Bratislava: VEDA Publishing House of the Slovak Academy of Science, 2001)。有关这一主题的匈牙利成果采用了较为狭隘的方法，依然具有强烈的民族主义色彩，例如可见 Laszlo Boto, *The Road to the Dictated Peace* (Cleveland, OH: Arpad Publishing Co., 1999)。

和平条约对受到影响的国家接下来数年的历史造成了怎样的创伤后果，特别是对匈牙利和德国，在 Gerd Krumeich 编辑的著述中以可作典范的方式得到了揭示，*Nationalsozialismus und Erster Weltkrieg* (Essen: Klartext Verlag, 2010)，它追踪了和平条约的政治余震。关于该主题，亦见 Thomas Lorenz, *Die Weltgeschichte ist das Weltgericht. Der Versailler Vertag im Diskurs und Zeitgeist der Weimarer Republik* (Frankfurt and New York: Campus Verlag, 2008)。

尝试将和平条约总体置于受到影响的各国的希望、期盼和失望的框架之中，见 Jay Winter, *Dreams of Peace and Freedom in the Twentieth Century* (New Haven, CT: Yale University Press, 2006) 的第二章。在这方面，亦见 Jay Winter (ed.), *The*

Legacy of the Great War. Ninety Years on (Columbia, MO: University of Missouri Press, 2009) 第 4 章中的争论。

23　暴力的延续

罗伯特·格瓦特

无论在区域研究方面，还是综合性的泛欧研究方面，近些年关于大战之后欧洲暴力冲突的著述大量涌现。

战后时期的通史

对该主题的一个很好的一般性简短介绍见 Peter Gatrell, "War after the war: conflicts, 1919—1923", in John Horne (ed.), *Blackwell Companion to the First World War* (Oxford: Blackwell, 2010), pp.558-575。亦见关于战后欧洲准军事组织的论文集，Robert Gerwarth and John Horne (eds.), *War in Peace: Paramilitary Violence after the Great War* (Oxford University Press, 2012) 以及 Alexander V. Prusind 的研究 *The Lands Between: Conflict in the East European Borderlands, 1870—1992* (Oxford University Press, 2010), pp.71-97。

至于战后时期的国际史，可见 Zara S. Steiner, *The Lights that Failed : European International History* 1919—1933 (Oxford University Press, 2004)。 717

关于残酷化的争论

在 George Mosse, *Fallen Soldiers : Reshaping the Memory of the World Wars* (Oxford University Press, 1990) 的经典研究之后，不同的学者提出，通过确立新的和前所未有的可接受的暴力层级，第一次世界大战当中的"总体化"过程导致了战争和社会的"残酷化"。第一次世界大战博物馆的历史学家——该历史博物馆 1992 年建于索姆省的佩罗讷——在反思第一次世界大战所引起的暴力转变方面尤为突出，例如：Jean-Jacques Becker, Jay M. Winter, Gerd Krumeich, Annette Becker and Stéphane Audoin-Rouzeau (eds.), *Guerre et cultures 1914—1918* (Paris : Colin, 1994)。亦见 Audoin-Rouzeau and Becker, *Understanding the Great*

War。而其他的历史学家，比如 Michael Geyer（"The militarizaiton of Europe 1914—1945", in John R. Gillis[ed.]，*The Militariztion of the Western World* [New Brunswick, NJ: Rutgers University Press, 1989], pp.65–102)，使用了这一时期欧洲社会"军事化"的概念，去解释暴力组织向社会渗透从而使战后动荡不安的方式。

支持残酷化的论点重要的成果可见 Dirk Schumann, "Europa, der Erste Weltkrieg und die Nachkriegszeit: eine Kontinuität der Gewalt ?", *Journal of Modern European History* (2003), pp.24–43。

俄国革命 / 俄国内战

关于俄国革命及之后内战的研究成果，见：Steve A. Smith, *The Russian Revolution: A Very Short Introduction* (Oxford University Press, 2002); Rex A. Wade, *The Russian Revolution, 1917* (Cambridge University Press, 2005); Sheila Fitzpatrick, *The Russian Revolution,* 2nd edn (Oxford University Press, 2001); Figes, *A People's Tragedy*; and Nikolaus Katzer, *Die Weiße Bewegung in Rußland. Herrschaftsbildung, praktische Politik und politische Programmatik im Bürgerkrieg* (Cologne: Böhlau Verlag, 1999)。关于革命对反革命动员的心理影响，见 Robert Gerwarth and John Horne, "Bolshevism as fantasy : fear of revolution and counter-revolutionary violence, 1917—1923", in Gerwarth and Horne, *War in Peace*。然而，关于布尔什维克革命对欧洲乃至更大范围世界的心理影响的单卷本重要研究，依然有待撰写。

帝国的崩溃

一个非常好的研究成果是 Roshwald, *Ethnic Nationalism*，亦见 Reynolds, *Shattering Empires*。更多的区域研究包括了有关巴尔干地区的著述，如 John Paul Newman, "Post-imperial and post-war violence in the South Slav Lands, 1917—1923", *Contemporary European History*, 19 (2010), pp.249–265；或关于波兰和爱尔兰的比较成果，如 Julia Eichenberg, "The dark side of independence: paramilitary violence in Ireland and Poland after the First World War", *Contemporary European History*, 19 (2010), pp.231–248; and Tim Wilson, *Frontiers of Violence: Conflict and Identity in Ulster and Upper Silesia, 1918—1922* (Oxford University Press, 2010)。衰落的奥斯曼帝国正重新受到关注，例如 Gingeras, *Sorrowful Shores*。

718

索　引

（第1-3卷总索引，词条后的罗马数字表示卷数，页码为原书页码，即本书页边码）

Abadan，阿巴丹，I. 299-300

Abd al-Malik，阿卜杜勒－马利克，I. 447

Abdu'l Baha，阿博都·巴哈，III. 426

Abdul Hamid II (red sultan)，阿卜杜勒－哈米德二世（血腥苏丹），I. 598；II. 18

Abdullah, son of Hussein，阿卜杜拉，侯赛因之子，I. 419

aborigines (Australian)，土著居民（澳大利亚），III. 165

absolutism，专制主义，II.577-8；584-93；605
　　determinants，决定因素，II.578-9。see also conscientious objectors，另见"拒服兵役者"

Abyssinia，阿比西尼亚，II.605

Académie des Sciences，科学院，II.450；III.404
　　War Committees，军事委员会，II.443

Adamello range，阿达梅洛山脉，I.267

Adams, john Estremont，约翰·埃斯特雷蒙特·亚当斯，III.425

Adamson, Agar，阿加·亚当森，III.15

Adana，阿达纳，I.597

Adams, Jane，简·亚当斯，II.595；596；III.112

Adil, governor of Edirne province，阿迪勒，埃迪尔内省总督，I.471；475

Adler, Friedrich，弗里德里希·阿德勒，II.13；42

Adler, Victor，维克托·阿德勒，II.13；42；646

adolescence，青春期，III.29

adolescents, recruitment of，青少年，征召，III.31-2

Adréani, Henri，亨利·阿德雷亚尼，III.495

Adrian, Louis，路易·阿德里安，II.248；265

advanced dressing stations (ADS)，前进绷扎所，III.294-5

AEG，德国通用电气公司，II.307；315

Aerial Division (French)，航空队（法国），I.371

aerial photography，航空拍照，I.208-9

aerial warfare，空战，II.374-7

laws relating to，相关法律，I.580-2

Afghanistan，阿富汗，I. 31；421；472

Africa，非洲，I.131；423-6
　　and the Ottoman Empire，和奥斯曼帝国，I.447
　　black nationalism in，黑人民族主义在非洲，I. 430-1；432
　　diseases，疾病，I.442
　　economy，经济，I.449-53
　　effect of war upon，战争的影响，I.434-5；450-2
　　governance of，治理，II.10
　　imperialism in，帝国主义在非洲，II. 433-4
　　imposition of colonial structures，殖民体系的强加，I.453
　　influences，影响，I.445
　　Land Act(1913)，土地法（1913年），I.450
　　post-war division of/repercussions，战后的分裂及其后果，I.456-8
　　pressed labour，压制劳工，I.440
　　reaction to Treaty of Versailles，对《凡尔赛条约》的反应，I.181
　　recruitment of troops from，招募军队，I. 82；442-5
　　settlement of accounts between colonial powers in，殖民列强之间的清账，I.452-3
　　use of aircraft in，飞机的使用，I.407；431-2

African Queen, The (1951)，《非洲女王号》（1951年），I. 437

African soldiers，非洲士兵，I. 407；414-15；428；640-1；III.627
　　commemoration of，纪念活动，III. 553-4
　　cultural unfamiliarity of European war / war experience，对欧洲战争或战争经历的文化陌生感，I. 455-6
　　racism and segregation，种族歧视和种族隔离，I. 454-5
　　recruitment of/ conscription，招募或征募，I. 442-5

African Americans，非裔美国人，I. 430；522；III. 163-4
　　mutiny，兵变，II. 197-9；202

Afrikaner Rebellion (1914—1915)，1914—1915年的布尔人叛乱，I. 436；445-6；III. 427

Agadir Crisis (Moroccan Crisis) (1911)，阿加迪尔危机（摩洛哥危机）（1911年），I. 621；II. 15

Agamben, Giorgio，吉奥乔·阿甘本，III. 258

agrarian economy, state intervention，农业经济，国家干预，II. 383-95

Ahmed Cemal，艾哈迈德·杰马尔。see Jemal

Lutyens, Edwin，埃德温·勒斯琴，III. 572

　　Cenotaph，纪念碑，I. 47；52；55；64；III. 596-7

　　Civil Service Rifles memorial，民间步枪队纪念碑 III. 549

　　Stone of Remembrance，纪念石，III. 536；573

　　Thiepval Memorial to the Missing，蒂耶普瓦勒失踪者纪念碑，III. 552；554

Luxburg, Count Carl von，卡尔·冯·卢森堡公爵，II. 572

Luxembourg，卢森堡，II. 510-11；574

　　geographical location of，地理位置，II. 574

　　German invasion of，德国入侵，II. 556；557

Luxemburg, Rosa，罗莎·卢森堡，I. 193-4；II. 212；213；610；670；III. 112

Luxeuil，吕克瑟伊，I. 363

Luzzatti, Luigi，路易吉·卢扎蒂，III. 195

Lvov, Prince George，格奥尔基·李沃夫亲王，II. 30；III. 425

Lyautey, General Hubert，于贝尔·利奥泰将军，I. 119；II. 23

Lynch, Frank，弗兰克·兰什，III. 542；581

Lynker, Moriz von，莫里兹·冯·林克尔，I. 47

Lys, Battle of (Operation Georgette, 1918)，利斯河战役（格奥尔吉特战役，1918 年），I. 150

Maastricht，马斯特里赫特，III. 198

MacMahon, Patrice de，帕特里斯·德·麦克马洪，II. 50

Macaú, torpedoing of the，马考号，遭鱼雷袭击，I. 547

McCormick, Captain A.，A. 麦考密克上尉，I. 496

MacCurdy, John T., *War Neuroses* (1918)，约翰·T. 麦柯迪，《战争神经症》（1918 年），III. 158

McCurdy, John，约翰·麦柯迪，II. 241

MacDonald, Ramsay，拉姆齐·麦克唐纳，II. 24；598；599

McDowell, John，约翰·麦克道尔，III. 490

Macedonia，马其顿，II. 547；625；626；III. 627

　　civilian attacks，平民攻击，I. 74

　　malaria in，疟疾，III. 289

　　post-war violence，战后暴力，II. 657-9

Macedonian front (Salonica), collapse，马其顿战线（萨洛尼卡）的崩溃，I. 135

McGee, Isabella，伊莎贝拉·麦吉，III. 80-2；93

Machado, Bernadino，贝尔纳迪诺·马沙多，II. 20

Machen, Arthur，阿瑟·梅琴，III. 436

Machin, Alfred，阿尔弗雷德·梅钦，III. 476

machine guns，机关枪，I. 205-6；205-7；II. 155-6

portable (Lewis guns)，手提式（刘易斯式机关枪），I. 227

Macke, Auguste，奥古斯特·马克，III. 56；521

Macke, Elisabeth，伊丽莎白·马克，III. 56

McKenna, First Lord Reginald，海军大臣雷金纳德·麦肯纳，I. 410；III. 224

Mackensen, General August von，奥古斯特·冯·马肯森，I. 253；255；261；389；II. 259；III. 442

MacKenzie, David，戴维·麦肯齐，I. 512

McKenzie, Robert Tait, *The Homecoming*，罗伯特·泰特·麦肯齐《归国》，III. 540

Mackinder, Sir John Halford，约翰·哈尔福德·麦金德爵士，I. 330；353；II. 528

　　Britain and the British Seas (1902)，《英国和英国海军》（1902 年），I. 331

McLaren, Barbara, *Women of the War* (1918)，芭芭拉·麦克拉伦，《战争中的女人》（1918 年），III. 130

McMahon, Sir Henry，亨利·麦克马洪爵士，I. 316；319；II. 78

McMeekin, Sean，肖恩·麦克米金，I. 412

Macmillan, Chrystal，克里斯特尔·麦克米伦，II. 596

Macmillan, Margaret，玛格丽特·麦克米伦，I. 175；521

McNeile, Herman Cyril (Sapper)，赫尔曼·西里尔·麦克尼尔（"萨珀"），III. 455。See also Sapper，另见"工兵"

Maczka, Józef，约瑟夫·毛茨卡，III. 449

Mad Mullah (Mohammed Abdullah Hassan)，"疯子毛拉"（穆罕默德·阿卜杜勒·哈桑），I. 431

Madagascan troops，马达加斯加的部队，I. 415

Mädchenpost，《少女邮报》，III. 125

Madelon, La (film, 1918)，《马德隆》（电影，1918 年），III. 496

Magdhaba, Battle of，麦格德哈巴战役，III. 367

Magnard, Albéric，阿尔贝里克·马尼亚尔，III. 521

Magyars，马扎尔人，II. 621-2；623

Mahan, Captain Alfred Thayer，阿尔弗雷德·塞耶·马汉海军上校，I. 321；326；339；405

Maheux, Angeline，安热丽娜，III. 16；18；26

Maheux, Sergeant Frank，弗兰克·马厄中士，III. 8；12；16；18；19

Mahfouz, Naguib，纳吉布·马赫福兹，I. 474

Mahmud Kamil，马哈茂德·卡米勒，I. 476

Mahmud Shevket, Grand Vizier，马哈茂德·塞夫凯特，大维齐尔，II. 109-10

Maier, Charles，查尔斯·梅尔，III. 610

main d'œuvre feminine dans les usines de guerre,

371

Mitchell, Lt A., A. 米切尔中尉, III. 66

Mitrinovic, Dimitri, 季米特里·米特里诺维奇, III. 506

Mitteleuropa, 中欧, II. 506–8; 523; III. 407; 621

Mitterrand, François, 弗朗索瓦·密特朗, III. 625

Mitterndorf, 米藤多夫, III. 191

Mittler (publisher), 米特勒（出版商）, III. 468

Mladost (Slovenian Catholic monthly),《青春》（斯洛文尼亚天主教月刊）, III. 420

Moede, Walther, 瓦尔特·默德, III. 407

Mogiliev, 莫吉廖夫, I. 387

Moisin-Nagant rifle, 莫辛－纳甘步枪, II. 250

Molokans, 莫洛肯派教徒, II. 592

Moltke the Elder, Helmuth von (uncle of Helmuth von Moltke), 老毛奇, 赫尔穆特·冯（赫尔穆特·冯·毛奇的叔叔）, I. 37; 55; 61; 385; II. 94–6

use of telegrap, 电报的使用, I. 381

Moltke, Helmuth von, 毛奇, 赫尔穆特·冯, I. 31; 47; 238; 239; II. 16; 17; 27; 116–18; 125

on economic warfare, 关于经济战, II. 483

and failure of the Schlieffen Plan, 与施里芬计划的失败, I. 390–1

fear of Russian rearmament, 担心俄国重整军备, I. 243

on the inevitability of war, 关于战争的必然性, I. 55–6; 61

invasion of France and Belgium, 入侵法国和比利时, I. 36

modification of the Schlieffen Plan, 修改施里芬计划, I. 204–5

nervous breakdown, 精神崩溃, I. 377

occult religion, 难以理解的信仰, III. 442

power over military strategy, 军事战略问题上的权力, I. 387

preparation of airships for war, 为战争准备飞艇, I. 351–2

strategic command, 战略指挥, I. 378–9; 380; 388

on war against Serbia, 关于对塞尔维亚的战争, I. 34; 35; 52

Mombauer, Annika, 安妮卡·蒙鲍尔, I. 41; 55

Mommsen, Wolfgang, 沃尔夫冈·莫姆森, I. 41; 60

Monelli, Paolo, 保罗·莫内利, III. 472

Moneta, Ernesto, 欧内斯托·莫内塔, II. 583

Mongolia, 蒙古, I. 427; II. 553

Monro, General Sir Charles, 查尔斯·门罗爵士（将军）, I. 420

Monroe Doctrine (1823), 门罗主义（1823年）, I. 22; 430; 529–31; 534

Monroe, President James, 詹姆斯·门罗总统, I. 526

Mons, 蒙斯（法）, III. 189

angels of, "蒙斯的天使", III. 436

Mont Saint-Quentin, 蒙特圣昆廷, I. 230

battle at, 蒙特圣昆廷战役, III. 368

Montague, C. E., C. E. 蒙塔古, III. 448

Monte Nero, 尼禄山, I. 267

Montenegro, 蒙特内格罗, II. 625

Montreal Patriotic Fund, 蒙特利尔爱国基金, III. 10

Monument aux Fusillés, 枪决纪念碑, III. 543

Monument to the Unknown Hero (Serbia), 无名英雄纪念碑（塞尔维亚）, III. 354; 374

Moraes, Pina de, 皮纳·德莫赖斯, III. 472

morale, 士气, I. 282–3; II. 174–95

comradeship and maintenance of primary groups, "初级群体"的战友关系及维系, II. 182–6

discipline and, 纪律与士气, II. 177–81; 195

leadership and, 领导才能与士气, II. 188–90

motivation and, 积极性与士气, II. 181–2

and mutiny, 士气与暴动, II. 197

and provision for basic needs, 士气与基本需要的提供, II. 186–7

recreation and, 娱乐与士气, II. 187–8

religion and, 宗教与士气, II. 181

training and, 训练与士气, II. 177

use of cinema to boost, 使用电影加强士气, III. 486–7

use of propaganda for, 为士气利用宣传, II. 194–5

Morando, Pietro, 彼得罗·莫兰多, III. 641

Morane, Léon, 莱昂·莫拉纳, II. 241

Moravia, 摩拉维亚, II. 613

Moravian agreement (1905), 摩拉维亚协议（1905年）, II. 634

Mordtmann, Dr, 莫尔特曼医生, I. 606

Moreau, Émilienne, 埃米利安纳·莫罗, III. 125

Morel, E. D., E. D. 莫雷尔, II. 83; 598

Morgan, Anne, 安妮·摩根, III. 605

Morgan's bank, 摩根银行, I. 86

Morgenthau, Henry, 亨利·摩根索, I. 577

Morning Post,《晨报》, II. 598

Moroccan Crisis (1911), 摩洛哥危机（1911年）, I. 28; 31; 48; 351; 409–10; II. 506

101；655；660；III. 214；430；583；607；
608；624；632
Mustafa Kemal (Atatürk)，穆斯塔法·凯末尔（阿
塔蒂尔克），I. 419；464；465；592；612；II.
111；138；214-17；629-30；631；651
mustard (yperite) gas，芥子气，I. 146；568；II. 168；
260；445
Muste, A. J.，A. J. 马斯特，II. 590
mutiny，兵变，II. 196
myalgia，肌痛症，III. 301
Myers, C. S.，C. S. 迈尔斯，III. 315-18；319-21；
328；329
Mygatt, Tracy，特雷西·迈格特，II. 596

Nación, La，《民族报》，I. 535
Namibia, imprisonment of Herero and Nama people，
纳米比亚，关押赫雷罗族和那马部族人，III.
259
Namier, Lewis，刘易斯·内米尔，III. 402
Nansen, Fridtjof，弗里乔夫·南森，I. 188
Nansen certificate，南森证书，I. 188
Napoleon I (Bonaparte)，拿破仑一世（波拿巴），I.
210；264；381；382；465
on the English navy，关于英国海军，I. 321
Russian campaign，俄国战役，I. 234
Napoleon III，拿破仑三世，I. 37；382；617；II. 9
Napoleonic Wars，拿破仑式战争，II. 606
Narrows, the (Dardanelle Straits)，狭道（达达尼尔
海峡），I. 309
Nash, John，约翰·纳什，III. 520
Nash, Paul，保罗·纳什，III. 520；642
Nasiriyah，纳西里耶，I. 300；312-13；421
National Assembly of Austria，奥地利国民大会，
III. 323
National Council of Czech Countries，捷克国家国民
议会，II. 525-6
national defence bonds, promotion of，国防公债，
促销，III. 484-5
National French Women's Council，法国全国妇女委
员会，III. 85-6
National League of Jewish Frontline Soldiers，前线犹
太士兵民族联盟，III. 231
National Physical Laboratory (London)，国家物理实
验室（伦敦），II. 454
National Registration Act (1915)，国家选民登记法案
（1915 年），I. 82；II. 330
National Review，《国民评论》，II. 229
National Socialism，国家社会主义，II. 660
National Union of Women's Suffrage Societies，全国

女性参政运动社团联盟，III. 82；128
Nationalism，民族主义，I. 19；II. 363；606；III.
216
radical，激进的，III. 608
Nationalists (Russia)，民族主义者（俄罗斯），II.
34；38
nationality principle，国籍原则，II. 524；525-30
Native Americans，美洲原住民，I. 523
natural law，自然法，I. 616-17；618；623
naval mines，水雷，I. 346
naval war crimes，海上战争罪行，I. 578-80
naval warfare，海战，I. 564；641-2
regulation of，规则，I. 622；626-7
violations of，违规行为，I. 623-3
navalism, new，新海军主义，I. 405
Nazarenes，拿撒勒人，II. 579；593
Nazi Party，纳粹党，II. 214
Nazis，纳粹，I. 589-90；II. 641-4；III. 527；616
Eastern Front，东线，III. 633
foreign policy，外交政策，III. 623
removal of memorials，拆除纪念物，III. 531
Near East Relief，近东救济，I. 188
Neiberg, Michael，迈克尔·奈堡，I. 517
Nékloudoff, Anatol，阿纳托尔·涅克洛多夫，II. 15
Nelson, Lord，纳尔逊勋爵，I. 322；332
Nemitz, Captain A.V.，A.V. 内米茨上校，II. 81
nephritis，肾炎，III. 301
Nernst, Walther，瓦尔特·能斯脱，II. 442；443；
445；452
Netherlands，荷兰，II. 542
agrees not to export to Germany，同意不对德
国出口，II. 466
Anti-War Council，反战委员会，II. 596
Belgian refugees，比利时难民，III. 189；
194-201
credit，信贷，II. 423
defensive plans，防御计划，II. 564
effect of financial mobilization，金融动员的影
响，II. 414
financial demobilization，金融复员，II. 428
geographical location and neutrality，地理位置
和中立，II. 557-8
home-produced food exported to Germany，本
土生产粮食出口德国，II. 469-70
loans，贷款，II. 418
neutrality and domestic policy，中立和国内政
策，II. 569
pacifism，和平主义，II. 593
post-war finance，战后金融，II. 430-2